2016

CHINA TV RATING YEARBOOK

中国电视收视年鉴 2016

徐立军 主编

中国传媒大学出版社
·北京·

《中国电视收视年鉴（2016）》
编写委员会

主　　编　徐立军

副 主 编　郑维东　肖建兵　肖海峰

编写人员　（排名不分先后）

梁　帆　周欣欣　吴　凡　吴　东　杨金姝

解永利　李红玲　赵　晖　张　嫣　陈晓洲

龙长缨　肖　珊　于松涛　包凌君　卢文钊

王建平　李忠毅　胡文慧　王　平　王　昀

冯　波　马　超　王　钦　吴璠钰　于　鹏

张广彦　蔡　啸　谢　畅　殷　实　刘　洋

陈　明　胡旻琦　曹金毅　韦　唯　彭辰豪

肖青青　潘　琪　陈嘉伟　陈　熙　郑剑龙

谭敏健　张　焱　莫笑凡

出版说明

为更好地服务于业界，作为中国最专业、最权威的视听率调查公司，CSM 媒介研究从 2003 年起每年编写出版一部《中国电视收视年鉴》。《中国电视收视年鉴（2016）》是 CSM 媒介研究编写出版的第十四部电视收视年鉴。

《中国电视收视年鉴（2016）》包括以下四部分内容：第一部分：综述。本部分主要从收视环境、观众特征、观众收视行为、频道竞争、节目竞争、电视广告投放与竞争等方面对 2015 年中国电视收视市场进行了全景式的描述与分析。第二部分：专题研究。本部分除了对 2015 年全国电视剧、新闻、综艺、体育几个主要节目类型以及晚间新节目的收视状况进行分析外，还对素人真人秀节目发展的现状、地面频道方言节目发展的新特点、2015 年暑期地面频道节目编排的新特点、周播剧、“9.3”抗战胜利阅兵在各媒体平台的传播表现、社交电视受众的媒体接触行为进行了深入剖析。同时，本部分还对业界关注的热点问题，如电视观众时移收视测量及行为特征、新广告法实施后电视市场的变化、“TV +”新业态下的区域电视价值重塑等进行了深入研究。第三部分：收视数据。这部分是关于全国电视收视市场以及重点市场的收视统计数据，主要指标涉及收视设备的拥有情况、人均收视时间、全年和全天收视率走势、各类频道的市场份额、各类节目的播出份额与收视份额以及主要节目类型的收视排行等。第四部分：附录。这部分主要包括 CSM 媒介研究各种收视调查网的基本情况。

《中国电视收视年鉴（2016）》为广大媒介从业人员既可提供有关 2015 年中国电视收视市场的全面分析，又可提供 2015 年全国以及各重点市场翔实的收视数据，是媒介从业人员必备的一本工具书。

编者

2016 年 4 月

目录
CONTENTS

第一部分 综 述

第二部分 专 题

第三部分　收视数据

第四部分 附 录

第一部分
Part One

综 述 Overview

综　述

一、收视环境

2015年是我国“十二五”规划收官之年，是统筹谋划“十三五”规划、承上启下的重要一年，也是我国广播影视业全面实施深化改革的关键之年。广播影视系统在党中央、国务院和中宣部的正确领导下，认真贯彻落实中央部署和总局要求，奋发有为，敢于担当，攻坚克难，顺利完成各项任务，影视各项工作保持持续、健康、快速发展的良好态势，取得了新的显著成绩，迈上了新台阶，为“十二五”规划画上了圆满句号。

2015年，我国电视业全面贯彻落实党的十八大、十八届三中、四中全会精神，始终坚定不移地同以习近平同志为总书记的党中央保持高度一致，高举中国特色社会主义伟大旗帜，围绕中心、服务大局，政治坚定、立场鲜明。2015年，我国电视业始终坚守党的喉舌性质和意识形态主阵地属性，把宣传习近平总书记系列重要讲话精神作为首要职责，把弘扬中国梦和社会主义核心价值观作为主题主线，为改革、发展、稳定营造了良好的舆论氛围，坚持稳中求进、改革创新，奋力开创了电视业繁荣发展的新局面。2015年，我国电视业加强了舆论引导和正面宣传，唱响时代主旋律，着力加强创作生产，丰富人民精神文化生活，始终坚持以人民为中心的工作导向，面向基层、服务群众，坚持为民惠民，公共文化服务提质升级，电视公共服务水平显著提升；坚持品质至上，加强精品创作生产，电视内容产业持续健康快速增长，影视精品创作生产再上一个新台阶。2015年，我国电视业始终坚持改革创新，积极推进数字化网络化建设，电视数字化、网络化和新媒体有了显著发展，传统媒体和新兴媒体融合建设得到进一步发展，努力实现了新常态下的创新，事业、产业实现又好又快发展，取得了新成效，实现了媒体建设战略升级。2015年，我国电视业坚持科技引领，紧跟科技趋势，把握科技规律，以科技创新培育新动能、新引擎，创新理念和手段，加强管理和服务，确保意识形态和文化安全，安全播出保障能力进一步提高，公共服务技术支撑体系进一步完善，科技创新与应用步伐进一步加快，科技管理进一步加强。2015年，我国电视业更加注重统筹国内、国际发展，围绕“一带一路”战略，加强电视节目海外落地，调整布局，依托重点项目和活动，促进优秀产品对外传播，打造中华优秀文化“走出去”品牌，讲好中国故事，传播好中国声音，加强构建国际传播体系，打造国际一流媒体，国际传播能力进一步提升。

1. 全国共有电视台157座，广播电视台2218座，教育电视台42座

根据《中国广播电视年鉴（2016)》的最新统计，截至2015年底，全国共批准设立电视台157座、广播电视台2218座、教育电视台42座。其中国家级电视台有中央电视台和中国教育电视台，每个省、自治区、直辖市，每个地级及以上城市至少有一座电视台或广播电视台。全国有线电视网络达426万公里，全国电视人口综合覆盖率为98.77%。全国有线广播电视用户数为23566.75万户，数字电视用户数为19775.59万户，付费数字电视用户数为5559.08万户。2015年全年制作的电视节目时间为352.02万小时，全年公共电视节目播出时间为1779.60万小时。

2. 家庭电视机拥有率达97.5%，拥有二台及以上电视机家庭的比例为30.1%

目前我国居民家庭电视机的普及率已经基本处于稳定的水平。2015年CSM媒介研究全国收视调查网基础研究数据显示，我国居民家庭电视机拥有率达97.5%，拥有二台及以上电视机家庭的比例达30.1%，平均每百户居民家庭的电视机拥有量达135.5台(表1.1.1)。其中，城市居民家庭的电视机拥有率为96.2%，农村居民家庭的电视机拥有率为98.4%；拥有二台及以上电视机的家庭比例在城市为26.3%，在农村为32.7%；平均百户电视机拥有量在城市为129.8台，农村为139.6台。

从各大行政区来看，电视机拥有情况在全国存在显著的地域差异。拥有二台及以上电视机的居民家庭比例，华东地区最高，达41.4%，东北最低，仅为17.4%。百户电视机拥有量也是华东地区最高，达153.6台，而东北地区最低，只有115.8台；华中地区为139.4台，西南地区为130.0台，华北地区为127.3台，华南地区为120.0台，西北地区为119.3台（表1.1.2)。

表1.1.1 2015年全国城乡居民家庭电视机拥有情况

	全国	城市	农村
一台户比例（%）	67.4	69.9	65.7
二台及以上户比例（%）	30.1	26.3	32.7
没有电视机户比例（%）	2.5	3.8	1.6
百户电视机拥有量（台）	135.5	129.8	139.6

数据来源：CSM媒介研究2015年全国收视调查网基础研究

表1.1.2 2015年全国各大行政区居民家庭电视机拥有情况

	东北	华北	华东	华南	华中	西北	西南
一台户比例（%）	80.0	73.2	55.5	78.5	63.4	79.5	71.6
二台及以上户比例（%）	17.4	25.0	41.4	18.9	34.5	18.7	26.4
没有电视机户比例（%）	2.7	1.8	3.2	2.6	2.1	1.7	2.1
百户电视机拥有量（台）	115.8	127.3	153.6	120.0	139.4	119.3	130.0

数据来源：CSM媒介研究2015年全国收视调查网基础研究

2015年彩色电视机在我国居民家庭中已处于绝对主导地位，在电视家庭户中，全国彩色电视机的家庭拥有率达到了99.9%（表1.1.3）。从不同区域来看，2015年各大行政区居民家庭的彩色电视机拥有率差别不大，均在99.8%及以上（表1.1.4）。

表1.1.3 2015年全国及城乡居民家庭拥有不同类型电视机的比例（%）

电视机类型	全国	城市	农村
彩色电视机	99.9	100.0	99.9
普通电视机	59.8	47.2	68.6
液晶电视机	53.4	62.2	47.2
等离子电视机	0.6	0.7	0.6

数据来源：CSM媒介研究2015年全国收视调查网基础研究

表1.1.4 2015年全国各大行政区拥有不同类型电视机的家庭比例（%）

电视机类型	东北	华北	华东	华南	华中	西北	西南
彩色电视机	100.0	99.8	99.9	99.9	99.9	99.9	99.9
普通电视机	50.7	56.9	61.4	51.3	65.4	62.7	63.7
液晶电视机	56.5	54.1	56.2	56.5	50.6	45.2	49.0
等离子电视机	0.2	0.4	0.4	0.2	1.2	1.5	1.0

数据来源：CSM媒介研究2015年全国收视调查网基础研究

2015年我国城乡居民家庭电视机更新换代速度进一步加快。随着城乡居民收入水平的提高和技术革新带来的高品质电视机价格的下降，城乡居民家庭电视机拥有情况从数量上的增加逐步过渡到质量上的改善，城市居民家庭乃至部分农村居民家庭开始追求电视机的更新换代，由原来的CRT电视机、传统的背投电视机，向液晶电视机、等离子电视机等平板电视机升级。平板电视逐渐取代传统意义的普通彩电成为居民家庭的主流机型，平板电视的普及率在2015年全国居民家庭户中已经达到53.9%，比2014年的43.3%提高了10.6个百分点。分城乡来看，2015年城市居民家庭拥有平板电视机的比例已达62.8%，比2014年的51.9%增长了10.9个百分点；农村居民家庭拥有平板电视机的比例也达到47.7%，比2014年的37.3%提高了10.4个百分点（图1.1.1）。分地区来看，各地区除西北以外平板电视机的普及率都在50%以上，东北和华南地区最高，达到56.7%；普及率较低的地区是西北地区，平板电视机的普及率为46.5%。随着数字电视的发展、高清信号源的增多以及高品质电视机价格的不断下降，平板电视机的普及率必将进一步提高。

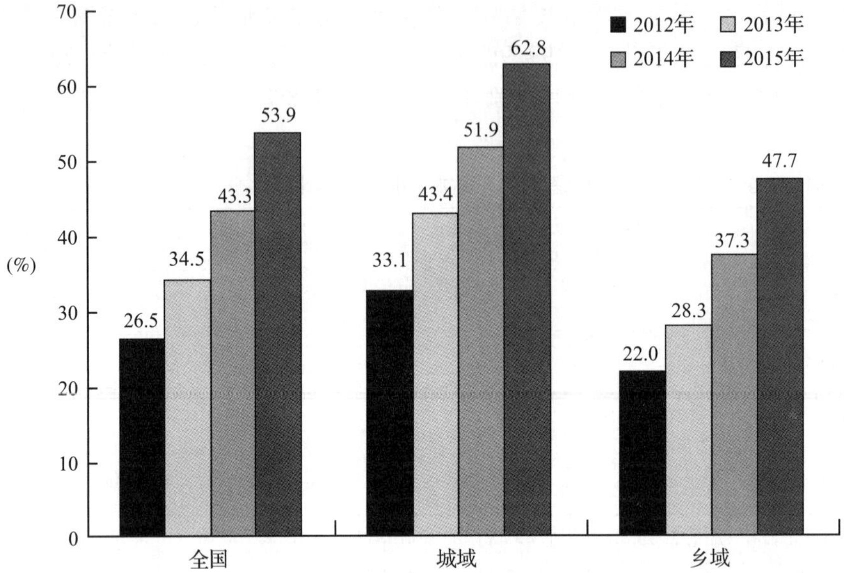

数据来源：CSM 媒介研究 2012～2015 年全国收视调查网基础研究

图 1.1.1 2012～2015 年全国及城乡居民家庭拥有平板电视机的比例（%）

3. 城乡居民家庭平均每户可以收看到 67.7 个频道

随着有线电视数字化建设全面展开，越来越多的有线电视网整体平移，使城乡居民家庭能够收看到的电视频道数量增加。根据 CSM 媒介研究历年全国收视调查网基础研究数据，全国城乡居民家庭可以接收到的电视频道数量逐年增加，2015 年全国平均每户可以接收 67.7 个电视频道，比 2014 年的 64.8 增加 2.9 个。2015 年城市居民家庭平均每户可以接收到 77.2 个频道，比上年增加 4.1 个；农村居民家庭平均可以接收 61.1 个频道，比上年增加了 2.0 个（表 1.1.5）。而从分地区的情况来看，2015 年平均每户可接收到的电视频道数量最多的是华北地区，为 77.6 个频道，而接收频道较少的有华南、西北和华中地区，平均每户可接收到的电视频道数分别为 63.4、62.1 和 59.2 个（图 1.1.2）。

表 1.1.5 2007～2015 年全国及城乡居民家庭可以接收到的电视频道数量（个）

年份	全国	城市	农村
2007 年	25.6	35.1	21.4
2008 年	30.4	40.5	26.0
2009 年	39.1	50.1	33.2
2010 年	41.4	53.0	34.7
2011 年	47.6	58.5	40.4
2012 年	54.3	63.8	47.7
2013 年	59.4	68.7	52.9
2014 年	64.8	73.1	59.1
2015 年	67.7	77.2	61.1

数据来源：CSM 媒介研究历年全国收视调查网基础研究

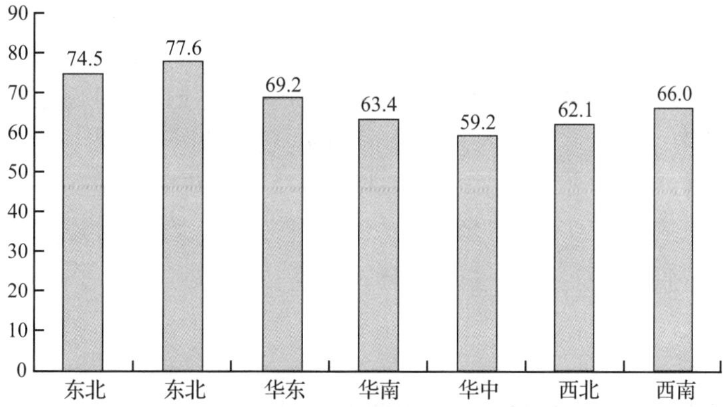

数据来源：CSM 媒介研究 2015 年全国收视调查网基础研究

图 1.1.2　2015 年全国各大行政区居民家庭可以接收到的电视频道数量（个）

4. 有线接收已经成为农村居民家庭接收电视信号的主要方式，可接收数字电视、IPTV 的家庭比例继续增长

随着电视信号数字化、网络化进程的不断推进，有线电视网络频道增多，信号清晰度增加，有线接收已是全国城乡居民家庭接收电视信号的主要方式。根据 2015 年 CSM 媒介研究全国收视调查网基础研究数据，全国电视家庭户中，有线电视用户普及率为 73.9%，比上年增长 6.4 个百分点；其中城市为 84.5%，比上年增长 2.6 个百分点，有线接收方式已经是绝大多数城市居民家庭接收电视节目的方式；农村为 66.4%，与上年相比大幅增长 8.9 个百分点，有线接收方式也已经成为农村居民家庭接收电视信号的主要方式。在有线接收方式中，通过省、市（县）有线网接收电视信号的家庭户比例全国为 54.4%，其中在城市，有 68.3% 的家庭接入了省、市（县）有线网；在农村，通过省、市（县）有线网收看电视节目家庭的比例为 44.7%（图 1.1.3）。

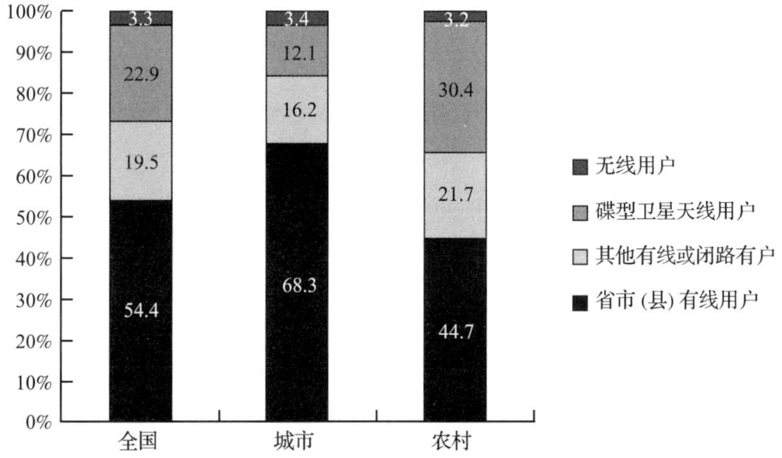

数据来源：CSM 媒介研究 2015 年全国收视调查网基础研究

图 1.1.3　2015 年全国城乡居民家庭不同电视信号接收方式的比例（%）

从各大行政区的情况来看，有线电视普及率最高的是东北地区，达到87.3%，其他比较高的地区还有华东、西北、华南和华北地区，有线电视普及率均超过70%，其中华东79.5%，西北77.6%，华南73.8%，华北71.5%。西南和华中地区的有线户比例较低，西南为66.1%，华中地区最低，仅为61.6%（图1.1.4）。华中和西南地区通过非有线方式收看卫视频道的比例较大，都在30%以上，其中华中地区34.9%，西南地区31.3%。华北、华南和西北地区的该比率也在20%以上。无线用户的比例在华东和华中地区相对较高，均在4%以上，其中华东地区5.0%，华中地区4.2%。

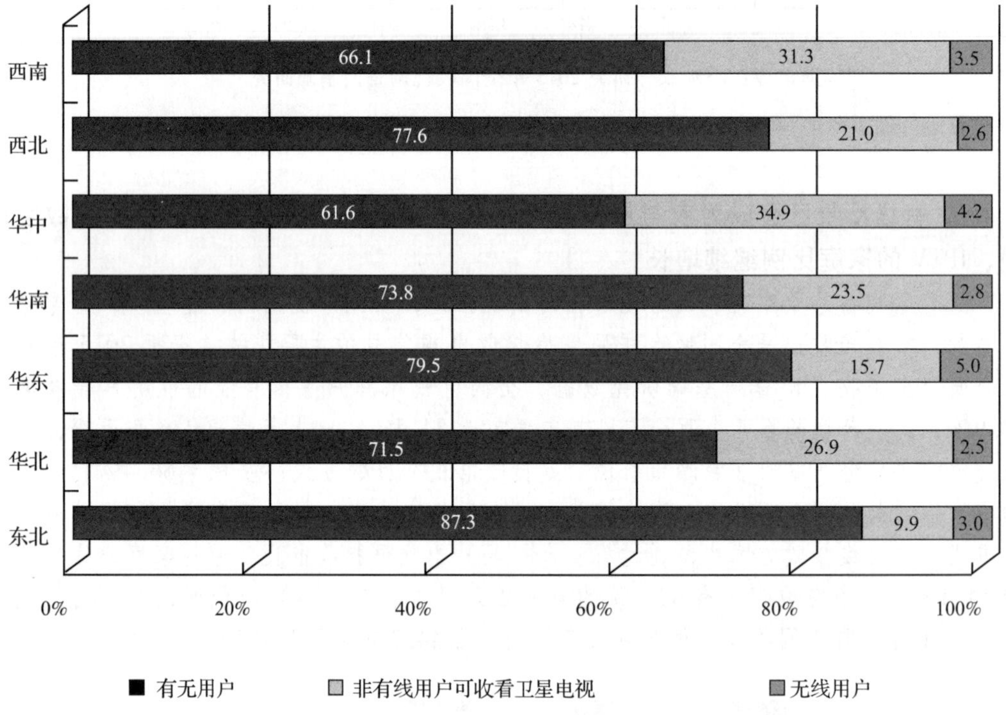

数据来源：CSM媒介研究2015年全国收视调查网基础研究

图1.1.4　2015年全国各大行政区居民家庭不同电视信号接收方式的比例（%）

CSM媒介研究全国收视调查网基础研究数据表明，近年来我国电视家庭中可接收数字电视或IPTV的比例稳步增长，2015年该比例已达53.2%，比2014年增长2.7个百分点；其中在城市为67.6%，比2014年增长1.8个百分点；在农村为43.3%，比2014年增长3.4个百分点（图1.1.5）。从不同地区来看，全国七大行政区中可接收数字电视或IPTV的电视家庭比例有一定差异，在华东和东北地区，其比例都在60%以上，东北地区更是接近70%；华北和华南地区，该比例接近或者超过50%；而在西南、西北和华中地区则比例较低，分别只有42.1%、41.3%和39.3%的电视家庭可接收数字电视或IPTV（图1.1.6）。

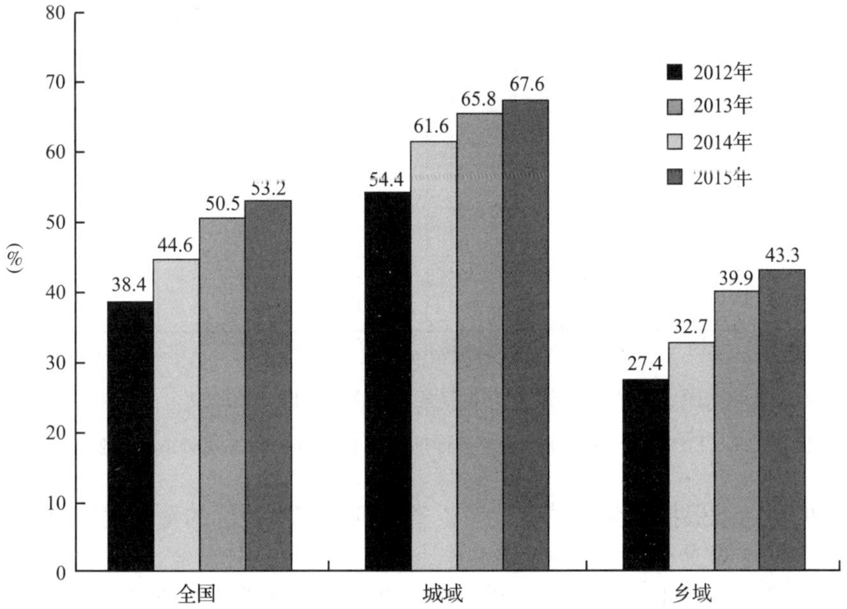

数据来源：CSM 媒介研究历年全国收视调查网基础研究

图 1.1.5 2012～2015 年全国城乡居民家庭可接收数字电视或 IPTV 的比例（%）

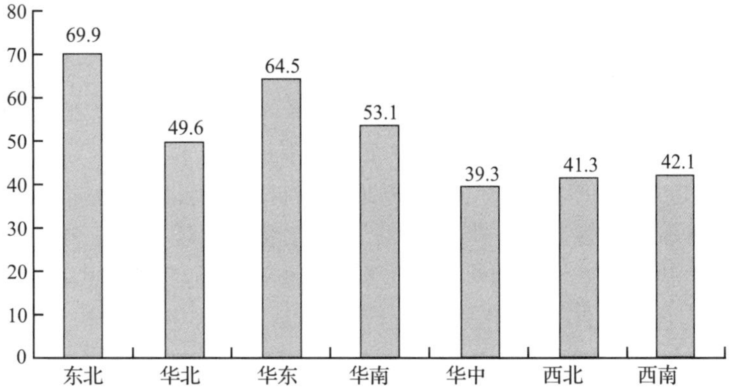

数据来源：CSM 媒介研究 2015 年全国收视调查网基础研究

图 1.1.6 2015 年全国各大行政区居民家庭可接收数字电视或 IPTV 的比例（%）

5. 87.5% 的城市家庭和 85.0% 的农村家庭可收看到卫视节目

2015 年全国收视调查网基础研究数据表明，2015 年全国可接收卫视频道的家庭比例达 86.1%，比 2014 年的 85.9% 略有增长；其中在城市，87.5% 的电视家庭可以收看到卫星电视节目，比 2014 年的 88.6% 稍有下降；在农村，电视家庭中能够收看到卫视节目的比例达到了 85.0%，比 2014 年的 84.0% 增长 1 个百分点。从不同地区来看，全国七大行政区之间能收看到卫星电视节目的电视家庭比例有一定的差异，最高的华北地区高达 90.0%，最低的华中地区为 82.6%，其他地区该比例为 85%～88%（图 1.1.7）。

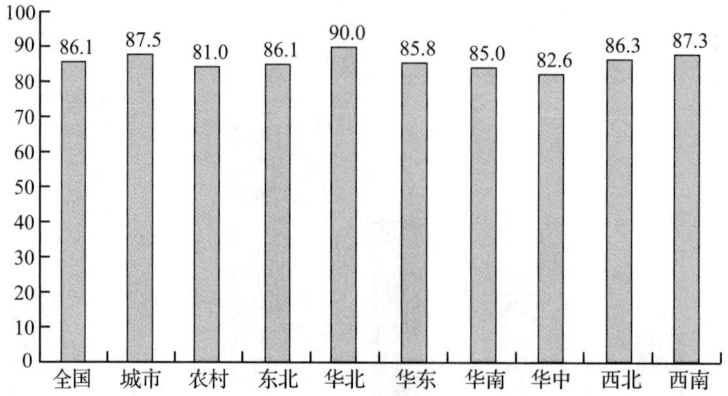

数据来源：CSM 媒介研究 2015 年全国收视调查网基础研究

图 1.1.7　2015 年全国及分城乡、分地区居民家庭可收到卫视频道的比例（%）

6. 中央台继续保持其全国覆盖优势，省级卫视在本地区的覆盖优势较大

中央台频道依靠其强大的资源优势和作为国家级频道的特殊地位，在全国的覆盖率仍然保持了很大优势（表 1.1.6）。CSM 媒介研究 2015 年全国收视调查网基础研究数据显示，在全国覆盖率排名前 10 位的频道中，中央台频道有 5 个；而进入覆盖率排名前 20 的频道中，中央台频道有 9 个，与 2014 年中央台频道入围覆盖率排名前 20 位的 7 个频道相比，数量有所上升。2015 中央台七套排名第一位，覆盖率达 93.0%，与 2014 年相比覆盖率维持稳定，但排名上升；中央电视台综合频道排名由上年的第一位下降到第三位，覆盖率由上年的 97.2% 降低到 91.3%；中央电视台新闻频道、中央台二套、中央电视台少儿频道、中央台十套、中央台十二套、中央台四套、中央台十一套的覆盖率也都在 80% 以上。在省级卫视频道中，湖南卫视、安徽卫视、四川卫视、重庆卫视和浙江卫视的覆盖率排名最靠前，分别居于第二、四、七、九、九位。与 2014 年相比，湖南卫视排名上升了 4 位，安徽卫视排名上升了 8 位，四川卫视上升了 6 位，重庆卫视上升了 10 位，而浙江卫视排名则下降 1 位，这些频道的覆盖率均在 84% 以上。除了排名前 10 位的 5 个中央台频道和 5 个省级卫视频道外，进入覆盖前 20 位的频道还包括北京、山东、江苏、天津、湖北、上海东方这 6 个省级卫视频道。2015 年覆盖排名前 20 名频道的覆盖率都在 80% 以上。

表 1.1.6　2015 年全国卫视频道覆盖率排名前二十位

排名	频道	覆盖率（%）	排名	频道	覆盖率（%）
1	中央台七套	93.0	11	北京卫视	83.6
2	湖南卫视	91.4	12	中央台十套	83.4
3	中央电视台综合频道	91.3	13	山东卫视	83.3
4	安徽卫视	89.4	14	中央台十二套	82.9
5	中央电视台新闻频道	88.0	15	江苏卫视	81.3
6	中央台二套	86.3	15	天津卫视	81.3
7	四川卫视	86.0	17	湖北卫视	81.1
8	中央电视台少儿频道	85.3	17	中央台四套	81.1
9	重庆卫视	84.2	19	中央台十一套	80.7
9	浙江卫视	84.2	20	上海东方卫视	80.4

数据来源：CSM 媒介研究 2015 年全国收视调查网基础研究

在城市地区，覆盖率排名前十位的频道中，中央电视台频道有5个，包括中央电视台综合频道、中央台七套、中央电视台新闻频道、中央台二套和中央电视台少儿频道，其中中央电视台综合频道排第一位，覆盖率达95.0%；另外中央台十套、中央台四套、中央台十二套和中央台十一套也进入覆盖率排名前20位（表1.1.7）。在城市地区，2015年有11个省级卫视频道进入覆盖率排名前20位，其中湖南、安徽、四川、北京和浙江这5个省级卫视频道在城市地区排名靠前，位居覆盖率排名表的第三、第四、第六、第九和第十位。另外，山东卫视、江苏卫视、重庆卫视、湖北卫视、天津卫视和上海东方卫视也进入了覆盖排名前20位，分别排在第十一到二十位。

表1.1.7　2015年城市地区卫视频道覆盖率排名前二十位

排名	频道	覆盖率（%）	排名	频道	覆盖率（%）
1	中央电视台综合频道	95.0	11	山东卫视	85.7
2	中央台七套	92.6	12	中央台十套	85.5
3	湖南卫视	90.6	13	江苏卫视	85.3
4	安徽卫视	90.2	13	重庆卫视	85.3
5	中央电视台新闻频道	89.8	15	湖北卫视	85.0
6	四川卫视	88.5	15	天津卫视	85.0
7	中央台二套	88.1	15	中央台四套	85.0
8	中央电视台少儿频道	87.9	18	中央台十二套	84.2
9	北京卫视	86.9	19	中央台十一套	83.6
10	浙江卫视	86.8	20	上海东方卫视	83.5

数据来源：CSM媒介研究2015年全国收视调查网基础研究

与往年一样，2015年卫视频道在农村地区的覆盖率整体上要比在城市地区低。从排名前20位的频道来看，在农村地区，2015年排名最后一位频道的覆盖率是78.1%，低于城市地区的83.5%。与在城市地区的情况相比，中央台频道的覆盖强势地位在农村地区有所弱化，在覆盖率排名前20位的频道中，中央台频道虽然也有9个，但仅中央台七套进入前三甲，排名第一，而名列第二和第三的是湖南卫视和安徽卫视。农村地区进入覆盖率排名前20位的省级卫视频道与城市地区一样，达到11个；从频道排名来看，除了湖南卫视和安徽卫视，还有四川卫视、重庆卫视和浙江卫视在农村地区的覆盖率进入前10位，山东卫视、北京卫视、天津卫视、江苏卫视、湖北卫视和上海东方卫视也进入了排名前20位（表1.1.8）。

表1.1.8　2015年农村地区卫视频道覆盖率排名前二十位

排名	频道	覆盖率（%）	排名	频道	覆盖率（%）
1	中央台七套	93.4	11	中央台十二套	82.0
2	湖南卫视	91.9	12	中央台十套	81.9
3	安徽卫视	88.8	13	山东卫视	81.6
4	中央电视台综合频道	88.7	14	北京卫视	81.3
5	中央电视台新闻频道	86.8	15	天津卫视	78.8
6	中央台二套	85.0	16	中央台十一套	78.6
7	四川卫视	84.2	16	江苏卫视	78.6
8	重庆卫视	83.5	18	湖北卫视	78.3
9	中央电视台少儿频道	83.4	18	中央台四套	78.3
10	浙江卫视	82.4	20	上海东方卫视	78.1

数据来源：CSM媒介研究2015年全国收视调查网基础研究

表 1.1.9　2015 年东北地区卫视频道覆盖率排名前二十位

排名	频道	覆盖率（%）	排名	频道	覆盖率（%）
1	中央电视台综合频道	98.2	11	重庆卫视	88.7
2	中央台七套	95.2	11	中央台十一套	88.7
3	安徽卫视	92.5	13	黑龙江卫视	88.6
4	辽宁卫视	90.5	14	中央台四套	88.5
5	中央台二套	90.4	15	山东卫视	88.3
6	中央电视台新闻频道	90.1	16	天津卫视	88.0
7	四川卫视	89.4	17	浙江卫视	87.9
8	中央电视台少儿频道	89.3	18	中央台三套	87.5
9	中央台十套	89.1	19	北京卫视	87.4
10	湖南卫视	88.9	19	中央台五套	87.4

数据来源：CSM 媒介研究 2015 年全国收视调查网基础研究

表 1.1.10　2015 年华北地区卫视频道覆盖率排名前二十位

排名	频道	覆盖率（%）	排名	频道	覆盖率（%）
1	中央台七套	92.7	11	山西卫视	87.4
2	安徽卫视	92.3	12	中央台十二套	86.8
3	湖南卫视	91.6	13	河南电视台卫星频道（一套）	86.2
4	河北卫视	91.5	13	中央电视台少儿频道	86.1
5	中央台二套	90.3	15	湖北卫视	85.9
6	天津卫视	89.5	16	四川卫视	85.8
7	重庆卫视	89.0	17	浙江卫视	85.7
8	山东卫视	88.9	17	中央台十一套	85.7
8	中央电视台新闻频道	88.9	19	中央台十套	84.8
10	北京卫视	88.3	20	中央台四套	84.6

数据来源：CSM 媒介研究 2015 年全国收视调查网基础研究

表 1.1.11　2015 年华东地区卫视频道覆盖率排名前二十位

排名	频道	覆盖率（%）	排名	频道	覆盖率（%）
1	中央电视台综合频道	94.1	11	江苏卫视	84.1
2	中央台七套	92.5	12	北京卫视	83.5
3	湖南卫视	89.9	12	中央台四套	83.5
4	安徽卫视	89.2	14	中央台十套	83.4
5	山东卫视	88.0	14	中央台十二套	83.4
6	中央电视台新闻频道	87.9	16	中央台十一套	83.1
7	中央电视台少儿频道	86.3	17	江西卫视	82.6
8	中央台二套	85.9	18	上海东方卫视	82.4
9	浙江卫视	85.2	19	天津卫视	81.9
10	四川卫视	84.6	20	贵州卫视	81.7

数据来源：CSM 媒介研究 2015 年全国收视调查网基础研究

表 1.1.12　2015 年华南地区卫视频道覆盖率排名前二十位

排名	频道	覆盖率（%）	排名	频道	覆盖率（%）
1	中央电视台综合频道	96.7	11	重庆卫视	78.9
2	中央台七套	91.3	12	江苏卫视	78.8
3	湖南卫视	91.0	13	中央台十套	78.5
4	中央电视台新闻频道	88.4	14	中央台四套	78.4
5	安徽卫视	85.7	15	上海东方卫视	77.8
6	浙江卫视	84.0	16	新疆卫视	76.1
7	中央台二套	83.9	17	北京卫视	75.7
8	中央电视台少儿频道	83.4	18	中央台十二套	74.9
9	广东卫视	82.6	19	西藏二套（汉语卫视）	74.8
10	四川卫视	81.7	20	广西电视台卫星频道	74.1

数据来源：CSM 媒介研究 2015 年全国收视调查网基础研究

表 1.1.13　2015 年华中地区卫视频道覆盖率排名前二十位

排名	频道	覆盖率（%）	排名	频道	覆盖率（%）
1	湖南卫视	92.8	11	湖北卫视	80.7
2	中央台七套	92.5	12	浙江卫视	80.4
3	中央电视台新闻频道	84.1	13	河南电视台卫星频道（一套）	79.8
4	中央台二套	83.1	14	四川卫视	79.3
5	安徽卫视	83.0	15	中央台十一套	77.3
6	中央电视台综合频道	82.9	16	中央台四套	76.9
7	中央电视台少儿频道	82.7	17	天津卫视	76.6
8	北京卫视	82.1	18	重庆卫视	76.4
9	中央台十二套	81.7	19	上海东方卫视	74.2
9	中央台十套	81.7	20	贵州卫视	73.7

数据来源：CSM 媒介研究 2015 年全国收视调查网基础研究

表 1.1.14　2015 年西北地区卫视频道覆盖率排名前二十位

排名	频道	覆盖率（%）	排名	频道	覆盖率（%）
1	中央台七套	96.4	11	中央电视台少儿频道	88.9
2	中央电视台综合频道	94.5	12	北京卫视	88.8
3	湖南卫视	94.2	13	中央台十套	88.5
4	安徽卫视	93.9	13	天津卫视	88.5
5	四川卫视	92.9	15	江苏卫视	88.0
6	陕西卫视	91.8	16	湖北卫视	87.7
7	重庆卫视	91.6	17	贵州卫视	87.6
8	中央台二套	90.9	18	甘肃卫视	87.3
9	中央电视台新闻频道	89.7	18	辽宁卫视	87.3
10	山东卫视	89.0	20	山西卫视	87.2

数据来源：CSM 媒介研究 2015 年全国收视调查网基础研究

表 1.1.15　2015 年西南地区卫视频道覆盖率排名前二十位

排名	频道	覆盖率（%）	排名	频道	覆盖率（%）
1	重庆卫视	93.8	11	云南广播电视台卫视频道（一套）	83.1
2	四川卫视	93.7	12	广西电视台卫星频道	83.0
3	中央台七套	93.5	13	中央台十二套	82.3
4	湖南卫视	93.4	14	中央电视台少儿频道	82.1
5	中央电视台综合频道	93.3	15	北京卫视	82.0
6	安徽卫视	92.6	16	浙江卫视	81.4
7	中央电视台新闻频道	89.2	16	中央台十套	81.4
8	湖北卫视	84.5	18	贵州卫视	80.1
9	中央台二套	83.7	19	山东卫视	79.8
10	陕西卫视	83.3	20	新疆卫视	78.5

数据来源：CSM 媒介研究 2015 年全国收视调查网基础研究

随着有线网络的普及以及数字电视的不断推广，频道竞争日益加剧，各卫视频道在不同地区的覆盖率明显不同。尽管中央台频道在各个地区都呈现出明显的优势地位，但在不同地区，其优势还是呈现出不同程度的差异。CSM 媒介研究 2015 年全国收视调查网基础研究数据表明，在各大行政区覆盖率排名前 20 位的频道中，中央台频道在东北地区有 10 个，在华东地区有 9 个，在华中地区有 9 个，在华南地区有 8 个，在华北地区有 8 个，在西南地区有 7 个，而在西北地区只有 6 个。各省级卫视的覆盖率排名在不同地区差异很大，湖南卫视和安徽卫视在各地区的覆盖表现都很强势，其他省级卫视则是在本地区的覆盖排名优势较大。如在东北地区，辽宁卫视排在第四位，黑龙江卫视排在第十三位；河北卫视、天津卫视、北京卫视和山西卫视在华北地区分别排在第四、第六、第十和第十一位；安徽卫视、山东卫视、浙江卫视、江苏卫视、江西卫视和上海东方卫视在华东地区都进入了前 20 位；广东卫视和广西电视台卫星频道在华南地区分别排在第九和第二十位；湖南卫视在华中地区覆盖率排名第一，湖北卫视和河南电视台卫星频道在华中地区分别排在第十一和第十三位；陕西卫视和甘肃卫视在西北地区分别排名第六和第十八位；重庆卫视则在西南地区覆盖率排名第一位，四川卫视排名第二位，云南电视台卫星频道和贵州电视台卫星频道在西南地区则分别排在第十一和第十八位。

二、电视观众特征

2015 年，全国电视观众规模达 12.83 亿人，比 2014 年略有增加；电视观众性别结构保持稳定，与人口性别构成趋同；城乡观众年龄构成差异明显，中青年仍为主体观众群体；中低学历人群是主体观众群，城市观众文化程度明显高于乡村；城乡观众职业构成同中有异，无业群体（包括离退休人员）占据较大比例；低收入观众所占比例较大，城市观众个人月收入水平高于农村观众。

1. 全国电视观众规模达 12.83 亿人，比 2014 年略有增加

继 2008 年国家提前实现中央广播电视节目“十一五”农村无线覆盖目标后，国家

又推出"家电下乡、以旧换新"等政策，并大力推进数字电视转换，在多项政策的共同推动下，全国电视观众规模连续多年呈现增长态势。但由于受到新媒体的冲击及其他因素的影响，受众使用的媒介工具发生了较大变化，电视观众规模在2013年首次出现了下滑，然后从2014年开始又略有回升，2015年全国电视观众规模较2014年略有增加。CSM媒介研究2015年全国测量仪收视调查网基础研究数据显示，2015年中国内地年龄在4岁及以上的电视观众规模达到12.83亿人，占全国4岁及以上人口的98.2%。与2014年相比，2015年中国电视观众规模增加了473.1万人，增长了0.37%。但值得注意的是，2015年电视观众规模虽有上升，但在全国4岁及以上人口中所占比例却是下降的，较2014年下降了0.4个百分点。

2. 电视观众性别结构保持稳定，与人口性别构成趋同

CSM媒介研究2015年全国测量仪收视调查网电视观众数据显示，男性观众比例为51.0%，女性观众比例为49.0%，与2014年CSM媒介研究的调查数据相同，说明目前我国电视观众的性别结构基本保持稳定。同时，这一性别结构也与中国内地人口的性别构成差别很小。《中国统计年鉴（2015）》数据显示，2014年全国男性人口占总人口的51.2%，女性人口占48.8%。城乡电视观众的性别构成与全国整体观众的性别构成基本保持一致，在城市观众中，男性群体所占比例为51.1%，女性群体所占比例为48.9%；在农村，男女观众所占的比例则分别为50.9%和49.1%（图1.2.1）。

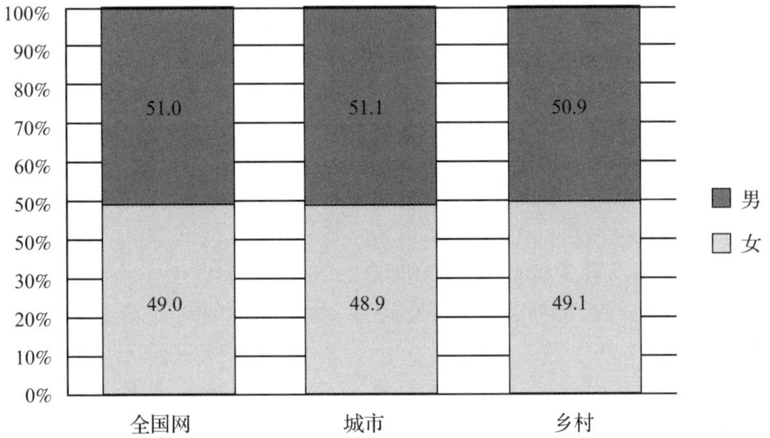

数据来源：CSM媒介研究

图1.2.1　2015年全国测量仪收视调查网及分城乡电视观众的性别构成（%）

3. 中青年为主体观众群，城乡观众年龄构成差异明显

2015年全国电视观众整体构成显示，35~44岁和15~24岁这两个群体在所有电视观众中所占的比例分居前两位，分别为19.1%和17.6%，二者之和占据了超过了三分之一的份额；25~34岁和45~54岁观众群所占的比例分列第三和第四位，分别达到了15.5%和14.6%，二者相加占据了超过30%的份额；4~14岁、55~64岁和65岁及以上的观众群体

所占比例相对较小，依次分别为12.7%、11.1%和9.4%。比较城乡观众的年龄构成可以看出，乡村观众中4~24岁青少年观众的合计比例高于同年龄段城市观众，而25~54岁的中青年观众合计比例则低于城市同年龄段观众，55岁及以上的老年观众所占比例高于城市同年龄段的观众所占比例。总体而言，乡村观众年龄构成呈现出两头相对较大、中间相对较小的特征，城市观众年龄构成则恰恰相反，表现为中间相对较大、两头相对较小的特征，无论表现为何种特征，城乡主体受众群均为中青年群体（图1.2.2）。

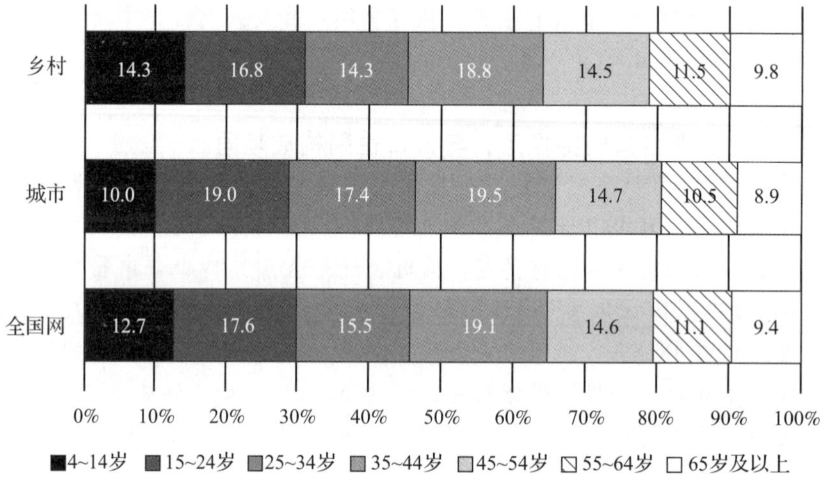

数据来源：CSM媒介研究

图1.2.2　2015年全国测量仪收视调查网及分城乡电视观众的年龄构成（%）

4. 中低学历人群是主体观众群，城市观众文化程度明显高于乡村

从全国电视观众的文化程度构成来看，中低学历观众占据了绝对优势。所占比例位居前3位的依次为初中文化程度观众，比例高达35.9%，其次为小学文化程度观众，比例为25.8%，位居第三位的是高中文化程度的观众，比例为18.1%；排在第四位的是大学及以上文化程度的观众，所占比例为10.3%，排在最后一位的是未受过正规教育的观众，只占据了9.9%的比例。我国电视观众的一个重要特征是主体观众群学历偏低。城乡观众的文化程度构成有各自鲜明的特色，总体而言，城市观众的文化程度明显高于乡村观众，城市观众中高中及以上文化程度观众比例高达43%，乡村观众中该比例则仅为19.5%；城市观众中小学及以下文化程度观众所占比例为25.1%，而在乡村观众中该群体所占的比例则高达42.2%（图1.2.3）。

5. 无业群体占据较大比例，城乡观众职业构成同中有异

2015年全国观众整体职业构成显示，无业群体（包括离退休人员）在电视观众中占据了较大比例，为19.3%，位居第二位；位列第三位的是学生，占16%的比例；排在第四位的个体/私营企业人员占到了12.7%的比例，然后依次为工人、初级公务员/雇员和干部/管理人员，分别占到了12.6%、9.5%和1.7%的比例。全国测量仪收视调查网中

包括了对乡村的调查，农民/渔民/牧民等包含在其他类中，因此该群体占到了全国电视观众的28.2%，位居首位。分城乡来看，电视观众职业构成同中有异，无论是在城市还是在农村，无业群体（包括离退休人员）均在电视观众中占据了较大的比例，其中在城市观众中该比例达到了22.8%，在所有职业类别中占比最大，在乡村观众中该群体所占比例也高达17.2%。城乡观众职业构成最大的差异体现在农村拥有较高比例的农民群体，使得职业类别为“其他”的观众所占比例高达37.2%，远高于城市中该职业类别观众所占比例。城市观众中则是初级公务员/雇员所占的比例明显高于乡村该类人群所占的比例（图1.2.4）。

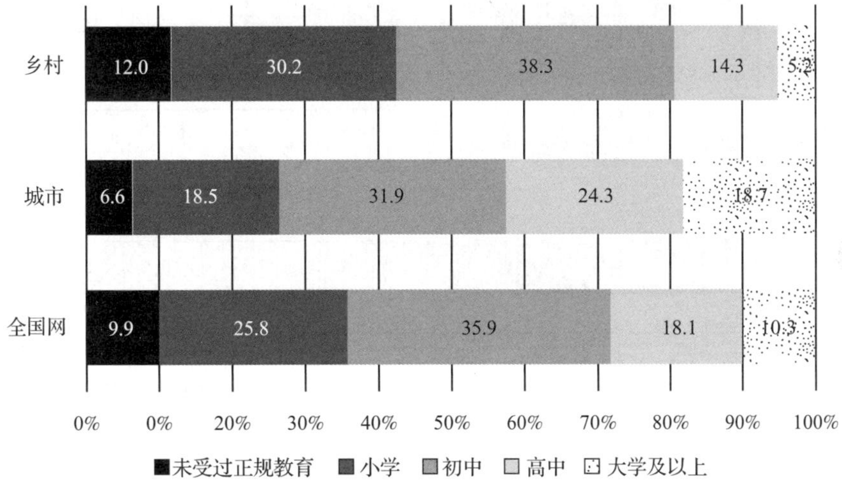

数据来源：CSM 媒介研究

图1.2.3　2015年全国测量仪收视调查网及分城乡电视观众的文化程度构成（%）

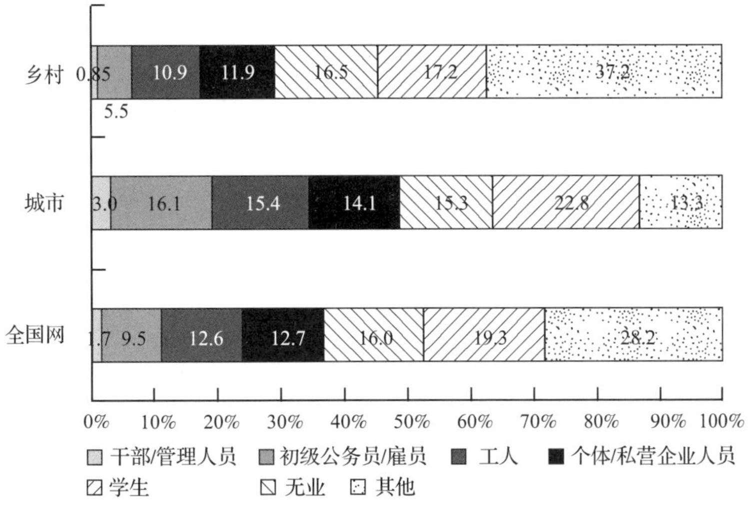

数据来源：CSM 媒介研究

图1.2.4　2015年全国测量仪收视调查网及分城乡电视观众的职业构成（%）

6. 城市观众个人月收入水平高于农村观众，低收入观众所占比例较大

从2015年全国观众整体个人月收入构成来看，个人月收入在0~300元的低收入群体所占比例最大，达37.8%，在城市该比例为31.2%，乡村则更高，达到了41.8%。在城市观众中，个人月收入在1701元及以上的中高收入人群所占比重为54.4%，超过半数，农村观众中该比例则仅为29.8%，不足三分之一，较城市中该收入人群所占比例少了24.6个百分点。总体而言，城市观众中中高收入人群所占比例明显高于乡村中该类人群所占的比例，乡村中低收入人群所占比重更大（图1.2.5），城市观众个人月收入水平高于农村观众。

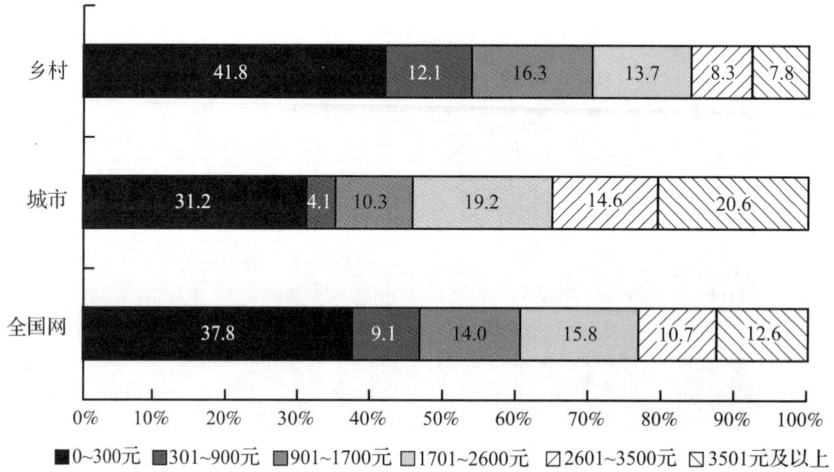

数据来源：CSM媒介研究

图1.2.5 2015年全国测量仪收视调查网及分城乡电视观众的个人月收入构成（%）

三、观众收视行为

2015年全国电视观众人均收视时长低于2014年，创历史新低。受新媒体、新技术发展影响，观众对传统电视的关注度进一步降低，全年收视表现平平，整体较2014年有明显下滑，但不可忽视的是类似“9·3”阅兵这样重大事件引发的短时收视高潮。以晚间黄金时段为代表的传统黄金收视进一步萎缩，传统电视面临较大挑战。

（一）人均收视时间

1. 2015年全国电视观众人均每日收视时间为156分钟，再创新低

2001年以来，我国电视观众人均收视时长呈波动下行的发展态势。2005年和2006年，得益于各级电视台在新闻和综艺等节目形态上的大力创新和集中发力，以及世界杯等特殊事件的推动，观众人均收视时间曾一度回升；到2007年，由于观众对选秀和民生新闻等新节目形态产生“审美疲劳”，以及缺乏特殊重大事件的支撑，观众人均收视时长出现下滑；2008年和2009年，由于北京奥运会的举办、建国六十周年大庆等一系列重大事件的发生，观众的注意力被重新拉回电视，人均每日收视时长又略有回升；从

2010年开始，全国电视观众人均每日收视时长基本呈现持续下滑的态势，虽有2012年的短暂回升，但仍难掩其发展“颓势”。尤其是近几年，受新媒体、互联网进一步发展的影响，受众对媒体的接收形式和接收方式发生了翻天覆地的变化，在这个“无处不视频”的时代，电视这块最大的屏受到了前所未有的冲击，传统的一家围坐在电视机前收看节目的传统几乎被打破，继而被碎片化、个性化的收视行为所替换，最直接地表现在人均每日收视时长的逐年下滑，在经历了2013年和2014年的下降后，2015年再创新低，人均每日收视时长156分钟，为历年来最低（图1.3.1）。

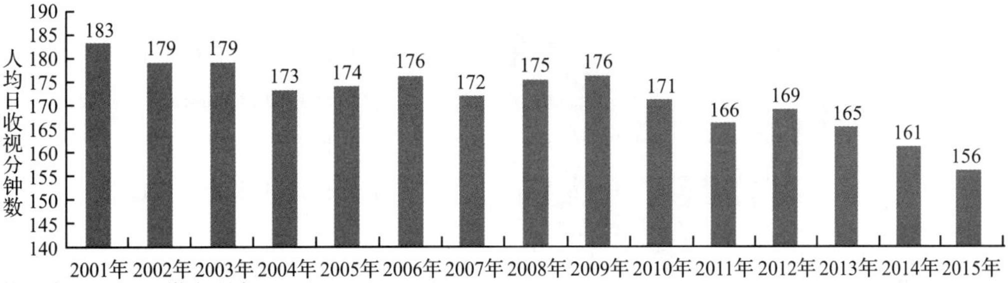

数据来源：CSM媒介研究

图1.3.1　2001～2015年全国样本市（县）① 电视观众人均每日收视时间（分钟）

2. 西南以外六大行政区2015年观众人均每日收视时长较2014年均有不同程度下滑

2015年，除西南地区外，其他六大行政区的人均日收视时长较2014年均有不同程度下滑。华北地区的人均每日收视时长下降幅度最大，从2014年的188分钟减少到了2015年的176分钟，下降达12分钟；其次是西北地区，2015年人均收视时长较2014年减少了8分钟；排在第三的是华东地区，2015年人均收视时长较2014年减少了6分钟；然后依次为东北、华南和华中地区，2015年人均收视时长较2014年均减少了2分钟；相比而言，东北地区的降幅最小；七大行政区内唯有西南一个地区逆势上扬，2015年人均收视时长较2014年增加了1分钟。可以看出，人均收视时长下滑较为显著的地区主要集中在华北和西北地区（表1.3.1）。

表1.3.1　2001～2015年全国七大行政区观众人均每日收视时间（分钟）

地区	2001年	2005年	2010年	2011年	2012年	2013年	2014年	2015年
东北	189	193	191	185	190	184	181	179
华北	200	195	196	196	198	193	188	176
西北	193	185	180	168	172	169	165	157
西南	181	179	169	166	174	170	173	174
华东	177	164	168	162	162	157	151	145
华南	184	169	152	148	149	146	138	136
华中	169	157	166	164	166	164	163	161

数据来源：CSM媒介研究

① 注：2009年以前的数据包含有样本城市和样本县，从2009年起全部为样本城市。

从各大行政区人均收视时间较全国平均水平的差异来看，目前华北和东北地区仍然是电视收视水平较高的区域，高于平均水平幅度均在10%以上，这很大程度上与上述地区冬季时间较长、气温较低、人们的室内生活时间相对较长有关；同时我们也可以看到，2015年西南地区人均收视时长也首次高于平均水平10%以上，这是一个新的变化。相比较而言，在气温相对较高、经济相对发达、人们业余生活相对丰富的华东和华南地区，观众的人均每日收视时间明显较短，均低于平均水平（图1.3.2）。

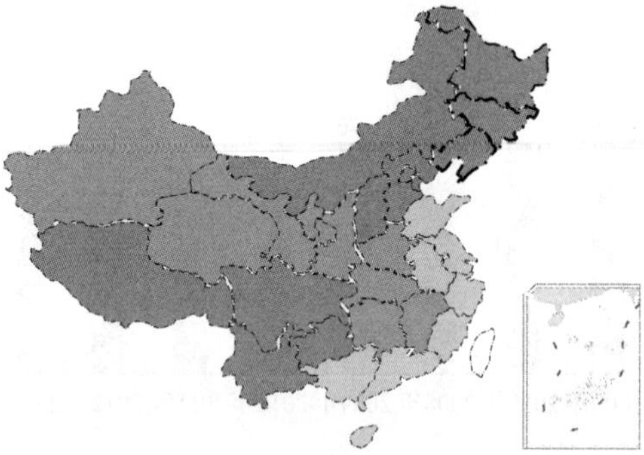

数据来源：CSM媒介研究

图1.3.2　2015年电视观众人均每日收视时间的区域差异

3. 人均收视时长女性观众多于男性观众，较2014年均出现下滑

CSM媒介研究调查数据显示，2015年女性观众人均每日收视时长为160分钟，男性观众为153分钟，女性观众人均每日收视时长较男性观众多7分钟。无论是女性观众还是男性观众，人均收视时长较2014年均有不同程度下滑。从2001年开始的15年数据显示，女性观众收看电视时间长于男性观众是一个规律性现象，随着新媒体、互联网的进一步发展，无论是男性还是女性观众，他们对传统电视的注意力都出现了明显的游离（表1.3.2）。

表1.3.2　2001～2015年全国样本市（县）男女观众平均每日收视时间（分钟）

性别	2001年	2005年	2010年	2011年	2012年	2013年	2014年	2015年
男	182	172	167	162	164	161	157	153
女	183	177	176	171	173	170	165	160

数据来源：CSM媒介研究

4. 老年观众是传统电视的忠实拥趸，中青年观众注意力进一步游离

互联网、新媒体拉开了摧枯拉朽的发展大幕，受众收视转向碎片化和个性化，传统电视无可避免地受到了强有力的冲击。从目前来看，老年人仍是传统电视的忠实粉丝，中青年群体对传统电视的注意力进一步游离。2015年55～64岁和65岁及以上人群的人均收视时长分别为257分钟和278分钟，均比2014年上升，其中65岁及以上老年受众的人均收视时长保持了连续四年持续增长的态势；35～44岁和45～54岁人群的人均收

视时长分别为134和202分钟，继续呈现出下滑的态势；4~14岁、15~24岁和25~34岁人群的人均日收视时长分别为126分钟、86分钟和106分钟，远低于中老年人群的人均日收视时长，并且也呈现出连续四年持续下滑的态势；尤其是15~24岁人群，人均日收视时长由2012年的100分钟下降至2015年的86分钟，下降了14分钟，25~34岁人群的人均日收视时长也从2012年的124分钟减少至2015年的106分钟，减少了18分钟，这两类人群的下滑幅度均较大（图1.3.3）。青少年人群是互联网和手机的“原住民”，对传统电视的依赖度天然就很低。从目前发展趋势来看，受新技术和新媒体发展的影响，中年人群进一步游离于传统电视以外的趋势也在蔓延。

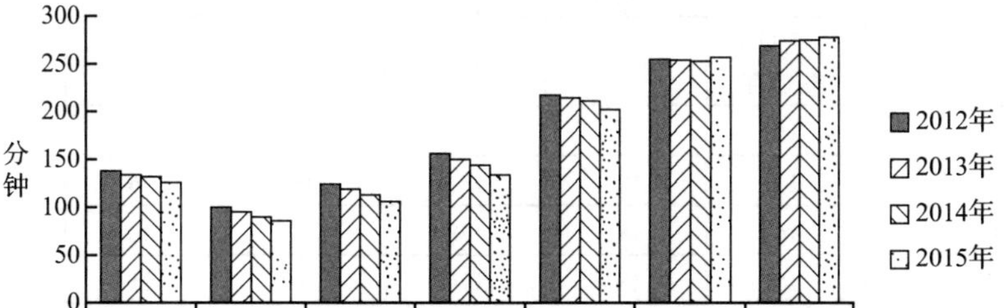

	4~14岁	15~24岁	25~34岁	35~44岁	45~54岁	55~64岁	65岁及以上
2012年	138	100	124	156	217	255	269
2013年	134	95	119	150	214	254	274
2014年	132	90	113	144	211	253	275
2015年	126	86	106	134	202	257	278

数据来源：CSM媒介研究

图1.3.3　2012~2015年全国样本城市不同年龄段观众人均每日收视时间（分钟）

5. 中低学历观众人均收视时间较长，大学及以上学历观众人均收视时间短

中低学历人群对传统电视的收视热情继续保持。2015年，小学学历人群的人均日收视时长为184分钟，位居各学历人群之首，从2013年以来呈现逐年递增的态势；初中学历人群人均日收视时长为177分钟，位居亚席；两者的收视时长均远高于其他学历人群的收视时长；然后依次为高中和未受过正规教育学历人群，人均日收视时长分别为153分钟和152分钟；大学及以上学历人群每日收看电视的时间最短，为121分钟，且从2012年以来呈现逐年下滑态势（图1.3.4）。整体而言，初中及以上受教育程度的观众收看电视上时间与学历成反比，学历越高，收看电视的时间越短。

（二）全年收视走势

1. 2015年整体收视较2014年回落，重大事件撑起收视小高峰

2015年全年收视表现平平，受新媒体冲击等影响，观众对传统电视的关注度进一步降低，表现在收视上就是整体收视水平较2014年有明显下滑。春节期间出现了一个收视小高峰，峰值达到了12.76%，但低于2014年13.34%的水平。值得一提的是“9·3”阅

兵引发一个收视高峰，峰值达12.13%，明显高于2014年同期水平。暑期收视表现平淡，国庆期间收视表现略优于2014年同期收视表现（图1.3.5）。

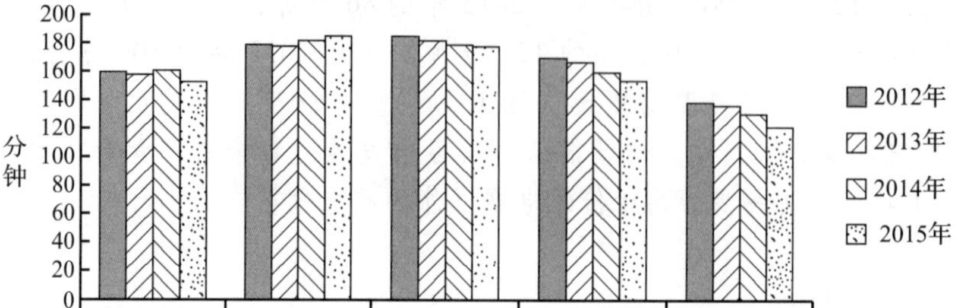

	未受过正规教育	小学	初中	高中	大学及以上
2012年	159	178	184	169	138
2013年	157	177	181	166	136
2014年	160	181	178	159	130
2015年	152	184	177	153	121

数据来源：CSM媒介研究

图1.3.4　2012～2015年全国样本城市不同教育程度观众人均每日收视时间（分钟）

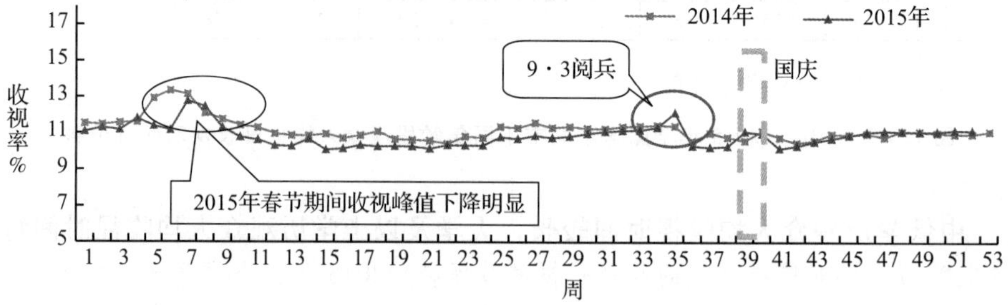

数据来源：CSM媒介研究

图1.3.5　2014年和2015年全国样本城市观众全年收视走势

2. 北方收视水平明显高于南方，冬春季收视优势相对明显

受气候影响，北方冬季时间较长，户外温度较低，相应地人们的室外活动减少，因此更趋向在家看电视，因此东北、华北和西北地区在全年各个时期的收视水平普遍高于华东、华南、华中和西南地区，这种优势更多体现在“五一”之前和“十一”之后（图1.3.6）。

3. 女性观众全年不同时期收视水平普遍高于男性

2015年男女观众全年收视走势基本趋同，相比女性，男性观众对传统电视的关注度更低，女性观众全年不同时期收视水平普遍高于男性（图1.3.7）。

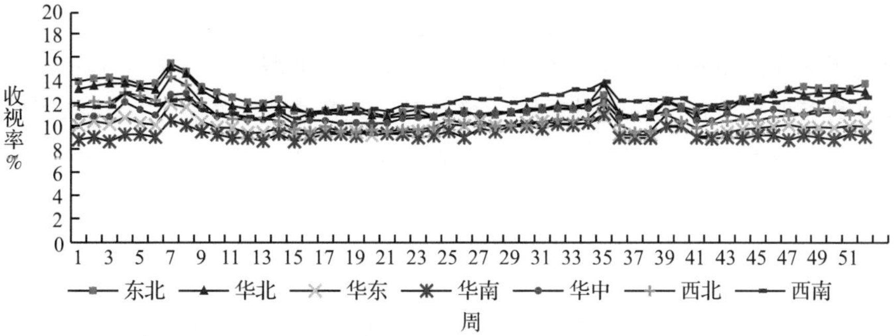

数据来源：CSM 媒介研究

图 1.3.6　2015 年全国七大行政区观众全年收视走势

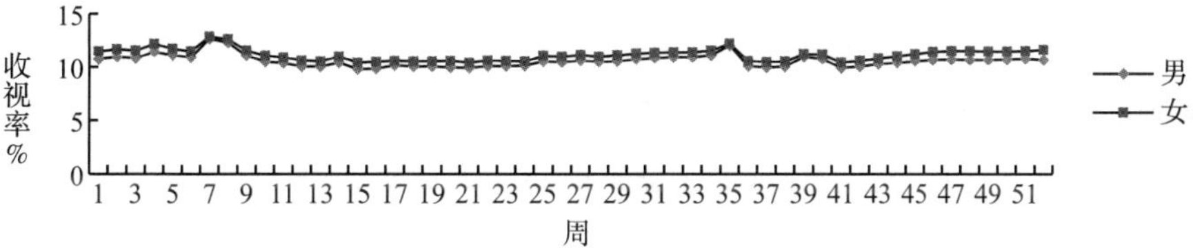

数据来源：CSM 媒介研究

图 1.3.7　2015 年全国样本城市男女观众全年收视走势

4. 中老年观众不同时期收视相对平稳，青少年群体收视具有明显的时期特征

45 岁及以上中老年人群全年各个时期收视水平明显高于年轻观众，且各时期波动较小，整体较为平稳；25～34 岁和 35～44 岁人群收视水平位居中游，且各时期收视水平较为稳定；24 岁及以下的青少年群体大多数时期的收视水平均相对较低，但时期特征较为明显，每逢寒暑假及“十一”黄金周期间，该类人群就会出现明显的收视高潮，该特征在 4～14 岁小观众群体中表现尤为突出（图 1.3.8）。

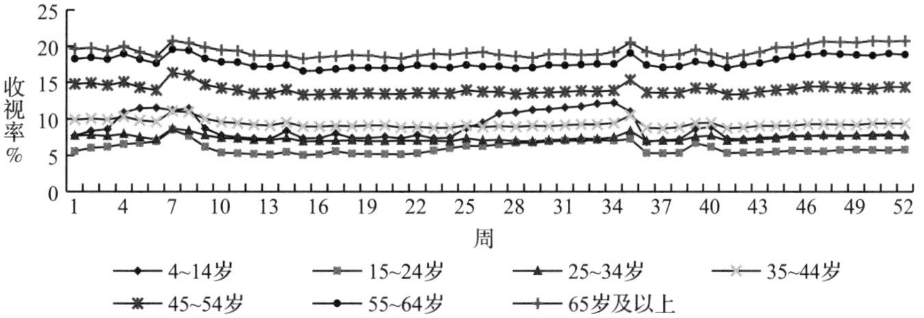

数据来源：CSM 媒介研究

图 1.3.8　2015 年全国样本城市不同年龄观众全年收视走势

5. 中低文化程度观众全年收视优势突出，低学历人群时期收视高峰凸显

小学和初中文化程度观众全年收视优势突出，大批学龄儿童聚集在此类人群中，因此他们的收视表现呈现出明显的时期特征，寒暑假期间收视水平有明显提升，拥有专属于该类人群的相对明显的时期收视高峰；相对而言，高中和大学及以上文化程度的观众全年时期收视较为平稳，后者的收视水平偏低（图 1.3.9）。

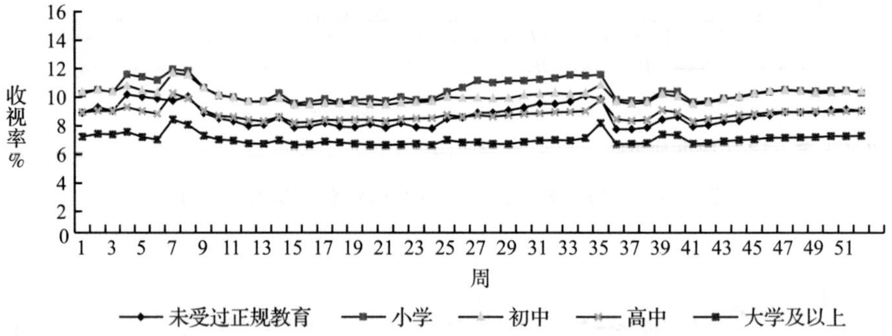

数据来源：CSM 媒介研究

图 1.3.9　2015 年全国样本城市不同教育程度观众全年收视走势

（三）全天收视走势

1. 全天收视走势平稳，黄金时段收视萎缩加剧

2015 年全天收视走势与 2014 年基本保持一致。全天收视走势呈双峰形，全天收视最高峰时段出现在晚间黄金时段 19:00～22:00，最高峰值出现在 20:30，接近 37%；收视次高峰时段出现在午间 11:30～13:00，峰值出现在 12:30，为 13.36%。总体而言，2015 年全天收视走势符合观众的日常工作和生活作息习惯，维持了一贯的稳定性，但全天绝大多数时段收视水平较 2014 年均有不同程度萎缩。这种萎缩更多体现在晚间收视黄金时段 19:45～22:00，收视率的下滑值较大，超过了 1 个百分点（图 1.3.10）。

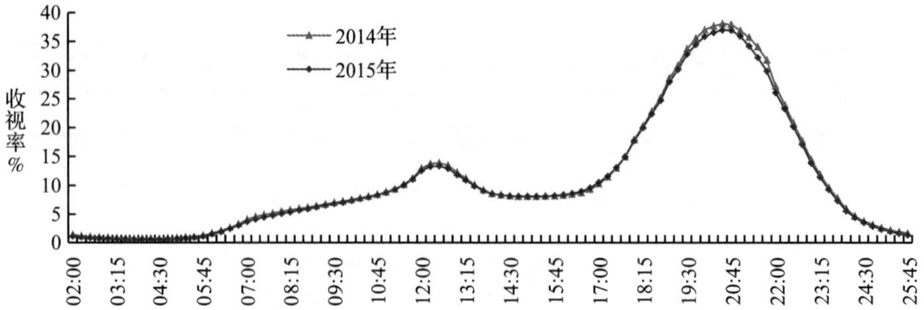

数据来源：CSM 媒介研究

图 1.3.10　2014 年、2015 年全国样本城市观众全天收视走势

2. 观众全天收视走势区域特征明显

中国幅员辽阔，东西、南北跨度都很大，这也使得长期以来不同地域人群形成了各具特色的生活和作息习惯，表现在对传统电视的收看上也呈现出明显的地域差异。不同地区全天收视走势显示，东北、华北和华东等地理位置偏东的区域，日出时间相对较早，故观众每天收视行为开始的也早，东北地区在早间7:00左右就拥有了接近10%的收视率，相应地，这些地区日落时间也较早，因此晚间收视高峰开始时段也会提前，早于其他地区，如东北地区每天从傍晚17:00左右开始收视就出现向上攀升的态势。比较而言，地理位置相对偏西的西北和西南地区晚间时段拥有相对较高的收视表现，西南地区晚间黄金时段的收视水平明显高于其他地区同时段的收视水平，西北地区则在深夜23:00之后时段创造了优于其他地区的收视表现；华南地区晚间黄金时段的收视水平明显低于其他地区（图1.3.11）。

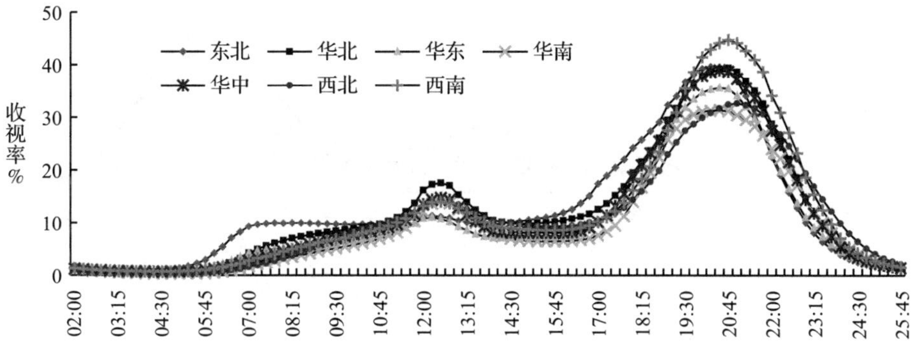

数据来源：CSM媒介研究

图1.3.11　2015年全国七大行政区观众全天收视走势

3. 女性观众收视水平整体高于男性，晚间黄金时段优势凸显

男女观众全天收视走势趋同。女性观众全天大部分时段收视水平明显高于男性观众，主要集中表现在9:00~22:45时段，其中晚间收视黄金时段表现尤为明显，该时段主要是各电视频道的电视剧播出时段，女性对该类节目的收视兴趣远远高于男性（图1.3.12）。

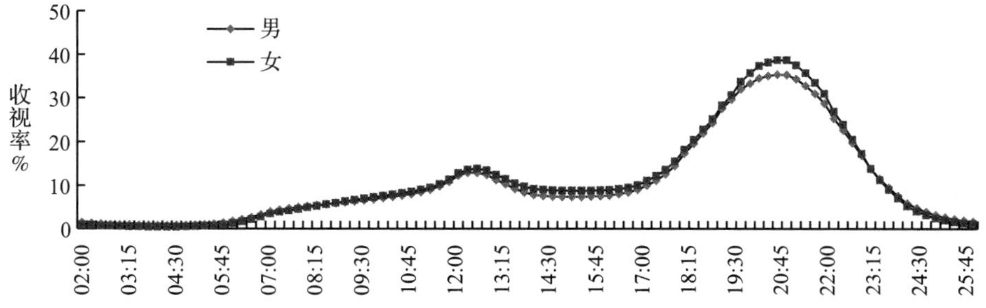

数据来源：CSM媒介研究

图1.3.12　2015年全国样本城市不同性别观众全天收视走势

4. 不同年龄段观众收视表现各具特色，与其年龄契合

各年龄段观众全天收视走势基本趋同，不同年龄段人群收视走势又各具特色，表现出与其年龄相契合的收视特征。55岁及以上的中老年人群拥有相对较长的闲暇时光且拥有对时间的自主支配权，因此全天收视水平明显高于其他年龄段观众，其中65岁及以上的老年人群在晚间收视黄金时段创下的收视峰值可达60%以上，遥遥领先于其他年龄段观众同时段的收视水平。35~54岁的观众群因白天多在上班工作，因此日间的收视水平相对较低，但晚间仍然拥有较为突出的收视高峰。34岁及以下的青少年和儿童观众群受自身作息时间或习惯的限制，以及受来自于新媒体的吸引，更偏好于使用新的媒介工具，如电脑、手机和iPad等介质，通过网络来达到观看视频、获得资讯等目的，因此该类人群可视为游离于传统电视之外的受众群，整体收视水平偏低，特别是晚间收视高峰时段与其他年龄段观众的差距更大，且收视高峰的下滑较其他年龄段人群也较为提前（图1.3.13）。

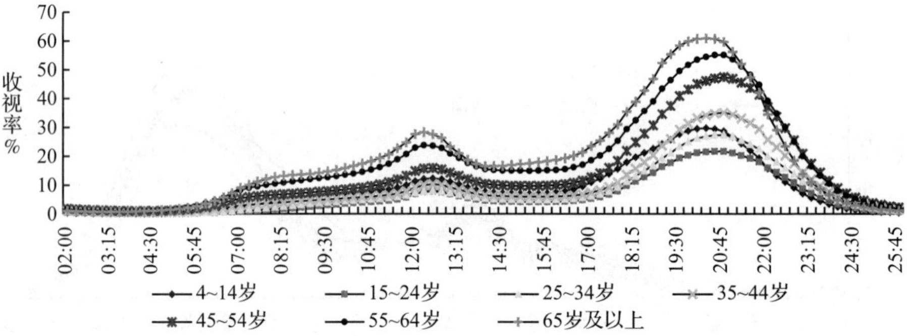

数据来源：CSM媒介研究

图1.3.13　2015年全国样本城市不同年龄观众全天收视走势

5. 不同文化程度观众全天收视走势各有特点

受教育程度不同，所从事的工作和日常的生活作息习惯必然存在差异，表现在对电视的收看上也是各具特色。不同文化程度观众全天收视走势显示，小学和初中学历观众全天收视水平较高，拥有明显高于其他教育程度观众的午间和晚间收视高峰；未受过正规教育的观众群体晚间收视峰值低于小学和初中学历观众，且收视高峰提前于其他受教育程度观众出现，在20:00左右就达到了全天的收视顶峰，从21:00左右便开始出现收视曲线的下滑；相比而言，高中和大学及以上学历人群的收视水平整体偏低，尤其是大学及以上学历人群晚间收视峰值远低于其他几类受教育程度人群，同时这两类人群在晚间出现的收视高峰时段整体后延，且跨度较大，在22:00之后的后晚间时段的收视水平明显高于低教育程度群体的收视水平（图1.3.14）。

6. 周末白天收视水平明显高于工作日

与往年情况一样，2015年中国观众周末白天的收视水平明显高于工作日，主要集中在早间7:30之后时段，尤以8:15~18:15时段表现更甚，周末收视水平较工作日同时段收视水平均高出了1个百分点以上。相比而言，晚间黄金收视时段的收视水平周末和工作日基本接近，周末略高于工作日（图1.3.15）。

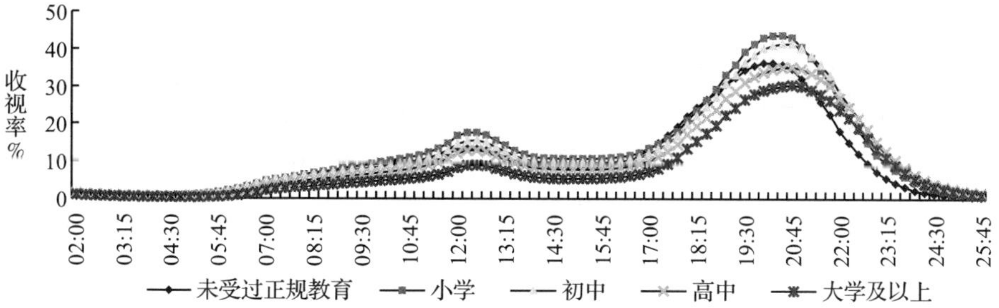

数据来源：CSM 媒介研究

图 1.3.14 2015 年全国样本城市不同教育程度观众全天收视走势

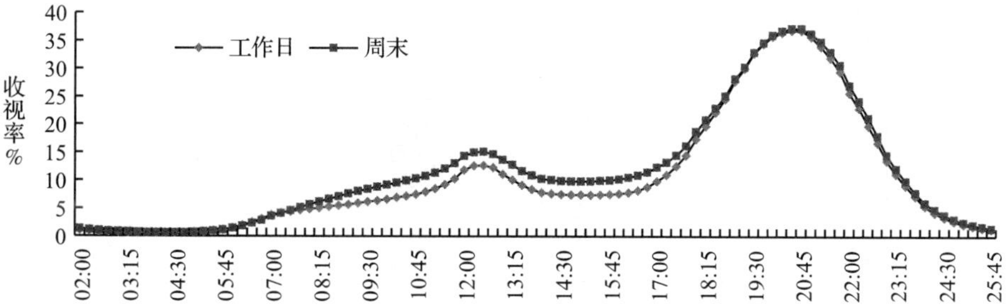

数据来源：CSM 媒介研究

图 1.3.15 2015 年全国样本城市周末和工作日全天收视走势

四、频道竞争格局

2015 年，在政策和市场的共同作用下，从全国 133 城市整体电视收视市场，到重点省、市收视市场，其竞争格局都在发生细微而深刻的变化。从全国整体市场来看，政策影响之下地面频道市场份额获得了增长，上星频道市场份额萎缩。而在重点省、市收视市场，政策与市场的力量此消彼长，形成了不同的竞争格局：在经济发达的北京、上海和广州市场，本土频道竞争优势明显，央视和外省卫视竞争力回落；在地处中原的河南省市场，中央台和外省卫视的竞争优势地位进一步巩固，河南省级频道的市场份额下滑。

（一）全国电视收视市场的频道竞争格局

1. 上星频道市场份额下滑，政策利好之下地面频道市场份额回升

2015 年 1 月 1 日起，“一剧两星”、“一晚两集”的电视剧新政正式实施，该政策旨在进一步均衡卫视综合频道的节目构成，而经历一年的市场检验，我们可以看到，在全国 133 城市电视收视市场上，各级频道的竞争格局确实在整体稳定的前提下发生了细微

的变化。包括省卫视和中央台在内的上星频道，市场份额均较2014年有所下降，其中省级上星频道下降幅度较大，市场份额由2014年的32.6%降至2015年的31.2%，降幅达4.3%；中央台市场份额由2014年的29.2%降至2015年的28.5%，降幅为2.4%；中国教育台市场份额也略有降低。政策利好之下，地面频道在2015年迎来了难得的增长，尤其是省级非上星频道，2015年市场份额达到21.1%，较2014年增长了5%；市级频道市场份额略增长0.1个百分点，达到9.6%（图1.4.1）。

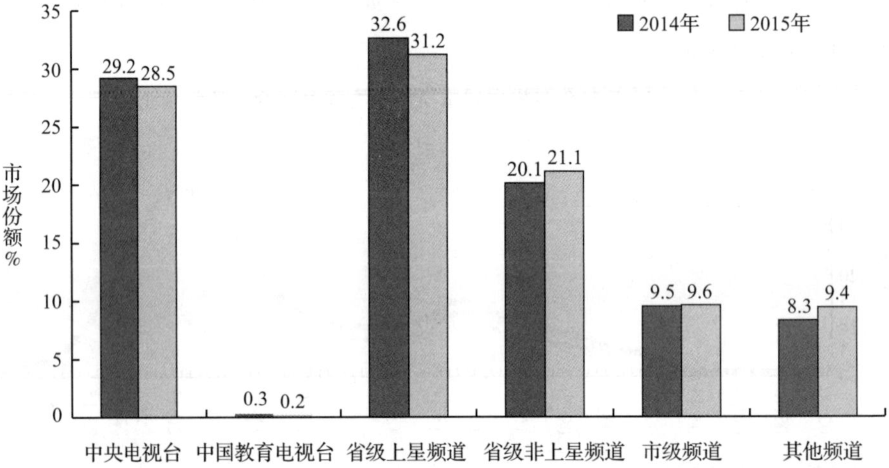

数据来源：CSM媒介研究

图1.4.1　2014年和2015年全国电视收视市场各类频道市场份额（%）对比

2. 中央台和省卫视全天市场份额互为消长，地面频道傍晚时段竞争力增强

在全国电视收视市场全天不同时段的收视竞争中，在整体市场中领先的中央台和省卫视，继续在多数时段保持领先优势，且两级频道凭借各自特有的节目资源和受众定位，在不同时段市场份额基本呈互为消长之势：中央台在早间4:00～10:00、午间11:00～13:30时段份额领先；省级上星频道则在下午13:30～17:30、晚间19:30之后的时段竞争力更强。与2014年相比，中央台上午时段竞争力有所提升，省级卫视21:00～22:00竞争力略有下降。对于拥有本土民生新闻优势的省级地面频道和城市台频道，2015年其竞争力更强的时段仍集中在傍晚18:00～19:00时段，其中省级非上星频道在这一时段的市场份额甚至超过中央台和省卫视频道，成为竞争力最强的一类频道（图1.4.2）。

3. 各级频道细分收视市场优势互补，省卫视受众年轻化趋势明显

2015年，在全国市场各细分受众的收视竞争中，从中央台、省卫视到地面频道，其核心收视群体存在着一定的差异和互补性。中央台继续在男性、中老年、中等学历、干部/管理人员中保持着相对竞争优势，省级卫视则对女性、较低年龄层、学生观众更具吸引力，省市两级地面频道更受女性、中高年龄层、初级职员的青睐（表1.4.1）。

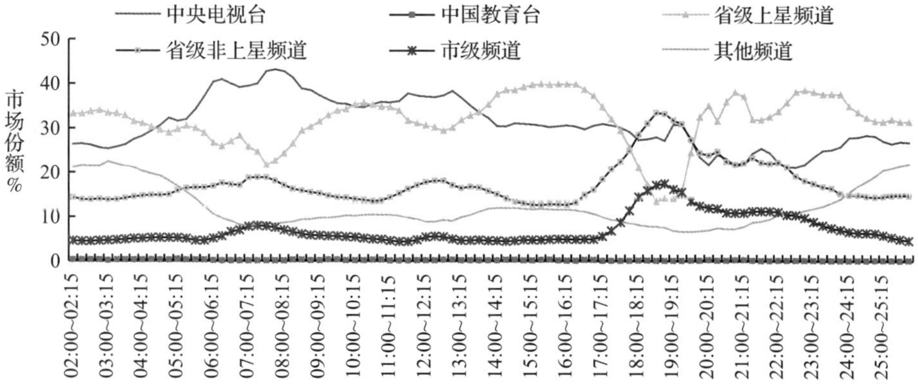

数据来源：CSM 媒介研究

图 1.4.2　2015 年全国电视收视市场各类频道市场份额（%）全天走势

表 1.4.1　2015 年全国市场各类频道在不同目标观众中的市场份额（%）

目标观众	中央电视台	中国教育台	省级上星频道	省级非上星频道	市级频道	其他频道
4 岁及以上所有人	28.5	0.2	31.2	21.1	9.6	9.4
男	30.8	0.2	29.0	20.9	9.3	9.8
女	26.1	0.2	33.5	21.2	9.8	9.2
4 ~ 14 岁	25.2	0.1	42.8	16.2	6.4	9.3
15 ~ 24 岁	22.9	0.2	38.1	18.6	9.8	10.4
25 ~ 34 岁	23.8	0.2	34.8	19.6	9.6	12.0
35 ~ 44 岁	28.2	0.3	33.2	19.0	9.1	10.2
45 ~ 54 岁	27.8	0.2	29.0	23.1	10.5	9.4
55 ~ 64 岁	30.9	0.2	26.3	24.5	9.7	8.4
65 岁及以上	36.4	0.2	25.3	21.6	10.0	6.5
未受过正规教育	27.8	0.1	34.0	19.7	10.3	8.1
小学	27.6	0.2	31.8	21.8	10.8	7.8
初中	28.8	0.2	30.5	22.0	9.8	8.7
高中	28.8	0.2	30.9	21.0	9.2	9.9
大学及以上	28.3	0.2	31.9	19.3	8.5	11.8
干部/管理人员	29.6	0.2	30.0	19.0	9.4	11.8
个体/私营企业人员	28.9	0.2	30.8	19.9	10.4	9.8
初级公务员/雇员	25.5	0.2	30.9	21.6	9.8	12.0
工人	26.9	0.2	31.0	21.6	10.9	9.4
学生	24.4	0.2	42.9	15.9	6.9	9.7
无业	31.1	0.2	29.2	21.8	9.5	8.2
其他	28.7	0.2	31.5	24.6	8.0	7.0
0 ~ 600 元	25.7	0.2	37.2	18.9	8.8	9.2
601 ~ 1200 元	28.8	0.2	30.3	23.6	9.3	7.8
1201 ~ 1700 元	30.4	0.2	29.9	21.9	9.8	7.8
1701 ~ 2600 元	30.4	0.2	29.2	21.7	10.1	8.4
2601 ~ 3500 元	28.7	0.2	29.0	22.1	9.7	10.3
3501 ~ 5000 元	28.5	0.2	28.6	21.3	9.8	11.6
5001 元及以上	27.4	0.2	29.7	20.3	10.1	12.3

数据来源：CSM 媒介研究

在以性别为细分标准的收视市场上，男性观众对中央电视台的收视份额较所有观众平均水平高出2.3个百分点，女性观众对省级卫视的收视份额则较所有观众的平均水平高出2.3个百分点；省、市地面频道对女性观众更具吸引力，但在男、女观众中的竞争力差异不大。在以年龄为细分标准的收视市场上，中央台频道对55岁及以上的中老年观众，尤其是65岁及以上的老年观众的吸引力更强，该类观众对中央台频道的收视份额远高于4岁及以上观众的平均水平，其中65岁及以上观众的收视份额较平均水平高出7.9个百分点；省级卫视在4~44岁观众群体中的收视份额较所有观众平均水平更高，其中在4~14岁和15~24岁观众中影响力更强；省级非上星频道对45~64岁的中老年收视群体较具影响力；市级频道则更受45~54岁观众的青睐；中国教育台在35~44岁中青年观众中的收视份额高于所有观众平均水平。在以学历为细分标准的收视市场上，初高中学历收视群体对中央台的收视份额高于4岁及以上观众的平均水平；未受过正规教育的观众则对省级卫视的收视份额相对更高；省级非上星频道在初中学历观众中收视份额高于所有观众的平均水平；市级频道更吸引小学及以下学历观众。在以职业为细分标准的收视市场上，干部/管理人员和以离退休人员为主体的无业观众依然对中央台频道的收视份额较高；而学生群体对省级卫视则表现出更高的收视份额，较4岁及以上所有观众对省级卫视的收视份额高出11.7个百分点；其他职业类别观众对省级非上星频道收视份额更高；个体/私营企业人员和工人对市级频道的市场份额相对更高。在以收入为细分标准的收视市场上，个人月收入1201~2600元的观众对中央台收视份额明显高于所有观众的平均水平；而个人月收入0~600元的低收入观众则对省级卫视的收视份额明显高于所有观众的平均水平；个人月收入601~1200元的观众对省级非上星频道表现出较高的收视份额；个人月收入1701~2600元及5001元及以上的观众对市级频道的收视份额略高于所有观众的平均水平。

4. 前十五位频道半数竞争力下滑，市场份额提升难度增大

2015年，在政策影响之下，上星频道整体竞争力下滑，而具体到单个频道的竞争中，这种份额下滑的趋势也较为明显。2015年，在全国133城市，市场份额排名前15位的频道中，市场份额较2014年下滑的频道有7个，占比近一半。中央电视台综合频道以5.0%的市场份额占据首位，但较2014年市场份额下滑了0.8个百分点；湖南卫视以4.3%的市场份额位居第二位，市场份额较2014年提升了0.4个百分点。在市场份额提升的频道中，中央台六套、浙江卫视和上海东方卫视排名也有明显提前，其中中央台六套由2014年的第五位提升至2015年的第三位，浙江卫视由2014年的第十一位提升至2015年的第六位，上海东方卫视由2014年的第十五位上升至2015年的第十一位（表1.4.2）。

（二）河南省电视收视市场的频道竞争格局

1. 中央台和外省卫视主导市场，河南台占据不足二成的份额

在河南省电视收视市场，中央台和外省卫视占据竞争的主导地位，2015年，两级频

道分别占据42.7%和36.9%的市场份额，且均较2014年有所增长。河南省级频道在与中央台和外省卫视的竞争中不具优势，2015年仅占据不足二成的市场份额，且较2014年进一步下滑。中国教育台在河南市场的市场份额为0.5%，较2014年的0.7%有所萎缩（图1.4.3）。

表1.4.2　2015年全国电视收视市场市场份额排名前十五位的频道

排名	频道	2015年市场份额（%）	2014年市场份额（%）
1	中央电视台综合频道	5.0	5.8
2	湖南卫视	4.3	3.9
3	中央台六套	3.0	2.7
4	中央电视台新闻频道	2.9	3.1
5	中央台三套	2.8	2.8
6	浙江卫视	2.7	2.1
7	中央台四套	2.6	2.5
8	中央台八套	2.4	2.1
9	江苏卫视	2.1	2.5
10	中央台五套	2.0	2.2
11	上海东方卫视	1.8	1.5
11	北京卫视	1.8	1.7
13	中央电视台少儿频道	1.7	2.2
13	山东卫视	1.7	2.2
15	安徽卫视	1.6	1.7

数据来源：CSM媒介研究

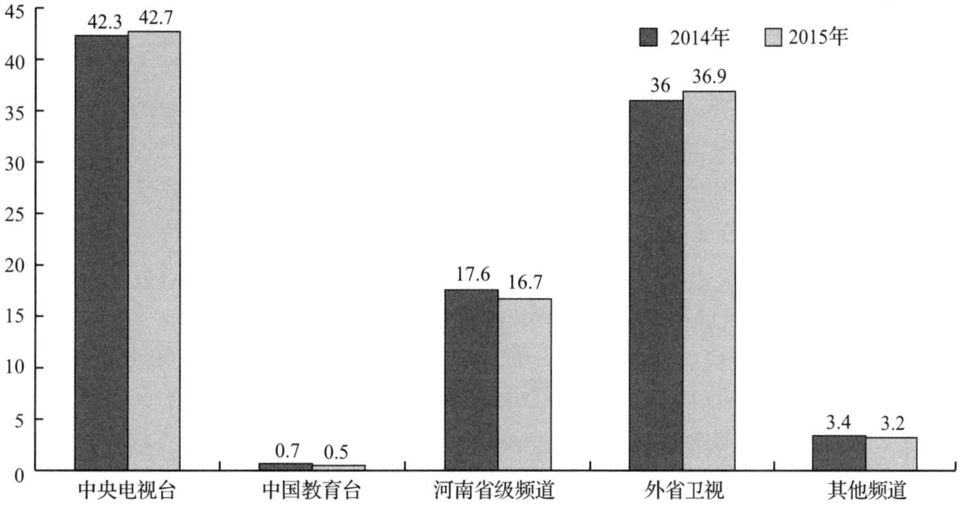

数据来源：CSM媒介研究

图1.4.3　2014年和2015年河南省电视收视市场各类频道市场份额（%）对比

2. 中央台和外省卫视全天各时段竞争力交相领先，河南台晚间时段份额相对较高

在河南市场各级频道全天不同时段的收视竞争中，在整体市场中保持领先的中央台和外省卫视，继续在全天不同时段交相领先。其中，中央台在4:00~14:00、16:00~19:30以及23:30之后的时段占据市场竞争的首位；外省卫视在2:00~4:00、14:00~16:00以及晚间19:30~23:30具有绝对的竞争优势。河南省级频道虽然整体上难以与中央台和外省卫视相匹敌，但相对自身全天市场份额走势来说，其在晚间18:30~24:00时段竞争力较强，尤其是18:30~19:00这一时段竞争优势较为明显（图1.4.4）。

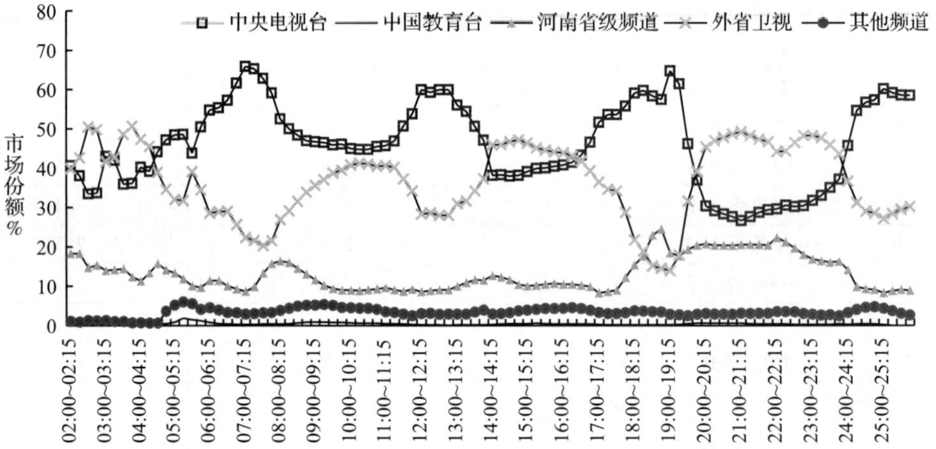

数据来源：CSM媒介研究

图1.4.4 2015年河南省电视收视市场各类频道市场份额（%）全天走势

3. 中央台和外省卫视细分受众市场优势互补，河南台更吸引普罗大众收视

2015年，在河南省市场各级频道对细分目标观众的竞争中，中央台和外省卫视竞争力更强的受众之间存在着一定的差异和互补；河南本土频道则更吸引中老年、中等学历和中等收入水平的普罗大众（表1.4.3）。

在以性别为细分标准的收视市场上，中央台、中国教育台和河南省级频道在男性观众中的收视份额明显更高；外省卫视则在女性观众收视中获得更多的关注。在以年龄为细分标准的收视市场上，中央台在4~14岁、55岁及以上的观众中影响力更强；河南省级频道在45岁及以上中老年观众中收视份额明显高于其在4岁及以上所有观众中的平均水平；而外省卫视则在15~44岁中青年观众中拥有较强的影响力；中国教育台对不同年龄段观众的吸引力差异不大。在以学历为细分标准的收视市场上，小学及以下和大学及以上受教育程度的收视群体对中央台的收视份额明显更高；初中和大学及以上学历的收视群体对河南省级频道收视份额相对较高；外省卫视收视份额较高的群体是初中教育程度的观众。在以职业为细分标准的收视市场上，中央电视台在干部/管理人员、初级公务员/雇员、学生和以离退休人员为主体的无业群体中的收视份额明显更高；河南省级频道在工人、以离退休人员为主体的无业群体和其他职业类别观众中的收视份额显著高

于平均水平；外省卫视则对个体/私营企业人员和学生的收视影响力更强；中国教育台更受干部/管理人员的青睐。在以收入为细分标准的收视市场上，中央台对个人月收入在2601元及以上的中高收入观众吸引力较强；河南省级频道在301～2600元收入群体中具有一定优势；而外省卫视则在个人月收入900元以下的低收入群体中影响力更大；中国教育台则更受个人月收入在3501元及以上的高收入人群的关注。

表1.4.3　2015年河南省市场各类频道在不同目标观众中的市场份额（%）

目标观众	中央电视台	中国教育台	河南省级频道	外省卫视	其他频道
4岁及以上所有人	42.7	0.5	16.7	36.9	3.2
男	45.7	0.5	16.9	33.7	3.2
女	39.8	0.4	16.6	40.0	3.2
4～14岁	51.7	0.4	6.6	39.0	2.3
15～24岁	35.7	0.4	13.8	47.7	2.4
25～34岁	38.7	0.5	14.7	44.0	2.1
35～44岁	41.5	0.5	12.8	42.1	3.1
45～54岁	39.2	0.5	21.9	35.3	3.1
55～64岁	46.1	0.5	24.5	25.1	3.8
65岁及以上	47.2	0.4	25.7	20.6	6.1
未受过正规教育	52.9	0.4	11.3	32.0	3.4
小学	47.7	0.4	14.8	33.8	3.3
初中	38.1	0.5	18.3	40.2	2.9
高中	43.6	0.4	15.7	36.3	4.0
大学及以上	50.4	0.3	18.3	28.4	2.6
干部/管理人员	44.0	0.9	15.0	37.8	2.3
个体/私营企业人员	41.9	0.3	16.1	39.4	2.3
初级公务员/雇员	50.3	0.4	16.2	30.5	2.6
工人	39.9	0.4	18.7	37.9	3.1
学生	46.3	0.4	8.0	42.9	2.4
无业	46.8	0.4	19.6	28.3	4.9
其他	38.8	0.5	18.8	38.8	3.1
0～300元	43.3	0.4	14.7	38.4	3.2
301～900元	37.3	0.5	19.8	38.8	3.6
901～1700元	41.0	0.4	18.3	37.7	2.6
1701～2600元	43.6	0.5	18.3	34.4	3.2
2601～3500元	47.7	0.5	15.8	31.7	4.3
3501元及以上	48.8	0.6	13.7	34.5	2.4

数据来源：CSM媒介研究

4. 中央台和外省卫视频道竞争力强劲，河南台四个频道入围前十五位

2015年，在河南电视收视市场单个频道的收视竞争中，具有领先优势的频道仍然以中央台和外省卫视频道为主，河南台仅有卫视、都市频道、电视剧频道和公共频道4个

入围前15位。具体来看，中央台综合频道以11.7%的市场份额位居市场首位，但这一数值较2014年减少了1.4个百分点；湖南卫视以9.4%的市场份额排名第二位，这一数值较2014年增长了2.4个百分点；中央台少儿频道以7.6%的市场份额位居第三位，这一数值较上年略增长了0.3个百分点。河南电视台卫星频道和河南电视台都市频道分别以5.5%和4.7%的市场份额位列第四至五位，且市场份额较2014年有较为明显的下滑(表1.4.4)。

表1.4.4　2015年河南省收视市场市场份额排名前十五位的频道

排名	频道	2015年市场份额（%）	2014年市场份额（%）
1	中央电视台综合频道	11.7	13.1
2	湖南卫视	9.4	7.0
3	中央电视台少儿频道	7.6	7.3
4	河南电视台卫星频道（一套）	5.5	7.1
5	河南电视台都市频道（二套）	4.7	5.4
6	中央台八套	3.5	3.2
6	中央台十二套	3.5	3.2
8	中央台六套	3.1	2.7
9	河南电视台电视剧频道（五套）	2.8	2.5
10	中央电视台新闻频道	2.6	2.7
10	安徽卫视	2.6	2.6
10	山东卫视	2.6	2.6
10	中央台三套	2.6	2.7
14	浙江卫视	2.3	1.1
15	河南电视台公共频道（八套）	2.0	0.9

数据来源：CSM媒介研究

（三）北京市电视收视市场的频道竞争格局

1. 北京台占据市场近四成收视份额，中央台和外省卫视竞争力略有下滑

与河南省电视收视市场中央台和外省卫视占据主导地位的竞争格局有所不同，在北京电视收视市场，2015年占据市场领先地位的是本土频道北京电视台，共占据近四成(39.4%)的市场份额，且这一数值较2014年略有增长。中央台和外省卫视分别占据四分之一左右的份额，其中中央台市场份额略高，2015年达24.6%，外省卫视则占据22.2%的市场份额。与2014年相比，这两级频道的竞争力均有所下降。中国教育台在北京市场所占的份额相对高于其他市场，2015年市场份额达到1%，但较2014年的2.1%萎缩了一半多（图1.4.5)。

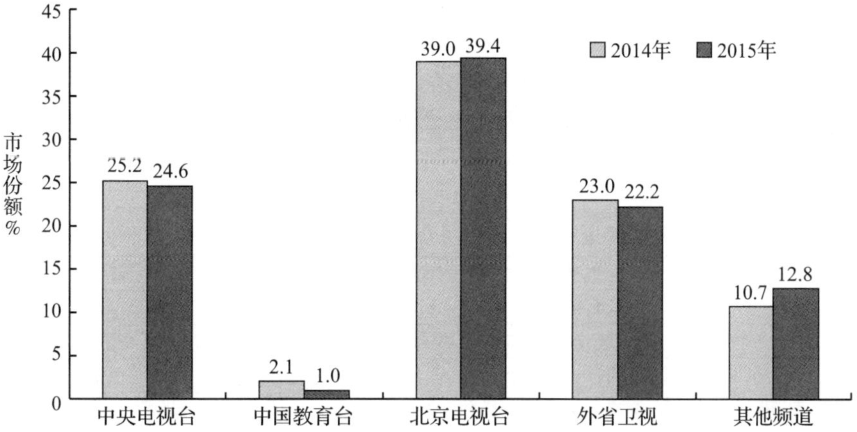

数据来源：CSM 媒介研究

图 1.4.5 2014 年和 2015 年北京电视收视市场各类频道市场份额（%）对比

2. 北京台全天多时段竞争力领先，外省卫视凌晨、下午及后晚间有所突破

在北京市场全天各时段的收视竞争中，北京电视台仍然凭借着强劲的竞争优势在全天多数时段保持领先，尤其在早间、午间和晚间三个时段竞争优势更为明显，早间 7:30 左右和午间 12:30 左右市场份额逼近 50%，晚间 19:00 前后市场份额超过 60%。中央台和外省卫视虽然在整体上不敌北京台，但分别凭借各自优势在其他时段具有竞争力：中央台在上午时段整体份额高于全天平均水平，外省卫视在凌晨 2:30 ~ 4:30、下午 14:30 ~ 16:30 以及后晚间 22:20 ~ 24:30 的市场份额甚至超过北京台，成为竞争力最强的一类频道。中国教育台整体市场份额较低，但在午间 12:00 ~ 13:00 时段的竞争力明显高于全天平均水平，形成自己的相对优势时段（图 1.4.6）。

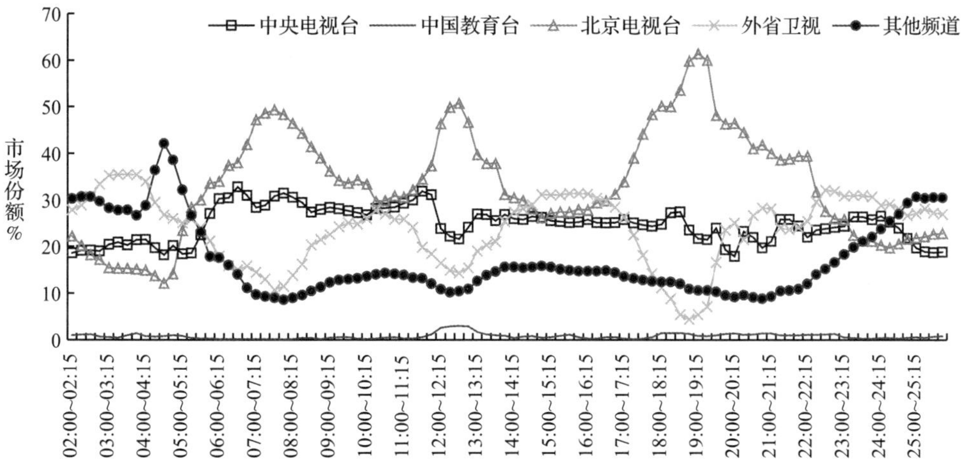

数据来源：CSM 媒介研究

图 1.4.6 2015 年北京电视收视市场各类频道市场份额（%）全天走势

3. 北京台在女性、中老年观众中具有较强竞争力，外省卫视受年轻、学生观众青睐

2015年，在北京市场各级频道对细分观众的收视竞争中，北京台继续保持对女性、中老年、中等收入观众的较强吸引力，中央台则更吸引男性、老年、中低收入群体收视，外省卫视相对更受女性、年轻、学生观众的青睐（表1.4.5）。

表1.4.5　2015年北京市场各类频道在不同目标观众中的市场份额（%）

目标观众	中央电视台	中国教育台	北京电视台	外省卫视	其他频道
4岁及以上所有人	24.6	1.0	39.4	22.2	12.8
男	26.6	1.0	39.0	20.6	12.8
女	22.6	1.0	39.9	23.8	12.7
4~14岁	24.4	0.8	33.6	24.9	16.3
15~24岁	20.5	1.4	33.2	26.5	18.4
25~34岁	21.6	0.5	36.5	25.6	15.8
35~44岁	22.5	1.9	33.1	24.7	17.8
45~54岁	24.3	1.3	40.4	22.5	11.5
55~64岁	24.9	0.7	44.2	19.8	10.4
65岁及以上	31.6	0.7	44.3	16.7	6.7
未受过正规教育	23.8	0.3	45.2	22.1	8.6
小学	27.9	3.1	36.1	25.1	7.8
初中	25.6	1.0	39.1	23.0	11.3
高中	24.8	1.1	41.0	21.6	11.5
大学及以上	23.4	0.7	38.2	22.0	15.7
干部/管理人员	25.1	0.5	38.3	19.2	16.9
个体/私营企业人员	23.8	0.9	36.9	27.7	10.7
初级公务员/雇员	23.3	0.9	38.9	21.7	15.2
工人	22.1	2.4	35.3	25.0	15.2
学生	21.4	1.3	29.6	27.0	20.7
无业	26.4	0.8	42.9	20.6	9.3
其他	29.6	0.6	29.6	34.8	5.4
0~600元	22.8	1.1	33.9	28.1	14.1
601~1200元	27.6	1.4	38.2	26.4	6.4
1201~1700元	26.2	0.6	41.6	23.6	8.0
1701~2600元	24.2	0.7	42.2	21.9	11.0
2601~3500元	26.0	1.2	41.0	19.6	12.2
3501~5000元	24.6	1.0	39.4	20.8	14.2
5001元及以上	23.5	0.9	37.3	22.8	15.5

数据来源：CSM媒介研究

在以性别为细分标准的收视市场上，男性观众对中央台的收视份额高于所有观众的平均水平；而女性观众则对北京台和外省卫视更加青睐，其收视份额较4岁及以上观众的平均水平更高。在以年龄为细分标准的收视市场上，中央台对65岁以上的老年观众继续发挥强大影响力，其对中央台的收视份额达到31.6%，较4岁及以上所有观众平均的24.6%高出7个百分点；北京台频道对55岁以上观众保持了较强的吸引力，该类观

众对北京电视台的收视份额超过44%，高出平均水平近5个百分点；外省卫视对15～44岁年龄段观众的吸引力明显更高，其中15～24岁青年观众对外省卫视的收视份额达到26.5%，远高于4岁及以上所有观众22.2%的平均水平；中国教育台更吸引15～24岁的年轻观众和35～54岁的中年观众。在以学历为细分标准的收视市场上，中央电视台和中国教育台对小学学历观众吸引力较强；北京台更吸引高中学历观众收视；外省卫视对小学学历的观众的吸引力较大。在以职业为细分标准的收视市场上，中央台对以离退休人员为主的无业观众和其他职业观众的吸引力更强；北京台对无业观众更具吸引力；外省卫视对个体/私营企业人员、学生和其他类型观众群体有较强吸引力；中国教育台更吸引工人和学生收视。在以收入为细分标准的收视市场上，中央台对个人月收入601～1700元的低收入群体更具号召力；北京台对个人月收入1201～3500元的中等收入群体吸引力更强；外省卫视频道对个人月收入1200元以下的低收入收视人群的凝聚力相对较强；中国教育台相对而言更吸引个人月收入601～1200元的收视群体。

4. 北京台与中央台单频道竞争力较强，外省卫视中湖南、浙江两频道入围

2015年，在北京市场单个频道的收视竞争中，北京台频道和中央台频道竞争力较强，北京台在市场份额排名前15位中占据了7个席位，中央台占据了6个席位，外省卫视只有湖南卫视和浙江卫视两个频道入围。北京卫视以12.7%的份额占据首位，较排名第二位具有明显的优势，且较2014年增长了0.7个百分点。北京电视台影视频道、科教频道、文艺频道分别以5.8%、4.6%、3.2%的份额位列第二至第四位；中央台频道中，中央台四套表现最好，在北京市场以3.2%的份额并列第四位，这一排名较2014年的第八位有明显提升。外省卫视中，湖南卫视以2.5%的份额排名第十位，较2014年的第十四位有明显进步（表1.4.6）。

表1.4.6　2015年北京电视收视市场市场份额排名前十五位的频道

排名	频道	2015年市场份额（%）	2014年市场份额（%）
1	北京卫视	12.7	12.0
2	北京电视台影视频道	5.8	5.7
3	北京电视台科教频道	4.6	4.6
4	北京电视台文艺频道	3.2	3.0
4	中央台四套	3.2	2.8
6	北京电视台生活频道	3.1	3.7
6	北京电视台体育频道	3.1	2.5
6	中央电视台综合频道	3.1	3.4
9	中央电视台新闻频道	2.9	3.3
10	湖南卫视	2.5	2.2
10	中央台六套	2.5	2.4
12	浙江卫视	2.4	2.4
12	中央台五套	2.4	2.6
14	中央台三套	2.2	2.3
15	北京电视台青年频道	1.9	2.0

数据来源：CSM媒介研究

(四)上海市电视收视市场的频道竞争格局

1. 上海本地频道领跑收视市场，各级频道竞争力均有所下滑

2015 年，在上海电视收视市场，上海本地频道以绝对的优势保持领先地位，共占据超过一半的市场份额。中央台和外省卫视在收视竞争中略显乏力，各占据不到 15% 的份额，其中中央台份额略高，2015 年为 14.7%，外省卫视则占据了 14.4% 的份额。中国教育台在上海市场的竞争力基本可以忽略不计。值得注意的是，与 2014 年相比较，2015 年上海市场除其他频道组以外，包括上海台、中央台、外省卫视和中国教育台在内的各级频道，其市场份额均有所下滑，其中尤以中央台下滑的幅度最大，达 8.7%，上海台的下降幅度为 1.6%（图 1.4.7）。

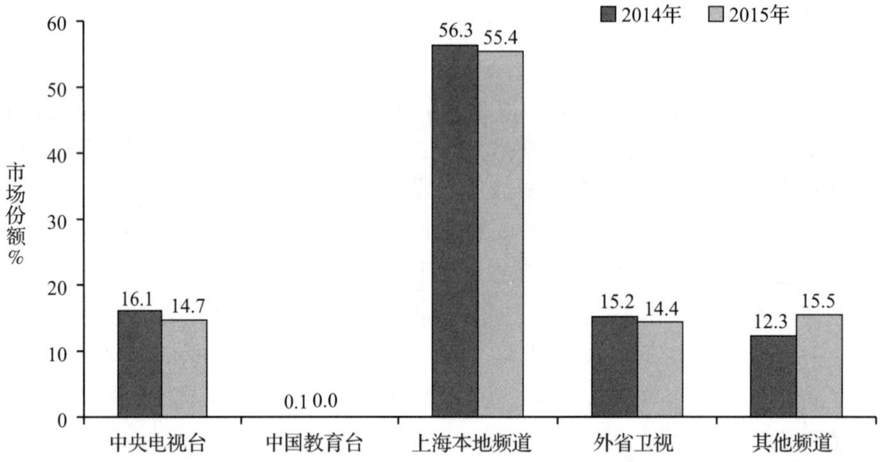

数据来源：CSM 媒介研究

图 1.4.7　2014 年和 2015 年上海电视收视市场各类频道市场份额（%）对比

2. 上海本地频道竞争优势遍布全天时段，其他各级频道竞争较为激烈

2015 年，在上海电视收视市场全天不同时段的收视竞争中，上海本地频道以绝对的优势领先于多数时段，早间 7:00 ~ 8:00 的市场份额超过 75%，晚间 18:30 ~ 19:00 的市场份额超过 80%。在上海本地频道的强势竞争压力之下，其他各级频道之间的竞争较为激烈，市场份额角逐不分伯仲。其中中央台在 7:30 ~ 13:00 时段略微领先，外省卫视在下午时段及晚间时段的优势超过中央台，这两级频道在多数时段的竞争基本呈胶着之势（图 1.4.8）。

3. 上海本地频道更吸引女性、中老年、退休观众，外省卫视观众呈现年轻化趋势

2015 年，在上海电视收视市场细分受众的收视竞争中，上海本地频道保持着在各类目标观众中的绝对竞争优势，但相较于其在所有观众中的平均水平而言，更受到女性、中老年、低学历、低收入和退休观众的喜爱。中央台在男性、干部/管理人员、个体/私营企业人员和中等收入观众中具有相对竞争优势。外省卫视则更受女性、年轻、低学历和学生观众的青睐，呈现出年轻化的趋势（表 1.4.7）。

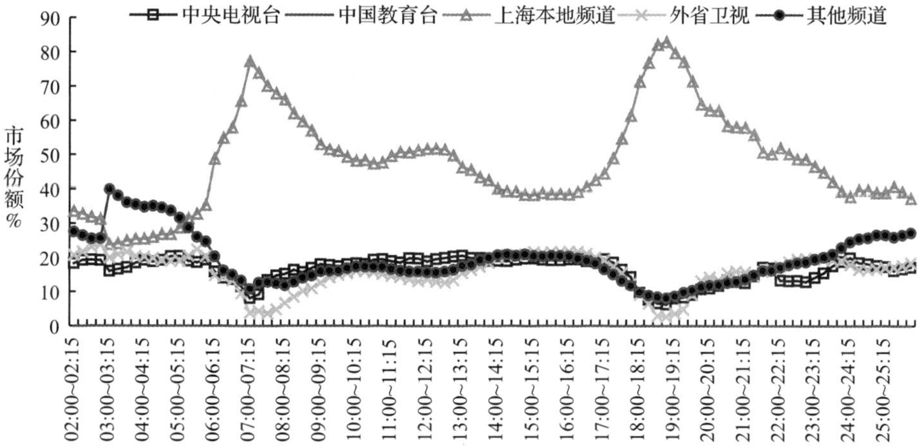

数据来源：CSM 媒介研究

图 1.4.8　2015 年上海电视收视市场各类频道市场份额（%）全天走势

表 1.4.7　2015 年上海电视收视市场各类频道在不同目标观众中的市场份额（%）

目标观众	中央电视台	中国教育台	上海本地频道	外省卫视	其他频道
4 岁及以上所有人	14.7	0.0	55.4	14.4	15.5
男	16.7	0.0	53.6	14.1	15.6
女	12.7	0.0	57.3	14.7	15.3
4～14 岁	14.0	0.1	41.9	29.7	14.3
15～24 岁	12.3	0.0	50.4	19.0	18.3
25～34 岁	11.8	0.0	49.6	16.3	22.3
35～44 岁	16.3	0.0	52.0	17.2	14.5
45～54 岁	13.7	0.0	57.9	13.3	15.1
55～64 岁	15.1	0.0	58.4	10.6	15.9
65 岁及以上	18.2	0.1	60.0	13.5	8.2
未受过正规教育	24.5	0.0	51.8	16.4	7.3
小学	13.5	0.1	57.4	22.2	6.8
初中	16.7	0.0	55.9	13.9	13.5
高中	13.8	0.0	56.4	14.3	15.5
大学及以上	14.1	0.0	53.4	12.9	19.6
干部/管理人员	15.7	0.0	51.8	16.5	16.0
个体/私营企业人员	16.7	0.0	52.6	12.0	18.7
初级公务员/雇员	13.9	0.0	54.9	13.8	17.4
工人	13.8	0.0	53.9	17.4	14.9
学生	13.7	0.0	46.3	22.9	17.1
无业	15.4	0.0	58.2	13.2	13.2
其他	*	*	*	*	*
0～600 元	13.1	0.0	46.9	23.0	17.0
601～1200 元	13.4	0.2	64.3	17.0	5.1
1201～1700 元	12.1	0.0	68.5	12.7	6.7
1701～2600 元	15.2	0.0	59.1	14.3	11.4
2601～3500 元	15.9	0.0	55.1	13.0	16.0
3501～5000 元	14.1	0.0	55.3	12.8	17.8
5001 元及以上	13.9	0.0	53.7	14.9	17.5

注：* 表示样本量太小，无法进行统计推断。

数据来源：CSM 媒介研究

在以性别为细分标准的收视市场上，中央台更吸引男性观众的收视；外省卫视和上海本地频道则对女性观众更具吸引力。在以年龄为细分标准的收视市场上，中央台对35~44岁和65岁及以上的老年观众吸引力更强；上海本地频道更受45岁以上的中老年观众的青睐，特别是在65岁以上观众群的市场份额达60%；外省卫视频道则对4~24岁的年轻观众更具吸引力，其在4~14岁观众中的市场份额高达29.7%，是其在4岁及以上所有观众中平均市场份额的两倍多。在以学历为细分标准的收视市场上，中央台更吸引未受过正规教育、初中学历观众；上海本地频道和外省卫视对小学学历观众更具吸引力。在以职业为细分标准的收视市场上，中央台对干部/管理人员和个体/私营企业人员的吸引力明显超过平均水平；上海本地频道对以离退休人员为主体的无业观众吸引力较强；外省卫视则对干部/管理人员、工人和学生群体有较强吸引力。在以收入为细分标准的收视市场上，中央台对个人月收入1701~3500元的中等收入群体号召力更强；上海本地频道对个人月收入601~1700元的低收入水平观众更具吸引力；外省卫视则在个人月收入1200元及以下的低收入观众中所占的收视份额更高。

4. 上海本地频道垄断市场份额排名前八位，浙江、湖南卫视入围前十五位

2015年，在上海市场单个频道的收视竞争中，上海本地频道表现强劲，垄断了市场份额排名的前8位，其中上海电视台新闻综合频道、上海电视台娱乐频道、上海东方卫视稳居前三甲，共占整体市场三成以上的份额。与2014年相比，上海电视台新闻综合频道的市场份额还有小幅上升。除了竞争力强劲的上海本土频道，中央台在前15位中共占据5个席位，其中中央台四套表现最好，以2.5%的份额排名第九位，但市场份额较2014年减少了0.4个百分点。外省卫视中，浙江卫视和湖南卫视两个频道入围前15位，浙江卫视以1.9%的份额排名第十位，湖南卫视以1.7%的份额排名第十一位，两个频道竞争力均较上年有所提升（表1.4.8）。

表1.4.8 2015年上海电视收视市场市场份额排名前十五位的频道

排名	频道	2015年市场份额（%）	2014年市场份额（%）
1	上海电视台新闻综合频道	13.6	13.1
2	上海电视台娱乐频道	10.3	10.3
3	上海东方卫视	7.2	8.0
4	上海电视台电视剧频道	5.6	6.2
5	上海东方电影频道	4.5	4.6
6	上海电视台第一财经频道	4.0	1.9
7	上海电视台五星体育频道	3.1	3.1
8	上海电视台星尚频道	2.9	3.0
9	中央台四套	2.5	2.9
10	浙江卫视	1.9	1.6
11	中央台六套	1.7	1.6
11	湖南卫视	1.7	1.6
13	中央台三套	1.6	1.7
13	中央电视台新闻频道	1.6	2.2
15	中央台五套	1.4	1.5

数据来源：CSM媒介研究

（五）广州市电视收视市场的频道竞争格局

1. 本土频道竞争优势明显，中央台份额略有下滑

在多种文化、语言交汇融合以及频道数量众多的广州，电视收视市场竞争格局相对其他市场更为复杂多变。自2014年4月广东电视台和南方电视台合并组建广东广播电视台以来，广东台继续以绝对的优势领跑广州电视收视市场，2015年市场份额达34.4%，但较2014年下降了1.6个百分点。除广东台以外，广州台也是广州市场竞争中的领先者，2015年以18.6%的市场份额位居第二位，且这一数值较2014年增长了2.3个百分点。在本土频道相对较强的竞争压力之下，2015年中央台和外省卫视仅各占不足15%的市场份额，其中中央台份额为14.3%，较上年有所下滑；外省卫视份额为13.7%，与上年持平。在广州电视收视市场还有一支收视劲旅——境外频道，2015年共占据9.2%的市场份额，但较2014年出现明显下滑。中国教育台在广州市场仅占0.1%的市场份额（图1.4.9）。

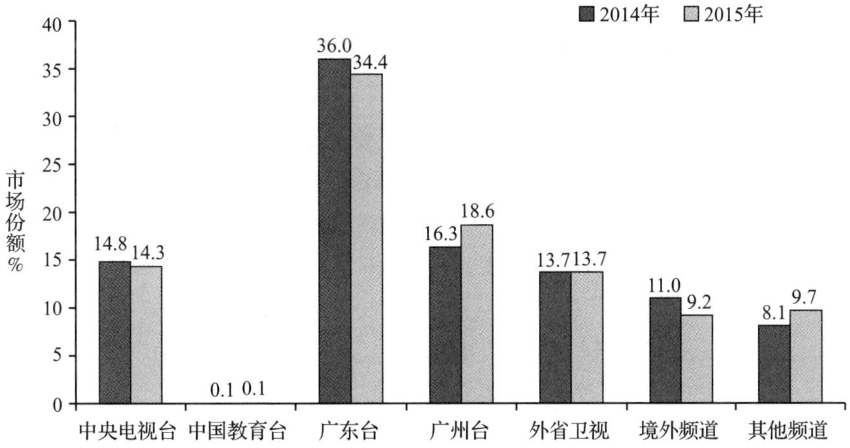

数据来源：CSM媒介研究

图1.4.9　2014年和2015年广州电视收视市场各类频道市场份额（%）对比

2. 广东台全天多时段保持领先优势，各级频道不同时段展各自风采

2015年在广州市场全天不同时段的收视竞争中，因为参与频道数量众多，竞争格局呈现出更为丰富的变化。整体来看，广东台依旧在全天多数时段保持着领先优势，其在午间13:00～14:00以及晚间18:30～21:30的竞争优势更为明显。广州台则在早间6:00～7:30以及夜间22:30～23:00具有明显优势，市场份额超过其他频道而位居首位，其在17:30～19:30之间的市场份额也明显走高，但未超越广东台。相对而言，境外频道市场份额具有优势的时段是早间5:30～6:00时段以及晚间21:00～22:30时段，形成自己的竞争力高峰。中央台在上午时段竞争力略强，外省卫视在下午和后晚间时段具有相对的竞争优势（图1.4.10）。

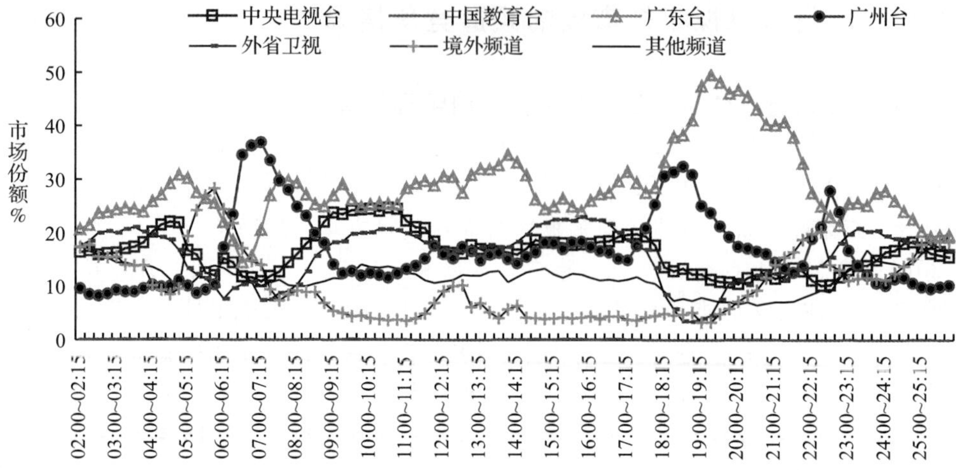

数据来源：CSM 媒介研究

图 1.4.10　2015 年广州电视收视市场各类频道市场份额（%）全天走势

3. 中央台和境外频道更吸引高端群体，广东台和广州台主导大众收视

2015 年，在广州市场细分观众群体的收视竞争中，广东台和广州台分别在中低学历、中老年、中低收入等大众收视群体中保持着领先优势，中央台和境外频道则对高学历、高收入的高端收视群体更具吸引力，外省卫视在女性、年轻、学生观众中具有相对优势（表 1.4.9）。

在以性别为细分标准的收视市场上，中央台和广东台对男性观众保持了较强的吸引力；广州台、外省卫视和境外频道都更受女性观众的青睐。在以年龄为细分标准的收视市场上，中央台对 35 ~ 44 岁的中青年观众以及 65 岁以上老年观众吸引力更强，这几类观众对中央台的收视份额远高于所有观众平均水平；广东台则对 4 ~ 14 岁、25 ~ 34 岁的年轻观众较具影响力；外省卫视对 4 ~ 14 岁的少年儿童观众吸引力更强；广州本地台更吸引 45 岁以上年龄层的观众；境外频道在 15 ~ 24 岁观众中拥有更强的影响力。在以学历为细分标准的收视市场上，中央台和境外频道明显更受大学及以上高学历观众的喜爱；广东台则对初中以下学历的观众更具吸引力；广州台更吸引初中学历的观众；外省卫视则对未受过正规教育的观众影响力更强。在以职业为细分标准的收视市场上，中央台对干部/管理人员、个体/私营企业人员最具吸引力；广东台对工人和其他职业类别观众影响力更强；广州本地台较受工人和无业观众青睐；外省卫视对干部/管理人员和学生群体具有较强吸引力；境外频道更吸引初级公务员/雇员。在以收入为细分标准的收视市场上，中央台和境外频道在个人月收入 3501 元及以上的中高收入群体中影响力更强；广东台在个人月收入 601 ~ 1700 元之间的中低收入群体中份额更高；广州本地台较受个人月收入 1701 ~ 3500 元的中高收入水平观众的喜爱；外省卫视在个人月收入 600 元以下低收入群体中保持着较强的收视影响力。

表 1.4.9　2015 年广州电视收视市场各类频道在不同目标观众中的市场份额（%）

目标观众	中央电视台	中国教育台	广东台	广州台	外省卫视	境外频道	其他频道
4 岁及以上所有人	14.3	0.1	34.4	18.6	13.7	9.2	9.7
男	15.2	0.1	35.1	18.1	12.6	8.7	10.2
女	13.4	0.0	33.8	19.1	15.0	9.7	9.0
4～14 岁	13.8	0.0	38.3	9.5	21.5	4.3	12.6
15～24 岁	9.8	0.0	35.6	17.7	15.2	12.2	9.5
25～34 岁	12.2	0.0	38.4	14.2	14.1	10.0	11.1
35～44 岁	18.0	0.1	28.4	15.9	15.0	8.5	14.1
45～54 岁	13.9	0.1	35.0	21.3	13.1	9.0	7.6
55～64 岁	14.8	0.1	35.1	22.2	10.9	10.1	6.8
65 岁及以上	17.8	0.1	29.6	28.2	9.2	8.8	6.3
未受过正规教育	14.9	0.0	39.0	11.3	16.9	8.0	9.9
小学	11.9	0.0	40.4	19.3	13.5	6.5	8.4
初中	13.7	0.1	38.5	20.0	11.0	7.3	9.4
高中	15.1	0.1	31.0	18.2	15.3	10.6	9.7
大学及以上	16.1	0.1	27.4	17.7	14.9	12.5	11.3
干部/管理人员	21.9	0.1	21.8	14.8	18.8	9.9	12.7
个体/私营企业人员	16.7	0.1	33.1	14.1	13.6	10.2	12.2
初级公务员/雇员	13.1	0.0	34.5	16.1	12.7	12.9	10.7
工人	11.9	0.1	38.4	20.4	11.6	8.3	9.3
学生	11.9	0.0	32.8	12.9	22.5	7.1	12.8
无业	15.2	0.1	33.8	21.7	13.1	8.4	7.7
其他	11.1	0.0	57.5	17.3	6.4	1.4	6.3
0～600 元	14.1	0.1	36.8	14.3	18.3	7.3	9.1
601～1200 元	13.8	0.0	43.7	19.9	9.4	5.1	8.1
1201～1700 元	13.3	0.1	39.0	19.6	9.3	8.9	9.8
1701～2600 元	11.9	0.0	37.5	21.3	10.1	10.1	9.1
2601～3500 元	12.7	0.1	31.8	23.6	12.4	9.7	9.7
3501～5000 元	20.3	0.1	25.3	15.2	16.8	11.0	11.3
5001 元及以上	21.8	0.0	24.9	11.9	17.3	12.1	12.0

数据来源：CSM 媒介研究

4. 本土及境外频道单频道竞争优势明显，中央台和外省卫视各有一个频道入围

在 2015 年广州市场单个频道的收视竞争中，本土及境外频道表现出明显的竞争优势，市场份额排名前 15 位的频道中，除了中央台和外省卫视各有一个频道入围以外，其他 13 个席位均被本土频道或毗邻的境外频道所占据。广东广播电视台珠江频道以 9.4% 的市场份额位居首位，且这一数值较 2014 年略有增长；广州市广播电视台综合频道以 7.6% 的份额位居第二，市场份额较 2014 年增长了 2.1 个百分点，增长明显；广东广播电视台影视频道以5.6%的份额排名第三位，市场份额较上年也略有增长。中央台频道中，中央电视台综合频道以2.9%的份额排名第八位；外省卫视中，湖南卫视以2.6%的市场份额排名第九位（表1.4.10）。

表1.4.10 2015年广州电视收视市场市场份额排名前十五位的频道

排名	频道	2015年市场份额（%）	2014年市场份额（%）
1	广东广播电视台珠江频道	9.4	9.1
2	广州市广播电视台综合频道	7.6	5.5
3	广东广播电视台影视频道	5.6	5.4
4	广州市广播电视台影视频道	4.7	4.3
5	广州市广播电视台新闻频道	4.5	4.5
5	广东广播电视台南方卫视	4.5	5.0
7	广东广播电视台公共频道	3.8	3.7
8	中央电视台综合频道	2.9	3.0
9	湖南卫视	2.6	3.0
10	广东广播电视台经济科教频道	2.4	2.2
11	市网翡翠台（中文）	2.2	2.3
12	翡翠台（中文）（广州其他有线网转播）	2.0	2.3
13	广东广播电视台嘉佳卡通频道	1.9	1.8
14	省网翡翠台（中文）	1.8	2.6
15	广东广播电视台珠江电影频道	1.7	1.3
15	广东广播电视台体育频道	1.7	2.2

五、节目竞争格局

2015年全国电视收视市场节目竞争格局稳中有变，电视剧、新闻/时事、综艺节目依然是收视份额表现最出色的3类节目。其中，电视剧和新闻/时事节目的收视份额有小幅下滑；综艺节目发展态势良好，收视份额以1.6个百分点的增幅进一步稳固了自身的竞争力。在全国市场中，中央电视台继续维持着在多个细分节目市场中的领先地位，省级卫视则在综艺、电视剧、青少、生活服务类节目中拔得头筹。河南、北京和广州几个重点地方市场节目竞争格局整体稳定，上海市场综艺和财经节目收视份额上升明显。

（一）全国电视收视市场节目竞争格局

1. 全国节目竞争格局稳中有变，综艺类节目呈现明显增长

纵观2015年全国电视收视市场节目竞争情况，各类型节目收视份额呈现不同变化。由电视剧、新闻/时事、综艺三类节目组成的收视第一梯队仍以较大优势领先，2015年三类节目的收视份额分别为30.0%、14.1%、13.0%，合计高达57.1%。与2014年相

比，电视剧和新闻/时事两类节目的收视份额分别下降了1.1和0.1个百分点，而综艺节目则获得了1.6个百分点的增长。处于第二梯队的生活服务和专题类节目在2015年共获得了14.7%的收视份额，前者比2014年下降了0.3个百分点，后者则增加了0.3个百分点。青少、电影和体育类节目一起组成了收视第三梯队，并在2015年合计取得了11.8%的收视份额，相比2014年，青少和体育类节目的收视份额均呈现一定程度下滑，而电影类则获得了小幅上涨。此外，法制、财经、音乐、戏剧、教学和外语节目的收视份额依然较低且变化微弱，2015年，这几类节目的收视份额均未超过2.0%，合计仅为4.3%（图1.5.1）。

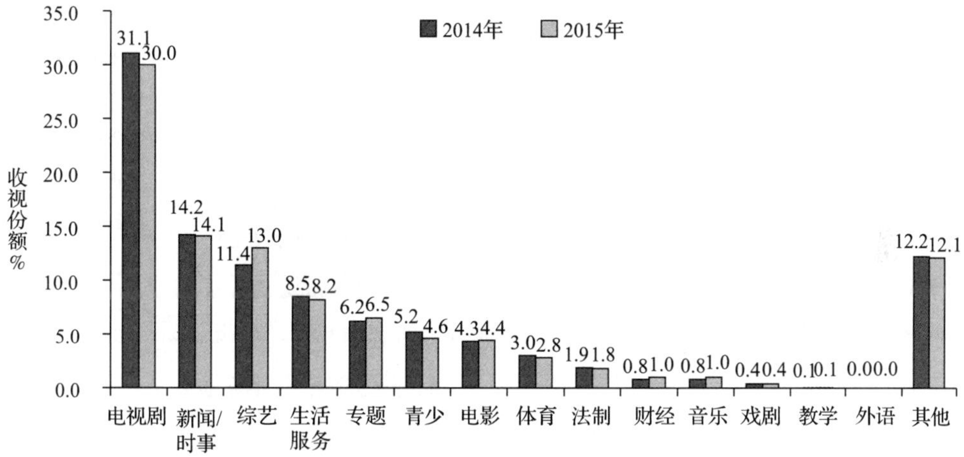

数据来源：CSM媒介研究

图1.5.1 2014~2015年全国市场各类节目的收视份额（%）

2. 中央台整体竞争优势明显，省级上星频道多个市场实力突出

在2015年全国不同类型节目市场的收视竞争中，中央台表现稳定，在多个节目类型中占据显著优势。其中，音乐、教学是中央台领先优势最为突出的两个节目类型，收视份额分别为83.7%和77.6%；中央台在体育、电影、戏剧节目中的收视份额也高达60%~70%，显示了强劲的竞争力；同时，中央台在财经和专题两类节目上分别获得了51.9%和50.3%的收视份额，占据半壁江山。此外，在综艺、新闻/时事、外语、青少、法制节目市场中，中央台的实力也不容小觑，收视份额均在30%~50%；并在新闻/时事、外语、法制节目中力压其他频道组，位居榜首。相比之下，在生活服务和电视剧两类节目的竞争中，中央电视台的收视份额较低，分别为20.1%和17.0%，竞争力有待进一步提升（图1.5.2）。

2015年，省级上星频道在综艺、电视剧、青少、生活服务4类节目的收视竞争中拔得头筹。其中，在综艺、电视剧、青少节目市场竞争中，省级上星频道的优势尤其突出，其收视份额均在40%~50%；在生活服务类节目中，省级上星频道的竞争力也不容小觑，收视份额达34.7%。与此同时，省级上星频道在专题、音乐、新闻/时事、戏剧、外语、电影和财经类节目市场中，收视表现较为稳定，收视份额均在10%~

30%；而体育、教学和法制节目则是其弱项，在这些市场中收视份额均不足10%（图1.5.2）。

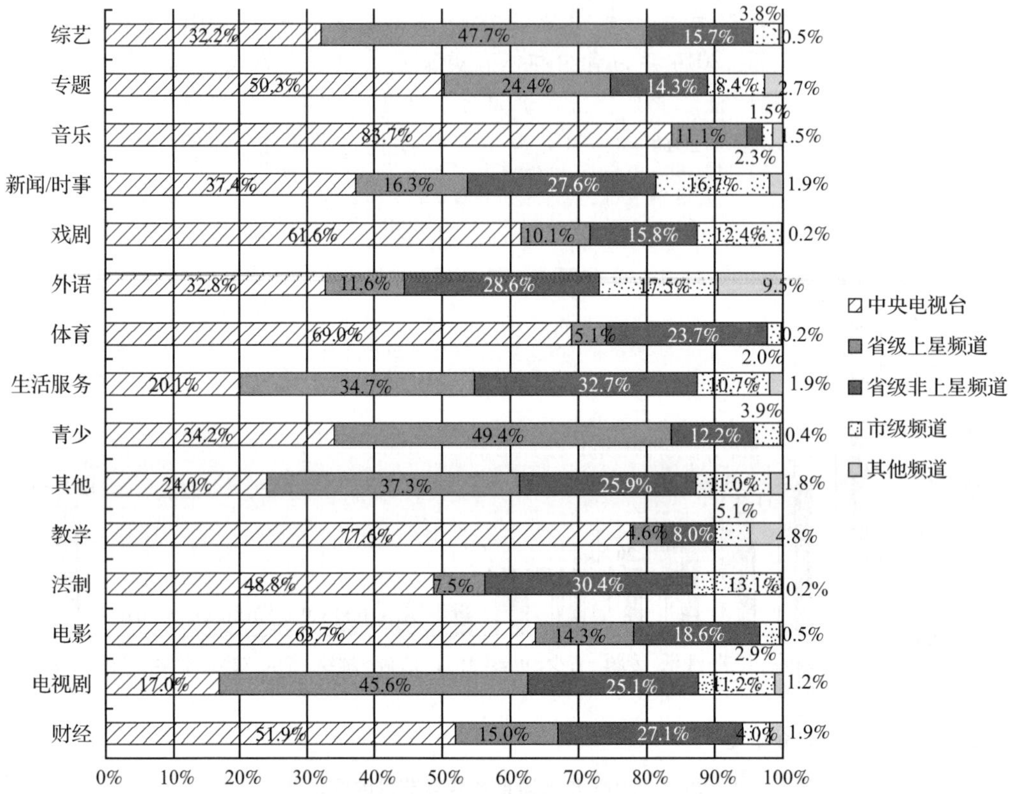

数据来源：CSM 媒介研究

图 1.5.2　2015 年各类频道在全国不同节目市场中的收视份额（%）

省级非上星频道在2015年全国各类节目的收视竞争中亦有所斩获。其中，在生活服务、法制两类节目中的收视份额分别为32.7%和30.4%，分列各细分市场第二位；而在新闻/时事、外语、体育、电视剧、财经节目中，省级非上星频道也表现出了稳健的竞争力，收视份额均在20%～30%。与此同时，省级非上星频道在综艺、专题、戏剧、青少和电影节目市场中也维持了稳定态势，收视份额均超过10%；相比之下，音乐和教学则是省级非上星频道竞争实力较弱的节目类型，收视份额均不足10%（图1.5.2）。

在2015年各类节目市场竞争中，市级频道未能取得突出表现，在各细分市场中均未占据领先。其中，新闻/时事、戏剧、外语、生活服务、法制和电视剧是市级频道收视竞争表现相对较好的节目类型，收视份额均在10%～20%；而在综艺、专题、音乐、体育、青少、教学、电影和财经类节目市场，市级频道的收视份额均在10%以下（图1.5.2）。

其他频道在外语类节目中竞争表现相对突出，收视份额达9.5%；而在其余各细分市场中，其他频道的竞争力较弱，收视份额均未超过5%（图1.5.2）。

3. 不同特征人群收视呈现差异，各类型节目满足不同观众需求

2015年全国节目市场中，不同性别观众对于不同类型节目的收视呈现出差异。男性观众与女性观众在电视剧、电影、体育、生活服务、新闻/时事、专题和综艺节目的收视上存在着较为明显的差异，二者收视比重的差距均在0.8个百分点及以上。其中，男性观众对于电影、体育、新闻/时事和专题节目展现出了更高的收视热情；而女性观众则更偏爱电视剧、生活服务和综艺节目。在财经、法制、教学、青少、外语、戏剧、音乐和音乐类节目上，两性观众的收视偏好差异并不明显（表1.5.1）。

表1.5.1 2015年全国市场不同性别和年龄观众对各类节目的收视比重（%）

节目类型	性别		年龄						
	男	女	4~14岁	15~24岁	25~34岁	35~44岁	45~54岁	55~64岁	65岁及以上
财经	1.1	1.0	0.3	0.6	0.8	1.1	1.3	1.4	1.0
电视剧	28.6	31.5	24.8	30.4	28.3	29.9	31.3	30.8	31.4
电影	5.1	3.8	5.4	4.9	5.3	6.4	4.4	3.1	2.4
法制	1.8	1.8	1.0	1.5	1.5	1.8	1.9	2.2	2.2
教学	0.1	0.1	0.0	0.1	0.1	0.1	0.1	0.1	0.1
青少	4.6	4.7	23.4	3.3	6.4	3.6	1.9	2.7	1.7
生活服务	7.8	8.6	6.5	8.0	8.1	7.8	8.3	8.7	8.7
体育	3.8	1.9	1.3	2.9	3.6	2.7	3.0	2.8	2.8
外语	0.0	0.0	0.0	0.0	0.0	0.0	0.0	0.0	0.0
戏剧	0.4	0.4	0.1	0.2	0.2	0.2	0.2	0.4	1.0
新闻/时事	15.1	13.0	7.4	12.0	12.0	12.9	14.8	16.2	18.0
音乐	1.0	1.0	0.8	1.3	1.1	1.3	1.2	0.8	0.7
专题	7.0	6.0	4.4	6.0	6.0	6.8	7.1	6.8	6.7
综艺	12.2	13.8	12.2	16.2	13.9	13.3	12.7	12.4	11.6
其他	11.7	12.4	12.4	12.6	12.8	12.1	11.9	11.5	11.6

数据来源：CSM媒介研究

就不同年龄段观众对各类型节目的收视情况而言，4~14岁观众对青少节目表现了十分突出的收视热情，以23.4%的收视比重远超其他年龄段观众；15~24岁观众对于综艺、音乐节目更为青睐，分别以16.2%和1.3%的收视比重力压其他年龄段观众；25~34岁观众在体育类节目的收视中以3.6%的收视比重位居各年龄段之首；35~44岁观众对电影和音乐两类节目的收视表现较其他年龄段更为突出，各以6.4%和1.3%的收视比重拔得头筹；较之其他人群，45~54岁观众对于专题类节目的收视比重最高，达7.1%，而在电视剧节目的收看上也有较为突出的收视表现，31.3%的收视比重仅次于65岁及以上人群；55~64岁人群对法制、生活服务类节目的关注度更为突出，分别以

2.2%和8.7%的收视比重位列各年龄段之首；65岁及以上的观众在多个节目类型中均表现出了较高的收视热情，对电视剧、法制、生活服务、戏剧和新闻/时事类节目的收视比重均领先其他年龄段观众，特别是在电视剧和新闻/时事两类节目上取得的31.4%和18.0%的收视比重尤其引人注目。综合来看，年轻观众更倾向收看电影、青少、综艺节目，而中老年观众则在法制、生活服务、新闻/时事和专题节目上表现出了更高的收视兴趣。电视剧获得了各个年龄层观众的钟爱，而财经、教学、外语、戏剧以及音乐类节目在各个年龄段观众中的收视比重均处于较低水平。值得注意的是，观众对于法制、戏剧和新闻/时事节目的收视比重随着年龄的增长而逐渐上升（表1.5.1）。

在2015年全国市场不同受教育程度的观众中，不同类型的电视节目也呈现出一定的收视差异。具体而言，未受过正规教育的观众对于青少和戏剧类节目更加偏爱，分别以20.0%和0.7%的收视比重领先其他人群；小学学历观众在电视剧上的收视比重最为突出，以33.4%夺得头名；初中受教育程度观众倾注于电影、法制和音乐节目上的收视比重处于领先地位；高中学历观众则对新闻/时事、专题节目表现出了较为突出的收视兴趣，收视比重分别为15.1%和7.0%；大学及以上学历观众在财经、生活服务、体育、专题和综艺节目上取得了榜首位置。整体来看，随着学历水平的提升，观众对于财经、生活服务、体育、专题、综艺节目的收视比重也随之增加，而对于青少、戏剧节目的收视比重则随之缩减（表1.5.2）。

表1.5.2　2015年全国市场不同受教育程度和个人月收入观众对各类节目的收视比重（%）

节目类型	受教育程度					个人月收入（元）						
	未受过正规教育	小学	初中	高中	大学及以上	0～600元	601～1200元	1201～1700元	1701～2600元	2601～3500元	3501～5000元	5001元及以上
财经	0.4	0.5	0.8	1.4	1.6	0.5	0.7	0.9	1.1	1.4	1.4	1.8
电视剧	27.4	33.4	31.8	28.8	26.5	30.2	34.7	32.4	30.6	28.8	27.5	26.3
电影	4.2	4.4	4.6	4.3	4.3	4.7	4.1	3.9	4.0	4.4	5.0	5.1
法制	1.3	1.7	2.0	1.9	1.7	1.6	1.9	2.0	2.0	1.8	1.8	1.7
教学	0.1	0.1	0.1	0.1	0.1	0.1	0.1	0.1	0.1	0.1	0.1	0.1
青少	20.0	7.5	3.4	2.9	3.1	10.2	3.5	2.9	2.7	2.6	2.9	3.1
生活服务	7.2	7.6	8.1	8.4	8.7	7.5	7.7	8.3	8.4	8.6	8.5	8.5
体育	1.3	1.6	2.5	3.3	4.2	1.8	2.1	2.4	2.8	3.6	3.9	4.6
外语	0.0	0.0	0.0	0.0	0.0	0.0	0.0	0.0	0.0	0.0	0.0	0.0
戏剧	0.7	0.6	0.4	0.3	0.2	0.4	0.4	0.4	0.4	0.3	0.3	0.3
新闻/时事	9.7	12.4	14.1	15.1	14.9	10.9	13.7	14.7	15.4	15.4	15.3	15.1
音乐	0.8	0.9	1.1	1.0	1.0	1.1	1.0	1.0	1.0	1.0	1.1	1.0
专题	4.3	5.5	6.5	7.0	7.0	5.4	6.1	6.5	6.7	7.1	7.2	7.4
综艺	9.7	11.6	12.7	13.7	14.5	13.2	12.0	12.5	13.0	13.0	13.4	13.4
其他	13.0	12.2	12.0	11.8	12.0	12.5	11.9	12.2	12.0	11.7	11.7	11.6

数据来源：CSM媒介研究

不同收入水平观众对于各类型节目的收视偏好也不尽相同。个人月收入0~600元的观众对于青少类节目尤其青睐，以10.2%的收视比重远超其他人群；个人月收入601~1200元的观众则在电视剧上体现了更高的收视热情，34.7%的收视比重位列各人群第一；个人月收入1201~1700元的观众除对法制类节目的收视比重略高于其他人群外，并无突出的偏好类型；个人月收入1701~2600元者则在法制、新闻/时事两类节目中体现了更高的关注度；个人月收入2601~3500元的观众对于生活服务、新闻/时事两类节目的收视比重均属最高，分别达8.6%和15.4%；个人月收入3501~5000元的观众以13.4%的收视比重成为最青睐综艺节目的人群之一；个人月收入5001元及以上的人群收看财经、电影、体育、专题和综艺节目的比重均位列各人群之首。总体而言，不同收入水平的观众在收看法制、教学、外语、戏剧、音乐类节目上的比重差异并不大；而随着个人月收入水平的提高，观众对于财经、体育、专题节目的收视比重呈递增趋势（表1.5.2）。

2015年全国电视节目收视市场中，不同职业观众对于各类型节目的收视情况各有不同。干部/管理人员对于多个类型的节目表现出较强的收视兴趣，在财经、体育、新闻/时事、专题节目上的收视比重均领跑其他人群；个体/私营企业人员除在电影类节目上的收视比重领先其他人群之外，对于其他节目类型并无明显的收视青睐；初级公务员对于生活服务类节目的收视偏好最为突出，8.6%的收视比重为各职业人群中的最高水平；工人群体收看电视剧的比重高达31.4%，对于电影类节目的收视比重也居于各职业人群中的最高水平；学生观众倾注于电影、青少、综艺节目的收视比重均高于其他职业人群；无业人群对于法制、生活服务和戏剧类节目的收视比重分别为2.0%、8.6%和0.5%，均居各类人群之首。此外，不同职业背景的观众在法制、教学、外语、戏剧和音乐节目上的收视比重并未呈现出明显差异（表1.5.3）。

表1.5.3　2015年全国市场不同职业观众对各类节目的收视比重（%）

节目类型	职业						
	干部/管理人员	个体/私营企业人员	初级公务员	工人	学生	无业	其他
财经	1.5	1.0	1.4	0.8	0.4	1.1	0.4
电视剧	26.4	30.7	27.5	31.4	27.5	30.3	36.9
电影	5.0	5.4	4.9	5.4	5.4	3.2	4.9
法制	1.7	1.9	1.7	1.6	1.2	2.0	1.9
教学	0.1	0.1	0.1	0.1	0.1	0.1	0.1
青少	2.8	3.5	3.1	3.3	11.6	4.9	4.0
生活服务	8.3	7.8	8.6	7.7	7.1	8.6	7.6
体育	4.5	2.8	4.0	2.9	2.2	2.5	1.4
外语	0.0	0.0	0.0	0.0	0.0	0.0	0.0
戏剧	0.3	0.3	0.2	0.2	0.2	0.5	0.6
新闻/时事	15.4	13.9	14.4	13.5	9.6	15.3	11.8
音乐	1.0	1.2	1.1	1.1	1.1	0.9	1.1
专题	7.7	6.8	6.9	6.6	5.6	6.4	5.4
综艺	13.6	12.5	14.2	13.2	16.0	12.1	11.4
其他	11.7	12.2	12.0	12.1	12.1	11.9	12.5

数据来源：CSM媒介研究

(二) 河南省电视收视市场节目竞争格局

1. 河南节目收视格局变化不大，综艺和专题类节目涨幅最大

在2015年河南省电视节目收视市场，电视剧以29.9%的收视份额位居首位；新闻/时事和综艺节目分居第二、第三位，收视份额均超10%；生活服务和青少节目的收视份额在8%左右，位居第四、第五位；专题类节目收视份额接近6%；电影和法制类节目收视份额都在3%上下；戏剧、体育、音乐、财经、教学和外语类节目收视份额均不超过1.5%。相比2014年，2015年河南省电视节目市场各类型节目收视份额变化不大，变化幅度均在1.8个百分点以内。其中综艺和专题类节目各上升了1.6个百分点；电视剧收视份额下降幅度最大，达1.7个百分点；新闻/时事、生活服务、青少、法制和体育类节目降幅均在0.5个百分点以内；电影、音乐和财经类节目微弱增长，涨幅均不超过0.3个百分点（图1.5.3）。

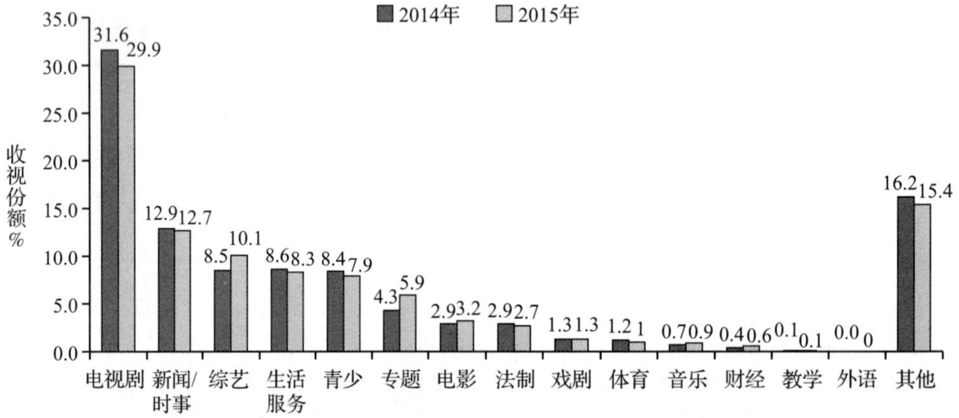

数据来源：CSM媒介研究

图1.5.3　2014～2015年河南省市场各类节目的收视份额（%）

2. 中央电视台在豫多类节目市场占优，外省卫视表现次之

在2015年河南省电视节目收视市场中，中央电视台在多数细分节目类型市场居领先地位，其中在音乐、外语、体育、青少、教学、法制、电影和财经节目市场的收视竞争中领先优势明显，收视份额均在70%以上；在专题和新闻/时事节目市场，收视份额分别达47.8%和55%，也处于细分市场领先地位；在综艺、戏剧、生活服务和电视剧节目市场，收视竞争力位居第二，市场份额均在20%～45%（图1.5.4）。

外省卫视是河南省电视收视市场另一竞争主力，但在多数细分节目市场的表现上弱于中央电视台。2015年外省卫视在河南省综艺、电视剧和生活服务类节目市场表现强势，收视份额均超过40%，居市场第一；在音乐、外语、青少和财经节目市场，收视份额均在15%～30%，均居市场第二，有一定的竞争力；然而在体育、教学、法制和电影类节目市场，收视份额均未超过10%，竞争力相对较弱（图1.5.4）。

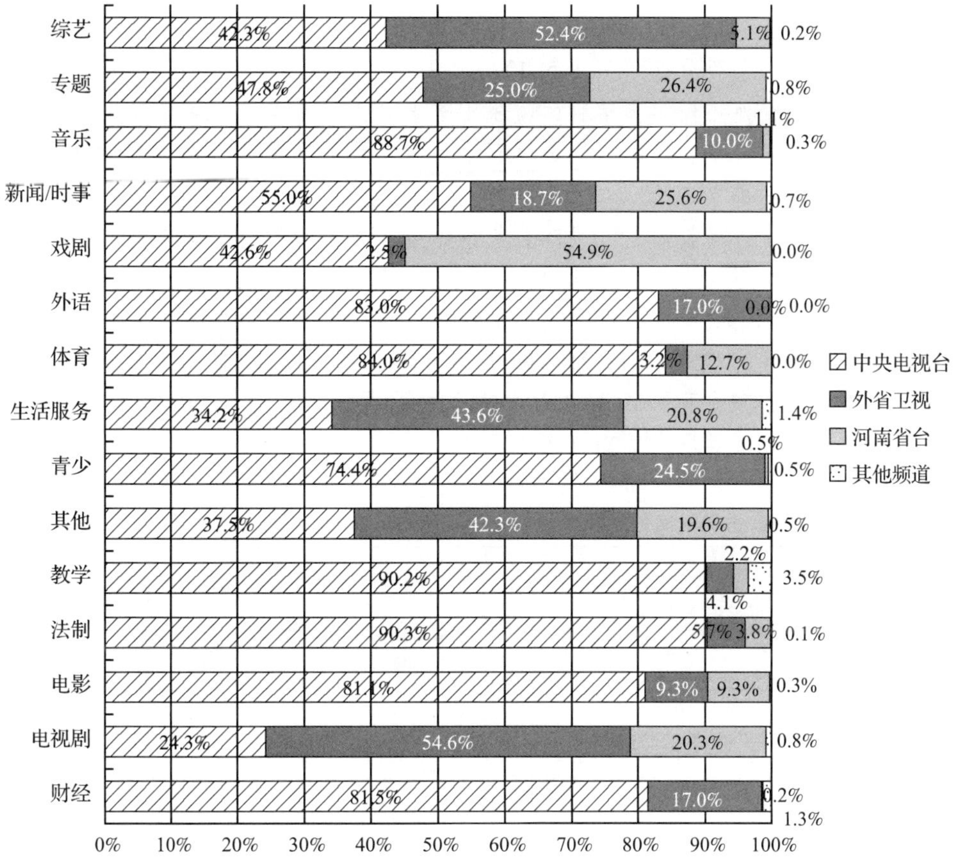

数据来源：CSM 媒介研究

图 1.5.4 2015 年河南省市场各类频道在不同类别节目中的收视份额（%）

河南省台在2015 年本省的分类节目竞争中表现并不强势，除在戏剧类节目市场收视份额超过50%外，在其余类型节目市场的收视份额均未超过30%。在戏剧类节目市场，河南省台以54.9%的收视份额居市场第一；在专题、新闻/时事、生活服务和电视剧节目市场均获得了20%～30%的收视份额，其中在专题和新闻/时事节目市场收视份额排名第二；在体育节目市场的收视竞争中，获得了12.7%的收视份额，但在综艺、教学、法制和电影类节目市场的收视份额均不足10%，处于竞争弱势地位（图1.5.4）。

2015 年，其他频道在河南省市场各类节目的收视竞争中表现较弱，除在教学节目中获得3.5%的收视份额外，在其余各类型节目中的收视份额均不高于1.5%（图1.5.4）。

3. 细分节目市场吸引不同观众群体，特征观众收视偏好不同

2015 年河南省不同性别观众的收视兴趣有所不同。男性观众在电影、体育、新闻/时事和专题类节目上投入的时间比重更高，而女性观众收看电视剧以及综艺节目的时间

比重更高；二者在电视剧上的收视比重差异最大，女性观众较男性高出了3.4个百分点；在财经、法制、教学、青少、生活服务、外语、戏剧和音乐节目上的收视比重差距较小，均不超过0.5个百分点（表1.5.4）。

从各年龄段观众对不同类型节目的收视比重来看，河南省4~14岁观众将28.6%的收视时间用于收看青少节目，收视比重远高于其他年龄段观众；15~24岁的观众更青睐财经、体育、音乐和综艺节目，收视比重在各年龄段观众中最高；25~34岁观众对电影、音乐和综艺节目兴趣较高，几类节目收视比重在各年龄段观众中较高；相比其他年龄段观众，35~44岁观众更多地关注电影和综艺类节目；在45~54岁观众的收视时间中，33.4%的时间用于收看电视剧，收视比重在各年龄段观众中最高，对法制和专题类节目也表现出较明显的收视倾向；55~64岁观众在法制、新闻/时事和专题节目上花费的时间比重都处于较高水平；65岁及以上观众在教学、生活服务、戏剧和新闻/时事节目上的收视比重在各年龄段中最高（表1.5.4）。

表1.5.4　2015年河南省市场不同性别和年龄观众对各类节目的收视比重（%）

节目类型	性别		年龄						
	男	女	4~14岁	15~24岁	25~34岁	35~44岁	45~54岁	55~64岁	65岁及以上
财经	0.6	0.5	0.2	0.8	0.5	0.7	0.7	0.6	0.3
电视剧	28.1	31.5	22.9	31.5	31.2	31.0	33.4	30.9	27.0
电影	3.7	2.8	3.9	3.4	4.1	4.5	2.3	2.0	1.8
法制	2.6	2.7	1.3	2.7	2.4	2.6	3.6	3.1	2.8
教学	0.1	0.1	0.1	0.1	0.1	0.1	0.1	0.1	0.3
青少	8.1	7.7	28.6	5.1	7.3	5.2	2.5	3.0	2.5
生活服务	8.2	8.4	6.6	8.3	8.0	8.5	8.5	8.6	10.1
体育	1.6	0.5	0.4	2.0	0.8	0.9	0.9	1.0	1.3
外语	0.0	0.0	0.0	0.0	0.0	0.0	0.0	0.0	0.0
戏剧	1.5	1.2	0.4	0.5	0.6	0.6	1.2	2.4	5.1
新闻/时事	13.8	11.6	6.7	10.9	11.4	12.8	13.5	16.6	18.6
音乐	0.9	0.9	0.7	1.4	1.1	0.9	0.8	0.6	0.3
专题	6.2	5.6	3.3	5.1	5.5	6.3	7.4	7.0	6.8
综艺	9.5	10.7	8.6	12.7	11.1	10.6	9.5	9.1	8.7
其他	15.2	15.7	16.2	15.5	15.8	15.4	15.5	15.1	14.5

数据来源：CSM媒介研究

2015年河南省不同受教育程度电视观众收看类型节目呈现出一定趋势性特征：随着受教育程度的升高，观众对财经、法制、生活服务、体育、新闻/时事和综艺节目的收视比重增大，青少和戏剧节目的收视比重随之降低。相比其他受教育程度的观众，河南省未受过正规教育的观众用于收看青少和戏剧节目的时间比重明显偏高，分别达28.8%和2.3%；小学受教育程度的观众花费在青少类节目的时间比重也较高，仅次于未受过教育的观众；初中受教育程度的观众分别将32.7%和6.5%的收视时间用来收看电视剧、专题节目，收看比重居各受教育程度观众之首；高中受教育程度的观众对电视剧、法制、生活服务、体育、新闻/时事、专题和综艺节目的收视兴趣都较高；大学及以上受教育程度的观众对财经、法制、生活服务、体育、新闻/时事和综艺节目的收视倾向突出，收视比重均居各教育程度观众首位。相比之下，不同受教育背景的观众在教学和外语的收视比重几乎没有差异（表1.5.5）。

表1.5.5 2015年河南省市场不同受教育程度和个人月收入观众对各类节目的收视比重（%）

节目类型	受教育程度					个人月收入（元）					
	未受过正规教育	小学	初中	高中	大学及以上	0～300元	301～900元	901～1700元	1701～2600元	2601～3500元	3501元及以上
财经	0.2	0.4	0.6	0.7	0.8	0.6	0.4	0.4	0.8	0.8	0.9
电视剧	21.3	27.9	32.7	29.1	23.9	33.0	28.4	33.7	31.6	30.1	26.7
电影	3.8	3.5	3.1	3.1	3.2	3.0	3.3	2.5	3.0	3.4	3.9
法制	1.5	2.2	2.6	2.8	4.6	2.6	2.0	3.1	3.0	3.2	3.3
教学	0.1	0.1	0.1	0.1	0.1	0.1	0.1	0.1	0.1	0.1	0.2
青少	28.8	15.2	4.6	5.0	3.3	4.7	14.0	4.9	4.2	3.3	2.5
生活服务	7.3	7.7	8.4	8.5	9.2	8.4	7.9	8.2	8.3	8.7	9.2
体育	0.2	0.5	0.9	1.7	2.3	0.7	0.7	0.5	1.1	1.4	2.2
外语	0.0	0.0	0.0	0.0	0.0	0.0	0.0	0.0	0.0	0.0	0.0
戏剧	2.3	1.7	1.3	1.0	0.8	1.8	1.3	2.2	1.0	1.3	1.4
新闻/时事	8.1	10.9	12.5	14.4	17.7	13.1	10.4	12.8	13.7	14.9	17.0
音乐	0.7	0.7	0.8	0.8	1.6	0.9	0.8	1.0	0.9	0.9	0.8
专题	3.5	4.8	6.5	6.1	6.1	6.1	5.0	6.1	6.7	6.5	6.6
综艺	6.7	8.8	10.3	11.3	11.5	9.6	10.0	9.2	10.4	10.2	10.7
其他	15.6	15.6	15.5	15.3	15.1	15.4	15.8	15.4	15.4	15.3	14.7

数据来源：CSM媒介研究

河南省个人月收入0～300元的观众对电视剧和戏剧类节目上的收视比重较高；个人月收入301～900元的观众用于收看青少节目的时间比重明显高于其他各收入段观众，达14.0%；个人月收入901～1700元的观众花费在电视剧和戏剧节目上的时间比重明显高于其他观众，比重分别达33.7%和2.2%；个人月收入1701～2600元的河南观众收看专题类节目的时间比重相对偏高；个人月收入 2601～3500 元的观众收看新闻/时事类节目的比重相对较高；个人月收入 3501 元及以上的观众收视兴趣相对突出，收看财经、电影、生活服务、体育、新闻/时事和综艺类节目的时间比重在各类收入段观众中最高。相比之下，不同个人月收入段的观众在法制、教学、外语和音乐类节目上收视比重差异不大（表 1.5.5）。

2015 年河南省不同职业的观众中，干部/管理人员收看电视剧的收视比重高达 36.0%，在不同职业的观众中最高；个体/私营企业人员对财经、电影、法制和综艺节目的收视，均表现出相对较高的倾向；初级公务员在财经、电视剧、电影、法制、生活服务、音乐节目的收视倾向明显，收视比重居各职业观众之首，对综艺节目的收视兴趣也较高；在不同职业背景观众中，工人群体用于收看体育、专题和综艺节目的时间比重高于其他人群；学生观众对青少节目的收视比重领先其他人群；无业观众对戏剧节目的收视兴趣最突出，对青少类节目也保持较高的收视兴趣。不同职业背景的河南省观众对于教学和外语节目的收视偏好差异不明显（表 1.5.6）。

表 1.5.6　2015 年河南省市场不同职业观众对各类节目的收视比重（%）

节目类型	职业						
	干部/管理人员	个体/私营企业人员	初级公务员	工人	学生	无业	其他
财经	0.3	0.7	0.7	0.5	0.3	0.5	0.6
电视剧	36.0	31.4	24.4	30.7	25.9	26.9	33.0
电影	2.6	3.8	4.1	3.3	3.7	2.7	3.0
法制	2.4	3.0	4.5	2.9	1.8	2.6	2.6
教学	0.2	0.1	0.2	0.1	0.1	0.2	0.1
青少	3.2	4.6	3.0	3.2	20.3	10.0	4.7
生活服务	8.6	8.0	8.9	8.2	7.3	8.8	8.4
体育	1.0	1.5	1.5	1.9	0.9	1.1	0.7
外语	0.0	0.0	0.0	0.0	0.0	0.0	0.0
戏剧	0.7	0.8	0.6	1.0	0.4	2.0	1.8
新闻/时事	12.9	12.2	17.7	12.7	7.9	14.3	13.1
音乐	0.7	0.8	1.3	0.9	0.9	0.7	0.9
专题	4.9	6.5	6.7	7.4	4.0	5.9	6.1
综艺	11.0	11.4	11.4	11.5	10.6	8.9	9.6
其他	15.5	15.4	15.3	15.7	15.9	15.2	15.4

数据来源：CSM 媒介研究

（三）北京市电视收视市场节目竞争格局

1. 北京市场节目竞争格局大体稳定，综艺节目收视份额升至第二

在2015年北京电视节目市场竞争中，电视剧依然以明显优势领跑各类节目收视，27.7%的收视份额较2014年下降了1.3个百分点；综艺节目突飞猛进，凭借1.6个百分点的增幅，收视份额上涨至12.7%，一跃成为第二名；新闻/时事节目收视份额为12.5%，较上一年小幅上升了0.3个百分点，位列第三；生活服务类节目的收视份额则出现了下滑，由2014年的11.5%下滑为2015年的10.6%，排名第四。收视份额在2%~10%的节目类别中，专题和法制变化幅度较大，前者下降了0.5个百分点，后者则上升了0.6个百分点；体育、电影、青少节目收视份额基本稳定，变化较为微弱。财经、音乐、戏剧、教学、外语的收视份额均未能超过2%，竞争实力相对较弱（图1.5.5）。

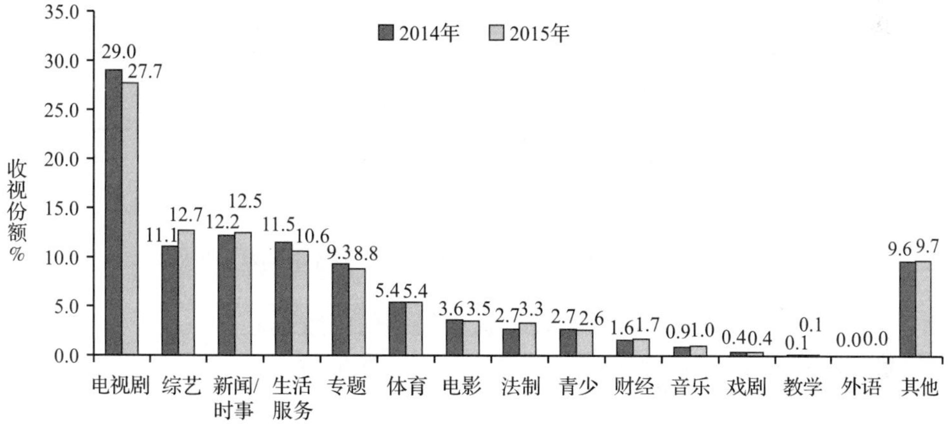

数据来源：CSM媒介研究

图1.5.5　2014~2015年北京市场各类节目的收视份额（%）

2. 央视与北京台各有节目竞争优势领域，外省卫视以综艺和电视剧见长

2015年北京市节目市场的收视竞争中，中央电视台在多个细分节目市场中占据压倒性优势。其中，音乐、戏剧、外语、教学、电影是中央电视台领先优势最为突出的节目类型，收视份额均在70%以上；与此同时，在专题、新闻/时事、体育、青少、财经节目的收视竞争中，中央电视台也取得了不俗的成绩，收视份额均在30%以上；相比之下，中央电视台在综艺、生活服务、法制、电视剧的市场竞争中表现平平，难与北京台频道和外省卫视抗衡，收视份额均低于30%（图1.5.6）。

北京台频道在2015年多个细分节目市场中竞争实力突出，在生活服务和法制节目中均以超过70%的收视份额占据压倒性优势；在专题、新闻/时事、体育、青少、财经节目中，北京台频道亦有不俗表现，收视份额均在40%以上，且力压其他频道组成为各市

场头名；而在综艺、电视剧节目的收视竞争中，北京台频道表现尚可，均获得了30% ~ 40%的收视份额；音乐、戏剧、电影则是北京台频道竞争力相对薄弱的节目类型，收视份额未能超过30%（图1.5.6）。

在中央电视台和北京台频道的强大竞争压力下，2015年北京市场上外省卫视的竞争表现较为平淡，但在多个细分节目市场中充当配角的同时仍有亮点可寻。综艺、电视剧两大节目类型是外省卫视竞争实力最为突出的细分市场，分别以38.9%和42.4%的收视份额夺得榜首位置；在专题、新闻/时事、外语、生活服务、青少、财经节目市场上，外省卫视也具备一定的竞争力，收视份额处于10% ~30%之间；音乐、戏剧、体育、教学、法制、电影则属于外省卫视竞争实力明显匮乏的节目类型，收视份额均不足10%（图1.5.6）。

2015年，其他频道在北京市场各类节目的收视竞争中实力均较弱，除在教学、专题节目中分别获得了10.8%、5.9%的收视份额外，在其他节目类型的收视份额均未超过2.0%（图1.5.6）。

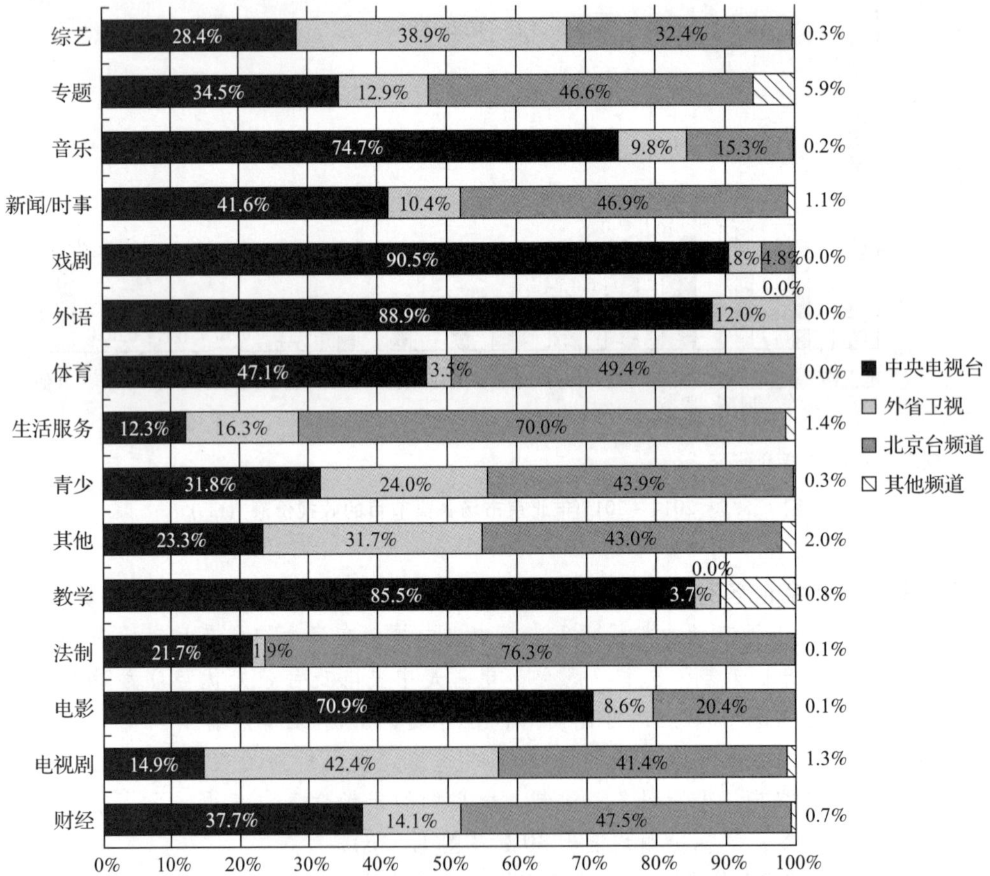

数据来源：CSM媒介研究

图1.5.6　2015年北京市场各类频道在不同节目类别中的收视份额（%）

3. 观众特征影响节目收视，特征人群收视倾向有所不同

2015年北京市场男性观众对财经、体育和新闻/时事类节目收视倾向明显，女性观众则对电视剧、生活服务和综艺节目更感兴趣。北京男女观众在其他类型节目上的收视比重差异不大（表1.5.7）。

表1.5.7　2015年北京市场不同性别和年龄观众对各类节目的收视比重（%）

节目类型	性别		年龄						
	男	女	4～14岁	15～24岁	25～34岁	35～44岁	45～54岁	55～64岁	65岁及以上
财经	1.9	1.5	0.8	1.5	1.5	1.4	2.3	2.0	1.3
电视剧	26.8	28.5	20.9	26.5	27.6	26.3	29.2	26.6	29.7
电影	4.0	3.1	5.3	4.0	4.4	5.3	3.8	2.3	1.8
法制	3.2	3.3	1.7	2.5	2.7	3.0	3.4	3.7	3.9
教学	0.1	0.1	0.1	0.3	0.0	0.1	0.1	0.1	0.2
青少	2.5	2.6	20.5	1.1	4.4	2.8	0.8	1.4	1.3
生活服务	9.8	11.5	8.4	10.7	9.4	9.7	10.7	11.9	11.5
体育	6.9	3.9	3.1	4.8	7.3	4.6	5.5	5.8	4.1
外语	0.0	0.0	0.0	0.0	0.0	0.0	0.0	0.0	0.0
戏剧	0.3	0.4	0.1	0.3	0.2	0.2	0.2	0.4	0.9
新闻/时事	13.3	11.8	7.7	11.2	9.7	10.8	12.6	14.8	15.2
音乐	1.0	1.0	0.8	2.0	1.0	1.5	1.0	0.8	0.7
专题	9.0	8.5	6.3	8.5	7.6	9.1	9.2	9.2	9.2
综艺	11.7	13.6	13.1	16.4	13.8	14.8	11.6	11.8	10.9
其他	9.4	10.1	11.1	10.0	10.4	10.4	9.5	9.2	9.3

数据来源：CSM媒介研究

在年龄方面，2015年北京市场4～14岁观众仍对青少节目保持高度关注，收视比重远超其他年龄段观众，对电影节目的收视比重也居各年龄段观众之首；15～24岁观众用于收看教学、音乐和综艺节目的时间比例均列各年龄段观众第一；25～34岁年龄段观众对于体育节目的兴趣最高；相比其他年龄段观众，35～44岁观众在电影节目上投入的时间比重更高；45～54岁观众在财经、电视剧、电影、生活服务、体育、新闻/时事和专题节目中的收视比重均高于平均水平；55～64岁观众收看生活服务的时间比重为11.9%，高于其他年龄段观众；65岁及以上观众对电视剧、法制、戏剧、新闻/时事节目的收视比重为各年龄段最高，在教学、生活服务和专题类节目上也表现出了较高的收视热情（表1.5.7）。

从不同受教育程度观众来看，北京未受过正规教育的观众对电视剧、法制和青少节目的收视倾向明显，收视比重高于观众平均水平，其中对青少节目的收视比重远高于其他学历观众；小学学历观众花费在电视剧和戏剧节目上的收视比重在各类受教育水平观

众中最高；在各类受教育观众中，初中受教育程度观众收看生活服务类节目的时间比重最高，收看电视剧、电影、法制、体育和综艺类节目的比重也较高；高中学历观众对财经、新闻/时事、专题类节目的收视偏好居各教育程度观众之首，对电视剧、法制和生活服务类节目收视热情也较高；大学及以上学历观众用于电影、体育、音乐和综艺节目的收视比重高于其他学历观众（表 1.5.8）。

表 1.5.8　2015 年北京市场不同受教育程度和收入观众对各类节目的收视比重（%）

节目类型	受教育程度					个人月收入（元）						
	未受过正规教育	小学	初中	高中	大学及以上	0～600 元	601～1200 元	1201～1700 元	1701～2600 元	2601～3500 元	3501～5000 元	5001 元及以上
财经	0.7	0.8	1.1	2.1	1.9	1.1	1.3	1.4	1.7	1.8	1.8	2.4
电视剧	29.4	30.7	28.9	28.6	25.5	28.5	34.3	29.9	30.0	27.8	24.9	24.7
电影	3.3	2.7	3.6	3.2	3.9	4.1	3.0	2.7	3.8	3.1	3.3	3.8
法制	3.9	3.0	3.6	3.5	2.9	2.2	3.6	4.2	3.9	3.3	3.3	2.9
教学	0.1	0.1	0.1	0.1	0.1	0.2	0.1	0.1	0.1	0.1	0.1	0.1
青少	12.9	5.6	1.6	1.5	2.8	6.3	1.6	2.5	1.7	1.9	1.5	2.9
生活服务	8.6	9.5	11.1	10.9	10.5	10.2	9.4	11.1	10.8	10.8	11.2	9.9
体育	4.0	3.7	5.5	4.6	6.6	3.3	4.0	5.1	4.3	6.3	6.4	6.8
外语	0.0	0.0	0.0	0.0	0.0	0.0	0.0	0.0	0.0	0.0	0.0	0.0
戏剧	0.8	1.3	0.4	0.3	0.2	0.4	0.3	0.4	0.6	0.3	0.3	0.1
新闻/时事	9.7	11.6	12.3	13.7	11.8	10.7	13.9	12.6	11.7	13.5	13.4	12.5
音乐	0.6	0.8	0.9	1.0	1.3	1.3	0.9	1.1	1.0	0.9	1.2	0.8
专题	6.7	8.0	8.4	9.2	8.8	7.6	7.4	8.4	8.5	9.1	9.6	9.0
综艺	8.6	12.8	13.2	11.7	13.6	13.9	11.8	11.0	12.6	11.2	13.3	14.1
其他	10.7	9.3	9.4	9.6	10.1	10.3	8.4	9.7	9.3	9.7	9.9	10.1

数据来源：CSM 媒介研究

2015 年北京个人月收入 0～600 元的观众收看电影、青少、音乐、综艺节目的时间比重在各收入水平观众中最高；个人月收入 601～1200 元的观众对于电视剧和新闻/时事类节目感兴趣程度更高；个人月收入 1201～1700 元的群体花费在法制节目上的时间比重高于其他收入人群；个人月收入 1701～2600 元的观众对戏剧节目格外青睐；个人月收入 2601～3500 元的人群对财经、电视剧、生活服务、体育、新闻/时事和专题类节目收视偏好较强；个人月收入 3501～5000 元的人群对生活服务、音乐和专题类节目投入的收视比重居各收入人群之首；相比其他收入人群，个人月收入 5001 元及以上高收入观众用于收看财经、体育和综艺节目的时间比重最高（表 1.5.8）。

从 2015 年北京不同职业观众对各类节目的收视比重来看，干部/管理人员对体育和专题节目的收视倾向最突出；个体/私营企业人员在财经、电视剧、电影、青少、音乐和综艺类节目的收视比重高于北京观众平均水平；初级公务员/雇员对财经、电影、体育、音乐和综艺节目表现出了较高的收视偏好；工人观众花费在财经节目上的时间比重最为突出，高于其他各职业人群；学生最倾向收看教学、音乐和综艺类节目；无业观众更为关注的节目类型包括法制、生活服务和新闻/时事（表1.5.9）。

表1.5.9 2015年北京市场不同职业观众对各类节目的收视比重（%）

节目类型	职业						
	干部/管理人员	个体/私营企业人员	初级公务员/雇员	工人	学生	无业	其他
财经	1.3	1.8	2.0	2.5	1.0	1.5	0.6
电视剧	25.4	28.7	25.4	30.4	25.6	28.7	37.3
电影	4.5	3.8	4.4	4.3	4.7	2.4	5.5
法制	3.0	3.0	3.1	3.2	1.9	3.6	2.5
教学	0.0	0.1	0.1	0.1	0.4	0.1	0.4
青少	1.9	3.2	2.6	1.6	5.2	2.4	2.8
生活服务	9.2	9.9	10.5	10.0	9.9	11.3	9.3
体育	8.0	4.9	7.1	5.2	3.7	4.4	2.1
外语	0.0	0.0	0.0	0.0	0.0	0.0	0.0
戏剧	0.2	0.1	0.2	0.2	0.3	0.5	1.6
新闻/时事	12.7	11.8	11.6	10.6	9.9	14.0	7.7
音乐	1.5	1.1	1.1	1.0	2.2	0.8	0.3
专题	9.2	8.5	8.5	9.1	8.1	9.0	6.8
综艺	13.4	12.9	13.4	12.1	17.2	11.6	13.0
其他	9.8	10.0	10.0	9.8	10.1	9.5	10.1

数据来源：CSM媒介研究

（四）上海市电视收视市场节目竞争格局

1. 综艺节目收视份额升至亚军，电视剧收视份额下降明显

在2015年上海电视节目收视市场中，收视份额最大的3类节目依然是电视剧（24.0%）、综艺（16.2%）和新闻/时事节目（13.2%）。较之2014年，综艺节目的收视份额上升了2.4个百分点，一举反超新闻/时事类节目，位居亚军；电视剧和新闻/时事类则分别出现了3个和0.9个百分点的下滑；生活服务、专题、体育、电影、法制和青少节目表现稳定，收视份额与2014年基本持平；值得注意的是财经节目突飞猛进，2015年的收视份额较2014年增长了2.2个百分点，达4.3%；而音乐、戏剧、教学、外语类节目收视份额变化较为微弱，且继续维持在较低水平（图1.5.7）。

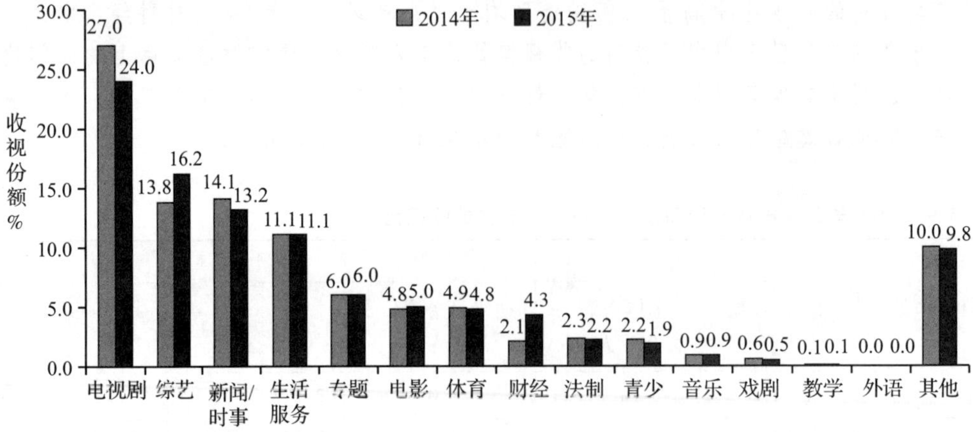

数据来源：CSM 媒介研究

图 1.5.7　2014～2015 年上海市场各类节目的收视份额（%）

2. 上海本地频道整体强势，中央台与外省卫视个别市场呈现优势

在2015年上海电视节目市场的收视竞争中，不同频道组的表现呈现明显差异。整体来看，上海本地频道占据着主导地位，并在多数细分节目市场的竞争中呈现压倒性优势。其中，上海本地频道表现最为出色的节目类型包括戏剧、外语、生活服务、法制和财经，收视份额均超过70%，稳居各细分市场榜首；不仅如此，在综艺、新闻/时事、体育、电影和电视剧收视市场中，上海本地频道的收视份额也在50%以上，占据半壁江山；而在专题、青少类节目中，上海本地频道的收视份额也达40%～50%，实力亦不容小觑；相比之下，音乐、教学两类节目是上海本地频道竞争力相对欠缺的节目类型，收视份额未能超过20%（图1.5.8）。

2015年，中央电视台在上海地区的节目收视竞争中也体现了一定优势。其中，在音乐、教学两类细分市场，中央电视台竞争实力明显高于其他频道组，分别以87.3%和77.4%的收视份额领先；在专题、新闻/时事、戏剧、体育和电影节目中，上海地区观众均将20%以上的时间分配于收看中央电视台；而在综艺、外语、生活服务、青少、法制、电视剧和财经市场中，中央电视台难以与优势明显的上海本地频道相抗衡，收视份额均不足20%（图1.5.8）。

由于上海本地频道和中央电视台已在多数节目市场中占据强势地位，外省卫视在2015年上海市场的收视表现较为平淡。青少类节目是外省卫视优势最为突出的细分市场，以43.7%的收视份额排名第一；综艺、电视剧的收视份额也可圈可点，分别以20.6%和29.3%位列各类型中第二位；此外，外省卫视在专题、生活服务两类节目上的收视份额也超过了10%，在各自的细分市场中占据一席之地；而音乐、新闻/时事、戏剧、外语、体育、教学、法制、电影和财经均为外省卫视的竞争弱项，收视份额均未超过10%（图1.5.8）。

其他频道在上海各类型节目市场的竞争力十分微弱，收视份额约在0.0%～0.2%之间（图1.5.8）。

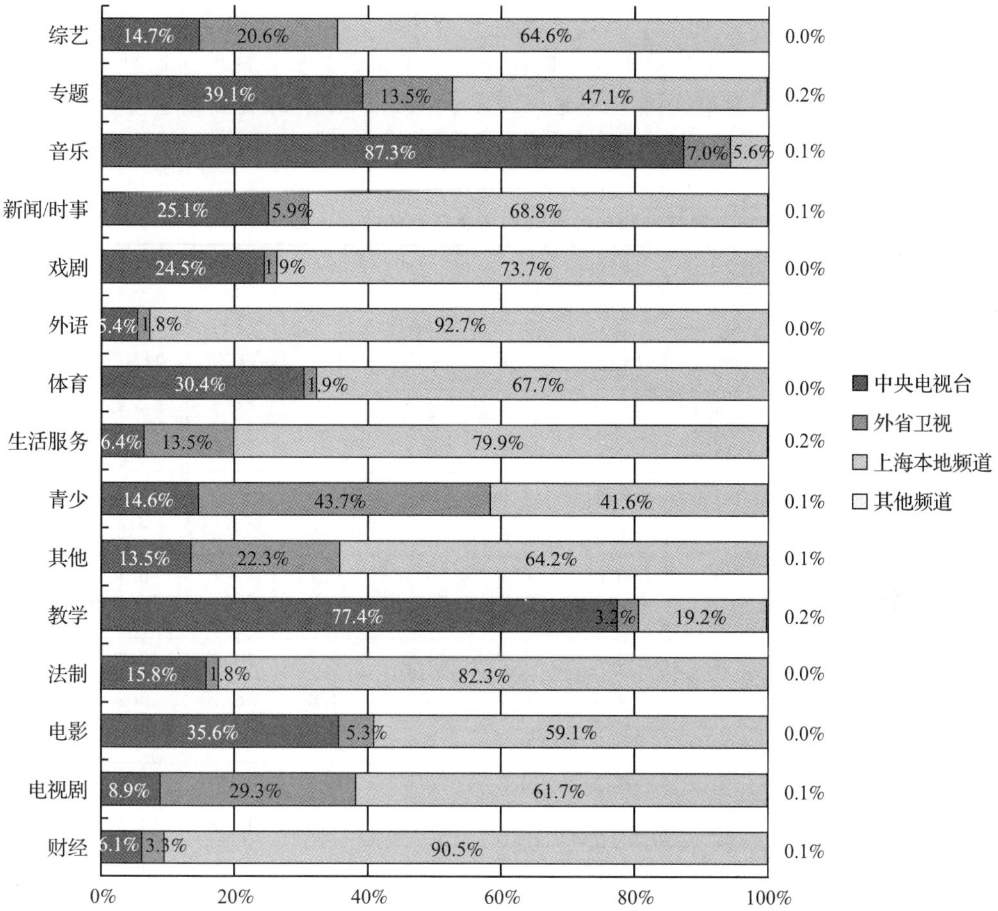

数据来源：CSM 媒介研究

图 1.5.8 2015 年上海市场各类频道在不同类型节目中的收视份额（%）

3. 不同观众群体节目类型选择各异，细分节目市场各有忠实观众

2015 年上海市场不同性别观众收看各类节目的偏好呈现出一定差异。其中，男性观众对于财经、电影、体育、新闻/时事、专题节目的收视比重明显高于女性；而女性观众则更青睐收看电视剧、法制、生活服务和综艺节目。两性观众对于教学、青少、外语、戏剧、音乐节目的收视比重差异较为微弱（表 1.5.10）。

上海市场收视偏好的差异也体现在不同年龄段的观众中。4~14 岁观众将 15.1% 的收视时间倾注于青少类节目的收看上；15~24 岁观众在收看体育、综艺节目时倾注了更高比例的时间，分别以 6.7%、21.1% 的收视比重领先其他人群；25~34 岁观众虽然未能在各节目类型中取得收视比重的领先，但体育、综艺节目的收视比重仍然处于较高水平；35~44 岁的观众更青睐收看电影和音乐节目，以 9.0% 和 1.3% 的收视比重成为各年龄段人群中最高值；45~54 岁观众则在财经节目的收视上展现出较高的热情，将 5.7% 的收视时间分配于此；55~64 岁观众在法制、生活服务、专题节目上均给予了较多的关注，分别以 2.8%、12.1% 和 6.8% 的收视比重排名第一；65 岁及以上的观众对于电视剧、戏剧、新闻/时事的收视比重分别为29.8%、1.1%和15.2%，均高于其他年龄段观众。综合来看，上海市场不同年龄段观众收看青少类节目的时间比重随年龄的增加而递减；不同年龄人群在教学、外语、戏剧、音乐节目中的收视比重差异相对较小(表1.5.10)。

表1.5.10 2015年上海市场不同性别和年龄观众对各类节目的收视比重（%）

节目类型	性别		年龄						
	男	女	4～14岁	15～24岁	25～34岁	35～44岁	45～54岁	55～64岁	65岁及以上
财经	4.5	4.1	0.7	2.0	2.2	3.0	5.7	5.5	4.4
电视剧	23.0	25.1	21.2	21.2	20.8	24.3	23.6	23.5	29.8
电影	5.9	4.0	7.4	5.6	5.0	9.0	5.3	3.6	2.7
法制	2.0	2.4	1.5	1.6	2.0	1.9	2.0	2.8	2.2
教学	0.1	0.1	0.0	0.1	0.1	0.1	0.1	0.1	0.1
青少	2.0	1.9	15.1	2.1	3.0	2.4	0.8	1.1	0.9
生活服务	10.2	12.1	8.8	11.3	11.2	9.7	10.4	12.1	11.7
体育	6.6	3.1	2.6	6.7	6.5	4.8	6.1	3.8	3.1
外语	0.0	0.0	0.0	0.0	0.0	0.0	0.0	0.0	0.0
戏剧	0.5	0.5	0.2	0.2	0.6	0.4	0.3	0.4	1.1
新闻/时事	13.9	12.4	6.9	10.3	12.3	11.9	12.9	14.5	15.2
音乐	0.9	0.9	0.8	0.8	0.6	1.3	1.0	1.0	0.6
专题	6.6	5.5	4.6	6.5	5.5	6.0	6.1	6.8	5.4
综艺	14.5	17.9	19.4	21.1	19.4	15.6	16.3	15.0	13.4
其他	9.4	10.2	10.8	10.5	10.7	9.7	9.6	9.6	9.3

数据来源：CSM媒介研究

从受教育程度来看，2015年上海地区未受过正规教育的观众在电视剧和青少节目中的收视比重最高，分别为37.4%和11.1%；小学学历观众收看生活服务和戏剧类节目的兴趣更加浓厚，以12.1%和0.7%的收视比重领先其他人群；初中学历观众更倾向于收看法制、戏剧和专题节目；高中学历背景的观众收看综艺类节目的收视比重为16.5%，力压其他教育背景的观众；学历在大学及以上的观众在多个节目类型上取得领先，财经、电影、体育、新闻/时事、音乐的收视比重均位列各人群榜首。总体而言，2015年上海地区观众的受教育程度越高，对于电影、体育、音乐节目的关注度也就越高，而对于电视剧所倾注的时间比重也就越低（表1.5.11）。

2015年上海地区不同收入水平的观众群体中，个人月收入0～600元的观众对电影、青少、综艺类节目的关注度明显高于其他人群，收视比重分别为6.3%、7.7%和20.8%；个人月收入601～1200元的观众分别将7.0%和29.2%的时间分配于收看财经和电视剧，均高于其他观众群体；个人月收入1201～1700元的观众在收看戏剧类节目时倾注的时间比重略高于其他人群；个人月收入1701~2600元的观众则对法制和生活服务类节目兴趣更高，收视比重分别为2.5%和11.8%；个人月收入2601~3500元的观众在新闻/时事和专题上的收视比重分别为14.0%和6.6%，均为各收入水平观众中的最高值；个人月收入3501~5000元的观众除了在音乐类节目中以1.1%的收视比重拔得头筹外，对于电影、生活服务、体育节目的收视热情也处在较高水平；个人月收入5001元及以上者将5.7%的时间花费于体育节目的收视中，为各收入人群之首（表1.5.11）。

表1.5.11 2015年上海市场不同受教育程度和个人月收入观众对各类节目的收视比重（%）

节目类型	受教育程度					个人月收入（元）						
	未受过正规教育	小学	初中	高中	大学及以上	0~600元	601~1200元	1201~1700元	1701~2600元	2601~3500元	3501~5000元	5001元及以上
财经	0.6	4.5	3.2	4.6	5.0	1.3	7.0	5.3	4.8	4.5	4.3	4.4
电视剧	37.4	27.9	25.9	24.1	20.4	22.2	29.2	26.8	25.0	25.3	22.2	22.7
电影	2.6	4.3	4.3	5.3	5.4	6.3	3.9	5.9	4.5	4.2	5.9	5.1
法制	1.2	2.0	2.6	2.1	2.1	1.6	1.9	1.9	2.5	2.2	2.3	2.2
教学	0.0	0.1	0.1	0.1	0.1	0.0	0.1	0.1	0.1	0.1	0.1	0.1
青少	11.1	4.7	1.8	1.3	1.8	7.7	0.8	0.9	1.3	1.2	1.5	2.1
生活服务	8.7	12.1	11.2	11.1	11.1	10.4	11.1	10.0	11.8	11.1	11.2	10.9
体育	1.7	2.2	4.4	5.0	5.7	4.8	3.4	4.7	3.6	4.8	5.6	5.7
外语	0.0	0.0	0.0	0.0	0.0	0.0	0.0	0.0	0.0	0.0	0.0	0.0
戏剧	0.5	0.7	0.7	0.4	0.5	0.2	0.8	0.9	0.5	0.6	0.4	0.6
新闻/时事	9.5	10.9	13.2	13.0	14.1	8.1	10.9	13.3	13.6	14.0	13.4	13.4
音乐	0.5	0.5	0.9	0.9	1.0	0.8	0.5	0.9	0.9	0.8	1.1	0.9
专题	3.6	4.0	6.5	6.1	6.2	5.2	6.2	5.6	5.4	6.6	6.1	6.2
综艺	11.5	16.2	15.6	16.5	16.4	20.8	14.6	14.4	16.3	15.3	16.2	15.7
其他	11.1	9.8	9.6	9.5	10.2	10.6	9.8	9.4	9.7	9.5	9.9	10.0

数据来源：CSM媒介研究

2015年上海电视收视市场中，各职业背景的观众对不同节目类型的收视倾向也有所不同。其中，干部/管理人员对法制、戏剧、专题节目的青睐度较其他人群更高；个体/私营企业人员收看财经、法制、新闻/时事节目的收视比重分别为5.7%、2.5%和14.0%，均为各年龄段之首；初级公务员人群则在体育和音乐类节目中展现出更高的收视热情，收视比重分别为6.3%和1.1%；工人群体分别将7.1%和1.1%的时间倾注于电影和音乐节目的收看中，均属于各职业人群中的最高水平；学生观众则更加关注电影和青少类节目；无业观众花费于电视剧、生活服务类节目的收视比重分别为26.7%和11.8%，为各职业人群中最高值（表1.5.12）。

表 1.5.12　2015 年上海市场不同职业观众对各类节目的收视比重（%）

节目类型	职业						
	干部/管理人员	个体/私营企业人员	初级公务员	工人	学生	无业	其他
财经	3.3	5.7	4.2	3.6	1.5	4.8	*
电视剧	25.6	23.4	21.0	25.5	21.8	26.7	*
电影	6.5	5.9	6.0	7.1	7.1	3.2	*
法制	2.5	2.5	2.1	1.7	1.6	2.4	*
教学	0.1	0.1	0.1	0.1	0.1	0.1	*
青少	2.4	1.3	1.4	2.9	7.1	1.5	*
生活服务	9.8	10.6	11.0	9.8	9.5	11.8	*
体育	5.0	3.8	6.3	5.6	5.8	3.3	*
外语	0.0	0.0	0.0	0.0	0.0	0.0	*
戏剧	1.4	0.3	0.2	0.4	0.2	0.7	*
新闻/时事	13.0	14.0	13.4	10.0	8.2	13.9	*
音乐	0.6	0.8	1.1	1.1	0.8	0.8	*
专题	6.7	6.1	6.2	5.4	5.6	6.0	*
综艺	13.4	15.6	17.2	16.8	20.2	15.1	*
其他	9.7	10.0	9.8	10.0	10.3	9.6	*

*表示由于样本量太小，无法进行统计推断。

数据来源：CSM 媒介研究

（五）广州市电视收视市场节目竞争格局

1. 广州各类节目收视份额小幅波动，市场竞争格局基本稳定

在 2015 年广州电视收视市场中，各类节目收视份额小幅变动，排序未变，节目竞争格局基本稳定。相比 2014 年，2015 年各类节目收视份额增减幅度均不超过 1 个百分点，其中电视剧、综艺、生活服务、电影、法制、音乐和财经类节目收视份额有所上升，新闻/时事、专题、青少、体育略有下降。2015 年电视剧和新闻/时事类节目仍以较大优势领跑市场各类节目，收视份额均在 18% 以上；综艺、生活服务、专题和青少节目收视份额均在 5% 以上；电影和体育类节目收视份额为 3% ~5%；法制、音乐、财经、戏剧、教学和外语节目竞争力仍较弱，收视份额改观不大（图 1.5.9）。

2. 南方传媒集团固守广州市场，本地市台在多类节目市场获得增长

与上一年发展趋势有所不同，2015 年中央电视台在广州多类节目市场的收视份额出现下降。同比 2014 年，中央电视台在综艺、新闻、生活服务、青少、教学、法制、电视剧和财经节目市场的收视份额有所下滑，其中在教学节目市场降幅最大，达 7.5 个百分点，在青少、法制和财经类节目市场降幅也都在 3 ~5 个百分点不等；在专题、音乐、戏剧、外语和电影类节目市场，中央电视台的收视份额则有所上升，其中在外语节目市场增幅最大，达 5.8 个百分点，在戏剧和专题类节目市场分别增长了 4.5 个百分点、4.6 个百分点。总体上看，中央电视台仍在音乐和教学类节目市场保持竞争领先地位，收视份额超过 65%；在专题和财经类节目市场的收视份额虽然未超过 50%，但均居市场领先位置；在综艺、体育、青少、法制和电影节目的收视竞争力居中，收视份额均在 20% ~

50%之间；相比之下，在新闻/时事、外语、生活服务和电视剧市场的收视竞争力较弱，收视份额均低于20%（图1.5.10）。

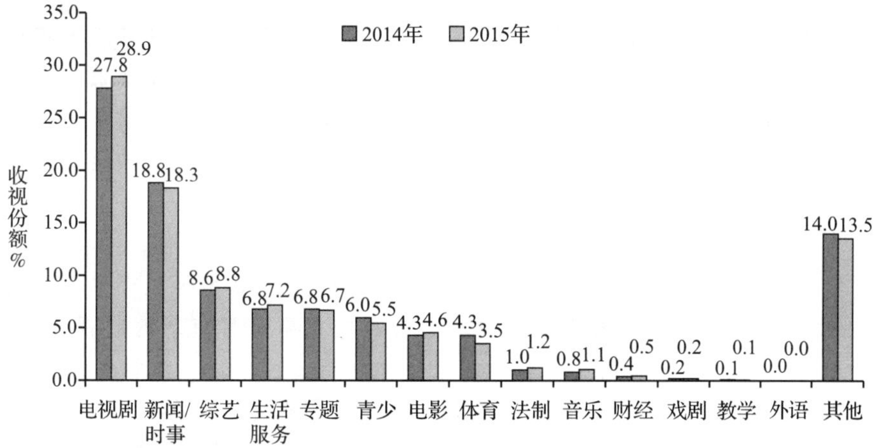

数据来源：CSM媒介研究

图1.5.9 2014～2015年广州市场各类节目的收视份额（%）

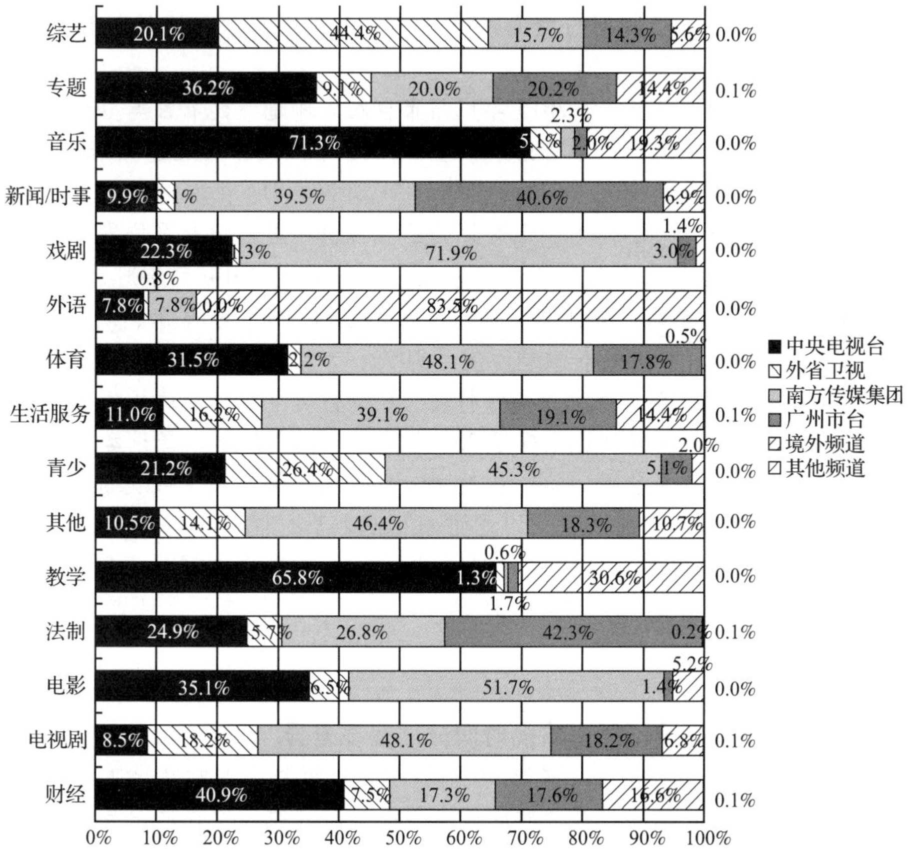

数据来源：CSM媒介研究

图1.5.10 2015年广州市场各类频道在不同节目类别中的收视份额（%）

2015年外省卫视在广州电视节目市场竞争态势无明显变化，仍只在综艺节目市场保持明显领先优势。相比2014年，2015年外省卫视在综艺节目市场的收视份额上升了3.5个百分点，达44.4%，市场领先优势进一步扩大；在青少节目市场，外省卫视居亚军位置，收视份额同比增长了0.4个百分点；在电视剧市场，外省卫视与广州市台并列亚军，收视份额同比也上升了0.4个百分点。在其余节目市场，外省卫视收视份额都不超过17%，相比2014年，外省卫视在综艺、音乐、新闻/时事、外语、体育和法制节目市场的收视份额有所上升，而在专题、戏剧、生活服务、教学和电影类节目市场的收视份额则有所下降。

2015年南方传媒集团仍保持在广州近半数节目市场的领导地位，并在音乐、体育、青少、教学、电影和财经节目市场的收视份额有所提升。2015年，南方传媒集团在新闻/时事、戏剧、体育、生活服务、青少、电影和电视剧节目市场的收视竞争力突出，收视份额均超35%，居市场龙头位置；在专题和法制节目市场，收视份额达20%及以上；在综艺和财经节目中，收视份额都在15%以上；相比之下，在音乐、外语和教学节目市场的竞争力较弱，收视份额都在8%以下（图1.5.10）。对比2014年，2015年南方传媒集团在财经、电影、教学、青少、体育和音乐节目市场则有所上升，其中在财经节目市场增幅最大，达4.9个百分点；在电视剧、法制、生活服务、外语、戏剧、新闻/时事、专题和综艺节目市场收视份额有所下降，其中在法制和外语类节目市场降幅较大，分别达5.8个和5.1个百分点。

尽管广州本地市场竞争激烈，2015年广州市台在本地超半数节目类型市场的收视份额获得上升，且在个别市场竞争地位改善明显。2015年广州市台在新闻/时事和法制类节目市场居首位，收视份额较上一年分别上升了6.2个和8.4个百分点；在专题、生活服务、电视剧和财经节目市场，凭借高于15%的收视份额居市场亚军位置，除在专题节目市场收视份额没变化外，在其他3个市场的收视份额较2014年分别上升了3.4个、3.8个和13个百分点；在综艺节目市场的收视份额达14.3%；在音乐、戏剧、外语、青少、教学和电影节目市场的收视份额均不超过10%，市场竞争力较弱。

延续往年情况，2015年境外频道仍保持在广州外语类节目市场的压倒性优势，且领先优势进一步扩大，收视份额同比上升了3.6个百分点；在教学和音乐类节目市场的地位也较稳固，稳居市场亚军位置，其中在教学节目市场，境外频道收视份额上升了9.2个百分点，缩小了与冠军中央电视台的差距。相比之下，境外频道在其他各类节目市场的份额有限，竞争地位一般，但在财经类市场，其收视份额同比下降了16.3个百分点，降幅较大，市场地位由2014年的第二退至第四，在其余节目市场收视份额则变化不大。

3. 特征观众收视兴趣不同，收视时间分配存在差异

2015年广州男性观众在电影、体育和新闻/时事类节目上的收视比重明显高于女性观众；相比男性观众，广州女性观众对电视剧和综艺节目的喜爱程度明显更高；在其余节目类型上，广州不同性别观众间的差异较小（表1.5.13）。

表 1.5.13 2015 年广州市场不同性别和年龄观众对各类节目的收视比重（%）

节目类型	性别		年龄						
	男	女	4～14 岁	15～24 岁	25～34 岁	35～44 岁	45～54 岁	55～64 岁	65 岁及以上
财经	0.5	0.4	0.3	0.3	0.3	0.8	0.4	0.5	0.6
电视剧	27.7	30.2	24.8	29.4	27.8	25.0	31.4	31.7	29.8
电影	5.4	3.6	5.3	4.7	5.4	6.3	4.1	3.7	2.2
法制	1.2	1.2	0.5	1.0	1.0	1.0	1.5	1.4	1.5
教学	0.1	0.1	0.0	0.0	0.0	0.1	0.1	0.1	0.2
青少	5.3	5.6	25.0	2.7	7.1	4.7	2.4	2.7	2.0
生活服务	6.9	7.5	5.9	7.5	7.2	6.8	7.3	7.2	8.2
体育	4.6	2.3	2.1	2.5	4.1	5.0	3.0	3.5	3.3
外语	0.0	0.0	0.0	0.0	0.0	0.0	0.0	0.0	0.0
戏剧	0.2	0.2	0.1	0.2	0.1	0.1	0.2	0.3	0.5
新闻/时事	19.0	17.5	8.9	18.3	16.4	18.3	19.2	20.1	24.1
音乐	1.0	1.1	0.9	1.3	0.9	1.7	1.1	0.7	0.8
专题	7.1	6.3	3.7	5.8	6.3	7.3	7.2	8.2	6.4
综艺	7.9	9.8	9.1	11.6	8.9	10.0	8.8	7.1	7.0
其他	13.1	14.1	13.4	14.6	14.4	12.9	13.4	12.7	13.4

数据来源：CSM 媒介研究

2015 年广州 4～14 岁观众将 25% 的收视时间用于收看青少节目，收视比重明显高于其他人群，此外对电影和综艺节目也表现出较强的收视兴趣，收视比重高于总体平均水平；15～24 岁观众用于收看电视剧、生活服务、音乐和综艺节目的时间比重都较高，其中收看音乐和综艺节目时间比重为各年龄段观众之首；25～34 岁人群对电影、青少、体育和综艺节目的关注较高，收视比重均在广州观众整体水平之上；35～44 岁观众在电影、体育、专题、音乐和综艺节目上的收视比重较高，尤其在电影、体育和音乐节目上，收视比重均高于其他各年龄段观众；45～54 岁观众在电视剧、法制、生活服务、新闻/时事、音乐和专题类节目上都表现出不同程度的收视偏好；55～64 岁观众对电视剧和专题类节目的收视倾向最为明显，收视比重领先其他人群，对财经、法制戏剧、新闻/时事的收视兴趣也较浓厚；65 岁及以上的广州观众收视兴趣较为广泛，投入在财经、法制、教学、生活服务、戏剧、新闻/时事节目上的收视比重均居各年龄段观众之首，此外在电视剧上的收视比重也高于观众平均水平（表 1.5.13）。

从不同受教育程度观众来看，2015 年广州高学历观众的收视兴趣相对广泛一些。未受过正规教育的观众对青少节目最为偏爱，收视比重远超其他受教育程度观众；小学受教育程度的观众对电视剧、青少和戏剧节目的关注较高，收视比重高于广州观众整体平均水平；相比其他人群，初中学历的观众在电视剧、电影、法制、生活服务和体育节目上的收视比重都较高，其中在电视剧、电影和法制节目的收视比重最高；高中学历观众对体育、新闻/时事、音乐、专题和综艺节目表现出不同程度的偏爱，收视比重均高于广州观众平均水平；大学及以上学历观众对财经、生活服务、体育、新闻/时事、音乐、专题和综艺节目的收视比重在各学历观众中最高，表现出强烈的收视兴趣。相对而言，各受教育程度观众在教学和外语类节目上分配的时间都较少，差异也很微弱（表1.5.14）。

从不同收入水平观众来看，2015年广州较高收入观众的收视兴趣较为多样。个人月收入0~600元的观众对青少节目最为关注，收视比重远超其他群体，其次是电视剧，收视比重高于广州观众平均水平；个人月收入601~1200元的观众对电视剧的收视比远超其他各类人群，对生活服务和戏剧类节目的收视比重也高于观众总体平均水平；个人月收入1201~1700元的观众对法制和生活服务类节目的收视比重在各类人群中最高；个人月收入1701~2600元的观众对电视剧、新闻/时事和音乐类节目的收视比重均高于平均水平；个人月收入2601~3500元的观众倾注于新闻/时事节目的时间比重高于其他群体，倾注于财经、体育和综艺类节目的时间比重均高于观众总体平均水平；个人月收入3501~5000元的观众花费在财经、电影、法制、生活服务、体育、音乐、专题和综艺节目的时间比重均高于观众总体平均水平；个人月收入5001元及以上的观众对财经、电影、教学、青少、体育、专题和综艺节目均表现出较明显的收视倾向（表1.5.14）。

表1.5.14 2015年广州市场不同受教育程度和个人月收入观众对各类节目的收视比重（%）

节目类型	受教育程度					个人月收入（元）						
	未受过正规教育	小学	初中	高中	大学及以上	0~600元	601~1200元	1201~1700元	1701~2600元	2601~3500元	3501~5000元	5001元及以上
财经	0.3	0.2	0.4	0.4	0.8	0.3	0.3	0.3	0.3	0.6	0.6	1.1
电视剧	24.2	31.5	32.4	27.3	24.4	29.5	36.6	30.0	31.2	27.9	25.5	20.6
电影	3.9	4.2	5.1	4.6	4.2	4.6	3.8	3.9	4.2	4.1	5.8	6.6
法制	0.5	1.2	1.3	1.2	1.1	1.0	1.2	1.7	1.2	1.3	1.4	1.0
教学	0.0	0.1	0.1	0.1	0.1	0.1	0.1	0.1	0.1	0.1	0.1	0.2
青少	26.3	8.2	3.9	4.2	3.1	12.2	4.0	3.2	2.7	2.7	2.8	5.8
生活服务	7.3	6.4	7.4	7.1	7.8	7.1	7.6	7.6	7.1	7.2	7.3	7.0
体育	1.1	2.8	3.0	3.9	4.9	2.1	2.2	3.2	3.4	4.3	4.4	6.4
外语	0.0	0.0	0.0	0.0	0.0	0.0	0.0	0.0	0.0	0.0	0.0	0.0
戏剧	0.1	0.4	0.2	0.2	0.1	0.2	0.5	0.4	0.2	0.2	0.1	0.1
新闻/时事	10.3	16.8	18.2	19.3	19.6	13.7	16.9	19.1	19.6	22.4	18.3	18.1
音乐	0.7	0.8	1.0	1.2	1.2	0.9	0.7	1.2	1.3	0.9	1.5	0.9
专题	3.5	5.9	6.2	7.5	7.5	5.6	6.4	8.4	6.6	6.1	7.8	10.0
综艺	6.5	8.3	7.0	9.8	11.3	9.1	6.3	7.4	8.3	8.8	11.1	9.9
其他	15.4	13.2	13.7	13.1	13.8	13.6	13.4	13.7	13.8	13.6	13.2	12.4

数据来源：CSM媒介研究

就不同职业背景而言，2015年广州市场中干部/管理人员对法制节目的收视比重为1.5%，高于其他职业人群；个体/私营企业人员花费在财经、体育、专题节目中的时间比重均处于领先地位；初级公务员/雇员群体在生活服务、体育、新闻/时事和综艺节目中表现出了较高的关注度；较之其他人群，工人群体对于电视剧、电影倾注的时间比重更高；学生群体对于青少节目的关注遥遥领先；无业者则对生活服务节目最为青睐（表1.5.15）。

表1.5.15 2015年广州市场不同职业观众对各类节目的收视比重（%）

节目类型	职业						
	干部/管理人员	个体/私营企业人员	初级公务员	工人	学生	无业	其他
财经	0.7	0.8	0.5	0.3	0.2	0.5	0.1
电视剧	26.8	25.8	26.4	30.8	27.6	29.9	43.6
电影	5.1	5.9	4.3	5.6	5.6	3.4	4.6
法制	1.5	1.0	1.0	1.3	0.7	1.4	0.7
教学	0.1	0.1	0.1	0.0	0.0	0.1	0.0
青少	2.8	4.0	2.9	3.4	12.0	6.8	10.1
生活服务	6.5	6.8	7.2	7.2	6.1	7.6	6.2
体育	4.7	6.1	5.1	2.6	2.7	2.6	3.1
外语	0.0	0.0	0.0	0.0	0.0	0.0	0.0
戏剧	0.1	0.2	0.1	0.2	0.1	0.3	0.2
新闻/时事	19.3	16.7	19.8	19.2	12.8	19.0	10.7
音乐	1.5	1.5	1.1	0.9	1.5	0.8	0.3
专题	8.0	8.5	6.6	6.6	4.9	6.6	3.4
综艺	10.4	9.5	10.7	8.0	12.5	7.5	3.9
其他	12.7	12.9	14.1	13.8	13.1	13.5	13.1

数据来源：CSM媒介研究

六、电视广告投放与竞争格局

根据央视市场研究（CTR）发布的广告监测数据①，2015年中国广告投放额同比2014年下降2.9%，其中传统媒体广告投放额同比下降7.2%。2015年电视广告投放额为5760亿元人民币，同比2014年下降4.6%；广播广告投放额略有下降，同比2014年下降0.4%；报纸和杂志广告投放额出现大幅下滑，同比2014年分别下降35.4%和19.8%。

① 2015年广告投放额以CTR2015年监测范围为基准进行统计，2015年广告投放增长情况以CTR2014年监测范围为基准进行比较；广告投放额以媒体公开报价为统计标准，不含折扣；广告监测时间为17:00～24:00。

(一) 中国电视广告投放基本情况

1. 2015 年中国电视广告投放额同比 2014 年下降 4.6%

2015 年中国电视广告投放额为 5760 亿元人民币，较 2014 年下降 4.6%；从分月电视广告投放额来看，2015 年除 2 月份之外，绝大多数月份广告投放额都低于 2014 年同期（图 1.6.1）。

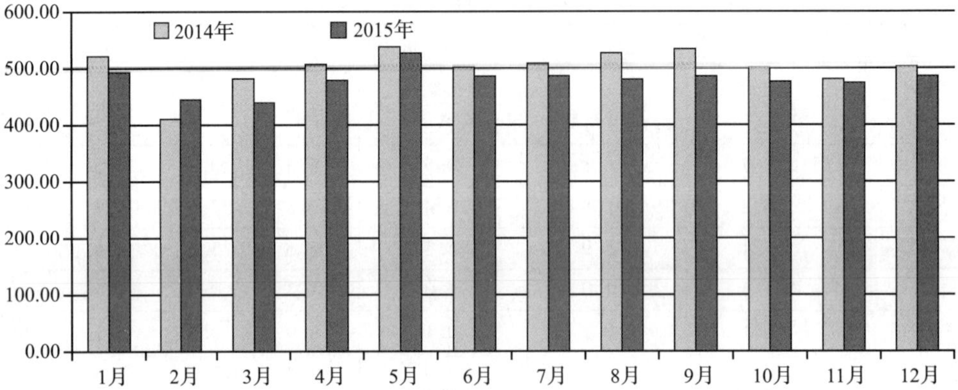

数据来源：央视市场研究媒介智讯（CTR MI）

图 1.6.1　2014 年、2015 年各月电视广告投放额（人民币：亿元）

2. 药品广告增长明显，化妆品/浴室用品广告投放出现较大幅度的下滑

2015 年中国电视广告投放额排名前几位的行业依然是饮料、化妆品/浴室用品、食品、药品。广告投放额 TOP10 行业中出现较大增长的是药品行业和邮电通讯行业，同比 2014 年分别增长 29.6% 和 14.8%；相反，大多数行业广告投放出现负增长，化妆品/浴室用品行业是 22.7% 的负增长，饮料和食品行业出现 2.2% 和 6.2% 的负增长（表 1.6.1）。

表 1.6.1　2015 年中国电视广告投放额排名前十位的品类（人民币：亿元）

品类	2015 年	2014 年	增长率
饮料	928.4	946.0	-2.2%
化妆品/浴室用品	802.0	1034.8	-22.7%
食品	738.3	783.5	-6.2%
药品	694.8	535.4	29.6%
商业及服务性行业	429.0	513.4	-16.9%
娱乐及休闲	358.0	370.3	-3.7%
酒精类饮品	338.2	344.5	-2.4%
交通	243.4	272.4	-10.7%
邮电通讯	194.7	169.3	14.8%
清洁用品	179.1	196.1	-9.0%

数据来源：央视市场研究媒介智讯（CTR MI）

3. 电视广告投放额排名前十位品牌中“日化”减少，“药品、食品、饮料”增多

在2015年电视广告投放额TOP10的品牌中，药品、食品、饮料三大行业占据了绝对优势，其中汇仁品牌更以过百亿元人民币的广告投放额摘得头筹。多年来一直位于电视广告投放额首位的欧莱雅退居第四位，也是唯一进入2015年TOP10的化妆品/浴室用品品牌。从增长率来看，汇仁、陈李济、鸿茅、摩美得等品牌的广告投放额都出现了大幅度增长，其中汇仁品牌2015年广告投放额是2014年的5倍（表1.6.2）。

表1.6.2　2015年中国电视广告投放额排名前十位的品牌（人民币：亿元）

品牌	所属品类	2015年	2014年	增长率
汇仁	药品、商业及服务性行业、工业用品、房地产/建筑工程行业	102.9	20.3	408.3%
江中	食品、药品、饮料、个人用品、房地产/建筑工程行业	94.9	82.5	15.0%
肯德基	娱乐及休闲、活动类	80.4	85.2	-5.8%
欧莱雅	化妆品/浴室用品	78.0	123.5	-36.9%
鸿茅	药品、酒精类饮品、商业及服务性行业、活动类	76.8	45.0	69.2%
陈李济	药品、饮料、活动类	70.1	28.5	145.5%
达利园	食品、饮料	56.3	48.3	16.4%
康师傅	食品、饮料、活动类	52.6	76.9	-31.8%
摩美得	药品	51.2	30.5	67.5%
加多宝	饮料、活动类	49.2	53.3	-7.6%

数据来源：央视市场研究媒介智讯（CTR MI）

4. 除省级卫视广告投放额上升外，其他各级频道广告投放额均出现不同程度的下滑

从各级电视频道广告投放时长和投放额变化来看，2015年中央级频道广告时长同比下降了5.6%，广告投放额同比下降了5.4%；省级卫视广告时长同比下降了3.5%，投放额反而上升了7.1%；省级地面频道广告时长同比下降了7.0%，广告投放额同比下降了5.4%；省会城市台广告时长同比下降了15.5%，广告投放额同比下降了18.5%。在各级频道中，省会城市台广告投放下滑的幅度最大（图1.6.2）。

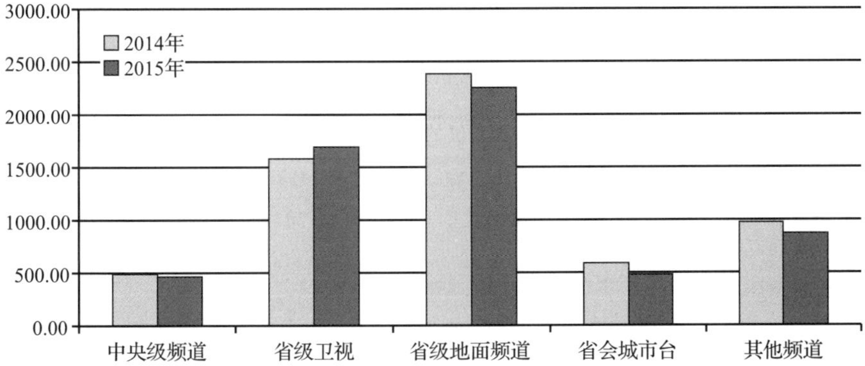

数据来源：央视市场研究媒介智讯（CTR MI）

图1.6.2　2014年、2015年全国各类频道的广告投放额（人民币：亿元）

2015年中央电视台广告投放额排名TOP5的品类中，交通行业仍然保持首位，投放额与2014年基本持平。TOP5中除了排在第二位的食品行业同比2014年增长6.3%外，其他4个行业广告投放额均出现负增长，其中酒精类饮品行业下降幅度最大，为-25.1%（表1.6.3）。

表1.6.3 2015年中央电视台广告投放额排名前五位的品类（人民币：亿元）

品类	2015年	2014年	增长率
交通	68.7	68.8	-0.1%
食品	58.1	54.7	6.3%
饮料	54.5	63.4	-14.1%
酒精类饮品	46.0	61.4	-25.1%
家用电器	38.4	40.5	-5.2%

数据来源：央视市场研究媒介智讯（CTR MI）

2015年中央电视台广告投放额排名TOP5的品牌中，优彼品牌仍然保持在首位，其他4个品牌则来自于家电、药品和交通三大行业。在TOP5品牌中，增长表现最为突出的是新上榜的益生康健，2015年在中央电视台广告投放额超过6亿元人民币，而2014年的广告投放额仅为0.1亿元人民币（表1.6.4）。

表1.6.4 2015年中央电视台广告投放额排名前五位的品牌（人民币：亿元）

品牌	所属品类	2015年	2014年	增长率
优彼	娱乐及休闲、活动类	9.5	11.3	-15.5%
格力	家用电器、房地产/建筑工程行业	7.0	9.6	-27.2%
美的	家用电器、家居用品	6.5	8.3	-21.1%
益生康健	药品、家用电器、衣着	6.5	0.1	7236.2%
长安福特	交通	5.4	7.4	-26.8%

数据来源：央视市场研究媒介智讯（CTR MI）

2015年省级卫视广告投放中，饮料、药品、食品、化妆品/浴室用品四大行业仍然是最重要的支柱行业，此格局多年保持不变。饮料行业以410.2亿元人民币排名第一，增长率高达18.0%，远远高于TOP5中的其他行业（表1.6.5）。

表1.6.5 2015年省级卫视广告投放额排名前五位的品类（人民币：亿元）

品类	2015年	2014年	增长率
饮料	410.2	347.6	18.0%
药品	255.4	243.4	4.9%
食品	249.4	256.5	-2.8%
化妆品/浴室用品	246.4	221.0	11.5%
交通	83.8	78.5	6.8%

数据来源：央视市场研究媒介智讯（CTR MI）

2015 年省级卫视广告投放额排名 TOP5 的品牌集中在食品、药品和饮料三大行业。江中品牌仍然高居榜首，投放额为 88.8 亿元人民币，同比增长 11.0%。新上榜的汇仁品牌，在省级卫视广告投放额超过 44 亿元人民币，是 2014 年的 10 倍（表 1.6.6）。

表 1.6.6 2015 年省级卫视广告投放额排名前五位的品牌（人民币：亿元）

品牌	所属品类	2015 年	2014 年	增长率
江中	食品、药品、饮料、个人用品	88.8	80.0	11.0%
达利园	食品、饮料	52.8	45.8	15.1%
汇仁	药品	44.7	4.4	920.9%
加多宝	饮料、活动类	33.7	38.2	-11.8%
乐虎	饮料	26.5	25.5	4.0%

数据来源：央视市场研究媒介智讯（CTR MI）

（二）中国电视广告市场竞争格局

1. 频道间竞争：中央级频道份额下降，省级频道份额上升

在 2015 年各类电视频道广告投放的竞争中，中央级频道份额比 2014 年减少了 0.1 个百分点；省级卫视频道份额上升明显，比 2014 年提升了 3.1 个百分点；省级地面频道和省会城市台的份额有所减少，分别下降了 0.5 个和 1.5 个百分点（表 1.6.7）。

表 1.6.7 2014 年、2015 年各类电视频道广告投放额所占份额及其变化

频道类别	2014 年	2015 年	份额变化（百分点）
中央级频道	8.1%	8.0%	-0.1
省级卫视	26.3%	29.4%	3.1
省级地面频道	39.6%	39.1%	-0.5
省会城市台	9.8%	8.3%	-1.5
其他频道	16.2%	15.2%	-1.0

数据来源：央视市场研究媒介智讯（CTR MI）

2015 年省级卫视广告投放额排名 TOP10 的频道中，江苏卫视继续保持领先地位，排在第二位和第三位的是湖北卫视和河南卫视。2015 年省级卫视广告投放额整体上涨 7.1% 的主要贡献来自于湖南、江苏、浙江等一线卫视，优秀的收视表现带动了硬广告和植入广告的强劲增长（表 1.6.8）。

在省会城市台广告投放额排名 TOP10 中，大多数电视台的广告投放额均出现了不同程度的下滑，广州电视台跌幅达 40%，郑州和武汉等电视台跌幅达 30%，而太原和哈尔滨等电视台则跌出了 TOP10（表 1.6.9）。

表 1.6.8 2014 年、2015 年广告投放额排名前十位的省级卫视频道（人民币：亿元）

排名	2014 年		2015 年	
	频道	投放额	频道	投放额
1	江苏卫视	106.7	江苏卫视	112.7
2	河南 1 套（卫视）	105.2	湖北卫视	104.4
3	湖北卫视	87.6	河南 1 套（卫视）	97.3
4	东方卫视	85.7	天津卫视	88.0
5	山东卫视	85.2	山东卫视	87.7
6	天津卫视	81.8	浙江卫视	85.7
7	浙江卫视	81.1	云南 1 套（卫视频道）	85.5
8	黑龙江电视台卫星频道	79.4	福建东南电视台（卫视）	81.7
9	贵州卫视	78.7	黑龙江电视台卫星频道	80.6
10	安徽卫视	65.3	湖南电视台卫星频道	78.5

数据来源：央视市场研究媒介智讯（CTR MI）

表 1.6.9 2014 年、2015 年广告投放额排名前 10 位的省会城市电视台（人民币：亿元）

排名	2014 年		2015 年	
	电视台	投放额	电视台	投放额
1	广州电视台	89.5	广州电视台	53.5
2	合肥电视台	47.6	昆明电视台	45.2
3	昆明电视台	46.6	南京电视台	42.1
4	武汉电视台	43.1	合肥电视台	42.0
5	南京电视台	42.5	长沙电视台	33.7
6	西安电视台	37.4	西安电视台	30.9
7	郑州电视台	33.4	武汉电视台	30.7
8	长沙电视台	32.2	郑州电视台	22.8
9	太原电视台	23.4	杭州电视台	19.6
10	哈尔滨电视台	20.3	南宁电视台	19.2

数据来源：央视市场研究媒介智讯（CTR MI）

2. 行业投放竞争：药品行业对电视广告投放的正向贡献最大，化妆品/浴室用品行业的负向贡献最大

2015 年中国电视广告投放额同比 2014 年有所下降，21 个行业中出现 5 个增长、16 个下跌。各行业对电视广告增长的贡献率①与往年相比发生了一些变化，药品行业贡献率表现突出，而化妆品/浴室用品、商业及服务性行业等贡献率呈现较大负值（图 1.6.3）。

① 某行业对电视广告增长贡献率 = 某行业电视广告增长额/电视广告总增长额 × 电视广告总增长率。

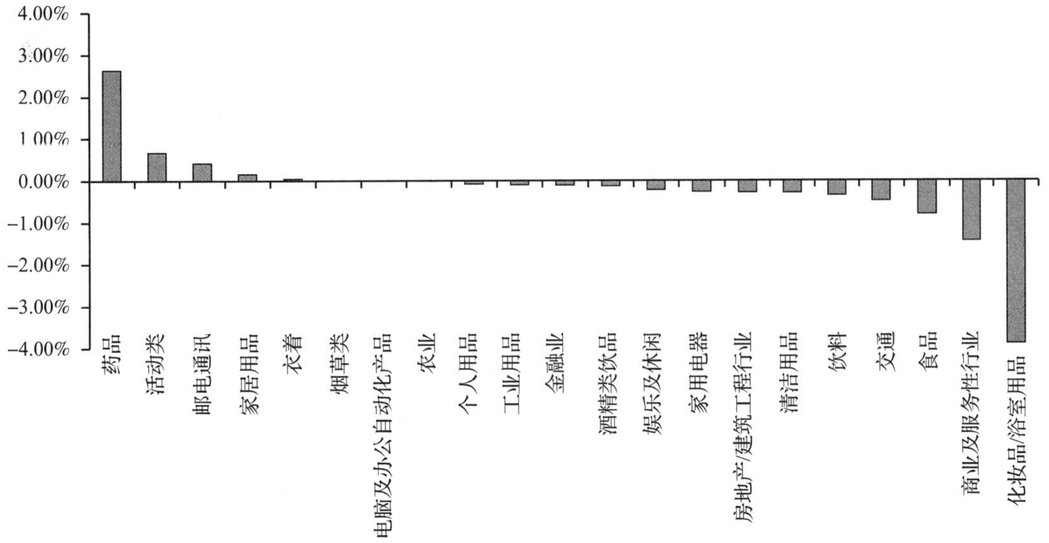

数据来源：央视市场研究媒介智讯（CTR MI）

图 1.6.3　2015 年不同行业对中国电视广告投放额增长的贡献率（%）

第二部分
Part Two

专 题 Analysis Report

2015 年中国电视收视市场大事件扫描

2015 年对于电视台而言是挑战与机遇并存的一年。随着“一剧两星、一晚两集”与《新广告法》等政策法规的实施，电视台在节目编排和广告经营方面不断地适应和调整。电视节目推陈出新的速度不断加快，但推出现象级的综艺娱乐节目、真人秀节目越来越难。部分电视媒体在挑战中发现机遇，整合优势资源，给观众带来了收视惊喜。本文就以“月历”的形式对 2015 年中国电视收视市场的大事件进行扫描与梳理，以发现 2015 年的关注热点。

1 月

1 月 1 日：“一剧两星、一晚两集”新政正式实施

国家新闻出版广电总局关于《对卫视综合频道黄金时段电视剧播出方式进行调整》的新规定于 2015 年 1 月 1 日开始正式执行。该规定主要内容包括：同一部电视剧每晚黄金时段联播的卫视综合频道不得超过两家，同一部电视剧在卫视综合频道每晚黄金时段播出不得超过两集。“一剧两星”取代了已经实行 10 年的“一剧四星”政策。“一晚两集”的电视剧播出政策在催生了 21:20 ~ 22:00 时段新节目带的同时，也造成了该时段总收视的波动以及频道收视份额的重新分布。

1 月 10 日：电视剧《何以笙箫默》两家联播

32 集都市爱情剧《何以笙箫默》改编自顾漫同名小说，讲述何以琛和赵默笙一段年少时的爱恋牵出一生的情缘，一个执着等待和相爱的故事。该剧由上海剧酷文化传播有限公司出品，刘俊杰执导，顾漫、墨宝非宝联合编剧，钟汉良、唐嫣等主演，于 2015 年 1 月 10 日登陆江苏卫视、上海东方卫视首播。两家联播总收视率为 2.1%，市场份额为 5.3%，在 2015 年两家联播电视剧中收视较高（表 1）。

表 1　《何以笙箫默》首播在两家联播卫视的收视概况（所有调查城市）

电视剧名称	播出频道	平均收视率（%）	平均市场份额（%）
何以笙箫默	江苏卫视	1.2	3.0
何以笙箫默	上海东方卫视	0.9	2.3

数据来源：CSM 媒介研究

1月18日：澳大利亚男足亚洲杯赢得关注

2015年中国男足国家队的比赛依然牵动着球迷的心。其中1月份的澳大利亚亚洲杯，中国队在小组赛阶段取得了三战全胜的战绩，吸引了众多观众关注1月22日1/4决赛中国队对阵澳大利亚队的比赛。中央台五套直播的收视率和市场份额分别为3.1%和9.7%，成为2015年收视率最高的足球赛事。该场比赛之前的18日小组赛第三场，中国队对阵朝鲜队一场的收视率也达到2.6%。中国男足在亚洲杯之后的各赛事表现并不突出，收视表现相对较好的主要是两场对阵中国香港队的世界杯预选赛赛事（表2）。

表2　中国男足国家队比赛高收视场次（所有调查城市）

节目名称	播出日期	播出频道	收视率（%）	市场份额（%）
2015年澳大利亚亚洲杯1/4决赛（中国队VS澳大利亚队）	2015/1/22	中央台五套	3.1	9.7
2015年澳大利亚亚洲杯小组赛B组（中国队VS朝鲜队）	2015/1/18	中央台五套	2.6	12.7
2018年俄罗斯世界杯暨2019年亚洲杯联合预选赛第二轮(中国队VS中国香港队)	2015/9/3	中央台五套	2.0	5.7
国际足联2018年俄罗斯世界杯亚洲区预选赛C组小组赛（中国香港队VS中国队）	2015/11/17	中央台五套	2.0	5.6

数据来源：CSM媒介研究

1月26日：四家联播剧《老农民》收官

60集农民史诗大剧《老农民》，关注中国当代农村生活和农民精神世界60年的发展演变历程，讲述了由北方农村的一场土地改革所引发的长达半个多世纪的故事。该剧由山东影视传媒集团出品，张新建执导，高满堂担任编剧，陈宝国、冯远征、牛莉、蒋欣等主演，于2014年12月22日登陆山东卫视、北京卫视、河南卫视和黑龙江卫视，2015年1月26日收官。四家联播时总收视率为3.0%，市场份额为8.5%。该剧也成为"一剧两星"新政下跨年播出的四家联播收视较高的剧目（表3）。

表3　2014年12月22日~2015年1月16日《老农民》在四家卫视联播（首播）的收视概况（所有调查城市）

电视剧名称	播出频道	平均收视率（%）	平均市场份额（%）
老农民	山东卫视	1.2	3.5
老农民	江苏卫视	1.1	3.1
老农民	北京卫视	0.4	1.0
老农民	天津卫视	0.3	0.9

数据来源：CSM媒介研究

1月27日：都市喜剧《好大一个家》开播

38集都市喜剧《好大一个家》讲述了一群想结婚、想离婚和想复婚的人都没成，全都乱了套，但最后剧中人物又都各归其位，小家变成了大家的故事。该剧由深圳市新原野娱乐传媒有限公司出品，陈佩斯执导，杨立新、刘蓓、陈佩斯、李文玲、白玉、程怡等主演，于2015年1月27日在央视综合频道播出。该剧首播平均收视率为2.1%，市场份额为5.9%。

2月

2月3日：近代传奇剧《活色生香》首播

42集近代传奇剧《活色生香》讲述了民国初年两大香业世家恩怨纠葛、家国爱恨的故事。该剧由欢瑞世纪影视传媒股份有限公司出品，何澍培执导，李亚玲编剧，唐嫣、李易峰、舒畅、陈伟霆等主演，于2015年2月4日在湖南卫视金鹰独播剧场首播。该剧首播平均收视率为2.4%，市场份额为6.7%。

2月12日：地方台春晚错峰播出

省级电视媒体春晚中，湖南卫视小年夜春晚收视率为2.5%，在2015年省级卫视春晚收视中表现最突出。大年初一主要是湖南、北京、上海和江苏四家卫视播出联欢晚会，收视率分别是1.7%、1.4%、1.1%和0.9%。辽宁卫视则是在除夕前一天播出春晚，收视率为1.4%（表4）。湖北台（20日）、安徽台（17日）、山东台（14日）也错开高峰在春节前后播出了各自的春节联欢晚会。城市台等地面媒体也联合起来推出春晚节目。长沙市台携手全国30多家城市电视台打造的2015中国城市春晚于2月11日晚间在全国多家城市电视台播出。

表4 2015年部分省级卫视春晚收视表现（所有调查城市）

节目名称	播出频道	播出日期	收视率（%）	市场份额（%）
2015春节联欢晚会	湖南卫视	2015/2/12	2.5	8.1
四海同春——2015全球华侨华人春节大联欢	湖南卫视	2015/2/19	1.7	5.8
2015辽宁卫视春节联欢晚会	辽宁卫视	2015/2/17	1.4	5.5
2015年北京电视台春节联欢晚会	北京卫视	2015/2/19	1.4	4.7
快鹿之夜，春满东方——2015群星新春大联欢	上海东方卫视	2015/2/19	1.1	3.2
幸福中国合家欢——江苏卫视乙未羊年春节大联欢	江苏卫视	2015/2/19	0.9	2.8

数据来源：CSM媒介研究

2月18日：中央电视台春节联欢晚会多屏播出

根据CSM媒介研究全国网收视调查数据，2015年央视春晚多屏收视率达49.61%，比2014年提升1.2个百分点；电视端总收视率（除夕当晚直播总收视率、初一至初六重播总收视率、除夕到初六电视7天时移收视率）达45.30%，比2014年提升0.77个百分点；新媒体总收视率为5.06%，比2014年提升1.18个百分点；2015年央视春晚人均收视时长为155.5分钟，比2014年的149分钟增长6.5分钟。

2月19日:《星光大道》总决赛表现突出

中央电视台《星光大道》2014年度总决赛于2015年2月19日晚在央视综合频道播出，最终杨帆摘得总决赛冠军。总决赛节目收视率3.6%，市场份额11.4%，高于大年初一当天各家省级卫视播出的春晚节目。

3月

3月3日：民国爱情剧《锦绣缘华丽冒险》首播

40集民国爱情剧《锦绣缘华丽冒险》改编自念一小说《锦绣缘》，讲述了霸道而又深情的乱世枭雄左震与坚强、善良的一代佳人荣锦绣，在十里洋场的上海滩经历的一场缠绵悱恻的爱情冒险。该剧由上海泓霆影业有限公司、黄晓明工作室出品，林合隆执导，黄晓明、陈乔恩、乔任梁、吕佳容、谢君豪、戚迹等主演，于2015年3月3日登陆湖南卫视金鹰独播剧场。该剧首播平均收视率为2.6%，市场份额为7.4%。

3月5日：元宵晚会为节日画上句点

2015年元宵晚会仍然主要是央视和湖南卫视两家的收视表现较好。央视的元宵晚会在中央台综合频道和中央台三套合计的总收视率为8.9%，同时段市场份额达23.3%。湖南卫视的《元宵喜乐会》也有2.8%的收视表现（表5）。

表5　2015年央视及湖南卫视元宵节晚会收视概况（所有调查城市）

晚会名称	播出频道	收视率（%）	市场份额（%）
2015中央电视台元宵晚会	中央电视台综合频道	4.4	11.5
	中央台三套	4.5	11.8
元宵喜乐会	湖南卫视	2.8	8.3

数据来源：CSM媒介研究

3月15日：中央电视台“315”晚会收视回落

2015年，中央台继续推出主题为“消费在阳光下”的“315”晚会。2015年“315”晚会因为重播总理记者招待会延迟约45分钟至20:44播出，整场晚会的平均收视率为2.5%，相对前两年有所下滑，但8.3%的同时段市场份额与往年差异不大（表6）。

表6　2013～2015年中央台“315”晚会收视概况（所有调查城市）

节目名称	播出频道	收视率（%）	市场份额（%）
2015年“315”晚会　消费在阳光下	中央电视台综合频道	2.5	8.3
2014年“315”晚会　让消费更有尊严	中央电视台综合频道	3.3	8.8
2013年“315”晚会　让消费更有力量	中央电视台综合频道	3.0	7.9

数据来源：CSM媒介研究

3 月 27 日：《我是歌手》第三季收视平稳

《我是歌手》第三季 2015 年 1 月 2 日起重回周五后晚间档播出，本季歌手主要包括韩红、孙楠、张靓颖、黄丽玲、古巨基、胡彦斌、陈洁仪等，最终韩红成为歌王。节目平均收视率为 2.6%，同时段市场份额为 13.6%，其中 3 月 27 日歌王之战当天首播的收视率为 3.7%，同时段市场份额达 12.6%。第三季节目播出在非黄金档时段与第二季黄金档时段播出相比，除后几场收视略低外，整体的收视率水平基本接近（图 1）。

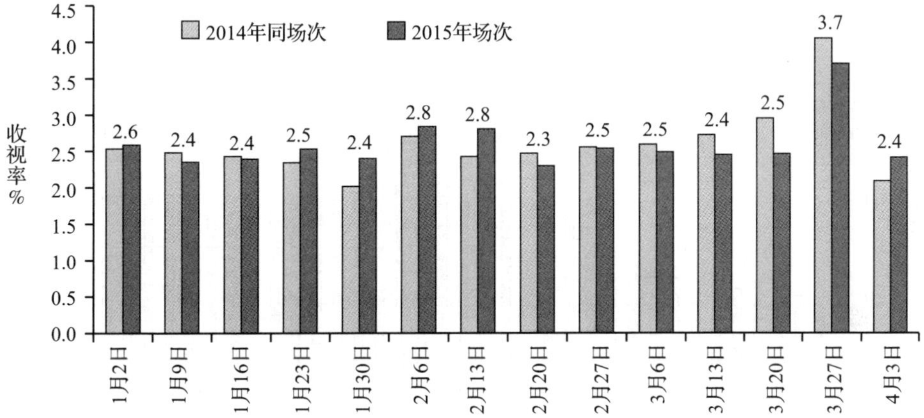

数据来源：CSM 媒介研究

图 1　湖南卫视《我是歌手》第二、三季分期收视走势（所有调查城市）

3 月 29 日：都市情感剧《妻子的谎言》首播

52 集都市情感剧《妻子的谎言》讲述了法律系学生李夏曦半工半读，为生意失败的父亲还债，阴差阳错成为集团总裁江天浩给小儿子江一明请的家教，后又与江家长子江一斌相恋的故事。该剧由浙江华策影视股份有限公司、浙江金溪影视有限公司出品，徐辅军、周家文共同执导，贾青、张晓龙、邱胜翊等主演，于 2015 年 3 月 29 日登陆湖南卫视金鹰独播剧场。该剧首播平均收视率为 2.3%，市场份额为 6.8%。

4 月

4 月 2 日：谍战悬疑剧《王大花的革命生涯》开播

40 集谍战悬疑剧《王大花的革命生涯》，讲述了一个来自农村、具有喜剧人格的女性人物王大花，用亲身经历写就了一部农村妇女在国难当头的大背景下走向革命并完成自身成长的故事。该剧由陕西文投（影视）银海投资有限公司出品，简川訸执导，闫妮、张博、辛芷蕾、高峰等主演，于 2015 年 4 月 2 日在央视综合频道播出。该剧首播平均收视率为 2.1%，市场份额为 6.0%。

4月17日:《奔跑吧兄弟》第二季最受关注

大型户外竞技真人秀节目《奔跑吧兄弟》第一季于2014年10月10日起每周五晚21:10在浙江卫视首播，于2015年1月16日收官。第二季于2015年4月17日首播，2015年7月3日收官。第三季于2015年10月30日首播，2016年1月15日收官。

三季节目收视表现最好的是第二季，平均收视率为4.5%，同时段市场份额为15.7%；第三季节目开播后的收视普遍低于第二季，平均收视率4.0%，同时段市场份额为14.3%（图2）。

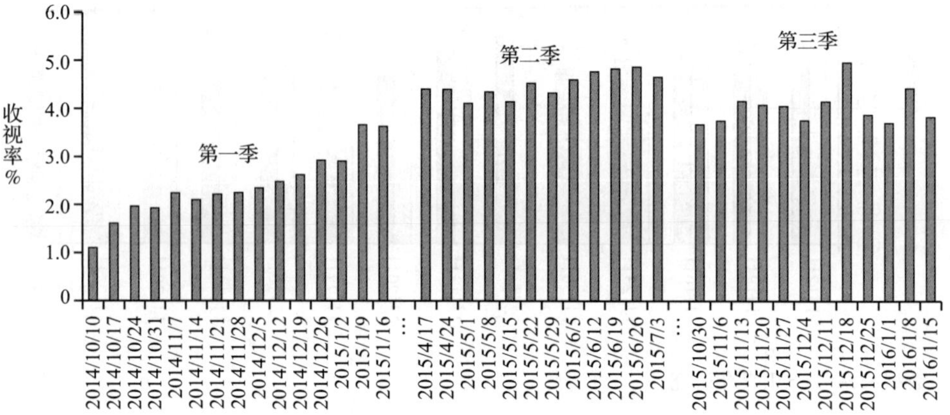

数据来源：CSM媒介研究

图2　浙江卫视《奔跑吧兄弟》前三季分期收视走势（所有调查城市）

6月

6月9日：古装玄幻仙侠剧《花千骨》登顶周播剧榜首

58集古装玄幻仙侠剧《花千骨》改编自fresh果果同名小说，讲述少女花千骨与长留上仙白子画之间关于责任、成长、取舍的纯爱虐恋。该剧由慈文传媒集团出品，林玉芬、高林豹、梁胜权联合执导，霍建华、赵丽颖、蒋欣、杨烁、张丹峰、马可等主演，于2015年6月9日起每周二、周三晚22:00点（2015年7月5日后改为每周日、周一）在湖南卫视的钻石独播剧场播出，共播出约3个月。该剧首播平均收视率为2.1%，市场份额为12.8%，成为2015年周播剧收视冠军，也引发了更多关于周播剧和IP开发的讨论。

7月

7月10日:《爸爸去哪儿》第三季登场

《爸爸去哪儿》第三季于2015年7月10日起每周五晚22:00在湖南卫视首播。

该季节目由刘烨父子、胡军父子、邹市明父子、林永健父子、夏克立父女、王宝强父女组成亲子嘉宾阵容。第三季16期节目平均收视率为2.3%，市场份额为11.6%，收视表现弱于前两季（图3）。

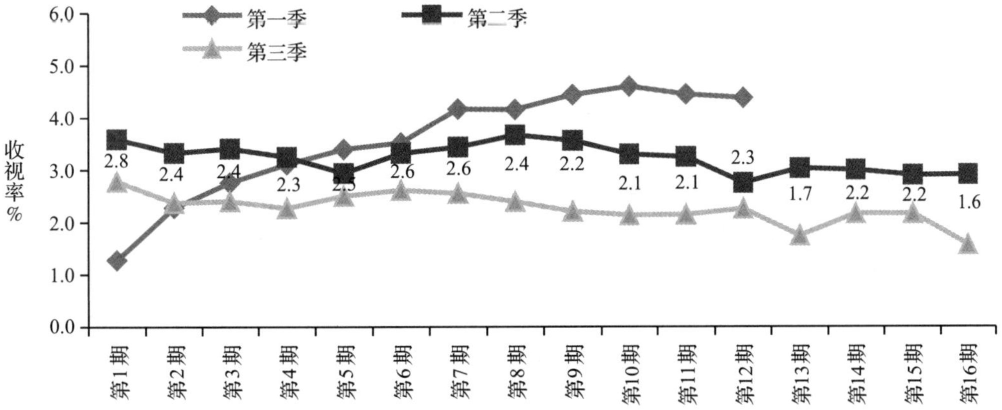

数据来源：CSM媒介研究

图3 湖南卫视《爸爸去哪儿》前三季收视对比（所有调查城市）

7月11日：18岁的《快乐大本营》收视表现依旧突出

7月11日，湖南卫视《快乐大本营》迎来了开播18周年的纪念日。《快乐大本营》在2015年仍继续保持稳定出色的收视表现，平均收视率为2.9%，同时段市场份额为8.3%。最高一期3月14日收视率达3.7%，最低一期的收视率也达到了2.4%。

7月22日：国家新闻出版广电总局《关于加强真人秀节目管理的通知》发布

7月22日，国家新闻出版广电总局发出《关于加强真人秀节目管理的通知》，指出近年来真人秀节目已成为上星综合频道的重要节目类型，但存在缺乏价值引领的问题。为了抵制过度娱乐化和低俗化，总局提出引导和调控真人秀的五个方向，要求真人秀节目努力转型升级、改进提高、丰富思想内涵、弘扬真善美、传递正能量，实现积极的教育作用和社会意义。

8月

8月1日：女神生活体验秀《偶像来了》开播

明星生活体验节目《偶像来了》是湖南卫视出品的女神生活体验秀。节目共12期，10位固定嘉宾是林青霞、杨钰莹、朱茵、宁静、蔡少芬、谢娜、赵丽颖、张含韵、古力娜扎和欧阳娜娜。节目以分组对抗的模式进行，两组各有1名队长及5名队员，共同进行2天1夜的对抗任务，并在每站投票产生一位女神，获得定制皇冠。节目于2015年8月1日起每周六晚22点在湖南卫视播出。首播平均收视率为2.1%，市场份额为11.1%，在湖南卫视2015年新开播的综艺节目中表现较为出色。

8月9日：宠物情感剧《神犬小七》开播

38集宠物情感剧《神犬小七》是"神犬"系列电视剧的第二部，讲述了一只叫"小七"的神犬如何改变它周围的人，呈现"都市人犬情"的温情故事。该剧由完美影视江何工作室出品，王小列执导，拉布拉多犬小七、金世佳、郭碧婷、朱佳煜等主演，于2015年8月9日起在湖南卫视金鹰独播剧场播出。该剧首播平均收视率为2.2%，市场份额为6.4%，相比第一部有较大幅度提高。

8月22日：世界田径锦标赛开战

2015年北京国际田联世界田径锦标赛由国家体育总局和北京市人民政府共同举办，于8月22日至8月30日在北京举行。2015年世界田径锦标赛是继2008年北京奥运会后，在北京举办的最大型综合性运动会。中国队最终获得1金、7银、1铜的成绩。部分场次获得了较高收视，包括中国队获得银牌的男子4×100米接力、男子跳高、女子标枪等（表7）。

表7　2015年世界田径锦标赛部分比赛收视表现（所有调查城市）

节目名称	播出频道	日期	收视率（%）	市场份额（%）
2015年世界田径锦标赛女子4×400米接力决赛	中央台五套	2015/8/30	3.2	8.7
2015年世界田径锦标赛男子4×100米接力决赛	中央台五套	2015/8/29	3.0	8.3
2015年世界田径锦标赛男子100米决赛	中央台五套	2015/8/23	2.8	7.6
2015年世界田径锦标赛男子1500米决赛	中央台五套	2015/8/30	2.7	7.6
2015年世界田径锦标赛男子跳高决赛	中央台五套	2015/8/30	2.6	8.2
2015年世界田径锦标赛女子5000米决赛	中央台五套	2015/8/30	2.5	7.9
2015年世界田径锦标赛女子标枪决赛	中央台五套	2015/8/30	2.4	7.5

数据来源：CSM媒介研究

8月31日：悬疑谍战剧《伪装者》首播

48集悬疑谍战剧《伪装者》以抗日战争中汪伪政权成立时期为背景，通过上海明氏三姐弟的视角，讲述了抗战时期上海滩隐秘战线上国、共、日三方你中有我、我中有你殊死较量的故事。该剧由山东影视传媒集团、东阳正午阳光影视有限公司联合出品，李雪执导，胡歌、靳东、刘敏涛、王凯等主演，于2015年8月31日在湖南卫视黄金档首播。该剧首播平均收视率为2.3%，市场份额为6.9%。

9月

9月1日：新修订的《中华人民共和国广告法》正式实施

新修订的《中华人民共和国广告法》于2015年9月1日起正式施行，这是广告法实施20年来的首次修订。此次广告法修改的幅度非常大，包括明确虚假广告的定义和典型形态、新增广告代言人的法律义务和责任、强化对大众传播媒介广告发布行为的监管力度、公益广告发布等多个方面。其中部分条款对电视台节目和广告播出以及观众收视产生直接的影响，如第十九条规定：广播电台、电视台、报刊音像出版单位、互联网信息服务提供者不得以介绍健康、养生知识等形式变相发布医疗、药品、医疗器械、保健食品广告；第七十四条规定：国家鼓励、支持开展公益广告宣传活动，传播社会主义核心价值观，倡导文明风尚等。新广告法正式实施后，专题广告播出量同比锐减，电视荧屏净化效果明显。

9月1日：《开学第一课》开启新学年

2015年的《开学第一课》以“英雄不朽”为主题，围绕“爱国”“勇敢”“团结”“自强”4节课，通过讲述英雄故事让孩子们共同“铭记历史，缅怀先烈”。中央电视台综合频道9月4日晚间20:05首播时段获得3.3%的收视率，同时段市场份额达9.1%，收视相比往年继续提升（表8）。

表8 2013~2015年中央台综合频道《开学第一课》首播收视概况（所有调查城市）

节目名称	播出日期	收视率（%）	市场份额（%）
开学第一课	2015/9/4	3.3	9.1
开学第一课	2014/9/1	3.1	8.3
开学第一课	2013/9/1	2.4	6.3

数据来源：CSM媒介研究

9月3日：胜利与和平——纪念抗日战争暨世界反法西斯战争胜利70周年引发关注

2015年9月3日，中国人民纪念抗日战争暨世界反法西斯战争胜利70周年庆祝活动在北京隆重举行，期间举行了盛大的阅兵仪式。9月3日当天上午有超过200个电视频道直播了相关节目，阅兵仪式的收视表现最为突出，所有频道总收视率约为全年均值水平的5倍左右，最高收视率超过40%（图4）。中央台综合频道在其中表现最为突出，7:30~12:00相关节目平均收视率达12.2%，市场份额为39.5%（表9）。当天晚间还举办了相关文艺晚会，中央台各频道及各地转播频道的累计收视率超过18.2%，同时段市场份额超过49.9%。其中中央台综合频道收视率为3.1%，同时段市场份额为8.3%。

表9 纪念抗日战争暨世界反法西斯战争胜利70周年节目收视概况（所有调查城市）

节目名称	类别	播出频道	平均收视率（%）	平均市场份额（%）
纪念抗日战争胜利70周年大会特别节目	新闻	中央电视台综合频道	12.2	39.5
胜利与和平——纪念抗日战争暨世界反法西斯战争胜利70周年文艺晚会	综艺	中央电视台综合频道	3.1	8.3

数据来源：CSM媒介研究

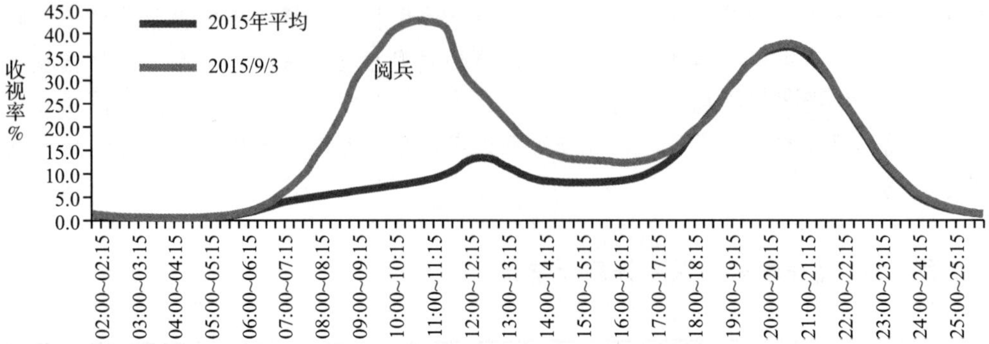

数据来源：CSM 媒介研究

图 4　2015 年 9 月 3 日所有频道收视走势与全年均值对比（所有调查城市）

9 月 6 日：女排世界杯夺冠引关注

2015 年女排世界杯是由国际排联举办的第 12 届世界杯赛事，比赛于 8 月 22 日至 9 月 6 日在日本举行。9 月 6 日，在女排世界杯最后一轮比赛中，中国女排以 3:1 力克东道主日本女排，时隔 12 年再次获得世界杯冠军，这也是自 2004 年雅典奥运会之后获得的第一个世界冠军。中央台五套直播决赛的收视率为 2.8%，同时段市场份额达到 9.5%。

9 月 27 日：中央电视台与湖南卫视共贺中秋

2015 年中央电视台中秋晚会在四川省江油市太白碑林南广场举办，晚会主题为“月圆江油”，由中央电视台综合频道、中央电视台中文国际频道并机直播晚会，两频道合计的总收视率达到 4.7%，同时段市场份额为 13.1%。湖南卫视的《中秋之夜》收视率 2.6%，市场份额 7.1%（表 10），由于播出时段提前，收视率相比 2014 年有较大提升。

表 10　2015 年中秋节晚会各频道收视表现（所有调查城市）

晚会名称	播出频道	收视率（%）	市场份额（%）
2015 年中央电视台中秋晚会	中央电视台综合频道	2.5	7.0
	中央台四套	2.2	6.1
中秋之夜	湖南卫视	2.6	7.1

数据来源：CSM 媒介研究

10 月

10 月 3 日：男篮亚锦赛夺冠单场收视最高

第 28 届亚洲男子篮球锦标赛于 2015 年 9 月 23 日至 10 月 3 日在中国长沙进行，最终中国男篮在决赛中以 78:67 战胜菲律宾夺得冠军。该场比赛的直播收视率达到 3.6%，同时段市场份额为11.2%，成为2015年单场收视率最高的体育赛事。之前半决赛中国队对阵伊朗队的直播收视率也达到2.6%（表11）。

表11　中国男篮国家队比赛高收视场次（所有调查城市）

节目名称	播出频道	播出日期	收视率（%）	市场份额（%）
2015年亚洲男篮锦标赛决赛（中国队VS菲律宾队）	中央台五套	2015/10/3	3.6	11.2
2015年亚洲男篮锦标赛半决赛（中国队VS伊朗队）	中央台五套	2015/10/2	2.6	7.8

数据来源：CSM媒介研究

10月7日：《中国好声音》第四季总决赛开战

浙江卫视联合灿星制作打造的《中国好声音》在2015年继续推出第四季。本季《中国好声音》由周杰伦、庾澄庆、那英、汪峰四位明星担任导师，于7月17日至10月16日播出。第四季总决赛（巅峰之夜）于10月7日在国家体育场（鸟巢）举行。

第四季《中国好声音》平均收视率4.1%，同时段市场份额13.9%，收视表现整体优于前3季。其中前6期的收视都处于历史最好水平，多场比赛收视接近5.0%，总决赛一场（第十四期）更是达到收视率5.7%、市场份额17.8%的水平，远高于上一季总决赛（第十五期）4.7%的收视表现（图5）。

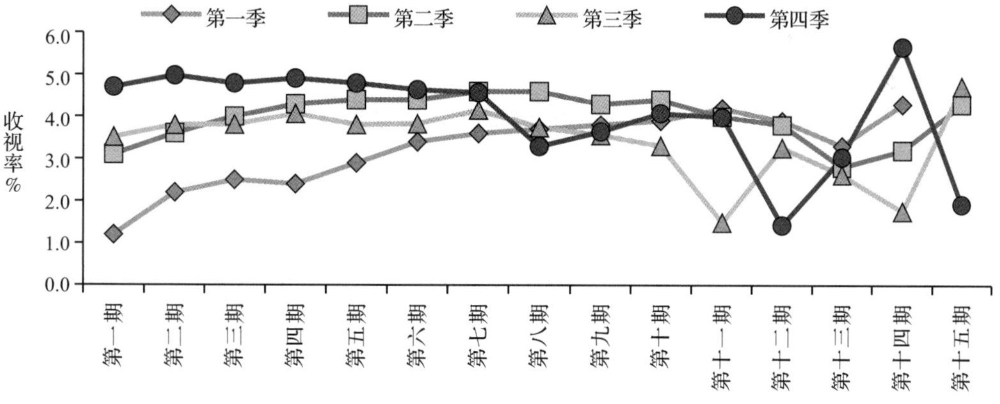

数据来源：CSM媒介研究

图5　浙江卫视《中国好声音》前四季分期收视走势（所有调查城市）

11月

11月21日：亚洲足联冠军联赛决赛成收视热点

随着广州恒大队再度杀入亚洲足球冠军联赛（后文简称“亚冠赛”）决赛，球迷的观赛热情再度被点燃，11月21日晚中央台五套直播恒大夺冠决赛第二回合（中国广州恒大 VS 阿联酋阿赫利）比赛的收视率达到 2.4%，同时段市场份额达 6.6%。之后广州恒大参加的世俱杯半决赛（西班牙巴塞罗那 VS 中国广州恒大）一场的收视率也达到 1.9%（表 12）。

表 12　亚冠赛及世俱杯比赛高收视场次（所有调查城市）

节目名称	播出日期	播出频道	收视率（%）	市场份额（%）
2015 年亚洲足联冠军联赛决赛第二回合（中国广州恒大 VS 阿联酋阿赫利）	2015/11/21	中央台五套	2.4	6.6
2015 年国际足联俱乐部世界杯半决赛（西班牙巴塞罗那 VS 中国广州恒大）	2015/12/17	中央台五套	1.9	6.0

数据来源：CSM 媒介研究

11 月 30 日：古装剧《芈月传》引收视热潮

81 集古装剧《芈月传》讲述了中国历史上第一位女政治家芈月极为曲折传奇的人生故事。该剧由东阳市花儿影视文化有限公司、北京儒意欣欣影业投资有限公司、北京星格拉影视文化传播有限公司联合出品，郑晓龙执导，孙俪、刘涛、方中信、黄轩、高云翔、马苏、宋佳伦等主演，于 2015 年 8 月 9 日起登陆北京卫视、上海东方卫视黄金档剧场首播。两家联播总收视率为 5.2%，市场份额为 13.6%，在 2015 年两家联播电视剧中收视表现最好，单频道的收视表现也位居年度电视剧排名前列（图 6）。

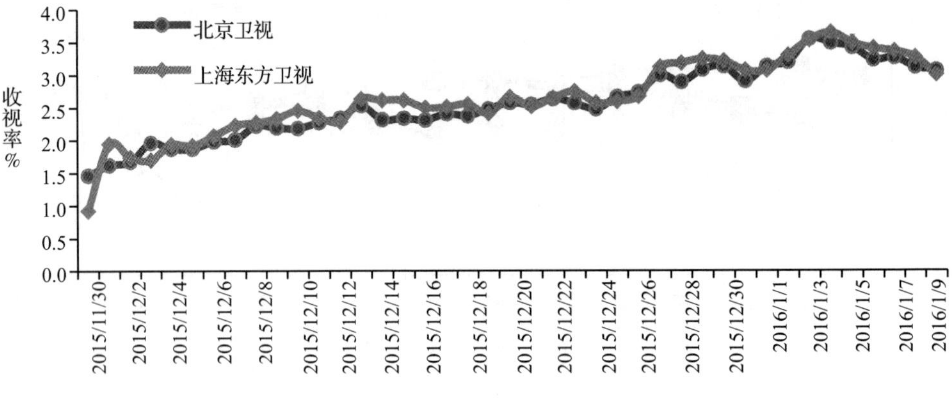

数据来源：CSM 媒介研究

图 6　电视剧《芈月传》分天收视走势（所有调查城市）

12 月

12 月 27 日：《笑傲江湖》第二季总决赛落下帷幕

东方卫视大型素人喜剧综艺节目《笑傲江湖》第二季于 2015 年 9 月 27 日开播，由冯小刚、郭德纲、宋丹丹三位担任评委。节目鼓励任何参赛者的原创喜剧形式，包括相声、小品、脱口秀、唱歌、舞蹈、无厘头等。2015 年 12 月 27 日晚，《笑傲江湖》第二季总决赛在澳门落下帷幕，最终刘亮、白鸽夫妇获得总冠军。其中总决赛一场的平均收视率为 2.6%，市场份额为 9.6%，在 2015 年素人类真人秀节目中收视表现出色。

12 月 31 日：跨年晚会开战

2015 年播出跨年晚会的频道仍主要为中央电视台、湖南卫视、上海东方卫视、浙江卫视和江苏卫视。其中湖南卫视跨年晚会收视表现较好，收视率为 3.2%。中央台三套和中央电视台综合频道并机播出的《启航 2016 讲中国故事迎世界新年中央电视台跨年直播》收视率分别为 1.7% 和 1.2%，浙江卫视以跑男为主题的《奔跑吧 2016 跨年演唱会》收视率为 2.2%，江苏卫视的《幸福聚荔 2015/2016 跨年演唱会》收视率为 1.7%，上海东方卫视的《2016 梦圆东方跨年盛典》的收视率为 1.0%。

表 15　2015 年部分跨年晚会收视表现（所有调查城市）

节目名称	播出频道	开始时间	结束时间	收视率%	市场份额%
快乐中国 2015/2016 跨年演唱会	湖南电视台卫星频道	19:46	00:40	3.2	11.5
奔跑吧 2016 跨年演唱会	浙江卫视	19:47	00:22	2.2	7.0
启航 2016 讲中国故事迎世界新年中央电视台跨年直播	中央台三套	20:00	00:14	1.7	5.6
	中央电视台综合频道	20:00	00:14	1.2	3.9
幸福聚荔 2015/2016 跨年演唱会	江苏卫视	19:45	00:51	1.7	6.2
2016 梦圆东方跨年盛典（含新年大狂欢）	上海东方卫视	21:27	00:45	1.0	4.5

数据来源：CSM 媒介研究

结语

2015 年电视节目竞争激烈，电视台创新速度加快，真人秀等综艺娱乐节目成为创新的热点，省级卫视试水双季播的举动进一步引爆了节目带的竞争。综艺娱乐节目、真人秀节目的火热也吸引了更多社会资本的关注，这将推动非新闻节目的市场化以及电视平台的进一步开放。在广电主管部门加强真人秀节目管理的背景下，必将会新鲜出炉一批有意思且有意义的节目。2016 年又到了奥运年，传统媒体和新媒体都在积极挖掘体育市场的潜力，电视媒体能否推出令人耳目一新的节目值得关注。

（作者：吴凡）

好剧才是硬道理
——2015年电视收视市场优质剧目资源探析

转眼间“一剧两星、一晚两集”新政实施已经满一年了。2015年电视剧市场发生了悄然而显著的变化，特别是顶尖剧目所代表的剧风流变，彰显了观众口味的嬗变。其实，就当年剧目的整体影响力而言，2015并不算大年。

也正因为如此，在电视生存环境日益严峻的今天，面对新媒体的冲击及观众收视市场的变化，本文把更多的目光投向那些在电视收视市场表现良好的优质剧目和创作人员，试图总结其播出与收视特点，希望有助于从业人员提升剧目质量，为来年大年做好功课。本文依据CSM媒介研究100城市的电视剧数据，侧重于挖掘优质剧目资源（简称为“好剧”）在电视收视市场的分布规律与收视特点。

一、生产市场从量到质的格局转变

我国是世界上的电视剧产量大国，多年来电视剧一直保持在年产四五百部、一万多集的水平，特别是2012年前后热钱涌入，出现了投资电视剧的狂热现象，电视剧产量激增。然而，市场自有其吸纳能力，加上政策的干预调节，自2013年以来，电视剧产业从投资热潮中逐步冷静下来，产量逐年紧缩。2015年全年全国共计生产完成并获得“国产电视剧发行许可证”的剧目共计394部、1.654万集，比2014年减少了35部，增加了557集。

在趋于理性的投资理念之下，电视剧被当做一个盈利本体来研究、经营。2015年起拥有热门IP概念的电视剧不仅仅一播了之，而是被用来全方位、立体式地开发成电影、网游、手游、网络剧、舞台剧、音乐等。同时，电视剧利益的最大化成为趋势，越拍越长俨然成为常态。从表1中可见，在2004~2008年，通过审批发行的电视剧，平均每部控制在30集之内，2009~2012年则平均每部延长到30~35集之间，2013年起平均每部突破35集，2015年则达到了平均每部42集（表1）。

对于一个文化产品而言，能“播出”方能实现“鲤鱼跃龙门”的飞跃，产生交换价值，而能“被收视”方具有广告附加值，才会产生价值。市场已经证明，一味扩大产能并不能增加电视剧的播出份额和收视份额，电视剧的播出与收视总量早已达到稳定而饱和的状态，构成了相对固定的关系。

2015年，在CSM媒介研究的所有调查城市中，电视剧全天播出比重为26.2%，收视比重为30%。与2014年相比，电视剧播出量增加了1.2个百分点，收视量则减少了1.1个百分点，资源使用效率下降。

表1　2004~2015年通过审批发行的电视剧发行及收视概况（历年所有调查城市）

年份	发行总部数	发行总集数	平均每部集数	播出比重（%）	收视比重（%）	资源使用效率（%）
2004年	505	12265	24.3	28.3	36.4	29
2005年	514	12451	24.2	25.3	36.5	44
2006年	502	13888	27.7	25.4	34.6	36
2007年	529	14670	27.7	25	34.1	36
2008年	502	14498	28.9	24.7	32.5	32
2009年	402	12910	32.1	26.1	32.2	23
2010年	436	14685	33.7	28.4	31.8	12
2011年	469	14942	31.9	27.8	31.5	13
2012年	506	17703	35.0	26.4	32.1	22
2013年	441	15770	35.8	26.6	31.5	18
2014年	429	15983	37.3	25.0	31.1	24
2015年	394	16540	42.0	26.2	30	15

数据来源：国家新闻出版广电总局，CSM媒介研究

为了推动电视剧行业的健康发展，政府实行了“一剧两星”政策，意图消化电视剧库存，让更多的电视剧有机会播出。那么，从数据上看，新政增加卫视新剧目的播出量了吗？我们研究发现，2015年晚间19:00~21:00时段，卫视共播出内地剧447部（2014年502部）、新剧238部①，相对于2014年（249部），新剧少了11部。2015年此时段卫视的首播新剧比率是53.2%（2014年50.4%），二轮剧比率是46.8%（2014年49.6%）。可见，相对于2014年，卫视的首播新剧比率确实有所上升，然而卫视获取新剧的绝对数量却有所减少，政策是否有效地刺激了电视台对新剧的需求尚不太好下结论。

从中，我们可以读出这么两个信息：一是电视剧市场总量盘子已经固定，数量上的增量已不可得，今后发展的重心应该从追求数量尽快过渡到追求质量；二是好剧在市场中的价值不言而喻，而探讨好剧的播出与收视特点亦是本文的重心所在。

二、好剧在卫视平台的分布特点

如今的电视剧市场已然发生了深刻的变化，好剧的重要性不容置疑，拥有好剧的卖方将占据谈判的优势地位。好剧在市场上处于供不应求的状态，而播出好剧也能有效地拉动频道的收视价值，提升频道的品牌形象。

好剧有多稀缺？我们进行了分档，收视率达到并超过2%的剧是顶尖剧目，收视率在1%~2%之间的是优势剧目，收视率在0.5%~1%之间的为中档剧目，收视率低于0.5%的则属于劣势剧目。2015年晚间首播档剧，卫视频道顶尖剧目的比重仅占1.2%，领航市场的现象级大剧基本属于“可遇不可求”；优势剧目占5%，能强力提升频道竞争

① 不包括卡通频道新剧。

力，属于少数派；中档剧目占17.8%，可以保证频道基本的竞争力；劣势剧目占76%，属于市场上“沉默的大多数”（图1）。由此可见，收视平庸的剧占据了市场的主流。盘活好剧资源，道阻且长。

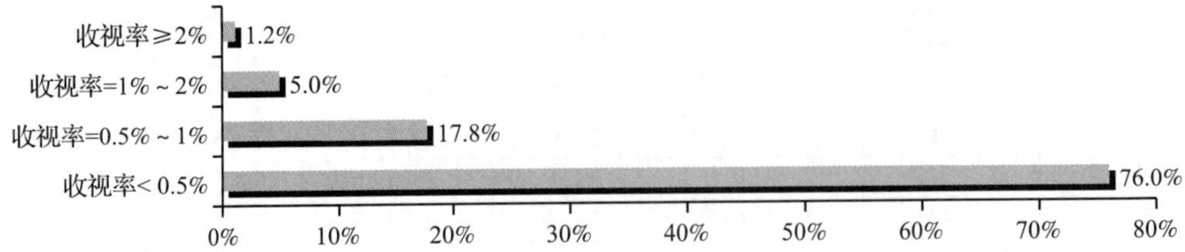

数据来源：CSM媒介研究

图1　2015年卫视频道晚间首播档电视剧收视率分布比例（19:30～21:30，100城市）

好剧都到哪里去了？2015年晚间19:30～21:30时段，全国市场卫视频道有47部电视剧的平均收视率不低于1%，在8个频道播出。其中，湖南卫视有15部（占总量的32%），中央电视台综合频道有11部（占总量的23%），在好剧市场竞争实力强。剩余卫视频道中，好剧占有率较高的有山东卫视，占5部（占总量的11%），江苏卫视和中央台八套各占4部，上海东方卫视和浙江卫视各占3部，北京卫视占2部（表2）。

表2　各卫视频道电视剧平均收视率及收视达标率（19:30～21:30）

卫视名称	2015年卫视电视剧平均收视率%	2015年收视率≥1%的剧部数	2015年收视率≥1%的剧占比	收视达标率	
				2014年	2015年
湖南卫视	1.88	15	32%	75%	100%
中央电视台综合频道	1.42	11	23%	100%	73%
山东卫视	0.86	5	11%	36%	26%
江苏卫视	0.83	4	9%	40%	21%
中央台八套	0.73	4	9%	14%	10%
上海东方卫视	0.85	3	6%	8%	17%
浙江卫视	0.85	3	6%	23%	16%
北京卫视	0.79	2	4%	21%	12%
安徽卫视	0.56	–	–	4%	–
天津卫视	0.53	–	–	4%	–

注：占比为本频道收视率≥1%的剧占所有卫视频道收视率≥1%剧的比例；收视达标率为收视率≥1%的电视剧部数占频道内播出部数的比例。

数据来源：CSM媒介研究

可见，好剧俨然流向了强势平台，呈现出寡头垄断的特点，这也是近几年一贯的趋势。再看这些强势平台本身的收视达标率①，我们可以看到它们对好剧的控制力有强有弱。湖南卫视2015年首播档剧达标率是百分之百，每部剧都竞争力强悍，表现出该频道

① 收视达标率为收视率≥1%的电视剧部数占频道内播出部数的比例。

对好剧的掌控力之强。中央电视台综合频道约有四分之三的剧达标，达标率较之2014年减少了四分之一。山东卫视首播档剧达标率是26%，江苏卫视是21%，中央台八套是10%，上海、浙江、北京三家卫视达标率也在10%以上。相对于2014年，2015年除了湖南卫视、上海东方卫视外，其他6家卫视的达标率均有不同程度的下降。

三、好剧都是什么题材类型

随着电视剧市场的大发展，逐渐出现了类型化生产、类型化播出乃至类型化收视的现象。经过多年高速平稳发展和不断筛选组合，我国的电视剧生产与消费市场俨然已经进入一种良性循环，表现特征之一是播出与收视结构高度统一、核心题材高度重合。

军事斗争和反特/谍战剧作为我国近年来风头正劲的两类热门题材，正成为拉动电视剧收视的发动机。2015年晚间黄金时段，军事斗争、反特/谍战、近代传奇和都市生活构成了播出市场与收视市场共同的核心题材，其播出比重分别为19%、18%、14.5%和11.4%，在TOP20中的收视比重①分别为20%、15.2%、14.8%和9.9%，这四类题材共占播出总量的63%、收视总量的59.9%。

军事斗争和反特/谍战题材担当主流，既延续了2014年的特征，也和2015年正值纪念抗日战争暨世界反法西斯战争胜利70周年有关。2015年7~10月，“反法西斯主题”成为荧屏主流，很大程度上拉升了这两类题材的播出量。

言情剧在2015年表现较为突出，其在TOP20中的收视比重逼近10%，在播出量中也占到近8%。前几年的一大核心题材——社会伦理剧播出比重仅有7.5%（收视比重为8.2%），逐年降为二类题材（图2）。

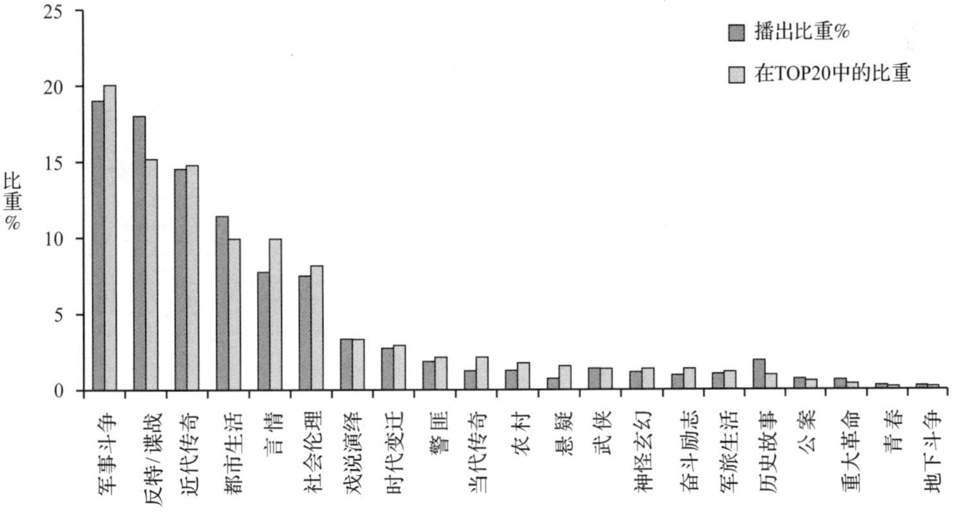

数据来源：CSM媒介研究

图2　2015年内地剧各类题材的播出比重及在TOP20中的收视比重（18:00~24:00，100城市）

① 在TOP20中的收视比重=该类题材入选TOP20的剧数/所有入选TOP20的剧数

小类题材中，在收视好剧中占有一定比重的还有戏说演绎、时代变迁、历史故事、警匪、武侠、农村、当代传奇、神怪玄幻、军旅生活、奋斗励志、悬疑、公案和重大革命等类型。这些小类题材虽然播出比重不大，但对于推动电视剧市场的百花齐放、丰富多元化发展起到了不可或缺的作用。

随着时代的发展和观众欣赏口味的变化，不少好剧与时俱进，力求创新，借鉴其他题材的成功元素，摆脱原来单一的形式，塑造出一系列符合当下观众审美情趣的人物形象，大大拓展了题材的内涵。制作精良、颜值高成为目前我国当红剧目的标配之一。比如，反特/谍战剧《锋刃》，艺术性极其精湛，镜头精致，充满电影质感，影调华美绚烂而又冷峻悲怆，带有浓浓的文艺范儿，和同类佼佼者——《潜伏》《悬崖》《黎明之前》相比，具有相同的优秀品质，毫不逊色；神怪玄幻剧《花千骨》也使用了电影镜头的拍摄手法，制作用心、造型唯美、仙气飘飘；戏说演绎题材《琅琊榜》则将中国山水画元素纳入了拍摄风格中。

在各地收视表现突出的还有当代传奇剧《冰与火的青春》、奋斗励志剧《俺娘田小草》、军旅生活剧《特警力量》、农村剧《我的二哥二嫂》、青春题材《青春正能量之我是女神》、商战剧《温州两家人》、时代变迁剧《两个女人的战争》、重大历史剧《忽必烈传奇》等（表3）。

表3　2015年在各地收视表现较好的不同题材内地剧一览（18:00～24:00，100城市）

剧名	题材	收视进入前20名的城市数
冰与火的青春	当代传奇	16
血色玫瑰	地下斗争	1
好大一个家	都市生活	25
锋刃	反特/谍战	29
俺娘田小草	奋斗励志	11
神探包青天	公案	9
活色生香	近代传奇	23
中国刑警803	警匪	3
特警力量	军旅生活	17
猎刃	军事斗争	20
嫂子嫂子	军事斗争	20
武媚娘传奇	历史故事	43
我的二哥二嫂	农村	12
青春正能量之我是女神	青春	4
温州两家人	商战	3
你是我的姐妹	社会伦理	16
花千骨	神怪玄幻	15
两个女人的战争	时代变迁	7
鹿鼎记	武侠	4
隋唐英雄之薛刚反唐	戏说演绎	2
琅琊榜	戏说演绎	2
龙巡天下	戏说演绎	2
别让我看见	悬疑	13
锦绣缘华丽冒险	言情	30
东北抗日联军	重大革命	5
忽必烈传奇	重大历史	3
最爱你的人是我	其他	2

数据来源：CSM媒介研究

四、哪个朝代的故事更好看

中华民族源远流长的五千年文化和历史，为我国电视剧内容提供了丰富的时代背景。根据电视剧剧情中所描述、内置的主要时代背景，电视剧大体可粗分为古装剧、年代剧、当代剧和跨越剧。

2015 年晚间黄金时段，各时代剧的播出结构和 TOP20 中的收视结构高度吻合。年代剧地位极为突出，表现非常惹眼，播出比重占 52.6%，收视比重为 51.2%。那些发生在风雨飘摇的激烈变迁时代的故事，受到了观众的欢迎。贴近当代百姓生活、情感、价值理念的当代剧播出比重占到 33.4%，收视比重占到 34.5%。古装剧由于受到政策红线的限制，加之服/化/道的制作成本和难度，其播出比重仅占 10.1%，在 TOP20 中的收视比重占 9.1%。跨越剧属于小众剧，播出比重仅占 4%，在 TOP20 中的收视比重也仅占 5.1%（图 3）。

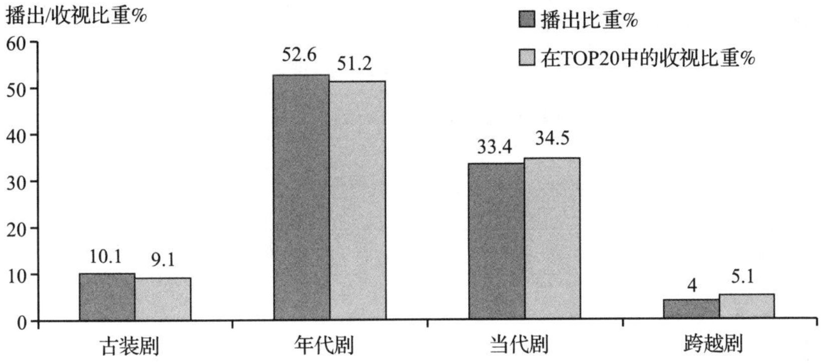

数据来源：CSM 媒介研究

图 3　2015 年不同时代背景内地剧的播出比重及收视比重（18:00～24:00，100 城市）

不同时代背景中的电视剧角色设定、桥段剧情、服/化/道、台词、拍摄手法等都有所不同，受观众欢迎的程度也有差别。具体哪些朝代的电视剧成为好剧的几率更大呢?

2015 年晚间，古装剧中，好剧数量较多的有隋唐五代剧、清明朝剧、朝代不明确古装剧、鸦片战争至辛亥革命前的清末剧等，各有 5 部及以上电视剧进入好剧圈。宋辽金、夏商西周、春秋战国秦、东晋南北朝和元等时代的剧也各有 1～3 部入围。

年代剧大体分三个断代部分。其中南昌起义至新中国成立前的剧高达 208 部，占比突破 40%。南昌起义打响了武装反抗国民党的第一枪，揭开了中国共产党独立领导武装斗争和创建革命军队的序幕，一直到新中国成立前，这段历史的意义毋容置疑。那些影响我国近代历史脉络走向的革命大事件和革命者，成为我国电视剧内容中最令当今观众感兴趣的部分。辛亥革命至南昌起义前、鸦片战争至新中国成立前、新中国成立后至改革开放前，这几段历史也是出好剧的时代背景，各占到好剧总量的约 3%～4%（表 4）。

表4　2015年不同时代背景的内地剧进入TOP20的部数及所占比重（18:00～24:00，100城市）

内地剧分类	时代背景	进入TOP20部数	进入TOP20比重
古装剧	隋、唐、五代	10	1.9%
	清（截至鸦片战争前）	9	1.8%
	朝代不明确（古代）	8	1.6%
	明	6	1.2%
	鸦片战争至辛亥革命前（1840～1911）	5	1.0%
	宋、辽、金	3	0.6%
	夏、商、西周	3	0.6%
	春秋、战国、秦	2	0.4%
	东晋、南北朝	1	0.2%
	元	1	0.2%
年代剧	南昌起义至新中国成立前（1927～1949）	208	40.5%
	辛亥革命至南昌起义前（1911～1927）	19	3.7%
	鸦片战争至新中国成立前（1840～1949）	17	3.3%
	新中国成立后至改革开放前（1949～1978）	15	2.9%
当代剧	改革开放至今（1978～）	181	35.2%
跨越剧	从现代到当代	16	3.1%
	从近代到现代	6	1.2%
	从近代到当代	4	0.8%

数据来源：CSM媒介研究

在电视剧创作中，环境是情节发展的必备要素，不同时代背景的历史掌故、人物为电视剧市场提供了丰富的创作源泉，尘封的历史经由镜头展示在荧屏上，为观众提供了精神食粮。进一步细化到具体剧目，本文选取了不同朝代进入TOP20城市数最多的剧(表5)。

古装剧中，夏商西周剧是《大舜》，春秋战国秦是热门大剧《芈月传》，东晋南北朝剧是《琅琊榜》，唐朝剧是《武媚娘传奇》，宋朝剧有公案剧《神探包青天》，元朝剧是《忽必烈传奇》，明朝剧是《医馆笑传》，清朝剧有《鹿鼎记》（2014韩栋版），《石敢当之雄峙天东》是架空古装剧，武侠剧《无敌铁桥三》则是发生在清末的传奇宗师故事。

年代剧中，辛亥革命至南昌起义前有言情剧《偏偏喜欢你》，南昌起义至新中国成立前是言情剧《锦绣缘华丽冒险》，鸦片战争至新中国成立前有近代传奇剧《活色生香》，新中国成立后至改革开放前则是反特/谍战剧《绝地刀锋》。

改革开放至今的当代剧则是陈佩斯导演的都市喜剧《好大一个家》。在跨越时代的剧中，表现好的有《奶奶再爱我一次》《大陆小岛》，以及号称现当代“中国农民史诗”的《老农民》(表5)。

表 5　2015 年进入 TOP20 频次较高的不同时代背景内地剧（18:00～24:00，100 城市）

时代背景	剧名	题材	进入前 20 名的城市数
夏、商、西周	大舜	历史故事	6
春秋、战国、秦	芈月传	历史故事	26
东晋、南北朝	琅琊榜	戏说演绎	2
隋、唐、五代	武媚娘传奇	历史故事	43
宋、辽、金	神探包青天	公案	9
元	忽必烈传奇	重大历史	3
明	医馆笑传	悬疑	3
清（截至鸦片战争前）	鹿鼎记	武侠	4
朝代不明确（古代）	石敢当之雄峙天东	神怪玄幻	10
鸦片战争至辛亥革命前（1840～1911）	无敌铁桥三	武侠	2
辛亥革命至南昌起义前（1911～1927）	偏偏喜欢你	言情	14
南昌起义至新中国成立前（1927～1949）	锦绣缘华丽冒险	言情	30
鸦片战争至新中国成立前（1840～1949）	活色生香	近代传奇	23
新中国成立后至改革开放前（1949～1978）	绝地刀锋	反特/谍战	12
改革开放至今（1978～）	好大一个家	都市生活	25
从近代到当代	奶奶再爱我一次	时代变迁	6
从近代到现代	大陆小岛	反特/谍战	4
从现代到当代	老农民	农村	11

数据来源：CSM 媒介研究

五、不同平台的好剧揭秘

本文中不同平台的好剧标准有所不同。对于卫视，本文采用了收视率是否大于等于 1% 这个标准；对于地面频道，则取各地收视率进入前 20 名的剧。

先看中央电视台晚间黄金时段首播档，在全国 100 城市，平均收视率破 1% 的电视剧共计 15 部。中央电视台剧目题材涵括面广，注重弘扬社会主流价值观，有反映波澜壮阔革命斗争的《太行山上》（收视率 1.61%）、《东北抗日联军》（收视率 1.2%）等重大革命题材剧，有从不同角度体现八路军抗战的《黄河在咆哮》（收视率 1.4%）、《决杀》（收视率 1.23%）、《怒放》（收视率 1.48%）等军事斗争剧，有讲述青岛第一代移民奋斗史的《青岛往事》（收视率 1.08%），也有探讨当下养老主题的社会伦理剧《空巢姥爷》（收视率 1.49%）、都市生活喜剧《好大一个家》（收视率 1.94%）以及讲述 90 后成长为精锐特种兵的军旅生活剧《雪域雄鹰》（收视率 1.04%），还有以见义勇为志愿者为主角的悬疑剧《别让我看见》（收视率 1.46%）。

反特/谍战剧在中央电视台频道中表现优异、风格各异，内容有所创新。同样讲述抗日主题，《王大花的革命生涯》（收视率1.91%）风格幽默，颇具喜剧色彩，《最后一战》（收视率1.17%）着重于湘西会战、荡气回肠，《锋刃》（收视率2.02%）凝练、厚重、冷峻，《破阵》（收视率1.04%）则从商战的视角切入，讲述国共两党在经济阵线的传奇斗争。《于无声处》（收视率1.68%）讲述了保护国家安全的当代故事（表6）。

表6 2015年中央电视台平均收视率破1%的内地剧（19:00~21:30，100城市）

频道	电视剧名称	题材	收视率%
中央电视台综合频道	太行山上	重大革命	1.61
中央电视台综合频道	东北抗日联军	重大革命	1.20
中央电视台综合频道	别让我看见	悬疑	1.46
中央电视台综合频道	空巢姥爷	社会伦理	1.49
中央电视台综合频道	怒放	军事斗争	1.48
中央电视台综合频道	黄河在咆哮	军事斗争	1.40
中央台八套	决杀	军事斗争	1.23
中央电视台综合频道	雪域雄鹰	军旅生活	1.04
中央台八套	青岛往事	近代传奇	1.08
中央电视台综合频道	锋刃	反特/谍战	2.02
中央电视台综合频道	王大花的革命生涯	反特/谍战	1.91
中央电视台综合频道	于无声处	反特/谍战	1.68
中央台八套	最后一战	反特/谍战	1.17
中央台八套	破阵	反特/谍战	1.04
中央电视台综合频道	好大一个家	都市生活	1.94

数据来源：CSM媒介研究

再看省级卫视晚间时段，平均收视率破1%的电视剧共计33部次（不重复剧有30部），题材风格明显趋软，内容更为轻松多变。包括言情剧9部次，历史故事剧4部次，神怪玄幻、都市生活、当代传奇各3部次，近代传奇、军旅生活、农村各2部次，武侠、社会伦理、军事斗争、奋斗励志和反特/谍战剧各1部次（表7）。

2015年，有三部描写“女霸星”的电视剧在年度一头一中一尾获得了引人瞩目的成绩。范冰冰主演的《武媚娘传奇》在湖南卫视跨越2014~2015年播出，在2015年晚间黄金时段获得3.15%的平均收视率，一举成为年度收视冠军；孙俪主演的《芈月传》则在2015~2016年跨年播出，2015年在上海东方卫视的平均收视率为2.42%、在北京卫视为2.32%。在暑期，湖南卫视钻石独播剧场播出热门IP仙侠剧《花千骨》，在22:00档收获2.18%的高收视率，毫不逊色于黄金档剧，在年中掀起另一波高峰，成为另一部现象级大剧。

表 7　2015 年省级卫视频道平均收视率破 1%的内地剧（19:30～24:00，100 城市）

频道	电视剧名称	题材	收视率%
湖南卫视	锦绣缘华丽冒险	言情	2.37
湖南卫视	妻子的谎言	言情	2.05
湖南卫视	神犬小七	言情	2.01
湖南卫视	偏偏喜欢你	言情	1.80
湖南卫视	美丽的秘密	言情	1.51
江苏卫视	何以笙箫默	言情	1.17
江苏卫视	加油吧实习生	言情	1.11
上海东方卫视	大好时光	言情	1.01
浙江卫视	克拉之恋	言情	1.01
湖南卫视	神雕侠侣	武侠	1.06
湖南卫视	花千骨	神怪玄幻	2.18
湖南卫视	新济公活佛	神怪玄幻	1.11
山东卫视	石敢当之雄峙天东	神怪玄幻	1.06
山东卫视	继父回家	社会伦理	1.16
山东卫视	老农民	农村	1.48
北京卫视	老农民	农村	1.26
湖南卫视	武媚娘传奇	历史故事	3.15
上海东方卫视	芈月传	历史故事	2.42
北京卫视	芈月传	历史故事	2.32
浙江卫视	武媚娘传奇	历史故事	1.20
山东卫视	大刀记	军事斗争	1.04
湖南卫视	特警力量	军旅生活	1.70
湖南卫视	青春集结号	军旅生活	1.23
湖南卫视	活色生香	近代传奇	2.16
江苏卫视	千金女贼	近代传奇	1.28
山东卫视	俺娘田小草	奋斗励志	1.33
湖南卫视	伪装者	反特/谍战	2.08
上海东方卫视	虎妈猫爸	都市生活	1.17
湖南卫视	前夫求爱记	都市生活	1.12
江苏卫视	妈妈像花儿一样	都市生活	1.03
湖南卫视	冰与火的青春	当代传奇	1.67
湖南卫视	家和万事兴之花好月圆	当代传奇	1.65
湖南卫视	家和万事兴之兄弟姐妹	当代传奇	1.27

数据来源：CSM 媒介研究

湖南卫视播出的近代传奇剧《活色生香》（收视率 2.16%）、反特/谍战剧《伪装者》（收视率 2.08%）、3 部言情剧《妻子的谎言》（收视率 2.05%）、《神犬小七》（收视率 2.01%）、《锦绣缘华丽冒险》（收视率 2.37%），收视率也均属于“2%”俱乐部。

我们发现，无论是播出市场还是收视市场，对精品巨制都相当饥渴。好剧固然在开机率高的时段能够取得高收视，然而竞争惨烈也是事实。个别卫视已经在次黄金时段开辟竞争蓝海，经营起周播剧，放出部分优质资源，也能赚得盆满钵满。

在次黄金时段，还有哪些好剧脱颖而出？湖南卫视采取了“时装与古偶”双剧场两手抓的策略，日剧周播与边拍边播并存，将年轻女性定为核心目标观众，除《花千骨》外，武侠新改编剧《神雕侠侣》收视率也突破了 1%的大关。《大汉情缘之云中歌》《明若晓溪》和《少年四大名捕》平均收视率也均不低于 0.75%。上海东方卫视推出“心跳80分”剧场，以悬疑推理言情剧《他来了请闭眼》为开端，主打相对高端的观众，进行差异化竞争。周播剧场打破了我国电视剧市场题材的大小之分，使题材受到的限制减少，各类小众的古装剧、涉案剧乃至栏目剧都各展其能，成为热门题材。

山东卫视在2015年表现突出，有5部剧进入“1%好剧圈”：《石敢当之雄峙天东》《继父回家》《老农民》《俺娘田小草》和《大刀记》平均收视率均破1%；江苏卫视有4部：《千金女贼》《何以笙箫默》《加油吧实习生》《妈妈像花儿一样》；浙江卫视有2部：《武媚娘传奇》《克拉之恋》；上海东方卫视除了《芈月传》外，还有《虎妈猫爸》《大好时光》；北京卫视有《芈月传》和《老农民》。

相对于卫视频道，晚间黄金时段地面频道的电视剧表现出“一边倒”的鲜明特性，进入各地收视TOP20城市数在15个以上的电视剧题材，高度集中于军事斗争和反特/谍战两类题材。进入频次最高的是两部军事斗争剧《猎刃》和《嫂子嫂子》，在28个城市进入当地前20名。其次是《杀寇决》《我是赵传奇》《枪侠》《野山鹰》《刀光枪影》和《狐影》，均在20个以上城市进入好剧圈。在15个以上城市进入好剧圈的地面频道电视剧还有《战魂》《杀手锏》《杀出黎明》《刺蝶》《铁核桃》《潜行者》《光影》《冲出月亮岛》和《地雷英雄传》等（表8）。这些电视剧情节紧张、主线清晰、制作相对规整、人物性格饱满，演员虽少有一线当红巨星但都有一定的演技和特色。

表8　2015年地面频道的内地剧收视表现（18:00~24:00，100城市）

剧目	题材	进入当地收视前20名的城市数	总频道数	总城市数
猎刃	军事斗争	28	18	69
嫂子嫂子	军事斗争	28	20	55
杀寇决	反特/谍战	27	43	71
我是赵传奇	军事斗争	26	42	55
枪侠	反特/谍战	23	14	46
野山鹰	军事斗争	23	18	67
刀光枪影	近代传奇	23	13	58
狐影	反特/谍战	23	14	47
战魂	军事斗争	18	21	47
杀手锏	军事斗争	18	11	53
杀出黎明	反特/谍战	17	28	53
刺蝶	反特/谍战	17	39	47
铁核桃	反特/谍战	17	28	67
潜行者	反特/谍战	17	12	36
光影	军事斗争	16	25	53
冲出月亮岛	军事斗争	16	29	59
地雷英雄传	军事斗争	15	9	38

数据来源：CSM媒介研究

六、创作好剧的编、导、演

创作人员对于一部电视剧的意义不言而喻，我国电视剧市场未来的一个明显发展趋势，就是优秀的制作团队价值更加突出，必将成为市场稀缺资源。

本文挑选了有作品进入100城市18:00~24:00时段收视率前20名的好剧编剧、导演、演员，以其作品入选部数为标准遴选表现突出的主创人员。2015年进入100城市晚间黄金时段内地剧收视率当地TOP20较多的编剧，有赵冬苓、赵锐勇、申捷、谈韦、余沥卿、张健、张佳、由甲、林和平、海顿、聂欣、高满堂、简远信、张强、王丽萍、田然等。其中，有6部剧入选的编剧是赵冬苓（《永远一家人》《生死血符》《红高粱》《青岛往事》《手心手背都是肉》《雾都》），以及赵锐勇（《独立连》《孤胆英雄》《隋唐英雄第三部》《隋唐英雄第四部》《隋唐英雄之薛刚反唐》《冷枪手》）；申捷和谈韦则分别有5部剧入选（表9）。

表9 2015年内地剧收视率进入当地TOP20城市数较多的编、导、演（18:00~24:00，TTV，同版本剧已合并）

编剧			导演			演员		
编剧	进入TOP20的部数	进入TOP20的代表作	导演	进入TOP20的部数	进入TOP20的代表作	演员	进入TOP20的部数	进入TOP20的代表作
赵冬苓	6	青岛往事	于立清	8	我爷爷和奶奶的故事	于震	12	枪侠
赵锐勇	6	独立连	黄力加	6	妯娌的三国时代	张嘉译	10	为爱坚守
申捷	5	女人不哭第三部	张汉杰	6	大陆小岛	唐嫣	10	何以笙箫默
谈韦	5	养父的花样年华	谭俏	5	东江英雄刘黑仔	刘恺威	9	抓住彩虹的男人
余沥卿	5	我爷爷和奶奶的故事	吴锦源	5	抓住彩虹的男人	林永健	8	桃花运
张健	4	乱世新娘	黄文利	5	铁核桃	贾青	8	东江英雄刘黑仔
张佳	4	因为爱情有奇迹	刘新	5	怒放	于和伟	7	男人的战争
由甲	4	一个鬼子都不留之二上海滩生死较量	赖水清	4	菩提树下	赵亮	7	一个媳妇两个婆婆
林和平	4	草帽警察	高希希	4	马上天下	姚芊羽	7	暖男的爱情与战争
海顿	4	我是赵传奇	俞钟	4	邻居也疯狂	赵毅	7	福根进城
聂欣	4	满仓进城	高先明	4	因为爱情有奇迹	王挺	7	百里夜刀
高满堂	4	老农民	沈怡	4	幸福归来	黄志忠	7	我的绝密生涯
简远信	4	家和万事兴之花好月圆	陶秋普	4	烽火英雄传	刘涛	7	琅琊榜
张强	3	黄河在咆哮	赵浚凯	4	大刀记	贾乃亮	7	冰与火的青春
王丽萍	3	大好时光	钱雁秋	4	神探包青天	蒋欣	7	二胎
田然	3	嫂子嫂子	周国栋	4	倾城绝恋	连奕名	7	左手劈刀

数据来源：CSM媒介研究

2015年收视率进入当地TOP20城市数较多的导演有于立清、黄力加、张汉杰、谭俏、吴锦源、黄文利、刘新、赖水清、高希希、俞钟、高先明、沈怡、陶秋普、赵浚凯、钱雁秋和周国栋等，他们都至少有4部作品入围好剧圈。于立清入选数量最多，有包括《喋血特工战》《我爷爷和奶奶的故事》《锄枭行动》《血色玫瑰》《生死特工战》等8部剧入围。

2015年收视率进入当地TOP20城市数较多的演员不少，其中作品不低于7部的男女演员有于震、张嘉译、唐嫣、刘恺威、林永健、贾青、于和伟、赵亮、姚芊羽、赵毅、王挺、黄志忠、刘涛、贾乃亮、蒋欣、连奕名等。入选部数最多是硬汉专业户于震，他共有12部作品入围：《枪侠》《神探包青天》《天降神兵》《踏破硝烟》《一个强盗都不留》《我的二哥二嫂》《嫂子嫂子》等，是名副其实的劳模。

国民大叔型演员张嘉译、林永健、于和伟、黄志忠等表现突出。新生派演员也不甘示弱，参演的作品受到各地观众的欢迎，如唐嫣、刘恺威、贾青、蒋欣等。其中，唐嫣在女演员中格外惹眼，共有10作品入选：《何以笙箫默》《金玉良缘》《风云天地》《夏家三千金》《爱情真善美》《爱情睡醒了》《千金女贼》《克拉恋人》《克拉之恋》《活色生香》。

七、能下“金蛋”的制作机构

我国的制片机构目前还停留在缺少航空母舰、多为小舢板的阶段。然而，随着资本的介入，不少制作公司已经上市。通过收购兼并等运作手段，优势制作资源会进一步集中，未来会出现两类比较有竞争力的制作公司类型。一类是大型制作公司，它们能不断推出大制作精品，建立自己的电视剧制作王国；另一类是专业型制作公司，在某特定题材领域拥有自己的独特竞争优势。

2015年这一苗头已有所显现。晚间18:00~24:00时段，有内地剧收视率进入当地TOP20城市数的制片机构为331家，其中有16家制作机构至少有5部作品入围当年度的TOP20好剧圈。在这16家制作机构中，海润影视制作有限公司、长城影视股份有限公司、浙江华策影视股份有限公司、山东电影电视剧制作中心至少有10部作品入围，海润影视制作有限公司入选的剧目最多，其拍摄的13部作品在各地表现都不错（表10）。

类型化生产、建立特定领域的竞争优势，成为诸多影视公司的策略。例如海润影视制作有限公司在铁血硬剧领域有较强的优势，13部作品中有9部军事斗争题材剧、2部反特/谍战题材剧，形成了自己在行业内的集约化优势领地。上海新文化传媒集团股份有限公司也同样在军事斗争和反特/谍战题材领域有一定的好剧入围。长城影视股份有限公司入选的剧目集中在军事斗争、戏说演绎和反特/谍战题材领域，《隋唐英雄》系列还形成了自己的品牌，在市场上较受观众欢迎。凤凰传奇影业有限公司在近代传奇题材，上海辛迪加影视有限公司在言情剧方面，也均有所建树。

也有的公司采用多类型、全面进军的策略。例如，浙江华策影视股份有限公司在武侠、神怪玄幻、军事斗争、近代传奇、奋斗励志、反特/谍战这6个不同题材领域均有作品入围。相对而言，其近代传奇题材剧表现较为突出，入选剧目有《妇道》《镖门》

表 10　2015 年内地剧收视率进入当地 TOP20 城市数较多的制片机构（18:00～24:00，TTV，同版本剧已合并）

制片机构	入选 TOP20 部数	进入 TOP20 的剧目
海润影视制作有限公司	13	孤军剿匪、狼烟、抗日武工队、兵临村下、杀寇联盟、冲天炮、侠探高飞、铁血武工队传奇、北上广不相信眼泪、铁血英雄路、地雷战、大猫儿追爱记、亮剑
长城影视股份有限公司	10	独立连、孤胆英雄、隋唐英雄第三部罗通扫北薛仁贵征东、隋唐英雄第四部薛仁贵征西薛丁山与樊梨花、冷枪手、末代皇帝传奇、忠诚战士、隋唐英雄之薛刚反唐、地雷英雄传、红色追剿
浙江华策影视股份有限公司	10	复仇之刃、封神英雄榜、山河同在、妇道、镖门、鹿鼎记、使命召唤、潜行者、等你爱我、碧血书香梦
山东电影电视剧制作中心	10	铁将军阿贵、警中警、追捕渣滓洞刽子手、大舜、青岛往事、老农民、琅琊榜、伪装者、大秧歌、温州两家人
上海新文化传媒集团股份有限公司	8	那金花和她的女婿、移动的枪口、我姥爷 1945、生死兄弟情、大熔炉、胜利之路、深宅雪、两个女人的战争
四川星空影视文化传媒有限公司	7	新京华烟云、风云天地、剿匪英雄、壮丁也是兵、踏破硝烟、殊死 7 日、永远一家人
广东南方电视台	6	背影、母亲心、百媚千娇、寻你到天涯、枪王之王、双雄
凤凰传奇影业有限公司	6	胜利者、一个鬼子都不留之二上海滩生死较量、劫中劫、大陆小岛、二婶、你的传奇之危机四伏
上海辛迪加影视有限公司	6	夏家三千金、爱情真善美、爱情睡醒了、爱情心心相印、爱情悠悠药草香、医馆笑传
天视卫星传媒股份有限公司	5	和平战士、泪洒女人花、勇敢的心、待嫁老爸、热血
山东卫视传媒有限公司	5	红高粱、大刀记、石敢当之雄峙天东、渔岛怒潮、继父回家
浙江金溪影视有限公司	5	大当家、妻子的谎言、家和万事兴之兄弟姐妹、家和万事兴之花好月圆、封神英雄
吉林电视台	5	瞧这一家子、一个强盗都不留、传奇奶奶、风狼突击队、幸福越走越近
湖南广播电视台	5	小儿难养、因为爱情有多美、因为爱情有晴天、神犬小七、青春集结号
江苏海润影视制作有限公司	5	大漠狼烟、我要当八路、如果我爱你、东江英雄刘黑仔、背着奶奶进城
中国国际电视总公司	5	一帘幽梦、搭错车、枪侠、生死血符、欲望的代价

数据来源：CSM 媒介研究

《使命召唤》《碧血书香梦》等。值得关注的是山东电影电视剧制作中心，该中心近年来在我国电视剧市场逐步崛起，也采取了多题材领域进军的策略，并在 8 个题材领域都有所斩获。无论是戏说演绎剧《铁将军阿贵》、商战剧《温州两家人》、军事斗争剧《大秧歌》、近代传奇剧《青岛往事》，还是反特/谍战剧《伪装者》、农民题材剧《老农民》，几乎部部是大制作、大跨度，相当厚重。特别是戏说演绎题材剧《琅琊榜》，口碑、收视俱佳，成为2015年度现象级大剧。

资本正在深刻地影响着电视剧制作市场，制作机构逐步出现两级分化，处于第一梯队的龙头企业将凝聚越来越多的资本关注，吸引更好的团队、剧本资源、播出渠道，在播出平台拥有更大的话语权。

结语

综上所述，2015年我国电视剧产量持续下滑，但每部平均集数在增加，投资狂潮在消退，生产市场进一步趋于理性，经营意识进一步增强。

与其他节目形态相比，电视剧播出量和收视量基本保持平稳水平，增量主要体现在对好剧资源的培养方面，而好剧资源严重供不应求。随着观众口味的嬗变和媒体竞争大环境的改变，好剧的标准也在悄然变化。

生产市场正对热门IP资源进行跑马圈地式的抢夺，优秀剧目的价值充分凸现，粉丝转化率高的剧的商业价值将被进一步放大。优秀的编剧、导演、演员等创作人员的价值也水涨船高，有持续续航能力的一线制作班底受到市场追捧，有生产能力和好剧资源的制作机构将掌握更多的议价权。

2015年，精品剧引发的“蝴蝶效应”在不断发酵。三部描写女性为主的古装剧《武媚娘传奇》《花千骨》《芈月传》连贯年度前、中、后，而描写男性为主的古装剧《琅琊榜》则开拓了新的拍摄领域，成为现象级大剧。“高颜值、大制作、高话题度、看着不累”的剧受到欢迎，反映了市场需求在发生深刻的变化。

精品巨制剧更能产生独霸荧屏的巨大能量，表明电视市场不缺收视率，缺的是好剧。因此，好剧才是硬道理。

（作者：李红玲）

2015年全国新闻节目收视分析

纵观2015年，“阅兵式”、“习马会”、“申冬奥”、“放二胎”、“湖北沉船”、“天津爆炸”等扣人心弦的新闻事件频发，伴随着这些新闻事件的发生，2015年新闻节目的收视也充满了变化和亮点。如今，网络新闻、移动资讯如此发达，信息传递如此快捷，电视新闻节目如何在媒介融合的大背景下利用自身优势巩固并提升竞争力，是目前电视新闻人面临的重要课题。本文根据CSM媒介研究2015年全国133个城市的收视调查数据，对全国新闻节目的收视状况进行分析和解读，以便为提升新闻节目的竞争力提供一个思考的基础。

一、新闻节目整体收播状况

1. 观众获取新闻、资讯的途径在增加，分配给电视新闻的时间并未明显减少

在网络资讯丰富、移动新闻快捷的今天，人们获取新闻的方式不再局限于电视媒体。然而，人们并没有颠覆性地改变对电视新闻的依赖，而是“见缝插针”地将原来“零零碎碎”的时间拿出来，分配给了新兴媒体，传统电视新闻节目的收视并没有受到很大的影响。根据CSM媒介研究的调查数据，2015年平均每人每天收看电视的时长为156分钟，较前一年的161分钟下降了5分钟，但是观众每天收看新闻节目的时间变化不大，2015年人均每日收看新闻类节目的时长为21分钟，较2014年下降了1分钟（图1）。

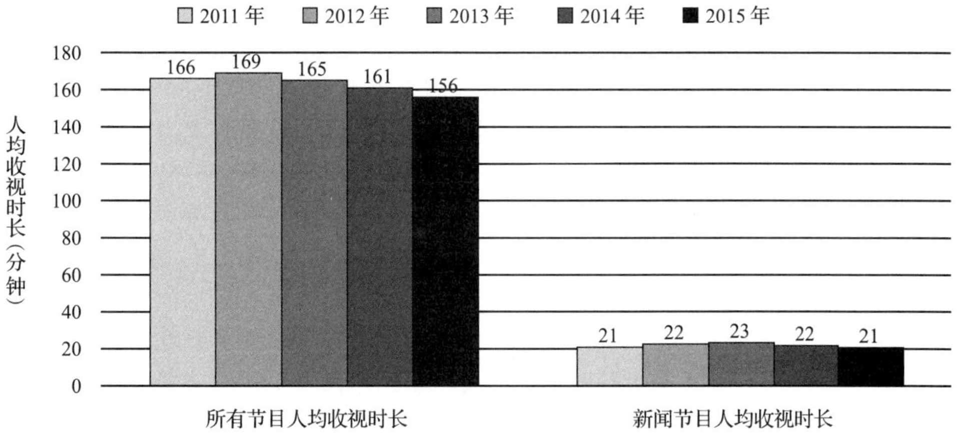

数据来源：CSM媒介研究

图1　2011～2015年所有节目及新闻节目人均收视时长（历年所有调查城市）

2. 长沙、济南和广州观众收视比重最大

全国各地观众的生活习惯差别很大，不同城市的观众喜欢收看的电视频道、节目也不尽相同，导致各地电视市场带有鲜明的地域特点。晚间时段（17:00～24:00）新闻节目的收视比重在不同城市间存在明显差别。将2015年35个城市（包括直辖市、省会城市、计划单列市）中晚间17:00～24:00收看新闻节目的观众收视时长比例从大到小进行排序，可以看到长沙、济南和广州观众在晚间有20%以上的收视时间收看的是新闻节目（图2）。

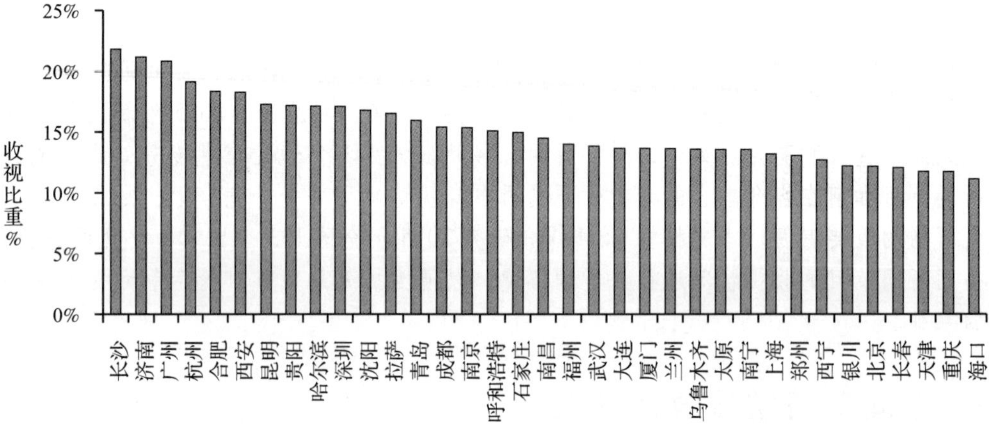

数据来源：CSM媒介研究

图2　2015年各城市晚间新闻节目的收视比重（17:00～24:00）

3. 新闻节目收视主要集中在18:00～20:00时段，观众在不同时段对各类新闻节目倚重不同

新闻节目在全天不同时段的收视量变化与其他节目类型整体保持一致，但在细节上不尽相同。新闻节目的收视主要集中在晚间18:00～20:00，在这段时间开始的新闻节目人均收视时长累计达到9.2分钟，接近全天新闻节目收视时长的一半。从全天收视曲线中能够发现两个明显的收视高峰（12:00和19:00）及两个收视较为突出的时段（清晨6:00～8:00和晚间20:30～22:30）（图3）。这一趋势表现出与2014年高度的一致性。

为了进一步了解不同类型新闻节目的播出与收视规律，参照InfoSysPlus节目分类，可以将新闻节目划分为综合新闻、新闻评述、新闻/时事其他3个类别。各台播报国内外要闻的新闻栏目或国计民生、社会普遍关注的新闻报道，包括少数民族语言播报的新闻节目，归为综合新闻类，如《新闻联播》；第二类为新闻评述类新闻节目，它是每期只针对一件热点或新闻事件进行深度调查、报道的新闻评论性节目，如《焦点访谈》；第三类为新闻/时事其他类，该类新闻节目是以其他非正规形式播出的以民生新闻为主要内容的节目，如新闻发布会、各地方台以趣味或特殊形式以报道新闻为主的栏目等。

根据各类新闻节目在不同时段播出的时长特点，可以看到“综合新闻”的播出集中于早间、午间、傍晚（本地新闻和新闻联播）以及晚间（22:00～23:00）4个主要新闻节目带；以当地民生新闻为代表的“新闻/时事其他”类新闻节目在综合新闻播出减少

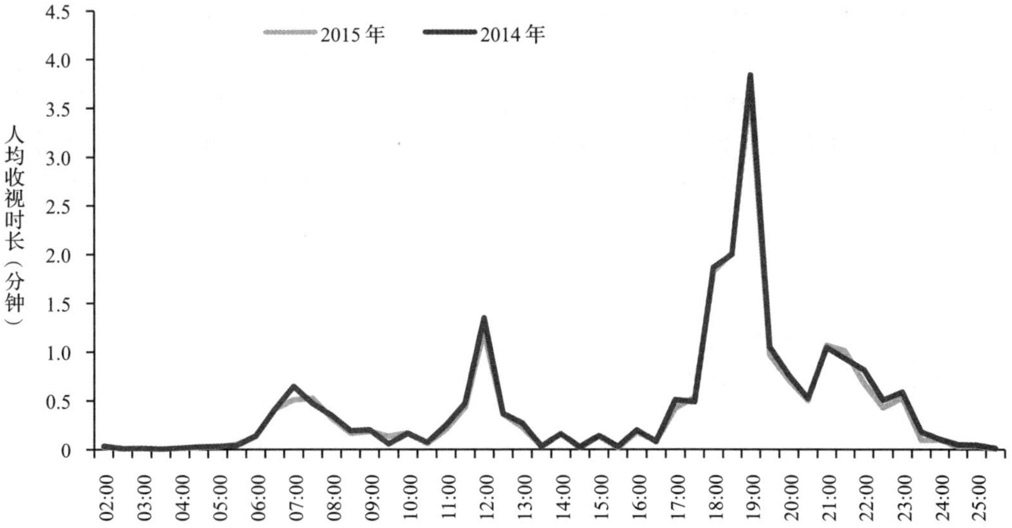

数据来源：CSM 媒介研究

图 3 2014～2015 年新闻节目全天不同时段收视情况（所有调查城市）

的各时段补充播出，在上午、下午、《新闻联播》前后各时段播出量较综合新闻为高；而“新闻评述”类节目在各类新闻节目中播出量最小，播出主要集中于早上 7:30、中午 12:00 和晚间 17:30 以后，各时段播出量相对变化不大（图 4）。

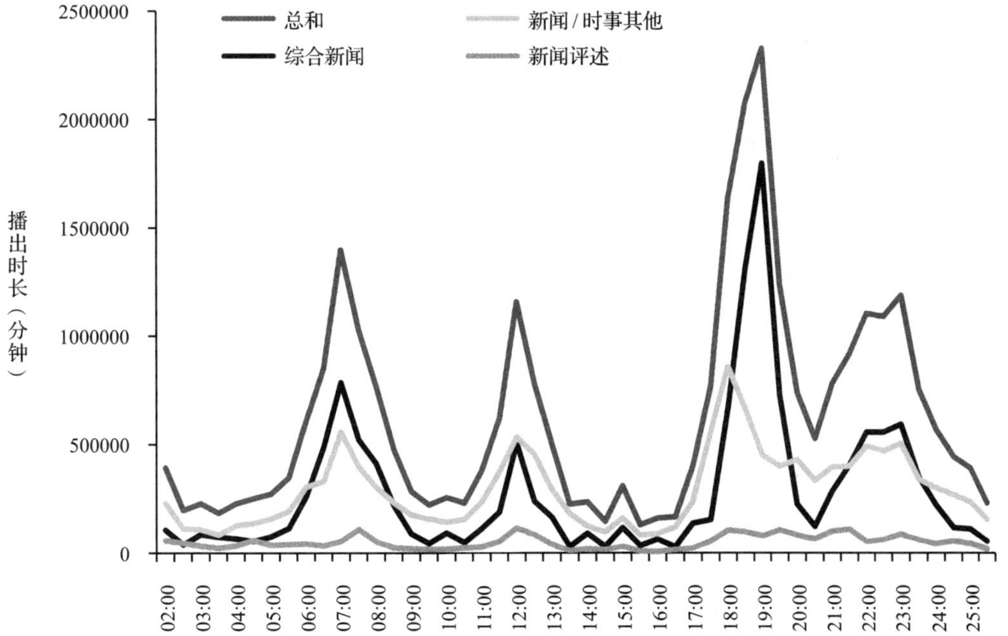

数据来源：CSM 媒介研究

图 4 2015 年各类新闻节目全天不同时段播出情况（所有调查城市）

不同类型新闻节目在各时段的收视特点也从侧面反映出人们收看各类新闻节目的习惯。在以综合新闻为主的4个新闻节目带中，人们花费在“综合新闻”上的收视时长最长；除此之外，在晚间19:00《新闻联播》播出之前，随着各地以民生新闻为主的“新闻/时事其他”类新闻节目播出量的增加，观众在该类型节目的收视时长也随之增加；《新闻联播》播出之后的19:30~22:00时段内，观众收看评述类新闻节目的比例明显提升（图5）。

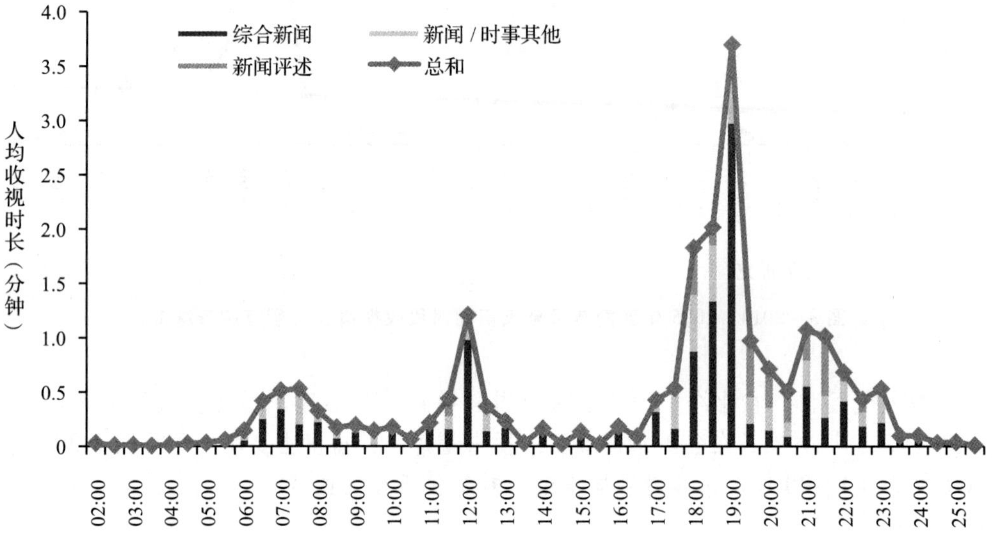

数据来源：CSM媒介研究

图5 2015年各类新闻节目全天不同时段收视情况（所有调查城市）

4. 全年新闻节目收视受重大新闻事件的影响

整体来看，2015年全年新闻节目的收视时间略低于2014年，1~9月份每周人均收视时长较2014年有明显下降，10月之后每周人均收视时长与2014年基本持平。除特殊事件外，全年各周平均收视时长整体比较稳定。

从分周走势看，每个收视变化的背后都有一个非同寻常的事件发生。2015年元旦是一个不平常的元旦，2014年12月31日23:35，正值跨年夜活动，上海市黄浦区外滩陈毅广场发生踩踏事件，从而拉高了2015年第一周的收视。每年春节期间新闻节目的收视一般都会下降，节日期间新闻节目播出量没有太大的变化，而综艺和青少节目播出量的增加，会导致人们选择其他节目的机会增加，从而拉低新闻节目的收视。每年春节后“两会”的召开又会再次拉高新闻节目的收视。灾难性事故的发生会迅速提升新闻节目的收视率：6月1日21:32，重庆东方轮船公司所属“东方之星”号客轮由南京开往重庆，航行至湖北省荆州市监利县长江大马洲水道时翻沉，造成442人死亡，当周观众平均每人收看新闻节目23分钟，比2014年同期提高了2分钟；8月12日23:30左右，位于天津滨海新区塘沽开发区的天津东疆保税港区瑞海国际物流有限公司所属危险品仓库发生爆炸，使得年中一直徘徊在低谷的收视表现瞬间提升，从 19 分钟左右的收视时长提升到了 22 分钟，并持续了 3 周左右的时间。9 月 3 日。纪念中国人民抗日战争暨世界反法西斯战争胜利 70 周年阅兵式在北京天安门地区举行，这是新中国历史上第 15 次大阅兵，是进入 21 世纪以来第 2 次大阅兵，中央电视台 11 个频道和各省级卫视同时播出阅兵节目，收视空前，第 36 周平均每人收看新闻节目 37 分钟，达到了 2015 年新闻节目收视的顶峰。10 月 26 日至 29 日召开的中共十八届五中全会，生育政策调整的决议以及 11 月 7 日两岸领导人的“世纪之握”都再次扬起了新闻节目收视的小高峰。2015 年新闻节目的收视就是在这大大小小的事件中跌宕起伏的（图 6）。

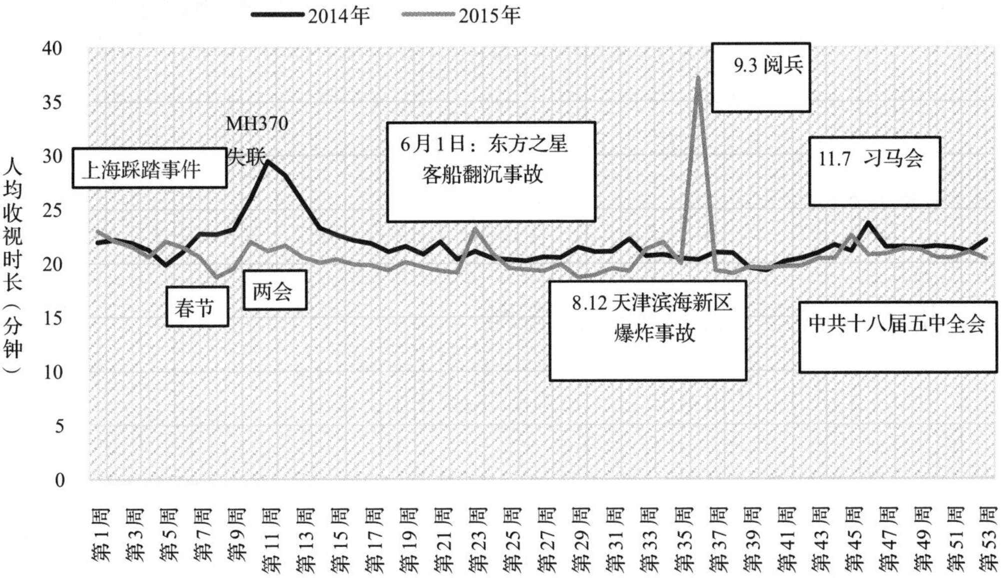

数据来源：CSM 媒介研究

图 6　2014 年、2015 全年新闻节目收视分周走势（所有调查城市）

5. 综合新闻播出与收视比重下降，新闻/时事其他类节目跃居播出量首位

从近几年各类新闻类节目的播出量来看，“综合新闻”的播出量逐渐减少，“新闻/时事其他”类播出量逐渐升高，2015 年全年播出量占所有新闻节目的 46.9%，成为播出量最大的新闻类节目。2015 年“新闻评述”类节目播出比重较 2014 年有所上升，达到 8.1%（图 7）。

观众收视时间分配的变化在一定程度上是由各类新闻节目播出时间的变化而导致的，但同时它也反映出观众对各类新闻节目需求的变化。整体看来，近几年人们收看综合新闻的时间比重下降了，收看其他新闻时事节目的时间比重提高了。

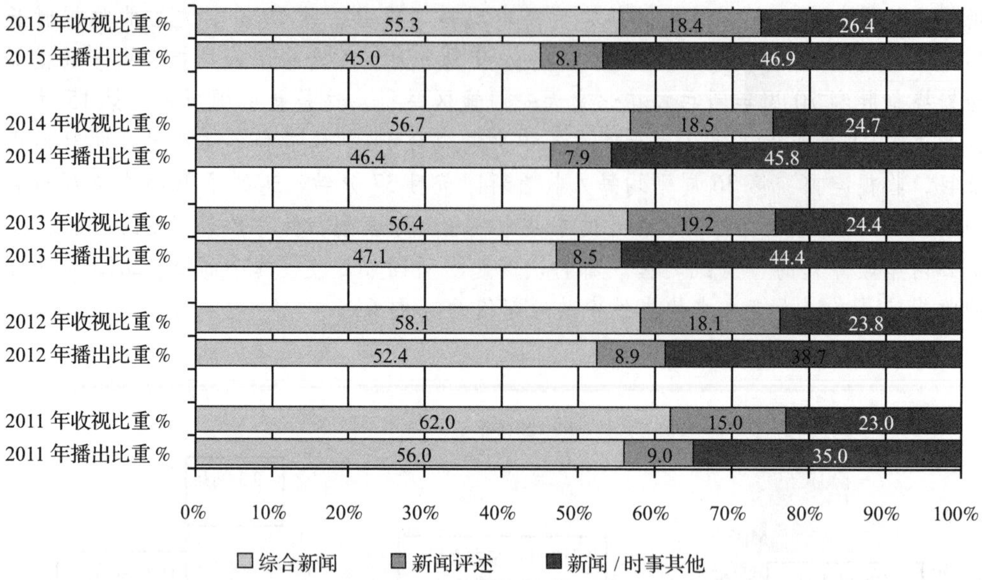

数据来源：CSM 媒介研究

图 7　2011 ~ 2015 年各类型新闻节目的播出比重及收视比重（所有调查城市）

二、新闻节目收视市场竞争格局

1. 中央级频道收视份额居首，地面频道播出量占优势

2015 年全国电视新闻节目收视市场中，中央级频道仍然占据着最重要的地位，以 3.8% 的播出量获得了新闻节目收视的最大份额（37.5%）；省级上星频道播出量为 6.6%，略高于中央级频道，加之各地省一级重要新闻均在此平台播出，收视份额相对也较高（16.3%）；省级非上星频道和市级频道的传播范围有限，面对的观众群体在地域上相对比较集中，尽管单个频道覆盖面不广，但胜在频道众多，因此播出量也最大，接近所有新闻节目播出时间的 80%，这两类频道合计共获得了新闻节目 44.3% 的收视份额。从年度变化来看，中央级频道新闻节目的收视份额在 2015 年明显下降，地面频道收视份额显著升高（图 8）。

2. 中央级频道的新闻评述类节目较受欢迎

观众对各级电视频道具有不同的心理定位。例如中央电视台多被认为具有专业性、权威性，是负责任、可信度较高的播出平台；省级卫视则比较年轻化，具有现代感和吸引力，更倾向于推陈出新；地面频道（省级非上星频道和市级频道）则给人较为传统、亲民、更接近生活的印象。观众在这样的心理暗示下，收看电视新闻节目的时候就会带有明确的选择性（图 9）。对于国内外新闻的客观报道，在不同平台获得的新闻事件信息并没有太大区别，全凭观众的收视习惯。新闻评述类节目通常会加入一些主观判断，中央级频道的专业性和权威性在这种情况下无疑就成为一大优势，观众对中央级频道播出的新闻评述类节目格外重视，54.3% 的收视时间都给了中央级频道；被列在“其他”

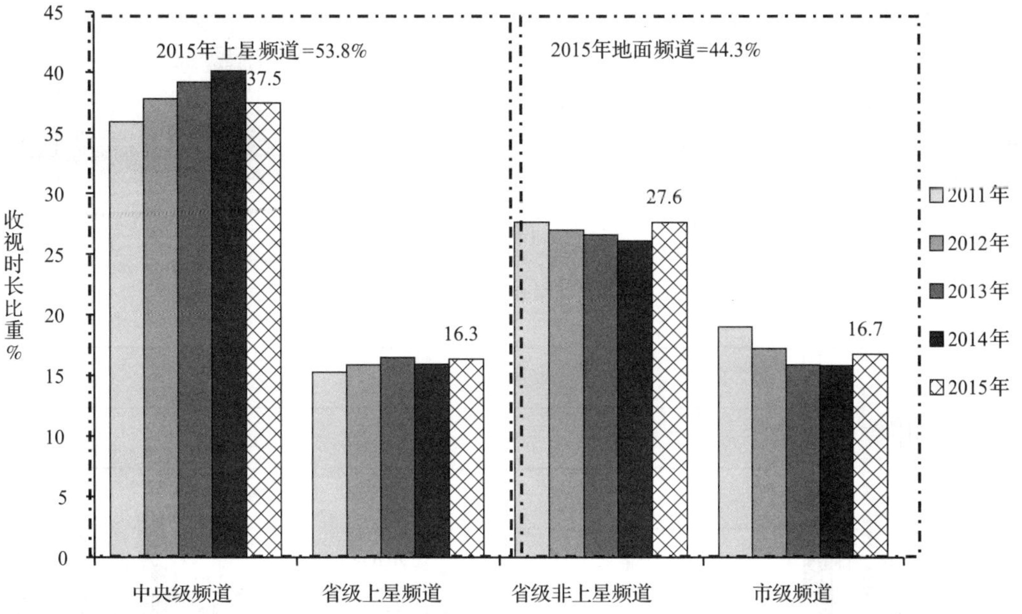

数据来源：CSM 媒介研究

图 8　2011 ~ 2015 年各级频道在新闻节目市场的收视份额（历年所有调查城市）

一栏下的新闻时事节目大多数关注的是重要性一般的新闻事件，各地方频道的民生新闻占了很大比例，此类节目的取材贴近当地群众生活，自然是两级地面频道的主要收视市场，在“新闻/时事其他”类新闻节目市场，地面频道获得了 66.4% 的收视份额。

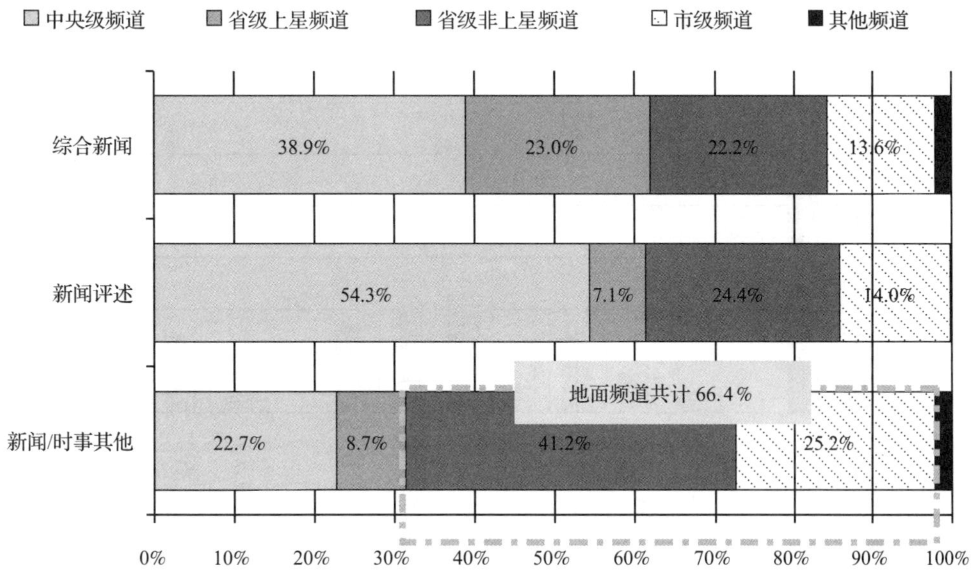

数据来源：CSM 媒介研究

图 9　2015 年各级频道在不同类型新闻节目市场的收视份额（所有调查城市）

三、新闻节目观众特征

新闻节目的观众中男性多于女性，2015收看新闻节目的男、女观众比例差距与上一年相比有所缩小；超过六成的新闻节目观众年龄在45岁以上，这一比例在近两年还在持续增加；新闻节目更受高学历观众的青睐，近五分之一受教育程度为“大学及以上”，且近几年高学历人群比例还在逐年递增（图10）。

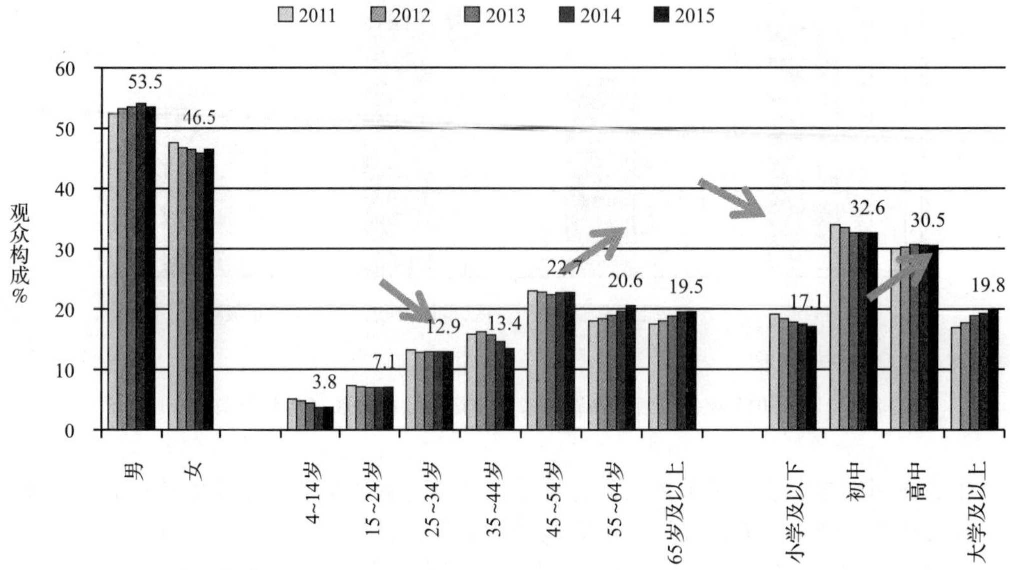

数据来源：CSM媒介研究

图10　2011～2015年新闻节目观众构成（所有调查城市）

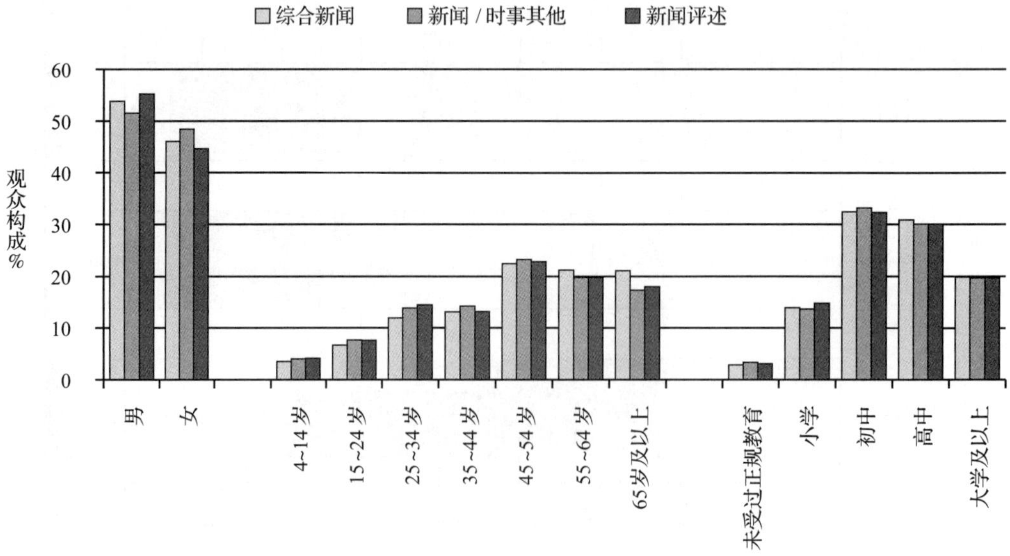

数据来源：CSM媒介研究

图11　2015年各类型新闻节目观众构成（所有调查城市）

不同类型新闻节目的观众构成也有所差异。男性观众在“综合新闻”和“新闻评述”两类节目中占比更高；55 岁及以上观众在“综合新闻”类节目观众中所占比例略高于其他两类节目，25~34 岁青年观众在“新闻评述”类节目中占比更高；不同受教育程度观众在几类新闻节目中的比重差异不大（图 11）。

四、重大新闻事件的收视表现

一旦发生重大新闻事件、突发新闻事件，电视媒体便会在第一时间将新闻信息传递给受众；同时，广大民众也会选择通过电视新闻媒体对重大事件及其后续报道进行了解。尽管新媒体在信息发布的快速性、即时性上更占优势，但专业频道的电视新闻报道却凭借其权威性和公信力成为大家获得重大新闻信息的首要途径。

（一）“沉船”与“爆炸”事件的收视表现

2015 年 6 月 1 日 21:32，重庆东方轮船公司所属“东方之星”号客轮由南京开往重庆，当客轮航行至湖北省荆州市监利县长江大马洲水道时翻沉，造成 442 人死亡；8 月 12 日 23:30 左右，位于天津滨海新区塘沽开发区的天津东疆保税港区瑞海国际物流有限公司所属危险品仓库发生爆炸。

灾难面前，电视新闻没有足够的时间像往常一样进行先采集、编辑、录制，再以延时播放的方式传递给民众，为了第一时间将事件的发生和发展情况通报给民众，电视新闻需要变延时播放为现场直播，以保证新闻的时效性。从播出角度来看，灾难性事故发生后，新闻媒体对灾难的关注可直接从新闻节目的播出量上反映出来。从全国各频道新

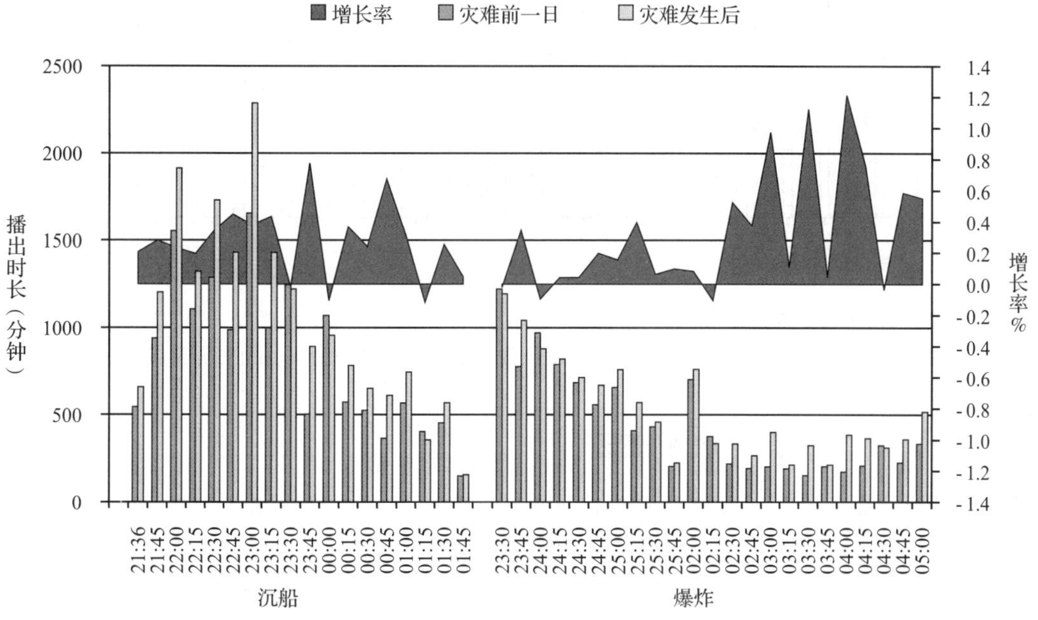

数据来源：CSM 媒介研究

图 12　“沉船”与“爆炸”事件前后新闻节目播出量变化（所有调查城市）

闻节目的播出量来看，“沉船”事故发生后，21:30～22:00 时段开始的新闻节目播出时长立即提高了20%，之后各时段新闻节目的播出量都有显著提高。除了常规的新闻节目，湖北卫视和湖北公共新闻频道率先于6月2日上午10:15分播出了特别新闻节目《关注东方之星客船翻沉事故》。“爆炸”事故由于发生在深夜里23:30左右，新闻的时效性与“沉船”事故相比相对弱了一些，第二天凌晨2:15之后新闻播出量开始显著增加，2:45～3:00新闻节目播出量已经较前一天翻了一倍。除了常规新闻栏目中对灾难的报道，天津卫视于第二天13:59分率先播出特别节目《天津滨海新区瑞海公司危险品仓库爆炸事故的最新消息》，于19:30直播《天津滨海新区危险品仓库爆炸事故新闻发布会》，其后3天内多次对现场最新消息进行报道，共开新闻发布会14场（图12）。

人们对灾难节目的关注，从新闻节目的收视上立竿见影地表现了出来。“沉船”事故发生后的第一天，观众收看新闻节目的时长从前一天的19分钟提高到了24分钟，而“爆炸”事故发生后，观众的人均收视时长也提高了5分钟。随着时间的推移，事件的原因逐渐清晰，救助逐渐结束，观众的注意力逐渐降低，收视逐渐回归至常态水平（图13）。

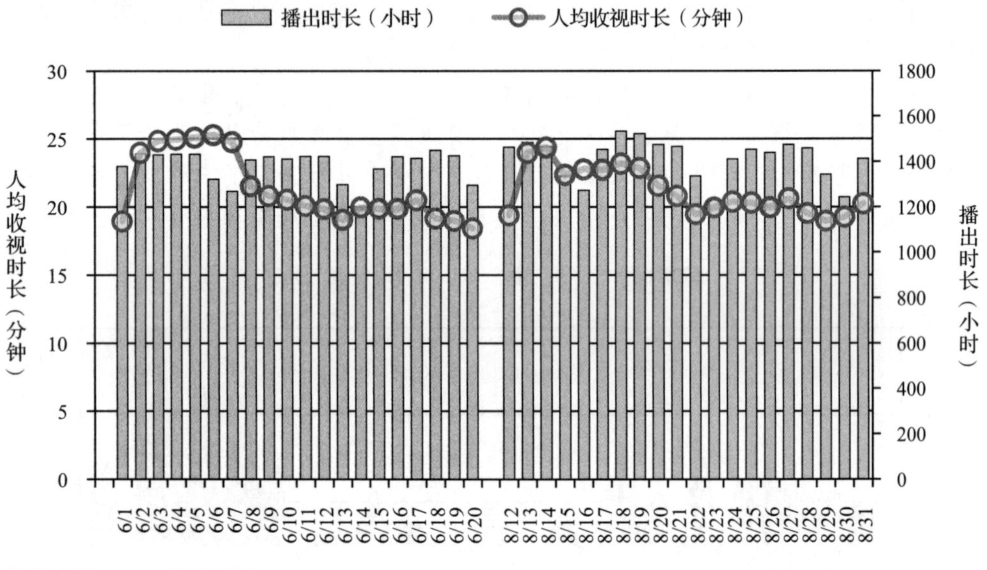

数据来源：CSM媒介研究

图13 “沉船”和“爆炸”事件前后新闻节目播出与收视情况（所有调查城市）

（二）“9.3阅兵”收视表现

重大新闻事件对新闻节目的收视也起到了明显的促进作用。2015年9月3日，纪念中国人民抗日战争暨世界反法西斯战争胜利70周年阅兵式在北京天安门地区举行。9月3日上午中央电视台11个频道于7:30～12:00并机直播了该活动，多数省级卫视于8:50～11:40同时转播了该节目。

截取直播阅兵节目的中央电视台与卫视的8:50～11:40时段，从整体收视来看，全国约有43%的观众收看了“阅兵”直播节目，接近电视观众的一半。中央电视台是中国最重要的新闻舆论机构，收看阅兵直播的观众中，有78%的观众选择了中央电视台频道；收看阅兵节目的观众中有73.9%全程收看了阅兵节目，平均每人观看时长达到2个小时之多，换台率仅为1.4次（表1），可谓“目不转睛看阅兵”。

表1① 9月3日8:50～11:40时段直播阅兵节目的中央电视台频道和省级卫视收视情况（所有调查城市）

频道	收视率%	平均到达率%	平均忠实度	人均收视时长	人均收视时长（观众）	人均收视段数	平均每段收视时长
中央电视台	25.4	33.8	75.1	43.1	127.7	1.2	104.8
省级卫视	6.7	12.4	54.5	11.5	92.7	1.4	64.7
阅兵频道	32.1	43.4	73.9	54.6	125.7	1.4	92.8

数据来源：CSM媒介研究

从观看阅兵活动的观众构成情况来看，与对比周②相比，阅兵时段男性观众占比更高，各年龄段观众构成比例差异减小，大学以上学历的观众构成比例显著升高；同时，各类观众对阅兵节目的喜爱程度与对比周相比也更加平均，可谓是“男女老少齐上阵”收看阅兵节目（图14）。

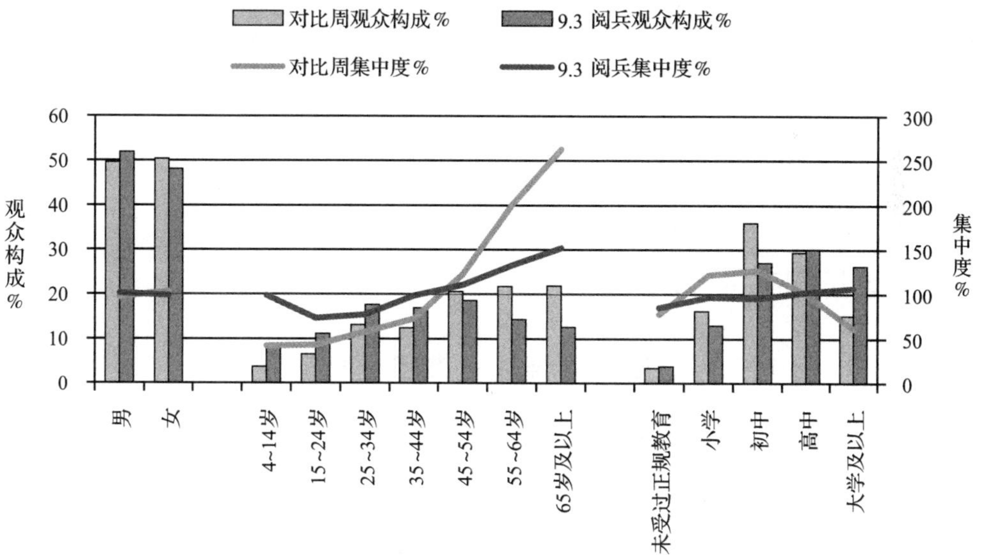

数据来源：CSM媒介研究

注：对比周为阅兵后的0906周（8:50～11:40时段）

图14 9.3阅兵时段及对比周的观众构成与集中度（所有调查城市）

① 表中所用时段为8:50～11:40时段，省级卫视和中央电视台频道只包含该时段播出阅兵节目的频道，阅兵频道则是该时段播出阅兵节目的省级卫视和中央电视台频道之和。

② 注：对比周为阅兵后的0906周（8:50～11:40时段）。

从微观的家庭收视来看，平时观众独立收看电视的时长比例大概占到了总收视时长的52%，3个及以上家庭成员一起收看的时长比例仅为11%，全家老少一起看电视节目的情形并不很常见。然而阅兵节目播出期间，观众单独收看阅兵节目的时长仅占到了所有收视时长的20%，选择全家多人陪同收看阅兵节目的时长达到所有收视时长的80%，其中3个及以上家庭成员一起收看电视的比例达到了43%，可谓是“全家一起看阅兵”（图15）。

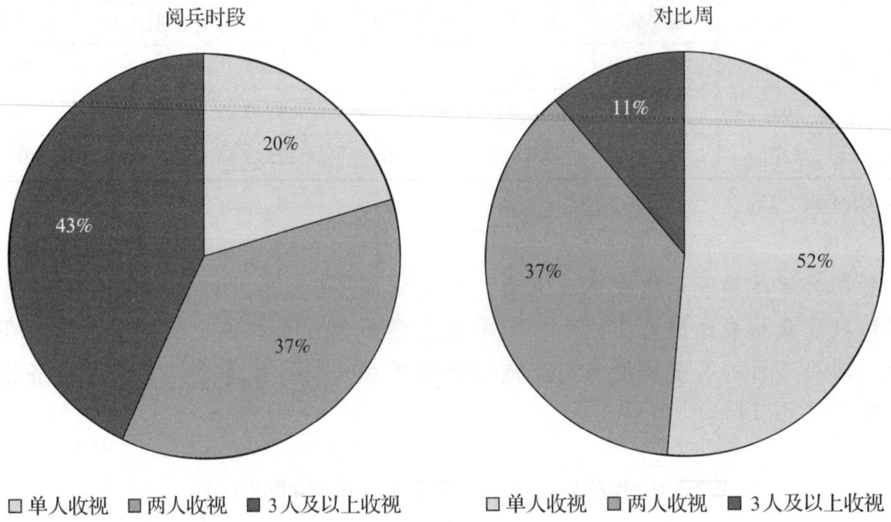

数据来源：CSM媒介研究

注：对比周为阅兵后的0906周（8:50～11:40时段）

图15　9.3阅兵时段及对比周陪同收视的比例（所有调查城市）

五、典型新闻节目浅析

（一）中央电视台深度新闻评述类节目分析

新媒体突飞猛进的发展降低了电视作为信息获取和娱乐休闲渠道的地位和作用，并深刻改变了人们的信息消费习惯。新闻事件发生后，各种媒体消息层出不穷，对于综合新闻来说，第一时间、时效性是媒介竞争的一大焦点，这方面电视媒体显然敌不过网络媒体、移动媒体。但真实性是新闻立足的根本和前提，网络消息漫天发布，孰真孰假无法轻辨，这一点电视媒体具有其他媒体所不可替代的作用。对于重大事件的发生，电视媒体可以通过现场直播的方式让电视机前的观众感同身受，观众可以真实地了解新闻事件发生、发展的全部过程。再者，专业的评论、专家的解读也是观众了解新闻事件的一个重要途径，这也是网络和移动媒体所无法比拟的。

近些年，尽管观众每日收看电视节目的时长越来越短，但收看新闻节目的时长却变化不大。2015年的新闻节目中，评述类新闻节目以8%的播出比例获得了18%的收视时长，节目资源利用率很高。在各级频道的评述类新闻节目收视竞争中，中央电视台的收视份额占到了54%，在观众心中具有不可替代的权威地位。2015年，中央级频道晚间17:00～24:00时段播出的常规深度评述类新闻节目有9档之多，上到国家政治，下到亲民时尚，远到国际事件、两岸热点，近到社会热点、大众话题，内容涵盖了国内、国际新闻热点的方方面面，节目通过主持人、特约嘉宾、专家连线等方式对新闻事件进行深度分析与评论（表2）。

表2　2015年晚间中央级频道播出的常规评述类新闻节目（17:00～24:00）

名称	频道	开播日期	播出周期	首播时段	时长
焦点访谈	中央电视台新闻频道、综合频道	1994年	每天	19:38	17分钟
今日关注	中央台四套	2005年	每天	21:30	30分钟
海峡两岸	中央台四套	1996年	每天	20:30	30分钟
共同关注	中央电视台新闻频道	2003年	每天	18:00	55分钟
深度国际	中央台四套	2013年	每周五	22:00	45分钟
东方时空	中央电视台新闻频道	1993年	每天	20:00	55分钟
新闻调查	中央电视台新闻频道	1996年	每周六	21:30	45分钟
环球视线	中央电视台新闻频道	2009年	周一到周五	22:30	30分钟
新闻1+1	中央电视台新闻频道	2008年	周一到周五	21:30	25分钟

数据来源：CSM媒介研究

1. 不同评述类新闻节目关注的内容不同，观众定位略有差异

《海峡两岸》是中央电视台唯一的涉台新闻、政论栏目，节目安排在中央电视台中文国际频道每天晚上黄金时间20:30播出，以近30分钟的容量为观众全景描述当天的台海新闻，通过两岸互动进行实事分析，对突发事件进行最及时的聚焦报道。同时，节目还专门开辟了以国家政府官员及最顶尖的专家学者组成的评论空间，实时点评一段时期内两岸关系和台海局势的风云变化。《海峡两岸》吸引了大量关注两岸动向的观众，55岁以上观众比例达到一半以上，65岁以上的观众达到31%；65岁以上观众的收视率是4岁及以上所有人收看该节目平均收视率的3.7倍。

《共同关注》是中央电视台新闻频道一档以公益慈善为品牌特色的日播专题栏目，播出时间为每天18:00～18:55，以“关注弱势群体，搭建互助平台，讲述新闻故事，彰显和谐关怀”为栏目定位，以打造中国百姓的精神家园为栏目核心理念。与《海峡两岸》相比，《共同关注》栏目的定位显得更加贴近百姓，虽然评述类新闻节目主要是男性观众的最爱，但该栏目的男性和女性观众比例差距已经缩小了不少，45岁以上各年龄段观众的比例也相对平均（图16）。

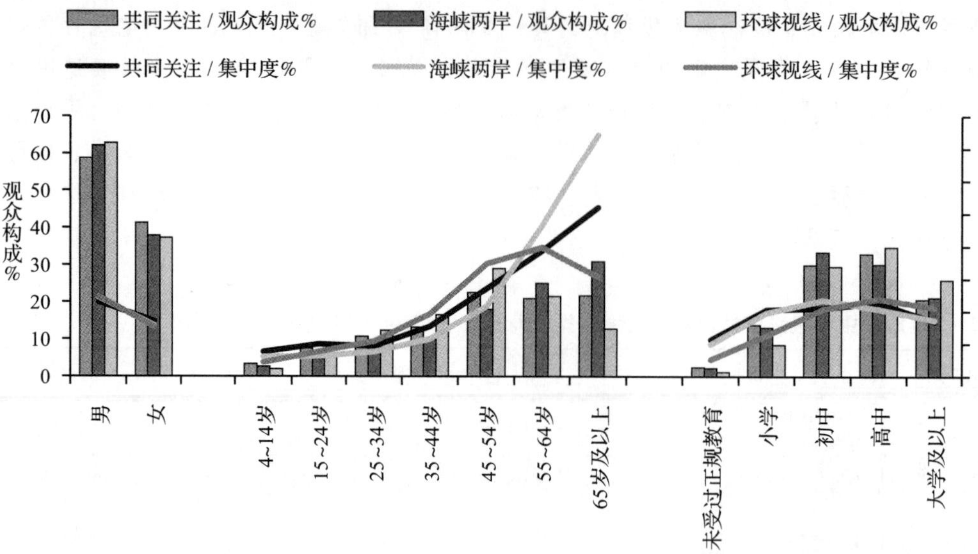

数据来源：CSM 媒介研究

图 16 《共同关注》《海峡两岸》与《环球视线》观众特征（所有调查城市）

2. 内容相似的评述类新闻节目观众定位同中存异，收视相得益彰

对于内容相似的新闻评述节目来说，观众定位的近似性使节目想方设法争取同一部分观众，各节目收视虽然具有“此起彼伏”的竞争态势，但这些节目的收视也可以互相促进、相得益彰。

《环球视线》和《深度国际》两档节目都是关注国际新闻事件的深度评述类节目，选择收看《环球视线》的观众由于有进一步收看同类节目的强烈愿望，所以有相当一部分观众也会同时收看《深度国际》。2015 年收看了《深度国际》的观众中有 68% 也收看

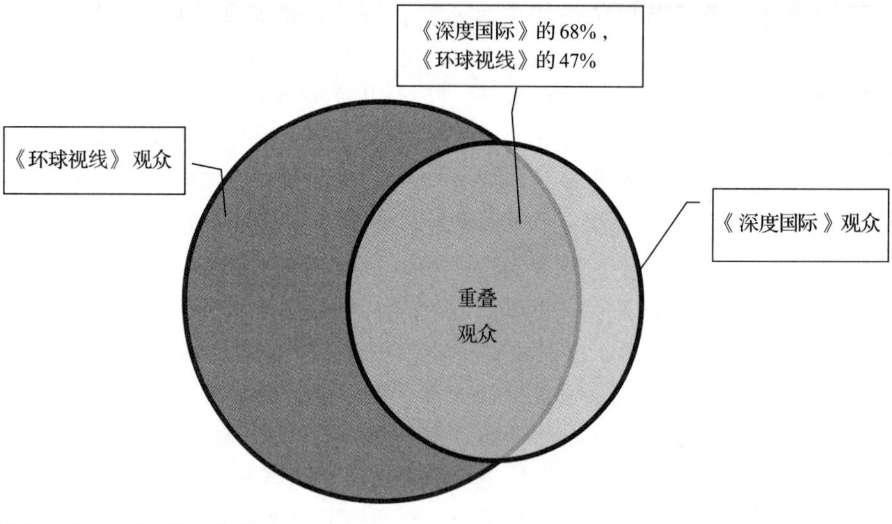

数据来源：CSM 媒介研究

图 17 《环球视线》与《深度国际》观众重叠情况（所有调查城市）

了《环球视线》，两节目的收视观众重合度很高（图 17）。另一方面，从两档节目的收视观众构成来看，两节目的主打观众同中存异：《环球视线》15～54 岁、高学历观众比例较《深度国际》高，而《深度国际》55 岁及以上、学生/无业观众比例较《环球视线》更高（图 18）。

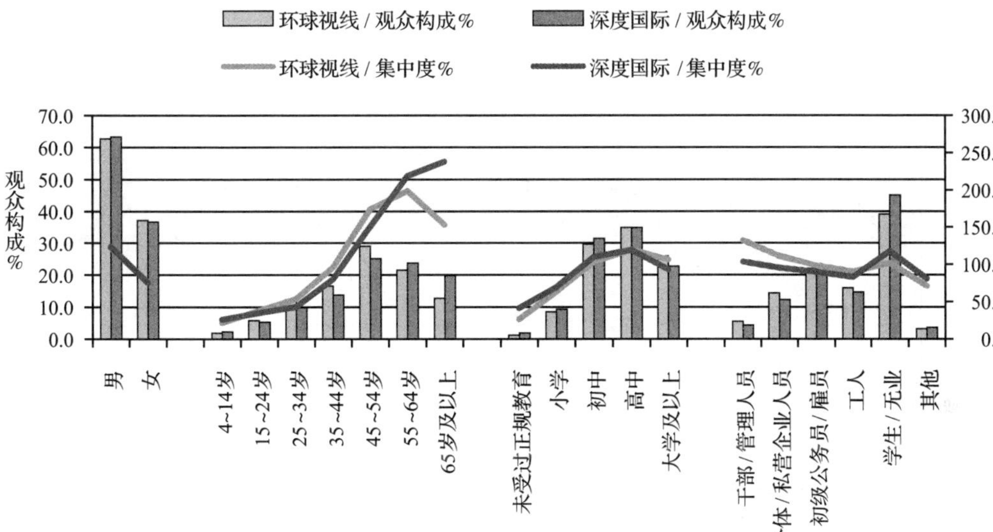

数据来源：CSM 媒介研究

图 18　《环球视线》与《深度国际》观众构成与集中度（所有调查城市）

（二）再谈方言类新闻节目的创新

方言类新闻节目始于贴近百姓生活的民生新闻，本着“民生内容、民生视角、民本取向”的基本原则，是对民生新闻节目在播报方式上的进一步创新，它以一种更加亲民的身份与观众互动，吸引了大批受众。在地方收视市场，具有鲜明区域特征和本土化、亲民化优势的方言类新闻节目一直是地面频道与上星频道差异化竞争的策略之一。然而，由于方言类新闻近些年在创造了收视奇迹后，可持续发展后劲不足，其形式、内容对观众的吸引力逐渐降低，一些老牌的方言类新闻节目收视逐渐下降。在为数不多收视稳步提升的节目中，以宁波电视台二套每周一到周五晚 20:30～21:30 播出的《来发讲啥西》表现最为抢眼。

《来发讲啥西》这档方言类新闻节目自 2005 年开播以来，已经播出 10 年，一直深受当地观众的喜爱。这档节目用“石骨铁硬”的宁波话来讲事情，主持人用通俗风趣、诙谐幽默的宁波话，以和朋友聊天式的风格来讲说老百姓关心的大小事情。节目内容以民生新闻为主，贴近实际，贴近生活，贴近群众。节目当中穿插一些趣事、幽默故事和意味深长的宁波老话。2014 年初，该栏目进行了改版，延长了播出时间，同时知名主持人阿伟倾情加盟，为《来发讲啥西》注入了新的活力，使节目内容更具生活和时代气息。2015 年，《来发讲啥西》收视进一步提升，全年平均收视率达 4.1%，较上一年提升了近50%（图19）。这档民生新闻节目的目标观众定位非常鲜明，主要定位于当地关注家长里短的家庭主妇。从目标观众构成的数据可以看到，当地男性观众比例仅占38%，女性观众比例达62%；从年龄和学历构成来看，45岁及以上、小学、初中学历观众比例最大（图20）。

数据来源：CSM媒介研究

图19　2014～2015年《来发讲啥西》每周收视率走势（宁波）

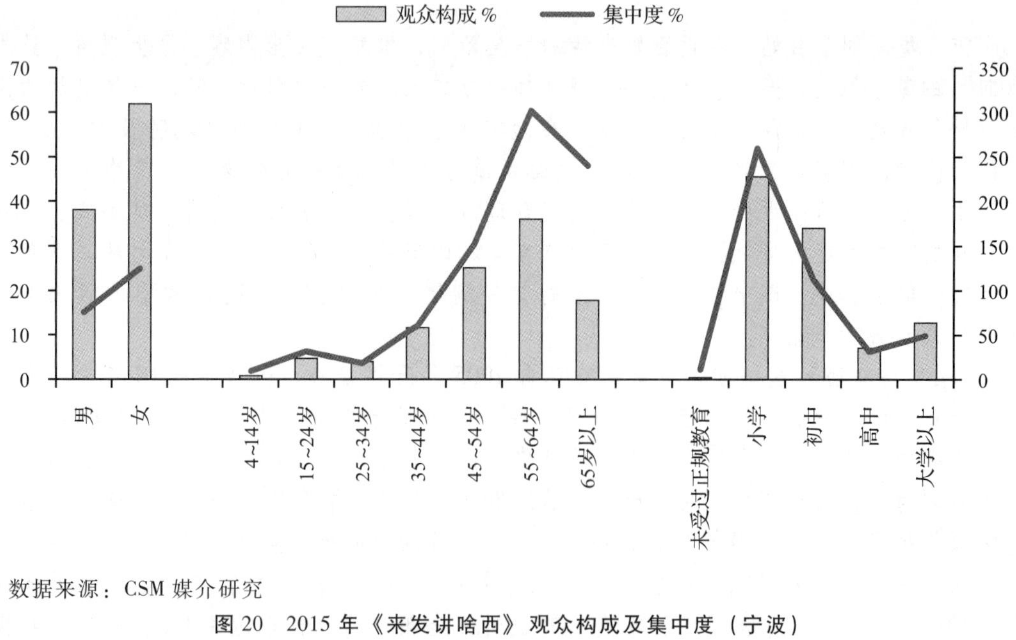

数据来源：CSM媒介研究

图20　2015年《来发讲啥西》观众构成及集中度（宁波）

方言类新闻节目从兴起、高潮到逐渐回归平淡，已经走过了10个年头。如今收视率保持并持续上涨的栏目已经不多，多数方言类新闻节目正经历着收视率的回落甚至大幅下跌。这些年，观众对这类节目从新鲜到熟悉，从喜爱到腻烦，究其原因，主要有3个：形式单一、内容局限、创新不足。

纵观多数地方方言类新闻节目，其表达方式千篇一律，主持人身穿唐装，操着当地方言，慢条斯理，耍贫逗乐，就连演播室的背景和摆设也极其相似，这些都难以长久吸引观众的眼球。从内容定位上看，许多方言类民生节目将主要内容定位于社会市井新闻，这使得观众对其贴上了不好的标签，其实不论国事、家事、大事、小事，方言只是播报新闻的一种方式，而不应该让这种播报新闻的方式成为播报内容的局限。上到世界新闻、国家大事，下到当地民生、家长里短，都应该涵盖在方言类新闻节目的内容中，即使是极其严肃的政治新闻也完全可以经过“软化”“平民化”处理后，通过通俗易懂的方言传递给当地民众，使内容从“鸡毛蒜皮”的小民生向更加“高端、大气、上档次”的大民生过渡，这样既可以贴近当地民生的特点，又可以传递国家乃至世界的大事，内容丰富而不流于俗套。

方言类新闻节目能否再次抓住观众眼球，只有取昨日之精华、不断创新，才能继续它昔日的风采。

结语

在家长里短的百姓生活中，电视新闻犹如涓涓细流，浸润着广大民众日常生活的方方面面，给大家带来最真实、最快速的新闻资讯；在扣人心弦的重大事件发生后，电视新闻媒体是民众最可靠的信息来源，传递着最真实、最直观、最权威的报道；在不同领域的新闻事件中，电视新闻又会提供各类学者、专家的观点，给民众以最客观、最专业的答疑解惑和深度评析。新媒体大军扑面而来的冲击，并没有撼动传统电视新闻节目在百姓生活中的地位，媒体融合的新生态中，传统电视新闻节目面临全新的机遇和挑战。

（作者：胡文慧）

2015 年全国综艺节目收视分析

自《中国好声音》《爸爸去哪儿》《我是歌手》等现象级节目引发广泛关注后，综艺节目无疑又迎来了新的复苏。2015 年，荧屏收视率节节攀升，网络流量不断递增，呈现出双向井喷的态势。伴随着 2015 年年初“一剧两星”政策的落地，各大卫视频道纷纷将综艺节目作为年度重头戏，试图借力这一领域成功突围。在全民娱乐化的当下，哪些节目能在有限的综艺市场中分得一杯羹？本文依据 CSM 媒介研究 2015 年所有调查城市的收视数据，对综艺节目的收视情况进行回顾与分析。

一、综艺节目整体播出与收视状况

1. 综艺节目收视总量较 2014 年上升，春节和暑期增长明显

2015 年，所有调查城市观众全年人均综艺节目总收视时长为 6980 分钟，较 2014 年有 9.3% 的增长（图 1）。从综艺节目分月收视走势来看，其收视季节性突出地表现为春节期间收视量大幅提升。受“一剧两星”政策的连带影响，2015 年的综艺节目市场呈现“井喷”状态，几乎所有月份综艺节目的收视时长都比 2014 年有所增长，其中 7 月是春节之外收视时长增长幅度最高的月份（图 2）。

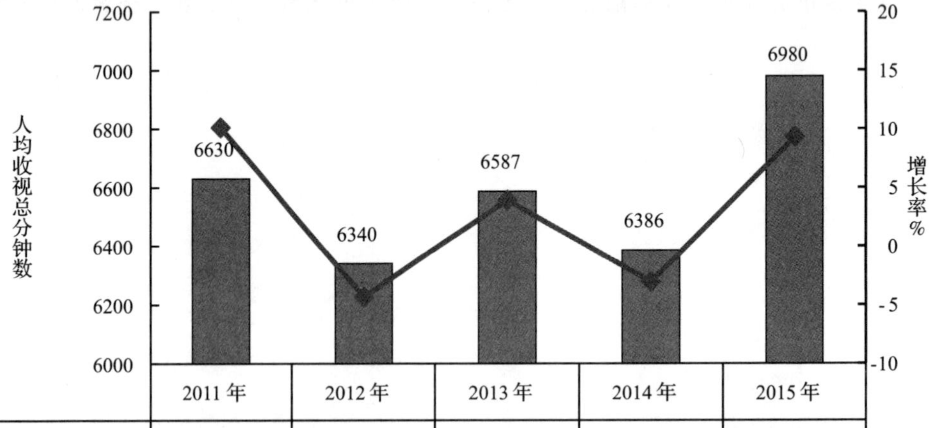

	2011 年	2012 年	2013 年	2014 年	2015 年
人均收视总分钟数	6630	6340	6587	6386	6980
增长率 %	10.1	-4.4	3.9	-3.1	9.3

数据来源：CSM 媒介研究

图 1　2011 ~ 2015 年综艺节目全年人均收视时长及增幅（历年所有调查城市）

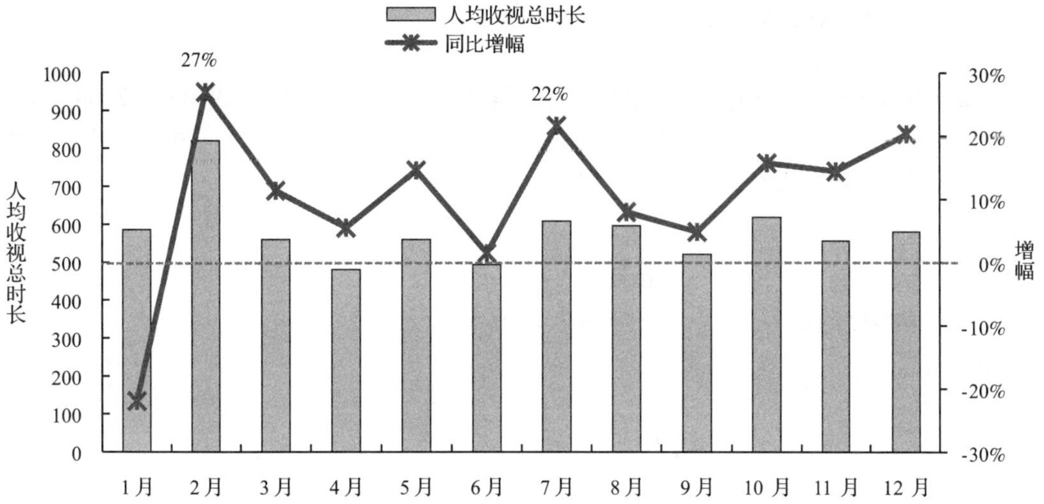

数据来源：CSM媒介研究

图2　2015年综艺节目分月人均收视时长及同比增幅（历年所有调查城市）

2. 人均收视量周三增幅最高

由于周末综艺节目市场的竞争愈发激烈，有一些卫视选择将自己较有竞争力的节目放在周间晚间播出，如浙江卫视的《全能极限王》、江苏卫视的《原来是你》《减出我人生》和《壮志凌云》等。从2015年不同周天收视量来看，除了周二基本与2014年持平外，其他周天均有不同程度的增长，其中增长幅度最高的是周三，较2014年增长了25%（图3）。

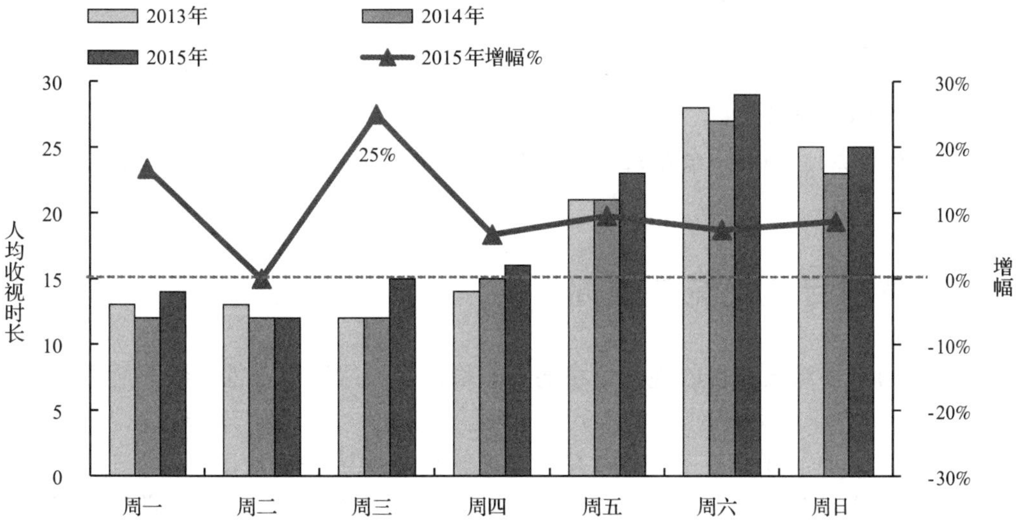

数据来源：CSM媒介研究

图3　2013～2015年综艺节目分周天人均收视量比较（历年所有调查城市）

3. 综艺节目白天时段人均收视时长提升明显

与2014年相比，2015年综艺节目白天时段人均收视分钟数有明显提升，尤其是上午9:00~10:00和下午16:00~17:00时段，提升幅度较大。在晚间19:00~22:00时段，综艺节目人均收视量同比2014年也有一定的增长，而晚间22:00~23:00时段的人均收视量同比2014年则下降了13%（图4）。

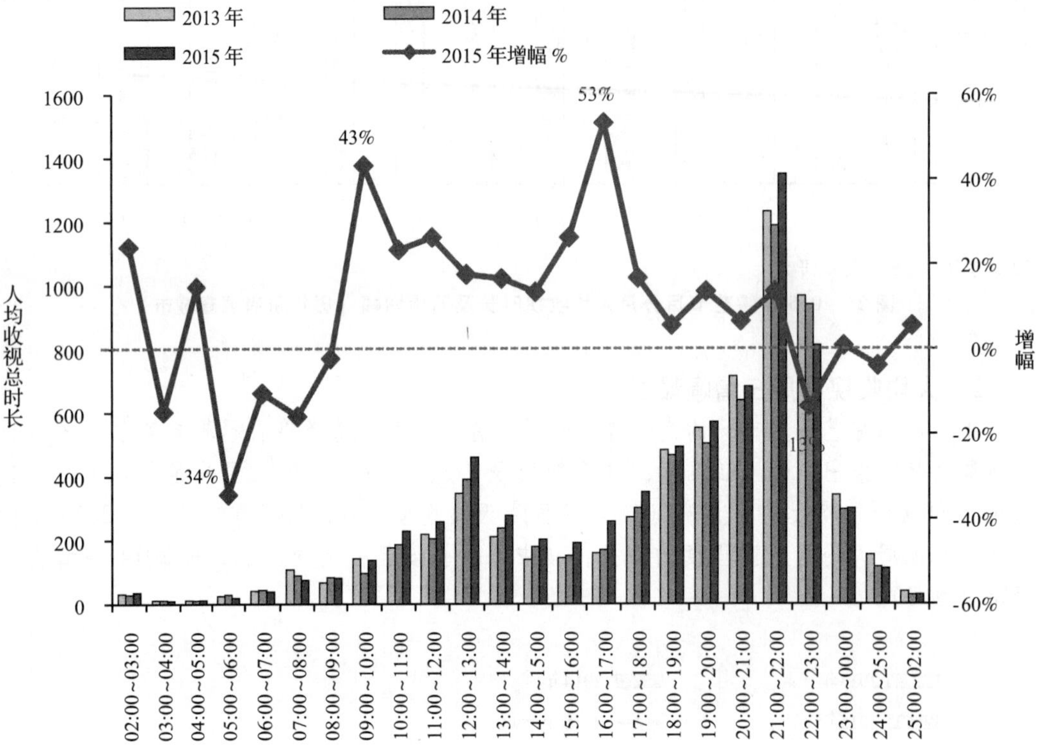

数据来源：CSM媒介研究

图4　2013~2015年综艺节目全天分时段人均收视量对比（历年所有调查城市）

二、综艺节目收视竞争格局

1. 各级频道综艺节目收视竞争格局基本稳定，省级频道收视份额有所上升

2015年综艺节目收视市场竞争格局没有明显变化。中央级频道和省卫视频道收视份额合计占到了80%，其中，省级上星频道收视份额较2014年有所上升，以47.8%的收视份额保持领先地位；中央级频道收视份额从2013年开始就逐步下降，2015年同比下降了8%；省级地面频道收视份额比2014年有4%的提升，而市级频道收视份额比2014年有较为明显的下滑（图5）。

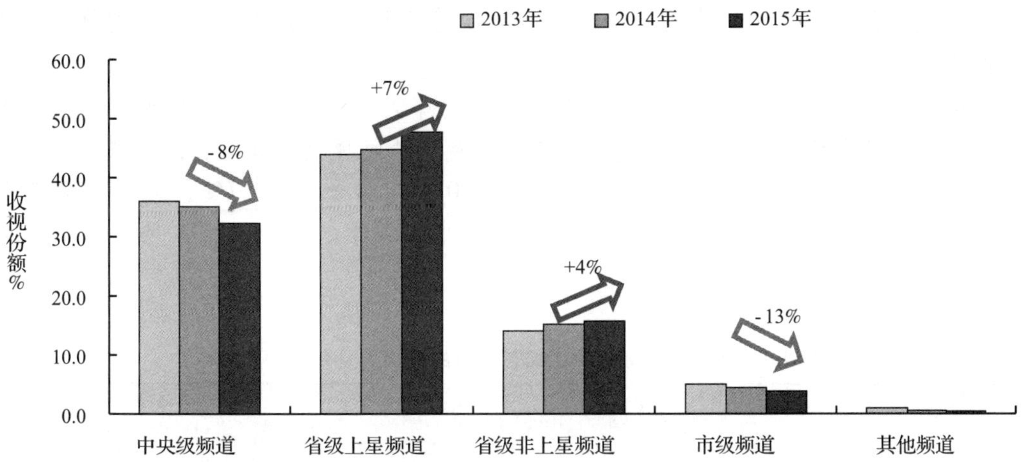

数据来源：CSM 媒介研究

图 5　2013～2015 年各级频道在综艺节目市场的收视份额（历年所有调查城市）

2. 省级上星频道综艺类节目播出比重和收视比重增幅明显

受“一剧两星”政策的影响，2015 年省级上星频道综艺类节目的播出比重比 2014 年有显著提高，增幅达 17%；省级非上星频道综艺节目的播出比重较 2014 年也有一定幅度的增长；中央级频道基本上与 2014 年持平。对比两年的收视比重，省级上星频道的增长幅度最大，达到 25.2%；中央级频道和省级非上星频道的收视比重较 2014 年也有小幅增长；市级频道综艺节目的播出比重和收视比重较 2014 年均有小幅下降（图 6）。

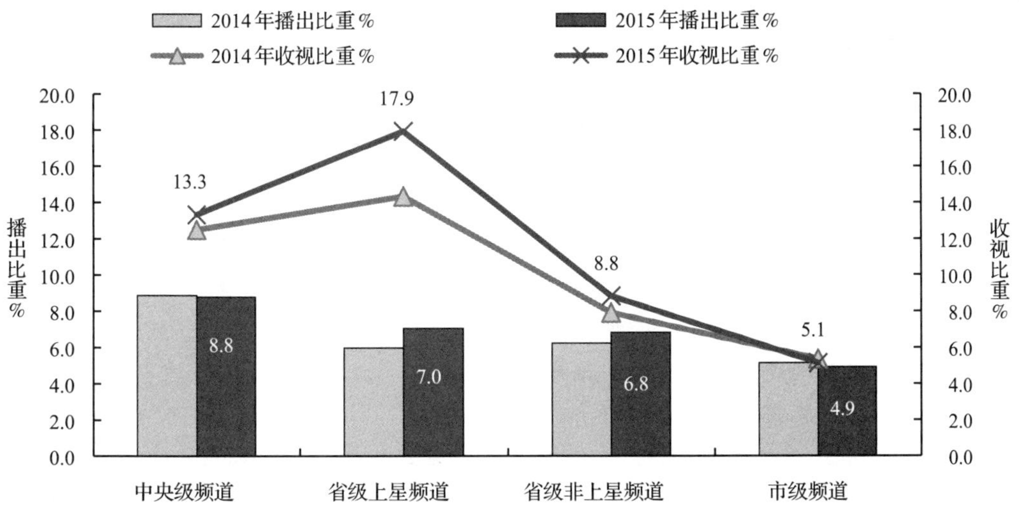

数据来源：CSM 媒介研究

图 6　2014 年、2015 年各级频道综艺节目播出比重及收视比重（历年所有调查城市）

3. **省级卫视在4～14岁观众群体，地面频道在55～64岁观众群体中竞争力提升幅度较大**

2015年各年龄段观众收看中央级频道所播放综艺节目的时长与2014年相比变化不大。2015年省级卫视与地面频道不同年龄段观众的收视量均有增长，其中，省级卫视增长最明显的是4～14岁青少年群体，比2014年增长了44.7%；地面频道相比2014年收视量增长最多的观众群体是55～64岁中老年群体，较2014年增长了23.2%（表1）。

表1　2015年各年龄段观众在不同级别频道收看综艺节目的分钟数（所有调查城市）

分年龄段目标观众	所有频道		中央级频道		省级卫视		地面频道	
年份	2015年	2014年	2015年	2014年	2015年	2014年	2015年	2014年
4岁及以上所有人	6980	6386	2253	2241	3333	2862	1364	1248
4～14岁	5283	4167	1128	1107	3482	2407	659	639
15～24岁	4762	4255	1014	1066	2988	2467	733	694
25～34岁	4960	4584	1179	1288	2886	2414	861	841
35～44岁	6083	5802	1775	1892	3229	2847	1054	1034
45～54岁	8793	8661	2894	3010	3889	3743	1971	1860
55～64岁	10988	9799	4383	4094	3894	3493	2678	2174
65岁及以上	11346	10055	5573	5098	3393	2808	2352	2114

数据来源：CSM媒介研究

三、上星频道综艺节目新特征

（一）韩式综艺热播，一线卫视涌现双季播编排

从2015年4月开始，共有超过10档的节目陆续上档，其中除了《花儿与少年2》《奔跑吧兄弟2》《爸爸回来了2》等少数“综二代”外，大都是2015年开设的新节目，其中尤以“韩式综艺”独领风骚，比如《真正男子汉》《花样姐姐》《我们相爱吧》等节目的版权均来自韩国，整个二季度可以说是“韩式综艺”的大比拼。

从第二、第三季度卫视新节目的编排来看，湖南、浙江、江苏这几大一线卫视均采取了真人秀周末双季播的编排方式（表2）。

2014年湖南卫视晚间节目编排大调整以后，周五和周六已形成两条季播线。其中，周五《真正的男人》自5月1日晚间起接档《我是歌手3》，之后在第三季度迎来了《爸爸去哪儿3》的回归；周六《花儿与少年2》于4月25日回归，接档原创动物真人秀节目《奇妙的朋友》；第三季度周六晚间推出一档全新的真人秀节目《偶像来了》。

江苏卫视则将编排变为周五、周日双季播。在第二季度，周五晚间播出的全球探秘励志真人秀《前往世界的尽头》与周日晚间的明星恋爱真人秀《我们相爱吧》形成双季播；第三季度周五晚间播出的《真心英雄》与周日晚间的《蒙面歌王》形成双季播。

浙江卫视于2015年4月初迎来了《奔跑吧兄弟2》和《爸爸回来了2》的回归，这两档“综二代”分别在周五和周六的晚间黄金时段播出。暑期，《中国好声音4》强势回归周五晚间黄金档，周六晚间则于8月1日起开始播出美食类真人秀《十二道锋味2》。

表2　2015年第二、第三季度部分卫视真人秀播出情况

播出频道	节目名称	开播日期	播出时间
浙江卫视	奔跑吧兄弟2	4月17日	每周五晚21:10
	爸爸回来了2	5月9日	每周六晚20:20
	中国好声音4	7月17日	每周五晚21:10
	十二道锋味2	8月1日	每周六晚22:00
江苏卫视	前往世界的尽头1	4月17日	每周五晚22:00
	我们相爱吧1	4月19日	每周日晚22:00
	蒙面歌王1	7月19日	每周日晚22:30
	真心英雄1	7月24日	每周五晚22:00
湖南卫视	花儿与少年2	4月25日	每周六晚22:00
	真正男子汉	5月1日	每周五晚22:00
	爸爸去哪儿3	7月10日	每周五晚22:00
	偶像来了1	8月1日	每周六晚22:00

（二）真人秀数量与质量均有提升

2015年有近200档真人秀节目加入拼抢收视率的大军，这一数字是2014年的5倍。如果按一档真人秀一季13期、每期90分钟算，就相当于观众要不眠不休地看5个月，才能把这些节目全部看完。值得一提的是，2015年的真人秀明星阵容也更加强大。除了老牌的《中国好声音》和《爸爸去哪儿》等节目以外，还有若干新推出的季播类真人秀节目。

1. 音乐类真人秀

与2014年同期相比，2015年音乐类真人秀的播出数量有所增加，由于广电总局的宏观调控，节目播出的时间也不再拘泥于周末的晚间黄金时段。从音乐类真人秀节目的播出情况来看，“综二代”的回归自然是不可或缺的，像《我是歌手》《中国好歌曲》和《中国好声音》这些老牌综艺节目迄今为止已经播出了多季，当然还有一些新出现的音乐类选秀节目也参与了角逐周末晚间黄金时段的争夺战中（表3）。

表3　2015年部分高收视音乐类真人秀节目播出概况

节目名称	播出频道	开播日期	播出时间
中国好歌曲 2	中央台三套	1月2日	每周五晚 20:00
我是歌手 3	湖南卫视	1月2日	每周五晚 22:00
音乐大师课	北京卫视	3月21日	每周五晚 21:08
最美和声 3	北京卫视	5月9日	每周六晚 21:08
超级歌单	江西卫视	6月28日	每周日晚 21:20
中国好声音 4	浙江卫视	7月17日	每周五晚 21:10
蒙面歌王	江苏卫视	7月19日	每周日晚 22:30
歌手是谁	北京卫视	8月8日	每周六晚 21:08
中国之星（前6期）	东方卫视	11月21日	每周六晚 21:00

数据来源：CSM 媒介研究

从上述音乐类真人秀的收视情况来看，多期平均收视率“破1”的节目共有5档，超过了半数。其中《中国好声音4》凭借其前三季积攒的观众群体和第四季新晋导师周杰伦的超高人气，以平均收视率4.7%的好成绩获得了这9档音乐类真人秀的收视冠军（图7）。

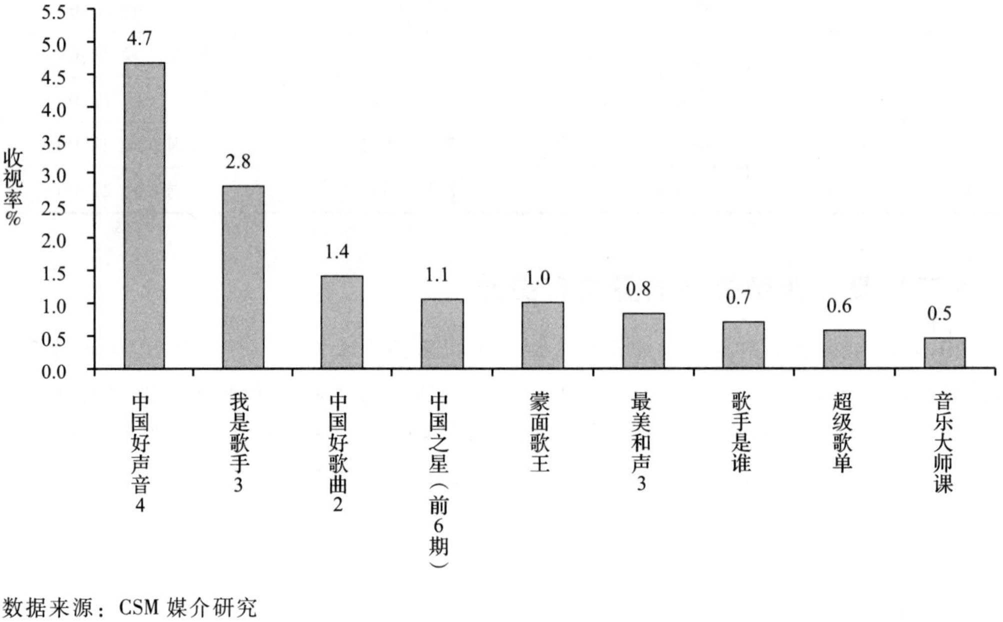

数据来源：CSM 媒介研究

图7　2015年部分收视率较高的音乐类选秀节目收视概况（71城市）

相比起第一季《中国好歌曲》，第二季在赛制上进行了较大改进。在“主打之争”中增加了“24小时极限创作”的环节，这使得第二季的原创歌曲比第一季多出近半数。赛制方面，本季为导师在选歌阶段增设了三次“直通键”的使用权，如此一来，导师与导师、导师与学员之间的互动便为节目增添了更多的悬念和看点。

《我是歌手3》在场景布置方面相较于前两季有了较大的突破。休息室移到了一楼的400平方米演播室，为歌手和经纪人构建了一个公共的空间。在规则方面，由前两季的两场一轮淘汰，变成了三场一轮；不仅如此，还增加了踢馆环节。这样的改变让竞争变得更加激烈，为竞演结果增加了更多的不确定性。

第四季《中国好声音》在内容与形式上都有了新的改变。首先是节目内容表演的多样性，音乐元素及学员类型都更偏年轻化。其次是节目赛制设计，启用了双盲眼模式并改变了导师与学员的一对一单线关系，这种赛制的设计将导师之间的竞争直接演化为学员之间的竞争，加大了学员和导师的压力。

相比《中国好声音》《我是歌手》等传统综艺节目，2015年出现的新兴音乐选秀节目有了更多新的玩法。例如，由江苏卫视推出的音乐挑战类真人秀节目《蒙面歌王》中，参加的所有明星歌手均以面具遮面，观众以歌手的歌声为依据进行排名、晋级，晋级后的歌手再进行排名决出歌王。每期的《蒙面歌王》都会诞生一位歌王，歌王将直接进入复赛，而歌王的空位将由新人填补并继续角逐，连续三期未能晋级的歌手将面临淘汰。不仅面具本身做足了噱头，揭下面具的那一刻更是充满了神秘，吊足了观众的胃口。[①] 又如《超级歌单》，其节目定位是挑战经典音乐沙龙秀，围绕一架三角钢琴布置谈话场，让年代歌手和新生代歌手围坐在一起，一同晒出自己心目中的歌单，交流经典音乐背后的故事及不同年代的演绎方式。这种弱化竞技感的设计，使得节目更加突出经典歌曲背后的故事以及年代歌手与新生代歌手同晒歌单的沙龙概念。此外，与同类音乐节目选拔“冠军”、“歌王”不同，《超级歌单》的另一个创新点在于淡化歌手在节目中的地位，将“歌单”作为节目理念的载体和表达重心。[②] 北京卫视的《歌手是谁》主打音乐推理，每期请来真假难辨的6名素人选手和1名职业歌手，他们以“演歌”的方式让嘉宾来猜谁是真正的歌手谁又是“影帝”。节目运用了大数据思维：选择歌曲时，看哪些歌在网络和电视上最受欢迎；选择参与者时，重视网络红人的影响力；选择嘉宾时，找观众喜欢的“呆萌”“暖男”“大叔”等流行的角色形象。《歌手是谁》还在互联网上推出一系列衍生节目——《歌手是谁之假唱大战》，两者相互关联，在节目正式播出前就做足了预热，4周的总点击量达到4000万。每周“假唱大战”的冠军还有机会到电视台参加节目录制。[③]

2. 明星户外旅游类真人秀

结束了第一季度的综艺对战后，明星户外旅游类真人秀成为2015年第二季度的主打。其中包括江苏卫视的《前往世界的尽头》、湖南卫视的《花儿与少年2》以及东方卫视的《花样姐姐》等。相比2014年的以“明星穷游”为主题，2015年的节目增加了探秘性和探险性。

从3档节目的每期收视走势上看，比起《花样姐姐》和《前往世界的尽头》这两档

---

① http://www.haokoo.com/else/5817573.html

② http://www.jzwcom.com/jzw/77/10801.html

③ http://www.ce.cn/culture/gd/201508/28/t20150828_6346232.shtml

2015年推出的新节目,《花儿与少年》第二季在开播前就已经积攒了一定的观众群体。从前几期的收视情况来看,它也比另外两档新节目的收视率明显高出许多。但该节目播出到中后期后,《花样姐姐》的收视迎头赶上,缩小了和《花儿与少年2》之间的差距,《花样姐姐》第十一期的收视率为整季最高,达到1.25%(图8)。

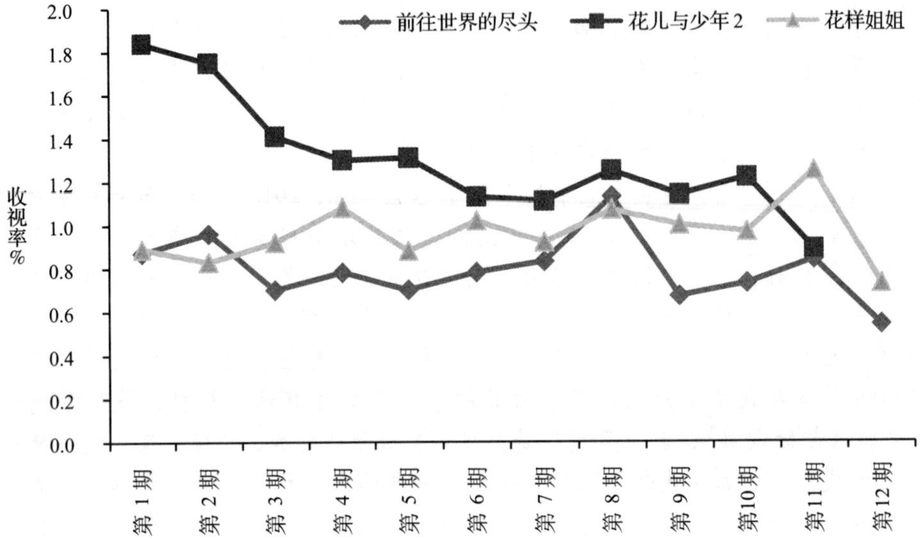

数据来源:CSM媒介研究

图8 三档明星户外旅游类真人秀分期收视走势(71城市)

3. 户外冒险竞技类真人秀

在各大卫视2015年第四季度节目名单上,户外冒险类或户外游戏竞技类真人秀总共占了5档。东方卫视的《跟着贝尔去冒险》,以明星在野外"生吃蚯蚓"、"活捉老鼠"、"高空跳飞机"等惊险的内容,成为生猛的示范。进入11月,湖南卫视的《全员加速中》、浙江卫视的《奔跑吧兄弟》第三季,还有中央电视台和灿星共同打造的《了不起的挑战》等节目陆续进入观众的视野。

从播出时间上看,竞争最激烈的是11月的周五黄金档,《奔跑吧兄弟》直面《全员加速中》。《全员加速中》于2016年1月1日收官,虽然整季只有9期,但是每一期独立而精彩的剧情以及明星们真实的演出,确实称得上是近年来真人秀制作中少有的精品。节目最后一期收视率1.6%,市场份额4.1%,是整季中收视最高的一期(图9)。微博数据方面,第二期节目播出后,#全员加速中#的话题讨论量稳居电视节目榜首,拥有如此庞大的明星阵容,难怪在微博平台上的表现如此出色。百度指数则显示,《全员加速中》播出后搜索量已达到《爸爸去哪儿3》的水准,其影响力可见一斑。

而开播前备受争议的《跟着贝尔去冒险》,后续的收视表现也得到了各界的关注。荒野求生专家贝尔·格里尔斯于2006年加入发现(Discovery)频道,并因其在发现频道主持节目《荒野求生》时所食用的东西太过惊人而被冠以"站在食物链顶端的男人"称号。这次贝尔加盟东方卫视的真人秀节目,吸引了不少热爱冒险的粉丝,他们希望一睹

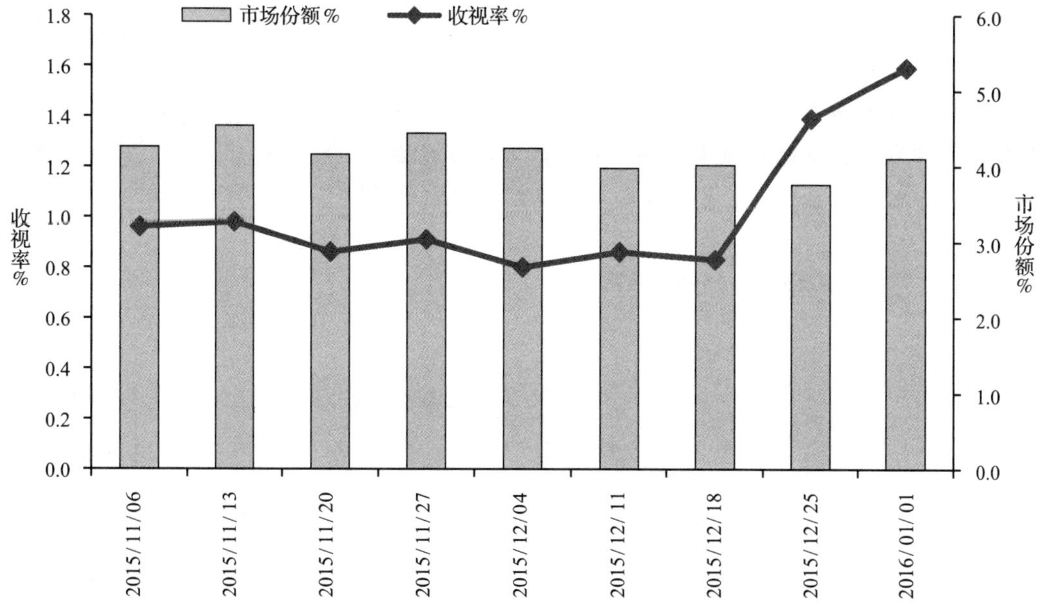

数据来源：CSM 媒介研究

图 9　《全员加速中》分期收视概况（71 城市）

“贝爷”带领明星勇闯贵州原始森林，经历溶洞、河谷、沼泽等复杂地貌的过程。

平心而论，整个节目的品质算得上精良，危机和刺激程度也颇为罕见，但从收视情况来看，《跟着贝尔去冒险》在 71 城市中的收视率并不十分理想，前 10 期的平均收视率为 0.45%，最高一期的收视率也只有 0.53%（图 10）。

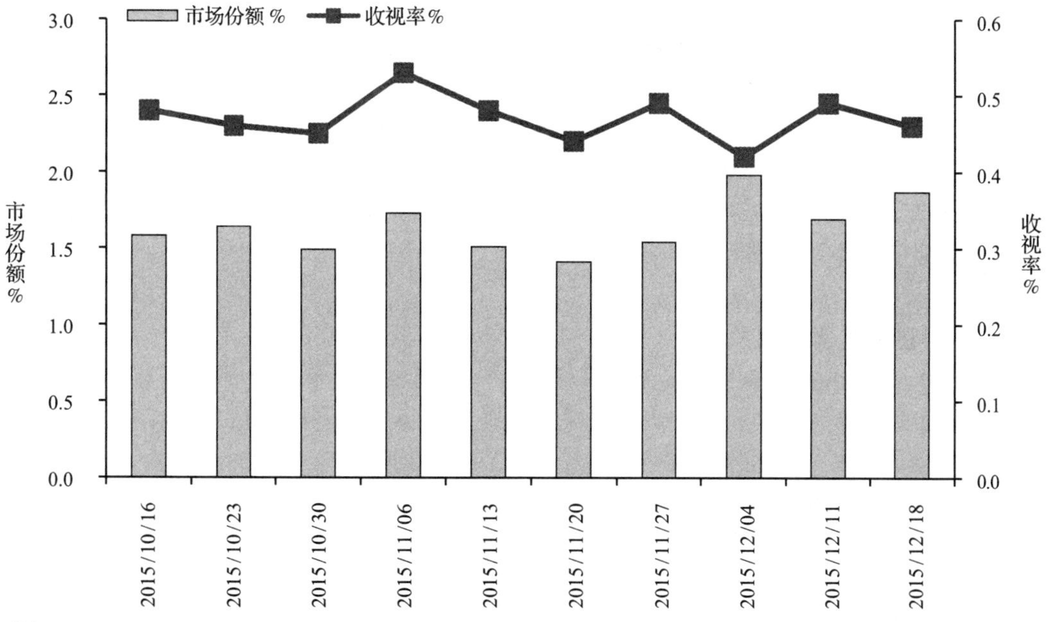

数据来源：CSM 媒介研究

图 10　《跟着贝尔去冒险》分期收视走势（71 城市）

《极限挑战》是东方卫视2015年新推出的一档真人秀节目。12期节目中，6位嘉宾斗智斗勇，微博平台上，共计4100万人次用户参与了节目互动。分期数据显示，第六期节目的提及次数为全季最高。从节目分期收视来看，节目刚开播时收视表现平平，随着几期的口碑积累，其收视稳步上升，第九期（即节目播出中断前最后一期）达到全季收视高峰；节目复播后，其收视水平较之前有所下降（图11）。

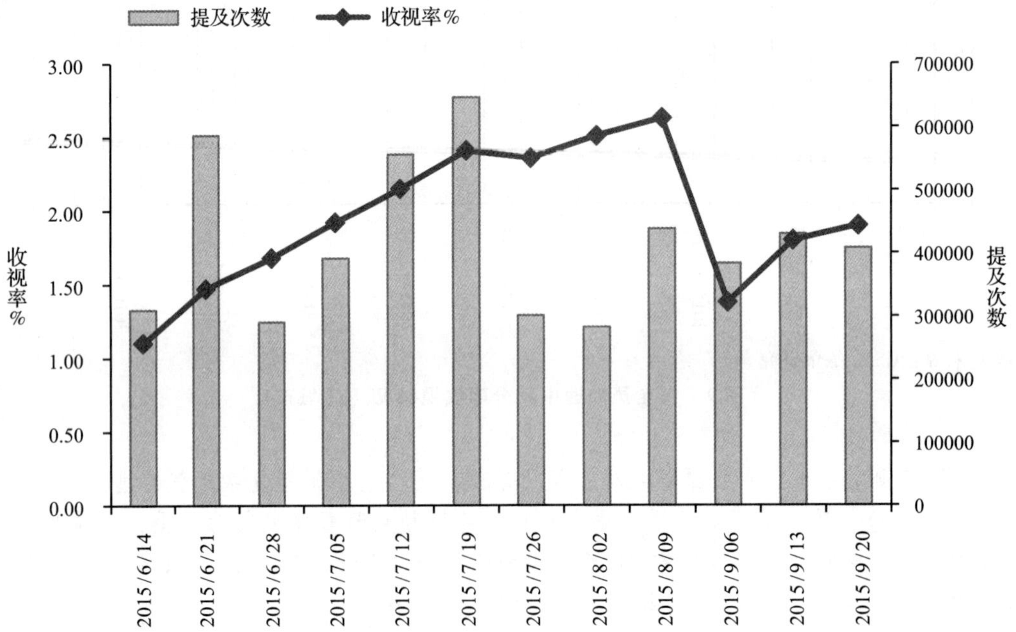

数据来源：CSM媒介研究，微博电视指数

图11 《极限挑战》分期收视率 & 微博提及次数（71城市）

纵观这些户外类节目，“冒险”和“体验”的口味越变越重，难度也越来越大，不再像《花儿与少年》《花样姐姐》这样的旅行节目以明星旅行作为卖点。在“野外生存”、“黑衣人追捕”等极限挑战下，明星们的体力、智商和意志都面临着考验。不少网友调侃，明星们将被“虐”出新高度。

4. 明星体验类真人秀

Annette Hill在其知名著作《流行真人秀——真实电视节目受众的定性与定量研究》一书中指出，生活体验类节目的内容通常是普通人以各种各样不同的方式体验他人的生活。在欧美国家中，生活体验类节目内容丰富多彩，体验者也大多为普通人，节目拥有较为稳定的收视人群。

在国内，除了人们耳熟能详的湖南卫视《变形计》之外，真正以制造生活体验为核心的真人秀节目曾一度处于空缺状态。近年来随着电视媒体不断加大对真人秀节目的投入力度，随着不断购买或借鉴国外优秀的节目模式，越来越多的生活体验类节目开始呈现在电视荧屏上。从2014年江苏卫视的《花样年华》《明星到我家》，到2015年的《报告教练》《你好菜鸟》《我去上学啦》《挑战者联盟》《冲上云霄》，艺人们褪去“星光”，体验各种最不可思议的角色，在完全陌生的环境中尝试身份转换，在猝不及防的任务面前，以最真实的反应来面对一切难题。①

从几档节目的观众集中度来看，《奇妙的朋友》最能吸引青少年观众；而《报告教练》《挑战者联盟》和《我去上学啦》则比较受中年女性观众的青睐，其中收看《报告教练》和《我去上学啦》这两档节目的高学历观众相对较多；中老年观众则比较喜爱看辽宁卫视的《冲上云霄》（图 12）。

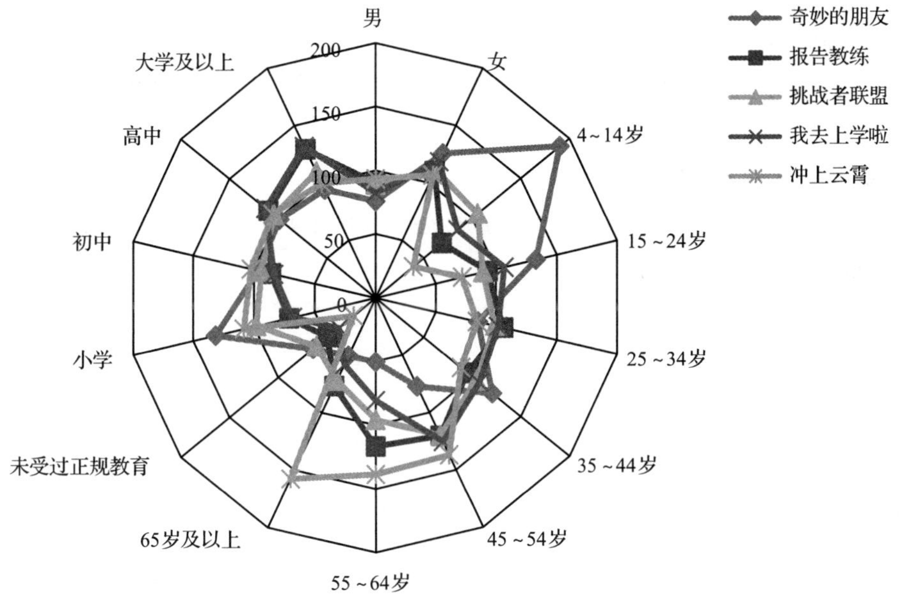

数据来源：CSM 媒介研究

图 12　五档明星体验类真人秀观众集中度（71 城市）

5. 明星恋爱类真人秀

2014 年，湖北卫视一档明星恋爱真人秀《如果爱》开创了明星恋爱真人秀的先河，还促成了一对恋人——台湾第一帅王阳明和内地新生代女星张俪。2015 年，江苏卫视也将真人秀的触角伸向了“恋爱”领域，与韩国的 MBC 电视台合作，联合打造“混血综艺”——《我们相爱吧》。几对明星以“情侣”的身份在节目中轰轰烈烈地谈着恋爱。

浪漫的“慌张”之恋、暖心的“任性”之恋，还有被传假戏真做的“石榴”之恋，都给节目带来大量热议。从单个人物的提及量分析，崔始源和刘雯的个人提及分列第一位和第二位，同时，“石榴夫妇”的提及量也高于另外两对“情侣”。由此可见，二人对节目讨论量的贡献远高于其余四人（图 13）。而在组合中位列第二的“慌张夫妇”，乔任梁的讨论量远高于徐璐。“任性夫妇”的组合讨论量在三对组合中较低，其中二人各

① http://media.people.com.cn/n/2015/0511/c395997－26980941.html

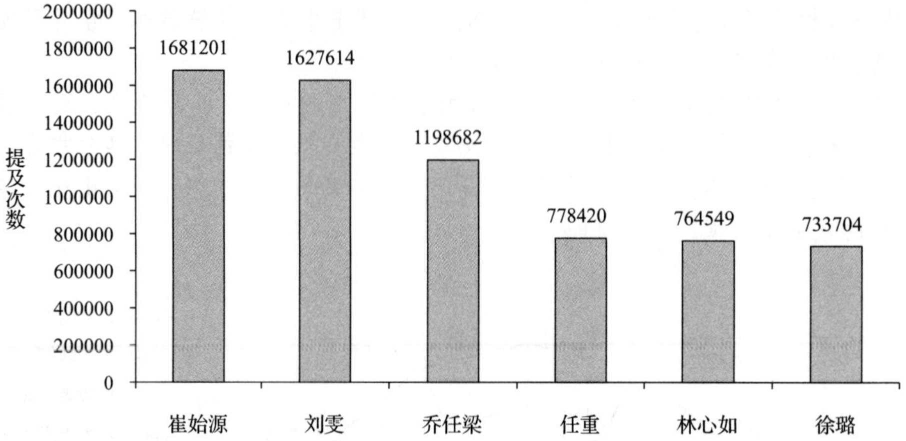

数据来源：CSM 媒介研究，微博电视指数

图 13 《我们相爱吧》艺人微博提及次数（2015 年 4 月 19 日 ~7 月 15 日）

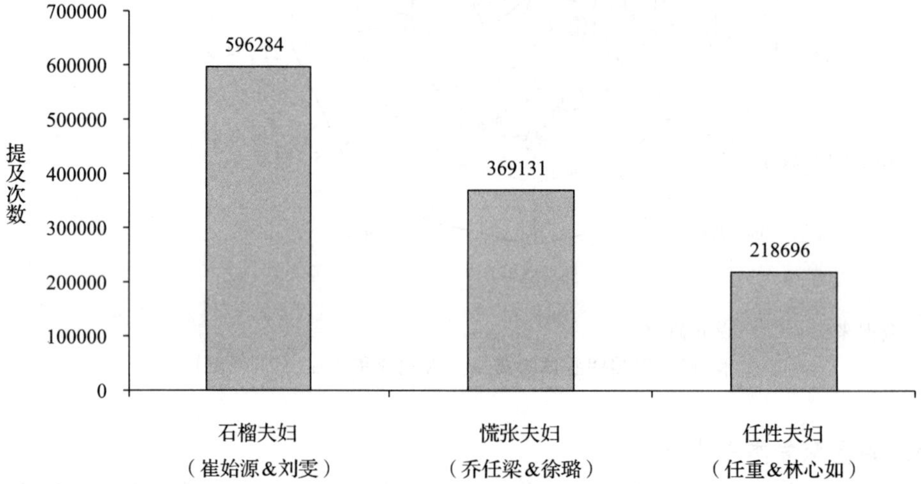

数据来源：CSM 媒介研究，微博电视指数

图 14 《我们相爱吧》艺人组合微博提及次数（2015 年 4 月 19 日 ~7 月 15 日）

自的讨论量则都略高于徐璐[①]（图 14）。

从每期收视情况来看，《我们相爱吧》除了最后一期的收视率有所下降外，基本呈逐渐上升的趋势，最高收视率出现在第十期，达到 1.2%。微博单期提及次数在节目的首播和最后一期较高，节目播出中相对较弱（图 15）。

① CSM 媒介研究：《2015 暑期综艺节目与电视剧报告——电视 & 微博双平台节目表现分析》，2015 年。

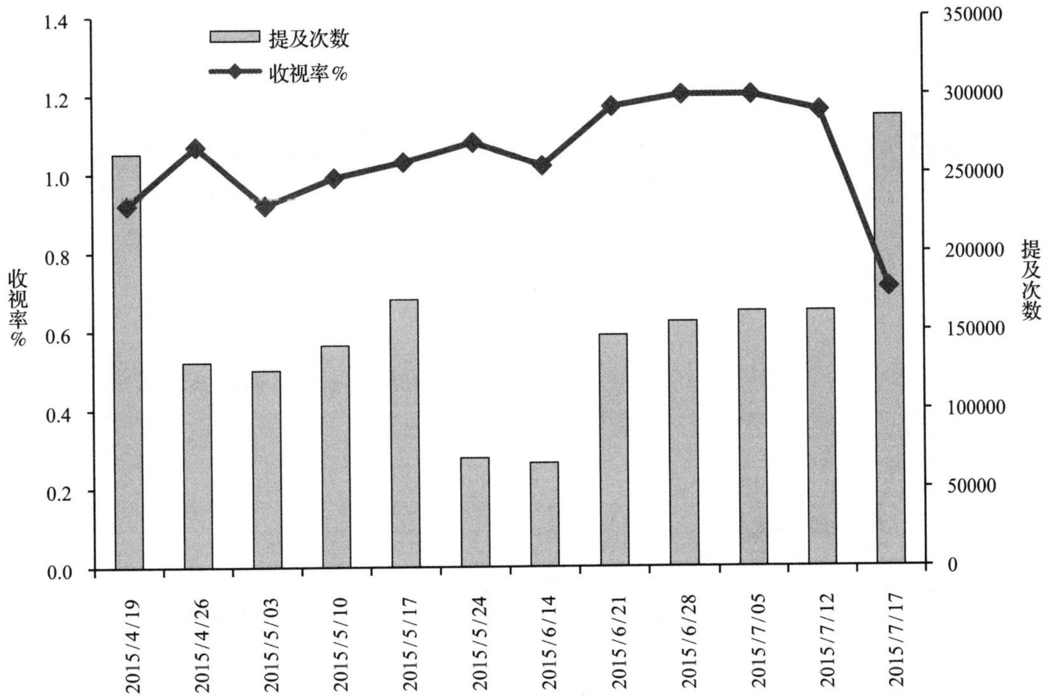

数据来源：CSM 媒介研究，微博电视指数

图 15 《我们相爱吧》分期收视率及微博提及次数（71 城市）

6. 文化类真人秀

与政策调控相关，2015 年以来歌唱、闯关、选秀等传统娱乐类电视节目大幅减少，文化类节目成为电视荧屏上的一股新风，如中央电视台的《中国汉字听写大会》《中国成语大会》《中国谜语大会》，河南卫视的《少林英雄》《汉字英雄》《成语英雄》，浙江卫视的《中华好故事》、安徽卫视的《中华百家姓》、贵州卫视的《最爱是中华》、河北卫视的《中华好诗词》、四川卫视的《咱们穿越吧》、山东卫视的《我是先生》，文化类电视节目呈现出较为繁荣的发展态势。

继户外真人秀后，文化类综艺节目成为荧屏新宠，"普及国学知识，传播经典文化"是文化类综艺节目喊出的口号。这类节目的特点是它们不仅具有参与性、互动性以及节目形式多样带来的趣味性，更重要的是背后还承载着历史和文化内涵。①

（三）真人秀从"明星"向"素人"过渡

2015 年 7 月 22 日，国家新闻出版广电总局发出《关于加强真人秀节目管理的通知》，指出近年来真人秀节目已成为上星综合频道的重要节目类型，但存在缺乏价值引领的问题，为了抵制过度娱乐化和低俗化，总局提出要引导和调控真人秀的五个方向。面对近两年来增长迅猛的真人秀出产量，"限真令"在一定程度上有规范市场乱象、限

① http://epaper. gmw. cn/gmrb/html/2015 -03/28/nw. D110000gmrb_ 20150328_ 1 -09. htm? div = -1

制题材过热扎堆的作用。电视节目未来的走向问题最近一段时间以来在行业内颇受关注，在政策、市场多重因素的作用下，素人真人秀节目被看作是未来节目类型和市场突破的一个重要方向。

从2015年部分素人真人秀的收视表现可以看出，游戏竞技类和表演选秀类真人秀不仅播出量大，也是在收视上较有保障的类型，2015年收视较高的几档素人真人秀多集中于这两个类型。旅游探险类真人秀《前往世界的尽头》、谈话演说类《超级演说家》和亲子成长类《远方的爸爸》则成为相对小众类型中的突破者（图16）。

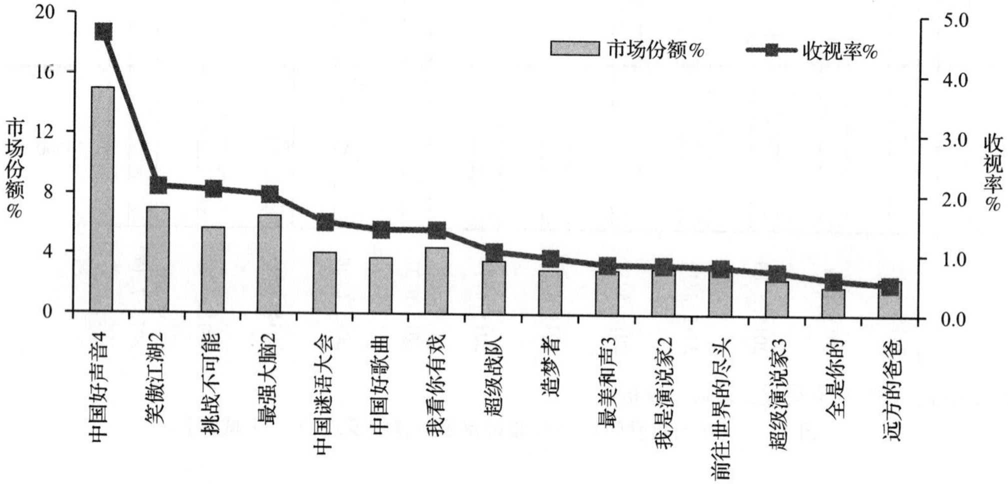

数据来源：CSM媒介研究

图16　2015年上星频道部分素人真人秀收视表现（71城市，晚间20:00～24:00）

（四）全新“综艺＋商业”模式开启“电视＋”的新玩法

从收视意义上说，《女神新装》是第一档真正适合“情侣档”＋“夫妻档”一起观看的综艺节目。节目在72小时全方位无死角的跟拍中展示了女明星和设计师们或集思广益或互争长短的全过程。对于真正热爱时尚、追逐潮流的观众而言，观看一件时装从无到有、从创意到制作的过程也是真正的享受。

从商业模式上说，《女神新装》是第一档真正实现了收视率直接变“现”的综艺节目。和以往节目内容与广告内容完全分开，或者被观众不断吐槽的生硬广告植入相比，《女神新装》创新性地将节目内容直接包装成商品，每件“新装”推出后，品牌方都可以通过直观的销量、收藏量、点击量与流量来判断节目带给自己的价值。可以说，女神一出，以往广告主们在拍出巨额营销费用时只能“跟着感觉走”的时代就一去不复返了。①

① http://www.aiweibang.com/yuedu/44497970.html

四、地面频道综艺节目新特征

（一）抱团互利，打破覆盖困局

这两年，卫视综艺迎来了“井喷时代”。在全国各卫视大投入、高产出的环境下，如何整合资源、释放能量，成了地面频道的生存关键。《隐藏的歌手》充分体现了地面频道逆袭的雄心和勇气，该节目独创了全新的“四台一网”播出模式，即联合了“北、上、广、深”4个一线城市的优质地面频道，同时联合强势视频网站爱奇艺，于2015年10月18日起每周日晚黄金档播出，精准投放全国最具影响力的收视群体。

作为一档投入规模和制作水准丝毫不逊色于一线卫视的主打综艺节目，《隐藏的歌手》首战成绩不凡，首期张信哲专场，在全国四大重点城市收视表现骄人（上海为5.96%、深圳2.78%、北京1.81%、广州3.90%），在上海、深圳、广州收视排名均是同时段第一，在爱奇艺上线当天首期点击量就破百万。

（二）方言竞技，聚拢人心

以口语化、情景化的方式将原本枯燥的新闻稿件娓娓道来曾经一度是民生新闻的主力表达方式之一。而如今，许多地面频道更是将方言元素融入民生综艺，推陈出新，诞生了方言竞技类节目。如杭州西湖明珠频道的《疯狂杭州话》、山东齐鲁频道的《乡音对对碰》以及上海电视台娱乐频道的《阿拉乒乓响》，3档节目可谓各有特色又殊途同归。其中，《乡音对对碰》以闯关比拼的形式让来自省内各地的选手了解其他区域的方言，秀乡音赞家乡，拼方言拿大奖。节目在丰富受众娱乐选择的同时，也一定程度上满足了受众对地域接近性和区域认同感的心理需求。[①]

（三）娱乐购物巧结合，实现双赢

近年来，很多地面频道还推出了以娱乐互动为核心，以购物奖品为“诱惑”，融入抢购、竞猜等元素的民生综艺节目，但在表现形式上又各有千秋。早前，河北经济生活频道便（河北电视台二套）推出了一档通过游戏嫁接购物频道实现实惠购物的节目——《我为购物狂》。节目以价格游戏和互动游戏为主体，结合购物频道的商品资源，通过“娱乐+互动+购物”的方式产生聚变效应。截止到2015年12月底，《我为购物狂》在河北省的平均收视率高达5.9%，收视高点甚至高达11.8%（图17）。除此以外，节目也曾在湖北综合、江苏综艺以及重庆七套等多频道实现跨区域、跨平台播出，成功地让内容影响力和产业链发展双线并行。

① 包凌君：“地面频道综艺节目突围路径探索”，《收视中国》，2015年第7期。

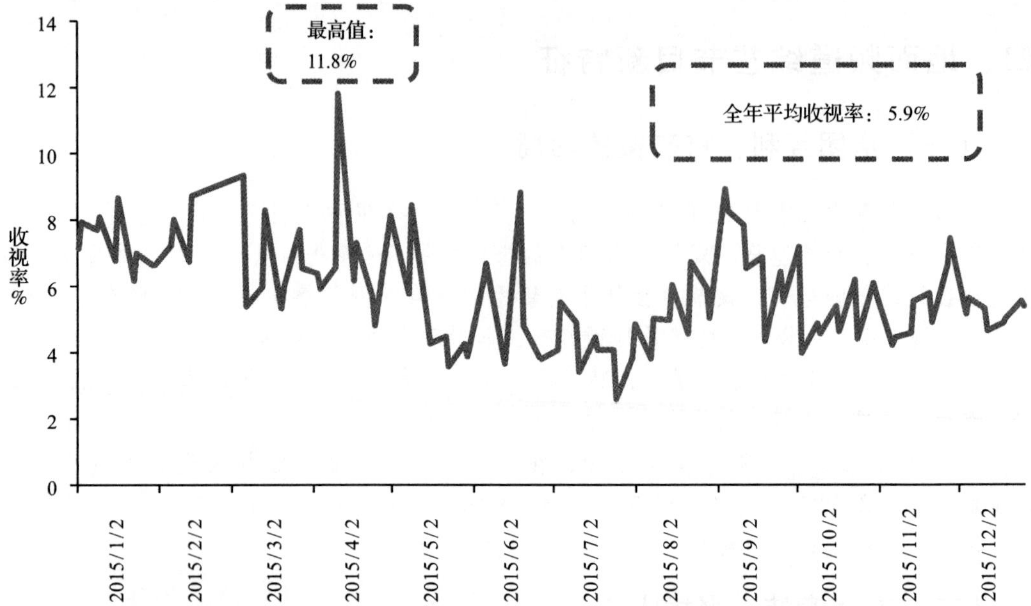

数据来源：CSM 媒介研究

图 17　2015 年河北电视台二套《我为购物狂》分期收视走势（河北）

结语

2015 年电视综艺节目取得的成绩令人欣喜，所存在的问题更值得我们认真思考。据了解，2016 年的综艺节目数量将再创新高，达到 400 余档。在竞争激烈的今天，电视综艺节目制作人须有迎接挑战和自我超越的勇气与智慧，努力提升审美品位、文化价值与艺术水准，弘扬社会主义核心价值观，展现中华优秀文化的精神气质，力争打造出更多得到社会赞誉的优秀作品。

（作者：赵晖）

2015年全国体育节目收视分析

从传统意义上说，2015年是体育赛事的小年。因为没有奥运会、亚运会甚至全运会这样的大型综合性赛事，也没有世界杯这样具有绝对全球影响力的高水平比赛。但这一年对于中国体育来说，却是值得铭记的一年，这一年里发生的很多事，都必将载入中国体育的史册。本文根据CSM媒介研究2015年及之前相关年份所有调查城市的收视调查数据，对2015年全年体育节目的收视状况进行分析与回顾，解读体育节目的收视特征和收视亮点。

一、2015年国内外体坛亮点

谈到中国体育的2015年，首先不得不提的是北京和张家口申办冬奥会的成功，北京也将成为世界上唯一一座举办冬、夏两季奥运会的城市。北京成功申办冬奥会，将推动冬季运动在我国的普及，促进我国竞技体育和群众体育的整体发展，对于整个国家和人民来说，都是大有裨益的。

中国体育的2015年可以用两个关键词来概括："超越自我"和"王者归来"。8月的北京，苏炳添横空出世，个人项目中9秒99的成绩让黄种人第一次突破了百米成绩的10秒大关，而接力项目中和队友们获得的那枚沉甸甸的银牌，也令众多欧美强队黯然失色；同样是8月，亚洲飞鱼宁泽涛在索契的泳池中一骑绝尘，第一次在长期被欧美统治的男子100米自由泳冠军榜上写下了中国人的名字，这样的超越和突破在2015年将中国体育的竞技实力提升到了一个新的高度。超越自我令人振奋，而同样鼓舞人心的，是三大球项目在2015年集体的王者归来：年初的亚洲杯，中国男足挺进八强，为后来火爆的中超联赛埋下伏笔；广州恒大三年两夺亚冠，为亚洲赛场上的恒大王朝打下了坚实的基础；10月的长沙，中国男篮连克伊朗、菲律宾，重夺亚洲冠军，伊朗的黄金一代和菲律宾的归化球员在男篮小伙子们的冲击中轰然倒下；而作为中国三大球旗帜的中国女排，更是在11年的等待之后重回世界之巅，剑指里约……

2015年的世界体坛同样精彩纷呈：尤塞恩·博尔特在北京巩固了自己世界第一飞人的地位，留下的是加特林遗憾的背影；梅威瑟和帕奎奥的拳坛世纪之战吸引了全世界的目光，数以亿计的观众把这场金元大战推向了一个前无古人的高度；梅西带领着巴塞罗那队似乎重新回到了几年前那个"梦之队"的时代，在各条战线上战无不胜的他们被重新戴上了"宇宙队"的光环；科比的退役让无数人哀叹青春易逝，而库里的崛起也似乎预示着 NBA 勇士时代的到来；网球赛场上，德约科维奇和小威廉姆斯的强势，分别宣告着属于自己王朝的来临；F1 轰鸣的引擎声中，汉密尔顿再度捧起总冠军奖杯，也许这是对老车王舒马赫最好的致敬。

二、体育节目整体播出及收视情况

由于体育小年的原因，2015 年的体育节目收视表现较 2014 年有所下降。但是由于中国选手在国际赛场上表现优异以及国内外体坛精彩赛事层出不穷，与 2013 年相比，2015 年体育节目的人均收视分钟数还有一定的增长。

1. 体育节目人均收视时长与体育大年相比仍有差距

2015 年我国电视观众全年体育节目人均收视时长为 1529 分钟，相比同样缺少体育大赛支撑的 2013 年增长了 123 分钟，涨幅为 8.7%。但我们必须看到，与 2014 年这一拥有索契冬奥会、巴西世界杯和仁川亚运会等大型体育赛事的体育大年相比，2015 年的收视表现仍然有不小的下滑。即便与赛事结构相似的 2011 年相比，2015 年体育节目的人均收视分钟数同样有所下降（图 1）。

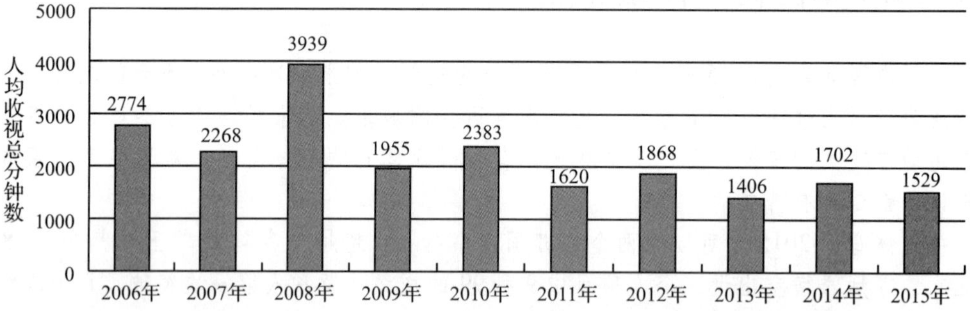

数据来源：CSM 媒介研究

图 1　2006～2015 年体育节目人均收视总分钟数（历年所有调查城市）

由于生活习惯和收视条件等原因，不同目标观众收看电视的时间存在较大差异，体育电视节目的专业性特点使得其观众的差异性表现更为明显。2015 年，男性、高学历、高收入观众的收视时长仍然高于女性、低学历、低收入群体（表 1）。

2. 全年各月体育节目播出量、收视量分布较为平均，8 月收视时长达到高峰

由于 2014 年大型体育赛事较多，收视量和播出量的峰值也比较明显，索契冬奥会、巴西世界杯、仁川亚运会所覆盖的 2 月、6 月、9 月的播出时长和收视时长均超过 2015 年也就不难理解了。令人欣喜的是，2015 年的体育节目在其他月份的收视表现也好于 2014 年，尤其是游泳世锦赛和田径世锦赛陆续播出的 8 月，体育节目的收视量登上了全年内的顶峰，达到了 165 分钟。这一数据甚至超越了 2014 年索契冬奥会和仁川亚运会所覆盖的月份，高水平的国际单项体育赛事对中国观众的吸引力依然十分显著（图 2）。

表1　2015年各类目标观众体育节目人均收视总时长（所有调查城市）

目标观众		人均收视总分钟数	目标观众		人均收视总分钟数
性别	男	1972	年龄	4~14岁	547
	女	1062		15~24岁	841
职业类型	干部/管理人员	1974		25~34岁	1284
	个体/私营企业人员	1343		35~44岁	1221
	初级公务员/雇员	1655		45~54岁	2063
	工人	1348		55~64岁	2503
	学生	761		65岁及以上	2791
	无业	2071	个人平均月收入（元）	0~600元	980
	其他	866		601~1200元	1387
受教育程度	未受过正规教育	673		1201~1700元	1568
	小学	1012		1701~2600元	1711
	初中	1526		2601~3500元	1908
	高中	1739		3501~5000元	1843
	大学及以上	1723		5001元及以上	2032

数据来源：CSM媒介研究

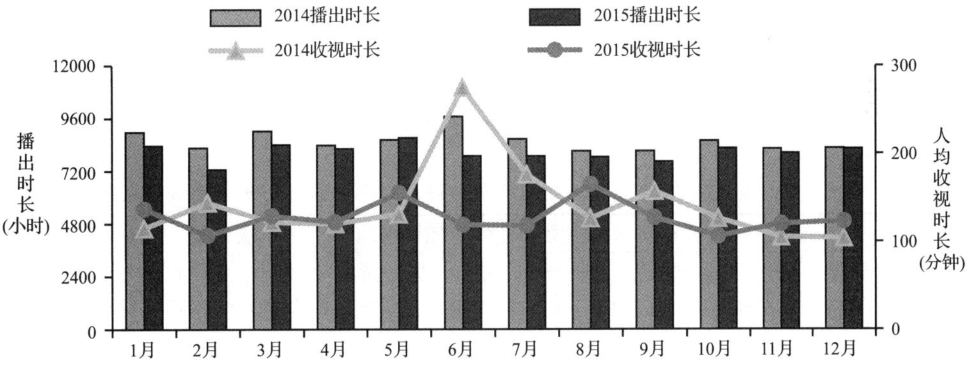

数据来源：CSM媒介研究

图2　2014~2015年各月体育节目播出及收视时长（历年所有调查城市）

3. 体育节目收视比重较2014年略有下降，但较2013年提升幅度较大

2015年体育节目的整体播出时长在所有电视节目中仅占2.1%，与2014年基本持平。但体育节目的收视时长占到2.8%，相比于2014年（3%）略有下降（图3），资源使用效率小幅下降，这与2014年是一个体育大年有较大关系。与同是体育小年的2013年相比，2015年体育节目的资源利用率有明显提升，这样的收播表现依然令人满意。

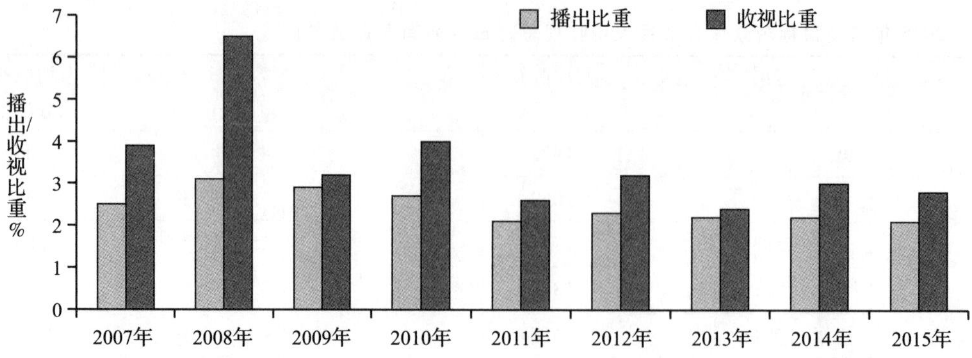

数据来源：CSM 媒介研究

图 3　2007～2015 年体育节目播出比重（%）与收视比重（%）（历年所有调查城市）

三、体育节目收视市场竞争概况

2015 年体育节目市场上各级频道的竞争保持了与往年相似的格局。在播出方面，中央级频道由于受到频道数量的限制，体育节目的播出份额相对较低，只有 16.5%。与 2014 年一样，省级地面频道和市级频道占据了体育节目播出的大部分时长，播出份额合计超过 70%。在收视方面，中央级频道的竞争优势依然非常明显，中央级频道受益于频道覆盖范围的优势、极其丰富的体育赛事资源和强大的节目制作能力，因而可以吸引到最多的观众关注（收视份额达 69.0%），虽然较 2014 年（收视份额 72.9%）略有下降，却依然在各级频道的收视竞争中独占鳌头。

对比 2014 和 2015 两年的体育节目市场，我们可以发现各级频道的播出和收视份额已经基本稳定，中央级频道为龙头、省级地面频道和市级频道为补充的体育节目播出和收视格局基本形成（表 2）。值得一提的是，省级上星频道虽然播出份额较 2014 年有所下降，但收视份额却有明显增长。未来，我们也有理由期待省级上星频道对体育电视市场有更大的贡献。

表 2　2014～2015 年各级频道在体育节目市场的播出份额及收视份额（历年所有调查城市）

年份	中央级频道		省级上星频道		省级地面频道		市级频道		其他频道	
	播出份额	收视份额	播出份额	收视份额	播出份额	收视份额	播出份额	收视份额	播出份额	收视份额
2014 年	15.8%	72.9%	4.1%	3.1%	49.2%	21.3%	19.0%	2.2%	11.9%	0.5%
2015 年	16.5%	69.0%	3.4%	5.0%	53.4%	23.7%	19.0%	2.0%	7.7%	0.3%

数据来源：CSM 媒介研究

2015 年虽然没有世界杯以及奥运会这样对收视有直接拉动作用的大赛，但是田径世锦赛、游泳世锦赛、男篮亚锦赛等赛事依然吸引了大批观众，而中央级频道对这些赛事直播权益的控制也是其获得较高收视份额的重要保证。相关栏目制作能力有限、赛事资源又较为匮乏的地面频道并没有出现其期待的在非大赛年收视份额反弹的情况。此外，近年来互联网播出平台正在利用资本获取越来越多赛事资源，为广大观众提供更多的选择，这也让地面频道体育节目的在资源获取、信号制作等方面面临着更为严峻的挑战。

四、体育节目观众特征

2015年，中国体育节目仍然延续着往年的观众特征。男性观众对体育节目的兴趣度高于女性观众，具有初中及以上学历水平的观众所占比例较大。值得一提的是，体育节目观众中高收入人群的比例在2015年有了进一步的提高（图4）。

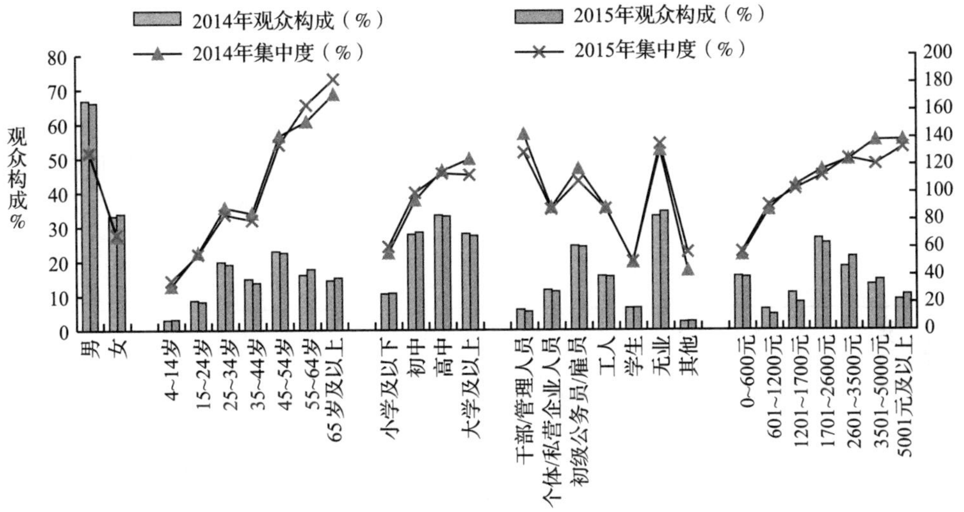

数据来源：CSM媒介研究

图4　2014~2015年体育节目的观众构成和集中度（历年所有调查城市）

与所有节目的观众特征相比，体育节目观众中男性观众、25~34岁青年观众、高学历观众和高收入观众的比例相对更高，这也体现了体育节目男性化和精英化的特征在2015年得到了延续（图5）。

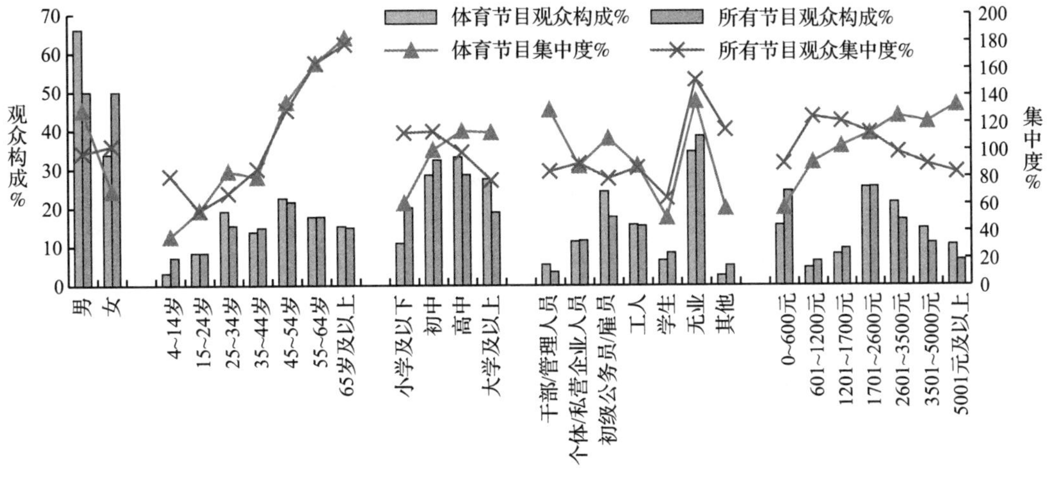

数据来源：CSM媒介研究

图5　2015年体育节目的观众构成及集中度与所有节目的比较（所有调查城市）

五、中央台五套体育节目收视概况

1. 中央台五套整体收视概况

2015年，由于没有重大赛事，中央台五套全年各周平均收视率走势较为平缓。第一个收视高峰出现在第4周，男足亚洲杯上，中国男足的良好表现使中央台五套的平均收视率达到了0.29%。接下来的3个收视高峰都出现在中国本土举办的洲际或国际性大赛中。其中，北京举办的田径世锦赛覆盖的第35周，平均收视率达到0.44%，位居频道全年收视之首。除此之外，在苏州举行的世界乒乓球锦标赛和在长沙举办的男篮亚锦赛也获得了广泛的关注，其所覆盖的第18周和第40周平均收视率都达到了0.36%（图6）。全年来看，中央台五套各周的平均收视率都稳定在0.1%以上，凭借着丰富的赛事资源和制作精良的新闻和集锦，中央台五套依然是当今国内观众观看体育赛事、了解体育信息的不二电视平台。

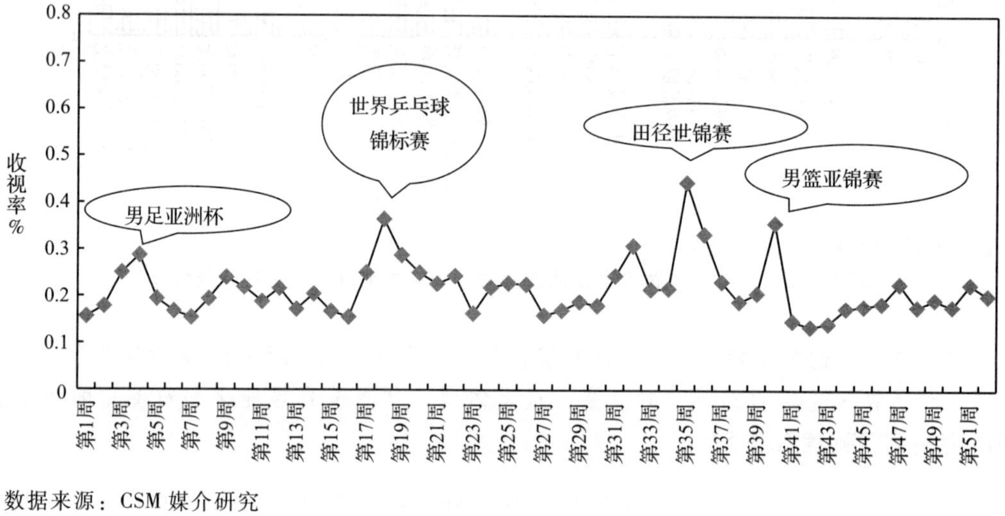

数据来源：CSM媒介研究

图6　2015年中央台五套周平均收视率走势（所有调查城市）

2015年中央台五套的全年市场份额变化趋势基本与收视率的变化趋势一致，整体较为平稳。第35周，在田径世锦赛的拉动下，中央台五套的平均市场份额达到了3.9%，另外几个小高峰同样出现在赛事期间，男足亚洲杯、乒乓球世锦赛和男篮亚锦赛均不同程度地提升了频道的市场份额。从全年来说，中央台五套的市场份额基本稳定在1%以上，可以说是电视体育市场中不可忽视的一支力量（图7）。

比较2014年与2015年中央台五套市场份额的走势，我们可以很清晰地看出大型赛事对中央台五套市场份额的拉动作用。在非大型赛事举行时期，2015年的市场份额甚至略高于2014年，但在2014年举行的三项大型赛事（2月的索契冬奥会、6月的巴西世界杯和9月的仁川亚运会）期间，中央台五套的市场份额远高于2015年同期。相信即将到来的里约奥运会对中国体育电视市场的整体拉动作用也将非常明显。

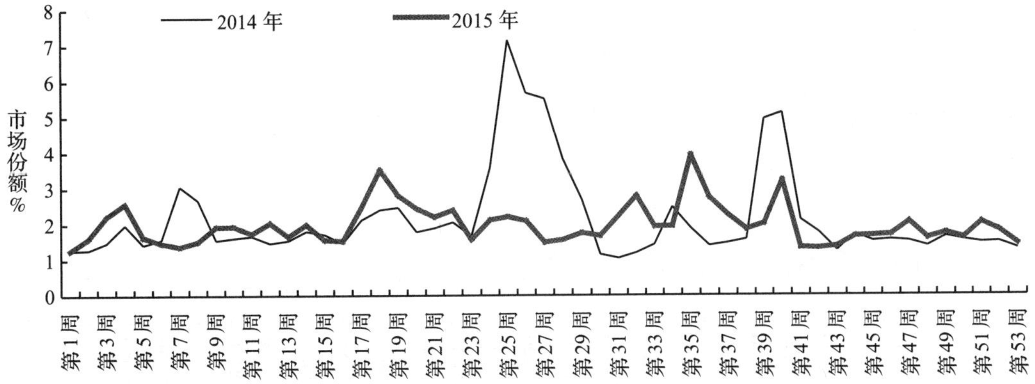

数据来源：CSM 媒介研究

图 7　2014～2015 年中央台五套周平均市场份额走势（历年所有调查城市）

再来分析 2015 年全天各时段的收视率走势，中央台五套的收视变化规律和往年类似，全天有两个收视高峰，分别出现在中午 11:30～12:30、晚间 18:00～22:00 左右（图 8）。由于 2015 年重点赛事的直播时间都在晚间黄金时段，与 2014 年在深夜时段播出的世界杯和冬奥会时间上没有重叠，因此 2015 年晚间中央台五套的平均收视率高于 2014 年。与之相对应，在深夜和凌晨时段，受世界杯和冬奥会的拉动，2014 年的平均收视率表现出了十分明显的优势（图 8）。

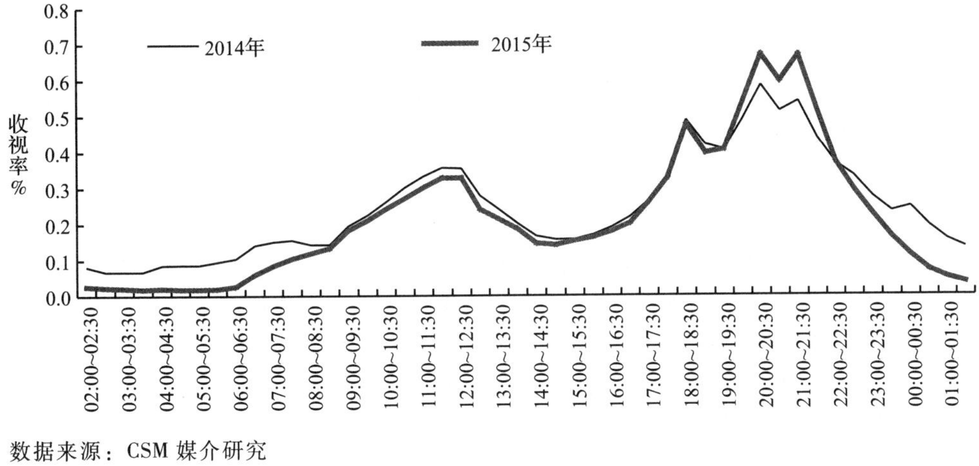

数据来源：CSM 媒介研究

图 8　2014～2015 年中央台五套全天收视走势（历年所有调查城市）

对比 2014 年和 2015 年全天各时段的平均市场份额，在 9:00～23:00 这个时间段内，两年的市场份额变化趋势基本一致，与平均收视率对比的结果类似，晚间黄金时段 2015 年的平均市场份额略高。在全天其他时段，受北京时间深夜进行的世界杯和冬奥会这些大型赛事的影响，2014 年中央台五套的市场份额有明显的优势，世界杯直播时段在全天各时段中平均收视份额最高，超过了 12%（图 9）。

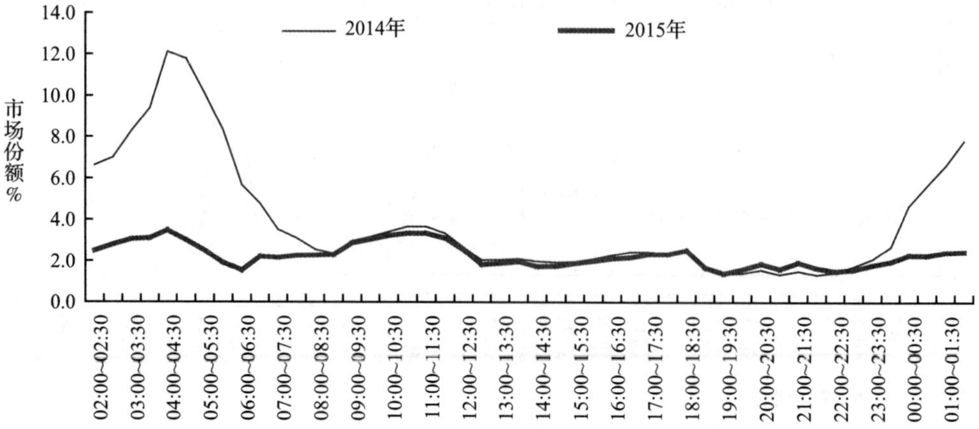

数据来源：CSM 媒介研究

图 9　2014～2015 年中央台五套全天市场份额走势（历年所有调查城市）

2. 重点赛事收视表现

2015 年虽然没有综合性国际大型体育赛事，但中国军团在各条战线上的表现依旧十分抢眼：男足亚洲杯上，中国男足让全国球迷感受到了国足复兴的希望；游泳世锦赛中，孙杨牢牢捍卫了自己中长距离自由泳项目的霸主地位；更加令人惊喜的是全民偶像宁泽涛在国际赛场上的正名之战。7 年之后，鸟巢迎来了飞人博尔特的回归，但谁也没有想到，在 4×100 米接力这一长期被欧美国家统治的项目中，中国队竟然站上了亚军的领奖台。三大球项目，中国女排和中国男篮在 2015 年同样重获荣耀，世界冠军和亚洲冠军背后，年轻团队的青春和朝气使全国观众倍感幸福与骄傲……在这些历史性的时刻，中央台五套作为主播频道为我们记录下了这些难忘的瞬间。本小节主要分析这几项赛事期间中央台五套各时段的收视变化以及这几项赛事的具体收视表现。

2015 年中央台五套全年各时段收视率表现与往年类似，10:00～13:00 受 NBA 赛事播出的影响形成第一个收视高峰；从傍晚 18:00《体育新闻》栏目播出开始一直延续到晚间 22:00 形成第二个收视高峰。由于 2015 年重大赛事的直播时段与第二个收视高峰基本重合，所以 2015 年的第二个收视高峰显得更为突出。特别是在田径世锦赛和女排世界杯同时进行的 8 月 22～30 日期间，20:00～20:30 的平均收视率达到 1.94%。从整体上看，几乎所有赛事直播时段的收视都高于全年的平均收视，可见即便没有世界杯、奥运会这样级别的赛事，一些国际或者洲际重大赛事的举行对中央台五套收视率的拉动作用同样十分明显（图 10）。

足球亚洲杯是亚洲范围内最高水平的足球赛事，中国队在这项比赛中也曾有过出色的表现。在当下进军世界杯对国足而言已经越来越成为一种奢望的情况下，中国足球在亚洲杯赛场上的表现更加引发了国人的关注。2015 年的亚洲杯，中国男足在不被所有人看好的情况下，以小组赛三战全胜的成绩闯入八强，最终惜败于后来夺冠的东道主澳大利亚队，虽有遗憾但表现依旧令人欣慰。从收视表现上看，观众对国足的表现也给予了很多的关注，在中国队参加的4场比赛中，收视排名较高的3场比赛高居赛事收视总排行榜的前3位。其中小组赛第三战和朝鲜队的比赛，收视率达到了2.5%，市场份额也超过了12%，排名第一（表3）。

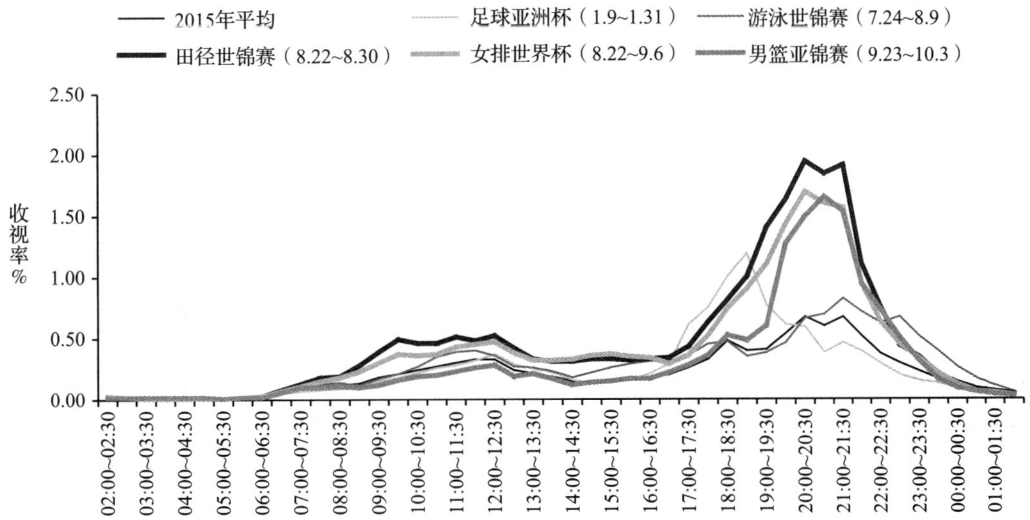

数据来源：CSM媒介研究

图10　2015年重点赛事期间中央台五套全天收视走势（所有调查城市）

表3　中央台五套播出的《2015年足球亚洲杯》收视率较高的赛事（所有调查城市）

比赛名称	播出日期	开始时间	收视率%	市场份额%
2015年澳大利亚亚洲杯小组赛B组/中国队VS朝鲜队	2015/1/18	16:49:43	2.5%	12.5%
2015年澳大利亚亚洲杯1/4决赛/中国队VS澳大利亚队	2015/1/22	18:02:20	2.5%	7.3%
2015年澳大利亚亚洲杯小组赛B组/沙特阿拉伯队VS中国队	2015/1/10	16:48:25	1.8%	9.0%
2015年澳大利亚亚洲杯决赛/韩国队VS澳大利亚队	2015/1/31	16:49:36	1.5%	6.3%
2015年澳大利亚亚洲杯1/4决赛/阿联酋队VS日本队	2015/1/23	17:31:07	1.1%	3.9%
2015年澳大利亚亚洲杯小组赛A组/澳大利亚队VS韩国队	2015/1/17	16:51:56	1.0%	5.2%
2015年澳大利亚亚洲杯小组赛B组/中国队VS乌兹别克队	2015/1/14	15:02:03	1.0%	4.3%
2015年澳大利亚亚洲杯小组赛C组/伊朗队VS巴林队	2015/1/11	16:57:17	0.7%	3.4%
2015年澳大利亚亚洲杯小组赛D组/伊拉克队VS日本队	2015/1/16	16:58:50	0.7%	3.8%
2015年澳大利亚亚洲杯小组赛C组/卡塔尔队VS伊朗队	2015/1/15	16:54:17	0.7%	3.8%

注：该排名不包括颁奖仪式及集锦

数据来源：CSM媒介研究

中国女排的2015年充满荆棘，世界杯之前的备战中，徐云丽、杨方旭和队长惠若琪相继受伤，让主教练郎平暗自落泪，因为这三员大将的缺阵，让阵容厚度本就不足的中国女排在排兵布阵上更加捉襟见肘。然而，郎平还是带着这样一个中国女排的残阵，克服了夺冠路上的重重困难，在各路豪强的围堵之下重回巅峰。“逆转塞尔维亚”、“击退俄罗斯”、“完胜日本”等经典比赛被所有关心中国女排的人们所铭记。与此同时，中国女排在世界杯上的出色表现也赢得了良好的收视表现。9月6日，中国在击败日本队之后问鼎桂冠，并获得了2.8%的高收视，而且这样的收视表现还是在赛事直播时段并非传统意义上的黄金时间的情况下取得的。与此同时，中国与美国、韩国和俄罗斯的比赛同样获得了很好的收视表现，收视率都超过1%（表4）。

表4　中央台五套播出的《2015年女排世界杯》收视率较高的赛事（所有调查城市）

比赛名称	播出日期	开始时间	收视率 %	市场份额 %
直播周末：2015年女排世界杯/日本队VS中国队	2015/9/6	18:16:38	2.8%	9.3%
现场直播：2015年女排世界杯/中国队VS韩国队	2015/8/26	17:37:57	1.2%	5.8%
现场直播：2015年女排世界杯/美国队VS中国队	2015/8/24	17:37:17	1.2%	6.2%
2015年女排世界杯/俄罗斯队VS中国队	2015/9/5	13:59:40	1.1%	10.1%
2015年女排世界杯/俄罗斯队VS中国队	2015/9/5	20:59:59	0.9%	3.5%
现场直播：2015年女排世界杯/肯尼亚队VS中国队	2015/8/31	17:36:55	0.8%	4.4%
2015年女排世界杯/多米尼加队VS中国队	2015/9/4	11:08:49	0.7%	4.9%
直播周末：2015年女排世界杯/日本队VS中国队	2015/9/6	21:57:01	0.7%	4.1%
直播周末：2015年女排世界杯/塞尔维亚队VS中国队	2015/8/22	14:09:13	0.6%	5.7%
直播周末：2015年女排世界杯/中国队VS阿尔及利亚队	2015/8/23	14:07:54	0.5%	4.9%

注：该排名不包括颁奖仪式及集锦

数据来源：CSM媒介研究

2015年亚洲男篮锦标赛（简称“男篮亚锦赛”）不仅象征着亚洲篮球的最高荣誉，同时也是2016年里约奥运会的预选赛，其重要性可见一斑。对于年轻的中国男篮来说，经历了前一年亚运赛场上的惨败，他们亟需这样一个冠军来证明自己。在主教练宫鲁鸣的带领下，中国男篮的表现令人荡气回肠，击退伊朗、完胜菲律宾的中国男篮重回亚洲之巅，并牢牢地将里约奥运会的入场券掌握在自己手中。从这项赛事的收视表现来看，电视观众对这支中国男篮的关注程度也经历了一个较大的转变，随着中国男篮的表现越来越好，越来越多的观众加入到了男篮亚锦赛的收视群体当中。10月3日，中国男篮在决赛中对阵菲律宾队，3.5%的高收视率也体现出篮球这项运动在中国体育电视市场上巨大的影响力（表5）。

2015年，田径世锦赛第一次来到中国，鸟巢也在北京奥运会之后再次迎来了世界最高水平的田径赛事。博尔特回归巅峰的光芒无法掩盖中国运动员的集体出色发挥：张国伟在跳高赛场上与对手鏖战到最后一刻才与金牌失之交臂；苏炳添在百米跑道上向全世界诠释了中国人乃至黄种人的速度与力量；刘虹在屡次冲金未果之后终于站上20公里竞走项目的最高领奖台；4×100米接力决赛中，中国队的4名虎将勇夺银牌……精彩的赛事和中国选手优异的表现也吸引了大批电视观众的关注，有3场比赛的收视率超过了

3%，收视上榜的前10名收视率也都超过了2%，其中，8月30日晚间进行的男子跳高比赛获得了最好的收视表现，包括张国伟在内的3名高手的对抗牵动了无数电视观众的心（表6）。

表5　中央台五套播出的《2015年男篮亚锦赛》收视率较高的赛事（所有调查城市）

比赛名称	播出日期	开始时间	收视率%	市场份额%
2015年亚洲男篮锦标赛决赛/中国队 VS 菲律宾队	2015/10/3	20:33:57	3.5%	10.9%
2015年亚洲男篮锦标赛半决赛/中国队 VS 伊朗队	2015/10/2	19:30:08	2.5%	7.7%
2015年亚洲男篮锦标赛第二阶段/中国队 VS 卡塔尔队	2015/9/29	19:30:01	1.8%	4.9%
2015年亚洲男篮锦标赛1/4决赛/印度队 VS 中国队	2015/10/1	19:30:09	1.6%	4.8%
2015年亚洲男篮锦标赛第二阶段小组赛/黎巴嫩队 VS 中国队	2015/9/28	19:29:31	1.6%	4.4%
2015年男篮亚锦赛第二阶段小组赛/中国队 VS 哈萨克斯坦队	2015/9/27	19:30:14	1.4%	3.9%
2015年亚洲男篮锦标赛小组赛C组/韩国队 VS 中国队	2015/9/24	19:30:42	1.4%	4.0%
2015年亚洲男篮锦标赛小组赛C组/中国队 VS 约旦队	2015/9/25	19:29:48	1.4%	4.0%
2015年亚洲男篮锦标赛三四名决赛/伊朗队 VS 日本队	2015/10/3	17:59:43	1.1%	4.3%
2015年亚洲男篮锦标赛小组赛/新加坡队 VS 中国队	2015/9/23	19:30:48	0.9%	2.6%

注：该排名不包括颁奖仪式及集锦

数据来源：CSM媒介研究

表6　中央台五套播出的《2015年田径世锦赛》收视率较高的赛事（所有调查城市）

比赛名称	播出日期	开始时间	收视率%	市场份额%
2015年世界田径锦标赛男子跳高决赛	2015/8/30	19:57:42	3.5%	9.2%
2015年世界田径锦标赛女子4×400米接力决赛	2015/8/30	20:07:18	3.3%	8.7%
2015年世界田径锦标赛男子4×100米接力决赛	2015/8/29	21:04:06	3.0%	8.3%
2015年世界田径锦标赛男子4×400米接力决赛	2015/8/30	20:31:29	2.8%	7.3%
2015年世界田径锦标赛男子100米决赛	2015/8/23	21:04:40	2.8%	7.6%
2015年世界田径锦标赛女子标枪决赛	2015/8/30	19:35:39	2.7%	7.7%
2015年世界田径锦标赛男子1500米决赛	2015/8/30	19:43:31	2.7%	7.6%
2015年世界田径锦标赛女子5000米决赛	2015/8/30	19:15:00	2.5%	7.9%
2015年世界田径锦标赛男子200米决赛	2015/8/27	20:53:15	2.1%	5.8%
2015年世界田径锦标赛女子800米半决赛	2015/8/27	20:20:01	2.1%	5.8%

注：该排名不包括颁奖仪式及集锦

数据来源：CSM媒介研究

喀山游泳世锦赛是2015年的另一项国际体坛重大赛事。孙杨在经历了一系列风波之后，依然以强势的表现获得了2金1银的成绩。但是从电视收视表现来看，孙杨参加的一系列赛事并没有很好地带动收视。而令人惊喜的是，另一位中国泳坛当红小生宁泽涛同样斩获了100米自由泳的冠军，这场比赛也成电视观众关注的焦点。2015年横空出世的宁泽涛，凭借着英俊的外表和优异的成绩，成为中国体坛的又一位全民偶像（表7）。

表7　中央台五套播出的《2015年游泳世锦赛》收视率较高的赛事（所有调查城市）

比赛名称	播出日期	开始时间	收视率%	市场份额%
2015年国际泳联世锦赛男子100米自由泳决赛	2015/8/6	23:06:01	1.3%	9.6%
2015年国际泳联世锦赛男子400米混合泳决赛	2015/8/9	22:47:55	1.3%	6.6%
2015年国际泳联世锦赛女子200米蝶泳决赛	2015/8/6	23:20:46	1.3%	11.1%
2015年国际泳联世锦赛女子200米蛙泳半决赛	2015/8/6	22:50:48	1.2%	7.2%
2015年国际泳联世锦赛女子50米蛙泳决赛	2015/8/9	22:39:29	1.2%	5.4%
2015年国际泳联世锦赛女子50米仰泳决赛	2015/8/6	23:49:38	1.1%	15.0%
2015年国际泳联世锦赛男子200米混合泳决赛	2015/8/6	22:42:45	1.1%	5.8%
2015年国际泳联世锦赛男子200米蛙泳半决赛	2015/8/6	23:28:50	1.1%	11.1%
2015年国际泳联世锦赛女子50米自由泳决赛	2015/8/9	23:05:23	1.1%	6.7%
2015年国际泳联世锦赛女子4×200米自由泳接力决赛	2015/8/7	20:10:33	1.1%	3.1%

注：该排名不包括颁奖仪式及集锦

数据来源：CSM媒介研究

3. 主要运动项目播出与收视情况

与2014年相比，2015年中央台五套各主要运动项目的播出比重和收视比重整体变化不大。其中，足球和篮球在电视市场上的地位依然不可撼动，并呈现出此消彼长的变化：足球赛事的播出比重较2014年略有下降，从16.76%下降到15.86%；篮球赛事的播出比重略有上升，上升的幅度也在1个百分点左右。由于2015年没有世界杯直播赛事，而篮球方面又有很受中国观众关注的男篮亚锦赛的直播，此消彼长之间，足球和篮球赛事的收视比重发生了不小的改变。虽然篮球赛事的播出比重较低（只占所有体育节目的10.94%），但其收视比重（18.32%）却超过了足球赛事，成为2015年中央台五套最受观众欢迎的一个运动项目。

冰上/水上运动方面，虽然没有了冬奥会的影响，但是在北京成功申办冬奥会的影响下，加上游泳世锦赛的进行，2015年这一类赛事在中央台五套全年的播出比重并没有出现特别明显的下滑，同比只减少了0.5个百分点。不过，在收视方面，冬奥会这种综合性赛事对冰雪运动收视表现的拉动作用还是能体现出来，2015年冰上/水上项目的收视比重仅有5.08%，与上一年度的7.18%有着不小的差距。

台球类赛事在中央台五套历来占有比较重要的地位，但是由于2015年丁俊晖表现平平，因此台球类赛事无论是播出比重还是收视比重较2014年均有小幅下降，特别是收视，已被排球赛事赶超，从上一年的第四位降到了第五位。

值得一提的是，搏击类赛事在2015年中央台五套的播出比重达到了3.19%，收视比重也有2.73%。这体现出越来越多的国际或国内的拳击和搏击比赛经过市场推广和精心包装，开始通过中央台五套这一国内最大的体育节目传播平台向观众展示自身的魅力。包括邹市明、熊朝忠在内的拳台英雄们也成了搏击类赛事抢占体育电视市场的强有力的武器（表8）。

表8　2015年中央台五套各主要运动项目的播出比重与收视比重

运动项目	播出比重%	收视比重%
足球	15.86%	16.92%
篮球	10.94%	18.32%
台球	6.38%	4.79%
冰上/水上运动	5.99%	5.08%
排球	4.69%	5.76%
网球	3.83%	1.82%
搏击	3.19%	2.73%
乒乓球	2.48%	3.60%
羽毛球	1.94%	2.24%

数据来源：CSM媒介研究

结语

2015年对于中国体育来说，是积蓄力量的一年，也是惊喜不断的一年。以林丹为代表的老将们依然在为中国体育事业贡献着力量，而许许多多体坛新星的涌现更是让人对中国体育的未来充满希望。周琦在男篮赛场上闪光，张常宁在队友受伤时勇敢地挑起中国女排的大梁，王嘉男和高兴龙与前辈李金哲一起努力追寻着中国田径人跳远世界冠军的梦想，而国民男神宁泽涛最后20米的冲刺也足以让守候在电视机前的每一位中国观众为之疯狂。对于这些年轻的运动员来说，也许和中国体育一样，他们的路才刚刚起航。我们有理由相信，他们的2016年也会像中国体育电视市场一样，在里约收获荣光。

（作者：于松涛　殷实　刘洋）

2015 年晚间新节目观察

创新是以新思维、新发明和新描述为特征的一个过程，而电视节目创新则是新思维、新创意、新描述等在内容、形态、时间、空间中的表达和升华。尤其在媒介融合发展的浪潮中，节目创新已成为各级电视媒体推动节目新陈代谢、机制升级换代的源动力。本文基于 CSM 媒介研究收视数据，对中央电视台、省级卫视和 71 个城市①的地面频道在晚间 17:00～24:00 时段新节目②的播出与收视状况进行梳理与分析，以期对 2015 年全年新节目的发展变化状况做一总结。

一、新节目播出概况

1. 电视节目创新更趋理性，常态新节目占比下滑

2015 年晚间 18:00～24:00，在 71 城市电视市场中，各级电视频道共播出新节目 4000 余档。其中，进入频道日常播出序列的常态新节目近 900 档，占新节目总量的 22%，总体数量较 2014 年减少了 150 余档，在所有新节目中占比较 2014 年降低了 5 个百分点；以形式多样的评选/颁奖/典礼、节庆/假期特别节目、电视比赛/活动等为主体的非常态新节目则占到新节目总量的 78%（图 1）。根据 CSM 媒介研究近年来持续追踪的电视节目创新情况，常态新节目在新节目中所占比例多年来保持在四分之一左右，2015 年常态新节目占比的下滑，反映出电视节目创新主体在节目创新数量上的理性回归，节目创新向质量和品质的提升迈进。

2. 常态节目创新形成季节性规律，非常态节目播出量受节庆及重大事件影响

在常态节目的创新中，根据多年的追踪观察，我们发现其创新量有一定的季节性规律。象征一元复始、万象更新的开年，是常态新节目推出最为集中的时点，各级频道推出大量的新节目，以彰显其在新的一年中节目的制播动向及频道品牌走向。此外，每年的暑期也是各级频道常态节目创新较为集中的时点，大型季播节目通常会在这一时期上线开播，以抢占年轻观众收视市场，强化频道品牌优势。非常态节目的创新则受传统节

① 71 城市包括 4 个直辖市、5 个计划单列市、26 个省会城市（不包括拉萨）和 36 个地级城市。

② 本文对新节目的界定为：各上星频道 18:00～24:00 播出、省/市级地面频道 17:00～24:00 播出，相同名称节目在 2012 年 1 月 1 日至 2014 年 12 月 31 日期间未出现过，长度超过 20 分钟（含 20 分钟）的节目。以下节目类型不属于新节目范围：广告、频道包装、节目预告、导视节目、电视剧、电影、外语、各类体育赛事等。

庆及重大事件的影响，2015年春节所在的2月、纪念世界反法西斯战争胜利70周年活动所在的9月，非常态节目的创新量明显高于全年其他月份，显示出非常态节目创新的特有规律（图2）。

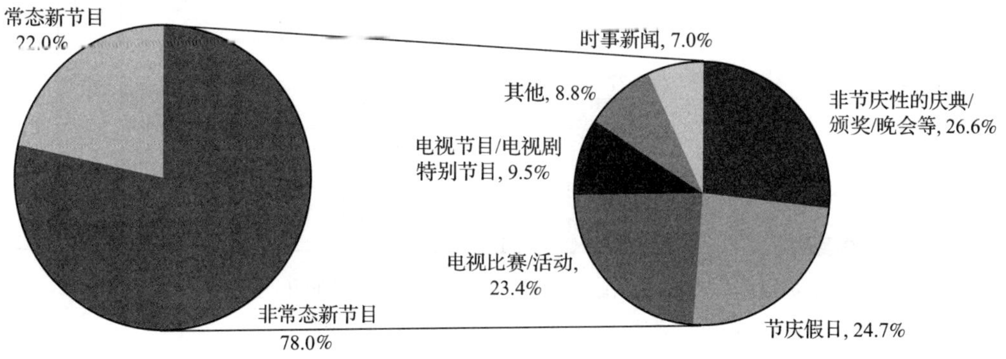

数据来源：CSM媒介研究

图1　2015年常态新节目与非常态新节目数量分布

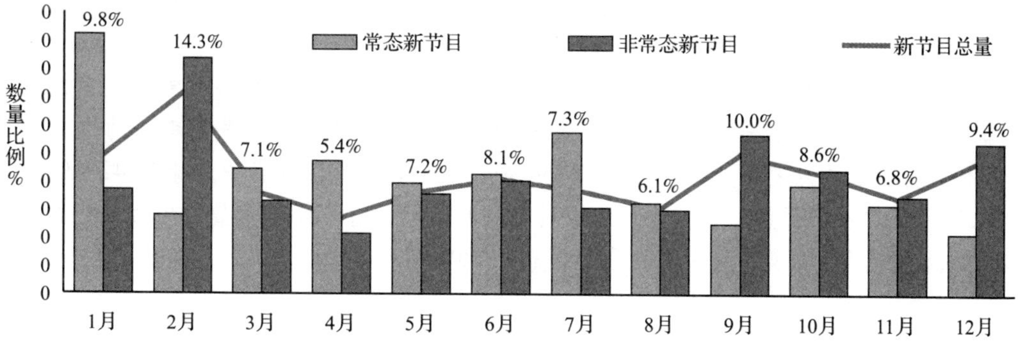

数据来源：CSM媒介研究

图2　2015年各月新节目播出数量占比（%）

3. 省级卫视常态节目创新活跃，城市台非常态节目创新量大

2015年，各级频道的节目创新结构基本延续了以往的态势，包括省级卫视和省级地面频道在内的省级频道推出的新节目数量最多，其常态新节目数量占所有频道总量的近七成，非常态新节目数量占比近五成。城市台频道的电视节目创新也比较活跃，其常态新节目和非常态新节目分别占所有频道同类新节目总量的29.0%和48.0%。中央级频道因为频道数量的限制，在节目创新数量上不具备明显优势。从各级频道创新节目数量在常态和非常态节目中的占比来看，省级卫视常态新节目数量占所有频道总量的27.3%，相较于较少的频道数量以及非常态新节目占比而言，常态节目创新更为活跃；市级频道非常态新节目创新量大，非常态新节目数量占所有频道同类节目总量的48.0%（图3）。

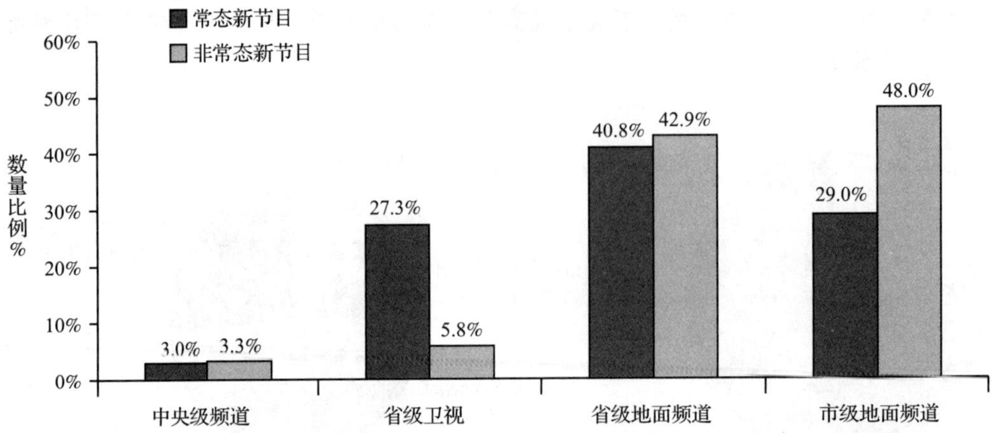

数据来源：CSM 媒介研究

图 3　2015 年常态新节目与非常态新节目在各级频道的分布比例（%）

4. 节目创新集中于综艺、生活服务和专题三大领域，综艺节目更受卫视倚重

长期以来，在我国电视观众的收视行为中，节庆假日期间的团聚与狂欢以及日常生活中的娱乐和生活经验分享都是重要的内容。与观众的收视期待相吻合，近年来，我国电视节目创新更集中于几类热点节目类型。2015 年，综艺、生活服务和专题继续成为电视节目创新最为集中的三大领域，其中综艺类节目更是以绝对的领先优势成为电视节目创新的最热点，在常态新节目中占比达 36.4%，在非常态新节目中占比达 42.5%。同时，2015 年“一剧两星”实施后所形成的 920 栏目带，也催生出大量的生活服务类常态新节目，其创新量在常态新节目中占比高达 22.5%（图 4）。

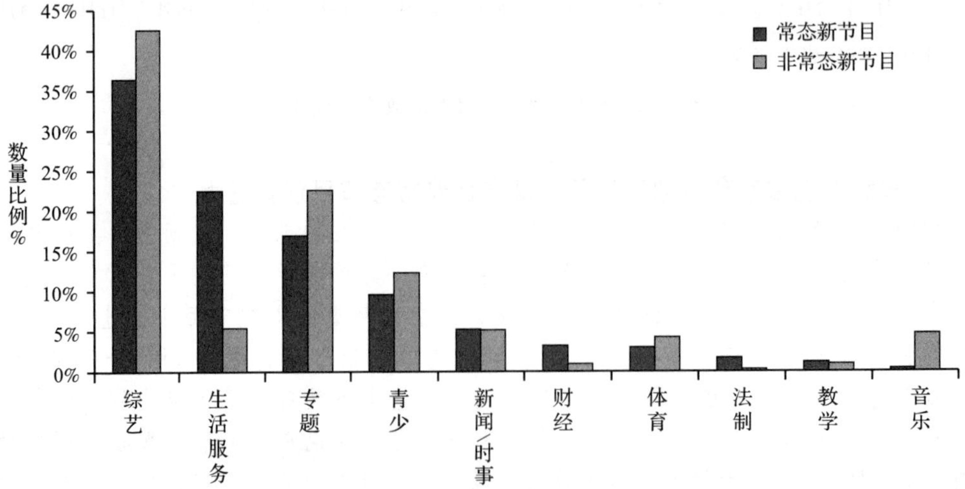

数据来源：CSM 媒介研究

图 4　2015 年新节目类型分布比例（%）

作为在从中央到地方各级媒体中占据重要地位的创新节目类型，综艺节目在上星频道中更受倚重，其在省级卫视和中央级频道各类新节目中所占比重均超过五成，在省、市地面频道中占比分别在三成和二成左右。生活服务类节目在地面频道新节目中占比相对更高，在省级地面频道中占比达22.8%，在市级地面频道中占比高达27.5%。由于政策的影响，如上文所述，省级卫视生活服务类节目的创新也较为活跃，这一类型在常态新节目中的占比达到18.8%（表1）。

表1　2015年各级频道常态新节目、非常态新节目类型分布比例（%）

节目类别	所有频道		中央级频道		省级卫视		省级地面频道		市级地面频道	
	常态新节目	非常态新节目	常态新节目	非常态新节目	常态新节目	非常态新节目	常态新节目	非常态新节目	常态新节目	非常态新节目
综艺	36.4%	42.5%	53.8%	47.6%	52.9%	60.9%	32.9%	40.5%	23.9%	41.8%
专题	16.9%	22.6%	7.7%	17.1%	18.3%	12.0%	15.9%	22.7%	18.0%	24.1%
青少	9.5%	12.3%	11.5%	4.8%	4.6%	2.7%	11.4%	13.0%	11.4%	13.4%
生活服务	22.5%	5.4%	3.8%	1.0%	18.8%	0.5%	22.8%	5.2%	27.5%	6.5%
新闻/时事	5.2%	5.2%	3.8%	2.9%	2.5%	9.8%	6.7%	5.0%	5.9%	4.9%
体育	3.0%	4.2%	3.8%	7.6%	0.8%	1.6%	2.8%	6.3%	5.1%	2.5%
音乐	0.3%	4.7%	0.0%	9.5%	0.0%	12.0%	0.3%	3.4%	0.8%	4.6%
财经	3.2%	0.9%	7.7%	2.9%	0.0%	0.0%	4.7%	1.2%	3.5%	0.7%
教学	1.1%	0.9%	3.8%	0.0%	0.0%	0.0%	1.4%	1.3%	1.6%	0.7%
戏剧	0.1%	0.9%	0.0%	5.7%	0.4%	0.5%	0.0%	1.1%	0.0%	0.5%
法制	1.7%	0.3%	3.8%	1.0%	1.7%	0.0%	1.1%	0.3%	2.4%	0.3%

注：省级地面频道包括直辖市地面频道

数据来源：CSM媒介研究

5. 节目创新集中于后黄金时段，三分之一新节目时长在30分钟以内

根据CSM媒介研究近年对新节目的持续追踪观察，各级电视频道推出的常态新节目有向后黄金时段不断集中的趋势，其中21:00~22:00之间开播的新节目数量占比最高。2013年所有频道中开始时间在21:00~22:00之间的常态新节目数量占总体的23.0%，2014年这一数值上升至25.0%，2015年在广电新政的影响下，新节目进一步向这一时段集中，开播于21:00~22:00之间的新节目占比提升至29.9%（表2）。

在各级频道中，中央级频道和省级卫视常态新节目向后黄金时段集中的趋势表现得更为明显，21:00~22:00开播的常态新节目占比分别达到23.1%和60.8%。省、市地面频道在常态新节目播出的时间安排上较上星频道有所提前，在17:00~19:00民生新闻时段开播的常态新节目所占比例接近三成，19:00~21:00时段开播的常态新节目所占比例超过三成。

表2　2015年各级频道常态新节目播出时段分布（数量比例%）

首期开始时间	中央级频道	省级卫视	省级地面频道	市级地面频道	所有频道
17:00（含）~18:00	——	——	12.8%	10.2%	8.2%
18:00（含）~19:00	11.5%	5.8%	12.5%	17.6%	12.2%
19:00（含）~20:00	23.1%	2.9%	17.5%	15.3%	13.1%
20:00（含）~21:00	15.4%	6.3%	16.4%	18.8%	14.3%
21:00（含）~22:00	23.1%	60.8%	17.8%	18.4%	29.9%
22:00（含）~23:00	26.9%	15.8%	15.9%	14.9%	15.9%
23:00（含）~24:00（含）	0.0%	8.3%	7.0%	4.7%	6.5%
总计	100.0%	100.0%	100.0%	100.0%	100.0%

数据来源：CSM媒介研究

从各级频道常态新节目的播出时长分布来看，时长在30分钟以内的节目数量最多，占所有常态新节目总量的三分之一以上。时长在30~60分钟的新节目所占比重也逾四成，时长在60~90分钟的新节目占比不足两成，时长超过90分钟的节目仅占总量的5%多一点（图5）。

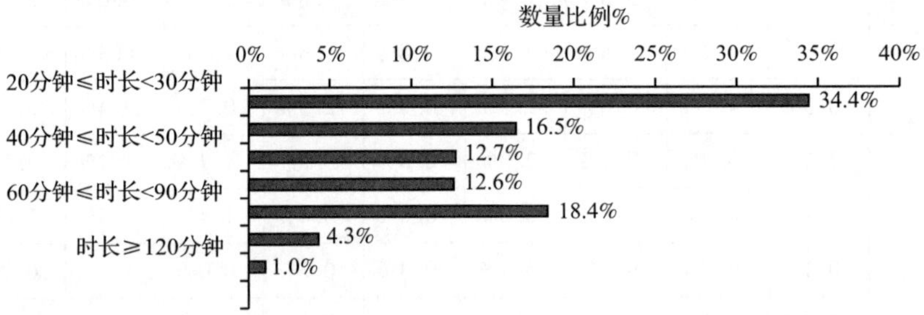

数据来源：CSM媒介研究

图5　2015年常态新节目时长分布比例（%）

二、上星频道常态新节目收视概况

1. 高收视新节目占比下滑，平均收视率达到0.5%及以上的节目仅占一成

近年来，随着电视市场竞争的日趋白热化，从中央到地方的各级媒体都在苦苦探索提升收视水平、强化频道品牌的制胜法宝，尤其对于资源数量和影响力处于上游的上星频道而言，通过高投入、大制作的节目创新博取高收视和高产出已成为一种风潮。而在这种努力的背后，我们也要看到，能在短时间内获得观众认可并持续不断创造收视奇迹的节目只能是凤毛麟角，多数媒体的创新节目投放到市场后都要经历一个逐渐被接受的过程，现象级节目可遇而不可求。2015年，上星频道常态新节目中，71城市平均收视水平达到0.5%及以上的节目仅占11%，较2014年的17%进一步下滑，达到1%及以上的节目仅占1%，超过五成的常态新节目收视率在0.2%以下（图6）。

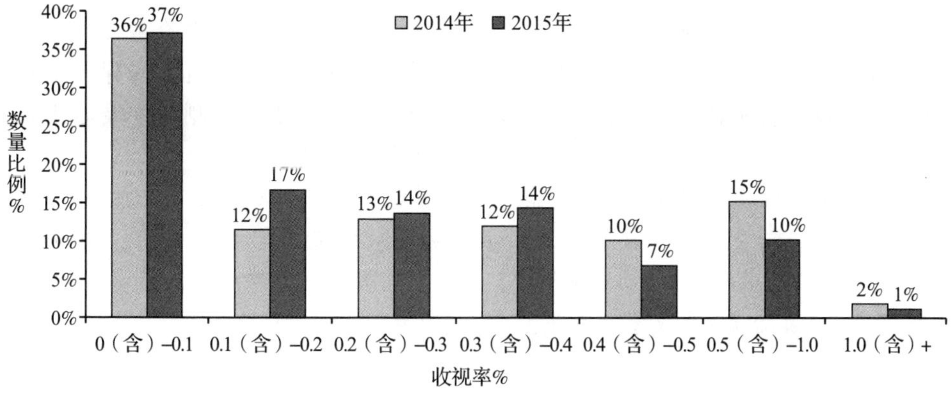

数据来源：CSM 媒介研究

图 6　2014～2015 年上星频道常态新节目平均收视率分布（71 城市，18:00～24:00）

2. 季播真人秀拉动收视，明星与素人主体相得益彰

观察2015年平均收视水平较高的各档上星常态新节目，可以看出各卫视重金打造的季播真人秀仍然是高收视新节目的主力（表3）。在参与主体上，明星和素人相得益彰，

表 3　2015 年平均收视率较高的上星频道常态新节目（71 城市，开始时间 18:00～24:00）

节目名称	播出频道	类别	播出月份	参与主体
偶像来了	湖南卫视	综艺	2015 年 8 月	明星
一年级大学季	湖南卫视	专题	2015 年 10 月	星、素结合
传承者	北京卫视	综艺	2015 年 11 月	素人
挑战不可能	中央电视台综合频道	综艺	2015 年 8 月	素人
极限挑战	上海东方卫视	综艺	2015 年 6 月	明星
挑战者联盟	浙江卫视	综艺	2015 年 9 月	明星
奇妙的朋友	湖南卫视	综艺	2015 年 1 月	明星
我去上学啦	上海东方卫视	综艺	2015 年 7 月	明星
等着我	中央电视台综合频道	专题	2015 年 1 月	素人
噗通噗通的良心	湖南卫视	专题	2015 年 2 月	素人
金星秀	上海东方卫视	综艺	2015 年 1 月	明星
群英汇	中央台三套	综艺	2015 年 10 月	素人
欢乐喜剧人	上海东方卫视	综艺	2015 年 4 月	明星
为她而战	江苏卫视	综艺	2015 年 4 月	明星
叮咯咙咚呛	中央台三套	综艺	2015 年 3 月	明星
了不起的挑战	中央电视台综合频道	综艺	2015 年 12 月	明星
有朋远方来	中央台三套	综艺	2015 年 10 月	素人
一路上有你	浙江卫视	综艺	2015 年 1 月	明星
我看你有戏	浙江卫视	综艺	2015 年 2 月	素人

数据来源：CSM 媒介研究

高颜值的明星、身怀绝技的素人，讲述的是不一样的人生经历和故事，却散发出相同的吸引力和光环，在节目创新上殊途同归，使得季播真人秀成为吸引观众驻足荧屏、静心收看的热播节目。从两类参与主体高收视新节目的主题来看，明星真人秀深入平凡生活的方方面面，校园、喜剧、婚恋、职业等均有涉及，而素人真人秀则重在展示平凡人身上不平凡的一面，传统技艺、极限挑战、文艺展示等占主体。

从单频道平均收视率超过0.4%的常态新节目数量分布来看，江苏卫视、湖南卫视、上海东方卫视、浙江卫视表现最为突出，播出的高收视新节目数量占比在10%及以上(表4)。其中江苏卫视播出的《为她而战》《我们相爱吧》《超级战队》《燃烧吧大脑》《女婿上门了》《真心英雄》《蒙面歌王》《人间真情》《加油小当家》等节目平均收视率均在0.4%以上。

表4 2015年平均收视率达到0.4%及以上的上星频道常态新节目频道分布
(71城市，开始时间18:00~24:00)

频道名称	数量占比
江苏卫视	18.7%
湖南卫视	16.7%
上海东方卫视	14.6%
浙江卫视	10.4%
北京卫视	8.3%
山东卫视	8.3%
中央电视台综合频道	6.3%
中央台三套	6.3%
湖北卫视	6.2%
安徽卫视	4.2%

数据来源：CSM媒介研究

三、2015年节目创新总体特点

1. 明星真人秀多领域进发，体验类真人秀刷新收视榜单

作为电视节目创新的一个重要领域，电视真人秀在选择明星还是素人作为主体的问题上一直存在颇多争议和讨论。而在电视市场的实践中，明星真人秀凭借着较高的话题热度和收视保障一直占据主导地位，2015年上星频道在71城市晚间18:00~24:00平均收视最高①的100档常态新节目中，以明星作为主体的真人秀占据近一半的比重，明星成为电视节目创新中的最显眼标签（图7）。

① 本排名计算的是晚间时段的平均收视，不区分首重播。

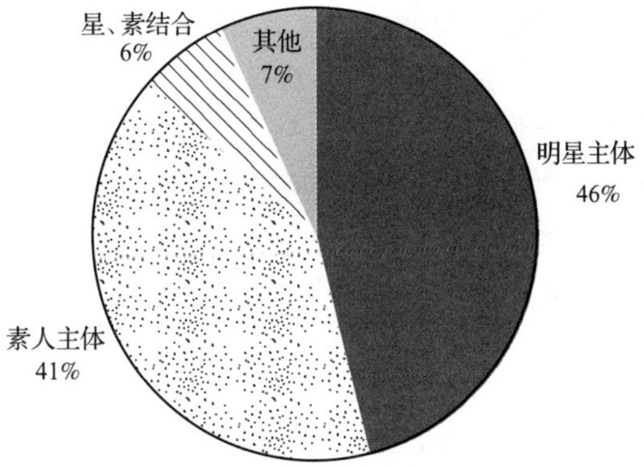

数据来源：CSM 媒介研究

图 7 2015 年上星频道晚间平均收视率 TOP100 常态新节目的参与主体分布
（71 城市，开始时间 18:00～24:00）

在明星真人秀的创新历史上，婚恋类、音乐类、户外类都曾经是一时的热点和焦点，成为特定时期荧屏的创新大户。2015 年，尽管音乐、情感、户外类题材依然在明星真人秀中占据较高的创新比重，但风头已远比不上以“明星体验别样生活”为主要内容的真人秀（图 8）。

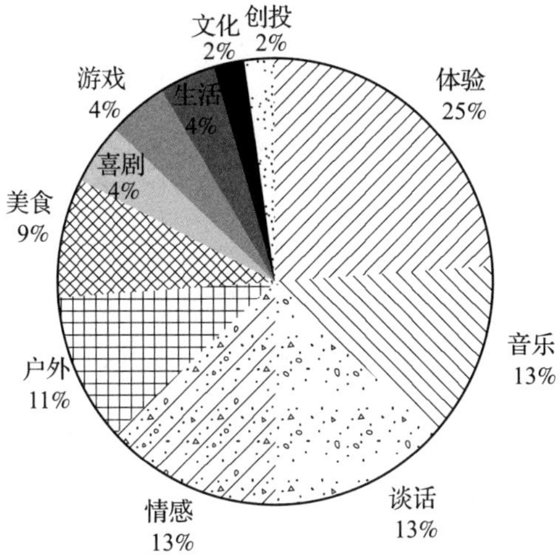

数据来源：CSM 媒介研究

图 8 2015 年上星频道高收视明星真人秀①类型分布

作为近年来对韩国真实综艺的一种借鉴，体验类真人秀试图在假想身份、陌生环境中窥探明星生活与形象的另一种向度，军营生活、校园生活、飞行员生活、运动员生活、上班族生活等，明星以另一种身份投入别样生活中，以真实的反应和行动来构建叙事、制造看点。与游戏类节目相比，此类节目规则性较弱、情境性较强，只对明星们在

① 71 城市晚间平均收视 TOP100 中的明星真人秀。

另一种身份中的表现进行全面记录和剪辑。湖南卫视的《偶像来了》《奇妙的朋友》、上海东方卫视的《极限挑战》《我去上学了》、浙江卫视的《挑战者联盟》等都高居2015年上星频道常态新节目年度平均收视的榜首。

除对别样生活的体验之外，2015年以明星为主体的音乐类真人秀也大行其道，在创新手法上可圈可点。江苏卫视的《蒙面歌王》中，观众无法辨别歌手的身份，只能以歌手的歌声作为唯一的考量依据和评分标准，重返音乐初心，回归音乐本质。上海东方卫视的《中国之星梦之声》采用“大师推荐制”，刘欢、林忆莲、崔健的加盟为节目的音乐性保驾护航。山东卫视的《为你而歌》《为你而唱》，江苏卫视的《唱游天下》均在音乐类节目的创新中融入了多种元素，或是让知名歌手用体验、采风的方式寻找最淳朴的民族音乐，或是将音乐和游学这两个看似并不相干的元素融合在一起，为节目带来了不一样的收视体验。

2. 素人真人秀多维度创新，星、素结合为节目制造爆点

在欧美，素人真人秀一直是电视节目的主流，在巨额奖金的支撑下，欧美素人真人秀的热潮从未衰退，但节目对素人的要求不断提高，无论是体力上的极限挑战，还是错综复杂的人际关系，都贯穿于素人真人秀的制作当中。在我国，素人真人秀和明星真人秀一直凭借各自的特色交相发展。2015年上星频道在71城市晚间18:00～24:00平均收视最高的100档常态新节目中，以素人作为主体的真人秀占比为41%，略低于明星主体真人秀，以明星和素人共同作为参与主体的节目也占据了6%的比重（图7）。

以“真”为本，以“秀”为末，这是真人秀成功的不变法则。明星善于秀，素人胜在真。观察2015年上星频道新开播的高收视素人真人秀的类型分布，可以发现以才艺展示或竞技为主题的素人真人秀创新量较大（图9），才艺表演、才艺养成、才艺选秀是此

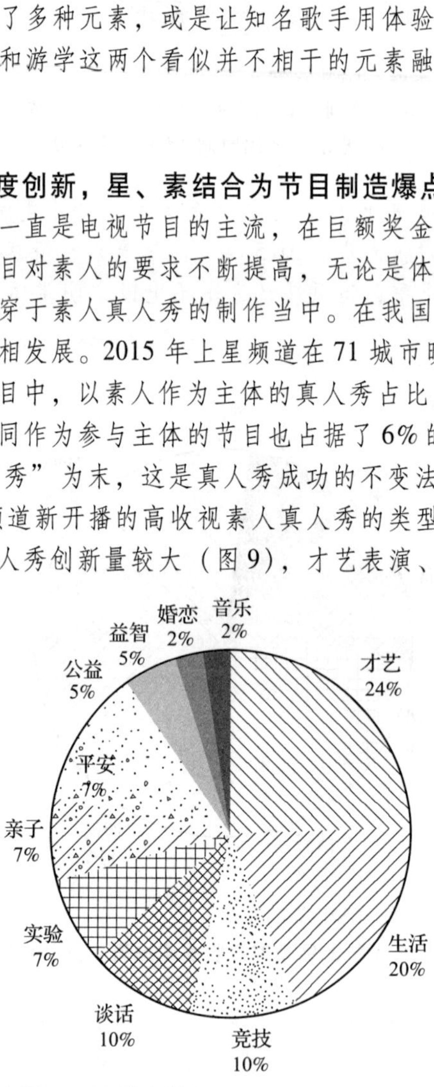

数据来源：CSM媒介研究

图9　2015年上星频道高收视素人真人秀①类型分布

① 71城市晚间平均收视TOP100中的素人真人秀。

类节目的主要形式。北京卫视的《传承者》主推传统文化展示，以非遗等传统文化项目为核心选题；《造梦者》融合国外高收视顶尖演艺真人秀，结合本土观众的收视喜好、表演特色进行改进升级；中央台三套的《群英汇》以群众业余文艺团体节目展示为亮点，讲述老百姓自己平凡而真实的文化生活故事；《有朋远方来》以外国人演绎中国传统文化为主体，旨在弘扬中国传统文化；浙江卫视的《我看你有戏》以挖掘电影人才为主旨，选手通过潜能无限的才艺展示彰显自己的实力。无论采取何种表现形式，可以看到这些高收视素人才艺类节目的背后，是真正身怀绝技的素人选手，是从选手技艺中所折射出的中华民族厚重的文化沉淀，以及不以“选”为最终目的、着重于“秀”出真实的创作初衷。

2015 年，以素人为主体的节目创新中，还透出一股对芸芸众生生活现状、生活经验、生活技艺的一种关注。这些节目或将目光聚焦在与百姓生活息息相关的美食、美容、美体、家装等领域（江苏卫视《减出我人生》、上海东方卫视《行走的美味》、安徽卫视《年轻十岁》、北京卫视《暖暖的新家》等），或以更为实用的生活实验、生活帮助等形式帮助观众树立科学的生活理念或价值观（安徽卫视《谣言终结者》、上海东方卫视《全民生活秀》、云南卫视《让我帮助你》等），或通过综艺形式和游戏环节，用生活常识、消费经验为家庭梦想买单（北京卫视《全是你的》）。服务素人生活的方方面面，彰显人文关怀与科学生活理念，成为 2015 年素人主体节目创新中的一个新风向。

由于我国民族文化的积淀，素人嘉宾在表达方式和视觉冲击等方面逊于明星，且国内的节目生态中不能像国外一样有巨额的现金奖励，因此在从明星真人秀到素人真人秀的过渡中，“星、素结合”便成为一个较为可行且实用的模式。江苏卫视的《远方的爸爸》以社会现象为基础，以讲故事为主要内容，以亲情为共鸣点，由明星和素人萌娃组成新组合，全新展示明星与素人互动的节目模式。湖南卫视的《一年级大学季》以无台本的镜头语言，以素人学生、明星老师、学校等多方互动来探讨一年级大学艺术教育这一严肃而又至关重要的命题。江苏卫视的《前往世界的尽头》则由“素人”和“明星”共同携手联合组队，征服“世界尽头”和“人类极限”。湖北卫视的《一路心喜》由男神张亮与神秘女星携 7 位个性男女开始一趟由心开始的甜蜜旅程。而在安徽卫视的《遇见男神》中，推动剧情发展的不是导演的意志，而是明星和素人粉丝间的互动和碰撞。这些创新真人秀，从贴近真实生活的平凡人角度展开，创新了明星与素人的互动模式，成为 2015 年电视节目创新中的另一道风景。

3. 青少节目受众定位日益清晰，跨界创新传递爱与关怀

鉴于电视媒体受众细分的市场需要，根据不同年龄段青少年的生理及心理发展，2015 年青少节目的创新中，专业化与对象化特征渐显，服务或锁定婴幼儿、儿童、少年、青年等目标群体的新节目集中推出，受众边缘定位日渐清晰。

面对较低年龄层的幼儿及儿童观众，创新节目更注重从萌娃的视角出发展现他们眼中的世界，或以更实用的信息为家长树立科学的育儿理念。湖南金鹰卡通卫视的《爱上幼儿园》将目光锁定在毫无荧屏经验的 2～4 岁幼儿身上，以孩子的视角重新看世界；北京卡酷少儿频道的《童心不停机》不同于大多数依靠游戏让儿童参与的节目，节目以

独特的实验形式走近萌娃；上海炫动卡通卫视的《炫酷牧场》立足于“萌娃协同狗狗共同闯关”，实现跨物种交流和亲子交流。此外，安徽卫视的《超级育儿师》主要为新晋或准爸妈量身定制调教“熊孩子”的妙招；北京卫视的《幼儿缘》讲述中国家庭在养育下一代时的一些特殊情感故事及遇到的育儿难题。

对于青少年群体，节目创新更注重于展示该群体成长过程中的精神状态，考验和挑战他们的体力及意志。中央电视台少儿频道的《极速少年》立足于青少年团队竞技励志；中央台二套的《青春季》以中学生异国交换角色体验为主要形式；中国教育台一套的《请教请教》、上海炫动卡通卫视的《超级高中生》关注青少年的成长困惑与话题；北京卫视的《音乐大师课》、安徽卫视的《星动亚洲》主推青少年音乐成长及偶像养成；宁夏卫视的《最强小孩》则定位为青少年生存挑战。这些节目锁定处于成长发育重要阶段的青少年群体，从不同的视角展示他们的体力、意志力和蓬勃向上的朝气，传递成长的正能量。

在受众边缘定位日益清晰的基础上，2015年亲子类节目开始尝试跨界创新，从美食、竞技、宠物、孕产、母婴等多个维度，传递出别样的爱与关怀。江苏卫视的《加油小当家》实现了“美食＋亲子”和“竞技＋美育”的双重跨界，用美食传递爱；深圳卫视的《闪亮的爸爸》，4位跨界明星奶爸与素不相识的萌娃展开亲子生活，碰撞出妙趣横生但温情满满的火花；四川卫视的《中国爸爸》以及江苏卫视的《远方的爸爸》，两档节目中临时明星奶爸与素人小孩相处的趣事也开辟了明星与素人互动的新模式；上海炫动卡通卫视的《炫酷牧场》、北京卡酷少儿频道的《冲吧汪汪汪》以孩子和宠物在参与节目全程中共同的成长变化为情感线，培养孩子们的爱心、责任感，促进人、宠和谐相处。此外，安徽卫视的《时尚妈咪》涉及明星、亲子、孕产、养生、教育、美容、运动、美食等多个方面，用独特的方式和别出心裁的方法来展现专业母婴知识和亲子内容；吉林卫视的《宝贝别哭》集权威性、科学性、实用性于一身，解答宝贝成长过程中遇到的身体上或心理上的各种问题。

4. 节目创新开启联动模式，地面频道联合制播节目开始走精品路线

近年来，随着市场竞争的不断升级，结成联盟抱团取暖的做法在地面频道中较为风行，由此，不同区域的地面频道因覆盖范围不同而在联盟购剧或联合制播节目方面可以将成本分摊至最小化并将收益增至最大化。在上星频道中，因为面临共同的收视市场和目标受众，联合制播节目的方式一直使用较少。随着收视市场和广告市场竞争的日益白热化，二、三线卫视开始探索通过联合制作播出综艺节目的方式，降低投入风险，摊薄制作成本，探寻进一步创新和突破的可能。继2014年贵州卫视和青海卫视首次以《爸爸请回答》在季播综艺中尝试双平台联播后，2015年9月，贵州卫视和重庆卫视再次试水美食品鉴类节目，共同播出引进自日本《料理东西军》版权的《超级美味》。与此同时，深圳卫视和韩国KBS电视台则将联动延伸至跨国同期播出，其联合制作的户外竞技真人秀《中韩梦之队》不仅让中韩明星各8人全程在节目原产地韩国录制，在播出上深圳卫视和韩国KBS电视台也分别于9月19日和9月20日晚间同期开播，开创了中外节目联动的新模式。2015年11月，李易峰担任制片、南派三叔亲任策划的明星户外探险

真人秀《一起出发》在湖北卫视和黑龙江卫视双平台联袂播出，共同开辟了寻宝主题综艺节目的新领域。

作为在电视市场竞争版图中数量众多但处于竞争弱势地位的地面频道，抱团取暖、共同破冰一直以来是其打响突围之战的重要战术之一。2015 年春节，城市台以联盟形式崛起，由长沙台、北京台、上海台、广州台、深圳台等全国 30 家大城市电视台联合主办的《2015 中国城市春晚幸福百城祥和过年》，通过统一品牌塑造、放大整体合作效应。此外，《江山如此多娇——宁夏医科大学总医院之夜 2015 中国少数民族春节大联欢》《美丽城市梦飞扬——2015 年六城市春节联欢晚会》《民和年丰——2015 全国六省百姓春晚》《童话未来——2015 十省市少儿春节联欢晚会》等节目也在多个地面频道播出，创造了城市台的集体行为艺术。

2015 年 5 月，中广天泽携手多家电视台共同发起成立了中国电视制作联盟，倡导“虚拟公司制”，跨区域创新节目生产。8 月起，制作联盟正式亮剑，每天 1 小时日播节目带在首批联盟台上线，首推两档聚焦素人的季播节目《远方的爱》和《宝贝在路上》。《远方的爱》立足公益励志成长，纪实拍摄留守少年异乡探访父母的旅程，直击素人节目的要点“人性”；《宝贝在路上》则记录两个 5～8 岁孩子靠自己力量结伴回家的故事，聚焦萌娃成长。两档节目首月推出即在不同地面播出平台创造出不俗的收视成绩，两档节目均跻身地面频道同类节目首播月收视排名前列，显示出联合制作模式的强大生命力。

2015 年 7 月，互动音乐成长真人秀《新声有范》在浙江少儿、福建少儿、重庆少儿、山东少儿等全国多家电视少儿频道和爱奇艺主流视频网站进行网台联播，成为地面频道在联合播出和多屏互动方面的积极尝试。2015 年 10 月，上海娱乐频道、深圳都市频道、北京文艺频道、广州综合频道 4 个频道联合制作、联合播出、联合招商的全新音乐模唱综艺节目《隐藏的歌手》在全国十多个地面频道和爱奇艺网站播出，独创了“四台一网”的播出模式，在播出的众多地面频道均取得较好的收视成绩，标志着地面频道联合制播节目向精品的进一步靠拢。

5. “台网合作”布局进入新阶段，互联网思维创新综艺语态

长期以来，在各大视频网站热播的综艺节目以电视台制播输入到网站为主流。随着视频网站主导的综艺节目“军团“逐渐发展壮大，以及视频网站自制综艺节目水平的不断提高，电视台与视频网站进入了合作布局的新阶段。从东方卫视与腾讯视频共同制作的《我们 15 个》，到优酷为北京卫视打造的《歌手是谁》，在电视台播出的新节目中，具有互联网基因的综艺节目开始现身并不断增多。2015 年 9 月，安徽卫视的《十周嫁出去》集合乐视网和安徽卫视双平台之力打造明星婚恋真人秀，乐视网全程直播约会、领证和举办婚礼的全过程，安徽卫视则在周六晚推出精编周播版。

不仅如此，随着节目制作水准的提高，视频网站自制的综艺节目中早已不乏高品质力作，由视频网站自制并反向输入电视台的节目也开始增多，成为内容市场上颇具竞争力的一股力量。作为爱奇艺自制的一档中国超模时尚真人秀，《爱上超模》自开播以来便关注度节节攀升，网络播放量足以比肩卫视综艺节目，话题关注度也居高不下。得益

于这样的超高人气，2015年3月，《爱上超模》在湖北卫视独家同步播出，完成了网络自制节目反向输入传统卫视的一次“逆袭”。2015年8月，爱奇艺出品的纯网综艺《流行之王》也在播出第五期后反向输出电视台，在贵州卫视独家播出。2015年12月，爱奇艺自制的“非大型”“不靠谱”“伪音乐”综艺节目《偶滴歌神啊》上线，12月27日起同步登陆深圳卫视周末黄金档，实现了纯网综艺节目向电视台的反向输出。该节目通过去精英化的表达方式、以互联网的思维和语言再次创新了综艺语态，不失为媒体融合时代跨平台内容传播的一次新尝试。

无论采取何种形式，台网联动制播或由视频网站反向向电视台输出节目的成功尝试无疑打破了不同平台之间的壁垒，强化了电视媒体和网络平台间的共振效应和口碑传播，推动了台网合作向双赢时代的迈进。

结语

2015年正式实施的“一剧两星”政策旨在进一步均衡卫视综合频道的节目构成，强化综合定位，优化频道资源。经过一年的发展，在黄金时段电视剧播出受到规范和限制的情况下，常态节目创新总量不升反降，各级电视媒体节目创新朝着更为理性的方向发展。在卫视频道层面，以明星和素人为主体的真人秀放量发展；在地面频道层面，联合制播、抱团取暖的路径和方针以多种形式得到贯彻，地面频道联合制播节目也开始尝试精品化的路线。展望2016年，市场仍然是瞬息万变，节目创新的步伐也不会停止。在政策和市场的共同作用下，新的一年能否有更多的“现象级”节目问世？节目创新中是否会呈现出更多的新路径、新爆点？这些问题，有待于我们继续观察。

（作者：周欣欣）

得“星”应手，“素”能生巧
——素人真人秀节目发展现状及思考

真人秀作为电视节目表现形式的一种，起源于欧美并形成一种电视文化风行至东方，其节目形态日趋成熟和多样，成为当前电视综艺节目的中流砥柱。尽管真人秀在我国的发展时间仅十余年，但随着国内媒体近年来对国外最流行、最具市场影响力的真人秀节目版权的引进，真人秀迅速在我国电视荧屏上发展壮大，其制作和播出达到了一个巅峰。在这一轮真人秀热潮中，将明星后台行为前台化的真人秀空前繁荣，明星真人秀一方面极大地扩展了我国电视真人秀的节目形态，但同时也引发了对价值伦理、审美标准、人文关怀等一系列问题的探讨。2015 年 7 月 22 日，随着国家新闻出版广电总局《关于加强真人秀节目管理的通知》的出台，“避免过度明星化”以及“提高普通群众参与真人秀节目的人数比例”的规定为素人真人秀的发展提供了契机。本文基于 CSM 媒介研究的收视调查数据，对素人真人秀的发展现状进行解析，并结合欧文·戈夫曼的“拟剧理论”，对素人真人秀的发展提出几点思考。

一、素人真人秀的发展特征

真人秀作为一种节目形态，是在虚拟的空间展示真实的人性，因参与主体的不同，可以分为明星真人秀和素人真人秀。在欧美国家，素人真人秀一直是节目制播与创新的主流，在巨额奖金的支撑下，欧美素人真人秀的热潮从未衰退，但节目对素人的要求不断提高，无论是体力上的极限挑战，还是错综复杂的人际关系，都贯穿于素人真人秀的制作当中。在我国，素人真人秀和明星真人秀一直凭借各自的特色交相发展，从“超女”、“快男”引发的草根素人选秀风潮，到《中国好声音》掀起的素人“高富帅”比拼热潮，素人真人秀在电视荧屏上不断创造辉煌。回顾近年来我国素人真人秀的发展变化，大致可以总结出如下三个发展特征：

1. 参与主体：由草根逆袭到“高富帅”当道

同样是以素人作为参与主体，但历经十年的发展变迁，引发受众驻足关注和热议的素人本身也在悄然发生变化。在“超女”、“快男”时代，草根素人登上舞台，历经数月甚至更长时间的赛程，和观众一同成长蜕变，让观众见证平民偶像的历练全程。随着时间的推移以及大量同质化节目的涌现，草根素人的身影遍布荧屏，观众的收视耐心也不断受到挑战。《中国好声音》的出现，为荧屏开启了素人选秀的新时代，观众不再需要苦苦陪伴等待，见证平民偶像的诞生；每个登上节目舞台的素人，已经悄然完成从草根到“高富帅”的历练，在登上舞台的刹那，偶像光辉点亮全场，虽然也是晋级赛制，但观众所要做的只是享受高品质的节目和大片化的呈现。而到了《最强大脑》，其参与主体甚至可以用“多能超人”来形容，观众所能做的更是睁大双眼见证他们不断挑战人类的体力和智力极限。从“超女”、“快男”到“好声音”再到“最强大脑”，我国素人真人秀实现了完美升级和华丽转身，草根逆袭的故事已经远去，舞台留给了更多领域的准“高富帅”。

2. 内容选题：由单纯竞技选秀到深入生活各个领域

从世界范围电视真人秀的发展趋势看，在竞技游戏类真人秀（Competition-game-shows）主导的背景下，现实生活题材的真人秀成为节目创新的新领域。现实生活类真人秀在西方有创构式纪录片或建构式纪录片（Constructed Documentaries）的别称，可分为“偷拍”秀（Hidden cameras）、生活技能秀（Professional activities）以及一些社会实验性节目（Social experiment）①。在我国，尽管素人真人秀以表演选秀和游戏竞技起始并达到了第一个巅峰，但随着节目同质化的愈演愈烈，这两种模式已经不能满足观众的收视需求，素人真人秀的内容选题不断深入到日常生活的各个领域：亲子成长、婚恋交友、谈话演说、医疗纪实、生活体验甚至旅游探险，都成为素人真人秀涉足的全新领域。与表演选秀和游戏竞技类节目有所不同，这些不同主题的真人秀一般不再设置PK、夺奖、淘汰等较具悬念和冲突感的环节，更强调对真人体验的纪录，通过巧妙介入现实空间，完成对普通人一段特殊生活体验的呈现。

3. 创新模式：“星”“素”搭配碰撞出别样火花

在我国电视真人秀发展之初，明星真人秀和素人真人秀可谓楚河、汉界界限分明，“超女”、“快男”中的麻辣评委也仅是相关领域的前辈或资深人士。随着节目模式的不断演变，明星开始在素人真人秀中现身并不断扩大影响，明星嘉宾、明星导师、明星队友、明星奶爸等，都在昭示“星”与“素”的全方位、多层次融合。《最强大脑》中的明星嘉宾、《中国好声音》中的明星导师、《前往世界的尽头》中的明星队友、《远方的爸爸》中的明星奶爸，尽管职责不同，但他们都凭借明星自身的影响力、话题性，数倍放大节目的聚焦力，成为素人真人秀创新拓展的一个有力突破。随着“限真令”的颁布，明星真人秀已经开始多角度融入素人元素，同样，素人真人秀在适度使用明星的同时，也在最大限度地挖掘素人本身的闪光点，使“星”和“素”更完美地融合。

二、素人真人秀的分类及收视

如前文所说，素人真人秀自引入我国之日起，就凭借其原生态的参与者、独到的呈现方式和淳朴明快的风格受到观众的追捧。尽管历经十余年发展以及形式多样的明星真

① 熊忠辉：《广播电视节目形态解析》，化学工业出版社2010年版，第149页。

人秀的冲击，综观2015年以来电视收视市场上热播的真人秀，在明星的熠熠光辉之外，素人真人秀同样在不同的领域获得突破发展。本文仅根据节目的内容形式将素人真人秀划分为如下九个类型：游戏竞技类、表演选秀类、亲子成长类、谈话演说类、婚恋交友类、素人生活类、生活体验类、医疗纪实类、旅游探险类（表1）。

表1　2015上半年上星频道收视较高的素人真人秀一览

类别	节目名称	季别	播出频道	首播时间
游戏竞技类	最强大脑	第2季	江苏卫视	周五21:00
	中国谜语大会	第2季	中央电视台综合频道	3月2~4日20:00
	超级战队	第1季	江苏卫视	周日21:10
	全是你的	第1季	北京卫视	周日21:10
	好好学吧	第1季	湖南卫视	周日至周四19:30
	电影新青年	第1季	中央台六套	周日20:15
	中国灯谜大会	第2季	云南卫视	周五21:20
	极限勇士	第1季	江苏卫视	周二22:40
	极速少年小学生30人31足全国大会预热季	第1季	中央电视台少儿频道	周五18:00~19:00
	最爱是中华	第2季	贵州卫视	周日晚21:20
	唐诗风云会	第1季	陕西卫视	周日21:20
	文学英雄	第1季	河南卫视	周五21:15
表演选秀类	中国好歌曲	第2季	中央台三套	周五19:30
	造梦者	第1季	北京卫视	周五21:10
	最美和声	第3季	北京卫视	周六21:20
	中国梦想秀	第9季	浙江卫视	周日至周四21:30
	音乐大师课	第1季	北京卫视	周六21:10
	青春练习生	第1季	浙江卫视	周四22:00
	中国农民歌会	第1季	安徽卫视	周四22:30
	中国超模	第1季	重庆卫视	周四21:20；周六22:00
亲子成长类	远方的爸爸	第1季	江苏卫视	周三22:00
	爱上幼儿园	第1季	湖南电视台金鹰卡通频道	周六19:00
	中国爸爸	第1季	四川卫视	周五21:00
	童心不停机	第1季	北京卡酷少儿频道	周一至周五18:30
	归来	第1季	辽宁卫视	周日21:20
谈话演说类	超级演说家	第3季	安徽卫视	周六21:10
	非正式会谈	第1季	湖北卫视	周五21:20
	世界青年说	第1季	江苏卫视	周四21:30
	精彩中国说	第1季	山东卫视	周日21:30
婚恋交友类	星梦奇缘	第1季	天津卫视	周五21:10
	浪漫满屋	第1季	贵州卫视	周日22:00
	牵手爱情村	第1季	浙江卫视	周二22:00
素人生活类	等着我	第1季	中央电视台综合频道	周二22:36
	CCTV家庭幽默大赛	第1季	中央电视台综合频道	周日22:37
生活体验类	我们15个	第1季	上海东方卫视	周一至周五24:00
医疗纪实类	生命缘	第2季	北京卫视	周一至周三21:20
	急诊室故事	第1季	上海东方卫视	周五22:00
	宝贝你好	第2季	天津卫视	周四21:20
旅游探险类	前往世界的尽头	第1季	江苏卫视	周五22:30

当前在我国电视荧屏上较为活跃的素人真人秀仍以游戏竞技类和表演选秀类为主。游戏竞技类真人秀的大量播出，与国际上的整体趋势一致，在我国又不断细分为多个子类型，如以《超级战队》《极限勇士》等为代表的运动竞技，以《中国谜语大会》《中国灯谜大会》为代表的益智竞猜，以《最爱是中华》《唐诗风云会》《文学英雄》为代表的文化竞技，更有以《最强大脑》为代表的科学达人挑战。尽管近年来表演选秀类真人秀在我国发展遇冷，但大浪淘沙后活跃在荧屏上的几档节目别具看点，除音乐选秀之外，帮助普通百姓圆梦的梦想秀以及超模选拔秀也有播出。

随着“爸爸热”在明星真人秀中的升温，素人真人秀中以亲子为主题的节目也不断开拓创新。《中国爸爸》《远方的爸爸》《归来》定位为寻亲真人秀，《爱上幼儿园》《童心不停机》则聚焦低龄萌娃，试图挖掘他们身上的萌点和笑点。谈话演说类真人秀在2015年重新升温，但与传统谈话类节目相比，无论是演讲类的《超级演说家》《精彩中国说》，还是谈话类的《世界青年说》《非正式会谈》，在形式和参与主体的选择上均有所突破，有向精英阶层和年轻群体靠拢的趋势。素人婚恋情感类真人秀在2015年回归观众视野，《非常完美》将室内婚恋转向户外，《牵手爱情村》在封闭空间内进行社交实验，《星梦奇缘》则主打“明星家长式”户外交友。医疗纪实类真人秀也是素人真人秀近年来新开发的一个视角，这些节目记录生死之间最具人性光辉的真实瞬间，更凸显蕴含其中的人文关怀。此外，生活体验类真人秀《我们15个》也是2015年素人真人秀领域的一个里程碑式节目，6月23日起在腾讯视频开启24小时、360度全时直播，6月29日东方卫视首集日播版上线。没有剧本、没有任务、没有死角等看点，成为节目对真人秀的颠覆。作为在素人真人秀领域较少尝试的类型，旅游探秘类真人秀也在2015爆出力作，《前往世界的尽头》采取“素人”和“明星”组队的形式，记录人类“征服极限”的情感风暴和旅途过程中的“酸、甜、苦、辣”，引发了热议。

从不同类型素人真人秀的收视表现来看，游戏竞技类和表演选秀类真人秀不仅播出量大，也是在收视上较有保障的类型。2015年上半年，71城市中收视最高的几档素人真人秀多集中于这两个类型。旅游探险类真人秀《前往世界的尽头》、谈话演说类《超级演说家》和亲子成长类《远方的爸爸》则成为相对小众类型中的突破者（图1）。

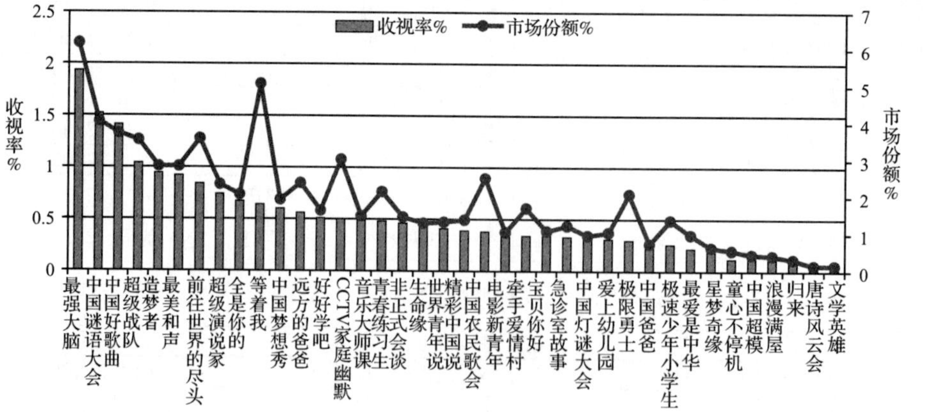

数据来源：CSM媒介研究

图1 2015上半年上星频道部分素人真人秀收视表现（71城市，首播档）

三、素人真人秀的受众描摹

从不同类型素人真人秀的受众特征中（图2、图3），我们不难描摹出其受众生态，并可根据其共性将它们重聚为以下几种类型：

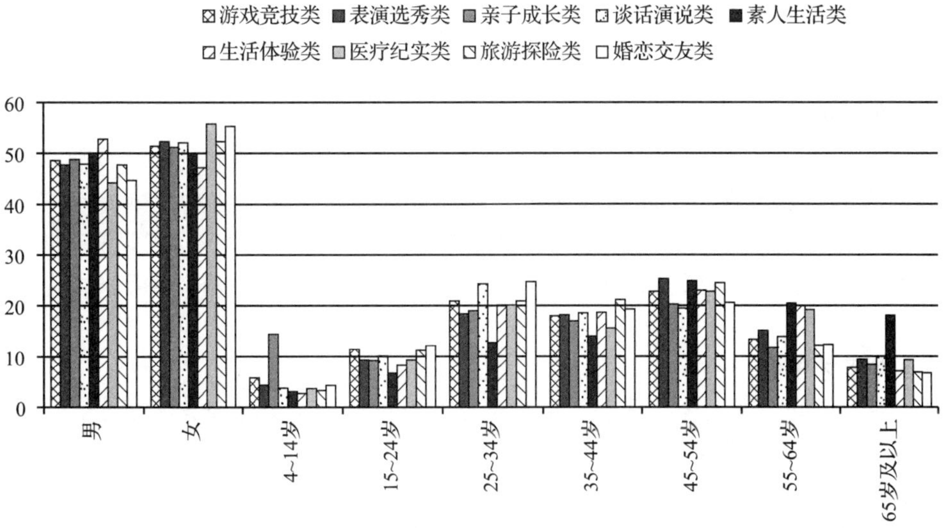

数据来源：CSM 媒介研究

图2 2015 上半年上星频道各类素人真人秀受众的性别及年龄构成（%，71 城市）

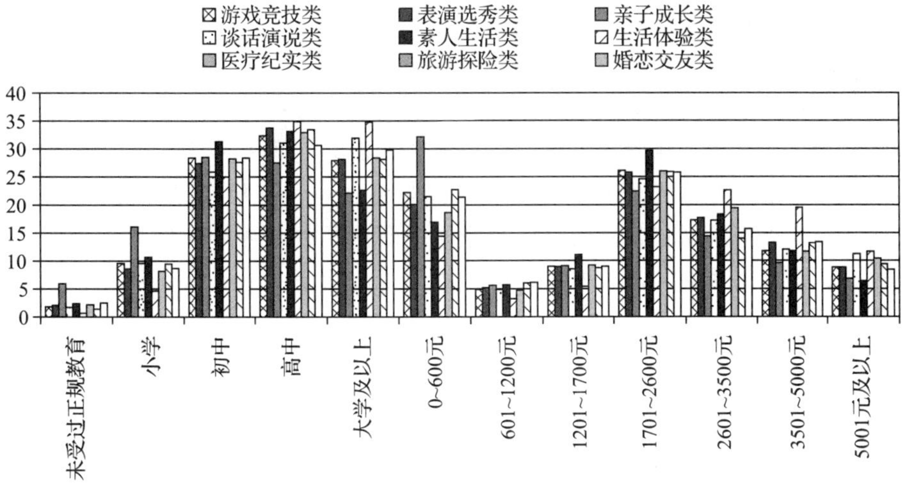

数据来源：CSM 媒介研究

图3 2015 上半年上星频道各类素人真人秀受众的学历及收入构成（%，71 城市）

1. 普罗大众型

不同的社会阶层在社会地位、经济利益、生活态度、价值观念和文化理念等方面存在着较大差异，对媒介的消费欲望、消费趣味也表现出不同的特点。“普罗大众型”真人秀聚拢了在社会阶层中占据最大比重的社会成员，节目对普通人话语权的肯定，满足了这些受众从“明星”的仰望者变身“民星”的制造者的心理需求，带动其深度卷入节目的收视。游戏竞技类、表演选秀类和婚恋交友类真人秀都属于这一类型，其核心受众是女性、中青年、中等学历及中等收入群体，这是共性。从个性上看，游戏竞技类真人秀的观众中，34 岁及以下的年轻观众占比更高；表演选秀类真人秀的观众中，45～54 岁年龄段观众更为集中；婚恋交友类真人秀的观众中，25～34 岁年龄段观众占比更高。

2. 稚趣童颜型

该类真人秀吸引了在年龄层上处于较低水平、在社会经济地位和文化地位上处于较低阶层的人群，亲子成长类真人秀便属于这一类型。该类真人秀的观众中，中低年龄层、中低学历及中低收入群体较为集中。节目中尚未充分社会化的孩子们以更为性情和本真的真实行为，在冲击不成文的社会框架的同时，也获得了未成年观众的青睐和追捧。

3. 青年才俊型

“青年才俊型”真人秀立足于正在崛起的社会中间阶层的媒介消费需求，以符合其心理需求的传播话语样式，吸引受众中的年轻、精英群体，谈话演说类、生活体验类、旅游探险类真人秀均属这一类型。本文所分析的几档谈话演说类真人秀的观众中，中青年、中高学历、中高收入水平的观众占据主体，25～34 岁年轻观众占比更高。旅游探险类真人秀的受众中，中高学历及中等收入群体也占据主流。生活体验类真人秀以其独特的制作及播出形式，在电视端更吸引男性、中青年、高学历及高收入观众加入收视大军。

4. 老当益壮型

中老年、中等学历及中等收入群体在我国电视观众的构成中一直以来占据着重要地位，其收视的忠实度也多年稳定在高位，“老当益壮型”真人秀就是更契合这一群体的收视需求，成功汇聚其收视的节目类型，素人生活类和医疗纪实类真人秀便属于此类。这两类素人真人秀的观众中，中老年、中等学历及中等收入群体占据主流，相较其他类型节目而言，素人生活类真人秀的观众中，55 岁及以上老年人、初中学历、个人月收入 2600 元及以下的观众占据更高的比例；医疗纪实类真人秀则女性观众更为集中。

四、素人真人秀个案聚焦

在上文分析的基础上，本文选取几档收视较高的素人真人秀作为典型案例，进行进一步的分析。

1. 江苏卫视《超级战队》

《超级战队》是江苏卫视 2015 年打造的一档原创素人真人秀，每期节目由 3 位明星担任队长，带领自己的队员猜测极限挑战的题目。作为一档素人真人秀，节目在竞技元素融合、悬念设置、“星”“素”结合以及多屏互动等方面均表现出一定的突破，自1月4日开播后收视走势基本平稳（图4），成为游戏竞技类素人真人秀的一个成功案例。

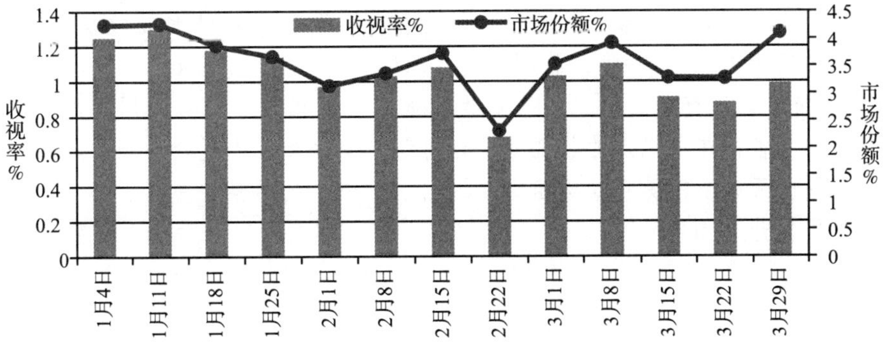

数据来源：CSM 媒介研究

图4　2015年江苏卫视《超级战队》第一季各期收视走势（71城市，周日21:10）

由于《超级战队》的挑战项目新、奇、难，现场气氛随之紧张，而这种与挑战者“同呼吸、共命运”的感觉会通过镜头传递给电视机前的观众，电视观众的收视会随着节目中选手的挑战而波动；同时明星队长的加盟也是节目“星”“素”搭配的一大看点。我们选取节目收视最高的一期（2015年1月11日）来观察，节目收视的高峰不仅出现在选手挑战结果揭晓的瞬间，在第一组选手比拼结束后，明星队长章子怡质疑蓝白两色气球气压是否相同的小插曲，恰巧为节目打造了当期收视的峰值（图5），足见在素人真人秀中恰当运用明星元素的作用。

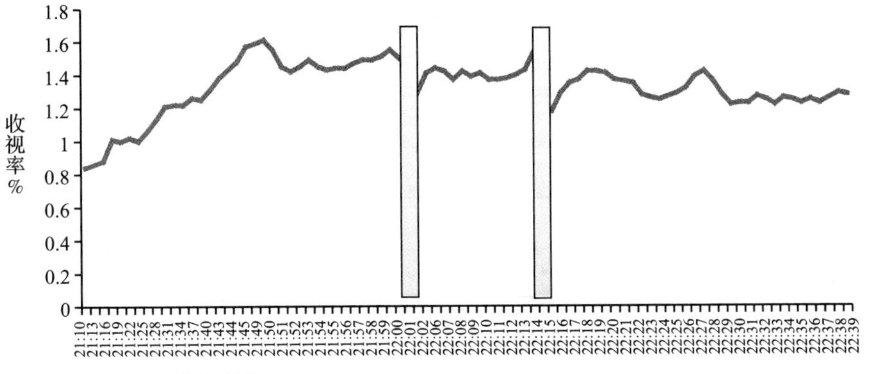

数据来源：CSM 媒介研究

图5　2015年1月11日江苏卫视《超级战队》分钟收视走势（71城市）

2. 上海东方卫视《我们15个》

《我们15个》是腾讯视频与世界知名制作公司Talpa联合研发制作的一档大型生活体验真人秀，节目浓缩了现代人对爱、理想、竞争、创造、幸福等命题的真实思考，呈现了浮躁的现代人是否能够回归初心、重构价值的“超凡实验”。《我们 15 个》开辟了多种收看方式，包括 PC 端、腾讯视频客户端、独立 App 以及腾讯加东方卫视播出的日播或周播精华版。节目于 2015 年 6 月 23 日起在腾讯视频 24 小时直播，6 月 29 日东方卫视首集日播上线。

从节目播出后在电视平台上的收视效果来看，除首播日在 71 城市收视率突破 0.2% 以外，其余各期走势基本平稳，收视率在 0.1% 左右波动（图 6）。作为一档在晚间 24:00播出的节目，该节目首播月的平均收视水平较开播前一个月同周天同时段频道的平均收视水平翻番，在电视端的收视创了开门红。观察节目的观众特征，与播出平台东方卫视晚间及全天时段的受众结构相比，《我们 15 个》的男性、中年、高学历及高收入观众占比明显提升（图 7）。

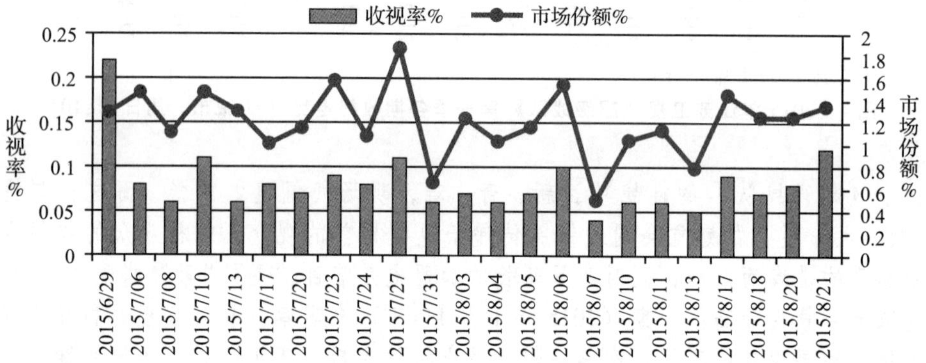

数据来源：CSM 媒介研究

图 6　2015 年上海东方卫视《我们 15 个》第一季各期收视走势（71 城市）

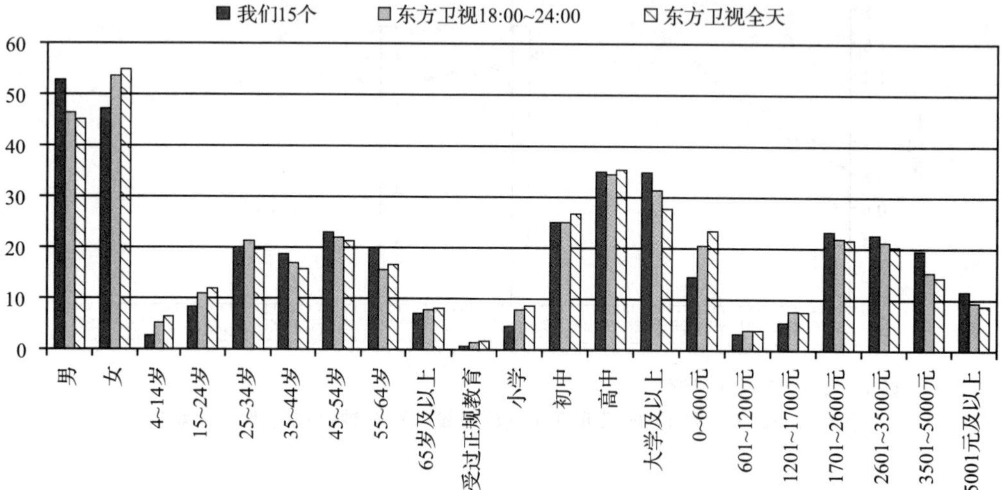

数据来源：CSM 媒介研究

图 7　2015 年 7～8 月《我们 15 个》与上海东方卫视观众构成比较（71 城市）

在其他平台，截至2015年7月5日23:00，《我们15个》在腾讯视频的总播放量突破1亿，日均播放量超760万；直播版日播放量508万，直播日在线用户238万，人均观看时长为41.6分钟；午间、傍晚和22:00前后是直播收看人数的三大峰值时段，即使从凌晨到黎明，仍然有不少网友在线。《我们15个》移动端和PC端的比例为23:77；App用户的日活跃度高达87%；除了黏度高之外，节目播出也表现出了较强的互动性：日均评论弹幕数为16.5万，饭团发帖量超过1.5万条[①]。高黏度、高互动、高关注成该节目的亮点。作为素人真人秀的一种突破模式，《我们15个》以其独到的制作方式和多平台联合的播出模式，获得了市场的初步肯定。

五、拟剧理论下素人真人秀的发展思考

拟剧理论是加拿大社会学家欧文·戈夫曼观察戏剧表演而获得灵感，进而提出的一种社会理论。戈夫曼以人际交往中的传播行为为研究对象，将人们在社会生活中的交往比作舞台上的一种“戏剧表演”，他认为社会就像一个大舞台，每个社会个体就像舞台上的演员，他们在不同的生命阶段扮演着不同的社会角色进行表演。表演框架、区域与区域行为、前台与后台、剧班、表演以及印象管理艺术是拟剧理论的六大核心构成要素[②]。拟剧理论作为一种社会学理论被运用于诸多领域的研究，引申至电视真人秀的分析中，我们可以将节目本身视为一个“舞台”，将参与节目的人物之间的互动关系视作一个拟剧中的“社群”，基于这样的人物关系链条对素人真人秀的发展进行思考。

1. 素人与明星孰优孰劣？

表演是戈夫曼拟剧理论的核心要素。一方面，明星具有天然的知名度和影响力，可以极大地激发受众窥探其生活的好奇心，提高节目的收视率；素人则先天有聚焦性偏弱、镜头感偏差、话题延展度不高等劣势。另一方面，对于将真实性放在首位的电视真人秀，作为参与主体的明星嘉宾已经习惯于在镜头前扮演节目所需的人物角色，以其作为真人秀的节目的真实度难免受到质疑；而素人则不存在这样的顾虑。

前台与后台也是拟剧理论的核心要素之一。前台是个体在表演期间有意无意使用的、标准的表达性装备，是在不同的社会互动场合，个体按照标准展示自己的区域。后台是在前台表演间歇时进行准备和休息的场所，在这个区域中有着许多被掩盖的事实，在这里，表演者可以放松一下，放下道具，不说台词，甚至可以暂时忘掉自己扮演的角色。[③]

从明星真人秀和素人真人秀来看，明星真人秀正是巧妙地利用了前台和后台的位移变化，满足了观众自身突破社会规范约束的欲望，从而实现了收视的提升。作为知名度较高的明星，其家庭生活包括亲子互动等行为是在社会等级机制和规范之外的自留地，属于后台行为，而明星真人秀将原本属于后台的明星家庭生活搬到前台，使原本在公众

① 《我们15个》数据公布，拉开实验感极强的大幕。http：//ent. qq. com/a/20150714/041443. htm。

② 朱燕丹：《拟剧理论视角下电视真人秀的特点及策略研究》，《今传媒》，2015年第4期。

③ 〔加〕欧文·戈夫曼：《日常生活中的自我呈现》，北京大学出版社2008年版，第21页。

面前的社会框架发生了位移，观众用一种虚拟的方式体验着违反常规、冲破社会框架的快感，这也是明星真人秀收视率和话题性不断提升的深层次原因。与之相比，素人不具备明星的知名度和话题性，其后台行为也不会成为观众乐于关注的焦点，因此其在真人秀中的表现往往不会形成如明星后台与前台位移的那种冲击力，这是素人真人秀的一个相对劣势。

2. 素人真人秀如何突破？

● 表演者

不仅对于明星来说存在后台和前台的位移，对于素人中的特定表演者来说，也存在产生戏剧效应的条件。例如，亲子类真人秀的火爆就是巧妙地利用了孩童的这一特性。不同于历经世事的成年人，孩童年幼天真，这种天然属性使其前台行为的表演性降低，后台化程度提高，从而增加了真实性和趣味性，降低了表演的可能性，提升了信任度。

● 表演

对于明星真人秀来说，明星的表演要生活化，要淡化舞台成分。而对于素人真人秀来说，素人在节目中正好是一次登台。欧美素人真人秀之所以历经多年发展仍长盛不衰，与其对参与节目的素人要求不断提升密切相关。对于不具备明星知名度和影响力的素人表演者而言，他们一定要在表演上有自身的特色和看点，他们或在智力与体力上有过人之处，能应对极限的挑战；或在处理复杂的人际关系上具有不凡的才能，能应对节目推进过程中的种种障碍；或有不同寻常的经历或故事，能极大限度地激发观众的窥探欲。

● 规则情节设置

真人秀成功的关键在于真实性与戏剧性的有机结合，情境设置中的规则情节设置可以推动悬念这一重要戏剧要素的产生。节目的规则情节即游戏规则，在素人真人秀中，可以通过设置大量充满趣味性、悬念性、挑战性的游戏任务，借此在游戏过程中展现真实鲜活的人性，最终使素人真人秀跳脱出现实生活的平淡，富有戏剧的节奏感。

结语

电视真人秀的发展，是一个不断模仿、不断推进、不断赶超的过程，明星们“草根式”回归电视荧屏，带给受众全新的娱乐体验。而登上表演舞台的草根素人身上也不乏可以开掘的资源和亮点。以人为核心、以真为特色、以秀为手段的电视真人秀能否由素人引发新的爆点和变革，在得“星”应手之外，“素”是否能生巧，尚有待传播者进入全新的探索领域。

（作者：周欣欣）

传播新时空 谈话新观察

电视谈话节目是将人际间的谈话交流引入屏幕，并以这种交流本身直接为节目内容和形式的节目形态[①]。谈话节目的兴起反映出传播观念的变化，即从大众传播到人际传播、从共性传播到个性传播的变化。从《东方直播室》和《实话实说》的兴起[②]，到《艺术人生》《鲁豫有约》的辉煌，电视谈话节目在我国的荧屏上一度繁荣，但随着节目形态的渐趋落后以及观众的审美疲劳，谈话节目在电视荧屏上的影响力逐渐式微，数量大幅度减少。

2015年伊始，随着各卫视频道之间娱乐节目竞争的不断升级，以及广电新政对节目形式与内容创新的鼓励，电视谈话节目重回观众视野，各级电视媒体集中推出了多档访谈类、脱口秀或带有脱口秀元素的新节目，谈话节目重现繁荣。不仅如此，与传统老牌谈话节目相比，新推出的这些节目在形态、内容以及创新方向上均表现出了新的特征及变化。本文立足于2015年上半年各级频道播出的谈话类常态新节目，在描述分析其播出与收视概况的基础上归纳其创新特点。

一、谈话类新节目播出概览

1. 省级卫视占据创新主体

在我国电视节目形态的发展演变过程中，谈话节目曾凭借其新鲜的样式、简单的制作受到各级媒体的青睐。随着大量同质化节目充斥荧屏，如何在内容、选题、模式等方面突破就成为此类节目重新俘获观众的关键点。由图1我们可以看出，在新一轮的谈话节目创新中，占据明显资源优势的上星频道，尤其是省级上星频道，成为谈话节目的创新主体。曾经以低成本运作的谈话节目，也开始成为频道树立品牌影响力的一个发力点，具有话语权的主持人和具有收视号召力的明星、大手笔的制作投入，都成为节目扩大影响力的保障。

---

① 朱羽君、殷乐：《大众话语空间：电视谈话节目》，《现代传播》，2001年第2期。

② 尽管早在20世纪60年代中国就出现了一些谈话形式的节目，但业内人士通常认为中国真正意义上的、新式的谈话节目发展始于20世纪90年代初期，以上海东方电视台的《东方直播室》和中央电视台的《实话实说》为代表。

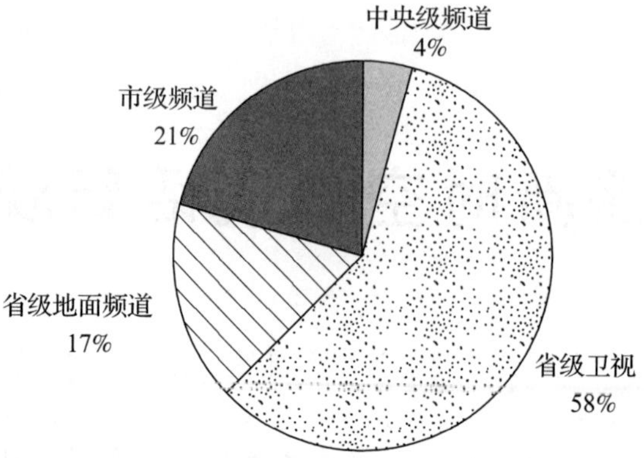

数据来源：CSM 媒介研究

图 1　2015 年上半年谈话类新节目在各级频道的数量分布

2. 播出集中于“920”时段

2015 年“一剧两星”政策正式实施，2 集电视剧后的“920”时段便成为各级卫视展示其节目制作能力和编排技术的最佳战场。由于各家卫视在这一时段可供选择的节目内容只能局限于非娱乐类，因此包括人物访谈、新闻评论、道德建设、文化公益等各种类型的节目便集中在这一时段推出。从 2015 年新开播的谈话节目首播时段分布来看，开播于 21:00～22:00 之间的节目占据主体（表 1）。

3. 人物类谈话节目更为集中

依据分类标准的不同，电视谈话节目可以划分为不同的类型：按题材可以分为人物类谈话节目、事件类谈话节目；依据人物的职业属性，可以将人物类谈话节目进一步细分为明星类谈话节目、政企精英类谈话节目、文化名人类谈话节目；根据事件的属性，也可以将其大致分为政务民生、情感谈话、平民生活、政经热点、社会文化等几类。

播出集中于“920”时段的谈话类新节目更契合这一时段人文、公益和民生的节目编排生态。从创新类型上看，以社会精英或偶像为主体，或以探讨社会文化发展中的现象问题为主要脉络的谈话节目盛行。从 2015 年上半年各级频道播出的 20 余档谈话类新节目来看，人物类谈话节目占据主体，访谈对象集中于政企精英和明星两大类型。在事件类谈话节目中，社会文化类更为集中，情感谈话和政务民生类也有涉及（表 1）。

表 1　2015 年上半年各级频道谈话类新节目播出概览

节目类型		节目名称	播出频道	频道类型	首期日期	首播时间
人物类	政企精英	百佬会	深圳卫视	省级卫视	2015/1/8	21:20:52
		华商启示录	浙江卫视	省级卫视	2015/1/11	17:55:02
		我是创享家	旅游卫视	省级卫视	2015/3/29	21:34:03
		一人一世界	中央台二套	中央级频道	2015/6/19	19:51:32
		青年力量	山东电视公共频道	省级地面频道	2015/1/4	21:00:00
		波士来了	辽宁广播电视台北方频道	省级地面频道	2015/3/22	17:46:25
		艾问后来	广西卫视	省级卫视	2015/3/3	21:19:48
		艾问 Ask	大连台一套（新闻综合频道）	市级地面频道	2015/3/22	21:48:19
		你在他乡还好吗	南昌电视台新闻综合频道	市级地面频道	2015/5/30	21:35:07
	明星	金星秀	上海东方卫视	省级卫视	2015/1/28	22:00:00
		你又来听我唱这首歌	福建海峡电视台	省级卫视	2015/2/2	21:15:01
		纲到你身边	湖北卫视	省级卫视	2015/4/27	21:59:59
		卫健音乐时光	北京卫视	省级卫视	2015/4/6	21:59:30
		蔷薇花开	扬州电视台二套	市级地面频道	2015/5/7	21:30:36
		名人书院	深圳电视台三套（财经生活频道）	市级地面频道	2015/5/30	22:07:35
事件类	情感谈话	人间真情	江苏卫视	省级卫视	2015/1/7	21:20:52
	政务民生	东方眼	上海东方卫视	省级卫视	2015/1/1	21:23:00
	社会文化	群英会	天津卫视	省级卫视	2015/1/7	21:20:46
		世界青年说	江苏卫视	省级卫视	2015/4/16	21:10:27
		非正式会谈	湖北卫视	省级卫视	2015/4/24	21:18:30
		你贵姓	山西卫视	省级卫视	2015/6/16	21:45:03
		群英会	天津电视台四套（都市频道）	省级地面频道	2015/1/10	20:03:48
		天津知多少	天津电视台二套（文艺频道）	省级地面频道	2015/4/6	21:09:37

数据来源：CSM 媒介研究

二、谈话类新节目收视特征

1. 节目参与者及内容主题影响其市场收视表现

明星对于节目的影响力和收视的拉动作用在电视真人秀等多种节目类型中已得到佐证，而在人物类电视谈话节目中，以明星作为访谈对象的节目同样在收视上表现更好。在本文选择深入分析的 3 档典型人物类谈话节目中，东方卫视的《金星秀》以及湖北卫视的《纲到你身边》俘获了更多的收视关注，且收视的成长性和稳定性更好（图2）。除了节目明星采访板块对明星的访谈外，这两档节目还分别设有金星和郭德纲的个人脱口秀部分。作为节目标签的个人特色浓厚的明星化主持人成为节目获得稳定收视的重要保障。

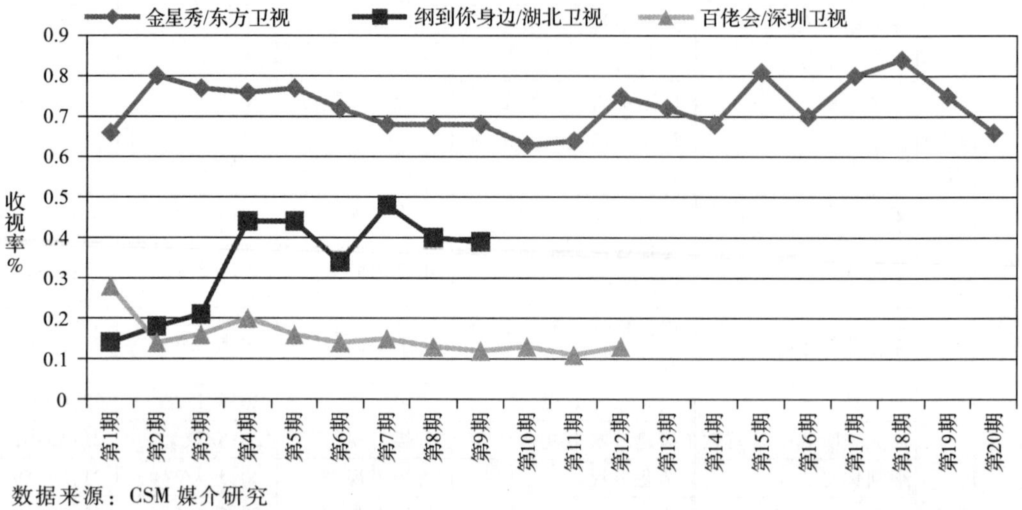

图2　三档人物类谈话节目首播各期收视走势（2015年1月1日~6月27日，71城市）

与以人物访谈为核心的谈话节目不同，事件类电视谈话节目虽然也有明星主持人的加入，但对节目收视产生更重要影响的是节目的内容和话题。观察2015年上半年3档较为典型的事件类谈话节目各期的收视走势，情感谈话节目《人间真情》收视最高一期的主题为“等你来爱我——一场告白背后引发的秘密”，政务民生类节目《东方眼》（已停播）收视最高的一期是春节期间“名嘴贺岁——小崔和他的朋友们”，社会文化类节目《非正式访谈》收视最高的一期则是首期“男人来自火星，女人来自金星？”3档节目整体收视水平差异不大，随着选题的不同而收视波动明显（图3）。

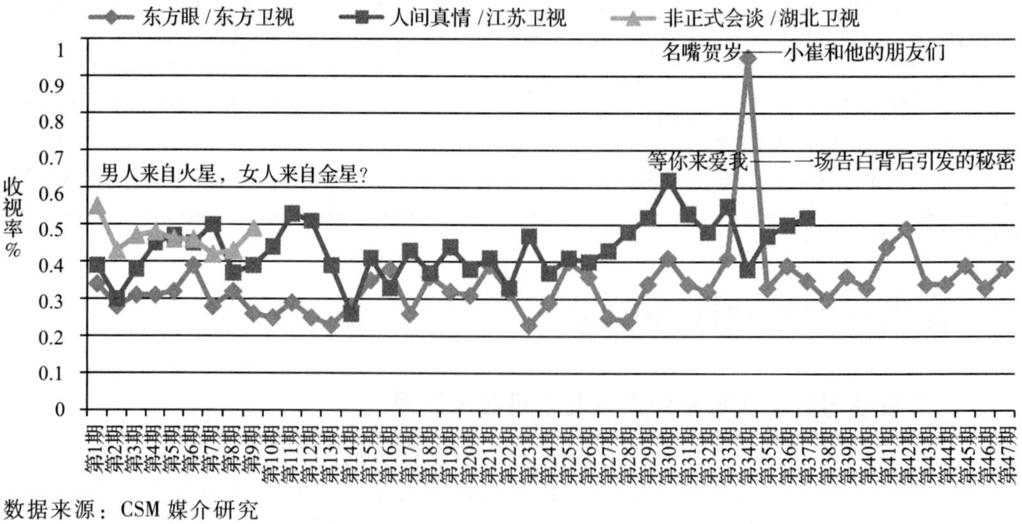

图3　三档事件类谈话节目首播各期收视走势（2015年1月1日~6月27日，71城市）

2. 节目定位契合核心观众的收视诉求

电视谈话节目要想获得成功，节目的定位与风格与观众对象就要高度契合。不同定位的谈话节目面对不同类型的观众群体，不同风格的嘉宾呼应不同观众的心理诉求。

舞蹈家金星担任主角的《金星秀》，女性、中青年、高中学历和离退休、初级职员是节目的收视主体（图4），他们看重金星身上的人生阅历，在节目的收视过程中感受不同人生观碰撞的火花。曲艺演员郭德纲主持的《纲到你身边》，25~34岁、中高学历、工人和初级职员在节目观众中所占的比重较其他节目更高，他们更看重郭德纲身上的幽默风趣，在节目的收视过程中透过“郭氏解读”放松心情、释放压力。中央电视台财经频道（中央台二套）的《一人一世界》邀请了全国数十位不同职业、不同领域的新锐精英、意见领袖在舞台上演说，契合了中老年、高学历、干部/管理人员等群体的收视诉求，他们对节目的收视倾向性更强。秉承“解码商战风云，传承创业智慧”理念的《百佬会》，男性、中青年、中高学历、个体/私营企业人员在观众中的占比相对突出，他们更希望从这些具有强势话语权的人物身上获得创业的灵感。

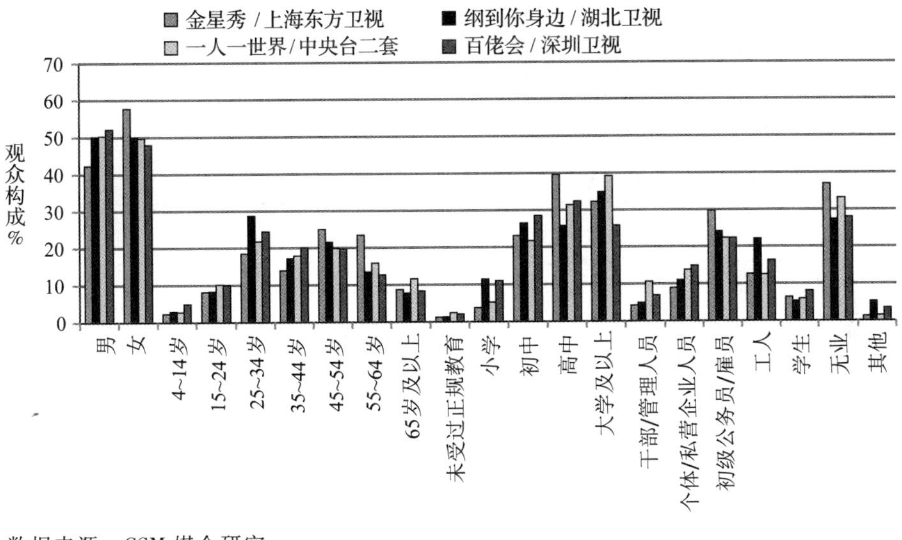

数据来源：CSM媒介研究

图4 四档人物类谈话节目观众构成（2015年1月1日~6月27日，71城市）

3档事件类谈话节目中，湖北卫视的《非正式会谈》中来自不同国家、具有不同特点的高颜值型男代表就世界各国年轻人关心的话题展开极具看点的热烈讨论，节目的确更吸引男性、年轻、高学历观众，契合了他们的收视需求（图5）。江苏卫视的情感谈话节目《人间真情》直面百姓生存状态，女性、中年、中低学历、工人、个体从业者在其观众中所占比例更高，故事访谈的内容和形式更吸引他们的关注。上海东方卫视的政务民生类节目《东方眼》；中老年、中高学历、初级职员和离退休人员为收视主体，小崔以不同视角进行精悍、幽默的“崔氏”解说更契合他们的收视需求。

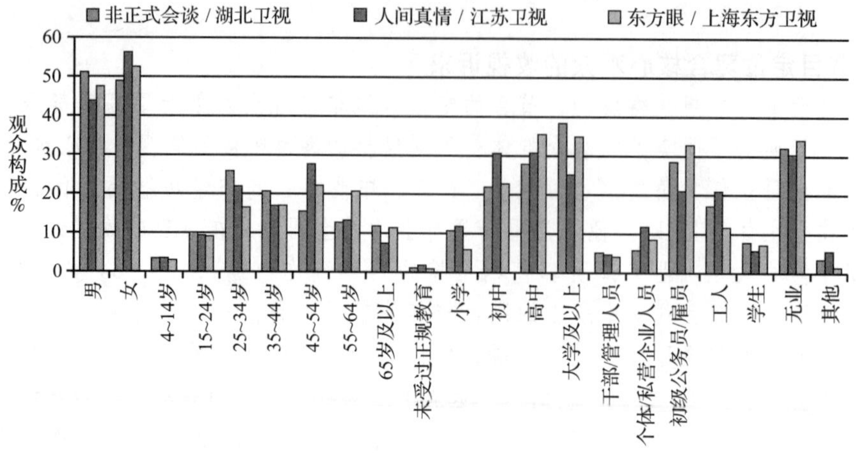

数据来源：CSM 媒介研究

图5　三档事件类谈话节目观众构成（2015 年 1 月 1 日 ~6 月 27 日，71 城市）

3. 受众收视偏好与节目播出平台关联度高

特定节目的受众不是一个静态的收视群体，其收视行为贯穿于连续的收视实践中，基于稳定的平台偏好和内容偏好，收看一档节目的受众对后续节目的收视也会形成一定的规律。本文通过追踪 3 档典型谈话栏目的观众后续收视变化（表 2 ~ 表 4），探析其电视节目收视的平台偏好及内容偏好。

表 2　2015 年 4 月《金星秀》观众收视较高的节目①

节目名称	播出频道	类别
金星秀	上海东方卫视	综艺
妈妈咪呀做女人就这样	上海东方卫视	综艺
奔跑吧兄弟	浙江卫视	综艺
我是歌手 2015 巅峰会	湖南卫视	综艺
天天向上	湖南卫视	综艺
百里挑一	上海东方卫视	综艺
快乐大本营	湖南卫视	综艺
欢乐喜剧人	上海东方卫视	综艺
东方直播室	上海东方卫视	专题
王大花的革命生涯	中央电视台综合频道	电视剧
花样姐姐	上海东方卫视	综艺
娱乐星天地	上海东方卫视	综艺
两代会议厅	上海东方卫视	生活服务
X 诊所	上海东方卫视	生活服务
我看你有戏	浙江卫视	综艺
非诚勿扰	江苏卫视	综艺
嘿老头	上海东方卫视	电视剧
花儿与少年	湖南卫视	综艺
今晚 80 后脱口秀	上海东方卫视	综艺
酷爸俏妈	上海东方卫视	电视剧

数据来源：CSM 媒介研究

① 此处《金星秀》观众为 2015 年 3 月收看过该节目的观众，4 月节目收视不包括时长在 20 分钟以下的节目。

表3　2015年4月《百佬会》观众收视较高的节目①

节目名称	播出频道	类别
关键洞察力	深圳卫视（新闻综合频道）	新闻
军情直播间	深圳卫视（新闻综合频道）	专题
决胜制高点	深圳卫视（新闻综合频道）	专题
直播港澳台	深圳卫视（新闻综合频道）	新闻
今日关注	中央台四套	新闻
奔跑吧兄弟	浙江卫视	综艺
我是歌手2015巅峰会	湖南卫视	综艺
王大花的革命生涯	中央电视台综合频道	电视剧
我看你有戏	浙江卫视	综艺
天天向上	湖南卫视	综艺
万象解密	深圳卫视（新闻综合频道）	专题
非诚勿扰	江苏卫视	综艺
紧急迫降	中央台六套	电影
快乐大本营	湖南卫视	综艺
我为喜剧狂	湖北卫视	综艺
末代皇帝传奇	安徽卫视	电视剧
别让我看见	中央电视台综合频道	电视剧
海峡两岸	中央台四套	新闻
爸爸去哪儿	湖南卫视	电影
想明白了再结婚	浙江卫视	电视剧

数据来源：CSM媒介研究

通过数据分析不难发现，特定节目的观众，其收视行为在很大程度上与其收视平台偏好相关。2015年3月收看东方卫视《金星秀》的观众，在后续的1个月中，其在卫视平台收视较集中的节目大多是上海东方卫视播出的品牌栏目；同样，3月份收看过江苏卫视《人间真情》的观众，在4月的卫视节目收视更集中在江苏卫视；3月份收看过深圳卫视《百佬会》的观众，在4月卫视收视最高的几档节目也都是深圳卫视播出的品牌栏目。

在播出平台之外，从内容偏好来看，明星访谈节目《金星秀》的观众更偏爱以女性为主体的节目，如《妈妈咪呀做女人就这样》《花样姐姐》《花儿与少年》等；政企精英谈话节目《百佬会》的观众则偏爱风格偏硬朗的节目，如深圳卫视播出的几档专题、新闻类品牌节目；情感类谈话节目《人间真情》的观众对婚恋情感类的节目如《为她而战》《非诚勿扰》《我们相爱吧》等收视热情更高。

① 此处《百佬会》观众为2015年3月收看过该节目的观众，4月节目收视不包括时长在20分钟以下的节目。

表4　2015年4月《人间真情》观众收视较高的节目①

节目名称	播出频道	类别
天使的城	江苏卫视	电视剧
非诚勿扰	江苏卫视	综艺
我为儿孙当北漂	江苏卫视	电视剧
一站到底	江苏卫视	综艺
最强大脑烧脑版	江苏卫视	综艺
人间真情	江苏卫视	专题
芝麻开门	江苏卫视	综艺
为她而战	江苏卫视	综艺
世界青年说	江苏卫视	综艺
奔跑吧兄弟	浙江卫视	综艺
我们相爱吧	江苏卫视	综艺
快乐大本营	湖南卫视	综艺
远方的爸爸	江苏卫视	综艺
天天向上	湖南卫视	综艺
王大花的革命生涯	中央电视台综合频道	电视剧
少林寺弟子	中央台六套	电影
我是歌手2015巅峰会	湖南卫视	综艺
妻子的谎言	湖南卫视	电视剧
星厨驾到	江苏卫视	生活服务
前往世界的尽头	江苏卫视	综艺

数据来源：CSM媒介研究

三、谈话类新节目创新特点

1. 明星化主持

在谈话节目发展的初期，重量级的明星嘉宾是节目成功的关键，主持人仅作为执行流程和提问的角色存在。当谈话节目发展到今天，不难发现一个优秀且具有超强个人魅力的主持人对于整个节目的成功是何等重要，他不仅把握了节目主题的执行程度，更决定了节目整体的风格和受众结构。

如由现代著名舞蹈家金星担任主角的《金星秀》，在明星访谈之外，金星结合自身的人生阅历对时下的热点话题进行解读与分析的脱口秀部分，为节目打造了明星嘉宾之外的又一亮点和看点。金星坦率直爽和一针见血的点评，使她在社交媒体上也获得了无

① 此处《人间真情》观众为2015年3月收看过该节目的观众，4月节目收视不包括时长在20分钟以下的节目。

数人的追捧，成为节目的一个风格标签。同样，具有浓厚郭氏特色的《纲到你身边》，郭德纲在节目中对生活中啼笑皆非的实例的“郭氏解读”，展现了他幽默诙谐、机智善辩的个人风采，成为节目走红的有力注脚和旁白。北京卫视的《卫健音乐时光》则是是北京卫视为张卫健量身打造、以其名字命名的全新节目，集演员、歌手、脱口秀表演者、主持人等多重身份于一身的“全能天王”张卫健无疑也是节目的重要看点。

2. 年轻化探索

在媒介融合时代，谈话节目已不是电视台的专利，很多视频网站纷纷投入大量的人力、物力、财力打造自制谈话节目，在选题、主持人、嘉宾等方面向年轻观众的口味倾斜。在这样的趋势下，电视台的谈话节目也开始尝试汲取网络谈话节目的特点，从选题、嘉宾、主持人等方面入手，在节目整体风格上向年轻观众靠拢。

江苏卫视的《世界青年说》邀请11国型男代表和1位明星嘉宾出席，围绕当下中国年轻人最关心的议题展开讨论。议题包括：“除了工作，拒绝一些无所谓的社交活动，正确还是不正确”，“作为一个女生，为了外在形象而苛刻对待自己，是赞成还是反对”，“因为害怕网络暴力的我谨慎发言，正常还是不正常”等等，融首脑会谈的庄重仪式和轻松诙谐的谈话氛围于一体。在湖北卫视的全球文化交流脱口秀《非正式会谈》中，10个不同国家的青年（20～40岁）就世界各国年轻人关心的话题展开讨论。他们从事不同行业，不仅颜值高，中文表达也好。节目播出后，不仅在收视上获得了25～44岁年轻观众的追捧，在节目微博贴吧中也获得了年轻观众的点赞。

3. 大片化呈现

电视谈话节目在兴起之初，就以其形式新鲜、制作流程简单、投入产出比较高而得到各级电视媒体的认可。而在电视市场竞争不断升级、节目制作技术水平不断提高的背景下，这种以“说话”为主要形式的节目也在不断尝试全新的表现手法和呈现方式，大制作、大手笔的电视谈话节目开始现身荧屏。

由中央电视台财经频道推出的原创个性互动演讲节目《一人一世界》不仅有全球各个领域观点最牛的嘉宾的加盟，如80岁的海洋女科学家带观众遨游海底千米之下的无尽深蓝，中国医生用3D打印技术缔造出世界领先的医学奇迹，荷兰顶尖设计师为观众展示属于艺术家的独特视角等。在节目呈现上，《一人一世界》更是采用裸眼3D沉浸式环幕，为观众打造身临其境的带入感与科技感，加之由顶级视觉设计团队倾力打造的舞美，让节目视觉效果堪比大片。

4. 创新化表达

电视谈话节目经过长期的发展，特定主题通常对应于特定的节目模式和表达手法。因此，如何在节目内容、节目形式和观众需求之间寻找到新的平衡点，成为谈话节目创新的一个新的探索方向。

2015年6月，山西卫视和东方风行传媒联合制作推出姓氏揭秘互动脱口秀《你贵姓》，节目一改传统文化类脱口秀较为严肃呆板的表达方式，以轻松愉悦的表达方式和时尚多元的电视元素，弘扬传统姓氏的起源和血缘文化。节目将严肃正统的文化内容和观众的娱乐需求相匹配，同时也呼应了播出平台的品牌定位，不失为传统文化类脱口秀在电视屏幕上的一种突破尝试。

结语

在我国电视节目市场不断发展演进的过程中，电视谈话节目曾凭借其特有的表现手法和亲和力，创造出不凡的收视佳绩。行至2015年，在政策、市场、节目创新主体等多方因素的共同作用下，电视谈话节目大量涌现，重现繁荣。在多媒体竞争的新传播境下，创新谈话节目在内容、选题、表达手法、呈现方式上均有突破，脱口秀元素持续向各类节目融合渗透。这些努力，都将带动电视传播语言观念的进一步发展，我们也期待这些创新能为电视市场带来新的启发和爆点。

（作者：周欣欣）

地面频道方言节目发展新特点
——方言综艺突出重围

纵观近年来的全国电视收视市场，我们发现有如下两个发展态势：一是综艺节目的收视比重即将追平新闻节目（新闻节目的收视比重为14.0%，综艺节目为13.1%）；二是综艺节目的收视比重连年提升，目前仍然处于上升通道，其影响也辐射到了地面频道的方言类节目。本文以地面频道的方言节目作为研究对象，对其发展现状及近年来呈现出新特点——方言综艺节目突出重围——进行浅析。

一、地面频道方言节目发展现状

在地方收视市场，具有鲜明区域特征和本土化、亲民化优势的方言类节目一直是地面频道与上星频道进行差异化竞争的手段之一。目前，方言节目已涵盖了新闻时事、专题、综艺、戏剧甚至电视剧、栏目剧等领域。下面我们从播出和收视表现两方面简单描述地面频道方言节目的发展现状。

1. 新闻时事类方言节目：一半节目收视表现下滑，长节目收视多有提升

如表1所示，2015年全国收视市场在播的10档品牌新闻时事类方言节目中近七成时长超过60分钟，最长的高达90分钟。巧合的是，从收视表现来看，时间较长的节目大部分较2014年有所提升。从播出时段来看，主要集中在18点档和21点档。

经过几年的蓬勃发展，很多节目虽然收视水平仍然处于高位，但也难免表现出一定程度的收视疲态。从2015年前3季度部分品牌方言节目的收视表现来看，与2014年前3季度相比，方言类品牌节目在新闻时事、专题、综艺几大类别中有或多或少的降幅。其中以新闻时事类节目尤为明显，在创造了收视奇迹后，可持续发展后劲不足，10档节目中一半节目收视有不同程度的滑落，最高者下滑了20%以上（表1）。而在收视稳步上升的节目中，以宁波电视台二套的《来发讲啥西》表现最为抢眼，2015年前三季度的收视率较上一年提升了近50%。这档用“石骨铁硬”的宁波话讲述老百姓身边事，用近乎朋友之间闲聊的语言风格讲述老百姓所关心的大小新鲜事的节目开播已近10年，自2014年改版以后再次焕发生机。从观众年龄来看，该节目在55~64岁人群的收视表现有很大幅度提升，从7.84%升至12.33%，收视增幅超过4个百分点。然而，不得不说

的是，像宁波电视台二套《来发讲啥西》、山东齐鲁频道《拉呱》这样经久不衰的老牌节目，在播出时期很久的情况之下还能保持较大幅度的收视提升实属罕见。毕竟，方言说新闻的内容形式早已不再新颖，甚至面临内容同质化的倾向，缺少创新形式和独特见解的节目不免会流于形式。

表 1　部分品牌新闻时事类方言节目收视表现①

城市	节目名称	播出频道	播出时段	时长（分钟）	2014 年收视率%	2015 年收视率%	变化幅度%
无锡	阿福聊斋	无锡都市资讯频道	18:15～19:15	60	5.53	5.70	3.07
温州	百晓讲新闻	温州经济科教频道	18:00～21:00	70	5.26	4.11	-21.86
宁波	来发讲啥西	宁波电视台二套	20:30～21:30	60	2.78	4.12	48.20
杭州	阿六头说新闻	杭州电视台西湖明珠频道	21:30～22:00	30	6.09	5.67	-6.90
杭州	我和你说	杭州电视台生活频道	21:00～21:30	30	5.20	4.51	-13.27
武汉	呛天	湖北经视	16:30～17:30	60	2.79	2.90	3.94
韶关	珠江新闻眼	广东广播电视台珠江频道	18:00～19:00	60	4.29	3.85	-10.26
广州	DV 现场	广东广播电视台公共频道	19:00～20:30	90	2.99	2.96	-1.00
昆明	大口马牙	云南二套	19:05～19:35	30/60	4.46	4.50	0.90
济南	拉呱	山东齐鲁频道	17:10～18:00	50	3.17	3.78	19.24

数据来源：CSM 媒介研究

2. 专题类方言节目：收视表现平稳

我们再看专题类方言节目，2015 年全国收视市场在播的品牌专题类方言节目的时长主要有 40 分钟和 60 分钟两类，以“前黄金时段”为主，特别集中在 19 点档，21 点档则为空缺（表 2）。相较于新闻时事方言节目的收视变化，专题类方言节目的收视变化幅度较为平稳，升降幅度也较小。值得一提的是，在泉州地区，方言节目的播出平台多集中在泉州电视台闽南语频道，这也是中国内地第一个全部采用闽南方言播出的综合频道。从 2014 年和 2015 年前三季度的数据来看，该频道全天的市场份额由 7.2% 升至 13.1%，提升了近 6 个百分点，频道排名也自第四位升至排头兵。

① 表 1～4 如无特殊说明，均使用 2014 年 1 月 1 日～9 月 30 日和 2015 年 1 月 1 日～9 月 30 日数据。

表2　部分品牌专题类方言节目收视表现

城市	节目名称	播出频道	播出时段	时长（分钟）	2014年收视率%	2015年收视率%	变化幅度%
福州	攀讲故事会	福州电视台都市生活频道	19:00～20:00	60	2.99	2.05	-31
广州	真情追踪	广州电视台影视频道	22:00～22:45	45	2.28	2.76	21
广州	城事特搜	广东广播电视台南方卫视	19:00～19:40	40	2.56	2.40	6
贵州	非常友茗堂	贵州广播电视台公共频道	20:45～21:25	40	3.45	3.45	0
宁波	讲大道	宁波电视台三套	18:45～19:45	60	3.61	4.76	32
泉州	泉州第一炮	泉州电视台闽南语频道	20:05～20:25	20	1.35	2.69	99
泉州	我爱闽南语	泉州电视台闽南语频道	18:15～18:45 19:30～20:00	30	1.13	2.53	124
泉州	养生之道	泉州电视台闽南语频道	18:15～18:30	15	1.32	2.29	73
温州	闲事婆和事佬	温州新闻综合频道	18:20～19:00	40	7.96	7.13	-10
武汉	江城岔巴子	武汉电视台影视频道	19:10～19:30	20	1.75	2.01	15
上海	一呼柏应	上海电视台娱乐频道	18:00～19:00	60	4.92	4.31	-12

数据来源：CSM媒介研究

3. 综艺类方言节目：收视表现多上扬

《CSM新节目观察报告》显示，地面频道在民生类节目（包括新闻、综艺、专题、生活服务等）的创新数量遥遥领先，这也正说明随着民生新闻的愈发成熟，“夹缝中求生存”的地面频道的发力点早已不再止步于民生新闻，民生综艺节目或许会成为地面频道重点发展的领域之一。无独有偶，这样的趋势也出现在方言化节目中。自2014年第四季度以来，诞生了不少方言化的综艺节目。如广东广播电视台珠江频道的《粤唱越响》、上海电视台娱乐频道的《嘎讪胡》、湖北经视的《喜子来乐》，这几档节目在播出后都获得了不错的收视表现。除了这3档新节目外，泉州电视台闽南语频道的《唱歌拼输赢》、宁波电视台三套的《宁波老话》、广东广播电视台珠江频道的《粤讲越掂》、成都电视台二套的《李伯清书场之时间都去哪儿了》等老牌方言综艺节目也毫不逊色，收视表现稳中有升，其中最高一档节目的平均收视率超过5%。从播出时段来看，这些节目分散在18:00～21:00的每个时间段，但相对来说更多的是集中在19点档。从播出时长来看，超过40%的节目在30分钟左右（表3）。

表3　部分品牌综艺类方言节目收视表现

城市	节目名称	播出频道	播出时段	时长（分钟）	2014年收视率%	2015年收视率%	变化幅度
成都	李伯清书场之时间都去哪儿了	成都电视台二套	18:20~19:00	40	2.14	2.76	29
广州	粤讲越掂	广东广播电视台珠江频道	21:40~22:50	70	2.44	3.19	31
广州	粤唱越响	广东广播电视台珠江频道	21:40~23:40	120	—	2.36	—
杭州	开心茶馆	杭州电视台西湖明珠频道	20:05~20:35	35	4.02	2.84	-29
昆明	大口马牙	云南电视台二套	19:00~19:30	30	4.46	4.50	1
宁波	宁波老话	宁波电视台三套	18:45~19:15	30	2.07	2.74	32
泉州	唱歌拼输赢	泉州电视台闽南语频道	20:30~21:30	60	3.53	5.26	49
上海	嘎讪胡	上海电视台娱乐频道	19:00~20:00	60	—	4.95	—
武汉	阿星开讲	湖北经视	19:30~20:00	30	2.95	3.26	11
武汉	喜子来乐	湖北经视	19:30~20:00	30	—	2.78	—
杭州	疯狂杭州话	杭州电视台西湖明珠频道	20:30~21:30	60	3.18	2.72	-14
成都	方言达人	四川电视台二套	20:00~20:50	50	1.90	1.39	-27
济南	乡音对对碰	山东电视齐鲁频道	19:15~20:30	75	—	7.32	—
上海	阿拉乓乓响	上海电视台娱乐频道	19:00~20:30	90	—	6.24	—

数据来源：CSM媒介研究

此外，方言化的电视剧、栏目剧自上个世纪90年代初露锋芒后一直较有观众缘，像风靡一时的沪语电视剧《孽债》《夺子战争》以及创造了播出时间之久、播出集数之多纪录的粤语情景喜剧《外来媳妇本地郎》等，但之后因相关政策的出台（国家广电总局发文：电视剧所用语言应以普通话为主，原则上禁用方言），方言剧逐步淡出荧屏。在2015年的电视荧屏，隐约还能看到方言栏目剧的身影，如海南综合频道播出的本土方言季播剧《绿岛人家》，主打家庭情感线，并且采用边拍边播的方式，根据观众和市场的反应和需求调整剧情；还有宁波电视台三套推出的甬剧情景系列剧《药行街》，该剧自2014年第三季度起每周日19:00开播，一年来首播收视达5.55%，同时段环比提升幅度明显。

除电视剧、栏目剧以外，方言化的戏剧节目也有一定的收视市场。如《看戏》，该剧是一档以剧场舞台表演大戏或折子戏为主体，通过主持人介绍或现场专家访谈，全方位展现地方传统戏曲精华的节目。还有《粤韵风华》，该剧满足了45岁及以上中老年人“睇大戏”观粤剧的欲望。这两档节目在2015年播出期间的平均收视率均达3%左右，较上一年均有所提升。

二、地面频道方言综艺节目成功案例分析

从2015年前三季度数据来看，方言综艺节目收视表现呈现上扬态势，成为地面频道方言节目发展的一大新特点。相较中央台和省级卫视在综艺节目制作方面的重金发力，省会台和地市台无论是在资金上还是在资源上都力量有限，于是便把本土化做到最大。在这样的背景之下诞生了不少成功的案例，下文就对方言综艺节目的几个成功案例进行分析，以供相关人士参考。

1. 方言音乐真人秀：借助语言优势——代表作《粤唱越响》《唱歌拼输赢》

音乐是综艺节目中相当重要的元素，地面频道对其也是物尽其用，早前温州都市生活频道就借助省台《中国好声音》的热播打造了《唱响好声音》，节目规定参赛选手必须唱历届《中国好声音》中播出过的歌曲，首播便聚拢了一定的人气。除了借势造势之外，方言音乐真人秀也是地面频道的收视利器之一。其中，广东广播电视台珠江频道的《粤唱越响》和泉州电视台闽南语频道的《唱歌拼输赢》就是其中的代表作。

《粤唱越响》采用季播形式，播出平台为广东广播电视台珠江频道，是自2014年12月13日起每周六21:40播出的一档新节目，时长120分钟。节目组集结13位资深粤港歌手，包括曾航生、黄凯芹、林志美、李华勇、杨思琦、郑欣宜、胡芳芳、周游格等，通过11场歌唱竞赛，以“翻唱金曲、电视剧主题曲、Disco舞曲之夜、电影经典之夜、四大天王金曲之夜、K歌金曲之夜、致敬创作大师、不朽的名曲”八大主题，唱最经典的粤语金曲，讲最得意的乐坛趣事，带观众回到那岁月如歌的年代。

《粤唱越响》不仅是一场音乐真人秀的比拼，其魅力还在于它邀请到了两位重量级的香港填词人：黎彼得（代表作《莫丽卡》Monica、《浪子心声》等）和张国荣的经纪人、现环球唱片香港区总裁陈少宝坐镇，与现场观众一起“听当年歌，话当年事”，娓娓道来与香港歌坛众多巨星、歌手之间的点滴往事，节目在播出过程中还不时穿插播放当年梅艳芳、谭咏麟等大牌及陈百强与张国荣、肥肥与罗文同台演出的经典片段。节目在大卖情怀之余还满足了观众的一颗好奇八卦心，收视表现自然高走。节目在广州地区的平均收视率为2.34%，市场占有率超过11%。其中，节目分期收视最高点达3.14%，该期主题是每一个观众都能感同身受的“K歌金曲之夜”，亮点是“话事人曝Beyond成名路”（图1）。另外，从该节目在广东各地的市场占有率来看，该节目在清远最受追捧，市场占有率近30%；其次是肇庆、阳江和佛山（图2）。值得一提的是，该节目在大年初一播出的总决赛《粤唱越响至尊粤语金曲盛典》在广州地区的平均收视率高达6.03%，在广东省内仍以清远最高，收视率高达27.01%，市场份额接近六成；在阳江和肇庆，平均收视率均超过10个百分点；在河源、佛山和中山等地的平均收视率也在5.00%左右；在广东全省的收视率达6.09%，市场份额接近20%。

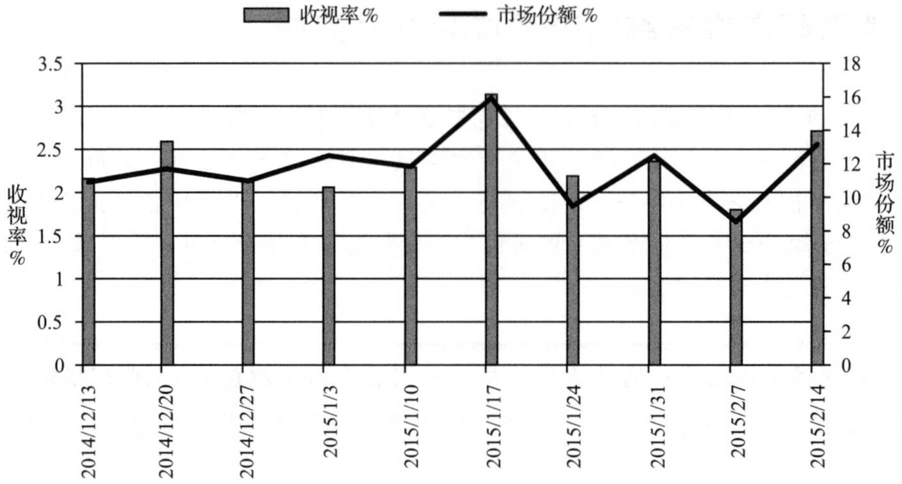

数据来源：CSM 媒介研究

图 1　《粤唱越响》分期收视走势（广州）

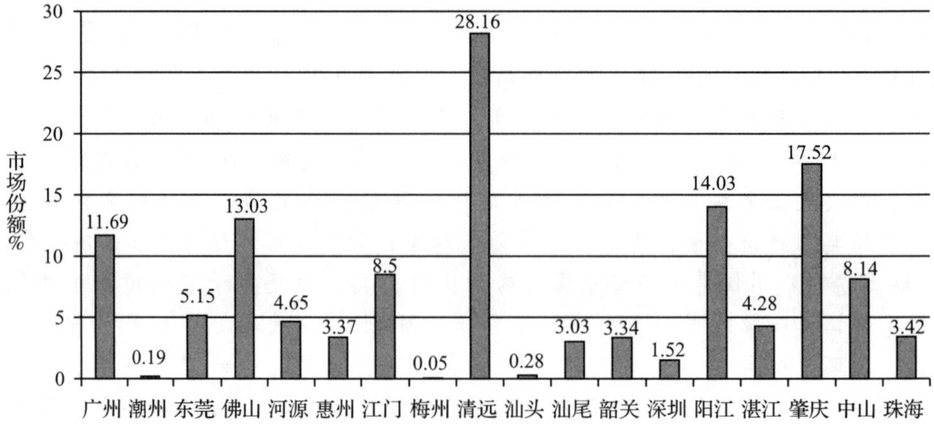

数据来源：CSM 媒介研究

图 2　《粤唱越响》在广东各地的市场份额（%）

另一档有“闽南人的星光大道”之称的《唱歌拼输赢》播出多年后依然深受观众的青睐，2015 年在泉州地区，节目的平均收视依然维稳在 5% 左右。可以说，上述两档节目在观众群中的走红有一定的机缘背景，前者是以资历较深的粤语歌手为王牌，通过对经典歌曲的重新演绎唤起一代人的记忆。从收视人群细分来看，主体为男性、45～54 岁的人群，集中度更是高达 280.43%（图 3）。后者则是以发现、培养闽南语歌手为目的，因此也吸引了一部分年轻群体的关注，25～34 岁群体占比超过两成。总的来说，这两档节目都是对闽南文化（闽南语起源于泉州）和岭南文化的良好传承、保护和滋养。

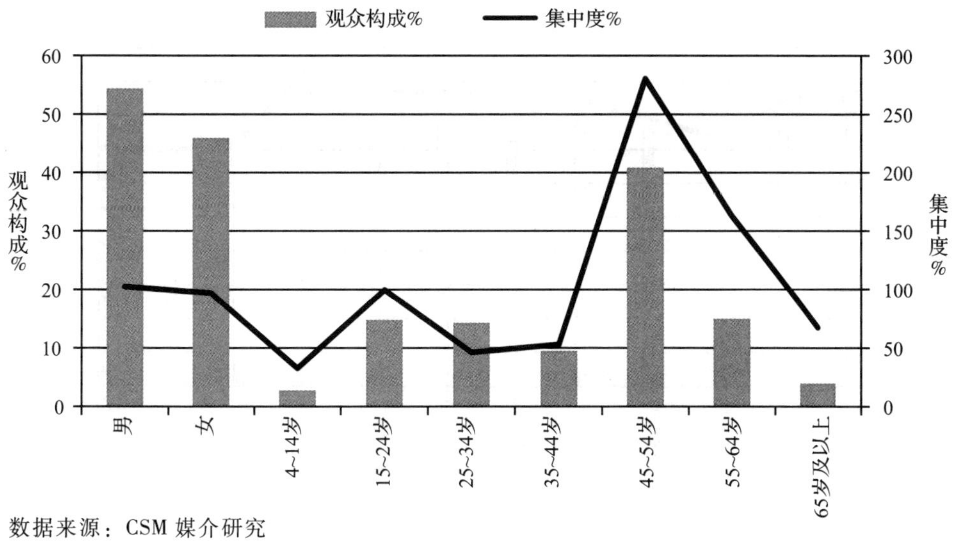

数据来源：CSM 媒介研究

图 3　《粤唱越响》观众构成和集中度（广州）

2. 方言竞技节目：强平台、强内容——代表作《乡音对对碰》《阿拉乒乓响》

方言竞技节目也是地面频道近年来层出不穷的节目类型之一。从最初的方言大赛如《首届江苏方言听写大赛》《疯狂杭州话》，到如今添加了娱乐元素的《我爱大方言》《方言达人》《方言英雄》《谁语争锋》《乡音对对碰》《阿拉乒乓响》等，虽然节目数量众多，但从收视表现来看，出类拔萃的很少。这类节目并不是完全的方言化，而是以方言文化作为节目的亮点，以竞技、闯关作为节目的看点。

《乡音对对碰》是山东电视台齐鲁频道 2015 年一季度每周五晚间 19:00 播出的一档以方言闯关 PK 为“热元素”的节目，主要以乡音题闯关的形式让来自山东各地的选手了解省内其他区域的方言，并集结省台、市台众多女主播组成乡音考核团，秀乡音赞家乡，拼方言拿大奖。该节目在体现山东风土人情、丰富观众娱乐选择的同时，一定程度上也满足了观众对地域接近性和区域认同感的心理需求。从该节目在济南的收视表现来看，平均收视率为 7.32%，平均市场份额接近 15%；分期收视峰值更是高达 9.43%（图 4）。另外，从该节目在山东省内各地的收视表现来看，泰安和济南的市场份额均超过 14%；其次是青岛、威海和淄博，市场份额超过 5%。此外，该节目在山东全省的平均收视率高达 11.93%，市场份额过 23%。除了节目本身制作精良外，山东电视台齐鲁频道也在积极尝试全媒体互动，在该节目的播出过程中，主持人多次提示电视机前的观众可通过手机扫码参与互动，包括在线答题、关注微信后每天签到累计积分赢取大奖、“乡音组合”随手拍等。从观众构成来看，该节目在济南市场的女性观众接近六成，特别值得一提的是 25 ~ 34 岁的年轻观众是节目的主要收视人群，占比超过五分之一（图 5）。从全省来看，则是 55 岁以上观众更青睐该节目。

《阿拉乒乓响》作为一档沪语“考级”节目，2015 年 4 月起在上海电视台娱乐频道播出，播出期间（2015 年 4 ~ 7 月）平均收视率为 6.24%，市场占有率超过 20%；其中，首期收视率高达 6.40%，分期收视最高点突破 8 个百分点（图 6）。节目邀请到了

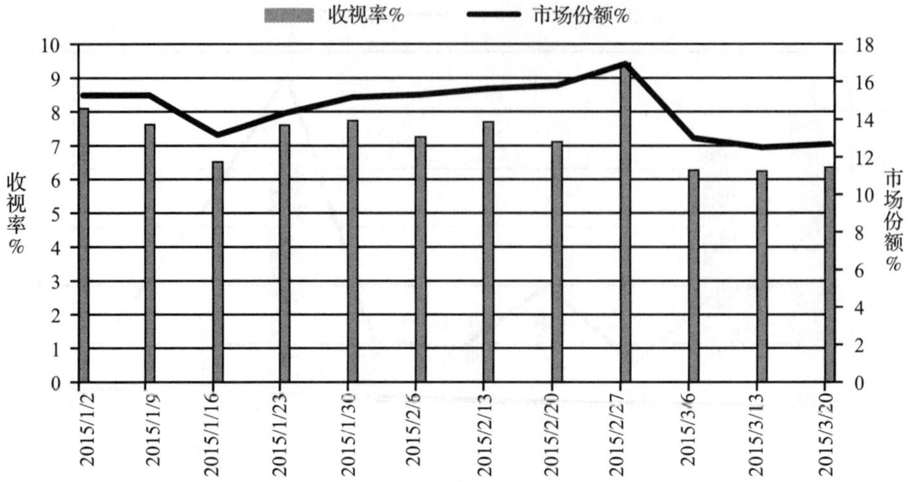

数据来源：CSM媒介研究

图4 《乡音对对碰》分期收视走势（济南）

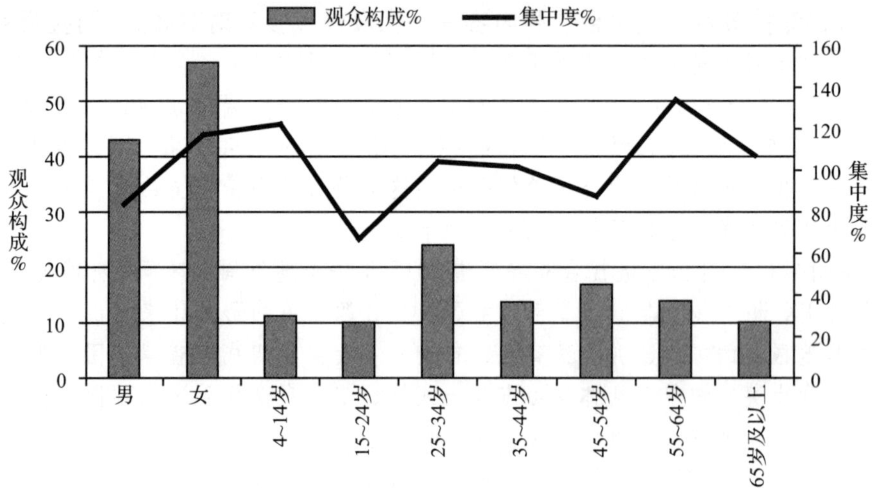

数据来源：CSM媒介研究

图5 《乡音对对碰》观众构成和集中度（济南）

沪语研究专家钱乃荣、滑稽表演艺术家童双春、王汝刚、上海沪剧院院长茅善玉等“老上海”轮番坐镇评委席，为大家的“上海闲话”纠错正音。每期节目邀请6位本地观众最为熟悉的本土主持人和本土明星作为参赛选手，其中老上海人（包括本土滑稽演员、本土笑星、沪剧演员、资深媒体人等）和新上海人（主持人）各半，通过参与“沪语大声说”、“上海知多少”、“沪语听听看”、“朋友啥意思”、“明星出难题”等多轮游戏环节，在听说读写的过程中为沪语正音，以承沪语之声，扬海派之文化。节目的亮点之一就是邀请到了不少土生土长的滑稽演员、沪剧演员、本土笑星参加“考级”，颠覆了观众“难道他们还会讲错吗？”的预想。

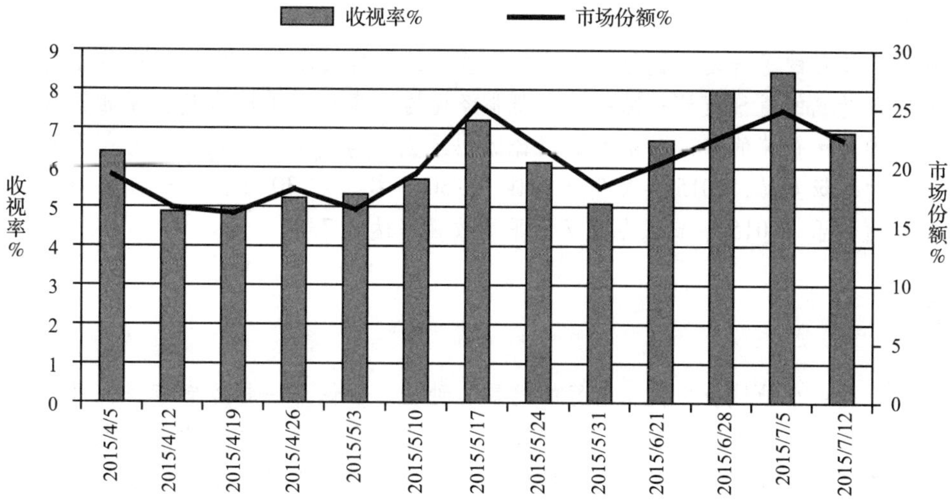

数据来源：CSM 媒介研究

图 6　《阿拉乒乓响》分期收视走势（上海）

方言竞技类节目有很多，为什么偏偏只有几档节目突出重围、越走越红火呢？从上述两档节目的共性来看，它们都有以下 4 个特点。一是播出平台都选择了当地的强势频道。从 2015 年前 3 季度频道的全天竞争格局来看，山东电视台齐鲁频道在济南地区的市场占有率接近 12%，排名第一；上海电视台娱乐频道在上海地区的市场占有率超过 10%，排名第二。二是播出周期上都选择了周播档，而且都是季播。这既缓解了节目受众的收视疲劳，营造了新鲜感，同时又给制作团队留出了一定的创作空间。三是这两档节目都不止是简单的方言比拼，各自都融入了很多元素和亮点。前者强调“乡音”和“互动参与”，集结省内各地市台的美女主播作为节目的方言考评团，给选手出题之余还能游刃有余地掌控现场火候；后者更是在嘉宾选手的选择上动足脑筋，邀请到滑稽表演艺术家、本土笑星和当红主持人，不仅符合“就是要快乐”的频道定位，更是在搞笑之余让观众轻轻松松学沪语。这两档节目都在一定程度上满足了收视观众的“乡愁”情怀。四是选择有观众缘的主持人。总体用 7 个字来归纳，就是“强强联手强更强”。

3. 方言脱口秀：王牌主持创新内容——代表作《嘎讪胡》《喜子来乐》

方言脱口秀是方言综艺类节目中比较常见的节目类型，用说讲、闲聊甚至表演的方式将身边事、新鲜事表述给观众。近年来，也诞生了很多方言脱口秀节目，如《大口马牙》《阿星开讲》《喜子来乐》《嘎讪胡》等。

同《来发讲啥西》《拉呱》《大口马牙》一样，上海电视台娱乐频道的《嘎讪胡》也是一档以方言命名的节目。“嘎讪胡”在沪语中是类似闲聊、谈天说地的意思。节目自 2015 年 1 月起改变了内容形式，扩充了版面，且由原先的 18:00～18:30 档调整至每周一至周五 19 点档播出，60 分钟的节目分为“话题非常多，听你嘎讪胡”和“嘎讪胡讲故事”两大板块。前半部分融合滑稽表演的形式说新闻，聊身边事、热门事以及传授生活妙招；后半部分则以沪语的形式以案说法。2015年前3季度，该节目平均收视率接近5.00%。

脱口秀节目的王牌之一就是一位带有标签性的主持人。与《嘎讪胡》的主持人定位于拥有沪语功底的滑稽演员舒悦一样，湖北经视的《喜子来乐》也选择了相声演员喜子坐镇，同样是用搞笑的言语和幽默的演绎吸引观众。与前者不同的是，《喜子来乐》更强调户外的现场互动，2015年每周三、四19:30开播，在30分钟的节目中和观众一起寻找身边的快乐。2015年节目在武汉的平均收视率达2.78%。

结语

方言，是一个地域历史文化最好的纪录和见证。要做好一档方言节目，可以很难也可以很简单。借鉴之风盛行当下，每个地方都有属于自己独有而又特殊的风土人情和生活习惯，本土化的方言节目有一定的地域性和排他性。很难说去借鉴，唯有揣摩透本地观众的精神需求、品位爱好和收视习惯后，才能准确地把握节目内容，创新节目内容，调动观众的收视味蕾。综上所述，近一年各地面频道推出了多档非常成功的方言综艺节目，相对来说，更多地集中在南方城市。这些节目是在揣摩了本土地域文化和观众的收视细节之后，才做到了在内容和形式上推陈出新、在情感需求上引发共鸣，就像《粤唱越响》得到了情怀，《乡音对对碰》得到了乡愁一样，最后不仅在荧屏上大放异彩，在收视上也大放异彩。

一档节目再好，也有其保鲜期和生命期。观众在成长，节目也需要不断成长、突破。方言综艺节目的突围、前进是地面频道的一个突破，但绝不是唯一。方言节目作为地面频道的独门武器，有待于继续探索前行。

（作者：包凌君）

2015年暑期地面频道节目编排新特点

暑期历来是各大电视台必争的收视“黄金时期”。随着暑期的来临，为满足观众的收视需求，各大地面频道也频频发力，着力推出特色的编排和更接地气的节目形式，以期在竞争激烈的暑期收视市场中分得一杯羹。本文依据CSM媒介研究在71个大中城市的收视调查数据①，在对暑期地面频道收视情况进行分析的基础上，重点梳理2015年暑期地面频道②节目编排的新特点。

一、暑期地面频道收视市场概况

暑期具有鲜明的季节性收视特征，和常态时期相比，暑期的电视观众在收看时长方面和结构方面都有一些较为明显的变化。

1. 上星频道暑期人均收视量高于常态时期，地面频道不同时期收视量较为均衡

中央级频道在春节假期的人均收视量是全年的最高峰，暑期收视量略高于常态时期，但增幅不敌寒假；省级上星频道在包含了寒假和春节假期的1月、2月的人均收视量处于全年较高水平，在7~8月的暑期，观众的人均收视量较常态时期也有明显增长；省级非上星频道全年人均收视量较为均衡，暑期的收视量与常态时期基本持平；市级频道在暑期后期收视量略有提升（图1）。

2. 地面频道市场潜力凸显

比较2013年以来各级频道在暑期市场份额的变化可以看出，中央级频道和省级卫视仍然是暑期收视市场上竞争力最强的两个频道组。2015年暑期，中央级频道的市场份额较前两年同期均有较明显的下降；省级上星频道的市场份额较2014年同期也略有下降，但仍略高于2013年暑期；省级地面频道2015年暑期的市场份额较上一年有所增长，但仍略低于2013年同期；市级频道2015年暑期的市场份额与前一年基本持平，但略低于2013年（图2）。

---

① 如无特殊说明，本文使用2015年1月1日~8月31日的数据，其中常态时期指2015年1月1日~6月30日，暑期指2015年7月1日~8月31日。

② 如无特别说明，后文中的地面频道指省级非上星频道和市级频道。

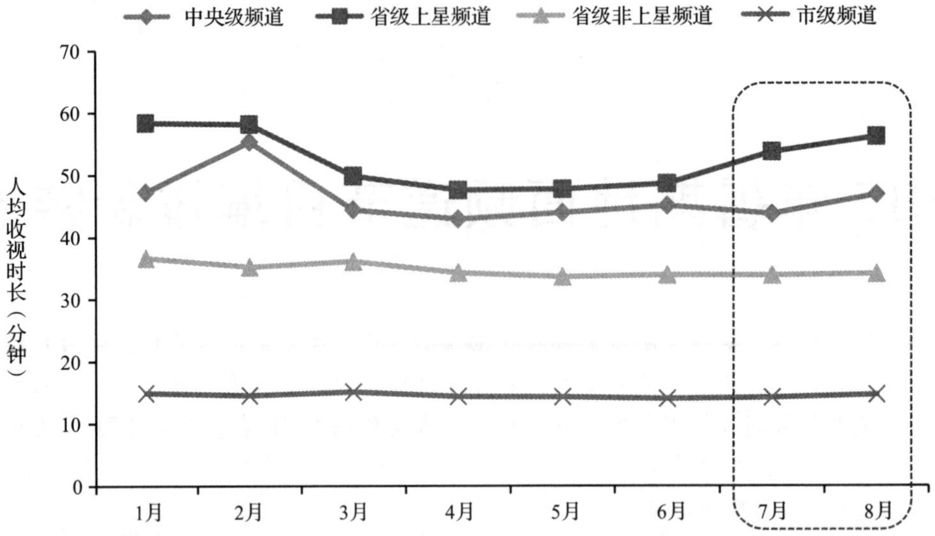

数据来源：CSM 媒介研究

图 1　2015 年 1 ~ 8 月各级频道观众人均收视量（71 城市）

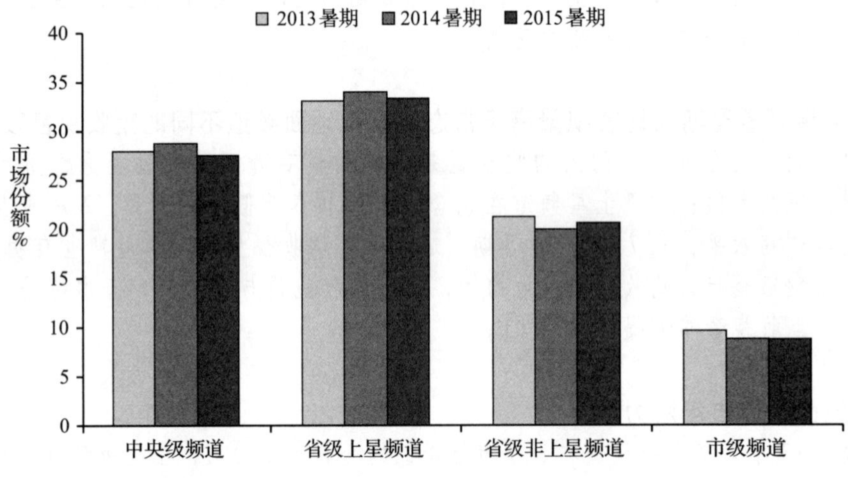

数据来源：CSM 媒介研究

图 2　2013 ~ 2015 年暑期各级频道市场份额对比（71 城市）

3. 地面频道暑期日间收视较为抢眼

对比暑期与常态时期全天分时段的收视走势可以看出，2015 年暑期，地面频道 7:00 ~ 16:00 时段的收视率较常态时期均有小幅增长，而晚间黄金时段的收视率则低于常态时期（图 3）。这一方面与地面频道加大暑期编排力度、推出风格多样的节目有关；另一方面也与暑期学生群体的作息时间变化有关，他们在白天有了更多的时间收看电视。

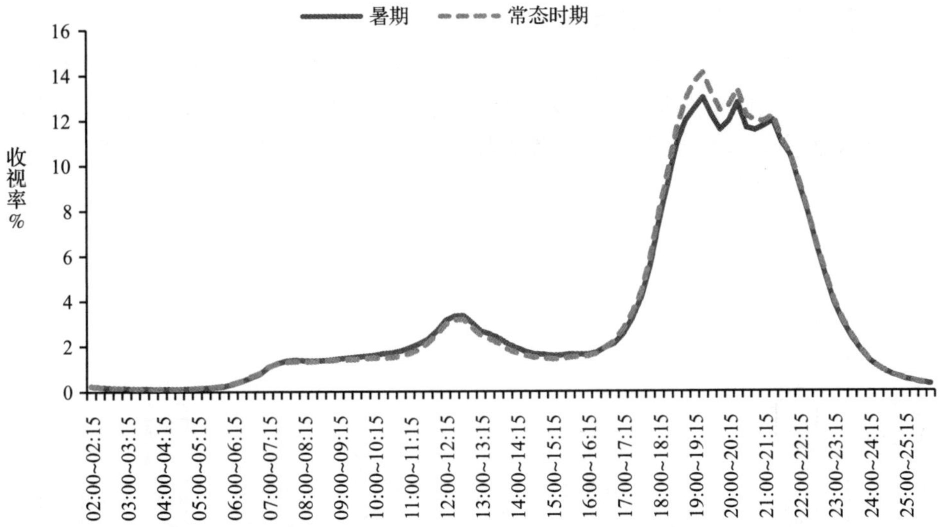

数据来源：CSM 媒介研究

图 3　2015 年暑期和常态时期地面频道全天收视走势对比（71 城市）

4. 青少年群体仍是暑期地面频道收视的主力军

从不同年龄段观众在 2015 年 1～8 月收看地面频道的人均收视量来看，暑假期间各级频道节目编排的主要对象——4～24 岁的青少年群体，在 7～8 月的人均收视量较常态时期有明显增长，且 4～14 岁群体较寒假期间的人均收视量更多。与之相比，25～54 岁中青年观众群体在暑期的人均收视量与常态时期基本持平，55 岁及以上中老年电视观众在暑期的人均收视量处于 1～8 月份的低谷（图 4）。学生观众群体的大量涌入，形成了暑期特定的观众群体，呈现出季节性低年龄段观众人均收视量增大的现象。

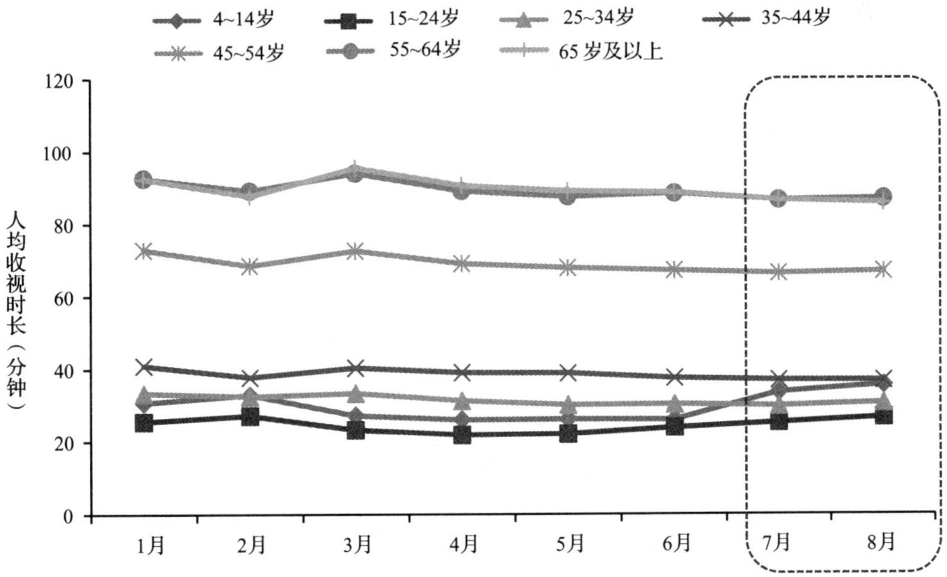

数据来源：CSM 媒介研究

图 4　2015 年 1～8 月地面频道不同年龄段观众人均收视量对比（71 城市）

5. 大量常态新节目亮相地面频道

地面频道不断尝试适合于自身定位和市场需求的节目，暑期的节目创新数量猛增。2015 年 1～8 月，地面频道共推出 472 档常态新节目，除了开年的 1 月外，暑期的 7 月份是新节目投放量第二大的月份；暑期 7 月、8 月两月共有常态新节目 118 档，占了总体数量的四分之一（图 5）。

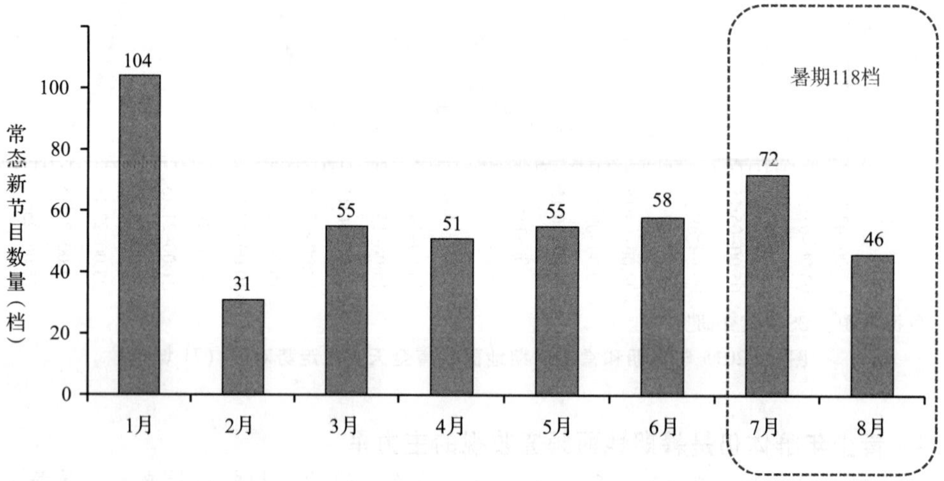

数据来源：CSM 媒介研究

图 5　2015 年 1～8 月地面频道常态新节目数量

从暑期地面频道常态节目创新的类型来看，贴近本土百姓生活的综艺、专题、青少和生活服务类节目仍是节目创新的热点类型。其中，综艺节目在常态新节目中的创新比例占首位，高达 29.66%；专题类节目的创新占比也较高，达到 18.64%；受暑期的影响，青少节目创新占比居第三位，为 17.80%；生活服务类节目也是地面频道常态节目创新的重点，占比 16.95%（图 6）。

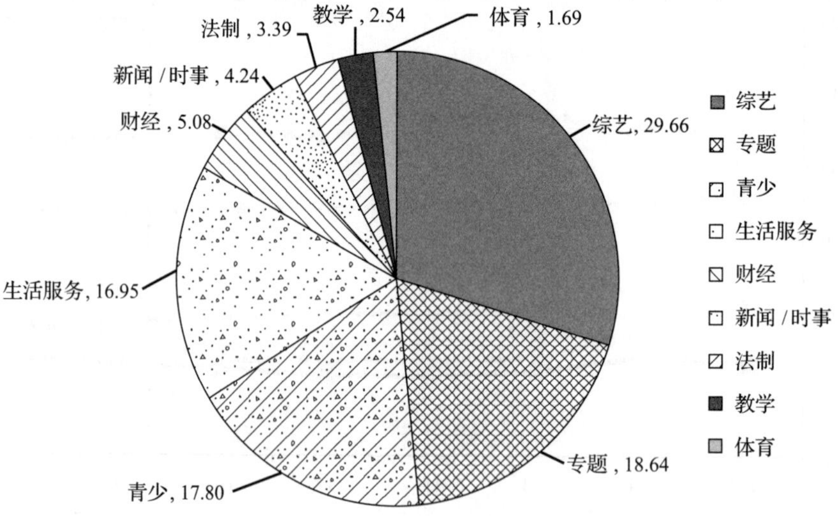

数据来源：CSM 媒介研究

图 6　2015 年暑期地面频道常态新节目类型分布比例（%）

二、暑期地面频道节目编排新特点

电视节目编排是指按照受众的收视规律和频道定位的要求，把各类型的节目按照时间顺序进行系统的排列和组合；简单地说电视节目编排就是将选择的节目进行分类、排序成符合受众收视习惯的节目流。① 暑期节目编排的目的就是通过科学的节目编排，使得频道（节目）在暑期竞争日益激烈的电视市场获得更好的收视。相比以往，2015 年暑期地面频道电视节目编排呈现出以下几个新特点。

1. 暑期神剧换代，军事斗争剧播出最多

暑期来临，往年必播的暑期档神剧《还珠格格》《新白娘子传奇》《西游记》等 2015 年却没有出现，取而代之的是更讨年轻观众喜欢、较为轻松、具有想象力、有动漫玄幻特点、轻松幽默搞怪的剧目，它们均取得了较好的收视效果。

2015 年暑期，与常态时期相比，当代传奇、军事斗争、警匪、言情和反特/谍战题材电视剧的播出比重增幅显著。其中，当代传奇剧播出比重从常态时期的 2.33% 增长到暑期的 3.13%，增幅达 34.29%；军事斗争剧在暑期播出最多，占比达 15.55%，播出比重较常态时期增长 30.04%；警匪剧播出比重增幅为 18.42%；社会伦理剧在暑期的播出比重则大幅下滑，从常态时期的 8.74% 下降到暑期的 6.33%，下降幅度达 27.65%；都市生活剧的降幅为 13.61%（图 7）。

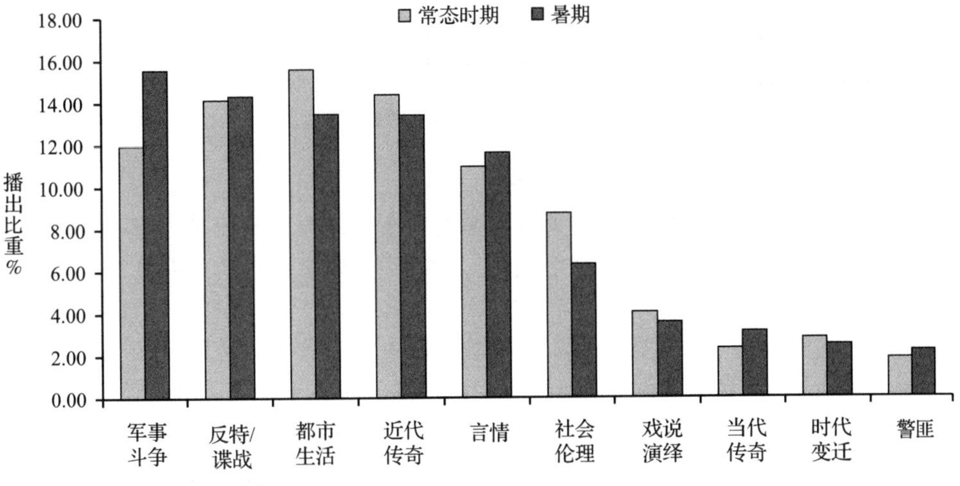

数据来源：CSM 媒介研究

图 7　2015 年地面频道暑期和常态时期不同题材类型电视剧播出比重（100 城市，8:00～24:00）

① 封翔：《暑期专题：编排篇》，《收视中国》，2012 年第 10 期。

在进入各城市收视排名前10位的电视剧中，以军事斗争题材剧表现最为突出。《民兵康宝》在14个城市、14个频道播出，且在13个城市的收视进入当地电视剧收视排名前10位，《冲出月亮岛》也在8个城市获得较高收视；近代传奇剧《收规华》和《芙蓉锦》的收视表现也较好，言情剧《陪着你走》也有不俗的收视成绩（表1）。

表1 2015年暑期地面频道收视表现较好的电视剧及题材（100城市，8:00~24:00）

电视剧名称	题材	播出总频道数	播出总城市数	进入收视前10名的城市数
民兵康宝	军事斗争	14	14	13
冲出月亮岛	军事斗争	11	10	8
收规华	近代传奇	13	11	7
陪着你走	言情	13	11	7
芙蓉锦	近代传奇	8	8	7
鬼同你OT	神怪玄幻	14	11	6
楼奴	都市生活	14	11	6
杀出黎明	反特/谍战	14	12	6
刺蝶	反特/谍战	11	11	6
活法	社会伦理	9	9	6

数据来源：CSM媒介研究

2. 明星本土化，充分挖掘本地优势

近两年，各卫视频道砸重金打造的节目应接不暇，地面频道没有足够的资本去运作这样的节目，就将卫视热播的综艺节目类型“落地”，做出既让本地观众喜爱又具有本地特色的节目。

广东珠江频道推出了一档既借力本土明星又融入“户外真人秀”元素的亲子真人秀节目《百万宝贝》。节目第一季在2015年年初开播，获得了较高收视。在2015年暑期来临之际，节目趁热打铁，推出第二季。该节目针对广东本土观众，邀请了广东“原汁原味”的本土主持人、电台主播、话剧演员参与其中，节目全程粤语，本土化的“爸爸去哪儿”更贴近本地观众口味。第二季节目播出首期即延续了上一季的高收视，获得了较高的人气和关注度，首期收视率为2.90%，播出后平均收视率超过1.56%（图8）。

从该节目的观众构成来看，男性收视群体占近六成，15~34岁中青年观众比例超过三分之一，初高中学历观众占较大比例。从观众对节目的集中度来看，男性观众、15~24岁青少年和45~64岁中老年观众以及中小学受教育程度的观众更偏爱收看（图9）。

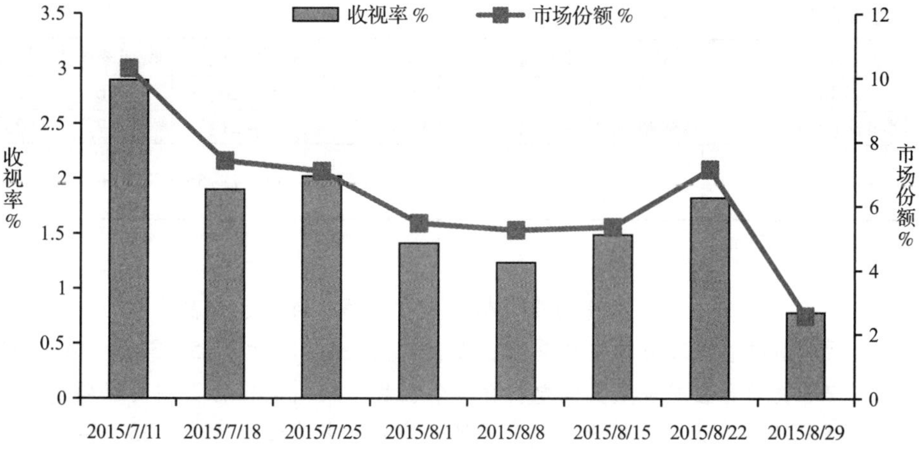

数据来源：CSM 媒介研究

图 8　广东珠江频道《百万宝贝（第二季）》分期收视率和市场份额（广州）

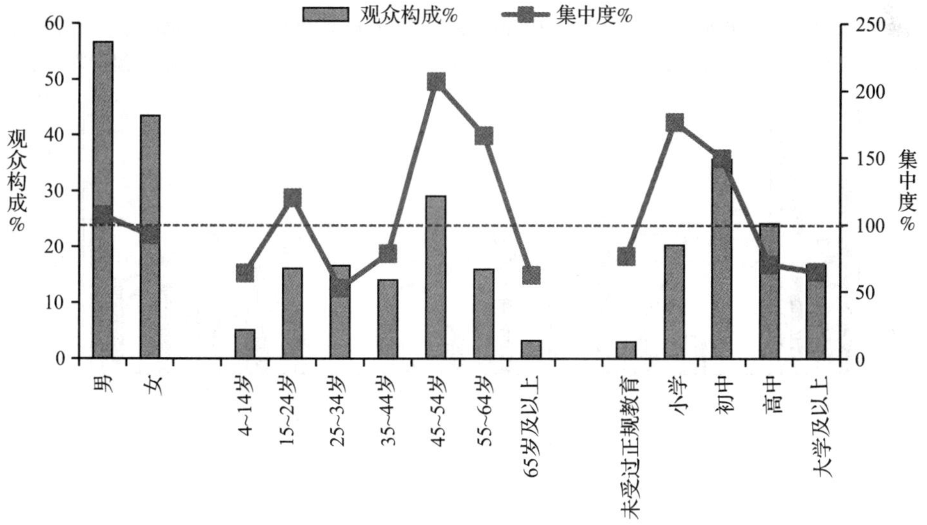

数据来源：CSM 媒介研究

图 9　广东珠江频道《百万宝贝（第二季）》观众构成和集中度（广州）

3．地面频道联手突围，在区域市场占据先机

地面频道之间覆盖不重叠、利益无冲突，互相之间也不存在竞争关系，因而合作的基础非常牢固，适宜建立节目联播体系。近年来，地面频道在加强自身节目编播实力的同时，频道也正在努力与各方合作，实行对内抱团、对外联合的策略。

2015 年暑期的电视荧屏上，苏州电视台文化生活频道（简称“苏州文化生活频道”）、杭州电视台西湖明珠频道（简称“杭州西湖明珠频道”）和重庆电视台时尚频道（七套，简称“重庆时尚频道”）强强联手，共同打造了大型儿童真人秀节目《宝贝在路上》，自节目播出以来，从三地的收视反响来看，均获得了较好的收视效果（表 2）。

表2 《宝贝在路上》在各频道的播出、收视情况

播出频道	城市	播出周天	首播日期	播出时间	收视率%	市场份额%
苏州文化生活频道	苏州	周六、周日	2015/8/22	19:50~20:50	0.46	2.21
杭州西湖明珠频道	杭州	周一、周二	2015/8/17	20:35~21:25	1.57	3.33
重庆时尚频道(七套)	重庆	周一、周三 周日	2015/8/17	17:55~18:55	0.40	1.81

数据来源:CSM媒介研究

从《宝贝在路上》在3个频道的观众构成来看,25~34岁、初高中学历观众是苏州电视台文化生活频道收看该节目的主体观众;女性观众、4~14岁、25~34岁、45~54岁年龄段观众、中等受教育程度观众更偏爱收看这个栏目。杭州电视台西湖明珠频道的主体观众为女性、25~34岁、大学及以上受教育程度的观众,其中女性观众、25~34岁、45~54岁和65岁及以上观众、小学及以下和大学及以上受教育程度观众是该节目的重度观众。收看重庆电视台时尚频道该节目的以女性、25~54岁、中等受教育程度观众为主;而女性、4~24岁、35~44岁观众、较低受教育程度观众集中度相对更高(图10)。

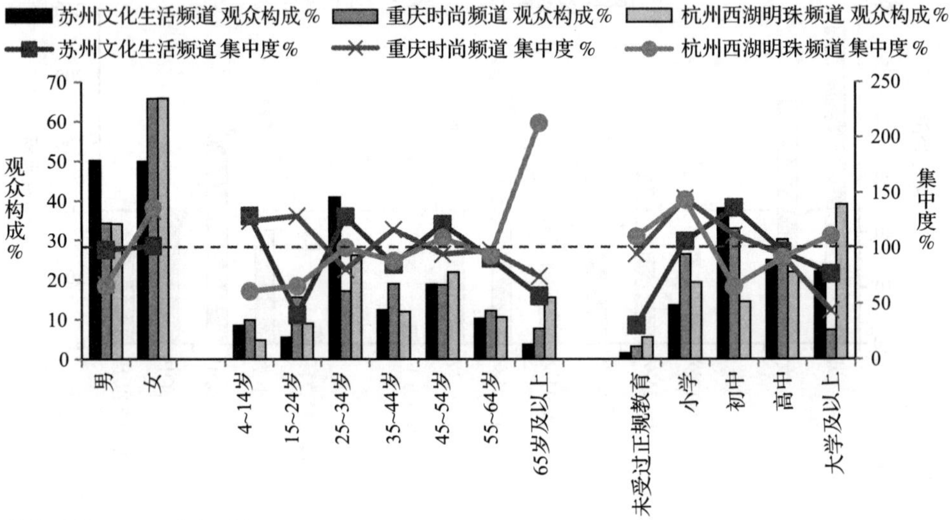

数据来源:CSM媒介研究

图10 《宝贝在路上》在不同频道的观众构成和集中度

山东电视台齐鲁频道(简称"山东齐鲁频道")2014年策划推出了国内首档挑战节约技能、推介"节俭术"的季播真人秀节目——《节俭中国人(第一季)》。节目播出后,收视率一路高歌,创造了地面频道电视创新节目的收视高峰。第二季的《节俭中国人》在2015年暑期热播,山东齐鲁频道、河南电视台都市频道(简称"河南都市频道")、河北电视台经济生活频道(简称"河北经济生活频道")、江苏电视台城市频道(简称"江苏城市频道")、辽宁广播电视台都市频道(简称"辽宁都市频道")五省强势地面频道首度联手,以联合制作、联合播出、融合宣传的方式开创地方频道合作新局面,以全新的合作模式,在5个地区及全国范围内加强节目的影响力。节目在山东齐鲁频道和河北经济生活频道播出时,省网收视高于市网收视,节目播出时在山东、河北两个

省网的市场份额分别为21.80%和10.09%；在河南都市频道、江苏城市频道和辽宁都市频道播出时，市网的收视相对更高（表3）。

表3　《节俭中国人（第二季）》在各频道的播出、收视情况

播出频道	城市	播出周天	首播日期	播出时间	收视率%	市场份额%
山东齐鲁频道	济南	周五	2015/6/5	19:18~20:30	4.18	9.68
	山东				9.69	21.80
河北经济生活频道（二套）	石家庄	周四	2015/6/11	20:45~21:45	0.87	2.86
	河北				3.18	10.09
河南都市频道（二套）	郑州	周六	2015/6/6	22:35~23:50	0.24	1.59
	河南				0.05	1.27
江苏城市频道	南京	周日	2015/6/14	21:04~22:30	1.85	5.50
	江苏				0.82	2.47
辽宁都市频道	沈阳	周日	2015/6/14	21:30~22:23	0.66	1.95
	辽宁				0.47	1.98

数据来源：CSM媒介研究

在省网收视较好的山东齐鲁频道和河北经济生活频道，其观众构成和集中度也比较相似。从观众构成来看，两个频道的主体观众群都以女性、25~54岁年龄段、中等受教育程度的观众为主。其中，收看河北经济生活频道的观众中25~34岁观众群的比例相对山东齐鲁频道更高，而初中学历的观众则山东齐鲁频道占比更高。从观众集中度来看，山东齐鲁频道的观众中，女性、35岁及以上、小学及初中受教育程度的观众更偏爱收看；收看河北经济生活频道的观众中，女性、25~34岁青年人、45岁及以上中老年观众和小学及以下及高中学历的观众群体倾向性更强（图11）。

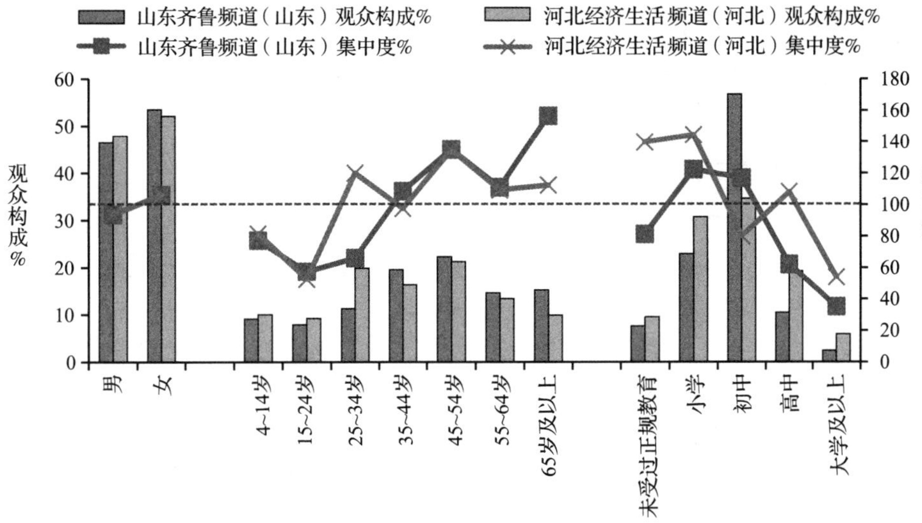

数据来源：CSM媒介研究

图11　山东齐鲁频道和河北经济生活频道《节俭中国人（第二季）》观众构成和集中度（山东、河北）

在市网收视表现较好的3个频道的观众构成和集中度则略有差异：河南都市频道观众构成以男性、45～54岁、中等受教育程度观众群为主，男性、4～14岁、45～54岁、小学及初中受教育程度观众的集中度较高；江苏城市频道的主体观众为女性、25～34岁、高中以上学历群体，女性、25～34岁、55岁及以上、高中以上教育程度观众群的集中度更高；辽宁都市频道的观众则更集中在女性、45～54岁、初高中学历群体，女性、45岁及以上、中低受教育程度观众群体收看的倾向性更强（图12）。

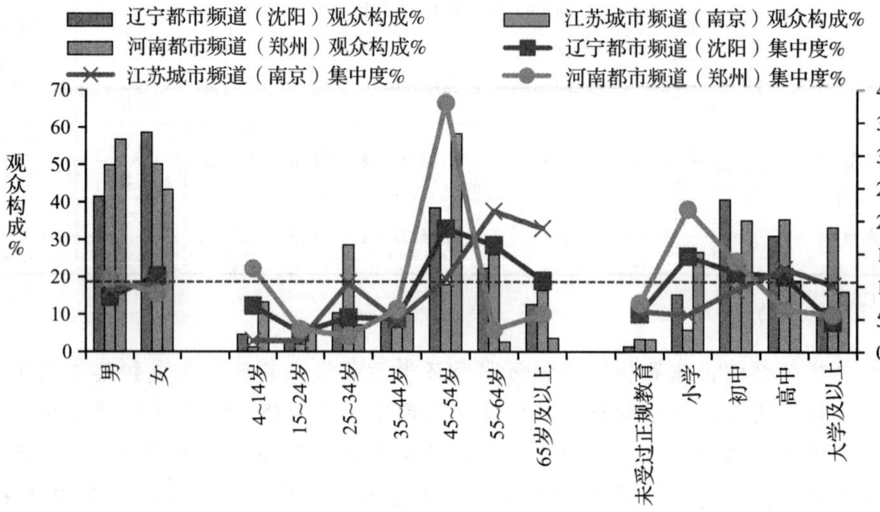

数据来源：CSM媒介研究

图12　河南都市频道、江苏城市频道和辽宁都市频道《节俭中国人（第二季）》观众构成和集中度（郑州、南京、沈阳）

地面频道节目联播机制能够更好地实现优秀节目资源的互补，突破地面频道研发能力匮乏的瓶颈，也可以有效地规避盲目制作新节目所带来的资金风险。

4. 户外真人秀模式渗入地面频道

除了上述提到的《节俭中国人》《百万宝贝》等节目加入“亲子”、“节约”等元素外，2015年暑期，更多上星频道综艺娱乐节目中的户外真人秀模式也被地面频道所采用，成为地面频道真人秀节目中的一股新风。

广州市广播电视台综合频道户外体验式真人秀《广州跑男》邀请了多位人气明星，从广州出发，到省内各地领略岭南文化并完成竞技任务。在节目播出的过程中，也带观众领略了广东境内不同城市的人文风情。《广州跑男》自开播以来，收视率和市场份额逐期攀升，收视率从第一期的0.77%增长到第四期的1.35%，几近翻番；市场份额也均超过2.65%（图13）。

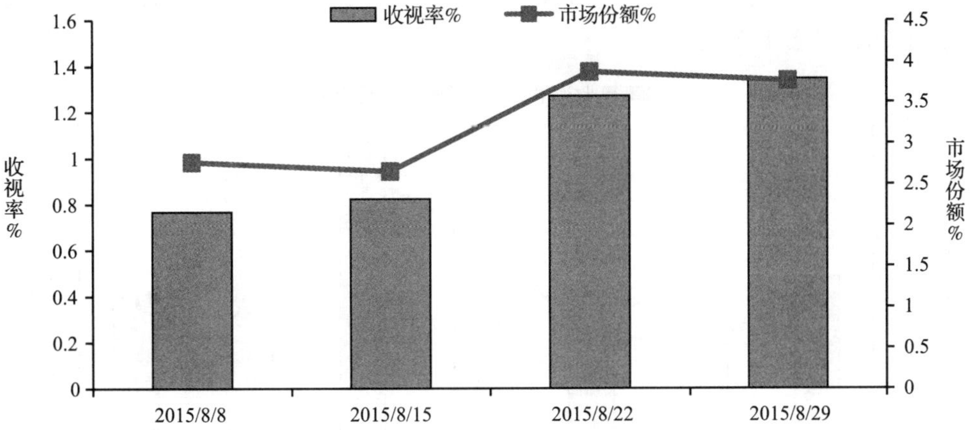

数据来源：CSM 媒介研究

图 13 广州市广播电视台综合频道《广州跑男》分期收视率和市场份额（广州）

《广州跑男》这类节奏紧张的户外节目更多地吸引了男性观众的关注。从观众构成来看，男性、45 岁及以上、初中及以上学历的人群是该节目的主力受众；从观众集中度来看，男性、45 岁及以上中老年、中低受教育程度观众更偏爱收看该节目（图 14）。

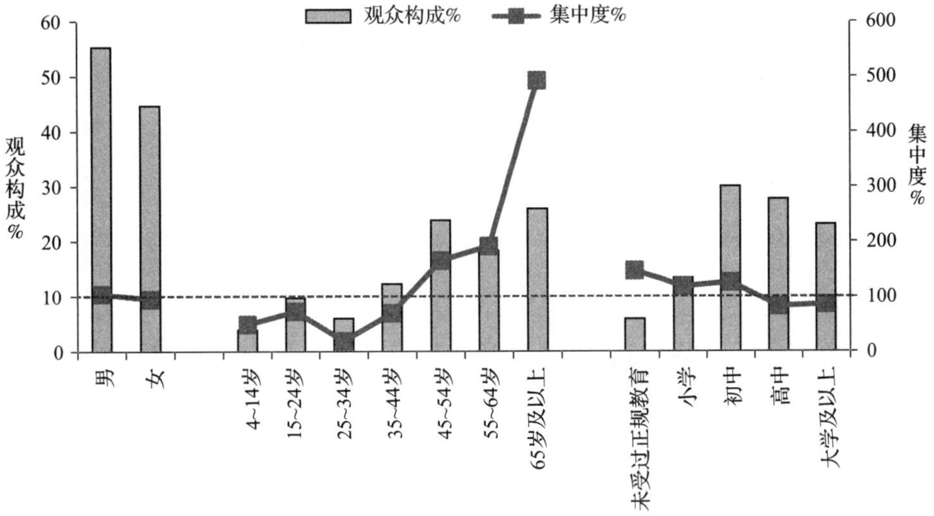

数据来源：CSM 媒介研究

图 14 广州市广播电视台综合频道《广州跑男》观众构成和集中度（广州）

金华电视台教育科技频道打造的《奔跑吧青春》也是一档集合青春正能量、传递全民健身运动理念的大型户外电视真人秀节目。节目把充满激情、有梦想、有团队精神的金华优秀青年吸引到一起，组成两大战队，为青春和梦想而奔跑。

《奔跑吧青春》播出首期收视率为2.54%，第二期和第三期收视率较首期均略有下降，但从第四期开始，节目收视出现反弹，而后一路飙升，第五期的收视率达到最高值，为4.20%（图15）。

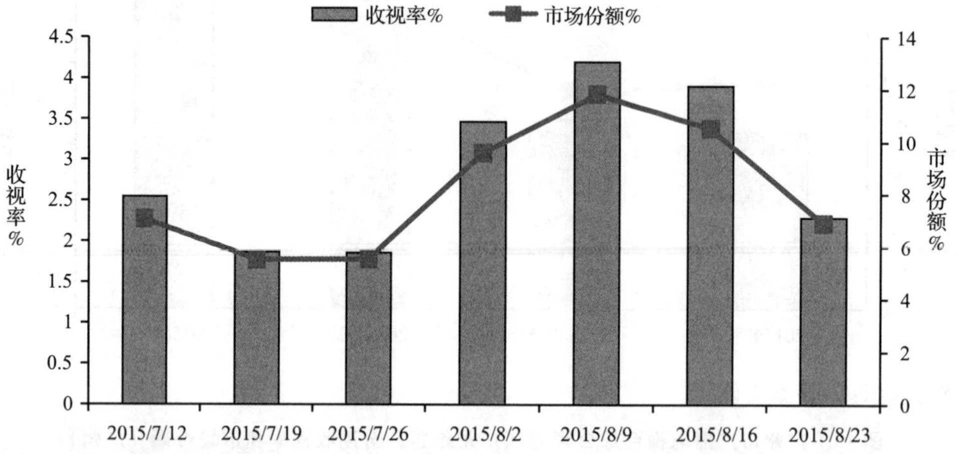

数据来源：CSM媒介研究

图15　金华电视台教育科技频道《奔跑吧青春》分期收视率和市场份额（金华）

从该节目的观众特征来看，在观众构成方面，男性、55~64岁中老年、中等受教育程度观众是节目的主体观众；在观众集中度方面，女性、35~44岁、55~64岁、中等学历观众的收看倾向性更强（图16）。

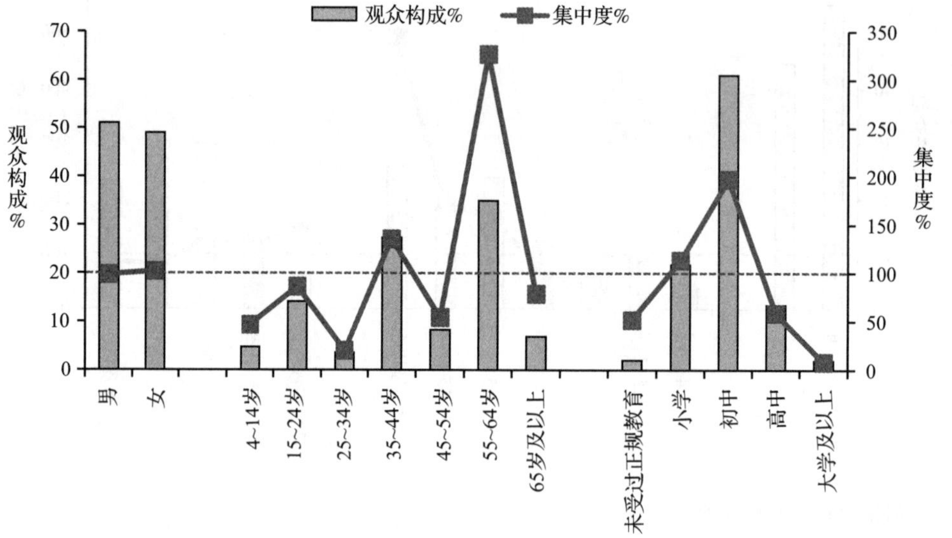

数据来源：CSM媒介研究

图16　金华电视台教育科技频道《奔跑吧青春》观众构成和集中度（金华）

总体来看，地面频道的户外真人秀节目虽然在制作规模和嘉宾阵容上与卫视不可同日而语，但在贴近、务实和创新方面则具有一定优势。

5. 开启摇一摇互动模式，有效促进互动

随着微信摇一摇在2015年央视春晚及多家卫视春晚中的抢眼表现，其能够为电视台带来的价值不言而喻。越来越多的人习惯于边收看电视节目边用手机上网、参与节目互动、表达自己对节目的建议和意见，甚至参与节目内容的创作。微信摇一摇让观众，特别是年轻观众群体回归电视的作用不容小觑。微信互动使得电视节目在制作过程甚至播出过程中能随时获取用户的反馈，从而决定节目的走向。相较目前在编排上还以单向传播为主的电视，这种新的互动模式能更加有效地调整节目编排、延展电视内容、结合用户互动进行制播。因此，2015年暑期电视节目编排也顺应时代需求，做出了一系列创新与改变，开启了全新的互动编排模式。

北京电视台生活频道在2015年7月18日晚18:00正式开通全频道、全时段的双屏互动平台，用户可以通过微信与生活频道实现多层次的全面互动，在节目播出时可以参与互动、预约节目单、参与栏目报名或频道活动，还可以参与抽奖。这也是北京电视台生活频道在2015年暑期为观众带来的一次新形式的节目体验。

结语

2015年暑期收视大战已经落下帷幕，各地面频道积极努力策划，创新编排，推出新节目，试图在日益激烈的竞争环境下突出重围，争得一席之地。地面频道应立足本土，利用现有优势，融合新媒体，推动频道更好地发展。期待来年的暑期，地面频道能为电视荧屏带来更多的精彩。

（作者：张嫣）

从收视数据看周播剧怎么玩

——以湖南卫视周播剧为例

如今的影视市场，年轻一代的话语权越来越大，年轻人所代表的观剧趣味与消费潜力倒逼创作源头和播出平台推出更适合的剧目，周播剧西风东渐亦在情理之中。加之“限娱令”政策的推波助澜，以及IP热剧《花千骨》的强力带动，一向不温不火的周播剧俨然成为2015年我国电视剧市场颇受瞩目的焦点。除了湖南卫视，其他频道也试图迈入该领域，扩大周播剧市场。2015年10月，上海东方卫视与搜狐视频同步推出周播剧《他来了请闭眼》，网台互动，拉开了竞争的序幕。本文采用CSM媒介研究收视调查数据，以湖南卫视周播剧为重点研究对象，试图透过层层数据，归纳、总结出我国周播剧的播出与收视特点。

一、“古装+时装”搭建周播剧场“绿波带”

湖南卫视可谓是我国周播剧的拓荒者和培育者。2011年11月13日，湖南卫视的“芒果周播剧场”开始在每周日晚19:30播出《被遗弃的秘密》，71城市的收视率为0.68%，该剧播出仅一半即遭腰斩停播。2012年7月，湖南卫视成立“第1周播剧场”，7月6日起在每周六和周日22:00两集连播，第一部剧是胡歌、刘诗诗和唐嫣主演的《轩辕剑之天之痕》，收视率一举达到1.59%，首战告捷，给市场注入了强心剂。

随后，湖南卫视在周播剧场方面做出一系列尝试，脚步越迈越大。比如，《姐姐立正向前走》（2012年11月3日开播）和《艾米加油》（2012年11月4日开播）两剧同步周播。2014年2月2日起，湖南卫视在每周日22:00推出新周播剧场“青春星期天”，以栏目剧为主，结合台内明星资源和社会热点话题，采用边拍边播的方式。2015年1月4日起，周播剧场“青春进行时”接棒“青春星期天”，依然以偶像剧为主，继续延续边拍边播的方式和热点话题植入模式，开篇剧《只因单身在一起》还是中韩合作边拍边播。暑期播出的《旋风少女》，收视率高达1.66%，创造了该剧场收视的历史最高峰。

2014年7月2日，“钻石独播剧场”在22:00时段开播，形成了两个周播剧场并存的格局。仙侠剧《古剑奇谭》凭借主演的强大粉丝号召力在次黄金时段脱颖而出，首播收视率达1.32%，开了个好头，给该剧场奠定了良好的收视基础。2014年国庆期间，《风中奇缘》开播，收获了良好口碑。随后播出《神雕侠侣》（2014年和2015跨年播出）、《少年四大名捕》《花千骨》《大汉情缘之云中歌》，其中《花千骨》火爆一时，最终以2.1%的收视率造就了次黄金时段的一个奇迹，引得业界对周播剧的市场潜力重新进行评估（表1）。

表1　湖南卫视周播剧播出和收视情况（2011.11.13～2015.10.17，22:00～24:00时段，71城市）

剧场	播出日期	播出周期/时段	广告冠名	开播日期	剧目名称	首播收视率%
芒果周播剧场	2011/11/13～2011/12/25	每周日19:30两集连播	—	2011/11/13	被遗弃的秘密	0.68
第1周播剧场	2012/7/6～2013/12/22	每周六、周日22:00两集连播	京都念慈菴、天猫、娃哈哈营养快线	2012/7/6	轩辕剑之天之痕	1.59
				2012/9/14	新白发魔女传	0.77
				2012/11/3	姐姐立正向前走	0.72
				2012/11/4	艾米加油	0.47
				2013/3/2	华丽一族	0.55
				2013/4/13	云上的诱惑	0.76
				2013/5/5	天才碰麻瓜	0.36
				2013/7/13	追鱼传奇	0.72
				2013/8/24	唐宫燕	0.42
				2013/9/28	胜女的代价（二）	0.49
				2013/10/26	未婚妻	0.66
				2013/11/30	花开半夏	0.59
青春星期天	2014/2/2～2014/12/21	每周日22:00～24:00两集连播	手机淘宝	2014/2/2	爱的妇产科	0.73
				2014/3/16	女王驾到	0.33
				2014/4/13	唱战记	0.33
				2014/6/15	懂小姐	0.54
				2014/6/29	不一样的美男子	0.79
				2014/9/7	美人制造	0.50
青春进行时	2015/1/4至今	2015年1月4日起每周日至周一22:00～24:00两集连播；2015年7月7日起每周二至周三22:00～24:00两集连播	法兰琳卡、好时巧克力、容园美、伊贝诗、滋源无硅油头皮护理	2015/1/4	只因单身在一起	0.43
				2015/2/15	相爱穿梭千年	0.49
				2015/3/29	爱你万缕千丝	0.46
				2015/5/24	爱的妇产科(第二季)	0.54
				2015/7/7	旋风少女	1.66
				2015/9/8	明若晓溪	0.73
钻石独播剧场	2014/7/2至今	2014年7月2日起每周三、周四，2015年1月6日起每周二、周三，2015年7月5日起每周日、周一，22:00～24:00两集连播	法兰琳卡、京都念慈菴、卡姿兰CC霜、温碧泉、滋源无硅油头皮护理	2014/7/2	古剑奇谭	1.32
				2014/10/1	风中奇缘	0.72
				2014/12/3	神雕侠侣	0.89
				2015/3/17	少年四大名捕	0.74
				2015/6/9	花千骨	2.10
				2015/9/13	大汉情缘之云中歌	0.96

数据来源：CSM媒介研究

目前，湖南卫视已形成了一条贯穿4天的周播剧场“绿波带”：周日和周一22:00档是以《花千骨》为代表的古装剧场“钻石周播剧场”，周二和周三22:00档是以《旋风少女》为代表的时装剧场“青春进行时”。从最终的收视效果看，湖南卫视周播剧运作有得有失、有成有败。既有4部（约占总部数的1/5）平均收视率破1%的剧——《轩辕剑之天之痕》《旋风少女》《古剑奇谭》和《花千骨》，也有收视平平、口碑欠佳的作品。其周播剧场虽然历经波折、不断调整，但一定程度上顺应了目前我国年轻人的观看习惯，已经培养出一批固定的观众群体，树立了自己的剧场品牌，在22:00档具有一定的竞争实力。

广告商对周播剧认可吗？湖南卫视面对的观众群体明显偏年轻化，其冠名商既有伊贝诗、温碧泉、容园美、卡姿兰CC霜、法兰琳卡、滋源无硅油头皮护理等化妆、护理品牌，也有淘宝这样的大型网络购物平台，娃哈哈营养快线、好时巧克力等食品商，还有保健品京都念慈菴，这些整体上都是年轻人容易接受和消费的品牌，与周播剧的观众重叠率较高。

二、日剧周播与边拍边播，两类模式并存

在欧、美、日、韩等国家，周播剧通常采用边拍边播的模式，根据观众反馈再决定下集如何拍摄。而在国内，目前湖南卫视则采取了日剧周播与边拍边播两种模式兼顾的策略：常规剧放在“钻石周播剧场”（表2），栏目剧则放在“青春进行时”剧场。

表2　湖南卫视有批准证号的周播剧（2011.11.13～2015.10.17）

剧目名称	制作机构	开播日期	批准证号	篇幅（集）	每天集数
被遗弃的秘密	浙江欢瑞影视制作股份有限公司	2011/11/13	（浙）剧审字2011第014号	31	2
轩辕剑之天之痕	上海唐人电影制作有限公司	2012/7/6	（沪）剧审字2012第015号	31	2
新白发魔女传	凤凰传奇影业有限公司	2012/9/14	（苏）剧审字2012第013号	42	2
姐姐立正向前走	北京希世纪影视文化发展有限公司	2012/11/3	（京）剧审字2012第049号	30	2
艾米加油	湖南广播电视台	2012/11/4	（湘）剧审字2012第014号	30	2
华丽一族	湖南广播电视台	2013/3/2	（湘）剧审字2011第020号	38	2
云上的诱惑	广东南方领航影视传播有限公司	2013/4/13	（粤）剧审字2011第027号	28	2
天才碰麻瓜	湖南广播电视台	2013/5/5	（湘）剧审字2012第005号	30	2
追鱼传奇	东阳福添影视有限公司	2013/7/13	（浙）剧审字2013第018号	36	2
唐宫燕	东阳拉风影视文化有限公司	2013/8/24	（浙）剧审字2012第013号	46	2
胜女的代价（二）	欢瑞世纪影视传媒股份有限公司	2013/9/28	（浙）剧审字2013第020号	38	2
未婚妻	杭州南广影视制作有限公司	2013/10/26	（浙）剧审字2012第019号	36	2
花开半夏	湖南芒果传媒有限公司	2013/11/30	（湘）剧审字2012第007号	30	2
爱的妇产科	湖南经视文化传播有限公司	2014/2/2	（湘）剧审字2014第002号	18	4
明若晓溪	浙江华策影视股份有限公司	2015/9/8	广外合审字2014第003号	29	2
古剑奇谭	欢瑞世纪影视传媒股份有限公司	2014/7/2	（浙）剧审字2013第068号	50	2
风中奇缘	上海尚世影业有限公司	2014/10/1	（沪）剧审字2013第051号	35	2
神雕侠侣	华夏视听环球传媒（北京）有限公司	2014/12/3	（京）剧审字2014第067号	52	2
少年四大名捕	欢瑞世纪影视传媒股份有限公司	2015/3/17	（浙）剧审字2013第056号	44	2
花千骨	上海慈文影视传播有限公司	2015/6/9	（沪）剧审字2014第048号	50	2
大汉情缘之云中歌	东阳星瑞影视文化传媒有限公司	2015/9/13	（浙）剧审字2014第004号	45	2

数据来源：CSM媒介研究

之所以采取这样的策略，和我国特殊的国情有关。依据《电视剧审查管理规定》（国家广播电影电视总局令第 40 号）第四条："国家对电视剧实行题材规划立项审查和电视剧发行许可制度。未取得电视剧发行许可证的电视剧，不得发行、播出、进口、出口。"我国的常规剧必须是经过审批之后的成片才能在电视台播出，边播边拍的模式显然先天不足，只能"取其表"，按周固定播出。

常规剧从开始制作到最终播出，周期较长，和观众的互动性弱、时效性差。而周播剧的精髓在于"两端互动"，制作端随着观众端的观剧体验，可随时改变剧情走向、角色搭配，做到随机应变、灵活机动、边拍边播。湖南卫视以栏目剧的方式打造类似于国外的周播剧，包括《女王驾到》《唱战记》《懂小姐》《不一样的美男子》《美人制造》《旋风少女》《爱的妇产科（第二季）》《相爱穿梭千年》《爱你万缕千丝》等剧，放在"青春星期天"和"青春进行时"两个周播剧场播出。部分栏目剧紧扣社会热门话题或新闻，时效性较强。例如，《爱的妇产科（第二季）》就以当今社会医生与患者之间涉及的孕产话题、医患关系为背景，讲述了一系列关于亲情、友情及爱情的故事。

三、以单元为核心，剧情既独立又关联

周播剧的一个鲜明特点是播出周期跨度很长，常规剧通常半个月到一个月左右播毕，而周播剧则动辄一个季度方能播完。例如，《神雕侠侣》从 2014 年 12 月 3 日起跨年播出一直到次年 3 月 11 日，几乎长达 100 天。湖南卫视常规周播剧基本播出模式是每周固定周天、每天两集连播。篇幅平均在 37 集左右。然而，近年来周播剧越播越长已成为一种趋势，《古剑奇谭》《神雕侠侣》《花千骨》的篇幅都不低于 50 集（见表 2）。

周播剧如此长的跨度、容量，决定了对其编剧功力、内容品质的要求更高，每周剧情要相对独立、紧凑、张力强，自成一个单元故事，高潮低谷、伏笔悬念、启承转合一个都不能少，故事吸引力充分，情节拉动力较强，让观众在当时就能浸润其中。同时，整部剧主要人物要贯穿全剧，让各周之间的剧情、角色有所关联，下集还要出现新的角色形成新的剧情和矛盾，这样才能形成合理的逻辑链条，吸引观众一直逐周追看。

从湖南卫视目前的情况来看，其周播剧大体满足了以上条件，基本上 4 集形成一个核心单元，连播两天，每天 2 集形成一个独立的故事，同时主角贯穿始终，并不影响收视的连续性。例如 2015 年的大热门 IP 剧《花千骨》，核心单元分别包括"缘定仙宴、流光情劫、暗影骨哨、风起西域、无垢之城、坠恋迷途、情入心魔、洪荒降世、蛮荒相遇、此生情灭、云宫幻境、劫尽仙途、大结局"，除了"坠恋迷途"是 3 天播出 6 集、"劫尽仙途" 2 天播出 3 集和大结局外，其余大体都是每周两天播出 4 集。从其收视走势看，尽管有一定的波动性，但基本呈现出节节升高的态势（图 1）。

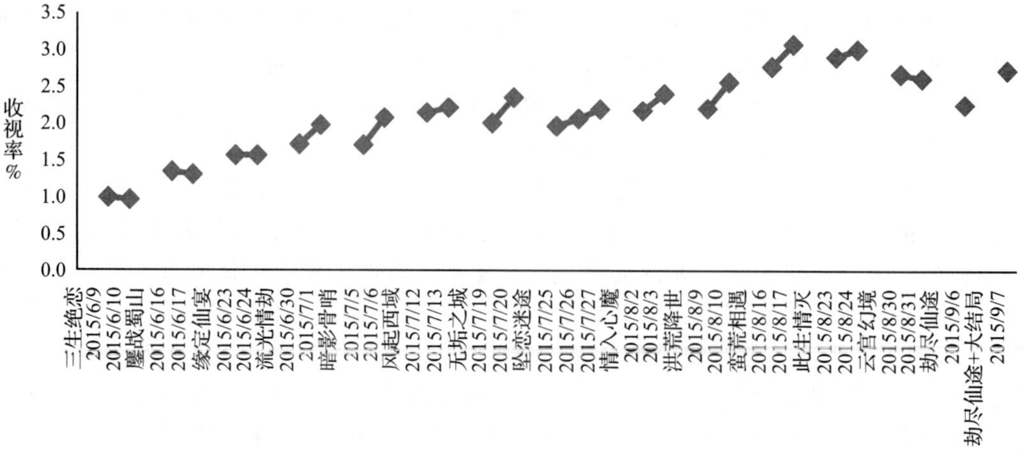

数据来源：CSM 媒介研究

图 1　2015 年湖南卫视周播剧《花千骨》首播分期收视走势（22：00～24:00 时段，71 城市）

四、女性和年轻人构成核心目标观众

湖南卫视的周播剧目标锁定为女性、年轻观众，她（他）们容易接受新鲜事物，拥有自己的看剧品位。

本文统计了湖南卫视历年来周播剧目的观众性别构成，发现女性观众占六成左右，大部分剧男性观众不足四成。《姐姐立正向前走》《胜女的代价（二）》《艾米加油》《花开半夏》《天才碰麻瓜》《风中奇缘》《未婚妻》《相爱穿梭千年》的女性观众比例超过了 65%；只有 3 部剧——《神雕侠侣》《轩辕剑之天之痕》《少年四大名捕》——的男性观众比例在 40% 以上（图 2）。

从各剧的观众年龄层分布来看，“70 后”、“80 后”构成了湖南卫视周播剧的主力，“90 后”所占比例也不少（图 3）。相对于年轻观众，年纪较大的观众对周播剧的兴趣有所减弱，在观众中所占比例较小。以“钻石独播剧场”为例，2015 年“70 后”观众占 21%，“80 后”占 24%，“90 后”占 18%，“60 后”占 13%，“50 后”仅占 6%，还不如年龄较小的“00 后”所占比例（12%）高。

周播剧一个颇有意思的现象是每逢寒暑假播出时，掌控了遥控器的“00 后”观众的比例就会大幅增加。2013 年暑期推出的《追鱼传奇》，2014 年暑期同期播出的《不一样的美男子》（青春星期天剧场）和《古剑奇谭》（钻石独播剧场），其观众中“00 后”所占比例都超过了 16%。2012 年暑期播出的《轩辕剑之天之痕》、2015 年暑期播出的《旋风少女》，其观众中“00 后”所占比例甚至超过了 20%（表 3）。

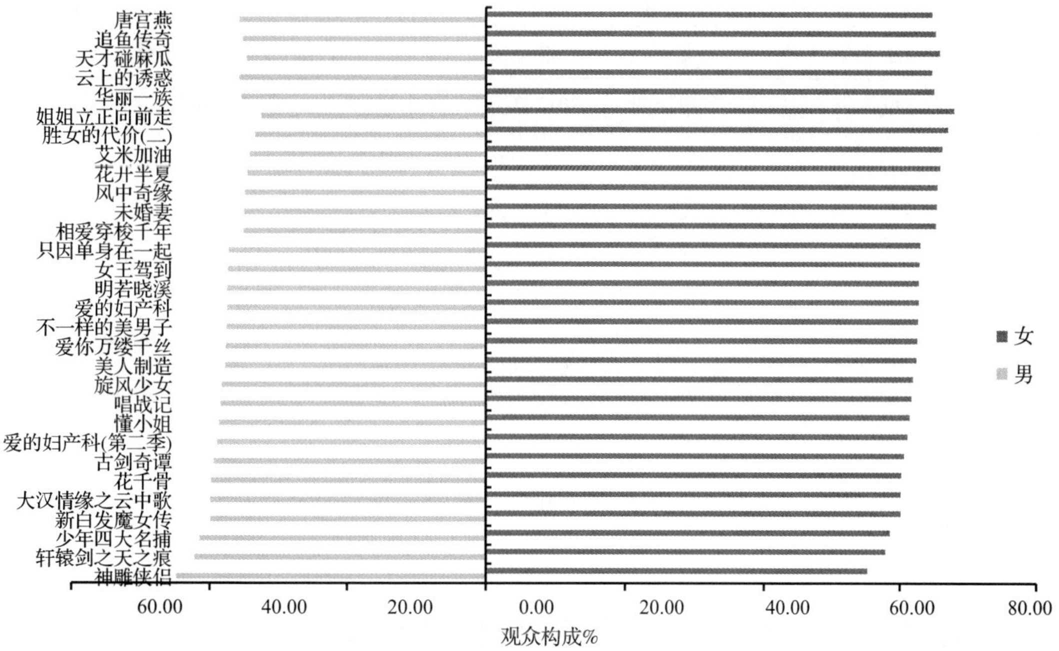

数据来源：CSM 媒介研究

图 2　湖南卫视周播剧首播观众性别构成（%）

（2012～2015. 10. 17，22:00～24:00 时段，71 城市）

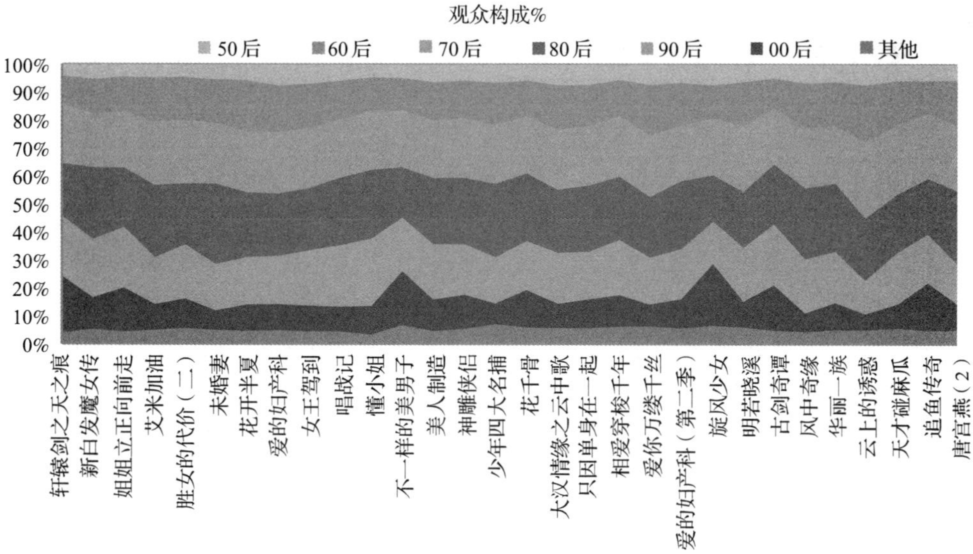

数据来源：CSM 媒介研究

图 3　湖南卫视周播剧首播观众年龄构成（%）

（2012～2015. 10. 17，22:00～24:00 时段，71 城市）

表 3　湖南卫视周播剧首播时“00 后”观众所占比例（%）（2015 年，22:00～24:00 时段，71 城市）

暑期剧	开播日期	“00 后”观众比例（%）
轩辕剑之天之痕	2012/7/6	20.3
追鱼传奇	2013/7/13	17.0
不一样的美男子	2014/6/29	19.2
古剑奇谭	2014/7/2	16.2
神雕侠侣	2014/12/3	12.1
旋风少女	2015/7/7	22.1

数据来源：CSM 媒介研究

周播剧的这种“假期潮汐”现象有利有弊，需要电视台因势利导、精耕细作，化劣势为优势。

五、题材相对开放，以高颜值言情偶像剧居多

相对于晚间黄金时段的普通电视剧，处于次黄金时段的周播剧场可以规避政策对题材、内容的某些限制，在题材选择上相对更加自由、灵活、广泛。湖南卫视的“青春进行时”剧场采用栏目剧，拓展了传统电视剧无法涉及的一些领域，丰富了剧目的表现形式。例如，《不一样的美男子》描述了一群拥有超能力的异能年轻人的故事，《懂小姐》则采用碎片化的喜剧生活秀形式，与普通电视剧有较大的差异。

截至 2015 年 10 月，湖南卫视有审批证号的周播剧有 21 部。其中，约四成是言情题材剧（占 8 部），包括《姐姐立正向前走》《艾米加油》《云上的诱惑》《天才碰麻瓜》《胜女的代价（二）》《未婚妻》《爱的妇产科》《明若晓溪》；约四分之一是武侠题材剧（占 5 部），包括《轩辕剑之天之痕》《新白发魔女传》《古剑奇谭》《神雕侠侣》《少年四大名捕》；还有 3 部剧是戏说演绎题材——《唐宫燕》《风中奇缘》《大汉情缘之云中歌》，2 部神怪玄幻剧——《追鱼传奇》《花千骨》，2 部当代传奇题材剧——《华丽一族》《花开半夏》。至于悬疑题材，湖南卫视除了周播剧的第一只螃蟹——《被遗弃的秘密》之外，再没有采用过此类题材。以上题材的剧目中，古装剧约占一半（10 部），当代剧约占一半（有 10 部），年代剧仅 1 部（表 4）。

抛开题材、背景的差异不谈，我们发现无论是言情剧还是武侠剧，都可以被称为“古装偶像剧”，其共同特点是颜值高，主要演员几乎个个都是靓男美女，男有罗晋、朱泳腾、张翰、胡歌、彭于晏、陈晓、李易峰、马天宇、霍建华、高以翔、陆毅、吴奇隆等，女有林心如、郑爽、唐嫣、杨蓉、杨幂、刘诗诗、赵丽颖、李沁等，这些“小鲜肉”、“老鲜肉”既养眼又有一定演技，对年轻观众有较强的“偶像效应”，而且这些“小鲜肉”有不少也借此造星成功。

表4　湖南卫视部分周播剧的题材及主要演员（2012. 1. 1～2015. 10. 17，22:00～24:00时段）

名称	播出剧场	题材	时代背景	演员
被遗弃的秘密	芒果周播剧场	悬疑	辛亥革命至南昌起义前（1911～1927）	何晟铭、罗晋、乔振宇、姜大卫、蒋梦婕、甘婷婷、沈海蓉、王琳
姐姐立正向前走	第1周播剧场	言情	改革开放至今（1978～）	汪东城、林更新、林心如
艾米加油	第1周播剧场	言情	改革开放至今（1978～）	李佳航、朱泳腾、孙耀琦、白卉子
云上的诱惑	第1周播剧场	言情	改革开放至今（1978～）	谭凯、张博、李泰兰、曾泳醍
天才碰麻瓜	第1周播剧场	言情	改革开放至今（1978～）	路宏、林佑威、姜瑞佳
胜女的代价（二）	第1周播剧场	言情	改革开放至今（1978～）	张翰、乔任梁、郑爽、江语晨
未婚妻	第1周播剧场	言情	改革开放至今（1978～）	丹尼斯·吴、袁成杰、马思纯、陈彦妃
爱的妇产科	青春星期天	言情	改革开放至今（1978～）	何晟铭、孙坚、朱丹、王笛
明若晓溪	青春进行时	言情	改革开放至今（1978～）	徐开骋、林子闳、曹曦月、曾沛慈
唐宫燕	第1周播剧场	戏说演绎	隋、唐、五代	李承铉、陆昱霖、陈威翰、刘庭羽、刘心悠、杨恭如、陈秀丽、何赛飞
风中奇缘	钻石独播剧场	戏说演绎	朝代不明确（古代）	胡歌、彭于晏、刘诗诗
大汉情缘之云中歌	钻石独播剧场	戏说演绎	两汉、三国、西晋	杜淳、陆毅、陈晓、杨颖、杨蓉、苏青
轩辕剑之天之痕	第1周播剧场	武侠	隋、唐、五代	胡歌、蒋劲夫、刘诗诗、唐嫣
新白发魔女传	第1周播剧场	武侠	明	吴奇隆、樊少皇、李解、马苏、郭珍霓
古剑奇谭	钻石独播剧场	武侠	隋、唐、五代	李易峰、马天宇、乔振宇、杨幂、郑爽、钟欣桐
神雕侠侣	钻石独播剧场	武侠	宋、辽、金	陈晓、郑国霖、黑子、李铭顺、陈妍希、张馨予、杨明娜、毛晓
少年四大名捕	钻石独播剧场	武侠	明	张翰、何晟铭、杨洋、陈伟霆、茅子俊、张钧宁、贾青、吴映洁
追鱼传奇	第1周播剧场	神怪玄幻	宋、辽、金	关智斌、赵丽颖
花千骨	钻石独播剧场	神怪玄幻	隋、唐、五代	霍建华、赵丽颖
华丽一族	第1周播剧场	当代传奇	改革开放至今（1978～）	高以翔、李学庆、李欣汝
花开半夏	第1周播剧场	当代传奇	改革开放至今（1978～）	林申、李沁

数据来源：CSM媒介研究

六、假期推出大剧，阶段性“潮汐收视”明显

从周播剧的收视率走势我们可以一窥其发展脉络、收视规律。先看湖南卫视“第1周播剧场”，其整体呈现出高开低走、后期平稳的特征。2012年该剧场选择在暑期试水《轩辕剑之天之痕》，播出第一天就在71城市获得了1.65%的高收视率，虽然中间走势出现下滑，但8月25日收视仍然冲高到1.92%，这对于22点档的电视剧而言是相当不错的成绩了。随后的《新白发魔女传》等剧虽然没有延续这种整体的高收视率，但也有惊艳一时的表现，《新白发魔女传》和《姐姐立正向前走》也都有过单日平均收视率超1%的纪录，除了《大才碰麻瓜》，其他剧基本上在一个合理的范围内上下震荡（图4）。

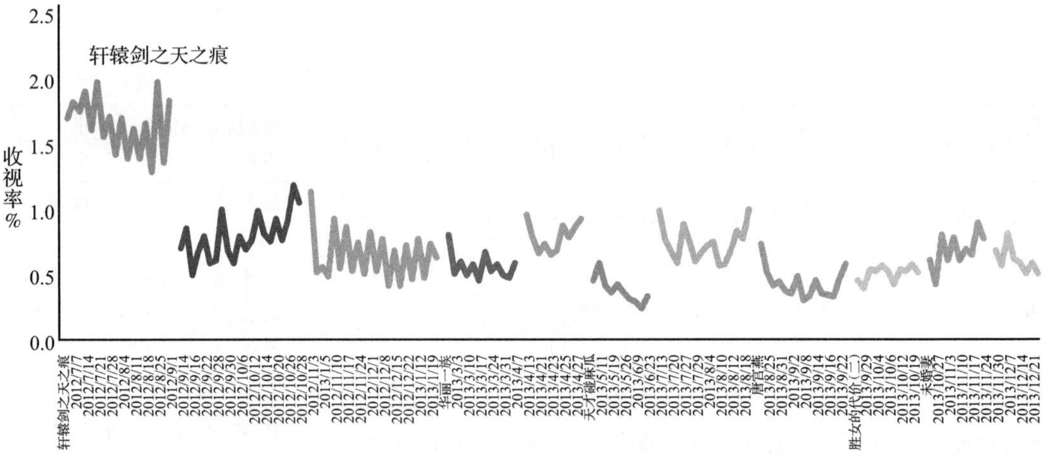

数据来源：CSM媒介研究

图4　2012～2013年湖南卫视“第1周播剧场”分天收视走势（22:00～24:00时段，71城市）

“青春星期天”剧场的收视波动较大，单日最高收视率能达到0.95%（《不一样的美男子》2014/7/6、2014/7/13），单日最低收视率仅为0.18%（《唱战记》2014/5/25），表明该剧场所播的栏目剧水平参差不齐，观众群不稳定，观众忠实度不高，观众流失较大，边拍边播的模式还在摸索之中。2015年“青春进行时”接替“青春星期天”之后，虽然也是主播栏目剧，但收视率已经开始稳定下来。2015年暑期《旋风少女》播出后，更是创造了该剧场的最高峰，该剧以1.2%的收视率起跳，势如破竹节节升高，并在2015年8月19日收视率一举突破2%（图5）。

“钻石独播剧场”以播出常规电视剧为主，日剧周播，很考验该剧场的观众吸附能力。《古剑奇谭》在2014年暑期播出之后，前三分之二篇幅的收视表现很好，一度获得1.74%的单日最高收视率（2014/7/16），然而暑期结束进入9月之后，收视率直线下滑，单日最低收视率仅为0.75%（2014/9/3），后期虽然也在逐步攀升，但毕竟影响了整体收视率。本文认为该剧场成立初期，观众的收视惯性还没有真正养成，收视行为受假期的影响大，收视波动大亦在情理之中。《风中奇缘》《神雕侠侣》《少年四大名捕》

播出之后，收视固然呈现出一定的震荡，但都在合理范围之内。2015 年暑期《花千骨》播出之后，创造了该剧场两年来的最高峰，也引发了行业内外对周播剧的极大关注。该剧 2015 年 6 月 10 日开播时收视率不足 1.00%，但随后周周飙升，7 月 6 日突破 2.00%，随后基本保持在“2%”以上的高水平，并在 8 月 17 日历史性地取得 3.08% 的惊人战绩，9 月进入开学季之后虽然有所回落，但仍以 2.73% 的成绩收官（图 6）。而后播出的《大汉情缘之云中歌》跌回该剧场的正常水平。

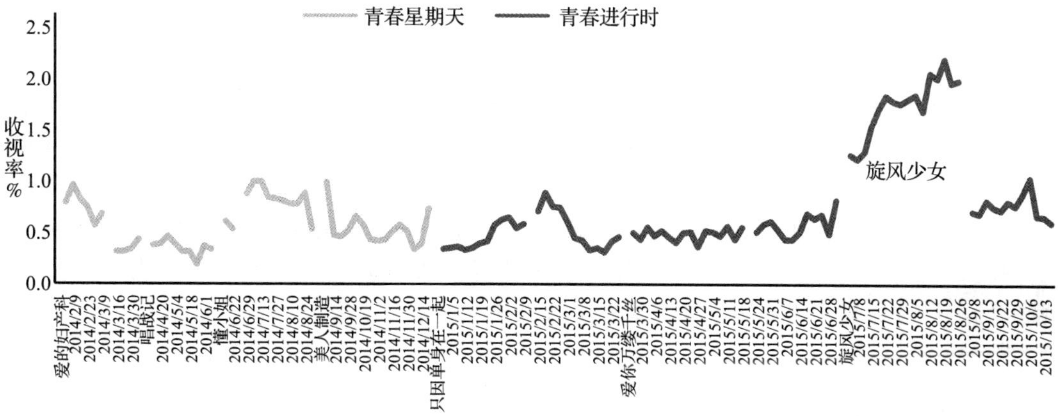

数据来源：CSM 媒介研究

图 5　2014～2015 年湖南卫视周播剧场“青春星期天”和“青春进行时”收视率分天走势（22:00～24:00 时段，71 城市）

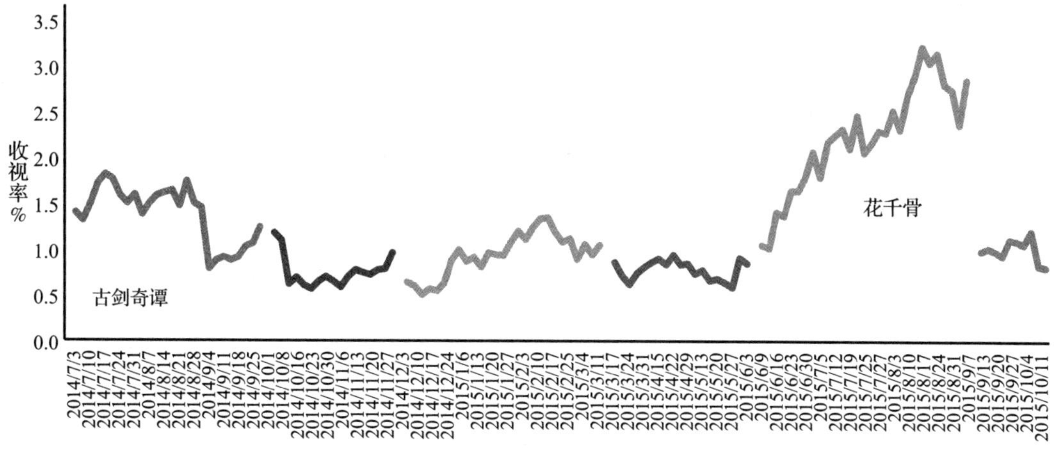

数据来源：CSM 媒介研究

图 6　2014～2015 年湖南卫视周播剧场“钻石独播剧场”收视率分天走势（22:00～24:00 时段，71 城市）

由上我们可以看到，年轻观众的收视行为受学业影响较大，假期对周播剧收视存在一定的影响力，每到暑期收视率就会水涨船高，收视溢流现象明显，收视率曲线从而呈现出“阶段性”波动的形状。

七、强势播出平台开启差异化竞争时代

周播剧也吸引了地面频道来试水。江苏影视频道于2014年4月5日~6月28日，每周六21:00播出共计13集的情景喜剧《最强喜事》。该剧风格轻松诙谐，在南京地区的首播收视率达3.85%，江苏全省为2.97%；同年10月11日~12月27日，该频道同时段又推出12集《最强喜事之双重奏》，在南京地区的首播收视率为3.49%，江苏全省为2.19%。

经过四五年的酝酿和发展，周播剧气候小成，其他强势卫视也不甘示弱，把目光瞄向了这片蓝海。周播剧开始开启差异化竞争时代。2014年暑期，浙江卫视利用麾下《中国好声音》人气学员毕夏、蘑菇兄弟、李琦、丁丁等，引入一线电视剧男星吴秀波领衔主演，打造自己的独播栏目剧《我的青春高八度》，7月6日起每周日22:00播出。但遗憾的是，该剧收视表现平平，单日最高收视率不足0.5%，且每周之间收视震荡颇大(图7)。周播剧这片蓝海并不如想象中那么顺风顺水。

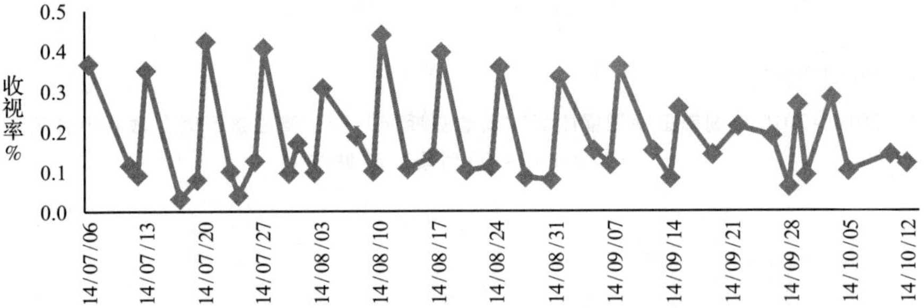

数据来源：CSM媒介研究

图7　浙江卫视周播剧《我的青春高八度》收视率分天走势
(22:00~24:00时段，71城市)

上海东方卫视于2015年7月17日宣布正式开启周播剧时代，推出“心跳80分”周播剧场，倾力推出悬疑推理言情大剧《他来了请闭眼》，将之作为首部周播剧，10月15日起每周四晚22:00在搜狐视频、上海东方卫视同步播出。上海东方卫视对周播剧的定位是要有大台气质、都市气质、年轻气质，既要有收视率，也要有价值观，要用最好的导演、演员和制作以及后期团队，瞄准相对高端的观众。《他来了请闭眼》是一部互联网反向输出到一线卫视的作品，孔笙监制，张开宙执导，海宴编剧，邀请了在《花千骨》中白子画上仙的饰演者霍建华为主角，阵容强大。该剧将犯罪心理学、基本演绎法、都市言情等多种元素结合起来，悬念迭起，属于强情节周播剧。每周2集为1个核心单元，截至10月底播出了“别墅神秘人、失踪之谜、白领疑云”3个单元，在71城市中的测量仪城市的平均收视率是0.66%，第1集收视率是0.68%（表5）。

表 5　上海东方卫视周播剧场“心跳 80 分”首部周播剧《他来了请闭眼》播出与收视情况
（71 城市中 PM 组合，22:00～24:00）

分集名称	播出日期	集	周天	开始时间	播出时长	收视率%
别墅神秘人	2015/10/15	上	周四	22:00:06	33:47	0.68
别墅神秘人	2015/10/15	下	周四	22:37:41	39:44	0.66
失踪之谜	2015/10/22	上	周四	22:13:06	31:00	0.68
失踪之谜	2015/10/22	下	周四	22:46:31	35:46	0.63
白领疑云	2015/10/29	上	周四	22:13:08	33:01	0.67
白领疑云	2015/10/29	下	周四	22:48:41	33:48	0.64

数据来源：CSM 媒介研究

结语

周播剧虽然属于典型的舶来品，但目前已经开始呈现出一定的中国特色。我国的周播剧和普通电视剧相比，有其独特的创作规律、编排规律、题材特点、收视规律及观众特征。从目前发展态势来看，周播剧市场在不断扩大，涉及的强势平台越来越多，广告价值也在提高，差异化竞争也逐渐显示出来。然而周播剧所需要的庞大资金投入、较强的招商运作能力、培养观众收视习惯的心力投入，亦不容忽视。周播剧势必对电视台未来的资源配置、盈利模式、广告营销、竞争格局产生或正向或负面的影响。未来，谁能吸引观众期期约会、追看到底、“钱途”光明才是王道。

（作者：李红玲）

重大新闻事件在各媒体平台的传播表现
——以“9.3”抗战胜利阅兵为例

2015年对于全体中国人而言，注定是一个不平凡的年份。2015年既是抗战胜利暨世界反法西斯战争胜利70周年，又是“十二五”规划收官之年；一边是承前的历史，一边是启后的未来，作为中华儿女倍感振奋，为如今国富兵强的盛世而自豪。2015年9月3日，是中国第二个法定“中国人民抗日战争胜利纪念日”，也是首个决定放假的抗战胜利纪念日。为了铭记这个重要的日子，我国政府举办了一系列的纪念活动，其中，作为纪念中国人民抗日战争暨世界反法西斯战争胜利70周年纪念活动的重要组成部分，由陆海空三军、第二炮兵、武警部队和四总部直属部队组成的联合阅兵仪式在天安门地区组织实施。本次抗战胜利日阅兵是新中国历史上的第15次大阅兵，是进入21世纪以来的第2次大阅兵，同时也是新中国成立以来第一次在非国庆节举行的大阅兵。

纪念抗战胜利阅兵活动期间，中央电视台综合频道（CCTV-1)、经济频道(CCTV-2)、综艺频道（CCTV-3）等10个中央电视台频道以及全国多家上星频道对本次阅兵进行了同步直播，另有多家境外媒体进行了全程转播，阅兵前后相关的网络收视和微博网络讨论量也掀起了一波高潮。本文以本次阅兵为例，对重大新闻事件在各媒体平台的传播表现情况做一个简要分析。

一、电视直播收视表现

由于各频道转播时间有所差异，因此本文截取阅兵式正式开始和结束的8:50～11:40时段展开分析，下文涉及的时段数据部分均以此时间段为计算标准。

1. 重大新闻事件收视，中央电视台频道更受青睐

从CSM媒介研究全国收视调查网数据来看，中央电视台频道在直播阅兵期间的各项指标都高于8月平均水平，收视率为18%，人均收视时长31分钟，均是8月同时段平均水平的10倍以上；市场份额达到59.4%，相比8月同时段增幅达到262%；观众规模也是8月的近3倍。相比中央电视台频道的高歌猛进，省级卫视频道表现相对较为平缓，收视率和市场份额虽较自身8月平均水平提升了近1倍，但仍不及中央电视台频道的一半；观众规模有小幅提升，但相比中央电视台频道而言提升幅度并不明显；市场份额仅占24.3%，相比8月平均值反而有较大下滑。这说明，当遇到重大新闻事件时，中央电

视台频道仍是大家获取信息的主要来源。从整体数据来看，本次《纪念抗战胜利70周年大会》全国并机总收视率达到25.4%，总市场份额达到83.7%，吸引了全国超过5亿电视观众的关注。纵观8月的平均水平，省级卫视各项收视指标都高于中央电视台频道，但阅兵仪式直播期间则全部被中央电视台频道反超，说明在有重大新闻事件发生时，中央电视台频道仍是各类观众的优先选择（表1）。

表1　阅兵式直播频道收视表现（全国测量仪，直播时段）

频道	中央电视台转播频道		省级卫视转播频道		全部并机播出频道	
指标日期	9月3日	8月平均	9月3日	8月平均	9月3日	8月平均
收视率%	18.0	1.6	7.4	3.9	25.4	5.5
市场份额%	59.4	16.4	24.3	40.7	83.7	57.1
人均收视时长（分钟）	31.0	3.0	13.0	7.0	43.0	9.0
平均到达率%	26.4	9.7	16.4	14.6	39.2	18.1
平均到达率（000）	337706	123427	210178	186809	500501	231328

数据来源：CSM媒介研究

2. 阅兵盛会收获全民关注，年轻观众深度回归

从不同目标观众收看阅兵盛会的规模可以看出，不同性别、不同年龄的观众均对本次阅兵盛会倾注了空前热情，最明显的表现是中央电视台频道在直播纪念抗战胜利阅兵期间，各目标观众群体的平均到达率皆为平时的2倍以上，其中提升最为明显的是15～44岁人群。由于阅兵播出当天全国处于放假状态，平时大多为上学族、上班族的该年龄段观众平均到达率达到了8月同期平均水平的3倍以上，提升最为明显；相比平时，对新闻类节目关注度较弱的女性观众规模也有较大比例提升，阅兵直播期间有超过四分之一的女性观众关注了本次阅兵盛况，是8月份同期女性观众的2.9倍，而男性观众规模也达到了8月份同期水平的2.6倍。反观省级卫视频道，虽然其大多数目标观众的平均到达率相比平时有不同程度的提升，但升幅远低于中央电视台频道，以往65岁及以上主力观众人群在阅兵仪式直播期间的到达规模反而有所下滑。(表2)

表2　阅兵式直播期间中央电视台频道和省级卫视频道不同目标观众的平均到达率（%）（全国测量仪，直播时段）

日期 / 目标观众	中央电视台转播频道		省级卫视转播频道	
	9月3日	8月平均	9月3日	8月平均
男性	27.2	10.5	16.3	14.1
女性	25.6	8.8	16.6	15.1
4～14岁	25.1	11.5	32.4	31.3
15～24岁	19.4	5.7	11.6	10.2
25～34岁	21.4	5.4	12.2	9.1
35～44岁	24.7	7.2	14.8	10.5
45～54岁	30.7	11.0	14.2	13.1
55～64岁	32.9	15.3	18.1	17.0
65岁及以上	39.2	18.0	15.9	17.4

数据来源：CSM媒介研究

3. 中央电视台高开高走，省级卫视相对平缓

中央电视台频道和省级卫视频道阅兵仪式直播期间的分钟收视走势显示，中央电视台频道的收视呈现“高开高走”的态势，并且一路上扬，从习近平同志迎接各国代表开始，中央电视台频道以12.7%的收视水平进入，之后逐渐提升，在我军方队入场期间收视率突破20%，之后提升速度放缓，在我军装备方队入场期间达到收视顶点21%，之后直至阅兵仪式结束都维持在21%左右的收视水平。相比中央电视台频道的一路凯歌，省级卫视则呈现出相对“走低”的态势。在阅兵仪式直播开始时以4%左右的收视水平进入，之后保持较为平缓的提升，在11:05期间达到收视峰值8.9%，在到达收视顶峰后收视曲线开始呈现缓慢回落的趋势，直至阅兵仪式结束，收视下滑至8.1%（图1）。

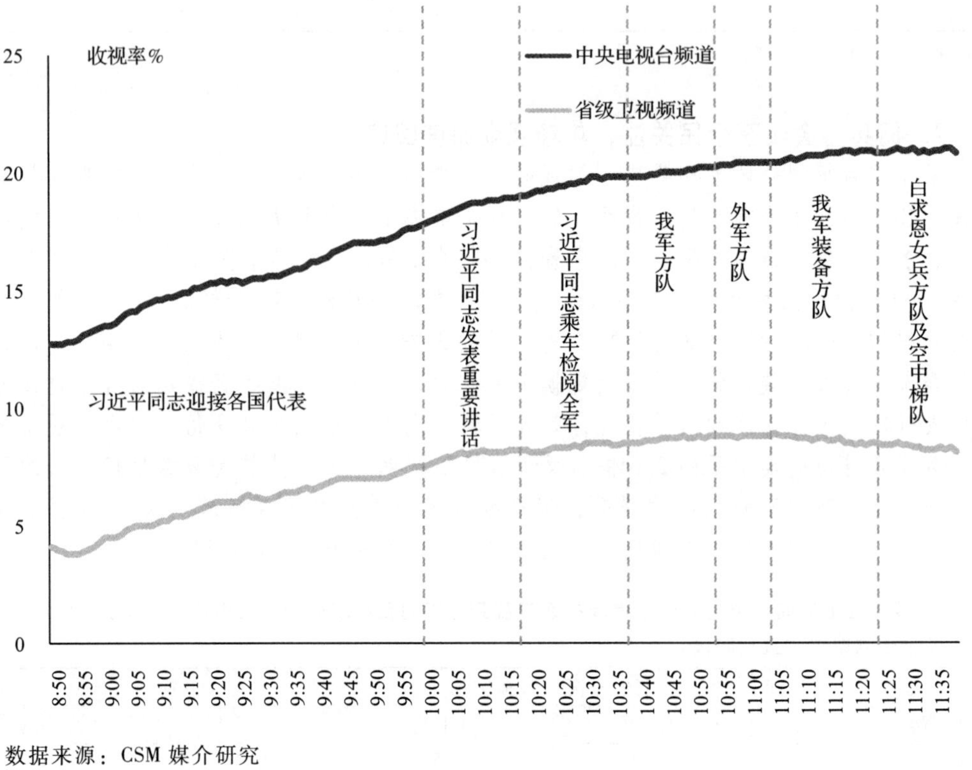

数据来源：CSM媒介研究

图1 中央电视台频道及省级卫视频道阅兵式直播期间收视率分钟走势（全国测量仪）

4. 西部城市关注度高，北、上、广、深收视乏力

从全国分城市平均到达率来看，71城市中收看阅兵式直播观众规模最大的城市是包头，平均到达率为62.5%，最低的城市为拉萨，仅为5.8%，北、上、广、深几大城市均未进入前10名，进入前10名的以西部城市居多（图2）。

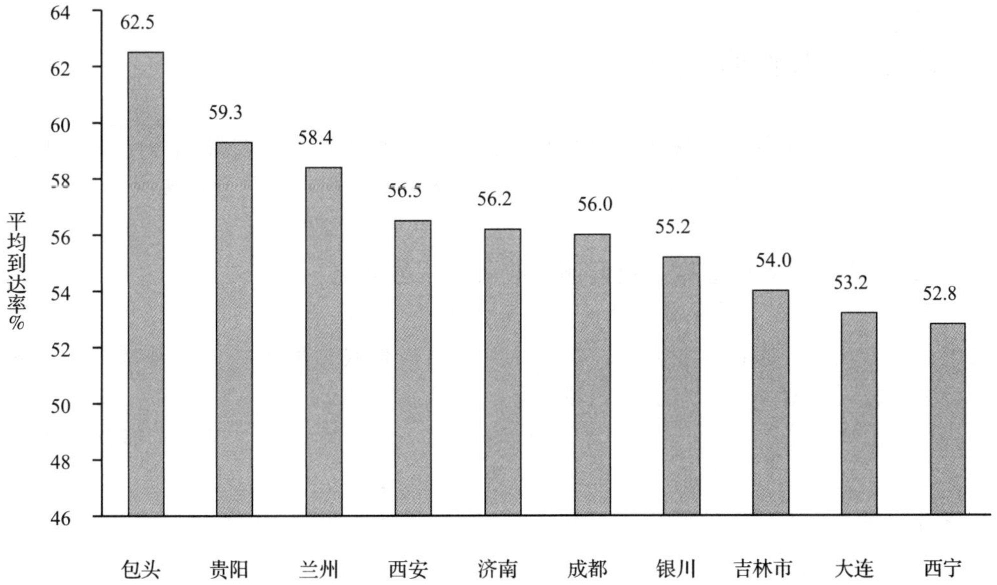

数据来源：CSM 媒介研究

图 2 阅兵式直播期间 71 城市中平均到达率前十位城市（直播时段）

二、电视时移收视表现

电视媒体的一大显著优势就是其节目资源的重复利用和深度发掘，而时移收视最能体现这一点。时移观看这一收看模式使观众能更加自由、自主地选择观看自己喜欢的节目，不受时间的制约，从而使电视节目资源得到更深度的挖掘，扩大节目的影响力。表 3 为中央台参与转播阅兵式的频道在 9 月 3 日阅兵式之后 6 天的时移收视表现。从中可以看出，一档节目除了直播当日受到观众的关注外，在播出之后也同样会有不同程度的收视表现。如何把这些因素纳入考评范围，对于全面评估一档节目的价值具有重要的意义。

表 3 中央台各频道阅兵式直播节目时移收视表现（12 城市时移收视数据）

频道	时移收视%	时移到达%
中央电视台综合频道	0.15	0.62
中央台二套	0.01	0.07
中央台三套	0.01	0.04
中央台四套	0.02	0.10
中央台五套	0.01	0.15
中央台七套	0.00	0.01
中央台十套	0.00	0.01
中央台十二套	0.00	0.00
中央电视台新闻频道	0.01	0.11
中央电视台英语频道	0.00	0.05
中央电视台频道组	0.21	1.07

数据来源：CSM 媒介研究

三、广播媒体收听表现

本文以中国广播界最具权威性和影响力、唯一能覆盖全国的广播频率——中国之声为例，截取9月3日9:45~11:40时段的数据，对阅兵期间广播的收听表现进行分析。

1. 阅兵式广播收获甚微，新闻频率收听无明显变化

从2015年8月份全国分城市新闻类频率整体收听表现来看，中国之声在大多数地区的竞争并不占优势。在邯郸和太原，中国之声占据当地收听率第一位，邯郸新闻广播和太原新闻广播则紧随其后，与其差距不明显；在合肥、南昌、南宁、沈阳、乌鲁木齐和武汉，中国之声收听表现优于当地新闻频率；在其他20城市，中国之声都与当地新闻频率差距较大，在多数地区的收听排名都未能进入前5名，在佛山、广州、杭州、哈尔滨、济南、南京、苏州和无锡8地，中国之声收听排名跌出前10位。

从2015年9月3日全国28连续调查城市组平均数据来看，相比8月份同时段平均水平，中国之声的收听表现有小幅提升，当地新闻频率收听表现变化不明显。阅兵式直播期间，中国之声28城市收听率为0.24%，听众规模不足300万。说明在有这种可预见性的重大新闻事件发生时，广播所受的影响微乎其微，受众还是把更多的目光转向了电视（表4）。

表4 阅兵式前后中国之声与当地新闻频率收听表现（28连续调查城市）

频率	中国之声		当地新闻频率	
指标日期	9月3日	8月平均	9月3日	8月平均
收听率%	0.24	0.22	1.33	1.34
市场份额%	5.25	4.66	28.91	28.02
平均到达率%	3.56	3.44	18.84	18.53
人均收听分钟数	3.49	3.21	19.22	19.34
平均到达率（000）	2935	2836	15542	15280

数据来源：CSM媒介研究

2. 广播受众转战电视，收听水平提升不明显

相比8月平均水平，中国之声阅兵式直播期间的大多数目标听众群体收听水平提升并不明显，相反，平时重度收听人群——65岁以上听众阅兵当日的收听表现还有所下滑（表5）。这也说明在这种可预见的重大事件发生时，受众对广播的关注成度相比电视媒体而言相对较低。

表 5　阅兵式前后中国之声与当地新闻频率各类目标听众的收听率（%）（2015 年 28 连续调查城市）

目标听众 \ 日期	中国之声		当地新闻频率	
	9 月 3 日	8 月平均	9 月 3 日	8 月平均
男性	0.26	0.23	1.33	1.33
女性	0.23	0.21	1.34	1.35
4～14 岁	0.04	0.07	0.31	0.49
15～24 岁	0.11	0.09	0.68	0.73
25～34 岁	0.12	0.10	0.77	0.73
35～44 岁	0.16	0.15	0.99	0.99
45～54 岁	0.26	0.23	1.50	1.53
55～64 岁	0.57	0.48	2.72	2.58
65 岁及以上	0.70	0.73	3.52	3.65

数据来源：CSM 媒介研究

3. 视觉盛宴吸引受众，声音媒体表现平平

与电视收视表现对比发现，中央电视台综合频道（CCTV－1）由阅兵式开始时段，收视率猛增，直至仪式直播完成，拉起一个突出的收视波峰，而中国之声的收听表现在同时段却呈现下滑趋势（图 3）。本次阅兵式是一次“全要素”的阅兵表演，与历届阅兵相比，本次阅兵式不仅参与的飞机数量创下历史之最，空中方队的规模也为历届阅兵式之最，包括空中护旗方队、领队机梯队、预警指挥机梯队、轰炸机梯队、歼击机梯

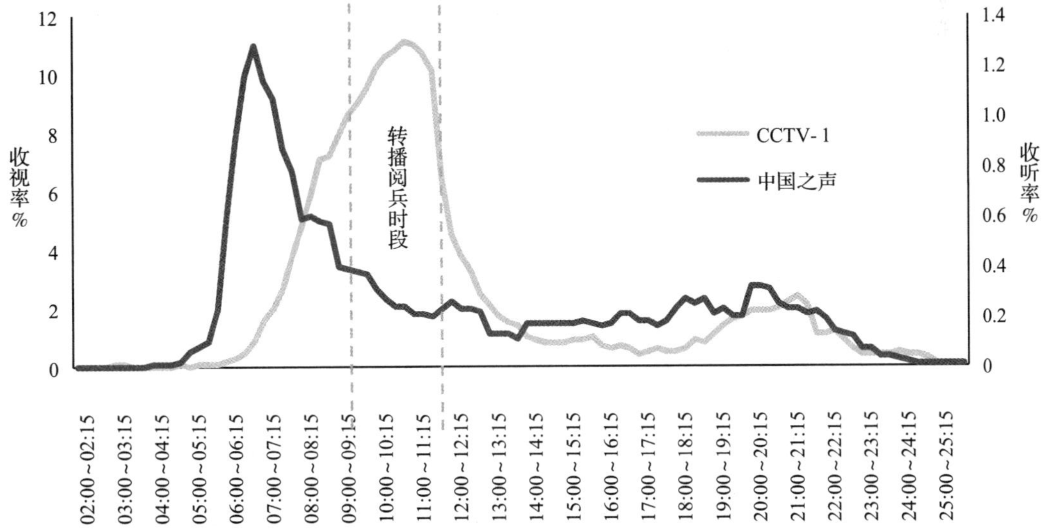

数据来源：CSM 媒介研究

图 3　阅兵式中央电视台综合频道收视率走势和中国之声收听率走势对比
（广播为 28 连续调查城市数据，电视为全国测量仪收视调查网数据）

队、海军舰载机梯队、海上巡逻机梯队、加受油机梯队、直升机梯队，涵盖了我军现有先进的作战和保障机种。战机编队“拉彩烟”飞越长安街的表演为观众带来了一场震撼人心的“视觉盛宴”，所以人们更倾向于选择电视媒体这种更直观、更立体的表现形式。

四、微博电视指数

1. 阅兵引发全媒体互动，微博讨论持续时间更长

可预见性大事件发生时，相比电视媒体收视表现的从直播时开始上升到直播完成时的回落，微博电视指数呈现出不太一样的表现形式。无论是提及次数还是提及人数，虽然都在直播当天达到顶峰，但在事件发生前后时段，微博上均有针对相关内容的持续讨论和提及。本次阅兵式直播当天，共有超过700万人次参与了阅兵主题的事件讨论，在阅兵式开始前一周至阅兵式结束后一周，微博上有7.9万～169万人次参与相关阅兵事件的讨论（图4）。

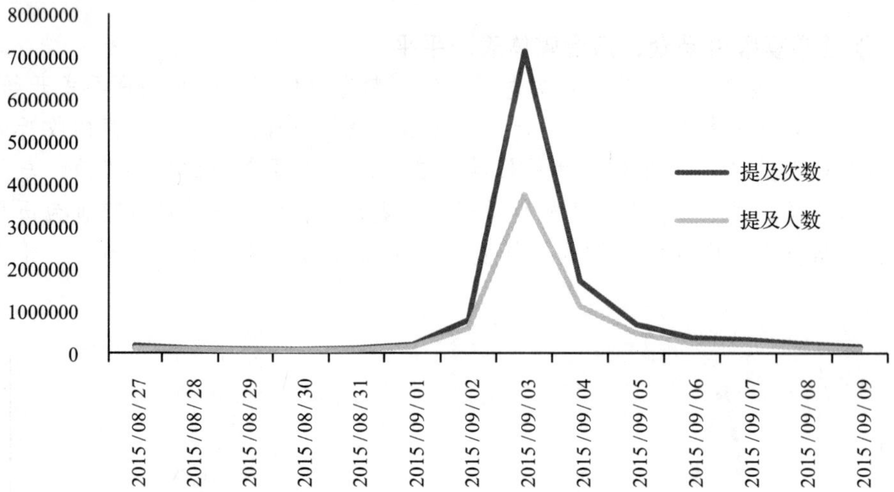

数据来源：微博电视指数

图4　微博电视指数分天走势

2. 阅兵式直播人均提及1次以上，直播后微博讨论持续升温

阅兵式直播期间，微博电视指数提及人数和提及次数曲线走势基本一致，人均提及次数1.07，整体呈上扬趋势。从早间8:40开始指数曲线开始提升，在习主席迎接外国代表、习主席乘车检阅队伍和我军方阵队列时分别对应出现了3个波峰式的上扬。相比电视媒体阅兵结束后收视表现的规律性下滑，微博电视指数在直播结束后反而提升得更加明显（图5）。这是与电视截然不同的表现，看完电视直播后再上微博进行热议和评论是该类媒体独有的特色。

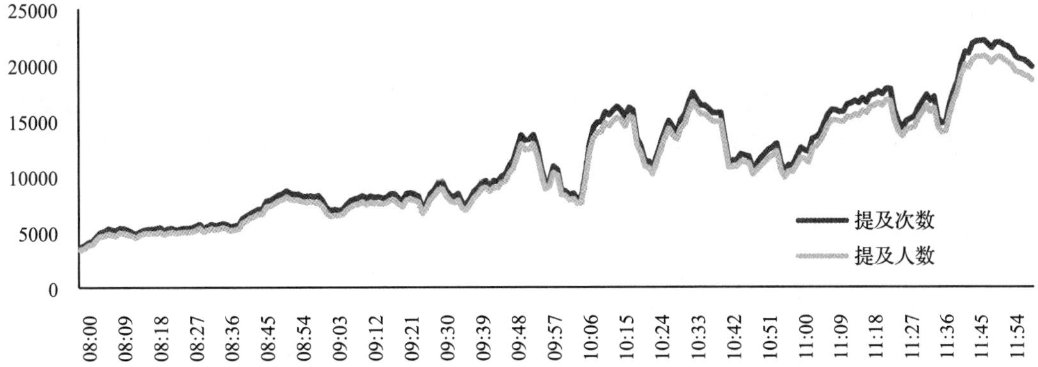

数据来源：微博电视指数

图 5 微博电视指数分时走势

3. 微博讨论量呈现区域分化，经济发达省份用户参与度高

从各地区微博用户的讨论量来看，排在前 10 位的地区多为沿海经济发达省份，广东地区用户占比最高，达到 9.13%，北京、上海、浙江均在前 10 位以内（图 6）。用户参与最少的是西藏地区，为 0.10%。

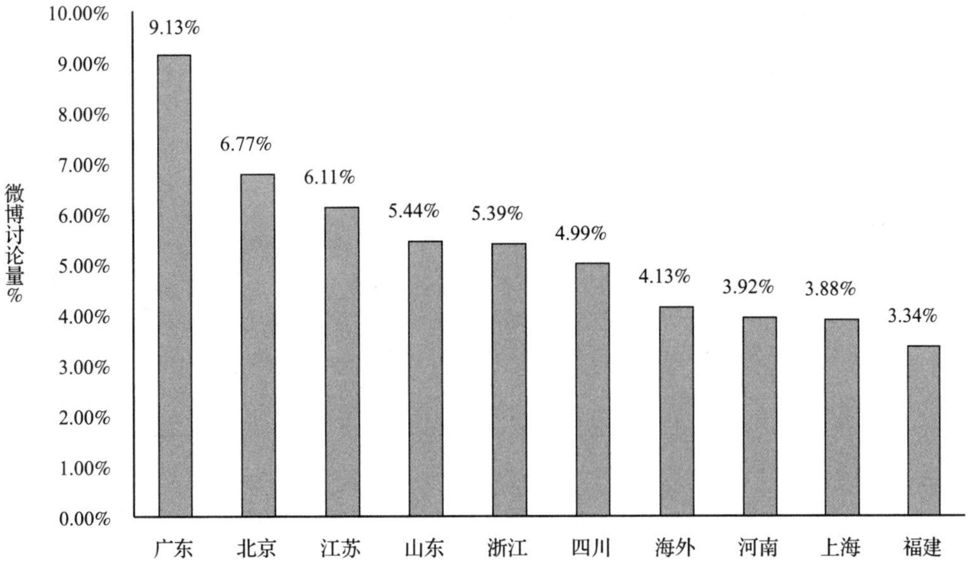

数据来源：微博电视指数

图 6 阅兵式直播期间微博用户分布前十位省份

五、网络媒体收视表现

9 月 3 日抗战胜利 70 周年大阅兵受到了国内外网民的高度关注，通过互联网渠道观看阅兵式直播、相关视频的播放总量超过 5 亿人次。在各大主流媒体中，央视网

(CNTV)表现优异，多项直播数据创历史新高。由于网络平台众多无法一一统计，下文仅以央视网及腾讯网的收视表现数据为例。

截至9月3日19:00，各大视频网站“9.3阅兵”主题视频共1381个，其中五成以上视频内容来自中央电视台，全网累计播放量近5亿。央视网在境外平台的直播同样抢眼，在Facebook、YouTube等社交平台进行的阅兵直播以及直播期间发布的相关主题帖总曝光量已超过958万次、独立用户浏览次数突破808万次，有超过16.5万人参与互动，获赞7.1万次。此外，日本最大的视频网站Niconico于当地时间上午11:00许通过央视网提供的视频流对中国“9.3阅兵”进行直播，截至上午12:40直播结束时，Niconico直播页面的在线人数达8万人以上、留言数超过12万条。

截至11:40直播结束，央视网多终端独立用户达4779万人，较2009年国庆阅兵直播增长了240%；视频直播收视次数4909万，较2009年国庆阅兵直播增长了234%。国内腾讯等多家视频网站也对阅兵式进行了网上直播。仅腾讯视频网站一天内就有超过2亿人次观看，其中直播用户超过2500万。

观看网络直播的人群与电视收视人群的收看特点略有差异，以腾讯在线直播数据统计，用户收看峰值出现在10:48分左右，早于电视观看人群，顶点之后观看人群规模大幅回落（图7）。

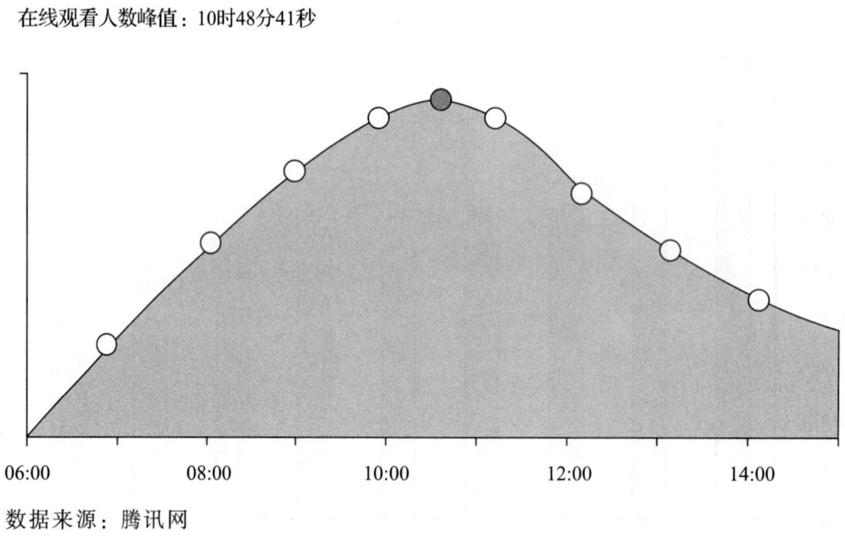

图7　腾讯网阅兵式直播在线观看人数分钟走势

相比电视观众，网络直播的观众更为年轻化，男性观众热衷度更高。腾讯直播数据显示，18~29岁观众超过总人群的半数以上，男性观众占比70%（图8）。

网络直播收看人群多集中在一、二线发达城市。腾讯直播数据显示，观众集中度最高的前5个城市分别为北京、深圳、西安、广州和成都（图9）。

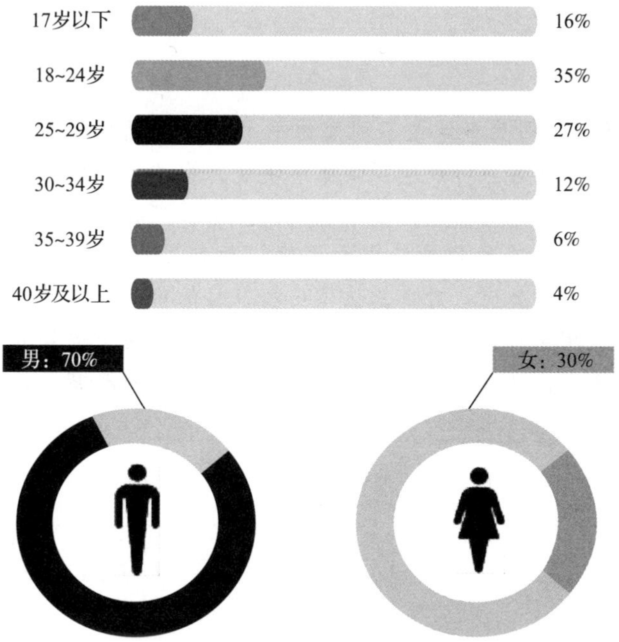

数据来源：腾讯网

图8 腾讯网阅兵式直播在线观看观众构成（%）

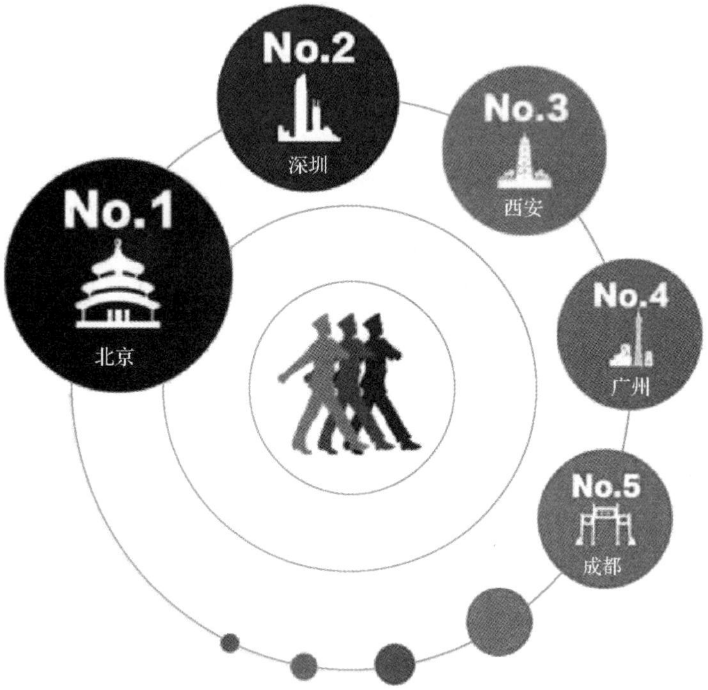

数据来源：腾讯网

图9 腾讯网阅兵式直播收看人群地区分布

结语

通过以上对“9.3”阅兵事件在不同媒体平台传播表现情况的分析可以发现，在可预见的重大新闻事件发生时，传统电视媒体这块最大的“屏”依然是收视的“主战场”，风头依旧，中央电视台频道仍然是大多数观众的首选；广播在这时的优势不再，让位于可视性更强的电视媒体；时移收看数据和网络视频点播则反映出了一档节目在重复消费、深度消费后所带来的效应，对重新认识一档节目的价值具有重要意义；网络媒体与传统媒体相互借势、相互补充，其传播表现也各有千秋。在新的媒介生态环境下，在无处不视屏的竞争环境中，这种多屏竞争的格局势必会成为一种常态，未来谁主江山还需时间的验证。

（作者：卢文钊）

社交电视受众媒体接触行为分析

近年来，社交媒体与电视媒体关系日益密切。电视观众通过社交媒体发表、交换收看电视的感想和对电视节目的意见，电视媒体通过社交媒体进行节目营销，社交媒体已然在电视媒体和电视受众之间架起新的沟通桥梁，并成为电视媒体在互联网上实现影响力和价值延伸的通路。在电视媒体与社交媒体融合发展的过程中，社交电视应运而生。随着社交媒体对电视收视的积极影响日益明显，社交电视作为提高受众黏性的突破口而备受关注。本文基于CSM媒介研究2014年12城市基础研究①数据，在对社交电视受众规模、构成进行分析的基础上，重点分析社交电视受众的媒体接触行为特征，以增加大家对社交电视受众的认识。

一、社交电视及其受众的界定

对于社交电视的定义，业界众说纷纭，概括来看可以从硬件、软件、行为等角度加以界定。维基百科中，社交电视泛指能够在看电视（或电视内容）情境下支援传播及社交互动的任何技术，并包含能够研究电视的相关社交行为、装置及网络。尽管离不开硬件和软件的支撑，社交电视仍要靠受众的电视收看和社交媒体的互动行为来完成，所以“在本质上，社交电视是一种观看电视的方式，是让人们看电视的行为更加社会化，通过社交网络为用户观看电视节目提供更多的信息支持和交流体验”②。

基于上述定义，本文将社交电视受众界定为，对收看的电视节目（包括在电视和网络上收看的）在社交平台上发布看法的受众。

二、社交电视受众概况

1. 12城市中社交电视受众占比不高

根据CSM媒介研究2014年12城市基础研究调查数据，在所有受众中，通过社交平台对收看过的电视节目发表看法的受众比例不足7.00%，而互联网受众比例则超过68.00%，电视受众比例更是接近饱和。比较来看，12城市中社交电视受众比例不高、规模不大（图1）。

① 12城市：沈阳、北京、天津、南京、上海、广州、深圳、武汉、长沙、西安、成都、重庆。

② 郭小平：《社交电视：传统电视的社会化生存及其网络分析》，《现代传播》，2013年第3期。

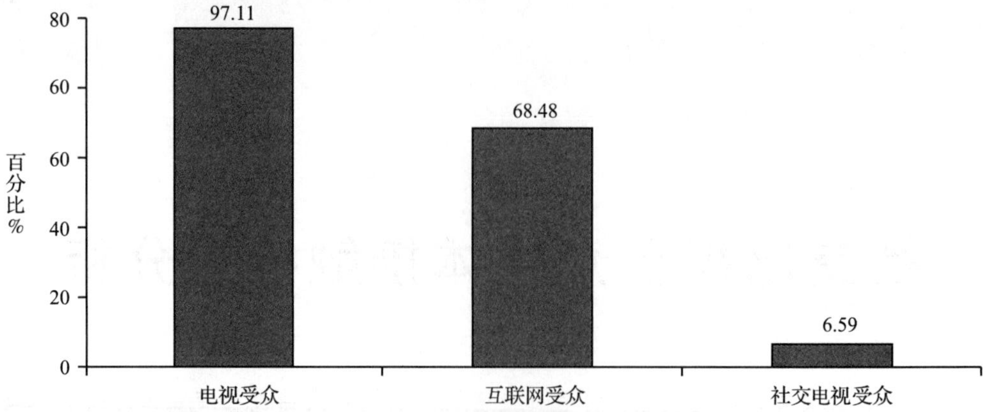

数据来源：CSM 媒介研究

图1 电视受众、互联网受众及社交电视受众在所有受众中的比例（%）

2. 近八成社交电视受众为“80后”“90后”

对社交电视受众的人口构成进行分析可以发现，社交电视受众以“80后”（25～34岁）[①] 和“90后”（15～24岁）为主，且学历普遍偏高。其中，“90后”所占比例最高，其次是“80后”，二者合计占比近80.00%；教育程度方面，大专文化程度的受众占比最高(31.09%)，其次是大学及以上文化程度（28.30%），高中/技术学校文化程度受众占比再次（27.12%），这三类受众占比明显高于其他受教育程度受众；性别方面，男性受众占比略高于女性（图2）。

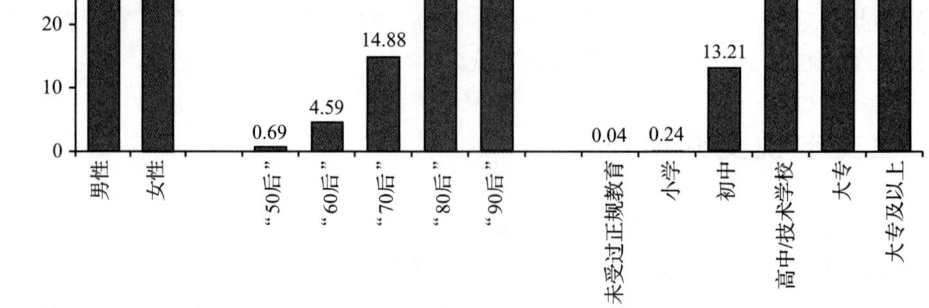

数据来源：CSM 媒介研究

图2 社交电视受众人口构成比例（%）

① “90后”为1990～1999年出生的人，2014年年龄在15～24岁；“80后”为1980～1989年出生的人，2014年年龄在25～34岁；“70后”为1970～1979年出生的人，2014年年龄在35～44岁；“60后”为1960～1969年出生的人，2014年年龄在45～54岁；“50后”为1950～1959年出生的人，2014年年龄在55～64岁。

三、社交电视受众媒体接触行为

1. 社交电视受众跨媒体接触行为明显

移动数字技术的发展使共处于同一时空的媒体种类变得丰富多样，极大地增加了受众跨媒体接触的可能。社交电视受众的跨媒体接触行为明显，这些行为不仅发生在每天，更发生在每一时段。由于社交电视自身是一个融合电视（节目）与互联网的媒体形式，社交电视受众主要是一群跨电视和互联网社交媒体的使用者，无论是半年内还是每天，社交电视受众接触电视和互联网的比例都明显高于接触其他媒体。相较之下，社交电视受众接触互联网的积极性要高于接触电视，社交电视受众半年内和每天接触互联网的比例分别达到100%和83.58%，接触电视的比例则为95.18%和69.08%（图3）。

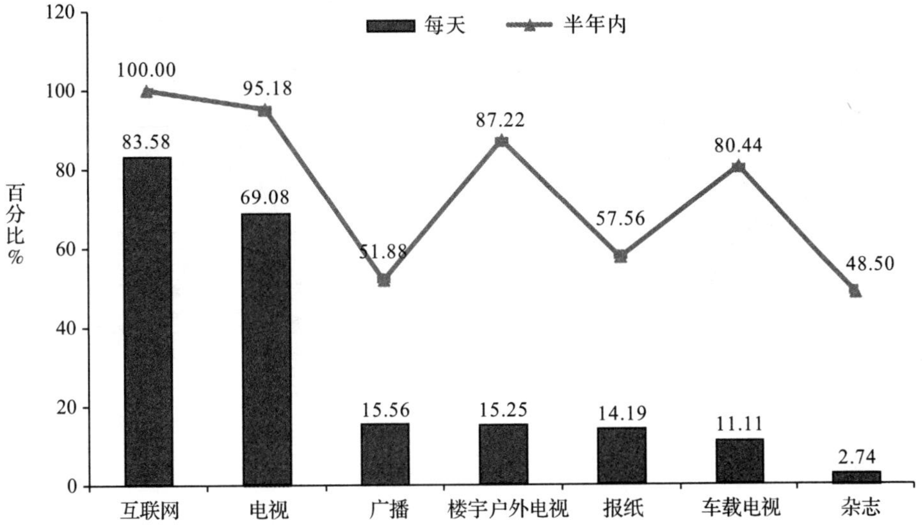

数据来源：CSM 媒介研究

图3 每天和半年内社交电视受众的媒体接触比例（%，多选）

分时间段来看，互联网是社交电视受众大多数时段接触比例最高的媒体，电视媒体晚间接触比例最高，早晚上下班时间楼宇电视、车载电视的接触比例突出；此外，早上广播收听比例也较高（图4）。

互联网在全天大多数时段的接触比例超过其他各类媒体，如9:00～17:59及21:00～02:59时段，其中21:00～21:59时段社交电视受众接触互联网的比例全天最高，超过50.00%，9:00～17:59时段接触互联网的社交电视受众比例在25.00%～40.00%。社交电视受众在18:00～21:00时段收看电视的比例超过其他媒体，19:00～19:59收看电视的社交电视受众比例超过55.00%。8:00～8:59分别有接近40.00%的社交电视受众收看楼宇电视和车载电视，有超过30.00%的社交电视受众收听广播。傍晚17:00～17:59下班时段，社交电视受众接触车载电视的比例接近30.00%，比例超过其他类型的媒体。

早上6:00~8:00，社交电视受众的广播接触比例最高。

社交电视受众的跨媒体接触行为在一天中多数时段都能够观察到，只是不同时段主要接触的媒体不同。6:00~8:59时段，社交电视受众主要收听广播、收看车载电视和楼宇电视，三类媒体的接触比例接近。9:00~17:59时段，社交电视受众主要接触互联网，比例明显高于接触其他类型的媒体；此外，9:00~10:00接触报纸的比例相对较高，10:00~15:59接触杂志的比例相对较高，16:00~17:59接触车载电视的比例上升较快；17:00~17:59接触车载电视的比例超过其他各类媒体，其次是互联网，二者的接触比例接近，楼宇电视的接触比例也较高，接近20.00%。18:00~02:59时段，社交电视受众主要接触互联网和电视，二者的接触比例明显超过其他媒体；18:00~21:59接触电视的比例更高，22:00以后接触互联网的比例更高（图4）。

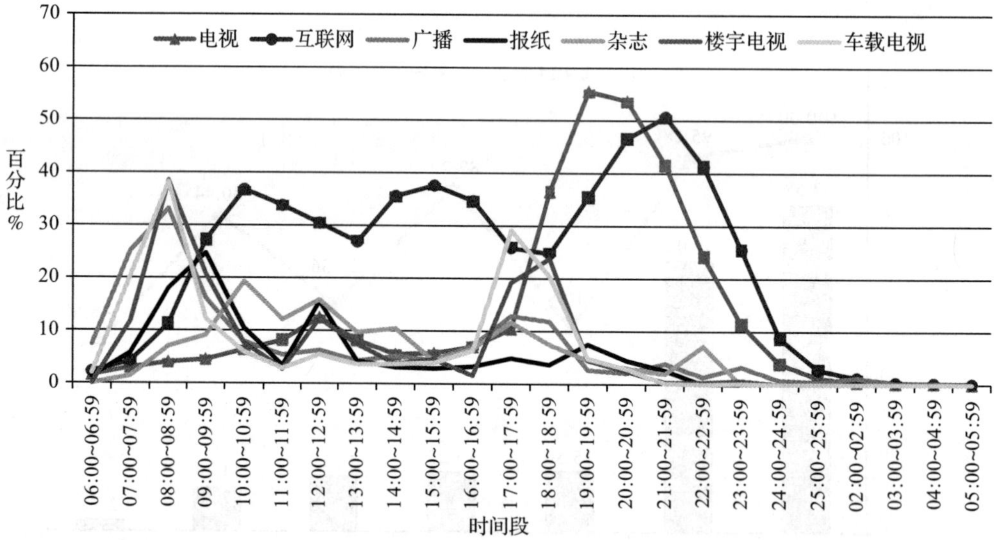

数据来源：CSM媒介研究

图4　社交电视受众在不同时间段的媒体接触比例（%，多选）

2. 超60.00%社交电视受众跨媒体接触为“互联网+电视”型

受众的跨媒体接触行为与媒体渗透有关，也与受众自身的需求和选择有关。本文依据社交电视受众的媒体选择是否主动，将互联网、电视、广播和报纸/杂志作为社交电视受众日常使用的基础媒体，对受众日常的跨媒体接触进行划分。其中报纸和杂志均为传统的纸质媒体，因此两类媒体合为一类“报纸/杂志”，楼宇户外电视和车载电视对受众而言主动选择性较弱，因此这里不作为社交电视受众的基础媒体考虑。

根据每日的媒体接触情况，可以将社交电视受众的每日媒体接触划分为“互联网+电视”、“电视+传统媒体”、“互联网+非电视传统媒体”和“非电视非互联网”四种类型。其中，超过60.00%的社交电视受众的跨媒体接触行为属于“互联网+电视”型，比例明显高于其他类型；“电视+传统媒体”和“互联网+非电视传统媒体”型跨媒体接触是基于电视/互联网的媒体接触行为，在社交电视受众中的比例分别达到8.95%、

23.48%；另有7.45%的社交电视受众每日的跨媒体接触类型为非电视、非互联网型。

总体上，社交电视受众的跨媒体接触类型主要基于互联网，即便不包含“互联网+电视”的跨媒体使用比例，单纯计算以互联网为基础的社交电视受众的媒体使用行为，其比例也超过了40.00%。单纯依赖一类或几类传统媒体的比例都不高（表1）。

表1　社交电视受众每日跨媒体接触行为的分类型比例（%）

类型	媒体类型	百分比%
互联网+电视	互联网+电视	43.53
	互联网+电视+广播	8.71
	互联网+电视+报纸/杂志	5.44
	互联网+电视+广播+报纸/杂志	2.44
小计		60.12
电视+传统媒体	电视	6.16
	电视+报纸/杂志	1.26
	电视+广播	1.23
	电视+报纸/杂志+广播	0.30
小计		8.95
互联网+非电视传统媒体	互联网	17.78
	互联网+报纸/杂志	3.35
	互联网+广播+报纸/杂志	1.27
	互联网+广播	1.08
小计		23.48
非电视非互联网	不接触任何基础媒体	6.21
	报纸/杂志	0.71
	广播	0.31
	广播+报纸/杂志	0.22
小计		7.45

数据来源：CSM媒介研究

3. 电视和个人电脑是社交电视受众收看节目的主要终端

从在社交平台上讨论节目的观看渠道来看，各年龄段社交电视受众的收看终端都较多样，但不同年龄段受众倾向使用的终端类型有所差异。受终端普及差异的影响，总体上，电视机和个人电脑（台式机、笔记本电脑）是各年龄段社交电视受众收看电视节目的主要终端设备，但相比之下，“90后”和“80后”使用手机收看的比例普遍高于“70

后”、“60后”，表现出更强的移动收视特征。

对于社交平台上讨论的综艺节目的收视渠道，“90后”和“80后”社交电视受众使用个人电脑、电视机和手机的比例依次下降，其中使用个人电脑和手机比例较“70后”“60后”高；“70后”和“60后”社交电视受众主要使用电视机和个人电脑收看综艺节目，其中使用电视机收看综艺节目的比例明显高于“90后”“80后”。总体上，随着年龄的增加，通过电视机观看综艺节目的社交电视受众比例上升，而通过个人电脑和手机观看综艺节目的比例下降（表2）。

表2　不同年龄段社交电视受众观看综艺节目的终端选择比例（多选，%）①

观看终端	“90后”	“80后”	“70后”	“60后”
电视机	45.06	43.85	58.70	71.66
个人电脑（台式机、笔记本电脑）	65.87	62.08	52.44	49.08
手机	35.31	35.00	21.89	6.38
平板电脑	14.23	13.78	16.03	3.18
其他移动终端（PSP/MP4等）	0.00	1.53	0.69	0.00
车载电视、楼宇电视、户外大屏等	0.00	0.00	3.19	0.00

数据来源：CSM媒介研究

对于社交平台上讨论的影视剧的收视渠道，个人电脑是各年龄段社交电视受众的首选，比例为各年龄段最高。对于“90后”社交电视受众，手机是其观看影视剧的第二大渠道，电视机再次。“80后”和“70后”社交电视受众观看影视剧的第二大渠道是电视机，其次是手机。“60后”社交电视受众观看影视剧的第二大渠道是电视机，比例接近60.00%。总体上，随年龄的增高，通过电视机收看影视剧的比例随之上升，但使用个人电脑和手机的比例整体呈下降趋势（表3）。

表3　不同年龄段社交电视受众观看影视剧的终端选择比例（多选，%）②

观看终端	“90后”	“80后”	“70后”	“60后”
电视机	39.70	43.32	50.68	59.16
个人电脑（台式机、笔记本电脑）	78.40	71.41	71.57	63.66
手机	45.45	35.28	24.66	12.60
平板电脑	14.53	15.35	19.67	18.44
其他移动终端（PSP/MP4等）	0.00	1.51	0.00	0.00
车载电视、楼宇电视、户外大屏等	0.00	1.20	6.40	0.00

数据来源：CSM媒介研究

对于社交平台上讨论的新闻/时事类节目的收视渠道，个人电脑是“90后”和“80后”社交电视受众选择比例最高的渠道，而电视机则是“70后”和“60后”的首选。

① 回答该题的“50后”被访者样本量过低（N=2），这里不进行统计推断。

② 回答该题的“50后”被访者样本量过低（N=5），这里不进行统计推断。

"90 后"和"80 后"社交电视受众通过个人电脑收看新闻/时事类节目的比例略高于电视机，分别有超过 40.00% 的人通过手机看新闻/时事类节目。"70 后"和"60 后"社交电视受众通过电视机观看新闻/时事类节目的比例明显高于第二大渠道个人电脑。总体上，各年龄段社交电视受众使用个人电脑看新闻/时事类节目都超过 50.00% 且比例接近；随年龄的增高，通过电视机收看新闻/时事类节目的比例随之上升，但手机的比例呈下降趋势（表 4）。

表 4　不同年龄段社交电视受众观看新闻/时事类节目的终端选择比例（多选，%）①

观看终端	"90 后"	"80 后"	"70 后"	"60 后"
电视机	53.48	51.54	61.30	63.48
个人电脑（台式机、笔记本电脑）	59.56	57.47	54.35	56.19
手机	43.13	42.30	37.86	30.09
平板电脑	8.93	13.99	11.86	17.99
其他移动终端（PSP/MP4 等）	0.00	1.50	0.00	0.00
车载电视、楼宇电视、户外大屏等	0.46	0.00	1.93	5.87

数据来源：CSM 媒介研究

对于社交平台上讨论的体育赛事节目的收视渠道，电视机是各年龄段社交电视受众选择比例最高的终端，尤其是"70 后"和"60 后"，比例分别超过了 68.00% 和 90.00%，明显高于"90 后"和"80 后"受众。"90 后"和"80 后"社交电视受众通过个人电脑收看体育赛事节目的比例也都超过了 50.00%，略低于电视机，使用手机的比例则分别超过 30.00% 和 25.00%。除电视机外，有 42.21% 的"70 后"社交电视受众通过个人电脑收看体育赛事，其他渠道的使用比例均未超过 12.00%。除电视机外，"60 后"社交电视受众使用其他终端收看体育赛事的比例均未超过 20.00%，相比之下"60 后"社交电视受众收看体育赛事的渠道高度集中在电视机上。比较来看，"70 后"和"60 后"通过电视机收看体育赛事的比例明显高于"90 后"、"80 后"，而"90 后"和"80 后"通过个人电脑和手机收看体育赛事的比例则明显更高。

表 5　不同年龄段社交电视受众观看体育赛事类节目的终端选择比例（多选，%）②

观看终端	"90 后"	"80 后"	"70 后"	"60 后"
电视机	56.43	57.13	68.54	91.35
个人电脑（台式机、笔记本电脑）	55.22	55.22	42.21	17.85
手机	30.43	27.05	11.89	4.33
平板电脑	11.19	16.36	6.91	10.14
其他移动终端（PSP/MP4 等）	0.00	1.18	0.00	4.67
车载电视、楼宇电视、户外大屏等	1.64	0.55	3.42	0.00

数据来源：CSM 媒介研究

① 回答该题的"50 后"被访者样本量过低（N = 1），这里不进行统计推断。

② 回答该题的"50 后"被访者样本量过低（N = 2），这里不进行统计推断。

4. QQ空间、微信和微博是社交电视受众节目讨论的主要平台

就社交电视受众经常发布电视节目看法的社交平台而言，12城市社交电视受众发表电视节目看法的社交平台较为集中，QQ空间、新浪微博、微信和腾讯微博的使用比例均超过10.00%，明显高于其他社交平台（表6）。

表6　12个城市社交电视受众经常发布电视节目看法的社交平台（选择比例超过10%的平台）

序号	成都	深圳	长沙	重庆	西安	武汉
1	QQ空间	微信	新浪微博	QQ空间	QQ空间	QQ空间
2	微信	QQ空间	微信	微信	微信	新浪微博
3	新浪微博	新浪微博	腾讯微博	新浪微博	新浪微博	微信
4	腾讯微博	腾讯微博	QQ空间	腾讯微博	腾讯微博	腾讯微博
序号	沈阳	广州	南京	北京	上海	天津
1	微信	新浪微博	QQ空间	微信	新浪微博	QQ空间
2	QQ空间	QQ空间	新浪微博	新浪微博	QQ空间	微信
3	腾讯微博	微信	腾讯微博	QQ空间	微信	新浪微博
4	新浪微博	腾讯微博	微信	腾讯微博	腾讯微博	腾讯微博

数据来源：CSM媒介研究

5. 综艺、影视剧、新闻/时事类节目是社交电视受众集中讨论和喜爱的节目类型

就社交电视受众讨论的节目类型来看，综艺、影视剧和新闻/时事类节目是受众讨论的重点，分别有超过55.00%的受众在社交平台上讨论上述类型的节目，比例明显较高（图5）。

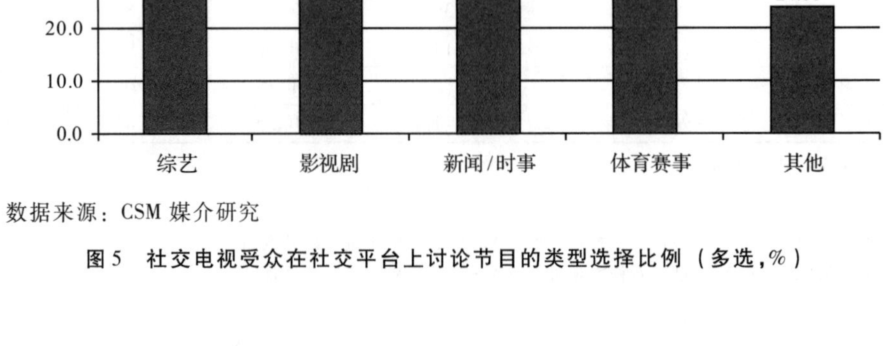

数据来源：CSM媒介研究

图5　社交电视受众在社交平台上讨论节目的类型选择比例（多选，%）

比较受众喜欢收看的电视和网络视频的节目类型可以发现，新闻/时事、综艺、电视剧是社交电视受众喜欢的电视节目和网络视频主要类别，比例均超过40.00%。此外，喜爱电影、体育和音乐类电视节目和网络视频的受众比例也都超过了10.00%。其余电视节目类别和网络视频类别的受欢迎程度则较为分散，受喜爱比例均未超过10.00%。

尽管社交电视受众喜爱的主要节日或视频类别相近，但电视节目或网络视频不同类别的节目内容受欢迎程度差异明显。经统计检验，在95%的置信水平下，社交电视受众喜欢新闻/时事、体育和法制类电视节目的比例显著高于网络视频，可见电视媒体的新闻/时事、体育和法制类节目更受社交电视受众的欢迎；而喜欢电视剧和电影类网络视频的受众比例则明显高于电视节目，说明互联网媒体播出的电视剧和电影更受社交电视受众的青睐（表7）。

表7　社交电视受众喜欢收看的电视节目类别和网络视频类别选择比例（多选，%）

类别	喜欢收看的电视节目选择比例	喜欢收看的网络视频选择比例
新闻/时事	61.85	42.05
综艺	58.50	56.48
电视剧	44.51	53.76
电影	23.59	43.83
体育	21.06	17.06
音乐	12.24	14.66
法治	9.29	4.00
专题	7.95	6.58
生活服务	7.32	7.14
财经节目	5.08	4.12
青少	2.82	2.86
教学	1.31	2.52
外语	0.99	1.06
戏剧	0.70	0.46
其他	0.45	0.98

数据来源：CSM媒介研究

结语

尽管电视和互联网的受众规模庞大，但社交电视的受众规模有限，根据CSM媒介研究2014年12城市基础研究数据，就自己收看到的电视节目在互联网社交平台发表过个人看法的受众比例不足7.00%。但作为融合了电视（节目）与互联网的新媒体形式，社交电视为电视媒体增添了拉近受众的渠道，尤其为提高年轻受众的黏性提供了思路。

通过对社交电视受众的媒体接触行为进行分析，社交电视受众的跨媒体接触行为表现明显，超过60.00%的社交电视受众的跨媒体接触类型为“互联网+电视”型。从接触终端上看，电视和个人电脑是社交电视受众收看电视节目的主要终端，“80后”和“90后”移动收视的特征更加明显。在社交媒体的讨论平台上，12城市社交电视受众发表电视节目看法的社交平台较为集中，QQ空间、新浪微博、微信和腾讯微博的使用比例均明显高于其他社交平台。此外，综艺、影视剧、新闻/时事类节目是社交电视受众集中讨论和喜爱的节目类型，电视媒体的新闻/时事、体育和法制类节目更吸引社交电视受众，而互联网媒体播出的电视剧和电影则更受社交电视受众的青睐。

（作者：杨金姝）

电视观众时移收视测量及行为特征

电视节目内容的多平台传播渐成常态，内容多平台分发播出、受众多屏收看成为最明显的特征，受众收视行为在空间和时间上都得到延展。节目多平台传播并不止体现在电视屏幕以外的PC端或移动端上，在电视屏幕上，节目通过数字有线网和IPTV等互动网络平台实现的时移收看，就是与传统直播平台传播联系最为紧密的多平台传播方式。

在传统电视收视方式中，观众只能跟随电视台的节目播出时间收看节目，无论是首播还是重播，都有固定的播出时间，观众难于根据自己的时间选择收看。当电视观众作为数字有线或IPTV的用户开通互动机顶盒提供的点播回看功能之后，就可以在自己方便的时候回看或点播电视台以往播出的节目，节目收看时间不再完全被动地受限于线性播出时间，而是延伸到了自主选择的更大时间范围内。那些错过了正在追看的电视剧、错过了周末必看的综艺节目、错过了精彩体育赛事的观众，都可以在当天、第二天或接下来的几天内回看点播，及时一睹为快甚至可以反复重温。同时，电视节目凭借自身的吸引力，也可以在固定播出时间之外获得观众更多的收视。

本文在对时移收视包括的内容、实现条件及测量方法进行概述的基础上，基于CSM媒介研究2015年进行时移收视测量的12城市①数据，从总量特征、观众特征、频道特征、节目特征4个方面，分析电视观众时移收视行为的主要特点。如无特殊说明，本文所述的时移收视为节目播出7天内的时移收视。

一、时移收视概述及测量

1. 时移收视包括的内容

在电视台节目固定播出时间以外，通过回看或点播收看电视台以往播出节目的收视称为时移收视。通常，回看功能提供一定播出日期内的电视节目，例如过去7天内播出的电视节目，具体日期范围依运营商提供的回看功能而定。点播则可能不限日期地提供更多节目，例如正在播出的电视剧的往期剧集以及已经播出完毕的电视剧或综艺节目的全部内容等。

2. 时移收视的实现条件

目前国内电视用户若要使用时移时视，必须具备一定的硬件和软件条件。在硬件方

① 12城市：北京、成都、广州、杭州、合肥、济南、南京、上海、天津、西安、长沙、重庆。

面，数字有线或宽带网络必须实现双向传输，电视用户使用的机顶盒（数字电视机顶盒或 IPTV 机顶盒等）必须具有双向互动功能。在软件方面，运营商必须提供回看、点播功能和相应的节目内容，用户必须开通该项服务才能真正成为“互动用户”和“时移用户”。在不同国家和地区，观众时移收看的方式有所不同，例如在美国，电视用户通常使用数字录像机（Digital Video Recorder，DVR）录制节目以供回看。

在上述实现条件中，经过多年数字有线网络改造和宽带普及，网络双向传输在我国多数地区已经完成，因此各地时移收视能否实现以及在多大用户范围内实现，主要取决于各地互动机顶盒的普及率、回看点播等互动功能的开通率。这两方面的情况各地差异较大，例如有的地区是免费送互动机顶盒，后续开通功能服务则付费；而有的地区互动机顶盒需要用户付费购买，开通互动服务也需要支付额外的服务费。从 CSM 媒介研究收视率调查样本家庭中有回看功能机顶盒的比例分布来看，各城市间回看功能的设备条件相差很大，机顶盒具有回看功能的样本户比例从近 80% 到个位数不等（图 1）。而且，有回看功能仅表明机顶盒具有这项功能，用户并不一定开通了该项服务，运营商也不一定提供了该项服务。另外，无论是免费还是付费，都涉及观众收视习惯的某些改变，在具备时移设备或功能后，观众应用时移收看功能也需要一段时间的尝试和熟悉。

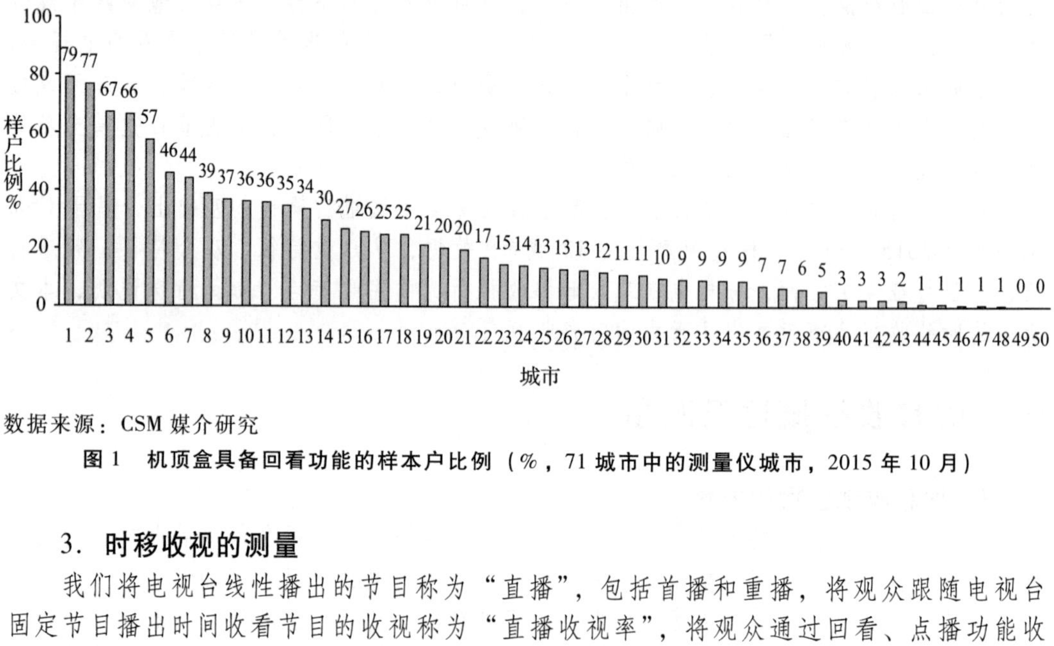

数据来源：CSM 媒介研究

图 1　机顶盒具备回看功能的样本户比例（%，71 城市中的测量仪城市，2015 年 10 月）

3. 时移收视的测量

我们将电视台线性播出的节目称为“直播”，包括首播和重播，将观众跟随电视台固定节目播出时间收看节目的收视称为“直播收视率”，将观众通过回看、点播功能收看已经播出的电视节目内容称为“时移收视”，其收视率称为“时移收视率”。

国际上通行的规则是，时移收视率通常计算节目播出后 7 天之内的时移收看行为。目前常规收视测量提供的电视节目收视率主要是直播收视率，即反映观众收看当天播出的直播节目的收视情况。在 CSM 媒介研究采用测量仪进行收视率调查的地区，将测量仪采集的样本收看内容的音频信息与电视台直播节目的音频信息进行匹配，可以得到直播节目的收视率。为了实现 7 天内的时移收视测量，我们将声音匹配的日期范围扩大至 7 天，以样本收看电视内容的音频信息与电视台 7 天内播出所有节目的音频信息进行匹对，从而得到7天内电视节目的时移收视率。

CSM媒介研究从2014年年初就开始了时移收视的测量实践，2015年对直辖市、省会城市收视调查网中时移设备样户比例超过20%的12个城市进行时移收视跟踪观察，并完成了时移收视数据系统的试运行测试。2016年伊始，在将城市范围扩大至15个城市的同时，CSM媒介研究正式开始通过InfosysPlus提供时移收视数据供有需求的客户使用。

二、时移收视的总体特征

1．各城市之间时移收视量差异较大

时移收视量在12个城市之间差异较大，即便在设备条件类似的城市，观众实际的时移收视量也不同（图2）。各城市互动机顶盒的拥有率，回看、点播等互动服务的开通率和提供的内容等基础条件不同，都可能导致时移收视量出现差异。即便在开通了点播、回看功能的用户中，时移功能在观众中的知晓度高低、时移功能操作的便捷与否、用户收视习惯等因素也会影响观众点播、回看的实际行为。例如，上海的回看、点播设备拥有率只有北京和济南的一半，但时移收视比例却最高，用户回看、点播等时移收看行为更加活跃。

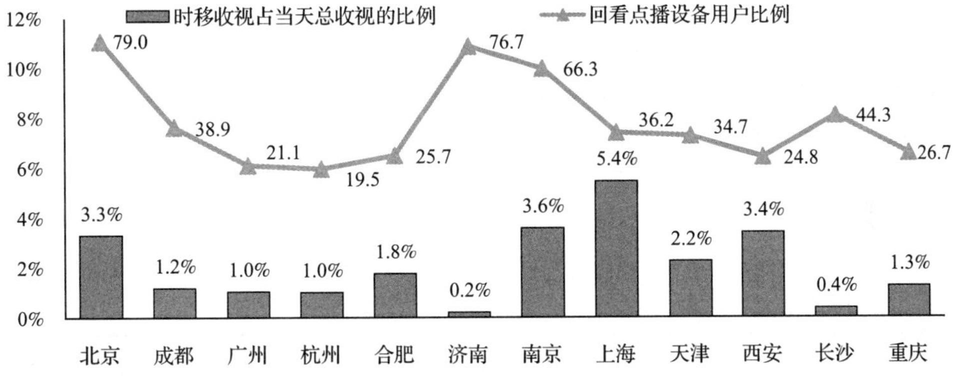

数据来源：CSM媒介研究

图2　各城市时移收视在总收视量中的比例（2015年，12城市）

2．时移收视向晚间时段延伸，收视高峰相比直播收视后置

直播收视高峰一般在晚间20:00～21:00时段，而时移收视高峰很明显要延后一个小时，至22:00左右（图3）。观众在晚间时段先以收看电视台当晚播出的节目为主，之后随着很多电视台主要节目播出逐渐进入尾声，一部分观众开始回看点播。晚间时段众多频道都在播出本频道最具吸引力的节目，而观众在同一时间只能选择收看其中的一档，时移功能提供了“补看”其他节目的选择，观众可以在稍晚时段回看在直播当时无法收看到的其他节目，及时弥补错过的遗憾。除了4～14岁儿童作息时间和收视习惯不同以外，其他各年龄段人群时移收视的高峰时段一致，都在晚间21:30～22:30期间。

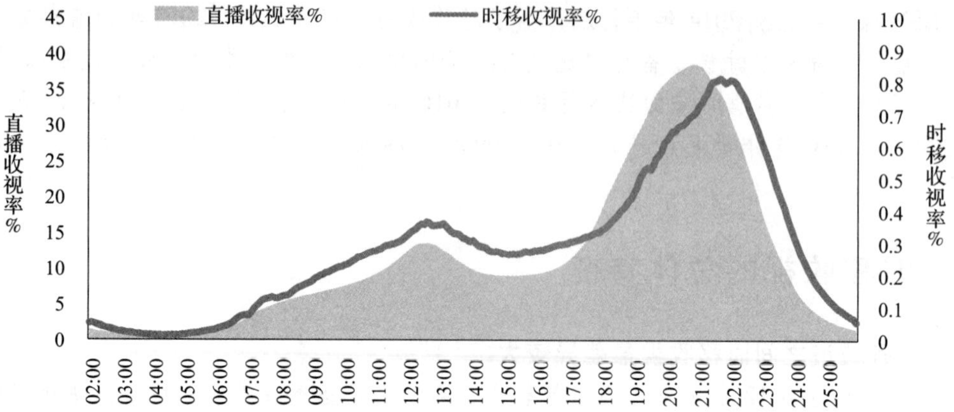

数据来源：CSM 媒介研究

图 3　直播收视及时移收视时段走势（2015 年，12 城市）

3. 周末时移收视水平较高

从各周天时移收视率与一周平均时移收视率的比值来看，周六时移收视率与周平均值的比值达到 120.72%，超过一周平均时移收视率的 20% 多；周日时移收视率是平均值的 118%，超过一周平均时移收视率的 18%；周一到周五时移收视率低于周平均值。44 岁及以下的中青年观众在周六和周日的时移收视率相对更高，4～34 岁观众周六的时移收视率超过周平均值的 30% 以上，而 55 岁及以上中老年观众各周天的时移收视相差不大（表 1）。相比工作日，中青年人群周末闲暇时间更多，同时他们热衷收看的大型综艺节目也集中在周末播出，带动了他们在周末更多地回看、点播，从而拉高了时移收视率。

表 1　各周天时移收视率与一周平均值的比值（2015 年，12 城市）

周天	4 岁及以上所有人	4～14 岁	15～24 岁	25～34 岁	35～44 岁	45～54 岁	55～64 岁	65 岁及以上
周平均值	100%	100%	100%	100%	100%	100%	100%	100%
周一	95.84%	80.70%	89.79%	91.13%	94.53%	99.43%	100.56%	100.76%
周二	90.61%	75.22%	82.58%	85.02%	88.58%	94.19%	95.49%	101.19%
周三	87.63%	74.07%	76.79%	85.61%	83.51%	89.98%	93.89%	94.89%
周四	92.29%	81.52%	85.23%	88.30%	88.49%	94.98%	97.20%	101.31%
周五	95.02%	100.69%	97.44%	90.56%	95.19%	94.95%	96.74%	95.86%
周六	120.72%	157.22%	138.17%	133.41%	123.77%	111.15%	109.23%	105.68%
周日	118.03%	130.94%	130.28%	126.19%	126.16%	115.41%	106.95%	100.29%

数据来源：CSM 媒介研究

4. 时移收视各月走势与直播收视类似

回看、点播时移收视作为观众整体收视行为的一部分，在一年中随月份变化的走势而与直播收视类似。1～2月收视水平较高，3～4月下滑至全年最低水平，5月开始回升至8月，之后9～10月回落，11～12月冬季收视再次上升，12月份达到全年最高峰（图4）。

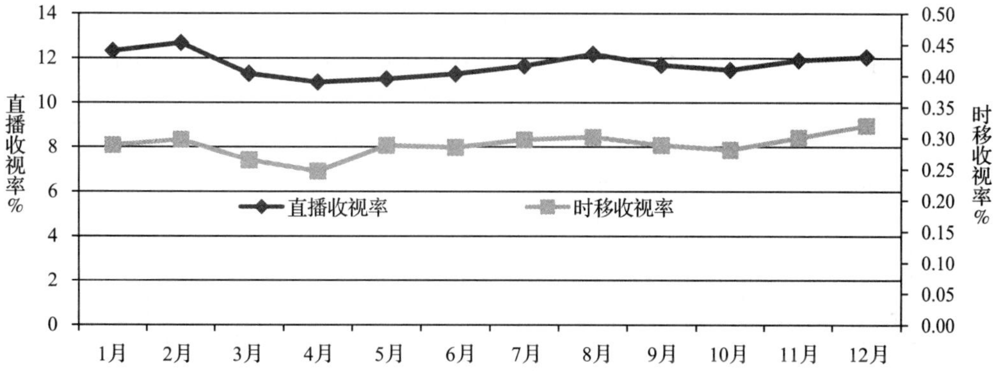

数据来源：CSM媒介研究

图4　直播收视率和时移收视率分月走势（2015年，12城市）

5. 时移收视主要发生在节目播出的当天及次日

观众在节目播出7天内的回看、点播行为绝大多数发生在节目播出的当天和次日，节目播出当天的时移收视占7天内时移收视总量的48%，次日时移收视占总量的25%。第三天占10%，前3天时移收视累积占到时移收视总量的80%以上（图5）。

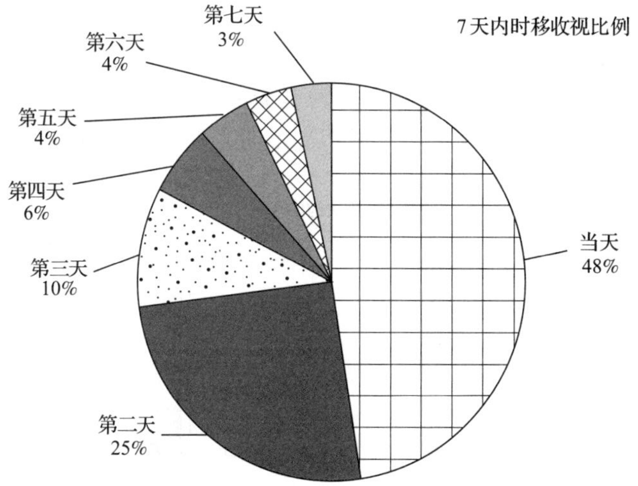

数据来源：CSM媒介研究

图5　7天内时移收视分布比例（2015年，12城市）

三、时移收视的观众特征

1. 25～44 岁、高中及以上文化程度观众时移收视占比最高

65 岁及以上老年人收看电视最多，但他们却是时移收看的轻度观众，其时移收视在总收视中所占比例为所有年龄段中最小。25～44 岁中青年观众时移收视更活跃，其时移收视比例最高。从受教育程度来看，时移收视占比最高的依次是大学及以上、高中受教育程度观众，尤其是大学及以上观众的时移收视量在总收视量中所占比例（3.7%）高出所有人群时移收视占比的平均值（2.4%）一半以上，是时移收视最活跃的人群(图 6)。

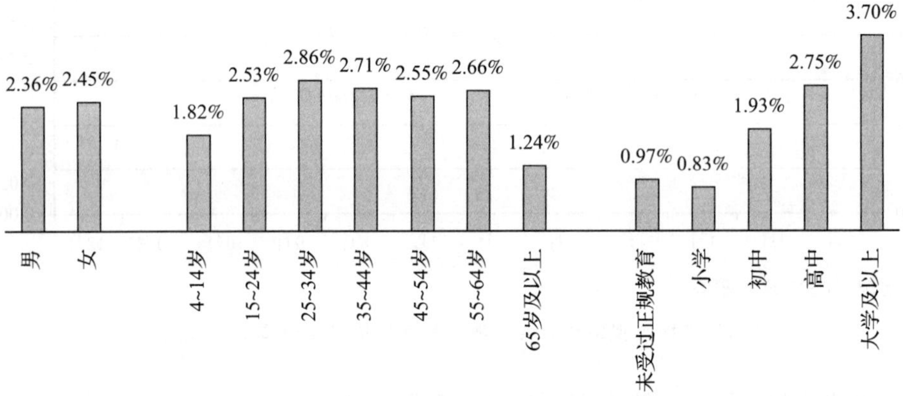

数据来源：CSM 媒介研究

图 6　不同观众群体时移收视占总收视的比例（2015 年，12 城市）

2. 时移收视观众中 65 岁及以上观众比例较直播收视大幅下降，大学及以上文化程度观众比例提升幅度较大

在 12 个城市中，相比直播收视观众的年龄构成，时移收视观众年龄构成中比例变化最大的是 65 岁及以上老年观众，其在时移观众中所占比例比在直播观众中减少了一半，25～64 岁各人群在时移观众中的比例则有不同程度的增高（图 7）。

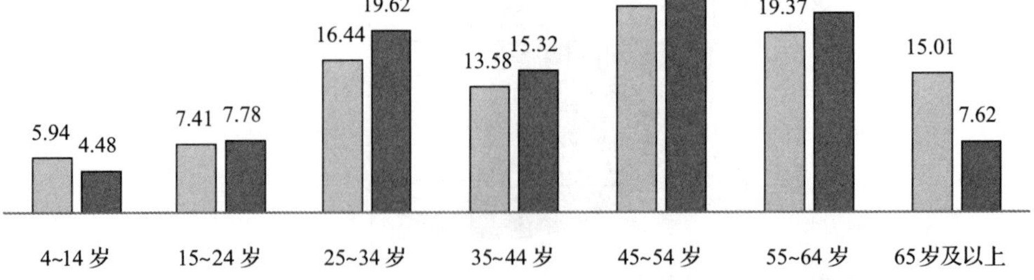

数据来源：CSM 媒介研究

图 7　直播收视和时移收视观众的年龄构成（2015 年，12 城市）

不同受教育程度群体在直播观众和时移观众中所占的比例相差较大。大学及以上受教育程度观众在时移观众中所占比例比在直播观众中提升了近13个百分点，达到35.78%，一跃而成为时移收视的最大观众群体。高中受教育程度人群在时移收视观众中的比例比在直播收视观众中也有所提升，继续保持第二大观众群体的位置。初中及以下受教育程度观众在时移观众中比例较直播收视明显下降（图8）。

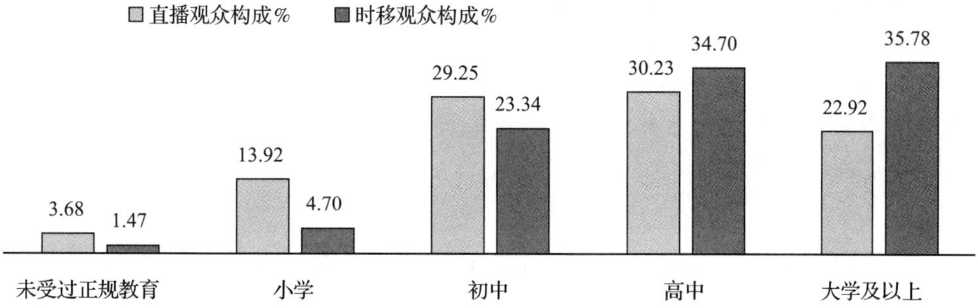

数据来源：CSM媒介研究

图8 直播收视和时移收视观众的受教育程度构成（2015年，12城市）

3. 各城市时移收视的观众构成既有共性又有差异

时移收视的观众构成在各城市间既有共性，但也存在一些差异。以时移收视相对较高的上海、南京、西安和北京为例，最明显的共性是时移收视观众中65岁及以上人群的比例较直播收视都大幅度降低，大学及以上教育程度观众比例明显提升。除上海以外，其他3个城市中25~34岁人群在时移收视观众中都较直播收视观众占有更大的份额，北京15~44岁人群在时移观众中占比增高。上海时移收视观众中45~64岁年龄段的观众比例增高，年轻观众的比例反而略有下降，上海时移收视的观众特征与其他城市相比较为突出（表2）。

表2 部分城市直播收视和时移收视的观众构成（%，2015年）

目标观众	上海		南京		西安		北京	
	直播	时移	直播	时移	直播	时移	直播	时移
4~14岁	3.32	1.87	5.27	3.77	5.68	7.18	3.02	3.00
15~24岁	4.91	5.34	5.91	6.27	6.47	5.04	5.32	11.89
25~34岁	15.05	13.79	18.99	23.71	14.97	29.59	19.39	23.07
35~44岁	13.02	9.90	14.39	10.88	13.21	12.86	13.86	22.64
45~54岁	22.20	28.43	21.37	19.89	22.52	27.14	20.88	19.16
55~64岁	26.84	35.18	19.51	28.54	20.85	7.09	21.59	13.88
65岁及以上	14.66	5.49	14.55	6.94	16.30	11.10	15.93	6.37
未受过正规教育	1.48	0.33	4.81	2.37	2.43	1.93	2.98	1.44
小学	6.43	1.98	11.98	3.35	6.67	6.46	4.79	2.49
初中	24.33	19.26	29.08	24.35	27.46	26.03	21.28	16.27
高中	40.41	43.55	30.24	38.59	38.14	34.23	34.42	29.76
大学及以上	27.35	34.89	23.89	31.33	25.30	31.35	36.52	50.04

数据来源：CSM媒介研究

四、时移收视的频道特征

1. 省级上星频道在时移收视市场占据半壁江山

从12个城市整体来看，省级卫视在直播收视中占据了近三分之一的份额，在时移收视中的份额则扩大至近50%，观众回看、点播时更多地选择收看省级上星频道的节目（图9）。与多数城市省级上星频道占据过半时移收视量不同，上海地面频道是观众时移收视的重点（图10），收视份额高达52%，远超过12城市时移收视中省市地面频道29%的市场份额，也超过地面频道在其他直辖市北京（17.6%）、重庆（12.3%）和天津（22.6%）的市场份额。

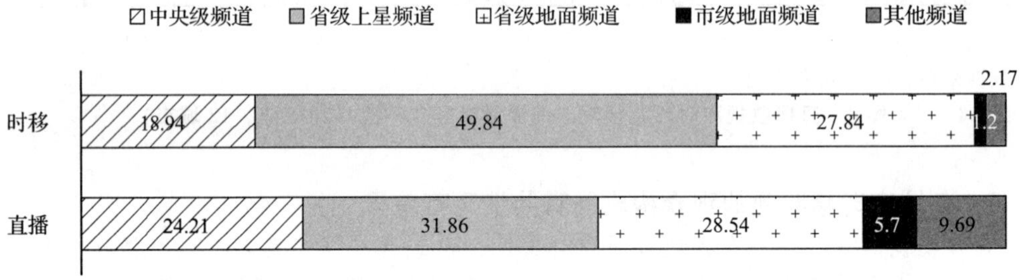

数据来源：CSM媒介研究

图9 直播收视与时移收视中各级频道组的市场份额（2015年，12城市）

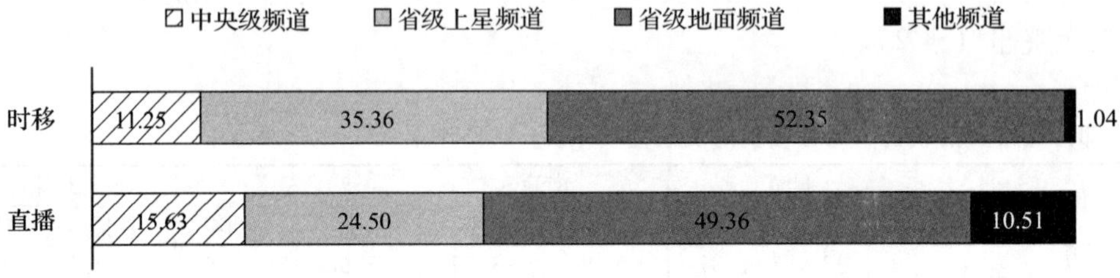

数据来源：CSM媒介研究

图10 直播收视与时移收视中各级频道组的市场份额（2015年，上海）

2. 省级上星频道在34岁及以下观众时移收视中竞争优势突出

年纪越轻的观众，回看、点播省级上星频道节目的越多，省级上星频道在34岁以下观众时移收视中的市场份额接近或超过60%，在各级频道中领先优势突出。45岁以上观众收看省市地面频道的增多，省市地面频道和省级上星频道的时移收视份额差距明显缩小（图11）。

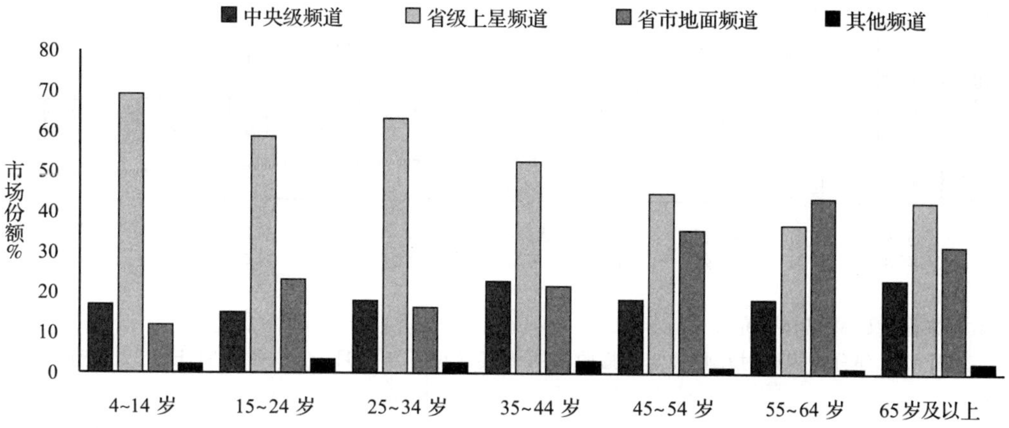

数据来源：CSM 媒介研究

图 11　各年龄段观众时移收视中各级频道组的市场份额（2015 年，12 城市）

五、时移收视的节目特征

1. 电视剧、综艺、电影是时移收视最多的三类节目，且收视比重较直播收视提升明显

直播收视中比重最大的电视剧和排名第三位的综艺节目，在观众回看、点播时获得了更多的青睐。电视剧收视比重从直播中的 29.6% 上升至时移收视的 43.1%，综艺节目收视比重从直播中的 13.4% 上升至时移中的 19.2%（表 4）。在 CSM 媒介研究发布的《2015 年电视时移收视报告》中，2015 年 1～8 月间，在 12 个城市中，部分收视较高的电视剧通过观众回看、点播获得了相当于直播收视 8%～15% 的收视增量（图 12），部分高收视的季播综艺节目获得了相当于直播收视 10%～20% 的收视增量（图 13）。电影收视比重虽然整体不高，但在时移收视中的比重为 6.4%，超过其在直播收视中 4.1% 的比重，成为时移收视的第三大节目类型。中国互联网络信息中心（CNNIC）于 2015 年 1 月发布的《中国互联网发展状况统计报告》第九章“网络视频市场发展状况”显示，“电影、电视剧、综艺节目是目前视频用户在各终端最爱看的内容”；互联网视频数据也屡次显示，播放量大的长视频节目主要来自热播的电视剧和综艺节目。由此可见，无论是在电视直播平台、电视互动平台还是在互联网平台上，影视剧和综艺节目都是吸引收视的最主要内容资源。

与娱乐性较强的影视节目成为观众时移收看的热门选择相反，直播收视较多的时效性强的新闻时事以及较为常态化的专题和生活服务节目则较少被观众时移收看。与直播收视相比，在时移收视中的比重缩小，尤以新闻时事节目为甚。时移收视中新闻节目比重为 5.0%，直播收视比重高达 14.0%（表 3）。

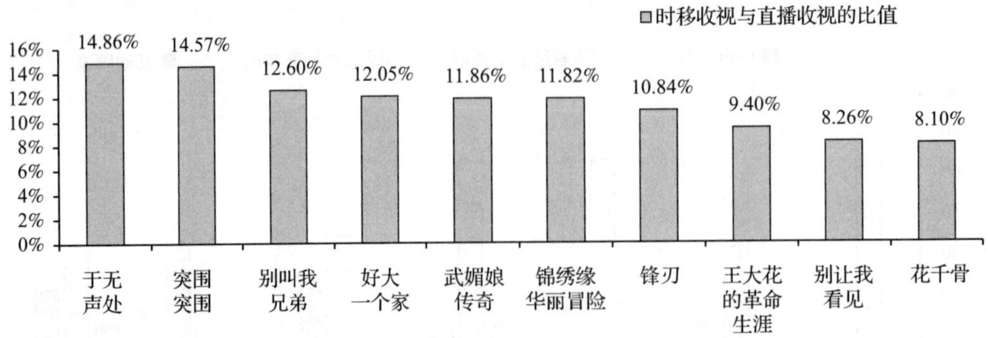

数据来源：CSM 媒介研究

图 12　部分电视剧时移收视与直播收视的比值（2015 年 1 月 1 日 ~8 月 31 日，12 城市）

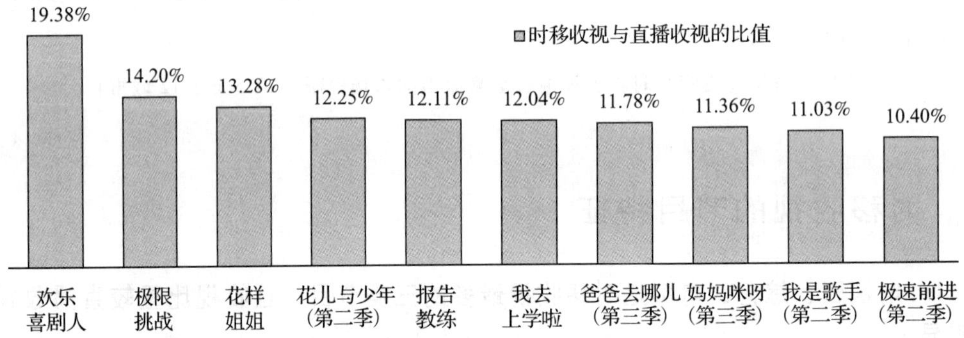

数据来源：CSM 媒介研究

图 13　部分季播综艺节目时移收视与直播收视的比值（2015 年 1 月 1 日 ~8 月 31 日，12 城市）

表 3　各节目类别的收视比重（2015 年，12 城市）

节目类别	直播收视比重	时移收视比重
新闻/时事	14.0%	5.0%
综艺	13.4%	19.2%
电视剧	29.6%	43.1%
体育	3.3%	3.2%
专题	6.8%	4.4%
教学	0.1%	0.1%
外语	0.0%	0.0%
青少	3.8%	2.7%
音乐	1.0%	0.5%
电影	4.1%	6.4%
戏剧	0.3%	0.3%
财经	1.4%	2.7%
生活服务	8.9%	6.3%
法制	1.8%	1.6%
其他	11.4%	4.4%

数据来源：CSM 媒介研究

2. 电视剧和综艺节目时移收视进一步向省级上星频道集中，电影时移收视中央级频道优势突出

电视剧、综艺和电影是时移收视最多的节目类型，在电视剧收视中，省级上星频道获得了直播收视47.8%的收视份额，在时移收视中扩大至约60%，中央级和省市地面频道电视剧的收视份额在时移收视中相应下降（图14）。综艺节目时移收视的77.3%来自省级上星频道，直播收视的47.8%来自省级上星频道，综艺时移收视更加向省级上星频道集中（图15）。电影收视中，无论是直播还是时移，中央级频道都是观众收看最多的频道组，获得了60%以上的收视份额（图16）。

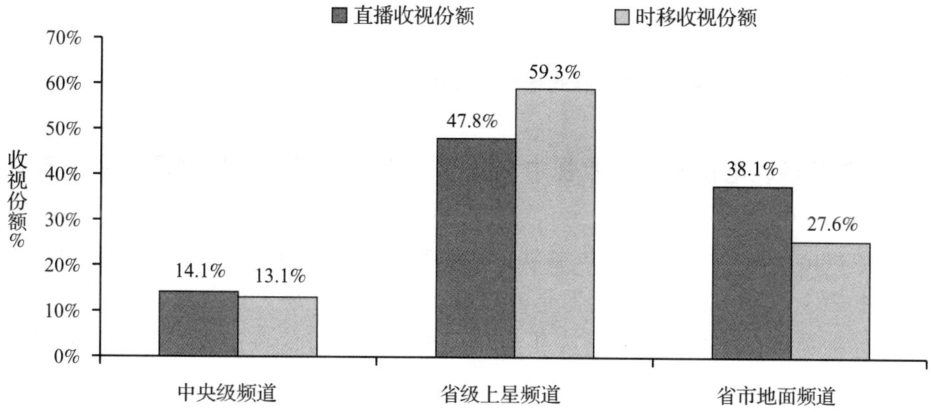

数据来源：CSM媒介研究

图14　电视剧直播收视和时移收视中各级频道的收视份额（2015年，12城市）

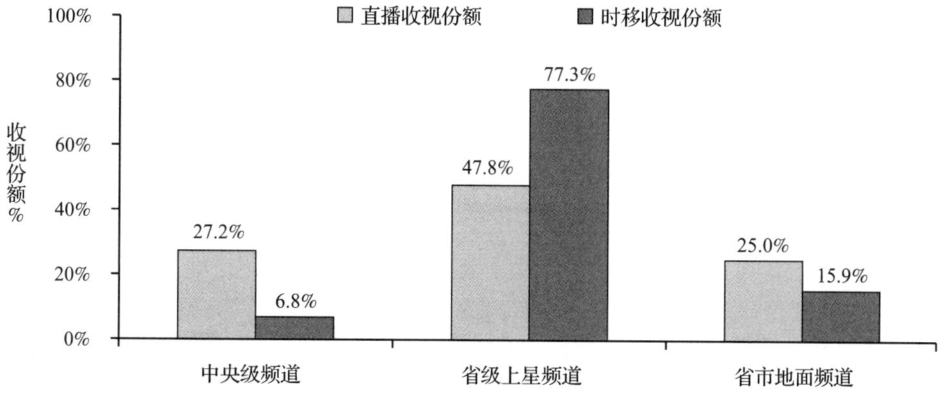

数据来源：CSM媒介研究

图15　综艺节目直播收视和时移收视中各级频道的收视份额（2015年，12城市）

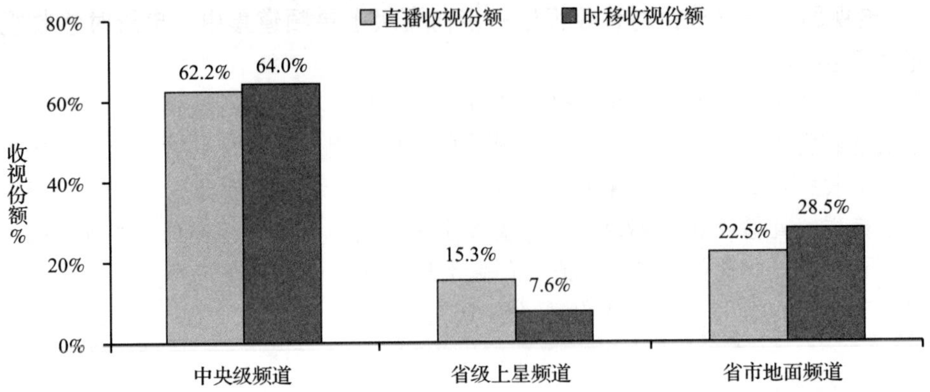

数据来源：CSM 媒介研究

图 16　电影直播收视和时移收视中各级频道的收视份额（2015 年，12 城市）

3. 综艺节目、电视剧时移收视中，65 岁及以上老年观众比例及集中度较直播收视大幅下降

与直播相比，44 岁及以下群体在综艺节目时移观众中所占比例和收视集中度都有所提升，其中 25～34 岁观众比例升幅尤其显著，成为规模最大的重度时移收视人群；65 岁及以上老年观众在时移观众中所占比例和集中度都成倍缩减，时移收看人数最少、收看程度最轻（图 17）。

电视剧直播观众和时移观众特征在 64 岁及以下群体中大同小异，年龄越大越是电视剧的重度观众，25～64 岁观众在时移收视中所占比例略高于直播收视。最大的差异在于，65 岁及以上观众在时移观众中的比例及收视集中度都较直播收视大幅度下降（图 18）。

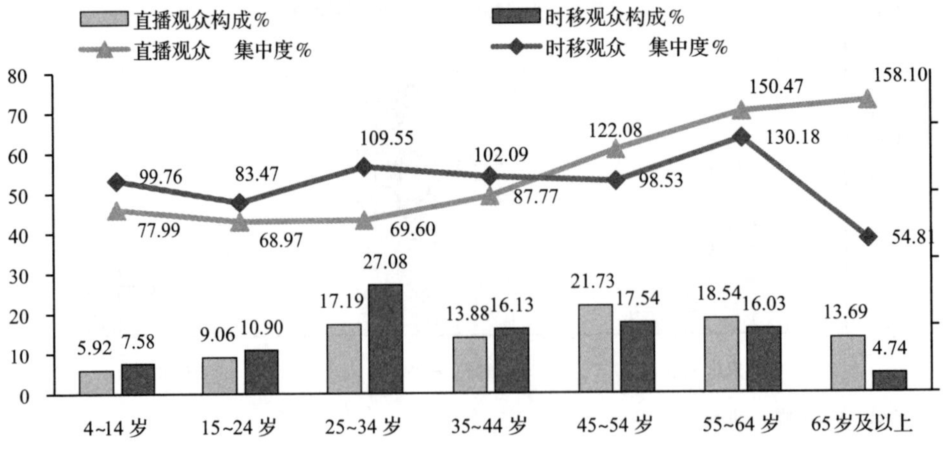

数据来源：CSM 媒介研究

图 17　综艺节目直播收视和时移收视观众年龄构成与集中度（2015 年，12 城市）

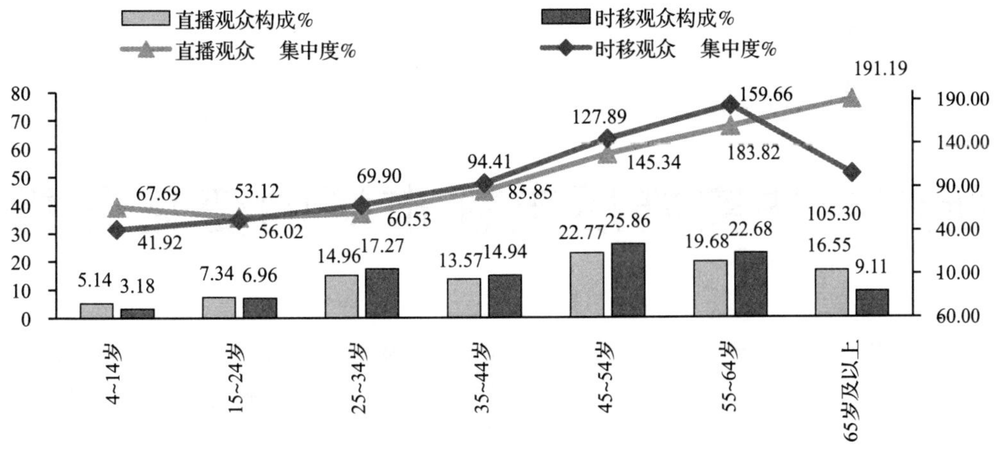

数据来源：CSM 媒介研究

图 18 电视剧直播收视和时移收视观众年龄构成与集中度（2015 年，12 城市）

结语

综上所述，时移收视高峰时段较直播收视高峰延后，时移收视更多地发生在休闲与娱乐时间更为充裕、节目更为丰富的周末，影视剧和综艺节目在观众时移收视选择中获得普遍青睐，年轻、中高受教育程度观众成为时移收视最为活跃的群体。

通过回看、点播收看电视节目为观众提供了更为灵活的时间选择，时移收视能够满足观众自主、互动收视的需求。随着互动机顶盒的普及和互动服务内容的丰富，时移收视将会越来越多地发生在观众的日常收视行为中。

（作者：陈晓洲）

新广告法实施后电视市场的变化分析

新修订的《中华人民共和国广告法》于2015年9月1日起正式实行，这是广告法实施20年来首次修订。此次广告法修改的幅度非常大，包括明确虚假广告的定义和典型形态、新增广告代言人的法律义务和责任、强化对大众传播媒介广告发布行为的监管力度、公益广告发布等多个方面。其中部分条款对电视台的节目和广告播出以及观众收视会产生直接的影响，如第十九条“广播电台、电视台、报刊音像出版单位、互联网信息服务提供者不得以介绍健康、养生知识等形式变相发布医疗、药品、医疗器械、保健食品广告”；第七十四条“国家鼓励、支持开展公益广告宣传活动，传播社会主义核心价值观，倡导文明风尚”等。本文基于CSM媒介研究在71个大中城市的节目监播及收视调查数据，简单梳理新广告法实施以后两个月（2015年9～10月）电视市场发生的变化。

一、新广告法有效净化了荧屏，专题广告类节目播出量同比锐减

新广告法实施后的两个月（2015年9～10月），健康及电视导购类节目的播出量同比大幅下滑①。其中省级上星频道减量最为明显，2015年9～10月的播出量只有上年同期水平的14%；省市级地面频道的播出量也呈现同比下降43%的状况（图1）。随着大量不合法广告的消失，电视荧幕得到了有效净化，观众获得了更好的收视体验。

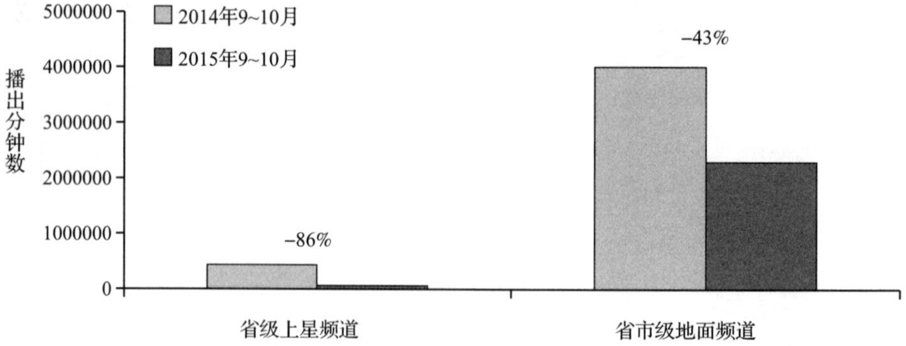

数据来源：CSM媒介研究

图1　新广告法实施后健康及电视导购节目播出量同比变化（71城市）

① 由于专题广告归类于生活服务大类下的健康以及电视导购/广告杂志项下，在统计时无法与正常节目快速直接区分，所以数据中包含了符合政策要求正常播出的健康节目以及电视购物类节目。

二、上星频道年初即着手调整，地面频道调整相对缓慢

电视导购及健康类节目在电视节目播出中的比重2014年连续攀升，下半年的播出比重都在10%以上，最后一个季度，无论是省级上星频道还是省市级地面频道，这两大类节目的播出比重都接近12%，健康专题广告充斥荧屏（图2）。

2014年10月，国家新闻出版广电总局开始严格规范、整顿电视养生类节目的制作和播出，不仅要求各级广电播出机构停播“健康365”、“杏林好养生”两档养生类节目，还出台有关文件，强化对养生类节目的内容和形式的审查把关，加大监管力度，以提升电视媒体的社会公信力。从2015年1月1日起，电视养生类节目只能由电视台策划制作，不得由社会公司制作。凡在专家资源、节目资金、制作能力等方面不具备条件的电视台，不得盲目跟风制作养生类节目。

省级上星频道率先执行总局的相关规定，电视导购及健康类节目2015年1月的播出量迅速减半，到9月，播出占比更是下降到了1.3%。省市级地面频道调整相对缓慢和被动，2015年上半年的降幅并不大，直到8月份才从10%左右削减至8%左右，9月份新广告法实施后进一步削减至6.5%左右，约为2014年高峰值的一半左右（图2）。相较于省级上星频道，地面频道中有快乐购、东方购物等正规、专业的电视购物时段及频道，因此这两类节目的播出比重高于省级上星频道。但也不可否认，地面频道中仍然存在不符合新广告法规定的播出情况，6.5%的比例仍有进一步压缩的空间。

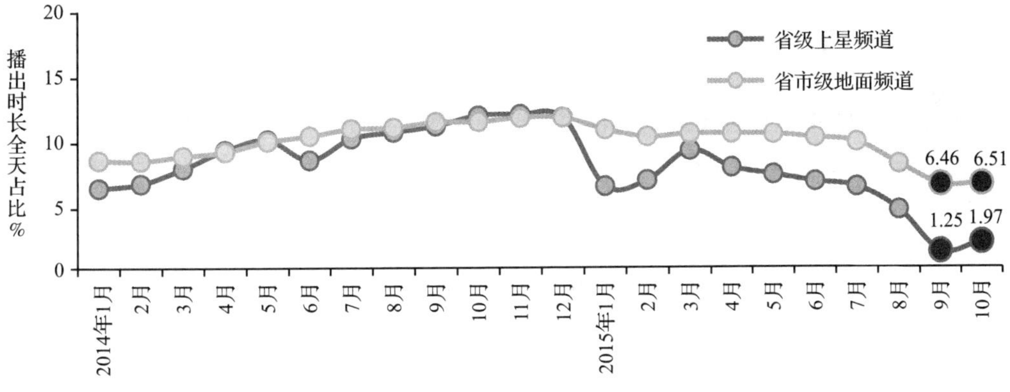

数据来源：CSM媒介研究

图2　2014年1月~2015年10月各级频道健康及电视导购节目播出量与播出比重（71城市）

2015年10月，省级上星频道两类节目的播出占比从9月的1.3%上升到2.0%。其中健康类节目的播出时长变化不大，都占播出总量的0.65%左右，播出的节目也都是以《养生堂》为代表的科学养生节目，并没有出现健康专题广告的反弹。10月数据增长的主要原因是部分省级上星频道增加了“学习方法”“商贸信息”“家装团购”等类型的

电视导购节目。可以预见，在广告经营模式没有根本调整之前，不违反新广告法规定的该类型电视导购节目播出量将会逐渐提升。

三、上星频道各时段调整到位，地面频道白天时段仍有调整空间

白天及深夜时段一直都是健康专题广告大量投放的时段，省级上星频道2014年白天时段健康及电视导购节目的播出占比也一度达到17%左右，深夜时段也达到12%左右，经过2015年年初的大调整以及新广告法实施后的进一步调整，全天各时段的健康专题广告已经调整完毕（图3）。

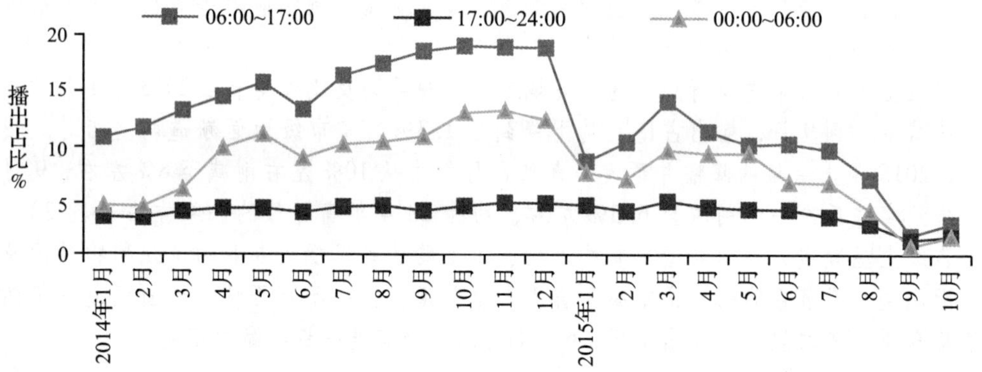

数据来源：CSM媒介研究

图3　2014年1月~2015年10月省级上星频道健康及电视导购节目播出比重（71城市）

地面频道2014年白天及深夜时段两类节目的播出占比和省级上星频道基本相似，新广告法实施后，深夜时段相比高峰时降低了一半，但白天时段的播出占比仍在10%左右（图4）。

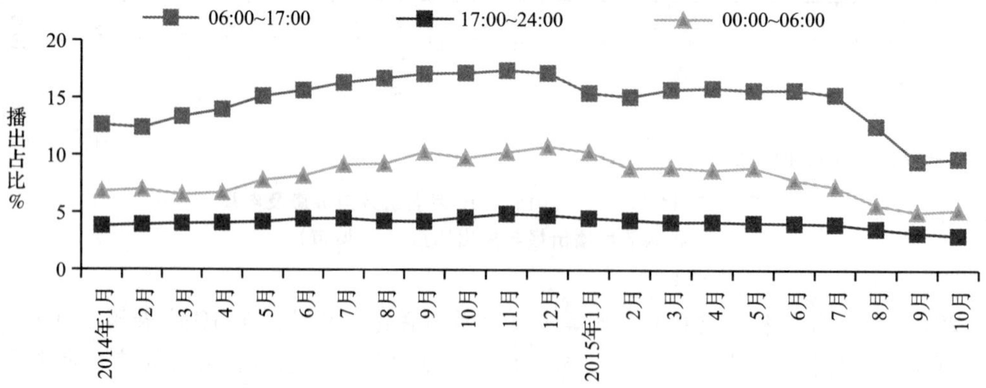

数据来源：CSM媒介研究

图4　2014年1月~2015年10月省市级地面频道健康及电视导购节目播出比重（71城市）

四、部分不合规养生专题广告仍在地面频道白天时段播出

国家新闻出版广电总局在2014年10月严格规范、整顿电视养生类节目制作和播出的通知中，不仅指出养生类节目不得夸大、夸张或虚假宣传、误导观众，严禁养生类节目变相发布广告，还具体提出了"主持人必须取得播音员主持人执业资质"、"聘请医学、养生、营养等方面专家作为嘉宾的，该嘉宾必须具备省级以上卫生行政部门认定的副高以上专业职称、资格，并在节目中据实提示"，"开设的观众咨询热线电话，须是以本台或者本频道为主体申请设立的，并只能在节目片尾进行提示。节目中不得出现任何电话号码或其他联系方式"的要求。

比照以上规定，部分地面频道仍然存在播出一些不合规的健康养生专题广告的情况。我们从中挑出了播出量较高的3档专题广告《医药探秘》《夕阳佳话》和《人间晚晴》。根据2015年9～10月播出时长统计，这3档节目占健康及电视导购节目播出时长总量的比例达到17.5%。结合地面频道健康及电视导购节目占播出总量6.5%的比例（图1），这3档节目占地面频道全天总播出时长的1.1%，因此上文也指出地面频道仍有进一步调增的空间。

3档专题广告2015年9～10月期间播出的省份超过20个，播出频道数达到110个。相比而言，湖南、浙江、江苏、上海、北京、重庆等省或直辖市的省级地面频道在专题广告控制上比其他城市表现更好，广告表现出色的省级上星频道减轻了地面频道的广告创收压力是其中的重要原因，区域经济发达、市场竞争环境相对简单也能促进地面频道摆脱健康专题广告的负担。在3档节目在播的频道时段分布上，节目集中分布在07:00～17:00的白天时段播出（图5），最主要的形式就是在电视剧类频道两集剧之间插播。

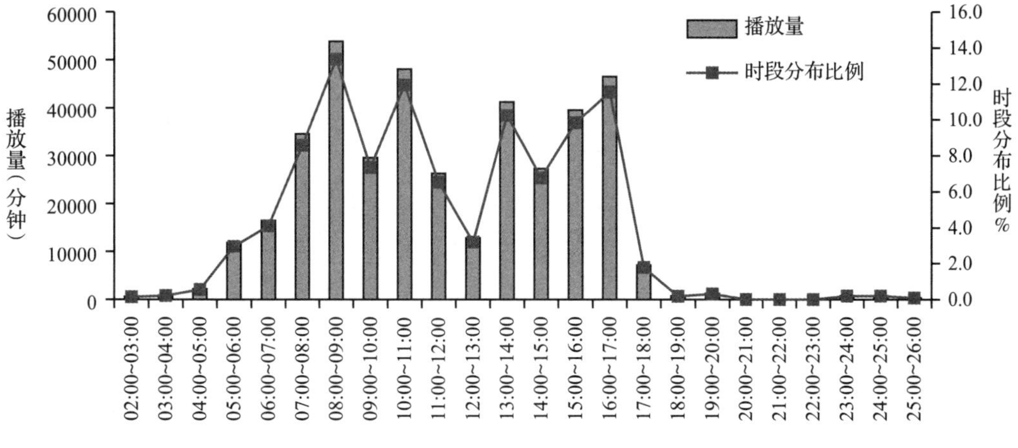

数据来源：CSM媒介研究

图5　2015年9～10月三档健康类专题广告在地面频道的播放量及时段分布比例（71城市）

五、白天专题广告压缩时段多半以电视剧填充

在大幅压缩白天时段健康专题广告播出量后，电视剧成为最重要的时段填补资源，无论是省级上星频道还是地面频道，电视剧播出的增长量与生活服务类（健康专题广告属该项下）播出的下滑量比例都在50%左右（表1）。

对于省级上星频道，除了电视剧，专题、综艺、新闻以及广告的播出量同比都有一定的提升。其中专题类节目的较大增长与2015年9月抗战胜利70周年纪念活动有关，广告类的增长则表明省级上星频道通过广告资源经营努力弥补了专题广告减少的损失。地面频道主要在专题、青少、法制、电影、体育等节目类型上出现增长，广告同比没有增长，甚至略有下滑。

表1　各级频道不同类型节目播出比重（%）变化（71城市，06:00~17:00）

省级上星频道				地面频道			
节目类型	2014年9~10月	2015年9~10月	增长（百分点）	节目类型	2014年9~10月	2015年9~10月	增长（百分点）
电视剧	32.47	39.63	7.16	电视剧	23.82	27.60	3.78
专题	7.95	11.33	3.38	生活服务	26.39	19.58	-6.81
青少	10.19	10.06	-0.13	新闻/时事	8.43	8.71	0.28
生活服务	22.07	7.65	-14.42	专题	7.15	8.41	1.26
新闻/时事	6.63	7.62	0.99	综艺	5.58	5.71	0.13
综艺	4.60	6.06	1.46	青少	3.23	3.85	0.62
电影	1.48	1.57	0.09	电影	2.82	3.13	0.31
财经	1.54	1.12	-0.42	体育	1.73	2.06	0.33
音乐	0.63	1.03	0.40	法制	1.47	1.85	0.38
法制	0.46	0.59	0.13	财经	0.78	0.79	0.01
体育	0.62	0.57	-0.05	音乐	0.55	0.69	0.14
戏剧	0.36	0.36	0.00	戏剧	0.63	0.67	0.04
教学	0.10	0.16	0.06	教学	0.29	0.33	0.04
外语	0.01	0.01	0.00	外语	0.05	0.08	0.03
其他	10.90	12.23	1.33	其它	17.09	16.54	-0.55

数据来源：CSM媒介研究

六、地面频道白天时段 9 月收视同比提升达 9%

伴随着地面频道白天时段专题广告的大幅减量，省市级地面频道 6:00～17:00 时段的收视率在 2015 年 9 月、10 月分别同比增长 9% 和 5%（图 6）。收视率同比提升后，地面频道白天时段所占的市场份额也接近 22%，这成为 2015 年地面频道市场份额止跌回升的重要原因。

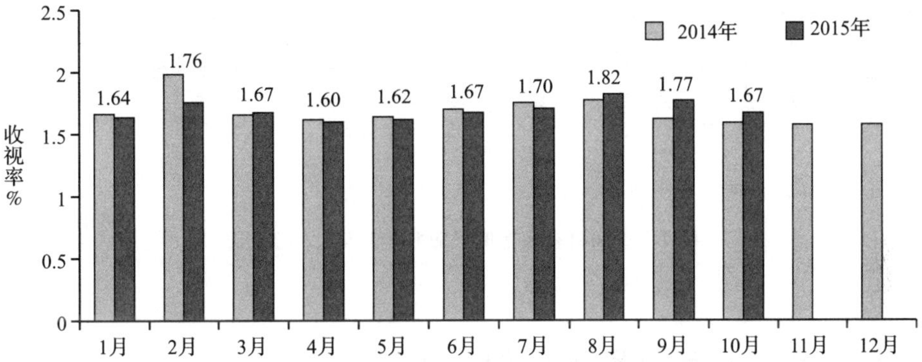

数据来源：CSM 媒介研究

图 6　2014 年、2015 年省市级地面频道白天时段收视率对比
（71 城市，06:00～17:00）

七、地面频道健康养生类节目有可为空间

近些年，真假养生节目在电视屏幕的乱象对于专心想做好健康养生节目的从业人员来说是巨大的伤害，新广告法的实施以及国家新闻出版广电总局的相关规范通知对整个行业来说非常必要和及时，大量不符合法规的节目消失后，优质的科学养生节目和频道能更好地向公众传播疾病的预防、控制、治疗以及养生保健等健康知识和科学常识。

在总局的通知中，鼓励上星综合频道制作的优秀养生类节目在地面频道播出。中央电视台的《健康之路》和北京电视台的《养生堂》作为具有公信力的健康养生节目，不仅在自身平台播出时取得了很好的收视成绩，也在许多地面频道播出。比如《健康之路》就在超过 20 个地面频道播出，《养生堂》也至少在十几个地面频道播出。这些兼具科学性、娱乐性和可看性的节目在许多城市地面频道播出后，也受到了当地中老年观众的欢迎。

除了购买成熟节目，部分地面频道也围绕健康题材打造自己的品牌节目。比如重庆科教频道在原有《不健不散》节目的基础上不断拓展，从一档 40 分钟左右的节目拓展成为在晚间 19:00～21:00 时段播出的《非常健谈》《健健都帮》《不健不散》3 档健康类节目。其中《健健都帮》和《非常健谈》都是 2015 年 1 月新推出的节目。2015 年 9～10 月整个健康节目时段在重庆地区收视表现相比之前有大幅的提升（图 7）。

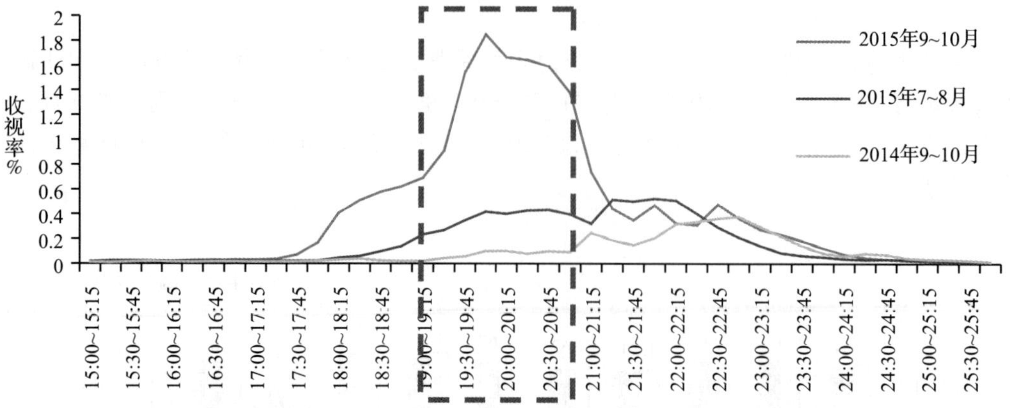

数据来源：CSM 媒介研究

图 7　重庆科教频道时段收视走势对比（重庆）

八、节目间广告播出量出现较大幅度波动

节目间广告承载了电视媒体大量的广告投放，许多 10 分钟以上的单条广告也多在节目间播出。新广告法的实施极大地影响了节目间广告的投放情况。

新广告法实施后，包括某宝玺等“伪收藏品”“白癜风医院”的广告消失，省级上星频道节目间广告的播出时长比重从 2015 年 8 月的 10.8% 迅速跌至 9 月的 6.5%，低于 2014 年同期水平。在经历了 9 月份的大幅回落后，10 月份的节目间广告时长比重出现 20% 的增长，达到 7.9%，超过 2014 年同期水平（图 8）。这个增长主要是因为以某品牌“风湿寒痛片”为代表的一批 OTC 药品和以某品牌“平板拖”为代表的一批家庭生活用品广告的投放量大幅增长。两类广告投放的目标人群也分别非常清晰地指向中老年观众和家庭主妇两类白天时段重度收视人群。地面频道的情况和省级上星频道有相似之处，但波动幅度相比较小，在 9 月份降至低谷后出现回升（图 9）。

从目前的趋势观察，无论是省级上星频道还是地面频道，在经历了新广告法实施初期的震荡后，都逐渐找到了一些替代性的广告资源，节目间广告的播出时长还可能继续增长。在广告投放量逐渐得到保障的同时，投放行业的变化也值得关注。根据央视市场研究（CTR）月度广告跟踪，2015 年 10 月，传统广告投放前五的行业中，药品类是唯一增长的行业，增幅达到 39%，而化妆品/浴室用品、食品、饮料、商业及服务性行业则同比下滑，饮料等行业同比下滑超过 30%，这也折射出电视媒体在转型时期面临的尴尬。而邮电通讯行业和电脑及办公自动化产品的广告在新媒体的表现持续强劲，随着 App 软件的爆发式发展，电脑及办公自动化产品在多个媒体的投放量均呈增长之势。在中国经济转型的大背景下，电视广告如何抓住热点行业并成为企业营销的重要策略值得思考。

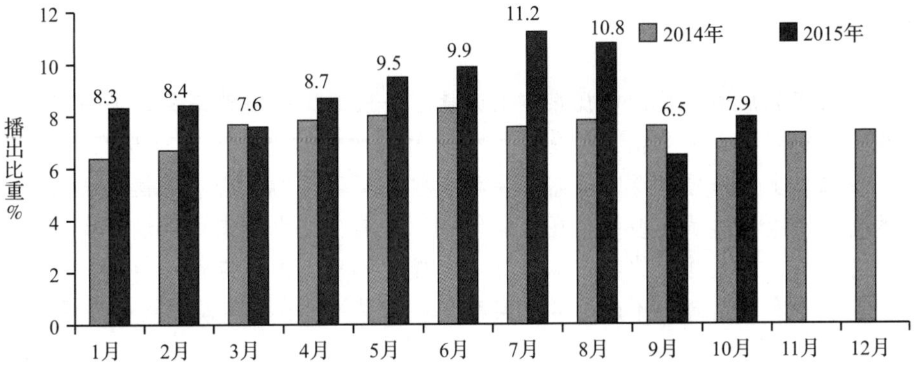

数据来源：CSM 媒介研究

图 8　2014 年、2015 年省级上星频道节目间广告播出比重对比（71 城市）

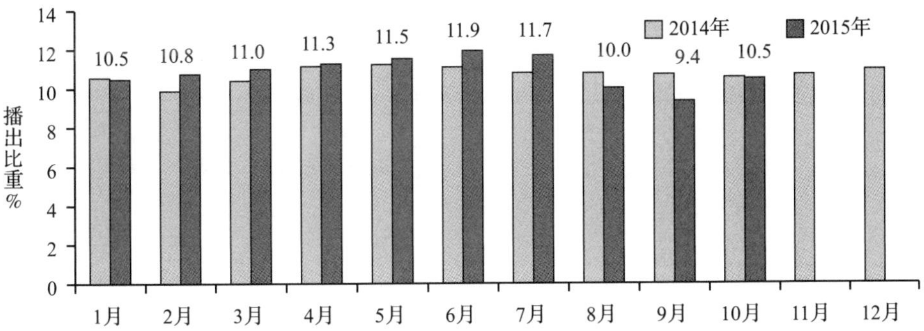

数据来源：CSM 媒介研究

图 9　2014 年、2015 年地面频道节目间广告播出比重对比（71 城市）

九、公益类广告同比增长 30%

新广告法附则中说明，大众传播媒介有义务发布公益广告，广播电台、电视台、报刊出版单位应当按照规定的版面、时段、时长发布公益广告。根据 2015 年 9～10 月的监播数据统计，电视公益类广告投放时长同比增长超过 30%。除中央电视台持续大量播出公益广告外，上海电视台、合肥电视台、武汉电视台等多个省市级电视媒体也都积极履行公益广告宣传义务，传播社会主义核心价值观，倡导文明风尚。在公益广告播出内容上，部分地方电视台也结合本地的实际需求，与水务、燃气、健康促进会、慈善组织等企业和社会团体合作，推出相关公益广告。公益广告如何更好地结合本地特色，做好题材规划及推动商业企业开展公益项目，值得电视媒体认真去研究。

结语

新广告法实施后两个月，电视媒体上大量不合法的广告快速消失，公益广告大幅增长，电视荧幕得到了有效净化，观众获得了更好的收视体验。对于电视媒体经营而言，专题广告四成以上的降幅也意味着它们要和一些曾经习惯的广告经营模式说再见，但广告经营的新常态也为尝试转型的电视媒体创造了更具公信力的媒体环境。我们国家的经济正在努力转型，向更强大的经济体迈进。电视媒体也应该适应这一转变，充分利用好新技术、新资本和新创意，不断思考与实践，在转型的过程中实现更大的发展。

（作者：吴凡）

“TV +” 新业态下的区域电视价值重塑

技术的便利与发展，催生出日渐丰富的媒介形态，渠道构建的门槛不断降低，传统广电面临更严峻的挑战。特别是2015年有了“互联网+”的新提法之后，业内都在思考如何从广电的角度融入“互联网+”的浪潮中去。对于这个问题，业界有不同的争论，究竟是“互联网+广电”，还是“广电+互联网”，这是不同的视角，当然会带来不同的结果。本文立足于“广电+”的角度，从“TV+”出发分析电视的下一步发展，探求还有哪些可以依托的优势使电视媒体能够走得更远，在“互联网+”的进程下，将电视的价值进一步放大。

一、“互联网+”与新常态

在“互联网+”的浪潮中，传统电视正在发生某些转化。例如观众收看电视的时间减少了，但是跨屏收视是增加的；传统广电广告收入受经济大环境及其他媒体竞争的影响有所下降，但是把节目的版权和跨媒体传播的广告相结合后，实际上整个产业规模可能更大了。在这个转化过程中，传统广电的受众概念就要上升为用户概念，要把媒介使用、媒介消费和受众的日常生活、购物消费连接起来，把电视屏幕作为一个入口，导入观众的生活形态中间去，实现“产业+”的理念。

在这种情况下，卫视频道和地面频道都在寻求有效的突破方法，2015年以来也有很多线上线下融合的成功案例。媒体融合在“互联网+”的大背景下已经不再是概念的考虑，而是有可以实现的路径和案例。“互联网+”是一个非常大的概念，它为媒体融合指明了一条道路，这条道路就是要充分利用互联网平台优势带来的多种可能性，结合传统媒体领域已有的价值和可增长的产业模式，实现融合发展。小到一个节目、广告，大到一个频道、一个台，在传统媒体与新媒体之间如何嫁接，这其中有很多可以探讨的地方。

进一步研究电视和互联网可以发现，电视收视一般发生在家庭中，而互联网使用多在办公环境或移动状态下。根据CSM媒介研究的调查，全国4岁及以上的电视人口有12.8亿。另据调查，2015年上半年中国有将近7亿网民，其中近6亿网民是移动互联网用户。这里提及的网民和移动互联网用户基本上都是15岁以上的群体，15岁以下及65岁以上的未列入统计，这部分群体是电视和网络高度重合的群体，也就是说他们既是电视传播的对象，同时也是网络的用户。这与前几年情况有所不同，前几年我们发现这部分群体看电视不上网，现在这种剥离的、相对区分的情况已经不存在了，这部分受众看电视的时候也上网，互联网和电视之间形成了互动，搭建了“社交媒体+电视”互动的平台，例如微信摇一摇平台，看电视和上网之间已经无缝衔接了。

这些变化表明，一档节目不只是为了让观众看到，更主要的是要让观众参与进来。“互联网+”的一个非常重要的元素是“连接”，因而要创造一些可用的连接平台。要实现连接，关键要明确以谁为主的问题，即入口、导入的问题。从电视往互联网导入，则电视成为入口；从互联网往电视导入，则互联网成为入口。手机平台是互联网的一个非常好的入口，业界在研究电视的入口，例如智能电视互动营销、O2O模式等等，在众多入口实现对主战场的争夺（图1）。

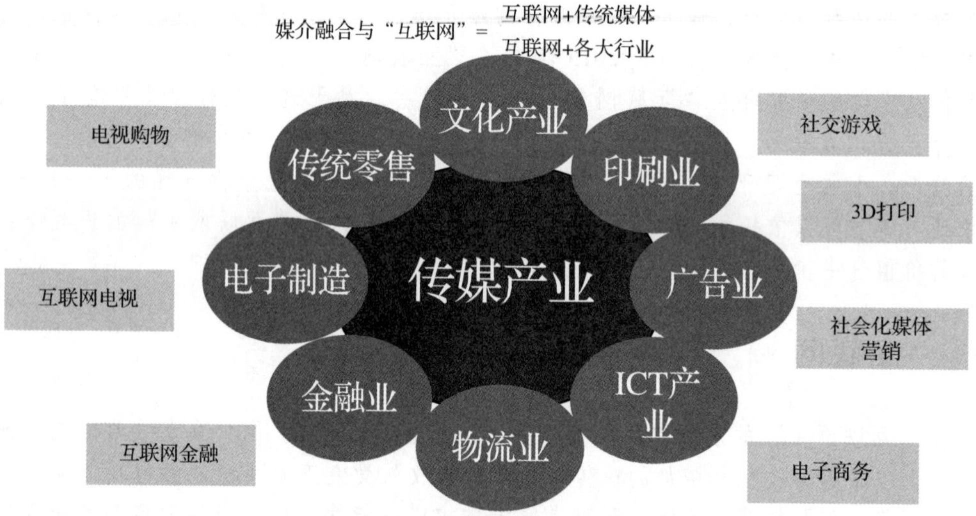

资料来源：崔保国：《传媒蓝皮书（2015）》，社会科学文献出版社2015年版。

图1 “互联网+”时代的媒体融合表现

现在业内理解的广电和传媒有5个非常重要的特点：移动化（Mobile）、全域化（Everywhere）、数字化（Digitalization）、交互化（Interactive）、应用化（Application），这五个特点合起来就是MEDIA。现在做电视，不但要吸引电视机前的观众，还要向移动用户要增量，要让这部分群体分享、讨论节目，以帮助电视中的冠名在互联网上得到传播，要让广告客户买单的时候不仅买电视节目播出的这个单，还要买互联网互动营销的单。向移动用户要增量就是互联网和电视之间连接的地方。

互联网突破了区域的限制，而每一个电视频道则有区域局限性，省级地面频道面向省内传播，市级地面频道面向城市内传播，但是基于“互联网+”的传播实际上变成了全域全时的门户。很多城市台、省台做了“智慧城市”“无线城市”这样的概念，基于互联网的手段与电视、广电相融合并做成门户。这个门户不仅可以实现对本地的传播，还可以实现对全国甚至全世界的传播。拓展全域全时的门户，也是“互联网+”之下电视从空间找增量的一个方法。

“互联网+”的时代开启了对数字化优势的挖掘。电视机模拟信号传输的时候，人们没有太多的选择性，现在数字电视有机顶盒之后，可以实现很多原来想象不到的功能。这种数字化优势带来的是1+1>2的产出规模，实现了更新的产业模式的重建。传统传播模式下的观众是媒体怎么播观众就怎么看，没有太多的选择，只能换换频道。现在不同了，大家开始变成社区，聚合成不同的群体，一部分群体愿意看电视、讨论节目，通过电视下单买东西；还有一部分群体将节目下载之后在公交车上看，有使用手机看的，有使用PAD看的，这部分群体体量越来越大。这种互动化用户族群社区迎合了互联网新的广告营销理念——精准投放，对市场影响非常大。

受众对媒介内容由收看向应用的转向，催生了O2O方式。现在，电视的竞争不再是单纯的节目、频道、广告的竞争，更多的是平台之间的竞争，且电视平台上加进了很多要素，实现了延展与领域的扩张。过去人们理解中的电视可以做电视购物平台，线上做广告，线下建实体店、建仓储和物流，现在这种购物平台又转到了电商，电商可以和手机、互联网金融结合，实际上从电视领域拓展出更多的应用。从以上几个方面理解电视传媒，它也和过去理解中的完全不同了，这也是新的电视变革（图2）。

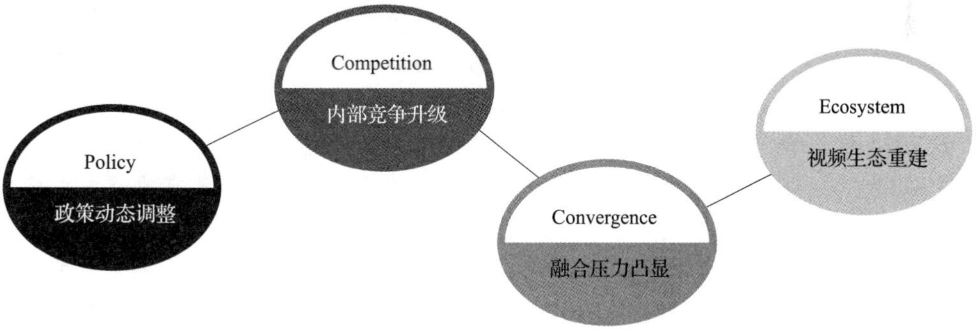

图2　中国电视进入竞争新常态

二、电视加与减

在这种新的概念下再分析传媒市场，原来的经营模式是把内容做好，把观众的收视变成收视率，吸引广告客户投放广告，以便有更多的经费反哺节目，从而获得更高的收视率，提高广告收益。这是经典的传媒产业链条经营要素。但现在不同了，在互联网状态下，更多的时候节目是立体的、多维度的，它不再是单一的线性播出时长，而是可以立体互动和传播的产品。它可以作为全媒体的新闻中心，以某种形式在电视上播出，也可以以另外的形式在手机、PC和PAD上播放，它们之间可以共享资源和要素，但呈现方式却完全不同。要做很好的定制和改变，就要求内容产品化、结构产品化。互联网改变了观众的收看习惯，使观众变成了用户，互联网用户可以边看边购买、边看边讨论，还可以以不同的方式观看、下载、暂停、快进等等。

在这样的业界环境下，广告产生了什么变化？互联网传播使得精准营销和大数据营销成为可能。大数据分析出广告在哪儿投放，营销机会在哪儿，广告实际上就是大数据的结果。现在，“互联网+”背景下的电视要思考的问题主要体现在3个方面：一是内容产品化，二是观众用户化，三是广告数据化。在这种情况下，广电媒体的竞争实际上是更高级的平台竞争，是“广电+”下的升级，是新的常态。传统的广电面临很多挑战，例如播控权的问题，内容生产的制播分离导致广电媒体现在必须和社会公司展开竞争。此外，过去广电媒体独自掌控发行渠道，直接通过有线或无线的方式将电视节目送到千家万户，现在渠道、用户端多元化之后，竞争变得更加激烈。特别是网台分离之后，电视台面临着很多困扰，电视台不但不能从有线网得到钱，还要付给它入网费。在这样情况下，如果电视媒体再依靠单一的广告赢利的模式，就会变得非常被动，因此，赢利模式的创新势在必行。

新的产业链要求我们考虑如何平衡新的媒介环境所带来的机会和挑战，例如内容需求变化、传播形式变化、媒体和观众之间关系的变化。此外，观众与观众之间的关系也发生了变化，观众看视频和看电视之间的模式也在改变。这一系列变化表明有3个关键节点决定着未来的战略定位和成长性：一是上游，即内容；二是下游，即终端、客户端，媒体产生的所有回报都可以在终端结算；三是如何利用客户端建立赢利模式。互联网也在大投入地做内容，没有内容，客户端就没有价值，所以现在互联网都在买IP、买影视剧，都在投资做节目、整合体育，将来的体育、电影、娱乐节目、电视剧甚至新闻视频都会成为互联网传播的常态内容，互联网会变成一个非常重要的内容库和技术平台。从2014年开始，所有境外的内容进入中国都要受到严格管控，内容缺失造成了原来的客户端用户大规模流失。电视媒体也在思考如何依靠节目内容和已有的资源去建立客户端。不仅如此，现在很多频道、节目也建立了客户端，这些客户端有没有竞争力，能不能为营销增长带来价值，这些都是要深入思考的，最终决定成败的依旧是赢利模式。现在很多视频网站依然处在亏损阶段，虽然大家抱团取暖，但还是觉得比较冷。而广电媒体总体来讲现在只是感觉到一点凉意，还没有到真的亏损阶段，但一定要找到新的赢利模式。

行业内的变化对电视广告产生了深刻的影响，广告和内容之间的关系越来越不明确，要么变成内容营销，要么变成和内容没有多少关联的一种暴露机会。打开任何手机端的App，无论是在线购物还是新闻，或者技术平台的App，会发现一点开就先出一个广告，为什么会推这个广告？是凭借对用户过去使用行为的判断、判别决定了这个广告内容。互联网业界有一种说法，每10万次的点击应该给用户推送一则广告。这些都对电视广告产生了影响。现在有些传统广告客户不愿意投广电媒体，因为他们觉得市场改变了，广告形式改变了，而电视媒体没有产生增量，没有进行深入的调整，固守传统的广告经营模式，会导致客户流失。

传统广告经营模式下，收视率提高，广告客户愿意投放。从现在的传播环境看，收视率提高已变得越来越难，观众在电视机前停留的时间每一年都有缓慢的下降，2015年上半年晚间黄金时段的收视率同比2014年继续明显下降（图3）。从2015年开始，除中青年群体收视量下降外，65岁及以上群体和特别年轻的4～14岁群体也在下降（图4）。2015年广告市场的下降一方面与这些数据有关，另一方面和实体经济支撑不够有关，客户没有增加营销的费用预算，而是更关心怎样把营销费用预算用在更有效的广告载体上，这就造成了2015年电视广告第二年的负增长和广播广告第一年的负增长。

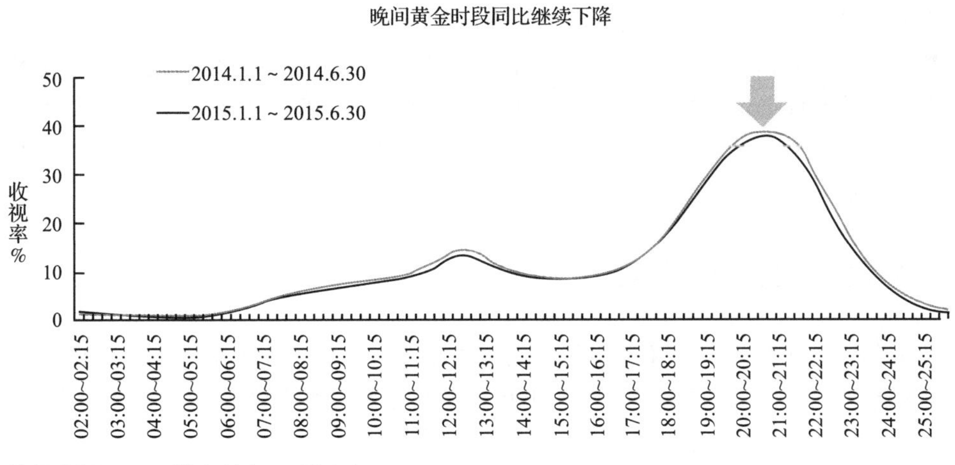

数据来源：CSM 媒介研究 71 城市组

图 3　2014 年与 2015 年上半年晚间黄金时段收视率对比（71 城市）

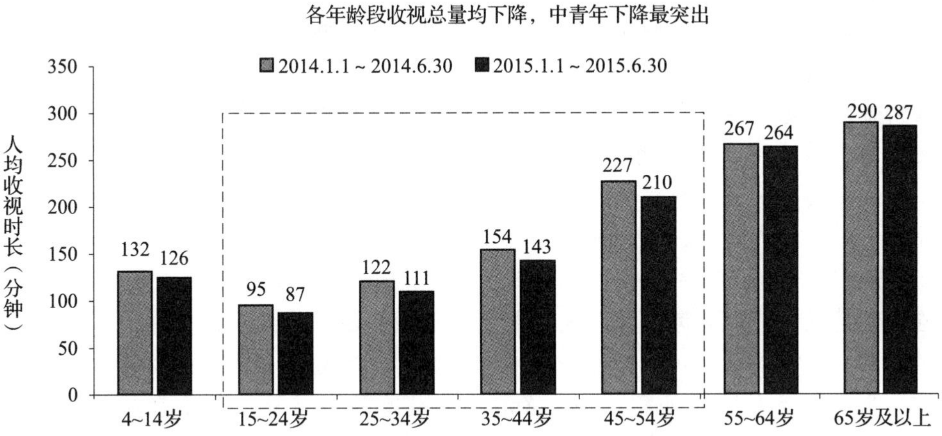

数据来源：CSM 媒介研究

图 4　2014 年与 2015 年上半年不同年龄段观众收视时长对比（71 城市）

但是广播和电视依然是非常重要、非常有影响力的广告平台，原来具有绝对优势，现在变为具有比较优势。在广告市场蛋糕整体没有扩大的情况下，媒体对于广告的争夺就变为了内部的恶性竞争，从而使得收视和广告出现了极化。这种极化就是强势一级的广告靠提升定价、招商招标和广告收入增长的垄断来牺牲弱势一级的增长。2015 年开年以来，地面频道和大部分卫视频道的广告额增长乏力，全国只有 10 个卫视频道的广告额有所增长，剩下的几千个频道面临被广告公司放弃的处境。这些广告额增长的卫视频道已经不再单一做内容和频道，而是在做平台。“好声音”的招标非常可观，“跑男”的招标额达到几个亿，一些频道一年的盈利也达不到某些节目一条广告的盈利，这就是整个市场极化的现象。在这种极化的状态下，广告不得不进行重新配置，频道之间的竞争取决于电视媒体有没有足够的资金维持自身的增长与发展。

整个中国，电视广告市场为1200个亿，卫视频道约占700个亿，地面频道占500个亿，卫视频道的份额由中央电视台和省级卫视切分，各类频道都在分有限的蛋糕，而且主要还是靠传统的竞争模式。在传统模式以外，广电媒体要敢于向版权和产业链要增长，向“互联网+”的新业态要增长。

三、观众、用户变变变

要学会和“互联网+”及其相关的机构打交道、互动，进行生意往来。现在业内都在讲电视台“空壳化”，因为社会机构把原来电视台可控的资源变成了它们可控的资源。例如，某个社会公司给电视台做节目，节目、营销都由社会公司投入、制作，假如一档节目投资1个亿，制作完成并在电视台播出后，制作公司与电视台分账，收入要超过1个亿大家才有钱赚。所以社会节目公司、互动营销机构、广告代理机构、广告视频机构、版权代理机构、社交媒体机构等实际上都是在利用电视台的平台资源去赢利，甚至利用电视台的人才做生意，但是社会机构的盈利部分比电视台留下的部分多，这就是一种媒体生态的转型。在这种转型的情况下，电视台既要和这些机构进行战略合作，又要控制合理的回报，这对电视媒体无疑是一个非常大的挑战。

面对挑战，电视媒体要考虑如何控制以下3个方面的情况：一是观众的分化，怎样留住更有价值的人群，像湖南、上海一样，观众人群不是越来越老，而是向年轻化转变；二是资源的控制，电视媒体资源原本属于电视台，与互联网公司合作后怎样进行利益分享；三是广告的分流，同时还要考虑人才流失问题、资本从电视台流到社会公司的问题，还有组织结构上的一些调整。这些因素使电视媒体市场发生了深刻的变化。

在这种情况下，就要考虑什么是问题的核心？终端就是最大的核心，要尽可能占有更多的用户。现在很多App都处于亏损状态，尽管拥有较大的用户量，但用户并没有付费给它，也没有产生很多回报，这类App尝试到市场去融资。而目前电视台做的很多App实际上用户量很少，这些量都不足以在资本上产生价值，如果赔钱还要做，就要考虑几个方面的问题，其中最重要的是价值测量的问题。

现在，“看电视”已经不是原来意义上的“看电视”了，从CSM媒介研究的角度，从收视率调查或者从传媒价值分析的角度，可以从4个层面来分析电视的收视情况。第一个层面即收视率，已经通过调查得到了电视观众在家中收看电视的收视率（TTV）。现在需要做的就是把手机上、电脑上、其他屏幕上的收视率，特别是与电视有关的视频的收视加以汇总统计，即跨屏多终端的收视（TVV）（第二个层面）。CSM媒介研究还将电视和社交化媒体打通，观众不止在看电视，还在讨论，在放大媒体的社会影响，把这种影响固化成一些现象、一些思考，就是社交化电视（STV）（第三个层面）。电视表现出圈层化、观众族群化、社区化现象，这就契合了消费化的电视，电视不再单纯是看节目和娱乐消费的渠道，它同时还是我们日常消费的入口和平台，这被称为消费连接的电视（CTV）（第四个层面）（图5）。

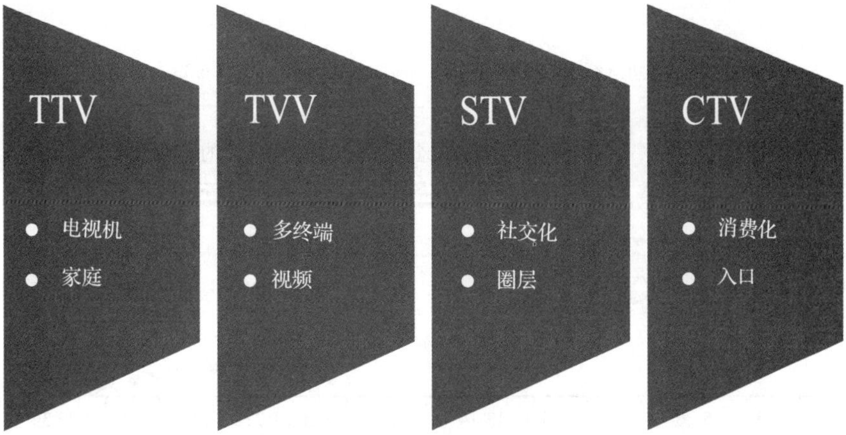

图5　电视价值嬗变路径

观众不等于用户，观众到用户还有一个过程，我们需要找到转换的方式，主要有3个途径。一是减少观众的分流，留住观众。例如电视剧《北平无战事》和《何以笙箫默》，两者都是2015年热播的剧。《北平无战事》的电视收视率很高，但互联网收视率低，因为它不适合互联网的用户群体；《何以笙箫默》在电视上是一个热点，在互联网上更受关注，所以电视台要买《何以笙箫默》。因此，电视媒体一定要跟制片方确定互联网播出的时间，如果同步播出，就有可能面临着极大的观众分流。2015年出现了1.5轮播出，1.5轮意味着提前考虑了互联网分流的影响，如果等电视播完互联网再播二轮，就可以减少对电视观众的分流。这些是电视媒体做传统营销的时候需要考虑的，要事先和竞争对手做好市场机会窗口的切割。

二是变用户为观众，增进回流。观众不是不喜欢看电视，例如阅兵，大部分收视行为都是在电视媒体上实现的，阅兵直播期间看互联网视频的观众还是少数，因为互联网视频不够壮观、画面不够大、清晰度不够，甚至不够流畅，所以一定要看电视。有些节目就具备这样的特性，可以在社交媒体上讨论，但观众还会选择看电视，这就加强了观众的回流。

三是流程再造、价值转换。让观众转化为消费者，例如上海东方卫视的《女神的新装》，实际上是典型的T2O，看电视之后在互联网下单，下单完成之后商家送货上门到线下，完成观众/用户之间的转换。这种转换具有深刻的市场含义，涉及平台优势和内容优势的问题。

四、卫视频道深度洗牌

反观媒介的竞争环境，一方面是与互联网的竞争，一方面是卫视频道之间的竞争，此外还有地面频道之间的竞争。现在卫视频道面临的问题比较突出，第一个问题是政策加之内容市场、资本市场洗牌越来越剧烈。2015年省级卫视普遍面临问题，往年依靠电视剧取得增长的频道，收视普遍下滑；往年季播节目收视好的频道，2015年取得了新的增长（图6）。

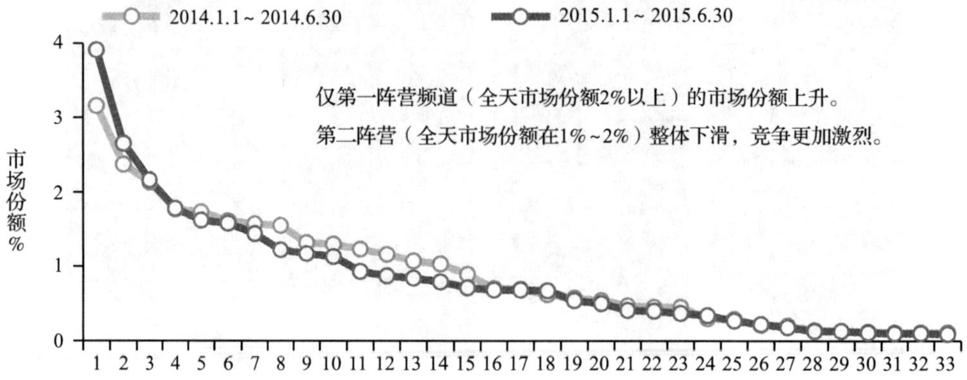

数据来源：CSM 媒介研究

图6　2014 年与 2015 年上半年省级卫视市场份额对比

第二个问题是电视剧的收益问题。2015 年收视率超过 1% 的电视剧没有往年多，这与政策调控有关系。很多电视台在“920 时段”做了新节目，我们按照大致的市场标准来切分，认为新节目在这么好的时段，在全国的整个市场上收视率能达到 0.5% 就算收视表现比较好的节目，但收视率超过 0.5% 的只占了常态新节目的 12%，卫视频道逾三分之一的常态新节目收视率不足 0.1%，对收视拉动贡献有限。多数频道在这期间做的节目都比原来的电视剧回报低很多。

为了弥补收视损失，很多卫视频道都用社会整合的方法整合了更多的节目，每个省级卫视都有若干项目在谈，包括真人秀、季播节目。节目市场会朝季播的方向发展，但是目前季播节目中成功的也非常少。从收视数据看，收视率超过 1% 的是较好节目，2015 年的 200 档节目中，好节目不超过 20～30 档。现在市场认为，一档真人秀的收视率能达到 0.5% 基本上就算没有白做，收视率达到 0.8% 基本上能收支平衡，超过 1% 就实现盈利了。

五、区域电视面对的挑战与机遇

2015 年，区域电视一方面依靠“卫视两集剧”的政策争取收视空间，很多地面频道将电视剧编排为 3 集连播或 4 集连播，一定程度上实现了收视回暖（图 7）。另一方面，地面频道在创新节目方面面临着较大的问题，其娱乐节目敌不过省级卫视，加之现在电视剧市场不景气，地面频道能用于购剧的资金有限，这就使得地面频道定位很难。从收视来看，一般认为测量仪收视数据超过 1% 的节目算比较不错的节目，但收视超过 1% 的节目只占了成百上千新节目的 14%。

全卫视都在追娱乐节目的热潮，地面频道也在考虑这方面的尝试。现在出现了一个新的现象：强势地面频道内部释放综艺节目，用卫视综艺节目的模式、地面节目的投入，把明星换成素人，把一些复杂的环节省略掉，制作地面频道的综艺类节目。现在全

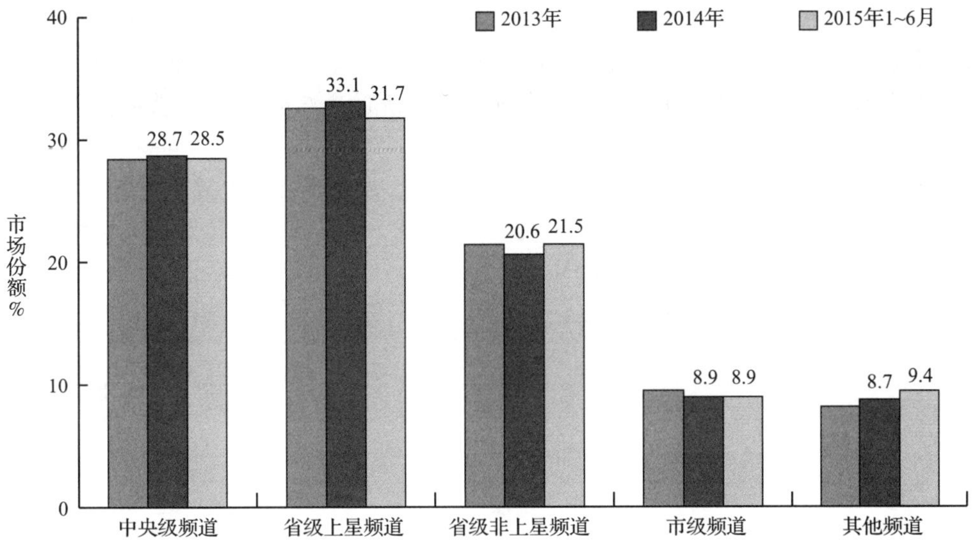

数据来源：CSM 媒介研究

图 7　2013～2015 年各级频道市场份额变化（71 城市）

国都在做闯关类、唱歌类、游戏类节目，这些节目在地面频道内不断孵化。

再回溯到“TV +”。“互联网 +”的背景下，现在地面频道至少有 4 个方面的机会可以考虑。第一是在策略上以变应变。例如“920 时段”的转换影响了市场的总收视率，它对卫视的影响较大，某种程度上卫视损失的收视回到了地面频道。2015 年电视剧编排为 3 集连播的地面频道都完成了转换，没有做 3 集连播编排的地面频道反而受到了负面影响，这就是以变应变。

第二是合纵连横，大致归结为 4 类。第一类是购剧联盟；第二类是联合制片。现在很多城市台联合制片，拍情景剧、电商剧、电视剧、综艺真人秀等，几个台合起来投资便可达到几千万，足以制作一档非常好的季播节目。第三类是广告合营。目前广告合营比较困难，例如全国有九合组织，还有新长江卫视，都以做广告合营为主。第四类是资源互换，业内进行了一些尝试。这些方面归结起来基本可以实现 3 个扩张方向：纵向整合、横向整合、斜向扩张。

第三是用好新媒体营销。实际上这些机遇在某种情况下也是挑战，用不好机遇，这些原本的机遇就会成为导致市场亏损的点。例如现在从中央台、省级卫视到各级地面频道都在做互动营销，现在微信摇电视非常好，摇电视的方法也有很多，从原来最早的二维码到现在的微信，到将来可能有的一些新技术。电视媒体要随着技术水平的提高推动电视入口的建设，打通电视与互联网之间的连接。

第四是产业化扩展，主要是用新媒体技术驱动电视的平台化发展。现在城市广电做得非常好的智慧无锡和无线苏州就在用新媒体去整合电视平台化发展。此外，媒体平台化、观众用户化、O2O 方式业内也都在尝试，每个电视台做法不完全一样。视频网站若要自己做频道，需要做 3 个方面的经营：广告、粉丝经济和电商。那么，电视能不能做这些呢？广告层面肯定能做；至于粉丝经济，每个主持人都有很多的粉丝；电商也能做，已有这样做成功的节目。将来在互联网背景下，各媒体间的竞争实际上没有区别，大部分是在做同样的事情，只不过前进的方向不同，新兴媒体是从互联网向视频这个方向走，传统媒体则是从电视往互联网这个方向走，所以新媒体称之为“互联网 +”，电视媒体称之为“ + 互联网”。

在这样的背景下，最后决定胜负的是终端，那么终端靠什么？靠数据。因为没有数据就不知道终端是谁，不知道终端是谁就没法实现经营和溢价，就无法实现精准营销，所以最后决定成败的是数据营销。CSM 媒介研究愿意为业界提供各种各样的数据，并在数据营销方面提供更好的工具和方法。

（作者：郑维东）

第三部分
Part Three

收视数据 Rating Data

主要收视指标解释与电视节目收视排名规则

一、主要收视指标解释

1. 频道覆盖（入户）率：指一个地区能够接收到该频道的户数占该地区电视家庭总户数的百分比，它是从接收情况来反映某个频道覆盖状况的指标。

2. 人均收视时间：指在一个地区某个时间段内所有电视观众平均每人收看某一频道（或节目）的时间，一般以分钟计算。

3. 收视率：本年鉴中的收视率是个人收视率，指一个地区某个时间段中收看某一频道（或节目）的人数占电视观众总人数的百分比。

4. 市场占有率（或市场份额）：本年鉴中的市场占有率是个人市场占有率，指一个地区某个时间段中收看某一频道（或节目）的人数占该时段收看电视总人数的百分比。

5. 观众构成：指一个地区某个时段收看某一频道（或节目）的观众中各类观众所占的百分比。

6. 各类节目的播出份额：指各类节目的播出时间长度占所有节目类型播出时间长度的百分比。

7. 各类节目的收视份额：指各类节目的收视时间长度占所有节目类型收视时间长度的百分比。

二、电视节目收视排名规则

1. 节目收视排名主要按收视率由高到低排序，若收视率相同，再按市场份额排序，高者排前；如果两项指标都相同，则节目排序号相同。

2. 全国样本城市电视节目收视排名（包括节目其他指标计算）的时间范围为全天，重点市场电视节目收视排名（包括节目其他指标计算）的时间范围为17:00～24:00。

3. 电视节目（栏目）以该节目（栏目）的平均收视率排名，首、重播分开，取最高档参加排名。

4. 对于常态的一次性播出并有多台同时转播的节目，只取收视率最高一档参加排名，如春晚、元宵晚会、“两会”总理记者会等。

5. 除极个别情况外，收视排名不考虑节目名称前的“冠名”。

6. 若电视剧出现多轮播出的情况，按收视率最高的一轮参加电视剧类和所有节目的排名，并标注播出日期；跨年度播出的电视剧，只统计在2015年度内播出集数的平均收视率并参加电视剧类和所有节目的排名，节目名称后标注集数。

7. 体育节目的收视排名规则为：同一体育项目赛事中只选取该项赛事收视率最高一档参加体育类节目的排名和所有节目的总排名，其他体育节目按平均收视率参加排名。

8. 选秀类节目（比赛部分）选取收视率最高一期参加收视排名并标注日期；有些选秀类节目涉及两季播出，则分别计算各季每期平均收视率，选取最高一期代表该季参加排名并标出播出日期；常态类综艺节目（包括季播节目，如果有跨年播出，需注明具体日期范围），计算节目平均收视率并参加排名。

9. 2015年春节联欢晚会的收视率是春节联欢晚会播出期间（2015年2月18日20:00~24:45）的平均收视率。

一、基本收视条件

表 3.1.1　2015 年全国收视调查网视听设备拥有情况

	电视机台数		电视机种类				其他视听设备		
	1 台	2 台及以上	彩色电视机	普通电视机	液晶电视机	等离子电视机	影碟机	智能手机	个人电脑
	%	%	%	%	%	%	%	%	%
全国	69.2	30.8	99.9	59.8	53.4	0.6	27.5	70.6	51.4
城域	72.7	27.3	100.0	47.2	62.2	0.7	24.1	79.0	64.2
乡域	66.7	33.3	99.9	68.6	47.2	0.6	29.9	64.7	42.4

表 3.1.2　2015 年各省级收视调查网视听设备拥有情况

省份	电视机台数		电视机种类				其他视听设备		
	1 台	2 台及以上	彩色电视机	普通电视机	液晶电视机	等离子电视机	影碟机	智能手机	个人电脑
	%	%	%	%	%	%	%	%	%
安徽省	52.7	47.3	100.0	66.9	54.7	0.0	23.8	61.5	44.9
福建省	58.4	41.6	100.0	59.6	58.0	0.0	18.2	71.9	60.9
甘肃省	75.4	24.6	99.8	73.4	36.2	0.6	44.0	64.5	30.8
广东省	79.7	20.3	100.0	48.1	59.4	0.3	34.6	81.0	58.4
广西壮族自治区	85.1	14.9	99.8	56.7	49.8	0.1	30.8	69.5	35.2
贵州省	83.8	16.2	100.0	66.5	43.2	0.3	43.0	48.8	18.0
海南省	81.2	18.8	99.9	53.5	54.2	0.6	31.8	71.9	31.0
河北省	68.0	32.0	99.6	70.6	46.5	0.0	17.7	71.7	57.2
黑龙江省	84.6	15.4	100.0	48.7	57.3	0.2	15.8	67.9	48.0
河南省	58.4	41.6	99.8	71.7	46.4	1.8	29.8	72.0	57.2
湖北省	67.9	32.1	100.0	60.2	56.3	0.2	18.3	69.4	49.4
湖南省	70.6	29.4	99.8	61.4	51.2	1.4	44.2	67.7	38.6
内蒙古自治区	90.5	9.5	100.0	59.7	42.7	0.8	19.9	89.2	43.2
江苏省	42.7	57.3	99.8	65.5	59.9	0.7	26.4	77.3	66.5
江西省	52.6	47.4	100.0	70.7	52.2	0.2	18.5	74.6	54.4
吉林省	84.8	15.2	100.0	45.8	61.4	0.0	16.6	66.3	47.7
辽宁省	77.6	22.4	100.0	56.4	51.9	0.1	22.0	66.9	48.6
宁夏回族自治区	86.1	13.9	100.0	59.0	47.8	0.3	27.0	74.5	36.7
陕西省	73.8	26.2	99.9	66.6	47.3	0.3	39.1	77.6	51.8
山东省	80.9	19.1	99.8	65.0	43.3	0.0	28.2	59.3	55.6
山西省	74.6	25.4	100.0	65.1	47.5	0.1	16.3	77.8	65.7
四川省	67.5	32.5	99.8	62.9	51.0	1.8	40.7	59.8	34.0
新疆维吾尔自治区	96.5	3.5	99.8	49.0	49.0	4.7	21.1	68.3	44.3
云南省	81.4	18.6	99.8	66.1	44.6	0.2	64.8	74.8	28.1
浙江省	42.3	57.7	100.0	61.0	60.9	1.0	16.0	74.4	67.4

表 3.1.3　2015 年各城市收视调查网视听设备拥有情况

城市	电视机台数		电视机种类				其他视听设备		
	1 台	2 台及以上	彩色电视机	普通电视机	液晶电视机	等离子电视机	影碟机	智能手机	个人电脑
	%	%	%	%	%	%	%	%	%
安庆	63.8	36.2	100.0	60.7	57.7	0.6	17.0	74.0	64.4
鞍山	77.1	22.9	99.8	41.9	61.6	0.4	16.0	62.0	67.6
宝鸡	89.8	10.2	100.0	56.6	48.3	0.2	50.4	73.9	74.9
包头	93.6	6.4	100.0	54.0	47.4	0.0	54.6	69.6	67.0
北海	76.7	23.3	100.0	57.9	48.9	1.4	50.6	80.4	70.0
北京	73.4	26.6	100.0	14.9	87.2	1.8	8.5	89.1	88.0
蚌埠	60.6	39.4	100.0	48.2	66.7	0.0	12.1	77.5	69.5
长春	84.8	15.2	100.0	29.4	74.7	0.3	20.5	85.0	74.8
常德	67.3	32.7	100.0	57.4	59.3	0.0	20.7	81.8	55.4
长沙	81.4	18.6	100.0	40.1	65.4	1.2	35.1	89.8	74.8
常熟	22.7	77.3	100.0	50.5	78.7	1.1	30.4	82.5	80.4
常州	31.2	68.8	100.0	53.8	75.6	0.6	28.2	82.3	74.4
潮州	54.2	45.8	99.7	47.7	66.4	0.6	56.9	86.2	74.8
成都	75.1	24.9	99.9	35.7	67.9	1.1	21.7	86.5	71.3
重庆	67.6	32.4	100.0	66.6	47.2	1.0	28.1	56.4	42.7
滁州	56.1	43.9	100.0	59.9	56.7	0.0	14.0	64.1	70.6
大理	77.9	22.1	100.0	55.3	55.6	0.9	65.4	87.3	59.1
大连	88.4	11.6	99.8	36.9	66.8	0.4	25.8	84.3	76.5
丹东	79.2	20.9	100.0	48.5	49.8	0.2	22.1	50.7	65.5
大同	92.7	7.3	100.0	49.2	51.3	1.8	14.8	78.5	71.0
达州	71.5	28.5	100.0	54.5	54.9	1.9	30.5	74.7	51.5
德阳	60.9	39.1	100.0	53.6	62.4	1.7	51.4	78.5	53.5
德州	89.1	10.9	100.0	47.5	58.9	0.0	25.5	75.7	72.9
东莞	86.4	13.6	100.0	58.8	44.8	0.1	19.0	86.4	54.9
佛山	73.9	26.1	100.0	37.6	70.0	2.1	13.6	96.5	76.7
抚顺	86.9	13.1	100.0	49.5	57.2	0.0	39.8	60.0	65.4
福州	45.9	54.1	100.0	49.1	70.1	0.4	3.3	88.7	76.9
赣州	53.1	46.9	100.0	54.3	66.8	0.2	18.7	83.1	71.9
广元	71.9	28.1	100.0	47.4	65.5	0.8	41.4	82.9	67.3
广州	85.6	14.4	99.8	46.5	59.9	0.5	23.6	93.4	69.0
桂林	79.9	20.1	100.0	49.2	53.0	0.4	32.1	82.7	73.3
贵阳	92.0	8.0	100.0	38.2	64.0	0.1	12.5	74.1	51.2
海口	88.2	11.8	100.0	39.7	63.8	1.4	28.8	91.2	63.2
邯郸	80.7	19.3	100.0	56.1	52.7	0.2	9.2	79.3	77.8
杭州	39.8	60.2	100.0	46.8	71.7	4.6	17.7	81.7	76.6
哈尔滨	86.1	13.9	100.0	43.9	61.9	0.1	22.7	83.7	67.6

续表

城市	电视机台数		电视机种类				其他视听设备		
	1台	2台及以上	彩色电视机	普通电视机	液晶电视机	等离子电视机	影碟机	智能手机	个人电脑
	%	%	%	%	%	%	%	%	%
合肥	79.0	21.0	99.8	51.8	54.1	0.4	6.2	75.8	65.7
衡阳	84.7	15.3	100.0	35.0	68.4	1.8	17.1	70.5	61.7
河源	53.9	46.1	100.0	62.5	54.8	0.3	56.5	77.1	77.4
呼和浩特	95.2	4.8	99.9	50.1	48.5	2.3	37.0	84.7	71.1
淮安	51.2	48.9	100.0	70.3	51.4	0.0	37.9	75.1	76.6
惠州	81.6	18.4	100.0	34.1	67.5	0.2	19.7	92.5	70.8
湖州	31.5	68.5	100.0	52.6	68.7	0.8	23.8	87.9	78.6
江门	66.8	33.2	100.0	43.8	65.8	0.9	26.6	91.7	79.6
嘉兴	36.8	63.2	100.0	71.9	52.0	0.3	36.7	73.5	80.7
吉林	85.4	14.6	100.0	55.6	50.4	0.6	22.2	66.3	55.9
济南	79.5	20.5	100.0	47.6	60.9	0.0	33.7	71.7	73.9
荆门	66.6	33.4	100.0	54.8	58.9	0.0	30.8	83.8	64.0
荆州	67.7	32.3	100.0	52.1	61.1	0.0	28.8	79.2	66.9
金华	47.2	52.8	100.0	66.1	57.5	1.0	1.8	72.0	65.5
锦州	85.6	14.4	99.8	52.9	52.2	0.0	24.6	70.5	57.4
济宁	88.5	11.5	100.0	56.3	49.8	0.4	16.2	76.1	71.6
九江	57.1	42.9	100.0	55.4	58.3	1.0	31.5	74.7	77.4
昆明	87.5	12.5	100.0	45.6	60.1	0.9	43.4	83.9	55.8
兰州	88.6	11.4	99.9	46.8	56.9	1.3	36.8	87.4	65.0
乐山	61.7	38.3	100.0	41.4	75.2	1.8	45.4	80.5	60.8
拉萨	58.9	41.1	99.1	67.0	56.5	0.0	73.5	94.2	12.9
连云港	52.2	47.8	100.0	70.1	49.3	0.0	37.9	73.3	72.2
丽水	39.0	61.0	100.0	62.6	61.3	0.3	39.1	73.7	69.6
龙岩	58.6	41.4	100.0	72.9	40.5	0.7	44.6	69.7	59.3
柳州	86.2	13.8	100.0	42.7	62.6	0.2	54.8	86.7	75.6
洛阳	87.1	12.9	100.0	38.5	67.6	0.4	27.3	84.2	78.9
泸州	62.6	37.4	100.0	58.5	57.4	0.0	41.5	64.0	32.5
眉山	62.5	37.5	100.0	71.3	44.9	0.2	45.6	47.7	35.1
绵阳	67.3	32.7	100.0	48.7	65.1	1.6	62.7	67.8	61.0
牡丹江	87.3	12.7	100.0	59.6	44.2	0.0	24.8	61.4	61.7
南昌	56.2	43.8	99.9	51.1	63.6	0.5	10.3	80.3	66.5
南充	75.3	24.7	99.8	73.2	33.0	0.0	36.2	54.8	47.0
梅州	59.8	40.2	100.0	51.5	57.3	0.1	25.6	79.7	66.6
南京	45.2	54.8	100.0	48.7	70.2	0.7	38.6	81.2	77.2
南宁	84.2	15.8	100.0	33.6	70.8	0.8	27.6	88.5	65.6
南阳	65.7	34.3	100.0	80.2	35.7	0.0	48.3	59.9	52.6

续表

城市	电视机台数		电视机种类				其他视听设备		
	1台	2台及以上	彩色电视机	普通电视机	液晶电视机	等离子电视机	影碟机	智能手机	个人电脑
	%	%	%	%	%	%	%	%	%
宁波	34.8	65.2	100.0	49.8	74.0	0.3	4.9	81.0	75.6
南通	39.3	60.7	100.0	56.3	68.6	2.3	27.6	79.1	77.1
平顶山	78.8	21.2	100.0	59.2	50.4	0.0	41.3	79.2	77.2
青岛	91.1	8.9	100.0	35.7	67.2	0.1	12.1	77.3	72.6
清远	82.4	17.6	100.0	54.9	50.5	0.2	34.1	84.8	58.8
秦皇岛	86.1	13.9	100.0	47.3	56.2	1.1	23.2	70.9	74.8
泉州	77.9	22.1	100.0	55.9	49.0	0.0	23.7	90.9	75.2
衢州	47.4	52.6	99.9	65.0	50.7	0.7	26.3	73.8	72.5
三亚	77.6	22.4	100.0	39.3	69.4	0.2	33.5	95.2	44.6
上海	45.0	55.0	100.0	32.1	76.8	0.5	29.1	81.2	77.6
汕头	72.9	27.1	100.0	52.0	54.7	0.0	39.6	87.3	61.8
汕尾	72.4	27.6	100.0	51.4	57.9	0.5	41.7	90.5	53.6
韶关	79.5	20.5	100.0	36.7	65.5	0.8	23.9	96.7	61.8
绍兴	38.4	61.6	100.0	60.8	67.2	1.0	4.3	71.0	75.4
沈阳	81.9	18.1	100.0	47.8	59.6	0.0	23.2	83.3	59.7
深圳	93.7	6.3	100.0	27.9	72.0	0.2	3.9	98.1	85.3
石家庄	86.4	13.6	100.0	40.1	64.1	0.3	7.9	88.0	82.0
遂宁	68.4	31.6	99.8	56.9	53.6	0.4	33.4	68.0	38.5
苏州	44.6	55.4	100.0	48.3	72.0	0.4	17.6	85.5	80.0
泰安	82.4	17.7	100.0	50.6	55.2	0.0	40.4	63.0	74.9
太原	84.9	15.1	100.0	41.6	64.8	0.2	21.0	88.6	82.8
泰州	33.2	66.8	100.0	83.6	43.9	0.2	21.6	62.9	66.3
台州	38.2	61.8	100.0	70.8	55.1	0.6	19.2	71.3	69.1
唐山	80.9	19.1	99.8	28.8	78.3	0.7	6.5	77.9	78.3
天津	77.8	22.2	100.0	36.0	71.6	0.5	35.4	84.7	77.5
铜陵	75.6	24.4	99.8	55.2	45.7	0.3	5.4	45.5	58.8
乌鲁木齐	98.0	2.0	100.0	28.0	71.5	0.8	29.0	86.6	60.1
潍坊	92.4	7.6	100.0	48.5	54.1	0.3	23.7	72.9	68.8
威海	78.6	21.4	100.0	40.0	67.0	1.3	28.7	79.7	75.4
温州	32.4	67.6	100.0	14.3	88.3	4.2	21.7	93.2	88.0
武汉	72.0	28.0	100.0	40.6	67.8	0.3	8.2	80.9	69.9
芜湖	45.5	54.5	100.0	50.1	66.3	0.4	23.5	72.3	62.1
无锡	37.3	62.7	99.8	54.1	68.3	1.1	36.6	82.4	74.5
西安	85.0	15.0	100.0	43.3	61.4	0.9	13.0	91.8	72.1
襄阳	81.5	18.5	100.0	46.8	59.9	0.0	22.5	84.2	71.0
厦门	74.0	26.0	100.0	36.8	71.5	0.1	23.0	85.3	79.6

续表

城市	电视机台数		电视机种类				其他视听设备		
	1台	2台及以上	彩色电视机	普通电视机	液晶电视机	等离子电视机	影碟机	智能手机	个人电脑
	%	%	%	%	%	%	%	%	%
西宁	97.2	2.8	100.0	33.1	67.9	0.0	48.3	86.7	67.9
盐城	37.5	62.5	100.0	72.8	63.4	0.2	61.7	72.6	66.2
阳江	76.7	23.3	100.0	53.5	52.2	0.3	41.6	84.2	60.9
扬州	34.3	65.7	100.0	47.0	74.5	0.2	27.7	86.3	81.2
宜宾	63.8	36.2	100.0	58.7	55.7	0.8	41.1	63.6	45.6
徐州	69.1	30.9	100.0	52.7	59.6	0.4	32.7	86.2	80.5
宜昌	80.4	19.6	100.0	42.2	63.6	0.6	3.5	82.1	71.1
宜春	63.3	36.7	100.0	66.4	52.6	0.0	34.9	75.3	45.9
营口	74.2	25.9	100.0	61.1	45.2	0.5	29.0	58.6	56.1
烟台	84.5	15.5	99.8	42.7	62.5	0.3	27.0	76.4	69.0
永济	53.0	47.0	99.9	77.3	45.1	0.0	38.0	76.0	77.5
岳阳	76.6	23.4	99.5	45.8	61.0	0.0	24.0	78.0	59.2
玉林	75.2	24.8	99.8	71.8	37.9	0.0	43.3	61.6	42.1
银川	97.3	2.7	100.0	34.1	66.2	0.6	28.6	89.0	68.8
漳州	83.2	16.8	100.0	42.4	62.4	0.2	31.0	75.5	70.7
湛江	82.5	17.5	100.0	45.1	62.9	0.3	53.3	78.4	57.2
肇庆	77.9	22.1	100.0	46.5	59.0	1.7	23.3	89.5	71.7
郑州	74.9	25.1	100.0	40.4	69.4	0.1	23.1	88.0	81.5
镇江	38.7	61.3	100.0	55.3	67.8	0.8	37.0	86.6	84.0
中山	68.7	31.3	100.0	45.5	61.3	0.3	22.0	93.7	70.6
舟山	34.8	65.2	100.0	66.8	60.9	0.2	5.2	65.9	62.8
珠海	83.9	16.1	100.0	39.0	62.6	0.8	30.2	97.4	80.5
株洲	82.3	17.7	100.0	39.1	67.3	0.2	35.2	85.3	69.5
淄博	90.5	9.5	99.7	46.8	55.8	0.7	26.9	57.6	67.5
遵义	84.5	15.5	100.0	56.2	50.9	0.3	51.3	73.5	59.4

表 3.1.4 2015 年全国收视调查网电视信号接收方式

	省、市有线用户比例	可收看卫星电视用户比例	可收看卫星电视的非有线用户比例	其他
	%	%	%	%
全国	54.4	86.1	31.7	14.0
城域	68.3	87.5	19.2	12.5
乡域	44.7	85.0	40.4	15.0

表 3.1.5　2015 年各省级收视调查网电视信号接收方式

省份	省、市有线用户比例	可收看卫星电视用户比例	可收看卫星电视的非有线用户比例	其他
	%	%	%	%
安徽省	92.3	92.3	92.3	7.7
福建省	76.5	97.3	20.8	2.7
甘肃省	26.2	98.6	72.4	1.4
广东省	80.8	94.0	13.2	6.0
广西壮族自治区	40.5	98.6	58.1	1.4
贵州省	27.6	97.7	70.1	2.3
海南省	49.8	96.2	46.4	3.8
河北省	47.3	96.1	48.8	3.9
黑龙江省	83.2	98.2	15.0	1.8
河南省	35.7	94.9	59.2	5.1
湖北省	64.3	96.7	32.4	3.3
湖南省	52.5	98.0	45.5	2.0
内蒙古自治区	51.5	97.0	45.5	3.0
江苏省	89.4	97.0	7.6	3.0
江西省	72.5	98.3	25.8	1.7
吉林省	81.9	97.6	15.7	2.4
辽宁省	81.3	96.2	14.9	3.8
宁夏回族自治区	80.0	98.7	18.7	1.3
陕西省	52.5	96.1	43.6	3.9
山东省	57.7	97.1	39.4	2.9
山西省	55.6	98.7	43.1	1.3
四川省	61.7	96.8	35.1	3.2
新疆维吾尔自治区	97.3	100.0	2.7	0.0
云南省	47.0	97.8	50.8	2.2
浙江省	87.6	98.0	10.4	2.0

表 3.1.6　2015 年各城市收视调查网电视信号接收方式

城市	省、市有线用户比例	可收看卫星电视用户比例	可收看卫星电视的非有线用户比例	其他
	%	%	%	%
安庆	40.6	96.8	56.2	3.2
鞍山	96.1	97.9	1.8	2.1
宝鸡	79.6	92.5	12.9	7.5
包头	67.9	88.5	20.6	11.5
北海	60.2	91.1	30.9	8.9
北京	98.7	99.1	0.4	0.9

续表

城市	省、市有线用户比例	可收看卫星电视用户比例	可收看卫星电视的非有线用户比例	其他
	%	%	%	%
蚌埠	74.9	97.9	23.0	2.1
长春	88.4	95.1	6.7	4.9
常德	83.9	89.4	5.5	10.6
长沙	89.0	92.8	3.8	7.2
常熟	97.9	99.5	1.6	0.5
常州	96.9	99.5	2.6	0.5
潮州	98.1	99.4	1.3	0.6
成都	93.7	98.1	4.4	1.9
重庆	75.8	98.8	22.9	1.2
滁州	54.7	94.7	40.0	5.3
大理	83.3	96.2	12.9	3.8
大连	96.4	99.1	2.7	0.9
丹东	85.8	99.6	13.8	0.4
大同	47.6	93.5	45.9	6.5
达州	83.6	99.6	16.0	0.4
德阳	59.0	95.6	36.6	4.4
德州	83.5	91.4	7.9	8.6
东莞	65.8	96.6	30.8	3.4
佛山	91.5	98.6	7.1	1.4
抚顺	90.6	99.8	9.2	0.2
福州	97.9	98.6	0.7	1.4
赣州	65.9	97.9	32.0	2.1
广元	86.6	97.3	10.7	2.7
广州	95.4	96.5	1.1	3.5
桂林	94.6	99.2	4.7	0.8
贵阳	84.5	96.0	11.5	4.0
海口	86.3	95.5	9.2	4.5
邯郸	72.0	97.9	25.9	2.1
杭州	96.3	99.8	3.5	0.2
哈尔滨	85.9	95.0	9.1	5.0
合肥	55.3	91.8	36.5	8.2
衡阳	92.0	98.4	6.4	1.6
河源	97.9	99.9	2.0	0.1
呼和浩特	66.3	91.0	24.7	9.0
淮安	86.6	96.7	10.1	3.3
惠州	87.7	99.6	11.9	0.4
湖州	93.9	98.2	4.3	1.8

续表

城市	省、市有线用户比例	可收看卫星电视用户比例	可收看卫星电视的非有线用户比例	其他
	%	%	%	%
江门	97.8	99.4	1.6	0.6
嘉兴	97.4	98.8	1.4	1.2
吉林	81.7	94.8	13.1	5.3
济南	81.5	90.6	9.1	9.4
荆门	64.1	96.4	32.3	3.6
荆州	84.1	95.6	11.5	4.4
金华	99.2	100.0	0.8	0.0
锦州	94.9	98.1	3.2	1.9
济宁	73.1	91.4	18.3	8.6
九江	91.6	98.4	6.8	1.6
昆明	94.1	98.5	4.4	1.5
兰州	81.8	97.0	15.2	3.0
乐山	87.8	98.2	10.4	1.8
拉萨	65.9	98.3	32.4	1.7
连云港	76.4	94.2	17.8	5.8
丽水	89.5	99.2	9.6	0.8
龙岩	78.7	99.1	20.4	0.9
柳州	65.1	93.2	28.1	6.8
洛阳	70.6	94.4	23.8	5.6
泸州	44.3	97.3	53.0	2.7
眉山	49.6	97.3	47.6	2.7
绵阳	86.9	99.5	12.7	0.5
牡丹江	89.4	96.6	7.2	3.5
南昌	85.1	94.1	9.0	5.9
南充	78.2	96.5	18.4	3.5
梅州	84.2	100.0	15.8	0.0
南京	96.2	98.4	2.2	1.6
南宁	77.1	95.1	18.0	4.9
南阳	52.3	90.7	38.4	9.3
宁波	95.8	97.0	1.2	3.0
南通	97.0	99.7	2.7	0.3
平顶山	75.5	97.1	21.6	2.9
青岛	93.1	96.2	3.1	3.8
清远	85.8	95.6	9.8	4.4
秦皇岛	86.8	95.8	9.0	4.2
泉州	83.7	97.1	13.4	2.9
衢州	89.0	98.1	9.1	1.9

续表

城市	省、市有线用户比例	可收看卫星电视用户比例	可收看卫星电视的非有线用户比例	其他
	%	%	%	%
三亚	50.9	98.5	47.6	1.5
上海	98.7	98.8	0.1	1.2
汕头	80.9	95.1	14.2	4.9
汕尾	92.1	97.7	5.6	2.3
韶关	90.0	99.2	9.2	0.8
绍兴	100.0	100.0	0.0	0.0
沈阳	82.8	94.8	12.0	5.2
深圳	89.4	96.2	6.8	3.8
石家庄	76.9	89.4	12.5	10.6
遂宁	63.2	98.2	35.0	1.8
苏州	98.8	99.2	0.4	0.8
泰安	69.4	79.0	9.6	21.0
太原	92.1	97.7	5.6	2.3
泰州	94.5	98.3	3.8	1.7
台州	88.2	99.4	11.2	0.6
唐山	86.4	98.4	12.0	1.6
天津	90.4	98.8	8.4	1.2
铜陵	44.2	97.9	53.7	2.1
乌鲁木齐	94.2	100.0	5.8	0.0
潍坊	75.4	91.1	15.7	8.9
威海	92.6	94.0	1.4	6.0
温州	95.6	98.2	2.6	1.8
武汉	85.8	94.9	9.1	5.1
芜湖	64.5	97.7	33.2	2.3
无锡	91.9	94.8	2.9	5.2
西安	87.3	96.1	8.8	3.9
襄阳	65.8	96.5	30.7	3.5
厦门	94.6	98.6	4.0	1.4
西宁	92.7	97.4	4.7	2.6
盐城	86.6	95.5	8.9	4.5
阳江	90.2	93.2	3.0	6.8
扬州	96.8	98.7	1.9	1.3
宜宾	60.8	95.4	34.6	4.6
徐州	84.0	94.3	10.3	5.7
宜昌	63.2	94.1	30.9	5.9
宜春	57.5	98.9	41.4	1.1
营口	88.9	96.6	7.7	3.4

续表

城市	省、市有线用户比例	可收看卫星电视用户比例	可收看卫星电视的非有线用户比例	其他
	%	%	%	%
烟台	88.7	97.5	8.8	2.5
永济	45.4	100.0	54.6	0.0
岳阳	80.4	97.8	17.4	2.2
玉林	34.6	86.0	51.4	14.0
银川	85.8	97.2	11.4	2.8
漳州	85.1	98.7	13.6	1.3
湛江	87.1	99.4	12.3	0.6
肇庆	95.3	100.0	4.7	0.0
郑州	83.8	96.9	13.1	3.1
镇江	94.8	96.9	2.1	3.1
中山	93.9	99.1	5.2	0.9
舟山	96.9	99.7	2.8	0.3
珠海	91.9	97.6	5.7	2.4
株洲	95.8	98.4	2.6	1.6
淄博	80.1	98.9	18.8	1.1
遵义	72.5	97.8	25.3	2.2

表 3.1.7　2015 年全国收视调查网卫视频道入户覆盖率排名前 20 位

排名	全国		城域		乡域	
	频道	覆盖率(%)	频道	覆盖率(%)	频道	覆盖率(%)
1	中央台七套	93.0	中央电视台综合频道	95.0	中央台七套	93.4
2	湖南卫视	91.4	中央台七套	92.6	湖南卫视	91.9
3	中央电视台综合频道	91.3	湖南卫视	90.6	安徽卫视	88.8
4	安徽卫视	89.4	安徽卫视	90.2	中央电视台综合频道	88.7
5	中央电视台新闻频道	88.0	中央电视台新闻频道	89.8	中央电视台新闻频道	86.8
6	中央台二套	86.3	四川卫视	88.5	中央台二套	85.0
7	四川卫视	86.0	中央台二套	88.1	四川卫视	84.2
8	中央电视台少儿频道	85.3	中央电视台少儿频道	87.9	重庆卫视	83.5
9	重庆卫视	84.2	北京卫视	86.9	中央电视台少儿频道	83.4
10	浙江卫视	84.2	浙江卫视	86.8	浙江卫视	82.4
11	北京卫视	83.6	山东卫视	85.7	中央台十二套	82.0
12	中央台十套	83.4	中央台十套	85.5	中央台十套	81.9
13	山东卫视	83.3	江苏卫视	85.3	山东卫视	81.6
14	中央台十二套	82.9	重庆卫视	85.3	北京卫视	81.3
15	江苏卫视	81.3	湖北卫视	85.0	天津卫视	78.8
16	天津卫视	81.3	天津卫视	85.0	中央台十一套	78.6
17	湖北卫视	81.1	中央台四套	85.0	江苏卫视	78.6
18	中央台四套	81.1	中央台十二套	84.2	湖北卫视	78.3
19	中央台十一套	80.7	中央台十一套	83.6	中央台四套	78.3
20	上海东方卫视	80.4	上海东方卫视	83.5	上海东方卫视	78.1

表 3.1.8 2015 年全国收视调查网电视频道接收情况

	平均每户可接收的频道个数
全国	68
城域	77
乡域	61

表 3.1.9 2015 年各省级收视调查网电视频道接收情况

省份	平均每户可接收到的频道个数
安徽省	46
福建省	71
甘肃省	61
广东省	69
广西壮族自治区	53
贵州省	55
海南省	58
河北省	67
黑龙江省	81
河南省	56
湖北省	70
湖南省	54
内蒙古自治区	56
江苏省	73
江西省	67
吉林省	66
辽宁省	75
宁夏回族自治区	67
陕西省	63
山东省	67
山西省	56
四川省	75
新疆维吾尔自治区	60
云南省	70
浙江省	76

表 3.1.10　2015 年各城市收视调查网电视频道接收情况

城市	平均每户可接收频道个数
安庆	62
鞍山	94
宝鸡	78
包头	79
北海	56
北京	149
蚌埠	66
长春	75
常德	62
长沙	78
常熟	76
常州	76
潮州	67
成都	87
重庆	56
滁州	64
大理	106
大连	69
丹东	85
大同	67
达州	88
德阳	55
德州	98
东莞	52
佛山	77
抚顺	91
福州	96
赣州	66
广元	105
广州	77
桂林	67
贵阳	67
海口	71
邯郸	85
杭州	92
哈尔滨	77
合肥	71
衡阳	89
河源	61

续表

城市	平均每户可接收频道个数
呼和浩特	82
淮安	71
惠州	72
湖州	65
江门	58
嘉兴	71
吉林	64
济南	89
荆门	81
荆州	82
金华	94
锦州	101
济宁	79
九江	88
昆明	65
兰州	82
乐山	99
拉萨	56
连云港	74
丽水	79
龙岩	61
柳州	65
洛阳	86
泸州	69
眉山	62
绵阳	89
牡丹江	79
南昌	74
南充	58
梅州	67
南京	89
南宁	69
南阳	48
宁波	83
南通	68
平顶山	86
青岛	97
清远	63
秦皇岛	89

续表

城市	平均每户可接收频道个数
泉州	73
衢州	74
三亚	64
上海	89
汕头	62
汕尾	68
韶关	69
绍兴	78
沈阳	74
深圳	84
石家庄	99
遂宁	83
苏州	67
泰安	82
太原	80
泰州	82
台州	84
唐山	95
天津	97
铜陵	48
乌鲁木齐	70
潍坊	75
威海	73
温州	79
武汉	78
芜湖	68
无锡	76
西安	73
襄阳	66
厦门	71
西宁	78
盐城	62
阳江	63
扬州	77
宜宾	84
徐州	59
宜昌	68
宜春	60
营口	85

续表

城市	平均每户可接收频道个数
烟台	87
永济	71
岳阳	72
玉林	49
银川	84
漳州	70
湛江	74
肇庆	67
郑州	106
镇江	72
中山	72
舟山	66
珠海	70
株洲	73
淄博	74
遵义	83

二、全国收视数据

表 3.2.1　2011～2015 年全国样本城市及各城市收视调查网人均收视时间(分钟)

城市	2011 年	2012 年	2013 年	2014 年	2015 年
全国	166	169	165	161	156
安庆	157	145	128	127	121
鞍山	*	*	163	170	170
安阳	152	147	*	*	*
保定	*	170	166	154	*
宝鸡	161	165	165	160	138
包头	158	159	176	162	171
北海	138	128	134	107	122
北京(M)	201	198	194	190	180
蚌埠	158	150	150	147	121
滨州	143	166	175	153	*
长春(M)	177	179	167	156	155
常德(M)	140	161	145	154	146
长沙(M)	176	190	185	189	183
常熟	122	121	*	*	*
常熟(M)	*	*	*	115	113
常州(M)	134	133	134	121	133
潮州(M)	155	159	176	165	160
承德	179	159	148	141	*
成都(M)	181	192	195	202	198
重庆(M)	161	172	167	167	176
滁州	131	124	126	105	102
大理	145	137	147	135	139
大连(M)	180	184	185	179	180
丹东	194	183	183	158	172
大同	156	157	160	169	157
达州	174	182	158	172	179
德阳	147	133	137	145	142
德州(M)	150	153	145	149	150
东莞(M)	139	141	137	130	132
佛山(M)	140	141	145	139	145
抚顺(M)	196	203	212	219	212
阜阳	139	131	124	137	*
福州(M)	144	159	148	134	119
赣州	139	130	*	*	*
赣州(M)	*	*	130	130	127
广元(M)	156	172	164	166	164
广州(M)	160	159	151	141	140
桂林	142	149	138	131	129
贵阳(M)	215	240	248	236	237

续表

城市	2011 年	2012 年	2013 年	2014 年	2015 年
海口(M)	132	135	135	134	133
邯郸	188	170	184	174	163
杭州(M)	215	205	210	186	171
哈尔滨(M)	196	204	193	187	185
合肥(M)	152	162	155	151	144
衡阳(M)	163	160	154	164	168
河源	146	129	124	128	125
菏泽	106	116	113	*	*
呼和浩特(M)	161	175	166	156	149
淮安	148	138	130	105	99
惠州(M)	153	148	136	138	129
湖州(M)	145	143	145	135	123
江门(M)	149	155	149	138	127
江阴(M)	112	110	116	121	120
嘉兴	123	114	103	108	106
揭阳	155	161	154	116	122
吉林市	152	153	148	138	122
济南(M)	189	202	205	209	209
荆门(M)	157	139	137	129	125
荆州(M)	132	139	137	132	133
金华	157	148	142	144	129
锦州(M)	185	181	175	175	167
济宁	141	136	*	*	*
济宁(M)	*	*	160	164	154
晋城	171	166	165	*	*
九江	148	138	124	127	122
昆明(M)	183	179	166	168	167
昆山	124	137	121	*	*
莱芜	145	162	155	142	*
兰州(M)	173	167	174	167	156
乐山	153	155	155	150	134
拉萨	155	165	155	150	122
连云港	134	146	142	131	116
丽水	123	132	139	124	121
临汾	175	170	159	*	*
临沂	150	158	152	158	*
龙岩	*	*	*	108	107
柳州	155	136	*	*	*
柳州(M)	*	*	169	163	158
洛阳(新)	140	120	121	114	102
泸州	156	152	146	146	127
茂名(M)	132	129	126	121	125
眉山	127	140	138	143	129
梅州	102	110	106	98	*

续表

城市	2011 年	2012 年	2013 年	2014 年	2015 年
梅州(M)	*	*	*	*	142
绵阳	166	155	148	160	137
牡丹江	201	180	169	158	155
南昌(M)	198	199	186	169	167
南充	168	156	118	146	135
南京(M)	216	213	193	187	161
南宁(M)	158	158	156	150	148
南阳	135	133	125	133	132
宁波(M)	133	129	124	127	123
南通	136	127	121	*	*
南通(M)	*	*	*	123	104
攀枝花	178	177	149	143	*
平顶山	173	155	155	146	126
青岛(M)	188	197	197	187	188
清远	156	150	162	145	138
秦皇岛	150	159	157	151	152
泉州(新)	118	109	94	90	98
衢州	141	164	160	128	120
三亚(M)	129	125	126	123	111
上海(M)	179	179	174	163	164
上海浦东	*	141	124	129	125
汕头(M)	175	175	169	160	160
汕尾	176	153	142	134	123
韶关(M)	181	187	177	167	161
绍兴	124	123	128	120	99
沈阳(M)	195	208	204	214	211
深圳(M)	129	134	134	129	122
深圳蛇口	158	136	116	105	*
石家庄(M)	161	175	170	155	153
十堰(M)	173	*	*	*	*
遂宁	159	154	161	171	140
宿迁	119	*	*	*	*
苏州(M)	143	140	130	124	116
泰安	178	172	159	146	139
太原(M)	176	180	181	178	169
泰州	140	132	134	125	115
台州	137	142	139	127	110
唐山	173	*	*	*	*
唐山(M)	*	178	162	157	167
天津(城)(M)	225	238	231	223	192
铜陵	*	108	105	111	107
乌鲁木齐	152	*	*	*	*
乌鲁木齐(M)	*	174	164	161	161
潍坊(M)	173	173	172	168	169

续表

城市	2011 年	2012 年	2013 年	2014 年	2015 年
威海	132	135	130	115	113
渭南	142	139	146	*	*
温州(M)	161	169	157	139	132
武汉(M)	179	191	196	201	202
芜湖	137	131	121	130	106
无锡(M)	135	134	129	133	118
梧州	152	151	171	*	*
西安(M)	178	175	171	167	156
襄阳(襄樊)	170	167	162	157	148
厦门	142	120	*	*	*
厦门(M)	*	*	128	120	117
湘潭(M)	159	160	145	147	*
西宁	175	*	*	*	*
西宁(M)	*	182	169	165	163
盐城(M)	144	151	144	134	132
阳江	134	135	134	137	112
西昌	*	*	*	*	107
扬州	155	*	*	*	*
扬州(M)	*	126	140	134	117
宜宾	139	121	133	138	122
徐州	135	141	150	*	*
徐州(M)	*	*	*	164	148
宜昌(M)	158	153	147	150	144
宜春	155	165	157	132	127
营口	158	152	131	134	143
烟台	157	156	*	*	*
烟台(M)	*	*	172	168	159
永济	171	164	148	148	127
岳阳	163	154	138	128	116
玉林	152	163	165	142	133
银川	177	190	182	*	*
银川(M)	*	*	*	171	159
宜兴	113	*	*	*	*
益阳	165	*	*	*	*
云浮	178	181	176	*	*
张家港	114	112	114	*	*
漳州	144	137	136	123	126
湛江(M)	143	143	141	128	116
肇庆(M)	163	161	150	151	160
郑州(M)	163	153	144	141	144
镇江(M)	181	186	183	178	161
中山(M)	141	141	132	128	121
舟山	122	127	117	115	116
珠海(M)	145	143	146	135	131

续表

城市	2011 年	2012 年	2013 年	2014 年	2015 年
株洲(M)	136	148	134	150	148
淄博	151	152	146	124	128
自贡(城区)	149	147	126	*	*
资阳	145	137	138	137	*
遵义	143	141	163	155	142

注:

(1)全国:2011 年包括 150 个样本城市,2012 年包括 154 个样本城市,2013 年包括 150 个样本城市,2014 年包括 143 个样本城市,2015 年包括 133 个样本城市。

(2)标有(M)的城市为采用测量仪调查城市。

(3)*表示没有数据。

(4)呼和浩特自 2011 年 4 月 1 日采用测量仪方式调查,本表中呼和浩特(M)2011 年人均收视分钟数为 2011 年 4~12 月测量仪数据计算结果。

(5)潍坊自 2011 年 7 月 1 日采用测量仪方式调查,本表中潍坊(M)2011 年人均收视分钟数为 2011 年 7~12 月测量仪数据计算结果。

(6)滨州自 2011 年 7 月 1 日开始日记卡方式调查,本表中滨州 2011 年人均收视分钟数为 2011 年 7~12 月日记卡数据计算结果。

(7)莱芜自 2011 年 7 月 1 日开始日记卡方式调查,本表中莱芜 2011 年人均收视分钟数为 2011 年 7~12 月日记卡数据计算结果。

(8)扬州自 2011 年 11 月 1 日停止日记卡方式调查,本表中扬州 2011 年人均收视分钟数为 2011 年 1~10 月日记卡数据计算结果。

(9)铜陵自 2012 年 3 月 1 日开始日记卡方式调查,本表中铜陵 2012 年人均收视分钟数为 2012 年 3~12 月日记卡数据计算结果。

(10)上海浦东自 2012 年 12 月 1 日开始日记卡方式调查,本表中上海浦东 2012 年人均收视分钟数为 2012 年 12 月日记卡数据计算结果。

(11)赣州、济宁自 2013 年 7 月 1 日采用测量仪方式调查,本表中赣州(M)、济宁(M)2013 年人均收视分钟数为 2013 年 7~12 月数据计算结果。

(12)龙岩自 2014 年 7 月 1 日开始日记卡方式调查,本表中龙岩 2014 年人均收视分钟数为 2014 年 7~12 月日记卡数据计算结果。

(13)深圳蛇口自 2014 年 2 月 1 日停止日记卡方式调查,本表中深圳蛇口 2014 年人均收视分钟数为 2014 年 1 月日记卡数据计算结果。

(14)梅州自 2014 年 10 月 1 日停止日记卡方式调查,本表中梅州 2014 年人均收视分钟数为 2014 年 1~9 月日记卡数据计算结果。

(15)西昌自 2015 年 7 月 1 日开始日记卡方式调查,本表中西昌 2015 年人均收视分钟数为 2015 年 7~12 月日记卡数据计算结果。

(16)江阴(M)自 2015 年 5 月 1 日停止测量仪方式调查,本表中江阴(M)2015 年人均收视分钟数为 2015 年 1~4 月测量仪数据计算结果。

(17)茂名(M)自 2015 年 8 月 1 日停止测量仪方式调查,本表中茂名(M)2015 年人均收视分钟数为 2015 年 1~7 月测量仪数据计算结果。

(18)揭阳自 2015 年 10 月 1 日停止日记卡方式调查,本表中揭阳 2015 年人均收视分钟数为 2015 年 1~9 月日记卡数据计算结果。

表 3.2.2 2011 ~2015 年各省级收视调查网人均收视时间(分钟)

省份	目标观众	2011 年	2012 年	2013 年	2014 年	2015 年
安徽	4 岁及以上所有人	138	132	125	118	106
	城市	141	126	125	117	111
	农村	137	135	126	119	103
福建(M)	4 岁及以上所有人	173	184	175	164	162
	城市	133	142	138	123	117
	农村	190	202	192	185	185
甘肃	4 岁及以上所有人	132	131	127	113	107
	城市	147	145	145	138	133
	农村	126	125	120	100	93
广东(M)	4 岁及以上所有人	150	152	149	142	138
	城市	156	150	143	133	126
	农村	144	154	157	154	155
广西	4 岁及以上所有人	130	124	126	118	112
	城市	149	137	132	121	122
	农村	123	118	124	116	108
贵州	4 岁及以上所有人	153	143	130	127	120
	城市	177	163	159	163	161
	农村	149	140	126	114	105
海南(M)	4 岁及以上所有人	133	130	129	126	126
	城市	133	132	132	131	128
	农村	132	130	128	124	124
河北(M)	4 岁及以上所有人	165	173	177	170	171
	城市	171	181	171	159	155
	农村	164	171	178	173	174
黑龙江	4 岁及以上所有人	175	172	159	154	138
	城市	192	185	175	160	148
	农村	166	165	150	149	130
河南	4 岁及以上所有人	135	134	133	129	125
	城市	164	163	157	136	121
	农村	129	128	128	127	126
湖北(M)	4 岁及以上所有人	159	173	170	176	179
	城市	162	164	167	169	170
	农村	157	180	171	182	187
湖南(M)	4 岁及以上所有人	150	176	168	173	181
	城市	153	169	165	172	165
	农村	149	178	169	174	186
内蒙古	4 岁及以上所有人	161	164	164	142	143
	城市	147	141	148	143	145
	农村	169	176	173	142	142
江苏(M)	4 岁及以上所有人	160	162	160	157	147
	城市	168	174	163	151	141
	农村	155	155	157	162	151
江西(M)	4 岁及以上所有人	145	146	145	122	130
	城市	150	145	133	120	144
	农村	143	146	149	123	126

续表

省份	目标观众	2010 年	2011 年	2012 年	2013 年	2014 年
吉林	4 岁及以上所有人	157	158	149	145	133
	城市	165	166	152	149	144
	农村	151	153	148	142	126
辽宁(M)	4 岁及以上所有人	195	206	195	200	194
	城市	191	195	194	201	191
	农村	198	213	195	199	198
宁夏	4 岁及以上所有人	157	159	157	150	148
	城市	162	168	171	162	160
	农村	153	150	143	139	137
陕西	4 岁及以上所有人	158	162	160	149	136
	城市	168	167	163	152	133
	农村	154	159	158	147	138
山东(M)	4 岁及以上所有人	178	178	180	185	202
	城市	175	174	172	174	173
	农村	179	180	184	191	216
山西	4 岁及以上所有人	170	165	153	156	147
	城市	174	171	165	159	151
	农村	168	162	148	155	146
四川(M)	4 岁及以上所有人	148	151	150	158	156
	城市	163	172	173	175	174
	农村	142	142	140	150	148
新疆	4 岁及以上所有人	167	156	128	110	106
	城市	165	164	138	127	120
	农村	169	150	122	97	95
云南	4 岁及以上所有人	145	138	130	124	118
	城市	163	156	150	139	134
	农村	141	134	125	119	113
浙江(M)	4 岁及以上所有人	152	156	156	156	144
	城市	169	169	172	161	143
	农村	142	148	147	152	145

注:河北省网在 2011 年 11 月 1 日由日记卡省网改为测量仪省网,此表中河北 2011 年数据为 1~10 月日记卡数据。

表 3.2.3　2011~2015 年全国样本城市各目标观众人均收视时间(分钟)

目标观众		2011 年	2012 年	2013 年	2014 年	2015 年
4 岁及以上所有人		166	169	165	161	156
性别	男	162	164	161	157	153
	女	171	173	170	165	160
年龄	4~14 岁	140	138	134	132	126
	15~24 岁	102	100	95	90	86
	25~34 岁	125	124	119	113	106
	35~44 岁	152	156	150	144	134
	45~54 岁	212	217	214	211	202
	55~64 岁	247	255	254	253	257
	65 岁及以上	259	269	274	275	278

续表

目标观众		2010 年	2011 年	2012 年	2013 年	2014 年
教育程度	未受过正规教育	154	159	157	160	152
	小学	175	178	177	181	184
	初中	181	184	181	178	177
	高中	167	169	166	159	153
	大学及以上	136	138	136	130	121
职业类别	干部/管理人员	143	150	142	134	131
	个体/私营企业人员	151	155	150	146	140
	初级公务员/雇员	138	141	137	133	123
	工人	151	154	149	142	135
	学生	123	117	110	104	101
	无业	234	237	237	237	237
	其他	158	169	168	173	180
个人月收入	0～600 元	155	154	148	144	140
	601～1200 元	185	189	187	191	194
	1201～1700 元	182	190	192	192	189
	1701～2600 元	166	175	179	177	176
	2601～3500 元	156	161	157	154	154
	3501～5000 元	153	157	154	149	140
	5001 元及以上	146	142	134	135	131

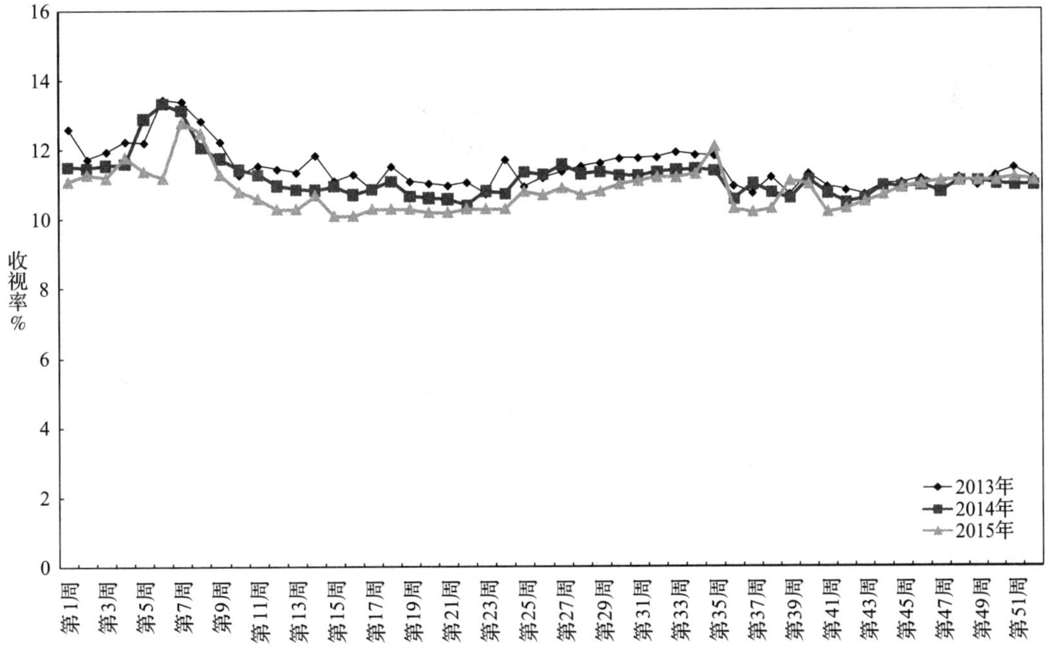

图 3.2.1　2013～2015 年全国样本城市观众全年收视率走势

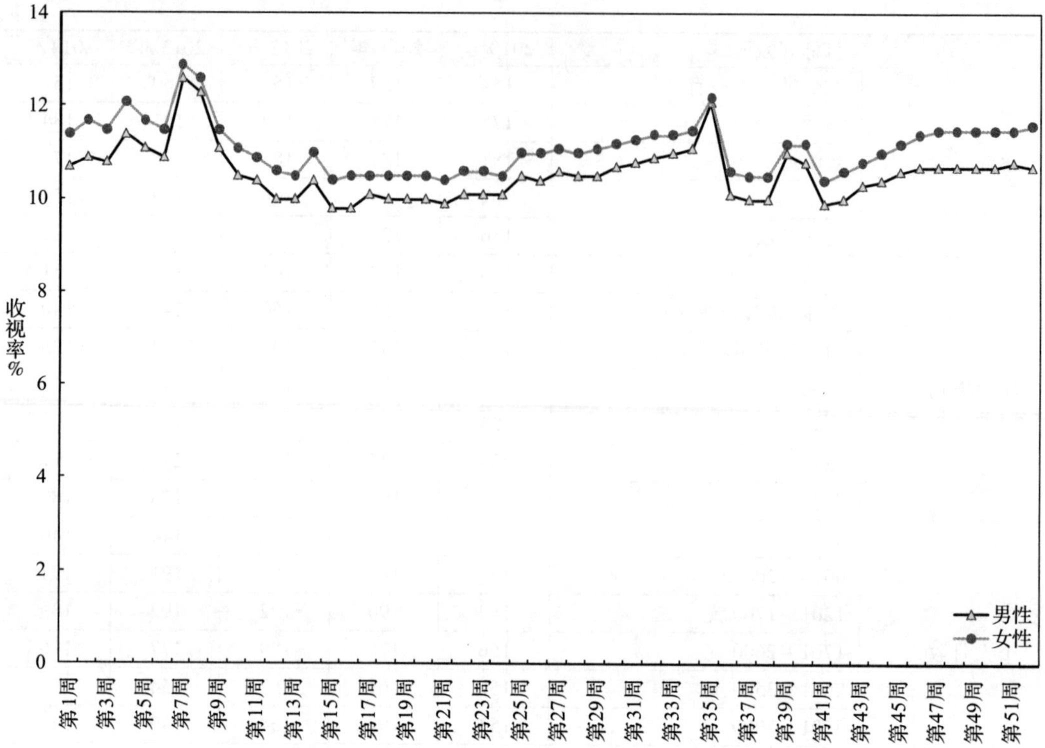

图 3.2.2　2015 年全国样本城市不同性别观众全年收视率走势

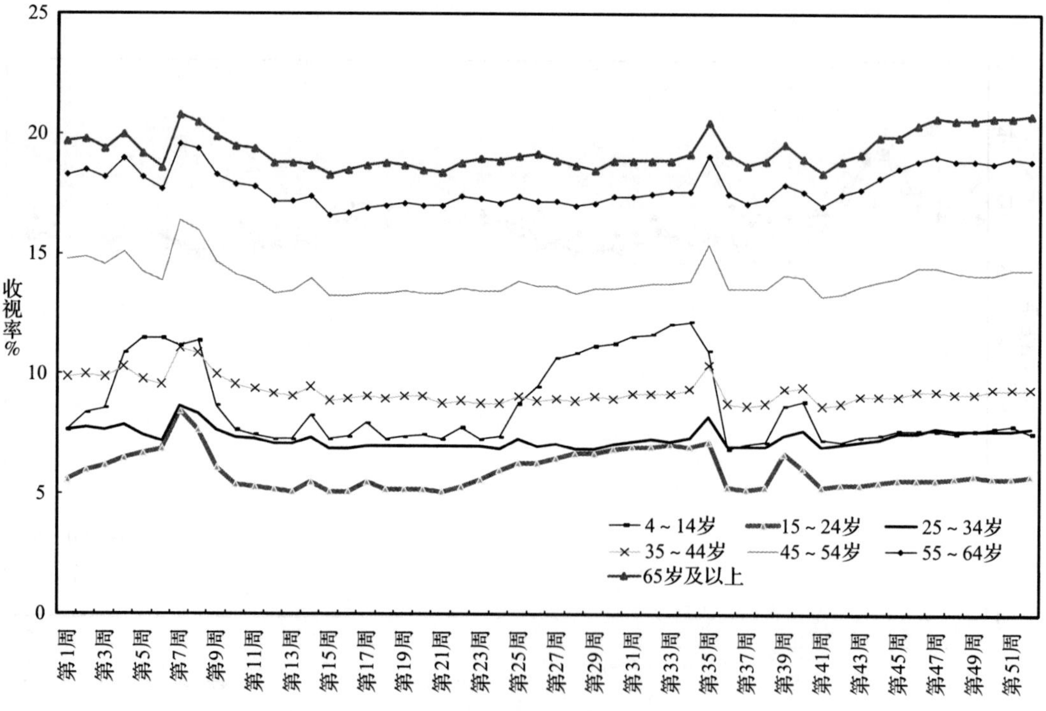

图 3.2.3　2015 年全国样本城市不同年龄观众全年收视率走势

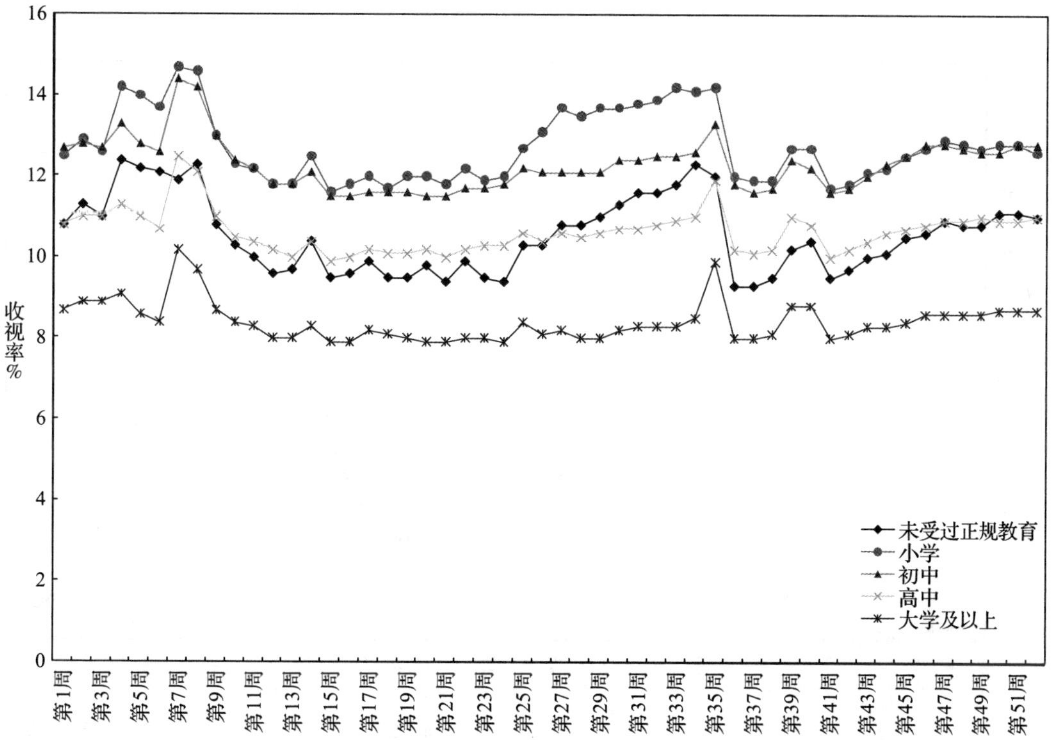

图 3.2.4　2015 年全国样本城市不同文化程度观众全年收视率走势

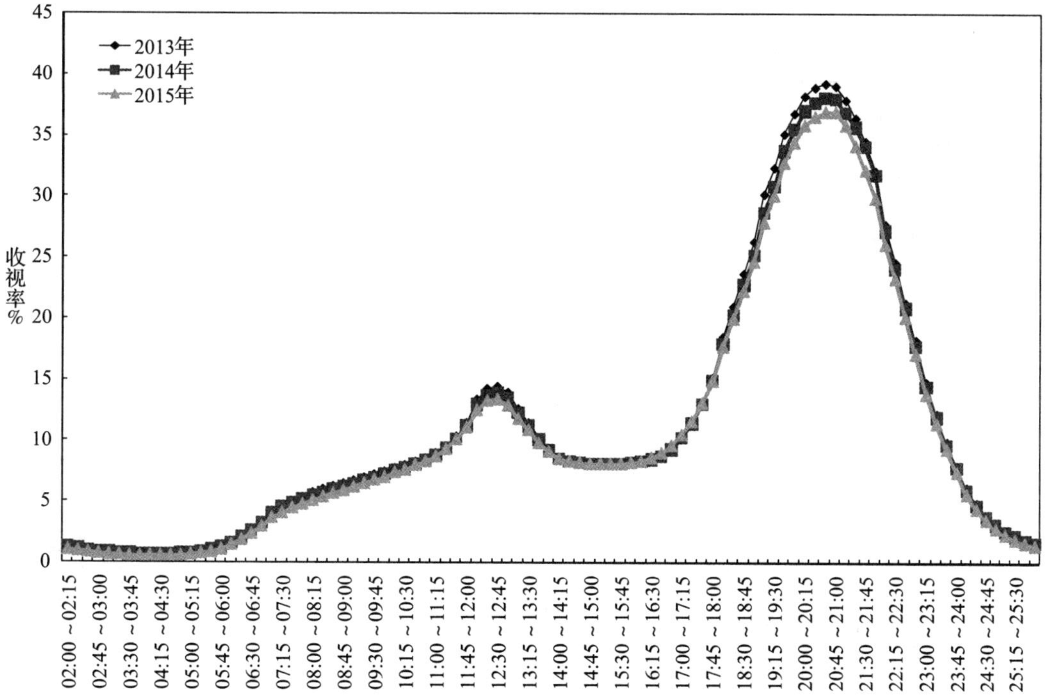

图 3.2.5　2013～2015 年全国样本城市观众全天收视率走势

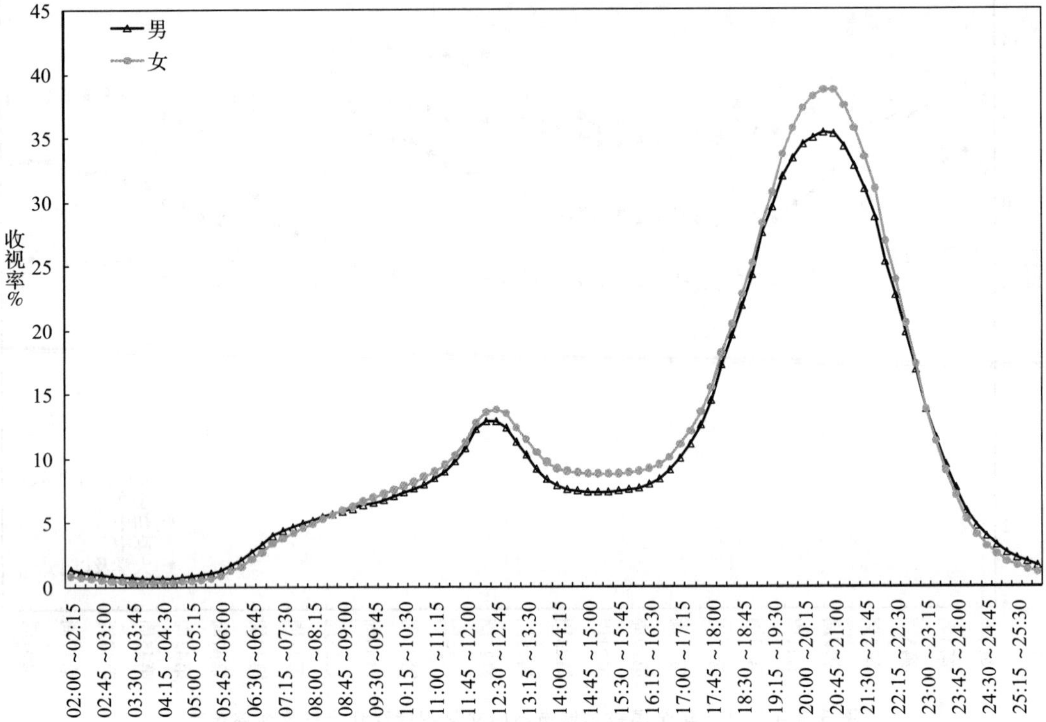

图 3.2.6　2015 年全国样本城市不同性别观众全天收视率走势

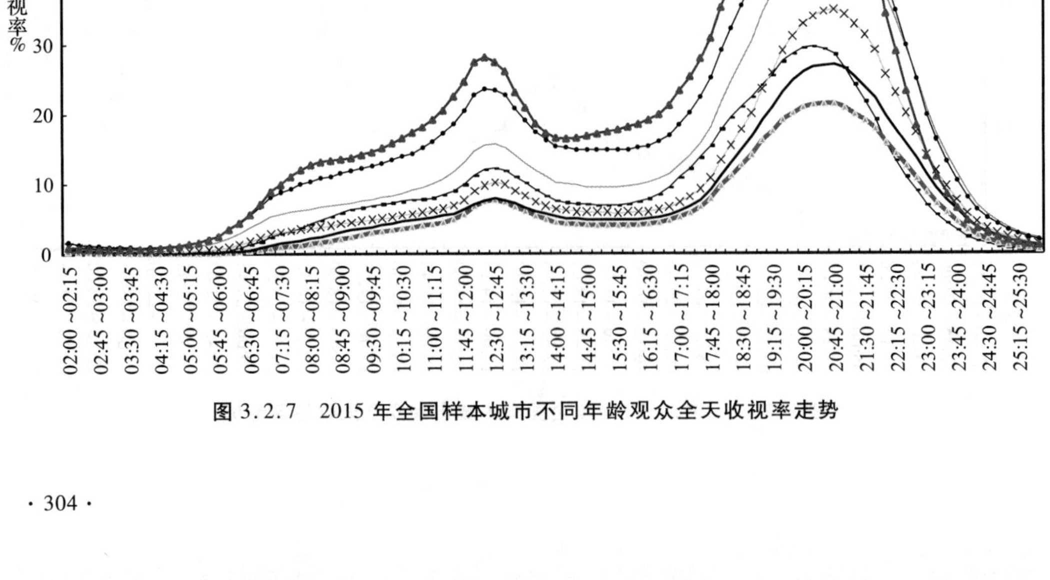

图 3.2.7　2015 年全国样本城市不同年龄观众全天收视率走势

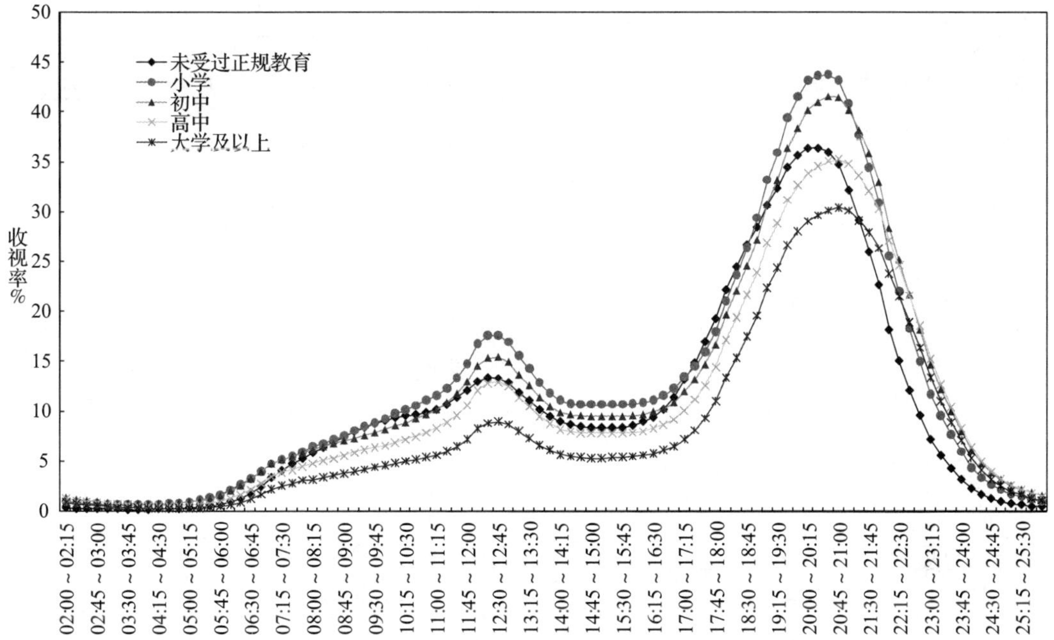

图 3.2.8　2015 年全国样本城市不同文化程度观众全天收视率走势

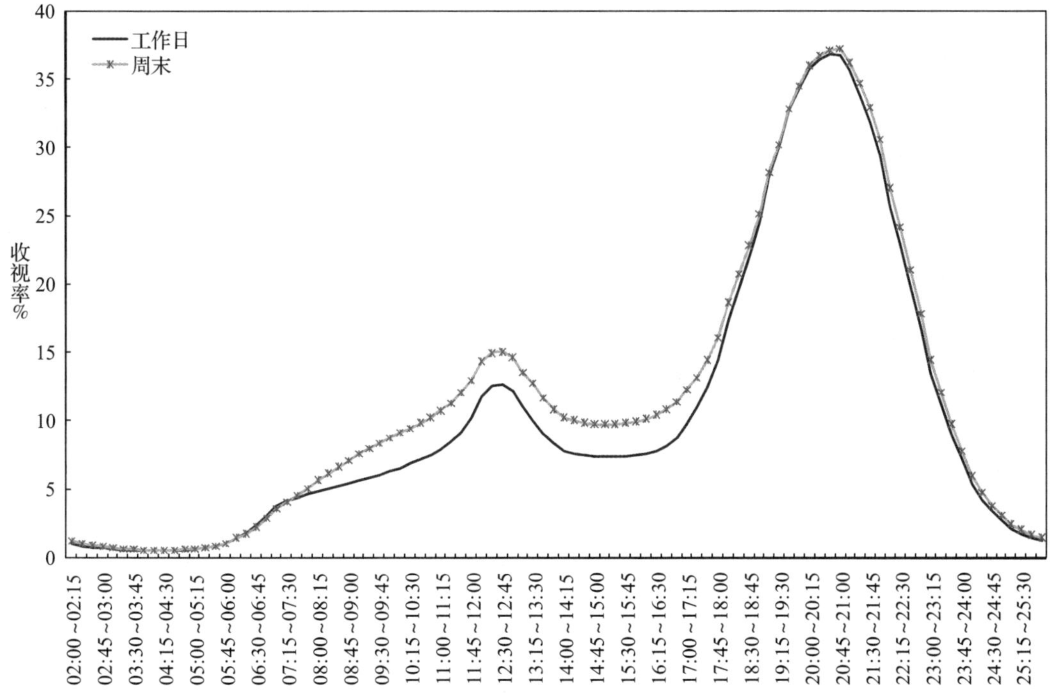

图 3.2.9　2015 年全国样本城市观众工作日与周末全天收视率走势

表 3.2.4　2015 年全国样本城市观众周一至周日各时段收视率(%)

时间段	周一	周二	周三	周四	周五	周六	周日
02:00～02:15	1.1	1.0	1.0	1.1	1.1	1.3	1.4
02:15～02:30	1.0	0.9	0.9	1.0	0.9	1.1	1.2
02:30～02:45	0.8	0.8	0.8	0.9	0.8	1.0	1.0
02:45～03:00	0.8	0.7	0.7	0.8	0.8	0.9	0.9
03:00～03:15	0.7	0.7	0.7	0.7	0.7	0.8	0.8
03:15～03:30	0.6	0.6	0.6	0.7	0.6	0.7	0.8
03:30～03:45	0.6	0.6	0.6	0.6	0.6	0.7	0.7
03:45～04:00	0.6	0.6	0.6	0.6	0.6	0.6	0.7
04:00～04:15	0.6	0.5	0.5	0.6	0.6	0.6	0.6
04:15～04:30	0.6	0.5	0.5	0.6	0.6	0.6	0.6
04:30～04:45	0.6	0.6	0.6	0.6	0.6	0.6	0.6
04:45～05:00	0.6	0.6	0.6	0.6	0.6	0.6	0.7
05:00～05:15	0.7	0.7	0.7	0.7	0.7	0.7	0.7
05:15～05:30	0.8	0.8	0.8	0.8	0.8	0.8	0.8
05:30～05:45	0.9	0.9	0.9	0.9	0.9	0.9	1.0
05:45～06:00	1.1	1.1	1.1	1.1	1.1	1.1	1.1
06:00～06:15	1.5	1.5	1.5	1.5	1.5	1.5	1.5
06:15～06:30	1.9	1.9	1.9	1.9	1.9	1.8	1.8
06:30～06:45	2.5	2.5	2.5	2.5	2.5	2.3	2.3
06:45～07:00	3.1	3.1	3.1	3.1	3.1	2.9	2.8
07:00～07:15	3.7	3.8	3.8	3.8	3.7	3.6	3.6
07:15～07:30	4.1	4.1	4.2	4.2	4.1	4.1	4.1
07:30～07:45	4.4	4.4	4.4	4.5	4.4	4.6	4.6
07:45～08:00	4.6	4.6	4.6	4.8	4.7	5.1	5.2
08:00～08:15	4.8	4.8	4.8	5.1	4.8	5.6	5.8
08:15～08:30	5.0	4.9	5.0	5.3	5.0	6.1	6.3
08:30～08:45	5.2	5.1	5.1	5.6	5.2	6.5	6.8
08:45～09:00	5.4	5.3	5.3	5.8	5.4	6.9	7.3
09:00～09:15	5.6	5.5	5.5	6.1	5.7	7.4	7.9
09:15～09:30	5.9	5.7	5.8	6.4	5.9	7.7	8.3
09:30～09:45	6.1	5.9	6.0	6.7	6.1	8.1	8.7
09:45～10:00	6.3	6.1	6.2	6.9	6.3	8.4	9.1
10:00～10:15	6.5	6.3	6.4	7.2	6.6	8.8	9.6
10:15～10:30	6.8	6.6	6.7	7.5	6.8	9.1	10.0
10:30～10:45	7.1	6.9	7.0	7.8	7.1	9.5	10.4
10:45～11:00	7.4	7.2	7.3	8.1	7.5	9.8	10.8
11:00～11:15	7.9	7.6	7.7	8.5	7.9	10.3	11.2
11:15～11:30	8.4	8.2	8.3	9.0	8.4	10.8	11.8
11:30～11:45	9.2	9.0	9.1	9.8	9.2	11.6	12.6
11:45～12:00	10.3	10.1	10.2	10.7	10.2	12.5	13.5
12:00～12:15	11.9	11.6	11.7	12.1	11.7	13.8	14.9
12:15～12:30	12.6	12.4	12.5	12.8	12.5	14.5	15.5
12:30～12:45	12.8	12.5	12.6	12.9	12.6	14.6	15.5
12:45～13:00	12.3	12.1	12.2	12.4	12.2	14.2	15.1
13:00～13:15	11.2	10.9	11.1	11.3	11.1	13.2	14.1
13:15～13:30	10.2	9.9	10.1	10.2	10.1	12.4	13.2
13:30～13:45	9.2	8.9	9.0	9.3	9.1	11.3	12.0
13:45～14:00	8.4	8.2	8.3	8.5	8.4	10.5	11.2

续表

时间段	周一	周二	周三	周四	周五	周六	周日
14:00～14:15	7.9	7.7	7.7	8.0	7.9	10.0	10.6
14:15～14:30	7.6	7.4	7.5	7.8	7.7	9.7	10.4
14:30～14:45	7.5	7.3	7.4	7.6	7.6	9.6	10.2
14:45～15:00	7.4	7.2	7.3	7.5	7.5	9.5	10.2
15:00～15:15	7.4	7.2	7.4	7.5	7.4	9.5	10.2
15:15～15:30	7.4	7.2	7.3	7.5	7.4	9.5	10.2
15:30～15:45	7.4	7.3	7.4	7.6	7.5	9.6	10.2
15:45～16:00	7.5	7.3	7.4	7.6	7.5	9.7	10.4
16:00～16:15	7.6	7.4	7.6	7.7	7.7	9.9	10.5
16:15～16:30	7.8	7.7	7.8	7.9	7.9	10.2	10.8
16:30～16:45	8.2	8.0	8.1	8.3	8.3	10.6	11.2
16:45～17:00	8.8	8.7	8.8	8.9	9.0	11.1	11.7
17:00～17:15	9.8	9.7	9.8	9.9	10.0	12.0	12.6
17:15～17:30	10.9	10.8	11.0	11.0	11.1	12.9	13.5
17:30～17:45	12.5	12.4	12.5	12.5	12.6	14.2	14.8
17:45～18:00	14.4	14.4	14.5	14.5	14.5	15.8	16.5
18:00～18:15	17.4	17.3	17.4	17.4	17.3	18.4	19.1
18:15～18:30	19.7	19.7	19.7	19.7	19.6	20.4	21.2
18:30～18:45	22.2	22.2	22.1	22.2	21.9	22.5	23.3
18:45～19:00	24.7	24.6	24.6	24.6	24.2	24.7	25.6
19:00～19:15	28.0	27.9	27.8	27.9	27.4	27.8	28.7
19:15～19:30	30.3	30.2	30.1	30.1	29.6	29.8	30.8
19:30～19:45	33.0	32.9	32.8	32.7	32.4	32.5	33.4
19:45～20:00	34.6	34.6	34.4	34.4	34.2	34.2	35.1
20:00～20:15	36.0	35.9	35.8	35.7	35.6	35.7	36.4
20:15～20:30	36.6	36.5	36.5	36.4	36.4	36.5	37.1
20:30～20:45	37.0	36.9	36.8	36.7	36.9	37.0	37.4
20:45～21:00	36.8	36.8	36.7	36.7	37.1	37.2	37.4
21:00～21:15	35.5	35.6	35.6	35.5	36.4	36.4	36.2
21:15～21:30	33.5	33.6	33.7	33.7	35.2	35.2	34.5
21:30～21:45	31.4	31.4	31.6	31.6	33.6	33.5	32.5
21:45～22:00	28.9	28.8	29.2	29.1	31.6	31.5	30.0
22:00～22:15	24.9	24.7	25.2	25.2	28.4	28.0	26.1
22:15～22:30	22.0	21.8	22.4	22.4	25.8	25.2	23.2
22:30～22:45	18.7	18.7	19.3	19.2	22.9	22.2	20.0
22:45～23:00	15.7	15.7	16.3	16.1	19.9	19.0	16.8
23:00～23:15	12.5	12.6	13.2	13.0	16.3	15.6	13.5
23:15～23:30	10.3	10.5	10.9	10.6	13.4	13.0	11.1
23:30～23:45	8.4	8.5	8.9	8.5	10.9	10.7	9.0
23:45～24:00	6.6	6.6	7.1	6.8	8.8	8.6	7.0
24:00～24:15	4.9	4.9	5.4	5.2	6.7	6.7	5.3
24:15～24:30	3.8	3.8	4.2	4.1	5.2	5.3	4.2
24:30～24:45	3.0	3.1	3.4	3.2	4.1	4.3	3.3
24:45～25:00	2.5	2.5	2.7	2.6	3.3	3.4	2.7
25:00～25:15	2.0	2.0	2.2	2.1	2.7	2.8	2.2
25:15～25:30	1.7	1.7	1.8	1.8	2.2	2.3	1.8
25:30～25:45	1.4	1.4	1.5	1.5	1.8	1.9	1.5
25:45～26:00	1.2	1.2	1.3	1.3	1.5	1.6	1.3

表 3.2.5 2015 年全国样本城市所有频道及各类频道观众构成(%)

目标观众		所有频道	中央台频道	中国教育台频道	省级卫视频道	其他频道
4 岁及以上所有人		100.0	100.0	100.0	100.0	100.0
性别	男	50.0	54.2	50.2	46.5	51.5
	女	50.0	45.8	49.8	53.5	48.5
年龄	4～14 岁	7.1	6.3	4.7	9.7	7.0
	15～24 岁	8.4	6.7	8.4	10.2	9.2
	25～34 岁	15.5	13.0	11.9	17.3	19.8
	35～44 岁	14.8	14.7	18.8	15.7	16.3
	45～54 岁	21.6	21.1	24.2	20.1	21.4
	55～64 岁	17.8	19.3	15.9	15.0	16.1
	65 岁及以上	14.8	19.0	16.0	12.1	10.2
教育程度	未受过正规教育	4.4	4.2	3.3	4.7	3.8
	小学	15.8	15.2	17.7	16.0	13.1
	初中	32.4	32.7	32.2	31.6	29.8
	高中	28.6	29.0	28.6	28.3	29.7
	大学及以上	18.9	18.8	18.3	19.3	23.6
职业类别	干部/管理人员	3.5	3.6	2.8	3.4	4.4
	个体/私营企业人员	11.6	11.7	11.4	11.4	12.0
	初级公务员/雇员	17.7	15.8	17.7	17.5	22.5
	工人	15.3	14.5	18.1	15.2	15.1
	学生	8.4	7.2	7.7	11.5	8.7
	无业	38.5	42.1	37.0	36.0	33.5
	其他	5.1	5.1	5.3	5.1	3.8
个人月收入	0～600 元	24.4	22.1	22.6	29.1	23.6
	601～1200 元	6.2	6.3	6.7	6.0	5.1
	1201～1700 元	9.5	10.1	9.5	9.1	7.8
	1701～2600 元	25.4	27.2	23.7	23.8	22.7
	2601～3500 元	16.9	17.1	18.5	15.7	18.5
	3501～5000 元	10.9	10.9	11.3	10.0	13.5
	5001 元及以上	6.6	6.3	7.5	6.2	8.7

表 3.2.6 2011～2015 年全国样本城市电视收视市场各类频道的市场占有率(%)

频道类别	年份				
	2011 年	2012 年	2013 年	2014 年	2015 年
中央台频道	25.9	27.4	28.7	29.2	28.5
中国教育台频道	0.5	0.5	0.4	0.3	0.2
省级卫视频道	30.9	31.9	31.9	32.6	31.2
其他频道	42.7	40.2	39.0	37.9	40.1

表 3.2.7　2013～2015 年各类频道在全国样本城市各目标观众中的市场占有率(%)

频道类别		中央台频道			省级卫视频道			中国教育台频道		
年　份		2013 年	2014 年	2015 年	2013 年	2014 年	2015 年	2013 年	2014 年	2015 年
4 岁及以上所有人		28.7	29.2	28.5	31.9	32.6	31.2	0.4	0.3	0.2
性别	男	30.9	31.3	30.8	29.8	30.4	29.0	0.4	0.4	0.2
	女	26.5	27.0	26.1	34.0	34.7	33.5	0.4	0.3	0.2
年龄	4～14 岁	29.3	28.4	25.2	38.4	41.3	42.8	0.4	0.3	0.1
	15～24 岁	22.4	23.8	22.9	36.9	38.6	38.1	0.5	0.4	0.2
	25～34 岁	24.9	25.6	23.8	34.3	34.6	34.8	0.5	0.3	0.2
	35～44 岁	27.7	29.0	28.2	34.0	34.2	33.2	0.5	0.4	0.3
	45～54 岁	27.4	27.9	27.8	31.1	31.3	29.0	0.4	0.4	0.2
	55～64 岁	31.0	30.9	30.9	28.0	28.8	26.3	0.3	0.3	0.2
	65 岁及以上	36.8	36.8	36.4	25.7	26.6	25.3	0.3	0.3	0.2
教育程度	未受过正规教育	30.6	30.1	27.8	32.7	34.9	34.0	0.4	0.3	0.1
	小学	28.1	28.3	27.6	32.2	32.7	31.8	0.4	0.3	0.2
	初中	28.0	29.0	28.8	32.7	32.9	30.5	0.4	0.3	0.2
	高中	28.7	29.1	28.8	31.4	32.0	30.9	0.4	0.3	0.2
	大学及以上	29.8	30.1	28.3	31.0	32.0	31.9	0.4	0.3	0.2
职业类别	干部/管理人员	30.5	30.5	29.6	30.4	30.3	30.0	0.3	0.3	0.2
	个体/私营企业人员	28.6	29.7	28.9	32.4	32.8	30.8	0.5	0.4	0.2
	初级公务员/雇员	26.3	26.7	25.5	31.2	31.6	30.9	0.5	0.4	0.2
	工人	26.2	27.2	26.9	31.9	32.6	31.0	0.4	0.3	0.2
	学生	26.1	26.2	24.4	39.7	41.9	42.9	0.5	0.4	0.2
	无业	31.6	31.7	31.1	29.8	30.7	29.2	0.4	0.3	0.2
	其他	26.4	28.1	28.7	35.9	34.9	31.5	0.5	0.4	0.2
个人月收入	0～600 元	27.0	27.3	25.7	36.0	37.3	37.2	0.5	0.3	0.2
	601～1200 元	28.6	29.5	28.8	31.9	32.4	30.3	0.5	0.3	0.2
	1201～1700 元	30.2	30.4	30.4	31.1	31.8	29.9	0.4	0.3	0.2
	1701～2600 元	29.5	30.1	30.4	29.7	30.8	29.2	0.4	0.3	0.2
	2601～3500 元	28.9	29.5	28.7	30.3	30.6	29.0	0.4	0.3	0.2
	3501～5000 元	29.3	29.9	28.5	30.4	29.7	28.6	0.3	0.3	0.2
	5001 元及以上	27.8	28.5	27.4	29.3	30.1	29.7	0.5	0.4	0.2

表 3.2.8　2013～2015 年全国样本城市市场各类频道在各时段的市场占有率(%)

频道	中央台频道			省级卫视频道			中国教育台频道		
年份	2013 年	2014 年	2015 年	2013 年	2014 年	2015 年	2013 年	2014 年	2015 年
02:00～03:00	28.4	30.3	26.2	36.0	33.5	33.5	0.5	0.7	0.3
03:00～04:00	29.0	32.1	26.2	36.1	32.2	32.8	0.4	0.5	0.3
04:00～05:00	32.2	38.1	30.2	35.2	28.2	30.0	0.3	0.4	0.3
05:00～06:00	35.0	38.2	34.2	34.8	29.4	29.7	0.4	0.5	0.3
06:00～07:00	37.1	41.9	40.0	32.5	27.3	27.2	0.2	0.2	0.1

续表

频道	中央台频道			省级卫视频道			中国教育台频道		
年份	2012年	2013年	2014年	2012年	2013年	2014年	2012年	2013年	2014年
07:00~08:00	40.4	42.3	41.5	27.8	26.3	23.6	0.1	0.1	0.1
08:00~09:00	39.1	41.0	40.3	31.2	29.3	27.8	0.2	0.1	0.2
09:00~10:00	34.7	36.1	36.2	36.0	35.2	33.2	0.2	0.2	0.3
10:00~11:00	34.5	35.2	35.2	36.6	37.1	35.3	0.4	0.4	0.2
11:00~12:00	37.2	37.5	36.8	32.8	33.5	32.7	0.6	0.4	0.1
12:00~13:00	41.1	39.6	37.5	27.9	29.4	30.1	0.6	0.6	0.2
13:00~14:00	36.1	36.3	34.6	32.6	33.6	33.3	0.5	0.5	0.2
14:00~15:00	30.1	32.1	30.7	39.4	39.5	38.5	0.6	0.5	0.2
15:00~16:00	30.3	32.3	30.6	40.2	40.3	39.8	0.5	0.4	0.3
16:00~17:00	30.6	31.4	30.4	39.4	39.6	38.9	0.3	0.2	0.2
17:00~18:00	28.7	31.3	30.2	31.7	29.8	30.1	0.2	0.2	0.1
18:00~19:00	26.9	29.5	27.6	16.7	15.9	16.2	0.3	0.3	0.1
19:00~20:00	29.5	29.1	28.0	21.6	23.0	22.3	0.4	0.3	0.2
20:00~21:00	23.4	22.6	22.6	34.5	36.7	35.2	0.6	0.4	0.3
21:00~22:00	23.3	22.6	24.0	36.3	38.8	33.5	0.5	0.3	0.2
22:00~23:00	21.3	21.6	21.7	38.0	38.5	36.3	0.5	0.5	0.2
23:00~24:00	24.2	25.3	24.7	38.4	37.6	37.8	0.2	0.2	0.1
24:00~25:00	29.2	31.4	28.1	35.8	32.5	33.5	0.3	0.2	0.1
25:00~26:00	28.4	32.3	26.9	34.6	30.2	31.6	0.4	0.5	0.2

表 3.2.9　2015 年各月全国样本城市市场各类频道的市场占有率(%)

月份	中央台频道	中国教育台频道	省级卫视频道	其他频道
1月	27.7	0.3	32.8	39.2
2月	31.1	0.3	31.6	37.0
3月	28.1	0.2	30.6	41.1
4月	28.4	0.2	30.3	41.1
5月	28.9	0.2	30.2	40.7
6月	29.2	0.2	30.4	40.2
7月	27.7	0.1	32.7	39.5
8月	28.2	0.2	32.8	38.8
9月	29.1	0.2	30.0	40.7
10月	28.1	0.2	30.3	41.4
11月	28.2	0.1	30.3	41.4
12月	27.3	0.1	32.4	40.2

表 3.2.10　2015 年全国样本城市市场份额排名前二十位的频道

名次	频道名称	市场份额(%)
1	中央电视台综合频道	5.0
2	湖南卫视	4.3
3	中央台六套	3.0
4	中央电视台新闻频道	2.9
5	中央台三套	2.8
6	浙江卫视	2.7
7	中央台四套	2.6
8	中央台八套	2.4
9	江苏卫视	2.1
10	中央台五套	2.0
11	上海东方卫视	1.8
11	北京卫视	1.8
13	中央电视台少儿频道	1.7
13	山东卫视	1.7
15	安徽卫视	1.6
16	湖南电视台金鹰卡通频道	1.2
17	中央台二套	1.1
18	天津卫视	1.0
18	中央台十套	1.0
18	江西卫视	1.0

表 3.2.11　2013～2015 年全国样本城市市场各类节目的播出份额(%)与收视份额(%)

节目类别	2013 年		2014 年		2015 年	
	播出份额	收视份额	播出份额	收视份额	播出份额	收视份额
新闻/时事	11.3	14.8	10.9	14.2	11.0	14.1
综艺	6.4	11.5	6.1	11.4	5.9	13.0
电视剧	26.6	31.5	25.0	31.1	26.2	30.0
体育	2.2	2.4	2.2	3.0	2.1	2.8
专题	9.0	6.1	9.0	6.2	9.0	6.5
教学	0.3	0.1	0.3	0.1	0.3	0.1
外语	0.1	0.0	0.1	0.0	0.1	0.0
青少	3.7	5.1	3.6	5.2	3.8	4.6
音乐	1.0	0.8	1.0	0.8	1.2	1.0
电影	3.8	4.0	3.4	4.3	3.3	4.4
戏剧	0.6	0.4	0.5	0.4	0.6	0.4
财经	1.4	0.8	1.2	0.8	1.1	1.0
生活服务	14.7	7.7	18.4	8.5	17.1	8.2
法制	1.5	1.9	1.5	1.9	1.7	1.8
其他	17.5	12.9	16.8	12.2	16.7	12.1

表 3.2.12　2013～2015 年中央电视台各类节目的播出份额(%)与收视份额(%)

节目类别	2013 年		2014 年		2015 年	
	播出份额	收视份额	播出份额	收视份额	播出份额	收视份额
新闻/时事	12.6	18.7	12.2	17.9	13.1	16.8
综艺	9.5	13.3	9.8	12.6	9.5	13.4
电视剧	12.9	15.4	12.1	15.4	12.3	16.3
体育	7.8	5.4	11.6	7.0	11.4	6.3
专题	19.6	9.9	18.1	9.7	18.6	10.5
教学	0.7	0.3	0.6	0.2	0.6	0.2
外语	0.0	0.0	0.0	0.0	0.0	0.0
青少	4.0	7.1	3.9	6.4	3.7	5.0
音乐	4.6	2.1	4.5	2.1	4.7	2.7
电影	5.3	6.8	5.4	8.0	5.5	9.0
戏剧	1.9	0.7	1.6	0.7	1.9	0.7
财经	2.9	1.5	2.8	1.4	3.0	1.7
生活服务	4.8	5.0	5.1	5.3	5.0	5.2
法制	3.1	3.4	3.1	3.3	2.7	2.8
其他	10.2	10.5	9.1	10.0	8.1	9.2

表 3.2.13　2013～2015 年省级卫视各类节目的播出份额(%)与收视份额(%)

节目类别	2013 年		2014 年		2015 年	
	播出份额	收视份额	播出份额	收视份额	播出份额	收视份额
新闻/时事	9.6	7.0	8.7	6.3	8.7	6.6
综艺	6.6	14.7	6.1	14.3	7.0	17.9
电视剧	38.4	43.9	32.0	43.4	31.9	39.5
体育	0.8	0.2	1.1	0.3	0.8	0.4
专题	5.5	3.5	11.8	4.2	14.3	4.6
教学	0.2	0.0	0.1	0.0	0.1	0.0
外语	0.0	0.0	0.0	0.0	0.0	0.0
青少	7.7	5.7	8.9	6.9	8.3	6.6
音乐	0.4	0.2	0.4	0.2	0.6	0.3
电影	2.9	2.4	2.0	2.1	1.9	1.8
戏剧	0.4	0.1	0.4	0.1	0.4	0.1
财经	1.5	0.5	1.2	0.3	1.1	0.5
生活服务	9.2	7.5	15.9	8.8	11.4	8.2
法制	0.5	0.5	0.5	0.4	0.6	0.4
其他	16.3	13.8	10.8	12.6	12.8	13.0

表 3.2.14　2015 年全国样本城市各类节目在各目标观众市场的收视份额(%)

节目类别		新闻/时事	综艺	电视剧	体育	专题	教学	外语	青少	音乐	电影	戏剧	财经	生活服务	法制	其他
4 岁及以上所有人		14.1	13.0	30.0	2.9	6.5	0.1	0.0	4.6	1.0	4.4	0.4	1.1	8.2	1.8	12.0
性别	男	15.1	12.2	28.6	3.8	6.9	0.1	0.0	4.6	1.0	5.1	0.4	1.1	7.8	1.8	11.7
	女	13.0	13.8	31.5	1.9	6.0	0.1	0.0	4.7	1.1	3.7	0.4	1.0	8.6	1.8	12.4
年龄	4~14 岁	7.4	12.2	24.8	1.2	4.4	0.1	0.0	23.4	0.8	5.4	0.1	0.3	6.5	1.0	12.4
	15~24 岁	12.0	16.2	30.4	2.9	6.0	0.1	0.0	3.3	1.3	4.9	0.2	0.6	8.1	1.5	12.6
	25~34 岁	11.9	13.9	28.3	3.6	6.0	0.1	0.0	6.4	1.1	5.3	0.2	0.8	8.1	1.5	12.8
	35~44 岁	12.9	13.3	30.0	2.7	6.8	0.1	0.0	3.6	1.3	6.4	0.2	1.1	7.8	1.7	12.1
	45~54 岁	14.8	12.7	31.3	3.0	7.1	0.1	0.0	1.9	1.1	4.5	0.2	1.3	8.3	1.9	11.9
	55~64 岁	16.2	12.4	30.8	2.8	6.8	0.1	0.0	2.7	0.8	3.1	0.4	1.4	8.7	2.2	11.5
	65 岁及以上	18.0	11.6	31.4	2.8	6.7	0.1	0.0	1.7	0.7	2.4	1.0	1.0	8.7	2.2	11.6
教育程度	未受过正规教育	9.7	9.7	27.4	1.3	4.3	0.1	0.0	20.0	0.8	4.2	0.7	0.4	7.2	1.3	13.0
	小学	12.4	11.6	33.4	1.6	5.5	0.1	0.0	7.5	0.9	4.3	0.6	0.5	7.5	1.7	12.3
	初中	14.1	12.7	31.8	2.5	6.5	0.1	0.0	3.4	1.1	4.6	0.4	0.8	8.1	1.9	12.0
	高中	15.0	13.7	28.8	3.3	7.0	0.1	0.0	2.9	1.0	4.3	0.3	1.4	8.4	1.9	11.8
	大学及以上	14.9	14.5	26.5	4.2	7.1	0.1	0.0	3.1	1.0	4.4	0.2	1.6	8.8	1.6	12.0
职业类别	干部/管理人员	15.4	13.6	26.4	4.5	7.7	0.1	0.0	2.8	1.0	5.0	0.3	1.5	8.4	1.7	11.7
	个体/私营企业人员	13.9	12.5	30.7	2.8	6.8	0.1	0.0	3.5	1.2	5.4	0.3	1.0	7.8	1.9	12.2
	初级公务员/雇员	14.4	14.2	27.5	4.0	6.8	0.1	0.0	3.0	1.1	4.8	0.2	1.4	8.6	1.7	12.1
	工人	13.5	13.2	31.4	2.9	6.6	0.1	0.0	3.3	1.1	5.4	0.2	0.8	7.7	1.6	12.2
	学生	9.6	16.0	27.5	2.2	5.5	0.1	0.0	11.6	1.1	5.4	0.2	0.4	7.1	1.2	12.1
	无业	15.3	12.0	30.3	2.5	6.4	0.1	0.0	4.9	0.9	3.2	0.6	1.1	8.5	2.0	11.9
	其他	11.8	11.4	36.9	1.4	5.4	0.1	0.0	4.0	1.1	4.9	0.6	0.4	7.6	1.9	12.5
个人月收入	0~600 元	10.8	13.2	30.2	1.8	5.4	0.1	0.0	10.2	1.1	4.7	0.4	0.5	7.5	1.5	12.5
	601~1200 元	13.7	12.0	34.7	2.1	6.1	0.1	0.0	3.5	1.0	4.2	0.4	0.7	7.8	1.9	11.9
	1201~1700 元	14.7	12.5	32.4	2.4	6.5	0.1	0.0	2.9	1.0	3.9	0.4	0.9	8.3	2.0	12.2
	1701~2600 元	15.4	13.0	30.6	2.8	6.7	0.1	0.0	2.7	1.0	4.0	0.4	1.1	8.4	2.0	12.0
	2601~3500 元	15.4	13.0	28.8	3.6	7.1	0.1	0.0	2.6	1.0	4.5	0.3	1.4	8.6	1.8	11.8
	3501~5000 元	15.3	13.4	27.5	3.9	7.2	0.1	0.0	2.9	1.1	5.0	0.3	1.4	8.5	1.8	11.7
	5001 元及以上	15.1	13.4	26.3	4.7	7.4	0.1	0.0	3.1	1.0	5.1	0.3	1.8	8.5	1.7	11.6

表 3.2.15　2015 年全国样本城市市场所有节目收视率排名前三十位

名次	节目名称	节目类别	播出频道	平均收视率(%)	平均占有率(%)
1	纪念抗日战争胜利 70 周年大会特别节目	新闻	中央电视台综合频道	12.2	39.5
2	2015 中央电视台春节联欢晚会	综艺	中央电视台综合频道	9.9	25.5
3	中国好声音 4 总决赛(10 月 7 日)	综艺	浙江卫视	5.7	17.8
4	奔跑吧兄弟(4 月 17 日 ~7 月 3 日)	综艺	浙江卫视	4.5	15.7
5	2015 中央电视台元宵晚会	综艺	中央台三套	4.5	11.8
6	奔跑吧兄弟(10 月 30 日 ~12 月 25 日)	综艺	浙江卫视	4.1	14.5
7	我是歌手歌王之战(3 月 27 日)	综艺	湖南卫视	3.7	12.6
8	星光大道(2 月 19 日)	综艺	中央电视台综合频道	3.6	11.4
9	2015 年亚洲男篮锦标赛决赛(中国队 VS 菲律宾队)	体育	中央台五套	3.6	11.2
10	奔跑吧兄弟(1 月 2 日 ~1 月 16 日)	综艺	浙江卫视	3.4	11.3
11	武媚娘传奇(18 ~96 集)	电视剧	湖南卫视	3.4	9.2
12	开学第一课	青少	中央电视台综合频道	3.3	9.1
13	快乐中国——2015、2016 跨年演唱会	音乐	湖南卫视	3.2	11.5
14	2015 年世界田径锦标赛女子 4 ×400 米接力决赛	体育	中央台五套	3.2	8.7
15	2015 年澳大利亚亚洲杯 1/4 决赛(中国队 VS 澳大利亚队)	体育	中央台五套	3.1	9.7
16	胜利与和平——纪念抗日战争暨世界反法西斯战争胜利 70 周年文艺晚会	综艺	中央电视台综合频道	3.1	8.3
17	快乐大本营	综艺	湖南卫视	2.9	8.3
18	2015 年女排世界杯(日本队 VS 中国队)	体育	中央台五套	2.8	9.5
19	元宵喜乐会	综艺	湖南卫视	2.8	8.3
20	2015 年女排世界杯颁奖仪式	体育	中央台五套	2.8	7.9
21	笑傲江湖第 2 季总决赛(12 月 27 日)	综艺	上海东方卫视	2.6	9.6
22	天气预报	生活服务	中央电视台综合频道	2.6	8.0
23	锦绣缘华丽冒险	电视剧	湖南卫视	2.6	7.4
24	中秋之夜	综艺	湖南卫视	2.6	7.1
25	315 消费在阳光下	专题	中央电视台综合频道	2.5	8.3
26	2015 春节联欢晚会	综艺	湖南卫视	2.5	8.1
27	出彩中国人(4 月 5 日)	综艺	中央电视台综合频道	2.5	7.0
27	2015 年中央电视台中秋晚会	综艺	中央电视台综合频道	2.5	7.0
29	芈月传(1 ~64 集)	电视剧	上海东方卫视	2.5	6.5
30	新闻联播	新闻	中央电视台综合频道	2.4	8.3

表 3.2.16 2015 年全国样本城市市场电视剧收视率排名前二十位

名次	节目名称	播出频道	平均收视率(%)	平均占有率(%)
1	武媚娘传奇(18~96 集)	湖南卫视	3.4	9.2
2	锦绣缘华丽冒险	湖南卫视	2.6	7.4
3	芈月传(1~64 集)	上海东方卫视	2.5	6.5
4	活色生香	湖南卫视	2.4	6.7
5	芈月传	北京卫视	2.4	6.2
6	伪装者	湖南卫视	2.3	6.9
7	妻子的谎言	湖南卫视	2.3	6.8
8	神犬小七	湖南卫视	2.2	6.4
9	花千骨	湖南卫视	2.1	12.8
10	王大花的革命生涯	中央电视台综合频道	2.1	6.0
11	好大一个家	中央电视台综合频道	2.1	5.9
12	锋刃(9~42 集)	中央电视台综合频道	2.1	5.8
13	偏偏喜欢你	湖南卫视	2.0	6.1
14	特警力量	湖南卫视	1.9	5.8
15	冰与火的青春	湖南卫视	1.9	5.7
16	于无声处	中央电视台综合频道	1.8	5.4
17	家和万事兴之花好月圆	湖南卫视	1.8	5.1
18	旋风少女	湖南卫视	1.7	10.0
19	太行山上	中央电视台综合频道	1.7	5.0
19	空巢姥爷	中央电视台综合频道	1.7	5.0

表 3.2.17 2015 年全国样本城市市场新闻类节目收视率排名前二十位

名次	节目名称	播出频道	平均收视率(%)	平均占有率(%)
1	纪念抗日战争胜利 70 周年大会特别节目	中央电视台综合频道	12.2	39.5
2	新闻联播	中央电视台综合频道	2.4	8.3
3	2015 一年又一年	中央电视台综合频道	1.9	9.4
4	习近平在亚非领导人会议上致辞	中央电视台综合频道	1.9	5.8
5	李克强总理会见中外记者并回答提问	中央电视台综合频道	1.9	5.0
6	焦点访谈	中央电视台综合频道	1.7	4.9
7	郡县治天下安——习近平总书记与中央党校县委书记研修班学员座谈侧记	中央电视台综合频道	1.7	4.4
8	今日关注	中央台四套	1.2	3.8
9	新闻 30 分	中央电视台综合频道	1.1	8.6
10	为了不能忘却的纪念	中央电视台新闻频道	0.9	3.2
11	中国新闻	中央台四套	0.9	2.6
12	海峡两岸	中央台四套	0.9	2.5
13	两岸领导人首次会面特别报道	中央电视台新闻频道	0.8	7.1
14	十二届全国人大三次会议闭幕会	中央电视台综合频道	0.7	5.9
15	共同关注	中央电视台新闻频道	0.7	3.2
16	东方之星客船翻沉全力搜救	中央电视台新闻频道	0.6	8.2
17	新闻直播间(3 月 5 日)	中央电视台综合频道	0.6	5.5
18	晚间新闻	中央电视台综合频道	0.6	2.5
19	深度国际	中央台四套	0.6	2.4
20	世界 2014 新闻年鉴	中央电视台新闻频道	0.6	2.1

表 3.2.18　2015 年全国样本城市市场专题类节目收视率排名前二十位

名次	节目名称	播出频道	平均收视率(%)	平均占有率(%)
1	315 消费在阳光下	中央电视台综合频道	2.5	8.3
2	等着我	中央电视台综合频道	2.2	6.5
3	把革命老区发展时刻放在心上	中央电视台综合频道	1.9	5.4
4	感动中国 2014 年度人物颁奖盛典	中央电视台综合频道	1.7	4.7
5	中国谜语大会(3 月 4 日)	中央电视台综合频道	1.6	4.6
6	东方主战场	中央电视台综合频道	1.5	4.1
7	全面实现小康一个民族都不能少	中央电视台综合频道	1.5	3.9
8	2015 寻找最美教师	中央电视台综合频道	1.3	3.8
9	寻找最美医生大型公益活动颁奖典礼	中央电视台综合频道	1.2	3.3
10	胡耀邦	中央电视台综合频道	1.2	3.0
11	2014 中国好书	中央电视台综合频道	1.1	3.3
12	联合国	中央电视台综合频道	1.1	3.2
13	好记者讲好故事价值观的故事 2015 年中国记者节特别节目	中央电视台综合频道	1.1	3.1
13	噗通噗通的良心	湖南卫视	1.1	3.1
15	中国汉字听写大会 2015(9 月 11 日)	中央电视台综合频道	1.1	3.0
16	变形计	湖南卫视	1.0	3.0
17	圆梦中国德耀中华——第五届全国道德模范授奖仪式	中央电视台综合频道	1.0	2.8
17	中国梦劳动礼赞时代楷模特别节目	中央电视台综合频道	1.0	2.8
19	寻宝	中央电视台综合频道	0.9	4.2
20	宪法的精神法治的力量——CCTV2015 年度法治人物颁奖礼	中央电视台综合频道	0.9	2.3

表 3.2.19　2015 年全国样本城市市场电影类节目收视率排名前二十位

名次	节目名称	播出频道	平均收视率(%)	平均占有率(%)
1	智取威虎山(9 月 5 日)	中央台六套	2.1	6.6
2	一个人的武林(2 月 27 日)	中央台六套	1.9	5.2
3	狼图腾(5 月 2 日)	中央台六套	1.8	5.2
4	爸爸去哪儿(4 月 4 日)	湖南卫视	1.6	8.1
5	战狼(10 月 2 日)	中央台六套	1.6	4.6
6	黄飞鸿英雄有梦(2 月 26 日)	中央台六套	1.6	4.5
7	智取威虎山(10 月 7 日)	中央台六套	1.5	5.7
8	龙门飞甲(1 月 11 日)	中央台六套	1.5	4.6
9	叶问二宗师传奇(6 月 8 日)	中央台六套	1.5	4.4
10	刘老庄八十二壮士(9 月 2 日)	中央台六套	1.5	4.2
11	007 大破量子危机(11 月 21 日)	中央台六套	1.4	9.3

续表

名次	节目名称	播出频道	平均收视率（%）	平均占有率（%）
12	金刚狼(2月24日)	中央台六套	1.4	7.5
13	钟馗伏魔雪妖魔灵(10月4日)	中央台六套	1.4	5.0
14	战狼(8月18日)	中央台六套	1.4	4.8
15	一个人的武林(10月11日)	中央台六套	1.4	4.5
16	百团大战(10月4日)	中央台六套	1.4	4.2
17	地道战(8月3日)	中央台六套	1.4	4.1
18	山林喋血(9月11日)	中央台六套	1.4	3.9
19	战将周希汉(8月30日)	中央台六套	1.4	3.8
19	特殊身份(9月30日)	中央台六套	1.4	3.8

注：多次播出电影取收视率最高值参与排名，括号中为播出日期。

表 3.2.20　2015 年全国样本城市市场综艺节目收视率排名前二十位

名次	节目名称	播出频道	平均收视率（%）	平均占有率（%）
1	2015中央电视台春节联欢晚会	中央电视台综合频道	9.9	25.5
2	中国好声音4总决赛(10月7日)	浙江卫视	5.7	17.8
3	奔跑吧兄弟(4月17日~7月3日)	浙江卫视	4.5	15.7
4	2015中央电视台元宵晚会	中央台三套	4.5	11.8
5	奔跑吧兄弟(10月30日~12月25日)	浙江卫视	4.1	14.5
6	我是歌手歌王之战(3月27日)	湖南卫视	3.7	12.6
7	星光大道(2月19日)	中央电视台综合频道	3.6	11.4
8	奔跑吧兄弟(1月2日~1月16日)	浙江卫视	3.4	11.3
9	胜利与和平——纪念抗日战争暨世界反法西斯战争胜利70周年文艺晚会	中央电视台综合频道	3.1	8.3
10	快乐大本营	湖南卫视	2.9	8.3
11	元宵喜乐会	湖南卫视	2.8	8.3
12	笑傲江湖第2季总决赛(12月27日)	上海东方卫视	2.6	9.6
13	中秋之夜	湖南卫视	2.6	7.1
14	2015春节联欢晚会	湖南卫视	2.5	8.1
15	2015年中央电视台中秋晚会	中央电视台综合频道	2.5	7.0
15	出彩中国人(4月5日)	中央电视台综合频道	2.5	7.0
17	爸爸去哪儿第三季	湖南卫视	2.3	11.6
18	梦想星搭档(2月16日)	中央电视台综合频道	2.3	6.4
19	挑战不可能(8月23日)	中央电视台综合频道	2.3	6.2
20	偶像来了	湖南卫视	2.1	11.1

表 3.2.21　2015 年全国样本城市市场体育节目收视率排名前二十位

名次	节目名称	播出频道	平均收视率(%)	平均占有率(%)
1	2015 年亚洲男篮锦标赛决赛(中国队 VS 菲律宾队)	中央台五套	3.6	11.2
2	2015 年世界田径锦标赛女子 4×400 米接力决赛	中央台五套	3.2	8.7
3	2015 年澳大利亚亚洲杯 1/4 决赛(中国队 VS 澳大利亚队)	中央台五套	3.1	9.7
4	2015 年女排世界杯(日本队 VS 中国队)	中央台五套	2.8	9.5
5	2015 年女排世界杯颁奖仪式	中央台五套	2.8	7.9
6	2015 年亚洲足联冠军联赛决赛第二回合(中国广州恒大 VS 阿联酋阿赫利)	中央台五套	2.4	6.6
7	2018 年俄罗斯世界杯暨 2019 年亚洲杯联合预选赛第二轮(中国 VS 中国香港)	中央台五套	2.0	5.7
8	2015 年国际足联俱乐部世界杯半决赛(西班牙巴塞罗那 VS 中国广州恒大)	中央台五套	1.9	6.0
9	2015 年世界乒乓球锦标赛男单决赛	中央台五套	1.9	5.5
10	2014/2015 赛季中国男子篮球职业联赛总决赛第六场(辽宁药都本溪 VS 北京首钢)	中央台五套	1.9	5.1
11	2015 年东亚杯男子足球赛(中国队 VS 日本队)	中央台五套	1.7	4.9
12	2014/2015 赛季 CBA 联赛总决赛第四场(北京首钢 VS 辽宁药都本溪)	中央台五套	1.6	4.7
13	2015 年亚洲女排锦标赛决赛(中国队 VS 韩国队)	中央台五套	1.5	4.4
14	国际足联 2015 年女足世界杯 1/4 决赛(中国队 VS 美国队)	中央台五套	1.4	18.5
15	2015 年 WBC/WBA/WBO 次中量级拳王统一战	中央台五套	1.4	10.1
16	2015 年国际泳联世锦赛女子 200 米蝶泳决赛	中央台五套	1.3	11.0
17	2015 年北京国际田联世界田径锦标赛闭幕式	中央台五套	1.2	3.6
18	2015 年 IBF 次最轻量级拳王争霸赛	中央台五套	1.1	5.5
19	2015 年国际足球友谊赛(广州恒大淘宝 VS 拜仁慕尼黑)	中央台五套	1.1	3.3
19	2015 年世界女排大奖赛中国香港站(中国队 VS 日本队)	中央台五套	1.1	3.3

三、安徽收视数据

表 3.3.1 2011～2015 年安徽市场各类频道的市场占有率(%)

频道类别	年份				
	2011 年	2012 年	2013 年	2014 年	2015 年
中央台频道	27.3	31.0	34.5	35.6	32.6
中国教育台频道	0.8	0.9	0.8	0.5	0.4
安徽省级频道	39.5	33.4	28.0	27.3	29.7
其他省级卫视频道	24.0	29.0	31.2	31.9	31.8
其他频道	8.4	5.7	5.6	4.7	5.5

表 3.3.2 2015 年安徽市场各类频道在不同目标观众中的市场占有率(%)

目标观众		中央台频道	中国教育台频道	安徽省级频道	其他省级卫视频道	其他频道
4 岁及以上所有人		32.6	0.4	29.7	31.8	5.5
城乡	城市	37.1	0.4	31.2	26.1	5.2
	农村	30.3	0.3	29.0	34.7	5.7
性别	男	36.9	0.4	30.6	26.7	5.4
	女	28.5	0.3	28.8	36.7	5.7
年龄	4～14 岁	37.7	0.2	11.5	47.8	2.8
	15～24 岁	26.2	0.3	19.7	48.1	5.7
	25～34 岁	29.0	0.3	19.5	45.0	6.2
	35～44 岁	29.8	0.8	29.8	36.1	3.5
	45～54 岁	31.5	0.4	39.3	24.9	3.9
	55～64 岁	35.0	0.3	39.9	18.5	6.3
	65 岁及以上	37.4	0.2	35.1	17.3	10.0
教育程度	未受过正规教育	33.8	0.3	30.0	26.2	9.7
	小学	31.0	0.3	32.4	31.0	5.3
	初中	29.7	0.3	29.5	35.7	4.8
	高中	38.1	0.4	27.6	29.2	4.7
	大学及以上	38.9	1.2	24.4	29.3	6.2
职业类别	干部/管理人员	45.0	4.6	26.0	21.4	3.0
	个体/私营企业人员	27.6	0.4	32.1	33.6	6.3
	初级公务员/雇员	37.0	0.6	26.7	31.0	4.7
	工人	29.6	0.2	34.2	32.7	3.3
	学生	34.6	0.2	14.8	47.1	3.3
	无业	36.0	0.3	30.7	26.6	6.4
	其他	29.8	0.3	33.5	29.8	6.6
个人月收入	0～300 元	31.8	0.3	22.8	39.4	5.7
	301～900 元	28.9	0.2	34.9	27.6	8.4
	901～1700 元	30.2	0.3	36.3	28.9	4.3
	1701～2600 元	32.9	0.7	32.4	28.1	5.9
	2601～3500 元	41.0	0.4	27.3	27.7	3.6
	3501 元及以上	34.5	0.4	29.5	30.4	5.2

表 3.3.3　2015 年安徽市场各类频道在不同时段的市场占有率(%)

时间段	中央台频道	中国教育台频道	安徽省级频道	其他省级卫视频道	其他频道
02:00~03:00	30.7	0.6	14.2	50.4	4.1
03:00~04:00	44.5	1.9	14.4	35.9	3.3
04:00~05:00	50.4	2.1	16.9	28.6	2.0
05:00~06:00	39.0	0.9	27.9	29.4	2.8
06:00~07:00	37.6	0.5	43.0	16.6	2.3
07:00~08:00	45.5	0.3	33.0	18.3	2.9
08:00~09:00	43.8	0.3	19.1	31.3	5.5
09:00~10:00	41.5	0.5	14.7	36.5	6.8
10:00~11:00	40.8	0.5	16.4	35.2	7.1
11:00~12:00	38.0	1.7	31.3	24.4	4.6
12:00~13:00	46.2	0.6	29.7	20.2	3.3
13:00~14:00	36.8	0.2	25.0	33.8	4.2
14:00~15:00	32.5	0.5	13.9	46.1	7.0
15:00~16:00	32.3	0.7	12.6	44.3	10.1
16:00~17:00	36.2	0.5	14.5	38.6	10.2
17:00~18:00	41.5	0.3	28.3	22.4	7.5
18:00~19:00	37.3	0.3	44.3	13.1	5.0
19:00~20:00	37.3	0.2	34.5	23.5	4.5
20:00~21:00	23.2	0.3	30.7	40.6	5.2
21:00~22:00	24.8	0.3	28.0	40.9	6.0
22:00~23:00	24.9	0.3	26.4	40.3	8.1
23:00~24:00	28.6	0.3	18.9	44.3	7.9
24:00~25:00	39.8	0.2	15.6	37.2	7.2
25:00~26:00	31.1	0.0	14.3	47.8	6.8

表 3.3.4　2015 年安徽市场收视份额排名前十位的频道

名次	频道名称	收视份额(%)
1	安徽卫视	13.9
2	湖南卫视	11.6
3	中央电视台综合频道	9.5
4	安徽影视	5.0
5	中央电视台少儿频道	4.7
6	安徽公共	4.4
7	安徽经视	4.3
8	中央电视台新闻频道	3.3
9	中央台六套	2.8
10	中央台三套	2.1

表 3.3.5　2015 年安徽市场主要频道的观众构成(%)

目标观众		所有频道	主要频道				
			安徽卫视	湖南卫视	中央电视台综合频道	安徽影视	中央电视台少儿频道
4 岁及以上所有人		100.0	100.0	100.0	100.0	100.0	100.0
城乡	城市	33.7	36.7	20.9	47.5	30.5	25.4
	乡村	66.3	63.3	79.1	52.5	69.5	74.6
性别	男	49.0	51.0	32.8	52.8	54.3	51.1
	女	51.0	49.0	67.2	47.2	45.7	48.9
年龄	4 ~ 14 岁	11.4	6.3	19.3	8.8	3.6	54.2
	15 ~ 24 岁	9.7	6.4	21.3	7.4	6.9	6.1
	25 ~ 34 岁	10.7	7.5	19.8	8.8	6.8	13.0
	35 ~ 44 岁	19.2	20.7	24.1	19.4	19.4	8.5
	45 ~ 54 岁	16.7	17.2	8.5	17.4	27.5	8.6
	55 ~ 64 岁	16.0	19.9	3.7	18.5	20.6	6.4
	65 岁及以上	16.3	21.9	3.2	19.7	15.2	3.2
教育程度	未受过正规教育	10.6	11.6	6.1	7.7	8.8	20.8
	小学	29.2	32.7	26.3	24.2	35.6	47.1
	初中	35.9	34.6	46.6	35.1	33.7	20.5
	高中	17.5	16.0	14.9	22.5	16.7	7.3
	大学及以上	6.8	5.1	6.1	10.6	5.2	4.2
职业类别	干部/管理人员	1.8	1.4	1.0	3.5	0.7	0.6
	个体/私营企业人员	11.7	12.4	12.5	10.5	12.2	3.8
	初级公务员/雇员	7.9	7.5	7.2	9.2	7.5	4.4
	工人	10.0	10.3	11.0	8.7	11.9	4.9
	学生	12.3	7.8	24.5	10.5	5.3	39.6
	无业	26.5	26.9	17.3	33.6	26.6	25.3
	其他	29.7	33.8	26.4	23.9	35.8	21.4
个人月收入	0 ~ 300 元	30.7	26.2	43.8	27.1	22.3	66.9
	301 ~ 900 元	12.7	17.0	10.1	9.5	16.8	7.3
	901 ~ 1700 元	19.1	20.5	16.8	16.3	24.8	12.3
	1701 ~ 2600 元	17.9	17.2	14.0	20.9	17.4	7.0
	2601 ~ 3500 元	11.9	11.2	9.7	16.6	11.4	4.1
	3501 元及以上	7.7	8.0	5.6	9.5	7.3	2.4

表 3.3.6　2013 ~ 2015 年安徽市场各类节目的播出份额(%)和收视份额(%)

节目类型	2013 年		2014 年		2015 年	
	播出份额	收视份额	播出份额	收视份额	播出份额	收视份额
财经	1.9	0.4	1.7	0.3	1.7	0.4
电视剧	21.6	32.7	21.0	33.6	20.9	32.3
电影	4.2	2.1	3.7	2.2	3.6	2.6
法制	1.0	1.4	1.4	1.6	1.2	1.2
教学	0.3	0.0	0.3	0.0	0.3	0.0
青少	6.3	6.1	6.7	5.6	6.2	5.3
生活服务	9.1	7.6	9.8	8.3	9.6	8.4
体育	1.8	0.8	2.6	0.9	2.8	0.8
外语	0.0	0.0	0.0	0.0	0.0	0.0
戏剧	0.8	0.3	0.7	0.3	0.8	0.3
新闻/时事	15.6	17.3	15.2	16.9	15.4	17.8
音乐	2.4	0.5	2.4	0.4	2.4	0.4
专题	10.9	4.0	11.9	4.2	13.1	5.0
综艺	9.4	9.4	9.0	9.4	8.9	10.2
其他	14.8	17.4	13.8	16.6	13.3	15.4

表 3.3.7　2015 年安徽市场所有节目收视率排名前三十位

名次	节目名称	节目类型	播出频道	平均收视率（%）	平均占有率（%）
1	2015 中央电视台春节联欢晚会	综艺	中央电视台综合频道	16.1	57.3
2	你是我的姐妹	电视剧	安徽卫视	8.1	21.5
3	神犬小七	电视剧	湖南卫视	6.8	20.4
4	风云天地	电视剧	安徽卫视	6.6	17.7
5	封神英雄	电视剧	安徽卫视	6.6	16.5
6	妻子的谎言	电视剧	湖南卫视	6.5	20.2
7	快乐大本营	综艺	湖南卫视	6.4	20.8
8	新闻联播	新闻	中央电视台综合频道	6.3	21.6
9	偏偏喜欢你	电视剧	湖南卫视	6.3	18.9
10	麻雀春天	电视剧	安徽卫视	6.2	15.8
11	活色生香	电视剧	湖南卫视	6.0	17.2
12	末代皇帝传奇	电视剧	安徽卫视	5.9	15.0
13	中秋之夜	综艺	湖南卫视	5.8	18.9
14	冰与火的青春	电视剧	湖南卫视	5.8	17.7
14	锦绣缘华丽冒险	电视剧	湖南卫视	5.8	17.7
16	飞虎的纪念	专题	湖南卫视	5.8	15.8
17	东方主战场	专题	安徽卫视	5.8	14.3
18	武媚娘传奇(18~96 集)	电视剧	湖南卫视	5.7	16.7
19	2014 国剧盛典	综艺	安徽卫视	5.6	18.7
20	特警力量	电视剧	湖南卫视	5.6	16.9
21	2015 我是歌手歌王之战(3 月27 日)	综艺	湖南卫视	5.5	20.9
22	克拉之恋	电视剧	安徽卫视	5.5	15.2
23	冬暖花会开	电视剧	安徽卫视	5.5	14.1
24	青春正能量之我是女神	电视剧	安徽卫视	5.5	13.3
25	天天向上	综艺	湖南卫视	5.3	18.3
26	天气预报	生活服务	中央电视台综合频道	5.2	14.5
27	习近平在亚非领导人会议上致辞	新闻	中央电视台综合频道	5.2	13.4
28	医馆笑传	电视剧	安徽卫视	5.2	13.0
29	铁在烧	电视剧	安徽卫视	5.1	14.5
30	大好时光	电视剧	安徽卫视	5.0	14.0

表 3.3.8 2015 年安徽市场电视剧收视率排名前十位

名次	节目名称	播出频道	平均收视率（%）	平均占有率（%）
1	你是我的姐妹	安徽卫视	8.1	21.5
2	神犬小七	湖南卫视	6.8	20.4
3	风云天地	安徽卫视	6.6	17.7
4	封神英雄	安徽卫视	6.6	16.5
5	妻子的谎言	湖南卫视	6.5	20.2
6	偏偏喜欢你	湖南卫视	6.3	18.9
7	麻雀春天	安徽卫视	6.2	15.8
8	活色生香	湖南卫视	6.0	17.2
9	末代皇帝传奇	安徽卫视	5.9	15.0
10	冰与火的青春	湖南卫视	5.8	17.7

表 3.3.9 2015 年安徽市场新闻节目收视率排名前十位

名次	节目名称	播出频道	平均收视率（%）	平均占有率（%）
1	新闻联播	中央电视台综合频道	6.3	21.6
2	习近平在亚非领导人会议上致辞	中央电视台综合频道	5.2	13.4
3	转播中央台新闻联播	安徽卫视	4.9	16.8
4	郡县治天下安——习近平总书记与中央党校县委书记研修班学员座谈侧记	中央电视台综合频道	4.4	9.8
5	焦点访谈	中央电视台综合频道	4.2	11.1
6	李克强总理会见中外记者并回答提问	中央电视台综合频道	4.1	9.2
7	安徽新闻联播	安徽卫视	4.0	22.0
8	2015 一年又一年	中央电视台综合频道	2.6	18.7
9	夜线 60 分	安徽公共	2.0	4.9
10	每日新闻报	安徽卫视	1.9	15.3

表 3.3.10 2015 年安徽市场专题节目收视率排名前十位

名次	节目名称	播出频道	平均收视率（%）	平均占有率（%）
1	飞虎的纪念	湖南卫视	5.8	15.8
2	东方主战场	安徽卫视	5.8	14.3
3	噗通噗通的良心	湖南卫视	4.4	10.8
4	变形计	湖南卫视	4.2	11.6
5	全面实现小康一个民族都不能少	中央电视台综合频道	4.0	9.3
6	2014 心动安徽最美人物颁奖典礼	安徽卫视	3.8	11.1
7	把革命老区发展时刻放在心上	中央电视台综合频道	3.6	8.4
8	中国梦劳动礼赞时代楷模特别节目	中央电视台综合频道	2.9	7.2
9	2014 中国好书	中央电视台综合频道	2.6	7.6
10	联合国	中央电视台综合频道	2.5	6.1

表 3.3.11　2015 年安徽市场综艺节目收视率排名前十位

名次	节目名称	播出频道	平均收视率（%）	平均占有率（%）
1	2015 中央电视台春节联欢晚会	中央电视台综合频道	16.1	57.3
2	快乐大本营	湖南卫视	6.4	20.8
3	中秋之夜	湖南卫视	5.8	18.9
4	2014 国剧盛典	安徽卫视	5.6	18.7
5	2015 我是歌手歌王之战(3 月 27 日)	湖南卫视	5.5	20.9
6	天天向上	湖南卫视	5.3	18.3
7	胜利与和平——纪念抗日战争暨世界反法西斯战争胜利 70 周年文艺晚会	中央电视台综合频道	4.8	13.9
8	星光大道(2 月 19 日)	中央电视台综合频道	4.6	17.0
9	元宵喜乐会	湖南卫视	4.6	16.3
10	医馆笑传首映大典	安徽卫视	4.5	12.1

表 3.3.12　2015 年安徽市场体育节目收视率排名前十位

名次	节目名称	播出频道	平均收视率（%）	平均占有率（%）
1	直播周末:2015 年女排世界杯颁奖仪式	中央台五套	1.1	3.7
2	现场直播:2015 年亚洲男篮锦标赛决赛(中国队 VS 菲律宾队)	中央台五套	0.9	3.6
3	现场直播:第一届全国青年运动会田径男子 4×400 米接力决赛	中央台五套	0.9	2.4
4	2015 年世界田径锦标赛男子 100 米决赛	中央台五套	0.8	2.7
5	十大闪电进球	中央台五套	0.8	2.3
6	黄金赛场:2015 年东亚杯男子足球赛(中国队 VS 朝鲜队)	中央台五套	0.7	3.7
7	直播周末 刘翔退役仪式	中央台五套	0.6	2.6
8	2015 年世界花样滑冰锦标赛男单自由滑	中央台五套	0.6	2.1
9	超级足球之夜:国际足联 2018 年俄罗斯世界杯亚洲区预选赛 C 组小组赛(中国香港队 VS 中国队)	中央台五套	0.6	1.9
10	直播周末;2015 年国际泳联世锦赛男子 400 米自由泳决赛	中央台五套	0.5	4.0

四、福建收视数据

表 3.4.1 2011～2015 年福建市场各类频道的市场占有率(%)

频道类别	年份				
	2011 年	2012 年	2013 年	2014 年	2015 年
中央台频道	23.3	26.9	27.8	30.3	31.3
中国教育台频道	0.4	0.4	0.3	0.3	0.2
福建省级频道	35.2	34.3	33.6	30.0	25.9
其他省级卫视频道	29.7	27.8	27.3	27.6	30.5
其他频道	11.4	10.6	11.0	11.8	12.1

表 3.4.2 2015 年福建市场各类频道在不同目标观众中的市场占有率(%)

目标观众		中央台频道	中国教育台频道	福建省级频道	其他省级卫视频道	其他频道
4 岁及以上所有人		31.3	0.2	25.9	30.5	12.1
城乡	城市	33.7	0.2	10.2	33.8	22.1
	农村	30.5	0.2	30.9	29.4	9.0
性别	男	33.5	0.2	25.0	29.2	12.2
	女	29.1	0.1	26.9	31.8	12.1
年龄	4～14 岁	25.4	0.1	22.4	43.1	9.0
	15～24 岁	25.8	0.1	29.1	33.5	11.4
	25～34 岁	31.7	0.1	26.2	29.1	13.0
	35～44 岁	27.8	0.2	33.4	28.4	10.2
	45～54 岁	31.1	0.2	25.9	29.2	13.6
	55～64 岁	41.2	0.2	18.9	26.6	13.1
	65 岁及以上	34.8	0.2	24.7	25.3	15.0
教育程度	未受过正规教育	29.0	0.1	26.8	32.3	11.8
	小学	29.5	0.2	26.2	31.2	12.9
	初中	30.2	0.1	29.4	30.0	10.2
	高中	36.6	0.2	19.4	29.2	14.6
	大学及以上	42.4	0.1	14.5	27.5	15.5
职业类别	干部/管理人员	49.8	0.1	15.0	25.7	9.3
	个体/私营企业人员	32.8	0.2	22.4	31.1	13.6
	初级公务员/雇员	36.7	0.2	21.6	28.3	13.2
	工人	30.5	0.1	26.2	28.8	14.4
	学生	23.5	0.1	25.5	42.7	8.2
	无业	35.7	0.2	19.7	31.9	12.5
	其他	25.3	0.2	38.4	24.7	11.5
个人月收入	0～300 元	29.1	0.2	24.9	35.6	10.3
	301～900 元	25.4	0.2	34.4	27.6	12.4
	901～1700 元	29.5	0.1	33.1	25.9	11.4
	1701～2600 元	33.3	0.2	24.0	28.3	14.2
	2601～3500 元	35.7	0.2	23.7	28.4	11.9
	3501 元及以上	37.3	0.1	17.8	27.9	16.8

表 3.4.3　2015 年福建市场各类频道不同时段的市场占有率(%)

时间段	中央台频道	中国教育台频道	福建省级频道	其他省级卫视频道	其他频道
02:00~03:00	30.4	0.6	17.5	34.0	17.5
03:00~04:00	30.4	0.4	19.5	31.2	18.6
04:00~05:00	26.9	0.4	27.7	26.3	18.8
05:00~06:00	28.3	0.6	26.9	27.3	17.0
06:00~07:00	43.4	0.2	8.2	35.4	12.9
07:00~08:00	46.7	0.1	8.7	31.2	13.3
08:00~09:00	45.5	0.4	7.7	33.4	13.0
09:00~10:00	38.0	0.3	8.0	40.8	12.9
10:00~11:00	36.6	0.4	7.0	42.7	13.3
11:00~12:00	39.1	0.1	6.2	42.9	11.7
12:00~13:00	41.4	0.1	4.6	42.5	11.4
13:00~14:00	40.6	0.2	4.8	42.6	11.7
14:00~15:00	34.6	0.3	5.8	45.5	13.9
15:00~16:00	33.0	0.4	7.2	46.0	13.4
16:00~17:00	34.5	0.3	7.8	44.8	12.7
17:00~18:00	39.2	0.1	17.3	31.8	11.6
18:00~19:00	28.1	0.1	47.1	12.4	12.3
19:00~20:00	29.8	0.1	44.9	15.3	9.9
20:00~21:00	23.3	0.1	38.4	26.8	11.3
21:00~22:00	26.5	0.1	33.3	27.7	12.3
22:00~23:00	26.5	0.1	26.4	33.4	13.6
23:00~24:00	30.0	0.1	14.5	42.6	12.8
24:00~25:00	33.0	0.2	13.8	37.6	15.3
25:00~26:00	32.4	0.5	16.8	33.0	17.4

表 3.4.4　2015 年福建市场收视份额排名前十位的频道

名次	频道名称	收视份额(%)
1	东南卫视	7.7
2	中央台六套	5.6
2	湖南卫视	5.6
4	福建省广播影视集团综合频道	5.5
5	中央电视台综合频道	5.2
6	福建省广播影视集团新闻频道	4.4
7	湖南电视台金鹰卡通频道	4.2
8	中央台八套	3.8
9	中央电视台少儿频道	3.5
10	福建省广播影视集团电视剧频道	3.2

表 3.4.5　2015 年福建市场各主要频道的观众构成(%)

目标观众		所有频道	主要频道				
			东南卫视	中央台六套	湖南卫视	福建省广播影视集团综合频道	中央电视台综合频道
4 岁及以上所有人		100.0	100.0	100.0	100.0	100.0	100.0
城乡	城市	24.1	9.8	23.6	26.4	14.6	26.1
	农村	75.9	90.2	76.4	73.6	85.4	73.9
性别	男	50.3	45.8	58.3	44.5	55.9	49.6
	女	49.7	54.2	41.7	55.5	44.1	50.4
年龄	4～14 岁	13.5	10.6	12.0	24.3	8.9	10.9
	15～24 岁	9.2	11.6	12.8	17.5	18.0	6.9
	25～34 岁	13.3	13.7	13.4	10.8	5.1	18.4
	35～44 岁	18.0	24.7	20.0	22.7	39.4	8.9
	45～54 岁	19.7	20.3	23.8	11.1	13.7	16.3
	55～64 岁	15.7	5.2	12.4	7.6	5.7	21.3
	65 岁及以上	10.6	14.0	5.6	5.9	9.2	17.3
教育程度	未受过正规教育	14.1	10.9	15.4	15.3	8.7	16.3
	小学	31.5	24.4	33.2	30.2	43.2	21.0
	初中	35.5	51.0	36.9	38.5	38.2	31.5
	高中	14.0	11.4	10.8	12.1	8.3	17.6
	大学及以上	4.9	2.3	3.7	3.9	1.6	13.6
职业类别	干部/管理人员	2.0	1.8	1.7	1.3	0.8	7.5
	个体/私营企业人员	10.8	8.8	16.9	10.4	12.6	11.7
	初级公务员/雇员	8.3	3.0	8.5	6.6	7.9	10.6
	工人	14.6	19.3	14.9	14.1	16.5	9.9
	学生	10.9	11.4	12.2	29.9	22.0	6.9
	无业	30.5	20.8	25.0	25.0	15.9	40.3
	其他	22.9	35.1	20.9	12.7	24.4	13.0
个人月收入	0～300 元	36.0	36.7	38.2	50.8	37.4	32.6
	301～900 元	7.1	8.1	3.8	3.6	4.1	4.7
	901～1700 元	16.2	25.6	15.3	12.8	15.1	15.0
	1701～2600 元	18.5	11.9	14.1	12.8	16.6	15.2
	2601～3500 元	12.4	8.1	12.7	10.8	20.0	16.8
	3501 元及以上	9.8	9.6	15.9	9.2	6.7	15.6

表 3.4.6　2013～2015 年福建市场各类节目的播出份额和收视份额(%)

节目类别	2013 年		2014 年		2015 年	
	播出份额	收视份额	播出份额	收视份额	播出份额	收视份额
财经	2.2	0.7	2.0	0.5	1.5	0.6
电视剧	21.5	33.0	19.7	32.7	24.1	31.0
电影	4.2	3.7	4.0	4.5	4.2	7.0
法制	0.8	0.8	0.8	0.6	0.9	1.2
教学	0.3	0.0	0.3	0.0	0.3	0.1
青少	6.8	8.3	7.2	7.1	6.0	8.8
生活服务	10.1	7.5	11.3	8.6	10.6	7.1
体育	2.3	1.0	3.3	1.1	3.5	1.7
外语	0.0	0.0	0.0	0.0	0.0	0.0
戏剧	0.8	0.2	0.7	0.2	0.7	0.3
新闻/时事	14.7	15.4	14.3	14.4	10.5	12.1
音乐	2.4	0.5	2.4	0.6	2.5	1.3
专题	10.9	6.5	12.1	7.6	13.1	6.5
综艺	8.6	9.0	8.8	8.8	7.3	10.3
其他	14.5	13.4	13.1	13.3	14.8	12.0

表 3.4.7　2015 年福建市场所有节目收视率排名前三十位

名次	节目名称	节目类型	播出频道	平均收视率(%)	平均占有率(%)
1	2015 中央电视台春节联欢晚会	综艺	东南卫视	7.2	18.3
2	泪洒女人花	电视剧	东南卫视	7.1	18.3
3	花火花红	电视剧	东南卫视	6.9	17.5
4	极品新娘	电视剧	东南卫视	6.8	18.0
5	唐伯虎点秋香	电影	东南卫视	6.6	18.2
6	如果爱可以重来	电视剧	东南卫视	6.2	16.4
7	老鼠爱上猫	电影	东南卫视	6.1	16.7
8	淑女之家	电视剧	东南卫视	5.9	15.6
9	离婚律师	电视剧	东南卫视	5.8	15.3
10	偏偏喜欢你	电视剧	东南卫视	5.6	15.0
11	一见不钟情	电视剧	东南卫视	5.5	15.1
12	钱塘传奇	电视剧	东南卫视	5.5	13.9
13	玫瑰炒肉丝	电视剧	东南卫视	5.4	14.1
14	伙伴夫妻	电视剧	东南卫视	5.0	13.2
15	防抗苏迪罗特别报道	新闻	东南卫视	4.9	15.5
16	护宝者	电视剧	东南卫视	4.9	12.3
17	抓住彩虹的男人	电视剧	东南卫视	4.9	12.2
18	转播中央台新闻联播	新闻	东南卫视	4.8	14.5
19	镖门	电视剧	东南卫视	4.8	12.7
20	2015 中央电视台元宵晚会	综艺	中央电视台综合频道	4.8	12.0
21	锦绣缘华丽冒险	电视剧	湖南卫视	4.7	12.5
22	两生花	电视剧	东南卫视	4.6	14.0
23	夺樽	电影	中央台六套	4.6	11.5
24	妻子的谎言	电视剧	湖南卫视	4.5	12.5
25	海之梦第十四届亚洲艺术节暨第二届海上丝绸之路国际艺术节开幕式	综艺	东南卫视	4.5	12.2
26	冰与火的青春	电视剧	东南卫视	4.4	10.6
27	妻子的谎言	电视剧	湖南卫视	4.3	18.0
28	海上孟府	电视剧	东南卫视	4.3	12.2
29	特警力量	电视剧	湖南卫视	4.3	11.8
30	胜利与和平——纪念抗日战争暨世界反法西斯战争胜利 70 周年文艺晚会	综艺	东南卫视	4.3	11.3

表 3.4.8　2015 年福建市场电视剧收视率排名前十位

名次	节目名称	播出频道	平均收视率(%)	平均占有率(%)
1	泪洒女人花	东南卫视	7.1	18.3
2	花火花红	东南卫视	6.9	17.5
3	极品新娘	东南卫视	6.8	18.0
4	如果爱可以重来	东南卫视	6.2	16.4
5	淑女之家	东南卫视	5.9	15.6
6	离婚律师	东南卫视	5.8	15.3
7	偏偏喜欢你	东南卫视	5.6	15.0
8	一见不钟情	东南卫视	5.5	15.1
9	钱塘传奇	东南卫视	5.5	13.9
10	玫瑰炒肉丝	东南卫视	5.4	14.1

表 3.4.9 2015 年福建市场新闻节目收视率排名前十位

名次	节目名称	播出频道	平均收视率（%）	平均占有率（%）
1	防抗苏迪罗特别报道	东南卫视	4.9	15.5
2	转播中央台新闻联播	东南卫视	4.8	14.5
3	福建卫视新闻	东南卫视	3.9	14.1
4	福建新闻联播	福建省广播影视集团综合频道	3.1	8.6
5	海峡新干线	东南卫视	3.0	8.8
6	环球报道	福建省广播影视集团新闻频道	2.7	8.2
7	F4 大搜索	福建省广播影视集团新闻频道	2.7	7.2
8	环球大热门周末精华版	福建省广播影视集团新闻频道	2.6	8.8
9	第七届海峡论坛大会	东南卫视	2.6	8.2
10	看东岸	福建省广播影视集团新闻频道	2.6	6.5

表 3.4.10 2015 年福建市场专题节目收视率排名前十位

名次	节目名称	播出频道	平均收视率（%）	平均占有率（%）
1	东方主战场	东南卫视	4.1	10.7
2	台湾 1945	东南卫视	3.7	9.8
3	八闽榜样发布厅知心法官黄志丽	福建省广播影视集团综合频道	3.5	9.2
4	调解有 1 套	福建省广播影视集团综合频道	3.3	10.0
5	爱心帮帮团	福建省广播影视集团综合频道	3.0	10.5
6	福建志愿者	福建省广播影视集团综合频道	3.0	8.6
7	八闽榜样发布厅 2014 年践行社会主义核心价值观基层最美人物发布会	福建省广播影视集团综合频道	2.8	8.0
8	郁莉开讲	福建省广播影视集团综合频道	2.8	6.9
9	村两委换届选举村党组织换届选举	福建省广播影视集团综合频道	2.7	12.8
10	时代先锋	福建省广播影视集团综合频道	2.6	7.2

表 3.4.11 2015 年福建市场综艺节目收视率排名前十位

名次	节目名称	播出频道	平均收视率（%）	平均占有率（%）
1	2015 中央电视台春节联欢晚会	东南卫视	7.2	18.3
2	2015 中央电视台元宵晚会	中央电视台综合频道	4.8	12.0
3	海之梦第十四届亚洲艺术节暨第二届海上丝绸之路国际艺术节开幕式	东南卫视	4.5	12.2
4	胜利与和平——纪念抗日战争暨世界反法西斯战争胜利 70 周年文艺晚会	东南卫视	4.3	11.3
5	奔跑吧兄弟(4 月 17 日 ~7 月 3 日)	浙江卫视	3.4	11.3
6	奔跑吧兄弟(10 月 30 日 ~12 月 25 日)	浙江卫视	3.3	11.9
7	奔跑吧兄弟(1 月 2 日 ~1 月 16 日)	浙江卫视	2.9	10.5
8	元宵喜乐会	湖南卫视	2.9	8.2
9	急速斗阵行	福建省广播影视集团综合频道	2.9	8.1
10	辣妈不一样	福建省广播影视集团综合频道	2.8	7.7

表 3.4.12　2015 年福建市场体育节目收视率排名前十位

名次	节目名称	播出频道	平均收视率（%）	平均占有率（%）
1	青春赛场:15 年中华龙舟大赛福建福州站青少年女子 100 米直道决赛	福建省广播影视集团体育频道	2.6	10.3
2	青春赛场:2015 年亚洲女排锦标赛复赛（中国队 VS 日本队）	福建省广播影视集团体育频道	2.4	7.6
3	青春赛场:2014/2015 赛季英格兰足总杯决赛（阿森纳 VS 阿斯顿维拉）	福建省广播影视集团体育频道	2.2	7.4
4	直播青运:2015 年全国青运会男子 200 米仰泳决赛	福建省广播影视集团体育频道	2.2	6.3
5	2015 年世界田径锦标赛男子100 米决赛	中央台五套	2.2	5.8
6	青春赛场:2015 年瑞士女排精英赛半决赛（日本队 VS 俄罗斯队）	福建省广播影视集团体育频道	2.0	6.5
7	青春赛场:2015 年法国网球公开赛男单第一轮	福建省广播影视集团体育频道	2.0	6.4
8	青春赛场:国际足联 2015 年加拿大女足世界杯 1/4 决赛（英格兰队 VS 加拿大队）	福建省广播影视集团体育频道	2.0	5.7
9	2015 年中国羽毛球公开赛男子双打决赛	福建省广播影视集团体育频道	1.9	6.6
10	青春赛场:世界拳击擂台赛 WBF 中量级拳王赛	福建省广播影视集团体育频道	1.9	5.9

五、甘肃收视数据

表 3.5.1 2011～2015 年甘肃市场各类频道的市场占有率(%)

频道类别	年份				
	2011 年	2012 年	2013 年	2014 年	2015 年
中央台频道	37.0	41.1	47.9	49.2	48.1
中国教育台频道	1.7	1.7	1.6	1.0	0.5
甘肃省级频道	5.1	5.6	3.9	4.0	5.4
其他省级卫视频道	50.4	45.0	41.6	40.1	39.9
其他频道	5.8	6.6	5.0	5.7	6.1

表 3.5.2 2015 年甘肃市场各类频道在不同目标观众中的市场占有率(%)

目标观众		中央台频道	中国教育台频道	甘肃省级频道	其他省级卫视频道	其他频道
4 岁及以上所有人		48.1	0.5	5.4	39.9	6.1
城乡	城市	51.3	0.5	5.0	35.9	7.3
	农村	45.6	0.6	5.7	43.0	5.2
性别	男	50.2	0.5	5.7	37.4	6.2
	女	46.0	0.6	5.0	42.4	6.0
年龄	4～14 岁	53.5	0.6	2.2	39.8	3.9
	15～24 岁	41.4	0.6	5.0	47.2	5.8
	25～34 岁	42.8	0.5	4.6	44.8	7.3
	35～44 岁	45.4	0.6	4.7	44.0	5.4
	45～54 岁	47.6	0.6	5.4	40.0	6.5
	55～64 岁	53.5	0.5	9.5	28.9	7.6
	65 岁及以上	55.9	0.4	6.6	30.7	6.5
教育程度	未受过正规教育	50.4	0.6	4.9	40.3	3.7
	小学	46.5	0.8	5.0	43.1	4.6
	初中	43.8	0.5	5.4	43.5	6.8
	高中	52.0	0.5	5.8	34.1	7.6
	大学及以上	62.2	0.1	6.0	25.6	6.0
职业类别	干部/管理人员	62.0	0.2	5.8	23.7	8.3
	个体/私营企业人员	49.1	0.4	4.5	37.9	8.1
	初级公务员/雇员	58.6	0.2	6.2	28.6	6.4
	工人	50.2	0.4	3.7	36.3	9.3
	学生	46.1	0.7	3.5	44.9	4.9
	无业	56.2	0.3	7.0	28.5	8.0
	其他	42.7	0.7	5.8	46.4	4.4
个人月收入	0～300 元	48.2	0.7	3.8	42.9	4.4
	301～900 元	45.5	0.6	4.9	45.5	3.5
	901～1700 元	48.4	0.5	5.8	39.5	5.8
	1701～2600 元	46.6	0.4	6.7	36.7	9.7
	2601～3500 元	50.4	0.6	7.0	34.5	7.6
	3501 元及以上	53.2	0.4	6.2	34.0	6.2

表 3.5.3　2015 年甘肃市场各类频道在不同时段的市场占有率(%)

时间段	中央台频道	中国教育台频道	甘肃省级频道	其他省级卫视频道	其他频道
02:00~03:00	31.4	0.3	3.3	56.1	8.8
03:00~04:00	36.3	1.0	0.8	59.4	2.5
04:00~05:00	62.8	0.6	0.0	35.0	1.6
05:00~06:00	77.3	0.2	2.3	19.5	0.8
06:00~07:00	68.9	0.4	5.5	24.0	1.2
07:00~08:00	66.2	0.7	3.3	27.4	2.4
08:00~09:00	59.3	0.6	2.4	32.8	4.9
09:00~10:00	55.7	0.6	2.5	34.6	6.7
10:00~11:00	54.2	0.4	2.8	35.9	6.7
11:00~12:00	57.4	0.3	2.4	33.9	6.0
12:00~13:00	71.0	0.2	1.8	23.0	3.9
13:00~14:00	60.8	0.4	2.3	32.4	4.1
14:00~15:00	45.3	0.6	1.7	45.6	6.8
15:00~16:00	44.6	0.5	2.3	44.4	8.1
16:00~17:00	49.5	0.5	2.5	39.0	8.5
17:00~18:00	62.4	0.4	2.2	28.5	6.5
18:00~19:00	66.0	0.2	9.7	18.1	6.0
19:00~20:00	60.9	0.5	5.5	29.1	4.0
20:00~21:00	35.6	0.8	6.3	51.1	6.2
21:00~22:00	35.1	0.6	6.8	50.1	7.3
22:00~23:00	33.2	0.4	7.6	49.3	9.5
23:00~24:00	35.3	0.4	3.0	52.4	8.9
24:00~25:00	47.0	0.2	2.6	38.3	11.9
25:00~26:00	43.6	0.5	3.1	33.2	19.5

表 3.5.4　2015 年甘肃市场收视份额排名前十位的频道

名次	频道名称	收视份额(%)
1	中央电视台综合频道	18.0
2	湖南卫视	8.1
3	中央电视台少儿频道	5.5
4	中央台八套	4.9
5	中央电视台新闻频道	3.8
6	中央台六套	3.7
7	山东卫视	3.6
8	中央台十二套	2.8
9	中央台三套	2.5
9	安徽卫视	2.5

表 3.5.5 2015 年甘肃市场各主要频道的观众构成(%)

目标观众		所有频道	中央电视台综合频道	湖南卫视	中央电视台少儿频道	中央台八套	中央电视台新闻频道
4 岁及以上所有人		100.0	100.0	100.0	100.0	100.0	100.0
城乡	城市	43.7	48.3	37.2	36.1	38.0	49.6
	乡村	56.3	51.7	62.8	63.9	62.0	50.4
性别	男	50.0	50.7	40.2	56.4	46.7	58.5
	女	50.0	49.3	59.8	43.6	53.3	41.5
年龄	4~14 岁	11.6	8.7	14.3	56.4	6.0	2.2
	15~24 岁	14.2	11.1	24.1	9.4	15.3	10.2
	25~34 岁	11.6	10.6	14.8	10.6	10.5	7.0
	35~44 岁	21.2	18.9	23.7	7.6	24.2	25.2
	45~54 岁	17.0	18.8	13.9	7.1	21.5	17.4
	55~64 岁	12.6	16.8	4.9	5.9	11.7	15.8
	65 岁及以上	11.9	15.2	4.2	3.0	10.7	22.1
教育程度	未受过正规教育	8.0	7.3	5.2	24.7	5.1	5.5
	小学	25.2	21.9	27.3	42.3	22.8	22.3
	初中	38.3	32.1	44.8	25.2	39.9	37.0
	高中	21.1	25.9	17.6	6.4	20.8	23.5
	大学及以上	7.4	12.7	5.0	1.3	11.3	11.8
职业类别	干部/管理人员	0.8	1.4	0.3	0.1	1.1	0.7
	个体/私营企业人员	14.4	15.4	13.9	8.5	13.7	15.9
	初级公务员/雇员	3.7	6.1	3.0	0.6	6.0	5.2
	工人	4.9	5.8	4.7	1.3	4.9	5.7
	学生	16.4	12.0	25.1	42.5	12.7	7.6
	无业	20.7	26.4	10.2	24.0	19.8	32.7
	其他	39.0	32.9	42.7	23.0	41.9	32.3
个人月收入	0~300 元	29.6	25.3	37.4	69.3	23.4	21.1
	301~900 元	13.3	13.9	13.6	6.8	12.2	14.6
	901~1700 元	19.7	20.2	20.5	9.7	24.0	19.5
	1701~2600 元	21.0	20.8	15.1	8.6	19.6	25.1
	2601~3500 元	9.5	11.0	8.1	3.7	12.5	12.2
	3501 元及以上	6.9	8.8	5.2	1.8	8.2	7.5

表 3.5.6 2013~2015 年甘肃市场各类节目的播出份额(%)和收视份额(%)

节目类别	2013 年		2014 年		2015 年	
	播出份额	收视份额	播出份额	收视份额	播出份额	收视份额
财经	2.0	0.4	1.9	0.4	1.9	0.5
电视剧	21.9	35.8	20.8	36.3	20.7	34.1
电影	4.3	3.4	3.9	3.2	3.7	3.2
法制	0.9	1.4	0.9	1.2	0.9	1.1
教学	0.3	0.0	0.3	0.0	0.3	0.0
青少	7.1	5.6	7.5	5.1	7.0	4.8
生活服务	10.0	7.8	9.9	8.4	9.1	8.8
体育	1.9	0.6	2.9	1.0	3.0	0.9
外语	0.0	0.0	0.0	0.0	0.0	0.0
戏剧	0.8	0.3	0.8	0.5	0.9	0.7
新闻/时事	14.6	13.6	14.4	13.6	14.7	14.0
音乐	2.5	0.6	2.6	0.6	2.6	0.8
专题	10.7	4.0	12.5	4.5	13.9	5.4
综艺	9.2	9.7	9.1	9.1	8.9	10.4
其他	13.9	16.8	12.7	16.1	12.4	15.3

表 3.5.7　2015 年甘肃市场所有节目收视率排名前三十位

名次	节目名称	节目类别	播出频道	平均收视率（%）	平均占有率（%）
1	2015 中央电视台春节联欢晚会	综艺	中央电视台综合频道	27.7	69.1
2	新闻联播	新闻/时事	中央电视台综合频道	14.4	49.7
3	把革命老区发展时刻放在心上	专题	中央电视台综合频道	12.2	26.3
4	天气预报	生活服务	中央电视台综合频道	10.9	31.7
5	胜利与和平——纪念抗日战争暨世界反法西斯战争胜利 70 周年文艺晚会	综艺	中央电视台综合频道	10.8	29.8
6	星光大道(2 月 19 日)	综艺	中央电视台综合频道	10.2	28.1
7	习近平在亚非领导人会议上致辞	新闻/时事	中央电视台综合频道	9.7	24.5
8	焦点访谈	新闻/时事	中央电视台综合频道	9.1	20.9
9	李克强总理会见中外记者并回答提问	新闻/时事	中央电视台综合频道	8.9	20.0
10	郡县治天下安——习近平总书记与中央党校县委书记研修班学员座谈侧记	新闻/时事	中央电视台综合频道	8.9	19.6
11	全面实现小康一个民族都不能少	专题	中央电视台综合频道	7.6	17.3
12	中央军委慰问驻京部队老干部迎新春文艺演出	综艺	中央电视台综合频道	7.2	15.1
13	中央电视台 2015 春节戏曲晚会	戏剧	中央电视台综合频道	7.0	17.8
14	2015 中央电视台元宵晚会	综艺	中央电视台综合频道	6.4	17.3
15	东方主战场	专题	中央电视台综合频道	6.3	16.1
16	欢乐的节日 2015 年六一晚会	青少	中央电视台综合频道	6.3	15.1
17	开学第一课(9 月 4 日)	青少	中央电视台综合频道	6.0	17.6
18	出彩中国人有梦就出彩	综艺	中央电视台综合频道	5.9	14.7
19	胡耀邦	专题	中央电视台综合频道	5.9	13.5
20	神犬小七	电视剧	湖南卫视	5.5	15.3
21	中国梦劳动礼赞时代楷模特别节目	专题	中央电视台综合频道	5.5	13.3
22	共筑中国梦歌曲演唱会	音乐	中央电视台综合频道	5.5	11.5
23	雪域新歌——中央电视台心连心艺术团赴西藏慰问演出	综艺	中央电视台综合频道	5.4	13.9
24	联合国	专题	中央电视台综合频道	5.4	13.4
25	好大一个家	电视剧	中央电视台综合频道	5.4	13.1
26	抗战胜利歌曲展播(9 月 3 日)	音乐	中央电视台综合频道	5.3	21.5
27	众里寻你 2015 寻找最美孝心少年颁奖典礼	青少	中央电视台综合频道	5.3	14.1
28	抗倭英雄戚继光	电视剧	中央电视台综合频道	5.3	12.6
29	好记者讲好故事价值观的故事 2015 年中国记者节特别节目	专题	中央电视台综合频道	5.3	12.1
30	光荣与梦想——庆祝中国共产党成立 94 周年	歌曲特辑	中央电视台综合频道	5.2	14.6

表 3.5.8 2015 年甘肃市场电视剧收视率排名前十位

名次	节目名称	播出频道	平均收视率（%）	平均占有率（%）
1	神犬小七	湖南卫视	5.5	15.3
2	好大一个家	中央电视台综合频道	5.4	13.1
3	抗倭英雄戚继光	中央电视台综合频道	5.3	12.6
4	空巢姥爷	中央电视台综合频道	5.1	14.2
5	冰与火的青春	湖南卫视	5.0	14.1
6	雪域雄鹰	中央电视台综合频道	5.0	13.6
7	太行山上	中央电视台综合频道	5.0	13.5
8	别让我看见	中央电视台综合频道	4.9	13.1
9	武媚娘传奇(18~96 集)	湖南卫视	4.9	12.0
10	特警力量	湖南卫视	4.7	13.5

表 3.5.9 2015 年甘肃市场新闻节目收视率排名前十位

名次	节目名称	播出频道	平均收视率（%）	平均占有率（%）
1	新闻联播	中央电视台综合频道	14.4	49.7
2	习近平在亚非领导人会议上致辞	中央电视台综合频道	9.7	24.5
3	焦点访谈	中央电视台综合频道	9.1	20.9
4	李克强总理会见中外记者并回答提问	中央电视台综合频道	8.9	20.0
5	郡县治天下安——习近平总书记与中央党校县委书记研修班学员座谈侧记	中央电视台综合频道	8.9	19.6
6	2015 一年又一年	中央电视台综合频道	5.1	39.1
7	长江客轮翻沉事件特别节目	山东卫视	1.4	5.2
8	逝者安息长江客轮翻沉事件特别节目	山东卫视	1.4	4.2
9	甘肃新闻	甘肃卫视	1.3	10.1
10	调查	山东卫视	1.3	4.7

表 3.5.10 2015 年甘肃市场专题节目收视率排名前十位

名次	节目名称	播出频道	平均收视率（%）	平均占有率（%）
1	把革命老区发展时刻放在心上	中央电视台综合频道	12.2	26.3
2	全面实现小康一个民族都不能少	中央电视台综合频道	7.6	17.3
3	东方主战场	中央电视台综合频道	6.3	16.1
4	胡耀邦	中央电视台综合频道	5.9	13.5
5	中国梦劳动礼赞时代楷模特别节目	中央电视台综合频道	5.5	13.3
6	联合国	中央电视台综合频道	5.4	13.4
7	好记者讲好故事价值观的故事 2015 年中国记者节特别节目	中央电视台综合频道	5.3	12.1
8	2015 寻找最美教师	中央电视台综合频道	4.7	13.5
9	寻找最美医生大型公益活动颁奖典礼	中央电视台综合频道	4.7	12.8
10	感动中国 2014 年度人物颁奖盛典	中央电视台综合频道	4.7	12.6

表 3.5.11　2015 年甘肃市场综艺节目收视率排名前十位

名次	节目名称	播出频道	平均收视率(%)	平均占有率(%)
1	2015 中央电视台春节联欢晚会	中央电视台综合频道	27.7	69.1
2	胜利与和平——纪念抗日战争暨世界反法西斯战争胜利 70 周年文艺晚会	中央电视台综合频道	10.8	29.8
3	星光大道(2 月 19 日)	中央电视台综合频道	10.2	28.1
4	中央军委慰问驻京部队老干部迎新春文艺演出	中央电视台综合频道	7.2	15.1
5	2015 中央电视台元宵晚会	中央电视台综合频道	6.4	17.3
6	出彩中国人有梦就出彩	中央电视台综合频道	5.9	14.7
7	雪域新歌——中央电视台心连心艺术团赴西藏慰问演出	中央电视台综合频道	5.4	13.9
8	光荣与梦想——庆祝中国共产党成立 94 周年歌曲特辑	中央电视台综合频道	5.2	14.6
9	中秋之夜	湖南卫视	5.2	14.4
10	中国梦劳动美——2015 年庆祝五一国际劳动节特别节目	中央电视台综合频道	5.1	12.8

表 3.5.12　2015 年甘肃市场体育节目收视率排名前十位

名次	节目名称	播出频道	平均收视率(%)	平均占有率(%)
1	环湖骑派对	甘肃卫视	1.3	4.2
2	2015 年世界田径锦标赛女子 800 米半决赛	中央台五套	1.2	3.3
3	现场直播:2015 年亚洲男篮锦标赛第二阶段小组赛(中国队 VS 卡塔尔队)	中央台五套	1.2	3.2
4	通向 2022	北京卫视	1.0	3.0
5	2015 年中国足球超级联赛第 21 轮(上海上港 VS 重庆力帆)	甘肃卫视	0.9	2.4
5	2015 年 58 同城中国足球协会甲级联赛第 20 轮(河北华夏幸福 VS 呼和浩特中优)	甘肃卫视	0.9	2.4
7	超级足球之夜:2015 年亚洲足联冠军联赛半决赛首回合(中国广州恒大 VS 日本大阪钢巴)	中央台五套	0.8	2.5
8	直播周末:2015 年女排世界杯(日本队 VS 中国队)	中央台五套	0.7	2.3
9	全景足球:2015 年中国平安中超联赛第 26 轮(上海上港 VS 贵州茅台)	甘肃卫视	0.7	1.9
10	直播周末:2015/2016 赛季 CBA 常规赛第一轮(广东东莞银行 VS 山东高速)	中央台五套	0.7	1.7

六、广东收视数据

表 3.6.1 2011～2015 年广东市场各类频道的市场占有率（%）

频道类别	年份				
	2011 年	2012 年	2013 年	2014 年	2015 年
中央台频道	16.1	18.7	19.8	20.9	19.3
中国教育台频道	0.4	0.4	0.3	0.2	0.2
广东省级频道	45.0	43.0	40.2	38.7	38.8
其他省级卫视频道	15.5	16.5	17.5	17.1	16.6
境外频道	7.7	6.1	5.4	4.9	4.5
其他频道	15.3	15.3	16.8	18.2	20.6

表 3.6.2 2015 年广东市场各类频道在不同目标观众中的市场占有率（%）

目标观众		中央台频道	中国教育台频道	广东省级频道	其他省级卫视频道	境外频道	其他频道
4 岁及以上所有人		19.3	0.2	38.8	16.6	4.5	20.6
城乡	城市	19.7	0.1	29.1	19.9	6.1	25.1
	农村	18.9	0.2	49.5	13.1	2.7	15.6
性别	男	21.3	0.1	39.3	14.9	4.6	19.8
	女	17.2	0.2	38.2	18.4	4.4	21.6
年龄	4～14 岁	19.0	0.2	43.7	19.0	1.9	16.2
	15～24 岁	16.5	0.3	33.0	22.4	4.3	23.5
	25～34 岁	18.2	0.1	34.2	18.2	6.8	22.5
	35～44 岁	20.8	0.1	35.2	17.0	4.3	22.6
	45～54 岁	20.6	0.2	39.0	15.0	4.7	20.5
	55～64 岁	19.9	0.2	41.8	13.1	5.4	19.6
	65 岁及以上	18.9	0.2	45.3	11.3	3.9	20.4
教育程度	未受过正规教育	19.0	0.3	48.5	12.4	2.6	17.2
	小学	17.1	0.2	45.5	16.3	2.7	18.2
	初中	19.5	0.2	39.5	15.6	4.6	20.6
	高中	20.1	0.1	32.5	17.8	6.1	23.4
	大学及以上	22.6	0.1	24.0	22.4	7.0	23.9
职业类别	干部/管理人员	25.2	0.1	25.6	20.9	5.6	22.6
	个体/私营企业人员	22.5	0.3	36.8	16.1	4.3	20.0
	初级公务员/雇员	19.3	0.1	29.2	18.5	7.4	25.5
	工人	19.0	0.2	35.6	17.7	5.4	22.1
	学生	18.1	0.2	36.8	23.1	2.7	19.1
	无业	19.5	0.2	40.5	14.8	4.5	20.5
	其他	16.2	0.2	53.7	10.4	2.8	16.7
个人月收入	0～300 元	18.3	0.2	42.8	17.4	2.9	18.4
	301～900 元	17.1	0.4	48.7	12.1	4.6	17.1
	901～1700 元	19.9	0.2	41.2	14.1	4.0	20.6
	1701～2600 元	19.0	0.1	36.8	17.5	5.6	21.0
	2601～3500 元	20.9	0.3	32.2	16.4	6.3	23.9
	3501 元及以上	22.4	0.1	24.1	19.1	7.3	27.0

表 3.6.3　2015 年广东市场各类频道在不同时段的市场占有率(%)

时间段	中央台频道	中国教育台频道	广东省级频道	其他省级卫视频道	境外频道	其他频道
02:00~03:00	24.0	0.1	24.7	25.4	5.5	20.3
03:00~04:00	20.9	0.2	28.3	25.8	4.6	20.2
04:00~05:00	24.1	0.1	30.4	23.1	3.9	18.4
05:00~06:00	28.0	0.1	29.5	18.4	6.3	17.7
06:00~07:00	26.8	0.1	28.4	15.6	8.6	20.5
07:00~08:00	26.7	0.1	33.9	11.4	7.2	20.7
08:00~09:00	29.2	0.3	31.7	14.7	5.1	19.0
09:00~10:00	30.2	0.3	27.3	20.5	3.1	18.6
10:00~11:00	29.2	0.3	25.1	23.9	3.0	18.5
11:00~12:00	26.8	0.1	28.6	23.3	3.4	17.8
12:00~13:00	23.8	0.1	29.1	22.4	4.4	20.2
13:00~14:00	23.8	0.2	31.2	21.5	3.7	19.6
14:00~15:00	22.6	0.4	29.1	24.1	3.9	19.9
15:00~16:00	22.8	0.4	27.1	26.3	3.3	20.1
16:00~17:00	22.9	0.3	30.3	26.0	2.7	17.8
17:00~18:00	25.8	0.1	31.2	19.6	2.7	20.6
18:00~19:00	20.5	0.1	43.0	6.2	3.9	26.3
19:00~20:00	15.4	0.2	54.1	6.9	2.2	21.2
20:00~21:00	13.4	0.3	51.4	13.4	4.3	17.2
21:00~22:00	15.4	0.2	42.6	15.6	7.0	19.2
22:00~23:00	15.3	0.1	30.9	21.0	7.8	24.9
23:00~24:00	18.6	0.1	26.3	26.1	4.2	24.7
24:00~25:00	23.0	0.1	26.9	23.6	5.5	20.9
25:00~26:00	23.7	0.1	21.5	23.5	8.5	22.7

表 3.6.4　2015 年广东市场收视份额排名前十位的频道

名次	频道名称	收视份额(%)
1	广东广播电视台珠江频道	12.1
2	广东广播电视台影视频道	6.2
3	湖南卫视	4.4
4	广东广播电视台经济科教频道	4.1
5	中央电视台综合频道	3.0
6	广东广播电视台少儿频道	2.9
7	广东广播电视台公共频道	2.8
8	广东广播电视台嘉佳卡通频道	2.7
8	广东广播电视台南方卫视	2.7
10	翡翠台(中文)(有线网转播)	2.6

表 3.6.5 2015 年广东市场各主要频道的观众构成(%)

目标观众		所有频道	主要频道				
			广东广播电视台珠江频道	广东广播电视台影视频道	湖南卫视	广东广播电视台经济科教频道	中央电视台综合频道
4 岁及以上所有人		100.0	100.0	100.0	100.0	100.0	100.0
城乡	城市	52.6	31.6	32.9	59.2	38.1	60.4
	农村	47.4	68.4	67.1	40.8	61.9	39.6
性别	男	50.3	46.7	54.6	36.6	51.7	49.4
	女	49.7	53.3	45.4	63.4	48.3	50.6
年龄	4~14 岁	16.4	14.1	9.7	23.2	13.2	15.7
	15~24 岁	10.5	9.3	6.4	20.5	9.7	6.8
	25~34 岁	16.4	13.7	17.1	16.3	12.9	19.5
	35~44 岁	13.6	12.6	13.0	14.5	12.4	11.9
	45~54 岁	20.8	23.4	24.6	14.7	25.3	18.5
	55~64 岁	13.0	14.2	17.4	6.1	14.2	17.4
	65 岁及以上	9.3	12.7	11.8	4.7	12.3	10.2
教育程度	未受过正规教育	8.4	9.7	7.0	4.5	5.7	8.4
	小学	25.2	31.9	26.3	28.7	25.9	20.6
	初中	35.6	36.4	43.8	34.3	45.3	34.2
	高中	21.2	18.0	16.4	21.2	18.8	21.9
	大学及以上	9.6	4.0	6.5	11.3	4.3	14.9
职业类别	干部/管理人员	2.1	0.9	1.8	2.1	1.1	2.9
	个体/私营企业人员	13.3	11.5	15.4	10.5	16.3	11.1
	初级公务员/雇员	10.4	7.3	7.7	10.5	8.2	12.1
	工人	17.4	17.2	16.1	20.3	15.1	15.7
	学生	14.6	10.7	6.0	30.5	13.8	11.9
	无业	29.8	30.2	27.5	18.6	29.5	35.7
	其他	12.4	22.2	25.5	7.5	16.0	10.6
个人月收入	0~300 元	39.8	42.1	33.8	47.5	44.7	38.0
	301~900 元	6.7	10.1	14.6	4.6	7.5	5.1
	901~1700 元	14.9	18.0	17.9	12.9	15.4	13.8
	1701~2600 元	17.2	16.3	18.9	18.6	17.3	17.0
	2601~3500 元	10.6	7.5	9.1	8.1	8.3	12.4
	3501 元及以上	10.8	6.0	5.7	8.3	6.8	13.7

表 3.6.6 2013~2015 年广东市场各类节目的播出份额(%)和收视份额(%)

节目类型	2013 年		2014 年		2015 年	
	播出份额	收视份额	播出份额	收视份额	播出份额	收视份额
财经	1.9	0.4	1.7	0.3	1.7	0.3
电视剧	21.6	37.3	20.5	37.3	20.7	35.9
电影	4.4	4.1	4.0	4.1	3.9	4.3
法制	0.8	0.5	0.9	0.5	0.9	0.5
教学	0.2	0.0	0.2	0.0	0.2	0.0
青少	6.6	6.3	7.2	6.8	6.9	6.9
生活服务	9.6	6.4	10.1	6.3	10.1	7.0
体育	2.8	2.7	3.6	3.1	3.6	3.3
外语	0.0	0.0	0.0	0.0	0.0	0.0
戏剧	0.7	0.3	0.7	0.2	0.8	0.2
新闻/时事	15.1	13.1	14.7	12.8	14.5	12.9
音乐	2.2	0.8	2.3	0.9	2.4	1.2
专题	10.5	4.5	11.6	4.7	12.5	4.6
综艺	8.7	9.8	8.8	9.6	8.7	9.5
其他	14.9	13.8	13.7	13.4	13.1	13.4

表 3.6.7　2015 年广东市场所有节目收视率排名前三十位

名次	节目名称	节目类型	播出频道	平均收视率（%）	平均占有率（%）
1	奶奶再爱我一次	电视剧	广东广播电视台珠江频道	9.7	27.6
2	勇敢的心(28 ~ 64 集)	电视剧	广东广播电视台珠江频道	9.7	27.1
3	天使爱人	电视剧	广东广播电视台珠江频道	8.5	25.5
4	如果爱可以重来	电视剧	广东广播电视台珠江频道	8.5	24.0
5	千金归来(1 ~ 38 集)	电视剧	广东广播电视台珠江频道	8.0	22.5
6	爱情珠宝	电视剧	广东广播电视台珠江频道	7.9	22.1
7	妈妈向前冲	电视剧	广东广播电视台珠江频道	7.6	23.3
8	花火花红	电视剧	广东广播电视台珠江频道	7.5	22.7
9	两个女人的战争	电视剧	广东广播电视台珠江频道	7.4	21.4
10	你是我的姐妹	电视剧	广东广播电视台珠江频道	7.0	22.6
11	活色生香	电视剧	广东广播电视台珠江频道	6.6	19.2
12	风云天地	电视剧	广东广播电视台珠江频道	6.5	22.0
13	深宅雪	电视剧	广东广播电视台珠江频道	6.4	19.2
14	千金女贼	电视剧	广东广播电视台珠江频道	6.2	18.7
15	粤唱越响至尊粤语金曲盛典	综艺	广东广播电视台珠江频道	6.1	18.4
16	天涯女人心	电视剧	广东广播电视台珠江频道	5.7	19.0
17	两生花	电视剧	广东广播电视台珠江频道	5.4	17.4
18	喜气羊羊贺新春——2015 春节联欢晚会	综艺	广东广播电视台珠江频道	5.4	15.7
19	天气预报	生活服务	广东广播电视台珠江频道	5.3	20.8
20	外来媳妇本地郎	电视剧	广东广播电视台珠江频道	5.0	16.1
21	今日关注	新闻/时事	广东广播电视台珠江频道	4.4	14.6
22	2015 中央电视台春节联欢晚会	综艺	中央电视台综合频道	4.2	13.6
23	光影	电视剧	广东广播电视台影视频道	4.2	13.2
24	现场直播：2015 年亚洲男篮锦标赛决赛（中国 VS 菲律宾）	体育	中央台五套	4.2	12.6
25	金钗谍影(1 ~ 6 集)	电视剧	广东广播电视台珠江频道	4.1	13.5
26	铁血战狼	电视剧	广东广播电视台影视频道	4.1	13.4
27	狐影	电视剧	广东广播电视台影视频道	4.0	12.8
28	地雷战	电视剧	广东广播电视台经济科教频道	4.0	12.2
29	穿越古今闹中秋	综艺	广东广播电视台珠江频道	3.8	16.6
30	嫂子嫂子	电视剧	广东广播电视台影视频道	3.8	12.9

表 3.6.8　2015 年广东市场电视剧收视率排名前十位

名次	节目名称	播出频道	平均收视率（%）	平均占有率（%）
1	奶奶再爱我一次	广东广播电视台珠江频道	9.7	27.6
2	勇敢的心（28～64 集）	广东广播电视台珠江频道	9.7	27.1
3	天使爱人	广东广播电视台珠江频道	8.5	25.5
4	如果爱可以重来	广东广播电视台珠江频道	8.5	24.0
5	千金归来（1～38 集）	广东广播电视台珠江频道	8.0	22.5
6	爱情珠宝	广东广播电视台珠江频道	7.9	22.1
7	妈妈向前冲	广东广播电视台珠江频道	7.6	23.3
8	花火花红	广东广播电视台珠江频道	7.5	22.7
9	两个女人的战争	广东广播电视台珠江频道	7.4	21.4
10	你是我的姐妹	广东广播电视台珠江频道	7.0	22.6

表 3.6.9　2015 年广东市场新闻节目收视率排名前十位

名次	节目名称	播出频道	平均收视率（%）	平均占有率（%）
1	今日关注	广东广播电视台珠江频道	4.4	14.6
2	珠江新闻眼	广东广播电视台珠江频道	2.8	16.1
3	DV 现场	广东广播电视台公共频道	1.8	5.6
4	2015 一年又一年	中央电视台综合频道	1.6	7.8
5	胜利日 70 年纪念中国人民抗日战争暨世界反法西斯战争胜利	中央台三套	1.2	5.3
6	今日 1 线	广东广播电视台经济科教频道	1.2	4.6
7	军情观察室	凤凰卫视中文台	1.0	4.2
8	李光耀逝世	翡翠台（中文）（有线网转播）	0.8	2.3
9	新闻联播	中央电视台综合频道	0.7	2.2
10	习近平在亚非领导人会议上致辞	中央电视台综合频道	0.7	1.9

表 3.6.10　2015 年广东市场专题节目收视率排名前十位

名次	节目名称	播出频道	平均收视率（%）	平均占有率（%）
1	今日关注十周年特别节目	广东广播电视台珠江频道	3.2	13.1
2	全民帮帮忙（1 月 26 号 19:02）	广东广播电视台公共频道	1.6	5.3
3	珠江纪事	广东广播电视台珠江频道	1.3	6.1
4	文化珠江	广东广播电视台珠江频道	1.1	4.7
5	315 消费在阳光下	中央电视台综合频道	1.1	4.2
6	我们的歌手我的纪录片	湖南卫视	1.0	14.2
7	一年级大学季	湖南卫视	1.0	6.3
8	致敬老兵（9 月 3 号 18:47）	广东广播电视台南方卫视	0.8	3.3
9	万家灯火	广东广播电视台公共频道	0.8	3.0
10	民峰而至	翡翠台（中文）（有线网转播）	0.7	4.6

表 3.6.11　2015 年广东市场综艺节目收视率排名前十位

名次	节目名称	播出频道	平均收视率(%)	平均占有率(%)
1	粤唱越响至尊粤语金曲盛典	广东广播电视台珠江频道	6.1	18.4
2	喜气羊羊贺新春——2015 春节联欢晚会	广东广播电视台珠江频道	5.4	15.7
3	2015 中央电视台春节联欢晚会	中央电视台综合频道	4.2	13.6
4	穿越古今闹中秋	广东广播电视台珠江频道	3.8	16.6
5	奔跑吧兄弟(4 月 17 号至 7 月 3 号)	浙江卫视	3.2	12.4
6	我是歌手歌王之战	湖南卫视	3.1	11.6
7	中国好声音 4 总决赛	浙江卫视	3.0	10.1
8	喜气羊羊闹元宵 2015 元宵晚会	广东广播电视台珠江频道	2.7	17.8
9	元宵喜乐会	湖南卫视	2.5	7.8
10	快乐大本营	湖南卫视	2.3	7.2

表 3.6.12　2015 年广东市场体育节目收视率排名前十位

名次	节目名称	播出频道	平均收视率(%)	平均占有率(%)
1	现场直播:2015 年亚洲男篮锦标赛决赛(中国 VS 菲律宾)	中央台五套	4.2	12.6
2	2014/2015 赛季中国男子篮球职业联赛 CBA 半决赛第 4 场(北京 VS 广东)	广东广播电视台体育频道	3.6	10.5
3	现场直播 2015 年亚洲男篮锦标赛颁奖仪式	中央台五套	2.9	14.0
4	直播周末:2015 年女排世界杯(日本 VS 中国)	中央台五套	2.9	10.6
5	2015 年亚足联冠军联赛决赛次回合(广州恒大 VS 迪拜阿赫利)	广东广播电视台体育频道	2.8	8.8
6	2015/2016 赛季 CBA 常规赛第 23 轮(青岛 VS 东莞)	广东广播电视台体育频道	2.1	6.3
7	2015 年世界田径锦标赛男子4×400 米接力决赛	中央台五套	1.9	4.9
8	2015 年 CBA 全明星周末扣篮大赛决赛	广东广播电视台体育频道	1.8	6.2
9	广州恒大淘宝夺冠庆典	广东广播电视台体育频道	1.6	8.0
10	2015 年中国足协超级联赛第 27 轮(广州恒大淘宝 VS 贵州茅台)	广东广播电视台体育频道	1.6	5.2

七、广西收视数据

表 3.7.1 2011~2015 年广西市场各类频道的市场占有率(%)

频道类别	年份				
	2011 年	2012 年	2013 年	2014 年	2015 年
中央台频道	28.2	30.6	33.6	32.5	32.3
中国教育台频道	1.0	1.3	1.3	0.6	0.3
广西自治区级频道	26.4	26.3	24.9	27.1	27.9
其他省级卫视频道	32.6	31.2	32.3	32.0	31.4
其他频道	11.8	10.6	7.9	7.8	8.1

表 3.7.2 2015 年广西市场各类频道在不同目标观众中的市场占有率(%)

目标观众		中央台频道	中国教育台频道	广西自治区级频道	其他省级卫视频道	其他频道
4 岁及以上所有人		32.3	0.3	27.9	31.4	8.1
城乡	城市	39.0	0.3	24.4	26.2	10.1
	农村	28.9	0.2	29.7	33.9	7.3
性别	男	35.9	0.3	28.9	26.9	8.0
	女	28.7	0.2	27.0	35.8	8.3
年龄	4~14 岁	31.5	0.3	13.4	48.1	6.7
	15~24 岁	28.9	0.1	31.0	31.9	8.1
	25~34 岁	29.4	0.2	25.9	34.6	9.9
	35~44 岁	29.6	0.4	28.3	33.4	8.3
	45~54 岁	30.8	0.2	37.7	23.5	7.8
	55~64 岁	35.2	0.3	35.3	21.9	7.3
	65 岁及以上	41.3	0.2	28.1	20.2	10.2
教育程度	未受过正规教育	42.0	0.3	16.0	35.4	6.3
	小学	28.3	0.2	25.1	38.1	8.3
	初中	30.0	0.3	32.6	29.0	8.1
	高中	36.7	0.3	29.6	24.1	9.3
	大学及以上	44.1	0.1	20.0	27.9	7.9
职业类别	干部/管理人员	47.8	1.1	16.5	26.0	8.6
	个体/私营企业人员	33.8	0.3	29.9	25.4	10.6
	初级公务员/雇员	44.2	0.2	25.6	22.3	7.7
	工人	28.7	0.3	30.4	30.6	10.0
	学生	26.3	0.2	15.2	50.9	7.4
	无业	41.9	0.3	22.2	26.0	9.6
	其他	28.4	0.2	34.1	30.3	7.0
个人月收入	0~300 元	28.9	0.2	22.5	40.8	7.6
	301~900 元	29.6	0.2	35.6	26.6	8.0
	901~1700 元	30.9	0.3	33.4	28.3	7.1
	1701~2600 元	39.6	0.3	27.3	23.1	9.7
	2601~3500 元	40.8	0.3	21.3	26.5	11.1
	3501 元及以上	42.5	0.2	19.7	26.4	11.2

表 3.7.3　2015 年广西市场各类频道在不同时段的市场占有率(%)

时间段	中央台频道	中国教育台频道	广西壮族自治区级频道	其他省级卫视频道	其他频道
02:00~03:00	36.5	0.0	24.2	30.3	9.0
03:00~04:00	35.3	0.0	23.1	28.2	13.4
04:00~05:00	48.6	0.5	17.9	27.2	5.8
05:00~06:00	56.3	0.6	9.1	20.6	13.4
06:00~07:00	60.5	0.4	12.4	22.6	4.1
07:00~08:00	61.4	0.3	10.9	21.2	6.2
08:00~09:00	52.2	0.3	10.0	30.3	7.2
09:00~10:00	45.2	0.3	10.4	37.0	7.1
10:00~11:00	41.3	0.3	11.1	39.9	7.4
11:00~12:00	37.5	0.2	11.9	43.3	7.1
12:00~13:00	46.3	0.2	11.7	37.0	4.8
13:00~14:00	41.4	0.2	12.5	39.8	6.1
14:00~15:00	36.2	0.3	11.1	45.4	7.0
15:00~16:00	37.9	0.3	10.5	44.1	7.2
16:00~17:00	44.4	0.2	9.7	39.5	6.2
17:00~18:00	50.5	0.2	12.2	31.9	5.2
18:00~19:00	40.0	0.1	34.4	16.9	8.6
19:00~20:00	33.4	0.2	36.7	20.1	9.6
20:00~21:00	21.3	0.3	37.2	32.8	8.4
21:00~22:00	22.2	0.3	34.6	34.2	8.7
22:00~23:00	28.1	0.2	23.1	38.8	9.8
23:00~24:00	27.3	0.1	21.8	41.4	9.4
24:00~25:00	33.6	0.1	21.9	37.2	7.2
25:00~26:00	38.1	0.2	23.2	31.9	6.6

表 3.7.4　2015 年广西市场收视份额排名前十位的频道

名次	频道名称	收视份额(%)
1	广西电视台综艺频道	13.3
2	湖南卫视	10.6
3	中央电视台综合频道	7.2
4	中央电视台少儿频道	6.3
5	广西电视台都市频道	3.9
5	广西电视台卫星频道	3.9
7	广西电视台科教频道	3.0
8	中央电视台新闻频道	2.9
9	中央台三套	2.2
10	湖南电视台金鹰卡通频道	2.1

表 3.7.5　2015 年广西市场各主要频道的观众构成(%)

目标观众		所有频道	主要频道				
			广西电视台综艺频道	湖南卫视	中央电视台综合频道	中央电视台少儿频道	广西电视台都市频道
4 岁及以上所有人		100.0	100.0	100.0	100.0	100.0	100.0
城乡	城市	33.3	23.9	25.0	55.5	26.0	29.0
	农村	66.7	76.1	75.0	44.5	74.0	71.0
性别	男	49.6	52.7	36.0	54.0	48.5	40.8
	女	50.4	47.3	64.0	46.0	51.5	59.2
年龄	4~14 岁	18.3	7.2	29.0	10.3	58.7	9.2
	15~24 岁	10.7	11.6	15.3	7.7	5.3	11.1
	25~34 岁	12.5	11.1	15.9	9.8	12.5	9.6
	35~44 岁	17.1	14.9	21.4	17.0	10.0	18.9
	45~54 岁	15.8	23.6	8.6	16.2	4.2	22.5
	55~64 岁	13.0	18.6	4.4	18.8	5.3	14.7
	65 岁及以上	12.6	13.0	5.4	20.3	4.1	14.0
教育程度	未受过正规教育	7.2	4.1	6.0	6.8	29.0	6.1
	小学	30.2	26.3	36.5	21.0	39.0	26.7
	初中	41.3	52.4	41.2	40.0	25.7	44.7
	高中	15.2	14.2	10.7	21.0	4.7	18.8
	大学及以上	6.2	3.0	5.5	11.2	1.6	3.7
职业类别	干部/管理人员	1.1	0.3	0.7	2.2	0.2	1.0
	个体/私营企业人员	11.5	11.9	8.9	14.4	6.1	10.8
	初级公务员/雇员	4.8	4.3	3.1	10.2	1.7	4.9
	工人	6.4	6.0	6.2	6.1	3.8	7.8
	学生	13.9	5.8	26.7	7.8	29.7	7.3
	无业	18.7	12.9	9.3	27.9	33.5	15.3
	其他	43.7	58.8	45.2	31.5	25.0	52.8
个人月收入	0~300 元	35.3	28.3	50.2	23.2	67.1	29.3
	301~900 元	16.7	22.9	14.1	13.3	10.4	20.2
	901~1700 元	22.8	29.7	19.5	23.3	12.7	31.1
	1701~2600 元	17.9	15.4	10.4	26.0	7.8	15.8
	2601~3500 元	4.9	2.7	3.6	9.8	1.1	2.5
	3501 元及以上	2.3	1.0	2.2	4.3	0.8	1.0

表 3.7.6　2013~2015 年广西市场各类节目的播出份额(%)和收视份额(%)

节目类别	2013 年		2014 年		2015 年	
	播出份额	收视份额	播出份额	收视份额	播出份额	收视份额
财经	2.0	0.3	1.8	0.3	1.8	0.4
电视剧	22.3	37.6	21.6	37.8	21.2	34.4
电影	4.9	3.1	4.8	3.5	4.5	4.3
法制	1.1	2.0	1.3	2.8	1.3	2.9
教学	0.3	0.0	0.3	0.0	0.2	0.0
青少	6.6	8.8	7.0	7.3	6.6	7.2
生活服务	8.9	7.5	9.7	8.5	9.0	8.3
体育	1.9	1.0	2.8	1.2	2.9	1.3
外语	0.0	0.0	0.0	0.0	0.0	0.0
戏剧	0.8	0.1	0.7	0.1	0.8	0.1
新闻/时事	15.1	10.1	14.6	9.9	14.6	9.8
音乐	2.5	0.7	2.5	0.8	2.6	1.2
专题	10.7	3.8	11.6	4.0	13.0	5.2
综艺	8.8	7.8	8.7	7.4	8.8	8.4
其他	14.1	17.2	12.5	16.4	12.5	16.5

表 3.7.7　2015 年广西市场所有节目收视率排名前三十位

名次	节目名称	节目类别	播出频道	平均收视率(%)	平均占有率(%)
1	2015 中央电视台春节联欢晚会	综艺	中央电视台综合频道	13.3	48.4
2	神勇冤家战上海	电视剧	广西电视台综艺频道	8.1	21.2
3	复仇之刃	电视剧	广西电视台综艺频道	7.8	21.4
4	战地奇兵	电视剧	广西电视台综艺频道	7.6	20.2
5	我的特一营(第 7 ~ 50 集)	电视剧	广西电视台综艺频道	7.5	20.6
6	地雷英雄传	电视剧	广西电视台综艺频道	7.4	21.2
7	生死翻盘	电视剧	广西电视台综艺频道	7.3	20.6
8	第一伞兵队	电视剧	广西电视台综艺频道	7.2	20.9
9	刺蝶	电视剧	广西电视台综艺频道	7.2	20.1
10	野山鹰	电视剧	广西电视台综艺频道	7.1	21.1
11	战火连天	电视剧	广西电视台综艺频道	7.1	20.3
12	嫂子嫂子	电视剧	广西电视台综艺频道	7.1	20.2
13	狐影	电视剧	广西电视台综艺频道	7.1	19.7
14	孤雁	电视剧	广西电视台综艺频道	7.0	20.5
15	杀寇联盟	电视剧	广西电视台综艺频道	7.0	20.4
15	猎刃	电视剧	广西电视台综艺频道	7.0	20.4
17	夺宝传奇	电视剧	广西电视台综艺频道	6.9	20.0
18	铁血尖刀	电视剧	广西电视台综艺频道	6.9	19.9
19	杀出黎明	电视剧	广西电视台综艺频道	6.8	20.0
20	铁核桃	电视剧	广西电视台综艺频道	6.8	19.7
21	燃烧	电视剧	广西电视台综艺频道	6.8	19.4
22	游击英雄	电视剧	广西电视台综艺频道	6.7	19.5
23	枪侠	电视剧	广西电视台综艺频道	6.7	19.3
24	截杀令	电视剧	广西电视台综艺频道	6.7	19.1
25	我姥爷 1945	电视剧	广西电视台综艺频道	6.7	18.7
26	尖刀对决	电视剧	广西电视台综艺频道	6.6	18.4
27	神犬小七	电视剧	湖南卫视	6.6	18.3
28	妻子的谎言	电视剧	湖南卫视	6.5	18.5
29	你的传奇之危机四伏	电视剧	广西电视台综艺频道	6.4	19.0
30	杀寇决	电视剧	广西电视台综艺频道	6.3	18.6

表 3.7.8 2015 年广西市场电视剧收视率排名前十位

名次	节目名称	播出频道	平均收视率（%）	平均占有率（%）
1	神勇冤家战上海	广西电视台综艺频道	8.1	21.2
2	复仇之刃	广西电视台综艺频道	7.8	21.4
3	战地奇兵	广西电视台综艺频道	7.6	20.2
4	我的特一营(第 7～50 集)	广西电视台综艺频道	7.5	20.6
5	地雷英雄传	广西电视台综艺频道	7.4	21.2
6	生死翻盘	广西电视台综艺频道	7.3	20.6
7	第一伞兵队	广西电视台综艺频道	7.2	20.9
8	刺蝶	广西电视台综艺频道	7.2	20.1
9	野山鹰	广西电视台综艺频道	7.1	21.1
10	战火连天	广西电视台综艺频道	7.1	20.3

表 3.7.9 2015 年广西市场新闻节目收视率排名前十位

名次	节目名称	播出频道	平均收视率（%）	平均占有率（%）
1	大地飞歌 2015 第 17 届南宁国际民歌艺术节晚会直播特别报道	广西电视台综艺频道	5.7	18.3
2	新闻联播	中央电视台综合频道	4.3	14.8
3	转播中央台新闻联播	广西电视台综艺频道	4.3	14.2
4	焦点访谈	中央电视台综合频道	3.1	8.2
5	习近平在亚非领导人会议上致辞	中央电视台综合频道	3.1	7.7
6	郡县治天下安——习近平总书记与中央党校县委书记研修班学员座谈侧记	中央电视台综合频道	2.8	6.4
7	2015 一年又一年	中央电视台综合频道	2.7	20.9
8	李克强总理会见中外记者并回答提问	中央电视台综合频道	2.3	5.4
9	广西新闻	广西电视台卫星频道	1.3	7.3
10	特别直播丽水山体滑坡救援	浙江卫视	1.2	3.4

表 3.7.10 2015 年广西市场专题类节目收视率排名前十位

名次	节目名称	播出频道	平均收视率（%）	平均占有率（%）
1	飞虎的纪念	湖南卫视	4.6	11.5
2	东方主战场	湖南卫视	3.7	9.5
3	变形计	湖南卫视	3.4	8.7
4	噗通噗通的良心	湖南卫视	3.2	8.3
5	全面实现小康一个民族都不能少	中央电视台综合频道	2.6	6.0
6	把革命老区发展时刻放在心上	中央电视台综合频道	2.5	6.6
7	东方主战场	中央电视台综合频道	2.2	5.4
8	不屈的囚徒揭秘日本法西斯监狱	广西电视台卫星频道	2.1	6.8
9	2015 寻找最美教师	中央电视台综合频道	2.0	5.9
10	315 消费在阳光下	中央电视台综合频道	1.8	7.5

表 3.7.11　2015 年广西市场综艺节目收视率排名前十位

名次	节目名称	播出频道	平均收视率(%)	平均占有率(%)
1	2015 中央电视台春节联欢晚会	中央电视台综合频道	13.3	48.4
2	胜利与和平——纪念抗日战争暨世界反法西斯战争胜利 70 周年文艺晚会	广西电视台综艺频道	5.5	14.9
3	快乐大本营	湖南卫视	5.2	16.2
4	中秋之夜	湖南卫视	5.2	15.2
5	天天向上	湖南卫视	4.6	14.6
6	我是歌手歌王之战	湖南卫视	4.5	17.3
7	皇氏之夜情牵丝路大地飞歌 2015 第 17届南宁国际民歌艺术节晚会	广西电视台综艺频道	4.2	16.5
8	2015 春节联欢晚会	湖南卫视	4.2	14.7
9	元宵喜乐会	湖南卫视	3.9	13.1
10	2015 双 11 狂欢夜	湖南卫视	3.5	15.3

表 3.7.12　2015 年广西市场体育节目收视率排名前十位

名次	节目名称	播出频道	平均收视率(%)	平均占有率(%)
1	现场直播:2015 年亚洲男篮锦标赛半决赛(中国队 VS 伊朗队)	中央台五套	1.9	5.4
2	直播周末 2015 年女排世界杯颁奖仪式	中央台五套	1.6	4.7
3	2015 年世界田径锦标赛女子 400 米决赛	中央台五套	1.5	3.4
4	黄金赛场:2014/2015 赛季 CBA 联赛总决赛第五场(北京首钢 VS 辽宁药都本溪)	中央台五套	1.4	3.7
5	直播周末:2015 年澳大利亚亚洲杯小组赛B 组(中国队 VS 朝鲜队)	中央台五套	1.3	6.7
6	直播周末:2015 年女排世界杯(日本队 VS 中国队)	中央台五套	1.2	4.0
7	超级足球之夜:2015 年亚洲足联冠军联赛半决赛首回合(中国广州恒大 VS 日本大阪钢巴)	中央台五套	1.0	2.9
8	2015 年女足世界杯十大美女球员	中央台五套	1.0	2.6
9	天下足球十大队魂	中央台五套	0.9	2.4
10	直播周末:2015 年喀山国际泳联世界锦标赛跳水女子 1 米板预赛	中央台五套	0.8	2.6

八、贵州收视数据

表 3.8.1　2011～2015 年贵州市场各类频道的市场占有率（%）

频道类别	年份				
	2011 年	2012 年	2013 年	2014 年	2015 年
中央台频道	27.7	30.1	31.2	35.0	35.6
中国教育台频道	1.1	1.2	0.8	0.6	0.3
贵州省级频道	20.5	20.1	19.7	15.8	14.4
其他省级卫视频道	45.2	43.5	43.6	43.4	44.4
其他频道	5.5	5.1	4.7	5.2	5.3

表 3.8.2　2015 年贵州市场各类频道在不同目标观众中的市场占有率（%）

目标观众		中央台频道	中国教育台频道	贵州省级频道	其他省级卫视频道	其他频道
4 岁及以上所有人		35.6	0.3	14.4	44.4	5.3
城乡	城市	37.0	0.1	18.6	38.0	6.3
	农村	34.7	0.4	12.0	48.1	4.8
性别	男	37.9	0.3	14.8	41.6	5.4
	女	33.2	0.3	14.0	47.1	5.4
年龄	4～14 岁	33.1	0.4	8.5	54.1	3.9
	15～24 岁	28.0	0.4	11.2	55.2	5.2
	25～34 岁	37.4	0.3	11.2	44.1	7.0
	35～44 岁	30.4	0.3	14.2	50.7	4.4
	45～54 岁	35.9	0.4	18.4	38.8	6.5
	55～64 岁	42.4	0.3	19.8	31.1	6.4
	65 岁及以上	45.2	0.4	20.1	30.1	4.2
教育程度	未受过正规教育	36.6	0.6	13.2	46.0	3.6
	小学	33.7	0.4	12.1	49.2	4.6
	初中	34.0	0.3	14.7	44.6	6.4
	高中	39.8	0.2	18.6	36.1	5.3
	大学及以上	45.4	0.2	17.7	31.2	5.5
职业类别	干部/管理人员	45.2	0.3	21.8	27.5	5.2
	个体/私营企业人员	36.3	0.2	17.6	39.0	6.9
	初级公务员/雇员	43.0	0.2	16.9	33.4	6.5
	工人	37.6	0.2	17.9	37.3	7.0
	学生	29.4	0.3	9.0	57.0	4.3
	无业	43.2	0.3	17.9	33.3	5.3
	其他	31.1	0.5	12.4	51.3	4.7
个人月收入	0～300 元	32.6	0.5	11.4	51.0	4.5
	301～900 元	31.3	0.3	15.0	48.6	4.8
	901～1700 元	36.8	0.3	13.6	43.9	5.4
	1701～2600 元	38.3	0.2	18.5	36.5	6.5
	2601～3500 元	42.3	0.1	19.6	30.1	7.9
	3501 元及以上	45.4	0.3	16.2	32.6	5.5

表 3.8.3　2015 年贵州市场各类频道在不同时段的市场占有率(%)

时间段	中央台频道	中国教育台频道	贵州省级频道	其他省级卫视频道	其他频道
02:00～03:00	30.7	0.0	9.8	42.9	16.6
03:00～04:00	30.2	0.1	13.0	41.8	14.9
04:00～05:00	34.9	0.3	13.8	36.8	14.2
05:00～06:00	53.3	0.7	8.1	31.4	6.5
06:00～07:00	59.9	0.6	8.1	28.1	3.3
07:00～08:00	60.1	0.4	8.2	27.6	3.7
08:00～09:00	50.7	0.4	7.0	37.4	4.5
09:00～10:00	46.8	0.4	6.1	41.9	4.8
10:00～11:00	46.9	0.3	5.9	41.9	5.0
11:00～12:00	46.2	0.2	5.0	43.5	5.1
12:00～13:00	47.2	0.2	3.7	44.4	4.5
13:00～14:00	43.8	0.3	3.4	48.1	4.4
14:00～15:00	40.0	0.2	3.9	50.9	5.0
15:00～16:00	39.7	0.2	4.6	50.2	5.3
16:00～17:00	43.2	0.2	5.8	44.6	6.2
17:00～18:00	49.1	0.2	11.4	33.8	5.5
18:00～19:00	39.9	0.1	34.8	17.9	7.3
19:00～20:00	37.5	0.4	22.3	35.1	4.7
20:00～21:00	24.8	0.5	15.9	54.2	4.6
21:00～22:00	26.8	0.3	13.4	54.4	5.1
22:00～23:00	30.2	0.3	12.5	49.3	7.7
23:00～24:00	30.0	0.2	9.2	51.4	9.2
24:00～25:00	39.9	0.3	7.3	45.7	6.8
25:00～26:00	38.9	0.2	5.7	48.0	7.2

表 3.8.4　2015 年贵州市场收视份额排名前十位的频道

名次	频道名称	收视份额(%)
1	湖南卫视	14.5
2	中央电视台综合频道	7.6
3	贵州卫视	6.4
4	中央电视台少儿频道	5.4
5	中央台八套	5.3
6	中央台六套	4.4
7	贵州广播电视台公共频道	4.1
8	安徽卫视	2.7
9	浙江卫视	2.4
9	中央电视台新闻频道	2.4

表 3.8.5 2015 年贵州市场各主要频道的观众构成(%)

目标观众		所有频道	主要频道				
			湖南卫视	中央电视台综合频道	贵州卫视	中央电视台少儿频道	中央台八套
4 岁及以上所有人		100.0	100.0	100.0	100.0	100.0	100.0
城乡	城市	36.9	29.3	43.0	21.5	20.6	43.0
	乡村	63.1	70.7	57.0	78.5	79.4	57.0
性别	男	50.1	42.4	52.7	53.9	50.8	48.2
	女	49.9	57.6	47.3	46.1	49.2	51.8
年龄	4~14 岁	18.5	27.0	10.2	14.2	53.7	9.6
	15~24 岁	12.2	19.0	9.0	10.7	8.0	8.8
	25~34 岁	12.2	12.2	13.5	8.2	12.3	10.6
	35~44 岁	18.1	22.1	14.7	15.4	10.5	17.5
	45~54 岁	13.9	9.1	14.8	16.8	3.9	20.4
	55~64 岁	12.7	5.6	16.8	15.2	6.9	17.5
	65 岁及以上	12.4	5.0	21.0	19.5	4.7	15.6
教育程度	未受过正规教育	8.9	6.3	8.7	10.1	20.1	6.9
	小学	34.6	41.0	28.6	38.4	49.3	32.0
	初中	36.5	39.1	36.0	34.5	23.5	35.0
	高中	14.5	10.6	18.6	12.0	5.5	17.6
	大学及以上	5.5	3.0	8.1	5.0	1.6	8.5
职业类别	干部/管理人员	1.9	1.0	2.9	2.2	0.4	3.8
	个体/私营企业人员	13.5	10.8	17.8	14.7	7.4	12.9
	初级公务员/雇员	6.5	4.0	6.8	4.5	2.4	10.2
	工人	4.0	3.3	3.9	3.3	1.4	3.7
	学生	20.2	35.0	10.4	16.1	38.5	11.7
	无业	23.7	12.3	34.5	20.5	26.0	29.8
	其他	30.2	33.6	23.7	38.7	23.9	27.9
个人月收入	0~300 元	39.9	50.7	30.7	38.9	69.8	27.8
	301~900 元	15.0	15.0	13.3	21.8	9.5	13.6
	901~1700 元	16.6	15.5	17.6	14.6	8.1	21.0
	1701~2600 元	14.9	11.1	21.0	13.0	5.5	17.2
	2601~3500 元	8.1	4.0	10.7	6.8	3.8	11.9
	3501 元及以上	5.5	3.7	6.7	4.9	3.3	8.5

表 3.8.6 2013~2015 年贵州市场各类节目的播出份额(%)和收视份额(%)

节目类型	2013 年		2014 年		2015 年	
	播出份额	收视份额	播出份额	收视份额	播出份额	收视份额
财经	1.7	0.5	1.5	0.4	1.8	0.3
电视剧	28.5	35.5	24.3	34.2	19.6	33.2
电影	4.6	3.1	4.0	4.0	3.8	4.0
法制	1.3	1.9	1.4	2.1	1.4	1.6
教学	0.4	0.1	0.3	0.1	0.2	0.0
青少	5.6	7.2	6.4	7.1	6.6	4.7
生活服务	8.8	8.2	13.9	9.1	9.8	9.1
体育	2.2	1.1	3.3	1.5	3.0	1.0
外语	0.0	0.0	0.0	0.0	0.0	0.0
戏剧	0.7	0.2	0.6	0.2	0.8	0.2
新闻/时事	10.5	12.2	9.9	11.7	14.4	13.8
音乐	2.5	0.8	2.6	1.0	2.6	0.9
专题	9.3	4.1	11.8	4.5	13.9	5.4
综艺	6.9	8.1	7.0	8.6	9.4	9.9
其他	16.9	17.1	13.1	15.6	12.8	15.8

表 3.8.7 2015 年贵州市场所有节目收视率排名前三十位

名次	节目名称	节目类型	播出频道	平均收视率(%)	平均占有率(%)
1	2015 中央电视台春节联欢晚会	综艺	中央电视台综合频道	10.1	43.5
2	妻子的谎言	电视剧	湖南卫视	9.5	26.6
3	2015 我是歌手歌王之战倒计时(3 月 27 日)	综艺	湖南卫视	9.1	21.1
4	神犬小七	电视剧	湖南卫视	9.0	24.7
5	锦绣缘华丽冒险	电视剧	湖南卫视	9.0	24.3
6	冰与火的青春	电视剧	湖南卫视	8.7	24.2
7	家和万事兴之花好月圆(35 ~ 68 集)	电视剧	湖南卫视	8.7	23.3
8	特警力量	电视剧	湖南卫视	8.4	22.7
9	活色生香	电视剧	湖南卫视	8.3	22.2
10	偏偏喜欢你	电视剧	湖南卫视	7.9	21.4
11	胜利与和平——纪念抗日战争暨世界反法西斯战争胜利 70 周年文艺晚会	综艺	中央电视台综合频道	7.7	21.2
12	武媚娘传奇(18 ~ 96 集)	电视剧	湖南卫视	7.7	19.7
13	快乐大本营	综艺	湖南卫视	7.1	21.9
14	家和万事兴之兄弟姐妹	电视剧	湖南卫视	7.1	20.1
15	美丽的秘密	电视剧	湖南卫视	7.0	19.1
16	天天向上	综艺	湖南卫视	6.9	21.2
17	噗通噗通的良心	专题	湖南卫视	6.7	17.4
18	前夫求爱记	电视剧	湖南卫视	6.5	17.3
19	飞虎的纪念	专题	湖南卫视	6.5	16.4
20	新济公活佛	电视剧	湖南卫视	6.4	17.6
21	变形计	专题	湖南卫视	6.3	16.4
22	中秋之夜	综艺	湖南卫视	6.2	17.1
23	伪装者	电视剧	湖南卫视	5.8	16.9
24	新闻联播	新闻/时事	中央电视台综合频道	5.7	21.4
25	2015 春节联欢晚会	综艺	湖南卫视	5.7	18.9
26	元宵喜乐会	综艺	湖南卫视	5.5	18.6
27	青春集结号	电视剧	湖南卫视	5.5	15.8
28	好好学吧	综艺	湖南卫视	5.4	14.7
29	快乐中国 20152016 跨年演唱会	音乐	湖南卫视	5.0	21.2
30	激战	电视剧	贵州卫视	5.0	12.5

表 3.8.8 2015 年贵州市场电视剧收视率排名前十位

名次	节目名称	播出频道	平均收视率（%）	平均占有率（%）
1	妻子的谎言	湖南卫视	9.5	26.6
2	神犬小七	湖南卫视	9.0	24.7
3	锦绣缘华丽冒险	湖南卫视	9.0	24.3
4	冰与火的青春	湖南卫视	8.7	24.2
5	家和万事兴之花好月圆(35～68 集)	湖南卫视	8.7	23.3
6	特警力量	湖南卫视	8.4	22.7
7	活色生香	湖南卫视	8.3	22.2
8	偏偏喜欢你	湖南卫视	7.9	21.4
9	武媚娘传奇(18～96 集)	湖南卫视	7.7	19.7
10	家和万事兴之兄弟姐妹	湖南卫视	7.1	20.1

表 3.8.9 2015 年贵州市场新闻节目收视率排名前十位

名次	节目名称	播出频道	平均收视率（%）	平均占有率（%）
1	新闻联播	中央电视台综合频道	5.7	21.4
2	焦点访谈	中央电视台综合频道	3.8	9.9
3	习近平在亚非领导人会议上致辞(4 月 22 日)	中央电视台综合频道	3.7	10.2
4	郡县治天下安——习近平总书记与中央党校县委书记研修班学员座谈侧记(1 月 13 日)	中央电视台综合频道	3.5	7.8
5	李克强总理会见中外记者并回答提问	中央电视台综合频道	3.3	7.1
6	2015 一年又一年	中央电视台综合频道	3.1	22.6
7	转播中央台新闻联播	贵州卫视	2.9	10.8
8	贵州新闻联播	贵州卫视	2.6	14.9
9	百姓关注	贵州广播电视台公共频道	2.6	9.7
10	转播中央台新闻联播(9 月 3 日)	贵州广播电视台公共频道	2.6	9.5

表 3.8.10 2015 年贵州市场专题节目收视率排名前十位

名次	节目名称	播出频道	平均收视率（%）	平均占有率（%）
1	噗通噗通的良心	湖南卫视	6.7	17.4
2	飞虎的纪念	湖南卫视	6.5	16.4
3	变形计	湖南卫视	6.3	16.4
4	把革命老区发展时刻放在心上(2 月 16 日)	中央电视台综合频道	4.5	10.7
5	东方主战场	湖南卫视	4.4	11.2
6	全面实现小康一个民族都不能少(1 月 22 日)	中央电视台综合频道	3.5	8.0
7	2014 中国好书	中央电视台综合频道	2.1	5.5
8	东方主战场	中央电视台综合频道	2.0	4.9
9	第十四届汉语桥世界大学生中文比赛	湖南卫视	1.8	20.1
10	天天故事汇	贵州广播电视台公共频道	1.8	17.0

表 3.8.11　2015 年贵州市场综艺节目收视率排名前十位

名次	节目名称	播出频道	平均收视率(%)	平均占有率(%)
1	2015 中央电视台春节联欢晚会	中央电视台综合频道	10.1	43.5
2	2015 我是歌手歌王之战倒计时(3 月 27 日)	湖南卫视	9.1	21.1
3	胜利与和平——纪念抗日战争暨世界反法西斯战争胜利 70 周年文艺晚会	中央电视台综合频道	7.7	21.2
4	快乐大本营	湖南卫视	7.1	21.9
5	天天向上	湖南卫视	6.9	21.2
6	中秋之夜	湖南卫视	6.2	17.1
7	2015 春节联欢晚会	湖南卫视	5.7	18.9
8	元宵喜乐会	湖南卫视	5.5	18.6
9	好好学吧	湖南卫视	5.4	14.7
10	四海同春 2015 全球华侨华人春节大联欢	湖南卫视	3.9	17.4

表 3.8.12　2015 年贵州市场体育类节目收视率排名前十位

名次	节目名称	播出频道	平均收视率(%)	平均占有率(%)
1	现场直播:2015 年亚洲男篮锦标赛第二阶段小组赛 F 组(黎巴嫩队 VS 中国队)	中央台五套	1.6	4.1
2	直播周末:2015 年乒乓球男子世界杯三四名决赛	中央台五套	0.9	3.0
3	2015 年国际泳联世界锦标赛跳水男子 1 米板决赛	中央台五套	0.9	2.2
4	2015 年世界田径锦标赛男子 4×400 米接力决赛	中央台五套	0.8	1.8
5	黄金赛场:2015 年中超联赛第 15 轮(广州恒大淘宝 VS 北京国安)	中央台五套	0.7	2.2
6	直播周末 2015 年女排世界杯颁奖仪式	中央台五套	0.7	1.9
7	实况录像:2015 年亚洲女子排球锦标赛决赛(中国队 VS 韩国队)(6 月 9 日)	中央台五套	0.7	1.6
7	实况录像:2015 年国际田联钻石联赛上海站	中央台五套	0.7	1.5
9	现场直播:2015 年斯诺克中国公开赛第二轮	中央台五套	0.6	3.2
10	直播周末:2015 年世界击剑锦标赛男子花剑团体铜牌赛	中央台五套	0.6	2.4

九、海南收视数据

表 3.9.1　2011～2015 年海南市场各类频道的市场占有率(%)

频道类别	年份				
	2011 年	2012 年	2013 年	2014 年	2015 年
中央台频道	30.8	33.2	33.0	33.0	31.8
中国教育台频道	0.9	0.7	0.7	0.7	0.5
海南省级频道	32.1	30.0	26.3	22.2	23.3
其他省级卫视频道	19.1	20.7	24.2	26.9	28.7
其他频道	17.2	15.4	15.8	17.2	15.7

表 3.9.2　2015 年海南市场各类频道在不同目标观众中的市场占有率(%)

目标观众		中央台频道	中国教育台频道	海南省级频道	其他省级卫视频道	其他频道
4 岁及以上所有人		31.8	0.5	23.3	28.7	15.7
城乡	城市	31.6	0.4	21.0	32.2	14.8
	农村	31.9	0.6	24.5	26.8	16.2
性别	男	34.0	0.5	23.5	26.0	16.0
	女	29.2	0.5	23.0	31.9	15.4
年龄	4～14 岁	30.2	0.5	20.2	35.6	13.5
	15～24 岁	23.4	0.4	19.2	40.2	16.8
	25～34 岁	30.5	0.5	23.1	31.7	14.2
	35～44 岁	33.2	0.5	18.7	29.9	17.7
	45～54 岁	32.2	0.5	27.4	23.1	16.8
	55～64 岁	36.1	0.4	30.9	17.2	15.4
	65 岁及以上	37.7	0.6	23.9	21.3	16.5
教育程度	未受过正规教育	31.8	0.5	24.7	28.0	15.0
	小学	28.7	0.5	22.8	32.2	15.8
	初中	29.0	0.5	25.0	29.7	15.8
	高中	40.0	0.5	18.9	23.7	16.9
	大学及以上	52.2	0.6	16.0	19.0	12.2
职业类别	干部/管理人员	29.3	0.4	26.9	24.6	18.8
	个体/私营企业人员	30.1	0.5	21.8	30.0	17.6
	初级公务员/雇员	43.0	0.6	21.5	22.4	12.5
	工人	30.0	0.6	21.1	30.8	17.5
	学生	28.0	0.6	18.6	39.5	13.3
	无业	34.6	0.4	20.8	27.9	16.3
	其他	29.9	0.5	28.4	25.2	16.0
个人月收入	0～300 元	29.2	0.5	21.5	33.5	15.3
	301～900 元	27.0	0.4	34.6	22.3	15.7
	901～1700 元	31.1	0.5	22.5	28.6	17.3
	1701～2600 元	34.9	0.5	21.6	27.2	15.8
	2601～3500 元	41.4	0.9	20.5	22.0	15.2
	3501 元及以上	46.3	0.2	14.8	26.5	12.2

表 3.9.3　2015 年海南市场各类频道在不同时段的市场占有率(%)

时间段	中央台频道	中国教育台频道	海南省级频道	其他省级卫视频道	其他频道
02:00～03:00	24.2	0.5	6.7	39.5	29.1
03:00～04:00	24.9	0.4	7.6	34.6	32.5
04:00～05:00	29.5	0.5	8.9	26.6	34.5
05:00～06:00	33.0	0.6	13.2	20.2	33.0
06:00～07:00	45.8	0.5	14.1	16.9	22.7
07:00～08:00	50.9	0.3	10.0	19.7	19.1
08:00～09:00	43.1	0.9	11.7	27.9	16.4
09:00～10:00	37.0	0.9	13.0	33.5	15.6
10:00～11:00	35.2	0.8	13.6	35.5	14.9
11:00～12:00	38.9	0.3	11.5	35.4	13.9
12:00～13:00	40.5	0.3	9.9	34.5	14.8
13:00～14:00	34.2	0.4	16.0	34.0	15.4
14:00～15:00	33.8	0.5	11.6	36.6	17.5
15:00～16:00	34.1	0.7	9.9	37.4	17.9
16:00～17:00	35.4	0.7	9.5	37.3	17.1
17:00～18:00	38.7	0.4	16.3	29.5	15.1
18:00～19:00	34.3	0.2	38.3	11.7	15.5
19:00～20:00	33.8	0.6	36.6	15.2	13.8
20:00～21:00	25.9	0.8	30.7	27.4	15.2
21:00～22:00	26.0	0.5	28.2	29.1	16.2
22:00～23:00	27.3	0.3	25.9	32.4	14.1
23:00～24:00	25.8	0.2	24.0	35.3	14.7
24:00～25:00	28.2	0.3	19.6	31.1	20.8
25:00～26:00	29.1	0.6	8.9	35.1	26.3

表 3.9.4　2015 年海南市场收视份额排名前十位的频道

名次	频道名称	收视份额(%)
1	海南广播电视总台综合频道	12.7
2	湖南卫视	9.3
3	中央电视台综合频道	5.0
4	中央台八套	4.9
5	中央电视台少儿频道	4.3
6	海南广播电视总台公共频道	4.0
7	中央台三套	3.4
8	中央台六套	3.3
9	浙江卫视	2.9
10	海南广播电视总台影视综艺频道	2.7

表 3.9.5 2015 年海南市场各主要频道的观众构成(%)

目标观众		所有频道	主要频道				
			海南广播电视总台综合频道	湖南卫视	中央电视台综合频道	中央台八套	中央电视台少儿频道
4 岁及以上所有人		100.0	100.0	100.0	100.0	100.0	100.0
城乡	城市	35.9	28.2	32.8	36.8	29.3	28.2
	农村	64.1	71.8	67.2	63.2	70.7	71.8
性别	男	53.3	52.5	41.1	55.2	49.3	53.3
	女	46.7	47.5	58.9	44.8	50.7	46.7
年龄	4~14 岁	18.5	12.8	27.0	17.3	10.0	54.9
	15~24 岁	11.5	8.0	19.5	7.6	7.3	6.3
	25~34 岁	13.9	11.8	16.0	11.3	11.1	14.1
	35~44 岁	15.7	10.8	16.6	12.1	18.6	9.0
	45~54 岁	18.3	25.5	10.1	19.4	17.8	7.3
	55~64 岁	12.6	20.7	4.3	19.8	19.6	4.3
	65 岁及以上	9.5	10.4	6.5	12.5	15.6	4.1
教育程度	未受过正规教育	10.2	11.4	8.5	12.1	6.2	27.5
	小学	21.5	19.1	28.7	18.7	23.1	34.6
	初中	50.2	55.0	53.4	35.3	44.5	31.4
	高中	13.3	10.9	7.9	19.0	19.0	4.6
	大学及以上	4.8	3.6	1.5	14.9	7.2	1.9
职业类别	干部/管理人员	0.3	0.2	0.2	0.3	0.3	0.2
	个体/私营企业人员	8.3	6.6	8.8	6.4	8.9	4.2
	初级公务员/雇员	6.7	6.0	3.4	14.0	7.5	2.7
	工人	9.5	7.0	10.6	7.1	8.2	7.0
	学生	14.6	7.8	26.2	12.5	9.3	31.3
	无业	26.3	22.6	19.8	31.1	29.8	34.6
	其他	34.3	49.8	31.0	28.6	36.0	20.0
个人月收入	0~300 元	36.1	29.6	45.0	29.9	27.3	67.1
	301~900 元	14.1	28.9	11.0	17.9	11.4	5.8
	901~1700 元	24.8	22.8	24.9	17.1	33.2	10.9
	1701~2600 元	13.2	10.0	12.1	12.0	13.2	11.9
	2601~3500 元	7.1	6.3	3.6	12.8	10.2	3.1
	3501 元及以上	4.7	2.4	3.4	10.3	4.7	1.2

表 3.9.6 2013~2015 年海南市场各类节目的播出份额(%)和收视份额(%)

节目类别	2013 年		2014 年		2015 年	
	播出份额	收视份额	播出份额	收视份额	播出份额	收视份额
财经	2.0	0.5	1.8	0.5	1.8	0.7
电视剧	21.2	42.6	20.6	39.6	20.6	40.4
电影	5.5	5.4	4.7	6.0	4.8	6.8
法制	0.9	0.5	1.0	0.5	0.9	0.3
教学	0.3	0.0	0.2	0.0	0.2	0.0
青少	6.8	7.2	7.3	7.5	7.0	7.2
生活服务	9.2	5.8	10.0	5.9	8.9	6.3
体育	2.4	1.7	3.1	2.1	2.9	2.2
外语	0.0	0.0	0.0	0.0	0.0	0.0
戏剧	0.9	0.2	0.7	0.1	0.8	0.0
新闻/时事	15.1	9.4	14.9	10.3	15.0	8.6
音乐	2.6	0.4	2.6	0.5	2.6	0.8
专题	10.6	5.3	12.0	5.8	13.4	5.8
综艺	8.8	9.8	8.8	11.1	8.9	11.6
其他	13.8	11.1	12.3	10.1	12.2	9.3

表 3.9.7　2015 年海南市场所有节目收视率排名前三十位

名次	节目名称	节目类型	播出频道	平均收视率（%）	平均占有率（%）
1	雪豹突击队	电视剧	海南广播电视总台综合频道	9.6	31.2
2	家和万事兴之花好月圆	电视剧	湖南卫视	9.4	27.7
3	妻子的谎言	电视剧	湖南卫视	8.3	27.6
4	狐影之枪花	电视剧	海南广播电视总台综合频道	8.2	23.6
5	你的传奇之危机四伏	电视剧	海南广播电视总台综合频道	8.0	25.7
6	地雷英雄传	电视剧	海南广播电视总台综合频道	7.9	23.6
7	锦绣缘华丽冒险	电视剧	湖南卫视	7.3	23.9
8	猛兽列车	电视剧	海南广播电视总台综合频道	6.9	24.7
9	绝地枪王	电视剧	海南广播电视总台综合频道	6.8	23.6
10	直播周末:2015 年女排世界杯（日本队 VS 中国队）	体育	中央台五套	6.7	33.7
11	枪林弹雨	电视剧	海南广播电视总台综合频道	6.7	26.7
12	直播周末:2015 年女排世界杯颁奖仪式	体育	中央台五套	6.7	23.1
13	血色狼烟	电视剧	海南广播电视总台综合频道	6.7	20.4
14	独立纵队二	电视剧	海南广播电视总台综合频道	6.6	21.7
15	逐日战队	电视剧	海南广播电视总台综合频道	6.4	22.5
16	冲出月亮岛	电视剧	海南广播电视总台综合频道	6.4	22.2
17	英雄戟影子战士	电视剧	海南广播电视总台综合频道	6.4	20.2
18	美丽的秘密	电视剧	湖南卫视	6.3	21.0
19	快乐中国 20152016 跨年演唱会	音乐	湖南卫视	6.2	21.2
20	新燕子李三	电视剧	海南广播电视总台综合频道	6.1	21.5
21	狐影	电视剧	海南广播电视总台综合频道	5.8	23.0
22	爱情悠悠药草香	电视剧	海南广播电视总台综合频道	5.8	20.1
23	2014 海南最美村镇颁奖礼	综艺	海南广播电视总台综合频道	5.6	17.0
24	绝对火力	电视剧	海南广播电视总台综合频道	5.5	22.0
25	战神	电视剧	海南广播电视总台综合频道	5.4	23.7
26	大海记忆	专题	海南广播电视总台综合频道	5.4	22.0
27	千金女贼	电视剧	海南广播电视总台综合频道	5.4	21.7
28	杀寇决	电视剧	海南广播电视总台综合频道	5.4	21.6
29	光影突击队	电视剧	海南广播电视总台综合频道	5.2	23.8
30	家和万事兴之兄弟姐妹	电视剧	湖南卫视	5.2	18.6

表 3.9.8　2015 年海南市场电视剧收视率排名前十位

名次	节目名称	播出频道	平均收视率（%）	平均占有率（%）
1	雪豹突击队	海南广播电视总台综合频道	9.6	31.2
2	家和万事兴之花好月圆	湖南卫视	9.4	27.7
3	妻子的谎言	湖南卫视	8.3	27.6
4	狐影之枪花	海南广播电视总台综合频道	8.2	23.6
5	你的传奇之危机四伏	海南广播电视总台综合频道	8.0	25.7
6	地雷英雄传	海南广播电视总台综合频道	7.9	23.6
7	锦绣缘华丽冒险	湖南卫视	7.3	23.9
8	猛兽列车	海南广播电视总台综合频道	6.9	24.7
9	绝地枪王	海南广播电视总台综合频道	6.8	23.6
10	枪林弹雨	海南广播电视总台综合频道	6.7	26.7

表 3.9.9　2015 年海南市场新闻节目收视率排名前十位

名次	节目名称	播出频道	平均收视率（%）	平均占有率（%）
1	转播中央台新闻联播	海南广播电视总台综合频道	4.7	17.9
2	第 1 民声	海南广播电视总台综合频道	2.7	12.3
3	直播海南	海南广播电视总台综合频道	2.2	20.4
4	我爱海口	海南广播电视总台综合频道	1.7	7.5
5	习近平在亚非领导人会议上致辞	中央电视台综合频道	1.4	4.9
6	李克强总理会见中外记者并回答提问	中央电视台综合频道	1.2	4.3
7	新闻联播	中央电视台综合频道	1.1	5.9
8	焦点访谈	中央电视台综合频道	1.0	3.7
9	郡县治天下安——习近平总书记与中央党校县委书记研修班学员座谈侧记	中央电视台新闻频道	1.0	3.4
10	中国新闻	中央台四套	0.8	2.5

表 3.9.10　2015 年海南市场专题节目收视率排名前十位

名次	节目名称	播出频道	平均收视率（%）	平均占有率（%）
1	大海记忆	海南广播电视总台综合频道	5.4	22.0
2	英雄出少年 HERO	海南广播电视总台综合频道	3.7	11.9
3	一年级大学季	湖南卫视	2.5	15.0
4	绿色农业进行时	海南广播电视总台综合频道	2.5	14.0
5	诚信 315 海南	海南广播电视总台综合频道	2.5	8.4
6	永远的铁道兵	海南广播电视总台综合频道	1.8	7.8
7	寻情记	海南广播电视总台公共频道	1.7	9.1
8	面对面	海南广播电视总台综合频道	1.5	7.5
9	噗通噗通的良心	湖南卫视	1.5	5.4
10	国际旅游岛农情	海南广播电视总台综合频道	1.5	5.2

表 3.9.11　2015 年海南市场综艺节目收视率排名前十位

名次	节目名称	播出频道	平均收视率(%)	平均占有率(%)
1	2014 海南最美村镇颁奖礼	海南广播电视总台综合频道	5.6	17.0
2	中国好声音 4(7 月 31 日)	浙江卫视	5.2	18.4
3	寻找最美海湾十大最美海湾评选颁奖晚会	海南广播电视总台综合频道	5.0	14.9
4	2015 中央电视台春节联欢晚会	海南广播电视总台综合频道	3.6	14.8
5	新年到喜气羊羊声动海南 2015 元旦特别节目	海南广播电视总台综合频道	3.4	12.6
6	奔跑吧兄弟(4 月 17 日 ~7 月 3 日)	浙江卫视	3.5	15.1
7	奔跑吧兄弟(10 月 30 日 ~12 月 25 日)	浙江卫视	3.3	13.6
8	第四届海南广电观众节欢乐海口真情广电闭幕式暨主题颁奖晚会	海南广播电视总台综合频道	3.3	10.9
9	元宵喜乐会	湖南卫视	3.1	11.9
10	中国海南 2015 第四届大海歌曲电视大奖赛颁奖晚会	海南广播电视总台综合频道	3.0	13.0

表 3.9.12　2015 年海南市场体育节目收视率排名前十位

名次	节目名称	播出频道	平均收视率(%)	平均占有率(%)
1	直播周末:2015 年女排世界杯(日本队 VS 中国队)	中央台五套	6.7	33.7
2	直播周末 2015 年女排世界杯颁奖仪式	中央台五套	6.7	23.1
3	现场直播:2015 年世界女排大奖赛中国香港站(中国队 VS 日本队)	中央台五套	4.7	16.3
4	现场直播:2015 年亚洲男篮锦标赛决赛(中国队 VS 菲律宾队)	中央台五套	4.2	13.4
5	黄金赛场:2015 年亚洲女排锦标赛决赛(中国队 VS 韩国队)	中央台五套	3.6	16.6
6	追梦陵水陵水黎族自治县第三届体育运动会开幕式	海南广播电视总台综合频道	3.2	9.8
7	2015 年世界田径锦标赛女子 800 米半决赛	中央台五套	3.0	9.7
8	2015 年国际泳联世界锦标赛跳水女子 1 米板决赛	中央台五套	2.9	8.1
9	2015 年世界乒乓球锦标赛男单决赛	中央台五套	2.4	8.8
10	实况录像:2008 年北京奥运会田径比赛女子撑竿跳高决赛	中央台五套	2.2	9.0

十、河北收视数据

表 3.10.1 2011～2015 年河北市场各类频道的市场占有率（%）

频道类别	年份				
	2011 年	2012 年	2013 年	2014 年	2015 年
中央台频道	30.1	27.2	29.3	31.8	33.4
中国教育台频道	0.7	0.5	0.5	0.3	0.2
河北省级频道	18.7	30.2	29.9	29.8	27.6
其他省级卫视频道	43.7	28.9	29.0	29.3	29.3
其他频道	6.8	13.2	11.3	8.8	9.5

表 3.10.2 2015 年河北市场各类频道在不同目标观众中的市场占有率（%）

目标观众		中央台频道	中国教育台频道	河北省级频道	其他省级卫视频道	其他频道
4 岁及以上所有人		33.4	0.2	27.6	29.3	9.5
城乡	城市	40.1	0.2	18.3	31.9	9.5
	农村	32.0	0.3	29.6	28.8	9.3
性别	男	34.7	0.3	27.3	28.5	9.2
	女	32.2	0.2	27.9	30.1	9.6
年龄	4～14 岁	32.5	0.2	23.1	36.2	8.0
	15～24 岁	26.2	0.3	28.9	35.3	9.3
	25～34 岁	32.8	0.1	25.2	32.1	9.8
	35～44 岁	31.4	0.4	27.9	30.3	10.0
	45～54 岁	31.2	0.3	29.0	29.2	10.3
	55～64 岁	39.1	0.1	29.3	23.7	7.8
	65 岁及以上	37.5	0.2	28.2	23.2	10.9
教育程度	未受过正规教育	30.5	0.1	32.0	26.2	11.2
	小学	29.9	0.3	31.1	28.9	9.8
	初中	31.5	0.3	28.2	30.6	9.4
	高中	39.3	0.2	23.7	28.1	8.7
	大学及以上	44.3	0.1	17.1	30.3	8.2
职业类别	干部/管理人员	45.3	0.3	16.7	27.5	10.2
	个体/私营企业人员	33.1	0.1	30.7	25.4	10.7
	初级公务员/雇员	37.3	0.1	28.7	25.6	8.3
	工人	34.3	0.2	22.7	34.4	8.4
	学生	31.7	0.3	21.8	39.0	7.2
	无业	39.0	0.1	25.7	26.1	9.1
	其他	26.9	0.5	31.5	31.0	10.1
个人月收入	0～300 元	30.4	0.2	26.5	33.1	9.8
	301～900 元	27.7	0.3	37.3	25.1	9.6
	901～1700 元	34.4	0.4	27.7	29.3	8.2
	1701～2600 元	41.2	0.1	23.6	26.2	8.9
	2601～3500 元	34.4	0.2	23.8	31.1	10.5
	3501 元及以上	33.2	0.1	27.4	27.9	11.4

表 3.10.3　2015 年河北市场各类频道在不同时段的市场占有率(%)

时间段	中央台频道	中国教育台频道	河北省级频道	其他省级卫视频道	其他频道
02:00～03:00	25.3	0.3	15.2	35.0	24.2
03:00～04:00	23.4	0.5	15.0	36.0	25.1
04:00～05:00	26.0	0.6	14.7	36.3	22.4
05:00～06:00	32.0	0.8	18.5	35.3	13.4
06:00～07:00	43.7	0.2	18.5	28.8	8.8
07:00～08:00	48.8	0.1	17.9	24.7	8.5
08:00～09:00	46.0	0.3	16.3	28.1	9.3
09:00～10:00	35.7	0.3	20.0	34.2	9.8
10:00～11:00	34.3	0.3	20.0	35.9	9.5
11:00～12:00	36.0	0.1	22.6	32.8	8.5
12:00～13:00	29.0	0.1	39.7	23.8	7.4
13:00～14:00	34.3	0.2	21.0	33.1	11.4
14:00～15:00	32.9	0.3	15.3	41.0	10.5
15:00～16:00	31.3	0.3	17.2	41.0	10.2
16:00～17:00	30.9	0.3	18.2	41.2	9.4
17:00～18:00	35.0	0.1	22.6	33.6	8.7
18:00～19:00	39.9	0.1	37.2	12.8	10.0
19:00～20:00	36.8	0.3	36.3	17.4	9.2
20:00～21:00	27.0	0.5	33.4	31.1	8.0
21:00～22:00	30.0	0.2	30.6	30.6	8.6
22:00～23:00	27.0	0.2	27.1	35.2	10.5
23:00～24:00	30.5	0.1	19.9	38.5	11.0
24:00～25:00	33.5	0.2	21.6	31.8	12.9
25:00～26:00	28.5	0.3	21.4	29.0	20.8

表 3.10.4　2015 年河北市场收视份额排名前十位的频道

名次	频道名称	收视份额(%)
1	河北电视台二套(经济生活频道)	11.7
2	河北电视台农民频道(七套)	7.6
3	中央电视台综合频道	5.9
4	湖南卫视	3.9
5	中央电视台少儿频道	3.5
6	河北卫视	3.4
7	中央台三套	3.0
8	中央台八套	2.7
8	中央台四套	2.7
10	中央电视台新闻频道	2.6

表 3.10.5 2015 年河北市场各主要频道的观众构成(%)

目标观众		所有频道	主要频道				
			河北电视台二套(经济生活频道)	河北电视台农民频道(七套)	中央电视台综合频道	湖南卫视	中央电视台少儿频道
4 岁及以上所有人		100.0	100.0	100.0	100.0	100.0	100.0
城乡	城市	17.6	6.8	11.1	21.0	19.7	10.7
	农村	82.4	93.2	88.9	79.0	80.3	89.3
性别	男	49.1	46.5	47.5	46.1	39.8	48.3
	女	50.9	53.5	52.5	53.9	60.2	51.7
年龄	4~14 岁	12.0	10.5	9.4	12.3	19.6	39.2
	15~24 岁	9.5	10.4	10.8	5.5	18.1	7.7
	25~34 岁	10.8	11.5	7.8	9.8	15.1	13.8
	35~44 岁	16.8	17.1	17.9	13.5	18.7	14.7
	45~54 岁	19.3	23.5	14.7	11.6	16.5	6.0
	55~64 岁	19.0	18.3	25.2	27.8	6.4	14.2
	65 岁及以上	12.6	8.7	14.2	19.5	5.6	4.3
教育程度	未受过正规教育	7.2	9.7	9.6	10.2	4.0	18.0
	小学	27.1	28.6	33.2	26.8	25.7	32.9
	初中	39.6	39.5	40.5	31.0	44.6	30.4
	高中	18.5	17.6	13.0	20.3	16.7	13.7
	大学及以上	7.6	4.6	3.7	11.6	9.1	5.0
职业类别	干部/管理人员	2.6	0.7	0.9	2.7	2.0	1.2
	个体/私营企业人员	15.0	12.5	24.6	10.5	12.1	8.2
	初级公务员/雇员	9.9	13.9	7.6	13.8	10.0	5.7
	工人	6.0	3.8	5.5	5.9	8.7	6.2
	学生	10.7	7.2	8.1	10.3	25.1	25.3
	无业	25.8	23.0	23.7	33.8	16.1	30.4
	其他	30.0	38.9	29.5	23.0	25.9	23.1
个人月收入	0~300 元	31.8	28.5	30.6	29.5	42.2	55.8
	301~900 元	15.0	23.5	18.5	15.9	11.2	7.6
	901~1700 元	20.8	20.9	24.2	21.1	18.6	17.0
	1701~2600 元	20.0	17.6	14.9	22.6	15.8	12.2
	2601~3500 元	7.3	5.4	6.8	6.4	7.3	3.9
	3501 元及以上	5.0	4.0	5.1	4.5	4.9	3.5

表 3.10.6 2013~2015 年河北市场各类节目的播出份额(%)和收视份额(%)

节目类别	2013 年		2014 年		2015 年	
	播出份额	收视份额	播出份额	收视份额	播出份额	收视份额
财经	1.7	0.6	1.6	0.5	1.6	0.7
电视剧	30.0	38.5	28.0	37.0	27.3	34.9
电影	5.5	4.3	3.9	3.7	4.4	4.1
法制	1.1	2.3	1.3	2.4	1.2	2.2
教学	0.4	0.1	0.3	0.1	0.2	0.1
青少	5.8	8.4	7.1	8.5	6.3	6.8
生活服务	8.3	5.9	13.4	6.6	10.4	6.5
体育	2.2	1.0	3.6	1.4	3.1	1.4
外语	0.0	0.0	0.0	0.0	0.0	0.0
戏剧	0.7	0.7	0.6	0.4	0.7	0.5
新闻/时事	10.1	8.9	9.7	9.2	10.3	9.7
音乐	2.5	0.8	1.4	0.9	2.7	1.3
专题	8.6	6.2	11.9	7.0	13.1	7.7
综艺	7.4	11.6	7.1	12.1	7.6	14.3
其他	15.7	10.8	10.1	10.2	11.0	9.9

表 3.10.7　2015 年河北市场所有节目收视率排名前三十位

名次	节目名称	节目类型	播出频道	平均收视率(%)	平均占有率(%)
1	2015 中央电视台春节联欢晚会	综艺	中央电视台综合频道	9.8	21.8
2	2015 一年又一年	新闻/时事	中央电视台综合频道	8.8	17.8
3	地雷战	电视剧	河北电视台二套(经济生活频道)	7.8	23.3
4	飞虎队	电视剧	河北电视台二套(经济生活频道)	7.7	22.8
5	2015 中央电视台元宵晚会	综艺	中央电视台综合频道	7.6	17.3
6	忠诚之传奇英雄	电视剧	河北电视台二套(经济生活频道)	7.1	20.2
7	忠诚之代号铁核桃	电视剧	河北电视台二套(经济生活频道)	6.9	18.1
8	夺宝传奇	电视剧	河北电视台二套(经济生活频道)	6.7	19.6
9	烽火兄弟	电视剧	河北电视台二套(经济生活频道)	6.7	16.7
10	忠诚之烽火姐妹	电视剧	河北电视台二套(经济生活频道)	6.6	16.9
11	烽火兄弟之东江英雄	电视剧	河北电视台二套(经济生活频道)	6.4	15.5
12	猎刃	电视剧	河北电视台二套(经济生活频道)	6.2	21.4
13	烽火兄弟之敌后英雄	电视剧	河北电视台二套(经济生活频道)	6.2	14.9
14	野山鹰	电视剧	河北电视台二套(经济生活频道)	6.0	20.3
15	敌后便衣队传奇	电视剧	河北电视台二套(经济生活频道)	5.9	20.9
16	大兵小将	综艺	河北电视台二套(经济生活频道)	5.9	17.3
17	我为购物狂	综艺	河北电视台二套(经济生活频道)	5.9	17.1
18	忠诚战士	电视剧	河北电视台二套(经济生活频道)	5.6	18.4
19	杀出黎明	电视剧	河北电视台二套(经济生活频道)	5.5	19.4
20	英雄戟影子战士	电视剧	河北电视台二套(经济生活频道)	5.5	17.5
21	孤雁	电视剧	河北电视台二套(经济生活频道)	5.5	17.2
22	星光大道(5 月 23 日)	综艺	中央电视台综合频道	5.5	16.3
23	战魂	电视剧	河北电视台二套(经济生活频道)	5.5	14.6
24	胜利与和平——纪念抗日战争暨世界反法西斯战争胜利 70 周年文艺晚会	综艺	中央电视台综合频道	5.5	14.4
25	地雷英雄传	电视剧	河北电视台二套(经济生活频道)	5.2	15.6
26	游击英雄	电视剧	河北电视台二套(经济生活频道)	5.2	14.8
27	踏破硝烟	电视剧	河北电视台二套(经济生活频道)	5.1	15.7
28	小白菜奇案	电视剧	河北电视台二套(经济生活频道)	5.1	12.1
29	红狐行动	电视剧	河北电视台二套(经济生活频道)	5.0	14.9
30	潜行者	电视剧	河北电视台二套(经济生活频道)	5.0	13.7

表 3.10.8 2015 年河北市场电视剧收视率排名前十位

名次	节目名称	播出频道	平均收视率(%)	平均占有率(%)
1	地雷战	河北电视台二套(经济生活频道)	7.8	23.3
2	飞虎队	河北电视台二套(经济生活频道)	7.7	22.8
3	忠诚之传奇英雄	河北电视台二套(经济生活频道)	7.1	20.2
4	忠诚之代号铁核桃	河北电视台二套(经济生活频道)	6.9	18.1
5	夺宝传奇	河北电视台二套(经济生活频道)	6.7	19.6
6	烽火兄弟	河北电视台二套(经济生活频道)	6.7	16.7
7	忠诚之烽火姐妹	河北电视台二套(经济生活频道)	6.6	16.9
8	烽火兄弟之东江英雄	河北电视台二套(经济生活频道)	6.4	15.5
9	猎刃	河北电视台二套(经济生活频道)	6.2	21.4
10	烽火兄弟之敌后英雄	河北电视台二套(经济生活频道)	6.2	14.9

表 3.10.9 2015 年河北市场新闻节目收视率排名前十位

名次	节目名称	播出频道	平均收视率(%)	平均占有率(%)
1	2015 一年又一年	中央电视台综合频道	8.8	17.8
2	今日资讯	河北电视台二套(经济生活频道)	4.2	19.0
3	习近平在亚非领导人会议上致辞	中央电视台综合频道	3.4	10.1
4	李克强总理会见中外记者并回答提问	中央电视台综合频道	2.6	6.0
5	转播中央台新闻联播	河北卫视	2.0	6.6
6	新闻联播	中央电视台新闻频道	1.9	6.2
7	经视新闻眼	河北电视台二套(经济生活频道)	1.8	11.8
8	老三热线	河北电视台农民频道(七套)	1.8	8.1
9	焦点访谈	中央电视台综合频道	1.7	5.0
10	抗战胜利 70 周年纪念大会	中央台二套	1.7	4.1

表 3.10.10 2015 年河北市场专题节目收视率排名前十位

名次	节目名称	播出频道	平均收视率(%)	平均占有率(%)
1	等着我	中央电视台综合频道	3.9	12.3
2	中国谜语大会(3 月 4 日)	中央电视台综合频道	3.4	9.1
3	315 消费在阳光下	中央电视台综合频道	2.8	10.2
4	非常帮助	河北电视台农民频道(七套)	2.0	11.3
5	2014 中国好书	中央电视台综合频道	2.0	5.7
6	谁是终极英雄	中央台七套	1.9	4.4
7	胡耀邦	中央电视台综合频道	1.8	4.7
8	感动中国 2014 年度人物颁奖盛典	中央电视台综合频道	1.8	4.6
9	把革命老区发展时刻放在心上	中央电视台综合频道	1.8	4.4
10	好记者讲好故事价值观的故事 2015 年中国记者节特别节目	中央电视台综合频道	1.6	5.3

表 3.10.11　2015 年河北市场综艺节目收视率排名前十位

名次	节目名称	播出频道	平均收视率(%)	平均占有率(%)
1	2015 中央电视台春节联欢晚会	中央电视台综合频道	9.8	21.8
2	2015 中央电视台元宵晚会	中央电视台综合频道	7.6	17.3
3	大兵小将	河北电视台二套(经济生活频道)	5.9	17.3
4	我为购物狂	河北电视台二套(经济生活频道)	5.9	17.1
5	星光大道(5 月 23 日)	中央电视台综合频道	5.5	16.3
6	胜利与和平——纪念抗日战争暨世界反法西斯战争胜利 70 周年文艺晚会	中央电视台综合频道	5.5	14.4
7	出彩中国人(4 月 19 日)	中央电视台综合频道	4.9	13.5
8	奔跑吧兄弟(4 月 17 日 ~7 月 3 日)	浙江卫视	4.8	18.3
9	幸运来敲门	河北电视台二套(经济生活频道)	4.7	13.8
10	吉尼斯中国之夜	中央电视台综合频道	4.1	12.8

表 3.10.12　2015 年河北市场体育节目收视率排名前十位

名次	节目名称	播出频道	平均收视率(%)	平均占有率(%)
1	现场直播:2015 年亚洲男篮锦标赛决赛(中国队 VS 菲律宾队)	中央台五套	2.7	9.7
2	2015 年世界田径锦标赛男子4×100 米接力决赛	中央台五套	2.4	6.9
3	直播周末:2015 年女排世界杯(日本队 VS 中国队)	中央台五套	1.7	5.3
4	2015 年世乒赛女单决赛	中央台五套	1.7	4.4
5	2015 年国际泳联世锦赛男子 100 米自由泳决赛	中央台五套	1.6	17.2
6	直播周末:2015 年澳大利亚亚洲杯小组赛B 组(中国队 VS 朝鲜队)	中央台五套	1.6	5.9
7	黄金赛场:2014/2015 赛季中国男子篮球职业联赛半决赛(北京首钢 VS 广东东莞银行)	中央台五套	1.5	3.7
8	现场直播:2015 年国际田联世界田径挑战赛北京站男子 100 米决赛	中央台五套	1.3	6.1
9	超级足球之夜:2015 年亚洲足联冠军联赛半决赛首回合(中国广州恒大 VS 日本大阪钢巴)	中央台五套	1.3	3.7
10	黄金赛场:2015 年亚洲女篮锦标赛小组赛(日本队 VS 中国队)	中央台五套	1.2	3.2

十一、河南收视数据

表 3.11.1 2011～2015 年河南市场各类频道的市场占有率(%)

频道类别	年份				
	2011 年	2012 年	2013 年	2014 年	2015 年
中央台频道	28.8	33.5	38.8	42.3	42.7
中国教育台频道	0.5	0.5	0.5	0.7	0.5
河南省级频道	36.1	29.0	22.9	17.6	16.7
其他省级卫视频道	27.6	31.9	33.7	36.0	36.9
其他频道	7.0	5.1	4.1	3.4	3.2

表 3.11.2 2015 年河南市场各类频道在不同目标观众中的市场占有率(%)

目标观众		中央台频道	中国教育台频道	河南省级频道	其他省级卫视频道	其他频道
4 岁及以上所有人		42.7	0.5	16.7	36.9	3.2
城乡	城市	48.3	0.6	17.8	28.8	4.5
	农村	41.1	0.4	16.4	39.2	2.9
性别	男	45.7	0.5	16.9	33.7	3.2
	女	39.8	0.4	16.6	40.0	3.2
年龄	4～14 岁	51.7	0.4	6.6	39.0	2.3
	15～24 岁	35.7	0.4	13.8	47.7	2.4
	25～34 岁	38.7	0.5	14.7	44.0	2.1
	35～44 岁	41.5	0.5	12.8	42.1	3.1
	45～54 岁	39.2	0.5	21.9	35.3	3.1
	55～64 岁	46.1	0.5	24.5	25.1	3.8
	65 岁及以上	47.2	0.4	25.7	20.6	6.1
教育程度	未受过正规教育	52.9	0.4	11.3	32.0	3.4
	小学	47.7	0.4	14.8	33.8	3.3
	初中	38.1	0.5	18.3	40.2	2.9
	高中	43.6	0.4	15.7	36.3	4.0
	大学及以上	50.4	0.3	18.3	28.4	2.6
职业类别	干部/管理人员	44.0	0.9	15.0	37.8	2.3
	个体/私营企业人员	41.9	0.3	16.1	39.4	2.3
	初级公务员/雇员	50.3	0.4	16.2	30.5	2.6
	工人	39.9	0.4	18.7	37.9	3.1
	学生	46.3	0.4	8.0	42.9	2.4
	无业	46.8	0.4	19.6	28.3	4.9
	其他	38.8	0.5	18.8	38.8	3.1
个人月收入	0～300 元	43.3	0.4	14.7	38.4	3.2
	301～900 元	37.3	0.5	19.8	38.8	3.6
	901～1700 元	41.0	0.4	18.3	37.7	2.6
	1701～2600 元	43.6	0.5	18.3	34.4	3.2
	2601～3500 元	47.7	0.5	15.8	31.7	4.3
	3501 元及以上	48.8	0.6	13.7	34.5	2.4

表 3.11.3　2015 年河南市场各类频道在不同时段的市场占有率(%)

时间段	中央台频道	中国教育台频道	河南省级频道	其他省级卫视频道	其他频道
02:00~03:00	36.1	0.0	16.4	46.3	1.2
03:00~04:00	39.2	0.0	13.7	46.2	0.9
04:00~05:00	44.0	0.6	14.0	39.5	1.9
05:00~06:00	48.0	1.4	10.7	34.9	5.0
06:00~07:00	57.9	0.4	10.3	27.7	3.7
07:00~08:00	63.0	0.4	12.1	21.4	3.1
08:00~09:00	49.4	0.6	15.0	30.5	4.5
09:00~10:00	46.3	0.8	10.0	37.8	5.1
10:00~11:00	45.0	0.6	9.1	40.9	4.4
11:00~12:00	49.8	0.4	9.1	37.7	3.0
12:00~13:00	59.7	0.2	8.9	28.2	3.0
13:00~14:00	53.1	0.2	10.8	32.8	3.1
14:00~15:00	38.2	0.5	11.7	46.5	3.1
15:00~16:00	39.9	0.5	10.4	45.1	4.1
16:00~17:00	43.1	0.4	10.3	42.0	4.2
17:00~18:00	53.9	0.2	9.8	32.9	3.2
18:00~19:00	58.4	0.2	20.9	17.0	3.5
19:00~20:00	50.7	0.4	19.1	27.1	2.7
20:00~21:00	28.8	0.6	20.5	47.2	2.9
21:00~22:00	27.8	0.5	20.5	48.1	3.1
22:00~23:00	30.1	0.4	20.8	45.3	3.4
23:00~24:00	33.4	0.4	16.5	47.0	2.7
24:00~25:00	51.6	0.4	11.4	32.8	3.8
25:00~26:00	59.3	0.1	8.7	28.4	3.5

表 3.11.4　2015 年河南市场收视份额排名前十位的频道

名次	频道名称	收视份额(%)
1	中央电视台综合频道	11.7
2	湖南卫视	9.4
3	中央电视台少儿频道	7.6
4	河南电视台卫星频道(一套)	5.5
5	河南电视台都市频道(二套)	4.7
6	中央台八套	3.5
6	中央台十二套	3.5
8	中央台六套	3.1
9	河南电视台电视剧频道(五套)	2.8
10	中央电视台新闻频道	2.6

表 3.11.5　2015 年河南市场各主要频道的观众构成(%)

目标观众		所有频道	主要频道				
			中央电视台综合频道	湖南卫视	中央电视台少儿频道	河南电视台卫星频道(一套)	河南电视台都市频道(二套)
4 岁及以上所有人		100.0	100.0	100.0	100.0	100.0	100.0
城乡	城市	22.0	35.5	17.0	12.5	15.9	22.1
	农村	78.0	64.5	83.0	87.5	84.1	77.9
性别	男	48.5	51.7	37.7	47.9	51.4	45.4
	女	51.5	48.3	62.3	52.1	48.6	54.6
年龄	4～14 岁	14.7	10.9	17.7	56.4	5.6	8.2
	15～24 岁	15.0	10.3	27.0	8.7	11.7	18.4
	25～34 岁	12.9	10.2	18.2	11.9	9.9	16.2
	35～44 岁	17.2	18.1	21.1	11.1	11.9	16.2
	45～54 岁	15.1	15.4	10.6	3.8	14.9	18.8
	55～64 岁	14.6	19.2	3.0	5.3	23.2	15.0
	65 岁及以上	10.5	15.9	2.4	2.8	22.8	7.2
教育程度	未受过正规教育	4.6	4.2	2.7	16.1	3.5	3.0
	小学	20.8	19.4	18.8	42.8	20.4	16.2
	初中	48.1	41.4	53.8	28.7	52.5	50.4
	高中	19.7	24.3	19.2	10.0	18.1	19.8
	大学及以上	6.8	10.7	5.5	2.4	5.5	10.6
职业类别	干部/管理人员	0.8	1.5	0.8	0.2	0.6	0.7
	个体/私营企业人员	10.6	10.1	11.5	5.2	9.3	8.8
	初级公务员/雇员	6.9	11.8	6.1	1.9	4.6	10.3
	工人	6.5	7.5	6.2	1.9	5.9	4.5
	学生	15.9	11.3	25.5	44.2	7.0	11.8
	无业	18.5	23.4	10.6	21.6	18.6	18.8
	其他	40.8	34.4	39.3	25.0	54.0	45.1
个人月收入	0～300 元	40.4	36.1	46.0	73.6	34.3	34.7
	301～900 元	11.0	8.4	10.2	6.6	17.8	9.0
	901～1700 元	18.9	18.2	18.7	10.1	19.7	23.3
	1701～2600 元	21.0	24.5	18.3	7.8	20.9	24.6
	2601～3500 元	6.6	9.7	5.2	1.4	6.0	6.6
	3501 元及以上	2.1	3.1	1.6	0.5	1.3	1.8

表 3.11.6 2013～2015 年河南市场各类节目的播出份额(%)和收视份额(%)

节目类别	2013 年		2014 年		2015 年	
	播出份额	收视份额	播出份额	收视份额	播出份额	收视份额
财经	2.0	0.3	1.6	0.6	1.5	0.6
电视剧	20.3	34.9	21.0	34.4	24.7	29.8
电影	5.1	2.9	4.4	4.1	4.2	3.2
法制	1.1	1.4	1.2	1.3	1.1	2.6
教学	0.3	0.1	0.2	0.0	0.2	0.1
青少	6.2	6.3	6.4	4.7	5.9	7.9
生活服务	10.4	8.0	10.8	8.1	10.7	8.3
体育	1.9	0.6	2.8	1.9	3.0	1.0
外语	0.0	0.0	0.0	0.0	0.0	0.0
戏剧	0.8	1.3	0.7	0.6	0.8	1.3
新闻/时事	15.0	13.4	14.1	12.4	10.4	12.7
音乐	2.4	0.4	2.3	0.6	2.6	0.9
专题	11.1	3.8	11.9	6.5	13.7	5.9
综艺	9.0	9.1	9.5	12.0	7.1	10.1
其他	14.4	17.5	13.1	12.8	14.1	15.6

表 3.11.7　2015 年河南市场所有节目收视率排名前三十位

名次	节目名称	节目类型	播出频道	平均收视率(%)	平均占有率(%)
1	2015 中央电视台春节联欢晚会	综艺	中央电视台综合频道	25.6	71.3
2	新闻联播	新闻/时事	中央电视台综合频道	8.9	28.1
3	习近平在亚非领导人会议上致辞	新闻/时事	中央电视台综合频道	8.7	21.3
4	天气预报	生活服务	中央电视台综合频道	8.1	20.5
5	把革命老区发展时刻放在心上	专题	中央电视台综合频道	7.9	15.5
6	老农民	电视剧	河南电视台卫星频道(一套)	7.2	15.6
7	冰与火的青春	电视剧	湖南卫视	7.0	18.7
8	郡县治天下安——习近平总书记与中央党校县委书记研修班学员座谈侧记	新闻/时事	中央电视台综合频道	6.7	13.6
9	锦绣缘华丽冒险	电视剧	湖南卫视	6.5	16.0
10	焦点访谈	新闻/时事	中央电视台综合频道	6.5	15.6
11	全面实现小康一个民族都不能少	专题	中央电视台综合频道	6.5	13.1
12	中秋之夜	综艺	湖南卫视	6.3	17.0
13	飞虎的纪念	专题	湖南卫视	6.3	15.2
14	神犬小七	电视剧	湖南卫视	6.2	16.6
15	快乐大本营	综艺	湖南卫视	6.1	17.2
16	2015 中央电视台元宵晚会	综艺	中央电视台综合频道	6.1	14.2
17	胜利与和平——纪念抗日战争暨世界反法西斯战争胜利 70 周年文艺晚会	综艺	中央电视台综合频道	6.0	15.3
18	伪装者	电视剧	湖南卫视	5.9	17.0
19	梨园春	戏剧	河南电视台卫星频道(一套)	5.9	13.1
20	李克强总理会见中外记者并回答提问	新闻/时事	中央电视台综合频道	5.8	11.5
21	偏偏喜欢你	电视剧	湖南卫视	5.7	15.1
22	妻子的谎言	电视剧	湖南卫视	5.5	14.2
23	活色生香	电视剧	湖南卫视	5.5	12.9
24	中央军委慰问驻京部队老干部迎新春文艺演出	综艺	中央电视台综合频道	5.3	11.3
25	天天向上	综艺	湖南卫视	5.2	15.4
26	中央电视台 2015 春节戏曲晚会	戏剧	中央电视台综合频道	5.2	12.6
27	特警力量	电视剧	湖南卫视	5.0	13.0
28	武媚娘传奇	电视剧	湖南卫视	4.7	11.7
29	前夫求爱记	电视剧	湖南卫视	4.6	12.5
30	家和万事兴之花好月圆	电视剧	湖南卫视	4.5	13.5

表 3.11.8 2015 年河南市场电视剧收视率排名前十位

名次	节目名称	播出频道	平均收视率（%）	平均占有率（%）
1	老农民	河南电视台卫星频道（一套）	7.2	15.6
2	冰与火的青春	湖南卫视	7.0	18.7
3	锦绣缘华丽冒险	湖南卫视	6.5	16.0
4	神犬小七	湖南卫视	6.2	16.6
5	伪装者	湖南卫视	5.9	17.0
6	偏偏喜欢你	湖南卫视	5.7	15.1
7	妻子的谎言	湖南卫视	5.5	14.2
8	活色生香	湖南卫视	5.5	12.9
9	特警力量	湖南卫视	5.0	13.0
10	武媚娘传奇	湖南卫视	4.7	11.7

表 3.11.9 2015 年河南市场新闻节目收视率排名前十位

名次	节目名称	播出频道	平均收视率（%）	平均占有率（%）
1	新闻联播	中央电视台综合频道	8.9	28.1
2	习近平在亚非领导人会议上致辞	中央电视台综合频道	8.7	21.3
3	郡县治天下安——习近平总书记与中央党校县委书记研修班学员座谈侧记	中央电视台综合频道	6.7	13.6
4	焦点访谈	中央电视台综合频道	6.5	15.6
5	李克强总理会见中外记者并回答提问	中央电视台综合频道	5.8	11.5
6	2015 一年又一年	中央电视台综合频道	3.6	23.6
7	全国两会特别报道	河南电视台卫星频道（一套）	3.2	9.3
8	都市报道	河南电视台都市频道（二套）	2.8	6.7
9	都市报道扩大版	河南电视台都市频道（二套）	2.4	9.4
10	直通北京 2015 全国两会特别报道	江苏卫视	1.8	4.3

表 3.11.10 2015 年河南市场专题节目收视率排名前十位

名次	节目名称	播出频道	平均收视率（%）	平均占有率（%）
1	把革命老区发展时刻放在心上	中央电视台综合频道	7.9	15.5
2	全面实现小康一个民族都不能少	中央电视台综合频道	6.5	13.1
3	飞虎的纪念	湖南卫视	6.3	15.2
4	东方主战场	湖南卫视	4.3	10.7
5	噗通噗通的良心	湖南卫视	4.0	8.6
6	了不起的挑战幕后	中央电视台综合频道	3.6	13.4
7	变形计	湖南卫视	3.5	8.3
8	中国谜语大会(3 月 3 日)	中央电视台综合频道	3.3	7.3
9	2014 中国好书	中央电视台综合频道	3.0	7.6
10	感动中国 2014 年度人物颁奖盛典	中央电视台综合频道	3.0	7.5

表 3.11.11　2015 年河南市场综艺节目收视率排名前十位

名次	节目名称	播出频道	平均收视率(%)	平均占有率(%)
1	2015 中央电视台春节联欢晚会	中央电视台综合频道	25.6	71.3
2	中秋之夜	湖南卫视	6.3	17.0
3	快乐大本营	湖南卫视	6.1	17.2
4	2015 中央电视台元宵晚会	中央电视台综合频道	6.1	14.2
5	胜利与和平——纪念抗日战争暨世界反法西斯战争胜利 70 周年文艺晚会	中央电视台综合频道	6.0	15.3
6	中央军委慰问驻京部队老干部迎新春文艺演出	中央电视台综合频道	5.3	11.3
7	天天向上	湖南卫视	5.2	15.4
8	元宵喜乐会	湖南卫视	4.4	12.8
9	2015 年中央电视台中秋晚会	中央电视台综合频道	3.4	9.0
10	出彩中国人有梦就出彩	中央电视台综合频道	3.4	7.9

表 3.11.12　2015 年河南市场体育节目收视率排名前十位

名次	节目名称	播出频道	平均收视率(%)	平均占有率(%)
1	武林风	河南电视台卫星频道(一套)	1.3	7.6
2	超级足球之夜:2015 年亚洲足联冠军联赛半决赛首回合(中国广州恒大 VS 日本大阪钢巴)	中央台五套	0.8	2.4
3	2015 年世界田径锦标赛男子铁饼决赛	中央台五套	0.8	2.0
4	直播周末 运动领跑青春青春嘉年华	中央台五套	0.7	1.7
5	第一届全国青年运动会女子 100 米仰泳决赛	中央台五套	0.7	1.6
6	2015 年世界乒乓球锦标赛男单决赛	中央台五套	0.6	1.6
6	直播周末:2015 年中国足协杯赛决赛首回合(江苏舜天国信 VS 上海绿地申花)	中央台五套	0.6	1.6
8	直播周末:2015 年国际乒联职业巡回赛总决赛女双半决赛	中央台五套	0.6	1.5
9	现场直播:2015 年国际田联世界挑战赛北京站女子 200 米决赛	中央台五套	0.6	1.4
9	2014/2015 中国男子篮球职业联赛常规赛盘点	中央台五套	0.6	1.4

十二、黑龙江收视数据

表 3.12.1 2011 ~ 2015 年黑龙江市场各类频道的市场占有率(%)

频道类别	年份				
	2011 年	2012 年	2013 年	2014 年	2015 年
中央台频道	29.2	29.1	29.9	32.3	32.1
中国教育台频道	0.4	0.3	0.4	0.3	0.2
黑龙江省级频道	42.4	41.2	38.5	37.3	37.1
其他省级卫视频道	20.6	22.1	25.4	24.2	25.0
其他频道	7.4	7.3	5.8	5.9	5.6

表 3.12.2 2015 年黑龙江市场各类频道在不同目标观众中的市场占有率(%)

目标观众		中央台频道	中国教育台频道	黑龙江省级频道	其他省级卫视频道	其他频道
4 岁及以上所有人		32.1	0.2	37.1	25.0	5.6
城乡	城市	33.4	0.1	31.6	26.3	8.6
	农村	31.1	0.2	41.4	24.0	3.3
性别	男	34.6	0.2	37.5	22.4	5.3
	女	29.8	0.2	36.8	27.5	5.7
年龄	4 ~ 14 岁	35.3	0.1	17.4	43.1	4.1
	15 ~ 24 岁	29.0	0.2	33.9	32.3	4.6
	25 ~ 34 岁	30.7	0.5	34.9	29.5	4.4
	35 ~ 44 岁	29.5	0.1	36.4	27.7	6.3
	45 ~ 54 岁	31.0	0.2	41.4	22.8	4.6
	55 ~ 64 岁	32.8	0.1	41.5	19.4	6.2
	65 岁及以上	40.0	0.1	36.7	15.6	7.6
教育程度	未受过正规教育	34.3	0.1	28.3	32.7	4.6
	小学	30.8	0.1	39.9	23.9	5.3
	初中	31.2	0.2	38.4	24.9	5.3
	高中	35.3	0.2	35.0	23.6	5.9
	大学及以上	31.7	0.2	31.3	29.1	7.7
职业类别	干部/管理人员	33.3	0.1	29.6	25.7	11.3
	个体/私营企业人员	29.5	0.2	40.8	24.8	4.7
	初级公务员/雇员	32.3	0.6	34.9	27.3	4.9
	工人	33.1	0.1	33.7	25.6	7.5
	学生	30.9	0.2	24.1	39.8	5.0
	无业	34.6	0.2	35.9	22.7	6.6
	其他	29.4	0.1	44.8	22.3	3.4
个人月收入	0 ~ 300 元	31.1	0.2	30.7	33.2	4.8
	301 ~ 900 元	30.9	0.1	43.5	22.2	3.3
	901 ~ 1700 元	31.1	0.2	41.2	22.5	5.0
	1701 ~ 2600 元	32.1	0.3	39.5	21.2	6.9
	2601 ~ 3500 元	36.7	0.1	33.0	24.0	6.2
	3501 元及以上	35.0	0.1	32.8	25.6	6.5

表 3.12.3　2015 年黑龙江市场各类频道在不同时段的市场占有率(%)

时间段	中央台频道	中国教育台频道	黑龙江省级频道	其他省级卫视频道	其他频道
02:00~03:00	53.7	1.0	20.0	21.3	4.0
03:00~04:00	47.6	0.2	31.7	16.6	3.9
04:00~05:00	44.1	0.1	22.8	29.0	4.0
05:00~06:00	38.6	0.0	31.3	24.6	5.5
06:00~07:00	35.2	0.0	34.9	19.9	10.0
07:00~08:00	46.3	0.1	25.9	18.7	9.0
08:00~09:00	46.3	0.4	18.0	29.2	6.1
09:00~10:00	42.2	0.3	15.1	36.1	6.3
10:00~11:00	41.7	0.2	14.1	37.2	6.8
11:00~12:00	42.6	0.3	13.4	37.9	5.8
12:00~13:00	44.3	0.3	12.7	38.9	3.8
13:00~14:00	41.7	0.2	11.9	42.1	4.1
14:00~15:00	37.8	0.3	13.6	42.9	5.4
15:00~16:00	36.8	0.2	15.6	41.6	5.8
16:00~17:00	37.8	0.2	19.1	34.9	8.0
17:00~18:00	32.9	0.2	35.2	23.7	8.0
18:00~19:00	26.4	0.1	57.1	9.7	6.7
19:00~20:00	28.9	0.2	54.4	12.8	3.7
20:00~21:00	22.9	0.2	46.5	26.4	4.0
21:00~22:00	23.4	0.1	41.7	30.1	4.7
22:00~23:00	24.5	0.0	38.4	31.8	5.3
23:00~24:00	39.3	0.0	20.1	34.8	5.8
24:00~25:00	50.3	0.0	16.7	29.2	3.8
25:00~26:00	46.9	0.0	14.0	33.2	5.9

表 3.12.4　2015 年黑龙江市场收视份额排名前十位的频道

名次	频道名称	收视份额(%)
1	黑龙江卫视	8.9
2	黑龙江电视台都市频道	8.3
3	中央电视台综合频道	8.2
4	黑龙江电视台影视频道	7.1
5	黑龙江电视台文艺频道	5.7
6	湖南卫视	4.4
7	中央台八套	4.1
8	黑龙江电视台新闻频道	4.0
9	中央台三套	3.8
10	黑龙江电视台公共频道	3.0

表 3.12.5 2015 年黑龙江市场各主要频道的观众构成(%)

目标观众		所有频道	主要频道				
			黑龙江卫视	黑龙江电视台都市频道	中央电视台综合频道	黑龙江电视台影视频道	黑龙江电视台文艺频道
4 岁及以上所有人		100.0	100.0	100.0	100.0	100.0	100.0
城乡	城市	43.7	28.7	40.2	46.9	43.9	34.3
	农村	56.3	71.3	59.8	53.1	56.1	65.7
性别	男	48.5	49.2	46.9	48.1	49.9	50.4
	女	51.5	50.8	53.1	51.9	50.1	49.6
年龄	4~14 岁	5.7	3.1	3.0	4.9	1.6	2.7
	15~24 岁	8.3	10.0	5.9	8.1	7.6	7.5
	25~34 岁	12.1	10.0	14.9	12.2	10.5	9.1
	35~44 岁	19.6	18.0	19.5	16.0	18.2	24.0
	45~54 岁	24.5	24.2	31.3	24.1	28.1	25.5
	55~64 岁	17.9	19.4	18.5	16.1	20.1	22.1
	65 岁及以上	12.1	15.3	6.9	18.6	13.9	9.2
教育程度	未受过正规教育	3.1	2.8	0.8	3.1	1.7	2.0
	小学	18.5	21.3	15.0	17.5	20.2	23.2
	初中	49.7	50.4	51.9	47.2	48.7	54.6
	高中	20.9	19.4	24.5	23.2	20.3	15.8
	大学及以上	7.8	6.1	7.9	9.0	9.0	4.4
职业类别	干部/管理人员	1.0	0.9	0.6	0.9	0.5	1.1
	个体/私营企业人员	13.7	17.4	15.8	13.2	13.7	10.4
	初级公务员/雇员	5.8	3.2	7.7	6.2	4.9	5.7
	工人	13.2	10.0	14.0	13.8	12.2	12.3
	学生	8.4	5.9	5.5	7.3	4.4	5.8
	无业	36.5	38.3	32.6	39.6	36.9	30.8
	其他	21.5	24.3	23.9	19.0	27.4	33.8
个人月收入	0~300 元	24.1	22.4	19.4	22.9	14.2	22.6
	301~900 元	9.4	12.3	8.0	9.2	13.3	13.4
	901~1700 元	23.2	27.1	23.8	24.6	24.7	24.6
	1701~2600 元	27.8	26.4	34.6	28.3	31.0	26.0
	2601~3500 元	10.5	8.0	10.7	10.1	10.3	9.0
	3501 元及以上	5.0	3.9	3.4	4.9	6.5	4.4

表 3.12.6 2013~2015 年黑龙江市场各类节目的播出份额(%)和收视份额(%)

节目类别	2013 年		2014 年		2015 年	
	播出份额	收视份额	播出份额	收视份额	播出份额	收视份额
财经	2.0	0.2	1.9	0.2	2.0	0.2
电视剧	21.2	32.9	20.1	32.2	19.7	27.8
电影	4.4	1.2	4.0	1.6	3.6	1.7
法制	1.1	1.3	1.0	1.1	1.0	1.0
教学	0.3	0.0	0.3	0.0	0.3	0.0
青少	6.5	3.7	7.1	3.9	6.6	3.4
生活服务	9.1	8.9	9.8	9.1	9.3	9.8
体育	1.9	0.8	2.9	1.2	2.9	0.9
外语	0.0	0.0	0.0	0.0	0.0	0.0
戏剧	0.8	0.2	0.7	0.2	0.8	0.1
新闻/时事	15.3	18.1	15.1	18.9	15.3	20.3
音乐	2.5	0.4	2.5	0.4	2.6	0.5
专题	11.0	3.3	12.2	3.1	13.5	3.3
综艺	9.8	12.4	10.0	11.9	10.4	16.0
其他	14.1	16.6	12.4	16.2	12.0	15.0

表 3.12.7　2015 年黑龙江市场所有节目收视率排名前三十位

名次	节目名称	节目类型	播出频道	平均收视率(%)	平均占有率(%)
1	2015 中央电视台春节联欢晚会	综艺	中央电视台综合频道	38.7	81.5
2	相亲相爱	综艺	黑龙江电视台文艺频道	8.2	21.5
3	大刀记	电视剧	黑龙江卫视	7.4	17.2
4	2015 中央电视台元宵晚会	综艺	中央电视台综合频道	7.2	20.0
5	老农民	电视剧	黑龙江卫视	6.5	17.2
6	星光大道(2 月 19 日)	综艺	中央电视台综合频道	6.2	23.5
7	新闻联播	新闻/时事	中央电视台综合频道	6.2	16.6
8	乡亲乡爱	综艺	黑龙江电视台文艺频道	5.5	14.2
9	马向阳下乡记	电视剧	黑龙江卫视	5.5	13.9
10	胜利与和平——纪念抗日战争暨世界反法西斯战争胜利 70 周年文艺晚会	综艺	中央电视台综合频道	5.4	17.8
11	天气预报	生活服务	黑龙江卫视	5.4	16.6
12	大村官之放飞梦想	电视剧	黑龙江卫视	5.4	13.5
13	新闻联播	新闻/时事	黑龙江卫视	5.1	17.5
14	大城小爱	综艺	黑龙江电视台文艺频道	5.1	14.1
15	转播中央台新闻联播(9 月 3 日)	新闻/时事	黑龙江电视台文艺频道	4.7	13.2
16	转播中央台新闻联播	新闻/时事	黑龙江卫视	4.7	12.8
17	孙老倔的幸福	电视剧	黑龙江卫视	4.6	13.0
18	花火花红	电视剧	黑龙江电视台影视频道	4.6	11.8
19	2015 一年又一年	新闻/时事	中央电视台综合频道	4.4	21.2
20	铁核桃	电视剧	黑龙江电视台影视频道	4.4	13.9
21	野葡萄	电视剧	黑龙江电视台影视频道	4.4	12.6
22	大红灯笼	电视剧	黑龙江电视台影视频道	4.4	11.4
23	把革命老区发展时刻放在心上	专题	中央电视台综合频道	4.4	10.1
24	偷天换月	电视剧	黑龙江电视台影视频道	4.3	13.1
25	习近平在亚非领导人会议上致辞	新闻/时事	中央电视台综合频道	4.3	11.1
26	背着奶奶进城	电视剧	黑龙江卫视	4.2	12.1
27	新闻夜航	新闻/时事	黑龙江电视台都市频道	3.9	12.5
28	壮丁也是兵	电视剧	黑龙江电视台影视频道	3.8	12.6
29	麻辣芳邻	电视剧	黑龙江电视台都市频道	3.7	15.7
30	一个人战争	电视剧	黑龙江电视台影视频道	3.7	12.6

表 3.12.8 2015 年黑龙江市场电视剧收视率排名前十位

名次	节目名称	播出频道	平均收视率（%）	平均占有率（%）
1	大刀记	黑龙江卫视	7.4	17.2
2	老农民	黑龙江卫视	6.5	17.2
3	马向阳下乡记	黑龙江卫视	5.5	13.9
4	大村官之放飞梦想	黑龙江卫视	5.4	13.5
5	孙老倔的幸福	黑龙江卫视	4.6	13.0
6	花火花红	黑龙江电视台影视频道	4.6	11.8
7	铁核桃	黑龙江电视台影视频道	4.4	13.9
8	野葡萄	黑龙江电视台影视频道	4.4	12.6
9	大红灯笼	黑龙江电视台影视频道	4.4	11.4
10	偷天换月	黑龙江电视台影视频道	4.3	13.1

表 3.12.9 2015 年黑龙江市场新闻节目收视率排名前十位

名次	节目名称	播出频道	平均收视率（%）	平均占有率（%）
1	新闻联播	中央电视台综合频道	6.2	16.6
2	新闻联播	黑龙江卫视	5.1	17.5
3	转播中央台新闻联播(9 月 3 日)	黑龙江电视台文艺频道	4.7	13.2
4	转播中央台新闻联播	黑龙江卫视	4.7	12.8
5	2015 一年又一年	中央电视台综合频道	4.4	21.2
6	习近平在亚非领导人会议上致辞	中央电视台综合频道	4.3	11.1
7	新闻夜航	黑龙江电视台都市频道	3.9	12.5
8	焦点访谈	中央电视台综合频道	3.7	9.0
9	天天说新闻	黑龙江电视台新闻频道	3.2	10.2
10	李克强总理会见中外记者并回答提问	中央电视台综合频道	3.2	7.0

表 3.12.10 2015 年黑龙江市场专题节目收视率排名前十位

名次	节目名称	播出频道	平均收视率（%）	平均占有率（%）
1	把革命老区发展时刻放在心上	中央电视台综合频道	4.4	10.1
2	全面实现小康一个民族都不能少	中央电视台综合频道	3.6	7.8
3	金秋嘉年华周哥解闷儿	黑龙江电视台文艺频道	3.5	12.2
4	飞虎的纪念	湖南卫视	3.3	10.2
5	突围	黑龙江卫视	3.0	11.2
6	2014 中国好书	中央电视台综合频道	2.5	9.0
7	了不起的挑战幕后	中央电视台综合频道	2.5	7.9
8	胡耀邦	中央电视台综合频道	2.3	6.9
9	联合国	中央电视台综合频道	2.3	6.8
10	东方主战场	中央电视台综合频道	2.2	7.4

表 3.12.11　2015 年黑龙江市场综艺节目收视率排名前十位

名次	节目名称	播出频道	平均收视率(%)	平均占有率(%)
1	2015 中央电视台春节联欢晚会	中央电视台综合频道	38.7	81.5
2	相亲相爱	黑龙江电视台文艺频道	8.2	21.5
3	2015 中央电视台元宵晚会	中央电视台综合频道	7.2	20.0
4	星光大道(2 月 19 日)	中央电视台综合频道	6.2	23.5
5	乡亲乡爱	黑龙江电视台文艺频道	5.5	14.2
6	胜利与和平——纪念抗日战争暨世界反法西斯战争胜利 70 周年文艺晚会	中央电视台综合频道	5.4	17.8
7	大城小爱	黑龙江电视台文艺频道	5.1	14.1
8	谁是挑战王	中央电视台综合频道	3.5	8.7
9	出彩中国人(5 月 3 日)	中央电视台综合频道	3.2	10.2
10	2015 年中央电视台中秋晚会	中央电视台综合频道	3.1	11.7

表 3.12.12　2015 年黑龙江市场体育节目收视率排名前十位

名次	节目名称	播出频道	平均收视率(%)	平均占有率(%)
1	2015 年世界斯诺克国际锦标赛	黑龙江电视台文艺频道	2.2	7.1
2	2015 年世界田径锦标赛男子 400 米半决赛	中央台五套	2.1	5.1
3	哈尔滨全国铁人三项集锦	黑龙江电视台文艺频道	1.3	7.4
4	2015 年世乒赛女单决赛	中央台五套	1.3	4.4
5	2015 单板滑雪世界青年锦标赛特别节目激情亚布力	黑龙江电视台文艺频道	1.3	4.0
6	直播周末:2015 年女排世界杯(日本队 VS 中国队)	中央台五套	1.3	3.6
7	北京田径世锦赛开幕式特别节目	中央台五套	1.2	6.1
8	直播周末:2015 年澳大利亚亚洲杯小组赛B 组(中国队 VS 朝鲜队)	中央台五套	1.1	3.4
9	现场直播:2015 年亚洲男篮锦标赛1/4决赛(印度队 VS 中国队)	中央台五套	1.0	3.1
10	2015 年世界田径锦标赛男子跳远资格赛	中央台五套	0.9	3.2

十三、湖北收视数据

表 3.13.1　2011～2015 年湖北市场各类频道的市场占有率（%）

频道类别	年份				
	2011 年	2012 年	2013 年	2014 年	2015 年
中央台频道	30.3	30.8	29.7	29.4	27.8
中国教育台频道	0.7	0.6	0.4	0.3	0.2
湖北省级频道	22.7	25.5	29.2	30.5	31.3
其他省级卫视频道	26.8	25.7	24.9	24.8	26.2
其他频道	19.6	17.4	15.8	15.0	14.5

表 3.13.2　2015 年湖北市场各类频道在不同目标观众中的市场占有率（%）

目标观众		中央台频道	中国教育台频道	湖北省级频道	其他省级卫视频道	其他频道
4 岁及以上所有人		27.8	0.2	31.3	26.2	14.5
城乡	城市	27.4	0.1	24.3	29.6	18.6
	农村	28.1	0.2	36.3	23.8	11.6
性别	男	30.1	0.2	31.5	24.0	14.2
	女	25.6	0.2	31.2	28.4	14.6
年龄	4～14 岁	26.3	0.1	23.0	37.4	13.2
	15～24 岁	23.5	0.1	24.5	34.6	17.3
	25～34 岁	25.3	0.2	28.8	30.1	15.6
	35～44 岁	26.0	0.2	32.3	25.8	15.7
	45～54 岁	27.8	0.2	33.4	23.6	15.0
	55～64 岁	28.9	0.2	38.6	18.4	13.9
	65 岁及以上	34.7	0.2	30.3	23.5	11.3
教育程度	未受过正规教育	29.7	0.2	33.1	24.7	12.3
	小学	27.2	0.2	33.5	25.3	13.8
	初中	26.6	0.2	36.0	23.0	14.2
	高中	29.1	0.2	25.3	30.6	14.8
	大学及以上	29.3	0.1	20.3	31.8	18.5
职业类别	干部/管理人员	34.2	0.0	15.6	27.0	23.2
	个体/私营企业人员	27.1	0.2	33.6	25.8	13.3
	初级公务员/雇员	30.9	0.1	20.8	30.9	17.3
	工人	28.0	0.1	30.1	25.1	16.7
	学生	23.5	0.1	18.4	41.8	16.2
	无业	30.0	0.1	29.5	27.0	13.4
	其他	25.1	0.3	42.0	19.3	13.3
个人月收入	0～300 元	24.3	0.2	32.9	28.8	13.8
	301～900 元	26.9	0.3	42.0	19.1	11.7
	901～1700 元	29.5	0.2	32.6	23.0	14.7
	1701～2600 元	29.7	0.1	26.3	27.5	16.4
	2601～3500 元	32.3	0.1	22.6	30.5	14.5
	3501 元及以上	32.8	0.1	21.6	28.2	17.3

表 3.13.3　2015 年湖北市场各类频道在不同时段的市场占有率(%)

时间段	中央台频道	中国教育台频道	湖北省级频道	其他省级卫视频道	其他频道
02:00~03:00	27.4	0.2	20.8	27.2	24.4
03:00~04:00	25.1	0.2	22.6	27.8	24.3
04:00~05:00	24.9	0.5	23.4	28.2	23.0
05:00~06:00	29.9	0.6	23.0	28.3	18.2
06:00~07:00	46.3	0.2	20.5	20.5	12.5
07:00~08:00	45.8	0.1	18.8	21.8	13.5
08:00~09:00	38.8	0.3	21.2	27.5	12.2
09:00~10:00	31.2	0.3	27.1	29.4	12.0
10:00~11:00	29.2	0.2	27.1	31.5	12.0
11:00~12:00	30.5	0.1	28.6	29.7	11.1
12:00~13:00	34.8	0.1	26.1	28.2	10.8
13:00~14:00	32.8	0.2	24.2	31.0	11.8
14:00~15:00	28.8	0.2	25.1	33.5	12.4
15:00~16:00	28.6	0.2	22.6	35.6	13.0
16:00~17:00	29.0	0.2	20.5	36.9	13.4
17:00~18:00	29.1	0.1	29.9	27.3	13.6
18:00~19:00	27.0	0.1	42.1	12.3	18.5
19:00~20:00	30.0	0.2	37.8	16.9	15.1
20:00~21:00	22.9	0.2	37.8	26.9	12.2
21:00~22:00	23.7	0.2	35.3	26.1	14.7
22:00~23:00	20.2	0.1	32.3	29.1	18.3
23:00~24:00	24.6	0.1	19.8	34.5	21.0
24:00~25:00	28.7	0.1	19.5	29.4	22.3
25:00~26:00	29.1	0.1	19.1	25.7	26.0

表 3.13.4　2015 年湖北市场收视份额排名前十位的频道

名次	频道名称	收视份额(%)
1	湖北综合	8.5
2	湖北经视	6.9
3	湖北卫视	6.3
4	湖北影视	4.8
5	湖南卫视	4.7
6	中央台六套	3.8
7	中央电视台综合频道	3.7
8	中央台八套	3.2
8	中央台三套	3.2
10	中央电视台新闻频道	3.0

表 3.13.5　2015 年湖北市场各主要频道的观众构成(%)

目标观众		所有频道	主要频道				
			湖北综合	湖北经视	湖北卫视	湖北影视	湖南卫视
4 岁及以上所有人		100.0	100.0	100.0	100.0	100.0	100.0
城乡	城市	41.3	29.0	35.7	31.3	30.3	36.3
	农村	58.7	71.0	64.3	68.7	69.7	63.7
性别	男	49.8	43.4	48.8	50.9	60.9	37.7
	女	50.2	56.6	51.2	49.1	39.1	62.3
年龄	4~14 岁	10.4	10.7	6.9	7.8	4.8	18.3
	15~24 岁	8.8	6.7	6.4	6.9	6.0	16.2
	25~34 岁	12.8	15.9	7.7	12.3	10.4	14.1
	35~44 岁	15.7	14.4	18.5	18.2	12.8	20.2
	45~54 岁	19.9	18.4	21.5	16.5	26.9	15.6
	55~64 岁	18.5	21.2	26.8	19.0	23.4	8.7
	65 岁及以上	14.1	12.7	12.2	19.3	15.7	7.0
教育程度	未受过正规教育	9.1	12.1	12.1	11.1	5.7	5.1
	小学	23.8	25.9	21.9	24.0	27.2	27.5
	初中	36.1	43.1	39.8	40.6	38.9	35.2
	高中	21.4	14.8	20.4	14.3	21.5	22.6
	大学及以上	9.5	4.1	5.7	10.0	6.6	9.7
职业类别	干部/管理人员	1.1	0.4	0.7	0.8	0.5	1.4
	个体/私营企业人员	10.1	8.4	11.5	9.9	14.6	10.0
	初级公务员/雇员	7.1	3.7	3.7	5.9	7.3	8.2
	工人	16.0	9.8	17.2	16.4	19.8	14.5
	学生	7.8	4.0	4.7	5.0	4.0	20.2
	无业	34.3	33.1	32.4	32.1	27.3	26.7
	其他	23.5	40.7	29.9	29.9	26.4	19.0
个人月收入	0~300 元	32.9	39.0	37.4	37.5	23.3	43.6
	301~900 元	15.2	28.3	13.1	22.5	18.7	10.9
	901~1700 元	16.7	15.2	18.6	13.6	19.3	13.6
	1701~2600 元	20.8	11.2	22.6	14.3	24.1	17.0
	2601~3500 元	7.9	4.2	4.8	6.8	7.6	8.2
	3501 元及以上	6.4	2.1	3.6	5.3	6.9	6.6

表 3.13.6　2013~2015 年湖北市场各类节目的播出份额(%)和收视份额(%)

节目类别	2013 年		2014 年		2015 年	
	播出份额	收视份额	播出份额	收视份额	播出份额	收视份额
财经	1.7	0.6	1.6	0.6	1.5	0.7
电视剧	28.7	37.6	26.4	37.1	25.3	35.7
电影	4.6	4.5	3.0	4.7	3.9	4.8
法制	1.1	1.3	1.3	1.2	1.2	1.2
教学	0.4	0.1	0.3	0.1	0.3	0.1
青少	5.4	7.1	6.6	6.5	6.0	6.3
生活服务	9.8	6.9	14.9	8.0	11.7	8.1
体育	2.2	1.6	3.5	2.0	3.0	1.6
外语	0.0	0.0	0.0	0.0	0.0	0.0
戏剧	0.6	0.3	0.6	0.2	0.7	0.2
新闻/时事	10.7	11.9	10.2	11.8	10.9	11.9
音乐	2.4	0.7	1.4	0.5	2.6	0.7
专题	9.0	5.3	11.9	5.1	13.1	5.2
综艺	7.5	10.1	7.8	10.4	8.2	11.7
其他	16.0	12.1	10.6	11.6	11.6	11.8

表 3.13.7 2015 年湖北市场所有节目收视率排名前三十位

名次	节目名称	节目类别	播出频道	平均收视率(%)	平均占有率(%)
1	2015 中央电视台春节联欢晚会	综艺	中央台三套	8.3	16.8
2	2015 一年又一年	新闻/时事	中央电视台综合频道	7.1	14.4
3	2015 中央电视台元宵晚会	综艺	中央台三套	6.2	14.4
4	婆媳的战国时代	电视剧	湖北卫视	5.8	14.2
5	地雷战	电视剧	湖北综合	5.7	15.0
6	野山鹰	电视剧	湖北综合	5.5	14.9
7	刀神枪侠	电视剧	湖北综合	5.0	13.9
8	调解现场	生活服务	湖北综合	4.9	13.3
9	桃花朵朵开	生活服务	湖北经视	4.8	13.8
10	狐影	电视剧	湖北综合	4.8	13.3
11	我把忠诚献给你	电视剧	湖北综合	4.8	13.2
12	飞虎队	电视剧	湖北综合	4.8	12.9
12	橙色密码	电视剧	湖北综合	4.8	12.9
14	隋唐英雄之薛刚反唐	电视剧	湖北综合	4.8	12.6
15	胜利与和平——纪念抗日战争暨世界反法西斯战争胜利 70 周年文艺晚会	综艺	湖北综合	4.7	11.0
16	民兵康宝	电视剧	湖北综合	4.5	12.6
17	常德保卫战	电视剧	湖北综合	4.4	11.2
18	花火花红	电视剧	湖北经视	4.3	11.4
19	雪豹二	电视剧	湖北综合	4.2	11.2
20	红高粱	电视剧	湖北卫视	4.2	10.1
21	东江英雄刘黑仔	电视剧	湖北卫视	4.2	9.7
22	生死兄弟	电视剧	湖北综合	4.1	11.4
23	冲出月亮岛	电视剧	湖北综合	4.1	11.3
24	神刀英雄	电视剧	湖北综合	4.1	11.2
25	铁血红安	电视剧	湖北卫视	4.1	9.4
26	双雄	电视剧	湖北综合	4.0	10.4
27	我的二哥二嫂	电视剧	湖北经视	4.0	10.3
28	渔岛怒潮	电视剧	湖北卫视	4.0	9.6
29	技能成就未来——湖北省第四届技能状元大赛群英荟	综艺	湖北综合	4.0	8.7
30	新闻 360	新闻/时事	湖北综合	3.9	15.1

表 3.13.8 2015 年湖北市场电视剧收视率排名前十位

名次	节目名称	播出频道	平均收视率（%）	平均占有率（%）
1	婆媳的战国时代	湖北卫视	5.8	14.2
2	地雷战	湖北综合	5.7	15.0
3	野山鹰	湖北综合	5.5	14.9
4	刀神枪侠	湖北综合	5.0	13.9
5	狐影	湖北综合	4.8	13.3
6	我把忠诚献给你	湖北综合	4.8	13.2
7	飞虎队	湖北综合	4.8	12.9
7	橙色密码	湖北综合	4.8	12.9
9	隋唐英雄之薛刚反唐	湖北综合	4.8	12.6
10	民兵康宝	湖北综合	4.5	12.6

表 3.13.9 2015 年湖北市场新闻节目收视率排名前十位

名次	节目名称	播出频道	平均收视率（%）	平均占有率（%）
1	2015 一年又一年	中央电视台综合频道	7.1	14.4
2	新闻 360	湖北综合	3.9	15.1
3	经视直播	湖北经视	2.4	8.9
4	走向胜利——纪念中国人民抗日战争暨世界反法西斯战争胜利 70 周年	中央电视台新闻频道	2.4	5.9
5	督履职促发展惠民生 2015 湖北媒体问政	湖北综合	2.1	22.5
6	新闻联播	中央电视台新闻频道	2.0	6.0
7	李克强总理会见中外记者并回答提问	中央电视台综合频道	1.9	4.4
8	湖北新闻	湖北卫视	1.8	6.5
9	关注东船游轮翻沉事件	湖北卫视	1.6	8.0
10	郡县治天下安——习近平总书记与中央党校县委书记研修班学员座谈侧记	中央电视台新闻频道	1.5	3.4

表 3.12.10 2015 年湖北市场专题节目收视率排名前十位

名次	节目名称	播出频道	平均收视率（%）	平均占有率（%）
1	创业湖北——2015 湖北省大学生创业大赛	湖北综合	3.4	8.3
2	等着我	中央电视台综合频道	2.3	5.6
3	315 消费在阳光下	中央电视台综合频道	2.2	7.3
4	宝贝来了	湖北经视	2.1	8.5
5	315 我们在行动	湖北经视	1.8	4.5
6	中国谜语大会(3 月 4 日)	中央电视台综合频道	1.6	4.0
7	调解面对面	湖北卫视	1.4	6.7
8	大王小王	湖北卫视	1.4	4.1
9	感动中国 2014 年度人物颁奖盛典	中央电视台综合频道	1.4	3.5
10	2015 寻找最美教师	中央电视台综合频道	1.4	3.4

表 3.13.11　2015 年湖北市场综艺节目收视率排名前十位

名次	节目名称	播出频道	平均收视率(%)	平均占有率(%)
1	2015 中央电视台春节联欢晚会	中央台三套	8.3	16.8
2	2015 中央电视台元宵晚会	中央台三套	6.2	14.4
3	胜利与和平——纪念抗日战争暨世界反法西斯战争胜利 70 周年文艺晚会	湖北综合	4.7	11.0
4	技能成就未来——湖北省第四届技能状元大赛群英荟	湖北综合	4.0	8.7
5	中国好声音 4(8 月 28 日)	浙江卫视	3.9	12.8
6	我是歌手(2 月 27 日)	湖南卫视	3.4	20.6
7	元宵喜乐会	湖南卫视	3.2	8.2
8	百姓春晚终章盛典	湖北经视	3.1	8.8
9	宝贝你怎么看之超人老爸	湖北综合	2.9	9.4
10	荆楚楷模致敬礼	湖北综合	2.7	9.6

表 3.13.12　2015 年湖北市场体育节目收视率排名前十位

名次	节目名称	播出频道	平均收视率(%)	平均占有率(%)
1	现场直播:2015 年亚洲男篮锦标赛决赛(中国队 VS 菲律宾队)	中央台五套	3.5	9.3
2	超级足球之夜:2015 年亚洲足联冠军联赛决赛第二回合(中国广州恒大 VS 阿联酋阿赫利)	中央台五套	2.3	5.9
3	2015 年世界田径锦标赛男子跳高决赛	中央台五套	2.1	5.1
4	直播周末:2015 年女排世界杯(日本队 VS 中国队)	中央台五套	1.8	5.6
5	现场直播:2018 年俄罗斯世界杯暨 2019 年亚洲杯联合预选赛第二轮(中国 VS 中国香港)	中央台五套	1.8	4.3
6	黄金赛场:2015 年亚洲女排锦标赛决赛(中国队 VS 韩国队)	中央台五套	1.7	4.2
7	现场直播:2018 年世界杯亚洲区预选赛 C 组第六轮(中国队 VS 不丹队)	中央台五套	1.6	3.8
8	2015 年澳大利亚亚洲杯 1/4 决赛(中国队 VS 澳大利亚队)	中央台五套	1.5	4.0
9	2015 年国际泳联世锦赛男子 200 米自由泳颁奖仪式	中央台五套	1.4	9.5
10	现场直播:2015 年世界女排大奖赛中国香港站(中国队 VS 泰国队)	中央台五套	1.4	3.8

十四、湖南收视数据

表 3.14.1 2011～2015 年湖南市场各类频道的市场占有率(%)

频道类别	年份				
	2011 年	2012 年	2013 年	2014 年	2015 年
中央台频道	22.0	23.9	24.5	24.3	21.9
中国教育台频道	0.2	0.3	0.3	0.2	0.1
湖南省级频道	49.0	51.0	54.3	55.8	58.3
其他省级卫视频道	15.2	13.7	9.4	8.4	8.5
其他频道	13.6	11.0	11.6	11.3	11.2

表 3.14.2 2015 年湖南市场各类频道在不同目标观众中的市场占有率(%)

目标观众		中央台频道	中国教育台频道	湖南省级频道	其他省级卫视频道	其他频道
4 岁及以上所有人		21.9	0.1	58.3	8.5	11.2
城乡	城市	23.5	0.1	53.6	8.5	14.3
	农村	21.5	0.1	59.5	8.5	10.4
性别	男	23.3	0.1	57.1	8.2	11.3
	女	20.7	0.1	59.4	8.9	10.9
年龄	4～14 岁	22.2	0.1	62.2	8.7	6.8
	15～24 岁	16.4	0.1	59.8	10.3	13.4
	25～34 岁	21.7	0.1	58.7	8.9	10.6
	35～44 岁	20.5	0.1	58.9	9.9	10.6
	45～54 岁	20.8	0.2	59.8	7.2	12.0
	55～64 岁	24.9	0.1	55.4	7.3	12.3
	65 岁及以上	25.3	0.1	52.4	8.6	13.6
教育程度	未受过正规教育	23.7	0.1	61.3	7.6	7.3
	小学	20.7	0.1	60.3	8.0	10.9
	初中	21.8	0.1	58.9	8.1	11.1
	高中	22.8	0.1	54.0	10.5	12.6
	大学及以上	25.1	0.2	52.4	9.6	12.7
职业类别	干部/管理人员	35.9	0.1	46.4	7.5	10.1
	个体/私营企业人员	21.6	0.2	59.5	8.4	10.3
	初级公务员/雇员	24.3	0.2	54.9	8.1	12.5
	工人	21.4	0.1	58.8	8.8	10.9
	学生	20.4	0.1	61.7	10.4	7.4
	无业	22.5	0.1	56.4	9.5	11.5
	其他	21.3	0.1	59.4	7.1	12.1
个人月收入	0～300 元	21.5	0.1	58.9	8.9	10.6
	301～900 元	23.8	0.1	55.9	7.9	12.3
	901～1700 元	21.3	0.1	57.4	9.2	12.0
	1701～2600 元	20.8	0.1	61.1	8.1	9.9
	2601～3500 元	22.0	0.2	57.7	7.2	12.9
	3501 元及以上	25.5	0.2	55.1	7.9	11.3

表 3.14.3　2015 年湖南市场各类频道在不同时段的市场占有率(%)

时间段	中央台频道	中国教育台频道	湖南省级频道	其他省级卫视频道	其他频道
02:00~03:00	16.7	0.5	55.9	12.6	14.3
03:00~04:00	17.3	0.4	55.7	11.3	15.3
04:00~05:00	19.5	0.6	53.8	11.7	14.4
05:00~06:00	21.6	0.8	49.1	15.4	13.1
06:00~07:00	36.7	0.2	42.0	10.7	10.4
07:00~08:00	39.9	0.1	39.9	8.9	11.2
08:00~09:00	33.9	0.2	44.8	10.0	11.1
09:00~10:00	28.8	0.2	47.2	12.2	11.6
10:00~11:00	26.0	0.2	48.1	14.0	11.7
11:00~12:00	26.0	0.1	49.4	13.4	11.1
12:00~13:00	27.2	0.1	50.5	11.8	10.4
13:00~14:00	26.0	0.1	50.8	12.0	11.1
14:00~15:00	24.1	0.2	48.6	14.6	12.5
15:00~16:00	23.3	0.2	48.0	15.8	12.7
16:00~17:00	24.6	0.2	45.6	16.7	12.9
17:00~18:00	28.9	0.1	49.9	10.4	10.7
18:00~19:00	25.6	0.1	62.3	2.4	9.6
19:00~20:00	22.8	0.1	63.5	3.2	10.4
20:00~21:00	16.3	0.1	68.6	5.1	9.9
21:00~22:00	15.8	0.1	67.7	5.3	11.1
22:00~23:00	13.0	0.1	68.3	7.4	11.2
23:00~24:00	16.3	0.1	59.9	10.8	12.9
24:00~25:00	22.6	0.1	49.1	13.6	14.6
25:00~26:00	20.6	0.2	49.8	12.9	16.5

表 3.14.4　2015 年湖南市场收视份额排名前十位的频道

名次	频道名称	收视份额(%)
1	湖南电视台经济频道	13.7
2	湖南电视台电视剧频道	11.2
3	湖南卫视	9.2
4	湖南电视台都市频道	8.0
5	湖南电视台金鹰卡通频道	7.2
6	湖南电视台潇湘电影频道	5.2
7	中央电视台少儿频道	4.3
8	湖南电视台娱乐频道	3.0
8	中央电视台综合频道	3.0
10	中央台三套	2.5

表 3.14.5 2015 年湖南市场各主要频道的观众构成(%)

目标观众		所有频道	主要频道				
			湖南电视台经济频道	湖南电视台电视剧频道	湖南卫视	湖南电视台都市频道	湖南电视台金鹰卡通频道
4 岁及以上所有人		100.0	100.0	100.0	100.0	100.0	100.0
城乡	城市	21.4	22.8	14.9	19.1	22.2	16.0
	农村	78.6	77.2	85.1	80.9	77.8	84.0
性别	男	48.7	54.3	41.9	39.6	47.8	50.0
	女	51.3	45.7	58.1	60.4	52.2	50.0
年龄	4~14 岁	13.9	9.4	12.5	18.7	7.2	35.8
	15~24 岁	7.2	5.7	5.0	12.9	7.2	2.3
	25~34 岁	14.3	12.5	8.0	13.1	17.4	23.8
	35~44 岁	17.8	15.3	19.9	18.9	22.1	9.0
	45~54 岁	19.0	24.6	21.2	16.5	23.5	8.7
	55~64 岁	17.3	21.1	22.0	10.7	12.9	16.8
	65 岁及以上	10.5	11.4	11.4	9.2	9.7	3.6
教育程度	未受过正规教育	7.5	6.3	7.1	5.4	5.2	21.0
	小学	26.6	30.1	34.0	27.1	20.0	23.8
	初中	42.6	41.7	42.5	44.5	48.6	38.2
	高中	19.3	18.8	13.8	18.9	20.4	14.6
	大学及以上	4.0	3.1	2.6	4.1	5.8	2.4
职业类别	干部/管理人员	1.0	0.7	0.9	0.6	0.9	1.1
	个体/私营企业人员	14.5	14.1	12.2	13.4	17.4	15.5
	初级公务员/雇员	4.9	3.2	4.5	4.9	6.5	4.4
	工人	8.1	8.6	6.3	7.3	9.5	7.1
	学生	9.0	6.7	7.2	17.8	3.8	15.8
	无业	31.1	26.5	28.6	31.0	29.4	37.4
	其他	31.4	40.2	40.3	25.0	32.5	18.7
个人月收入	0~300 元	36.0	28.8	33.2	47.0	30.4	50.4
	301~900 元	14.1	14.2	16.8	13.3	12.5	10.0
	901~1700 元	20.4	21.1	22.1	18.8	20.1	16.7
	1701~2600 元	18.4	25.4	18.9	13.1	19.5	16.3
	2601~3500 元	5.2	4.3	5.2	4.1	9.6	2.4
	3501 元及以上	5.9	6.2	3.8	3.7	7.9	4.2

表 3.14.6 2013~2015 年湖南市场各类节目的播出份额(%)和收视份额(%)

节目类型	2013 年		2014 年		2015 年	
	播出份额	收视份额	播出份额	收视份额	播出份额	收视份额
财经	1.9	0.3	1.7	0.2	1.7	0.2
电视剧	22.3	40.2	21.4	40.5	21.3	40.3
电影	5.1	6.8	4.6	6.6	4.5	7.1
法制	0.8	0.4	0.9	0.3	0.8	0.3
教学	0.3	0.0	0.3	0.0	0.3	0.0
青少	6.2	7.1	6.8	8.8	6.5	8.7
生活服务	8.5	5.8	9.4	5.8	8.7	5.5
体育	1.8	0.7	2.8	1.0	2.9	0.9
外语	0.0	0.0	0.0	0.0	0.0	0.0
戏剧	0.8	0.2	0.7	0.2	0.8	0.1
新闻/时事	15.6	13.7	15.1	12.1	15.1	11.6
音乐	2.4	1.1	2.5	0.9	2.5	1.1
专题	11.1	4.8	12.7	5.5	13.8	5.4
综艺	9.0	8.2	8.7	7.5	8.8	8.1
其他	14.2	10.7	12.6	10.5	12.3	10.7

表 3.14.7　2015 年湖南市场所有节目收视率排名前三十位

名次	节目名称	节目类型	播出频道	平均收视率(%)	平均占有率(%)
1	狐影	电视剧	湖南电视台经济频道	14.1	37.6
2	嫂子嫂子	电视剧	湖南电视台经济频道	13.0	35.2
3	山河同在	电视剧	湖南电视台经济频道	12.7	36.1
4	云水怒	电视剧	湖南电视台经济频道	12.7	35.4
5	刀光枪影	电视剧	湖南电视台经济频道	12.5	32.7
6	炮神	电视剧	湖南电视台经济频道	12.3	31.5
7	蚂蚱	电视剧	湖南电视台经济频道	12.2	32.0
8	激战	电视剧	湖南电视台经济频道	11.8	33.4
9	我叫刘传说	电视剧	湖南电视台经济频道	11.8	31.8
10	历史的使命	电视剧	湖南电视台经济频道	11.7	32.7
11	铁核桃	电视剧	湖南电视台经济频道	11.6	30.6
12	潜行者	电视剧	湖南电视台经济频道	11.4	33.1
13	虎狼交锋	电视剧	湖南电视台经济频道	11.4	28.0
14	铁血英雄路	电视剧	湖南电视台经济频道	11.1	27.7
15	殊死 7 日	电视剧	湖南电视台经济频道	10.9	30.7
16	猎狼人	电视剧	湖南电视台经济频道	10.9	29.7
17	胜利之路	电视剧	湖南电视台经济频道	10.6	30.3
18	我的铁血金戈梦	电视剧	湖南电视台经济频道	10.6	28.1
19	危情姐妹	电视剧	湖南电视台经济频道	10.6	26.2
20	光影	电视剧	湖南电视台经济频道	10.5	27.0
21	野山鹰	电视剧	湖南电视台经济频道	10.4	31.1
22	游击英雄	电视剧	湖南电视台经济频道	10.4	30.9
23	独立纵队二	电视剧	湖南电视台经济频道	10.3	28.0
24	杀出黎明	电视剧	湖南电视台经济频道	10.3	27.5
25	猎刃	电视剧	湖南电视台经济频道	10.2	30.2
26	我是赵传奇	电视剧	湖南电视台经济频道	10.2	29.0
27	战魂	电视剧	湖南电视台经济频道	10.2	27.3
28	民兵康宝	电视剧	湖南电视台经济频道	10.1	28.8
29	伏击	电视剧	湖南电视台经济频道	9.8	29.1
30	冲出月亮岛	电视剧	湖南电视台经济频道	9.6	27.8

表 3.14.8 2015 年湖南市场电视剧收视率排名前十位

名次	节目名称	播出频道	平均收视率（%）	平均占有率（%）
1	狐影	湖南电视台经济频道	14.1	37.6
2	嫂子嫂子	湖南电视台经济频道	13.0	35.2
3	山河同在	湖南电视台经济频道	12.7	36.1
4	云水怒	湖南电视台经济频道	12.7	35.4
5	刀光枪影	湖南电视台经济频道	12.5	32.7
6	炮神	湖南电视台经济频道	12.3	31.5
7	蚂蚱	湖南电视台经济频道	12.2	32.0
8	激战	湖南电视台经济频道	11.8	33.4
9	我叫刘传说	湖南电视台经济频道	11.8	31.8
10	历史的使命	湖南电视台经济频道	11.7	32.7

表 3.14.9 2015 年湖南市场新闻节目收视率排名前十位

名次	节目名称	播出频道	平均收视率（%）	平均占有率（%）
1	都市大直播	湖南电视台都市频道	4.8	13.9
2	转播中央台新闻联播(9 月 3 日)	湖南电视台经济频道	4.2	11.8
3	都市 1 时间	湖南电视台都市频道	3.0	10.7
4	转播中央台新闻联播	湖南卫视	2.9	9.1
5	湖南新闻联播	湖南卫视	2.5	9.5
6	世界大不同	湖南电视台都市频道	1.8	9.7
7	经视焦点	湖南电视台经济频道	1.8	6.6
8	郡县治天下安——习近平总书记与中央党校县委书记研修班学员座谈侧记	中央电视台综合频道	1.8	4.3
9	都市晚间	湖南电视台都市频道	1.6	5.4
10	习近平在亚非领导人会议上致辞	中央电视台新闻频道	1.5	4.8

表 3.14.10 2015 年湖南市场专题节目收视率排名前十位

名次	节目名称	播出频道	平均收视率（%）	平均占有率（%）
1	经视问政	湖南电视台经济频道	4.9	14.6
2	寻情记	湖南电视台都市频道	4.3	10.8
3	心得乐	湖南电视台电视剧频道	4.0	11.6
4	噗通噗通的良心	湖南卫视	3.1	7.7
5	信访调解进行时	湖南电视台都市频道	2.6	6.8
6	变形计	湖南卫视	2.5	6.7
7	经视观察	湖南电视台经济频道	1.9	9.8
8	一年级大学季	湖南卫视	1.8	9.3
9	新闻大求真	湖南卫视	1.5	7.3
10	感动中国 2014 年度人物颁奖盛典	中央电视台综合频道	1.5	4.0

表 3.14.11　2015 年湖南市场综艺节目收视率排名前十位

名次	节目名称	播出频道	平均收视率(%)	平均占有率(%)
1	2015 中央电视台春节联欢晚会	湖南卫视	9.1	18.5
2	2015 春节联欢晚会	湖南卫视	8.6	24.0
3	我是歌手歌王之战	湖南卫视	6.8	21.8
4	元宵喜乐会	湖南卫视	6.6	16.6
5	四海同春——2015 全球华侨华人春节大联欢	湖南卫视	4.4	13.7
6	快乐大本营	湖南卫视	4.2	11.1
7	胜利与和平——纪念抗日战争暨世界反法西斯战争胜利 70 周年文艺晚会	湖南电视台金鹰卡通频道	3.9	8.7
8	中秋之夜	湖南卫视	3.8	10.4
9	2015 新年喜乐会	湖南电视台经济频道	3.5	10.1
10	天天向上	湖南卫视	3.5	9.4

表 3.14.12　2015 年湖南市场体育节目收视率排名前十位

名次	节目名称	播出频道	平均收视率(%)	平均占有率(%)
1	决战武林之大熊山杯拳霸武林中日拳王决战梅山之颠	湖南电视台经济频道	5.4	16.2
2	现场直播:2015 年亚洲男篮锦标赛决赛(中国队 VS 菲律宾队)	中央台五套	3.0	8.8
3	现场直播 2015 年亚洲男篮锦标赛颁奖仪式	中央台五套	2.2	9.9
4	黄金赛场:2014/2015 赛季中国男子篮球职业联赛总决赛第二场(辽宁药都本溪 VS 北京首钢)	中央台五套	1.5	3.7
5	实况录像:2014/2015 赛季美国男子职业篮球联赛总决赛第三场(勇士 VS 骑士)	中央台五套	1.4	3.5
6	2015 年国际泳联世锦赛男子 200 米混合泳决赛	中央台五套	1.3	8.0
7	2015 年世界田径锦标赛男子撑杆跳高决赛	中央台五套	1.3	3.2
8	2015 年 CCTV 贺岁杯世界职业拳王争霸赛	中央台五套	1.2	3.3
9	现场直播:第一届全国青年运动会田径男子 4×400 米接力决赛	中央台五套	1.2	3.0
10	直播周末:2015 年国际乒联职业巡回赛科威特公开赛女单决赛	中央台五套	1.1	2.9

十五、吉林收视数据

表 3.15.1 2011～2015 年吉林市场各类频道的市场占有率(%)

频道类别	年份				
	2011 年	2012 年	2013 年	2014 年	2015 年
中央台频道	32.0	35.1	37.6	36.7	37.7
中国教育台频道	0.5	0.6	0.4	0.2	0.2
吉林省级频道	27.7	25.3	23.8	27.1	26.2
其他省级卫视频道	27.9	30.9	32.0	31.0	27.7
其他频道	11.9	8.1	6.2	5.0	8.2

表 3.15.2 2015 年吉林市场各类频道在不同目标观众中的市场占有率(%)

目标观众		中央台频道	中国教育台频道	吉林省级频道	其他省级卫视频道	其他频道
4 岁及以上所有人		37.7	0.2	26.2	27.7	8.2
城乡	城市	40.2	0.1	22.7	30.5	6.5
	农村	35.7	0.3	29.0	25.5	9.5
性别	男	40.1	0.2	25.1	25.9	8.7
	女	35.5	0.2	27.3	29.3	7.7
年龄	4～14 岁	54.4	0.3	13.0	28.2	4.1
	15～24 岁	31.6	0.3	22.9	36.8	8.4
	25～34 岁	36.8	0.3	16.0	38.8	8.1
	35～44 岁	35.6	0.2	23.9	30.0	10.3
	45～54 岁	36.1	0.2	29.8	26.7	7.2
	55～64 岁	38.7	0.1	32.7	21.7	6.8
	65 岁及以上	38.0	0.1	34.7	16.7	10.5
教育程度	未受过正规教育	44.2	0.2	27.4	19.5	8.7
	小学	34.5	0.1	33.2	23.3	8.9
	初中	34.8	0.2	26.9	29.8	8.3
	高中	41.9	0.2	20.9	29.9	7.1
	大学及以上	44.7	0.3	18.2	27.1	9.7
职业类别	干部/管理人员	47.2	0.2	17.7	27.8	7.1
	个体/私营企业人员	35.2	0.2	22.8	34.0	7.8
	初级公务员/雇员	41.9	0.2	21.3	30.0	6.6
	工人	40.3	0.1	18.9	32.7	8.0
	学生	43.8	0.4	16.2	33.1	6.5
	无业	41.7	0.1	27.9	22.9	7.4
	其他	31.8	0.2	31.9	26.1	10.0
个人月收入	0～300 元	38.5	0.3	23.8	29.3	8.1
	301～900 元	32.9	0.2	33.4	25.2	8.3
	901～1700 元	34.8	0.2	30.4	27.7	6.9
	1701～2600 元	39.8	0.2	24.1	27.1	8.8
	2601～3500 元	42.8	0.2	19.7	28.9	8.4
	3501 元及以上	37.8	0.1	24.6	25.7	11.8

表3.15.3　2015年吉林市场各类频道在不同时段的市场占有率(%)

时间段	中央台频道	中国教育台频道	吉林省级频道	其他省级卫视频道	其他频道
02:00~03:00	30.6	0.0	8.8	55.4	5.2
03:00~04:00	47.3	0.2	15.6	31.6	5.3
04:00~05:00	59.8	0.0	14.8	20.9	4.5
05:00~06:00	49.0	0.2	15.6	30.1	5.1
06:00~07:00	44.3	0.2	20.5	27.7	7.3
07:00~08:00	53.3	0.3	14.8	21.0	10.6
08:00~09:00	53.6	0.2	13.4	25.2	7.6
09:00~10:00	47.9	0.2	11.7	34.1	6.1
10:00~11:00	48.2	0.2	8.8	36.7	6.1
11:00~12:00	47.0	0.2	9.2	37.5	6.1
12:00~13:00	45.2	0.2	8.9	40.6	5.1
13:00~14:00	48.8	0.2	5.4	41.7	3.9
14:00~15:00	42.2	0.3	8.7	42.3	6.5
15:00~16:00	43.1	0.3	9.2	39.9	7.5
16:00~17:00	28.0	0.1	48.4	18.8	4.7
17:00~18:00	25.7	0.1	50.9	14.7	8.6
18:00~19:00	32.6	0.1	44.9	10.5	11.9
19:00~20:00	46.7	0.2	26.7	18.5	7.9
20:00~21:00	27.3	0.2	25.0	38.7	8.8
21:00~22:00	25.7	0.2	22.5	43.3	8.3
22:00~23:00	30.5	0.2	9.9	51.6	7.8
23:00~24:00	35.8	0.1	4.7	49.7	9.7
24:00~25:00	45.7	0.1	3.8	30.8	19.6
25:00~26:00	32.8	0.0	6.7	34.4	26.1

表3.15.4　2015年吉林市场收视份额排名前十位的频道

名次	频道名称	收视份额(%)
1	中央电视台综合频道	11.6
2	吉林电视台乡村频道(五套)	8.8
3	吉林电视台生活频道(三套)	6.8
4	中央电视台少儿频道	4.7
5	湖南卫视	4.5
6	吉林电视台都市频道(二套)	3.8
7	吉林卫视	3.5
8	中央台三套	3.4
9	中央台八套	3.2
10	安徽卫视	3.0

表 3.15.5 2015 年吉林市场各主要频道的观众构成(%)

目标观众		所有频道	主要频道				
			中央电视台综合频道	吉林电视台乡村频道(五套)	吉林电视台生活频道(三套)	中央电视台少儿频道	湖南卫视
4 岁及以上所有人		100.0	100.0	100.0	100.0	100.0	100.0
城乡	城市	43.9	47.2	24.9	30.3	26.7	40.0
	农村	56.1	52.8	75.1	69.7	73.3	60.0
性别	男	47.6	50.6	43.9	43.6	48.2	37.9
	女	52.4	49.4	56.1	56.4	51.8	62.1
年龄	4~14 岁	7.1	5.9	3.3	5.2	49.8	9.7
	15~24 岁	9.8	7.7	8.9	9.2	9.9	22.4
	25~34 岁	12.6	11.8	5.6	9.8	18.1	22.6
	35~44 岁	18.6	19.2	17.6	18.7	9.6	22.6
	45~54 岁	20.2	19.8	19.1	24.1	4.5	13.0
	55~64 岁	18.3	21.2	24.4	19.3	5.9	6.3
	65 岁及以上	13.3	14.4	21.0	13.7	2.3	3.2
教育程度	未受过正规教育	4.8	5.0	6.0	4.1	18.8	2.2
	小学	22.6	18.2	38.2	32.9	43.5	20.7
	初中	40.1	36.7	39.4	42.4	26.1	47.2
	高中	26.3	32.2	14.5	16.9	8.7	22.6
	大学及以上	6.2	7.9	1.9	3.8	2.9	7.3
职业类别	干部/管理人员	0.5	0.9	0.1	0.2	0.3	0.6
	个体/私营企业人员	15.4	15.6	13.7	11.6	10.9	22.6
	初级公务员/雇员	7.7	9.8	3.1	5.5	3.0	6.6
	工人	7.7	7.9	2.6	4.8	3.0	6.5
	学生	7.7	5.6	4.5	6.1	33.4	16.1
	无业	29.4	34.7	28.0	26.3	26.9	15.2
	其他	31.7	25.5	48.0	45.5	22.6	32.4
个人月收入	0~300 元	18.6	14.2	19.0	18.6	56.1	27.2
	301~900 元	8.0	7.7	13.5	10.3	7.5	6.9
	901~1700 元	31.1	28.7	38.3	34.6	18.3	27.4
	1701~2600 元	25.5	30.4	18.3	22.8	10.6	22.0
	2601~3500 元	11.7	13.4	7.9	7.3	5.7	12.7
	3501 元及以上	5.2	5.6	3.0	6.3	1.8	3.7

表 3.15.6 2013~2015 年吉林市场各类节目的播出份额(%)和收视份额(%)

节目类型	2013 年		2014 年		2015 年	
	播出份额	收视份额	播出份额	收视份额	播出份额	收视份额
财经	1.8	0.4	1.7	0.3	1.5	0.5
电视剧	21.2	30.7	20.7	32.0	24.8	27.5
电影	5.3	2.8	4.5	3.2	4.3	3.6
法制	0.9	1.3	1.0	1.2	1.1	1.6
教学	0.3	0.0	0.3	0.0	0.3	0.1
青少	6.1	4.7	6.6	4.4	5.7	5.0
生活服务	8.8	7.8	9.9	7.9	10.5	8.0
体育	1.9	1.2	2.9	1.4	3.0	1.8
外语	0.0	0.0	0.0	0.0	0.0	0.0
戏剧	0.8	1.1	0.7	0.3	0.7	0.2
新闻/时事	15.3	16.0	14.7	13.2	10.4	13.7
音乐	2.3	0.5	2.5	0.5	2.6	1.2
专题	11.1	4.5	12.2	4.2	13.2	5.4
综艺	9.6	11.9	9.3	14.3	7.7	15.2
其他	14.6	17.1	13.1	17.0	14.4	16.1

表 3.15.7　2015 年吉林市场所有节目收视率排名前三十位

名次	节目名称	节目类型	播出频道	平均收视率(%)	平均占有率(%)
1	2015 中央电视台春节联欢晚会	综艺	中央电视台综合频道	45.6	86.7
2	新闻联播	新闻/时事	中央电视台综合频道	12.6	33.9
3	2015 中央电视台元宵晚会	综艺	中央电视台综合频道	8.5	26.1
4	习近平在亚非领导人会议上致辞	新闻/时事	中央电视台综合频道	8.5	23.7
5	天气预报	生活服务	中央电视台综合频道	8.5	21.0
6	胜利与和平——纪念抗日战争暨世界反法西斯战争胜利 70 周年文艺晚会	综艺	中央电视台综合频道	7.1	24.3
7	把革命老区发展时刻放在心上	专题	中央电视台综合频道	7.0	16.6
8	星光大道(2 月 19 日)	综艺	中央电视台综合频道	6.8	26.7
9	焦点访谈	新闻/时事	中央电视台综合频道	6.6	16.3
10	郡县治天下安——习近平总书记与中央党校县委书记研修班学员座谈侧记	新闻/时事	中央电视台综合频道	6.4	13.7
11	2015 一年又一年	新闻/时事	中央电视台综合频道	5.6	23.1
12	中央军委慰问驻京部队老干部迎新春文艺演出	综艺	中央电视台综合频道	5.5	13.8
13	出彩中国人有梦就出彩(4 月 5 日)	综艺	中央电视台综合频道	5.4	13.4
14	今日看点	生活服务	吉林电视台乡村频道(五套)	5.3	14.7
15	全面实现小康一个民族都不能少	专题	中央电视台综合频道	5.3	11.5
16	下一站婚姻	电视剧	吉林电视台乡村频道(五套)	5.0	15.9
17	天涯女人心	电视剧	吉林电视台乡村频道(五套)	5.0	14.8
18	菩提树下	电视剧	吉林电视台乡村频道(五套)	4.7	14.5
19	老家门口唱大戏	电视剧	吉林电视台乡村频道(五套)	4.7	12.3
20	李克强总理会见中外记者并回答提问	新闻/时事	中央电视台综合频道	4.7	11.1
21	全城热恋	综艺	吉林电视台生活频道(三套)	4.4	23.0
22	女人当官二	电视剧	吉林电视台乡村频道(五套)	4.3	13.0
23	再回首	电视剧	吉林电视台乡村频道(五套)	4.3	11.0
24	二婶	电视剧	吉林电视台乡村频道(五套)	4.2	13.2
25	错嫁	电视剧	吉林电视台乡村频道(五套)	4.2	12.8
26	谁是挑战王	综艺	中央电视台综合频道	4.2	10.9
27	中央电视台 2015 春节戏曲晚会	戏剧	中央电视台综合频道	4.0	12.8
28	继父回家	电视剧	吉林电视台乡村频道(五套)	4.0	11.3
29	边关烽火情	电视剧	吉林电视台乡村频道(五套)	3.9	12.1
30	瞧这一家子	电视剧	吉林电视台乡村频道(五套)	3.9	11.6

表 3.15.8　2015 年吉林市场电视剧收视率排名前十位

名次	节目名称	播出频道	平均收视率（%）	平均占有率（%）
1	下一站婚姻	吉林电视台乡村频道（五套）	5.0	15.9
2	天涯女人心	吉林电视台乡村频道（五套）	5.0	14.8
3	菩提树下	吉林电视台乡村频道（五套）	4.7	14.5
4	老家门口唱大戏	吉林电视台乡村频道（五套）	4.7	12.3
5	女人当官二	吉林电视台乡村频道（五套）	4.3	13.0
6	再回首	吉林电视台乡村频道（五套）	4.3	11.0
7	二婶	吉林电视台乡村频道（五套）	4.2	13.2
8	错嫁	吉林电视台乡村频道（五套）	4.2	12.8
9	继父回家	吉林电视台乡村频道（五套）	4.0	11.3
10	边关烽火情	吉林电视台乡村频道（五套）	3.9	12.1

表 3.15.9　2015 年吉林市场新闻节目收视率排名前十位

名次	节目名称	播出频道	平均收视率（%）	平均占有率（%）
1	新闻联播	中央电视台综合频道	12.6	33.9
2	习近平在亚非领导人会议上致辞	中央电视台综合频道	8.5	23.7
3	焦点访谈	中央电视台综合频道	6.6	16.3
4	郡县治天下安——习近平总书记与中央党校县委书记研修班学员座谈侧记	中央电视台综合频道	6.4	13.7
5	2015 一年又一年	中央电视台综合频道	5.6	23.1
6	李克强总理会见中外记者并回答提问	中央电视台综合频道	4.7	11.1
7	守望都市	吉林电视台都市频道（二套）	2.6	9.6
8	转播中央台新闻联播	吉林电视台都市频道（二套）	1.8	4.9
9	吉林新闻联播	吉林卫视	1.7	6.0
10	习近平在亚非领导人会议上致辞	中央电视台新闻频道	1.4	3.8

表 3.15.10　2015 年吉林市场专题节目收视率排名前十位

名次	节目名称	播出频道	平均收视率（%）	平均占有率（%）
1	把革命老区发展时刻放在心上	中央电视台综合频道	7.0	16.6
2	全面实现小康一个民族都不能少	中央电视台综合频道	5.3	11.5
3	中国谜语大会	中央电视台综合频道	3.2	10.2
4	联合国	中央电视台综合频道	2.8	7.4
5	2015 寻找最美教师	中央电视台综合频道	2.6	9.3
5	中国梦劳动礼赞时代楷模特别节目	中央电视台综合频道	2.6	9.3
7	感动中国 2014 年度人物颁奖盛典	中央电视台综合频道	2.5	9.1
8	2014 中国好书	中央电视台综合频道	2.4	10.4
9	飞虎的纪念	湖南卫视	2.3	7.4
10	东方主战场	湖南卫视	2.3	5.9

表 3.15.11　2015 年吉林市场综艺节目收视率排名前十位

名次	节目名称	播出频道	平均收视率（%）	平均占有率（%）
1	2015 中央电视台春节联欢晚会	中央电视台综合频道	45.6	86.7
2	2015 中央电视台元宵晚会	中央电视台综合频道	8.5	26.1
3	胜利与和平——纪念抗日战争暨世界反法西斯战争胜利 70 周年文艺晚会	中央电视台综合频道	7.1	24.3
4	星光大道(2 月 19 日)	中央电视台综合频道	6.8	26.7
5	中央军委慰问驻京部队老干部迎新春文艺演出	中央电视台综合频道	5.5	13.8
6	出彩中国人有梦就出彩(4 月 5 日)	中央电视台综合频道	5.4	13.4
7	全城热恋	吉林电视台生活频道(三套)	4.4	23.0
8	谁是挑战王	中央电视台综合频道	4.2	10.9
9	二人转总动员精彩乐无边	吉林电视台乡村频道(五套)	3.6	22.6
10	出彩中国人有梦就出彩	中央电视台综合频道	3.6	11.1

表 3.15.12　2015 年吉林市场体育节目收视率排名前十位

名次	节目名称	播出频道	平均收视率（%）	平均占有率（%）
1	2015 年世界田径锦标赛男子十项全能 1500 米	中央台五套	1.5	3.8
2	现场直播:2015 年亚洲男篮锦标赛决赛(中国 VS 菲律宾)	中央台五套	1.3	7.9
3	直播周末:2015 年女排世界杯(日本 VS 中国)	中央台五套	1.1	5.5
4	直播周末 2015 年女排世界杯颁奖仪式	中央台五套	1.1	4.7
5	现场直播:2015 年第一届全国青年运动会男子 100 米蛙泳半决赛	中央台五套	1.1	2.7
6	2015 年国际泳联世锦赛跳水女子10 米台半决赛	中央台五套	1.0	3.5
7	现场直播:2015 年澳大利亚亚洲杯小组赛 A 组(阿曼 VS 澳大利亚)	中央台五套	1.0	2.9
8	直播周末:2014/2015 赛季中国男子篮球职业联赛总决赛第六场(北京首钢 VS 辽宁药都本溪)	中央台五套	1.0	2.7
8	现场直播 黄金赛场:第 53 届世乒赛国家队热身赛双打	中央台五套	1.0	2.7
10	2015 年世乒赛女单决赛	中央台五套	0.9	3.9

十六、江苏收视数据

表 3.16.1　2011～2015 年江苏市场各类频道的市场占有率(%)

频道类别	年份				
	2011 年	2012 年	2013 年	2014 年	2015 年
中央台频道	24.2	26.7	27.6	28.9	31.0
中国教育台频道	0.5	0.4	0.4	0.3	0.2
江苏省级频道	39.0	38.9	35.6	37.4	28.9
其他省级卫视频道	15.8	16.4	17.1	16.3	20.4
其他频道	20.5	17.6	19.3	17.1	19.5

表 3.16.2　2015 年江苏市场各类频道在不同目标观众中的市场占有率(%)

目标观众		中央台频道	中国教育台频道	江苏省级频道	其他省级卫视频道	其他频道
4 岁及以上所有人		31.0	0.2	28.9	20.4	19.5
城乡	城市	30.9	0.3	25.5	17.9	25.4
	农村	31.1	0.2	31.3	22.2	15.2
性别	男	34.1	0.2	27.1	19.0	19.6
	女	27.9	0.2	30.7	21.9	19.3
年龄	4～14 岁	26.8	0.1	28.2	33.5	11.4
	15～24 岁	22.0	0.1	25.8	29.8	22.3
	25～34 岁	25.5	0.2	31.1	26.9	16.3
	35～44 岁	30.6	0.2	25.2	21.7	22.3
	45～54 岁	29.2	0.2	33.4	16.1	21.1
	55～64 岁	35.5	0.2	30.7	14.6	19.0
	65 岁及以上	41.0	0.4	25.4	12.2	21.0
教育程度	未受过正规教育	32.1	0.1	29.8	22.8	15.2
	小学	32.9	0.3	31.0	19.4	16.4
	初中	29.3	0.2	29.6	21.5	19.4
	高中	32.5	0.2	25.0	19.4	22.9
	大学及以上	28.9	0.2	28.5	18.6	23.8
职业类别	干部/管理人员	33.3	0.2	26.6	13.0	26.9
	个体/私营企业人员	31.8	0.2	33.5	17.9	16.6
	初级公务员/雇员	29.7	0.2	25.5	17.9	26.7
	工人	28.1	0.2	28.2	23.4	20.1
	学生	25.2	0.1	23.6	35.9	15.2
	无业	33.9	0.2	23.8	20.4	21.7
	其他	33.1	0.3	38.1	14.6	13.9
个人月收入	0～300 元	26.9	0.3	29.0	26.9	16.9
	301～900 元	38.2	0.2	29.1	14.4	18.1
	901～1700 元	31.6	0.2	34.1	16.5	17.6
	1701～2600 元	30.3	0.2	29.3	19.3	20.9
	2601～3500 元	32.3	0.2	26.2	20.6	20.7
	3501 元及以上	32.7	0.2	24.3	19.4	23.4

表 3.16.3　2015 年江苏市场各类频道在不同时段的市场占有率(%)

时间段	中央台频道	中国教育台频道	江苏省级频道	其他省级卫视频道	其他频道
02:00~03:00	32.1	0.3	12.7	31.0	23.9
03:00~04:00	31.0	0.3	15.2	29.6	23.9
04:00~05:00	36.5	0.4	18.0	24.7	20.4
05:00~06:00	39.4	0.5	18.8	25.2	16.1
06:00~07:00	47.0	0.2	22.4	18.6	11.8
07:00~08:00	46.7	0.2	24.4	15.8	12.9
08:00~09:00	42.8	0.4	18.9	24.4	13.5
09:00~10:00	36.6	0.5	17.0	29.8	16.1
10:00~11:00	37.7	0.5	14.5	31.9	15.4
11:00~12:00	41.7	0.1	15.6	29.2	13.4
12:00~13:00	41.2	0.1	15.4	30.1	13.2
13:00~14:00	37.9	0.2	15.1	31.9	14.9
14:00~15:00	33.8	0.3	16.6	32.6	16.7
15:00~16:00	33.9	0.4	15.6	33.4	16.7
16:00~17:00	34.1	0.4	16.1	34.0	15.4
17:00~18:00	37.5	0.2	22.6	24.7	15.0
18:00~19:00	29.1	0.1	40.7	8.7	21.4
19:00~20:00	28.9	0.2	39.7	9.2	22.0
20:00~21:00	23.5	0.3	37.5	16.3	22.4
21:00~22:00	26.3	0.2	33.0	18.2	22.3
22:00~23:00	26.8	0.1	31.9	21.6	19.6
23:00~24:00	30.7	0.1	22.0	27.8	19.4
24:00~25:00	34.1	0.1	17.0	27.1	21.7
25:00~26:00	33.8	0.2	13.1	28.7	24.2

表 3.16.4　2015 年江苏市场收视份额排名前十位的频道

名次	频道名称	收视份额(%)
1	江苏电视台综艺频道	8.1
2	江苏卫视	6.5
3	江苏电视台城市频道	5.2
4	江苏电视台影视频道	4.5
5	湖南卫视	4.4
6	中央台六套	4.0
7	中央台八套	3.8
8	中央台三套	3.7
9	中央电视台综合频道	3.3
10	中央电视台少儿频道	2.9

表 3.16.5 2015 年江苏市场各主要频道的观众构成(%)

目标观众		所有频道	主要频道				
			江苏电视台综艺频道	江苏卫视	江苏电视台城市频道	江苏电视台影视频道	湖南卫视
4 岁及以上所有人		100.0	100.0	100.0	100.0	100.0	100.0
城乡	城市	41.1	27.8	43.8	44.9	25.8	35.9
	农村	58.9	72.2	56.2	55.1	74.2	64.1
性别	男	50.1	47.7	44.8	48.6	45.2	34.9
	女	49.9	52.3	55.2	51.4	54.8	65.1
年龄	4~14 岁	9.8	5.5	5.9	6.0	7.3	15.3
	15~24 岁	7.8	8.3	7.8	5.1	7.0	18.8
	25~34 岁	13.3	16.9	15.8	9.3	12.5	26.7
	35~44 岁	17.4	14.4	16.6	17.6	14.6	20.1
	45~54 岁	20.2	25.2	21.9	28.2	22.7	9.6
	55~64 岁	15.8	15.8	14.9	22.2	19.4	5.5
	65 岁及以上	15.7	13.9	17.1	11.6	16.5	4.0
教育程度	未受过正规教育	9.3	7.8	7.0	5.1	10.5	4.3
	小学	22.7	22.7	22.8	26.7	28.4	19.2
	初中	39.1	44.6	41.1	38.3	39.6	46.2
	高中	19.9	16.0	18.5	20.9	14.6	19.9
	大学及以上	9.0	8.9	10.6	9.0	6.9	10.4
职业类别	干部/管理人员	1.7	1.2	2.1	1.7	1.7	1.1
	个体/私营企业人员	13.3	15.7	16.8	15.7	18.5	11.4
	初级公务员/雇员	12.1	11.2	13.2	9.6	8.3	10.8
	工人	22.3	28.5	20.3	19.8	19.2	31.6
	学生	7.6	4.4	5.4	5.0	4.7	19.7
	无业	24.6	14.6	22.1	21.5	16.0	17.9
	其他	18.4	24.4	20.1	26.7	31.6	7.5
个人月收入	0~300 元	25.3	24.8	23.7	14.6	23.4	35.3
	301~900 元	10.0	10.4	10.4	9.2	14.5	4.0
	901~1700 元	16.5	21.1	18.5	22.0	22.5	13.2
	1701~2600 元	18.6	20.7	19.3	21.9	16.9	16.1
	2601~3500 元	13.7	10.6	13.2	16.8	9.5	14.5
	3501 元及以上	15.9	12.4	14.9	15.5	13.2	16.9

表 3.16.6 2013~2015 年江苏市场各类节目的播出份额(%)和收视份额(%)

节目类别	2013 年		2014 年		2015 年	
	播出份额	收视份额	播出份额	收视份额	播出份额	收视份额
财经	2.0	0.5	1.9	0.5	1.9	0.5
电视剧	21.4	37.3	21.0	37.6	20.8	34.1
电影	4.2	3.3	3.8	4.0	3.6	4.8
法制	1.1	1.4	1.1	1.8	1.0	1.6
教学	0.3	0.0	0.3	0.1	0.3	0.1
青少	6.4	5.8	7.0	5.9	6.6	6.4
生活服务	9.0	5.2	9.8	5.6	9.0	6.3
体育	2.2	1.6	3.1	1.6	3.2	1.7
外语	0.0	0.0	0.0	0.0	0.0	0.0
戏剧	0.8	0.4	0.7	0.4	0.8	0.5
新闻/时事	15.2	11.2	14.6	10.6	14.5	9.3
音乐	2.5	0.8	2.5	0.7	2.6	1.0
专题	11.0	4.3	12.0	4.3	13.8	5.1
综艺	9.4	15.4	9.3	14.5	9.4	16.6
其他	14.5	12.8	12.9	12.4	12.5	12.0

表 3.16.7 2015 年江苏市场所有节目收视率排名前三十位

名次	节目名称	节目类型	播出频道	平均收视率(%)	平均占有率(%)
1	江苏方言大赛第二季(5月10日)	专题	江苏电视台综艺频道	8.6	25.0
2	2015 新年演唱会	音乐	江苏卫视	8.6	24.7
3	致命行动	电视剧	江苏电视台综艺频道	7.6	21.1
4	肖叮叮的剿匪记	电视剧	江苏电视台综艺频道	7.4	18.7
5	2015 中央电视台春节联欢晚会	综艺	江苏卫视	7.2	16.4
6	使命召唤	电视剧	江苏电视台综艺频道	7.1	19.3
7	2015 中央电视台元宵晚会	综艺	中央台三套	7.0	16.2
8	兵变一九二九	电视剧	江苏电视台影视频道	6.8	18.4
9	上海往事	电视剧	江苏电视台综艺频道	6.1	15.0
10	千金女贼	电视剧	江苏卫视	6.0	14.8
11	主播 K 歌王 Sing For Love(3月29日)	综艺	江苏电视台综艺频道	5.8	18.4
12	一转成双	综艺	江苏电视台综艺频道	5.8	16.7
13	菜刀班尖刀连	电视剧	江苏电视台综艺频道	5.6	13.8
14	心肝宝贝	电视剧	江苏电视台影视频道	5.5	16.2
15	铁核桃	电视剧	江苏电视台综艺频道	5.5	13.6
16	婆媳的战国时代	电视剧	江苏电视台影视频道	5.3	14.2
17	最强大脑(1月2日)	综艺	江苏卫视	5.1	16.9
18	游击英雄	电视剧	江苏电视台综艺频道	4.9	15.5
19	激战	电视剧	江苏电视台综艺频道	4.8	14.0
20	极品新娘	电视剧	江苏电视台综艺频道	4.8	12.4
21	何以笙箫默	电视剧	江苏卫视	4.8	11.5
22	猎刃	电视剧	江苏电视台综艺频道	4.7	13.6
23	烽火英雄传	电视剧	江苏电视台影视频道	4.7	12.9
24	幸福聚荔 20152016 跨年演唱会	音乐	江苏卫视	4.5	16.7
25	缘来不晚	生活服务	江苏电视台综艺频道	4.5	13.9
26	殊死 7 日	电视剧	江苏电视台综艺频道	4.5	13.2
27	东北剿匪记	电视剧	江苏电视台影视频道	4.5	11.8
28	野山鹰	电视剧	江苏电视台综艺频道	4.4	13.4
29	二炮手	电视剧	江苏卫视	4.4	10.6
30	二婶	电视剧	江苏电视台城市频道	4.3	12.2

表 3.16.8　2015 年江苏市场电视剧收视率排名前十位

名次	节目名称	播出频道	平均收视率（%）	平均占有率（%）
1	致命行动	江苏电视台综艺频道	7.6	21.1
2	肖叮叮的剿匪记	江苏电视台综艺频道	7.4	18.7
3	使命召唤	江苏电视台综艺频道	7.1	19.3
4	兵变一九二九	江苏电视台影视频道	6.8	18.4
5	上海往事	江苏电视台综艺频道	6.1	15.0
6	千金女贼	江苏卫视	6.0	14.8
7	菜刀班尖刀连	江苏电视台综艺频道	5.6	13.8
8	心肝宝贝	江苏电视台影视频道	5.5	16.2
9	铁核桃	江苏电视台综艺频道	5.5	13.6
10	婆媳的战国时代	江苏电视台影视频道	5.3	14.2

表 3.16.9　2015 年江苏市场新闻节目收视率排名前十位

名次	节目名称	播出频道	平均收视率（%）	平均占有率（%）
1	零距离	江苏电视台城市频道	2.2	8.0
2	郡县治天下安——习近平总书记与中央党校县委书记研修班学员座谈侧记	中央电视台新闻频道	1.8	4.7
3	转播中央台新闻联播	江苏卫视	1.6	5.7
4	习近平在亚非领导人会议上致辞	中央电视台综合频道	1.6	4.7
5	江苏新时空	江苏卫视	1.4	6.2
6	新闻联播	中央电视台新闻频道	1.3	4.5
7	胜利与和平——纪念抗日战争暨世界反法西斯战争胜利 70 周年特别报道	中央台四套	1.3	3.4
8	李克强总理会见中外记者并回答提问	中央电视台新闻频道	1.3	3.1
9	东方之星客船翻沉整体扶正全力搜救	中央电视台新闻频道	1.2	15.7
10	新闻联播	中央电视台综合频道	1.2	4.2

表 3.16.10　2015 年江苏市场专题节目收视率排名前十位

名次	节目名称	播出频道	平均收视率（%）	平均占有率（%）
1	江苏方言大赛第二季(5 月 10 日）	江苏电视台综艺频道	8.6	25.0
2	青春遇见梦想艺考生全景青春观察类真人秀大学我来了特别节目	江苏电视台综艺频道	2.7	9.1
3	方言里的故乡	江苏电视台综艺频道	2.3	11.3
4	东方主战场	江苏卫视	1.9	5.6
5	人间真情	江苏卫视	1.7	5.8
6	第十四届汉语桥世界大学生中文比赛（8 月 6 日）	湖南卫视	1.3	6.9
7	一年级大学季	湖南卫视	1.2	6.8
8	最后的捕鲸战役	中央台九套纪录频道	1.1	5.2
9	315 消费在阳光下	中央电视台综合频道	1.1	3.8
10	感动中国 2014 年度人物颁奖盛典	中央电视台综合频道	1.1	2.7

表 3.16.11　2015 年江苏市场综艺节目收视率排名前十位

名次	节目名称	播出频道	平均收视率(%)	平均占有率(%)
1	2015 中央电视台春节联欢晚会	江苏卫视	7.2	16.4
2	2015 中央电视台元宵晚会	中央台三套	7.0	16.2
3	主播 K 歌王 Sing For Love(3 月 29 日)	江苏电视台综艺频道	5.8	18.4
4	一转成双	江苏电视台综艺频道	5.8	16.7
5	最强大脑(1 月 2 日)	江苏卫视	5.1	16.9
6	何以笙箫默之番外篇	江苏卫视	4.0	9.7
7	非诚勿扰	江苏卫视	3.6	12.4
8	大学我来了艺考生全景青春观察类真人秀	江苏电视台综艺频道	3.5	12.4
9	综艺兄弟连	江苏电视台综艺频道	3.5	11.0
10	中国好声音 4(7 月 17 日)	浙江卫视	3.3	9.9

表 3.16.12　2015 年江苏市场体育节目收视率排名前十位

名次	节目名称	播出频道	平均收视率(%)	平均占有率(%)
1	现场直播:2015 年亚洲男篮锦标赛决赛(中国队 VS 菲律宾队)	中央台五套	2.9	8.8
2	现场直播 2015 年亚洲男篮锦标赛颁奖仪式	中央台五套	2.6	12.3
3	2015 年世界乒乓球锦标赛男单决赛	中央台五套	2.0	4.9
4	直播周末:2015 年澳大利亚亚洲杯小组赛 B 组(中国队 VS 朝鲜队)	中央台五套	1.7	6.3
5	2015 年世界田径锦标赛女子 4×400 米接力决赛	中央台五套	1.7	4.6
6	直播周末:2015 年女排世界杯(日本队 VS 中国队)	中央台五套	1.5	5.6
7	2015 年国际足联俱乐部世界杯半决赛(西班牙巴塞罗那 VS 中国广州恒大)	中央台五套	1.4	4.9
8	超级足球之夜:2015 年亚洲足联冠军联赛决赛第二回合(中国广州恒大 VS 阿联酋阿赫利)	中央台五套	1.4	3.9
8	超级足球之夜:国际足联 2018 年俄罗斯世界杯亚洲区预选赛 C 组小组赛(中国香港队 VS 中国队)	中央台五套	1.4	3.9
10	现场直播:2015 年国际泳联世界锦标赛跳水男子 3 米板半决赛	中央台五套	1.3	3.5

十七、江西收视数据

表 3.17.1　2011～2015 年江西市场各类频道的市场占有率(%)

频道类别	年份				
	2011 年	2012 年	2013 年	2014 年	2015 年
中央台频道	30.9	35.2	35.6	39.7	30.7
中国教育台频道	0.7	0.8	0.8	0.4	0.1
江西省级频道	35.8	35.2	31.0	22.8	31.2
其他省级卫视频道	28.3	24.9	29.0	32.6	27.3
其他频道	4.3	3.8	3.6	4.5	10.7

表 3.17.2　2015 年江西市场各类频道在不同目标观众中的市场占有率(%)

目标观众		中央台频道	中国教育台频道	江西省级频道	其他省级卫视频道	其他频道
4 岁及以上所有人		30.7	0.1	31.2	27.3	10.7
城乡	城市	32.3	0.1	29.8	24.4	13.4
	农村	30.2	0.1	31.6	28.2	9.9
性别	男	32.6	0.1	30.7	25.7	10.9
	女	28.6	0.1	31.7	29.0	10.6
年龄组	4～14 岁	29.2	0.1	21.8	42.0	6.9
	15～24 岁	27.7	0.1	23.2	38.6	10.4
	25～34 岁	31.6	0.1	23.6	33.2	11.5
	35～44 岁	33.1	0.1	28.7	26.7	11.4
	45～54 岁	30.1	0.1	41.9	17.1	10.8
	55～64 岁	32.9	0.1	35.7	19.1	12.2
	65 岁及以上	29.6	0.1	39.6	16.5	14.2
教育程度	未受过正规教育	30.8	0.1	28.2	31.0	9.9
	小学	29.1	0.1	32.3	27.8	10.7
	初中	30.5	0.1	30.7	27.8	10.9
	高中	32.9	0.1	32.7	23.2	11.1
	大学及以上	37.7	0.1	27.7	23.6	10.9
职业类别	干部/管理人员	39.7	0.1	29.8	19.8	10.6
	个体/私营企业人员	31.7	0.1	30.6	25.1	12.5
	初级公务员/雇员	31.1	0.1	31.9	25.0	11.9
	工人	33.2	0.1	29.1	26.0	11.6
	学生	27.8	0.1	21.9	43.5	6.7
	无业	31.0	0.1	33.4	24.8	10.7
	其他	29.5	0.1	36.8	21.8	11.8
个人月收入	0～300 元	28.3	0.1	28.2	34.8	8.6
	301～900 元	30.6	0.1	33.9	23.3	12.1
	901～1700 元	30.1	0.1	33.2	24.1	12.5
	1701～2600 元	33.2	0.1	32.5	21.5	12.7
	2601～3500 元	33.0	0.1	32.6	22.6	11.7
	3501 元及以上	38.2	0.1	32.3	19.9	9.5

表 3.17.3　2015 年江西市场各类频道在不同时段的市场占有率(%)

时间段	中央台频道	中国教育台频道	江西省级频道	其他省级卫视频道	其他频道
02:00~03:00	23.1	0.1	34.6	21.7	20.5
03:00~04:00	24.4	0.1	33.1	22.5	19.9
04:00~05:00	27.5	0.3	32.2	23.8	16.2
05:00~06:00	32.3	0.3	26.6	29.8	11.0
06:00~07:00	39.8	0.1	23.7	27.8	8.6
07:00~08:00	39.0	0.1	26.2	24.7	10.0
08:00~09:00	39.0	0.2	19.7	30.7	10.4
09:00~10:00	34.6	0.2	19.2	35.5	10.5
10:00~11:00	32.7	0.1	21.5	35.0	10.7
11:00~12:00	35.9	0.0	20.8	33.8	9.5
12:00~13:00	37.9	0.0	21.1	31.3	9.7
13:00~14:00	36.4	0.1	17.7	35.0	10.8
14:00~15:00	31.2	0.1	19.5	38.1	11.1
15:00~16:00	28.5	0.2	22.3	38.0	11.0
16:00~17:00	28.9	0.1	23.5	37.2	10.3
17:00~18:00	37.4	0.1	21.7	30.8	10.0
18:00~19:00	38.3	0.1	31.9	19.1	10.6
19:00~20:00	36.3	0.1	34.2	19.3	10.1
20:00~21:00	23.7	0.1	39.6	26.8	9.8
21:00~22:00	24.3	0.1	41.9	23.9	9.8
22:00~23:00	22.2	0.0	42.6	22.6	12.6
23:00~24:00	25.1	0.0	34.7	26.3	13.9
24:00~25:00	26.2	0.0	36.3	21.9	15.6
25:00~26:00	25.0	0.0	36.2	19.3	19.5

表 3.17.4　2015 年江西市场收视份额排名前十位的频道

名次	频道名称	收视份额(%)
1	江西电视台都市频道(二套)	7.7
2	江西电视台影视频道(四套)	6.1
3	湖南卫视	5.8
4	江西卫视	5.7
5	湖南电视台金鹰卡通频道	4.6
5	中央电视台少儿频道	4.6
7	中央台六套	4.4
8	江西电视台公共频道(五套)	4.0
9	中央电视台综合频道	3.9
10	中央台八套	3.2

表 3.17.5 2015 年江西市场各主要频道的观众构成(%)

目标观众		所有频道	主要频道				
			江西电视台都市频道(二套)	江西电视台影视频道(四套)	湖南卫视	江西卫视	湖南电视台金鹰卡通频道
4 岁及以上所有人		100.0	100.0	100.0	100.0	100.0	100.0
城乡	城市	23.5	26.7	19.3	19.6	24.9	16.4
	农村	76.5	73.3	80.7	80.4	75.1	83.6
性别	男	52.7	49.1	57.6	38.0	44.6	56.6
	女	47.3	50.9	42.4	62.0	55.4	43.4
年龄	4~14 岁	20.2	9.7	6.9	29.6	13.7	58.4
	15~24 岁	7.8	4.6	6.4	17.4	6.8	4.3
	25~34 岁	10.8	7.9	6.0	13.7	7.9	7.8
	35~44 岁	15.9	16.4	12.9	18.0	14.5	8.1
	45~54 岁	19.6	28.7	31.4	8.2	24.0	8.2
	55~64 岁	14.1	18.2	15.2	8.9	19.0	6.7
	65 岁及以上	11.6	14.4	21.2	4.2	14.0	6.4
教育程度	未受过正规教育	10.5	10.9	5.7	6.6	11.0	26.6
	小学	39.1	35.3	40.5	36.9	42.5	48.5
	初中	31.5	30.3	35.3	37.8	28.0	17.7
	高中	13.8	17.7	15.2	13.1	13.2	6.1
	大学及以上	5.1	5.8	3.3	5.6	5.3	1.1
职业类别	干部/管理人员	1.0	1.0	0.8	0.6	1.4	0.4
	个体/私营企业人员	10.4	14.1	8.7	8.3	9.3	6.9
	初级公务员/雇员	6.7	8.1	6.7	8.9	5.8	2.4
	工人	16.6	15.6	16.3	17.7	15.6	7.9
	学生	15.7	7.9	5.8	32.3	11.9	33.9
	无业	28.4	33.8	31.6	18.9	29.1	34.2
	其他	21.3	19.4	30.2	13.4	26.8	14.3
个人月收入	0~300 元	38.5	36.5	23.9	54.2	39.0	70.4
	301~900 元	13.0	9.9	17.5	7.6	14.4	9.2
	901~1700 元	16.8	17.8	21.4	15.8	16.4	7.5
	1701~2600 元	15.5	15.5	19.9	11.7	15.0	7.1
	2601~3500 元	10.6	12.2	10.7	6.5	10.2	3.9
	3501 元及以上	5.7	8.1	6.6	4.3	4.9	2.0

表 3.17.6 2013~2015 年江西市场各类节目的播出份额(%)和收视份额(%)

节目类型	2013 年		2014 年		2015 年	
	播出份额	收视份额	播出份额	收视份额	播出份额	收视份额
财经	1.9	0.3	1.7	0.4	1.8	0.5
电视剧	22.2	35.7	21.7	36.4	22.4	39.0
电影	5.2	2.8	4.7	4.0	4.3	5.9
法制	1.1	1.8	1.1	2.6	1.0	2.3
教学	0.4	0.0	0.3	0.0	0.3	0.1
青少	6.9	7.1	7.2	7.1	6.9	10.7
生活服务	9.4	7.5	10.1	7.7	9.0	5.6
体育	1.8	0.5	2.7	0.8	2.8	0.8
外语	0.0	0.0	0.0	0.0	0.0	0.0
戏剧	0.8	0.3	0.7	0.4	0.8	0.2
新闻/时事	14.7	13.1	14.3	12.1	14.3	8.7
音乐	2.4	0.4	2.5	0.5	2.5	1.2
专题	10.3	5.3	11.6	4.6	13.3	6.7
综艺	8.6	8.7	8.6	7.9	8.7	8.2
其他	14.4	16.5	12.8	15.5	12.0	10.1

表 3.17.7　2015 年江西市场所有节目收视率排名前三十位

名次	节目名称	节目类型	播出频道	平均收视率(%)	平均占有率(%)
1	双面枪爷(第 22~42 集)	电视剧	江西电视台都市频道(二套)	5.0	18.4
2	神犬小七	电视剧	湖南卫视	5.0	15.3
3	夺命枪爷	电视剧	江西电视台都市频道(二套)	4.9	17.6
4	婆媳的战国时代	电视剧	江西卫视	4.7	16.0
5	寻龙夺宝	电影	中央台六套	4.7	14.2
6	龙门飞甲	电影	中央台六套	4.6	18.6
7	游击英雄	电视剧	江西电视台公共频道(五套)	4.5	17.3
8	旋风小子	电影	中央台六套	4.5	16.0
9	刘老庄八十二壮士	电影	中央台六套	4.5	15.5
10	一个人的追逃	电影	中央台六套	4.5	15.0
11	幸福归来	电视剧	江西卫视	4.5	13.5
12	天气预报	生活服务	江西卫视	4.4	24.1
13	女战神	电视剧	江西电视台公共频道(五套)	4.3	14.6
14	锦绣缘华丽冒险	电视剧	江西卫视	4.3	14.5
14	嫂子嫂子	电视剧	江西电视台都市频道(二套)	4.3	14.5
16	枪王之王	电视剧	江西电视台都市频道(二套)	4.2	14.3
17	情动 8 点	专题	江西电视台都市频道(二套)	4.1	12.6
18	雪狼	电影	中央台六套	3.9	15.9
19	硬汉奶爸	电影	中央台六套	3.9	14.6
20	丈夫的谎言	电视剧	江西电视台都市频道(二套)	3.9	13.4
21	晚间 800	法制	江西电视台都市频道(二套)	3.9	12.6
22	等你爱我	电视剧	江西卫视	3.9	11.6
23	孤独英雄	电视剧	江西电视台公共频道(五套)	3.8	13.6
24	锦绣缘华丽冒险	电视剧	湖南卫视	3.8	13.0
25	晚间 800	专题	江西电视台都市频道(二套)	3.8	12.2
26	花田喜事 2010	电影	中央台六套	3.8	12.1
27	战神	电视剧	江西电视台影视频道(四套)	3.7	16.0
28	侠捕	电影	中央台六套	3.7	14.7
29	因为爱情有奇缘	电视剧	江西卫视	3.7	12.3
30	天涯女人心	电视剧	江西电视台都市频道(二套)	3.7	11.7

表 3.17.8 2015 年江西市场电视剧收视率排名前十位

名次	节目名称	播出频道	平均收视率（%）	平均占有率（%）
1	双面枪爷(第 22～42 集)	江西电视台都市频道(二套)	5.0	18.4
2	神犬小七	湖南卫视	5.0	15.3
3	夺命枪爷	江西电视台都市频道(二套)	4.9	17.6
4	婆媳的战国时代	江西卫视	4.7	16.0
5	游击英雄	江西电视台公共频道(五套)	4.5	17.3
6	幸福归来	江西卫视	4.5	13.5
7	女战神	江西电视台公共频道(五套)	4.3	14.6
8	锦绣缘华丽冒险	江西卫视	4.3	14.5
8	嫂子嫂子	江西电视台都市频道(二套)	4.3	14.5
10	枪王之王	江西电视台都市频道(二套)	4.2	14.3

表 3.17.9 2015 年江西市场新闻节目收视率排名前十位

名次	节目名称	播出频道	平均收视率（%）	平均占有率（%）
1	转播中央台新闻联播(9 月 3 日)	江西电视台都市频道(二套)	3.2	12.2
2	转播中央台新闻联播	江西卫视	2.0	9.2
3	都市现场	江西电视台都市频道(二套)	1.9	11.4
4	江西新闻联播	江西卫视	1.7	10.5
5	习近平在亚非领导人会议上致辞	中央电视台新闻频道	1.4	5.3
6	郡县治天下安——习近平总书记与中央党校县委书记研修班学员座谈侧记	中央电视台新闻频道	1.4	3.9
7	2015 一年又一年	江西电视台公共频道(五套)	1.2	6.2
8	李克强总理会见中外记者并回答提问	中央电视台新闻频道	1.1	3.4
9	特别直播丽水山体滑坡救援	浙江卫视	0.9	3.0
10	焦点访谈	中央电视台综合频道	0.7	2.6

表 3.17.10 2015 年江西市场专题节目收视率排名前十位

名次	节目名称	播出频道	平均收视率（%）	平均占有率（%）
1	情动 8 点	江西电视台都市频道(二套)	4.1	12.6
2	晚间 800	江西电视台都市频道(二套)	3.8	12.2
3	都市情缘	江西电视台都市频道(二套)	3.2	11.5
4	拍案	江西电视台都市频道(二套)	2.7	13.7
5	金牌调解	江西卫视	1.2	7.3
6	榜样的力量第四届江西省道德模范	江西电视台公共频道(五套)	1.2	4.6
7	变形计	湖南卫视	1.2	4.1
8	2015 寻找最美教师	中央电视台综合频道	1.1	3.7
9	东方主战场	中央电视台综合频道	1.1	3.1
10	赢在江西总决赛	江西电视台公共频道(五套)	1.0	2.8

表 3.17.11　2015 年江西市场综艺节目收视率排名前十位

名次	节目名称	播出频道	平均收视率(%)	平均占有率(%)
1	中国好声音 4(7 月 24 日)	浙江卫视	2.9	12.1
2	2015 中央电视台元宵晚会	中央台三套	2.8	8.6
3	黄金 100 秒(2 月 8 日)	中央台三套	2.7	10.8
4	2015 春节联欢晚会	湖南卫视	2.7	10.6
5	2015 中央电视台春节联欢晚会	中央台三套	2.7	9.0
6	胜利与和平——纪念抗日战争暨世界反法西斯战争胜利 70 周年文艺晚会	江西电视台都市频道(二套)	2.7	8.5
7	奔跑吧兄弟(4 月 7 日至 7 月 3 日)	浙江卫视	2.5	11.3
8	元宵喜乐会	湖南卫视	2.5	8.8
9	你不知道的江西(6 月 26 日)	江西电视台都市频道(二套)	2.5	7.5
10	星光大道(8 月 1 日)	中央电视台综合频道	2.3	7.3

表 3.17.12　2015 年江西市场体育节目收视率排名前十位

名次	节目名称	播出频道	平均收视率(%)	平均占有率(%)
1	现场直播:2015 年亚洲男篮锦标赛第二阶段小组赛(中国队 VS 卡塔尔队)	中央台五套	1.6	4.6
2	超级足球之夜 亚冠联赛颁奖仪式	中央台五套	1.4	6.9
3	2015 年世界田径锦标赛男子 100 米决赛	中央台五套	1.4	3.9
4	超级足球之夜:2015 年亚洲足联冠军联赛决赛第二回合(中国广州恒大 VS 阿联酋阿赫利)	中央台五套	1.2	3.6
5	直播周末:2015 年国际泳联世锦赛男子400 米混合泳决赛	中央台五套	0.8	6.2
6	黄金赛场:2015 年东亚杯男子足球赛(中国队 VS 朝鲜队)	中央台五套	0.8	3.3
7	2015 年澳大利亚亚洲杯 1/4 决赛(中国队 VS 澳大利亚队)	中央台五套	0.8	3.2
8	2015 年中国平安中超联赛(重庆力帆 VS 杭州绿城)	甘肃卫视	0.8	2.9
8	现场直播:2015 年国际足球友谊赛(广州恒大淘宝 VS 拜仁慕尼黑)	中央台五套	0.8	2.9
10	超级足球之夜:国际足联 2018 年俄罗斯世界杯亚洲区预选赛 C 组小组赛(中国香港队 VS 中国队)	中央台五套	0.8	2.7

十八、辽宁收视数据

表 3.18.1 2011～2015 年辽宁市场各类频道的市场占有率(%)

频道类别	年份				
	2011 年	2012 年	2013 年	2014 年	2015 年
中央台频道	29.3	31.0	33.5	33.9	35.6
中国教育台频道	0.6	0.6	0.6	0.4	0.3
辽宁省级频道	28.9	26.0	23.3	24.1	22.3
其他省级卫视频道	31.3	32.3	31.8	28.6	28.1
其他频道	10.0	10.1	10.8	13.0	13.7

表 3.18.2 2015 年辽宁市场各类频道在不同目标观众中的市场占有率(%)

目标观众		中央台频道	中国教育台频道	辽宁省级频道	其他省级卫视频道	其他频道
4 岁及以上所有人		35.6	0.3	22.3	28.1	13.7
城乡	城市	33.8	0.2	22.0	29.4	14.6
	农村	37.4	0.4	22.5	26.9	12.8
性别	男	37.6	0.3	21.7	25.7	14.7
	女	33.7	0.3	22.8	30.5	12.7
年龄	4～14 岁	36.2	0.2	11.6	38.3	13.7
	15～24 岁	28.8	0.3	17.8	38.9	14.2
	25～34 岁	36.4	0.3	12.5	36.8	14.0
	35～44 岁	34.3	0.5	18.4	32.4	14.4
	45～54 岁	32.4	0.3	26.7	28.1	12.5
	55～64 岁	38.4	0.3	25.7	20.9	14.7
	65 岁及以上	39.4	0.3	28.5	19.1	12.7
教育程度	未受过正规教育	39.3	0.2	18.7	28.0	13.8
	小学	35.8	0.3	22.5	27.2	14.2
	初中	35.4	0.4	24.5	27.1	12.6
	高中	34.4	0.2	19.1	30.4	15.9
	大学及以上	37.4	0.2	15.8	32.6	14.0
职业类别	干部/管理人员人员	40.6	0.1	15.8	30.2	13.3
	个体/私营企业人员	34.1	0.3	20.3	31.0	14.3
	初级公务员/雇员	36.0	0.2	17.2	31.2	15.4
	工人	34.7	0.3	21.7	30.5	12.8
	学生	32.2	0.3	12.6	41.5	13.4
	无业	37.5	0.3	23.6	25.3	13.3
	其他	35.1	0.4	26.3	23.9	14.3
个人月收入	0～300 元	35.8	0.3	17.4	33.2	13.3
	301～900 元	36.8	0.4	28.6	21.2	13.0
	901～1700 元	33.7	0.3	26.5	25.6	13.9
	1701～2600 元	37.4	0.3	22.2	26.9	13.2
	2601～3500 元	36.9	0.2	20.2	29.6	13.1
	3501 元及以上	33.2	0.3	20.0	28.7	17.8

表 3.18.3　2015 年辽宁市场各类频道不同时段的市场占有率(%)

时间段	中央台频道	中国教育台频道	辽宁省级频道	其他省级卫视频道	其他频道
02:00 ~ 03:00	41.1	0.4	10.5	26.1	21.9
03:00 ~ 04:00	38.4	0.4	11.9	22.8	26.5
04:00 ~ 05:00	41.8	0.6	14.6	22.7	20.3
05:00 ~ 06:00	33.1	0.6	30.7	21.5	14.1
06:00 ~ 07:00	31.4	0.1	40.3	15.2	13.0
07:00 ~ 08:00	35.9	0.1	36.2	13.0	14.8
08:00 ~ 09:00	42.9	0.4	18.5	23.0	15.2
09:00 ~ 10:00	38.5	0.5	13.8	33.2	14.0
10:00 ~ 11:00	37.6	0.4	11.6	37.3	13.1
11:00 ~ 12:00	38.9	0.2	12.4	36.8	11.7
12:00 ~ 13:00	35.3	0.2	18.7	33.8	12.0
13:00 ~ 14:00	39.5	0.3	7.8	39.5	12.9
14:00 ~ 15:00	36.2	0.4	9.5	41.2	12.7
15:00 ~ 16:00	36.1	0.5	8.7	41.8	12.9
16:00 ~ 17:00	36.0	0.4	12.8	38.5	12.3
17:00 ~ 18:00	31.8	0.2	32.1	23.3	12.6
18:00 ~ 19:00	36.2	0.1	38.9	9.4	15.4
19:00 ~ 20:00	37.0	0.3	32.4	16.3	14.0
20:00 ~ 21:00	32.8	0.6	24.0	30.5	12.1
21:00 ~ 22:00	34.4	0.3	20.2	31.3	13.8
22:00 ~ 23:00	32.7	0.2	13.0	39.0	15.1
23:00 ~ 24:00	34.5	0.2	10.8	40.6	13.9
24:00 ~ 25:00	39.4	0.2	9.3	34.7	16.4
25:00 ~ 26:00	42.2	0.3	9.4	29.7	18.4

表 3.18.4　2015 年辽宁市场收视份额排名前十位的频道

名次	频道名称	收视份额(%)
1	辽宁广播电视台都市频道	8.2
2	辽宁卫视	6.5
3	中央台六套	4.7
4	中央台三套	4.6
5	湖南卫视	4.1
6	中央台八套	4.0
7	中央电视台综合频道	3.2
8	中央电视台少儿频道	3.0
9	中央电视台新闻频道	2.9
10	中央台四套	2.7

表 3.18.5 2015 年辽宁市场各主要频道的观众构成(%)

目标观众		所有频道	主要频道				
			辽宁广播电视台都市频道	辽宁卫视	中央台六套	中央台三套	湖南卫视
4 岁及以上所有人		100.0	100.0	100.0	100.0	100.0	100.0
城乡	城市	48.6	50.8	37.5	41.8	44.3	33.9
	农村	51.4	49.2	62.5	58.2	55.7	66.1
性别	男	49.0	46.7	47.4	56.6	47.7	38.7
	女	51.0	53.3	52.6	43.4	52.3	61.3
年龄组	4~14 岁	7.2	3.1	4.4	6.0	4.1	14.6
	15~24 岁	5.6	4.2	3.9	5.9	4.8	11.1
	25~34 岁	11.2	6.5	5.0	15.7	8.8	21.9
	35~44 岁	16.2	14.3	10.8	23.0	10.9	22.9
	45~54 岁	22.6	31.2	19.9	22.8	22.6	16.7
	55~64 岁	19.2	22.0	21.7	15.3	27.1	6.6
	65 岁及以上	18.0	18.8	34.3	11.3	21.6	6.1
教育程度	未受过正规教育	3.8	1.7	5.0	1.8	3.0	3.0
	小学	23.9	24.2	26.0	24.4	24.2	28.4
	初中	48.7	54.6	52.1	50.4	51.5	49.1
	高中	16.0	13.7	12.6	16.2	14.7	12.5
	大学及以上	7.5	5.8	4.3	7.2	6.6	7.0
职业类别	干部/管理人员	0.7	0.7	0.3	1.1	0.4	0.4
	个体/私营企业人员	7.8	8.2	6.0	9.4	7.4	6.8
	初级公务员/雇员	6.7	5.3	5.6	8.8	5.1	6.4
	工人	20.5	21.9	13.0	27.2	20.1	25.2
	学生	7.3	3.5	4.2	7.2	4.4	16.2
	无业	34.8	37.1	39.3	21.0	39.0	21.8
	其他	22.2	23.3	31.6	25.3	23.5	23.2
个人月收入	0~300 元	25.5	18.1	23.4	22.0	23.8	37.1
	301~900 元	8.5	10.3	12.3	10.5	10.0	6.0
	901~1700 元	25.5	32.5	29.5	25.4	25.0	20.0
	1701~2600 元	24.7	25.9	23.1	25.8	25.1	17.2
	2601~3500 元	10.0	8.0	8.2	10.1	11.7	14.5
	3501 元及以上	5.9	5.3	3.4	6.2	4.5	5.1

表 3.18.6 2013~2015 年辽宁市场各类节目的播出份额(%)和收视份额(%)

节目类别	2013 年		2014 年		2015 年	
	播出份额	收视份额	播出份额	收视份额	播出份额	收视份额
财经	2.0	0.5	1.8	0.4	1.5	0.6
电视剧	21.3	29.9	20.3	30.9	24.6	28.4
电影	4.7	4.6	4.4	5.1	4.1	5.5
法制	1.2	1.5	1.2	1.2	1.0	1.6
教学	0.3	0.0	0.3	0.0	0.2	0.1
青少	6.6	6.8	7.1	5.1	5.9	5.4
生活服务	10.3	8.0	11.3	8.0	12.8	7.7
体育	2.8	2.8	3.6	3.0	3.4	3.4
外语	0.0	0.0	0.0	0.0	0.0	0.0
戏剧	0.8	0.2	0.7	0.2	0.7	0.3
新闻/时事	14.1	12.9	14.1	14.3	9.8	13.6
音乐	2.4	0.8	2.5	0.9	2.5	1.7
专题	11.2	6.6	11.9	5.8	12.7	6.4
综艺	8.8	13.8	8.9	13.8	7.4	14.5
其他	13.6	11.7	12.1	11.2	13.4	10.9

表 3.18.7　2015 年辽宁市场所有节目收视率排名前三十位

名次	节目名称	节目类别	播出频道	平均收视率（%）	平均占有率（%）
1	2015 辽宁卫视春节联欢晚会	综艺	辽宁卫视	16.2	44.8
2	2015 中央电视台元宵晚会	综艺	中央台三套	9.8	23.0
3	我的二哥二嫂	电视剧	辽宁卫视	7.6	18.7
4	2015 中央电视台春节联欢晚会	综艺	辽宁卫视	7.5	14.7
5	黄金赛场:2014/2015 赛季 CBA 联赛总决赛第五场（北京首钢 VS 辽宁药都本溪）	体育	中央台五套	6.9	16.4
6	花火花红	电视剧	辽宁卫视	6.9	15.7
7	2015 年世界田径锦标赛男子 4×100 米接力决赛	体育	中央台五套	6.8	19.8
8	当人心遇上仁心	电视剧	辽宁卫视	6.7	14.8
9	现场直播:2015 年亚洲男篮锦标赛决赛(中国 VS 菲律宾)	体育	中央台五套	6.5	22.3
10	中国好声音 4 总决赛	综艺	浙江卫视	6.0	22.8
11	民和年丰又一年 2015 百姓春晚倒计时	综艺	辽宁广播电视台都市频道	5.7	18.2
12	家有一老	电视剧	辽宁卫视	5.6	13.6
13	新北方	新闻/时事	辽宁广播电视台都市频道	5.5	18.4
14	喜到福到好运到 2015 春晚倒计时	综艺	中央台三套	4.6	12.0
15	现场直播 2015 年亚洲男篮锦标赛颁奖仪式	体育	中央台五套	4.5	26.4
16	奔跑吧兄弟(10 月 30 日 ~12 月 25 日)	综艺	浙江卫视	4.5	18.1
17	奔跑吧兄弟(1 月 2 日 ~1 月 16 日)	综艺	浙江卫视	4.4	14.2
18	奔跑吧兄弟(4 月 17 日 ~7 月 3 日)	综艺	浙江卫视	4.3	18.4
19	武媚娘传奇	电视剧	湖南卫视	4.2	10.0
20	微纪实系列片我是党员	专题	辽宁广播电视台都市频道	4.1	12.2
21	元宵喜乐会	综艺	湖南卫视	4.1	10.9
22	冤家亲家	电视剧	辽宁卫视	4.1	10.1
23	芈月传	电视剧	上海东方卫视	4.1	10.0
24	超级足球之夜:2015 年亚洲足联冠军联赛决赛第二回合（中国广州恒大 VS 阿联酋阿赫利）	体育	中央台五套	4.0	10.6
25	二婶	电视剧	辽宁卫视	3.9	11.2
26	小醉拳	电影	中央台六套	3.9	10.0
27	龙门飞甲	电影	中央台六套	3.8	9.8
28	锦绣缘华丽冒险	电视剧	湖南卫视	3.5	9.4
29	春晚笑笑团	综艺	辽宁卫视	3.4	6.9
30	天气预报	生活服务	辽宁卫视	3.3	10.3

表 3.18.8 2015 年辽宁市场电视剧收视率排名前十位

名次	节目名称	播出频道	平均收视率(%)	平均占有率(%)
1	我的二哥二嫂	辽宁卫视	7.6	18.7
2	花火花红	辽宁卫视	6.9	15.7
3	当人心遇上仁心	辽宁卫视	6.7	14.8
4	家有一老	辽宁卫视	5.6	13.6
5	武媚娘传奇	湖南卫视	4.2	10.0
6	冤家亲家	辽宁卫视	4.1	10.1
7	芈月传	上海东方卫视	4.1	10.0
8	二婶	辽宁卫视	3.9	11.2
9	锦绣缘华丽冒险	湖南卫视	3.5	9.4
10	幸福爱人	中央台八套	3.2	8.9

表 3.18.9 2015 年辽宁市场新闻节目收视率排名前十位

名次	节目名称	播出频道	平均收视率(%)	平均占有率(%)
1	新北方	辽宁广播电视台都市频道	5.5	18.4
2	新闻正前方	辽宁广播电视台都市频道	3.0	17.4
3	转播中央台新闻联播	辽宁广播电视台都市频道	3.0	7.9
4	谁是 2015 耐寒之王冰冻活人大挑战	辽宁广播电视台都市频道	2.7	9.2
5	转播中央台新闻联播	辽宁卫视	2.7	8.0
6	辽宁新闻	辽宁卫视	2.1	7.2
7	聚宴的味道	辽宁广播电视台都市频道	2.0	7.1
8	2015 一年又一年	东南卫视	2.0	4.0
9	两会新观察	辽宁卫视	1.8	4.9
10	评辨天下	辽宁卫视	1.5	5.5

表 3.18.10 2015 年辽宁市场专题节目收视率排名前十位

名次	节目名称	播出频道	平均收视率(%)	平均占有率(%)
1	微纪实系列片我是党员	辽宁广播电视台都市频道	4.1	12.2
2	老梁观世界	辽宁卫视	1.8	6.9
3	315 消费在阳光下	中央电视台综合频道	1.7	5.6
4	中国好人	辽宁卫视	1.6	6.0
5	微纪实系列片我是党员	辽宁卫视	1.5	4.5
6	中国谜语大会(3 月 4 日)	中央电视台综合频道	1.3	3.5
7	人民在我心中——2014 最美警察最佳警队媒体百姓联合推选活动揭晓仪式	辽宁卫视	1.2	4.0
8	我们的 2015	中央电视台综合频道	1.2	3.5
9	感动中国 2014 年度人物颁奖盛典	中央电视台综合频道	1.2	3.1
10	噗通噗通的良心	湖南卫视	1.2	2.8

表 3.18.11　2015 年辽宁市场综艺节目收视率排名前十位

名次	节目名称	播出频道	平均收视率(%)	平均占有率(%)
1	2015 辽宁卫视春节联欢晚会	辽宁卫视	16.2	44.8
2	2015 中央电视台元宵晚会	中央台三套	9.8	23.0
3	2015 中央电视台春节联欢晚会	辽宁卫视	7.5	14.7
4	中国好声音 4 总决赛	浙江卫视	6.0	22.8
5	民和年丰又一年 2015 百姓春晚倒计时	辽宁广播电视台都市频道	5.7	18.2
6	喜到福到好运到 2015 春晚倒计时	中央台三套	4.6	12.0
7	奔跑吧兄弟(10 月 30 日 ~12 月 25 日)	浙江卫视	4.5	18.1
8	奔跑吧兄弟(1 月 2 日 ~1 月 16 日)	浙江卫视	4.4	14.2
9	奔跑吧兄弟(4 月 17 日 ~7 月 3 日)	浙江卫视	4.3	18.4
10	元宵喜乐会	湖南卫视	4.1	10.9

表 3.18.12　2015 年辽宁市场体育节目收视率排名前十位

名次	节目名称	播出频道	平均收视率(%)	平均占有率(%)
1	黄金赛场:2014/2015 赛季 CBA 联赛总决赛第五场(北京首钢 VS 辽宁药都本溪)	中央台五套	6.9	16.4
2	2015 年世界田径锦标赛男子4×100 米接力决赛	中央台五套	6.8	19.8
3	现场直播:2015 年亚洲男篮锦标赛决赛(中国 VS 菲律宾)	中央台五套	6.5	22.3
4	现场直播 2015 年亚洲男篮锦标赛颁奖仪式	中央台五套	4.5	26.4
5	超级足球之夜:2015 年亚洲足联冠军联赛决赛第二回合(中国广州恒大 VS 阿联酋阿赫利)	中央台五套	4.0	10.6
6	超级足球之夜:国际足联 2018 年俄罗斯世界杯亚洲区预选赛 C 组小组赛(中国香港队 VS 中国队)	中央台五套	3.1	8.6
7	2015 年国际足联俱乐部世界杯半决赛(西班牙巴塞罗那 VS 中国广州恒大)	中央台五套	2.9	7.4
8	2015 年世界乒乓球锦标赛男单决赛	中央台五套	2.8	8.7
9	2015 年澳大利亚亚洲杯决赛(韩国队 VS 澳大利亚队)	中央台五套	2.7	7.1
10	实况录像 2015 精彩男篮重返亚洲之巅	中央台五套	2.4	6.7

十九、内蒙古收视数据

表 3.19.1 2011～2015 年内蒙古市场各类频道的市场占有率(%)

频道类别	年份				
	2011 年	2012 年	2013 年	2014 年	2015 年
中央电视台频道	41.2	40.3	42.1	46.0	49.3
中国教育电视台频道	0.9	1.0	0.8	0.4	0.3
内蒙古自治区级频道	4.8	4.3	4.1	4.9	4.8
其他省级卫视频道	47.3	50.7	50.0	46.3	42.2
其他频道	5.8	3.7	3.0	2.4	3.4

表 3.19.2 2015 年内蒙古市场各类频道在不同目标观众中的市场占有率(%)

目标观众		中央台频道	中国教育台频道	内蒙古自治区级频道	其他省级卫视频道	其他频道
4 岁及以上所有人		49.3	0.3	4.8	42.2	3.4
城乡	城市	51.7	0.2	7.0	36.6	4.5
	农村	47.8	0.3	3.4	45.6	2.9
性别	男	52.4	0.3	4.9	39.2	3.2
	女	46.2	0.3	4.6	45.2	3.7
年龄	4～14 岁	44.7	0.4	1.4	50.8	2.7
	15～24 岁	40.0	0.4	2.5	53.1	4.0
	25～34 岁	45.1	0.3	3.7	47.6	3.3
	35～44 岁	45.6	0.4	3.0	47.6	3.4
	45～54 岁	53.8	0.2	5.6	36.9	3.5
	55～64 岁	54.4	0.2	7.0	35.5	2.9
	65 岁及以上	54.9	0.1	8.0	32.4	4.6
教育程度	未受过正规教育	50.7	0.3	2.7	43.1	3.2
	小学	47.6	0.4	3.6	45.7	2.7
	初中	46.5	0.4	4.3	45.3	3.5
	高中	51.8	0.1	6.6	37.8	3.7
	大学及以上	57.1	0.1	5.6	33.0	4.2
职业类别	干部/管理人员	62.0	0.1	4.7	28.2	5.0
	个体/私营企业人员	49.2	0.3	3.9	43.7	2.9
	初级公务员/雇员	53.4	0.1	7.5	35.3	3.7
	工人	49.0	0.4	7.3	39.8	3.5
	学生	40.5	0.4	2.1	52.9	4.1
	无业	52.0	0.2	5.0	38.2	4.6
	其他	46.1	0.4	4.5	47.7	1.3
个人月收入	0～300 元	43.7	0.4	3.3	49.1	3.5
	301～900 元	47.2	0.3	3.2	48.6	0.7
	901～1700 元	51.4	0.3	5.5	39.2	3.6
	1701～2600 元	53.5	0.2	6.1	36.1	4.1
	2601～3500 元	53.3	0.2	5.6	37.7	3.2
	3501 元及以上	52.1	0.2	5.9	38.1	3.7

表 3.19.3　2015 年内蒙古市场各类频道在不同时段的市场占有率(%)

时间段	中央台频道	中国教育台频道	内蒙古自治区级频道	其他省级卫视频道	其他频道
02:00~03:00	44.0	0.2	2.1	52.2	1.5
03:00~04:00	48.2	0.0	3.3	46.3	2.2
04:00~05:00	48.6	0.0	1.8	48.5	1.1
05:00~06:00	56.4	0.1	1.3	41.2	1.0
06:00~07:00	62.8	0.1	3.0	32.4	1.7
07:00~08:00	69.1	0.1	2.8	25.5	2.5
08:00~09:00	63.0	0.2	2.8	30.0	4.0
09:00~10:00	52.6	0.2	2.6	39.9	4.7
10:00~11:00	50.4	0.2	2.7	41.8	4.9
11:00~12:00	50.0	0.1	2.7	43.1	4.1
12:00~13:00	59.9	0.0	1.7	36.7	1.7
13:00~14:00	56.7	0.1	2.2	38.5	2.5
14:00~15:00	44.5	0.2	2.6	49.2	3.5
15:00~16:00	41.4	0.3	2.6	50.8	4.9
16:00~17:00	45.0	0.3	2.5	46.3	5.9
17:00~18:00	52.2	0.2	4.9	38.5	4.2
18:00~19:00	57.6	0.1	20.2	16.6	5.5
19:00~20:00	58.8	0.3	6.9	30.4	3.6
20:00~21:00	37.4	0.5	3.0	56.5	2.6
21:00~22:00	41.6	0.4	2.9	52.5	2.6
22:00~23:00	42.3	0.1	2.9	49.9	4.8
23:00~24:00	37.6	0.1	2.2	54.9	5.2
24:00~25:00	44.7	0.1	3.1	44.0	8.1
25:00~26:00	55.3	0.1	3.2	34.3	7.1

表 3.19.4　2015 年内蒙古市场收视份额排名前十位的频道

名次	频道名称	收视份额(%)
1	中央电视台综合频道	15.2
2	湖南卫视	7.5
3	中央台八套	5.4
4	中央台三套	5.0
5	中央台六套	4.4
6	中央电视台新闻频道	3.6
7	山东卫视	3.5
8	中央电视台少儿频道	3.4
9	中央台十二套	3.3
10	安徽卫视	2.9

表 3.19.5 2015 年内蒙古市场各主要频道的观众构成(%)

目标观众		所有频道	主要频道				
			中央电视台综合频道	湖南卫视	中央台八套	中央台三套	中央台六套
4 岁及以上所有人		100.0	100.0	100.0	100.0	100.0	100.0
城乡	城市	37.8	45.2	31.8	44.7	43.2	33.7
	农村	62.2	54.8	68.2	55.3	56.8	66.3
性别	男	49.5	52.0	38.5	47.8	45.7	57.8
	女	50.5	48.0	61.5	52.2	54.3	42.2
年龄	4~14 岁	7.8	4.9	13.4	2.9	2.8	4.8
	15~24 岁	10.2	8.0	20.8	7.8	6.8	15.2
	25~34 岁	12.7	10.5	20.1	10.1	11.3	21.7
	35~44 岁	19.2	17.4	26.9	18.6	17.1	24.3
	45~54 岁	20.7	21.0	12.3	26.0	25.6	21.4
	55~64 岁	15.5	17.8	3.9	19.2	19.5	8.0
	65 岁及以上	13.9	20.4	2.6	15.4	16.9	4.6
教育程度	未受过正规教育	4.4	4.0	2.9	3.6	2.4	1.3
	小学	21.9	19.6	18.0	23.3	18.9	18.6
	初中	39.4	35.3	47.4	35.7	40.9	44.7
	高中	24.4	26.2	22.7	28.8	28.2	23.9
	大学及以上	9.9	14.9	9.0	8.6	9.6	11.5
职业类别	干部/管理人员	1.8	2.2	1.3	3.2	1.5	1.5
	个体/私营企业人员	21.6	21.6	26.4	20.9	22.7	28.9
	初级公务员/雇员	7.1	8.8	8.4	7.5	8.2	9.1
	工人	8.1	6.9	7.6	9.4	9.3	12.3
	学生	10.1	8.1	20.3	4.2	4.7	8.5
	无业	35.2	37.4	24.4	42.3	39.9	25.2
	其他	16.1	15.0	11.6	12.5	13.7	14.5
个人月收入	0~300 元	35.0	29.7	44.2	27.2	24.3	28.3
	301~900 元	5.8	4.9	5.0	3.8	4.4	4.8
	901~1700 元	10.7	12.0	6.5	14.6	14.0	10.7
	1701~2600 元	20.3	22.0	16.6	24.9	25.3	21.0
	2601~3500 元	14.5	16.3	13.3	15.9	18.0	17.2
	3501 元及以上	13.7	15.1	14.4	13.6	14.0	18.0

表 3.19.6 2013 年~2015 年内蒙古市场各类节目的播出份额(%)和收视份额(%)

节目类别	2013 年		2014 年		2015 年	
	播出份额	收视份额	播出份额	收视份额	播出份额	收视份额
财经	2.2	0.4	1.8	0.3	1.8	0.5
电视剧	21.1	35.5	20.9	36.7	20.9	31.6
电影	4.2	2.3	3.9	2.9	3.7	3.8
法制	0.8	1.8	0.9	1.7	1.0	1.7
教学	0.3	0.0	0.4	0.1	0.3	0.0
青少	7.2	4.3	7.7	3.9	7.3	3.9
生活服务	8.9	7.8	9.5	8.2	8.9	8.2
体育	2.0	0.9	2.9	1.1	3.4	1.2
外语	0.0	0.0	0.1	0.0	0.0	0.0
戏剧	0.8	0.4	0.8	0.4	0.9	0.4
新闻/时事	15.3	12.7	14.7	13.1	14.7	14.1
音乐	2.6	0.7	2.6	0.4	2.6	0.9
专题	11.3	4.2	12.3	4.1	13.3	5.0
综艺	8.9	12.3	9.0	11.3	9.0	13.4
其他	14.4	16.7	12.5	15.8	12.2	15.3

表 3.19.7　2015 年内蒙古市场所有节目收视排名前三十位

名次	节目名称	节目类别	播出频道	平均收视率(%)	平均占有率(%)
1	2015 中央电视台春节联欢晚会	综艺	中央电视台综合频道	34.5	78.7
2	胜利与和平纪念抗日战争暨世界反法西斯战争胜利70周年文艺晚会	综艺	中央电视台综合频道	15.3	34.5
3	新闻联播	新闻/时事	中央电视台综合频道	12.2	37.9
4	星光大道(2 月 19 日)	综艺	中央电视台综合频道	10.1	31.0
5	天气预报	生活服务	中央电视台综合频道	9.3	22.8
6	把革命老区发展时刻放在心上	专题	中央电视台综合频道	9.3	20.1
7	2015 中央电视台元宵晚会	综艺	中央电视台综合频道	9.1	22.3
8	2015 年中央电视台中秋晚会	综艺	中央电视台综合频道	9.1	21.3
9	习近平在亚非领导人会议上致辞	新闻/时事	中央电视台综合频道	8.5	20.2
10	焦点访谈	新闻/时事	中央电视台综合频道	7.9	18.4
12	李克强总理会见中外记者并回答提问	新闻/时事	中央电视台综合频道	7.8	15.2
11	中央电视台 2015 春节戏曲晚会	戏剧	中央电视台综合频道	7.6	20.5
13	全面实现小康一个民族都不能少	专题	中央电视台综合频道	7.3	15.8
14	好大一个家	电视剧	中央电视台综合频道	7.1	15.9
15	出彩中国人(3 月 29 日)	综艺	中央电视台综合频道	7.1	15.0
16	郡县治天下安习近平总书记与中央党校县委书记研修班学员座谈侧记	新闻/时事	中央电视台综合频道	7.1	14.4
18	江山如画 2015 国庆音乐会	音乐	中央电视台综合频道	6.7	16.5
19	谁是挑战王	综艺	中央电视台综合频道	6.5	14.0
20	王大花的革命生涯	电视剧	中央电视台综合频道	6.4	14.7
21	武媚娘传奇	电视剧	湖南卫视	6.2	13.8
17	2015 一年又一年	新闻/时事	中央电视台综合频道	6.1	32.1
22	中央军委慰问驻京部队老干部迎新春文艺演出	综艺	中央电视台综合频道	6.0	13.7
23	锦绣缘华丽冒险	电视剧	湖南卫视	5.9	14.0
24	锋刃	电视剧	中央电视台综合频道	5.9	13.3
25	雪域新歌中央电视台心连心艺术团赴西藏慰问演出	综艺	中央电视台综合频道	5.8	14.0
25	特警力量	电视剧	湖南卫视	5.8	14.0
27	2014 中国好书	专题	中央电视台综合频道	5.8	13.5
27	空巢姥爷	电视剧	中央电视台综合频道	5.8	13.5
29	妻子的谎言	电视剧	湖南卫视	5.6	13.1
30	欢乐的节日 2015 年六一晚会	青少	中央电视台综合频道	5.5	12.0

表 3.19.8 2015 年内蒙古市场电视剧收视率排名前十位

名次	节目名称	播出频道	平均收视率（%）	平均占有率（%）
1	好大一个家	中央电视台综合频道	7.1	15.9
2	王大花的革命生涯	中央电视台综合频道	6.4	14.7
3	武媚娘传奇	湖南卫视	6.2	13.8
4	锦绣缘华丽冒险	湖南卫视	5.9	14.0
5	锋刃	中央电视台综合频道	5.9	13.3
6	特警力量	湖南卫视	5.8	14.0
7	空巢姥爷	中央电视台综合频道	5.8	13.5
8	妻子的谎言	湖南卫视	5.6	13.1
9	太行山上	中央电视台综合频道	5.3	13.8
10	东北抗日联军	中央电视台综合频道	5.3	13.5

表 3.19.9 2015 年内蒙古市场新闻节目收视率排名前十位

名次	节目名称	播出频道	平均收视率（%）	平均占有率（%）
1	新闻联播	中央电视台综合频道	12.2	37.9
2	习近平在亚非领导人会议上致辞	中央电视台综合频道	8.5	20.2
3	焦点访谈	中央电视台综合频道	7.9	18.4
4	李克强总理会见中外记者并回答提问	中央电视台综合频道	7.8	15.2
5	郡县治天下安——习近平总书记与中央党校县委书记研修班学员座谈侧记	中央电视台综合频道	7.1	14.4
6	2015 一年又一年	中央电视台综合频道	6.1	32.1
7	内蒙古新闻联播	内蒙古卫视	2.3	11.1
8	新闻天天看	内蒙古电视台新闻综合频道	1.9	7.4
9	晚间新闻	中央电视台综合频道	1.4	8.7
10	调查	山东卫视	1.3	4.1

表 3.19.10 2015 年内蒙古市场专题节目收视率排名前十位

名次	节目名称	播出频道	平均收视率（%）	平均占有率（%）
1	把革命老区发展时刻放在心上	中央电视台综合频道	9.3	20.1
2	全面实现小康一个民族都不能少	中央电视台综合频道	7.3	15.8
3	2014 中国好书	中央电视台综合频道	5.8	13.5
4	感动中国 2014 年度人物颁奖盛典	中央电视台综合频道	5.3	13.3
5	东方主战场	中央电视台综合频道	5.0	13.1
6	2015 寻找最美教师	中央电视台综合频道	4.8	12.3
7	联合国	中央电视台综合频道	4.8	10.5
8	315 消费在阳光下	中央电视台综合频道	4.5	15.2
9	好记者讲好故事价值观的故事 2015 年中国记者节特别节目	中央电视台综合频道	4.5	9.8
10	中国谜语大会	中央电视台综合频道	4.2	10.0

表 3.19.11　2015 年内蒙古市场综艺节目收视率排名前十位

名次	节目名称	播出频道	平均收视率(%)	平均占有率(%)
1	2015 中央电视台春节联欢晚会	中央电视台综合频道	34.5	78.7
2	胜利与和平——纪念抗日战争暨世界反法西斯战争胜利 70 周年文艺晚会	中央电视台综合频道	15.3	34.5
3	星光大道(2 月 19 日)	中央电视台综合频道	10.1	31.0
4	2015 中央电视台元宵晚会	中央电视台综合频道	9.1	22.3
5	2015 年中央电视台中秋晚会	中央电视台综合频道	9.1	21.3
6	出彩中国人(3 月 29 日)	中央电视台综合频道	7.1	15.0
7	谁是挑战王	中央电视台综合频道	6.5	14.0
8	中央军委慰问驻京部队老干部迎新春文艺演出	中央电视台综合频道	6.0	13.7
9	雪域新歌——中央电视台心连心艺术团赴西藏慰问演出	中央电视台综合频道	5.8	14.0
10	快乐大本营	湖南卫视	5.1	13.9

表 3.19.12　2015 年内蒙古市场体育节目收视率排名前十位

名次	节目名称	播出频道	平均收视率(%)	平均占有率(%)
1	现场直播:2015 年亚洲男篮锦标赛决赛(中国队 VS 菲律宾队)	中央台五套	1.8	5.3
2	2015 年世界田径锦标赛男子 200 米决赛	中央台五套	1.7	4.2
2	直播周末 2015 年女排世界杯颁奖仪式	中央台五套	1.7	4.2
4	直播周末:2015 年女排世界杯(日本队 VS 中国队)	中央台五套	1.6	4.7
5	2015 年世界乒乓球锦标赛男单决赛	中央台五套	1.5	3.4
6	2015 年国际泳联世锦赛男子 200 米混合泳决赛	中央台五套	1.1	11.5
7	2015 年澳大利亚亚洲杯 1 月 4 决赛(中国队 VS 澳大利亚队)	中央台五套	1.0	2.7
8	黄金赛场:2014 月 2015 赛季中国男子篮球职业联赛半决赛(北京首钢 VS 广东东莞银行)	中央台五套	1.0	2.5
8	通向 2022	北京卫视	1.0	2.5
10	现场直播:第一届全国青年运动会男子4×100 米混合泳接力决赛	中央台五套	1.0	2.2

二十、宁夏收视数据

表 3.20.1 2011～2015 年宁夏市场各类频道的市场占有率(%)

频道类别	年份				
	2011 年	2012 年	2013 年	2014 年	2015 年
中央台频道	44.0	47.5	50.7	52.6	53.3
中国教育台频道	1.2	1.3	1.3	0.6	0.5
宁夏自治区级频道	5.2	3.4	2.5	2.7	3.7
其他省级卫视频道	44.2	42.9	42.5	40.7	37.2
其他频道	5.4	4.8	3.1	3.3	5.3

表 3.20.2 2015 年宁夏市场各类频道在不同目标观众中的市场占有率(%)

目标观众		中央台频道	中国教育台频道	宁夏自治区级频道	其他省级卫视频道	其他频道
4 岁及以上所有人		53.3	0.5	3.7	37.2	5.3
城乡	城市	53.1	0.2	4.5	34.8	7.3
	农村	53.6	0.8	2.7	39.9	3.0
性别	男	56.5	0.5	3.8	33.7	5.6
	女	50.2	0.5	3.6	40.6	5.1
年龄	4～14 岁	51.0	0.7	2.6	42.2	3.6
	15～24 岁	43.9	0.4	2.7	47.2	5.8
	25～34 岁	48.2	0.8	2.4	44.6	4.0
	35～44 岁	49.0	0.6	3.5	41.5	5.3
	45～54 岁	57.9	0.5	4.0	31.9	5.7
	55～64 岁	62.6	0.3	5.6	24.5	7.0
	65 岁及以上	64.5	0.2	5.3	23.5	6.4
教育程度	未受过正规教育	58.9	0.4	3.7	33.4	3.6
	小学	54.0	0.6	3.3	38.2	4.0
	初中	50.7	0.6	3.8	39.8	5.1
	高中	54.5	0.4	3.9	34.6	6.7
	大学及以上	57.0	0.1	3.6	30.2	9.1
职业类别	干部/管理人员	73.6	0.1	3.2	18.7	4.5
	个体/私营企业人员	47.8	0.5	4.3	40.9	6.4
	初级公务员/雇员	56.1	0.3	3.3	33.7	6.7
	工人	51.0	0.4	3.8	37.8	7.0
	学生	48.3	0.6	2.5	43.7	4.8
	无业	57.2	0.2	5.1	30.4	7.0
	其他	54.4	1.0	2.4	40.8	1.4
个人月收入	0～300 元	50.5	0.5	3.0	41.7	4.3
	301～900 元	53.3	0.7	2.6	41.2	2.3
	901～1700 元	51.5	0.5	4.2	38.7	5.1
	1701～2600 元	55.6	0.6	4.4	33.3	6.2
	2601～3500 元	58.4	0.4	4.6	28.8	7.7
	3501 元及以上	53.3	0.4	3.1	37.9	5.4

表 3.20.3　2015 年宁夏市场各类频道在不同时段的市场占有率(%)

时间段	中央台频道	中国教育台频道	宁夏自治区级频道	其他省级卫视频道	其他频道
02:00~03:00	39.4	0.2	1.3	47.5	11.6
03:00~04:00	41.6	0.1	1.6	47.4	9.3
04:00~05:00	52.6	0.6	0.6	40.1	6.1
05:00~06:00	63.0	0.1	0.9	34.0	1.9
06:00~07:00	70.3	0.1	1.0	25.4	3.1
07:00~08:00	75.4	0.3	3.3	17.4	3.6
08:00~09:00	65.8	0.5	4.0	25.9	3.9
09:00~10:00	61.7	0.4	4.2	29.6	4.1
10:00~11:00	57.1	0.3	4.1	33.1	5.2
11:00~12:00	59.1	0.2	3.0	31.2	6.5
12:00~13:00	69.8	0.1	2.0	23.5	4.6
13:00~14:00	59.1	0.2	2.2	33.5	5.0
14:00~15:00	47.1	0.5	3.4	43.3	5.7
15:00~16:00	45.7	0.6	3.7	43.9	6.0
16:00~17:00	51.3	0.5	3.9	38.3	6.1
17:00~18:00	65.4	0.2	2.8	25.5	6.1
18:00~19:00	73.8	0.2	4.5	12.8	8.6
19:00~20:00	67.2	0.5	3.3	25.5	3.5
20:00~21:00	39.3	0.9	3.7	51.7	4.4
21:00~22:00	39.9	0.7	3.7	50.4	5.3
22:00~23:00	38.5	0.3	5.3	47.1	8.8
23:00~24:00	33.8	0.2	6.3	51.0	8.6
24:00~25:00	42.5	0.3	6.1	40.9	10.3
25:00~26:00	43.5	0.2	6.5	33.3	16.5

表 3.20.4　2015 年宁夏市场收视份额排名前十位的频道

名次	频道名称	收视份额(%)
1	中央电视台综合频道	16.6
2	湖南卫视	9.5
3	中央台八套	7.3
4	中央电视台少儿频道	6.5
5	中央台六套	5.4
6	中央电视台新闻频道	3.3
7	中央台三套	3.2
8	中央台十二套	3.0
8	山东卫视	3.0
10	浙江卫视	2.4

表 3.20.5 2015 年宁夏市场各主要频道的观众构成(%)

目标观众		所有频道	主要频道				
			中央电视台综合频道	湖南卫视	中央台八套	中央电视台少儿频道	中央台六套
4 岁及以上所有人		100.0	100.0	100.0	100.0	100.0	100.0
城乡	城市	53.3	55.7	59.9	52.5	43.6	46.2
	农村	46.7	44.3	40.1	47.5	56.4	53.8
性别	男	49.2	52.2	38.6	46.4	51.1	53.1
	女	50.8	47.8	61.4	53.6	48.9	46.9
年龄	4~14 岁	14.5	9.3	21.9	7.5	51.0	13.8
	15~24 岁	12.3	9.8	20.3	9.1	8.4	14.5
	25~34 岁	15.3	12.8	20.1	11.8	16.3	20.9
	35~44 岁	19.2	18.1	23.2	17.6	9.1	25.1
	45~54 岁	14.9	18.7	9.2	20.6	4.2	13.2
	55~64 岁	13.5	17.7	2.5	22.0	7.3	7.8
	65 岁及以上	10.4	13.6	2.7	11.3	3.7	4.8
教育程度	未受过正规教育	8.5	8.6	5.7	8.4	21.0	6.8
	小学	24.1	22.9	23.9	23.1	40.3	20.7
	初中	42.6	38.8	46.8	43.7	28.8	49.3
	高中	16.1	18.6	15.4	16.2	6.7	14.4
	大学及以上	8.7	11.1	8.2	8.6	3.1	8.7
职业类别	干部/管理人员	0.8	1.7	0.2	0.9	0.0	0.6
	个体/私营企业人员	10.6	10.2	12.8	9.8	6.4	11.1
	初级公务员/雇员	7.2	9.3	7.5	7.5	2.8	6.7
	工人	14.6	14.6	16.5	14.6	7.1	16.9
	学生	16.0	11.4	27.6	9.0	38.9	16.9
	无业	28.5	32.0	18.2	30.1	29.5	16.7
	其他	22.2	20.9	17.2	28.0	15.3	31.2
个人月收入	0~300 元	34.5	29.3	44.9	27.8	67.2	32.7
	301~900 元	5.0	5.1	3.9	5.9	4.4	5.4
	901~1700 元	14.7	13.7	12.2	16.9	8.0	16.0
	1701~2600 元	19.8	21.3	15.2	24.2	9.1	17.0
	2601~3500 元	15.1	19.3	11.1	15.7	6.1	14.9
	3501 元及以上	10.9	11.3	12.7	9.5	5.2	14.0

表 3.20.6 2013~2015 年宁夏市场各类节目的播出份额(%)和收视份额(%)

节目类别	2013 年		2014 年		2015 年	
	播出份额	收视份额	播出份额	收视份额	播出份额	收视份额
财经	2.2	0.4	1.8	0.3	1.9	0.4
电视剧	21.4	35.0	20.9	35.6	20.3	32.0
电影	4.4	3.7	4.8	4.6	4.7	4.9
法制	0.9	1.4	1.1	1.4	0.8	1.1
教学	0.3	0.0	0.3	0.0	0.3	0.0
青少	6.7	6.0	7.5	5.6	7.0	5.9
生活服务	8.8	7.7	9.4	8.3	8.9	8.7
体育	2.0	0.9	2.9	1.0	3.0	1.0
外语	0.0	0.0	0.0	0.0	0.0	0.0
戏剧	0.8	0.3	0.8	0.4	0.8	0.6
新闻/时事	15.1	12.2	14.4	11.7	14.7	12.5
音乐	2.6	0.7	2.6	0.7	2.6	1.0
专题片	11.1	4.4	11.9	4.4	13.4	5.1
综艺	9.1	10.5	8.7	10.0	8.9	11.4
其他	14.5	16.8	12.8	16.0	12.5	15.3

表3.20.7　2015年宁夏市场所有节目收视率排名前三十位

名次	节目名称	节目类别	播出频道	平均收视率(%)	平均占有率(%)
1	2015中央电视台春节联欢晚会	综艺	中央电视台综合频道	31.3	79.0
2	新闻联播	新闻/时事	中央电视台综合频道	17.4	50.3
3	天气预报	生活服务	中央电视台综合频道	14.1	33.4
4	习近平在亚非领导人会议上致辞	新闻/时事	中央电视台综合频道	13.0	30.3
5	星光大道(2月19日)	综艺	中央电视台综合频道	12.3	35.0
6	胜利与和平——纪念抗日战争暨世界反法西斯战争胜利70周年文艺晚会	综艺	中央电视台综合频道	12.3	30.1
7	全面实现小康一个民族都不能少	专题	中央电视台综合频道	11.7	23.0
8	把革命老区发展时刻放在心上	专题	中央电视台综合频道	11.4	23.9
9	焦点访谈	新闻/时事	中央电视台综合频道	10.8	24.5
10	郡县治天下安——习近平总书记与中央党校县委书记研修班学员座谈侧记	新闻/时事	中央电视台综合频道	10.5	22.1
11	李克强总理会见中外记者并回答提问	新闻/时事	中央电视台综合频道	8.9	16.1
12	2015中央电视台元宵晚会	综艺	中央电视台综合频道	8.7	18.6
13	中央军委慰问驻京部队老干部迎新春文艺演出	综艺	中央电视台综合频道	8.3	17.3
14	特警力量	电视剧	湖南卫视	8.0	18.8
15	锦绣缘华丽冒险	电视剧	湖南卫视	7.7	16.4
16	活色生香	电视剧	湖南卫视	7.6	16.1
17	中央电视台2015春节戏曲晚会	戏剧	中央电视台综合频道	7.5	19.5
18	好大一个家	电视剧	中央电视台综合频道	7.4	15.4
19	抗战胜利歌曲展播(9月3日)	音乐	中央电视台综合频道	7.3	23.9
20	妻子的谎言	电视剧	湖南卫视	7.3	16.3
21	快乐大本营	综艺	湖南卫视	7.2	17.0
22	王大花的革命生涯	电视剧	中央电视台综合频道	7.1	15.3
23	神犬小七	电视剧	湖南卫视	7.0	16.7
24	冰与火的青春	电视剧	湖南卫视	6.8	16.5
25	太行山上	电视剧	中央电视台综合频道	6.7	15.4
26	武媚娘传奇	电视剧	湖南卫视	6.7	14.5
27	欢乐的节日2015年六一晚会	青少	中央电视台综合频道	6.7	14.4
28	中秋之夜	综艺	湖南卫视	6.6	15.8
29	出彩中国人有梦就出彩	综艺	中央电视台综合频道	6.6	13.9
30	空巢姥爷	电视剧	中央电视台综合频道	6.4	15.1

表 3.20.8 2015 年宁夏市场电视剧收视率排名前十位

名次	节目名称	播出频道	平均收视率（%）	平均占有率（%）
1	特警力量	湖南卫视	8.0	18.8
2	锦绣缘华丽冒险	湖南卫视	7.7	16.4
3	活色生香	湖南卫视	7.6	16.1
4	好大一个家	中央电视台综合频道	7.4	15.4
5	妻子的谎言	湖南卫视	7.3	16.3
6	王大花的革命生涯	中央电视台综合频道	7.1	15.3
7	神犬小七	湖南卫视	7.0	16.7
8	冰与火的青春	湖南卫视	6.8	16.5
9	太行山上	中央电视台综合频道	6.7	15.4
10	武媚娘传奇	湖南卫视	6.7	14.5

表 3.20.9 2015 年宁夏市场新闻节目收视率排名前十位

名次	节目名称	播出频道	平均收视率（%）	平均占有率（%）
1	新闻联播	中央电视台综合频道	17.4	50.3
2	习近平在亚非领导人会议上致辞	中央电视台综合频道	13.0	30.3
3	焦点访谈	中央电视台综合频道	10.8	24.5
4	郡县治天下安——习近平总书记与中央党校县委书记研修班学员座谈侧记	中央电视台综合频道	10.5	22.1
5	李克强总理会见中外记者并回答提问	中央电视台综合频道	8.9	16.1
6	2015 一年又一年	中央电视台综合频道	4.7	25.5
7	直击灿鸿(7 月 10 日)	浙江卫视	1.7	6.3
8	逝者安息长江客轮翻沉事件特别节目	山东卫视	1.5	4.1
9	特别直播丽水山体滑坡救援	浙江卫视	1.5	3.4
10	直通北京 2015 全国两会特别报道	江苏卫视	1.5	3.0

表 3.20.10 2015 年宁夏市场专题节目收视率排名前十位

名次	节目名称	播出频道	平均收视率（%）	平均占有率（%）
1	全面实现小康一个民族都不能少	中央电视台综合频道	11.7	23.0
2	把革命老区发展时刻放在心上	中央电视台综合频道	11.4	23.9
3	2014 中国好书	中央电视台综合频道	5.8	13.2
4	感动中国 2014 年度人物颁奖盛典	中央电视台综合频道	5.8	12.4
5	中国谜语大会(3 月 4 日)	中央电视台综合频道	5.5	12.1
6	东方主战场	中央电视台综合频道	5.4	12.2
7	中国梦劳动礼赞时代楷模特别节目	中央电视台综合频道	5.0	10.3
8	联合国	中央电视台综合频道	4.9	10.9
9	变形计	湖南卫视	4.4	10.0
10	噗通噗通的良心	湖南卫视	4.3	10.7

表 3.20.11　2015 年宁夏市场综艺节目收视率排名前十位

名次	节目名称	播出频道	平均收视率(%)	平均占有率(%)
1	2015 中央电视台春节联欢晚会	中央电视台综合频道	31.3	79.0
2	星光大道(2 月 19 日)	中央电视台综合频道	12.3	35.0
3	胜利与和平——纪念抗日战争暨世界反法西斯战争胜利 70 周年文艺晚会	中央电视台综合频道	12.3	30.1
4	2015 中央电视台元宵晚会	中央电视台综合频道	8.7	18.6
5	中央军委慰问驻京部队老干部迎新春文艺演出	中央电视台综合频道	8.3	17.3
6	快乐大本营	湖南卫视	7.2	17.0
7	中秋之夜	湖南卫视	6.6	15.8
8	出彩中国人有梦就出彩	中央电视台综合频道	6.6	13.9
9	梦想星搭档公益盛典	中央电视台综合频道	6.4	13.3
10	天天向上	湖南卫视	6.3	15.2

表 3.20.12　2015 年宁夏市场体育节目收视率排名前十位

名次	节目名称	播出频道	平均收视率(%)	平均占有率(%)
1	现场直播:2015 年亚洲男篮锦标赛决赛(中国队 VS 菲律宾队)	中央台五套	1.9	5.3
2	2015 年世界田径锦标赛男子标枪资格赛	中央台五套	1.7	3.4
3	超级足球之夜:2015 年亚洲足联冠军联赛半决赛首回合(中国广州恒大 VS 日本大阪钢巴)	中央台五套	1.1	2.6
4	2015 年国际泳联世锦赛花样游泳混合双人自由自选预赛	中央台五套	0.9	2.2
5	第一届全国青年运动会女子 200 米自由泳半决赛	中央台五套	0.9	2.1
6	黄金赛场:2015 年亚洲女排锦标赛决赛(中国队 VS 韩国队)	中央台五套	0.8	1.9
7	现场直播:2015 年世界羽毛球锦标赛男双 1/4 决赛	中央台五套	0.8	1.7
8	2015 年国际足联俱乐部世界杯半决赛(西班牙巴塞罗那 VS 中国广州恒大)	中央台五套	0.7	2.1
9	2015 年澳大利亚亚洲杯 1/4 决赛	中央台五套	0.7	1.9
10	直播周末:2015 年中超联赛第 16 轮(石家庄永昌 VS 广州恒大淘宝)	中央台五套	0.7	1.6

二十一、山东收视数据

表 3.21.1　2011～2015 年山东市场各类频道的市场占有率(%)

频道类别	年份				
	2011 年	2012 年	2013 年	2014 年	2015 年
中央台频道	26.4	28.1	27.5	25.0	22.9
中国教育台频道	0.3	0.3	0.1	0.1	0.0
山东省级频道	43.0	44.0	43.0	45.8	47.0
其他省级卫视频道	16.6	17.6	17.8	18.4	18.1
其他频道	13.7	10.0	11.7	10.7	12.0

表 3.21.2　2015 年山东市场各类频道在不同目标观众中的市场占有率(%)

目标观众		中央台频道	中国教育台频道	山东省级频道	其他省级卫视频道	其他频道
4 岁及以上所有人		22.9	0.0	47.0	18.1	12.0
城乡	城市	28.3	0.1	30.8	22.3	18.5
	农村	20.8	0.0	53.2	16.5	9.5
性别	男	24.3	0.0	47.4	15.9	12.4
	女	21.6	0.0	46.5	20.0	11.9
年龄	4～14 岁	21.5	0.0	40.3	29.3	8.9
	15～24 岁	19.8	0.0	47.1	21.4	11.7
	25～34 岁	20.3	0.0	39.8	26.8	13.1
	35～44 岁	24.0	0.0	43.7	20.6	11.7
	45～54 岁	22.7	0.0	49.2	15.0	13.1
	55～64 岁	24.9	0.0	51.6	12.8	10.7
	65 岁及以上	24.0	0.1	52.7	9.0	14.2
教育程度	未受过正规教育	24.7	0.0	47.0	19.9	8.4
	小学	21.6	0.0	52.0	15.0	11.4
	初中	22.3	0.0	47.8	17.9	12.0
	高中	23.7	0.0	42.4	20.3	13.6
	大学及以上	27.8	0.0	28.7	24.5	19.0
职业类别	干部/管理人员	27.4	0.1	22.9	28.9	20.7
	个体/私营企业人员	23.8	0.0	42.8	20.5	12.9
	初级公务员/雇员	24.1	0.0	40.5	19.6	15.8
	工人	22.5	0.0	48.0	17.9	11.6
	学生	20.8	0.0	37.8	30.9	10.5
	无业	27.9	0.1	40.3	18.8	12.9
	其他	19.8	0.0	55.5	13.8	10.9
个人月收入	0～300 元	25.0	0.0	44.0	21.6	9.4
	301～900 元	17.8	0.0	54.8	15.6	11.8
	901～1700 元	19.4	0.0	52.8	16.5	11.3
	1701～2600 元	25.5	0.0	44.5	15.9	14.1
	2601～3500 元	28.3	0.0	37.6	16.7	17.4
	3501 元及以上	23.7	0.1	39.7	21.0	15.5

表 3.21.3　2015 年山东市场各类频道在不同时段的市场占有率(%)

时间段	中央台频道	中国教育台频道	山东省级频道	其他省级卫视频道	其他频道
02:00~03:00	25.6	0.2	25.9	32.8	15.5
03:00~04:00	26.7	0.1	27.0	31.6	14.6
04:00~05:00	35.8	0.1	24.0	28.0	12.1
05:00~06:00	40.3	0.1	22.6	27.9	9.1
06:00~07:00	42.8	0.0	25.8	21.7	9.7
07:00~08:00	42.4	0.0	27.7	19.2	10.7
08:00~09:00	35.6	0.1	33.2	21.5	9.6
09:00~10:00	29.8	0.1	32.1	27.5	10.5
10:00~11:00	32.2	0.1	23.5	33.0	11.2
11:00~12:00	34.5	0.0	25.8	29.7	10.0
12:00~13:00	30.3	0.0	34.3	26.4	9.0
13:00~14:00	29.1	0.0	31.7	29.1	10.1
14:00~15:00	26.9	0.1	28.3	33.4	11.3
15:00~16:00	27.4	0.1	24.0	35.8	12.7
16:00~17:00	27.3	0.1	26.1	34.1	12.4
17:00~18:00	20.3	0.0	52.8	16.1	10.8
18:00~19:00	17.6	0.0	64.4	5.9	12.1
19:00~20:00	17.3	0.0	62.9	6.9	12.9
20:00~21:00	14.4	0.1	60.3	12.5	12.7
21:00~22:00	17.9	0.0	55.9	13.5	12.7
22:00~23:00	22.6	0.0	37.0	23.0	17.4
23:00~24:00	25.1	0.0	28.0	29.5	17.4
24:00~25:00	26.7	0.1	26.7	30.4	16.1
25:00~26:00	26.3	0.1	23.8	32.5	17.3

表 3.21.4　2015 年山东市场收视份额排名前十位的频道

名次	频道名称	收视份额(%)
1	山东电视齐鲁频道	17.7
2	山东卫视	11.3
3	山东电视综艺频道	6.4
4	中央电视台综合频道	5.0
5	山东电视公共频道	4.6
6	山东电视生活频道	3.8
7	湖南卫视	3.2
8	中央台六套	2.8
9	中央台三套	2.4
10	中央台八套	2.0

表 3.21.5 2015 年山东市场各主要频道的观众构成(%)

目标观众		所有频道	主要频道				
			山东电视齐鲁频道	山东卫视	山东电视综艺频道	中央电视台综合频道	山东电视公共频道
4 岁及以上所有人		100.0	100.0	100.0	100.0	100.0	100.0
城乡	城市	27.8	10.1	30.0	29.3	29.7	4.4
	农村	72.2	89.9	70.0	70.7	70.3	95.6
性别	男	46.7	47.4	45.7	48.4	48.5	48.8
	女	53.3	52.6	54.3	51.6	51.5	51.2
年龄	4~14 岁	10.0	7.0	10.4	8.0	9.3	7.4
	15~24 岁	7.9	7.1	5.5	9.6	4.9	11.9
	25~34 岁	12.7	10.8	9.0	9.2	9.7	9.0
	35~44 岁	17.2	16.4	16.8	16.5	12.3	16.3
	45~54 岁	19.0	20.5	16.3	21.0	16.1	19.4
	55~64 岁	18.1	20.0	21.7	18.8	26.2	17.8
	65 岁及以上	15.0	18.3	20.3	16.8	21.5	18.1
教育程度	未受过正规教育	11.0	8.4	14.5	11.4	13.6	10.8
	小学	21.8	25.3	29.0	16.9	24.4	24.8
	初中	48.5	52.6	43.2	55.3	46.0	42.0
	高中	13.9	11.7	11.0	13.4	12.0	16.1
	大学及以上	4.8	2.0	2.3	3.0	4.0	6.4
职业类别	干部/管理人员	1.2	0.2	0.9	1.0	1.1	0.1
	个体/私营企业人员	7.8	7.4	5.5	9.6	6.1	7.5
	初级公务员/雇员	7.1	7.3	5.3	5.7	5.5	3.8
	工人	20.8	20.3	17.7	22.9	17.2	27.0
	学生	7.6	5.1	8.5	5.8	6.2	3.9
	无业	21.1	13.1	21.5	25.1	25.2	20.3
	其他	34.4	46.5	40.6	29.9	38.7	37.3
个人月收入	0~300 元	30.0	24.1	35.4	28.9	41.1	26.9
	301~900 元	19.8	24.5	25.8	14.6	16.9	21.0
	901~1700 元	16.2	21.7	12.1	16.6	11.6	17.3
	1701~2600 元	20.1	19.6	16.0	23.1	18.1	23.4
	2601~3500 元	6.2	4.4	4.4	8.1	5.9	5.6
	3501 元及以上	7.6	5.6	6.3	8.7	6.4	5.8

表 3.21.6 2013~2015 年山东市场各类节目的播出份额(%)和收视份额(%)

节目类别	2013 年		2014 年		2015 年	
	播出份额	收视份额	播出份额	收视份额	播出份额	收视份额
财经	1.7	0.3	1.5	0.3	1.7	0.5
电视剧	27.8	34.0	24.1	32.8	19.8	26.5
电影	4.3	3.2	3.8	3.5	3.5	2.6
法制	1.0	2.3	1.0	2.2	0.8	0.5
教学	0.4	0.1	0.3	0.1	0.2	0.0
青少	5.8	7.1	6.5	7.2	6.7	4.4
生活服务	9.5	8.0	14.6	9.6	10.7	10.6
体育	2.5	1.0	3.5	1.1	3.3	0.9
外语	0.0	0.0	0.0	0.0	0.0	0.0
戏剧	0.6	0.4	0.6	0.3	0.8	0.2
新闻/时事	10.7	14.0	10.1	13.1	14.5	18.0
音乐	2.4	0.6	2.4	0.5	2.5	0.4
专题	8.8	4.4	11.5	4.3	13.3	3.5
综艺	7.7	11.4	7.1	11.9	9.8	17.1
其他	16.7	13.2	13.1	13.1	12.4	14.8

表 3.21.7　2015 年山东市场所有节目收视率排名前三十位

名次	节目名称	节目类别	播出频道	平均收视率（%）	平均占有率（%）
1	女汉子	电视剧	山东电视齐鲁频道	13.3	29.3
2	枪侠	电视剧	山东电视齐鲁频道	13.1	29.9
3	野山鹰	电视剧	山东电视齐鲁频道	12.9	30.0
4	战魂	电视剧	山东电视齐鲁频道	12.8	26.9
5	我是赵传奇	电视剧	山东电视齐鲁频道	12.6	29.1
6	乡音对对碰	综艺	山东电视齐鲁频道	11.9	23.1
6	厚德齐鲁仁爱力量 2014 年度齐鲁公益盛典	专题	山东电视齐鲁频道	11.9	23.1
8	泪洒女人花	电视剧	山东电视齐鲁频道	11.8	27.0
9	俺娘田小草	电视剧	山东卫视	11.8	22.7
10	铁血战神	电视剧	山东电视齐鲁频道	11.6	27.1
11	铁血轻奇兵	电视剧	山东电视齐鲁频道	11.6	26.9
12	无敌铁桥三	电视剧	山东电视齐鲁频道	11.5	24.0
13	福根进城	电视剧	山东电视齐鲁频道	11.3	26.7
14	猎刃	电视剧	山东电视齐鲁频道	11.3	25.5
15	大红灯笼	电视剧	山东电视齐鲁频道	11.2	26.0
16	大陆小岛	电视剧	山东电视齐鲁频道	11.2	25.5
17	冲天炮	电视剧	山东电视齐鲁频道	11.0	26.1
18	杀手锏	电视剧	山东电视齐鲁频道	10.9	24.4
19	每日新闻	新闻/时事	山东电视齐鲁频道	10.7	26.8
20	背着奶奶进城	电视剧	山东卫视	10.5	20.9
21	杀寇决	电视剧	山东电视齐鲁频道	10.4	24.0
22	独立纵队二	电视剧	山东电视齐鲁频道	10.3	22.2
23	出关	电视剧	山东电视齐鲁频道	10.2	23.9
24	好运连连到	综艺	山东电视齐鲁频道	10.0	20.3
25	欢天喜地对亲家	电视剧	山东电视齐鲁频道	9.8	22.8
26	节俭中国人第二季	综艺	山东电视齐鲁频道	9.7	21.8
27	刀光枪影	电视剧	山东电视齐鲁频道	9.7	21.1
28	大刀记	电视剧	山东卫视	9.7	19.0
29	绞刑架下的春天	电视剧	山东电视齐鲁频道	9.6	21.2
30	山东好人 2014 十大年度人物颁奖典礼	专题	山东电视齐鲁频道	9.5	20.9

表 3.21.8　2015 年山东市场电视剧收视率排名前十位

名次	节目名称	播出频道	平均收视率（%）	平均占有率（%）
1	女汉子	山东电视齐鲁频道	13.3	29.3
2	枪侠	山东电视齐鲁频道	13.1	29.9
3	野山鹰	山东电视齐鲁频道	12.9	30.0
4	战魂	山东电视齐鲁频道	12.8	26.9
5	我是赵传奇	山东电视齐鲁频道	12.6	29.1
6	泪洒女人花	山东电视齐鲁频道	11.8	27.0
7	俺娘田小草	山东卫视	11.8	22.7
8	铁血战神	山东电视齐鲁频道	11.6	27.1
9	铁血轻奇兵	山东电视齐鲁频道	11.6	26.9
10	无敌铁桥三	山东电视齐鲁频道	11.5	24.0

表 3.21.9　2015 年山东市场新闻节目收视率排名前十位

名次	节目名称	播出频道	平均收视率（%）	平均占有率（%）
1	每日新闻	山东电视齐鲁频道	10.7	26.8
2	拉呱	山东电视齐鲁频道	4.9	24.2
3	逝者安息长江客轮翻沉事件特别节目	山东卫视	4.9	13.2
4	民生直通车	山东电视公共频道	4.2	11.2
5	转播中央台新闻联播	山东卫视	3.5	7.7
6	说闻解字	山东电视生活频道	3.5	7.1
7	耳目一新	山东电视公共频道	3.1	14.3
8	生活帮	山东电视生活频道	3.1	8.0
9	调查	山东卫视	3.0	8.5
10	秀才来了	山东电视公共频道	2.9	5.8

表 3.21.10　2015 年山东市场专题节目收视率排名前十位

名次	节目名称	播出频道	平均收视率（%）	平均占有率（%）
1	厚德齐鲁仁爱力量 2014 年度齐鲁公益盛典	山东电视齐鲁频道	11.9	23.1
2	山东好人 2014 十大年度人物颁奖典礼	山东电视齐鲁频道	9.5	20.9
3	齐鲁时代楷模发布厅齐鲁最美人物发布厅	山东电视公共频道	3.6	7.4
4	东方主战场	山东卫视	3.1	6.5
5	耳目一新特别节目周末读聊斋	山东电视公共频道	3.0	12.4
6	信仰	山东电视综艺频道	2.5	7.9
7	315 携手共治畅享消费 2015 山东 315 主题活动	山东电视公共频道	2.5	4.8
8	公益福彩	山东电视公共频道	2.3	11.5
9	东方主战场	中央电视台综合频道	2.2	4.3
10	记得	山东电视综艺频道	2.1	5.9

表 3.21.11　2015 年山东市场综艺节目收视率排名前十位

名次	节目名称	播出频道	平均收视率(%)	平均占有率(%)
1	乡音对对碰	山东电视齐鲁频道	11.9	23.1
2	好运连连到	山东电视齐鲁频道	10.0	20.3
3	节俭中国人第二季	山东电视齐鲁频道	9.7	21.8
4	加油吧主播	山东电视齐鲁频道	9.0	18.0
5	2015 中央电视台春节联欢晚会	山东卫视	8.2	15.8
6	我们结婚吧	山东电视齐鲁频道	8.2	15.3
7	最炫国剧风	山东卫视	6.4	15.4
8	俺娘田小草剧组见面会	山东卫视	6.3	21.2
9	铭记历史缅怀先烈——纪念中国人民抗日战争胜利 70 周年特别节目	山东电视综艺频道	6.1	12.1
10	春晚总动员	山东电视综艺频道	5.4	10.8

表 3.21.12　2015 年山东市场体育节目收视率排名前十位

名次	节目名称	播出频道	平均收视率(%)	平均占有率(%)
1	现场直播:2015 年亚洲男篮锦标赛决赛(中国队 VS 菲律宾队)	中央台五套	1.9	5.3
2	直播周末:2015 年女排世界杯(日本队 VS 中国队)	中央台五套	1.9	4.4
3	现场直播 2015 年亚洲男篮锦标赛颁奖仪式	中央台五套	1.7	13.4
4	超级足球之夜:2015 年亚洲足联冠军联赛决赛第二回合(中国广州恒大 VS 阿联酋阿赫利)	中央台五套	1.7	3.7
5	2015 年世界田径锦标赛男子 100 米决赛	中央台五套	1.5	3.3
5	超级足球之夜:国际足联 2018 年俄罗斯世界杯亚洲区预选赛 C 组小组赛(中国香港队 VS 中国队)	中央台五套	1.5	3.3
7	2015 年世界乒乓球锦标赛男单决赛	中央台五套	1.3	2.9
8	2014CCTV 体坛风云人物年度评选颁奖日	中央台五套	1.3	2.6
9	看球时间 现场直播 中超直播:2015 年中超第二十轮(广州富力 VS 山东鲁能)	山东电视体育频道	1.2	2.5
10	实况录像:2008 年北京奥运会田径比赛女子撑竿跳高决赛	中央台五套	1.1	2.4

二十二、陕西收视数据

表 3.22.1　2011～2015 年陕西市场各类频道的市场占有率(%)

频道类别	年份				
	2011 年	2012 年	2013 年	2014 年	2015 年
中央台频道	28.0	33.4	37.1	39.8	40.2
中国教育台频道	0.8	1.4	1.1	0.7	0.4
陕西省级频道	17.0	13.0	12.6	13.3	13.9
其他省级卫视频道	47.8	47.5	45.4	43.6	42.6
其他频道	6.4	4.7	3.8	2.6	2.9

表 3.22.2　2015 年陕西市场各类频道在各目标观众中的市场占有率(%)

目标观众		中央台频道	中国教育台频道	陕西省级频道	其他省级卫视频道	其他频道
4 岁及以上所有人		40.2	0.4	13.9	42.6	2.9
城乡	城市	43.9	0.3	18.6	32.9	4.3
	农村	38.2	0.5	11.3	48.0	2.0
性别	男	41.9	0.4	14.3	40.2	3.2
	女	38.6	0.5	13.6	44.9	2.4
年龄	4～14 岁	42.7	0.3	5.3	49.7	2.0
	15～24 岁	36.0	0.4	8.3	52.2	3.1
	25～34 岁	36.9	0.4	11.7	47.9	3.1
	35～44 岁	38.0	0.5	10.6	48.3	2.6
	45～54 岁	40.2	0.5	16.4	40.8	2.1
	55～64 岁	43.5	0.4	20.5	33.0	2.6
	65 岁及以上	45.5	0.4	23.4	25.6	5.1
教育程度	未受过正规教育	46.5	0.5	10.7	39.2	3.1
	小学	40.8	0.5	12.0	44.3	2.4
	初中	36.8	0.5	14.1	46.3	2.3
	高中	44.2	0.3	15.7	36.2	3.6
	大学及以上	44.9	0.2	15.9	33.7	5.3
职业类别	干部/管理人员	50.7	0.3	10.5	35.5	3.0
	个体/私营企业人员	37.6	0.5	15.8	42.4	3.7
	初级公务员/雇员	49.1	0.1	17.4	29.0	4.4
	工人	41.4	0.3	12.2	42.6	3.5
	学生	41.7	0.3	6.2	50.0	1.8
	无业	43.8	0.4	16.2	36.0	3.6
	其他	35.7	0.6	14.7	46.7	2.3
个人月收入	0～300 元	38.8	0.5	11.3	47.0	2.4
	301～900 元	36.0	0.5	15.4	46.1	2.0
	901～1700 元	39.0	0.4	16.0	42.2	2.4
	1701～2600 元	44.2	0.4	16.5	35.6	3.3
	2601～3500 元	45.7	0.4	17.4	32.3	4.2
	3501 元及以上	39.5	0.2	11.5	43.6	5.2

表 3.22.3　2015 年陕西市场各类频道在不同时段的市场占有率(%)

时间段	中央台频道	中国教育台频道	陕西省级频道	其他省级卫视频道	其他频道
02:00~03:00	34.0	0.0	5.1	57.1	3.8
03:00~04:00	42.3	0.0	8.8	44.8	4.1
04:00~05:00	36.9	0.1	12.3	48.5	2.2
05:00~06:00	64.4	0.1	7.0	23.8	4.7
06:00~07:00	68.8	0.6	7.3	19.1	4.2
07:00~08:00	65.3	0.6	9.0	21.9	3.2
08:00~09:00	53.3	0.7	10.3	32.3	3.4
09:00~10:00	49.2	0.4	8.7	37.4	4.3
10:00~11:00	46.3	0.4	8.3	40.5	4.5
11:00~12:00	45.6	0.3	8.7	41.7	3.7
12:00~13:00	52.5	0.2	8.8	34.6	3.9
13:00~14:00	47.0	0.2	6.9	40.8	5.1
14:00~15:00	39.3	0.5	7.1	50.0	3.1
15:00~16:00	36.2	0.5	8.5	51.2	3.6
16:00~17:00	40.5	0.4	8.8	45.3	5.0
17:00~18:00	54.1	0.3	9.1	32.5	4.0
18:00~19:00	54.2	0.1	26.5	15.5	3.7
19:00~20:00	52.4	0.5	14.2	31.0	1.9
20:00~21:00	28.3	0.7	12.8	56.4	1.8
21:00~22:00	27.3	0.4	17.6	52.5	2.2
22:00~23:00	25.8	0.2	22.1	48.9	3.0
23:00~24:00	28.2	0.2	16.6	51.7	3.3
24:00~25:00	42.4	0.3	14.0	38.7	4.6
25:00~26:00	62.5	0.2	3.7	27.0	6.6

表 3.22.4　2015 年陕西市场收视份额排名前十位的频道

名次	频道名称	收视份额(%)
1	中央电视台综合频道	12.8
2	湖南卫视	9.6
3	中央电视台少儿频道	5.4
4	陕西广播电视台都市青春频道(二套)	4.1
5	山东卫视	3.5
5	中央台八套	3.5
7	中央电视台新闻频道	3.3
8	陕西卫视	3.1
9	陕西广播电视台新闻资讯频道(一套)	2.9
9	中央台十二套	2.9

表 3.22.5　2015 年陕西市场各主要频道的观众构成(%)

目标观众		所有频道	中央电视台综合频道	湖南卫视	中央电视台少儿频道	陕西广播电视台都市青春频道(二套)	山东卫视
4 岁及以上所有人		100.0	100.0	100.0	100.0	100.0	100.0
城乡	城市	35.8	44.0	32.1	22.5	71.6	23.8
	农村	64.2	56.0	67.9	77.5	28.4	76.2
性别	男	49.2	51.3	42.0	43.9	48.2	46.7
	女	50.8	48.7	58.0	56.1	51.8	53.3
年龄	4～14 岁	10.5	7.7	14.0	44.9	3.1	8.3
	15～24 岁	13.9	13.4	25.3	9.4	8.7	12.6
	25～34 岁	11.8	9.2	17.0	14.2	12.7	10.7
	35～44 岁	18.6	18.8	23.9	13.6	12.7	20.3
	45～54 岁	18.5	17.3	10.9	6.2	24.3	25.8
	55～64 岁	14.5	17.5	4.9	6.5	17.3	15.7
	65 岁及以上	12.2	16.1	4.0	5.2	21.2	6.6
教育程度	未受过正规教育	4.9	4.7	3.0	16.5	2.4	4.1
	小学	22.2	21.1	19.4	37.1	11.2	26.8
	初中	45.6	40.9	52.4	33.1	40.7	48.5
	高中	20.6	25.7	18.7	10.3	31.2	17.9
	大学及以上	6.7	7.6	6.5	3.0	14.5	2.7
职业类别	干部/管理人员	0.8	1.6	0.4	0.0	0.3	0.9
	个体/私营企业人员	7.2	7.5	9.8	4.4	11.4	8.0
	初级公务员/雇员	6.5	8.3	4.5	2.6	12.7	3.1
	工人	9.9	10.7	11.2	4.0	10.2	12.7
	学生	13.3	13.0	22.0	36.2	6.0	9.4
	无业	24.8	26.5	19.4	29.7	38.4	17.7
	其他	37.5	32.4	32.7	23.1	21.0	48.2
个人月收入	0～300 元	42.4	39.8	51.2	70.0	24.1	44.0
	301～900 元	10.9	8.9	7.8	7.1	7.2	13.9
	901～1700 元	13.6	14.1	10.9	6.5	19.1	16.8
	1701～2600 元	18.2	20.3	14.3	7.2	29.1	17.5
	2601～3500 元	9.5	11.1	7.9	5.2	14.6	4.7
	3501 元及以上	5.4	5.8	7.9	4.0	5.9	3.1

表 3.22.6　2013～2015 年陕西市场各类节目的播出份额(%)和收视份额(%)

节目类别	2013 年		2014 年		2015 年	
	播出份额	收视份额	播出份额	收视份额	播出份额	收视份额
财经	1.9	0.4	1.7	0.3	1.6	0.4
电视剧	20.8	35.7	20.1	36.6	20.4	33.8
电影	5.7	2.1	5.2	2.1	5.2	2.5
法制	1.0	1.4	1.0	1.4	0.9	1.2
教学	0.3	0.0	0.3	0.0	0.3	0.1
青少	6.2	5.9	6.8	5.2	6.4	5.5
生活服务	10.2	8.6	10.6	9.1	9.7	8.4
体育	2.1	0.7	3.0	0.8	3.2	0.9
外语	0.0	0.0	0.0	0.0	0.0	0.0
戏剧	1.3	1.1	1.2	1.2	1.3	1.5
新闻/时事	14.7	12.7	14.4	12.9	14.7	14.4
音乐	2.3	0.7	2.4	0.6	2.4	0.7
专题	10.0	4.3	11.2	4.3	12.6	5.1
综艺	8.6	9.5	8.7	9.2	8.6	10.1
其他	14.8	17.0	13.4	16.3	12.7	15.4

表 3.22.7　2015 年陕西市场所有节目收视率排名前三十位

名次	节目名称	节目类别	播出频道	平均收视率(%)	平均占有率(%)
1	2015 中央电视台春节联欢晚会	综艺	中央电视台综合频道	32.4	71.1
2	新闻联播	新闻/时事	中央电视台综合频道	11.5	39.7
3	习近平在亚非领导人会议上致辞	新闻/时事	中央电视台综合频道	10.3	27.2
4	胜利与和平——纪念抗日战争暨世界反法西斯战争胜利 70 周年文艺晚会	综艺	中央电视台综合频道	10.2	25.9
5	把革命老区发展时刻放在心上	专题	中央电视台综合频道	10.1	20.2
6	星光大道(2 月 19 日)	综艺	中央电视台综合频道	9.7	23.4
7	天气预报	生活服务	中央电视台综合频道	9.3	24.6
8	中央军委慰问驻京部队老干部迎新春文艺演出	综艺	中央电视台综合频道	7.7	15.3
9	焦点访谈	新闻/时事	中央电视台综合频道	7.2	18.1
10	郡县治天下安——习近平总书记与中央党校县委书记研修班学员座谈侧记	新闻/时事	中央电视台综合频道	7.2	15.0
11	特警力量	电视剧	湖南卫视	6.6	16.7
12	全面实现小康一个民族都不能少	专题	中央电视台综合频道	6.6	13.4
13	神犬小七	电视剧	湖南卫视	6.5	17.2
14	快乐大本营	综艺	湖南卫视	6.4	15.8
15	中央电视台 2015 春节戏曲晚会	戏剧	中央电视台综合频道	6.4	14.1
16	2015 中央电视台元宵晚会	综艺	中央电视台综合频道	6.4	13.2
17	妻子的谎言	电视剧	湖南卫视	6.2	14.9
18	锦绣缘华丽冒险	电视剧	湖南卫视	6.0	13.1
19	偏偏喜欢你	电视剧	湖南卫视	5.7	15.2
20	元宵喜乐会	综艺	湖南卫视	5.7	14.0
21	武媚娘传奇(18~96 集)	电视剧	湖南卫视	5.7	12.2
22	活色生香	电视剧	湖南卫视	5.7	12.1
23	我是歌手歌王之战(3 月 27 日)	综艺	湖南卫视	5.6	18.0
24	冰与火的青春	电视剧	湖南卫视	5.6	15.5
25	出彩中国人(3 月 29 日)	综艺	中央电视台综合频道	5.4	11.6
26	2015 一年又一年	新闻/时事	中央电视台综合频道	5.3	28.6
27	伪装者	电视剧	湖南卫视	5.3	14.6
28	天天向上	综艺	湖南卫视	5.3	13.7
29	王大花的革命生涯	电视剧	中央电视台综合频道	5.3	12.2
30	李克强总理会见中外记者并回答提问	新闻/时事	中央电视台综合频道	5.2	9.8

表 3.22.8 2015 年陕西市场电视剧收视率排名前十位

名次	节目名称	播出频道	平均收视率（%）	平均占有率（%）
1	特警力量	湖南卫视	6.6	16.7
2	神犬小七	湖南卫视	6.5	17.2
3	妻子的谎言	湖南卫视	6.2	14.9
4	锦绣缘华丽冒险	湖南卫视	6.0	13.1
5	偏偏喜欢你	湖南卫视	5.7	15.2
6	武媚娘传奇(18 ~96 集)	湖南卫视	5.7	12.2
7	活色生香	湖南卫视	5.7	12.1
8	冰与火的青春	湖南卫视	5.6	15.5
9	伪装者	湖南卫视	5.3	14.6
10	王大花的革命生涯	中央电视台综合频道	5.3	12.2

表 3.22.9 2015 年陕西市场新闻节目收视率排名前十位

名次	节目名称	播出频道	平均收视率（%）	平均占有率（%）
1	新闻联播	中央电视台综合频道	11.5	39.7
2	习近平在亚非领导人会议上致辞	中央电视台综合频道	10.3	27.2
3	焦点访谈	中央电视台综合频道	7.2	18.1
4	郡县治天下安——习近平总书记与中央党校县委书记研修班学员座谈侧记	中央电视台综合频道	7.2	15.0
5	2015 一年又一年	中央电视台综合频道	5.3	28.6
6	李克强总理会见中外记者并回答提问	中央电视台综合频道	5.2	9.8
7	陕西新闻联播	陕西卫视	2.0	11.7
8	都市快报	陕西广播电视台都市青春频道(二套)	1.5	6.0
9	长江客轮翻沉事件特别节目	山东卫视	1.5	4.5
10	调查	山东卫视	1.4	4.2

表 3.22.10 2015 年陕西市场专题节目收视率排名前十位

名次	节目名称	播出频道	平均收视率（%）	平均占有率（%）
1	把革命老区发展时刻放在心上	中央电视台综合频道	10.1	20.2
2	全面实现小康一个民族都不能少	中央电视台综合频道	6.6	13.4
3	2014 中国好书	中央电视台综合频道	4.9	12.3
4	中国梦劳动礼赞时代楷模特别节目	中央电视台综合频道	4.7	10.1
5	飞虎的纪念	湖南卫视	4.6	12.2
6	中国谜语大会(3 月 4 日)	中央电视台综合频道	4.3	8.9
7	寻找最美医生大型公益活动颁奖典礼	中央电视台综合频道	4.0	8.4
8	感动中国 2014 年度人物颁奖盛典	中央电视台综合频道	3.9	8.7
9	好记者讲好故事价值观的故事 2015 年中国记者节特别节目	中央电视台综合频道	3.8	8.4
10	胡耀邦	中央电视台综合频道	3.6	7.7

表 3.22.11　2015 年陕西市场综艺节目收视率排名前十位

名次	节目名称	播出频道	平均收视率(%)	平均占有率(%)
1	2015 中央电视台春节联欢晚会	中央电视台综合频道	32.4	71.1
2	胜利与和平——纪念抗日战争暨世界反法西斯战争胜利 70 周年文艺晚会	中央电视台综合频道	10.2	25.9
3	星光大道(2 月 19 日)	中央电视台综合频道	9.7	23.4
4	中央军委慰问驻京部队老干部迎新春文艺演出	中央电视台综合频道	7.7	15.3
5	快乐大本营	湖南卫视	6.4	15.8
6	2015 中央电视台元宵晚会	中央电视台综合频道	6.4	13.2
7	元宵喜乐会	湖南卫视	5.7	14.0
8	我是歌手歌王之战(3 月 27 日)	湖南卫视	5.6	18.0
9	出彩中国人(3 月 29 日)	中央电视台综合频道	5.4	11.6
10	天天向上	湖南卫视	5.3	13.7

表 3.22.12　2015 年陕西市场体育节目收视率排名前十位

名次	节目名称	播出频道	平均收视率(%)	平均占有率(%)
1	现场直播:2015 年亚洲男篮锦标赛决赛(中国队 VS 菲律宾队)	中央台五套	1.3	4.0
2	2015 年世乒赛女单决赛	中央台五套	1.0	2.3
3	直播周末:2015 年女排世界杯(日本队 VS 中国队)	中央台五套	0.9	3.4
4	超级足球之夜:国际足联 2018 年俄罗斯世界杯亚洲区预选赛 C 组小组赛(中国香港队 VS 中国队)	中央台五套	0.9	2.2
4	超级足球之夜:2015 年亚洲足联冠军联赛决赛第二回合(中国广州恒大 VS 阿联酋阿赫利)	中央台五套	0.9	2.2
6	直播周末 2015 年女排世界杯颁奖仪式	中央台五套	0.9	2.1
6	第一届全国青年运动会女子 200 米自由泳半决赛	中央台五套	0.9	2.1
8	2015 年世界田径锦标赛女子 3000 米障碍赛决赛	中央台五套	0.8	2.1
9	超级足球之夜:2015 年中国足协超级联赛第 27 轮(山东鲁能泰山 VS 上海上港)	中央台五套	0.8	1.9
10	黄金赛场:2015 年亚洲女排锦标赛决赛(中国队 VS 韩国队)	中央台五套	0.7	1.9

二十三、山西收视数据

表 3.23.1　2011～2015 年山西市场各类频道的市场占有率(%)

频道类别	年份				
	2011 年	2012 年	2013 年	2014 年	2015 年
中央台频道	31.6	33.8	36.5	36.3	37.3
中国教育台频道	0.6	0.8	1.0	0.6	0.3
山西省级频道	13.0	13.0	12.7	14.9	15.0
其他省级卫视频道	50.1	48.7	47.1	45.4	44.1
其他频道	4.7	3.7	2.7	2.8	3.3

表 3.23.2　2015 年山西市场各类频道在不同目标观众中的市场占有率(%)

目标观众		中央台频道	中国教育台频道	山西省级频道	其他省级卫视频道	其他频道
4 岁及以上所有人		37.3	0.3	15.0	44.1	3.3
城乡	城市	47.4	0.2	13.3	34.3	4.8
	农村	32.7	0.4	15.8	48.6	2.5
性别	男	39.0	0.3	15.6	41.6	3.5
	女	35.7	0.4	14.4	46.4	3.1
年龄	4～14 岁	38.3	0.3	6.3	52.7	2.4
	15～24 岁	29.6	0.3	12.1	54.9	3.1
	25～34 岁	32.6	0.2	10.5	53.4	3.3
	35～44 岁	35.4	0.4	12.4	48.4	3.4
	45～54 岁	38.4	0.5	17.7	40.7	2.7
	55～64 岁	39.8	0.3	23.3	32.6	4.0
	65 岁及以上	46.1	0.2	19.5	30.1	4.1
教育程度	未受过正规教育	36.5	0.4	11.0	50.3	1.8
	小学	33.7	0.4	16.6	46.8	2.5
	初中	34.1	0.4	15.6	46.4	3.5
	高中	43.4	0.2	14.5	38.1	3.8
	大学及以上	47.9	0.2	11.5	36.5	3.9
职业类别	干部/管理人员	43.9	0.1	15.5	37.4	3.1
	个体/私营企业人员	30.8	0.3	18.9	45.7	4.3
	初级公务员/雇员	46.5	0.1	12.7	37.2	3.5
	工人	42.3	0.2	11.1	41.6	4.8
	学生	37.9	0.2	7.1	52.0	2.8
	无业	36.4	0.3	18.1	41.8	3.4
	其他	38.3	0.6	12.0	47.3	1.8
个人月收入	0～300 元	32.4	0.3	15.1	49.6	2.6
	301～900 元	35.5	0.5	18.3	44.0	1.7
	901～1700 元	37.9	0.5	14.2	44.2	3.2
	1701～2600 元	42.6	0.3	14.9	37.8	4.4
	2601～3500 元	42.7	0.3	13.6	39.5	3.9
	3501 元及以上	38.5	0.1	16.0	40.4	5.0

表 3.23.3　2015 年山西市场各类频道在不同时段的市场占有率(%)

时间段	中央台频道	中国教育台频道	山西省级频道	其他省级卫视频道	其他频道
02:00~03:00	43.3	0.0	3.8	50.1	2.8
03:00~04:00	37.8	0.0	2.9	56.7	2.6
04:00~05:00	45.9	0.5	3.8	47.5	2.3
05:00~06:00	62.6	0.2	2.0	33.2	2.0
06:00~07:00	58.3	0.4	4.0	34.1	3.2
07:00~08:00	64.0	0.2	5.4	26.6	3.8
08:00~09:00	48.1	0.4	8.1	40.3	3.1
09:00~10:00	40.2	0.4	12.2	43.1	4.1
10:00~11:00	39.9	0.4	8.9	46.6	4.2
11:00~12:00	41.3	0.2	7.9	47.2	3.4
12:00~13:00	53.6	0.1	9.3	34.8	2.2
13:00~14:00	39.7	0.1	20.3	36.9	3.0
14:00~15:00	31.5	0.3	17.1	46.7	4.4
15:00~16:00	34.9	0.4	7.1	52.3	5.3
16:00~17:00	38.0	0.3	6.7	49.5	5.5
17:00~18:00	47.5	0.1	8.2	39.4	4.8
18:00~19:00	54.8	0.1	21.4	19.4	4.3
19:00~20:00	47.8	0.3	15.8	33.5	2.6
20:00~21:00	24.5	0.5	17.1	55.2	2.7
21:00~22:00	27.2	0.4	17.6	51.9	2.9
22:00~23:00	29.7	0.2	17.4	48.6	4.1
23:00~24:00	33.5	0.1	14.9	46.2	5.3
24:00~25:00	44.1	0.1	11.8	35.9	8.1
25:00~26:00	49.8	0.0	8.2	32.9	9.1

表 3.23.4　2015 年山西市场收视份额排名前十位的频道

名次	频道名称	收视份额(%)
1	中央电视台综合频道	12.3
2	湖南卫视	7.8
3	山西卫视	6.1
4	山东卫视	6.0
5	中央电视台少儿频道	3.8
6	山西广播电视台科教频道	3.2
6	中央台十二套	3.2
8	安徽卫视	2.9
8	中央台八套	2.9
10	浙江卫视	2.6

表 3.23.5　2015 年山西市场各主要频道的观众构成(%)

目标观众		所有频道	主要频道				
			中央电视台综合频道	湖南卫视	山西卫视	山东卫视	中央电视台少儿频道
4 岁及以上所有人		100.0	100.0	100.0	100.0	100.0	100.0
城乡	城市	31.4	49.3	28.6	15.4	10.7	18.2
	农村	68.6	50.7	71.4	84.6	89.3	81.8
性别	男	48.1	49.0	39.4	53.4	44.7	47.9
	女	51.9	51.0	60.6	46.6	55.3	52.1
年龄	4~14 岁	11.0	7.7	14.2	4.4	6.6	57.3
	15~24 岁	12.6	9.2	24.0	7.6	14.6	7.2
	25~34 岁	12.1	9.6	22.3	7.8	12.3	12.5
	35~44 岁	17.5	16.2	21.6	14.4	22.8	9.0
	45~54 岁	18.6	19.5	9.5	19.5	22.0	5.9
	55~64 岁	14.8	16.4	5.3	21.5	12.2	6.3
	65 岁及以上	13.4	21.4	3.1	24.8	9.5	1.8
教育程度	未受过正规教育	4.8	3.3	4.0	4.9	4.0	24.5
	小学	22.0	18.4	16.7	32.5	27.8	36.8
	初中	44.1	38.4	52.3	44.0	50.8	24.1
	高中	19.4	25.0	17.5	14.0	13.0	9.6
	大学及以上	9.7	14.9	9.5	4.6	4.4	5.0
职业类别	干部/管理人员	2.0	3.5	1.5	2.0	0.7	0.6
	个体/私营企业人员	17.7	12.0	22.9	15.5	19.8	7.5
	初级公务员/雇员	8.9	13.8	7.5	5.6	6.4	3.9
	工人	5.3	6.5	7.1	2.5	3.3	1.9
	学生	9.9	9.2	15.2	4.8	6.5	29.2
	无业	36.0	33.2	30.6	41.7	33.0	46.8
	其他	20.2	21.8	15.2	27.9	30.3	10.1
个人月收入	0~300 元	38.4	28.7	45.2	41.8	40.9	74.3
	301~900 元	7.2	6.6	7.1	14.1	9.4	4.5
	901~1700 元	14.4	15.0	14.4	14.3	15.9	6.4
	1701~2600 元	21.6	27.6	17.5	17.3	16.6	7.9
	2601~3500 元	12.6	16.7	11.5	9.3	10.7	5.4
	3501 元及以上	5.8	5.4	4.3	3.2	6.5	1.5

表 3.23.6　2013~2015 年山西市场各类节目的播出份额(%)和收视份额(%)

节目类别	2013 年		2014 年		2015 年	
	播出份额	收视份额	播出份额	收视份额	播出份额	收视份额
财经	2.0	0.3	1.7	0.3	1.7	0.4
电视剧	21.8	35.3	20.9	38.7	21.0	34.2
电影	4.4	1.8	4.1	1.6	3.9	2.0
法制	1.1	2.7	1.2	2.2	1.0	1.6
教学	0.3	0.0	0.3	0.0	0.3	0.0
青少	7.2	6.4	7.7	5.0	7.2	4.7
生活服务	9.0	9.0	10.1	9.3	9.3	9.1
体育	2.0	0.6	3.0	0.8	3.0	1.1
外语	0.0	0.0	0.0	0.0	0.0	0.0
戏剧	0.8	0.5	0.8	0.5	0.8	0.9
新闻/时事	15.5	12.3	14.3	11.4	14.4	13.2
音乐	2.5	0.5	2.5	0.5	2.6	0.8
专题	10.5	3.9	11.7	4.0	13.2	5.3
综艺	9.0	9.7	9.3	9.5	9.2	10.7
其他	13.9	17.0	12.4	16.2	12.4	16.0

表 3.23.7　2015 年山西市场所有节目收视率排名前三十位

名次	节目名称	节目类型	播出频道	平均收视率(%)	平均占有率(%)
1	2015 中央电视台春节联欢晚会	综艺	中央电视台综合频道	39.2	78.7
2	新闻联播	新闻/时事	中央电视台综合频道	11.9	39.6
3	2015 中央电视台元宵晚会	综艺	中央电视台综合频道	11.9	22.4
4	胜利与和平——纪念抗日战争暨世界反法西斯战争胜利 70 周年文艺晚会	综艺	中央电视台综合频道	11.5	25.5
5	把革命老区发展时刻放在心上	专题	中央电视台综合频道	10.3	20.5
6	天气预报	生活服务	中央电视台综合频道	9.5	22.4
7	郡县治天下安——习近平总书记与中央党校县委书记研修班学员座谈侧记	新闻/时事	中央电视台综合频道	9.2	17.6
8	习近平在亚非领导人会议上致辞	新闻/时事	中央电视台综合频道	9.0	20.5
9	全面实现小康一个民族都不能少	专题	中央电视台综合频道	8.9	16.7
10	继父回家	电视剧	山东卫视	8.5	16.6
11	李克强总理会见中外记者并回答提问	新闻/时事	中央电视台综合频道	8.5	15.5
12	俺娘田小草	电视剧	山东卫视	7.6	14.8
13	焦点访谈	新闻/时事	中央电视台综合频道	7.2	16.3
14	你是我的姐妹	电视剧	山东卫视	6.9	15.2
15	中央电视台 2015 春节戏曲晚会	戏剧	中央电视台综合频道	6.8	14.7
16	锦绣缘华丽冒险	电视剧	湖南卫视	6.7	13.7
17	出彩中国人(4 月 12 日)	综艺	中央电视台综合频道	6.6	12.4
18	老农民	电视剧	山东卫视	6.3	14.6
19	武媚娘传奇(18 ~96 集)	电视剧	湖南卫视	6.3	12.4
20	好大一个家	电视剧	中央电视台综合频道	6.2	12.4
21	快乐大本营	综艺	湖南卫视	6.1	13.5
22	妻子的谎言	电视剧	湖南卫视	6.0	12.8
23	中央军委慰问驻京部队老干部迎新春文艺演出	综艺	中央电视台综合频道	6.0	11.4
24	活色生香	电视剧	湖南卫视	5.7	11.4
25	伪装者	电视剧	湖南卫视	5.6	13.4
26	特警力量	电视剧	湖南卫视	5.6	12.3
27	家和万事兴之花好月圆(35 ~68 集)	电视剧	湖南卫视	5.6	12.1
28	王大花的革命生涯	电视剧	中央电视台综合频道	5.6	11.6
29	别让我看见	电视剧	中央电视台综合频道	5.4	10.8
30	大刀记	电视剧	山东卫视	5.4	10.0

表 3.23.8　2015 年山西市场电视剧收视率排名前十位

名次	节目名称	播出频道	平均收视率（%）	平均占有率（%）
1	继父回家	山东卫视	8.5	16.6
2	俺娘田小草	山东卫视	7.6	14.8
3	你是我的姐妹	山东卫视	6.9	15.2
4	锦绣缘华丽冒险	湖南卫视	6.7	13.7
5	老农民	山东卫视	6.3	14.6
6	武媚娘传奇(18～96 集)	湖南卫视	6.3	12.4
7	好大一个家	中央电视台综合频道	6.2	12.4
8	妻子的谎言	湖南卫视	6.0	12.8
9	活色生香	湖南卫视	5.7	11.4
10	伪装者	湖南卫视	5.6	13.4

表 3.23.9　2015 年山西市场新闻节目收视率排名前十位

名次	节目名称	播出频道	平均收视率（%）	平均占有率（%）
1	新闻联播	中央电视台综合频道	11.9	39.6
2	郡县治天下安——习近平总书记与中央党校县委书记研修班学员座谈侧记	中央电视台综合频道	9.2	17.6
3	习近平在亚非领导人会议上致辞	中央电视台综合频道	9.0	20.5
4	李克强总理会见中外记者并回答提问	中央电视台综合频道	8.5	15.5
5	焦点访谈	中央电视台综合频道	7.2	16.3
6	2015 一年又一年	中央电视台综合频道	4.2	29.1
7	逝者安息长江客轮翻沉事件特别节目(6 月 7 日)	山东卫视	3.8	9.7
8	十二届全国人大三次会议山西代表团媒体开放日实况录像	山西卫视	3.7	6.8
9	文华三晋书香九州——第二十五届全国图书交易博览会开幕式	山西卫视	3.4	8.6
10	山西省纪念中国人民抗日战争暨世界反法西斯战争胜利 70 周年大会	山西卫视	3.0	7.8

表 3.23.10　2015 年山西市场专题节目收视率排名前十位

名次	节目名称	播出频道	平均收视率（%）	平均占有率（%）
1	把革命老区发展时刻放在心上	中央电视台综合频道	10.3	20.5
2	全面实现小康一个民族都不能少	中央电视台综合频道	8.9	16.7
3	中国谜语大会	中央电视台综合频道	5.0	9.6
4	315 消费在阳光下	中央电视台综合频道	4.8	13.9
5	感动中国 2014 年度人物颁奖盛典	中央电视台综合频道	4.8	10.1
6	2014 中国好书	中央电视台综合频道	4.7	9.9
7	寻找最美医生大型公益活动颁奖典礼	中央电视台综合频道	4.6	9.4
8	飞虎的纪念	湖南卫视	4.2	8.8
9	正气长歌	山西卫视	3.9	8.1
10	东方主战场	湖南卫视	3.8	8.4

表 3.23.11　2015 年山西市场综艺节目收视率排名前十位

名次	节目名称	播出频道	平均收视率(%)	平均占有率(%)
1	2015 中央电视台春节联欢晚会	中央电视台综合频道	39.2	78.7
2	2015 中央电视台元宵晚会	中央电视台综合频道	11.9	22.4
3	胜利与和平——纪念抗日战争暨世界反法西斯战争胜利 70 周年文艺晚会	中央电视台综合频道	11.5	25.5
4	出彩中国人(4 月 12 日)	中央电视台综合频道	6.6	12.4
5	快乐大本营	湖南卫视	6.1	13.5
6	中央军委慰问驻京部队老干部迎新春文艺演出	中央电视台综合频道	6.0	11.4
7	2015 春节联欢晚会	湖南卫视	5.3	13.1
8	2015 年中央电视台中秋晚会	中央电视台综合频道	5.1	10.7
9	天天向上	湖南卫视	5.0	11.4
10	元宵喜乐会	湖南卫视	4.9	11.1

表 3.23.12　2015 年山西市场体育节目收视率排名前十位

名次	节目名称	播出频道	平均收视率(%)	平均占有率(%)
1	现场直播:2015 年亚洲男篮锦标赛决赛(中国队 VS 菲律宾队)	中央台五套	1.9	5.0
2	2015 年世界田径锦标赛男子 400 米栏决赛	中央台五套	1.6	3.7
3	黄金赛场:2014/2015 赛季 CBA 联赛总决赛第四场(北京首钢 VS 辽宁药都本溪)	中央台五套	1.6	3.3
4	2015 年澳大利亚亚洲杯决赛(韩国队 VS 澳大利亚队)	中央台五套	1.1	3.7
5	2015 年世界乒乓球锦标赛混双决赛	中央台五套	1.1	3.1
6	直播周末:2015 年中欧男篮锦标赛(中国队 VS 爱尔兰队)	中央台五套	1.1	2.4
7	2015 年世界乒乓球锦标赛混合双打颁奖仪式	中央台五套	1.0	4.8
8	武林风	河南电视台卫星频道(一套)	0.9	3.3
9	超级足球之夜:2015 年亚洲足联冠军联赛半决赛首回合(中国广州恒大 VS 日本大阪钢巴)	中央台五套	0.9	2.2
10	黄金赛场:2015 年亚洲女排锦标赛决赛(中国队 VS 韩国队)	中央台五套	0.9	1.9

二十四、四川收视数据

表 3.24.1　2011～2015 年四川市场各类频道的市场占有率(%)

频道类别	年份				
	2011 年	2012 年	2013 年	2014 年	2015 年
中央台频道	31.7	33.9	34.3	33.4	32.1
中国教育台频道	1.1	0.9	0.5	0.4	0.1
四川省级频道	23.5	23.7	23.6	26.1	26.5
其他省级卫视频道	30.2	27.6	25.4	23.6	23.3
其他频道	13.5	13.9	16.2	16.5	18.0

表 3.24.2　2015 年四川市场各类频道在不同目标观众中的市场占有率(%)

目标观众		中央台频道	中国教育台频道	四川省级频道	其他省级卫视频道	其他频道
4 岁及以上所有人		32.1	0.1	26.5	23.3	18.0
城乡	城市	32.5	0.0	25.5	23.8	18.2
	农村	31.8	0.2	27.0	23.0	18.0
性别	男	33.2	0.1	26.0	22.2	18.5
	女	31.0	0.1	26.9	24.4	17.6
年龄	4～14 岁	31.0	0.1	16.2	35.3	17.4
	15～24 岁	27.6	0.1	23.7	29.2	19.4
	25～34 岁	29.2	0.2	21.3	28.9	20.4
	35～44 岁	29.2	0.2	24.5	24.7	21.4
	45～54 岁	34.1	0.1	29.3	18.9	17.6
	55～64 岁	31.8	0.2	33.1	18.0	16.9
	65 岁及以上	37.7	0.1	31.3	15.6	15.3
教育程度	未受过正规教育	34.3	0.2	21.1	25.5	18.9
	小学	30.5	0.1	29.2	22.4	17.8
	初中	32.3	0.1	27.7	22.3	17.6
	高中	34.8	0.2	22.4	24.2	18.4
	大学及以上	32.8	0.1	14.9	30.9	21.3
职业类别	干部/管理人员	33.8	0.1	14.1	32.7	19.3
	个体/私营企业人员	34.2	0.2	25.4	22.2	18.0
	初级公务员/雇员	27.8	0.2	22.7	28.7	20.6
	工人	31.8	0.1	28.7	20.3	19.1
	学生	26.6	0.1	19.0	36.6	17.7
	无业	35.9	0.1	25.6	22.4	16.0
	其他	30.6	0.2	30.9	19.3	19.0
个人月收入	0～300 元	31.8	0.1	24.6	25.3	18.2
	301～900 元	30.1	0.1	31.2	22.3	16.3
	901～1700 元	30.9	0.1	30.5	20.9	17.6
	1701～2600 元	36.1	0.2	24.5	20.6	18.6
	2601～3500 元	31.3	0.2	27.5	23.8	17.2
	3501 元及以上	31.9	0.1	22.9	22.5	22.6

表 3.24.3　2015 年四川市场各类频道在不同时段的市场占有率(%)

时间段	中央台频道	中国教育台频道	四川省级频道	其他省级卫视频道	其他频道
02:00~03:00	26.6	0.2	14.7	20.6	37.9
03:00~04:00	24.6	0.1	14.6	18.8	41.9
04:00~05:00	23.1	0.1	17.3	17.4	42.1
05:00~06:00	26.1	0.2	22.7	15.1	35.9
06:00~07:00	43.7	0.1	20.5	13.7	22.0
07:00~08:00	48.8	0.2	16.9	17.1	17.0
08:00~09:00	43.8	0.1	13.7	25.4	17.0
09:00~10:00	37.8	0.2	14.0	28.5	19.5
10:00~11:00	37.1	0.2	15.7	28.8	18.2
11:00~12:00	41.3	0.1	15.5	26.2	16.9
12:00~13:00	43.7	0.1	14.2	24.7	17.3
13:00~14:00	40.2	0.1	16.9	25.7	17.1
14:00~15:00	35.7	0.2	17.4	29.1	17.6
15:00~16:00	34.3	0.1	17.3	30.5	17.8
16:00~17:00	34.6	0.2	15.6	31.9	17.7
17:00~18:00	39.4	0.1	17.3	27.0	16.2
18:00~19:00	39.3	0.1	25.7	14.8	20.1
19:00~20:00	32.9	0.2	33.1	17.1	16.7
20:00~21:00	25.6	0.2	35.2	23.8	15.2
21:00~22:00	26.1	0.1	35.1	22.3	16.4
22:00~23:00	21.4	0.1	37.4	21.8	19.3
23:00~24:00	23.9	0.1	30.4	24.9	20.7
24:00~25:00	31.1	0.1	17.1	24.0	27.7
25:00~26:00	27.9	0.0	15.7	21.8	34.6

表 3.24.4　2015 年四川市场收视份额排名前十位的频道

名次	频道名称	收视份额(%)
1	四川电视台影视文艺频道(五套)	9.4
2	湖南卫视	6.0
3	中央电视台综合频道	5.2
4	中央台六套	4.6
5	四川经视频道	4.0
6	四川卫视	3.9
7	四川电视台公共频道	3.7
7	中央电视台少儿频道	3.7
9	中央台八套	3.1
9	中央台三套	3.1

表 3.24.5 2015 年四川市场各主要频道的观众构成(%)

目标观众		所有频道	主要频道				
			四川电视台影视文艺频道(五套)	湖南卫视	中央电视台综合频道	中央台六套	四川经视频道
4 岁及以上所有人		100.0	100.0	100.0	100.0	100.0	100.0
城乡	城市	35.8	33.3	29.4	36.2	28.0	27.9
	农村	64.2	66.7	70.6	63.8	72.0	72.1
性别	男	50.2	52.1	38.7	49.9	54.1	43.1
	女	49.8	47.9	61.3	50.1	45.9	56.9
年龄	4~14 岁	14.2	6.2	23.6	12.3	10.0	12.3
	15~24 岁	8.1	5.3	13.1	4.9	14.4	11.7
	25~34 岁	10.2	7.6	15.0	7.4	17.0	5.4
	35~44 岁	14.0	10.4	18.3	10.5	16.6	16.4
	45~54 岁	22.0	26.5	17.1	18.1	25.8	29.6
	55~64 岁	17.2	28.3	7.8	22.2	10.2	14.1
	65 岁及以上	14.3	15.7	5.1	24.6	6.0	10.5
教育程度	未受过正规教育	9.7	7.3	9.7	9.5	7.0	6.0
	小学	39.0	44.3	34.5	38.7	39.7	46.2
	初中	35.3	38.3	41.7	32.4	38.7	35.6
	高中	11.5	8.3	10.2	14.8	11.1	11.1
	大学及以上	4.5	1.8	3.9	4.6	3.5	1.1
职业类别	干部/管理人员	1.2	0.5	1.1	1.2	0.8	0.3
	个体/私营企业人员	10.3	10.3	12.2	8.3	14.5	11.5
	初级公务员/雇员	7.4	6.5	8.5	5.1	7.4	5.9
	工人	13.9	15.7	12.1	12.1	15.6	18.2
	学生	10.3	4.3	20.1	7.1	9.2	13.3
	无业	29.2	29.5	26.1	34.6	28.0	25.2
	其他	27.7	33.2	19.9	31.6	24.5	25.6
个人月收入	0~300 元	41.7	33.5	50.0	41.6	42.6	42.0
	301~900 元	13.2	16.2	13.1	14.0	12.4	14.0
	901~1700 元	14.4	21.4	11.8	13.9	13.3	12.7
	1701~2600 元	15.2	14.3	10.6	17.0	15.3	12.1
	2601~3500 元	8.8	10.5	10.0	7.9	7.9	9.7
	3501 元及以上	6.7	4.1	4.5	5.6	8.5	9.5

表 3.24.6 2013~2015 年四川市场各类节目的播出份额(%)和收视份额(%)

节目类别	2013 年		2014 年		2015 年	
	播出份额	收视份额	播出份额	收视份额	播出份额	收视份额
财经	2.0	0.5	1.8	0.4	1.9	0.4
电视剧	21.9	41.2	21.2	41.8	20.7	40.2
电影	5.2	7.2	4.5	6.1	4.4	6.8
法制	0.9	0.9	0.9	0.9	0.8	0.7
教学	0.3	0.0	0.3	0.0	0.2	0.1
青少	6.4	6.8	6.9	6.4	6.4	6.2
生活服务	9.3	5.9	10.6	7.1	10.2	7.5
体育	1.8	0.8	2.8	1.3	2.8	1.2
外语	0.0	0.0	0.0	0.0	0.0	0.0
戏剧	0.8	0.2	0.7	0.2	0.8	0.2
新闻/时事	15.0	10.1	14.4	10.1	14.5	8.7
音乐	2.4	0.8	2.5	0.7	2.5	1.2
专题	10.2	4.2	11.4	4.4	12.9	4.9
综艺	9.2	9.8	9.2	9.1	9.5	10.5
其他	14.6	11.6	12.8	11.5	12.4	11.4

表 3.24.7 2015 年四川市场所有节目收视率排名前三十位

名次	节目名称	节目类别	播出频道	平均收视率(%)	平均占有率(%)
1	2015 中央电视台春节联欢晚会	综艺	中央电视台综合频道	8.2	22.6
2	嫂子嫂子	电视剧	四川电视台影视文艺频道(五套)	7.5	25.9
3	猎刃	电视剧	四川电视台影视文艺频道(五套)	6.9	22.7
4	地雷英雄传	电视剧	四川电视台影视文艺频道(五套)	6.5	21.8
5	飞虎队	电视剧	四川电视台影视文艺频道(五套)	6.0	19.0
6	游击英雄	电视剧	四川电视台影视文艺频道(五套)	5.7	18.5
7	杀手锏	电视剧	四川电视台影视文艺频道(五套)	5.6	19.7
8	终极对决	电视剧	四川电视台影视文艺频道(五套)	5.6	19.1
9	我的铁血金戈梦	电视剧	四川电视台影视文艺频道(五套)	5.5	19.3
10	潜行者	电视剧	四川电视台影视文艺频道(五套)	5.4	18.4
11	刀光枪影	电视剧	四川电视台影视文艺频道(五套)	5.4	18.3
12	地雷战	电视剧	四川电视台影视文艺频道(五套)	5.0	17.4
13	生死翻盘	电视剧	四川电视台影视文艺频道(五套)	4.9	17.8
14	燃烧	电视剧	四川电视台影视文艺频道(五套)	4.8	17.9
15	激战	电视剧	四川电视台影视文艺频道(五套)	4.8	17.3
16	双城计中计	电影	中央台六套	4.7	11.2
17	英雄吉鸿昌	电视剧	四川电视台影视文艺频道(五套)	4.6	14.9
18	家和万事兴之花好月圆	电视剧	湖南卫视	4.6	11.6
19	枪侠	电视剧	四川电视台影视文艺频道(五套)	4.5	16.3
20	英雄儿女战上海	电视剧	四川电视台影视文艺频道(五套)	4.5	15.7
21	神犬小七	电视剧	湖南卫视	4.5	12.4
22	捕蛇少年(9 月 13 日)	电影	中央台六套	4.5	10.8
23	非狐外传	电影	中央台六套	4.5	9.6

续表

名次	节目名称	节目类别	播出频道	平均收视率（%）	平均占有率（%）
24	胜利与和平——纪念抗日战争暨世界反法西斯战争胜利70周年文艺晚会	综艺	中央电视台综合频道	4.4	10.6
25	野山鹰	电视剧	四川电视台影视文艺频道（五套）	4.3	16.8
26	百里夜刀	电视剧	四川电视台影视文艺频道（五套）	4.3	15.5
27	使命召唤	电视剧	四川电视台影视文艺频道（五套）	4.3	14.4
28	杀寇决	电视剧	四川电视台影视文艺频道（五套）	4.2	15.9
29	锦绣缘华丽冒险	电视剧	湖南卫视	4.2	11.4
30	旋风少女	电视剧	湖南卫视	4.1	18.3

表 3.24.8 2015 年四川市场电视剧收视率排名前十位

名次	节目名称	播出频道	平均收视率（%）	平均占有率（%）
1	嫂子嫂子	四川电视台影视文艺频道（五套）	7.5	25.9
2	猎刃	四川电视台影视文艺频道（五套）	6.9	22.7
3	地雷英雄传	四川电视台影视文艺频道（五套）	6.5	21.8
4	飞虎队	四川电视台影视文艺频道（五套）	6.0	19.0
5	游击英雄	四川电视台影视文艺频道（五套）	5.7	18.5
6	杀手锏	四川电视台影视文艺频道（五套）	5.6	19.7
7	终极对决	四川电视台影视文艺频道（五套）	5.6	19.1
8	我的铁血金戈梦	四川电视台影视文艺频道（五套）	5.5	19.3
9	潜行者	四川电视台影视文艺频道（五套）	5.4	18.4
10	刀光枪影	四川电视台影视文艺频道（五套）	5.4	18.3

表 3.24.9 2015 年四川市场新闻节目收视率排名前十位

名次	节目名称	播出频道	平均收视率（%）	平均占有率（%）
1	转播中央台新闻联播（9 月 3 日）	北京卡酷少儿频道	2.3	9.8
2	黄金 30 分	四川电视台新闻资讯频道	1.8	5.3
3	2015 一年又一年	中央电视台综合频道	1.4	10.2
4	转播中央台新闻联播	四川卫视	1.4	5.7
5	李克强总理会见中外记者并回答提问	中央电视台综合频道	1.3	3.7
6	新闻联播	中央电视台综合频道	1.2	5.2
7	习近平在亚非领导人会议上致辞	中央电视台综合频道	1.1	3.6
8	转播中央台新闻联播（12 月 31 日）	四川电视台新闻资讯频道	1.1	3.5
9	焦点访谈	中央电视台综合频道	1.0	3.2
10	观注	四川电视台新闻资讯频道	1.0	2.4

表 3.24.10　2015 年四川市场专题节目收视率排名前十位

名次	节目名称	播出频道	平均收视率(%)	平均占有率(%)
1	东方主战场	中央电视台综合频道	1.9	5.3
2	315 消费在阳光下	中央电视台综合频道	1.8	5.6
3	全面实现小康一个民族都不能少	中央电视台综合频道	1.7	5.1
4	为你点赞四川好人首届感动四川十大年度人物评选	四川卫视	1.6	4.2
5	寻找最美医生大型公益活动颁奖典礼	中央电视台综合频道	1.4	3.8
6	噗通噗通的良心	湖南卫视	1.3	4.3
7	感动中国 2014 年度人物颁奖盛典	中央电视台综合频道	1.3	3.5
8	胡耀邦	中央电视台综合频道	1.3	3.0
9	好记者讲好故事价值观的故事 2015 年中国记者节特别节目	中央电视台综合频道	1.3	2.8
10	变形计	湖南卫视	1.2	4.8

表 3.24.11　2015 年四川市场综艺节目收视率排名前十位

名次	节目名称	播出频道	平均收视率(%)	平均占有率(%)
1	2015 中央电视台春节联欢晚会	中央电视台综合频道	8.2	22.6
2	胜利与和平——纪念抗日战争暨世界反法西斯战争胜利 70 周年文艺晚会	中央电视台综合频道	4.4	10.6
3	元宵喜乐会	湖南卫视	3.9	10.7
4	2015 中央电视台元宵晚会	中央电视台综合频道	3.6	9.1
4	星光大道(1 月 17 日)	中央电视台综合频道	3.6	9.1
6	出彩中国人(4 月 26 日)	中央电视台综合频道	3.3	8.4
7	我是歌手(2 月 13 日)	湖南卫视	3.0	16.5
8	中秋之夜	湖南卫视	2.9	5.9
9	黄金 100 秒(11 月 8 日)	中央台三套	2.8	7.7
10	快乐大本营	湖南卫视	2.8	7.3

表 3.24.12 2015 年四川市场体育节目收视率排名前十位

名次	节目名称	播出频道	平均收视率（%）	平均占有率（%）
1	2015 年世界田径锦标赛女子 200 米决赛	中央台五套	2.0	4.4
2	现场直播：2015 年亚洲男篮锦标赛决赛（中国队 VS 菲律宾队）	中央台五套	1.5	4.1
3	2015 年国际泳联世锦赛女子 100 米仰泳预赛	中央台五套	1.3	4.0
4	黄金赛场：2015 年亚洲女篮锦标赛小组赛（日本队 VS 中国队）	中央台五套	1.2	3.4
5	直播周末 2015 年女排世界杯颁奖仪式	中央台五套	1.2	3.2
6	直播周末：2015 年 WBO 洲际重量级拳王争霸赛十二回合	中央台五套	1.2	2.8
7	黄金赛场：2015/2016 赛季 CBA 常规赛第九轮（新疆天山农商银行 VS 辽宁药都本溪）	中央台五套	1.0	2.5
8	黄金赛场：WBC 迷你轻量级洲际拳王争霸赛	中央台五套	1.0	2.2
9	黄金赛场：2015 年中国男篮系列赛第一场（国男篮 VS 立陶宛男篮）	中央台五套	0.9	2.7
10	直播周末：2015 年 CBA 全明星赛三分球大赛决赛	中央台五套	0.9	2.5

二十五、新疆收视数据

表 3.25.1　2011～2015 年新疆市场各类频道的市场占有率(%)

频道类别	年份				
	2011 年	2012 年	2013 年	2014 年	2015 年
中央台频道	21.7	23.3	26.5	29.4	31.0
中国教育台频道	0.3	0.3	0.2	0.2	0.2
新疆自治区级频道	22.2	25.7	27.2	27.0	29.0
其他省级卫视频道	18.9	20.1	21.9	21.9	18.1
其他频道	36.9	30.6	24.2	21.5	21.7

表 3.25.2　2015 年新疆市场各类频道在不同目标观众中的市场占有率(%)

目标观众		中央台频道	中国教育台频道	新疆自治区级频道	其他省级卫视频道	其他频道
4 岁及以上所有人		31.0	0.2	29.0	18.1	21.7
城乡	城市	37.5	0.1	25.5	20.2	16.7
	农村	24.9	0.2	32.3	16.1	26.5
性别	男	32.5	0.1	29.4	15.8	22.1
	女	29.5	0.2	28.6	20.3	21.4
年龄	4～14 岁	24.3	0.1	34.5	12.1	29.1
	15～24 岁	14.6	0.1	38.1	13.7	33.5
	25～34 岁	23.3	0.2	36.3	16.2	24.0
	35～44 岁	24.7	0.1	34.1	17.2	24.0
	45～54 岁	36.7	0.1	23.8	22.5	16.8
	55～64 岁	48.5	0.1	18.0	22.1	11.4
	65 岁及以上	55.1	0.3	11.3	23.9	9.4
教育程度	未受过正规教育	35.4	0.1	23.9	19.9	20.6
	小学	24.8	0.1	35.0	13.6	26.5
	初中	28.1	0.2	31.5	16.1	24.1
	高中	36.5	0.1	23.9	22.6	16.9
	大学及以上	40.3	0.3	21.2	23.5	14.7
职业类别	干部/管理人员	39.5	0.9	26.0	18.7	14.9
	个体/私营企业人员	27.4	0.1	28.4	17.5	26.6
	初级公务员/雇员	39.1	0.2	22.5	24.3	13.9
	工人	32.2	0.1	26.1	23.9	17.6
	学生	19.6	0.1	35.8	16.4	28.1
	无业	41.0	0.2	21.5	20.6	16.7
	其他	23.5	0.1	36.9	12.9	26.6
个人月收入	0～300 元	22.9	0.1	33.6	16.4	26.9
	301～900 元	9.6	0.1	49.9	4.7	35.6
	901～1700 元	33.3	0.2	27.8	20.1	18.7
	1701～2600 元	42.2	0.1	18.5	25.9	13.3
	2601～3500 元	48.6	0.2	15.5	23.6	12.1
	3501 元及以上	50.3	0.2	14.5	22.1	12.9

表 3.25.3 2015 年新疆市场各类频道在不同时段的市场占有率(%)

时间段	中央台频道	中国教育台频道	新疆自治区级频道	其他省级卫视频道	其他频道
02:00~03:00	32.2	0.2	8.2	27.7	31.6
03:00~04:00	36.4	0.1	6.6	42.5	14.4
04:00~05:00	50.3	0.0	4.6	34.8	10.3
05:00~06:00	61.2	0.0	4.7	21.5	12.6
06:00~07:00	55.3	0.1	2.3	20.2	22.0
07:00~08:00	58.6	0.3	4.7	19.5	17.0
08:00~09:00	59.3	0.2	14.3	15.1	11.1
09:00~10:00	43.4	0.1	28.4	12.5	15.6
10:00~11:00	29.7	0.2	35.2	12.5	22.5
11:00~12:00	30.0	0.1	34.4	12.6	22.9
12:00~13:00	34.9	0.1	27.6	13.3	24.1
13:00~14:00	38.1	0.2	23.6	16.6	21.5
14:00~15:00	33.3	0.1	25.6	17.5	23.6
15:00~16:00	32.5	0.1	25.0	20.3	22.1
16:00~17:00	30.7	0.1	27.1	16.7	25.4
17:00~18:00	31.4	0.1	28.1	15.4	25.0
18:00~19:00	37.6	0.1	29.9	11.0	21.4
19:00~20:00	44.7	0.1	25.7	13.8	15.7
20:00~21:00	27.5	0.2	31.8	20.4	20.0
21:00~22:00	26.4	0.2	29.9	19.2	24.2
22:00~23:00	23.6	0.2	31.4	20.6	24.3
23:00~24:00	25.8	0.1	28.1	24.6	21.4
24:00~25:00	29.2	0.1	27.4	22.0	21.4
25:00~26:00	34.8	0.1	21.6	20.5	22.9

表 3.25.4 2015 年新疆市场收视份额排名前十位的频道

名次	频道名称	收视份额(%)
1	新疆电视台九套(维语经济生活频道)	9.6
2	新疆电视台二套(维语新闻综合频道)	7.5
3	中央电视台综合频道	7.0
4	新疆电视台五套(维语综艺频道)	6.2
5	中央电视台少儿频道	3.9
6	中央电视台新闻频道	3.6
7	中央台八套	3.5
8	湖南卫视	2.8
9	中央台六套	2.7
10	中央台三套	1.9

表 3.25.5　2015 年新疆市场各主要频道的观众构成(%)

目标观众		所有频道	新疆电视台九套(维语经济生活频道)	新疆电视台二套(维语新闻综合频道)	中央电视台综合频道	新疆电视台五套(维语综艺频道)	中央电视台少儿频道
4 岁及以上所有人		100.0	100.0	100.0	100.0	100.0	100.0
城乡	城市	48.6	46.8	34.5	64.0	35.8	31.3
	农村	51.4	53.2	65.5	36.0	64.2	68.7
性别	男	49.9	50.4	49.6	50.6	50.8	55.3
	女	50.1	49.6	50.4	49.4	49.2	44.8
年龄	4~14 岁	11.5	15.1	13.9	4.1	14.3	42.6
	15~24 岁	14.8	20.6	20.5	5.3	22.8	9.2
	25~34 岁	16.0	21.8	19.4	11.4	20.8	14.6
	35~44 岁	19.6	22.5	21.9	12.9	21.5	11.2
	45~54 岁	14.9	11.1	11.6	18.6	11.3	9.2
	55~64 岁	11.1	6.2	6.9	23.3	5.7	7.5
	65 岁及以上	12.1	2.7	5.7	24.4	3.5	5.7
教育程度	未受过正规教育	5.2	5.0	5.0	4.6	4.0	15.6
	小学	23.8	28.5	30.3	14.8	30.6	37.4
	初中	36.6	39.0	39.1	32.4	39.9	27.3
	高中	22.9	18.9	17.0	30.3	18.4	13.7
	大学及以上	11.6	8.5	8.6	17.8	7.1	6.1
职业类别	干部/管理人员	1.7	1.2	2.2	2.7	0.8	0.5
	个体/私营企业人员	7.8	8.2	6.6	7.5	6.8	3.8
	初级公务员/雇员	9.7	5.8	5.2	13.6	4.5	4.6
	工人	5.9	6.1	4.8	5.3	6.1	2.6
	学生	15.3	20.5	18.9	5.7	21.3	31.3
	无业	31.6	23.5	20.4	47.2	18.9	31.2
	其他	28.1	34.7	41.8	18.0	41.5	25.9
个人月收入	0~300 元	31.0	39.4	32.9	18.0	36.3	56.0
	301~900 元	17.6	29.6	37.2	3.6	35.7	12.6
	901~1700 元	12.0	11.3	11.0	12.0	12.2	9.0
	1701~2600 元	17.9	8.5	9.7	23.7	8.2	11.0
	2601~3500 元	14.0	7.7	5.9	26.7	5.3	7.8
	3501 元及以上	7.5	3.5	3.1	16.1	2.4	3.7

表 3.25.6　2013~2015 年新疆市场各类节目的播出份额(%)和收视份额(%)

节目类别	2013 年		2014 年		2015 年	
	播出份额	收视份额	播出份额	收视份额	播出份额	收视份额
财经	1.7	0.6	1.5	0.6	1.5	0.8
电视剧	27.9	28.9	24.3	28.9	24.3	26.8
电影	5.5	5.4	4.9	5.1	5.0	5.3
法制	1.0	2.0	1.0	2.2	1.0	1.6
教学	0.4	0.1	0.3	0.2	0.3	0.2
青少	5.6	7.5	6.3	6.7	6.0	6.0
生活服务	8.4	6.9	12.6	7.7	9.8	6.9
体育	3.1	2.4	4.0	3.0	3.6	3.3
外语	0.0	0.0	0.0	0.0	0.0	0.0
戏剧	0.7	0.3	0.6	0.4	0.7	0.5
新闻/时事	10.2	12.4	9.7	12.8	10.0	12.4
音乐	2.5	0.8	2.5	0.9	2.6	1.1
专题	8.7	5.7	11.3	6.5	12.9	8.1
综艺	7.0	11.4	6.9	10.8	7.5	11.5
其他	17.2	15.5	14.0	14.2	14.8	15.7

表 3.25.7 2015 年新疆市场所有节目收视率排名前三十位

名次	节目名称	节目类别	播出频道	平均收视率（%）	平均占有率（%）
1	2015 中央电视台春节联欢晚会	综艺	中央电视台综合频道	7.9	34.0
2	幸福家庭的烦恼第二部	电视剧	新疆电视台九套（维语经济生活频道）	5.4	18.6
3	2015 中央电视台元宵晚会	综艺	中央电视台综合频道	5.1	15.9
4	妻子的诱惑	电视剧	新疆电视台九套（维语经济生活频道）	4.7	15.7
5	把革命老区发展时刻放在心上	专题	中央电视台综合频道	4.4	18.7
6	习近平在亚非领导人会议上致辞	新闻/时事	中央电视台综合频道	4.0	23.9
7	新闻联播	新闻/时事	中央电视台综合频道	3.9	28.6
8	载歌载舞庆婚礼	生活服务	新疆电视台九套（维语经济生活频道）	3.7	21.6
9	丝绸之路好声音	综艺	新疆电视台九套（维语经济生活频道）	3.6	15.4
10	专题片－喀什的传说	专题	新疆电视台九套（维语经济生活频道）	3.6	12.9
11	天山大讲堂	专题	新疆电视台九套（维语经济生活频道）	3.4	13.8
12	郡县治天下安习近平总书记与中央党校县委书记研修班学员座谈侧记	新闻/时事	中央电视台综合频道	3.2	13.6
13	动画片－三毛流浪记	青少	新疆电视台九套（维语经济生活频道）	3.2	12.8
14	真实记录	专题	新疆电视台九套（维语经济生活频道）	3.0	12.7
15	中央军委慰问驻京部队老干部迎新春文艺演出	综艺	中央电视台综合频道	3.0	9.7
16	全民健身日全国 13 届冬运会圣火采集火炬传递启动仪式	体育	新疆电视台二套（维语新闻综合频道）	2.9	14.5
17	我爱厨房	生活服务	新疆电视台九套（维语经济生活频道）	2.9	14.0
18	动画片－熊出没第三部	青少	新疆电视台九套（维语经济生活频道）	2.9	12.8
19	美丽故事	专题	新疆电视台九套（维语经济生活频道）	2.9	12.2
20	买买提的 2008	电影	新疆电视台九套（维语经济生活频道）	2.9	11.8
21	中央电视台 2015 春节戏曲晚会	戏剧	中央电视台综合频道	2.9	10.6
22	全面实现小康一个民族都不能少	专题	中央电视台综合频道	2.8	12.9

续表

名次	节目名称	节目类别	播出频道	平均收视率（%）	平均占有率（%）
23	李克强总理会见中外记者并回答提问	新闻/时事	中央电视台综合频道	2.8	9.8
24	别让我看见	电视剧	中央电视台综合频道	2.8	9.1
25	焦点访谈	新闻/时事	中央电视台综合频道	2.7	15.7
26	大兵日记	电影	新疆电视台九套（维语经济生活频道）	2.7	13.1
27	印记	专题	新疆电视台九套（维语经济生活频道）	2.7	12.9
28	宰相刘罗锅	电视剧	新疆电视台九套（维语经济生活频道）	2.7	10.4
29	戒烟不戒酒	电影	新疆电视台五套（维语综艺频道）	2.7	9.3
30	锋刃	电视剧	中央电视台综合频道	2.7	8.8

表 3.25.8　2015 年新疆市场电视剧收视率排名前十位

名次	节目名称	播出频道	平均收视率（%）	平均占有率（%）
1	幸福家庭的烦恼第二部	新疆电视台九套（维语经济生活频道）	5.4	18.6
2	妻子的诱惑	新疆电视台九套（维语经济生活频道）	4.7	15.7
3	别让我看见	中央电视台综合频道	2.8	9.1
4	宰相刘罗锅	新疆电视台九套（维语经济生活频道）	2.7	10.4
5	锋刃	中央电视台综合频道	2.7	8.8
6	历史转折中的邓小平	新疆电视台九套（维语经济生活频道）	2.6	10.2
7	幸福家庭的烦恼	新疆电视台九套（维语经济生活频道）	2.5	12.0
8	好大一个家	中央电视台综合频道	2.5	8.3
9	坎坷	新疆电视台九套（维语经济生活频道）	2.4	13.2
10	阿娜尔罕	新疆电视台九套（维语经济生活频道）	2.4	10.9

表 3.25.9　2015 年新疆市场新闻节目收视率排名前十位

名次	节目名称	播出频道	平均收视率（%）	平均占有率（%）
1	习近平在亚非领导人会议上致辞	中央电视台综合频道	4.0	23.9
2	新闻联播	中央电视台综合频道	3.9	28.6
3	郡县治天下安——习近平总书记与中央党校县委书记研修班学员座谈侧记	中央电视台综合频道	3.2	13.6
4	李克强总理会见中外记者并回答提问	中央电视台综合频道	2.8	9.8
5	焦点访谈	中央电视台综合频道	2.7	15.7
6	记者探访偷渡泰国被遣返人员	新疆电视台九套（维语经济生活频道）	2.2	10.1
7	新疆新闻联播	新疆电视台二套（维语新闻综合频道）	2.0	8.1
8	辉煌 60 年——庆祝新疆维吾尔自治区成立 60 周年特别报道	新疆电视台九套（维语经济生活频道）	1.8	12.2
9	整点新闻	新疆电视台二套（维语新闻综合频道）	1.7	6.7
10	2015 一年又一年	中央电视台综合频道	1.4	13.8

表 3.25.10　2015 年新疆市场专题节目收视率排名前十位

名次	节目名称	播出频道	平均收视率（%）	平均占有率（%）
1	把革命老区发展时刻放在心上	中央电视台综合频道	4.4	18.7
2	专题片—喀什的传说	新疆电视台九套（维语经济生活频道）	3.6	12.9
3	天山大讲堂	新疆电视台九套（维语经济生活频道）	3.4	13.8
4	真实记录	新疆电视台九套（维语经济生活频道）	3.0	12.7
5	美丽故事	新疆电视台九套（维语经济生活频道）	2.9	12.2
6	全面实现小康一个民族都不能少	中央电视台综合频道	2.8	12.9
7	印记	新疆电视台九套（维语经济生活频道）	2.7	12.9
8	中国谜语大会（3 月 2 日）	中央电视台综合频道	2.7	7.9
9	2015 天山骄傲第 4 届自治区道德模范授奖仪式	新疆电视台九套（维语经济生活频道）	2.5	13.2
10	偷渡者的人生回归	新疆电视台九套（维语经济生活频道）	2.5	12.4

表 3.25.11　2015 年新疆市场综艺节目收视率排名前十位

名次	节目名称	播出频道	平均收视率（%）	平均占有率（%）
1	2015 中央电视台春节联欢晚会	中央电视台综合频道	7.9	34.0
2	2015 中央电视台元宵晚会	中央电视台综合频道	5.1	15.9
3	丝绸之路好声音	新疆电视台九套（维语经济生活频道）	3.6	15.4
4	中央军委慰问驻京部队老干部迎新春文艺演出	中央电视台综合频道	3.0	9.7
5	胜利与和平——纪念抗日战争暨世界反法西斯战争胜利 70 周年文艺晚会	中央电视台综合频道	2.6	13.3
6	梦想星搭档公益盛典	中央电视台综合频道	2.6	7.9
7	自治区去极端化优秀小品	新疆电视台九套（维语经济生活频道）	2.4	10.5
8	甜蜜的梦	新疆电视台九套（维语经济生活频道）	2.4	10.3
9	出彩中国人有梦就出彩	中央电视台综合频道	2.4	8.4
10	新疆达人秀	新疆电视台九套（维语经济生活频道）	2.1	12.8

表 3.25.12 2015 年新疆市场体育节目收视率排名前十位

名次	节目名称	播出频道	平均收视率(%)	平均占有率(%)
1	全民健身日全国 13 届冬运会圣火采集火炬传递启动仪式	新疆电视台二套(维语新闻综合频道)	2.9	14.5
2	足球世界	新疆电视台九套(维语经济生活频道)	2.3	12.4
3	15/16 赛季中国男子篮球职业联赛	新疆电视台五套(维语综艺频道)	2.0	7.7
4	2015 中国足协杯	新疆电视台九套(维语经济生活频道)	1.8	13.0
5	2015 中国足球甲级联赛	新疆电视台九套(维语经济生活频道)	1.6	10.1
6	14/15 赛季中国男子篮球职业联赛	新疆电视台五套(维语综艺频道)	1.6	7.1
7	现场直播:2015 年亚洲男篮锦标赛决赛(中国队 VS 菲律宾队)	中央台五套	1.4	6.1
8	新疆体育	新疆电视台五套(维语综艺频道)	1.3	6.0
9	足球世界	新疆电视台五套(维语综艺频道)	1.3	5.1
10	黄金赛场:2014/2015 赛季中国男子篮球职业联赛总决赛第二场(辽宁药都本溪 VS 北京首钢)	中央台五套	1.2	4.1

二十六、云南收视数据

表 3.26.1 2011～2015 年云南市场各类频道的市场占有率(%)

频道类别	年份				
	2011 年	2012 年	2013 年	2014 年	2015 年
中央台频道	29.8	34.2	34.1	35.4	36.6
中国教育台频道	1.5	1.7	1.0	0.5	0.3
云南省级频道	19.7	17.7	17.7	17.8	17.2
其他省级卫视频道	39.6	38.2	39.9	39.2	37.8
其他频道	9.4	8.2	7.3	7.1	8.1

表 3.26.2 2015 年云南市场各类频道在各目标观众中的市场占有率(%)

目标观众		中央台频道	中国教育台频道	云南省级频道	其他省级卫星频道	其他频道
4 岁及以上所有人		36.6	0.3	17.2	37.8	8.1
城乡	城市	37.9	0.2	17.6	29.6	14.7
	农村	36.0	0.3	17.0	41.1	5.6
性别	男	38.0	0.3	18.1	35.2	8.4
	女	35.2	0.2	16.3	40.4	7.9
年龄	4～14 岁	36.1	0.2	12.7	45.6	5.4
	15～24 岁	28.9	0.2	14.2	49.2	7.5
	25～34 岁	34.5	0.4	13.8	42.9	8.4
	35～44 岁	33.6	0.3	17.5	39.0	9.6
	45～54 岁	36.4	0.4	19.1	36.4	7.7
	55～64 岁	42.9	0.1	23.7	23.8	9.5
	65 岁及以上	47.7	0.1	21.0	22.4	8.8
教育程度	未受过正规教育	42.2	0.2	14.6	37.1	5.9
	小学	36.2	0.3	15.9	40.1	7.5
	初中	34.6	0.3	17.5	39.8	7.8
	高中	38.6	0.2	20.2	30.6	10.4
	大学及以上	42.2	0.1	14.7	32.1	10.9
职业类别	干部/管理人员	45.4	0.0	21.6	23.3	9.7
	个体/私营企业人员	35.4	0.2	15.6	35.1	13.7
	初级公务员/雇员	35.2	0.1	16.9	37.8	10.0
	工人	34.2	0.2	21.7	35.2	8.7
	学生	32.6	0.2	13.6	47.3	6.3
	无业	44.6	0.1	20.6	26.5	8.2
	其他	33.4	0.5	15.6	45.1	5.4
个人月收入	0～300 元	34.9	0.2	15.0	43.7	6.2
	301～900 元	35.1	0.3	18.7	40.7	5.2
	901～1700 元	36.4	0.4	16.7	38.7	7.8
	1701～2600 元	39.1	0.1	20.1	30.6	10.1
	2601～3500 元	38.1	0.2	18.0	33.0	10.7
	3501 元及以上	35.5	0.2	13.9	37.0	13.4

表 3.26.3　2015 年云南市场各类频道在不同时段的市场占有率(%)

时间段	中央台频道	中国教育台频道	云南省级频道	其他省级卫星频道	其他频道
02:00~03:00	46.0	0.2	7.6	35.9	10.3
03:00~04:00	48.3	0.0	7.8	38.6	5.3
04:00~05:00	47.8	0.0	5.9	37.9	8.4
05:00~06:00	61.4	0.5	6.2	25.0	6.9
06:00~07:00	74.9	0.2	4.2	18.8	1.9
07:00~08:00	73.8	0.2	5.6	18.4	2.0
08:00~09:00	62.1	0.2	9.5	24.4	3.8
09:00~10:00	50.8	0.2	11.0	32.3	5.7
10:00~11:00	50.2	0.2	9.6	33.8	6.2
11:00~12:00	49.8	0.2	9.3	35.5	5.2
12:00~13:00	51.9	0.2	7.6	35.5	4.8
13:00~14:00	47.1	0.2	7.7	39.6	5.4
14:00~15:00	39.6	0.2	10.2	42.9	7.1
15:00~16:00	39.2	0.3	10.0	42.6	7.9
16:00~17:00	42.9	0.3	10.5	38.0	8.3
17:00~18:00	48.4	0.2	17.8	25.4	8.2
18:00~19:00	47.3	0.1	25.0	16.1	11.5
19:00~20:00	43.1	0.3	17.6	31.0	8.0
20:00~21:00	28.4	0.4	19.5	44.5	7.2
21:00~22:00	29.6	0.3	20.1	41.9	8.1
22:00~23:00	29.9	0.1	18.2	39.7	12.1
23:00~24:00	26.8	0.1	15.5	46.3	11.3
24:00~25:00	27.5	0.3	10.8	46.5	14.9
25:00~26:00	36.3	0.8	10.8	26.8	25.3

表 3.26.4　2015 年云南市场收视份额排名前十位的频道

名次	频道名称	收视份额(%)
1	湖南卫视	15.7
2	云南广播电视台都市频道(二套)	7.4
3	中央电视台综合频道	6.9
4	中央台八套	6.5
5	中央台六套	5.3
6	云南广播电视台卫视频道(一套)	4.3
7	中央电视台少儿频道	3.7
8	安徽卫视	2.9
9	中央台十二套	2.7
10	中央电视台新闻频道	2.5

表 3.26.5 2015 年云南市场各主要频道的观众构成(%)

目标观众		所有频道	主要频道				
			湖南卫视	云南广播电视台都市频道(二套)	中央电视台综合频道	中央台八套	中央台六套
4 岁及以上所有人		100.0	100.0	100.0	100.0	100.0	100.0
城乡	城市	28.8	24.7	30.0	36.3	23.9	29.2
	农村	71.2	75.3	70.0	63.7	76.1	70.8
性别	男	50.3	42.6	51.1	49.3	48.6	56.7
	女	49.7	57.4	48.9	50.7	51.4	43.3
年龄	4~14 岁	14.4	18.6	5.7	11.0	6.0	12.3
	15~24 岁	13.6	20.6	8.7	7.9	12.3	16.0
	25~34 岁	14.4	16.5	9.7	13.2	9.7	16.5
	35~44 岁	19.8	23.8	19.4	17.8	19.8	24.3
	45~54 岁	14.4	12.0	15.1	14.0	17.4	15.3
	55~64 岁	11.9	5.1	22.1	17.0	17.2	9.1
	65 岁及以上	11.5	3.4	19.3	19.1	17.6	6.5
教育程度	未受过正规教育	6.1	4.2	3.8	5.2	5.8	6.7
	小学	27.9	30.2	20.5	23.7	27.6	32.0
	初中	44.4	48.4	42.5	41.2	44.7	46.4
	高中	16.4	13.2	27.8	21.0	17.9	11.4
	大学及以上	5.2	4.0	5.4	8.9	4.0	3.5
职业类别	干部/管理人员	0.5	0.2	1.2	1.7	0.5	0.3
	个体/私营企业人员	15.4	14.8	11.7	13.8	13.6	19.5
	初级公务员/雇员	8.0	8.5	7.8	9.1	8.3	5.3
	工人	9.4	9.5	13.9	7.1	10.0	12.9
	学生	15.5	22.9	7.8	10.2	10.1	14.7
	无业	24.3	12.1	39.4	34.6	28.5	14.9
	其他	26.9	32.0	18.2	23.5	29.0	32.4
个人月收入	0~300 元	30.3	37.0	19.0	22.7	25.7	29.4
	301~900 元	10.4	10.7	8.6	11.1	11.0	10.6
	901~1700 元	19.6	20.1	20.0	17.5	22.3	23.9
	1701~2600 元	24.8	17.8	36.3	31.8	27.8	22.5
	2601~3500 元	9.8	8.7	12.0	11.2	9.5	9.8
	3501 元及以上	5.1	5.7	4.1	5.7	3.7	3.8

表 3.26.6 2013~2015 年云南市场各类节目的播出份额(%)和收视份额(%)

节目类别	2013 年		2014 年		2015 年	
	播出份额	收视份额	播出份额	收视份额	播出份额	收视份额
财经	1.7	0.5	1.5	0.3	1.5	0.4
电视剧	27.9	38.4	24.0	36.8	23.9	35.5
电影	4.4	3.5	3.9	4.5	4.0	4.8
法制	1.1	1.6	1.0	1.8	1.0	1.4
教学	0.4	0.1	0.2	0.1	0.2	0.1
青少	6.0	6.2	6.7	6.1	6.3	5.1
生活服务	9.3	7.0	13.8	7.9	11.3	8.2
体育	2.2	1.1	3.3	1.2	3.0	1.0
外语	0.0	0.0	0.0	0.0	0.0	0.0
戏剧	0.8	0.4	0.7	0.3	0.7	0.3
新闻/时事	10.8	9.8	10.3	10.2	10.2	9.3
音乐	2.5	0.8	2.5	0.8	2.6	1.1
专题	8.5	4.2	11.0	4.3	12.7	4.9
综艺	7.3	9.7	7.4	10.2	8.0	12.5
其他	17.0	16.6	13.6	15.6	14.6	15.4

表 3.26.7　2015 年云南市场所有节目收视率排名前三十位

名次	节目名称	节目类别	播出频道	平均收视率(%)	平均占有率(%)
1	2015 中央电视台春节联欢晚会	综艺	中央电视台综合频道	14.3	50.2
2	妻子的谎言	电视剧	湖南卫视	11.4	26.1
3	特警力量	电视剧	湖南卫视	11.3	26.6
4	中秋之夜	综艺	湖南卫视	10.9	22.5
5	神犬小七	电视剧	湖南卫视	10.6	24.4
6	锦绣缘华丽冒险	电视剧	湖南卫视	9.8	22.1
7	家和万事兴之花好月圆	电视剧	湖南卫视	9.0	21.9
8	冰与火的青春	电视剧	湖南卫视	9.0	21.1
9	伪装者	电视剧	湖南卫视	8.9	21.3
10	快乐大本营	综艺	湖南卫视	8.8	21.4
11	偏偏喜欢你	电视剧	湖南卫视	8.6	20.8
12	活色生香	电视剧	湖南卫视	8.5	19.4
13	前夫求爱记	电视剧	湖南卫视	8.4	20.2
14	美丽的秘密	电视剧	湖南卫视	7.8	19.9
15	新济公活佛	电视剧	湖南卫视	7.8	18.0
16	胜利与和平——纪念抗日战争暨世界反法西斯战争胜利 70 周年文艺晚会	综艺	湖南卫视	7.8	17.6
17	天天向上	综艺	湖南卫视	7.7	18.8
17	家和万事兴之兄弟姐妹	电视剧	湖南卫视	7.7	18.8
19	飞虎的纪念	专题	湖南卫视	7.5	17.4
19	武媚娘传奇	电视剧	湖南卫视	7.5	17.4
21	我是歌手歌王之战(3 月 27 日)	综艺	湖南卫视	7.0	21.5
22	动画片:五子炮渊子崖保卫战	青少	湖南卫视	6.8	19.6
23	元宵喜乐会	综艺	湖南卫视	6.4	18.1
24	青春集结号	电视剧	湖南卫视	6.4	15.1
25	东方主战场	专题	湖南卫视	5.9	16.4
26	变形计	专题	湖南卫视	5.7	16.8
27	花千骨	电视剧	湖南卫视	5.4	32.8
28	嫂子嫂子	电视剧	云南广播电视台都市频道(二套)	5.4	13.3
29	噗通噗通的良心	专题	湖南卫视	5.2	15.4
30	光影	电视剧	云南广播电视台都市频道(二套)	5.1	12.1

表 3.26.8 2015 年云南市场电视剧收视率排名前十位

名次	节目名称	播出频道	平均收视率（%）	平均占有率（%）
1	妻子的谎言	湖南卫视	11.4	26.1
2	特警力量	湖南卫视	11.3	26.6
3	神犬小七	湖南卫视	10.6	24.4
4	锦绣缘华丽冒险	湖南卫视	9.8	22.1
5	家和万事兴之花好月圆	湖南卫视	9.0	21.9
6	冰与火的青春	湖南卫视	9.0	21.1
7	伪装者	湖南卫视	8.9	21.3
8	偏偏喜欢你	湖南卫视	8.6	20.8
9	活色生香	湖南卫视	8.5	19.4
10	前夫求爱记	湖南卫视	8.4	20.2

表 3.26.9 2015 年云南市场新闻节目收视率排名前十位

名次	节目名称	播出频道	平均收视率（%）	平均占有率（%）
1	新闻联播	中央电视台综合频道	4.3	21.2
2	习近平在亚非领导人会议上致辞	中央电视台综合频道	3.4	11.0
3	李克强总理会见中外记者并回答提问	中央电视台综合频道	3.4	7.3
4	郡县治天下安——习近平总书记与中央党校县委书记研修班学员座谈侧记	中央电视台综合频道	3.1	8.0
5	焦点访谈	中央电视台综合频道	3.0	8.8
6	2015 一年又一年	中央电视台综合频道	2.2	28.5
7	云南省纪念中国人民抗日战争暨世界反法西斯战争胜利 70 周年大会	云南广播电视台卫视频道（一套）	2.0	5.5
8	都市条形码	云南广播电视台都市频道（二套）	1.5	15.0
9	大口马牙	云南广播电视台都市频道（二套）	1.3	6.6
10	非常头条	云南广播电视台娱乐频道（三套）	1.1	2.3

表 3.26.10 2015 年云南市场专题节目收视率排名前十位

名次	节目名称	播出频道	平均收视率（%）	平均占有率（%）
1	飞虎的纪念	湖南卫视	7.5	17.4
2	东方主战场	湖南卫视	5.9	16.4
3	变形计	湖南卫视	5.7	16.8
4	噗通噗通的良心	湖南卫视	5.2	15.4
5	把革命老区发展时刻放在心上	中央电视台综合频道	4.3	11.0
6	第十四届汉语桥世界大学生中文比赛（8 月 13 日）	湖南卫视	3.8	22.1
7	全面实现小康一个民族都不能少	中央电视台综合频道	2.8	7.5
8	2014 中国好书	中央电视台综合频道	2.5	5.8
9	好记者讲好故事价值观的故事 2015 年中国记者节特别节目	中央电视台综合频道	2.5	5.2
10	寻找最美医生大型公益活动颁奖典礼	中央电视台综合频道	2.4	5.2

表 3.26.11　2015 年云南市场综艺节目收视率排名前十位

名次	节目名称	播出频道	平均收视率(%)	平均占有率(%)
1	2015 中央电视台春节联欢晚会	中央电视台综合频道	14.3	50.2
2	中秋之夜	湖南卫视	10.9	22.5
3	快乐大本营	湖南卫视	8.8	21.4
4	胜利与和平——纪念抗日战争暨世界反法西斯战争胜利 70 周年文艺晚会	湖南卫视	7.8	17.6
5	天天向上	湖南卫视	7.7	18.8
6	我是歌手歌王之战(3 月 27 日)	湖南卫视	7.0	21.5
7	元宵喜乐会	湖南卫视	6.4	18.1
8	好好学吧	湖南卫视	4.2	15.5
9	四海同春 2015 全球华侨华人春节大联欢	湖南卫视	3.9	13.5
10	中央军委慰问驻京部队老干部迎新春文艺演出	中央电视台综合频道	3.8	8.3

表 3.26.12　2015 年云南市场体育节目收视率排名前十位

名次	节目名称	播出频道	平均收视率(%)	平均占有率(%)
1	2015 年世界田径锦标赛男子 200 米决赛	中央台五套	1.1	2.4
2	超级足球之夜:2015 年亚洲足联冠军联赛半决赛首回合(中国广州恒大 VS 日本大阪钢巴)	中央台五套	0.8	1.8
3	2014/2015 赛季 NBA 东部决赛(骑士 VS 老鹰)	中央台五套	0.8	1.7
4	现场直播:2015 年亚洲男篮锦标赛决赛(中国队 VS 菲律宾队)	中央台五套	0.7	1.9
4	直播周末:2015 年东亚杯男子足球赛(中国队 VS 韩国队)	中央台五套	0.7	1.9
6	超级足球之夜:国际足联 2018 年俄罗斯世界杯亚洲区预选赛 C 组小组赛(中国香港队 VS 中国队)	中央台五套	0.7	1.7
7	超级足球之夜:2015 年中国足协超级联赛第 28 轮(天津泰达权健 VS 广州恒大淘宝)	中央台五套	0.7	1.6
8	2015 年国际泳联世锦赛女子 200 米蛙泳半决赛	中央台五套	0.6	4.2
9	超级足球之夜 亚冠联赛颁奖仪式	中央台五套	0.6	3.4
10	黄金赛场:2015/2016 赛季中国女子篮球联赛常规赛第十四轮(上海宝山大华 VS 山西竹叶青)	中央台五套	0.6	1.3

二十七、浙江收视数据

表 3.27.1　2011～2015 年浙江市场各类频道的市场占有率(%)

频道类别	年份				
	2011 年	2012 年	2013 年	2014 年	2015 年
中央台频道	24.3	24.4	25.0	28.5	30.0
中国教育台频道	0.8	0.6	0.5	0.4	0.3
浙江省级频道	37.2	34.8	32.6	30.3	28.0
其他省级卫视频道	18.1	22.6	22.7	22.2	23.2
其他频道	19.6	17.6	19.2	18.6	18.5

表 3.27.2　2015 年浙江市场各类频道在不同目标观众中的市场占有率(%)

目标观众		中央台频道	中国教育台频道	浙江省级频道	其他省级卫视频道	其他频道
4 岁及以上所有人		30.0	0.3	28.0	23.2	18.5
城乡	城市	25.2	0.3	27.6	23.5	23.4
	农村	33.0	0.3	28.3	22.9	15.5
性别	男	34.0	0.3	25.8	22.2	17.7
	女	25.8	0.3	30.3	24.2	19.4
年龄	4～14 岁	26.2	0.2	22.9	33.5	17.2
	15～24 岁	19.6	0.1	34.4	28.3	17.6
	25～34 岁	24.5	0.2	29.5	23.2	22.6
	35～44 岁	30.4	0.3	27.0	24.8	17.5
	45～54 岁	29.3	0.3	27.5	25.9	17.0
	55～64 岁	34.9	0.3	30.8	17.6	16.4
	65 岁及以上	38.3	0.4	24.9	13.4	23.0
教育程度	未受过正规教育	30.2	0.2	29.4	21.4	18.8
	小学	32.5	0.3	24.7	23.8	18.7
	初中	30.8	0.2	29.5	22.6	16.9
	高中	27.6	0.3	25.5	26.1	20.5
	大学及以上	23.8	0.1	35.6	19.7	20.8
职业类别	干部/管理人员	27.7	0.2	33.0	18.9	20.2
	个体/私营企业人员	34.1	0.3	22.8	24.8	18.0
	初级公务员/雇员	26.3	0.2	32.3	21.3	19.9
	工人	29.2	0.3	29.3	23.5	17.7
	学生	22.6	0.2	23.9	36.0	17.3
	无业	31.4	0.3	28.0	21.1	19.2
	其他	35.2	0.3	28.4	20.3	15.8
个人月收入	0～300 元	26.6	0.3	27.9	26.6	18.6
	301～900 元	45.3	0.2	25.6	15.3	13.6
	901～1700 元	32.5	0.3	31.6	19.6	16.0
	1701～2600 元	29.0	0.3	26.9	25.4	18.4
	2601～3500 元	28.0	0.2	26.2	24.0	21.6
	3501 元及以上	32.0	0.2	28.3	20.0	19.5

表 3.27.3　2015 年浙江市场各类频道在不同时段的市场占有率(%)

时间段	中央台频道	中国教育台频道	浙江省级频道	其他省级卫视频道	其他频道
02:00~03:00	22.1	0.7	11.7	34.2	31.3
03:00~04:00	21.3	0.6	11.6	34.4	32.1
04:00~05:00	28.8	0.7	13.8	31.3	25.4
05:00~06:00	31.2	0.8	16.9	32.1	19.0
06:00~07:00	41.4	0.4	10.5	30.7	17.0
07:00~08:00	44.2	0.2	10.2	27.5	17.9
08:00~09:00	38.8	0.4	13.1	30.1	17.6
09:00~10:00	33.7	0.4	17.6	31.7	16.6
10:00~11:00	35.6	0.5	16.2	32.7	15.0
11:00~12:00	42.2	0.2	13.4	31.1	13.1
12:00~13:00	39.8	0.2	17.2	28.5	14.3
13:00~14:00	37.4	0.3	14.8	32.0	15.5
14:00~15:00	34.0	0.3	14.0	34.9	16.8
15:00~16:00	35.7	0.4	13.1	34.4	16.4
16:00~17:00	36.7	0.3	19.1	29.3	14.6
17:00~18:00	38.6	0.1	23.2	22.3	15.8
18:00~19:00	30.9	0.1	40.1	9.2	19.7
19:00~20:00	25.8	0.2	46.2	11.2	16.6
20:00~21:00	22.4	0.3	40.7	19.7	16.9
21:00~22:00	25.7	0.2	29.4	22.8	21.9
22:00~23:00	28.4	0.2	20.8	28.3	22.3
23:00~24:00	29.6	0.2	13.4	34.6	22.2
24:00~25:00	28.0	0.2	14.2	30.2	27.4
25:00~26:00	24.6	0.4	13.6	29.4	32.0

表 3.27.4　2015 年浙江市场收视份额排名前十位的频道

名次	频道名称	收视份额(%)
1	浙江电视台钱江都市频道	5.4
2	浙江电视台教育科技频道	5.3
2	湖南卫视	5.3
4	浙江电视台经济生活频道	4.7
5	浙江卫视	4.4
6	中央台六套	3.8
6	中央台八套	3.8
8	浙江电视台影视娱乐频道	3.4
8	中央电视台新闻频道	3.4
10	中央台四套	3.1

表 3.27.5　2015 年浙江市场各主要频道的观众构成(%)

目标观众		所有频道	浙江电视台钱江都市频道	浙江电视台教育科技频道	湖南卫视	浙江电视台经济生活频道	浙江卫视
4 岁及以上所有人		100.0	100.0	100.0	100.0	100.0	100.0
城乡	城市	38.6	30.5	39.4	25.3	36.4	44.0
	农村	61.4	69.5	60.6	74.7	63.6	56.0
性别	男	51.3	40.3	48.2	41.8	44.0	52.1
	女	48.7	59.7	51.8	58.2	56.0	47.9
年龄	4~14 岁	10.0	11.5	3.6	20.8	6.2	13.6
	15~24 岁	7.8	7.1	7.3	18.4	9.2	17.1
	25~34 岁	13.0	13.5	11.1	12.9	15.3	17.6
	35~44 岁	15.2	16.5	11.0	21.2	15.8	15.9
	45~54 岁	22.6	19.9	21.9	17.7	18.0	16.1
	55~64 岁	17.7	24.8	24.5	5.8	21.3	11.1
	65 岁及以上	13.7	6.7	20.6	3.2	14.2	8.6
教育程度	未受过正规教育	8.0	9.8	9.6	3.5	10.0	5.7
	小学	29.9	18.6	33.7	31.5	20.9	24.3
	初中	33.8	43.1	32.0	34.3	42.7	29.0
	高中	17.6	9.3	15.0	23.8	13.0	27.2
	大学及以上	10.7	19.2	9.7	6.9	13.4	13.8
职业类别	干部/管理人员	2.0	1.8	3.5	1.3	2.3	2.3
	个体/私营企业人员	16.2	9.6	11.3	15.9	9.6	13.1
	初级公务员/雇员	20.6	27.3	24.3	15.7	24.6	24.8
	工人	12.9	11.9	11.8	14.2	12.3	13.7
	学生	8.0	4.4	4.3	26.0	3.4	14.6
	无业	33.4	42.1	36.0	21.9	38.3	26.9
	其他	6.9	2.9	8.8	5.0	9.5	4.6
个人月收入	0~300 元	27.2	37.5	20.2	43.6	24.1	32.1
	301~900 元	4.0	2.1	4.4	1.1	6.0	2.1
	901~1700 元	15.3	15.1	24.8	10.1	24.2	11.1
	1701~2600 元	18.1	16.6	15.3	19.9	11.0	19.8
	2601~3500 元	15.5	10.8	15.2	13.0	13.9	18.2
	3501 元及以上	19.9	17.9	20.1	12.3	20.8	16.7

表 3.27.6　2013~2015 年浙江市场各类节目的播出份额(%)和收视份额(%)

节目类别	2013 年		2014 年		2015 年	
	播出份额	收视份额	播出份额	收视份额	播出份额	收视份额
财经	2.1	0.6	1.8	0.5	1.9	1.1
电视剧	21.3	34.8	20.1	32.4	20.3	32.0
电影	4.5	4.8	4.1	4.5	3.6	4.6
法制	0.8	0.6	1.0	0.7	0.8	0.8
教学	0.2	0.0	0.2	0.0	0.2	0.1
青少	6.9	5.1	7.2	5.6	6.8	5.6
生活服务	10.1	9.1	11.1	11.7	10.4	10.6
体育	1.9	1.0	2.8	1.2	2.9	1.1
外语	0.0	0.0	0.0	0.0	0.0	0.0
戏剧	0.8	0.3	0.8	0.5	0.8	0.5
新闻/时事	15.3	14.2	15.2	13.8	15.6	13.7
音乐	2.5	0.6	2.5	0.9	2.5	0.8
专题	10.7	6.0	12.0	5.9	13.1	6.5
综艺	8.7	9.8	8.6	9.5	8.7	10.8
其他	14.2	13.1	12.6	12.8	12.4	11.8

表 3.27.7　2015 年浙江市场所有节目收视率排名前三十位

名次	节目名称	节目类型	播出频道	平均收视率(%)	平均占有率(%)
1	中国好声音 4(7 月 17 日)	综艺	浙江卫视	8.6	27.6
2	花火花红	电视剧	浙江电视台教育科技频道	6.9	19.5
3	奔跑吧兄弟(4 月 17 日~7 月 3 日)	综艺	浙江卫视	6.2	22.8
4	快乐中国 20152016 跨年演唱会	音乐	湖南卫视	5.9	20.4
5	终极对决	电视剧	浙江电视台教育科技频道	5.8	15.6
6	奔跑吧兄弟(10 月 30 日~12 月 25 日)	综艺	浙江卫视	5.2	21.3
7	一个鬼子都不留之二上海滩生死较量	电视剧	浙江电视台教育科技频道	5.2	15.2
8	奔跑吧兄弟(1 月 2 日~1 月 16 日)	综艺	浙江卫视	4.9	18.5
9	因为爱情有奇缘	电视剧	浙江电视台经济生活频道	4.8	16.3
10	恋恋不忘	电视剧	浙江电视台钱江都市频道	4.6	12.9
11	你是我的姐妹	电视剧	浙江电视台经济生活频道	4.5	15.5
12	因为爱情有奇迹	电视剧	浙江电视台经济生活频道	4.4	13.6
13	娘心	电视剧	浙江电视台影视娱乐频道	4.4	12.4
14	第二次人生	电视剧	浙江电视台经济生活频道	4.2	13.1
15	勇敢的心	电视剧	浙江电视台钱江都市频道	4.2	11.1
16	九丹	电视剧	浙江电视台钱江都市频道	4.2	10.9
17	雪狼	电视剧	中央台六套	4.0	12.2
18	爸爸父亲爹	电视剧	浙江电视台教育科技频道	4.0	11.7
19	英雄祭	电视剧	浙江电视台钱江都市频道	4.0	11.3
20	背着奶奶进城	电视剧	浙江电视台钱江都市频道	3.8	11.1
21	我和我的传奇奶奶	电视剧	浙江电视台影视娱乐频道	3.8	10.2
22	绝命追踪	电视剧	浙江电视台教育科技频道	3.8	10.1
23	激战	电视剧	浙江电视台教育科技频道	3.7	12.2
24	碧血书香梦	电视剧	浙江电视台教育科技频道	3.7	11.9
25	锦绣缘华丽冒险	电视剧	浙江电视台教育科技频道	3.7	11.7
26	我的铁血金戈梦	电视剧	浙江电视台教育科技频道	3.7	11.0
27	怒放	电视剧	浙江电视台教育科技频道	3.7	10.7
28	步步惊情	电视剧	浙江电视台钱江都市频道	3.7	10.1
29	新京华烟云	电视剧	浙江电视台影视娱乐频道	3.7	9.5
30	婆媳的战国时代	电视剧	浙江电视台钱江都市频道	3.6	9.3

表 3.27.8　2015 年浙江市场电视剧收视率排名前十位

名次	节目名称	播出频道	平均收视率（%）	平均占有率（%）
1	花火花红	浙江电视台教育科技频道	6.9	19.5
2	终极对决	浙江电视台教育科技频道	5.8	15.6
3	一个鬼子都不留之二上海滩生死较量	浙江电视台教育科技频道	5.2	15.2
4	因为爱情有奇缘	浙江电视台经济生活频道	4.8	16.3
5	恋恋不忘	浙江电视台钱江都市频道	4.6	12.9
6	你是我的姐妹	浙江电视台经济生活频道	4.5	15.5
7	因为爱情有奇迹	浙江电视台经济生活频道	4.4	13.6
8	娘心	浙江电视台影视娱乐频道	4.4	12.4
9	第二次人生	浙江电视台经济生活频道	4.2	13.1
10	勇敢的心	浙江电视台钱江都市频道	4.2	11.1

表 3.27.9　2015 年浙江市场新闻节目收视率排名前十位

名次	节目名称	播出频道	平均收视率（%）	平均占有率（%）
1	浙江新闻联播(7 月 11 日)	浙江电视台教育科技频道	2.9	10.6
2	范大姐帮忙	浙江电视台钱江都市频道	2.0	8.8
3	新闻 007	浙江电视台钱江都市频道	2.0	7.0
4	直击灿鸿(7 月 11 日)	浙江电视台钱江都市频道	1.9	6.9
5	小夏办事	浙江电视台影视娱乐频道	1.7	6.7
6	小强热线	浙江电视台教育科技频道	1.7	5.4
7	经视新闻	浙江电视台经济生活频道	1.7	4.8
8	李克强总理会见中外记者并回答提问	中央电视台新闻频道	1.6	3.9
9	今日关注	中央台四套	1.5	5.2
10	小智情报站	浙江 8 套	1.3	4.2

表 3.27.10　2015 年浙江市场专题节目收视率排名前十位

名次	节目名称	播出频道	平均收视率（%）	平均占有率（%）
1	浙江省公安消防总队向人民报告创人民满意消防队伍主题报告会	浙江电视台钱江都市频道	3.3	8.6
2	千岛湖	浙江电视台钱江都市频道	2.7	7.4
3	最美浙江人 2014 年度浙江骄傲人物评选颁奖典礼	浙江电视台钱江都市频道	2.5	6.8
4	花豹女王	中央台九套纪录频道	2.2	13.9
5	最后的听鱼者	中央台九套纪录频道	2.2	13.0
6	浙江八套少儿频道公益之路	浙江 8 套	2.2	6.1
7	一年级大学季	湖南卫视	2.1	13.8
8	12th 风云浙商颁奖典礼	浙江电视台经济生活频道	2.1	10.8
9	论道 2015 第二届全球孕婴童电商领袖论坛	浙江 8 套	1.6	4.5
10	315 向消费者报告	浙江电视台经济生活频道	1.5	4.1

表 3.27.11　2015 年浙江市场综艺节目收视率排名前十位

名次	节目名称	播出频道	平均收视率(%)	平均占有率(%)
1	中国好声音4(7月17日)	浙江卫视	8.6	27.6
2	奔跑吧兄弟(4月17日~7月3日)	浙江卫视	6.2	22.8
3	奔跑吧兄弟(10月30日~12月25日)	浙江卫视	5.2	21.3
4	奔跑吧兄弟(1月2日~1月16日)	浙江卫视	4.9	18.5
5	2015 中央电视台春节联欢晚会	中央台四套	3.3	9.7
6	元宵喜乐会	湖南卫视	3.2	9.6
7	第10届中国浙江电视观众节 RADIO 八大主播爱朋友走进杭州运河广场	浙江电视台钱江都市频道	3.2	9.2
8	朽木可雕	浙江电视台钱江都市频道	3.1	8.4
9	2015 中央电视台元宵晚会	中央台三套	3.0	8.2
10	快乐大本营	湖南卫视	2.8	8.5

表 3.27.12　2015 年浙江市场体育节目收视率排名前十位

名次	节目名称	播出频道	平均收视率(%)	平均占有率(%)
1	现场直播:2015 年亚洲男篮锦标赛决赛(中国队 VS 菲律宾队)	中央台五套	2.4	8.6
2	2015 年世界田径锦标赛男子 4×100 米接力决赛	中央台五套	1.9	6.0
3	实况录像:2008 年北京奥运会田径比赛女子 800 米决赛	中央台五套	1.5	4.4
4	2015 年国际泳联世锦赛男子 100 米自由泳决赛	中央台五套	1.4	9.9
5	现场直播 2015 年亚洲男篮锦标赛颁奖仪式	中央台五套	1.4	9.2
6	黄金赛场:2014/2015 赛季 CBA 联赛总决赛第四场(北京首钢 VS 辽宁药都本溪)	中央台五套	1.4	4.0
7	超级足球之夜:2015 年亚洲足联冠军联赛决赛第二回合(中国广州恒大 VS 阿联酋阿赫利)	中央台五套	1.2	3.5
8	2015 年澳大利亚亚洲杯 1/4 决赛(中国队 VS 澳大利亚队)	中央台五套	1.2	3.4
9	现场直播:2015 年世界夏季大学生运动会体操单项决赛	中央台五套	1.1	9.6
10	直播周末:2015 年 IBF 次最轻量级拳王争霸赛	中央台五套	1.0	5.9

二十八、北京收视数据

表 3.28.1　2011～2015 年北京市场各类频道的市场占有率(%)

频道类别	年份				
	2011 年	2012 年	2013 年	2014 年	2015 年
中央台频道	25.8	26.4	26.0	25.2	24.6
中国教育台频道	2.4	2.5	2.2	2.1	1.0
北京台频道	40.8	38.1	39.0	39.0	39.4
其他省级卫视频道	20.7	22.3	22.3	23.0	22.2
其他频道	10.3	10.7	10.5	10.7	12.8

表 3.28.2　2015 年北京市场各类频道在不同目标观众中的市场占有率(%)

目标观众		中央台频道	中国教育台频道	北京台频道	其他省级卫视频道	其他频道
4 岁及以上所有人		24.6	1.0	39.4	22.2	12.8
性别	男	26.6	1.0	39.0	20.6	12.8
	女	22.6	1.0	39.9	23.8	12.7
年龄	4～14 岁	24.4	0.8	33.6	24.9	16.3
	15～24 岁	20.5	1.4	33.2	26.5	18.4
	25～34 岁	21.6	0.5	36.5	25.6	15.8
	35～44 岁	22.5	1.9	33.1	24.7	17.8
	45～54 岁	24.3	1.3	40.4	22.5	11.5
	55～64 岁	24.9	0.7	44.2	19.8	10.4
	65 岁及以上	31.6	0.7	44.3	16.7	6.7
教育程度	未受过正规教育	23.8	0.3	45.2	22.1	8.6
	小学	27.9	3.1	36.1	25.1	7.8
	初中	25.6	1.0	39.1	23.0	11.3
	高中	24.8	1.1	41.0	21.6	11.5
	大学及以上	23.4	0.7	38.2	22.0	15.7
职业类别	干部/管理人员	25.1	0.5	38.3	19.2	16.9
	个体/私营企业人员	23.8	0.9	36.9	27.7	10.7
	初级公务员/雇员	23.3	0.9	38.9	21.7	15.2
	工人	22.1	2.4	35.3	25.0	15.2
	学生	21.4	1.3	29.6	27.0	20.7
	无业	26.4	0.8	42.9	20.6	9.3
	其他	29.6	0.6	29.6	34.8	5.4
个人月收入	0～600 元	22.8	1.1	33.9	28.1	14.1
	601～1200 元	27.6	1.4	38.2	26.4	6.4
	1201～1700 元	26.2	0.6	41.6	23.6	8.0
	1701～2600 元	24.2	0.7	42.2	21.9	11.0
	2601～3500 元	26.0	1.2	41.0	19.6	12.2
	3501～5000 元	24.6	1.0	39.4	20.8	14.2
	5001 元及以上	23.5	0.9	37.3	22.8	15.5

表 3.28.3　2015 年北京市场各类频道在不同时段的市场占有率(%)

时间段	中央台频道	中国教育台频道	北京台频道	其他省级卫视频道	其他频道
02:00~03:00	18.9	1.0	19.8	29.9	30.4
03:00~04:00	20.7	0.8	15.3	35.4	27.8
04:00~05:00	19.9	0.8	13.7	29.2	36.4
05:00~06:00	22.4	0.4	29.7	23.7	23.8
06:00~07:00	31.3	0.2	38.7	15.9	13.9
07:00~08:00	30.1	0.1	48.4	12.2	9.2
08:00~09:00	28.8	0.3	42.6	18.1	10.2
09:00~10:00	27.9	0.5	34.5	24.2	12.9
10:00~11:00	28.0	0.4	30.9	26.7	14.0
11:00~12:00	30.7	0.6	33.9	21.8	13.0
12:00~13:00	22.9	2.8	48.4	15.2	10.7
13:00~14:00	26.6	1.2	36.9	21.2	14.1
14:00~15:00	26.1	0.6	28.7	28.9	15.7
15:00~16:00	25.4	0.8	27.5	31.3	15.0
16:00~17:00	25.3	0.5	29.7	29.9	14.6
17:00~18:00	24.9	0.3	41.8	19.8	13.2
18:00~19:00	25.8	1.4	53.7	7.2	11.9
19:00~20:00	21.6	1.0	53.5	13.7	10.2
20:00~21:00	20.7	1.3	43.4	25.4	9.2
21:00~22:00	24.3	1.1	39.2	25.1	10.3
22:00~23:00	23.3	1.2	31.9	29.4	14.2
23:00~24:00	25.6	0.4	23.1	30.9	20.0
24:00~25:00	24.9	0.4	20.4	28.4	25.9
25:00~26:00	19.1	0.6	22.3	27.4	30.6

表 3.28.4　2015 年北京市场收视份额排名前十位的频道

名次	频道名称	收视份额(%)
1	北京卫视	12.7
2	北京电视台影视频道	5.8
3	北京电视台科教频道	4.6
4	北京电视台文艺频道	3.2
4	中央台四套	3.2
6	北京电视台生活频道	3.1
6	北京电视台体育频道	3.1
6	中央电视台综合频道	3.1
9	中央电视台新闻频道	2.9
10	湖南卫视	2.5

表 3.28.5　2015 年北京市场各主要频道的观众构成(%)

目标观众		所有频道	北京卫视	北京电视台影视频道	北京电视台科教频道	北京电视台文艺频道	中央台四套
4 岁及以上所有人		100.0	100.0	100.0	100.0	100.0	100.0
性别	男	49.7	46.1	52.1	46.5	46.4	58.0
	女	50.3	53.9	47.9	53.5	53.6	42.0
年龄	4～14 岁	3.0	2.2	1.3	1.4	2.1	1.6
	15～24 岁	5.5	4.6	3.8	4.1	5.2	3.6
	25～34 岁	19.5	17.7	15.3	14.9	19.7	10.3
	35～44 岁	14.2	12.9	8.3	10.9	14.3	7.1
	45～54 岁	20.8	19.1	26.7	21.0	17.0	18.8
	55～64 岁	21.3	23.3	22.3	25.7	22.6	24.7
	65 岁及以上	15.6	20.2	22.3	22.0	19.1	34.0
教育程度	未受过正规教育	2.9	2.4	4.3	4.8	2.2	2.6
	小学	4.7	4.6	5.1	3.9	4.0	6.8
	初中	21.1	20.6	21.5	23.3	20.0	22.1
	高中	34.3	35.5	39.3	37.7	33.8	39.3
	大学及以上	37.0	36.9	29.8	30.3	40.1	29.2
职业类别	干部/管理人员	6.6	6.0	7.1	5.4	7.1	5.1
	个体/私营企业人员	7.3	7.4	6.9	6.1	6.7	5.4
	初级公务员/雇员	29.6	27.6	24.9	26.6	28.9	21.5
	工人	8.7	7.6	8.8	7.9	6.5	5.2
	学生	5.3	4.1	2.5	2.7	4.8	2.6
	无业	41.5	46.4	48.1	50.8	45.9	60.0
	其他	1.1	0.9	1.8	0.5	0.2	0.2
个人月收入	0～600 元	13.9	12.5	10.0	9.7	11.5	10.5
	601～1200 元	2.1	1.6	3.1	2.1	0.9	2.1
	1201～1700 元	4.2	3.9	5.5	4.8	3.2	6.3
	1701～2600 元	22.3	21.9	29.5	26.6	25.0	20.3
	2601～3500 元	25.0	27.0	25.7	27.6	23.6	27.7
	3501～5000 元	17.8	19.0	14.4	16.9	19.5	21.5
	5001 元及以上	14.9	14.2	11.7	12.3	16.3	11.6

表 3.28.6　2013～2015 年北京市场各类节目的播出份额(%)和收视份额(%)

节目类别	2013 年		2014 年		2015 年	
	播出份额	收视份额	播出份额	收视份额	播出份额	收视份额
财经	2.5	2.0	2.4	1.6	2.4	1.7
电视剧	20.6	27.3	20.1	28.9	19.8	26.9
电影	4.3	3.5	3.9	3.4	3.7	3.4
法制	0.9	0.7	1.1	1.0	1.4	1.7
教学	0.2	0.1	0.2	0.1	0.2	0.1
青少	6.0	2.7	6.5	2.5	6.1	2.5
生活服务	9.8	11.6	10.3	12.2	10.0	12.1
体育	2.8	5.1	3.7	5.6	3.7	6.2
外语	0.0	0.0	0.0	0.0	0.0	0.0
戏剧	0.8	0.3	0.7	0.4	0.8	0.3
新闻/时事	14.4	12.6	14.0	11.9	14.1	12.2
音乐	2.4	1.0	2.5	1.0	2.5	1.1
专题	12.8	9.6	13.4	8.9	14.0	8.1
综艺	9.0	13.0	9.1	12.2	9.4	13.4
其他	13.7	10.6	12.1	10.4	12.0	10.4

表 3.28.7　2015 年北京市场所有节目收视率排名前三十位

名次	节目名称	节目类型	播出频道	平均收视率(%)	平均占有率(%)
1	芈月传	电视剧	北京卫视	15.7	38.6
2	2015 年北京电视台春节联欢晚会(2 月 19 日)	综艺	北京卫视	13.3	36.3
3	2015 中央电视台春节联欢晚会	综艺	中央电视台综合频道	10.5	28.1
4	老农民	电视剧	北京卫视	10.4	25.9
5	天气预报	生活服务	北京卫视	9.5	34.9
6	2015 年世界田径锦标赛男子 100 米决赛	体育	中央台五套	7.9	21.4
7	中国好声音 4 总决赛(10 月 7 日)	综艺	浙江卫视	7.7	24.3
8	14/15 赛季 CBA 总决赛颁奖仪式	体育	北京电视台体育频道	7.3	18.3
9	14/15 赛季 CBA 总决赛第二场(辽宁药都本溪 VS 北京首钢)	体育	北京电视台体育频道	7.2	18.9
10	造梦者(1 月 9 日)	综艺	北京卫视	7.2	18.2
11	转播中央台新闻联播	新闻/时事	北京卫视	6.8	23.4
12	北上广不相信眼泪	电视剧	北京卫视	6.8	18.2
13	春江英雄之秀才遇到兵	电视剧	北京卫视	6.7	20.6
14	婚姻时差	电视剧	北京卫视	6.2	20.1
15	左手劈刀	电视剧	北京卫视	6.1	18.1
16	别叫我兄弟	电视剧	北京卫视	6.1	15.0
17	奔跑吧兄弟(4 月 17 日 ~7 月 13 日)	综艺	湖南卫视	5.9	18.8
18	2015 年中国足球协会超级联赛第 21 轮(贵州茅台 VS 北京国安)	体育	北京电视台体育频道	5.9	18.2
19	2015 年亚冠联赛 G 组第五轮(北京国安 VS 布里斯班狮吼)	体育	北京电视台体育频道	5.9	15.4
20	2015 年北京电视台元宵联欢晚会(3 月 5 日)	综艺	北京电视台文艺频道	5.9	15.1
21	北京新闻	新闻/时事	北京卫视	5.8	23.0
22	嘿老头	电视剧	北京卫视	5.7	15.8
23	下一站婚姻	电视剧	北京卫视	5.6	16.6
24	2015 年中国足协杯第 4 轮(北京北控燕京 VS 北京国安)	体育	北京电视台体育频道	5.5	18.3
25	琅琊榜	电视剧	北京卫视	5.5	16.3
26	奔跑吧兄弟(10 月 30 日 ~12 月 25 日)	综艺	湖南卫视	5.4	16.6
26	2015 年亚洲男篮锦标赛决赛(中国队 VS 菲律宾队)	体育	中央台五套	5.4	16.6
28	2015 中央电视台元宵晚会	综艺	中央电视台综合频道	5.3	13.0
29	造梦者梦开始的地方(1 月 23 日)	综艺	北京卫视	5.3	12.9
30	我是演说家第 2 季勇者敢言(12 月 6 日)	综艺	北京卫视	5.1	13.5

表 3.28.8　2015 年北京市场电视剧收视率排名前十位

名次	节目名称	播出频道	平均收视率（%）	平均占有率（%）
1	芈月传	北京卫视	15.7	38.6
2	老农民	北京卫视	10.4	25.9
3	北上广不相信眼泪	北京卫视	6.8	18.2
4	春江英雄之秀才遇到兵	北京卫视	6.7	20.6
5	婚姻时差	北京卫视	6.2	20.1
6	左手劈刀	北京卫视	6.1	18.1
7	别叫我兄弟	北京卫视	6.1	15.0
8	嘿老头	北京卫视	5.7	15.8
9	下一站婚姻	北京卫视	5.6	16.6
10	琅琊榜	北京卫视	5.5	16.3

表 3.28.9　2015 年北京市场新闻节目收视率排名前十位

名次	节目名称	播出频道	平均收视率（%）	平均占有率（%）
1	转播中央台新闻联播	北京卫视	6.8	23.4
2	北京新闻	北京卫视	5.8	23.0
3	为了不能忘却的纪念	中央电视台新闻频道	2.0	6.4
4	今日关注	中央台四套	1.9	5.8
5	李克强总理会见中外记者并回答提问(3 月 15 日)	中央电视台新闻频道	1.8	4.6
6	走向胜利纪念中国人民抗日战争暨世界反法西斯战争胜利 70 周年	中央电视台新闻频道	1.6	6.5
7	2015 一年又一年	中央电视台综合频道	1.5	9.6
8	中国新闻	中央台四套	1.4	3.8
9	抗战胜利 70 周年纪念大会	中央台二套	1.4	3.7
10	转播中央台新闻联播(9 月 3 日)	北京电视台文艺频道	1.3	4.3

表 3.28.10　2015 年北京市场专题节目收视率排名前十位

名次	节目名称	播出频道	平均收视率（%）	平均占有率（%）
1	芈月传奇	北京卫视	4.2	13.7
2	315 消费在阳光下	中央电视台综合频道	3.6	10.1
3	我们共同祈盼	北京卫视	2.2	6.4
4	把革命老区发展时刻放在心上	中央电视台综合频道	2.1	6.2
5	为你而歌第十三部	北京卫视	2.0	10.6
6	生命缘	北京卫视	1.8	6.0
7	中国谜语大会(3 月 2 日)	中央电视台综合频道	1.8	4.7
8	我们的歌手我的纪录片	湖南卫视	1.5	11.1
9	杨澜访谈录人生相对论	北京卫视	1.5	5.9
10	人生相对论第二季	北京卫视	1.4	7.6

表 3.28.11　2015 年北京市场综艺节目收视率排名前十位

名次	节目名称	播出频道	平均收视率(%)	平均占有率(%)
1	2015 年北京电视台春节联欢晚会(2 月 19 日)	北京卫视	13.3	36.3
2	2015 中央电视台春节联欢晚会	中央电视台综合频道	10.5	28.1
3	中国好声音 4 总决赛(10 月 7 日)	浙江卫视	7.7	24.3
4	造梦者(1 月 9 日)	北京卫视	7.2	18.2
5	奔跑吧兄弟(4 月 17 日 ~7 月 13 日)	湖南卫视	5.9	18.8
6	2015 年北京电视台元宵联欢晚会(3 月 5 日)	北京电视台文艺频道	5.9	15.1
7	奔跑吧兄弟(10 月 30 日 ~12 月 25 日)	湖南卫视	5.4	16.6
8	2015 中央电视台元宵晚会	中央电视台综合频道	5.3	13.0
9	造梦者梦开始的地方(1 月 23 日)	北京卫视	5.3	12.9
10	我是演说家第 2 季勇者敢言(12 月 6 日)	北京卫视	5.1	13.5

表 3.28.12　2015 年北京市场体育节目收视率排名前十位

名次	节目名称	播出频道	平均收视率(%)	平均占有率(%)
1	2015 年世界田径锦标赛男子 100 米决赛	中央台五套	7.9	21.4
2	14/15 赛季 CBA 总决赛颁奖仪式	北京电视台体育频道	7.3	18.3
3	14/15 赛季 CBA 总决赛第二场(辽宁药都本溪 VS 北京首钢)	北京电视台体育频道	7.2	18.9
4	2015 年中国足球协会超级联赛第 21 轮(贵州茅台 VS 北京国安)	北京电视台体育频道	5.9	18.2
5	2015 年亚冠联赛 G 组第五轮(北京国安 VS 布里斯班狮吼)	北京电视台体育频道	5.9	15.4
6	2015 年中国足协杯第 4 轮(北京北控燕京 VS 北京国安)	北京电视台体育频道	5.5	18.3
7	2015 年亚洲男篮锦标赛决赛(中国队 VS 菲律宾队)	中央台五套	5.4	16.6
8	2015 年澳大利亚亚洲杯小组赛 B 组(中国队 VS 朝鲜队)	中央台五套	4.9	16.4
9	2015 年女排世界杯(日本队 VS 中国队)	中央台五套	3.9	13.7
10	通向 2022	北京卫视	3.3	10.9

二十九、上海收视数据

表 3.29.1 2011～2015 年上海市场各类频道的市场占有率(%)

频道类别	年份				
	2011 年	2012 年	2013 年	2014 年	2015 年
中央台频道	16.8	16.1	15.7	16.1	14.7
中国教育台频道	0.3	0.2	0.1	0.1	0.0
上海市级频道	57.4	55.2	55.9	56.3	55.4
其他省级卫视频道	18.1	19.2	17.6	15.2	14.4
其他频道	7.4	9.3	10.7	12.3	15.5

表 3.29.2 2015 年上海市场各类频道在不同目标观众中的市场占有率(%)

目标观众		中央台频道	中国教育台频道	上海市级频道	其他省级卫视频道	其他频道
4 岁及以上所有人		14.7	0.0	55.4	14.4	15.5
性别	男	16.7	0.0	53.6	14.1	15.6
	女	12.7	0.0	57.3	14.7	15.3
年龄	4～14 岁	14.0	0.1	41.9	29.7	14.3
	15～24 岁	12.3	0.0	50.4	19.0	18.3
	25～34 岁	11.8	0.0	49.6	16.3	22.3
	35～44 岁	16.3	0.0	52.0	17.2	14.5
	45～54 岁	13.7	0.0	57.9	13.3	15.1
	55～64 岁	15.1	0.0	58.4	10.6	15.9
	65 岁及以上	18.2	0.1	60.0	13.5	8.2
教育程度	未受过正规教育	24.5	0.0	51.8	16.4	7.3
	小学	13.5	0.1	57.4	22.2	6.8
	初中	16.7	0.0	55.9	13.9	13.5
	高中	13.8	0.0	56.4	14.3	15.5
	大学及以上	14.1	0.0	53.4	12.9	19.6
职业类别	干部/管理人员	15.7	0.0	51.8	16.5	16.0
	个体/私营企业人员	16.7	0.0	52.6	12.0	18.7
	初级公务员/雇员	13.9	0.0	54.9	13.8	17.4
	工人	13.8	0.0	53.9	17.4	14.9
	学生	13.7	0.0	46.3	22.9	17.1
	无业	15.4	0.0	58.2	13.2	13.2
	其他	*	*	*	*	*
个人月收入	0～600 元	13.1	0.0	46.9	23.0	17.0
	601～1200 元	13.4	0.2	64.3	17.0	5.1
	1201～1700 元	12.1	0.0	68.5	12.7	6.7
	1701～2600 元	15.2	0.0	59.1	14.3	11.4
	2601～3500 元	15.9	0.0	55.1	13.0	16.0
	3501～5000 元	14.1	0.0	55.3	12.8	17.8
	5001 元及以上	13.9	0.0	53.7	14.9	17.5

注：* 表示目标样本量不足，无法进行统计推断。

表 3.29.3　2015 年上海市场各类频道在不同时段的市场占有率(%)

时间段	中央台频道	中国教育台频道	上海市级频道	其他省级卫视频道	其他频道
02:00~03:00	19.0	0.1	32.5	22.2	26.2
03:00~04:00	17.0	0.1	24.5	20.8	37.6
04:00~05:00	19.5	0.1	26.3	19.6	34.5
05:00~06:00	19.4	0.1	32.5	20.7	27.3
06:00~07:00	13.3	0.1	58.8	12.4	15.4
07:00~08:00	11.6	0.0	72.1	4.1	12.2
08:00~09:00	16.1	0.1	61.3	9.1	13.4
09:00~10:00	17.9	0.1	51.2	14.4	16.4
10:00~11:00	18.9	0.1	47.9	15.8	17.3
11:00~12:00	19.3	0.0	50.6	13.9	16.2
12:00~13:00	19.6	0.0	51.2	13.2	16.0
13:00~14:00	19.9	0.1	44.5	16.9	18.6
14:00~15:00	19.3	0.1	39.2	20.7	20.7
15:00~16:00	19.4	0.1	38.5	21.5	20.5
16:00~17:00	19.2	0.1	40.3	21.1	19.3
17:00~18:00	17.0	0.0	53.3	15.8	13.9
18:00~19:00	7.5	0.0	78.7	5.1	8.7
19:00~20:00	9.1	0.0	72.9	7.9	10.1
20:00~21:00	12.3	0.0	60.6	14.8	12.3
21:00~22:00	15.2	0.0	53.9	15.7	15.2
22:00~23:00	13.3	0.0	50.1	18.8	17.8
23:00~24:00	16.2	0.0	43.7	19.4	20.7
24:00~25:00	18.8	0.0	38.8	17.0	25.4
25:00~26:00	16.9	0.0	39.1	17.5	26.5

表 3.29.4　2015 年上海市场收视份额排名前十位的频道

名次	频道名称	收视份额(%)
1	上海电视台新闻综合频道	13.6
2	上海电视台娱乐频道	10.3
3	上海东方卫视	7.2
4	上海电视台电视剧频道	5.6
5	上海东方电影频道	4.5
6	上海电视台第一财经频道	4.0
7	上海电视台五星体育频道	3.1
8	上海电视台星尚频道	2.9
9	中央台四套	2.5
10	浙江卫视	1.9

表 3.29.5 2015 年上海市场各主要频道的观众构成(%)

目标观众		所有频道	上海电视台新闻综合频道	上海电视台娱乐频道	上海东方卫视	上海电视台电视剧频道	上海东方电影频道
4 岁及以上所有人		100.0	100.0	100.0	100.0	100.0	100.0
性别	男	50.6	49.7	42.0	45.5	41.9	61.1
	女	49.4	50.3	58.0	54.5	58.1	38.9
年龄	4~14 岁	3.2	1.9	2.6	2.5	2.7	2.9
	15~24 岁	4.9	3.5	4.6	6.1	3.6	3.9
	25~34 岁	15.0	11.6	15.0	17.9	11.3	10.9
	35~44 岁	12.8	12.0	10.2	12.6	9.1	18.9
	45~54 岁	22.5	22.4	24.1	23.3	22.9	21.4
	55~64 岁	27.4	30.6	29.0	26.4	28.9	25.6
	65 岁及以上	14.2	18.0	14.5	11.2	21.5	16.4
教育程度	未受过正规教育	1.4	1.1	1.1	0.9	4.6	0.6
	小学	6.2	6.3	7.2	4.0	9.3	5.5
	初中	24.0	28.6	23.7	20.2	26.9	23.6
	高中	40.6	37.6	43.9	43.3	37.4	47.2
	大学及以上	27.8	26.4	24.1	31.6	21.8	23.1
职业类别	干部/管理人员	5.5	4.9	4.0	5.3	7.9	4.8
	个体/私营企业人员	4.5	4.2	4.2	4.1	4.8	4.6
	初级公务员/雇员	37.6	36.5	37.4	42.1	23.9	39.8
	工人	5.0	3.9	4.8	4.8	7.0	5.5
	学生	6.0	3.9	4.8	6.2	4.3	5.7
	无业	41.1	46.4	44.7	37.5	52.0	39.2
	其他	*	*	*	*	*	*
个人月收入	0~600 元	8.7	5.6	8.5	8.4	6.8	7.4
	601~1200 元	1.3	1.3	1.2	1.5	3.0	1.4
	1201~1700 元	2.8	3.4	4.0	2.8	4.3	3.5
	1701~2600 元	18.4	20.9	23.1	15.5	21.8	17.8
	2601~3500 元	33.0	33.5	31.2	34.0	33.0	34.1
	3501~5000 元	21.5	21.7	19.5	22.9	18.8	21.6
	5001 元及以上	14.3	13.6	12.5	14.9	12.3	14.2

注:* 表示样本量太小,无法进行统计推算。

表 3.29.6 2013~2015 年上海市场各类节目的播出份额(%)和收视份额(%)

节目类别	2013 年		2014 年		2015 年	
	播出份额	收视份额	播出份额	收视份额	播出份额	收视份额
财经	2.6	1.5	2.4	1.7	2.4	3.8
电视剧	20.5	27.3	19.6	26.5	19.3	23.8
电影	5.1	4.9	4.6	4.9	4.4	4.9
法制	1.0	2.5	1.0	2.4	0.9	2.1
教学	0.2	0.0	0.2	0.0	0.2	0.1
青少	6.6	1.4	7.2	1.7	6.8	1.6
生活服务	10.6	10.1	11.3	11.6	10.9	11.2
体育	2.7	4.3	3.6	4.7	3.7	5.2
外语	0.2	0.0	0.2	0.0	0.2	0.0
戏剧	1.5	0.5	1.4	0.4	1.7	0.4
新闻/时事	13.0	14.6	12.8	14.7	12.9	13.2
音乐	2.5	0.8	2.4	0.7	2.4	0.7
专题	10.9	5.3	12.2	5.5	13.4	5.7
综艺	9.1	15.9	9.1	14.6	9.2	17.2
其他	13.5	10.9	12.0	10.6	11.6	10.1

表 3.29.7　2015 年上海市场所有节目收视率排名前三十位

名次	节目名称	节目类型	播出频道	平均收视率(%)	平均占有率(%)
1	天天 315 我要维权	新闻/时事	上海电视台新闻综合频道	10.3	36.9
2	2016 梦圆东方跨年盛典	综艺	上海东方卫视	9.5	32.0
3	芈月传	电视剧	上海东方卫视	9.2	25.4
4	新闻透视	新闻/时事	上海电视台新闻综合频道	9.1	33.9
5	笑傲江湖第 2 季巅峰之战	综艺	上海东方卫视	8.8	29.1
6	观众中来	新闻/时事	上海电视台新闻综合频道	8.7	31.8
7	天气预报	生活服务	上海电视台新闻综合频道	7.8	28.4
8	新闻报道	新闻/时事	上海电视台新闻综合频道	7.7	30.3
9	春满东方 2015 群星新春大联欢	综艺	上海东方卫视	7.4	23.8
10	妈妈咪呀做女人就这样(5 月 8 日)	综艺	上海东方卫视	7.3	25.2
11	2016 梦圆东方上海新天地新年倒计时活动	综艺	上海东方卫视	6.8	37.1
12	阿拉乒乓响	综艺	上海电视台娱乐频道	6.2	20.2
13	中国之星梦之声星动时刻(12 月 5 日)	综艺	上海东方卫视	6.2	19.8
14	英雄祭之生死上海滩	电视剧	上海电视台新闻综合频道	6.2	18.7
15	1/7	新闻/时事	上海电视台新闻综合频道	6.1	20.1
16	中国好声音 4 总决赛	综艺	浙江卫视	6.1	18.9
17	勇敢的心	电视剧	上海电视台新闻综合频道	6.1	18.0
18	K 歌全民星	综艺	上海电视台娱乐频道	6.0	19.6
19	极限挑战	综艺	上海东方卫视	6.0	19.4
20	庭审纪实	法制	上海电视台新闻综合频道	5.9	20.6
21	转播中央台新闻联播	新闻/时事	上海电视台新闻综合频道	5.9	19.0
22	大秧歌	电视剧	上海电视台新闻综合频道	5.9	17.6
23	孤雁	电视剧	上海电视台新闻综合频道	5.9	17.1
24	春满东方我和春天有个约会	综艺	上海东方卫视	5.8	16.4
25	2015 年中国足球协会超级联赛第 24 轮(上海绿地申花 VS 上海上港)	体育	上海电视台五星体育频道	5.8	14.9
26	春满东方达人贺新春	综艺	上海东方卫视	5.7	16.7
27	炮神	电视剧	上海电视台新闻综合频道	5.6	16.0
28	我姥爷 1945	电视剧	上海电视台新闻综合频道	5.5	16.8
29	2015 中央电视台春节联欢晚会	综艺	中央台三套	5.5	14.8
30	铁核桃	电视剧	上海电视台新闻综合频道	5.4	16.2

表 3.29.8　2015 年上海市场电视剧收视率排名前十位

名次	节目名称	播出频道	平均收视率（%）	平均占有率（%）
1	芈月传	上海东方卫视	9.2	25.4
2	英雄祭之生死上海滩	上海电视台新闻综合频道	6.2	18.7
3	勇敢的心	上海电视台新闻综合频道	6.1	18.0
4	大秧歌	上海电视台新闻综合频道	5.9	17.6
5	孤雁	上海电视台新闻综合频道	5.9	17.1
6	炮神	上海电视台新闻综合频道	5.6	16.0
7	我姥爷 1945	上海电视台新闻综合频道	5.5	16.8
8	铁核桃	上海电视台新闻综合频道	5.4	16.2
9	嫂子嫂子	上海电视台新闻综合频道	4.8	14.9
10	铁血战神	上海电视台新闻综合频道	4.7	14.0

表 3.29.9　2015 年上海市场新闻节目收视率排名前十位

名次	节目名称	播出频道	平均收视率（%）	平均占有率（%）
1	天天 315 我要维权	上海电视台新闻综合频道	10.3	36.9
2	新闻透视	上海电视台新闻综合频道	9.1	33.9
3	观众中来	上海电视台新闻综合频道	8.7	31.8
4	新闻报道	上海电视台新闻综合频道	7.7	30.3
5	1/7	上海电视台新闻综合频道	6.1	20.1
6	转播中央台新闻联播	上海电视台新闻综合频道	5.9	19.0
7	新闻坊	上海电视台新闻综合频道	4.6	21.7
8	上海市人民政府记者招待会	上海电视台新闻综合频道	4.2	12.0
9	媒体大搜索	上海电视台新闻综合频道	3.1	19.4
10	新闻夜线	上海电视台新闻综合频道	3.1	11.0

表 3.29.10　2015 年上海市场专题节目收视率排名前十位

名次	节目名称	播出频道	平均收视率（%）	平均占有率（%）
1	法制护航改革路 2014 年上海人大履职纪实	上海电视台新闻综合频道	4.7	16.7
2	可凡和他的朋友们	上海东方卫视	4.6	14.4
3	服务全面深化改革深入协商议政建言 2014 年上海市政协履职纪实	上海电视台新闻综合频道	4.3	14.9
4	陈蓉朋友圈	上海电视台娱乐频道	4.0	12.2
5	金星时间	上海东方卫视	2.5	8.8
6	手拉手慈善行第 21 届蓝天下的至爱 2015 爱心全天大放送	上海电视台娱乐频道	2.2	8.7
7	急诊室故事	上海东方卫视	2.0	8.2
8	全球养老调查	上海电视台新闻综合频道	1.8	7.0
9	东方眼	上海东方卫视	1.6	5.4
10	另一个战场	上海电视台新闻综合频道	1.6	5.0

表 3.29.11　2015 年上海市场综艺节目收视率排名前十位

名次	节目名称	播出频道	平均收视率(%)	平均占有率(%)
1	2016 梦圆东方跨年盛典	上海东方卫视	9.5	32.0
2	笑傲江湖第 2 季巅峰之战	上海东方卫视	8.8	29.1
3	春满东方 2015 群星新春大联欢	上海东方卫视	7.4	23.8
4	妈妈咪呀做女人就这样(5 月 8 日)	上海东方卫视	7.3	25.2
5	2016 梦圆东方上海新天地新年倒计时活动	上海东方卫视	6.8	37.1
6	阿拉乓乓响	上海电视台娱乐频道	6.2	20.2
7	中国之星梦之声星动时刻(12 月 5 日)	上海东方卫视	6.2	19.8
8	中国好声音 4 总决赛	浙江卫视	6.1	18.9
9	K 歌全民星	上海电视台娱乐频道	6.0	19.6
10	极限挑战	上海东方卫视	6.0	19.4

表 3.29.12　2015 年上海市场体育节目收视率排名前十位

名次	节目名称	播出频道	平均收视率(%)	平均占有率(%)
1	2015 年中国足球协会超级联赛第 24 轮(上海绿地申花 VS 上海上港)	上海电视台五星体育频道	5.8	14.9
2	G 赛场:2015 年中国足协杯 1/4 决赛(上海绿地申花 VS 上海上港)	上海电视台五星体育频道	5.4	15.6
3	2015 年亚洲杯 B 组第 3 轮(中国 VS 朝鲜)	上海电视台五星体育频道	4.6	16.6
4	现场直播:2015 年亚洲男篮锦标赛决赛(中国队 VS 菲律宾队)	中央台五套	4.4	15.6
5	2018 年世界杯亚洲区预选赛 C 组第 3 轮(中国香港 VS 中国)	上海电视台五星体育频道	4.1	11.5
6	直播周末 2015 年女排世界杯颁奖仪式	中央台五套	3.6	10.2
7	2015 年世俱杯半决赛(FC BARCELONA VS GUANGZHOU EVERGRANDE FC)	上海电视台五星体育频道	3.3	10.8
8	2015 年亚冠联赛决赛第二回合(广州恒大 VS 阿赫利)	上海电视台五星体育频道	3.2	9.0
9	现场直播:2018 年俄罗斯世界杯暨 2019 年亚洲杯联合预选赛第二轮(中国 VS 中国香港)	中央台五套	3.1	9.2
10	直播周末:2015 年女排世界杯(日本队 VS 中国队)	中央台五套	3.0	10.0

三十、天津收视数据

表 3.30.1 2011～2015 年天津市场各类频道的市场占有率(%)

频道类别	年份				
	2011 年	2012 年	2013 年	2014 年	2015 年
中央台频道	26.4	27.2	28.5	29.4	30.2
中国教育台频道	0.7	0.5	0.4	0.3	0.2
天津市级频道	39.7	39.0	35.5	32.0	27.3
其他省级卫视频道	25.8	26.3	27.0	29.3	31.1
其他频道	7.4	7.0	8.6	9.0	11.2

表 3.30.2 2015 年天津市场各类频道在不同目标观众中的市场占有率(%)

目标观众		中央台频道	中国教育台频道	天津市级频道	其他省级卫视频道	其他频道
4 岁及以上所有人		30.2	0.2	27.3	31.1	11.2
性别	男	32.3	0.2	27.1	29.1	11.3
	女	28.0	0.2	27.4	33.3	11.1
年龄	4～14 岁	22.4	0.1	19.1	45.1	13.3
	15～24 岁	24.5	0.3	24.7	35.8	14.7
	25～34 岁	23.8	0.1	24.0	38.8	13.3
	35～44 岁	28.1	0.2	22.0	38.9	10.8
	45～54 岁	30.7	0.3	30.0	26.9	12.1
	55～64 岁	35.5	0.2	31.3	24.8	8.2
	65 岁及以上	38.0	0.2	30.3	23.0	8.5
教育程度	未受过正规教育	30.6	0.6	32.6	27.3	8.9
	小学	31.1	0.3	26.4	30.6	11.6
	初中	28.9	0.2	26.8	32.4	11.7
	高中	31.5	0.2	28.3	29.6	10.4
	大学及以上	30.1	0.2	26.3	32.0	11.4
职业类别	干部/管理人员	31.2	0.1	22.8	32.7	13.2
	个体/私营企业人员	31.0	0.2	25.1	31.8	11.9
	初级公务员/雇员	27.1	0.1	27.1	33.8	11.9
	工人	29.7	0.3	26.1	31.4	12.5
	学生	23.5	0.2	22.0	41.6	12.7
	无业	32.9	0.2	30.2	26.8	9.9
	其他	29.4	0.2	22.6	38.3	9.5
个人月收入	0～600 元	26.2	0.3	25.1	36.5	11.9
	601～1200 元	33.0	0.3	29.5	25.2	12.0
	1201～1700 元	31.6	0.3	28.6	28.7	10.8
	1701～2600 元	31.6	0.2	29.6	28.1	10.5
	2601～3500 元	31.2	0.1	27.2	29.9	11.6
	3501～5000 元	31.6	0.2	25.2	32.3	10.7
	5001 元及以上	30.2	0.1	24.5	33.7	11.5

表3.30.3　2015年天津市场各类频道在不同时段的市场占有率(%)

时间段	中央台频道	中国教育台频道	天津市级频道	其他省级卫视频道	其他频道
02:00~03:00	23.0	0.2	15.3	38.7	22.8
03:00~04:00	19.6	0.2	16.2	38.3	25.7
04:00~05:00	21.0	0.5	17.2	35.8	25.5
05:00~06:00	30.1	0.5	15.2	31.6	22.6
06:00~07:00	46.3	0.2	12.2	27.8	13.5
07:00~08:00	38.7	0.1	29.6	21.2	10.4
08:00~09:00	39.5	0.2	25.6	22.9	11.8
09:00~10:00	35.1	0.4	22.6	28.9	13.0
10:00~11:00	34.3	0.3	19.6	32.5	13.3
11:00~12:00	35.5	0.1	21.7	30.4	12.3
12:00~13:00	35.7	0.1	23.0	30.1	11.1
13:00~14:00	33.8	0.2	20.4	33.2	12.4
14:00~15:00	31.8	0.2	17.0	37.9	13.1
15:00~16:00	31.2	0.2	18.1	37.8	12.7
16:00~17:00	27.8	0.2	24.1	35.8	12.1
17:00~18:00	28.7	0.1	30.9	29.8	10.5
18:00~19:00	29.2	0.1	47.1	13.8	9.8
19:00~20:00	32.8	0.2	36.1	22.0	8.9
20:00~21:00	26.5	0.4	27.7	36.4	9.0
21:00~22:00	28.3	0.2	25.6	35.5	10.4
22:00~23:00	22.8	0.2	28.7	37.0	11.3
23:00~24:00	28.6	0.2	16.8	39.9	14.5
24:00~25:00	31.5	0.1	15.7	37.0	15.7
25:00~26:00	28.1	0.1	14.3	37.1	20.4

表3.30.4　2015年天津市场收视份额排名前十位的频道

名次	频道名称	收视份额(%)
1	天津卫视	6.5
2	中央电视台综合频道	4.5
3	中央电视台新闻频道	3.6
3	天津电视台四套(都市频道)	3.6
5	天津电视台二套(文艺频道)	3.4
6	天津电视台一套(新闻频道)	3.3
7	中央台三套	3.2
8	天津电视台三套(影视频道)	3.1
9	湖南卫视	3.0
9	浙江卫视	3.0

表 3.30.5　2015 年天津市场各主要频道的观众构成(%)

目标观众		所有频道	主要频道				
			天津卫视	中央电视台综合频道	中央电视台新闻频道	天津电视台四套(都市频道)	天津电视台二套(文艺频道)
4 岁及以上所有人		100.0	100.0	100.0	100.0	100.0	100.0
性别	男	52.0	50.5	48.8	60.0	47.4	49.7
	女	48.0	49.5	51.2	40.0	52.6	50.3
年龄	4~14 岁	5.3	3.9	3.0	2.2	1.9	2.3
	15~24 岁	9.9	11.5	9.5	4.7	7.8	9.5
	25~34 岁	15.3	17.6	9.6	10.9	10.5	9.5
	35~44 岁	12.5	10.1	8.2	11.3	8.5	12.7
	45~54 岁	23.9	27.6	23.8	23.6	23.9	26.4
	55~64 岁	16.9	16.6	21.2	23.8	22.7	17.1
	65 岁及以上	16.2	12.7	24.9	23.5	24.7	22.5
教育程度	未受过正规教育	3.9	4.8	4.3	1.4	3.6	5.6
	小学	14.1	11.5	14.0	17.2	14.0	16.1
	初中	32.5	28.7	28.5	24.9	35.9	32.1
	高中	26.6	28.6	25.9	34.0	25.9	28.7
	大学及以上	22.8	26.5	27.3	22.5	20.5	17.5
职业类别	干部/管理人员	3.9	3.1	3.1	4.2	3.8	2.1
	个体/私营企业人员	8.9	6.6	4.9	11.9	8.3	8.1
	初级公务员/雇员	17.4	24.0	14.0	17.0	13.5	14.9
	工人	16.3	16.2	16.5	13.0	14.3	16.2
	学生	7.8	6.6	4.2	3.6	3.9	6.3
	无业	41.3	38.8	54.3	45.0	54.3	49.8
	其他	4.4	4.6	3.0	5.3	1.9	2.6
个人月收入	0~600 元	24.1	23.6	22.2	16.0	17.6	24.1
	601~1200 元	5.1	6.1	4.8	5.5	5.2	5.9
	1201~1700 元	6.0	5.9	7.6	5.8	8.0	5.9
	1701~2600 元	30.2	30.3	35.2	35.0	34.1	33.9
	2601~3500 元	19.0	18.7	18.3	21.3	24.1	17.6
	3501~5000 元	9.8	9.4	8.1	9.6	6.8	8.6
	5001 元及以上	5.8	6.0	3.8	6.7	4.1	3.9

表 3.30.6　2013~2015 年天津市场各类节目的播出份额(%)和收视份额(%)

节目类别	2013 年		2014 年		2015 年	
	播出份额	收视份额	播出份额	收视份额	播出份额	收视份额
财经	1.9	0.7	1.7	0.5	1.7	0.7
电视剧	21.2	29.0	20.2	29.2	20.2	27.6
电影	5.2	4.6	4.4	3.9	3.9	4.1
法制	1.0	1.3	1.1	1.3	1.2	1.5
教学	0.2	0.0	0.2	0.1	0.2	0.1
青少	6.6	3.8	7.0	3.4	6.7	3.4
生活服务	9.2	8.0	10.2	8.9	9.5	8.7
体育	2.9	4.8	3.7	4.6	3.6	4.4
外语	0.0	0.0	0.0	0.0	0.0	0.0
戏剧	0.8	0.6	0.7	0.6	0.8	0.4
新闻/时事	14.2	12.3	13.9	11.7	14.2	11.8
音乐	2.4	0.9	2.4	0.8	2.4	1.3
专题	11.2	7.8	12.8	7.5	14.1	7.7
综艺	9.1	14.6	9.2	15.7	9.6	16.7
其他	14.3	11.7	12.5	11.8	12.1	11.9

表 3.30.7　2015 年天津市场所有节目收视率排名前三十位

名次	节目名称	节目类型	播出频道	平均收视率(%)	平均占有率(%)
1	2015 中央电视台春节联欢晚会	综艺	中央电视台综合频道	10.4	20.8
2	中国好声音 4 总决赛(10 月 7 日)	综艺	浙江卫视	8.0	22.0
3	2015 中央电视台元宵晚会	综艺	中央电视台综合频道	8.0	18.7
4	大秧歌	电视剧	天津卫视	8.0	18.6
5	大秧歌庆功会	综艺	天津卫视	7.9	17.9
6	二炮手	电视剧	天津卫视	7.8	17.8
7	2015 年澳大利亚亚洲杯小组赛 B 组(中国队 VS 朝鲜队)	体育	中央台五套	7.7	22.7
8	奔跑吧兄弟 (4 月 17 日 ~7 月 13 日)	综艺	湖南卫视	7.0	20.3
9	国色天香第二季(1 月 24 日)	综艺	天津卫视	6.4	14.7
10	奔跑吧兄弟 (10 月 30 日 ~12 月 25 日)	综艺	湖南卫视	6.3	18.2
11	百万粉丝(2 月 6 日)	综艺	天津卫视	6.1	15.2
12	旗开得胜斗地主电视擂台赛 (11 月 15 日)	综艺	天津电视台五套 (体育频道)	5.8	17.2
13	超级足球之夜 亚冠联赛颁奖仪式	体育	中央台五套	5.8	16.4
14	长大	电视剧	天津卫视	5.8	13.2
15	奔跑吧兄弟 (1 月 2 日 ~1 月 16 日)	综艺	湖南卫视	5.7	13.8
16	喜从天降	综艺	天津卫视	5.5	13.9
17	急诊室故事	电视剧	天津卫视	5.5	12.1
18	2015 年国际足联俱乐部世界杯半决赛 (西班牙巴塞罗那 VS 中国广州恒大)	体育	中央台五套	5.4	13.7
19	二炮手特别节目	综艺	天津卫视	5.3	12.5
20	评说大秧歌	综艺	天津卫视	5.1	15.5
21	2015 年中国平安中国足球超级联赛第 12 轮 (天津泰达权健 VS 广州富力)	体育	天津电视台五套 (体育频道)	5.1	14.1
22	我的二哥二嫂	电视剧	天津卫视	4.9	12.4
23	2015 年女排世界杯 (日本队 VS 中国队)	体育	中央台五套	4.7	14.0
24	笑在 2015	综艺	天津卫视	4.6	12.6
25	2015 年世界田径锦标赛男子 4×400米接力决赛	体育	中央台五套	4.6	10.8
26	枪侠	电视剧	天津卫视	4.6	10.2
27	2015 年澳大利亚亚洲杯决赛	体育	中央台五套	4.5	12.4
28	天津市 2015 年春节军民联欢晚会	综艺	天津卫视	4.5	11.5
29	地下地上之大陆小岛	电视剧	天津卫视	4.4	11.4
30	我是歌手(2 月 6 日)	综艺	湖南卫视	4.3	15.3

表 3.30.8 2015 年天津市场电视剧收视率排名前十位

名次	节目名称	播出频道	平均收视率（%）	平均占有率（%）
1	大秧歌	天津卫视	8.0	18.6
2	二炮手	天津卫视	7.8	17.8
3	长大	天津卫视	5.8	13.2
4	急诊室故事	天津卫视	5.5	12.1
5	我的二哥二嫂	天津卫视	4.9	12.4
6	枪侠	天津卫视	4.6	10.2
7	地下地上之大陆小岛	天津卫视	4.4	11.4
8	老农民	天津卫视	4.3	10.7
9	岁月如金	天津电视台二套(文艺频道)	4.0	10.3
10	嫂子嫂子	天津卫视	4.0	9.2

表 3.30.9 2015 年天津市场新闻节目收视率排名前十位

名次	节目名称	播出频道	平均收视率（%）	平均占有率（%）
1	都市报道 60 分	天津电视台一套(新闻频道)	4.3	14.3
2	转播中央台新闻联播(12 月 31 日)	天津电视台一套(新闻频道)	3.0	7.5
3	2015 一年又一年	中央电视台新闻频道	2.3	7.7
4	天津滨海新区危险品仓库爆炸事故第三次新闻发布会(8 月 14 日)	天津卫视	2.2	5.9
5	转播中央台新闻联播	天津卫视	2.1	6.4
6	天津港 8.12 瑞海危险品仓库特别重大火灾爆炸事故第 12 场新闻发布会(8 月 21 日)	天津卫视	2.0	5.5
7	天津滨海新区危险品仓库爆炸事故新闻发布会(8 月 13 日)	天津卫视	2.0	5.2
8	抗战胜利 70 周年纪念大会	中央台二套	2.0	4.8
9	第 12 届全国人大第 3 次会议政协第 12 届全国委员会第 3 次会议特别报道	天津卫视	1.9	7.2
10	天津滨海新区瑞海公司危险品仓库爆炸事故的最新消息(8 月 13 日 ~8 月 15 日)	天津卫视	1.9	4.9

表 3.30.10 2015 年天津市场专题节目收视率排名前十位

名次	节目名称	播出频道	平均收视率（%）	平均占有率（%）
1	315 消费在阳光下	中央电视台综合频道	4.0	11.1
2	把革命老区发展时刻放在心上	中央电视台综合频道	2.4	6.3
3	宝贝你好	天津卫视	2.2	6.2
4	2015 寻找最美教师	中央电视台综合频道	2.2	5.5
5	藏龙卧虎	天津卫视	2.1	7.1
6	群英会	天津卫视	2.0	5.6
7	中国谜语大会(3 月 2 日)	中央电视台综合频道	1.9	4.8
8	感动中国 2014 年度人物颁奖盛典	中央电视台综合频道	1.9	4.6
9	寻找最美医生大型公益活动颁奖典礼	中央电视台综合频道	1.8	4.5
10	东方主战场	中央电视台综合频道	1.7	4.7

表 3.30.11　2015 年天津市场综艺节目收视率排名前十位

名次	节目名称	播出频道	平均收视率(%)	平均占有率(%)
1	2015 中央电视台春节联欢晚会	中央电视台综合频道	10.4	20.8
2	中国好声音 4 总决赛(10 月 7 日)	浙江卫视	8.0	22.0
3	2015 中央电视台元宵晚会	中央电视台综合频道	8.0	18.7
4	大秧歌庆功会	天津卫视	7.9	17.9
5	奔跑吧兄弟(4 月 17 日 ~7 月 13 日)	湖南卫视	7.0	20.3
6	国色天香第二季(1 月 24 日)	天津卫视	6.4	14.7
7	奔跑吧兄弟 (10 月 30 日 ~12 月 25 日)	湖南卫视	6.3	18.2
8	百万粉丝(2 月 6 日)	天津卫视	6.1	15.2
9	旗开得胜斗地主电视擂台赛 (11 月 15 日)	天津电视台五套(体育频道)	5.8	17.2
10	奔跑吧兄弟(1 月 2 日 ~1 月 16 日)	湖南卫视	5.7	13.8

表 3.30.12　2015 年天津市场体育节目收视率排名前十位

名次	节目名称	播出频道	平均收视率(%)	平均占有率(%)
1	2015 年澳大利亚亚洲杯小组赛 B 组 (中国队 VS 朝鲜队)	中央台五套	7.7	22.7
2	超级足球之夜 亚冠联赛颁奖仪式	中央台五套	5.8	16.4
3	2015 年国际足联俱乐部世界杯半决赛 (西班牙巴塞罗那 VS 中国广州恒大)	中央台五套	5.4	13.7
4	2015 年中国足球超级联赛第 12 轮 (天津泰达权健 VS 广州富力)	天津电视台五套(体育频道)	5.1	14.1
5	2015 年女排世界杯 (日本队 VS 中国队)	中央台五套	4.7	14.0
6	2015 年世界田径锦标赛男子4×400 米接力决赛	中央台五套	4.6	10.8
7	2015 年澳大利亚亚洲杯决赛	中央台五套	4.5	12.4
8	2015 年东亚杯男子足球赛 (中国队 VS 日本队)	中央台五套	4.0	10.2
9	2015 年亚洲足联冠军联赛决赛第二回合 (中国广州恒大 VS 阿联酋阿赫利)	中央台五套	3.9	8.7
10	国际足联 2018 年俄罗斯世界杯亚洲区预选赛 C 组小组赛 (中国香港队 VS 中国队)	中央台五套	3.6	8.7

三十一、重庆收视数据

表 3.31.1 2011～2015 年重庆市场各类频道的市场占有率（%）

频道类别	年份				
	2011 年	2012 年	2013 年	2014 年	2015 年
中央台频道	28.2	28.1	28.0	27.1	26.6
中国教育台频道	0.4	0.4	0.3	0.2	0.1
重庆市级频道	26.8	26.3	28.0	26.5	26.6
其他省级卫视频道	36.7	37.6	35.7	36.9	36.7
其他频道	7.9	7.6	8.0	9.3	10.0

表 3.31.2 2015 年重庆市场各类频道在不同目标观众中的市场占有率（%）

目标观众		中央台频道	中国教育台频道	重庆市级频道	其他省级卫视频道	其他频道
4 岁及以上所有人		26.6	0.1	26.6	36.7	10.0
性别	男	29.1	0.1	26.4	33.6	10.8
	女	23.8	0.2	26.8	40.0	9.2
年龄	4～14 岁	20.0	0.1	29.5	40.1	10.3
	15～24 岁	19.8	0.1	23.4	47.1	9.6
	25～34 岁	21.5	0.1	22.6	43.0	12.8
	35～44 岁	25.4	0.2	23.9	40.1	10.4
	45～54 岁	25.0	0.2	28.8	35.9	10.1
	55～64 岁	29.4	0.2	27.8	31.9	10.7
	65 岁及以上	35.8	0.1	27.3	29.2	7.6
教育程度	未受过正规教育	19.9	0.1	35.4	33.7	10.9
	小学	27.5	0.2	30.1	34.2	8.0
	初中	25.7	0.2	27.2	36.4	10.5
	高中	28.2	0.1	24.2	38.6	8.9
	大学及以上	26.8	0.2	16.5	41.1	15.4
职业类别	干部/管理人员	30.3	0.1	15.5	36.9	17.2
	个体/私营企业人员	25.6	0.2	28.7	33.8	11.7
	初级公务员/雇员	23.4	0.2	24.3	35.8	16.3
	工人	27.3	0.2	25.3	38.3	8.9
	学生	19.9	0.1	24.3	47.0	8.7
	无业	29.2	0.1	26.0	35.6	9.1
	其他	24.9	0.2	32.8	33.0	9.1
个人月收入	0～600 元	22.7	0.1	27.3	39.8	10.1
	601～1200 元	27.9	0.2	29.8	32.6	9.5
	1201～1700 元	27.5	0.1	27.4	34.8	10.2
	1701～2600 元	30.4	0.1	25.7	33.9	9.9
	2601～3500 元	28.0	0.1	24.3	37.8	9.8
	3501～5000 元	30.3	0.1	21.4	33.7	14.5
	5001 元及以上	28.8	0.3	16.9	47.4	6.6

表 3.31.3　2015 年重庆市场各类频道在不同时段的市场占有率(%)

时间段	中央台频道	中国教育台频道	重庆市级频道	其他省级卫视频道	其他频道
02:00~03:00	28.7	0.5	13.3	38.2	19.3
03:00~04:00	25.2	0.4	18.5	38.4	17.5
04:00~05:00	26.7	0.3	23.3	34.3	15.4
05:00~06:00	29.4	0.3	30.3	28.2	11.8
06:00~07:00	40.6	0.1	29.6	20.6	9.1
07:00~08:00	45.3	0.1	25.6	18.6	10.4
08:00~09:00	37.4	0.2	22.4	29.8	10.2
09:00~10:00	31.8	0.2	21.1	35.9	11.0
10:00~11:00	32.1	0.2	18.4	38.6	10.7
11:00~12:00	36.7	0.1	18.4	34.3	10.5
12:00~13:00	37.6	0.0	21.6	30.1	10.7
13:00~14:00	34.9	0.1	19.1	34.2	11.7
14:00~15:00	29.7	0.2	16.6	41.7	11.8
15:00~16:00	28.3	0.2	14.2	45.6	11.7
16:00~17:00	28.7	0.2	15.1	44.4	11.6
17:00~18:00	33.0	0.1	20.5	35.3	11.1
18:00~19:00	31.8	0.1	42.5	15.5	10.1
19:00~20:00	24.4	0.1	37.3	30.3	7.9
20:00~21:00	16.4	0.2	31.0	44.3	8.1
21:00~22:00	20.6	0.1	31.0	39.9	8.4
22:00~23:00	19.7	0.3	29.0	41.3	9.7
23:00~24:00	25.8	0.2	15.8	45.4	12.8
24:00~25:00	32.8	0.1	11.3	38.3	17.5
25:00~26:00	33.7	0.2	11.8	35.2	19.1

表 3.31.4　2015 年重庆市场收视份额排名前十位的频道

名次	频道名称	收视份额(%)
1	重庆电视台影视频道(一套)	7.1
2	湖南卫视	4.9
3	重庆电视台新闻频道(二套)	4.2
4	重庆电视台时尚频道(七套)	4.1
5	重庆卫视	3.9
6	中央台六套	3.7
6	中央台三套	3.6
8	中央电视台新闻频道	3.3
9	中央电视台综合频道	3.2
10	中央台八套	3.0

表 3.31.5　2015 年重庆市场各主要频道的观众构成(%)

目标观众		所有频道	主要频道				
			重庆电视台影视频道(一套)	湖南卫视	重庆电视台新闻频道(二套)	重庆电视台时尚频道(七套)	重庆卫视
4 岁及以上所有人		100.0	100.0	100.0	100.0	100.0	100.0
性别	男	51.9	51.1	42.7	54.1	44.6	55.1
	女	48.1	48.9	57.3	45.9	55.4	44.9
年龄	4~14 岁	9.7	6.3	20.0	5.4	11.8	5.2
	15~24 岁	7.8	3.9	17.8	8.3	12.2	4.4
	25~34 岁	11.4	7.5	10.6	10.4	10.9	10.3
	35~44 岁	14.3	11.7	15.1	13.2	19.1	12.7
	45~54 岁	20.1	22.7	14.9	26.8	20.2	20.7
	55~64 岁	18.5	22.4	11.7	17.9	12.1	23.8
	65 岁及以上	18.1	25.5	10.0	17.9	13.6	22.9
教育程度	未受过正规教育	5.2	3.9	4.6	5.1	6.9	3.6
	小学	26.4	32.8	32.4	21.1	32.8	31.7
	初中	35.0	37.8	33.5	37.0	35.3	37.2
	高中	22.6	20.0	22.6	26.9	19.5	19.1
	大学及以上	10.8	5.5	6.8	9.9	5.5	8.3
职业类别	干部/管理人员	2.3	1.1	1.0	2.3	0.6	1.8
	个体/私营企业人员	10.9	9.9	8.7	13.4	17.6	10.3
	初级公务员/雇员	7.9	8.2	6.7	9.5	6.2	7.1
	工人	14.2	10.2	13.5	16.3	16.6	13.4
	学生	10.3	6.6	28.7	6.9	12.9	6.3
	无业	41.0	40.7	28.3	40.6	32.1	38.8
	其他	13.3	23.2	13.1	11.0	14.0	22.3
个人月收入	0~600 元	37.4	34.6	54.5	28.2	43.3	34.2
	601~1200 元	16.0	20.5	14.0	19.0	15.1	21.7
	1201~1700 元	10.3	12.6	8.1	9.6	10.6	8.9
	1701~2600 元	20.4	20.2	13.3	24.7	19.1	21.3
	2601~3500 元	8.1	7.8	5.1	9.6	7.0	7.1
	3501~5000 元	5.0	3.1	2.8	6.5	3.7	4.6
	5001 元及以上	2.8	1.2	2.2	2.4	1.2	2.2

表 3.31.6　2013~2015 年重庆市场各类节目的播出份额(%)和收视份额(%)

节目类别	2013 年		2014 年		2015 年	
	播出份额	收视份额	播出份额	收视份额	播出份额	收视份额
财经	2.0	0.5	1.8	0.4	1.7	0.5
电视剧	22.3	36.7	21.4	38.8	21.3	37.0
电影	4.4	3.9	3.7	4.2	3.5	3.8
法制	1.6	0.9	1.4	0.7	1.3	0.7
教学	0.3	0.1	0.3	0.1	0.3	0.1
青少	6.7	5.5	7.1	4.9	6.8	4.2
生活服务	10.1	6.9	11.0	6.8	10.2	7.2
体育	1.8	1.1	2.7	1.3	2.8	1.4
外语	0.0	0.0	0.0	0.0	0.0	0.0
戏剧	0.7	0.1	0.7	0.1	0.8	0.2
新闻/时事	14.4	13.4	14.1	12.4	14.0	11.7
音乐	2.3	0.7	2.4	0.6	2.4	0.8
专题	10.3	5.4	11.6	5.5	12.9	6.4
综艺	8.6	12.1	8.7	11.7	8.8	13.5
其他	14.3	12.6	13.1	12.5	13.2	12.5

表 3.31.7　2015 年重庆市场所有节目收视率排名前三十位

名次	节目名称	节目类型	播出频道	平均收视率(%)	平均占有率(%)
1	绝代枪王	电视剧	重庆电视台影视频道(一套)	7.2	16.3
2	狐影	电视剧	重庆电视台影视频道(一套)	6.7	16.5
3	铁血英雄	电视剧	重庆电视台影视频道(一套)	6.3	17.9
4	追杀令	电视剧	重庆电视台影视频道(一套)	6.2	16.6
5	飞虎队	电视剧	重庆电视台影视频道(一套)	6.0	15.0
6	忠者无敌	电视剧	重庆电视台影视频道(一套)	5.9	13.5
7	光影	电视剧	重庆电视台影视频道(一套)	5.7	15.2
8	刺蝶	电视剧	重庆电视台影视频道(一套)	5.6	15.9
8	猎王刀	电视剧	重庆电视台影视频道(一套)	5.6	15.9
10	致命计划	电视剧	重庆电视台影视频道(一套)	5.5	15.5
11	橙色密码	电视剧	重庆电视台影视频道(一套)	5.4	15.9
12	女镖师	电视剧	重庆电视台影视频道(一套)	5.3	15.7
13	2015 中央电视台春节联欢晚会	综艺	重庆卫视	5.3	13.2
14	踏破硝烟	电视剧	重庆电视台影视频道(一套)	5.3	12.2
15	生死翻盘	电视剧	重庆电视台影视频道(一套)	5.3	12.1
16	中国好声音 4 总决赛	浙江卫视	浙江卫视	5.2	13.9
17	猎杀 1931	电视剧	重庆电视台影视频道(一套)	5.1	13.8
18	威震太行	电视剧	重庆电视台影视频道(一套)	5.0	15.0
19	杀出黎明	电视剧	重庆电视台影视频道(一套)	5.0	14.0
20	幸福聚荔 20152016 跨年演唱会	音乐	江苏卫视	5.0	10.7
21	我是赵传奇	电视剧	重庆卫视	5.0	10.2
22	壮丁也是兵	电视剧	重庆电视台影视频道(一套)	4.9	14.6
23	奔跑吧兄弟第二季(4 月 17 日 ~7 月 3 日)	综艺	浙江卫视	4.9	13.9
24	奔跑吧兄弟第三季(10 月 30 日 ~12 月 25 日)	综艺	浙江卫视	4.9	13.1
25	浴血重生	电视剧	重庆电视台影视频道(一套)	4.9	12.5
26	游击英雄	电视剧	重庆电视台影视频道(一套)	4.9	12.1
27	青年霍元甲第一部 冲出江湖	电视剧	重庆电视台影视频道(一套)	4.8	14.2
28	越境	电视剧	重庆电视台影视频道(一套)	4.8	13.1
29	潜行者	电视剧	重庆电视台影视频道(一套)	4.8	11.6
30	独立纵队二	电视剧	重庆电视台影视频道(一套)	4.8	11.3

表 3.31.8　2015 年重庆市场电视剧收视率排名前十位

名次	节目名称	播出频道	平均收视率（%）	平均占有率（%）
1	绝代枪王	重庆电视台影视频道(一套)	7.2	16.3
2	狐影	重庆电视台影视频道(一套)	6.7	16.5
3	铁血英雄	重庆电视台影视频道(一套)	6.3	17.9
4	追杀令	重庆电视台影视频道(一套)	6.2	16.6
5	飞虎队	重庆电视台影视频道(一套)	6.0	15.0
6	忠者无敌	重庆电视台影视频道(一套)	5.9	13.5
7	光影	重庆电视台影视频道(一套)	5.7	15.2
8	刺蝶	重庆电视台影视频道(一套)	5.6	15.9
8	猎王刀	重庆电视台影视频道(一套)	5.6	15.9
10	致命计划	重庆电视台影视频道(一套)	5.5	15.5

表 3.31.9　2015 年重庆市场新闻节目收视率排名前十位

名次	节目名称	播出频道	平均收视率（%）	平均占有率（%）
1	转播中央台新闻联播（9 月 3 日）	重庆电视台新闻频道(二套)	3.3	13.0
2	天天 630	重庆电视台新闻频道(二套)	3.2	11.5
3	转播中央台新闻联播	重庆卫视	1.9	6.9
4	特别直播丽水山体滑坡救援	浙江卫视	1.8	4.0
5	滑坡事故救援处置进行时特别报道	深圳卫视(新闻综合频道)	1.6	3.5
6	重庆新闻联播	重庆卫视	1.5	7.3
7	胜利日 70 年纪念中国人民抗日战争暨世界反法西斯战争胜利	中央台三套	1.5	5.1
8	逝者安息长江客轮翻沉事件特别节目	山东卫视	1.5	4.0
9	东方之星客船翻沉全力搜救	中央电视台新闻频道	1.3	13.2
10	走向胜利——纪念中国人民抗日战争暨世界反法西斯战争胜利 70 周年	中央电视台新闻频道	1.3	5.2

表 3.31.10　2015 年重庆市场专题节目收视率排名前十位

名次	节目名称	播出频道	平均收视率（%）	平均占有率（%）
1	重庆刑警	重庆卫视	2.2	5.7
2	315 消费在阳光下	中央电视台综合频道	1.6	4.8
3	急诊室故事 2	上海东方卫视	1.6	4.0
4	超级访问星星的故事	重庆卫视	1.4	3.9
5	沸点民生	吉林卫视	1.3	3.5
6	春天信使新春之夜——2015 重庆春节联欢晚会系列节目	重庆卫视	1.2	4.4
7	凡人有事调解进行时	重庆电视台都市频道(四套)	1.2	2.9
8	东方主战场	安徽卫视	1.1	2.3
8	飞虎的纪念	湖南卫视	1.1	2.3
10	一年级大学季	湖南卫视	1	4.3

表 3.31.11　2015 年重庆市场综艺节目收视率排名前十位

名次	节目名称	播出频道	平均收视率(%)	平均占有率(%)
1	2015 中央电视台春节联欢晚会	重庆卫视	5.3	13.2
2	中国好声音 4 总决赛	浙江卫视	5.2	13.9
3	奔跑吧兄弟季(4 月 17 日 ~7 月 3 日)	浙江卫视	4.9	13.9
4	奔跑吧兄弟(10 月 30 日 ~12 月 25 日)	浙江卫视	4.9	13.1
5	奔跑吧兄弟(1 月 2 日 ~1 月 16 日)	浙江卫视	3.4	9.7
6	长篇电视连续剧铁核桃精彩回顾	重庆卫视	3.1	7.7
7	2015 春节联欢晚会	湖南卫视	2.9	9.6
8	快乐大本营	湖南卫视	2.8	7.3
9	2015 中央电视台元宵晚会	中央电视台综合频道	2.7	6.8
10	挑战者联盟	浙江卫视	2.6	7.5

表 3.31.12　2015 年重庆市场体育节目收视率排名前十位

名次	节目名称	播出频道	平均收视率(%)	平均占有率(%)
1	现场直播 2015 年亚洲男篮锦标赛颁奖仪式	中央台五套	3.6	12.8
2	现场直播:2015 年亚洲男篮锦标赛决赛(中国队 VS 菲律宾队)	中央台五套	3.1	7.4
3	直播周末:2015 年女排世界杯(日本队 VS 中国队)	中央台五套	2.7	8.2
4	2015 年世界田径锦标赛男子4×100 米接力决赛	中央台五套	2.2	4.8
5	现场直播:2018 年俄罗斯世界杯暨 2019 年亚洲杯联合预选赛第二轮(中国 VS 中国香港)	中央台五套	1.9	4.7
6	超级足球之夜:2018 年世界杯亚洲区预选赛(马尔代夫队 VS 中国队)	中央台五套	1.9	4.3
7	直播周末:2015 年澳大利亚亚洲杯小组赛 B 组(中国队 VS 朝鲜队)	中央台五套	1.7	8.5
8	广东省第十四届运动会闭幕式	广东卫视	1.7	4.6
9	现场直播:2015 年中国足协杯第五轮(上海绿地申花 VS 上海上港)	中央台五套	1.6	3.3
10	2015 年世界乒乓球锦标赛男双决赛	中央台五套	1.5	4.8

三十二、长春收视数据

表 3.32.1　2011～2015 年长春市场各类频道的市场占有率(%)

频道类别	年份				
	2011 年	2012 年	2013 年	2014 年	2015 年
中央台频道	27.7	31.0	34.4	37.0	35.9
中国教育台频道	0.6	0.4	0.2	0.2	0.1
吉林省级频道	27.1	24.7	22.5	23.5	24.6
长春市级频道	10.9	8.1	7.5	5.5	6.0
其他省级卫视频道	26.2	30.7	30.5	29.7	27.0
其他频道	7.5	5.1	4.9	4.1	6.4

表 3.32.2　2015 年长春市场各类频道在不同目标观众中的市场占有率(%)

目标观众		中央台频道	中国教育台频道	吉林省级频道	长春市级频道	其他省级卫视频道	其他频道
4 岁及以上所有人		35.9	0.1	24.6	6.0	27.0	6.4
性别	男	40.1	0.1	22.8	5.5	24.7	6.8
	女	31.9	0.1	26.4	6.4	29.3	5.9
年龄	4～14 岁	32.2	0.1	15.4	1.5	44.6	6.2
	15～24 岁	28.3	0.1	21.7	5.1	36.1	8.7
	25～34 岁	35.9	0.1	13.3	3.1	37.7	9.9
	35～44 岁	34.9	0.1	20.1	5.3	30.5	9.1
	45～54 岁	33.5	0.1	27.4	7.8	24.5	6.7
	55～64 岁	36.8	0.2	26.8	8.7	23.4	4.1
	65 岁及以上	42.5	0.2	32.9	4.9	15.9	3.6
教育程度	未受过正规教育	30.0	0.0	27.7	2.4	34.5	5.4
	小学	30.3	0.1	33.5	8.1	22.5	5.5
	初中	34.4	0.1	29.1	6.0	24.2	6.2
	高中	37.2	0.2	21.7	5.6	29.3	6.0
	大学及以上	39.3	0.1	19.0	5.8	28.4	7.4
职业类别	干部/管理人员	32.8	0.1	15.1	6.3	37.1	8.6
	个体/私营企业人员	31.4	0.1	24.7	3.8	29.3	10.7
	初级公务员/雇员	37.8	0.1	16.8	5.8	32.5	7.0
	工人	32.5	0.1	26.5	7.4	26.2	7.3
	学生	30.4	0.1	17.0	3.3	41.6	7.6
	无业	38.9	0.2	27.4	6.1	22.8	4.6
	其他	*	*	*	*	*	*
个人月收入	0～600 元	32.0	0.1	22.2	4.7	34.2	6.8
	601～1200 元	31.0	0.0	34.5	6.9	21.1	6.5
	1201～1700 元	36.2	0.2	31.4	6.7	20.0	5.5
	1701～2600 元	35.2	0.2	26.2	6.3	27.0	5.1
	2601～3500 元	37.1	0.2	21.5	7.0	27.3	6.9
	3501～5000 元	42.1	0.1	21.6	6.1	23.2	6.9
	5001 元及以上	39.6	0.1	22.5	3.9	26.2	7.7

注:“*”表示目标观众样本量不足,无法进行统计推断。

表3.32.3　2015年长春市场各类频道在不同时段的市场占有率(%)

时间段	中央台频道	中国教育台频道	吉林省级频道	长春市级频道	其他省级卫视频道	其他频道
02:00~03:00	33.4	0.2	15.6	8.7	30.2	11.9
03:00~04:00	34.4	0.5	17.2	7.6	30.8	9.5
04:00~05:00	40.8	0.9	17.3	7.2	26.3	7.5
05:00~06:00	41.3	0.7	19.9	7.7	23.7	6.7
06:00~07:00	54.0	0.1	20.1	6.9	13.7	5.2
07:00~08:00	54.7	0.1	19.5	7.6	14.0	4.1
08:00~09:00	51.2	0.2	19.2	4.0	21.0	4.4
09:00~10:00	42.9	0.2	19.3	3.7	28.7	5.2
10:00~11:00	42.4	0.2	14.9	2.9	33.5	6.1
11:00~12:00	46.8	0.1	9.3	4.5	33.9	5.4
12:00~13:00	48.5	0.1	10.9	2.7	32.8	5.0
13:00~14:00	45.6	0.2	8.5	2.8	36.1	6.8
14:00~15:00	39.1	0.3	12.8	4.6	36.3	6.9
15:00~16:00	40.7	0.3	12.2	5.0	36.2	5.6
16:00~17:00	33.9	0.2	25.2	4.3	31.7	4.7
17:00~18:00	27.1	0.0	41.3	6.2	21.3	4.1
18:00~19:00	32.3	0.0	39.7	9.9	9.8	8.3
19:00~20:00	34.7	0.1	33.6	7.4	16.7	7.5
20:00~21:00	26.8	0.2	30.6	6.1	29.4	6.9
21:00~22:00	30.0	0.1	26.8	6.2	31.1	5.8
22:00~23:00	31.1	0.1	14.4	5.1	43.5	5.8
23:00~24:00	33.5	0.1	8.6	7.0	41.4	9.4
24:00~25:00	36.5	0.1	9.1	8.3	33.7	12.3
25:00~26:00	35.8	0.1	13.0	8.6	30.7	11.8

表3.32.4　2015年长春市场收视份额排名前十位的频道

名次	频道名称	收视份额(%)
1	中央电视台综合频道	5.5
1	吉林电视台都市频道(二套)	5.5
3	吉林电视台生活频道(三套)	5.4
4	吉林电视台乡村频道(五套)	5.0
5	中央台五套	3.7
6	中央台四套	3.5
7	湖南卫视	3.4
7	中央电视台新闻频道	3.4
9	中央台三套	3.3
10	吉林卫视	3.2

表 3.32.5　2015 年长春市场各主要频道的观众构成(%)

目标观众		所有频道	主要频道				
			中央电视台综合频道	吉林电视台都市频道(二套)	吉林电视台生活频道(三套)	吉林电视台乡村频道(五套)	中央台五套
4 岁及以上所有人		100.0	100.0	100.0	100.0	100.0	100.0
性别	男	49.1	50.8	40.5	45.2	42.9	64.4
	女	50.9	49.2	59.5	54.8	57.1	35.6
年龄	4～14 岁	6.1	4.3	3.6	3.5	4.3	2.2
	15～24 岁	8.0	6.5	7.2	8.5	5.9	6.0
	25～34 岁	12.1	8.6	6.1	7.5	6.5	18.8
	35～44 岁	11.7	11.6	11.4	10.2	7.2	10.0
	45～54 岁	21.5	20.8	29.5	23.5	13.3	16.4
	55～64 岁	21.2	27.0	20.9	23.5	21.9	18.4
	65 岁及以上	19.5	21.2	21.2	23.4	40.8	28.2
教育程度	未受过正规教育	3.1	2.5	3.7	2.5	6.9	0.8
	小学	11.6	13.0	12.3	13.2	25.4	8.2
	初中	27.7	24.8	35.9	34.4	29.0	20.8
	高中	32.8	33.4	31.6	31.8	22.1	27.7
	大学及以上	24.7	26.3	16.5	18.1	16.6	42.5
职业类别	干部/管理人员	3.5	2.6	2.1	2.0	0.8	4.0
	个体/私营企业人员	7.0	4.4	7.1	6.1	6.1	9.4
	初级公务员/雇员	11.9	13.5	8.4	7.3	6.7	11.9
	工人	22.5	17.1	28.8	27.0	18.7	23.1
	学生	8.0	6.3	5.7	5.0	6.0	4.7
	无业	47.0	56.0	47.9	52.6	61.7	46.8
	其他	*	*	*	*	*	*
个人月收入	0～600 元	23.2	27.1	20.3	20.6	23.6	13.0
	601～1200 元	3.3	4.9	4.7	5.2	5.8	1.1
	1201～1700 元	14.1	11.8	16.7	17.6	18.3	13.7
	1701～2600 元	23.7	21.0	27.7	25.6	23.4	17.3
	2601～3500 元	18.7	17.2	17.2	15.5	14.0	23.3
	3501～5000 元	11.9	13.4	9.7	10.8	10.7	22.5
	5001 元及以上	5.1	4.7	3.6	4.7	4.2	9.1

注:"*"表示目标观众样本量不足,无法进行统计推断。

表 3.32.6　2013～2015 年长春市场各类节目的播出份额(%)和收视份额(%)

节目类型	2013 年		2014 年		2015 年	
	播出份额	收视份额	播出份额	收视份额	播出份额	收视份额
财经	1.8	0.6	1.6	0.5	1.4	0.9
电视剧	20.4	29.2	19.9	30.7	23.9	30.8
电影	5.1	5.6	4.4	5.5	4.1	5.2
法制	0.9	0.9	1.0	0.8	1.1	1.3
教学	0.3	0.0	0.3	0.0	0.3	0.1
青少	5.8	3.7	6.5	3.5	5.5	3.9
生活服务	10.3	6.7	11.4	6.7	12.4	6.8
体育	1.8	2.9	2.8	3.6	2.9	3.9
外语	0.0	0.0	0.0	0.0	0.0	0.0
戏剧	0.8	0.6	0.7	0.1	0.6	0.2
新闻/时事	15.4	16.5	14.9	13.3	10.5	11.4
音乐	2.3	0.7	2.4	0.8	2.5	1.1
专题	11.1	6.3	12.0	6.7	12.8	7.3
综艺	9.3	14.0	9.1	15.4	7.6	15.5
其他	14.7	12.4	13.1	12.3	14.4	11.6

表 3.32.7　2015 年长春市场所有节目收视率排名前三十位

名次	节目名称	节目类型	播出频道	平均收视率(%)	平均占有率(%)
1	2015 中央电视台春节联欢晚会	综艺	中央电视台综合频道	8.9	24.1
2	中国好声音 4 总决赛	综艺	浙江卫视	6.5	27.6
3	2015 年世界田径锦标赛男子 4×100 米接力决赛	体育	中央台五套	6.2	21.3
4	武媚娘传奇	电视剧	湖南卫视	5.4	15.9
5	现场直播:2015 年亚洲男篮锦标赛决赛(中国 VS 菲律宾)	体育	中央台五套	5.3	21.0
6	2015 中央电视台元宵晚会	综艺	中央电视台综合频道	5.3	15.5
7	奔跑吧兄弟(4 月 17 日 ~7 月 3 日)	综艺	浙江卫视	5.2	26.4
8	哥嫂风雨情	电视剧	吉林电视台都市频道(二套)	5.2	16.8
9	奔跑吧兄弟(10 月 30 日 ~12 月 25 日)	综艺	浙江卫视	5.0	22.6
10	超级足球之夜:2015 年亚洲足联冠军联赛决赛第二回合(中国广州恒大 VS 阿联酋阿赫利)	体育	中央台五套	4.5	13.9
11	继父回家	电视剧	吉林电视台乡村频道(五套)	4.5	13.1
12	奔跑吧兄弟(1 月 2 日 ~1 月 16 日)	综艺	浙江卫视	4.4	18.0
13	直播周末 2015 年女排世界杯颁奖仪式	体育	中央台五套	4.3	14.7
14	2015 年澳大利亚亚洲杯决赛(韩国队 VS 澳大利亚队)	体育	中央台五套	4.3	14.3
15	全城热恋	综艺	吉林电视台生活频道(三套)	4.2	19.1
16	快乐中国 20152016 跨年演唱会	音乐	湖南卫视	4.0	13.6
17	欢喜邻居	电视剧	吉林电视台都市频道(二套)	4.0	11.6
18	守望都市	新闻/时事	吉林电视台都市频道(二套)	3.9	15.8
19	2015 年中央电视台中秋晚会	综艺	中央电视台综合频道	3.9	11.6
20	元宵喜乐会	综艺	湖南卫视	3.8	13.4
21	黄金赛场:2014/2015 赛季 CBA 联赛总决赛第五场(北京首钢 VS 辽宁药都本溪)	体育	中央台五套	3.8	11.9
22	家有一老	电视剧	吉林电视台都市频道(二套)	3.7	13.0
23	邻里一家亲	电视剧	吉林电视台乡村频道(五套)	3.7	10.5

续表

名次	节目名称	节目类型	播出频道	平均收视率（%）	平均占有率（%）
24	2015年世界乒乓球锦标赛女双决赛	体育	中央台五套	3.5	13.4
25	女人不容易	电视剧	吉林电视台乡村频道（五套）	3.5	10.2
25	女人当官二	电视剧	吉林电视台乡村频道（五套）	3.5	10.2
27	315消费在阳光下	专题	中央电视台综合频道	3.4	14.8
28	老马家的幸福往事	电视剧	吉林电视台都市频道（二套）	3.4	12.0
29	女人的颜色	电视剧	吉林电视台乡村频道（五套）	3.3	10.4
30	你幸福我快乐	电视剧	吉林电视台乡村频道（五套）	3.3	8.7

表3.32.8 2015年长春市场电视剧收视率排名前十位

名次	节目名称	播出频道	平均收视率（%）	平均占有率（%）
1	武媚娘传奇	湖南卫视	5.4	15.9
2	哥嫂风雨情	吉林电视台都市频道（二套）	5.2	16.8
3	继父回家	吉林电视台乡村频道（五套）	4.5	13.1
4	欢喜邻居	吉林电视台都市频道（二套）	4.0	11.6
5	家有一老	吉林电视台都市频道（二套）	3.7	13.0
6	邻里一家亲	吉林电视台乡村频道（五套）	3.7	10.5
7	女人不容易	吉林电视台乡村频道（五套）	3.5	10.2
7	女人当官二	吉林电视台乡村频道（五套）	3.5	10.2
9	老马家的幸福往事	吉林电视台都市频道（二套）	3.4	12.0
10	女人的颜色	吉林电视台乡村频道（五套）	3.3	10.4

表3.32.9 2015年长春市场新闻节目收视率排名前十位

名次	节目名称	播出频道	平均收视率（%）	平均占有率（%）
1	守望都市	吉林电视台都市频道（二套）	3.9	15.8
2	新闻联播	中央电视台综合频道	2.2	7.8
3	新闻纵贯线全省两会特别节目	吉林卫视	2.0	9.5
4	习近平在亚非领导人会议上致辞	中央电视台综合频道	1.9	6.7
5	李克强总理会见中外记者并回答提问	中央电视台综合频道	1.7	5.0
6	2015一年又一年	中央电视台综合频道	1.6	7.2
7	城市速递	长春电视台综合频道	1.5	6.7
8	今日关注	中央台四套	1.4	6.0
9	抗战胜利70周年纪念大会	中央台二套	1.4	4.5
10	焦点访谈	中央电视台综合频道	1.3	4.2

表 3.32.10　2015 年长春市场专题节目收视率排名前十位

名次	节目名称	播出频道	平均收视率(%)	平均占有率(%)
1	315 消费在阳光下	中央电视台综合频道	3.4	14.8
2	中国谜语大会(3 月 4 日)	中央电视台综合频道	2.3	8.1
3	等着我	中央台二套	1.4	5.8
4	沸点民生	吉林卫视	1.4	4.8
5	东北抗联	吉林电视台都市频道(二套)	1.3	6.6
6	2014 中国好书	中央电视台综合频道	1.3	5.1
7	中国汉字听写大会 2015(10 月 2 日)	中央电视台综合频道	1.3	4.7
8	中国成语大会 2015 决赛第四场	中央台丨套	1.3	3.4
9	一年级大学季	湖南卫视	1.2	7.3
10	把革命老区发展时刻放在心上	中央电视台新闻频道	1.2	4.3

表 3.32.11　2015 年长春市场综艺节目收视率排名前十位

名次	节目名称	播出频道	平均收视率(%)	平均占有率(%)
1	2015 中央电视台春节联欢晚会	中央电视台综合频道	8.9	24.1
2	中国好声音 4 总决赛	浙江卫视	6.5	27.6
3	2015 中央电视台元宵晚会	中央电视台综合频道	5.3	15.5
4	奔跑吧兄弟(4 月 17 日 ~7 月 3 日)	浙江卫视	5.2	26.4
5	奔跑吧兄弟(10 月 30 日 ~12 月 25 日)	浙江卫视	5.0	22.6
6	奔跑吧兄弟(1 月 2 日 ~1 月 16 日)	浙江卫视	4.4	18.0
7	全城热恋	吉林电视台生活频道(三套)	4.2	19.1
8	2015 年中央电视台中秋晚会	中央电视台综合频道	3.9	11.6
9	元宵喜乐会	湖南卫视	3.8	13.4
10	胜利与和平——纪念抗日战争暨世界反法西斯战争胜利 70 周年文艺晚会	中央电视台综合频道	3.1	9.8

表 3.32.12　2015 年长春市场体育节目收视率排名前十位

名次	节目名称	播出频道	平均收视率(%)	平均占有率(%)
1	2015 年世界田径锦标赛男子4×100 米接力决赛	中央台五套	6.2	21.3
2	现场直播:2015 年亚洲男篮锦标赛决赛(中国 VS 菲律宾)	中央台五套	5.3	21.0
3	超级足球之夜:2015 年亚洲足联冠军联赛决赛第二回合(中国广州恒大 VS 阿联酋阿赫利)	中央台五套	4.5	13.9
4	直播周末 2015 年女排世界杯颁奖仪式	中央台五套	4.3	14.7

续表

名次	节目名称	播出频道	平均收视率（%）	平均占有率（%）
5	2015年澳大利亚亚洲杯决赛（韩国队VS澳大利亚队）	中央台五套	4.3	14.3
6	黄金赛场:2014/2015赛季CBA联赛总决赛第五场（北京首钢VS辽宁药都本溪）	中央台五套	3.8	11.9
7	2015年世界乒乓球锦标赛女双决赛	中央台五套	3.5	13.4
8	超级足球之夜:国际足联2018年俄罗斯世界杯亚洲区预选赛C组小组赛（中国香港队VS中国队）	中央台五套	3.3	10.4
9	直播周末:2015年女排世界杯（日本队VS中国队）	中央台五套	3.0	15.6
10	黄金赛场:2015年东亚杯男子足球赛（中国队VS朝鲜队）	中央台五套	2.7	13.0

三十三、长沙收视数据

表 3.33.1　2011～2015 年长沙市场各类频道的市场占有率(%)

频道类别	年份				
	2011 年	2012 年	2013 年	2014 年	2015 年
中央台频道	16.3	18.2	17.3	18.0	17.0
中国教育台频道	0.4	0.1	0.1	0.1	0.0
湖南省级频道	46.1	43.5	44.6	47.6	52.1
长沙市级频道	20.8	20.5	21.2	18.6	16.7
其他省级卫视频道	7.6	9.2	9.5	7.1	6.9
其他频道	8.9	8.5	7.4	8.6	7.3

表 3.33.2　2015 年长沙市场各类频道在不同目标观众中的市场占有率(%)

目标观众		中央台频道	中国教育台频道	湖南省级频道	长沙市级频道	其他省级卫视频道	其他频道
4 岁及以上所有人		17.0	0.0	52.1	16.7	6.9	7.3
性别	男	19.7	0.0	49.1	17.0	6.5	7.7
	女	14.3	0.0	55.2	16.4	7.2	6.9
年龄	4～14 岁	14.3	0.0	57.6	10.5	10.5	7.1
	15～24 岁	14.0	0.0	59.7	12.9	7.2	6.2
	25～34 岁	11.9	0.0	53.1	19.0	7.9	8.1
	35～44 岁	17.6	0.0	53.3	14.3	5.3	9.5
	45～54 岁	17.2	0.0	53.2	16.6	5.7	7.3
	55～64 岁	17.9	0.0	49.0	17.9	7.8	7.4
	65 岁及以上	24.3	0.1	46.3	18.6	5.8	4.9
教育程度	未受过正规教育	15.4	0.0	57.2	12.7	8.6	6.1
	小学	16.2	0.0	54.2	17.1	6.5	6.0
	初中	15.7	0.0	54.1	16.5	6.0	7.7
	高中	16.6	0.1	50.5	18.3	7.2	7.3
	大学及以上	21.4	0.0	48.8	14.3	7.7	7.8
职业类别	干部/管理人员	27.0	0.1	53.5	8.0	6.6	4.8
	个体/私营企业人员	18.1	0.0	54.8	12.4	5.7	9.0
	初级公务员/雇员	17.1	0.0	49.6	15.8	8.3	9.2
	工人	14.6	0.0	55.2	16.1	6.6	7.5
	学生	14.4	0.0	56.0	11.6	10.7	7.3
	无业	18.0	0.0	48.9	19.8	6.8	6.5
	其他	11.2	0.0	67.8	11.0	3.2	6.8
个人月收入	0～600 元	11.9	0.0	53.2	21.4	6.8	6.7
	601～1200 元	22.7	0.0	54.2	10.2	5.6	7.3
	1201～1700 元	14.8	0.1	51.6	19.7	7.3	6.5
	1701～2600 元	18.9	0.0	50.2	16.8	7.0	7.1
	2601～3500 元	16.1	0.0	50.9	17.1	6.9	9.0
	3501 元～5000 元	23.0	0.1	53.7	8.6	6.6	8.0
	5001 元及以上	22.0	0.1	53.4	10.2	6.9	7.4

表 3.33.3　2015 年长沙市场各类频道在不同时段的市场占有率(%)

时间段	中央台频道	中国教育台频道	湖南省级频道	长沙市级频道	其他省级卫视频道	其他频道
02:00~03:00	17.4	0.1	46.3	7.7	12.6	15.9
03:00~04:00	23.1	0.0	36.7	6.9	12.3	21.0
04:00~05:00	22.9	0.0	35.1	5.5	11.6	24.9
05:00~06:00	19.6	0.1	39.2	5.9	10.1	25.1
06:00~07:00	28.2	0.0	42.0	8.0	7.9	13.9
07:00~08:00	29.0	0.0	43.0	9.0	8.5	10.5
08:00~09:00	26.5	0.0	45.9	9.7	9.2	8.7
09:00~10:00	25.8	0.1	46.1	10.8	8.6	8.6
10:00~11:00	24.5	0.1	49.2	8.7	9.5	8.0
11:00~12:00	24.0	0.0	52.9	6.9	8.9	7.3
12:00~13:00	25.2	0.0	53.8	5.2	8.9	6.9
13:00~14:00	22.8	0.1	54.4	6.3	8.1	8.3
14:00~15:00	21.4	0.1	49.9	7.1	11.1	10.4
15:00~16:00	21.4	0.1	48.1	6.5	12.6	11.3
16:00~17:00	22.7	0.1	48.2	6.3	12.5	10.2
17:00~18:00	17.8	0.0	56.6	10.6	7.3	7.7
18:00~19:00	12.5	0.0	53.4	25.3	2.6	6.2
19:00~20:00	15.0	0.0	51.4	25.0	3.4	5.2
20:00~21:00	13.8	0.0	53.4	21.8	5.6	5.4
21:00~22:00	13.0	0.0	53.7	21.6	6.0	5.7
22:00~23:00	11.2	0.0	53.9	21.6	6.5	6.8
23:00~24:00	13.6	0.0	52.4	20.0	6.3	7.7
24:00~25:00	22.9	0.0	46.8	8.6	9.8	11.9
25:00~26:00	20.0	0.1	46.3	8.1	11.6	13.9

表 3.33.4　2015 年长沙市场收视份额排名前十位的频道

名次	频道名称	收视份额(%)
1	湖南电视台都市频道	12.5
2	湖南电视台经济频道	12.1
3	湖南卫视	7.2
4	长沙电视政法频道	7.0
5	长沙电视经贸频道	5.4
6	湖南电视台娱乐频道	5.1
7	湖南电视台电视剧频道	5.0
8	湖南电视台潇湘电影频道	3.2
9	湖南电视台金鹰卡通频道	2.8
10	中央电视台新闻频道	2.7

表 3.33.5　2015 年长沙市场各主要频道的观众构成(%)

目标观众		所有频道	主要频道				
			湖南电视台都市频道	湖南电视台经济频道	湖南卫视	长沙电视政法频道	长沙电视经贸频道
4 岁及以上所有人		100.0	100.0	100.0	100.0	100.0	100.0
性别	男	50.7	48.5	55.0	37.7	56.5	49.2
	女	49.3	51.5	45.0	62.3	43.5	50.8
年龄	4~14 岁	6.4	4.2	2.6	13.0	3.7	3.0
	15~24 岁	6.5	6.1	7.6	13.0	5.6	4.3
	25~34 岁	18.4	20.8	10.0	23.1	30.9	11.7
	35~44 岁	12.8	12.6	8.6	16.0	8.2	9.0
	45~54 岁	23.7	21.8	31.7	18.7	21.0	29.8
	55~64 岁	18.1	19.6	25.5	7.2	19.5	25.2
	65 岁及以上	14.1	14.9	14.0	9.0	11.1	17.0
教育程度	未受过正规教育	3.2	2.3	2.0	2.8	1.9	1.9
	小学	14.4	13.9	14.8	15.1	15.7	15.3
	初中	32.3	34.0	37.6	29.4	28.7	33.3
	高中	32.9	34.3	32.6	31.5	41.6	31.5
	大学及以上	17.2	15.5	13.0	21.2	12.1	18.0
职业类别	干部/管理人员	2.3	1.8	3.2	2.2	0.3	1.8
	个体/私营企业人员	14.4	14.2	13.0	15.7	13.1	5.5
	初级公务员/雇员	9.3	10.6	4.7	11.9	7.8	11.6
	工人	17.3	16.3	19.2	17.1	15.5	22.5
	学生	5.9	4.5	3.1	15.5	4.2	2.6
	无业	47.1	49.8	48.2	33.7	54.7	54.4
	其他	3.7	2.8	8.6	3.9	4.4	1.6
个人月收入	0~600 元	27.0	25.8	22.2	33.7	41.8	19.0
	601~1200 元	7.0	6.7	9.4	6.0	4.6	4.6
	1201~1700 元	9.4	11.3	10.1	6.7	9.1	16.8
	1701~2600 元	25.2	24.0	29.7	19.0	20.4	34.7
	2601~3500 元	15.4	16.9	15.9	12.5	16.2	15.0
	3501 元~5000 元	10.3	10.2	7.1	15.1	5.6	4.2
	5001 元及以上	5.7	5.1	5.6	7.0	2.3	5.7

表 3.33.6　2013~2015 年长沙市场各类节目的播出份额(%)和收视份额(%)

节目类型	2013 年		2014 年		2015 年	
	播出份额	收视份额	播出份额	收视份额	播出份额	收视份额
财经	1.7	0.3	1.6	0.2	1.6	0.3
电视剧	23.1	33.7	22.5	34.2	22.3	32.8
电影	4.8	3.5	4.3	3.8	4.1	3.6
法制	1.0	2.9	1.1	3.0	1.0	3.9
教学	0.3	0.1	0.3	0.1	0.2	0.0
青少	5.7	2.7	6.3	3.2	6.0	3.3
生活服务	8.3	5.5	9.5	6.4	9.1	6.5
体育	2.5	1.1	3.3	1.3	3.4	1.3
外语	0.0	0.0	0.0	0.0	0.0	0.0
戏剧	0.7	0.1	0.7	0.1	0.7	0.1
新闻/时事	15.4	22.6	14.8	21.0	14.6	21.8
音乐	2.2	0.3	2.3	0.3	2.3	0.4
专题	11.1	7.0	12.2	6.8	13.4	6.3
综艺	9.0	8.6	8.5	7.8	8.6	7.8
其他	14.1	11.5	12.6	12.0	12.7	11.9

表 3.33.7 2015 年长沙市场所有节目收视率排名前三十位

名次	节目名称	节目类型	播出频道	平均收视率（%）	平均占有率（%）
1	我是歌手歌王之战	综艺	湖南卫视	10.3	27.3
2	快乐中国 20152016 跨年演唱会	音乐	湖南卫视	8.1	22.8
3	元宵喜乐会	综艺	湖南卫视	7.9	20.3
4	2015 春节联欢晚会	综艺	湖南卫视	7.8	21.9
5	都市大直播(晚间档)	新闻/时事	湖南电视台都市频道	6.7	18.2
6	武媚娘传奇	电视剧	湖南卫视	6.2	15.6
7	狐影	电视剧	湖南电视台经济频道	5.6	15.3
8	2015 新年喜乐会	综艺	湖南电视台经济频道	5.4	15.7
9	潜行者	电视剧	湖南电视台经济频道	5.4	15.0
10	铁核桃	电视剧	湖南电视台经济频道	5.4	14.7
11	炮神	电视剧	湖南电视台经济频道	5.4	14.3
12	致命行动	电视剧	湖南电视台经济频道	5.2	14.9
13	嫂子嫂子	电视剧	湖南电视台经济频道	5.2	14.6
14	胜利之路	电视剧	湖南电视台经济频道	5.1	14.8
15	我是赵传奇	电视剧	湖南电视台经济频道	5.1	14.2
16	我的铁血金戈梦	电视剧	湖南电视台经济频道	5.1	13.9
17	光影	电视剧	湖南电视台经济频道	5.1	13.2
18	危情姐妹	电视剧	湖南电视台经济频道	5.1	12.8
19	虎狼交锋	电视剧	湖南电视台经济频道	5.1	12.4
20	黎明前的抉择	电视剧	湖南电视台经济频道	5.0	13.9
21	2015 中央电视台春节联欢晚会	综艺	湖南卫视	5.0	13.8
22	搭错车	电视剧	湖南电视台娱乐频道	5.0	13.3
23	忠者无敌	电视剧	湖南电视台经济频道	5.0	12.9
24	猎刃	电视剧	湖南电视台经济频道	4.9	14.7
25	猎狼人	电视剧	湖南电视台经济频道	4.9	13.2
26	背着奶奶进城	电视剧	湖南电视台娱乐频道	4.8	15.2
27	上海往事	电视剧	湖南电视台经济频道	4.8	13.4
28	独立纵队二	电视剧	湖南电视台经济频道	4.8	12.5
29	激战	电视剧	湖南电视台经济频道	4.7	14.0
30	生死钟声	电视剧	湖南电视台经济频道	4.7	13.4

表 3.33.8　2015 年长沙市场电视剧收视率排名前十位

名次	节目名称	播出频道	平均收视率(%)	平均占有率(%)
1	武媚娘传奇	湖南卫视	6.2	15.6
2	狐影	湖南电视台经济频道	5.4	15.3
3	潜行者	湖南电视台经济频道	5.4	15.0
4	铁核桃	湖南电视台经济频道	5.4	14.7
5	炮神	湖南电视台经济频道	5.4	14.3
6	致命行动	湖南电视台经济频道	5.2	14.9
7	嫂子嫂子	湖南电视台经济频道	5.2	14.6
8	胜利之路	湖南电视台经济频道	5.1	14.8
9	我是赵传奇	湖南电视台经济频道	5.1	14.2
10	我的铁血金戈梦	湖南电视台经济频道	5.1	13.9

表 3.33.9　2015 年长沙市场新闻节目收视率排名前十位

名次	节目名称	播出频道	平均收视率(%)	平均占有率(%)
1	都市大直播(晚间档)	湖南电视台都市频道	6.7	18.2
2	都市 1 时间	湖南电视台都市频道	4.4	15.0
3	转播中央台新闻联播(9 月 3 日)	湖南电视台经济频道	4.3	13.4
4	经视焦点	湖南电视台经济频道	3.9	12.9
5	都市晚间	湖南电视台都市频道	3.9	11.5
6	8 点开讲	长沙电视政法频道	3.6	9.7
7	夜线	长沙电视政法频道	2.9	8.6
8	世界大不同	湖南电视台都市频道	2.7	14.0
9	钟山说事	湖南电视台经济频道	2.6	13.4
10	经视播报	湖南电视台经济频道	2.5	16.4

表 3.33.10　2015 年长沙市场专题节目收视率排名前十位

名次	节目名称	播出频道	平均收视率(%)	平均占有率(%)
1	寻情记	湖南电视台都市频道	4.5	12.2
2	情动 8 点	长沙电视政法频道	4.5	11.5
3	信访调解进行时	湖南电视台都市频道	3.3	8.7
4	超级女兵	长沙电视政法频道	3.1	9.9
5	好记者讲好故事	湖南电视台都市频道	2.9	16.6
6	一年级大学季	湖南卫视	2.7	9.3
7	记者再报告	长沙电视政法频道	2.7	8.9
8	变形计	湖南电视台都市频道	2.7	8.5
9	经视问政	湖南电视台经济频道	2.0	5.5
10	经视观察	湖南电视台经济频道	1.8	6.5

表 3.33.11　2015 年长沙市场综艺节目收视率排名前十位

名次	节目名称	播出频道	平均收视率（%）	平均占有率（%）
1	我是歌手歌王之战	湖南卫视	10.3	27.3
2	元宵喜乐会	湖南卫视	7.9	20.3
3	2015 春节联欢晚会	湖南卫视	7.8	21.9
4	2015 新年喜乐会	湖南电视台经济频道	5.4	15.7
5	2015 中央电视台春节联欢晚会	湖南卫视	5.0	13.8
6	湖南都市新春喜乐会	湖南电视台都市频道	4.7	12.9
7	中秋之夜	湖南卫视	4.5	12.1
8	劳动最美丽湖南省庆祝五一国际劳动节特别节目	湖南电视台经济频道	4.3	16.9
9	爸爸去哪儿第三季	湖南卫视	4.2	15.3
10	偶像来了	湖南卫视	4.2	15.2

表 3.33.12　2015 年长沙市场体育节目收视率排名前十位

名次	节目名称	播出频道	平均收视率（%）	平均占有率（%）
1	现场直播 2015 年亚洲男篮锦标赛颁奖仪式	中央台五套	4.6	14.0
2	现场直播:2015 年亚洲男篮锦标赛决赛(中国队 VS 菲律宾队)	中央台五套	4.6	12.4
3	决战武林之大熊山杯拳霸武林中日拳王决战梅山之颠	湖南电视台经济频道	4.0	11.2
4	2015 年澳大利亚亚洲杯 1/4 决赛(中国队 VS 澳大利亚队)	中央台五套	2.6	7.0
5	直播周末:2015 年女排世界杯(日本队 VS 中国队)	中央台五套	2.3	6.8
6	2015 年世界田径锦标赛女子 400 米栏决赛	中央台五套	2.2	6.0
7	2015 年世乒赛女单决赛	中央台五套	1.8	5.8
8	超级足球之夜:国际足联 2018 年俄罗斯世界杯亚洲区预选赛 C 组小组赛(中国香港队 VS 中国队)	中央台五套	1.8	4.5
9	2015 年国际足联俱乐部世界杯半决赛(西班牙巴塞罗那 VS 中国广州恒大)	中央台五套	1.7	5.0
10	2015 年国际泳联世锦赛男子 200 米自由泳决赛	中央台五套	1.4	6.4

三十四、成都收视数据

表 3.34.1　2011～2015 年成都市场各类频道的市场占有率(%)

频道类别	年份				
	2011 年	2012 年	2013 年	2014 年	2015 年
中央台频道	26.6	27.9	27.9	25.3	26.4
中国教育台频道	0.4	0.3	0.2	0.1	0.1
四川省级频道	29.8	25.5	24.0	22.0	21.6
成都市级频道	10.3	10.8	11.1	11.1	10.8
其他省级卫视频道	24.2	26.5	28.0	31.7	30.2
其他频道	8.7	9.0	8.8	9.8	10.9

表 3.34.2　2015 年成都市场各类频道在不同目标观众中的市场占有率(%)

目标观众		中央台频道	中国教育台频道	四川省级频道	成都市级频道	其他省级卫视频道	其他频道
4 岁及以上所有人		26.4	0.1	21.6	10.8	30.2	10.9
性别	男	27.8	0.1	21.8	10.8	28.4	11.1
	女	25.0	0.1	21.4	10.9	31.9	10.7
年龄	4～14 岁	21.7	0.0	12.9	7.2	43.4	14.8
	15～24 岁	17.9	0.0	22.6	11.8	36.6	11.1
	25～34 岁	23.6	0.1	16.3	12.1	36.4	11.5
	35～44 岁	25.4	0.0	17.8	11.1	33.1	12.6
	45～54 岁	24.5	0.0	24.1	12.1	27.1	12.2
	55～64 岁	32.2	0.1	24.0	8.9	25.8	9.0
	65 岁及以上	33.5	0.1	27.7	10.0	21.3	7.4
教育程度	未受过正规教育	27.9	0.1	27.6	5.7	27.6	11.1
	小学	24.7	0.0	28.1	8.5	28.5	10.2
	初中	25.3	0.1	26.3	9.8	28.2	10.3
	高中	26.3	0.0	19.4	12.4	30.6	11.3
	大学及以上	28.6	0.1	13.9	12.2	33.5	11.7
职业类别	干部/管理人员	29.7	0.1	12.7	10.2	35.5	11.8
	个体/私营企业人员	26.8	0.0	22.0	9.8	30.2	11.2
	初级公务员/雇员	24.0	0.1	18.8	12.8	33.4	10.9
	工人	23.5	0.1	24.9	12.3	27.7	11.5
	学生	19.1	0.0	16.7	8.6	42.1	13.5
	无业	29.8	0.1	22.8	10.6	26.4	10.3
	其他	17.8	0.0	41.3	4.2	28.2	8.5
个人月收入	0～600 元	21.0	0.0	20.5	10.1	35.6	12.8
	601～1200 元	25.7	0	35.5	8.6	20.5	9.7
	1201～1700 元	24.1	0	29.2	10.3	28.5	7.9
	1701～2600 元	29.4	0.1	22.5	10.6	26.9	10.5
	2601～3500 元	27.1	0.1	18.6	12.6	31.7	9.9
	3501～5000 元	26.3	0.1	17.1	13.0	30.8	12.7
	5001 元及以上	33.5	0	12.4	8.7	32.7	12.7

表 3.34.3 2015 年成都市场各类频道在不同时段的市场占有率(%)

时间段	中央台频道	中国教育台频道	四川省级频道	成都市级频道	其他省级卫视频道	其他频道
02:00~03:00	24.6	0.1	9.6	7.0	35.6	23.1
03:00~04:00	24.9	0.0	9.1	8.6	33.0	24.4
04:00~05:00	27.6	0.1	8.9	8.0	30.5	24.9
05:00~06:00	33.6	0.2	11.3	7.4	27.1	20.4
06:00~07:00	49.0	0.0	17.7	6.6	15.4	11.3
07:00~08:00	45.3	0.1	20.4	11.9	12.6	9.7
08:00~09:00	44.6	0.2	17.1	3.6	23.7	10.8
09:00~10:00	38.6	0.2	16.5	3.2	28.7	12.8
10:00~11:00	37.3	0.1	15.6	3.4	31.2	12.4
11:00~12:00	42.2	0.0	15.8	2.9	27.3	11.8
12:00~13:00	43.1	0.0	18.6	3.6	23.0	11.7
13:00~14:00	35.9	0.0	20.6	2.4	27.6	13.5
14:00~15:00	29.8	0.1	17.4	2.7	34.9	15.1
15:00~16:00	27.5	0.1	16.3	2.7	38.4	15.0
16:00~17:00	28.6	0.1	14.5	3.8	38.4	14.6
17:00~18:00	34.7	0.0	16.5	6.4	30.2	12.2
18:00~19:00	31.1	0.0	23.2	22.8	12.7	10.2
19:00~20:00	23.3	0.0	26.5	17.8	23.3	9.1
20:00~21:00	18.9	0.0	21.7	14.6	36.3	8.5
21:00~22:00	20.1	0.0	24.1	14.5	32.6	8.7
22:00~23:00	17.3	0.1	27.3	11.2	34.3	9.8
23:00~24:00	21.9	0.1	23.2	6.1	35.6	13.1
24:00~25:00	28.8	0.0	12.2	3.9	37.1	18.0
25:00~26:00	25.6	0.1	11.3	3.7	37.4	21.9

表 3.34.4 2015 年成都市场收视份额排名前十位的频道

名次	频道名称	收视份额(%)
1	四川电视台影视文艺频道(五套)	4.7
2	四川电视台二套(文化旅游频道)	3.9
3	四川电视台新闻资讯频道	3.7
3	中央电视台综合频道	3.7
5	湖南卫视	3.5
6	中央电视台新闻频道	3.3
7	四川卫视	2.8
7	中央台四套	2.8
9	中央台六套	2.7
9	成都电视台经济资讯服务频道(二套)	2.7

表 3.34.5　2015 年成都市场各主要频道的观众构成(%)

目标观众		所有频道	主要频道				
			四川电视台影视文艺频道(五套)	四川电视台二套(文化旅游频道)	四川电视台新闻资讯频道	中央电视台综合频道	湖南卫视
4 岁及以上所有人		100.0	100.0	100.0	100.0	100.0	100.0
性别	男	49.0	53.0	47.0	51.5	46.1	39.7
	女	51.0	47.0	53.0	48.5	53.9	60.3
年龄	4~14 岁	5.7	2.4	3.2	3.1	6.4	14.7
	15~24 岁	7.7	6.0	6.4	9.4	4.0	11.1
	25~34 岁	17.8	8.4	16.3	12.2	14.5	23.5
	35~44 岁	13.4	7.6	13.2	11.0	10.9	16.6
	45~54 岁	24.6	29.0	28.1	28.6	20.2	17.3
	55~64 岁	17.0	28.8	15.0	18.7	21.1	9.3
	65 岁及以上	13.8	17.8	17.8	17.0	22.9	7.5
教育程度	未受过正规教育	3.0	3.4	5.2	4.1	4.6	2.1
	小学	14.3	19.2	18.2	17.1	13.7	18.1
	初中	29.2	43.4	35.6	36.4	24.0	27.7
	高中	29.7	22.8	26.8	26.9	31.0	27.9
	大学及以上	23.8	11.2	14.2	15.5	26.7	24.2
职业类别	干部/管理人员	6.4	3.1	2.9	4.1	9.0	6.1
	个体/私营企业人员	8.7	8.3	9.4	9.9	5.3	9.4
	初级公务员/雇员	21.7	17.2	19.4	18.7	16.7	21.0
	工人	11.7	12.5	16.5	13.6	8.2	11.2
	学生	7.4	4.3	4.2	6.4	6.9	19.5
	无业	40.9	49.4	38.7	44.8	50.4	30.1
	其他	3.2	5.2	8.9	2.5	3.5	2.7
个人月收入	0~600 元	20.9	18.4	19.6	19.3	17.9	33.8
	601~1200 元	6.0	7.4	13.0	8.1	8.1	3.6
	1201~1700 元	10.7	18.1	16.8	15.3	9.4	9.7
	1701~2600 元	27.3	31.2	24.7	29.8	29.5	21.3
	2601~3500 元	15.5	13.9	12.9	13.5	14.0	15.0
	3501~5000 元	12.7	8.0	8.5	9.2	12.4	9.7
	5001 元及以上	6.9	3.0	4.5	4.8	8.7	6.9

表 3.34.6　2013~2015 年成都市场各类节目的播出份额(%)和收视份额(%)

节目类别	2013 年		2014 年		2015 年	
	播出份额	收视份额	播出份额	收视份额	播出份额	收视份额
财经	2.0	0.7	1.7	0.5	1.8	0.9
电视剧	21.4	28.5	20.7	30.3	20.3	28.4
电影	4.8	4.2	4.2	4.2	4.1	4.1
法制	0.8	0.5	0.9	0.4	0.8	0.3
教学	0.3	0.1	0.3	0.1	0.3	0.1
青少	6.5	2.7	7.0	2.4	6.5	2.1
生活服务	10.5	10.8	11.6	12.3	11.3	12.2
体育	1.7	1.6	2.6	1.8	2.7	2.0
外语	0.0	0.0	0.0	0.0	0.0	0.0
戏剧	0.7	0.1	0.7	0.1	0.8	0.1
新闻/时事	15.6	16.4	15.2	15.6	15.2	15.4
音乐	2.3	0.9	2.3	0.6	2.3	0.7
专题	10.0	6.9	11.2	6.1	12.6	7.2
综艺	9.0	12.9	8.9	12.1	9.2	13.8
其他	14.4	13.7	12.7	13.5	12.1	12.7

表 3.34.7 2015 年成都市场所有节目收视率排名前三十位

名次	节目名称	节目类别	播出频道	平均收视率（%）	平均占有率（%）
1	中国好声音 4 总决赛	综艺	浙江卫视	9.1	18.2
2	2015 中央电视台春节联欢晚会	综艺	中央电视台综合频道	8.7	22.3
3	我是歌手(2 月 6 日)	综艺	湖南卫视	5.8	19.4
4	2015 年中央电视台中秋晚会	综艺	中央台四套	5.7	11.6
5	快乐中国 20152016 跨年演唱会	音乐	湖南卫视	5.4	12.5
6	奔跑吧兄弟第二季（4 月 17 日 ~7 月 3 日）	综艺	浙江卫视	4.6	10.7
7	嫂子嫂子	电视剧	四川电视台影视文艺频道(五套)	4.5	11.0
8	奔跑吧兄弟第三季（10 月 30 日 ~12 月 25 日）	综艺	浙江卫视	4.4	9.4
9	2015 年世界田径锦标赛男子100 米决赛	体育	中央台五套	4.4	8.3
10	超级足球之夜:2015 年亚洲足联冠军联赛决赛第二回合（中国广州恒大 VS 阿联酋阿赫利）	体育	中央台五套	4.3	8.8
11	我看你有戏(4 月 25 日)	综艺	浙江卫视	4.1	9.3
12	超级足球之夜 精英赛场:2018 年俄罗斯世界杯亚洲区预选赛 C 组第 5 轮(卡塔尔 VS 中国)	体育	中央台五套	4.0	28.0
13	现场直播:2015 年亚洲男篮锦标赛决赛(中国队 VS 菲律宾队)	体育	中央台五套	4.0	8.8
14	胜利与和平——纪念抗日战争暨世界反法西斯战争胜利 70 周年文艺晚会	综艺	四川电视台新闻资讯频道	4.0	8.2
15	刀光枪影	电视剧	四川电视台影视文艺频道(五套)	3.9	9.3
16	激战	电视剧	四川电视台影视文艺频道(五套)	3.8	9.4
17	猎刃	电视剧	四川电视台影视文艺频道(五套)	3.8	9.1
18	旋风少女	电视剧	湖南卫视	3.6	11.0
19	潜行者	电视剧	四川电视台影视文艺频道(五套)	3.6	8.6
20	2015 年澳大利亚亚洲杯 1/4 决赛(中国队 VS 澳大利亚队)	体育	中央台五套	3.6	8.5
21	歌手是谁 X 来袭(9 月 12 日)	综艺	北京卫视	3.6	8.0
22	极限挑战	综艺	上海东方卫视	3.6	7.9
23	俺娘田小草	电视剧	成都电视台新闻综合频道(一套)	3.6	6.9
24	我知道总决赛之夜巅峰对决（10 月 31 日）	综艺	四川卫视	3.6	6.6
25	现场直播 2015 年亚洲男篮锦标赛颁奖仪式	体育	中央台五套	3.5	9.5
26	最强大脑(1 月 23 日)	综艺	江苏卫视	3.5	8.8
27	杀手锏	电视剧	四川电视台影视文艺频道(五套)	3.5	8.3
28	真声音	综艺	浙江卫视	3.4	10.1
29	我的铁血金戈梦	电视剧	四川电视台影视文艺频道(五套)	3.4	8.7
30	生死翻盘	电视剧	四川电视台影视文艺频道(五套)	3.4	8.2

表 3.34.8　2015 年成都市场电视剧收视率排名前十位

名次	节目名称	播出频道	平均收视率(%)	平均占有率(%)
1	嫂子嫂子	四川电视台影视文艺频道(五套)	4.5	11.0
2	刀光枪影	四川电视台影视文艺频道(五套)	3.9	9.3
3	激战	四川电视台影视文艺频道(五套)	3.8	9.4
4	猎刃	四川电视台影视文艺频道(五套)	3.8	9.1
5	旋风少女	湖南卫视	3.6	11.0
6	潜行者	四川电视台影视文艺频道(五套)	3.6	8.6
7	俺娘田小草	成都电视台新闻综合频道(一套)	3.6	6.9
8	杀手锏	四川电视台影视文艺频道(五套)	3.5	8.3
9	我的铁血金戈梦	四川电视台影视文艺频道(五套)	3.4	8.7
10	生死翻盘	四川电视台影视文艺频道(五套)	3.4	8.2

表 3.34.9　2015 年成都市场新闻节目收视率排名前十位

名次	节目名称	播出频道	平均收视率(%)	平均占有率(%)
1	黄金 30 分	四川电视台新闻资讯频道	2.6	6.0
2	转播中央台新闻联播(12 月 31 日)	四川电视台新闻资讯频道	2.5	6.8
3	新闻联播	中央电视台新闻频道	2.4	7.3
4	新闻故事汇	成都电视台经济资讯服务频道(二套)	2.2	6.3
5	18:00 新闻现场	四川电视台新闻资讯频道	2.1	7.1
6	转播中央台新闻联播(2 月 18 日)	成都电视台公共频道(五套)	2.0	8.3
7	走向胜利——纪念中国人民抗日战争暨世界反法西斯战争胜利70 周年	中央电视台新闻频道	1.9	5.2
8	2015 一年又一年	中央电视台综合频道	1.8	10.1
9	李克强总理会见中外记者并回答提问	中央电视台新闻频道	1.8	4.4
10	今日关注	中央台四套	1.8	3.8

表 3.34.10　2015 年成都市场专题节目收视率排名前十位

名次	节目名称	播出频道	平均收视率(%)	平均占有率(%)
1	急诊室故事 2	上海东方卫视	2.6	5.1
2	我们的歌手我的纪录片	湖南卫视	2.5	14.5
3	315 消费在阳光下	中央电视台综合频道	2.5	6.0
4	阳光下再出发	成都电视台新闻综合频道(一套)	2.3	5.6
5	圆梦中国德耀中华第五届全国道德模范授奖仪式	中央电视台综合频道	2.2	4.2
6	非常话题	四川电视台新闻资讯频道	2.1	4.9
7	美丽人生	成都电视台经济资讯服务频道(二套)	2.0	5.4
8	我们共同祈盼	北京卫视	1.7	3.5
9	抗日根据地的共产党人	安徽卫视	1.7	3.4
10	超级诊疗室	安徽卫视	1.6	3.3

表 3.34.11 2015 年成都市场综艺节目收视率排名前十位

名次	节目名称	播出频道	平均收视率(%)	平均占有率(%)
1	中国好声音 4 总决赛	浙江卫视	9.1	18.2
2	2015 中央电视台春节联欢晚会	中央电视台综合频道	8.7	22.3
3	我是歌手(2 月 6 日)	湖南卫视	5.8	19.4
4	2015 年中央电视台中秋晚会	中央台四套	5.7	11.6
5	奔跑吧兄弟第二季(4 月 17 日 ~7 月 3 日)	浙江卫视	4.6	10.7
6	奔跑吧兄弟第三季(10 月 30 日 ~12 月 25 日)	浙江卫视	4.4	9.4
7	我看你有戏(4 月 25 日)	浙江卫视	4.1	9.3
8	胜利与和平——纪念抗日战争暨世界反法西斯战争胜利 70 周年文艺晚会	四川电视台新闻资讯频道	4.0	8.2
9	歌手是谁 X 来袭(9 月 12 日)	北京卫视	3.6	8.0
10	极限挑战	上海东方卫视	3.6	7.9

表 3.34.12 2015 年成都市场体育节目收视率排名前十位

名次	节目名称	播出频道	平均收视率(%)	平均占有率(%)
1	2015 年世界田径锦标赛男子 100 米决赛	中央台五套	4.4	8.3
2	超级足球之夜:2015 年亚洲足联冠军联赛决赛第二回合(中国广州恒大 VS 阿联酋阿赫利)	中央台五套	4.3	8.8
3	超级足球之夜 精英赛场:2018 年俄罗斯世界杯亚洲区预选赛 C 组第 5 轮(卡塔尔 VS 中国)	中央台五套	4.0	28.0
4	现场直播:2015 年亚洲男篮锦标赛决赛(中国队 VS 菲律宾队)	中央台五套	4.0	8.8
5	2015 年澳大利亚亚洲杯 1/4 决赛(中国队 VS 澳大利亚队)	中央台五套	3.6	8.5
6	现场直播 2015 年亚洲男篮锦标赛颁奖仪式	中央台五套	3.5	9.5
7	黄金赛场:2015 年中国足球协会超级联赛第 1 轮(广州恒大淘宝 VS 石家庄永昌)	中央台五套	2.7	5.7
8	2015 年国际足联俱乐部世界杯半决赛(西班牙巴塞罗那 VS 中国广州恒大)	中央台五套	2.6	6.9
9	现场直播:2015 年国际泳联世界锦标赛男子 50 米自由泳半决赛	中央台五套	2.3	7.7
10	黄金赛场:2015 年东亚杯男子足球赛(中国队 VS 朝鲜队)	中央台五套	2.3	4.9

三十五、大连收视数据

表 3.35.1　2011～2015 年大连市场各类频道的市场占有率(%)

频道类别	年份				
	2011 年	2012 年	2013 年	2014 年	2015 年
中央台频道	30.0	29.6	32.2	33.6	35.4
中国教育台频道	0.5	0.5	0.3	0.1	0.1
辽宁省级频道	14.2	11.1	9.1	9.6	7.6
大连市级频道	22.2	22.6	21.5	18.9	20.8
其他省级卫视频道	25.1	29.9	31.1	31.6	29.4
其他频道	8.1	6.2	5.8	6.1	6.7

表 3.35.2　2015 年大连市场各类频道在各目标观众中的市场占有率(%)

目标观众		中央台频道	中国教育台频道	辽宁省级频道	大连市级频道	其他省级卫视频道	其他频道
4 岁及以上所有人		35.4	0.1	7.6	20.8	29.4	6.7
性别	男	38.2	0.1	7.3	21.0	26.2	7.3
	女	32.6	0.1	8.0	20.6	32.6	6.1
年龄	4～14 岁	42.5	0.1	5.6	21.2	21.6	9.1
	15～24 岁	32.6	0.1	8.5	18.3	33.2	7.4
	25～34 岁	37.4	0.1	4.6	15.3	34.7	7.9
	35～44 岁	32.2	0.1	7.9	16.8	31.6	11.4
	45～54 岁	30.8	0.1	9.2	22.4	31.0	6.6
	55～64 岁	37.4	0.1	8.3	22.8	27.7	3.7
	65 岁及以上	39.4	0.1	7.3	25.5	23.7	4.1
教育程度	未受过正规教育	41.5	0.1	5.6	27.6	21.6	3.7
	小学	36.4	0.1	8.8	26.2	22.5	6.1
	初中	34.5	0.1	8.0	21.5	29.5	6.3
	高中	33.8	0.1	7.6	18.9	32.3	7.3
	大学及以上	38.1	0.1	6.5	18.0	29.9	7.4
职业类别	干部/管理人员	40.3	0.0	6.3	10.7	32.8	9.9
	个体/私营企业人员	35.3	0.1	8.1	17.6	29.2	9.7
	初级公务员/雇员	35.7	0.1	7.4	19.8	30.1	7.0
	工人	32.5	0.1	8.1	20.6	31.2	7.5
	学生	34.9	0.1	6.1	18.3	31.6	9.1
	无业	36.7	0.1	7.7	23.1	27.6	4.7
	其他	32.9	0.0	6.8	20.8	35.6	4.0
个人月收入	0～600 元	35.5	0.1	7.2	19.5	30.6	7.1
	601～1200 元	34.8	0.1	9.1	24.5	25.7	5.9
	1201～1700 元	31.3	0.1	8.4	25.6	30.2	4.5
	1701～2600 元	34.1	0.1	7.2	22.7	29.7	6.2
	2601～3500 元	36.8	0.1	8.1	18.2	30.1	6.7
	3501～5000 元	37.2	0.1	7.5	20.8	26.1	8.3
	5001 元及以上	42.6	0.0	7.4	12.4	28.9	8.6

表 3.35.3　2015 年大连市场各类频道在不同时段的市场占有率(%)

时间段	中央台频道	中国教育台频道	辽宁省级频道	大连市级频道	其他省级卫视频道	其他频道
02:00~03:00	36.5	0.3	7.2	0.1	37.4	18.5
03:00~04:00	35.0	0.1	7.5	0.0	35.3	22.1
04:00~05:00	42.7	0.1	7.1	0.0	30.9	19.2
05:00~06:00	42.8	0.0	10.1	0.6	31.4	15.1
06:00~07:00	37.5	0.1	17.3	10.8	25.1	9.2
07:00~08:00	40.7	0.1	12.3	23.5	15.8	7.7
08:00~09:00	48.4	0.2	5.0	14.3	24.4	7.7
09:00~10:00	44.0	0.3	5.2	11.1	32.8	6.6
10:00~11:00	40.9	0.2	5.1	11.8	35.9	6.1
11:00~12:00	43.9	0.1	6.6	6.3	36.7	6.4
12:00~13:00	42.1	0.1	11.0	5.5	34.7	6.6
13:00~14:00	39.7	0.1	4.2	6.1	42.6	7.2
14:00~15:00	36.3	0.1	5.6	6.5	44.8	6.8
15:00~16:00	36.3	0.2	5.1	9.0	42.8	6.7
16:00~17:00	38.3	0.2	5.8	9.4	40.0	6.3
17:00~18:00	33.6	0.1	10.6	26.9	23.0	5.9
18:00~19:00	36.9	0.0	10.7	40.3	6.4	5.7
19:00~20:00	33.4	0.1	8.4	37.3	15.5	5.4
20:00~21:00	28.6	0.1	7.5	27.7	30.5	5.6
21:00~22:00	32.5	0.1	6.9	21.5	32.9	6.3
22:00~23:00	30.4	0.0	5.6	10.5	45.4	8.2
23:00~24:00	30.3	0.1	6.1	9.5	44.5	9.6
24:00~25:00	34.0	0.1	4.2	7.7	39.5	14.6
25:00~26:00	38.7	0.1	5.1	3.8	36.7	15.5

表 3.35.4　2015 年大连市场收视份额排名前十位的频道

名次	频道名称	收视份额(%)
1	大连台一套(新闻综合频道)	6.7
2	中央电视台综合频道	4.3
3	大连台二套(生活频道)	4.2
4	中央台三套	4.1
5	江苏卫视	3.9
5	浙江卫视	3.9
7	中央台六套	3.7
8	中央台五套	3.4
9	大连台三套(公共频道)	3.3
10	中央电视台少儿频道	3.2

表 3.35.5　2015 年大连市场各主要频道的观众构成(%)

目标观众		所有频道	主要频道				
			大连台一套(新闻综合频道)	中央电视台综合频道	大连台二套(生活频道)	中央台三套	江苏卫视
4 岁及以上所有人		100.0	100.0	100.0	100.0	100.0	100.0
性别	男	49.0	52.3	45.7	42.5	49.4	36.7
	女	51.0	47.7	54.3	57.5	50.6	63.3
年龄	4~14 岁	5.4	5.5	9.2	3.4	3.5	2.0
	15~24 岁	10.5	9.2	8.4	10.8	7.2	14.0
	25~34 岁	13.5	6.7	10.3	10.2	13.8	13.9
	35~44 岁	13.5	10.0	13.3	11.0	8.8	11.5
	45~54 岁	21.8	19.5	14.6	29.6	20.4	27.4
	55~64 岁	17.7	19.1	19.4	19.7	22.2	20.7
	65 岁及以上	17.7	30.0	24.8	15.4	24.1	10.6
教育程度	未受过正规教育	3.9	4.9	3.7	3.2	4.6	1.8
	小学	9.4	12.9	10.9	12.4	10.0	6.8
	初中	39.7	41.4	38.2	43.4	40.1	41.6
	高中	30.4	27.1	31.5	26.6	32.4	34.3
	大学及以上	16.6	13.6	15.7	14.4	12.9	15.5
职业类别	干部/管理人员	1.3	0.8	0.8	0.3	0.7	0.8
	个体/私营企业人员	14.2	12.1	14.1	15.0	15.2	10.4
	初级公务员/雇员	10.3	6.1	9.7	12.0	8.0	13.0
	工人	20.9	17.5	16.1	21.9	19.2	27.5
	学生	8.9	7.6	11.4	8.1	6.0	6.9
	无业	42.6	53.9	46.7	41.7	48.0	40.2
	其他	1.8	2.0	1.3	1.0	2.9	1.3
个人月收入	0~600 元	23.0	20.2	26.8	19.3	14.1	16.9
	601~1200 元	5.2	8.3	6.6	5.2	6.2	5.4
	1201~1700 元	11.0	12.3	8.3	13.9	12.0	21.3
	1701~2600 元	29.4	31.5	27.6	34.3	37.4	28.4
	2601~3500 元	16.0	16.3	15.5	12.9	18.6	15.8
	3501~5000 元	9.2	8.9	9.5	10.5	7.4	5.7
	5001 元及以上	6.3	2.4	5.7	4.0	4.2	6.5

表 3.35.6　2013~2015 年大连市场各类节目的播出份额(%)和收视份额(%)

节目类别	2013 年		2014 年		2015 年	
	播出份额	收视份额	播出份额	收视份额	播出份额	收视份额
财经	2.0	0.7	2.0	0.5	2.2	0.6
电视剧	27.4	33.5	20.4	34.0	20.3	29.7
电影	4.4	3.9	4.2	3.7	3.7	3.6
法制	1.3	3.0	1.5	2.8	1.2	3.2
教学	0.4	0.1	0.2	0.0	0.2	0.0
青少	5.7	3.5	7.0	3.6	6.8	3.7
生活服务	10.4	6.5	10.8	7.0	10.1	6.6
体育	2.8	4.0	3.7	3.6	3.5	4.5
外语	0.0	0.0	0.0	0.0	0.0	0.0
戏剧	0.6	0.3	0.7	0.3	0.7	0.3
新闻/时事	9.7	13.1	14.1	13.3	14.0	13.6
音乐	2.3	0.9	2.3	0.7	2.3	1.1
专题	9.1	6.3	12.1	5.4	13.2	6.3
综艺	6.9	13.7	8.8	14.3	9.2	16.0
其他	17.1	10.6	12.2	10.8	12.6	10.8

表 3.35.7　2015 年大连市场所有节目收视率排名前三十位

名次	节目名称	节目类别	播出频道	平均收视率（%）	平均占有率（%）
1	2015 辽宁卫视春节联欢晚会	综艺	辽宁卫视	12.7	38.5
2	2015 中央电视台元宵晚会	综艺	中央台三套	12.3	30.3
3	中国好声音 4（7 月 17 日）	综艺	浙江卫视	11.8	36.8
4	2015 年世界田径锦标赛男子 4×100 米接力决赛	体育	中央台五套	9.2	22.0
5	现场直播:2018 年俄罗斯世界杯暨 2019 年亚洲杯联合预选赛第二轮（中国 VS 中国香港）	体育	中央台五套	8.5	18.9
6	超级足球之夜:2015 年亚洲足联冠军联赛决赛第二回合（中国广州恒大 VS 阿联酋阿赫利）	体育	中央台五套	8.1	19.6
7	奔跑吧兄弟（10 月 30 日 ~12 月 25 日）	综艺	浙江卫视	7.5	25.6
8	2015 中央电视台春节联欢晚会	综艺	大连台一套（新闻综合频道）	7.1	14.9
9	2015 年国际足联俱乐部世界杯半决赛（西班牙巴塞罗那 VS 中国广州恒大）	体育	中央台五套	6.8	17.0
10	赛事直播:2015 年中国足球协会甲级联赛第 22 轮（大连阿尔滨 VS 河北华夏幸福）	体育	大连台四套（文体频道）	6.6	16.1
11	直播周末:2015 年女排世界杯（日本队 VS 中国队）	体育	中央台五套	6.1	17.4
12	芈月传	电视剧	上海东方卫视	6.1	13.9
13	新闻锋线	新闻/时事	大连台一套（新闻综合频道）	6.0	22.0
14	箭在弦上	电视剧	大连台一套（新闻综合频道）	5.7	15.1
15	2015 年澳大利亚亚洲杯决赛（韩国队 VS 澳大利亚队）	体育	中央台五套	5.5	14.7
16	胜利与和平——纪念抗日战争暨世界反法西斯战争胜利 70 周年文艺晚会	综艺	中央电视台新闻频道	5.4	11.7

续表

名次	节目名称	节目类别	播出频道	平均收视率（%）	平均占有率（%）
17	现场直播:2015 年亚洲男篮锦标赛决赛（中国队 VS 菲律宾队）	体育	中央台五套	5.2	15.1
18	致命行动	电视剧	大连台一套（新闻综合频道）	5.1	13.1
19	下一站婚姻	电视剧	大连台二套（生活频道）	5.1	13.0
20	法治新天地	法制	大连台三套（公共频道）	5.0	13.9
21	喜到福到好运到 2015 春晚倒计时	综艺	中央台三套	4.9	15.6
22	飞哥大英雄	电视剧	大连台五套（影视频道）	4.8	12.2
23	启航 2016 讲中国故事迎世界新年中央电视台跨年直播	综艺	中央台三套	4.8	12.1
24	我的铁血金戈梦	电视剧	大连台一套（新闻综合频道）	4.8	11.2
25	黄金赛场:2015 年东亚杯男子足球赛（中国队 VS 朝鲜队）	体育	中央台五套	4.7	16.7
26	殊死 7 日	电视剧	大连台一套（新闻综合频道）	4.7	11.5
27	左手劈刀	电视剧	大连台一套（新闻综合频道）	4.5	11.6
28	武媚娘传奇	电视剧	浙江卫视	4.5	10.6
29	孤雁	电视剧	大连台一套（新闻综合频道）	4.4	11.4
30	地雷战	电视剧	大连台一套（新闻综合频道）	4.3	10.4

表 3.35.8　2015 年大连市场电视剧收视率排名前十位

名次	节目名称	播出频道	平均收视率（%）	平均占有率（%）
1	芈月传	上海东方卫视	6.1	13.9
2	箭在弦上	大连台一套（新闻综合频道）	5.7	15.1
3	致命行动	大连台一套（新闻综合频道）	5.1	13.1
4	下一站婚姻	大连台二套（生活频道）	5.1	13.0
5	飞哥大英雄	大连台五套（影视频道）	4.8	12.2
6	我的铁血金戈梦	大连台一套（新闻综合频道）	4.8	11.2
7	殊死 7 日	大连台一套（新闻综合频道）	4.7	11.5
8	左手劈刀	大连台一套（新闻综合频道）	4.5	11.6
9	武媚娘传奇	浙江卫视	4.5	10.6
10	孤雁	大连台一套（新闻综合频道）	4.4	11.4

表 3.35.9　2015 年大连市场新闻节目收视率排名前十位

名次	节目名称	播出频道	平均收视率（%）	平均占有率（%）
1	新闻锋线	大连台一套（新闻综合频道）	6.0	22.0
2	新闻大连	大连台一套（新闻综合频道）	4.1	15.7
3	大连新闻	大连台一套（新闻综合频道）	4.1	13.2
4	转播中央台新闻联播	大连台一套（新闻综合频道）	3.8	10.6
5	新闻互动区	大连台一套（新闻综合频道）	3.3	15.9
6	今晚新闻站	大连台一套（新闻综合频道）	2.8	12.0
7	世界反法西斯战争胜利 70 周年红场大阅兵	大连台一套（新闻综合频道）	2.6	12.4
8	李克强总理会见中外记者并回答提问	中央电视台综合频道	2.4	6.0
9	城市深 1 度	大连台二套（生活频道）	2.0	6.4
10	媒体新闻汇	大连台一套（新闻综合频道）	1.8	10.0

表 3.35.10　2015 年大连市场专题节目收视率排名前十位

名次	节目名称	播出频道	平均收视率（%）	平均占有率（%）
1	走基层大连故事	大连台一套（新闻综合频道）	3.8	13.4
2	315 消费在阳光下	中央电视台综合频道	3.6	12.6
3	埋骨他乡	大连台三套（公共频道）	3.6	9.7
4	315 畅享消费向侵权宣战特别节目	大连台三套（公共频道）	3.4	10.0
5	纪念中国人民抗日战争暨世界反法西斯战争胜利 70 周年口述抗战	大连台一套（新闻综合频道）	3.3	11.3
6	新闻故事会	大连台一套（新闻综合频道）	3.1	10.1
7	解密共和国大案	大连台三套（公共频道）	3.1	8.8
8	光阴大连	大连台一套（新闻综合频道）	2.8	9.8
9	这一天九月十八日 1931	大连台一套（新闻综合频道）	2.8	7.2
10	等着我	中央电视台综合频道	2.7	9.2

表 3.35.11　2015 年大连市场综艺节目收视率排名前十位

名次	节目名称	播出频道	平均收视率（%）	平均占有率（%）
1	2015 辽宁卫视春节联欢晚会	辽宁卫视	12.7	38.5
2	2015 中央电视台元宵晚会	中央台三套	12.3	30.3
3	中国好声音 4（7 月 17 日）	浙江卫视	11.8	36.8
4	奔跑吧兄弟（10 月 30 日 ~12 月 25 日）	浙江卫视	7.5	25.6
5	2015 中央电视台春节联欢晚会	大连台一套（新闻综合频道）	7.1	14.9
6	胜利与和平纪念抗日战争暨世界反法西斯战争胜利 70 周年文艺晚会	中央电视台新闻频道	5.4	11.7
7	喜到福到好运到 2015 春晚倒计时	中央台三套	4.9	15.6
8	启航 2016 讲中国故事迎世界新年中央电视台跨年直播	中央台三套	4.8	12.1
9	中国好歌曲（2 月 20 日）	中央台三套	4.2	10.7
10	过年七天乐	中央台三套	4.2	12.3

表 3.35.12　2015 年大连市场体育节目收视率排名前十位

名次	节目名称	播出频道	平均收视率(%)	平均占有率(%)
1	2015 年世界田径锦标赛男子4×100 米接力决赛	中央台五套	9.2	22.0
2	现场直播:2018 年俄罗斯世界杯暨2019 年亚洲杯联合预选赛第二轮(中国 VS 中国香港)	中央台五套	8.5	18.9
3	超级足球之夜:2015 年亚洲足联冠军联赛决赛第二回合(中国广州恒大 VS 阿联酋阿赫利)	中央台五套	8.1	19.6
4	2015 年国际足联俱乐部世界杯半决赛(西班牙巴塞罗那 VS 中国广州恒大)	中央台五套	6.8	17.0
5	赛事直播:2015 年中国足球协会甲级联赛第 22 轮(大连阿尔滨 VS 河北华夏幸福)	大连台四套(文体频道)	6.6	16.1
6	直播周末:2015 年女排世界杯(日本队 VS 中国队)	中央台五套	6.1	17.4
7	2015 年澳大利亚亚洲杯决赛(韩国队 VS 澳大利亚队)	中央台五套	5.5	14.7
8	现场直播:2015 年亚洲男篮锦标赛决赛(中国队 VS 菲律宾队)	中央台五套	5.2	15.1
9	黄金赛场:2015 年东亚杯男子足球赛(中国队 VS 朝鲜队)	中央台五套	4.7	16.7
10	直播周末:2014/2015 赛季中国男子篮球职业联赛总决赛第六场(辽宁药都本溪 VS 北京首钢)	中央台五套	4.1	10.5

三十六、福州收视数据

表 3.36.1　2011～2015 年福州市场各类频道的市场占有率(%)

频道类别	年份				
	2011 年	2012 年	2013 年	2014 年	2015 年
中央台频道	23.2	25.2	26.6	30.1	30.6
中国教育台频道	0.4	0.2	0.1	0.2	0.1
福建省级频道	19.7	20.1	18.9	14.5	13.0
福州市级频道	14.4	14.3	15.0	14.2	12.4
其他省级卫视频道	31.5	29.9	30.7	31.9	32.6
其他频道	10.8	10.3	8.7	9.1	11.3

表 3.36.2　2015 年福州市场各类频道在不同目标观众中的市场占有率(%)

目标观众		中央台频道	中国教育台频道	福建省级频道	福州市级频道	其他省级卫视频道	其他频道
4 岁及以上所有人		30.6	0.1	13.0	12.4	32.6	11.3
性别	男	34.2	0.1	12.0	12.1	29.3	12.3
	女	27.3	0.1	14.1	12.6	35.7	10.1
年龄	4～14 岁	19.2	0.1	10.8	11.4	48.9	9.6
	15～24 岁	24.3	0.1	13.9	11.9	40.3	9.5
	25～34 岁	24.9	0.1	14.7	13.4	33.2	13.7
	35～44 岁	28.9	0.1	14.2	12.0	35.3	9.4
	45～54 岁	36.0	0.1	11.9	10.1	31.2	10.8
	55～64 岁	31.1	0.1	14.0	16.2	28.6	10.0
	65 岁及以上	37.9	0.1	11.7	11.9	23.9	14.5
教育程度	未受过正规教育	18.3	0.1	13.8	13.9	43.1	10.7
	小学	31.3	0.1	14.6	13.6	29.9	10.4
	初中	32.3	0.1	13.2	10.3	33.3	10.8
	高中	28.6	0.1	13.0	13.4	34.5	10.4
	大学及以上	34.4	0.1	11.4	12.0	28.5	13.8
职业类别	干部/管理人员	46.4	0.1	9.0	5.1	28.6	10.8
	个体/私营企业人员	29.8	0.1	15.1	13.6	30.9	10.5
	初级公务员/雇员	28.4	0.1	14.7	12.7	33.4	10.7
	工人	34.6	0.1	8.3	11.2	32.9	12.9
	学生	25.9	0.1	11.2	8.8	45.8	8.2
	无业	31.7	0.1	12.6	13.2	30.0	12.4
	其他	*	*	*	*	*	*
个人月收入	0～600 元	25.5	0.1	12.6	11.0	40.1	10.7
	601～1200 元	34.2	0.1	11.0	16.9	27.9	9.9
	1201～1700 元	33.9	0.2	15.2	9.1	30.2	11.5
	1701～2600 元	33.3	0.1	12.5	14.0	29.9	10.2
	2601～3500 元	28.3	0.1	14.8	13.1	32.4	11.3
	3501～5000 元	31.9	0.1	13.5	9.2	30.8	14.6
	5001 元及以上	39.3	0.1	9.5	15.3	24.0	11.8

* 表示样本量不足，无法进行统计推断

表 3.36.3　2015 年福州市场各类频道在不同时段的市场占有率(%)

时间段	中央台频道	中国教育台频道	福建省级频道	福州市级频道	其他省级卫视频道	其他频道
02:00~03:00	37.8	0.5	8.0	4.6	34.3	14.8
03:00~04:00	39.2	0.3	7.7	4.6	30.0	18.2
04:00~05:00	43.7	0.1	8.0	4.1	25.8	18.3
05:00~06:00	43.6	0.1	9.4	6.1	22.8	18.0
06:00~07:00	53.3	0.1	8.1	5.6	19.7	13.2
07:00~08:00	52.1	0.1	8.9	8.5	19.1	11.3
08:00~09:00	40.4	0.1	8.4	14.3	28.0	8.8
09:00~10:00	35.4	0.1	8.7	9.5	36.9	9.4
10:00~11:00	35.9	0.4	7.5	6.4	39.5	10.3
11:00~12:00	39.7	0.4	7.0	6.3	36.4	10.2
12:00~13:00	44.4	0.3	5.6	6.0	32.4	11.3
13:00~14:00	42.7	0.4	5.3	5.2	35.6	10.8
14:00~15:00	35.7	0.5	6.9	4.5	41.1	11.3
15:00~16:00	35.0	0.4	6.6	5.9	41.7	10.4
16:00~17:00	37.0	0.2	6.3	4.0	42.5	10.0
17:00~18:00	38.4	0.1	8.5	11.0	32.5	9.5
18:00~19:00	29.4	0.0	19.8	30.4	12.0	8.4
19:00~20:00	25.4	0.1	26.0	22.0	18.8	7.7
20:00~21:00	19.8	0.1	21.2	18.1	33.1	7.7
21:00~22:00	21.6	0.2	18.1	17.2	35.9	7.0
22:00~23:00	23.6	0.3	13.8	13.5	40.2	8.6
23:00~24:00	29.7	0.1	9.3	9.1	42.4	9.4
24:00~25:00	37.1	0.2	8.5	3.4	38.3	12.5
25:00~26:00	39.8	0.6	6.6	3.7	34.6	14.7

表 3.36.4　2015 年福州市场收视份额排名前十位的频道

名次	频道名称	收视份额(%)
1	福州电视台都市生活频道	4.7
2	湖南卫视	4.4
3	中央电视台综合频道	4.3
4	中央台六套	3.8
5	中央台四套	3.7
6	中央台三套	3.4
6	福州电视台影视频道	3.4
8	中央台八套	3.1
9	中央电视台新闻频道	3.0
9	福州电视台新闻综合频道	3.0

表 3.36.5　2015 年福州市场各主要频道的观众构成(%)

目标观众		所有频道	主要频道				
			福州电视台都市生活频道	湖南卫视	中央电视台综合频道	中央台六套	中央台四套
4 岁及以上所有人		100.0	100.0	100.0	100.0	100.0	100.0
性别	男	48.2	47.7	34.2	46.2	56.4	63.0
	女	51.8	52.3	65.8	53.8	43.6	37.0
年龄	4~14 岁	7.3	7.5	13.2	5.8	4.4	3.2
	15~24 岁	8.9	6.5	18.9	4.9	8.5	6.2
	25~34 岁	13.1	16.6	13.5	11.1	13.5	7.9
	35~44 岁	15.7	20.7	20.1	12.6	19.7	11.0
	45~54 岁	22.7	14.8	23.0	22.0	32.8	27.2
	55~64 岁	16.4	18.8	7.0	15.6	12.6	14.4
	65 岁及以上	15.9	15.2	4.5	28.1	8.6	30.0
教育程度	未受过正规教育	5.8	6.6	5.1	4.5	3.0	2.9
	小学	17.2	17.1	14.9	13.0	20.3	12.1
	初中	25.7	17.0	28.2	18.7	28.2	28.7
	高中	30.4	34.4	34.8	32.4	30.3	27.0
	大学及以上	20.9	25.0	16.9	31.4	18.3	29.3
职业类别	干部/管理人员	2.9	1.5	2.2	3.1	4.2	4.5
	个体/私营企业人员	17.8	21.8	15.6	14.2	20.8	19.2
	初级公务员/雇员	24.8	26.1	28.8	21.9	28.2	17.9
	工人	5.9	7.3	7.1	4.2	11.3	5.8
	学生	9.4	9.2	23.8	6.6	9.2	6.2
	无业	39.1	34.2	22.5	49.9	26.2	46.5
	其他	*	*	*	*	*	*
个人月收入	0~600 元	26.1	19.7	38.8	21.2	18.5	15.5
	601~1200 元	3.7	3.2	4.0	2.3	7.4	2.1
	1201~1700 元	7.0	5.2	5.8	8.2	6.0	6.9
	1701~2600 元	26.9	26.5	20.3	29.9	29.9	39.7
	2601~3500 元	18.5	23.7	18.2	15.1	17.9	17.6
	3501~5000 元	11.3	6.7	8.9	12.3	13.1	11.5
	5001 元及以上	6.5	15.0	4.0	11.0	7.2	6.7

*表示样本量不足,无法进行统计推断。

表 3.36.6　2013~2015 年福州市场各类节目的播出份额(%)和收视份额(%)

节目类别	2013 年		2014 年		2015 年	
	播出份额	收视份额	播出份额	收视份额	播出份额	收视份额
财经	2.1	0.9	1.9	0.8	1.5	1.0
电视剧	21.4	30.0	19.7	28.3	24.2	27.8
电影	4.0	3.5	3.8	3.8	4.0	4.9
法制	0.9	0.7	0.9	0.7	1.0	1.1
教学	0.3	0.1	0.3	0.1	0.3	0.2
青少	7.1	4.4	7.5	4.6	6.2	5.3
生活服务	10.2	7.9	11.2	8.3	10.3	7.1
体育	2.1	1.5	3.1	1.6	3.4	2.2
外语	0.0	0.0	0.0	0.0	0.0	0.0
戏剧	0.7	0.1	0.7	0.1	0.6	0.3
新闻/时事	14.6	14.9	14.2	15.0	10.2	13.0
音乐	2.3	0.6	2.3	0.7	2.5	1.2
专题	11.0	9.5	12.4	11.1	13.2	10.4
综艺	8.3	11.9	8.5	11.3	7.1	12.9
其他	15.0	14.0	13.5	13.6	15.6	12.5

表 3.36.7　2015 年福州市场所有节目收视率排名前三十位

名次	节目名称	节目类型	播出频道	平均收视率（%）	平均占有率（%）
1	2015 中央电视台春节联欢晚会	综艺	中央台四套	6.8	17.6
2	中国好声音 4 总决赛	综艺	浙江卫视	5.8	23.1
3	幸福聚荔 20152016 跨年演唱会	音乐	江苏卫视	5.5	21.5
4	2015 中央电视台元宵晚会	综艺	中央电视台综合频道	4.4	14.7
5	奔跑吧兄弟（4 月 17 日 ~7 月 3 日）	综艺	浙江卫视	4.1	17.2
6	我是歌手第三季第四轮淘汰场	综艺	湖南卫视	4.0	22.6
7	奔跑吧兄弟（10 月 10 日 ~12 月 25 日）	综艺	浙江卫视	3.7	16.2
8	2015 年中央电视台中秋晚会	综艺	中央电视台综合频道	3.3	12.9
9	胜利与和平纪念抗日战争暨世界反法西斯战争胜利 70 周年文艺晚会	综艺	中央电视台综合频道	3.3	12.5
10	2015 中央电视台元宵晚会	综艺	中央台三套	3.2	10.5
11	2015 年世界田径锦标赛男子 4×400 米接力决赛	体育	中央台五套	2.9	11.5
12	爸爸是条龙(1 ~6 集)	电视剧	福州电视台都市生活频道	2.8	10.6
13	功夫小子闯情关	电影	中央台六套	2.7	10.7
14	克拉之恋	电视剧	安徽卫视	2.6	11.2
15	中秋之夜	综艺	湖南卫视	2.6	10.3
16	快乐中国 20152016 跨年演唱会	音乐	湖南卫视	2.5	11.4
17	天津港 8.12 瑞海危险品仓库特别重大火灾爆炸事故第 12 场新闻发布会	新闻	天津卫视	2.5	10.7
18	快乐大本营	综艺	湖南卫视	2.5	9.9
19	激战	电视剧	贵州卫视	2.5	9.4
20	奔跑吧兄弟（1 月 02 日 ~1 月 16 日）	综艺	浙江卫视	2.5	9.3
20	深宅 1937	电视剧	福州电视台都市生活频道	2.5	9.3
22	女汉子	电视剧	福州电视台都市生活频道	2.4	15.7
23	大爱东方中国梦	专题	上海东方卫视	2.4	10.9
24	花千骨	电视剧	湖南卫视	2.3	15.8
25	审死官	电视剧	福州电视台都市生活频道	2.3	15.0
26	猎天狼	电视剧	福州电视台都市生活频道	2.3	14.7
27	中国刑警 803	电视剧	福州电视台都市生活频道	2.3	13.3
28	边城破晓	电视剧	福州电视台影视频道	2.3	10.1
29	大好时光	电视剧	安徽卫视	2.3	9.2
30	315 消费在阳光下	专题	中央电视台综合频道	2.2	9.6

表 3.36.8　2015 年福州市场电视剧收视率排名前十位

名次	节目名称	播出频道	平均收视率（%）	平均占有率（%）
1	爸爸是条龙(1～6 集)	福州电视台都市生活频道	2.8	10.6
2	克拉之恋	安徽卫视	2.6	11.2
3	激战	贵州卫视	2.5	9.4
4	深宅 1937	福州电视台都市生活频道	2.5	9.3
5	女汉子	福州电视台都市生活频道	2.4	15.7
6	花千骨	湖南卫视	2.3	15.8
7	审死官	福州电视台都市生活频道	2.3	15.0
8	猎天狼	福州电视台都市生活频道	2.3	14.7
9	中国刑警 803	福州电视台都市生活频道	2.3	13.3
10	大好时光	安徽卫视	2.3	9.2

表 3.36.9　2015 年福州市场新闻节目收视率排名前十位

名次	节目名称	播出频道	平均收视率（%）	平均占有率（%）
1	天津港 8.12 瑞海危险品仓库特别重大火灾爆炸事故第 12 场新闻发布会	天津卫视	2.5	10.7
2	2015 一年又一年	中央电视台综合频道	2.1	10.2
3	李克强总理会见中外记者并回答提问	中央电视台综合频道	2.1	7.2
4	现场	福建省广播影视集团新闻频道	1.9	10.5
5	天津港 8.12 瑞海危险品仓库特别重大火灾爆炸事故第 14 场新闻发布会	天津卫视	1.8	7.8
6	新闻 110	福州电视台新闻综合频道	1.5	9.6
7	防抗第十三号台风苏迪罗特别报道	福州电视台新闻综合频道	1.4	8.6
8	第 1 现场	福建省广播影视集团新闻频道	1.3	9.2
9	今日关注	中央台四套	1.3	5.4
10	拯救千手观音特别新闻直播	重庆卫视	1.2	5.7

表 3.36.10　2015 年福州市场专题节目收视率排名前十位

名次	节目名称	播出频道	平均收视率（%）	平均占有率（%）
1	大爱东方中国梦	上海东方卫视	2.4	10.9
2	315 消费在阳光下	中央电视台综合频道	2.2	9.6
3	攀讲故事会	福州电视台都市生活频道	2.1	9.4
4	上海品牌	上海东方卫视	1.5	11.1
5	多福之州	福州电视台新闻综合频道	1.4	5.0
6	一年级大学季	湖南卫视	1.3	8.3
7	中国谜语大会（3 月 4 日）	中央电视台综合频道	1.3	4.6
8	调解有 1 套	福建省广播影视集团综合频道	1.2	5.6
9	好记者讲好故事价值观的故事 2015 年中国记者节特别节目	中央电视台综合频道	1.2	3.9
10	全面实现小康一个民族都不能少	中央电视台新闻频道	1.1	4.1

表 3.36.11　2015 年福州市场综艺节目收视率排名前十位

名次	节目名称	播出频道	平均收视率(%)	平均占有率(%)
1	2015 中央电视台春节联欢晚会	中央台四套	6.8	17.6
2	中国好声音 4 总决赛	浙江卫视	5.8	23.1
3	2015 中央电视台元宵晚会	中央电视台综合频道	4.4	14.7
4	奔跑吧兄弟(4 月 17 日 ~7 月 3 日)	浙江卫视	4.1	17.2
5	我是歌手第三季第四轮淘汰场	湖南卫视	4.0	22.6
6	奔跑吧兄弟(10 月 30 日 ~12 月 25 日)	浙江卫视	3.7	16.2
7	2015 年中央电视台中秋晚会	中央电视台综合频道	3.3	12.9
8	胜利与和平——纪念抗日战争暨世界反法西斯战争胜利 70 周年文艺晚会	中央电视台综合频道	3.3	12.5
9	中秋之夜	湖南卫视	2.6	10.3
10	快乐大本营	湖南卫视	2.5	9.9

表 3.36.12　2015 年福州市场体育节目收视率排名前十位

名次	节目名称	播出频道	平均收视率(%)	平均占有率(%)
1	2015 年世界田径锦标赛男子 4×400 米接力决赛	中央台五套	2.9	11.5
2	现场直播:2015 年亚洲男篮锦标赛决赛(中国队 VS 菲律宾队)	中央台五套	2.3	9.1
3	世界田径锦标赛女子 5000 米颁奖仪式	中央台五套	2.1	8.4
4	黄金赛场:2015 年亚洲女排锦标赛决赛(中国队 VS 韩国队)	中央台五套	1.8	7.1
5	直播周末:2015 年女排世界杯(日本队 VS 中国队)	中央台五套	1.7	9.1
6	2015 年澳大利亚亚洲杯 1/4 决赛(中国队 VS 澳大利亚队)	中央台五套	1.7	6.6
7	2015 年世界乒乓球锦标赛男单决赛	中央台五套	1.4	5.6
8	直播周末:2015 年国际泳联世锦赛女子 50 米自由泳决赛	中央台五套	1.3	10.6
9	直播青运:2015 年全国青运会男子 400 米自由泳决赛	福建省广播影视集团体育频道	1.3	6.1
10	直播周末:2015 年世界羽毛球锦标赛女双决赛	中央台五套	1.2	7.3

三十七、广州收视数据

表 3.37.1　2011～2015 年广州市场各类频道的市场占有率(%)

频道类别	年份				
	2011 年	2012 年	2013 年	2014 年	2015 年
中央台频道	10.3	12.5	15.1	14.8	14.3
中国教育台频道	0.1	0.1	0.1	0.1	0.1
广东台频道	22.2	22.9	20.9	35.7 *	34.4
南方台频道	14.4	13.3	14.8		
广州台频道	16.7	16.6	16.4	16.3	18.6
其他省级卫视频道	11.9	12.5	13.4	13.7	13.7
境外频道	18.7	15.7	11.8	11.0	9.2
其他频道	5.7	6.4	7.5	8.2	9.7

＊2014 年 4 月 23 日，原广东台和南方台合并为广东广播电视台，该台 2014 年数据计算范围为自 2014 年 4 月 23 日挂牌之日起至 2014 年 12 月 31 日止。

表 3.37.2　2015 年广州市场各类频道在各目标观众中的市场占有率(%)

目标观众		中央台频道	中国教育台频道	广东广播电视台频道	广州台频道	其他省级卫视频道	境外频道	其他频道
4 岁及以上所有人		14.3	0.1	34.4	18.6	13.7	9.2	9.7
性别	男	15.2	0.1	35.1	18.1	12.6	8.7	10.2
	女	13.4	0.0	33.8	19.1	15.0	9.7	9.0
年龄	4～14 岁	13.8	0.0	38.3	9.5	21.5	4.3	12.6
	15～24 岁	9.8	0.0	35.6	17.7	15.2	12.2	9.5
	25～34 岁	12.2	0.0	38.4	14.2	14.1	10.0	11.1
	35～44 岁	18.0	0.1	28.4	15.9	15.0	8.5	14.1
	45～54 岁	13.9	0.1	35.0	21.3	13.1	9.0	7.6
	55～64 岁	14.8	0.1	35.1	22.2	10.9	10.1	6.8
	65 岁及以上	17.8	0.1	29.6	28.2	9.2	8.8	6.3
教育程度	未受过正规教育	14.9	0.0	39.0	11.3	16.9	8.0	9.9
	小学	11.9	0.0	40.4	19.3	13.5	6.5	8.4
	初中	13.7	0.1	38.5	20.0	11.0	7.3	9.4
	高中	15.1	0.1	31.0	18.2	15.3	10.6	9.7
	大学及以上	16.1	0.1	27.4	17.7	14.9	12.5	11.3
职业类别	干部/管理人员	21.9	0.1	21.8	14.8	18.8	9.9	12.7
	个体/私营企业人员	16.7	0.1	33.1	14.1	13.6	10.2	12.2
	初级公务员/雇员	13.1	0.0	34.5	16.1	12.7	12.9	10.7
	工人	11.9	0.1	38.4	20.4	11.6	8.3	9.3
	学生	11.9	0.0	32.8	12.9	22.5	7.1	12.8
	无业	15.2	0.1	33.8	21.7	13.1	8.4	7.7
	其他	11.1	0.0	57.5	17.3	6.4	1.4	6.3
个人月收入	0～600 元	14.1	0.1	36.7	14.3	18.3	7.3	9.2
	601～1200 元	13.8	0.0	43.8	19.9	9.4	5.1	8.0
	1201～1700 元	13.3	0.1	39.0	19.6	9.3	8.9	9.8
	1701～2600 元	11.9	0.0	37.5	21.3	10.1	10.1	9.1
	2601～3500 元	12.7	0.1	31.7	23.6	12.4	9.7	9.8
	3501～5000 元	20.3	0.1	25.4	15.2	16.8	11.0	11.2
	5001 元及以上	21.8	0.0	24.9	11.9	17.3	12.1	12.0

表 3.37.3　2015 年广州市场各类频道在不同时段的市场占有率(%)

时间段	中央台频道	中国教育台频道	广东广播电视台频道	广州台频道	其他省级卫视频道	境外频道	其他频道
02:00~03:00	16.3	0.1	22.2	8.8	18.9	16.7	17.0
03:00~04:00	17.1	0.1	24.4	9.2	20.5	14.4	14.3
04:00~05:00	21.4	0.2	28.3	10.3	18.6	9.4	11.8
05:00~06:00	14.1	0.1	27.3	9.6	11.6	25.0	12.3
06:00~07:00	12.8	0.1	17.0	29.9	9.9	18.5	11.8
07:00~08:00	12.7	0.0	27.5	31.5	8.3	9.4	10.6
08:00~09:00	19.0	0.0	26.7	21.4	14.1	8.4	10.4
09:00~10:00	24.0	0.1	26.8	12.8	19.1	4.8	12.4
10:00~11:00	24.5	0.1	25.5	12.2	20.5	3.8	13.4
11:00~12:00	20.5	0.0	29.1	15.2	18.6	5.0	11.6
12:00~13:00	16.7	0.0	29.8	16.3	16.7	8.8	11.7
13:00~14:00	16.6	0.1	32.7	15.5	17.5	5.5	12.1
14:00~15:00	17.4	0.1	29.0	16.0	20.2	4.7	12.6
15:00~16:00	18.0	0.2	25.1	17.9	22.6	4.1	12.1
16:00~17:00	18.6	0.1	27.7	16.4	21.6	4.3	11.3
17:00~18:00	19.0	0.0	29.1	20.3	16.3	4.1	11.2
18:00~19:00	13.0	0.0	38.1	31.3	4.9	4.9	7.8
19:00~20:00	11.3	0.0	47.9	22.3	6.8	4.4	7.3
20:00~21:00	11.7	0.1	43.9	16.9	11.6	9.1	6.7
21:00~22:00	12.4	0.0	38.1	13.6	12.3	16.1	7.5
22:00~23:00	10.9	0.0	24.6	22.8	15.1	17.2	9.4
23:00~24:00	13.9	0.0	25.9	13.9	20.3	11.4	14.6
24:00~25:00	17.3	0.0	25.7	10.9	18.9	12.9	14.3
25:00~26:00	16.4	0.1	19.8	9.9	17.7	18.4	17.7

表 3.37.4　2015 年广州市场收视份额排名前十位的频道

排名	频道名称	收视份额(%)
1	广东广播电视台珠江频道	9.4
2	广州市广播电视台综合频道	7.6
3	广东广播电视台影视频道	5.6
4	广州市广播电视台影视频道	4.7
5	广州市广播电视台新闻频道	4.5
5	广东广播电视台南方卫视	4.5
7	广东广播电视台公共频道	3.8
8	中央电视台综合频道	2.9
9	湖南卫视	2.6
10	广东广播电视台经济科教频道	2.4

表 3.37.5 2015 年广州市场各主要频道的观众构成(%)

目标观众		所有频道	主要频道				
			广东广播电视台珠江频道	广州市广播电视台综合频道	广东广播电视台影视频道	广州市广播电视台影视频道	广州市广播电视台新闻频道
4 岁及以上所有人		100.0	100.0	100.0	100.0	100.0	100.0
性别	男	52.1	51.5	53.1	53.7	42.6	51.9
	女	47.9	48.5	46.9	46.3	57.4	48.1
年龄	4~14 岁	7.8	5.3	3.2	5.8	2.6	3.8
	15~24 岁	9.7	11.2	6.9	9.2	12.2	11.5
	25~34 岁	20.1	24.7	10.5	17.8	15.8	20.5
	35~44 岁	15.7	11.1	15.6	10.3	9.4	14.1
	45~54 岁	20.8	24.9	22.1	24.2	27.9	24.7
	55~64 岁	16.1	15.5	18.0	20.9	22.3	18.8
	65 岁及以上	9.8	7.3	23.7	11.8	9.8	6.6
教育程度	未受过正规教育	3.8	2.7	2.4	4.2	1.8	2.0
	小学	16.3	21.5	17.5	15.4	20.4	11.3
	初中	29.8	35.7	34.6	42.0	36.6	26.8
	高中	32.2	23.9	28.4	29.7	26.5	40.7
	大学及以上	17.9	16.2	17.1	8.7	14.7	19.2
职业类别	干部/管理人员	4.4	2.5	3.8	2.3	2.1	4.4
	个体/私营企业人员	11.9	12.5	5.8	9.1	11.6	10.2
	初级公务员/雇员	16.0	17.2	13.8	13.2	12.2	15.9
	工人	21.1	28.8	20.2	24.1	29.6	23.5
	学生	8.1	5.3	5.5	4.8	3.1	7.1
	无业	37.4	32.4	50.2	42.0	39.4	38.7
	其他	1.1	1.3	0.7	4.5	2.0	0.2
个人月收入	0~600 元	25.2	23.4	17.0	25.5	19.2	20.9
	601~1200 元	4.8	5.6	7.3	9.9	3.8	3.0
	1201~1700 元	7.8	10.1	7.0	9.4	12.2	6.2
	1701~2600 元	23.2	28.7	27.0	28.3	31.0	23.3
	2601~3500 元	22.0	20.8	30.7	21.9	21.4	32.7
	3501~5000 元	9.7	7.7	8.0	3.9	7.3	8.6
	5001 元及以上	7.3	3.7	3.0	1.1	5.1	5.3

表 3.37.6 2013~2015 年广州市场各类节目的播出份额(%)和收视份额(%)

节目类别	2013 年		2014 年		2015 年	
	播出份额	收视份额	播出份额	收视份额	播出份额	收视份额
财经	2.0	0.4	1.8	0.3	1.7	0.4
电视剧	20.2	29.3	19.0	28.2	19.2	28.6
电影	4.2	3.3	3.9	3.1	3.7	3.5
法制	0.9	0.6	1.0	0.6	1.1	0.8
教学	0.2	0.1	0.2	0.0	0.2	0.0
青少	6.2	4.5	6.7	5.2	6.5	4.8
生活服务	9.6	6.7	10.7	7.0	11.0	7.3
体育	3.4	3.7	4.2	3.5	4.2	3.4
外语	0.3	0.0	0.3	0.0	0.3	0.0
戏剧	0.6	0.2	0.6	0.1	0.7	0.2
新闻/时事	15.4	20.8	14.8	21.1	14.6	20.8
音乐	2.0	0.6	2.1	0.7	2.2	0.9
专题	11.5	5.9	12.4	6.5	13.2	6.6
综艺	8.6	9.4	8.5	9.0	8.4	8.8
其他	14.9	14.5	13.8	14.7	13.0	13.9

表 3.37.7　2015 年广州市场所有节目收视率排名前三十位

名次	节目名称	节目类型	播出频道	平均收视率(%)	平均占有率(%)
1	2015 年亚足联冠军联赛决赛次回合(广州恒大淘宝 VS 迪拜阿赫利)	体育	广东广播电视台体育频道	7.4	22.4
2	喜气羊羊贺新春 2015 春节联欢晚会	综艺	广东广播电视台珠江频道	6.4	18.8
3	粤唱越响至尊粤语金曲盛典	综艺	广东广播电视台珠江频道	6.0	19.3
4	亚冠联赛颁奖仪式	体育	广东广播电视台体育频道	5.1	16.6
5	穿越古今闹中秋	综艺	广东广播电视台珠江频道	4.9	16.9
6	我是歌手(2 月 6 日)	综艺	湖南卫视	4.7	23.3
7	广视新闻	新闻/时事	广州市广播电视台综合频道	4.6	23.7
8	2015 中央电视台春节联欢晚会	综艺	中央电视台综合频道	4.4	13.8
9	今日关注	新闻/时事	广东广播电视台珠江频道	4.3	14.0
10	天使爱人	电视剧	广东广播电视台珠江频道	4.3	13.9
11	2015 年世界田径锦标赛男子4×400 米接力决赛	体育	中央台五套	4.3	11.3
12	花火花红	电视剧	广东广播电视台珠江频道	4.2	13.2
13	胜利与和平——纪念抗日战争暨世界反法西斯战争胜利 70 周年文艺晚会	综艺	广州市广播电视台综合频道	4.2	11.7
14	如果爱可以重来	电视剧	广东广播电视台珠江频道	4.1	12.4
15	今日关注十周年特别节目	专题	广东广播电视台珠江频道	3.9	14.3
16	千金归来(1～38 集)	电视剧	广东广播电视台珠江频道	3.9	12.4
17	勇敢的心(28～64 集)	电视剧	广东广播电视台珠江频道	3.9	12.2
18	妈妈向前冲	电视剧	广东广播电视台珠江频道	3.7	12.8
19	2015 年中国足协超级联赛第 21 轮(广州恒大淘宝 VS 杭州绿城)	体育	广东广播电视台体育频道	3.7	12.5
20	爱情珠宝	电视剧	广东广播电视台珠江频道	3.7	11.9
21	麦王争霸 2015 全球粤语歌唱大汇(10 月 24 日)	综艺	广东广播电视台珠江频道	3.6	15.7
22	天气预报	生活服务	广东广播电视台珠江频道	3.6	14.3
23	2015 年足球友谊赛(广州恒大淘宝 VS 拜仁慕尼黑)	体育	广东广播电视台体育频道	3.6	11.4
24	2018 年俄罗斯世界杯亚洲区预选赛(中国香港 VS 中国)	体育	广东广播电视台体育频道	3.6	10.7
25	外来媳妇本地郎	电视剧	广东广播电视台珠江频道	3.5	12.0
26	风云天地	电视剧	广东广播电视台珠江频道	3.5	11.6
27	光影	电视剧	广东广播电视台影视频道	3.5	11.5
28	奶奶再爱我一次	电视剧	广东广播电视台珠江频道	3.5	11.1
29	潜行者	电视剧	广东广播电视台影视频道	3.4	11.5
30	现场直播:2015 年亚洲男篮锦标赛决赛(中国队 VS 菲律宾队)	体育	中央台五套	3.4	11.4

表 3.37.8　2015 年广州市场电视剧收视率排名前十位

名次	节目名称	播出频道	平均收视率（%）	平均占有率（%）
1	天使爱人	广东广播电视台珠江频道	4.3	13.9
2	花火花红	广东广播电视台珠江频道	4.2	13.2
3	如果爱可以重来	广东广播电视台珠江频道	4.1	12.4
4	千金归来(1~38集)	广东广播电视台珠江频道	3.9	12.4
5	勇敢的心(28~64集)	广东广播电视台珠江频道	3.9	12.2
6	妈妈向前冲	广东广播电视台珠江频道	3.7	12.8
7	爱情珠宝	广东广播电视台珠江频道	3.7	11.9
8	外来媳妇本地郎	广东广播电视台珠江频道	3.5	12.0
9	风云天地	广东广播电视台珠江频道	3.5	11.6
10	光影	广东广播电视台影视频道	3.5	11.5

表 3.37.9　2015 年广州市场新闻节目收视率排名前十位

名次	节目名称	播出频道	平均收视率（%）	平均占有率（%）
1	广视新闻	广州市广播电视台综合频道	4.6	23.7
2	今日关注	广东广播电视台珠江频道	4.3	14.0
3	G4 出动	广州市广播电视台新闻频道	3.3	11.4
4	DV 现场	广东广播电视台公共频道	2.9	9.8
5	珠江新闻眼	广东广播电视台珠江频道	2.7	14.5
6	转播中央台新闻联播	广州市广播电视台综合频道	2.3	8.1
7	讲开又讲	广东广播电视台南方卫视	1.8	5.7
8	今日最新闻	广东广播电视台南方卫视	1.8	5.6
9	城市话题	广州市广播电视台新闻频道	1.6	4.8
10	今日报道	广州市广播电视台综合频道	1.3	4.1

表 3.37.10　2015 年广州市场专题节目收视率排名前十位

名次	节目名称	播出频道	平均收视率（%）	平均占有率（%）
1	今日关注十周年特别节目	广东广播电视台珠江频道	3.9	14.3
2	真情追踪	广州市广播电视台影视频道	2.7	10.8
3	我们的歌手我的纪录片	湖南卫视	2.2	21.7
4	城事特搜	广东广播电视台南方卫视	2.2	7.8
5	致敬老兵(9月3日 18:47)	广东广播电视台南方卫视	2.1	7.7
6	全民帮帮忙(1月26号 19:02)	广东广播电视台公共频道	2.0	6.4
7	广东社科界与时代同行	广东广播电视台南方卫视	1.5	5.4
8	最佳男主角	省网翡翠台(中文)	1.1	5.6
9	东方主战场	中央电视台综合频道	1.1	3.0
10	珠江纪事	广东广播电视台珠江频道	1.0	4.3

表 3.37.11　2015 年广州市场综艺节目收视率排名前十位

名次	节目名称	播出频道	平均收视率(%)	平均占有率(%)
1	喜气羊羊贺新春 2015 春节联欢晚会	广东广播电视台珠江频道	6.4	18.8
2	粤唱越响至尊粤语金曲盛典	广东广播电视台珠江频道	6.0	19.3
3	穿越古今闹中秋	广东广播电视台珠江频道	4.9	16.9
4	我是歌手(2 月 6 日)	湖南卫视	4.7	23.3
5	2015 中央电视台春节联欢晚会	中央电视台综合频道	4.4	13.8
6	胜利与和平——纪念抗日战争暨世界反法西斯战争胜利 70 周年文艺晚会	广州市广播电视台综合频道	4.2	11.7
7	麦王争霸 2015 全球粤语歌唱大汇(10 月 24 日)	广东广播电视台珠江频道	3.6	15.7
8	中国好声音 4 总决赛	浙江卫视	3.3	10.3
9	粤讲越掂	广东广播电视台珠江频道	3.2	12.3
10	2015 年广州迎春花市节庆活动亮灯仪式	广州市广播电视台新闻频道	3.0	10.5

表 3.37.12　2015 年广州市场体育节目收视率排名前十位

名次	节目名称	播出频道	平均收视率(%)	平均占有率(%)
1	2015 年亚足联冠军联赛决赛次回合(广州恒大淘宝 VS 迪拜阿赫利)	广东广播电视台体育频道	7.4	22.4
2	亚冠联赛颁奖仪式	广东广播电视台体育频道	5.1	16.6
3	2015 年世界田径锦标赛男子4×400 米接力决赛	中央台五套	4.3	11.3
4	2015 年中国足协超级联赛第 21 轮(广州恒大淘宝 VS 杭州绿城)	广东广播电视台体育频道	3.7	12.5
5	2015 年足球友谊赛(广州恒大淘宝 VS 拜仁慕尼黑)	广东广播电视台体育频道	3.6	11.4
6	2018 年俄罗斯世界杯亚洲区预选赛(中国香港 VS 中国)	广东广播电视台体育频道	3.6	10.7
7	现场直播:2015 年亚洲男篮锦标赛决赛(中国队 VS 菲律宾队)	中央台五套	3.4	11.4
8	2015 年国际足联俱乐部世界杯半决赛(广州恒大 VS 巴塞罗那)	广东广播电视台体育频道	3.4	11.3
9	广州恒大淘宝夺冠庆典	广东广播电视台体育频道	2.9	10.5
10	2014/2015 赛季中国男子篮球职业联赛 CBA 半决赛第 4 场(北京 VS 广东)	广东广播电视台体育频道	2.7	8.3

三十八、贵阳收视数据

表 3.38.1　2011～2015 年贵阳市场各类频道的市场占有率(%)

频道类别	年份				
	2011 年	2012 年	2013 年	2014 年	2015 年
中央台频道	32.6	32.8	33.0	31.4	29.7
中国教育台频道	0.5	0.2	0.1	0.1	0.1
贵州省级频道	22.6	21.3	25.7	24.6	24.6
贵阳市级频道	5.1	6.9	7.4	6.9	7.3
其他省级卫视频道	30.4	31.1	26.5	29.3	27.9
其他频道	8.8	7.7	7.3	7.7	10.4

表 3.38.2　2015 年贵阳市场各类频道在不同目标观众中的市场占有率(%)

目标观众		中央台频道	中国教育台频道	贵州省级频道	贵阳市级频道	其他省级卫视频道	其他频道
4 岁及以上所有人		29.7	0.1	24.6	7.3	27.9	10.4
性别	男	31.4	0.1	24.1	7.4	25.7	11.3
	女	28.1	0.1	25.0	7.1	29.9	9.8
年龄	4～14 岁	23.2	0.0	19.3	8.8	38.4	10.3
	15～24 岁	26.8	0.0	27.4	7.6	26.2	12.0
	25～34 岁	24.4	0.1	26.2	3.8	32.5	13.0
	35～44 岁	28.1	0.1	24.0	8.5	29.6	9.7
	45～54 岁	32.1	0.0	26.9	8.3	23.2	9.5
	55～64 岁	34.7	0.1	23.6	8.7	24.5	8.4
	65 岁及以上	37.0	0.0	23.2	5.9	22.7	11.2
教育程度	未受过正规教育	29.9	0.1	17.0	8.9	38.3	5.8
	小学	27.1	0.1	24.0	7.1	34.3	7.4
	初中	29.6	0.1	24.8	8.6	25.3	11.6
	高中	29.6	0.0	25.1	7.3	26.6	11.4
	大学及以上	31.8	0.0	25.6	5.0	26.6	11.0
职业类别	干部/管理人员	35.2	0.1	23.4	10.2	21.3	9.8
	个体/私营企业人员	24.1	0.0	26.4	9.7	25.5	14.3
	初级公务员/雇员	31.3	0.1	25.3	5.8	28.4	9.1
	工人	20.2	0.0	42.0	2.3	26.7	8.8
	学生	22.9	0.0	23.1	9.3	33.0	11.7
	无业	34.3	0.1	21.6	6.6	27.2	10.2
	其他	29.6	0.0	23.1	9.7	34.9	2.7
个人月收入	0～600 元	26.3	0.1	23.3	7.5	33.5	9.3
	601～1200 元	25.3	0.0	29.1	10.3	28.1	7.2
	1201～1700 元	34.9	0.1	27.0	4.3	24.8	8.9
	1701～2600 元	30.2	0.0	24.5	7.3	25.6	12.4
	2601～3500 元	30.3	0.1	22.9	8.0	26.7	12.0
	3501 元～5000 元	32.9	0.1	25.6	5.7	25.4	10.3
	5001 元及以上	40.3	0.1	19.3	8.8	21.5	10.0

表 3.38.3　2015 年贵阳市场各类频道在不同时段的市场占有率(%)

时间段	中央台频道	中国教育台频道	贵州省级频道	贵阳市级频道	其他省级卫视频道	其他频道
02:00~03:00	19.5	0.1	27.2	6.2	27.5	19.5
03:00~04:00	17.5	0.0	33.9	6.3	24.4	17.9
04:00~05:00	18.7	0.0	36.9	2.8	22.8	18.8
05:00~06:00	20.5	0.0	36.7	5.4	22.1	15.3
06:00~07:00	36.5	0.0	27.7	5.9	18.1	11.8
07:00~08:00	57.7	0.0	13.5	2.9	16.4	9.5
08:00~09:00	55.4	0.0	10.2	1.6	23.2	9.6
09:00~10:00	43.1	0.1	11.4	1.0	32.9	11.5
10:00~11:00	40.9	0.1	10.8	0.9	35.0	12.3
11:00~12:00	43.5	0.0	9.7	0.8	34.1	11.9
12:00~13:00	43.6	0.0	8.3	1.5	34.9	11.7
13:00~14:00	41.2	0.1	7.6	0.8	38.0	12.3
14:00~15:00	37.4	0.1	7.5	1.0	40.4	13.6
15:00~16:00	36.6	0.1	7.6	1.2	41.0	13.5
16:00~17:00	37.7	0.1	7.9	1.5	39.5	13.3
17:00~18:00	40.5	0.1	14.3	1.8	31.3	12.0
18:00~19:00	27.8	0.0	47.2	4.1	11.7	9.2
19:00~20:00	20.0	0.0	47.7	14.7	11.1	6.5
20:00~21:00	17.2	0.1	34.5	20.2	21.4	6.6
21:00~22:00	23.3	0.0	29.9	11.7	26.5	8.6
22:00~23:00	25.2	0.0	23.3	6.1	34.2	11.2
23:00~24:00	28.1	0.0	17.8	3.6	37.5	13.0
24:00~25:00	31.6	0.0	15.3	3.1	33.5	16.5
25:00~26:00	27.0	0.0	19.9	4.7	29.2	19.2

表 3.38.4　2015 年贵阳市场收视份额排名前十位的频道

名次	频道名称	收视份额(%)
1	贵州广播电视台公共频道	8.7
2	贵州卫视	6.1
3	湖南卫视	4.4
4	贵州广播电视台影视文艺频道	4.2
5	中央台六套	3.9
6	中央台八套	3.8
7	中央电视台综合频道	3.3
8	贵州广播电视台第五频道	3.2
9	中央电视台新闻频道	3.0
9	浙江卫视	3.0

表 3.38.5　2015 年贵阳市场各主要频道的观众构成(%)

目标观众		所有频道	主要频道				
			贵州广播电视台公共频道	贵州卫视	湖南卫视	贵州广播电视台影视文艺频道	中央台六套
4 岁及以上所有人		100.0	100.0	100.0	100.0	100.0	100.0
性别	男	49.4	49.6	46.3	39.2	48.7	54.9
	女	50.6	50.4	53.7	60.8	51.3	45.1
年龄	4~14 岁	10.0	8.3	5.5	17.7	7.6	8.8
	15~24 岁	8.8	9.5	11.3	11.0	7.2	9.0
	25~34 岁	16.8	20.0	15.8	22.4	19.3	18.1
	35~44 岁	19.5	18.5	16.6	17.7	16.2	25.8
	45~54 岁	17.6	20.8	20.2	13.1	21.0	19.4
	55~64 岁	12.8	12.2	15.8	5.3	15.0	13.0
	65 岁及以上	14.5	10.7	14.8	12.8	13.7	5.9
教育程度	未受过正规教育	4.5	3.6	2.7	3.7	1.9	5.0
	小学	14.9	14.8	8.4	23.6	13.7	12.1
	初中	32.6	33.7	29.7	27.7	34.6	34.4
	高中	26.5	28.0	29.6	24.3	30.0	22.7
	大学及以上	21.5	19.9	29.6	20.7	19.8	25.8
职业类别	干部/管理人员	2.9	2.6	1.9	3.0	3.8	3.2
	个体/私营企业人员	18.7	21.5	16.4	12.5	24.6	16.0
	初级公务员/雇员	21.0	23.5	28.5	24.0	15.8	28.0
	工人	5.1	7.1	8.5	7.5	8.3	4.9
	学生	10.9	11.1	8.1	21.7	11.1	8.9
	无业	37.8	31.3	35.1	28.8	34.4	31.8
	其他	3.6	2.9	1.5	2.5	2.0	7.2
个人月收入	0~600 元	25.4	25.5	20.7	38.2	22.5	24.1
	601~1200 元	8.6	8.7	8.9	4.8	11.4	8.5
	1201~1700 元	9.6	9.1	12.9	4.6	15.3	7.8
	1701~2600 元	33.4	33.2	36.9	30.6	34.1	35.7
	2601~3500 元	15.0	14.5	11.6	12.9	13.0	17.3
	3501~5000 元	6.9	7.7	8.3	8.4	3.4	5.3
	5001 元及以上	1.1	1.3	0.7	0.5	0.3	1.3

表 3.38.6　2013~2015 年贵阳市场各类节目的播出份额(%)和收视份额(%)

节目类型	2013 年		2014 年		2015 年	
	播出份额	收视份额	播出份额	收视份额	播出份额	收视份额
财经	1.7	0.8	1.6	0.7	1.8	0.5
电视剧	28.5	29.6	23.7	29.0	19.3	24.0
电影	4.3	4.5	3.8	5.0	3.7	4.4
法制	1.6	3.3	1.6	3.5	1.8	4.9
教学	0.4	0.2	0.3	0.1	0.2	0.1
青少	5.4	4.6	6.1	5.3	6.4	3.7
生活服务	8.8	7.8	13.9	8.4	10.5	9.0
体育	2.1	2.0	3.1	2.7	2.8	2.4
外语	0.0	0.0	0.0	0.0	0.0	0.0
戏剧	0.6	0.2	0.5	0.2	0.8	0.1
新闻/时事	10.8	15.1	9.8	13.8	14.3	17.2
音乐	2.4	0.9	2.4	1.0	2.5	0.7
专题	9.0	7.6	11.7	7.2	13.4	7.5
综艺	6.9	10.7	7.0	11.2	9.3	12.8
其他	17.5	12.8	14.4	11.8	13.1	12.8

表 3.38.7　2015 年贵阳市场所有节目收视率排名前三十位

名次	节目名称	节目类型	播出频道	平均收视率（%）	平均占有率（%）
1	转播中央台新闻联播（9 月 3 日）	新闻/时事	贵州广播电视台公共频道	11.5	27.3
2	中国好声音 4 总决赛巅峰对决	综艺	浙江卫视	11.0	32.3
3	百姓关注	新闻/时事	贵州广播电视台公共频道	10.9	28.1
4	奔跑吧兄弟（4 月 17 日 ~7 月 3 日）	综艺	浙江卫视	8.6	18.8
5	我是歌手歌王之战(3 月 27 日)	综艺	湖南卫视	8.5	26.8
6	2015 中央电视台春节联欢晚会	综艺	中央电视台综合频道	8.4	17.7
7	百姓春晚	综艺	贵州广播电视台公共频道	8.3	17.5
8	石敢当之雄峙天东	电视剧	贵州卫视	7.1	14.6
9	勇敢的心	电视剧	贵州卫视	7.1	14.3
10	冲出月亮岛	电视剧	贵州卫视	7.0	14.5
11	武媚娘传奇(18 ~ 96 集))	电视剧	湖南卫视	7.0	14.3
12	二炮手	电视剧	贵州卫视	6.9	14.2
13	锋刃	电视剧	贵州卫视	6.6	14.1
14	和平战士	电视剧	贵州卫视	6.5	13.9
15	暖男的爱情与战争	电视剧	贵州卫视	6.4	13.4
16	镖门(20 ~ 38 集)	电视剧	贵州卫视	6.3	12.7
17	二十四道拐	电视剧	贵州卫视	6.2	13.7
18	胜利与和平——纪念抗日战争暨世界反法西斯战争胜利 70 周年文艺晚会	综艺	贵州广播电视台公共频道	5.9	12.2
19	少林武王	电视剧	贵州卫视	5.8	12.7
20	直播周末:2015 年澳大利亚亚洲杯小组赛 B 组（中国队 VS 朝鲜队）	体育	中央台五套	5.6	14.4
21	激战	电视剧	贵州卫视	5.6	11.6
22	暗花(11 月 8 日)	电影	中央台六套	5.5	18.0
23	野山鹰	电视剧	贵州卫视	5.4	11.3
24	天天来帮忙	生活服务	贵州广播电视台公共频道	5.2	19.5
25	直播周末:2015 年女排世界杯（日本队 VS 中国队）	体育	中央台五套	5.2	12.7
26	快乐中国 20152016 跨年演唱会	音乐	湖南卫视	5.2	11.1
27	直播周末 2015 年女排世界杯颁奖仪式	体育	中央台五套	5.2	10.4
28	英雄祭	电视剧	贵州卫视	5.0	11.3
29	爸爸父亲爹	电视剧	贵州卫视	5.0	10.8
30	特警力量	电视剧	贵州卫视	5.0	10.6

表 3.38.8 2015 年贵阳市场电视剧收视率排名前十位

名次	节目名称	播出频道	平均收视率(%)	平均占有率(%)
1	石敢当之雄峙天东	贵州卫视	7.1	14.6
2	勇敢的心	贵州卫视	7.1	14.3
3	冲出月亮岛	贵州卫视	7.0	14.5
4	武媚娘传奇(18~96集))	湖南卫视	7.0	14.3
5	二炮手	贵州卫视	6.9	14.2
6	锋刃	贵州卫视	6.6	14.1
7	和平战士	贵州卫视	6.5	13.9
8	暖男的爱情与战争	贵州卫视	6.4	13.4
9	镖门(20~38集)	贵州卫视	6.3	12.7
10	二十四道拐	贵州卫视	6.2	13.7

表 3.38.9 2015 年贵阳市场新闻节目收视率排名前十位

名次	节目名称	播出频道	平均收视率(%)	平均占有率(%)
1	转播中央台新闻联播(9月3日)	贵州广播电视台公共频道	11.5	27.3
2	百姓关注	贵州广播电视台公共频道	10.9	28.1
3	新闻今日谈	贵州广播电视台公共频道	3.9	8.0
4	直播贵阳	贵阳广播电视台一套(新闻综合频道)	3.8	8.2
5	新闻今日谈	贵州广播电视台公共频道	3.4	10.1
6	2015 一年又一年	中央电视台新闻频道	3.2	9.9
7	东方之星客船翻沉整体扶正全力搜救(6月5日)	中央电视台新闻频道	2.6	16.0
8	转播中央台新闻联播	贵州卫视	2.5	6.4
9	新闻联播(9月3日)	中央台三套	2.0	4.8
10	新闻延长线	贵州卫视	1.9	6.8

表 3.38.10 2015 年贵阳市场专题节目收视率排名前十位

名次	节目名称	播出频道	平均收视率(%)	平均占有率(%)
1	315 消费在阳光下	中央电视台综合频道	4.8	11.1
2	天天故事汇	贵州广播电视台公共频道	4.4	18.8
3	感动中国 2014 年度人物颁奖盛典	中央电视台综合频道	3.6	7.5
4	非常友茗堂	贵州广播电视台公共频道	3.5	7.1
5	故事中国	贵州卫视	3.4	7.7
6	我们的歌手我的纪录片	湖南卫视	3.3	15.4
7	时光的印记	贵州卫视	3.2	7.5
8	召唤	贵州卫视	2.9	7.7
9	真情纪事	贵州广播电视台第五频道	2.9	6.1
10	论道	贵州卫视	2.5	6.9

表 3.38.11 2015 年贵阳市场综艺节目收视率排名前十位

名次	节目名称	播出频道	平均收视率(%)	平均占有率(%)
1	中国好声音 4 总决赛巅峰对决	浙江卫视	11.0	32.3
2	奔跑吧兄弟(4 月 17 日 ~7 月 3 日)	浙江卫视	8.6	18.8
3	我是歌手歌王之战(3 月 27 日)	湖南卫视	8.5	26.8
4	2015 中央电视台春节联欢晚会	中央电视台综合频道	8.4	17.7
5	百姓春晚	贵州广播电视台公共频道	8.3	17.5
6	胜利与和平——纪念抗日战争暨世界反法西斯战争胜利 70 周年文艺晚会	贵州广播电视台公共频道	5.9	12.2
7	真声音	浙江卫视	4.9	14.6
8	2015 中央电视台元宵晚会	中央电视台综合频道	4.4	9.4
9	2015 年中央电视台中秋晚会	中央电视台综合频道	4.1	7.8
9	出彩中国人总决赛(5 月 17 日)	中央电视台综合频道	4.1	7.8

表 3.38.12 2015 年贵阳市场体育节目收视率排名前十位

名次	节目名称	播出频道	平均收视率(%)	平均占有率(%)
1	直播周末:2015 年澳大利亚亚洲杯小组赛 B 组(中国队 VS 朝鲜队)	中央台五套	5.6	14.4
2	直播周末:2015 年女排世界杯(日本队 VS 中国队)	中央台五套	5.2	12.7
3	直播周末 2015 年女排世界杯颁奖仪式	中央台五套	5.2	10.4
4	直播周末:2015 年 IBF 次最轻量级拳王争霸赛	中央台五套	4.5	12.2
5	2015 年世界田径锦标赛女子4 ×400 米接力决赛	中央台五套	4.5	9.2
6	现场直播:2015 年亚洲男篮锦标赛决赛(中国队 VS 菲律宾队)	中央台五套	3.8	8.4
7	2015 年世界乒乓球锦标赛男单决赛	中央台五套	3.4	7.1
8	超级足球之夜:2015 年亚洲足联冠军联赛决赛第二回合(中国广州恒大 VS 阿联酋阿赫利)	中央台五套	3.4	6.7
9	2015 年国际足联俱乐部世界杯半决赛(西班牙巴塞罗那 VS 中国广州恒大)	中央台五套	3.3	8.1
10	实况录像:2015 年斯诺克世界锦标赛半决赛	中央台五套	3.1	10.4

三十九、哈尔滨收视数据

表 3.39.1 2011—2015 年哈尔滨市场各类频道的市场占有率(%)

频道类别	年份				
	2011 年	2012 年	2013 年	2014 年	2015 年
中央台频道	21.7	25.0	27.5	28.0	28.8
中国教育台频道	0.7	0.7	0.7	0.5	0.3
黑龙江省级频道	32.9	29.3	27.6	26.4	27.3
哈尔滨市级频道	16.2	13.2	11.4	10.4	8.4
其他省级卫视频道	19.2	23.5	25.3	27.3	27.6
其他频道	9.3	8.3	7.5	7.4	7.6

表 3.39.2 2015 年哈尔滨市场各类频道在不同目标观众中的市场占有率(%)

目标观众		中央台频道	中国教育台频道	黑龙江省级频道	哈尔滨市级频道	其他省级卫视	其他频道
4 岁及以上所有人		28.8	0.3	27.3	8.4	27.6	7.6
性别	男	31.8	0.3	26.8	8.4	24.6	8.1
	女	25.6	0.3	27.8	8.4	30.8	7.1
年龄	4 ~ 14 岁	25.6	0.2	15.9	4.1	46.8	7.4
	15 ~ 24 岁	21.7	0.3	25.2	10.8	33.3	8.7
	25 ~ 34 岁	26.1	0.3	19.9	7.2	37.4	9.1
	35 ~ 44 岁	26.0	0.4	26.3	7.4	29.8	10.1
	45 ~ 54 岁	28.8	0.2	28.7	10.3	24.5	7.5
	55 ~ 64 岁	27.5	0.3	33.8	8.6	23.0	6.8
	65 岁及以上	37.8	0.3	29.0	7.8	19.9	5.2
受教育程度	未受过正规教育	36.0	0.2	19.2	7.2	28.9	8.5
	小学	28.1	0.2	26.8	7.5	31.2	6.2
	初中	27.9	0.3	34.6	7.3	23.9	6.0
	高中	29.9	0.3	24.2	8.9	27.6	9.1
	大学及以上	27.6	0.4	22.5	9.8	31.7	8.0
职业类别	干部/管理人员	27.4	0.4	25.8	2.7	36.0	7.7
	个体/私营企业人员	26.2	0.2	24.1	12.4	28.2	8.9
	初级公务员/雇员	27.6	0.3	22.9	10.3	30.5	8.4
	工人	26.7	0.3	28.2	7.1	29.9	7.8
	学生	21.7	0.3	22.6	7.1	40.4	7.9
	无业	33.1	0.3	29.3	8.0	22.9	6.4
	其他	23.7	0.2	37.5	8.8	15.7	14.1
个人月收入	0 ~ 600 元	23.1	0.3	23.0	6.9	37.7	9.0
	601 ~ 1200 元	28.4	0.3	34.0	7.5	22.4	7.4
	1201 ~ 1700 元	27.6	0.3	30.2	10.1	25.6	6.2
	1701 ~ 2600 元	31.7	0.2	28.2	8.8	23.4	7.7
	2601 ~ 3500 元	26.6	0.4	25.2	7.6	31.3	8.9
	3501 ~ 5000 元	29.6	0.3	28.1	9.9	27.8	4.3
	5001 元及以上	31.7	0.4	22.1	6.1	31.7	8.0

表 3.39.3　2015 年哈尔滨市场各类频道在不同时段的市场占有率(%)

时间段	中央台频道	中国教育台频道	黑龙江省级频道	哈尔滨市级频道	其他省级卫视频道	其他频道
02:00~03:00	27.9	0.4	21.1	4.4	30.6	15.6
03:00~04:00	28.8	0.4	23.3	3.8	29.7	14.0
04:00~05:00	42.4	0.5	19.2	3.0	23.9	11.0
05:00~06:00	43.0	0.5	20.0	5.4	23.3	7.8
06:00~07:00	30.1	0.1	26.9	16.2	16.9	9.8
07:00~08:00	36.1	0.1	22.6	18.7	15.1	7.4
08:00~09:00	42.7	0.4	17.3	9.3	23.2	7.1
09:00~10:00	38.0	0.6	18.4	5.7	29.2	8.1
10:00~11:00	35.8	0.4	17.9	4.3	32.8	8.8
11:00~12:00	37.8	0.2	15.3	4.1	34.1	8.5
12:00~13:00	39.4	0.2	15.9	2.9	34.2	7.4
13:00~14:00	35.9	0.3	19.6	3.1	33.3	7.8
14:00~15:00	32.3	0.4	21.9	3.3	34.5	7.6
15:00~16:00	32.1	0.4	21.2	3.2	34.8	8.3
16:00~17:00	33.4	0.3	18.8	3.6	35.7	8.2
17:00~18:00	30.3	0.1	25.3	7.8	29.6	6.9
18:00~19:00	27.2	0.1	43.4	11.9	10.4	7.0
19:00~20:00	24.4	0.2	41.7	12.5	15.4	5.8
20:00~21:00	21.4	0.3	30.5	13.7	26.8	7.3
21:00~22:00	22.9	0.2	31.1	10.1	28.0	7.7
22:00~23:00	20.3	0.6	26.7	4.0	39.9	8.5
23:00~24:00	25.5	0.5	16.8	4.0	44.8	8.4
24:00~25:00	29.0	0.2	20.7	3.7	35.8	10.6
25:00~26:00	32.0	0.5	17.0	3.4	31.9	15.2

表 3.39.4　2015 年哈尔滨市场收视份额排名前十位的频道

名次	频道名称	收视份额(%)
1	黑龙江电视台都市频道	6.9
2	黑龙江电视台影视频道	6.8
3	黑龙江卫视	4.5
4	哈尔滨电视台新闻综合频道	4.0
5	黑龙江电视台文艺频道	3.8
6	中央台四套	3.4
6	中央电视台新闻频道	3.4
8	中央电视台综合频道	3.3
8	中央台五套	3.3
10	浙江卫视	3.2

表 3.39.5　2015 年哈尔滨市场各主要频道的观众构成(%)

目标观众		所有频道	主要频道				
			黑龙江电视台都市频道	黑龙江电视台影视频道	黑龙江卫视	哈尔滨电视台新闻综合频道	黑龙江电视台文艺频道
4 岁及以上所有人		100.0	100.0	100.0	100.0	100.0	100.0
性别	男	51.5	47.1	51.7	53.9	55.2	53.9
	女	48.5	52.9	48.3	46.1	44.8	46.1
年龄	4~14 岁	4.9	3.7	2.8	2.7	1.7	2.4
	15~24 岁	8.5	8.0	5.6	8.9	11.2	13.2
	25~34 岁	13.5	14.2	4.4	9.1	8.3	12.7
	35~44 岁	13.5	13.4	10.1	11.5	10.2	21.2
	45~54 岁	21.7	20.4	22.9	22.0	29.6	25.8
	55~64 岁	18.8	18.9	30.6	25.1	23.3	13.0
	65 岁及以上	19.1	21.4	23.6	20.7	15.7	11.7
教育程度	未受过正规教育	3.1	3.5	1.0	1.8	1.7	1.0
	小学	7.0	6.1	5.7	8.6	6.5	6.1
	初中	33.0	38.4	47.5	36.5	27.1	38.1
	高中	34.6	30.8	30.4	34.4	41.2	29.9
	大学及以上	22.3	21.2	15.4	18.7	23.5	24.9
职业类别	干部/管理人员	1.1	1.0	0.7	1.0	0.3	1.7
	个体/私营企业人员	10.1	9.9	5.3	10.7	18.2	13.1
	初级公务员/雇员	13.6	14.1	8.6	9.8	16.0	15.9
	工人	24.8	25.9	25.0	21.9	14.8	29.4
	学生	8.5	7.2	5.9	8.9	9.0	9.8
	无业	38.8	40.8	50.4	42.2	36.6	24.2
	其他	3.1	1.1	4.1	5.5	5.1	5.9
个人月收入	0~600 元	15.4	12.8	11.7	15.6	14.6	14.3
	601~1200 元	5.1	3.6	6.7	6.2	5.0	6.6
	1201~1700 元	15.8	19.9	15.4	19.1	22.8	14.0
	1701~2600 元	39.0	38.6	47.8	36.0	33.6	36.2
	2601~3500 元	13.3	11.2	10.2	14.6	12.1	15.1
	3501~5000 元	6.4	9.5	5.1	5.9	9.5	6.3
	5001 元及以上	5.0	4.4	3.1	2.6	2.4	7.5

表 3.39.6　2013~2015 年哈尔滨市场各类节目的播出份额(%)和收视份额(%)

节目类别	2013 年		2014 年		2015 年	
	播出份额	收视份额	播出份额	收视份额	播出份额	收视份额
财经	1.9	0.5	1.9	0.4	1.8	0.6
电视剧	21.3	32.9	20.3	32.8	20.2	31.9
电影	4.3	2.4	3.8	2.7	3.5	2.9
法制	1.2	1.3	1.1	0.8	0.9	0.7
教学	0.2	0.0	0.2	0.0	0.2	0.0
青少	6.1	2.6	6.6	3.0	6.2	2.9
生活服务	9.4	7.1	10.1	7.4	10.2	7.9
体育	1.8	1.7	2.7	2.3	2.7	2.4
外语	0.0	0.0	0.0	0.0	0.0	0.0
戏剧	0.8	0.2	0.7	0.2	0.9	0.2
新闻/时事	15.8	18.1	15.8	17.9	15.7	17.1
音乐	2.4	0.8	2.4	0.8	2.4	0.9
专题	10.7	5.0	11.9	4.6	12.8	4.8
综艺	9.8	14.6	9.9	14.6	10.4	16.1
其他	14.3	12.8	12.6	12.5	12.1	11.6

表 3.39.7　2015 年哈尔滨市场所有节目收视率排名前三十位

名次	节目名称	节目类型	播出频道	平均收视率(%)	平均占有率(%)
1	2015 中央电视台春节联欢晚会	综艺	中央电视台综合频道	8.7	22.0
2	现场直播:2015 年亚洲男篮锦标赛决赛(中国队 VS 菲律宾队)	体育	中央台五套	6.9	17.5
3	中国好声音 4 总决赛	综艺	浙江卫视	6.8	25.0
4	铁核桃	电视剧	黑龙江电视台影视频道	5.9	16.6
5	2015 年世界田径锦标赛男子 4×100 米接力决赛	体育	中央台五套	5.8	14.8
6	2015 中央电视台元宵晚会	综艺	中央电视台综合频道	5.8	13.5
7	芈月传	电视剧	上海东方卫视	5.6	13.8
8	2015 年中央电视台中秋晚会	综艺	中央台四套	5.5	13.9
9	奔跑吧兄弟(4 月 17 日 ~7 月 3 日)	综艺	浙江卫视	5.4	18.4
10	快乐中国 20152016 跨年演唱会	音乐	湖南卫视	5.2	14.4
11	奔跑吧兄弟(1 月 2 日 ~1 月 16 日)	综艺	浙江卫视	5.1	14.0
12	直播周末:2015 年澳大利亚亚洲杯小组赛 B 组(中国队 VS 朝鲜队)	体育	中央台五套	5.0	14.7
13	刀光剑影	电视剧	黑龙江电视台影视频道	5.0	14.1
14	星光大道(2 月 19 日)	综艺	中央电视台综合频道	4.8	14.1
15	偷天换月	电视剧	黑龙江电视台影视频道	4.8	13.6
16	新闻夜航	新闻/时事	黑龙江电视台都市频道	4.7	17.2
17	浴血战神	电视剧	黑龙江电视台影视频道	4.7	14.0
18	因为爱	电视剧	哈尔滨电视台新闻综合频道	4.7	10.3
19	我是歌手(3 月 27 日)	综艺	湖南卫视	4.6	14.1
20	相亲相爱	综艺	黑龙江电视台文艺频道	4.6	13.3
21	孤军剿匪	电视剧	黑龙江电视台影视频道	4.6	13.2
22	铁血神鹰	电视剧	黑龙江电视台影视频道	4.5	13.6
23	老农民	电视剧	黑龙江卫视	4.5	10.4
24	绝境	电视剧	黑龙江电视台影视频道	4.3	13.4
25	遍地惊雷	电视剧	黑龙江电视台影视频道	4.3	12.6
26	铁血战狼	电视剧	黑龙江电视台影视频道	4.3	12.5
26	战侠	电视剧	黑龙江电视台影视频道	4.3	12.5
28	悬崖	电视剧	哈尔滨电视台新闻综合频道	4.3	10.9
29	花火花红	电视剧	黑龙江电视台影视频道	4.3	10.4
30	奔跑吧兄弟(10 月 30 日 ~12 月 25 日)	综艺	浙江卫视	4.2	14.1

表 3.39.8 2015 年哈尔滨市场电视剧收视率排名前十位

名次	节目名称	播出频道	平均收视率（%）	平均占有率（%）
1	铁核桃	黑龙江电视台影视频道	5.9	16.6
2	芈月传	上海东方卫视	5.6	13.8
3	刀光剑影	黑龙江电视台影视频道	5.0	14.1
4	偷天换月	黑龙江电视台影视频道	4.8	13.6
5	浴血战神	黑龙江电视台影视频道	4.7	14.0
6	因为爱	哈尔滨电视台新闻综合频道	4.7	10.3
7	孤军剿匪	黑龙江电视台影视频道	4.6	13.2
8	铁血神鹰	黑龙江电视台影视频道	4.5	13.6
9	老农民	黑龙江卫视	4.5	10.4
10	绝境	黑龙江电视台影视频道	4.3	13.4

表 3.39.9 2015 年哈尔滨市场新闻节目收视率排名前十位

名次	节目名称	播出频道	平均收视率（%）	平均占有率（%）
1	新闻夜航	黑龙江电视台都市频道	4.7	17.2
2	转播中央台新闻联播(9 月 3 日)	黑龙江电视台文艺频道	3.6	10.7
3	天下夜航	黑龙江电视台都市频道	2.8	15.1
4	2015 一年又一年	中央电视台综合频道	2.2	9.1
5	夜航关注	黑龙江电视台都市频道	2.2	5.9
6	转播中央台新闻联播	黑龙江卫视	2.1	6.7
6	今日关注	中央台四套	2.1	6.3
8	抗战胜利 70 周年纪念大会	中央台二套	1.7	4.2
9	胜利日 70 年纪念中国人民抗日战争暨世界反法西斯战争胜利	中央台三套	1.6	7.9
10	中国新闻	中央台四套	1.5	4.0

表 3.39.10 2015 年哈尔滨市场专题节目收视率排名前十位

名次	节目名称	播出频道	平均收视率（%）	平均占有率（%）
1	315 消费在阳光下	中央电视台综合频道	2.9	8.4
2	英雄	哈尔滨电视台新闻综合频道	2.9	7.3
3	等着我	中央电视台综合频道	2.2	8.9
4	一年级大学季	湖南卫视	1.8	9.8
5	我们的歌手我的纪录片	湖南卫视	1.6	21.7
6	家事	吉林卫视	1.6	7.6
7	我们的 2015	中央电视台综合频道	1.6	6.1
8	国庆大阅兵全纪录	黑龙江电视台新闻频道	1.5	5.1
9	感动中国 2014 年度人物颁奖盛典	中央电视台综合频道	1.5	4.0
10	周周巍言	黑龙江电视台文艺频道	1.4	4.4

表3.39.11　2015年哈尔滨市场综艺节目收视率排名前十位

名次	节目名称	播出频道	平均收视率(%)	平均占有率(%)
1	2015中央电视台春节联欢晚会	中央电视台综合频道	8.7	22.0
2	中国好声音4总决赛(10月7日)	浙江卫视	6.8	25.0
3	2015中央电视台元宵晚会	中央电视台综合频道	5.8	13.5
4	2015年中央电视台中秋晚会	中央台四套	5.5	13.9
5	奔跑吧兄弟(4月17日~7月3日)	浙江卫视	5.4	18.4
6	奔跑吧兄弟(1月2日~1月16日)	浙江卫视	5.1	14.0
7	星光大道(2月19日)	中央电视台综合频道	4.8	14.1
8	我是歌手(3月27日)	湖南卫视	4.6	14.1
9	相亲相爱	黑龙江电视台文艺频道	4.6	13.3
10	奔跑吧兄弟(10月30日~12月25日)	浙江卫视	4.2	14.1

表3.39.12　2015年哈尔滨市场体育节目收视率排名前十位

名次	节目名称	播出频道	平均收视率(%)	平均占有率(%)
1	现场直播:2015年亚洲男篮锦标赛决赛(中国队VS菲律宾队)	中央台五套	6.9	17.5
2	2015年世界田径锦标赛男子4×100米接力决赛	中央台五套	5.8	14.8
3	直播周末:2015年澳大利亚亚洲杯小组赛B组(中国队VS朝鲜队)	中央台五套	5.0	14.7
4	2015年世界乒乓球锦标赛男单决赛	中央台五套	4.1	10.3
5	直播周末:2015年女排世界杯(日本队VS中国队)	中央台五套	4.0	12.2
6	直播周末:2014/2015赛季中国男子篮球职业联赛总决赛第三场(北京首钢VS辽宁药都本溪)	中央台五套	3.4	8.0
7	北京田径世锦赛开幕式特别节目	中央台五套	2.9	12.9
8	实况录像:2015/2016赛季短道速滑世界杯上海站男子5000米接力决赛	中央台五套	2.6	9.3
9	实况录像:2008年北京奥运会田径比赛女子撑竿跳高决赛	中央台五套	2.6	6.5
10	2015年国际泳联世锦赛女子4×200米自由泳接力决赛	中央台五套	2.3	6.1

四十、海口收视数据

表 3.40.1　2011 ~ 2015 年海口市场各类频道的市场占有率(%)

频道类别	年份				
	2011 年	2012 年	2013 年	2014 年	2015 年
中央台频道	27.9	33.7	34.9	32.1	31.2
中国教育台频道	1.2	1.0	0.9	0.9	0.5
海南省级频道	23.1	20.1	17.5	19.0	22.0
海口市级频道	7.3	5.9	6.9	8.5	6.7
其他省级卫视频道	28.6	31.9	32.6	31.4	30.9
其他频道	11.9	7.4	7.2	8.1	8.7

表 3.40.2　2015 年海口市场各类频道在不同目标观众中的市场占有率(%)

目标观众		中央台频道	中国教育台频道	海南省级频道	海口市级频道	其他省级卫视频道	其他频道
4 岁及以上所有人		31.2	0.5	22.0	6.7	30.9	8.7
性别	男	32.7	0.5	22.3	6.6	29.3	8.6
	女	29.7	0.5	21.8	6.9	32.5	8.6
年龄	4 ~ 14 岁	27.7	0.4	18.6	4.7	40.3	8.3
	15 ~ 24 岁	24.2	0.5	19.5	6.4	41.0	8.4
	25 ~ 34 岁	29.2	0.3	23.2	5.8	33.6	7.9
	35 ~ 44 岁	32.4	0.6	17.7	7.1	30.8	11.4
	45 ~ 54 岁	32.3	0.7	25.4	9.3	25.2	7.1
	55 ~ 64 岁	37.9	0.4	22.3	6.8	24.3	8.3
	65 岁及以上	35.4	0.8	31.1	6.9	15.2	10.6
教育程度	未受过正规教育	29.7	0.3	20.1	5.1	35.2	9.6
	小学	27.1	0.6	25.8	6.9	32.2	7.4
	初中	27.0	0.6	22.5	7.6	32.3	10.0
	高中	36.3	0.4	19.9	6.8	28.9	7.7
	大学及以上	50.2	0.2	17.5	2.9	22.0	7.2
职业类别	干部/管理人员	23.5	0.2	34.1	11.4	21.5	9.3
	个体/私营经企业人员	27.7	0.6	24.2	8.9	25.6	13.0
	初级公务员/雇员	41.6	0.2	22.1	4.7	23.9	7.5
	工人	30.9	0.7	22.2	7.4	31.4	7.4
	学生	25.2	0.6	18.7	5.1	42.7	7.7
	无业	34.0	0.4	21.9	5.6	29.1	9.0
	其他	25.7	0.6	23.3	10.0	32.6	7.8
个人月收入	0 ~ 600 元	27.3	0.5	21.4	5.8	36.4	8.6
	601 ~ 1200 元	28.0	0.5	19.7	10.1	32.3	9.4
	1201 ~ 1700 元	31.8	0.4	23.6	6.4	29.8	8.0
	1701 ~ 2600 元	31.4	0.5	26.0	6.7	25.9	9.5
	2601 ~ 3500 元	37.9	0.8	18.2	7.6	26.6	8.9
	3501 ~ 5000 元	42.4	0.3	19.0	7.1	26.3	4.9
	5001 元及以上	45.7	0.1	19.3	3.5	22.9	8.5

表 3.40.3　2015 年海口市场各类频道在不同时段的市场占有率(%)

时间段	中央台频道	中国教育台频道	海南省级频道	海口市级频道	其他省级卫视频道	其他频道
02:00～03:00	27.0	0.7	6.8	0.3	46.8	18.4
03:00～04:00	27.0	0.4	7.2	0.2	43.4	21.8
04:00～05:00	27.9	0.4	8.0	0.2	38.2	25.3
05:00～06:00	33.1	0.8	12.5	0.1	31.8	21.7
06:00～07:00	45.2	0.2	12.3	0.5	27.3	14.5
07:00～08:00	48.6	0.4	12.6	1.9	27.6	8.9
08:00～09:00	44.5	1.1	12.4	2.4	32.2	7.4
09:00～10:00	39.0	1.0	13.1	3.0	35.7	8.2
10:00～11:00	37.8	0.9	12.7	2.6	36.6	9.4
11:00～12:00	41.3	0.3	11.3	2.4	35.6	9.1
12:00～13:00	42.8	0.4	11.4	2.7	34.1	8.6
13:00～14:00	36.5	0.5	17.8	1.6	34.5	9.1
14:00～15:00	34.8	0.5	11.7	2.8	39.4	10.8
15:00～16:00	33.3	0.7	8.9	3.4	42.3	11.4
16:00～17:00	33.4	0.6	9.0	2.0	43.0	12.0
17:00～18:00	36.6	0.4	17.5	3.2	31.1	11.2
18:00～19:00	26.4	0.2	44.9	8.9	11.6	8.0
19:00～20:00	30.4	0.5	37.6	8.6	16.0	6.9
20:00～21:00	25.8	0.8	25.6	12.2	29.1	6.5
21:00～22:00	25.8	0.5	22.3	13.1	31.2	7.1
22:00～23:00	26.1	0.4	23.7	5.8	36.2	7.8
23:00～24:00	26.0	0.3	21.1	3.6	39.6	9.4
24:00～25:00	28.4	0.3	16.7	3.9	36.3	14.4
25:00～26:00	29.2	0.5	6.9	2.8	43.0	17.6

表 3.40.4　2015 年海口市场收视份额排名前十位的频道

名次	频道名称	收视份额(%)
1	海南广播电视总台综合频道	8.7
2	湖南卫视	7.5
3	中央电视台综合频道	5.0
4	海南广播电视总台公共频道	4.7
5	中央电视台少儿频道	4.1
6	海口广播电视台新闻综合频道(无线)	3.9
6	中央台八套	3.9
8	海南广播电视总台影视综艺频道	3.4
9	中央台六套	3.3
10	中央台三套	3.1

表 3.40.5　2015 年海口市场各主要频道的观众构成(%)

目标观众		所有频道	主要频道				
			海南广播电视总台综合频道	湖南卫视	中央电视台综合频道	海南广播电视总台公共频道	中央电视台少儿频道
4 岁及以上所有人		100.0	100.0	100.0	100.0	100.0	100.0
性别	男	49.5	47.7	38.7	45.1	50.8	45.6
	女	50.5	52.3	61.3	54.9	49.2	54.4
年龄	4~14 岁	16.7	10.6	23.5	11.8	8.4	47.3
	15~24 岁	12.6	7.6	24.4	6.4	9.0	8.5
	25~34 岁	16.1	14.6	16.2	15.0	15.4	20.1
	35~44 岁	14.5	9.6	15.7	10.6	14.8	7.7
	45~54 岁	16.4	23.2	10.4	18.6	25.2	6.9
	55~64 岁	15.5	18.7	8.1	24.0	16.5	7.3
	65 岁及以上	8.2	15.7	1.7	13.6	10.7	2.2
教育程度	未受正规教育	8.2	7.4	6.4	9.4	4.6	20.7
	小学	21.9	24.6	27.4	19.1	21.3	39.1
	初中	39.8	36.4	45.7	23.8	46.9	25.0
	高中	22.1	22.7	17.2	28.9	22.0	12.2
	大学及以上	8.0	8.9	3.3	18.8	5.2	3.0
职业类别	干部/管理人员	0.8	1.3	0.6	0.7	2.0	0.6
	个体/私营企业人员	8.7	9.3	5.8	16.3	8.5	3.3
	初级公务员/雇员	10.8	13.2	6.6	8.6	12.8	6.5
	工人	21.1	18.8	24.0	14.9	24.9	21.1
	学生	13.1	6.9	25.3	6.3	6.2	30.3
	无业	34.2	39.1	24.6	46.0	31.9	32.7
	其他	11.3	11.4	13.1	7.2	13.7	5.5
个人月收入	0~600 元	36.3	33.3	46.0	25.6	28.5	59.0
	601~1200 元	10.2	8.7	10.7	8.6	10.5	8.4
	1201~1700 元	13.9	13.4	14.9	14.0	18.8	6.1
	1701~2600 元	21.8	28.1	16.9	27.1	27.0	17.5
	2601~3500 元	10.6	9.7	7.1	15.6	7.8	5.3
	3501~5000 元	5.0	4.0	3.3	6.5	5.0	2.3
	5001 元及以上	2.2	2.8	1.1	2.6	2.4	1.4

表 3.40.6　2013~2015 年海口市场各类节目的播出份额(%)和收视份额(%)

节目类别	2013 年		2014 年		2015 年	
	播出份额	收视份额	播出份额	收视份额	播出份额	收视份额
财经	1.9	0.4	1.7	0.4	1.8	0.7
电视剧	21.6	34.7	20.9	36.7	21.0	36.7
电影	5.3	7.3	4.5	6.8	4.6	7.3
法制	0.9	0.7	1.0	0.4	0.9	0.6
教学	0.2	0.0	0.2	0.0	0.2	0.0
青少	6.6	8.5	7.3	8.8	6.8	8.1
生活服务	9.2	5.9	9.9	6.1	8.9	6.1
体育	2.3	2.1	3.0	1.8	2.8	1.8
外语	0.0	0.0	0.0	0.0	0.0	0.0
戏剧	0.8	0.2	0.7	0.1	0.8	0.0
新闻/时事	15.5	11.5	15.3	11.5	15.7	11.1
音乐	2.5	0.6	2.5	0.5	2.5	0.6
专题	10.5	5.9	11.9	6.1	13.1	6.6
综艺	8.7	11.0	8.8	10.1	8.7	10.5
其他	13.8	11.2	12.3	10.7	12.2	9.9

表 3.40.7　2015 年海口市场所有节目收视率排名前三十位

名次	节目名称	节目类型	播出频道	平均收视率(%)	平均占有率(%)
1	妻子的谎言	电视剧	湖南卫视	6.3	20.5
2	家和万事兴之花好月圆	电视剧	湖南卫视	6.2	20.0
3	直播周末:2015 年女排世界杯(日本队 VS 中国队)	体育	中央台五套	6.1	28.6
4	锦绣缘华丽冒险	电视剧	湖南卫视	6.0	19.1
5	直播周末 2015 年女排世界杯颁奖仪式	体育	中央台五套	5.6	18.3
6	中国好声音 4(7 月 31 日)	综艺	浙江卫视	5.5	20.0
7	美丽的秘密	电视剧	湖南卫视	5.4	19.5
8	2015 中央电视台春节联欢晚会	综艺	中央电视台综合频道	5.3	17.9
9	特警力量	电视剧	湖南卫视	5.1	17.9
10	地雷英雄传	电视剧	海南广播电视总台综合频道	5.0	16.2
11	神犬小七	电视剧	湖南卫视	4.7	15.9
12	狐影之枪花	电视剧	海南广播电视总台综合频道	4.7	14.7
13	现场直播:2015 年世界女排大奖赛中国香港站(中国队 VS 美国队)	体育	中央台五套	4.6	18.7
14	快乐中国 20152016 跨年演唱会	音乐	湖南卫视	4.6	17.1
15	花千骨	电视剧	湖南卫视	4.5	24.9
16	血色狼烟	电视剧	海南广播电视总台综合频道	4.4	13.9
17	狐影	电视剧	海南广播电视总台综合频道	4.3	17.4
18	我是歌手歌王之战	综艺	湖南卫视	4.3	15.2
19	偏偏喜欢你	电视剧	湖南卫视	4.2	15.9
20	女子奇袭队	电视剧	海口广播电视台新闻综合频道(无线)	4.2	14.0
21	旋风少女	电视剧	湖南卫视	4.1	21.6
22	洪福齐天	电影	海南广播电视总台影视综艺频道	4.1	13.4
23	武媚娘传奇	电视剧	湖南卫视	4.1	12.9
24	星光大道(1 月 10 日)	综艺	中央电视台综合频道	4.1	12.5
25	你的传奇之危机四伏	电视剧	海南广播电视总台综合频道	4.0	13.1
26	独立纵队二	电视剧	海南广播电视总台综合频道	3.9	13.5
27	活色生香	电视剧	湖南卫视	3.9	13.3
28	雪豹突击队	电视剧	海南广播电视总台综合频道	3.9	12.5
29	直播海南	新闻/时事	海南广播电视总台综合频道	3.7	28.1
30	直播周末:2015 年国际泳联世锦赛男子 100 米自由泳决赛	体育	中央台五套	3.7	13.5

表 3.40.8 2015 年海口市场电视剧收视率排名前十位

名次	节目名称	播出频道	平均收视率（%）	平均占有率（%）
1	妻子的谎言	湖南卫视	6.3	20.5
2	家和万事兴之花好月圆	湖南卫视	6.2	20.0
3	锦绣缘华丽冒险	湖南卫视	6.0	19.1
4	美丽的秘密	湖南卫视	5.4	19.5
5	特警力量	湖南卫视	5.1	17.9
6	地雷英雄传	海南广播电视总台综合频道	5.0	16.2
7	神犬小七	湖南卫视	4.7	15.9
8	狐影之枪花	海南广播电视总台综合频道	4.7	14.7
9	花千骨	湖南卫视	4.5	24.9
10	血色狼烟	海南广播电视总台综合频道	4.4	13.9

表 3.40.9 2015 年海口市场新闻节目收视率排名前十位

名次	节目名称	播出频道	平均收视率（%）	平均占有率（%）
1	直播海南	海南广播电视总台综合频道	3.7	28.1
2	转播中央台新闻联播	海南广播电视总台综合频道	3.2	12.4
3	第 1 民声	海南广播电视总台综合频道	1.7	7.1
4	省军区毕重峰副司令员就征兵工作答记者问	海南广播电视总台新闻频道	1.7	5.8
5	胜利日 70 年纪念中国人民抗日战争暨世界反法西斯战争胜利	中央台三套	1.6	7.3
6	李克强总理会见中外记者并回答提问	中央电视台综合频道	1.5	5.4
7	热带播报	海口广播电视台新闻综合频道(无线)	1.3	8.7
8	新闻联播	中央电视台综合频道	1.2	5.6
9	我爱海口	海南广播电视总台综合频道	1.2	5.4
10	习近平在亚非领导人会议上致辞	中央电视台综合频道	1.2	4.5

表 3.40.10 2015 年海口市场专题节目收视率排名前十位

名次	节目名称	播出频道	平均收视率（%）	平均占有率（%）
1	寻情记	海南广播电视总台公共频道	3.0	14.3
2	大海记忆	海南广播电视总台综合频道	2.7	10.1
3	一年级大学季	湖南卫视	2.1	11.7
4	英雄出少年 HERO	海南广播电视总台综合频道	2.1	6.8
5	全面实现小康一个民族都不能少	中央电视台综合频道	2.1	6.5
6	绿色农业进行时	海南广播电视总台综合频道	2.0	9.9
7	寻找最美医生大型公益活动颁奖典礼	中央电视台综合频道	2.0	6.0
8	315 消费在阳光下	中央电视台综合频道	1.9	6.6
9	把革命老区发展时刻放在心上	中央电视台综合频道	1.9	6.4
10	噗通噗通的良心	湖南卫视	1.6	5.6

表 3.40.11　2015 年海口市场综艺节目收视率排名前十位

名次	节目名称	播出频道	平均收视率(%)	平均占有率(%)
1	中国好声音 4(7 月 31 日)	浙江卫视	5.5	20.0
2	2015 中央电视台春节联欢晚会	中央电视台综合频道	5.3	17.9
3	我是歌手歌王之战	湖南卫视	4.3	15.2
4	星光大道(1 月 10 日)	中央电视台综合频道	4.1	12.5
5	奔跑吧兄弟(10 月 30 日 ~12 月 25 日)	浙江卫视	3.4	14.2
6	奔跑吧兄弟(4 月 17 日 ~7 月 3 日)	浙江卫视	3.4	14.0
7	出彩中国人总决赛(5 月 17 日)	中央电视台综合频道	3.4	11.3
8	中秋之夜	湖南卫视	3.3	10.6
9	元宵喜乐会	湖南卫视	3.2	11.3
10	胜利与和平——纪念抗日战争暨世界反法西斯战争胜利 70 周年文艺晚会	中央电视台综合频道	3.1	9.6

表 3.40.12　2015 年海口市场体育节目收视率排名前十位

名次	节目名称	播出频道	平均收视率(%)	平均占有率(%)
1	直播周末:2015 年女排世界杯(日本队 VS 中国队)	中央台五套	6.1	28.6
2	直播周末 2015 年女排世界杯颁奖仪式	中央台五套	5.6	18.3
3	现场直播:2015 年世界女排大奖赛中国香港站(中国队 VS 美国队)	中央台五套	4.6	18.7
4	直播周末:2015 年国际泳联世锦赛男子100 米自由泳决赛	中央台五套	3.7	13.5
5	2015 年世界田径锦标赛女子 3000 米障碍赛决赛	中央台五套	3.7	12.3
6	黄金赛场:2015 年亚洲女排锦标赛决赛(中国队 VS 韩国队)	中央台五套	3.3	12.7
7	现场直播:2015 年亚洲男篮锦标赛决赛(中国队 VS 菲律宾队)	中央台五套	3.2	10.1
8	2015 年世乒赛女单决赛	中央台五套	2.7	9.4
9	追梦陵水陵水黎族自治县第三届体育运动会开幕式	海南广播电视总台综合频道	2.3	7.6
10	直播周末:2015 年世界女排大奖赛宁波站(中国队 VS 俄罗斯队)	中央台五套	2.2	8.7

四十一、杭州收视数据

表 3.41.1 2011～2015 年杭州市场各类频道的市场占有率(%)

频道类别	年份				
	2011 年	2012 年	2013 年	2014 年	2015 年
中央台频道	12.2	14.9	13.6	15.5	16.4
中国教育台频道	0.2	0.1	0.1	0.1	0.1
浙江省级频道	40.4	38.7	39.2	37.0	35.6
杭州市级频道	23.9	20.7	19.8	17.6	15.5
其他省级卫视频道	16.5	17.7	19.1	20.9	23.0
其他频道	6.8	7.9	8.2	8.9	9.4

表 3.41.2 2015 年杭州市场各类频道在不同目标观众中的市场占有率(%)

目标观众		中央台频道	中国教育台频道	浙江省级频道	杭州市级频道	其他省级卫视频道	其他频道
4 岁及以上所有人		16.4	0.1	35.6	15.5	23.0	9.4
性别	男	18.7	0.1	33.5	15.2	22.9	9.6
	女	14.1	0.1	37.7	15.9	23.2	9.0
年龄	4～14 岁	15.8	0.1	32.3	9.3	33.5	9.0
	15～24 岁	14.2	0.1	36.3	15.1	24.5	9.8
	25～34 岁	11.3	0.1	40.4	17.4	21.7	9.1
	35～44 岁	13.7	0.1	38.8	14.1	23.0	10.3
	45～54 岁	18.6	0.2	32.9	15.3	23.6	9.4
	55～64 岁	20.2	0.1	34.5	13.8	20.8	10.6
	65 岁及以上	20.5	0.3	31.6	21.0	20.9	5.7
教育程度	未受过正规教育	14.2	0.2	37.1	14.9	26.8	6.8
	小学	15.7	0.3	32.8	18.3	24.6	8.3
	初中	19.4	0.1	32.9	13.8	24.4	9.4
	高中	16.4	0.1	35.1	15.8	23.0	9.6
	大学及以上	14.3	0.1	39.6	15.8	20.4	9.8
职业类别	干部/管理人员	11.7	0.1	42.0	13.4	18.9	13.9
	个体/私营企业人员	18.5	0.1	30.4	15.2	27.7	8.1
	初级公务员/雇员	13.7	0.1	41.1	16.7	19.7	8.7
	工人	18.1	0.2	32.0	15.7	23.5	10.5
	学生	15.9	0.1	34.4	10.2	27.6	11.8
	无业	18.5	0.1	32.3	16.0	24.3	8.8
	其他	18.3	0.5	39.1	18.3	18.5	5.3
个人月收入	0～600 元	14.7	0.1	34.0	13.8	28.3	9.1
	601～1200 元	8.8	0.3	35.9	26.1	23.3	5.6
	1201～1700 元	15.3	0.1	38.8	17.0	21.9	6.9
	1701～2600 元	18.0	0.1	31.8	14.9	26.7	8.5
	2601～3500 元	17.7	0.1	35.3	17.0	20.6	9.3
	3501～5000 元	15.9	0.2	36.7	14.8	20.6	11.8
	5001 元及以上	17.0	0.1	37.9	15.2	20.8	9.0

表 3.41.3　2015 年杭州市场各类频道在不同时段的市场占有率(%)

时间段	中央台频道	中国教育台频道	浙江省级频道	杭州市级频道	其他省级卫视频道	其他频道
02:00~03:00	22.0	0.2	16.6	2.8	36.9	21.5
03:00~04:00	24.1	0.2	17.9	2.3	33.0	22.5
04:00~05:00	27.2	0.4	20.8	2.5	28.8	20.3
05:00~06:00	29.6	0.8	27.0	1.6	26.9	14.1
06:00~07:00	38.2	0.3	21.2	1.8	24.5	14.0
07:00~08:00	37.3	0.2	19.6	5.6	24.9	12.4
08:00~09:00	30.9	0.3	17.9	6.1	36.2	8.6
09:00~10:00	23.3	0.3	23.3	5.7	38.7	8.7
10:00~11:00	25.8	0.3	21.0	3.7	39.9	9.3
11:00~12:00	33.3	0.1	17.1	3.9	35.8	9.8
12:00~13:00	30.3	0.1	15.5	7.9	34.0	12.2
13:00~14:00	29.1	0.2	14.8	5.6	37.8	12.5
14:00~15:00	24.2	0.3	14.7	4.8	42.2	13.8
15:00~16:00	23.9	0.3	14.8	5.3	42.6	13.1
16:00~17:00	24.3	0.2	23.4	3.9	37.1	11.1
17:00~18:00	23.1	0.1	30.0	13.6	24.7	8.5
18:00~19:00	14.3	0.1	46.4	23.9	7.8	7.5
19:00~20:00	9.3	0.1	52.2	19.1	11.5	7.8
20:00~21:00	9.4	0.1	45.1	17.2	20.2	8.0
21:00~22:00	10.3	0.1	37.4	25.6	19.0	7.6
22:00~23:00	14.3	0.1	32.0	16.1	27.4	10.1
23:00~24:00	24.7	0.1	22.4	6.4	34.0	12.4
24:00~25:00	23.4	0.1	22.1	4.7	31.6	18.1
25:00~26:00	20.8	0.2	20.7	3.1	31.2	24.0

表 3.41.4　2015 年杭州市场收视份额排名前十位的频道

名次	频道名称	收视份额(%)
1	浙江电视台钱江都市频道	6.7
2	浙江电视台教育科技频道	6.4
3	浙江卫视	6.1
4	浙江电视台经济生活频道	5.6
5	浙江电视台民生休闲频道	4.6
6	杭州电视台西湖明珠频道	4.1
7	杭州电视台影视频道	3.8
8	杭州电视台综合频道	3.4
8	浙江电视台影视娱乐频道	3.4
10	杭州电视台生活频道	3.3

表 3.41.5 2015 年杭州市场各主要频道的观众构成(%)

目标观众		所有频道	浙江电视台钱江都市频道	浙江电视台教育科技频道	浙江卫视	浙江电视台经济生活频道	浙江电视台民生休闲频道
4 岁及以上所有人		100.0	100.0	100.0	100.0	100.0	100.0
性别	男	50.8	49.5	47.5	48.8	41.4	47.3
	女	49.2	50.5	52.5	51.2	58.6	52.7
年龄	4~14 岁	5.6	4.1	4.7	8.6	2.7	5.1
	15~24 岁	8.3	7.4	7.2	11.0	9.7	6.1
	25~34 岁	19.8	20.6	20.2	21.6	24.1	21.7
	35~44 岁	13.6	18.2	17.7	16.4	12.7	11.7
	45~54 岁	25.3	21.2	23.8	20.4	27.9	23.7
	55~64 岁	16.9	18.5	14.8	13.1	17.2	19.4
	65 岁及以上	10.5	10.0	11.6	8.9	5.7	12.3
教育程度	未受过正规教育	4.0	2.0	4.3	4.3	1.5	9.9
	小学	14.8	12.9	12.8	16.0	10.2	17.0
	初中	29.9	29.1	30.0	26.1	29.0	24.5
	高中	21.3	18.8	21.8	22.4	20.8	25.0
	大学及以上	30.0	37.2	31.1	31.2	38.5	23.6
职业类别	干部/管理人员	7.3	8.2	15.2	6.8	7.7	3.1
	个体/私营企业人员	11.3	10.2	8.6	10.9	10.4	10.0
	初级公务员/雇员	28.4	37.6	29.2	27.9	39.4	33.0
	工人	11.8	5.3	11.8	12.1	11.0	11.1
	学生	6.3	6.7	5.9	11.5	4.1	2.3
	无业	33.3	31.6	28.0	29.4	26.6	34.3
	其他	1.6	0.4	1.3	1.4	0.8	6.2
个人月收入	0~600 元	15.5	10.8	12.0	22.6	10.6	16.6
	601~1200 元	2.7	2.2	2.2	2.5	0.2	9.0
	1201~1700 元	4.5	4.1	5.4	3.5	3.3	6.0
	1701~2600 元	17.8	16.7	15.6	18.7	14.4	16.0
	2601~3500 元	20.5	22.8	19.3	18.0	27.4	16.6
	3501~5000 元	20.0	18.2	24.4	16.1	26.0	16.5
	5001 元及以上	19.0	25.2	21.1	18.6	18.1	19.3

表 3.41.6 2013~2015 年杭州市场各类节目的播出份额(%)和收视份额(%)

节目类别	2013 年		2014 年		2015 年	
	播出份额	收视份额	播出份额	收视份额	播出份额	收视份额
财经	1.9	0.6	1.7	0.4	1.8	1.1
电视剧	20.5	28.5	19.4	28.4	19.5	28.1
电影	4.3	1.9	3.9	2.1	3.4	1.7
法制	0.8	0.3	1.0	0.9	0.8	0.6
教学	0.2	0.0	0.2	0.0	0.2	0.0
青少	6.6	4.0	7.0	3.5	6.5	3.1
生活服务	11.7	14.2	12.6	16.1	11.7	14.8
体育	1.8	1.1	2.7	1.3	2.8	1.5
外语	0.0	0.0	0.0	0.0	0.0	0.0
戏剧	0.7	0.1	0.7	0.2	0.8	0.3
新闻/时事	15.0	17.4	14.8	17.6	15.0	19.1
音乐	2.3	0.4	2.4	0.5	2.4	0.7
专题	11.1	5.9	12.2	4.9	13.3	4.9
综艺	8.8	9.8	8.7	9.4	8.9	10.2
其他	14.3	15.8	12.7	14.7	12.9	13.9

表 3.41.7　2015 年杭州市场所有节目收视率排名前三十位

名次	节目名称	节目类型	播出频道	平均收视率(%)	平均占有率(%)
1	中国好声音 4 总决赛	综艺	浙江卫视	15.2	38.2
2	奔跑吧兄弟(4 月 17 日 ~7 月 3 日)	综艺	浙江卫视	8.7	24.3
3	奔跑吧兄弟(1 月 2 日 ~1 月 16 日)	综艺	浙江卫视	8.3	22.3
4	我看你有戏(2 月 27 日)	综艺	浙江卫视	7.7	18.2
5	奔跑吧兄弟(10 月 30 日 ~12 月 25 日)	综艺	浙江卫视	6.2	20.6
6	奔跑吧 2016 跨年演唱会	音乐	浙江卫视	6.1	17.0
7	2015 中央电视台春节联欢晚会	综艺	浙江卫视	6.1	15.7
8	麻雀春天	电视剧	浙江电视台钱江都市频道	6.0	12.3
9	九丹	电视剧	浙江电视台钱江都市频道	5.9	12.3
10	婆媳的战国时代	电视剧	浙江电视台钱江都市频道	5.9	12.0
11	恋恋不忘	电视剧	浙江电视台钱江都市频道	5.6	12.0
12	勇敢的心	电视剧	浙江电视台钱江都市频道	5.6	11.8
13	阿六头说新闻	新闻/时事	杭州电视台西湖明珠频道	5.5	14.4
14	与狼共舞二	电视剧	浙江电视台钱江都市频道	5.5	12.1
14	与狼共舞	电视剧	浙江电视台钱江都市频道	5.5	12.1
16	如果爱可以重来	电视剧	浙江电视台钱江都市频道	5.4	12.5
17	战神	电视剧	浙江电视台钱江都市频道	5.3	12.0
18	边城	电视剧	浙江电视台钱江都市频道	5.3	11.8
19	美丽背后	电视剧	浙江电视台钱江都市频道	5.3	11.5
20	挑战者联盟	综艺	浙江卫视	5.2	12.8
21	铁血尖刀	电视剧	浙江电视台钱江都市频道	5.2	12.5
22	如果我爱你	电视剧	浙江电视台钱江都市频道	5.2	12.1
23	背着奶奶进城	电视剧	浙江电视台钱江都市频道	5.2	12.0
24	英雄祭	电视剧	浙江电视台钱江都市频道	5.2	11.7
25	兵变一九二九	电视剧	浙江电视台钱江都市频道	5.2	11.6
26	马上天下	电视剧	浙江电视台钱江都市频道	5.2	11.4
27	激战	电视剧	浙江电视台教育科技频道	5.1	12.3
28	我的铁血金戈梦	电视剧	浙江电视台教育科技频道	5.1	12.2
28	锦绣缘华丽冒险	电视剧	浙江电视台教育科技频道	5.1	12.2
30	一个鬼子都不留之二上海滩生死较量	电视剧	浙江电视台教育科技频道	5.1	11.7

表 3.41.8　2015 年杭州市场电视剧收视率排名前十位

名次	节目名称	播出频道	平均收视率（%）	平均占有率（%）
1	麻雀春天	浙江电视台钱江都市频道	6.0	12.3
2	九丹	浙江电视台钱江都市频道	5.9	12.3
3	婆媳的战国时代	浙江电视台钱江都市频道	5.9	12.0
4	恋恋不忘	浙江电视台钱江都市频道	5.6	12.0
5	勇敢的心	浙江电视台钱江都市频道	5.6	11.8
6	与狼共舞二	浙江电视台钱江都市频道	5.5	12.1
6	与狼共舞	浙江电视台钱江都市频道	5.5	12.1
8	如果爱可以重来	浙江电视台钱江都市频道	5.4	12.5
9	战神	浙江电视台钱江都市频道	5.3	12.0
10	边城	浙江电视台钱江都市频道	5.3	11.8

表 3.41.9　2015 年杭州市场新闻节目收视率排名前十位

名次	节目名称	播出频道	平均收视率（%）	平均占有率（%）
1	阿六头说新闻	杭州电视台西湖明珠频道	5.5	14.4
2	我和你说	杭州电视台生活频道	4.4	10.0
3	浙江新闻联播	浙江电视台钱江都市频道	4.3	10.4
4	范大姐帮忙	浙江电视台钱江都市频道	3.8	11.7
5	新闻 007	浙江电视台钱江都市频道	3.8	9.9
6	小夏办事	浙江电视台影视娱乐频道	3.7	11.4
7	小强热线	浙江电视台教育科技频道	3.5	8.4
8	新闻快报	浙江电视台教育科技频道	3.4	7.7
9	2015 潮正起	杭州电视台综合频道	3.2	7.2
10	经视新闻	浙江电视台经济生活频道	3.0	6.6

表 3.41.10　2015 年杭州市场专题节目收视率排名前十位

名次	节目名称	播出频道	平均收视率（%）	平均占有率（%）
1	最美浙江人 2014 年度浙江骄傲人物评选颁奖典礼	浙江电视台钱江都市频道	5.0	10.0
2	浙江省公安消防总队向人民报告创人民满意消防队伍主题报告会	浙江电视台钱江都市频道	3.8	8.5
3	千岛湖	浙江电视台钱江都市频道	3.6	7.4
4	血铸河山纪念抗战胜利 70 周年主题节目联播	杭州电视台综合频道	3.3	16.4
5	雁过留声姚贝娜	浙江卫视	3.3	12.8
6	315 向消费者报告	浙江电视台经济生活频道	2.9	6.4
7	烽火钱江桥	杭州电视台综合频道	2.8	12.3
8	伟大的抗战杭州综合纪念抗战世界反法西斯战争胜利 70 年特别节目	杭州电视台综合频道	2.7	6.4
9	纪念中国人民抗日战争暨世界反法西斯战争胜利七十周年钢铁记忆（8 月 17 日 ~9 月 1 日）	杭州电视台综合频道	2.6	7.7
10	归来 2014 中国梦在路上	浙江卫视	2.6	7.2

表 3.41.11　2015 年杭州市场综艺节目收视率排名前十位

名次	节目名称	播出频道	平均收视率(%)	平均占有率(%)
1	中国好声音 4 总决赛	浙江卫视	15.2	38.2
2	奔跑吧兄弟(4 月 17 日 ~7 月 3 日)	浙江卫视	8.7	24.3
3	奔跑吧兄弟(1 月 2 日 ~1 月 16 日)	浙江卫视	8.3	22.3
4	我看你有戏(2 月 27 日)	浙江卫视	7.7	18.2
5	奔跑吧兄弟(10 月 30 日 ~12 月 25 日)	浙江卫视	6.2	20.6
6	2015 中央电视台春节联欢晚会	浙江卫视	6.1	15.7
7	挑战者联盟	浙江卫视	5.2	12.8
8	朽木可雕	浙江电视台钱江都市频道	4.4	9.7
9	李玮脱口秀	浙江电视台钱江都市频道	4.3	10.9
9	一路上有你	浙江卫视	4.3	10.9

表 3.41.12　2015 年杭州市场体育节目收视率排名前十位

名次	节目名称	播出频道	平均收视率(%)	平均占有率(%)
1	亚运杭州来了	杭州电视台综合频道	3.5	7.7
2	直播周末:2015 年澳大利亚亚洲杯小组赛 B 组(中国队 VS 朝鲜队)	中央台五套	3.4	9.2
3	2015 年国际泳联世锦赛女子 200 米蛙泳半决赛	中央台五套	3.3	18.5
4	直播周末:2015 年女排世界杯(日本队 VS 中国队)	中央台五套	2.9	7.8
5	2015 年世界田径锦标赛男子4×100 米接力决赛	中央台五套	2.8	5.7
6	直播周末 2015 年女排世界杯颁奖仪式	中央台五套	2.4	5.3
7	现场直播:2015 年亚洲男篮锦标赛决赛(中国队 VS 菲律宾队)	中央台五套	2.3	6.3
8	超级足球之夜:2015 年亚洲足联冠军联赛决赛第二回合(中国广州恒大 VS 阿联酋阿赫利)	中央台五套	1.8	4.3
9	北京田径世锦赛开幕式特别节目	中央台五套	1.6	5.3
10	超级足球之夜:2018 年世界杯亚洲区预选赛(马尔代夫队 VS 中国队)	中央台五套	1.6	4.0

四十二、合肥收视数据

表 3.42.1　2011～2015 年合肥市场各类频道的市场占有率(%)

频道类别	年份				
	2011 年	2012 年	2013 年	2014 年	2015 年
中央台频道	27.1	29.1	32.2	33.6	32.4
中国教育台频道	0.7	0.6	0.7	0.5	0.3
安徽省级频道	31.6	25.9	23.3	22.1	25.1
合肥市级频道	9.3	8.6	7.9	5.6	5.0
其他省级卫视频道	19.1	23.8	24.7	25.8	27.0
其他频道	12.2	12.0	11.3	12.4	10.2

表 3.42.2　2015 年合肥市场各类频道在不同目标观众中的市场占有率(%)

目标观众		中央台频道	中国教育台频道	安徽省级频道	合肥市级频道	其他省级卫视频道	其他频道
4 岁及以上所有人		32.4	0.3	25.1	5.0	27.0	10.2
性别	男	34.3	0.2	24.7	5.0	25.9	9.8
	女	30.4	0.3	25.5	5.0	28.2	10.6
年龄	4～14 岁	27.9	0.2	13.4	4.3	43.6	10.7
	15～24 岁	28.2	0.3	22.6	3.2	35.1	10.7
	25～34 岁	29.1	0.1	18.3	5.2	31.2	16.1
	35～44 岁	32.8	0.4	23.0	6.1	27.7	10.0
	45～54 岁	32.2	0.3	27.9	5.9	22.6	11.2
	55～64 岁	33.9	0.1	31.8	4.8	22.1	7.3
	65 岁及以上	39.6	0.3	31.3	4.6	18.8	5.5
教育程度	未受过正规教育	29.9	0.2	22.1	5.8	32.1	10.0
	小学	28.9	0.2	30.4	3.6	29.3	7.6
	初中	31.6	0.3	28.6	5.5	23.6	10.4
	高中	33.7	0.3	22.1	5.9	26.9	11.1
	大学及以上	34.8	0.2	20.2	4.3	29.6	10.9
职业类别	干部/管理人员	43.0	0.2	16.4	2.9	21.0	16.7
	个体/私营企业人员	30.6	0.4	24.1	5.5	28.5	11.0
	初级公务员/雇员	32.5	0.2	22.2	5.8	27.9	11.4
	工人	26.8	0.3	28.5	6.5	26.2	11.8
	学生	29.1	0.3	17.2	4.9	38.9	9.6
	无业	36.5	0.2	27.9	3.7	23.4	8.3
	其他	34.5	0.1	41.8	5.6	12.0	6.1
个人月收入	0～600 元	30.5	0.2	21.9	3.7	33.4	10.3
	601～1200 元	33.5	0.5	33.8	6.4	19.4	6.5
	1201～1700 元	28.9	0.2	30.6	4.6	27.3	8.4
	1701～2600 元	33.9	0.4	26.0	4.5	25.1	10.2
	2601～3500 元	33.0	0.2	24.2	6.4	25.2	11.1
	3501 元～5000 元	34.2	0.2	22.9	5.6	24.3	12.9
	5001 元及以上	34.0	0.1	19.9	6.9	28.8	10.2

表 3.42.3　2015 年合肥市场各类频道在不同时段的市场占有率(%)

时间段	中央台频道	中国教育台频道	安徽省级频道	合肥市级频道	其他省级卫视频道	其他频道
02:00~03:00	28.4	0.2	5.7	0.1	35.8	29.8
03:00~04:00	30.2	0.2	6.1	0.0	33.0	30.5
04:00~05:00	37.0	0.2	3.6	0.0	30.0	29.2
05:00~06:00	37.5	0.2	13.8	1.1	24.6	22.8
06:00~07:00	36.0	0.1	31.9	4.1	17.4	10.5
07:00~08:00	44.0	0.0	29.1	1.7	14.8	10.4
08:00~09:00	43.8	0.2	17.7	3.6	22.9	11.8
09:00~10:00	39.9	0.2	15.0	4.4	28.3	12.2
10:00~11:00	36.2	0.2	17.1	4.1	29.7	12.7
11:00~12:00	37.3	0.1	24.8	1.8	26.2	9.8
12:00~13:00	38.0	0.1	27.6	1.2	24.1	9.0
13:00~14:00	38.3	0.2	18.8	1.4	29.5	11.8
14:00~15:00	33.8	0.3	14.7	2.9	34.6	13.7
15:00~16:00	33.3	0.3	13.5	3.4	36.0	13.5
16:00~17:00	34.2	0.3	14.6	3.2	35.3	12.4
17:00~18:00	35.2	0.2	25.0	2.4	27.1	10.1
18:00~19:00	31.7	0.1	43.4	4.2	11.3	9.3
19:00~20:00	30.3	0.2	35.1	7.4	19.2	7.8
20:00~21:00	27.1	0.4	25.0	7.8	31.8	7.9
21:00~22:00	30.6	0.3	23.9	7.4	29.1	8.7
22:00~23:00	26.8	0.4	23.9	5.8	32.3	10.8
23:00~24:00	33.2	0.4	16.8	4.7	32.3	12.6
24:00~25:00	34.1	0.3	13.6	3.0	32.1	16.9
25:00~26:00	30.4	0.2	11.4	0.9	33.7	23.4

表 3.42.4　2015 年合肥市场收视份额排名前十位的频道

名次	频道名称	收视份额(%)
1	安徽卫视	7.3
1	安徽经视	7.3
3	中央电视台综合频道	5.4
4	安徽影视	4.9
5	中央电视台新闻频道	4.5
6	湖南卫视	3.7
7	中央台六套	3.4
8	中央台四套	3.3
9	安徽公共	3.2
10	中央台三套	2.9

表 3.42.5 2015 年合肥市场各主要频道的观众构成(%)

目标观众		所有频道	主要频道				
			安徽卫视	安徽经视	中央电视台综合频道	安徽影视	中央电视台新闻频道
4 岁及以上所有人		100.0	100.0	100.0	100.0	100.0	100.0
性别	男	51.3	51.8	45.6	51.0	56.0	59.0
	女	48.7	48.2	54.4	49.0	44.0	41.0
年龄	4~14 岁	6.9	5.3	3.1	5.6	1.9	2.3
	15~24 岁	12.4	10.9	9.5	9.1	11.0	10.9
	25~34 岁	15.1	12.9	12.0	11.2	6.1	7.3
	35~44 岁	15.5	13.1	14.8	12.1	15.1	11.2
	45~54 岁	20.9	17.5	22.1	17.5	24.7	28.3
	55~64 岁	13.4	15.0	16.7	17.8	22.7	13.8
	65 岁及以上	15.8	25.4	21.8	26.8	18.4	26.1
教育程度	未受过正规教育	2.9	2.1	3.2	3.1	2.7	1.4
	小学	16.2	20.3	25.6	18.2	13.8	10.7
	初中	31.6	36.2	35.9	30.6	40.4	43.5
	高中	25.7	21.2	18.2	23.5	28.0	22.8
	大学及以上	23.6	20.2	17.0	24.5	15.0	21.6
职业类别	干部/管理人员	2.2	2.1	1.3	3.6	0.8	3.9
	个体/私营企业人员	11.4	8.7	10.5	6.8	11.7	11.2
	初级公务员/雇员	20.9	17.7	19.5	17.8	13.1	17.7
	工人	19.0	17.7	23.8	12.5	24.5	17.8
	学生	11.2	9.5	5.4	10.1	5.7	8.2
	无业	34.2	43.6	36.8	44.6	42.4	40.9
	其他	1.0	0.6	2.6	4.6	1.7	0.2
个人月收入	0~600 元	22.6	18.4	19.7	20.4	20.4	14.6
	601~1200 元	6.0	6.7	10.9	7.7	4.6	5.7
	1201~1700 元	12.0	15.6	13.3	12.2	16.1	9.6
	1701~2600 元	25.1	27.8	25.3	26.2	27.9	32.0
	2601~3500 元	18.4	17.6	17.9	16.9	17.1	18.0
	3501 元~5000 元	10.4	8.4	8.7	9.4	10.0	15.2
	5001 元及以上	5.5	5.5	4.2	7.2	3.8	5.0

表 3.42.6 2013~2015 年合肥市场各类节目的播出份额(%)和收视份额(%)

节目类型	2013 年		2014 年		2015 年	
	播出份额	收视份额	播出份额	收视份额	播出份额	收视份额
财经	2.0	0.6	1.8	0.6	1.8	0.6
电视剧	20.9	26.8	20.7	30.0	20.9	30.5
电影	4.3	3.8	3.8	3.7	3.6	3.9
法制	1.0	1.0	1.4	1.2	1.2	1.0
教学	0.3	0.1	0.3	0.1	0.3	0.1
青少	6.2	4.4	6.7	4.4	6.3	3.8
生活服务	9.3	6.4	10.0	6.9	9.7	6.8
体育	1.8	2.1	2.7	2.6	2.7	2.6
外语	0.0	0.0	0.0	0.0	0.0	0.0
戏剧	0.8	0.2	0.7	0.2	0.8	0.2
新闻/时事	15.4	19.1	14.7	18.2	14.9	18.4
音乐	2.3	0.8	2.4	0.8	2.4	0.9
专题	11.3	7.3	12.1	6.9	13.4	6.9
综艺	9.7	15.1	9.3	12.7	9.1	12.9
其他	14.8	12.4	13.5	11.9	13.0	11.4

表 3.42.7　2015 年合肥市场所有节目收视率排名前三十位

名次	节目名称	节目类型	播出频道	平均收视率(%)	平均占有率(%)
1	2015 中央电视台春节联欢晚会	综艺	中央电视台综合频道	8.5	22.2
2	2014 国剧盛典	综艺	中央电视台综合频道	8.1	22.7
3	2015 中央电视台元宵晚会	综艺	安徽卫视	7.5	19.8
4	徽风皖韵吉祥年 2015 安徽卫视春节联欢晚会	综艺	安徽卫视	6.2	20.5
5	星光大道(2 月 19 日)	综艺	安徽卫视	6.1	19.0
6	315 消费在阳光下	专题	安徽卫视	5.9	19.9
7	开学第一课	青少	安徽卫视	5.7	15.3
8	中国好声音 4(7 月 31 日)	综艺	中央电视台综合频道	5.6	19.3
9	第 1 时间	新闻	中央电视台综合频道	5.2	21.7
10	2015 年世界田径锦标赛男子 100 米决赛	体育	安徽卫视	5.0	13.0
11	出彩中国人(4 月 5 日)	综艺	安徽经视	4.7	12.2
12	左手劈刀	电视剧	中央电视台综合频道	4.6	13.6
13	奔跑吧兄弟(4 月 17 日 ~7 月 3 日)	综艺	浙江卫视	4.5	15.4
14	锋刃(9 ~42 集)	电视剧	中央电视台综合频道	4.3	12.2
15	2015 年中央电视台中秋晚会	综艺	中央台五套	4.2	12.1
16	直播周末:2015 年澳大利亚亚洲杯小组赛 B 组(沙特阿拉伯 VS 中国)	体育	中央台五套	4.1	16.7
17	现场直播:2015 年亚洲男篮锦标赛决赛(中国队 VS 菲律宾队)	体育	安徽卫视	4.1	13.1
18	武媚娘传奇	电视剧	中央电视台综合频道	4.1	11.6
19	青春正能量之我是女神	电视剧	浙江卫视	4.1	11.3
20	你是我的姐妹	电视剧	安徽卫视	4.0	12.8
21	胜利与和平——纪念抗日战争暨世界反法西斯战争胜利70周年文艺晚会	综艺	安徽卫视	3.9	10.7
22	梦想星搭档公益盛典	综艺	中央电视台综合频道	3.7	10.8
22	好大一个家	电视剧	安徽卫视	3.7	10.8
24	潜伏者	电视剧	安徽卫视	3.5	12.2
25	刺青	电视剧	安徽卫视	3.5	11.8
26	俺娘田小草	电视剧	安徽卫视	3.5	10.4
27	狐影	电视剧	安徽卫视	3.4	11.5
28	中国谜语大会(3 月 4 日)	专题	中央电视台综合频道	3.4	10.5
29	超级足球之夜:2015 年亚洲足联冠军联赛决赛第二回合(中国广州恒大 VS 阿联酋阿赫利)	体育	安徽卫视	3.4	10.3
30	王大花的革命生涯	电视剧	中央电视台综合频道	3.4	10.1

表 3.42.8　2015 年合肥市场电视剧收视率排名前十位

名次	节目名称	播出频道	平均收视率（%）	平均占有率（%）
1	左手劈刀	四川卫视	4.6	13.6
2	锋刃(9～42 集)	中央电视台综合频道	4.3	12.2
3	武媚娘传奇	浙江卫视	4.1	11.6
4	青春正能量之我是女神	安徽卫视	4.1	11.3
5	你是我的姐妹	安徽卫视	4.0	12.8
6	好大一个家	中央电视台综合频道	3.7	10.8
7	潜伏者	安徽影视	3.5	12.2
8	刺青	安徽经视	3.5	11.8
9	俺娘田小草	安徽卫视	3.5	10.4
10	狐影	安徽影视	3.4	11.5

表 3.42.9　2015 年合肥市场新闻节目收视率排名前十位

名次	节目名称	播出频道	平均收视率（%）	平均占有率（%）
1	第 1 时间	安徽经视	5.2	21.7
2	李克强总理会见中外记者并回答提问	中央电视台综合频道	3.2	8.8
3	帮女郎帮你忙	安徽经视	2.8	21.2
4	2015 一年又一年	中央电视台综合频道	2.5	12.5
5	郡县治天下安——习近平总书记与中央党校县委书记研修班学员座谈侧记	中央电视台综合频道	2.3	6.6
6	转播中央台新闻联播	安徽卫视	2.0	7.7
7	转播中央台新闻联播	合肥电视台一套(新闻频道)	1.9	7.3
8	今日关注	中央台四套	1.8	6.1
9	胜利与和平——纪念抗日战争暨世界反法西斯战争胜利 70 周年特别报道	中央台四套	1.8	5.5
10	李克强总理会见中外记者并回答提问	中央电视台新闻频道	1.8	5.0

表 3.42.10　2015 年合肥市场专题节目收视率排名前十位

名次	节目名称	播出频道	平均收视率（%）	平均占有率（%）
1	315 消费在阳光下	中央电视台综合频道	5.9	19.9
2	中国谜语大会(3 月 4 日)	中央电视台综合频道	3.4	10.5
3	感动中国 2014 年度人物颁奖盛典	中央电视台综合频道	2.5	7.4
4	寻找最美医生大型公益活动颁奖典礼	中央电视台综合频道	2.2	6.6
5	东方主战场	中央电视台综合频道	2.0	5.6
6	劳动铸就中国梦	安徽卫视	1.8	6.3
7	谁是幸存者	安徽卫视	1.7	5.5
8	2014 中国好书	中央电视台综合频道	1.6	5.2
9	把革命老区发展时刻放在心上	中央电视台综合频道	1.5	5.1
10	2015 寻找最美教师	中央电视台综合频道	1.5	4.7

表 3.42.11　2015 年合肥市场综艺节目收视率排名前十位

名次	节目名称	播出频道	平均收视率(%)	平均占有率(%)
1	2015 中央电视台春节联欢晚会	中央电视台综合频道	8.5	22.2
2	2014 国剧盛典	安徽卫视	8.1	22.7
3	2015 中央电视台元宵晚会	中央电视台综合频道	7.5	19.8
4	徽风皖韵吉祥年——2015 安徽卫视春节联欢晚会	安徽卫视	6.2	20.5
5	星光大道(2 月 19 日)	中央电视台综合频道	6.1	19.0
6	中国好声音 4(7 月 31 日)	浙江卫视	5.6	19.3
7	出彩中国人(4 月 5 日)	中央电视台综合频道	4.7	12.2
8	奔跑吧兄弟(4 月 17 日 ~7 月 3 日)	浙江卫视	4.5	15.4
9	2015 年中央电视台中秋晚会	中央台四套	4.2	12.1
10	胜利与和平——纪念抗日战争暨世界反法西斯战争胜利 70 周年文艺晚会	安徽经视	3.9	10.7

表 3.42.12　2015 年合肥市场体育节目收视率排名前十位

名次	节目名称	播出频道	平均收视率(%)	平均占有率(%)
1	2015 年世界田径锦标赛男子 100 米决赛	中央台五套	5.0	13.0
2	直播周末:2015 年澳大利亚亚洲杯小组赛 B 组(沙特阿拉伯 VS 中国)	中央台五套	4.1	16.7
3	现场直播:2015 年亚洲男篮锦标赛决赛(中国队 VS 菲律宾队)	中央台五套	4.1	13.1
4	超级足球之夜:2015 年亚洲足联冠军联赛决赛第二回合(中国广州恒大 VS 阿联酋阿赫利)	中央台五套	3.4	10.3
5	现场直播:2018 年俄罗斯世界杯暨 2019 年亚洲杯联合预选赛第二轮(中国 VS 中国香港)	中央台五套	3.4	9.9
6	直播周末 2015 年女排世界杯颁奖仪式	中央台五套	3.2	9.8
7	2015 年国际泳联世锦赛女子 200 米蝶泳决赛	中央台五套	2.7	22.6
8	直播周末:2015 年 IBF 次最轻量级拳王争霸赛	中央台五套	2.5	13.6
9	超级足球之夜:2015 年中超联赛第25 轮(上海上港 VS 广州恒大淘宝)	中央台五套	2.5	7.2
10	直播周末:2015 年东亚杯男子足球赛(中国队 VS 韩国队)	中央台五套	2.5	7.1

四十三、呼和浩特收视数据

表 3.43.1　2011～2015 年呼和浩特市场各类频道的市场占有率(%)

频道	年份				
	2011 年	2012 年	2013 年	2014 年	2015 年
中央台频道	42.3	43.5	45.6	45.8	48.6
中国教育台频道	0.5	0.3	0.3	0.2	0.2
内蒙古自治区级频道	8.5	8.1	7.0	7.8	8.7
呼和浩特市级频道	2.7	2.3	1.7	1.5	2.3
其他省级卫视频道	36.6	37.9	37.7	38.0	34.5
其他频道	9.4	7.9	7.7	6.7	5.7

表 3.43.2　2015 年呼和浩特市场各类频道在不同目标观众中的市场占有率(%)

目标观众		中央台频道	中国教育台频道	内蒙古自治区级频道	呼和浩特市级频道	其他省级卫视频道	其他频道
4 岁及以上所有人		48.6	0.2	8.7	2.3	34.5	5.7
性别	男	49.9	0.2	8.7	2.5	32.1	6.6
	女	47.3	0.2	8.6	2.1	36.9	4.9
年龄	4～14 岁	41.1	0.1	4.9	0.7	48.0	5.2
	15～24 岁	40.4	0.2	7.5	2.3	43.5	6.1
	25～34 岁	45.1	0.2	7.7	0.8	38.9	7.3
	35～44 岁	51.0	0.2	8.2	1.3	33.3	6.0
	45～54 岁	46.0	0.1	11.0	3.0	33.6	6.3
	55～64 岁	53.4	0.1	10.8	3.3	27.9	4.5
	65 岁及以上	57.5	0.1	8.2	3.9	25.8	4.5
教育程度	未受过正规教育	44.1	0.2	5.6	0.9	43.8	5.4
	小学	51.4	0.2	8.3	1.7	33.4	5.0
	初中	49.3	0.1	8.6	2.3	33.6	6.1
	高中	45.5	0.2	9.9	3.2	36.1	5.1
	大学及以上	51.2	0.2	8.3	1.7	32.2	6.4
职业类别	干部/管理人员	48.5	0.2	9.8	1.9	35.3	4.3
	个体/私营企业人员	45.7	0.1	8.4	3.1	34.3	8.4
	初级公务员/雇员	44.4	0.2	9.7	1.7	37.4	6.6
	工人	45.7	0.1	10.7	2.1	34.6	6.8
	学生	42.0	0.2	6.4	1.3	44.1	6.0
	无业	50.1	0.1	8.5	3.3	33.3	4.7
	其他	60.4	0.4	7.1	0.5	26.8	4.8
个人月收入	0～600 元	44.4	0.2	7.1	1.4	41.3	5.6
	601～1200 元	50.0	0.2	7.9	2.2	32.7	7.0
	1201～1700 元	56.8	0.2	8.8	3.2	26.4	4.6
	1701～2600 元	51.5	0.1	10.4	3.2	29.5	5.3
	2601～3500 元	47.2	0.1	9.4	2.5	34.4	6.4
	3501～5000 元	48.7	0.2	9.0	2.0	35.1	5.0
	5001 元及以上	46.7	0.1	8.0	1.0	31.8	12.4

表 3.43.3 2015 年呼和浩特市场各类频道在不同时段的市场占有率(%)

时间段	中央台频道	中国教育台频道	内蒙古自治区级频道	呼和浩特市级频道	其他省级卫视频道	其他频道
02:00~03:00	34.1	0.1	6.4	0.4	44.7	14.3
03:00~04:00	33.0	0.2	7.5	0.5	43.7	15.1
04:00~05:00	35.1	0.1	8.2	0.2	39.7	16.7
05:00~06:00	54.7	0.2	6.1	0.1	29.7	9.2
06:00~07:00	62.6	0.0	12.8	0.4	20.1	4.1
07:00~08:00	69.8	0.0	10.3	1.0	13.8	5.1
08:00~09:00	60.4	0.3	4.7	0.9	27.9	5.8
09:00~10:00	50.8	0.3	3.5	0.9	39.1	5.4
10:00~11:00	47.5	0.2	4.0	0.9	41.6	5.8
11:00~12:00	51.5	0.1	4.3	0.8	37.2	6.1
12:00~13:00	57.8	0.1	4.2	0.8	31.6	5.5
13:00~14:00	54.5	0.1	2.9	0.9	35.7	5.9
14:00~15:00	46.5	0.2	3.1	1.0	43.2	6.0
15:00~16:00	44.5	0.2	2.9	1.1	44.9	6.4
16:00~17:00	44.0	0.2	3.2	0.6	45.8	6.2
17:00~18:00	49.1	0.1	5.9	0.4	39.1	5.4
18:00~19:00	44.7	0.0	33.4	2.7	14.3	4.9
19:00~20:00	53.0	0.2	19.6	2.1	21.0	4.1
20:00~21:00	46.5	0.3	5.5	3.3	39.5	4.9
21:00~22:00	49.2	0.2	4.5	3.5	36.8	5.8
22:00~23:00	41.7	0.1	4.8	5.1	41.3	7.0
23:00~24:00	38.4	0.1	6.2	4.0	42.8	8.5
24:00~25:00	38.8	0.1	7.7	0.9	40.7	11.8
25:00~26:00	36.1	0.1	7.0	0.5	42.0	14.3

表 3.43.4 2015 年呼和浩特市场收视份额排名前十位的频道

名次	频道名称	收视份额(%)
1	中央电视台综合频道	9.1
2	中央台六套	6.8
3	中央台三套	5.8
4	中央台八套	5.4
5	湖南卫视	4.9
6	内蒙古电视台新闻综合频道	4.1
6	中央电视台新闻频道	4.1
8	中央台四套	2.9
9	浙江卫视	2.8
10	中央台五套	2.6

表 3.43.5 2015 年呼和浩特市场各主要频道的观众构成(%)

目标观众		所有频道	主要频道				
			中央电视台综合频道	中央台六套	中央台三套	中央台八套	湖南卫视
4 岁及以上所有人		100.0	100.0	100.0	100.0	100.0	100.0
性别	男	49.0	46.0	55.0	45.8	44.6	37.2
	女	51.0	54.0	45.0	54.2	55.4	62.8
年龄	4~14 岁	7.5	5.0	7.1	4.6	4.0	14.0
	15~24 岁	9.8	6.8	12.2	9.2	7.5	24.6
	25~34 岁	17.9	16.6	23.0	14.8	11.8	17.8
	35~44 岁	16.5	14.4	26.8	15.1	16.1	16.6
	45~54 岁	18.7	17.3	18.4	19.6	16.2	17.0
	55~64 岁	13.3	15.2	6.3	19.4	21.9	6.1
	65 岁及以上	16.3	24.6	6.2	17.2	22.6	3.9
教育程度	未受过正规教育	5.0	4.6	3.2	3.0	2.8	4.1
	小学	11.6	13.0	10.5	12.5	13.6	12.7
	初中	39.4	35.6	46.2	40.4	51.1	35.8
	高中	26.6	26.2	21.4	25.3	18.9	30.8
	大学及以上	17.4	20.6	18.6	18.8	13.7	16.6
职业类别	干部/管理人员	2.6	2.7	2.3	2.5	1.8	6.1
	个体/私营企业人员	8.1	6.5	10.9	6.6	6.7	8.2
	初级公务员/雇员	14.2	16.4	15.2	15.2	7.9	15.1
	工人	16.2	16.3	16.2	17.8	12.1	12.9
	学生	9.6	7.5	11.4	8.9	5.4	25.1
	无业	38.0	40.0	26.0	38.5	47.4	27.8
	其他	11.4	10.7	18.1	10.5	18.7	4.8
个人月收入	0~600 元	31.1	29.2	31.6	26.1	28.8	47.9
	601~1200 元	7.2	8.2	7.5	5.2	7.7	3.3
	1201~1700 元	9.6	11.2	5.8	11.1	12.4	4.4
	1701~2600 元	23.6	22.8	21.7	28.9	30.1	14.5
	2601~3500 元	17.6	18.5	17.9	18.7	12.9	18.1
	3501~5000 元	9.2	8.6	11.9	8.7	6.9	10.6
	5001 元及以上	1.7	1.4	3.7	1.2	1.2	1.2

表 3.43.6 2013~2015 年呼和浩特市场各类节目的播出份额(%)和收视份额(%)

节目类别	2013 年		2014 年		2015 年	
	播出份额	收视份额	播出份额	收视份额	播出份额	收视份额
财经	2.2	0.9	1.7	0.7	1.7	0.9
电视剧	21.2	28.0	20.8	29.7	20.8	28.3
电影	4.3	5.6	3.9	5.7	3.5	6.4
法制	0.8	1.2	0.9	1.2	0.9	1.3
教学	0.3	0.0	0.3	0.0	0.3	0.1
青少	7.0	4.3	7.5	4.6	7.1	4.6
生活服务	9.0	6.4	9.7	6.8	9.1	6.7
体育	1.9	2.3	2.8	2.3	3.3	2.2
外语	0.0	0.0	0.0	0.0	0.0	0.0
戏剧	0.8	0.4	0.8	0.4	0.9	0.6
新闻/时事	15.4	16.6	14.8	15.9	14.9	15.2
音乐	2.5	0.6	2.6	0.6	2.6	0.8
专题	11.3	7.0	12.6	6.2	13.4	6.8
综艺	8.8	15.3	9.1	14.6	9.0	15.1
其他	14.5	11.4	12.5	11.3	12.5	11.0

表 3.43.7　2015 年呼和浩特市场所有节目收视率排名前三十位

名次	节目名称	节目类别	播出频道	平均收视率(%)	平均占有率(%)
1	2015 中央电视台春节联欢晚会	综艺	中央电视台综合频道	14.2	31.8
2	星光大道(2 月 19 日)	综艺	中央电视台综合频道	8.4	22.6
3	智取威虎山	电影	中央台六套	8.3	33.9
4	2015 中央电视台元宵晚会	综艺	中央电视台综合频道	7.1	20.1
5	315 消费在阳光下	专题	中央电视台综合频道	7.0	24.5
6	出彩中国人(4 月 5 日)	综艺	中央电视台综合频道	7.0	17.7
7	锋刃	电视剧	中央电视台综合频道	6.6	16.9
8	天气预报	生活服务	中央电视台综合频道	6.5	16.9
9	空巢姥爷	电视剧	中央电视台综合频道	6.4	21.5
10	快乐中国 20152016 跨年演唱会	音乐	湖南卫视	6.4	20.7
11	好大一个家	电视剧	中央电视台综合频道	6.1	19.8
12	于无声处	电视剧	中央电视台综合频道	5.8	23.5
13	新闻天天看	新闻/时事	内蒙古电视台新闻综合频道	5.8	19.4
14	王大花的革命生涯	电视剧	中央电视台综合频道	5.8	17.7
15	别让我看见	电视剧	中央电视台综合频道	5.6	16.4
16	我是歌手(2 月 27 日)	综艺	湖南卫视	5.4	17.8
17	2015 年中央电视台中秋晚会	综艺	中央电视台综合频道	5.3	15.4
18	挑战不可能总决赛(10 月 25 日)	综艺	中央电视台综合频道	5.1	22.2
19	众里寻你 2015 寻找最美孝心少年颁奖典礼	青少	中央电视台综合频道	5.1	16.9
20	2015 年世界田径锦标赛男子 4×400 米接力决赛	体育	中央台五套	5.1	14.6
21	奔跑吧兄弟(4 月 17 日~7 月 3 日)	综艺	浙江卫视	4.8	16.9
22	奔跑吧兄弟(10 月 30 日 ~12 月 25 日)	综艺	浙江卫视	4.8	16.6
23	武媚娘传奇	电视剧	湖南卫视	4.7	12.2
24	密道追踪	电影	中央台六套	4.7	11.9
25	中国好声音(8 月 21 日)	综艺	浙江卫视	4.6	19.1
26	黄飞鸿英雄有梦	电影	中央台六套	4.6	15.9
27	现场直播:2015 年亚洲男篮锦标赛决赛(中国队 VS 菲律宾队)	体育	中央台五套	4.5	14.7
28	江山如画 2015 国庆音乐会	音乐	中央电视台综合频道	4.5	13.6
29	十二生肖	电影	中央台六套	4.4	16.1
30	胜利与和平——纪念抗日战争暨世界反法西斯战争胜利 70 周年文艺晚会	综艺	中央电视台综合频道	4.3	12.6

表 3.43.8 2015 年呼和浩特市场电视剧收视率排名前十位

名次	节目名称	播出频道	平均收视率（%）	平均占有率（%）
1	锋刃	中央电视台综合频道	6.6	16.9
2	空巢姥爷	中央电视台综合频道	6.4	19.4
3	好大一个家	中央电视台综合频道	6.1	15.8
4	于无声处	中央电视台综合频道	5.8	17.4
5	王大花的革命生涯	中央电视台综合频道	5.8	16.4
6	别让我看见	中央电视台综合频道	5.6	15.4
7	武媚娘传奇	湖南卫视	4.7	12.2
8	决杀	中央台八套	3.9	12.5
9	太行山上	中央电视台综合频道	3.8	12.0
10	怒放	中央电视台综合频道	3.5	11.9

表 3.43.9 2015 年呼和浩特市场新闻节目收视率排名前十位

名次	节目名称	播出频道	平均收视率（%）	平均占有率（%）
1	新闻天天看	内蒙古电视台新闻综合频道	5.8	23.5
2	转播中央台新闻联播(9 月 3 日)	内蒙古电视台新闻综合频道	4.2	15.1
3	习近平在亚非领导人会议上致辞	中央电视台综合频道	4.0	12.5
4	新闻联播	中央电视台综合频道	3.5	12.6
5	李克强总理会见中外记者并回答提问	中央电视台综合频道	3.5	9.6
6	焦点访谈	中央电视台综合频道	3.0	9.0
7	2015 一年又一年	中央电视台综合频道	2.4	10.1
8	都市全接触	内蒙古电视台经济生活频道	2.3	10.4
9	郡县治天下安——习近平总书记与中央党校县委书记研修班学员座谈侧记	中央电视台综合频道	2.3	5.9
10	内蒙古新闻联播	内蒙古卫视	1.7	8.3

表 3.43.10 2015 年呼和浩特市场专题节目收视率排名前十位

名次	节目名称	播出频道	平均收视率（%）	平均占有率（%）
1	315 消费在阳光下	中央电视台综合频道	7.0	24.5
2	2015 寻找最美教师	中央电视台综合频道	3.6	10.2
3	感动中国 2014 年度人物颁奖盛典	中央电视台综合频道	3.4	8.6
4	中国谜语大会	中央电视台综合频道	3.3	9.3
5	把革命老区发展时刻放在心上	中央电视台综合频道	3.2	8.4
6	中国梦劳动礼赞时代楷模特别节目	中央电视台综合频道	3.1	9.0
7	寻找最美医生大型公益活动颁奖典礼	中央电视台综合频道	2.9	7.3
8	胡耀邦	中央电视台综合频道	2.3	5.8
9	一年级大学季	湖南卫视	2.1	11.2
10	东方主战场	中央电视台综合频道	2.1	6.9

表 3.43.11 2015 年呼和浩特市场综艺节目收视率排名前十位

名次	节目名称	播出频道	平均收视率(%)	平均占有率(%)
1	2015 中央电视台春节联欢晚会	中央电视台综合频道	14.2	31.8
2	星光大道(2 月 19 日)	中央电视台综合频道	8.4	22.6
3	2015 中央电视台元宵晚会	中央电视台综合频道	7.1	20.1
4	出彩中国人(4 月 5 日)	中央电视台综合频道	7.0	17.7
5	我是歌手(2 月 27 日)	湖南卫视	5.4	22.2
6	2015 年中央电视台中秋晚会	中央电视台综合频道	5.3	14.6
7	挑战不可能总决赛(10 月 25 日)	中央电视台综合频道	5.1	16.9
8	奔跑吧兄弟(4 月 17 ~7 月 3 日)	浙江卫视	4.8	16.9
9	奔跑吧兄弟(10 月 30 日 ~12 月 25 日)	浙江卫视	4.8	16.6
10	中国好声音(8 月 21 日)	浙江卫视	4.6	19.1

表 3.43.12 2015 年呼和浩特市场体育节目收视率排名前十位

名次	节目名称	播出频道	平均收视率(%)	平均占有率(%)
1	2015 年世界田径锦标赛男子4×400 米接力决赛	中央台五套	5.1	12.8
2	现场直播:2015 年亚洲男篮锦标赛决赛(中国队 VS 菲律宾队)	中央台五套	4.5	14.7
3	直播周末 2015 年女排世界杯颁奖仪式	中央台五套	4.1	12.1
4	直播周末:2015 年澳大利亚亚洲杯小组赛 B 组(中国队 VS 朝鲜队)	中央台五套	3.5	14.4
5	直播周末:2015 年女排世界杯(日本队 VS 中国队)	中央台五套	3.4	12.5
6	2015 年世界乒乓球锦标赛男单决赛	中央台五套	2.7	7.5
7	国际足联 2018 年俄罗斯世界杯亚洲区预选赛 C 组第 2 轮(不丹队 VS 中国队)	中央台五套	2.6	8.7
8	超级足球之夜:2015 年亚洲足联冠军联赛决赛第二回合(中国广州恒大 VS 阿联酋阿赫利)	中央台五套	2.5	6.6
9	直播周末:2015 年东亚杯男子足球赛(中国队 VS 日本队)	中央台五套	2.4	7.5
10	2015 年世乒赛女单决赛	中央台五套	2.4	7.0

四十四、济南收视数据

表 3.44.1 2011～2015 年济南市场各类频道的市场占有率(%)

频道类别	年份				
	2011 年	2012 年	2013 年	2014 年	2015 年
中央台频道	16.5	18.7	20.4	21.4	21.3
中国教育台频道	0.2	0.1	0.1	0.0	0.0
山东省级频道	36.7	36.8	32.2	33.4	32.5
济南市级频道	27.4	25.8	25.6	23.4	23.6
其他省级卫视频道	13.2	13.4	17.1	18.6	18.6
其他频道	6.1	5.2	4.7	3.2	4.0

表 3.44.2 2015 年济南市场各类频道在不同目标观众中的市场占有率(%)

目标观众		中央台频道	中国教育台频道	山东省级频道	济南市级频道	其他省级卫视频道	其他频道
4 岁及以上所有人		21.3	0.0	32.5	23.6	18.6	4.0
性别	男	23.8	0.0	31.1	23.7	17.3	4.1
	女	19.3	0.0	33.8	23.5	19.8	3.6
年龄	4～14 岁	16.8	0.0	30.5	20.5	29.6	2.6
	15～24 岁	19.1	0.0	25.4	28.7	23.5	3.3
	25～34 岁	18.9	0.0	35.0	19.2	23.5	3.4
	35～44 岁	19.4	0.0	29.4	26.6	20.7	3.9
	45～54 岁	21.6	0.0	32.1	26.5	16.0	3.7
	55～64 岁	24.4	0.0	37.6	18.8	14.3	4.8
	65 岁及以上	26.0	0.0	32.4	26.0	11.2	4.4
教育程度	未受过正规教育	15.5	0.0	36.9	24.1	19.1	4.3
	小学	17.0	0.0	40.2	23.1	16.6	3.2
	初中	20.6	0.0	35.9	22.7	17.6	3.3
	高中	23.9	0.0	27.4	24.1	20.0	4.6
	大学及以上	25.7	0.0	24.9	25.1	20.3	4.1
职业类别	干部/管理人员	25.6	0.0	23.9	26.6	18.8	5.0
	个体/私营企业人员	18.3	0.0	36.4	23.7	17.8	3.7
	初级公务员/雇员	20.8	0.0	29.8	26.5	19.6	3.2
	工人	21.8	0.0	32.3	23.4	18.9	3.6
	学生	19.4	0.0	26.1	22.4	29.2	2.9
	无业	23.5	0.0	29.8	24.4	18.1	4.2
	其他	15.0	0.0	58.2	13.4	9.4	4.0
个人月收入	0～600 元	17.8	0.0	37.2	20.9	20.6	3.4
	601～1200 元	20.5	0.0	38.8	22.5	15.3	2.9
	1201～1700 元	23.9	0.0	33.5	22.8	16.2	3.7
	1701～2600 元	22.5	0.0	27.5	27.4	18.6	3.9
	2601～3500 元	23.3	0.0	30.8	24.3	17.3	4.2
	3501～5000 元	24.7	0.0	27.4	24.3	18.5	5.0
	5001 元及以上	23.0	0.0	30.5	24.7	18.4	3.5

表 3.44.3　2015 年济南市场各类频道在不同时段的市场占有率(%)

时间段	中央台频道	中国教育台频道	山东省级频道	济南市级频道	其他省级卫视频道	其他频道
02:00~03:00	33.2	0.1	22.8	4.0	30.4	9.5
03:00~04:00	32.3	0.1	22.8	4.6	29.0	11.2
04:00~05:00	32.9	0.2	18.8	6.8	27.9	13.4
05:00~06:00	38.3	0.1	16.8	8.9	26.6	9.3
06:00~07:00	55.1	0.0	18.7	6.4	15.8	4.0
07:00~08:00	42.9	0.0	22.6	17.1	14.7	2.7
08:00~09:00	37.6	0.0	26.3	12.2	20.8	3.1
09:00~10:00	30.5	0.0	26.1	10.7	28.5	4.2
10:00~11:00	31.2	0.0	20.9	9.8	32.7	5.4
11:00~12:00	32.1	0.0	20.8	14.8	27.5	4.8
12:00~13:00	27.6	0.0	24.1	24.2	20.4	3.7
13:00~14:00	28.4	0.0	25.2	15.8	25.9	4.7
14:00~15:00	27.2	0.1	24.5	9.5	32.7	6.0
15:00~16:00	27.7	0.0	21.1	8.6	36.0	6.6
16:00~17:00	26.7	0.0	20.7	12.2	34.4	6.0
17:00~18:00	17.5	0.0	37.6	23.0	18.2	3.7
18:00~19:00	13.9	0.0	46.0	30.9	6.1	3.1
19:00~20:00	16.7	0.0	42.7	30.9	7.1	2.6
20:00~21:00	13.7	0.0	42.6	27.7	13.0	3.0
21:00~22:00	15.7	0.0	36.1	29.8	15.4	3.0
22:00~23:00	19.1	0.0	18.1	34.7	24.0	4.1
23:00~24:00	24.8	0.0	16.6	23.0	30.1	5.5
24:00~25:00	32.6	0.0	19.8	6.8	33.9	6.9
25:00~26:00	34.6	0.0	19.7	4.2	31.9	9.6

表 3.44.4　2015 年济南市场收视份额排名前十位的频道

名次	频道名称	收视份额(%)
1	山东电视齐鲁频道	10.9
2	济南电视台新闻综合频道	8.5
2	山东卫视	8.5
4	济南电视台都市女性频道	4.5
5	山东电视综艺频道	4.0
6	济南电视台影视频道	3.9
7	山东电视公共频道	3.5
7	中央电视台综合频道	3.5
9	山东电视生活频道	3.1
10	湖南卫视	2.6

表 3.44.5　2015 年济南市场各主要频道的观众构成(%)

目标观众		所有频道	主要频道				
			山东电视齐鲁频道	济南电视台新闻综合频道	山东卫视	济南电视台都市女性频道	山东电视综艺频道
4 岁及以上所有人		100.0	100.0	100.0	100.0	100.0	100.0
性别	男	46.5	41.8	42.9	44.6	47.9	47.3
	女	53.5	58.2	57.1	55.4	52.1	52.7
年龄	4～14 岁	8.5	8.8	4.3	6.2	4.8	7.8
	15～24 岁	8.0	5.6	9.2	7.6	9.1	7.5
	25～34 岁	18.1	20.8	9.9	14.5	14.1	11.2
	35～44 岁	10.8	11.8	10.1	9.8	13.6	7.4
	45～54 岁	24.5	22.1	28.3	29.0	30.2	29.3
	55～64 岁	14.9	16.8	13.2	15.1	12.5	18.8
	65 岁及以上	15.0	14.1	25.0	17.7	15.7	17.9
教育程度	未受过正规教育	6.7	9.6	5.9	7.5	5.6	3.1
	小学	16.7	23.3	20.5	21.7	16.0	24.0
	初中	33.1	37.0	31.8	35.5	34.8	33.7
	高中	27.1	18.9	24.9	22.6	28.5	28.8
	大学及以上	16.5	11.2	16.9	12.6	15.0	10.4
职业类别	干部/管理人员	5.3	3.5	5.6	5.2	6.4	2.9
	个体/私营企业人员	9.3	9.5	8.0	7.2	9.3	15.5
	初级公务员/雇员	18.0	12.8	19.5	18.3	22.1	20.8
	工人	16.0	16.3	16.4	16.6	16.0	15.5
	学生	8.0	6.5	4.6	6.2	6.7	7.1
	无业	35.1	31.0	42.3	34.1	33.0	31.6
	其他	8.3	20.5	3.7	12.4	6.5	6.6
个人月收入	0～600 元	33.5	47.3	26.5	37.8	26.1	28.8
	601～1200 元	4.6	5.2	3.8	5.6	6.5	2.8
	1201～1700 元	10.2	9.5	10.4	13.3	9.6	18.3
	1701～2600 元	21.6	14.2	29.8	17.4	24.2	20.2
	2601～3500 元	15.4	12.7	18.3	13.0	18.4	20.2
	3501～5000 元	9.9	7.4	6.9	8.8	9.6	5.4
	5001 元及以上	4.8	3.6	4.3	4.1	5.5	4.3

表 3.44.6　2013～2015 年济南市场各类节目的播出份额(%)和收视份额(%)

节目类别	2013 年		2014 年		2015 年	
	播出份额	收视份额	播出份额	收视份额	播出份额	收视份额
财经	1.6	0.6	1.3	0.5	1.6	0.5
电视剧	26.6	28.5	23.3	29.2	19.8	23.4
电影	4.3	3.4	3.9	4.4	3.7	3.6
法制	1.0	1.6	1.0	1.4	0.9	0.4
教学	0.4	0.1	0.2	0.1	0.2	0.0
青少	5.8	6.0	6.4	5.7	6.7	4.0
生活服务	10.4	7.5	15.0	8.6	11.1	8.3
体育	2.3	2.7	3.2	2.8	3.0	2.6
外语	0.0	0.0	0.0	0.0	0.0	0.0
戏剧	0.6	0.3	0.5	0.2	0.7	0.2
新闻/时事	10.3	17.4	9.9	15.6	14.2	21.2
音乐	2.2	0.4	2.2	0.4	2.3	0.4
专题	8.8	6.6	11.2	6.6	13.3	6.2
综艺	7.9	12.6	7.3	12.3	10.1	16.4
其他	17.8	12.4	14.4	12.1	12.3	12.9

表 3.44.7　2015 年济南市场所有节目收视率排名前三十位

名次	节目名称	节目类型	播出频道	平均收视率(%)	平均占有率(%)
1	2015 中央电视台春节联欢晚会	综艺	中央电视台综合频道	11.4	22.3
2	老农民	电视剧	山东卫视	10.5	21.4
3	俺娘田小草	电视剧	山东卫视	9.3	18.7
4	妈妈向前冲	电视剧	山东卫视	8.7	19.4
5	石敢当之雄峙天东	电视剧	山东卫视	8.7	17.1
6	中国好声音 4(8 月 14 日)	综艺	浙江卫视	8.3	22.9
7	背着奶奶进城	电视剧	山东卫视	8.1	16.7
8	大刀记	电视剧	山东卫视	8.1	16.3
9	神探包青天	电视剧	山东卫视	7.8	16.5
10	每日新闻	新闻/时事	山东电视齐鲁频道	7.7	19.9
11	乡音对对碰	综艺	山东电视齐鲁频道	7.3	14.6
12	女汉子	电视剧	山东电视齐鲁频道	7.1	16.7
13	寒冬	电视剧	山东卫视	7.0	14.7
14	一封家书 2015 乙未年山东卫视春节联欢晚会	综艺	山东卫视	6.8	17.6
15	你是我的姐妹	电视剧	山东卫视	6.8	15.4
16	坐 88 路车回家	电视剧	山东卫视	6.8	14.6
17	战魂	电视剧	山东电视齐鲁频道	6.5	13.9
18	我爷爷和奶奶的故事	电视剧	山东卫视	6.5	13.3
19	二婶	电视剧	山东卫视	6.4	14.8
20	猎刃	电视剧	山东电视齐鲁频道	6.3	14.3
21	直播周末:2015 年澳大利亚亚洲杯小组赛 B 组(中国队 VS 朝鲜队)	体育	中央台五套	6.3	13.8
22	中国面孔	综艺	山东卫视	6.2	18.5
23	我是先生	综艺	山东卫视	6.2	18.1
24	大舜	电视剧	山东卫视	6.2	13.2
25	岁月如金	电视剧	济南电视台新闻综合频道	6.2	13.0
26	枪侠	电视剧	山东电视齐鲁频道	6.1	14.4
27	嫂子嫂子	电视剧	济南电视台新闻综合频道	6.1	12.5
28	今晚特别点击	新闻/时事	济南电视台新闻综合频道	5.9	18.0
29	奔跑吧兄弟(4 月 17 日 ~7 月 3 日)	综艺	浙江卫视	5.9	17.6
30	最炫国剧风	综艺	山东卫视	5.9	13.7

表 3.44.8　2015 年济南市场电视剧收视率排名前十位

名次	节目名称	播出频道	平均收视率（%）	平均占有率（%）
1	老农民	山东卫视	10.5	21.4
2	俺娘田小草	山东卫视	9.3	18.7
3	妈妈向前冲	山东卫视	8.7	19.4
4	石敢当之雄峙天东	山东卫视	8.7	17.1
5	背着奶奶进城	山东卫视	8.1	16.7
6	大刀记	山东卫视	8.1	16.3
7	神探包青天	山东卫视	7.8	16.5
8	女汉子	山东电视齐鲁频道	7.1	16.7
9	寒冬	山东卫视	7.0	14.7
10	你是我的姐妹	山东卫视	6.8	15.4

表 3.44.9　2015 年济南市场新闻节目收视率排名前十位

名次	节目名称	播出频道	平均收视率（%）	平均占有率（%）
1	每日新闻	山东电视齐鲁频道	7.7	19.9
2	今晚特别点击	济南电视台新闻综合频道	5.9	18.0
3	今晚 20 分	济南电视台新闻综合频道	5.7	14.1
4	姊妹花	济南电视台新闻综合频道	5.3	18.4
5	都市新女报	济南电视台都市女性频道	4.3	9.3
6	长江客轮翻沉事件特别节目	山东卫视	3.9	10.3
7	拉呱	山东电视齐鲁频道	3.8	17.2
8	调查	山东卫视	3.6	9.3
9	转播中央台新闻联播	济南电视台新闻综合频道	3.5	8.1
10	民生直通车	山东电视公共频道	3.4	9.2

表 3.44.10　2015 年济南市场专题节目收视率排名前十位

名次	节目名称	播出频道	平均收视率（%）	平均占有率（%）
1	厚德齐鲁仁爱力量——2014 年度齐鲁公益盛典	山东电视齐鲁频道	5.6	11.4
2	315 消费在阳光下	中央电视台综合频道	3.5	10.3
3	有么说么故事会	济南电视台新闻综合频道	3.4	9.6
4	山东好人——2014 十大年度人物颁奖典礼	山东电视齐鲁频道	3.3	7.6
5	今晚不关机	济南电视台新闻综合频道	2.9	13.4
6	齐鲁时代楷模发布厅(6 月 19 日)	山东电视公共频道	2.8	6.2
7	东方主战场	山东卫视	2.6	5.7
8	315 携手共治畅享消费——2015 山东 315 主题活动	山东电视公共频道	2.6	5.5
9	有话好好说	济南电视台生活频道	2.5	5.6
10	耳目一新特别节目周末读聊斋	山东电视公共频道	2.1	8.0

表 3.44.11　2015 年济南市场综艺节目收视率排名前十位

名次	节目名称	播出频道	平均收视率(%)	平均占有率(%)
1	2015 中央电视台春节联欢晚会	中央电视台综合频道	11.4	22.3
2	中国好声音 4(8 月 14 日)	浙江卫视	8.3	22.9
3	乡音对对碰	山东电视齐鲁频道	7.3	14.6
4	一封家书——2015 乙未年山东卫视春节联欢晚会	山东卫视	6.8	17.6
5	中国面孔	山东卫视	6.2	18.5
6	我是先生	山东卫视	6.2	18.1
7	奔跑吧兄弟(4 月 17 日 ~7 月 3 日)	浙江卫视	5.9	17.6
8	最炫国剧风	山东卫视	5.9	13.7
9	万家邀明月新泉城 2015 济南都市圈融媒体中秋晚会	济南电视台新闻综合频道	5.8	26.6
10	为你而歌	山东卫视	5.7	15.9

表 3.44.12　2015 年济南市场体育节目收视率排名前十位

名次	节目名称	播出频道	平均收视率(%)	平均占有率(%)
1	直播周末:2015 年澳大利亚亚洲杯小组赛 B 组(中国队 VS 朝鲜队)	中央台五套	6.3	13.8
2	现场直播:2015 年亚洲男篮锦标赛决赛(中国队 VS 菲律宾队)	中央台五套	5.8	14.2
3	超级足球之夜:2015 年亚洲足联冠军联赛决赛第二回合(中国广州恒大 VS 阿联酋阿赫利)	中央台五套	5.8	13.5
4	看球时间 现场直播 中超直播:2015 年中超第五轮(山东鲁能泰山 VS 广州富力)	山东电视体育频道	5.4	10.3
5	看球时间 现场直播 足协杯直播:2015 年足协杯 1/4 决赛(河南建业 VS 山东鲁能泰山)	山东电视体育频道	5.1	10.9
6	超级足球之夜 亚冠联赛颁奖仪式	中央台五套	5.0	19.5
7	2015 年世界田径锦标赛男子 1500 米决赛	中央台五套	4.6	9.9
8	现场直播:2018 年俄罗斯世界杯暨 2019 年亚洲杯联合预选赛第二轮(中国 VS 中国香港)	中央台五套	4.5	9.3
9	黄金赛场 足球之夜:2015 年中国之队国际足球友谊赛(中国队 VS 突尼斯队)	中央台五套	3.7	7.4
10	直播周末:2015 年女排世界杯(日本队 VS 中国队)	中央台五套	2.4	7.5

四十五、昆明收视数据

表 3.45.1 2011~2015 年昆明市场各类频道的市场占有率(%)

频道类别	年份				
	2011 年	2012 年	2013 年	2014 年	2015 年
中央台频道	29.8	33.3	34.8	34.5	34.1
中国教育台频道	0.2	0.2	0.1	0.1	0.1
云南省级频道	24.0	21.9	24.2	23.2	21.3
昆明市级频道	16.3	15.5	12.2	11.8	13.3
其他省级卫视频道	23.7	24.4	22.6	23.9	23.4
其他频道	6.0	4.7	6.2	6.5	7.8

表 3.45.2 2015 年昆明市场各类频道在不同目标观众中的市场占有率(%)

目标观众		中央台频道	中国教育台频道	云南省级频道	昆明市级频道	其他省级卫星频道	其他频道
4 岁及以上所有人		34.1	0.1	21.3	13.3	23.4	7.8
性别	男	36.1	0.1	21.6	13.1	20.8	8.3
	女	32.2	0.1	21.1	13.5	25.9	7.2
年龄	4~14 岁	28.2	0.0	21.6	11.0	27.6	11.6
	15~24 岁	33.2	0.1	21.5	11.4	24.7	9.1
	25~34 岁	28.5	0.2	19.2	12.3	31.5	8.3
	35~44 岁	30.0	0.1	22.8	14.2	23.3	9.6
	45~54 岁	34.3	0.1	21.1	14.9	23.7	5.9
	55~64 岁	36.8	0.1	21.9	16.3	17.5	7.4
	65 岁及以上	44.8	0.1	21.3	9.8	18.3	5.7
教育程度	未受过正规教育	26.4	0.0	25.3	12.6	24.4	11.3
	小学	34.5	0.2	25.4	12.9	19.0	8.0
	初中	32.2	0.1	21.4	15.8	22.6	7.9
	高中	35.8	0.0	20.8	13.3	23.9	6.2
	大学及以上	36.0	0.1	18.0	10.1	26.7	9.1
职业类别	干部/管理人员	30.6	0.0	19.6	14.5	28.1	7.2
	个体/私营企业人员	29.3	0.1	20.3	18.4	22.2	9.7
	初级公务员/雇员	33.1	0.1	19.3	11.2	26.8	9.5
	工人	31.6	0.1	24.9	13.1	22.1	8.2
	学生	31.9	0.1	22.2	9.6	27.3	8.9
	无业	37.3	0.1	21.5	13.0	21.8	6.3
	其他	37.2	0.3	22.8	17.8	16.2	5.7
个人月收入	0~600 元	29.2	0.1	23.1	12.0	27.1	8.5
	601~1200 元	33.4	0.4	19.4	11.0	26.7	9.1
	1201~1700 元	37.3	0.1	21.0	11.8	22.4	7.4
	1701~2600 元	36.4	0.1	20.5	15.9	20.9	6.2
	2601~3500 元	36.1	0.0	21.7	12.8	21.6	7.8
	3501 元~5000 元	33.4	0.0	22.1	13.7	21.6	9.2
	5001 元及以上	34.9	0.0	15.5	10.7	28.7	10.2

表 3.45.3　2015 年昆明市场各类频道在不同时段的市场占有率(%)

时间段	中央台频道	中国教育台频道	云南省级频道	昆明市级频道	其他省级卫星频道	其他频道
02:00~03:00	36.5	0.2	9.0	4.9	32.0	17.4
03:00~04:00	39.6	0.3	3.5	4.6	33.4	18.6
04:00~05:00	45.0	0.1	1.9	4.4	30.0	18.6
05:00~06:00	48.9	0.1	3.9	5.9	23.3	17.9
06:00~07:00	59.3	0.1	6.0	5.2	19.5	9.9
07:00~08:00	65.4	0.0	6.7	7.8	13.2	6.9
08:00~09:00	52.8	0.1	10.5	7.9	19.7	9.0
09:00~10:00	46.3	0.1	14.6	4.3	23.1	11.6
10:00~11:00	43.8	0.2	13.8	4.1	26.3	11.8
11:00~12:00	47.5	0.0	10.9	5.1	26.6	9.9
12:00~13:00	52.2	0.1	11.3	4.8	24.0	7.6
13:00~14:00	45.7	0.1	11.6	7.5	26.6	8.5
14:00~15:00	39.8	0.1	15.6	5.7	29.5	9.3
15:00~16:00	37.7	0.1	16.8	5.6	29.4	10.4
16:00~17:00	38.2	0.1	17.8	5.9	28.7	9.3
17:00~18:00	36.0	0.0	21.0	14.7	21.6	6.7
18:00~19:00	28.3	0.0	32.7	26.9	7.2	4.9
19:00~20:00	34.5	0.1	27.3	17.1	15.6	5.4
20:00~21:00	27.0	0.1	26.0	13.6	27.4	5.9
21:00~22:00	28.4	0.1	26.3	14.5	23.9	6.8
22:00~23:00	28.5	0.1	19.4	17.7	25.5	8.8
23:00~24:00	29.4	0.2	17.6	14.8	28.9	9.1
24:00~25:00	36.2	0.1	16.3	8.0	26.1	13.3
25:00~26:00	34.5	0.1	14.2	7.9	26.1	17.2

表 3.45.4　2015 年昆明市场收视份额排名前十位的频道

名次	频道名称	收视份额(%)
1	云南广播电视台都市频道(二套)	7.6
2	云南广播电视台卫视频道(一套)	7.1
3	昆明广播电视台春城频道	7.0
4	中央电视台综合频道	6.9
5	中央台八套	4.2
6	中央台六套	3.7
6	湖南卫视	3.7
8	中央电视台新闻频道	3.2
9	中央台三套	3.1
10	昆明广播电视台影视频道	2.9

表 3.45.5　2015 年昆明市场各主要频道的观众构成(%)

目标观众		所有频道	主要频道				
			云南广播电视台都市频道(二套)	云南广播电视台卫视频道(一套)	昆明广播电视台春城频道	中央电视台综合频道	中央台八套
4 岁及以上所有人		100.0	100.0	100.0	100.0	100.0	100.0
性别	男	49.8	50.0	49.1	50.1	49.3	45.4
	女	50.2	50.0	50.9	49.9	50.7	54.6
年龄	4~14 岁	6.6	6.1	4.8	6.4	5.8	3.2
	15~24 岁	9.0	6.3	11.1	8.6	8.4	6.2
	25~34 岁	15.8	15.1	11.6	14.1	13.1	11.5
	35~44 岁	18.4	16.5	20.9	22.3	16.5	12.0
	45~54 岁	19.1	17.1	21.1	21.0	16.4	25.5
	55~64 岁	16.1	22.9	13.7	16.2	16.4	20.2
	65 岁及以上	15.0	16.0	16.8	11.4	23.4	21.4
教育程度	未受过正规教育	5.2	4.9	5.6	5.1	4.5	4.9
	小学	15.0	19.1	18.4	14.3	18.6	16.0
	初中	28.9	25.4	29.3	36.0	23.8	28.1
	高中	30.2	33.1	27.3	28.7	28.8	33.6
	大学及以上	20.7	17.5	19.4	15.9	24.3	17.4
职业类别	干部/管理人员	3.8	3.7	2.4	3.7	2.7	3.8
	个体/私营企业人员	12.6	7.1	14.5	17.9	11.5	9.3
	初级公务员/雇员	19.5	18.9	17.3	16.2	18.5	15.3
	工人	10.7	11.1	12.9	11.2	8.1	13.2
	学生	8.8	7.2	9.4	7.4	6.0	6.3
	无业	41.5	50.8	38.4	38.8	50.7	49.7
	其他	3.1	1.2	5.1	4.8	2.5	2.4
个人月收入	0~600 元	23.7	23.7	24.3	23.1	17.7	20.4
	601~1200 元	5.7	2.7	6.8	4.7	7.5	5.9
	1201~1700 元	10.9	11.5	12.5	10.0	15.1	12.6
	1701~2600 元	27.1	26.0	25.1	29.6	25.1	30.6
	2601~3500 元	15.8	19.9	14.2	15.7	16.8	17.9
	3501 元~5000 元	12.6	13.5	14.1	13.8	13.5	9.2
	5001 元及以上	4.2	2.7	3.0	3.1	4.3	3.4

表 3.45.6　2013~2015 年昆明市场各类节目的播出份额(%)和收视份额(%)

节目类别	2013 年		2014 年		2015 年	
	播出份额	收视份额	播出份额	收视份额	播出份额	收视份额
财经	1.6	0.9	1.5	0.9	1.4	1.1
电视剧	26.5	33.2	23.3	32.2	23.5	33.9
电影	4.0	3.7	3.6	3.9	3.8	4.2
法制	1.2	1.1	0.9	1.0	0.9	0.8
教学	0.4	0.1	0.2	0.1	0.2	0.1
青少	5.5	4.2	6.2	3.6	5.8	3.0
生活服务	9.8	5.9	14.4	7.2	12.6	7.2
体育	2.2	2.0	3.1	2.7	2.7	2.3
外语	0.0	0.0	0.0	0.0	0.0	0.0
戏剧	0.8	0.7	0.6	0.4	0.7	0.2
新闻/时事	11.8	16.2	10.8	17.0	10.6	15.1
音乐	2.3	1.0	2.3	0.8	2.4	0.9
专题	8.8	6.6	11.1	6.8	12.5	6.6
综艺	8.2	13.3	7.8	12.5	7.9	14.0
其他	17.0	11.1	14.1	10.9	14.9	10.7

表 3.45.7　2015 年昆明市场所有节目收视率排名前三十位

名次	节目名称	节目类型	播出频道	平均收视率(%)	平均占有率(%)
1	2015 中央电视台春节联欢晚会	综艺	中央电视台综合频道	9.7	21.6
2	神探包青天	电视剧	云南广播电视台卫视频道(一套)	9.3	24.3
3	士兵突击之勇者奇兵	综艺	云南广播电视台卫视频道(一套)	9.3	22.4
4	中国灯谜大会第 2 季(1 月 30 日)	综艺	云南广播电视台卫视频道(一套)	8.6	21.0
5	英雄联盟	电视剧	云南广播电视台卫视频道(一套)	7.8	20.5
6	新京华烟云	电视剧	云南广播电视台卫视频道(一套)	7.1	18.0
7	战魂	电视剧	云南广播电视台卫视频道(一套)	6.9	18.9
8	马上天下	电视剧	云南广播电视台卫视频道(一套)	6.9	18.3
9	错伏	电视剧	云南广播电视台卫视频道(一套)	6.8	16.3
10	我要当八路	电视剧	云南广播电视台卫视频道(一套)	6.7	18.6
11	交警队的故事	电视剧	云南广播电视台都市频道(二套)	6.7	17.6
12	光影	电视剧	云南广播电视台都市频道(二套)	6.6	16.7
13	中国好声音 4 总决赛	综艺	浙江卫视	6.5	16.0
14	2015 中央电视台元宵晚会	综艺	中央电视台综合频道	6.5	15.8
15	傻儿传奇	电视剧	云南广播电视台卫视频道(一套)	5.9	15.3
16	鹿鼎记	电视剧	云南广播电视台卫视频道(一套)	5.9	14.9
17	315 消费在阳光下	专题	中央电视台综合频道	5.8	16.4
18	现场直播:2015 年亚洲男篮锦标赛决赛(中国队 VS 菲律宾队)	体育	中央台五套	5.7	16.2
19	绝命追踪	电视剧	云南广播电视台卫视频道(一套)	5.7	15.3
20	雾都	电视剧	云南广播电视台卫视频道(一套)	5.4	14.5
21	草草的春天	电视剧	云南广播电视台都市频道(二套)	5.3	13.9
22	二哥的女人	电视剧	云南广播电视台都市频道(二套)	5.2	13.6
23	炮神	电视剧	云南广播电视台都市频道(二套)	5.0	12.7
24	雪豹英雄	电视剧	云南广播电视台都市频道(二套)	5.0	12.6
25	大口马牙	综艺	云南广播电视台都市频道(二套)	4.8	17.5
26	奔跑吧兄弟(10 月 30 日 ~ 12 月 25 日)	综艺	浙江卫视	4.8	13.5
27	蜂王在行动	电视剧	云南广播电视台都市频道(二套)	4.8	12.2
28	狐影	电视剧	云南广播电视台都市频道(二套)	4.7	10.9
29	把革命老区发展时刻放在心上	专题	中央电视台综合频道	4.5	12.6
30	英雄戟影子战士	电视剧	云南广播电视台都市频道(二套)	4.5	11.4

表 3.45.8　2015 年昆明市场电视剧收视率排名前十位

名次	节目名称	播出频道	平均收视率(%)	平均占有率(%)
1	神探包青天	云南广播电视台卫视频道(一套)	9.3	24.3
2	英雄联盟	云南广播电视台卫视频道(一套)	7.8	20.5
3	新京华烟云	云南广播电视台卫视频道(一套)	7.1	18.0
4	战魂	云南广播电视台卫视频道(一套)	6.9	19.0
5	马上天下	云南广播电视台卫视频道(一套)	6.9	18.3
6	错伏	云南广播电视台卫视频道(一套)	6.8	16.3
7	我要当八路	云南广播电视台卫视频道(一套)	6.7	18.6
8	交警队的故事	云南广播电视台都市频道(二套)	6.7	17.6
9	光影	云南广播电视台都市频道(二套)	6.6	16.7
10	傻儿传奇	云南广播电视台卫视频道(一套)	5.9	15.3

表 3.45.9　2015 年昆明市场新闻节目收视率排名前十位

名次	节目名称	播出频道	平均收视率(%)	平均占有率(%)
1	大口马牙	云南广播电视台都市频道(二套)	4.8	17.5
2	都市条形码	云南广播电视台都市频道(二套)	4.4	22.9
3	街头巷尾	昆明广播电视台春城频道	4.0	20.9
4	新闻重新说	昆明广播电视台春城频道	3.9	14.2
5	2015 一年又一年	中央电视台综合频道	3.7	15.8
6	街头周刊	昆明广播电视台春城频道	2.8	13.9
7	习近平在亚非领导人会议上致辞	中央电视台综合频道	2.7	7.2
8	新闻联播	中央电视台综合频道	2.3	8.2
9	新闻夜总汇	昆明广播电视台春城频道	2.2	7.8
10	郡县治天下安——习近平总书记与中央党校县委书记研修班学员座谈侧记	中央电视台新闻频道	2.1	5.5

表 3.45.10　2015 年昆明市场专题节目收视率排名前十位

名次	节目名称	播出频道	平均收视率(%)	平均占有率(%)
1	315 消费在阳光下	中央电视台综合频道	5.8	16.4
2	把革命老区发展时刻放在心上	中央电视台综合频道	4.5	12.6
3	感动中国 2014 年度人物颁奖盛典	中央电视台综合频道	3.9	9.2
4	2015 寻找最美教师	中央电视台综合频道	3.5	9.3
5	海鸥去哪里	昆明广播电视台春城频道	3.2	9.6
6	丰碑为冢	云南广播电视台都市频道(二套)	3.1	9.7
7	全面实现小康一个民族都不能少	云南广播电视台卫视频道(一套)	2.7	7.4
8	留住绿水青山争做生态文明建设排头兵总书记和我们在一起	云南广播电视台卫视频道(一套)	2.6	6.0
9	寻找最美医生大型公益活动颁奖典礼	中央电视台综合频道	2.6	5.9
10	我的跨国春晚梦	云南广播电视台卫视频道(一套)	2.4	6.7

表 3.45.11　2015 年昆明市场综艺节目收视率排名前十位

名次	节目名称	播出频道	平均收视率(%)	平均占有率(%)
1	2015 中央电视台春节联欢晚会	中央电视台综合频道	9.7	21.6
2	士兵突击之勇者奇兵	云南广播电视台卫视频道(一套)	9.3	22.4
3	中国灯谜大会第 2 季(1 月 30 日)	云南广播电视台卫视频道(一套)	8.6	21.0
4	中国好声音 4 总决赛	浙江卫视	6.5	16.0
5	2015 中央电视台元宵晚会	中央电视台综合频道	6.5	15.8
6	奔跑吧兄弟(10 月 30 日 ~ 12 月 25 日)	浙江卫视	4.8	13.5
7	2015 年中央电视台中秋晚会	中央电视台综合频道	4.3	10.6
7	胜利与和平——纪念抗日战争暨世界反法西斯战争胜利 70 周年文艺晚会	中央电视台综合频道	4.3	10.6
9	张子健神侃包青天	云南广播电视台卫视频道(一套)	4.0	9.8
10	雪域新歌——中央电视台心连心艺术团赴西藏慰问演出	中央电视台综合频道	3.9	10.0

表 3.45.12　2015 年昆明市场体育节目收视率排名前十位

名次	节目名称	播出频道	平均收视率(%)	平均占有率(%)
1	现场直播:2015 年亚洲男篮锦标赛决赛(中国队 VS 菲律宾队)	中央台五套	5.7	16.2
2	2015 年澳大利亚亚洲杯 1/4 决赛(中国队 VS 澳大利亚队)	中央台五套	3.2	9.0
3	2015 年世界田径锦标赛女子标枪决赛	中央台五套	3.0	8.5
4	超级足球之夜:2015 年亚洲足联冠军联赛决赛第二回合(中国广州恒大 VS 阿联酋阿赫利)	中央台五套	2.6	7.1
5	超级足球之夜:国际足联 2018 年俄罗斯世界杯亚洲区预选赛 C 组小组赛(中国香港队 VS 中国队)	中央台五套	2.5	6.8
6	2015 年国际足联俱乐部世界杯半决赛(西班牙巴塞罗那 VS 中国广州恒大)	中央台五套	2.4	7.1
7	直播周末:2015 年女排世界杯(日本队 VS 中国队)	中央台五套	2.3	7.8
8	黄金赛场:2015 年中国男篮系列赛之中欧男篮锦标赛(中国队 VS 俄罗斯队)	中央台五套	2.2	7.2
9	直播周末:2015 年国际泳联世锦赛男子400 米混合泳决赛	中央台五套	2.2	7.0
10	直播周末:2015 年世界羽毛球锦标赛女双决赛	中央台五套	2.1	10.8

四十六、兰州收视数据

表 3.46.1 2011～2015 年兰州市场各类频道的市场占有率(%)

频道类别	年份				
	2011 年	2012 年	2013 年	2014 年	2015 年
中央台频道	43.4	47.3	46.7	44.8	41.7
中国教育台频道	0.4	0.4	0.7	0.3	0.1
甘肃省级频道	7.9	6.5	6.8	5.7	6.0
兰州市级频道	4.3	4.0	4.0	3.8	7.4
其他省级卫视频道	34.1	34.2	35.3	36.9	35.2
其他频道	9.9	7.6	6.5	8.5	9.6

表 3.46.2 2015 年兰州市场各类频道在不同目标观众中的市场占有率(%)

目标观众		中央台频道	中国教育台频道	甘肃省级频道	兰州市级频道	其他省级卫视频道	其他频道
4 岁及以上所有人		41.7	0.1	6.0	7.4	35.2	9.6
性别	男	42.8	0.1	6.2	7.8	33.4	9.7
	女	40.5	0.2	5.8	7.0	37.2	9.4
年龄	4～14 岁	30.4	0.1	5.1	4.4	51.4	8.6
	15～24 岁	39.0	0.1	3.5	5.7	41.5	10.2
	25～34 岁	34.8	0.2	3.1	3.1	47.6	11.1
	35～44 岁	43.3	0.1	5.0	6.2	33.6	11.7
	45～54 岁	38.8	0.1	7.2	8.5	35.5	9.9
	55～64 岁	44.1	0.2	7.2	9.8	29.5	9.2
	65 岁及以上	50.9	0.1	7.6	9.8	24.5	7.0
教育程度	未受过正规教育	32.0	0.1	5.3	5.7	47.2	9.8
	小学	43.7	0.2	6.0	6.1	36.7	7.4
	初中	39.8	0.1	7.2	9.1	33.5	10.2
	高中	43.1	0.2	6.0	7.6	34.0	9.1
	大学及以上	41.9	0.1	4.2	5.8	36.6	11.3
职业类别	干部/管理人员	49.7	0.0	6.0	5.7	34.0	4.5
	个体/私营企业人员	39.5	0.2	5.6	7.2	38.4	9.0
	初级公务员/雇员	38.3	0.1	5.8	7.9	36.5	11.4
	工人	40.4	0.3	5.3	6.8	34.5	12.7
	学生	37.8	0.1	3.0	3.2	46.0	9.8
	无业	44.1	0.1	7.4	8.9	30.8	8.7
	其他职业	52.2	0.3	0.5	4.5	29.2	13.3
个人月收入	0～600 元	36.7	0.1	4.8	5.4	43.9	9.1
	601～1200 元	40.2	0.2	6.0	7.3	35.2	11.1
	1201～1700 元	45.7	0.1	7.5	8.9	28.9	8.9
	1701～2600 元	45.0	0.1	7.1	9.1	30.0	8.7
	2601～3500 元	38.8	0.1	5.6	7.1	37.7	10.7
	3501 元～5000 元	45.1	0.2	3.8	5.7	34.0	11.3
	5001 元及以上	47.6	0.1	2.5	3.1	40.0	6.7

表 3.46.3　2015 年兰州市场各类频道在不同时段的市场占有率(%)

时间段	中央台频道	中国教育台频道	甘肃省级频道	兰州市级频道	其他省级卫视频道	其他频道
02:00~03:00	25.5	0.1	8.6	1.6	43.1	21.1
03:00~04:00	22.1	0.1	12.6	1.4	41.5	22.3
04:00~05:00	22.4	0.1	16.6	1.6	37.6	21.7
05:00~06:00	26.8	0.1	19.4	1.5	33.5	18.7
06:00~07:00	58.0	0.0	7.2	0.6	22.6	11.6
07:00~08:00	68.0	0.1	4.4	5.5	14.1	7.9
08:00~09:00	52.7	0.1	5.5	10.6	22.0	9.1
09:00~10:00	43.4	0.2	6.7	7.1	32.8	9.7
10:00~11:00	38.6	0.1	6.6	5.9	38.8	9.9
11:00~12:00	42.1	0.1	4.8	4.7	37.9	10.4
12:00~13:00	48.8	0.1	3.2	2.8	35.3	9.8
13:00~14:00	42.1	0.1	4.2	3.3	40.3	10.0
14:00~15:00	36.6	0.2	4.4	4.7	43.1	11.0
15:00~16:00	35.2	0.3	3.9	4.8	44.3	11.4
16:00~17:00	35.9	0.2	4.1	5.0	44.1	10.7
17:00~18:00	41.4	0.1	3.9	6.3	37.7	10.6
18:00~19:00	53.3	0.2	7.4	10.6	19.3	9.3
19:00~20:00	52.9	0.2	7.5	11.2	21.2	7.0
20:00~21:00	39.5	0.2	7.7	8.0	37.3	7.3
21:00~22:00	38.9	0.1	6.9	9.6	36.3	8.2
22:00~23:00	32.4	0.1	6.9	10.9	40.1	9.6
23:00~24:00	36.2	0.1	3.5	4.3	44.3	11.6
24:00~25:00	36.8	0.1	3.9	2.8	40.8	15.6
25:00~26:00	29.1	0.2	5.4	1.9	43.7	19.7

表 3.46.4　2015 年兰州市场收视份额排名前十位的频道

名次	频道名称	收视份额(%)
1	中央电视台综合频道	9.5
2	中央电视台新闻频道	5.4
3	湖南卫视	5.0
4	中央台六套	4.4
5	中央台八套	4.3
6	中央台三套	4.2
6	兰州电视台公共频道	4.2
8	中央台四套	3.0
9	浙江卫视	2.9
10	甘肃电视台文化影视频道	2.4

表 3.46.5 2015 年兰州市场各主要频道的观众构成(%)

目标观众		所有频道	主要频道				
			中央电视台综合频道	中央电视台新闻频道	湖南卫视	中央台六套	中央台八套
4 岁及以上所有人		100.0	100.0	100.0	100.0	100.0	100.0
性别	男性	51.5	48.7	57.1	37.2	56.9	46.8
	女性	48.5	51.3	42.9	62.8	43.1	53.2
年龄	4~14 岁	7.7	3.8	3.5	15.1	6.8	4.4
	15~24 岁	9.1	8.8	6.7	16.9	12.0	6.2
	25~34 岁	12.0	11.0	6.0	20.4	13.1	13.3
	35~44 岁	14.3	17.0	12.0	14.7	19.9	11.0
	45~54 岁	20.2	19.0	17.6	18.5	22.9	14.6
	55~64 岁	15.8	15.8	19.9	6.6	12.4	19.7
	65 岁及以上	20.9	24.5	34.4	7.7	13.0	30.7
教育程度	未受正规教育	4.8	2.1	3.1	3.8	3.7	5.2
	小学	11.8	8.4	17.8	16.9	9.3	21.3
	初中	25.6	31.1	21.3	26.6	25.5	25.0
	高中	42.9	43.0	41.1	32.4	44.6	38.1
	大学及以上	14.9	15.4	16.6	20.3	16.8	10.4
职业类别	干部/管理人员	3.1	6.2	4.0	3.8	2.3	2.7
	个体/私营企业人员	19.4	17.0	15.8	24.0	24.5	22.4
	初级公务员/雇员	11.8	10.8	7.4	8.7	16.7	8.1
	工人	10.5	10.3	9.7	10.2	10.8	8.6
	学生	11.6	10.0	7.8	25.8	13.3	8.2
	无业	42.4	44.0	53.5	25.7	31.4	49.3
	其他职业	1.2	1.7	1.7	1.9	0.9	0.7
个人月收入	0~600 元	23.3	21.9	13.4	36.8	22.4	18.7
	601~1200 元	12.7	8.0	16.4	14.3	14.3	13.7
	1201~1700 元	14.4	17.6	15.9	7.7	13.5	21.6
	1701~2600 元	28.0	32.9	28.6	18.4	26.8	31.1
	2601~3500 元	13.9	10.7	15.1	14.8	13.9	9.6
	3501 元~5000 元	6.4	7.5	8.9	6.2	7.1	4.1
	5001 元及以上	1.3	1.4	1.6	1.7	1.8	1.2

表 3.46.6 2013~2015 年兰州市场各类节目的播出份额(%)和收视份额(%)

节目类别	2013 年		2014 年		2015 年	
	播出份额	收视份额	播出份额	收视份额	播出份额	收视份额
财经	1.9	1.0	1.8	0.7	1.8	0.9
电视剧	22.2	32.5	20.9	32.3	21.1	32.8
电影	4.0	4.6	3.6	4.4	3.5	5.0
法制	0.9	0.8	0.9	1.2	0.9	0.8
教学	0.3	0.0	0.3	0.1	0.3	0.1
青少	6.8	4.2	7.2	4.2	6.7	4.0
生活服务	10.5	6.6	10.3	6.9	9.4	6.7
体育	1.8	1.9	2.8	2.3	2.9	2.6
外语	0.0	0.0	0.0	0.0	0.0	0.0
戏剧	0.8	0.3	0.7	0.4	0.8	0.5
新闻/时事	14.9	14.2	14.6	14.3	15.0	13.6
音乐	2.5	0.8	2.5	0.8	2.5	0.9
专题	10.5	7.1	12.6	7.4	13.8	6.9
综艺	8.9	15.0	8.9	14.2	8.6	14.8
其他	14.0	10.9	12.9	10.8	12.7	10.4

表 3.46.7　2015 年兰州市场所有节目收视率排名前三十位

名次	节目名称	节目类别	播出频道	平均收视率(%)	平均占有率(%)
1	2015 中央电视台春节联欢晚会	综艺	中央电视台综合频道	14.3	32.0
2	2015 中央电视台元宵晚会	综艺	中央电视台综合频道	9.7	23.9
3	星光大道(2 月 7 日)	综艺	中央电视台综合频道	9.1	23.0
4	武媚娘传奇	电视剧	湖南卫视	6.7	17.2
5	锋刃	电视剧	中央电视台综合频道	6.2	15.8
6	315 消费在阳光下	专题	中央电视台综合频道	6.1	19.1
7	感动中国 2014 年度人物颁奖盛典	专题	中央电视台综合频道	6.1	16.2
8	天气预报	生活服务	中央电视台新闻频道	6.0	20.3
9	我是歌手歌王之战(3 月 27 日)	综艺	湖南卫视	5.8	18.9
10	奔跑吧兄弟(4 月 17 ~7 月 3 日)	综艺	浙江卫视	5.7	18.4
11	好大一个家	电视剧	中央电视台综合频道	5.4	13.9
12	中央军委慰问驻京部队老干部迎新春文艺演出	综艺	中央电视台综合频道	5.4	13.2
13	直播周末:2015 年女排世界杯(日本队 VS 中国队)	体育	中央台五套	5.1	23.8
14	2015 年中央电视台中秋晚会	综艺	中央电视台综合频道	4.9	15.5
14	欢乐的节日 2015 年六一晚会	青少	中央电视台综合频道	4.9	15.5
16	王大花的革命生涯	电视剧	中央电视台综合频道	4.9	14.9
17	胜利与和平——纪念抗日战争暨世界反法西斯战争胜利 70 周年文艺晚会	综艺	中央电视台综合频道	4.9	12.5
18	2015 年世界田径锦标赛女子 5000 米决赛	体育	中央台五套	4.8	19.2
19	开学第一课(9 月 4 日)	青少	中央电视台综合频道	4.7	16.6
20	江山如画 2015 国庆音乐会	音乐	中央电视台综合频道	4.7	15.6
21	现场直播:2015 年亚洲男篮锦标赛决赛(中国队 VS 菲律宾队)	体育	中央台五套	4.7	14.8
22	怒放	电视剧	中央电视台综合频道	4.6	17.0
23	元宵喜乐会	综艺	湖南卫视	4.6	12.1
24	谍影重重四	电影	中央台六套	4.5	27.7
25	抗战胜利歌曲展播(9 月 3 日)	音乐	中央电视台综合频道	4.5	14.1
26	把革命老区发展时刻放在心上	专题	中央电视台综合频道	4.4	13.2
27	别让我看见	电视剧	中央电视台综合频道	4.4	12.7
28	中国谜语大会(3 月 2 日)	专题	中央电视台综合频道	4.3	12.4
29	梦想星搭档公益盛典	综艺	中央电视台综合频道	4.3	11.7
30	2015 一年又一年	新闻/时事	中央电视台综合频道	4.1	14.8

表 3.46.8　2015 年兰州市场电视剧收视率排名前十位

名次	节目名称	播出频道	平均收视率（%）	平均占有率（%）
1	武媚娘传奇	湖南卫视	6.7	17.2
2	锋刃	中央电视台综合频道	6.2	15.8
3	好大一个家	中央电视台综合频道	5.4	13.9
4	王大花的革命生涯	中央电视台综合频道	4.9	14.9
5	怒放	中央电视台综合频道	4.6	17.0
6	别让我看见	中央电视台综合频道	4.4	12.7
7	空巢姥爷	中央电视台综合频道	4.1	14.3
8	太行山上	中央电视台综合频道	3.8	13.4
9	于无声处	中央电视台综合频道	3.8	12.8
10	老农民	山东卫视	3.8	9.8

表 3.46.9　2015 年兰州市场新闻节目收视率排名前十位

名次	节目名称	播出频道	平均收视率（%）	平均占有率（%）
1	2015 一年又一年	中央电视台综合频道	4.1	14.8
2	郡县治天下安——习近平总书记与中央党校县委书记研修班学员座谈侧记	中央电视台综合频道	3.9	9.6
3	零距离大家谈(3 月 7 日)	兰州电视台公共频道	3.6	9.2
4	新闻联播	中央电视台综合频道	3.4	12.9
5	习近平在亚非领导人会议上致辞	中央电视台新闻频道	3.0	11.3
6	焦点访谈	中央电视台综合频道	3.0	10.0
7	李克强总理会见中外记者并回答提问	中央电视台综合频道	2.9	8.0
8	尼泊尔 8.1 级强震特别报道(4 月 25 日)	中央电视台新闻频道	1.8	6.1
9	抗战胜利 70 周年纪念大会	中央台二套	1.7	6.1
10	共同关注	中央电视台新闻频道	1.5	8.6

表 3.46.10　2015 年兰州市场专题节目收视率排名前十位

名次	节目名称	播出频道	平均收视率（%）	平均占有率（%）
1	315 消费在阳光下	中央电视台综合频道	6.1	19.1
2	感动中国 2014 年度人物颁奖盛典	中央电视台综合频道	6.1	16.2
3	把革命老区发展时刻放在心上	中央电视台综合频道	4.4	13.2
4	中国谜语大会(3 月 2 日)	中央电视台综合频道	4.3	12.4
5	把革命老区发展时刻放在心上	中央电视台新闻频道	3.4	10.1
6	东方主战场	中央电视台综合频道	3.3	12.3
7	寻找最美医生大型公益活动颁奖典礼	中央电视台综合频道	3.0	8.7
8	圆梦中国德耀中华第五届全国道德模范授奖仪式	中央电视台综合频道	2.6	7.1
9	胡耀邦	中央电视台综合频道	2.5	7.4
10	等着我	中央电视台综合频道	2.2	14.3

表 3.46.11　2015 年兰州市场综艺节目收视率排名前十位

名次	节目名称	播出频道	平均收视率（%）	平均占有率（%）
1	2015 中央电视台春节联欢晚会	中央电视台综合频道	14.3	32.0
2	2015 中央电视台元宵晚会	中央电视台综合频道	9.7	23.9
3	星光大道(2 月 7 日)	中央电视台综合频道	9.1	23.0
4	我是歌手歌王之战(3 月 27 日)	湖南卫视	5.8	18.9
5	奔跑吧兄弟(4 月 17 ~7 月 3 日)	浙江卫视	5.7	18.4
6	中央军委慰问驻京部队老干部迎新春文艺演出	中央电视台综合频道	5.4	13.2
7	2015 年中央电视台中秋晚会	中央电视台综合频道	4.9	15.5
8	胜利与和平——纪念抗日战争暨世界反法西斯战争胜利 70 周年文艺晚会	中央电视台综合频道	4.9	12.5
9	元宵喜乐会	湖南卫视	4.6	12.1
10	梦想星搭档公益盛典	中央电视台综合频道	4.3	11.7

表 3.46.12　2015 年兰州市场体育节目收视率排名前十位

名次	节目名称	播出频道	平均收视率（%）	平均占有率（%）
1	直播周末:2015 年女排世界杯（日本队 VS 中国队）	中央台五套	5.1	23.8
2	2015 年世界田径锦标赛女子 5000 米决赛	中央台五套	4.8	19.2
3	现场直播:2015 年亚洲男篮锦标赛决赛（中国队 VS 菲律宾队）	中央台五套	4.7	14.8
4	超级足球之夜 亚冠联赛颁奖仪式	中央台五套	3.4	13.3
5	2015 年澳大利亚亚洲杯 1/4 决赛（中国队 VS 澳大利亚队）	中央台五套	3.2	9.8
6	超级足球之夜:2018 年世界杯亚洲区预选赛（中国广州恒大 VS 阿联酋阿赫利）	中央台五套	3.1	10.0
7	黄金赛场:2015 年亚洲女排锦标赛决赛（中国队 VS 韩国队）	中央台五套	3.0	9.2
8	超级足球之夜:2015 年亚洲足联冠军联赛决赛第二回合（中国广州恒大 VS 阿联酋阿赫利）	中央台五套	3.0	9.1
9	2015 年世界乒乓球锦标赛混双决赛	中央台五套	2.8	9.4
10	直播周末:2014/2015 赛季中国男子篮球职业联赛总决赛第三场（北京首钢 VS 辽宁药都本溪）	中央台五套	2.7	7.3

四十七、南昌收视数据

表 3.47.1 2011～2015 年南昌市场各类频道的市场占有率(%)

频道类别	年份				
	2011 年	2012 年	2013 年	2014 年	2015 年
中央台频道	22.4	23.6	25.0	27.5	26.7
中国教育台频道	0.1	0.2	0.4	0.3	0.1
江西省级频道	44.9	43.0	40.4	36.3	35.1
南昌市级频道	2.6	3.4	4.4	4.7	4.3
其他省级卫视频道	19.5	19.1	18.3	19.0	20.5
其他频道	10.5	10.7	11.5	12.2	13.3

表 3.47.2 2015 年南昌市场各类频道在不同目标观众中的市场占有率(%)

目标观众		中央台频道	中国教育台频道	江西省级频道	南昌市级频道	其他省级卫视频道	其他频道
4 岁及以上所有人		26.7	0.1	35.1	4.3	20.5	13.3
性别	男	29.4	0.1	32.3	4.3	19.6	14.3
	女	23.7	0.1	38.1	4.2	21.4	12.5
年龄	4～14 岁	22.6	0.2	23.8	2.2	35.7	15.5
	15～24 岁	22.3	0.1	35.6	3.2	23.6	15.2
	25～34 岁	24.4	0.1	32.5	3.8	27.4	11.8
	35～44 岁	25.1	0.1	34.8	3.0	21.5	15.5
	45～54 岁	24.7	0.1	36.6	4.8	17.0	16.8
	55～64 岁	30.3	0.1	42.1	4.5	13.9	9.1
	65 岁及以上	35.0	0.2	34.8	7.2	12.2	10.6
教育程度	未受过正规教育	27.7	0.1	32.2	5.6	17.8	16.6
	小学	21.6	0.3	36.7	4.4	22.0	15.0
	初中	25.7	0.1	33.5	4.2	21.5	15.0
	高中	27.7	0.1	36.7	3.9	20.3	11.3
	大学及以上	32.0	0.1	34.1	4.4	18.2	11.2
职业类别	干部/管理人员	28.5	0.1	32.2	6.3	21.0	11.9
	个体/私营企业人员	25.8	0.1	37.2	3.4	17.9	15.6
	初级公务员/雇员	26.4	0.2	39.6	3.7	18.6	11.5
	工人	24.7	0.1	34.7	4.9	19.5	16.1
	学生	21.0	0.2	27.6	2.5	35.0	13.7
	无业	30.0	0.1	34.0	5.2	19.1	11.6
	其他	22.8	0.0	44.8	1.6	10.3	20.5
个人月收入	0～600 元	22.8	0.2	28.4	3.1	29.7	15.8
	601～1200 元	21.0	0.1	43.3	3.3	17.0	15.3
	1201～1700 元	25.4	0.2	38.0	5.5	17.3	13.6
	1701～2600 元	28.3	0.1	37.7	5.0	16.4	12.5
	2601～3500 元	32.4	0.1	32.9	5.1	19.6	9.9
	3501～5000 元	26.2	0.1	40.5	2.8	16.1	14.3
	5001 元及以上	29.1	0	30.2	3	22.5	15.2

表 3.47.3　2015 年南昌市场各类频道在不同时段的市场占有率(%)

时间段	中央台频道	中国教育台频道	江西省级频道	南昌市级频道	其他省级卫视频道	其他频道
02:00~03:00	26.7	0.3	20.4	1.3	20.2	31.1
03:00~04:00	29.5	0.2	16.0	0.9	18.7	34.7
04:00~05:00	35.3	0.1	16.4	0.7	15.5	32.0
05:00~06:00	42.2	0.3	17.0	0.7	13.4	26.4
06:00~07:00	46.8	0.2	18.3	4.2	10.9	19.6
07:00~08:00	43.2	0.1	24.9	4.4	11.2	16.2
08:00~09:00	41.0	0.2	23.7	3.6	16.2	15.3
09:00~10:00	34.7	0.3	24.6	4.0	22.4	14.0
10:00~11:00	31.7	0.2	28.1	3.1	23.8	13.1
11:00~12:00	34.5	0.1	26.7	3.1	23.0	12.6
12:00~13:00	35.8	0.2	27.2	2.2	22.1	12.5
13:00~14:00	35.5	0.2	22.5	2.5	25.2	14.1
14:00~15:00	30.8	0.2	23.9	2.8	27.2	15.1
15:00~16:00	28.0	0.2	26.4	3.3	27.0	15.1
16:00~17:00	27.3	0.2	28.3	3.9	25.6	14.7
17:00~18:00	29.9	0.1	29.4	5.2	21.9	13.5
18:00~19:00	27.1	0.1	44.8	5.6	10.4	12.0
19:00~20:00	26.0	0.1	42.9	6.6	14.4	10.0
20:00~21:00	18.8	0.1	43.4	4.6	22.2	10.9
21:00~22:00	20.1	0.1	42.9	3.9	20.8	12.2
22:00~23:00	17.6	0.1	40.7	4.7	22.4	14.5
23:00~24:00	23.4	0.1	29.7	3.9	26.1	16.8
24:00~25:00	25.7	0.1	29.3	4.3	21.0	19.6
25:00~26:00	26.8	0.2	24.6	3.5	19.8	25.1

表 3.47.4　2015 年南昌市场收视份额排名前十位的频道

名次	频道名称	收视份额(%)
1	江西卫视	9.4
2	江西电视台都市频道(二套)	8.2
3	江西电视台影视频道(四套)	6.2
4	江西电视台公共频道(五套)	5.5
5	中央电视台综合频道	4.8
6	湖南卫视	3.7
7	中央电视台新闻频道	3.0
8	中央台六套	2.8
9	江西电视台少儿家庭频道	2.5
9	中央台四套	2.5

表 3.47.5　2015 年南昌市场各主要频道的观众构成(%)

目标观众		所有频道	主要频道				
			江西卫视	江西电视台都市频道(二套)	江西电视台影视频道(四套)	江西电视台公共频道(五套)	中央电视台综合频道
4 岁及以上所有人		100.0	100.0	100.0	100.0	100.0	100.0
性别	男	52.0	43.1	48.6	53.9	46.4	52.2
	女	48.0	56.9	51.4	46.1	53.6	47.8
年龄	4~14 岁	10.4	6.0	5.7	5.3	6.8	7.2
	15~24 岁	10.2	9.3	11.6	8.2	5.5	7.3
	25~34 岁	13.7	10.5	13.2	11.3	10.6	13.5
	35~44 岁	14.3	18.9	11.9	9.7	15.9	10.7
	45~54 岁	19.9	17.4	20.3	25.2	22.1	17.1
	55~64 岁	17.9	25.4	20.6	20.3	28.4	20.5
	65 岁及以上	13.7	12.5	16.7	20.0	10.6	23.8
教育程度	未受过正规教育	5.8	5.1	6.9	4.4	4.6	6.4
	小学	19.3	17.0	27.4	15.3	21.5	18.4
	初中	27.7	27.0	30.7	26.8	23.4	22.0
	高中	31.0	32.5	24.3	38.3	33.5	32.2
	大学及以上	16.2	18.4	10.8	15.2	17.1	21.0
职业类别	干部/管理人员	2.5	2.8	1.6	2.2	3.3	2.4
	个体/私营企业人员	12.8	11.3	13.0	16.7	12.9	7.6
	初级公务员/雇员	17.6	25.0	13.2	24.6	21.0	21.7
	工人	16.9	14.7	17.7	13.0	17.0	12.8
	学生	10.9	9.1	5.8	5.8	6.9	7.5
	无业	36.3	32.9	44.4	36.2	31.7	46.5
	其他	2.9	4.2	4.2	1.6	7.2	1.5
个人月收入	0~600 元	24.2	16.3	23.5	13.5	14.8	18.8
	601~1200 元	5.8	8.4	9.9	5.0	6.7	3.8
	1201~1700 元	12.0	14.1	13.5	16.8	10.7	14.9
	1701~2600 元	30.3	29.8	31.4	39.5	35.7	34.7
	2601~3500 元	16.5	20.2	12.5	13.4	13.2	14.1
	3501~5000 元	8.3	8.7	6.5	7.8	17.0	10.6
	5001 元及以上	3.0	2.5	2.6	3.9	1.9	3.1

表 3.47.6　2013~2015 年南昌市场各类节目的播出份额(%)和收视份额(%)

节目类型	2013 年		2014 年		2015 年	
	播出份额	收视份额	播出份额	收视份额	播出份额	收视份额
财经	1.8	0.5	1.7	0.5	1.7	0.8
电视剧	22.2	32.5	22.3	35.8	23.1	35.1
电影	5.5	4.7	4.6	4.2	4.1	3.6
法制	1.4	2.9	1.5	2.7	1.4	2.8
教学	0.4	0.0	0.3	0.1	0.3	0.1
青少	6.7	6.9	6.9	6.2	6.6	5.3
生活服务	9.5	7.7	10.1	7.7	9.0	6.9
体育	1.8	1.2	2.7	1.4	2.7	1.3
外语	0.0	0.0	0.0	0.0	0.0	0.0
戏剧	0.7	0.1	0.7	0.1	0.8	0.1
新闻/时事	14.7	12.3	14.4	12.5	14.5	14.5
音乐	2.3	0.6	2.4	0.7	2.4	0.9
专题	10.5	8.8	11.6	7.4	13.0	8.2
综艺	8.4	9.0	8.3	9.0	8.3	9.0
其他	14.1	12.7	12.6	11.7	12.1	11.4

表 3.47.7　2015 年南昌市场节目收视率排名前三十位

名次	节目名称	节目类型	播出频道	平均收视率(%)	平均占有率(%)
1	超级歌单(7月5日)	综艺	江西卫视	7.9	24.5
2	你不知道的江西(5月1日)	综艺	江西电视台都市频道(二套)	7.3	19.5
3	继父回家(第1~22集)	电视剧	江西卫视	6.8	18.4
4	幸福归来	电视剧	江西卫视	6.8	18.1
5	等你爱我	电视剧	江西卫视	6.7	17.6
6	因为爱情有奇缘	电视剧	江西卫视	6.6	17.3
7	2015 中央电视台春节联欢晚会	综艺	江西电视台都市频道(二套)	6.6	16.2
8	鸳鸯佩	电视剧	江西卫视	5.8	15.4
9	妈妈向前冲	电视剧	江西卫视	5.6	15.6
10	大猫儿追爱记	电视剧	江西卫视	5.6	14.9
11	中国好声音4(7月24日)	综艺	浙江卫视	5.5	18.3
12	绝爱之城华胥引	电视剧	江西卫视	5.4	16.1
13	婆媳的战国时代	电视剧	江西卫视	5.4	15.4
14	晚间 800	专题	江西电视台都市频道(二套)	5.4	15.2
15	夺命枪爷	电视剧	江西电视台都市频道(二套)	5.4	14.9
16	胜利与和平——纪念抗日战争暨世界反法西斯战争胜利 70 周年文艺晚会	综艺	江西卫视	5.3	14.7
17	敢爱	电视剧	江西卫视	5.3	14.1
18	爱情不打烊	电视剧	江西卫视	5.2	14.7
19	锦绣缘华丽冒险	电视剧	江西卫视	5.1	14.6
20	一个强盗都不留	电视剧	江西卫视	5.1	14.0
21	2015 中央电视台元宵晚会	综艺	中央台三套	5.1	12.8
22	东方主战场	专题	江西卫视	5.0	14.1
23	美人劫	电视剧	江西电视台都市频道(二套)	5.0	13.6
24	离婚协议	电视剧	江西卫视	4.9	13.7
25	裸嫁时代	电视剧	江西卫视	4.9	13.5
26	晚间 800	专题	江西电视台都市频道(二套)	4.9	13.4
27	双面枪爷(第22~42集)	电视剧	江西电视台都市频道(二套)	4.8	13.6
28	情动 8 点	专题	江西电视台都市频道(二套)	4.8	12.9
29	活色生香	电视剧	江西卫视	4.7	13.8
30	情战	电视剧	江西电视台都市频道(二套)	4.7	12.8

表 3.47.8　2015 年南昌市场电视剧收视率排名前十位

名次	节目名称	播出频道	平均收视率（%）	平均占有率（%）
1	继父回家（第 1 ~ 22 集）	江西卫视	6.8	18.4
2	幸福归来	江西卫视	6.8	18.1
3	等你爱我	江西卫视	6.7	17.6
4	因为爱情有奇缘	江西卫视	6.6	17.3
5	鸳鸯佩	江西卫视	5.8	15.4
6	妈妈向前冲	江西卫视	5.6	15.6
7	大猫儿追爱记	江西卫视	5.6	14.9
8	绝爱之城华胥引	江西卫视	5.4	16.1
9	婆媳的战国时代	江西卫视	5.4	15.4
10	夺命枪爷	江西电视台都市频道（二套）	5.4	14.9

表 3.47.9　2015 年南昌市场新闻节目收视率排名前十位

名次	节目名称	播出频道	平均收视率（%）	平均占有率（%）
1	转播中央台新闻联播（9 月 3 日）	江西电视台都市频道（二套）	4.1	13.5
2	都市现场	江西电视台都市频道（二套）	4.0	16.8
3	转播中央台新闻联播（2 月 18 日）	江西电视台公共频道（五套）	4.0	11.7
4	转播中央台新闻联播	江西卫视	3.7	12.7
5	2015 一年又一年	江西电视台公共频道（五套）	2.9	10.7
6	江西新闻联播	江西卫视	2.1	9.1
7	新闻晚高峰	江西电视台公共频道（五套）	2.0	8.6
8	习近平在亚非领导人会议上致辞	中央电视台新闻频道	1.8	5.8
9	李克强总理会见中外记者并回答提问	中央电视台综合频道	1.8	4.5
10	焦点访谈	中央电视台综合频道	1.4	4.1

表 3.47.10　2015 年南昌市场专题节目收视率排名前十位

名次	节目名称	播出频道	平均收视率（%）	平均占有率（%）
1	晚间 800	江西电视台都市频道（二套）	5.4	15.2
2	东方主战场	江西卫视	5.0	14.1
3	情动 8 点	江西电视台都市频道（二套）	4.8	12.9
4	都市情缘	江西电视台都市频道（二套）	4.3	12.7
5	金牌调解	江西卫视	3.3	13.4
6	传奇故事	江西卫视	3.2	9.5
7	315 消费在阳光下	中央电视台综合频道	2.3	7.0
8	中国谜语大会（3 月 4 日）	中央电视台综合频道	2.3	5.8
9	赢在江西总决赛	江西电视台公共频道（五套）	2.2	5.3
10	感动中国 2014 年度人物颁奖盛典	中央电视台综合频道	2.2	5.2

表 3.47.11　2015 年南昌市场综艺节目收视率排名前 10 位

名次	节目名称	播出频道	平均收视率（%）	平均占有率（%）
1	超级歌单(7 月 5 日)	江西卫视	7.9	24.5
2	你不知道的江西(5 月 1 日)	江西电视台都市频道(二套)	7.3	19.5
3	2015 中央电视台春节联欢晚会	江西电视台都市频道(二套)	6.6	16.2
4	中国好声音 4(7 月 24 日)	浙江卫视	5.5	18.3
5	胜利与和平——纪念抗日战争暨世界反法西斯战争胜利 70 周年文艺晚会	江西卫视	5.3	14.7
6	奔跑吧兄弟(4 月 7 日至 7 月 3 日)	浙江卫视	5.1	16.6
7	2015 中央电视台元宵晚会	中央台三套	5.1	12.8
8	顶级对决(9 月 26 日)	江西卫视	4.4	12.2
9	元宵喜乐会	湖南卫视	4.3	11.8
10	家庭幽默录像	江西卫视	3.9	12.1

表 3.47.12　2015 年南昌市场体育节目收视率排名前十位

名次	节目名称	播出频道	平均收视率（%）	平均占有率（%）
1	2015 年世界田径锦标赛男子 4×100 米接力决赛	中央台五套	3.6	9.6
2	直播周末:2015 年澳大利亚亚洲杯小组赛 B 组(中国队 VS 朝鲜队)	中央台五套	3.2	12.6
3	现场直播:2015 年亚洲男篮锦标赛决赛(中国队 VS 菲律宾队)	中央台五套	2.5	8.0
4	超级足球之夜:国际足联 2018 年俄罗斯世界杯亚洲区预选赛 C 组小组赛(中国香港队 VS 中国队)	中央台五套	2.4	6.6
5	2015 年世界乒乓球锦标赛女双决赛	中央台五套	2.1	7.5
6	超级足球之夜:2015 年亚洲足联冠军联赛决赛第二回合(中国广州恒大 VS 阿联酋阿赫利)	中央台五套	2.1	5.9
7	直播周末 精英赛场:2015 年国际乒联职业巡回赛瑞典公开赛男双决赛	中央台五套	1.9	7.2
8	2015 年国际足联俱乐部世界杯半决赛(西班牙巴塞罗那 VS 中国广州恒大)	中央台五套	1.9	5.8
9	直播周末:2014/2015 赛季中国男子篮球职业联赛总决赛第六场(辽宁药都本溪 VS 北京首钢)	中央台五套	1.7	4.6
10	苏迪曼杯颁奖仪式	中央台五套	1.6	11.9

四十八、南京收视数据

表 3.48.1　2011～2015 年南京市场各类频道的市场占有率(%)

频道类别	年份				
	2011 年	2012 年	2013 年	2014 年	2015 年
中央台频道	19.1	21.3	21.9	24.5	27.5
中国教育台频道	0.3	0.3	0.3	0.3	0.3
江苏省级频道	39.5	38.4	34.7	35.3	36.2
南京市级频道	21.6	17.1	16.1	13.2	5.8
其他省级卫视频道	14.8	16.7	17.9	15.0	17.3
其他频道	4.7	6.2	9.1	11.7	12.9

表 3.48.2　2015 年南京市场各类频道在不同目标观众中的市场占有率(%)

目标观众		中央台频道	中国教育台频道	江苏省级频道	南京市级频道	其他省级卫视频道	其他频道
4 岁及以上所有人		27.5	0.3	36.2	5.8	17.3	12.9
性别	男	30.2	0.3	33.9	5.6	16.5	13.5
	女	24.6	0.3	38.5	6.1	18.2	12.3
年龄	4～14 岁	22.5	0.1	30.9	2.8	31.0	12.7
	15～24 岁	20.3	0.1	38.0	4.1	20.7	16.8
	25～34 岁	19.9	0.2	39.6	4.3	19.4	16.6
	35～44 岁	28.6	0.2	33.7	4.1	20.7	12.7
	45～54 岁	24.7	0.2	41.3	7.0	14.1	12.7
	55～64 岁	30.0	0.3	35.0	7.3	14.4	13.0
	65 岁及以上	42.0	0.8	29.0	7.9	13.7	6.6
教育程度	未受过正规教育	27.6	0.1	36.3	7.4	18.9	9.7
	小学	28.1	0.5	38.1	6.5	19.1	7.7
	初中	27.7	0.3	37.4	6.1	17.7	10.8
	高中	28.4	0.3	34.3	5.7	17.0	14.3
	大学及以上	25.7	0.2	36.2	5.1	16.1	16.7
职业类别	干部/管理人员	29.9	0.4	40.8	5.9	14.4	8.6
	个体/私营企业人员	27.8	0.3	34.3	4.9	18.8	13.9
	初级公务员/雇员	24.3	0.2	36.6	5.9	16.2	16.8
	工人	23.9	0.2	38.0	5.3	18.2	14.4
	学生	21.8	0.1	32.6	3.1	29.9	12.5
	无业	31.9	0.4	33.4	6.5	16.6	11.2
	其他	28.3	0.1	47.9	7.3	10.3	6.1
个人月收入	0～600 元	23.4	0.2	37.7	5.3	21.9	11.5
	601～1200 元	25.4	0.3	47.3	6.8	14.8	5.4
	1201～1700 元	28.7	0.2	32.6	6.0	15.3	17.2
	1701～2600 元	29.9	0.5	35.1	6.7	16.0	11.8
	2601～3500 元	28.6	0.2	34.5	5.1	17.4	14.2
	3501～5000 元	25.5	0.3	36.6	6.0	16.5	15.1
	5001 元及以上	30.0	0.2	35.1	5.6	15.7	13.4

表 3.48.3　2015 年南京市场各类频道在不同时段的市场占有率(%)

时间段	中央台频道	中国教育台频道	江苏省级频道	南京市级频道	其他省级卫视频道	其他频道
02:00~03:00	24.2	0.2	18.5	1.0	26.1	30.0
03:00~04:00	24.2	0.1	20.9	1.0	25.7	28.1
04:00~05:00	28.7	0.2	24.5	0.3	22.4	23.9
05:00~06:00	36.5	0.4	23.7	1.8	21.4	16.2
06:00~07:00	39.4	0.2	31.0	4.9	13.2	11.3
07:00~08:00	43.1	0.1	33.5	3.0	10.1	10.2
08:00~09:00	46.4	0.3	19.6	4.9	16.8	12.0
09:00~10:00	40.4	0.6	17.4	5.9	21.7	14.0
10:00~11:00	39.5	0.6	15.9	4.1	24.6	15.3
11:00~12:00	42.2	0.2	15.4	3.9	23.7	14.6
12:00~13:00	41.7	0.2	16.1	4.7	22.5	14.8
13:00~14:00	36.6	0.4	18.0	4.4	24.0	16.6
14:00~15:00	30.9	0.6	21.4	4.4	25.8	16.9
15:00~16:00	30.8	0.6	19.9	5.4	26.8	16.5
16:00~17:00	32.1	0.5	19.0	4.7	27.7	16.0
17:00~18:00	30.6	0.2	26.7	10.6	19.8	12.1
18:00~19:00	22.2	0.1	49.4	13.3	6.1	8.9
19:00~20:00	22.3	0.3	53.6	6.3	8.4	9.1
20:00~21:00	20.6	0.4	48.4	5.2	15.6	9.8
21:00~22:00	23.6	0.2	43.1	4.9	16.3	11.9
22:00~23:00	21.5	0.1	39.3	4.7	19.6	14.8
23:00~24:00	27.4	0.2	23.6	3.3	26.8	18.7
24:00~25:00	28.7	0.1	18.2	2.3	25.6	25.1
25:00~26:00	26.3	0.2	17.1	1.5	25.2	29.7

表 3.48.4　2015 年南京市场收视份额排名前十位的频道

名次	频道名称	收视份额(%)
1	江苏电视台城市频道	9.7
2	江苏卫视	9.6
3	江苏电视台综艺频道	5.8
4	江苏电视台影视频道	4.2
5	中央电视台综合频道	3.6
6	中央台四套	3.5
7	中央台六套	3.3
7	湖南卫视	3.3
9	中央台三套	3.1
10	中央电视台新闻频道	3.0

表 3.48.5　2015 年南京市场各主要频道的观众构成(%)

目标观众		所有频道	江苏电视台城市频道	江苏卫视	江苏电视台综艺频道	江苏电视台影视频道	中央电视台综合频道
4 岁及以上所有人		100.0	100.0	100.0	100.0	100.0	100.0
性别	男	51.1	47.0	45.3	50.8	45.9	50.6
	女	48.9	53.0	54.7	49.2	54.1	49.4
年龄	4~14 岁	5.2	2.3	3.5	3.3	3.7	3.4
	15~24 岁	5.9	3.9	7.9	6.5	5.5	4.1
	25~34 岁	19.2	18.5	22.1	17.4	24.1	10.1
	35~44 岁	14.3	11.2	14.4	16.2	12.5	12.2
	45~54 岁	21.3	25.1	25.9	24.8	20.6	14.0
	55~64 岁	19.8	22.4	17.1	18.9	21.7	25.4
	65 岁及以上	14.3	16.6	9.1	12.9	11.9	30.8
教育程度	未受过正规教育	4.7	3.9	2.7	4.4	5.7	3.9
	小学	11.7	10.2	13.6	16.0	14.1	11.8
	初中	28.9	30.8	30.7	34.4	25.8	20.2
	高中	30.5	29.9	28.8	27.6	24.4	35.9
	大学及以上	24.2	25.2	24.2	17.6	30.0	28.2
职业类别	干部/管理人员	4.0	4.5	4.1	3.8	8.1	4.7
	个体/私营企业人员	5.9	4.8	6.8	5.1	5.5	6.0
	初级公务员/雇员	20.0	17.8	21.0	18.8	23.9	13.9
	工人	22.5	22.2	25.7	24.9	18.0	12.1
	学生	5.8	3.5	5.1	4.7	4.9	3.3
	无业	36.3	43.5	28.8	30.2	29.7	54.3
	其他	5.5	3.7	8.5	12.5	9.9	5.7
个人月收入	0~600 元	19.3	17.3	19.6	19.4	17.8	16.1
	601~1200 元	4.7	5.2	7.1	10.1	5.6	4.0
	1201~1700 元	5.3	4.0	5.7	4.5	3.5	3.7
	1701~2600 元	23.5	26.1	23.2	24.0	21.4	27.6
	2601~3500 元	18.2	17.4	17.3	19.2	15.9	15.9
	3501~5000 元	15.1	14.4	14.4	13.8	18.8	13.0
	5001 元及以上	13.9	15.6	12.7	9.0	17.0	19.7

表 3.48.6　2013~2015 年南京市场各类节目的播出份额(%)和收视份额(%)

节目类别	2013 年		2014 年		2015 年	
	播出份额	收视份额	播出份额	收视份额	播出份额	收视份额
财经	2.5	0.8	2.4	0.8	2.4	0.8
电视剧	20.9	34.9	20.5	34.5	20.4	32.2
电影	3.8	2.4	3.4	3.0	3.1	3.5
法制	1.3	3.7	1.2	2.9	1.2	2.2
教学	0.2	0.0	0.3	0.1	0.3	0.1
青少	6.1	3.0	6.7	3.3	6.4	3.7
生活服务	11.3	6.2	11.9	7.2	11.3	6.3
体育	2.8	1.7	3.7	2.3	3.7	2.4
外语	0.0	0.0	0.0	0.0	0.0	0.0
戏剧	0.7	0.1	0.6	0.1	0.7	0.2
新闻/时事	14.2	16.3	13.8	16.3	13.8	15.3
音乐	2.1	0.3	2.2	0.4	2.3	0.7
专题	11.1	4.5	11.4	4.1	12.7	4.9
综艺	9.2	13.2	9.4	12.1	9.7	15.1
其他	13.8	12.9	12.5	12.9	12.0	12.6

表 3.48.7　2015 年南京市场所有节目收视率排名前三十位

名次	节目名称	节目类型	播出频道	平均收视率(%)	平均占有率(%)
1	幸福聚荔 20152016 跨年演唱会	音乐	江苏卫视	16.7	45.7
2	最强大脑（1月2日）	综艺	江苏卫视	12.6	31.6
3	2015 新年演唱会	音乐	江苏卫视	12.5	30.3
4	蒙面歌王（9月27日）	综艺	江苏卫视	7.4	21.7
5	2015 中央电视台春节联欢晚会	综艺	江苏卫视	7.2	18.4
6	加油吧实习生	电视剧	江苏卫视	7.1	19.0
7	我的二哥二嫂	电视剧	江苏电视台城市频道	7.1	18.4
8	妈妈像花儿一样	电视剧	江苏卫视	7.0	19.4
9	大秧歌	电视剧	江苏卫视	6.7	17.8
10	隋唐英雄之薛刚反唐	电视剧	江苏卫视	6.7	16.6
11	二婶	电视剧	江苏电视台城市频道	6.6	18.0
12	两生花	电视剧	江苏卫视	6.5	17.2
13	千金女贼	电视剧	江苏卫视	6.5	15.8
14	二炮手	电视剧	江苏卫视	6.5	14.6
15	老婆大人是 80 后	电视剧	江苏卫视	6.4	17.0
16	背着奶奶进城	电视剧	江苏电视台城市频道	6.2	16.4
17	刑警队长	电视剧	江苏卫视	6.2	15.7
18	春江英雄	电视剧	江苏卫视	6.0	16.3
19	长安三怪探	电视剧	江苏卫视	6.0	15.9
20	何以笙箫默	电视剧	江苏卫视	6.0	13.7
21	于无声处	电视剧	江苏卫视	5.9	15.7
22	兵变一九二九	电视剧	江苏电视台城市频道	5.9	14.9
23	西游降魔篇	电影	江苏卫视	5.9	14.5
24	毕业歌	电视剧	江苏卫视	5.8	16.5
25	为她而战	综艺	江苏卫视	5.8	15.4
26	非诚勿扰	综艺	江苏卫视	5.7	18.6
27	生死连	电视剧	江苏电视台城市频道	5.6	15.6
28	我为儿孙当北漂	电视剧	江苏卫视	5.6	14.9
29	怒放之战狼	电视剧	江苏电视台城市频道	5.6	13.5
30	壮丁也是兵	电视剧	江苏电视台城市频道	5.5	15.2

表 3.48.8　2015 年南京市场电视剧收视率排名前十位

名次	节目名称	播出频道	平均收视率（%）	平均占有率（%）
1	加油吧实习生	江苏卫视	7.1	19.0
2	我的二哥二嫂	江苏电视台城市频道	7.1	18.4
3	妈妈像花儿一样	江苏卫视	7.0	19.4
4	大秧歌	江苏卫视	6.7	17.8
5	隋唐英雄之薛刚反唐	江苏卫视	6.7	16.6
6	二婶	江苏电视台城市频道	6.6	18.0
7	两生花	江苏卫视	6.5	17.2
8	千金女贼	江苏卫视	6.5	15.8
9	二炮手	江苏卫视	6.5	14.6
10	老婆大人是 80 后	江苏卫视	6.4	17.0

表 3.48.9　2015 年南京市场新闻节目收视率排名前十位

名次	节目名称	播出频道	平均收视率（%）	平均占有率（%）
1	零距离	江苏电视台城市频道	4.8	15.5
2	直通北京 2015 全国两会特别报道	江苏卫视	4.5	10.7
3	新闻 360	江苏电视台公共新闻频道	2.3	7.4
4	转播中央台新闻联播	江苏卫视	2.2	7.0
5	直播南京	南京电视台新闻综合频道(一套)	2.1	9.2
6	评新而论	江苏电视台公共新闻频道	2.0	5.6
7	江苏新时空	江苏卫视	1.8	6.8
8	大型特别节目:致敬胜利——纪念抗日战争暨世界反法西斯战争胜利 70 周年	江苏电视台公共新闻频道	1.8	5.8
9	守护我们的家园 2015 绿动生活	江苏电视台公共新闻频道	1.7	5.5
10	郡县治天下安——习近平总书记与中央党校县委书记研修班学员座谈侧记	中央电视台新闻频道	1.7	3.7

表 3.48.10　2015 年南京市场专题节目收视率排名前十位

名次	节目名称	播出频道	平均收视率(%)	平均占有率(%)
1	江苏方言大赛第二季(5 月 24 日)	江苏电视台综艺频道	4.4	12.0
2	东方主战场	江苏卫视	3.9	11.7
3	315 大型全媒体互动直播护航安全消费2015	江苏电视台公共新闻频道	3.1	11.0
4	人间真情	江苏卫视	3.1	9.6
5	你所不知道的中国	江苏卫视	2.7	11.8
6	青春遇见梦想艺考生全景青春观察类真人秀大学我来了特别节目	江苏电视台综艺频道	2.2	7.8
7	315 消费在阳光下	中央电视台综合频道	1.9	5.5
8	外国人在中国	中央台四套	1.7	5.7
9	把革命老区发展时刻放在心上	中央电视台新闻频道	1.6	4.7
10	外国人眼中的南京大屠杀	江苏卫视	1.5	7.6

表 3.48.11　2015 年南京市场综艺节目收视率排名前十位

名次	节目名称	播出频道	平均收视率(%)	平均占有率(%)
1	最强大脑(1 月 2 日)	江苏卫视	12.6	31.6
2	蒙面歌王(9 月 27 日)	江苏卫视	7.4	21.7
3	2015 中央电视台春节联欢晚会	江苏卫视	7.2	18.4
4	为她而战	江苏卫视	5.8	15.4
5	非诚勿扰	江苏卫视	5.7	18.6
6	超级战队	江苏卫视	5.4	17.1
7	女婿上门了	江苏卫视	5.1	15.0
8	何以笙箫默之番外篇	江苏卫视	5.0	11.1
9	胜利与和平——纪念抗日战争暨世界反法西斯战争胜利 70 周年文艺晚会	江苏卫视	4.9	13.5
10	幸福中国合家欢——江苏卫视乙未羊年春节大联欢	江苏卫视	4.6	15.2

表 3.48.12　2015 年南京市场体育节目收视率排名前十位

名次	节目名称	播出频道	平均收视率（%）	平均占有率（%）
1	直播周末:2015 年澳大利亚亚洲杯小组赛 B 组（中国队 VS 朝鲜队）	中央台五套	5.0	17.1
2	2015 年世界田径锦标赛男子4×100 米接力决赛	中央台五套	3.9	10.6
3	直播周末:2015 年女排世界杯（日本队 VS 中国队）	中央台五套	3.7	11.2
4	直播周末 2015 年女排世界杯颁奖仪式	中央台五套	3.1	8.4
5	超级足球之夜:国际足联 2018 年俄罗斯世界杯亚洲区预选赛 C 组小组赛（中国香港队 VS 中国队）	中央台五套	3.0	8.0
6	2015 年世界乒乓球锦标赛男单决赛	中央台五套	3.0	7.9
7	现场直播:2015 年亚洲男篮锦标赛决赛（中国队 VS 菲律宾队）	中央台五套	2.9	10.5
8	2015 年国际足联俱乐部世界杯半决赛（西班牙巴塞罗那 VS 中国广州恒大）	中央台五套	2.7	8.1
9	2015 年国际泳联世锦赛男子 100 米自由泳决赛	中央台五套	2.3	18.8
10	直播周末:2015 年世界羽毛球锦标赛男双决赛	中央台五套	2.2	6.7

四十九、南宁收视数据

表 3.49.1　2011～2015 年南宁市场各类频道的市场占有率(%)

频道类别	年份				
	2011 年	2012 年	2013 年	2014 年	2015 年
中央台频道	29.6	31.9	35.4	32.7	31.0
中国教育台频道	0.8	0.8	0.5	0.1	0.1
广西自治区级频道	31.0	30.7	28.8	30.2	29.9
南宁市级频道	13.2	10.4	11.7	10.5	10.7
其他省级卫视频道	18.4	21.0	19.4	20.3	21.7
其他频道	6.9	5.2	4.2	6.2	6.6

表 3.49.2　2015 年南宁市场各类频道在不同目标观众中的市场占有率(%)

目标观众		中央台频道	中国教育台频道	广西自治区级频道	南宁市级频道	其他省级卫视频道	其他频道
4 岁及以上所有人		31.0	0.1	29.9	10.7	21.7	6.6
性别	男	33.9	0.1	29.6	10.0	19.2	7.2
	女	28.1	0.1	30.3	11.3	24.1	6.1
年龄	4～14 岁	25.1	0.0	23.2	7.1	39.5	5.1
	15～24 岁	23.3	0.0	32.3	9.6	22.5	12.3
	25～34 岁	28.7	0.1	27.0	14.7	22.9	6.6
	35～44 岁	30.8	0.0	27.4	9.2	25.1	7.5
	45～54 岁	32.4	0.1	32.6	9.4	18.7	6.8
	55～64 岁	32.1	0.1	35.9	10.2	14.4	7.3
	65 岁及以上	41.4	0.1	30.5	13.0	12.5	2.5
教育程度	未受过正规教育	23.8	0.0	34.6	7.6	30.0	4.0
	小学	26.4	0.0	30.3	11.7	27.9	3.7
	初中	29.3	0.1	36.2	8.7	17.6	8.1
	高中	34.3	0.1	26.4	11.5	20.6	7.1
	大学及以上	33.9	0.1	23.3	12.7	23.6	6.4
职业类别	干部/管理人员	37.6	0.1	35.1	3.2	16.5	7.5
	个体/私营企业人员	33.8	0.0	28.4	10.4	21.0	6.4
	初级公务员/雇员	28.4	0.1	25.3	12.4	25.0	8.8
	工人	29.6	0.0	26.8	17.1	19.5	7.0
	学生	24.3	0.0	22.7	7.7	38.8	6.5
	无业	33.5	0.1	31.1	10.7	18.5	6.1
	其他	26.4	0.1	40.1	7.8	19.4	6.2
个人月收入	0～600 元	25.6	0.0	30.5	8.6	28.9	6.4
	601～1200 元	29.4	0.0	35.0	12.3	17.0	6.3
	1201～1700 元	33.3	0.1	32.3	9.9	19.0	5.4
	1701～2600 元	34.5	0.1	28.9	11.6	17.5	7.4
	2601～3500 元	34.0	0.1	21.8	16.3	19.3	8.5
	3501～5000 元	30.7	0.1	27.8	8.6	26.0	6.8
	5001 元及以上	33.9	0.0	34.1	3.9	22.1	6.0

表 3.49.3 2015 年南宁市场各类频道不同时段的市场占有率(%)

时间段	中央台频道	中国教育台频道	广西自治区级频道	南宁市级频道	其他省级卫视频道	其他频道
02:00~03:00	25.1	0.1	19.1	1.9	33.4	20.4
03:00~04:00	24.7	0.1	17.6	1.5	31.2	24.9
04:00~05:00	30.6	0.2	17.6	1.2	26.7	23.7
05:00~06:00	36.7	0.1	22.5	1.4	22.2	17.1
06:00~07:00	54.1	0.1	17.7	0.8	17.4	9.9
07:00~08:00	57.5	0.0	15.4	2.7	16.0	8.4
08:00~09:00	46.0	0.1	20.8	5.2	19.8	8.1
09:00~10:00	38.5	0.1	22.5	6.1	24.5	8.3
10:00~11:00	36.7	0.1	23.1	4.8	26.2	9.1
11:00~12:00	41.3	0.1	20.6	3.9	24.9	9.2
12:00~13:00	46.1	0.0	18.7	4.0	23.2	8.0
13:00~14:00	38.4	0.0	21.9	3.7	26.6	9.4
14:00~15:00	33.6	0.1	23.9	2.9	29.0	10.5
15:00~16:00	33.8	0.1	24.0	3.1	28.1	10.9
16:00~17:00	35.7	0.1	21.8	3.0	28.1	11.3
17:00~18:00	37.6	0.0	22.8	6.0	24.5	9.1
18:00~19:00	31.4	0.0	37.5	12.3	12.6	6.2
19:00~20:00	25.2	0.0	37.3	21.0	12.0	4.5
20:00~21:00	25.2	0.1	36.5	16.6	17.2	4.4
21:00~22:00	25.9	0.1	38.3	10.7	20.8	4.2
22:00~23:00	26.8	0.1	26.4	12.2	29.2	5.3
23:00~24:00	25.2	0.1	27.6	10.7	30.0	6.4
24:00~25:00	30.0	0.0	25.2	7.3	28.6	8.9
25:00~26:00	28.0	0.1	23.9	2.2	31.3	14.5

表 3.49.4 2015 年南宁市场收视份额排名前十位的频道

名次	频道名称	收视份额(%)
1	广西电视台综艺频道	8.5
2	广西电视台卫星频道	6.6
3	中央电视台综合频道	5.2
4	广西电视台都市频道	4.5
5	湖南卫视	4.4
6	南宁电视台新闻综合频道	4.3
7	广西电视台新闻频道	3.7
8	中央台五套	3.6
9	广西电视台科教频道	3.5
10	南宁电视台影视娱乐频道	3.3

表 3.49.5　2015 年南宁市场各主要频道的观众构成(%)

目标观众		所有频道	主要频道				
			广西电视台综艺频道	广西电视台卫星频道	中央电视台综合频道	广西电视台都市频道	湖南卫视
4 岁及以上所有人		100.0	100.0	100.0	100.0	100.0	100.0
性别	男	50.1	55.3	43.8	47.8	41.2	34.6
	女	49.9	44.7	56.2	52.2	58.8	65.4
年龄	4~14 岁	10.7	9.6	4.1	8.6	12.5	22.2
	15~24 岁	8.2	9.2	11.0	4.9	3.9	11.1
	25~34 岁	17.8	17.5	8.1	22.2	20.2	23.3
	35~44 岁	17.4	12.4	16.9	13.9	12.4	20.4
	45~54 岁	18.4	24.3	15.2	19.6	24.2	13.7
	55~64 岁	15.1	14.4	30.8	11.7	15.7	5.9
	65 岁及以上	12.4	12.6	13.9	19.0	11.1	3.5
教育程度	未受过正规教育	5.3	9.2	2.7	6.0	13.7	3.2
	小学	13.9	13.8	10.4	12.0	20.2	23.0
	初中	32.0	33.3	54.5	24.4	39.6	21.7
	高中	29.9	31.8	23.9	34.0	16.0	30.6
	大学及以上	18.9	11.8	8.5	23.6	10.6	21.4
职业类别	干部/管理人员	3.5	3.0	5.5	5.7	1.0	3.4
	个体/私营企业人员	20.0	20.5	15.5	24.8	14.2	18.7
	初级公务员/雇员	13.0	7.6	12.6	11.8	9.8	13.8
	工人	9.4	13.4	3.1	10.4	5.6	10.0
	学生	8.6	6.7	4.4	5.1	4.8	24.4
	无业	33.6	28.2	53.6	33.8	33.9	19.1
	其他	12.0	20.6	5.2	8.4	30.8	10.7
个人月收入	0~600 元	26.2	32.2	20.8	20.6	36.7	36.9
	601~1200 元	11.7	17.5	8.9	7.0	17.1	8.0
	1201~1700 元	15.1	10.3	25.0	16.5	17.3	12.5
	1701~2600 元	24.5	28.1	29.5	32.9	15.9	19.2
	2601~3500 元	11.1	4.4	5.3	15.1	5.9	9.6
	3501~5000 元	7.4	4.2	7.2	5.7	4.8	11.0
	5001 元及以上	4.0	3.3	3.3	2.2	2.3	2.9

表 3.49.6　2013~2015 年南宁市场各类节目的播出份额(%)和收视份额(%)

节目类别	2013 年		2014 年		2015 年	
	播出份额	收视份额	播出份额	收视份额	播出份额	收视份额
财经	1.9	0.8	1.7	0.5	1.7	0.7
电视剧	23.0	31.4	22.0	30.9	22.1	30.0
电影	4.8	4.0	4.5	5.2	4.3	5.2
法制	1.2	2.2	1.8	4.1	1.9	4.3
教学	0.2	0.0	0.2	0.0	0.2	0.0
青少	6.4	7.5	6.7	7.0	6.4	5.7
生活服务	8.9	6.5	9.8	6.9	9.0	7.0
体育	1.8	2.0	2.7	3.0	2.7	3.3
外语	0.0	0.0	0.0	0.0	0.0	0.0
戏剧	0.8	0.1	0.7	0.1	0.8	0.1
新闻/时事	15.5	16.4	15.0	14.0	15.0	13.5
音乐	2.4	0.9	2.4	0.9	2.4	1.0
专题	10.6	6.3	11.7	5.8	12.6	6.4
综艺	8.5	9.4	8.3	9.2	8.4	9.8
其他	14.0	12.3	12.5	12.4	12.5	12.9

表 3.49.7 2015 年南宁市场所有节目收视率排名前三十位

名次	节目名称	节目类型	播出频道	平均收视率（%）	平均占有率（%）
1	直播周末：2015 年女排世界杯（日本队 VS 中国队）	体育	中央台五套	8.1	24.0
2	中国好声音 4 总决赛	综艺	浙江卫视	8.1	23.7
3	2015 中央电视台春节联欢晚会	综艺	中央台三套	7.3	21.4
4	现场直播：2015 年亚洲男篮锦标赛半决赛（中国队 VS 伊朗队）	体育	中央台五套	7.1	19.7
5	猎刃	电视剧	广西电视台综艺频道	6.6	18.5
6	皇氏之夜情牵丝路大地飞歌2015 第 17 届南宁国际民歌艺术节晚会	综艺	南宁电视台新闻综合频道	6.2	16.5
7	2015 年国际足联俱乐部世界杯半决赛（西班牙巴塞罗那 VS 中国广州恒大）	体育	中央台五套	6.1	20.0
8	狐影	电视剧	广西电视台综艺频道	6.1	17.3
9	铁血尖刀	电视剧	广西电视台综艺频道	5.8	16.7
10	地雷英雄传	电视剧	广西电视台综艺频道	5.8	16.1
11	超级足球之夜：2015 年亚洲足联冠军联赛决赛第二回合（中国广州恒大 VS 阿联酋阿赫利）	体育	中央台五套	5.7	17.2
12	夺宝传奇	电视剧	广西电视台综艺频道	5.5	17.5
13	野山鹰	电视剧	广西电视台综艺频道	5.5	16.2
14	2015 年世界田径锦标赛男子100 米决赛	体育	中央台五套	5.5	14.9
15	直播周末 2015 年女排世界杯颁奖仪式	体育	中央台五套	5.5	14.2
16	超级足球之夜：国际足联2018 年俄罗斯世界杯亚洲区预选赛 C 组小组赛（中国香港队 VS 中国队）	体育	中央台五套	5.4	16.0
17	截杀令	电视剧	广西电视台综艺频道	5.3	15.6
18	尖刀对决	电视剧	广西电视台综艺频道	5.2	16.4
19	嫂子嫂子	电视剧	广西电视台综艺频道	5.2	14.3
20	枪侠	电视剧	广西电视台综艺频道	5.1	16.0
21	2015 中央电视台元宵晚会	综艺	中央台三套	5.1	14.4
22	直播周末：2015 年澳大利亚亚洲杯小组赛 B 组（中国队 VS 朝鲜队）	体育	中央台五套	4.8	23.0
23	爸爸去哪儿第三季	综艺	湖南卫视	4.4	18.7
24	天气预报	生活服务	南宁电视台新闻综合频道	4.4	14.7

续表

名次	节目名称	节目类型	播出频道	平均收视率(%)	平均占有率(%)
25	奔跑吧兄弟(4月7日至7月3日)	体育	浙江卫视	4.0	13.8
26	现场直播:2015/2016 赛季 CBA 常规赛第十五轮(北京首钢 VS 广东东莞银行)	体育	中央台五套	3.9	11.2
27	黄金赛场:2015 年中超联赛第 26 轮(广州富力 VS 广州恒大淘宝)	体育	中央台五套	3.8	9.8
27	转播中央台新闻联播	新闻/时事	南宁电视台新闻综合频道	3.7	12.7
29	感动中国 2014 年度人物颁奖盛典	专题	中央电视台综合频道	3.7	10.7
30	315 消费在阳光下	专题	中央电视台综合频道	3.5	11.5

表 3.49.8　2015 年南宁市场电视剧收视率排名前十位

名次	节目名称	播出频道	平均收视率(%)	平均占有率(%)
1	猎刃	广西电视台综艺频道	6.6	18.5
2	狐影	广西电视台综艺频道	6.1	17.3
3	铁血尖刀	广西电视台综艺频道	5.8	16.7
4	地雷英雄传	广西电视台综艺频道	5.8	16.1
5	夺宝传奇	广西电视台综艺频道	5.5	17.5
6	野山鹰	广西电视台综艺频道	5.5	16.2
7	截杀令	广西电视台综艺频道	5.3	15.6
8	尖刀对决	广西电视台综艺频道	5.2	16.4
9	嫂子嫂子	广西电视台综艺频道	5.2	14.3
10	枪侠	广西电视台综艺频道	5.1	16.0

表 3.49.9　2015 年南宁市场新闻节目收视率排名前十位

名次	节目名称	播出频道	平均收视率(%)	平均占有率(%)
1	转播中央台新闻联播	南宁电视台新闻综合频道	3.7	12.7
2	新闻夜班	南宁电视台新闻综合频道	2.9	8.5
3	夜班一周	南宁电视台新闻综合频道	2.7	7.8
4	转播中央台新闻联播(9月3日)	广西电视台综艺频道	2.7	7.5
5	315 为消费安全而战	南宁电视台新闻综合频道	2.3	6.0
6	新闻在线	广西电视台新闻频道	2.1	6.5
7	新闻联播(9月3日)	中央台三套	2.1	5.7
8	盛会大看台之直通现场	南宁电视台新闻综合频道	2.0	7.5
9	大地飞歌 2015 第 17 届南宁国际民歌艺术节晚会直播特别报道	广西电视台综艺频道	2.0	5.4
10	李克强总理会见中外记者并回答提问	中央电视台综合频道	2.0	5.1

表 3.49.10　2015 年南宁市场专题节目收视率排名前十位

名次	节目名称	播出频道	平均收视率（%）	平均占有率（%）
1	感动中国 2014 年度人物颁奖盛典	中央电视台综合频道	3.7	10.7
2	315 消费在阳光下	中央电视台综合频道	3.5	11.5
3	龙腾广西广西铁路发展纪实	广西电视台卫星频道	2.6	13.4
4	中国汉字听写大会 2015(9 月 25 日)	中央电视台综合频道	2.6	6.4
5	第 1 书记中国首档美丽乡村公益节目精编版	广西电视台卫星频道	2.5	7.9
6	一年级大学季	湖南卫视	2.3	10.6
7	老友倾计之真情追踪	南宁电视台都市生活频道	2.2	6.3
8	无字碑武则天和她的时代	广西电视台卫星频道	2.1	6.7
9	春节中华在旅行我们的节日南宁篇	南宁电视台新闻综合频道	1.9	8.1
10	寻找最美医生大型公益活动颁奖典礼	中央电视台综合频道	1.8	5.6

表 3.49.11　2015 年南宁市场综艺节目收视率排名前十位

名次	节目名称	播出频道	平均收视率（%）	平均占有率（%）
1	中国好声音 4 总决赛	浙江卫视	8.1	23.7
2	2015 中央电视台春节联欢晚会	中央台三套	7.3	21.4
3	皇氏之夜情牵丝路大地飞歌 2015 第 17 届南宁国际民歌艺术节晚会	南宁电视台新闻综合频道	6.2	16.5
4	2015 中央电视台元宵晚会	中央台三套	5.1	14.4
5	爸爸去哪儿第三季	湖南卫视	4.4	18.7
6	奔跑吧兄弟(4 月 7 日至 7 月 3 日)	浙江卫视	4.0	13.8
7	我是歌手第三季第四轮淘汰场	湖南卫视	3.5	17.1
8	出彩中国人(4 月 12 日)	中央电视台综合频道	3.5	9.6
9	启航 2016 讲中国故事迎世界新年中央电视台跨年直播	中央台三套	3.1	10.0
10	喜到福到好运到 2015 春晚倒计时	中央台三套	2.8	12.9

表 3.49.12　2015 年南宁市场体育节目收视率排名前十位

名次	节目名称	播出频道	平均收视率(%)	平均占有率(%)
1	直播周末:2015 年女排世界杯(日本队 VS 中国队)	中央台五套	8.1	24.0
2	现场直播:2015 年亚洲男篮锦标赛半决赛(中国队 VS 伊朗队)	中央台五套	7.1	19.7
3	2015 年国际足联俱乐部世界杯半决赛(西班牙巴塞罗那 VS 中国广州恒大)	中央台五套	6.1	20.0
4	超级足球之夜:2015 年亚洲足联冠军联赛决赛第二回合(中国广州恒大 VS 阿联酋阿赫利)	中央台五套	5.7	17.2
5	2015 年世界田径锦标赛男子 100 米决赛	中央台五套	5.5	14.9
6	直播周末 2015 年女排世界杯颁奖仪式	中央台五套	5.5	14.2
7	超级足球之夜:国际足联 2018 年俄罗斯世界杯亚洲区预选赛 C 组小组赛(中国香港队 VS 中国队)	中央台五套	5.4	16.0
8	直播周末:2015 年澳大利亚亚洲杯小组赛 B 组(中国队 VS 朝鲜队)	中央台五套	4.8	23.0
9	现场直播:2015/2016 赛季 CBA 常规赛第十五轮(北京首钢 VS 广东东莞银行)	中央台五套	3.9	11.2
10	黄金赛场:2015 年中超联赛第 26 轮(广州富力 VS 广州恒大淘宝)	中央台五套	3.8	9.8

五十、宁波收视数据

表 3.50.1　2011～2015 年宁波市场各类频道的市场占有率(%)

频道类别	年份				
	2011 年	2012 年	2013 年	2014 年	2015 年
中央台频道	31.0	31.6	30.4	29.7	29.8
中国教育台频道	1.0	0.8	0.8	0.5	0.3
浙江省级频道	15.7	16.9	12.8	12.9	11.7
宁波市级频道	25.9	20.6	23.6	21.4	25.7
其他省级卫视频道	19.9	21.6	22.9	24.0	18.9
其他频道	6.5	8.5	9.5	11.5	13.6

表 3.50.2　2015 年宁波市场各类频道在不同目标观众中的市场占有率(%)

目标观众		中央台频道	中国教育台频道	浙江省级频道	宁波市级频道	其他省级卫视频道	其他频道
4 岁及以上所有人		29.8	0.3	11.7	25.7	18.9	13.6
性别	男	34.6	0.3	11.1	24.0	17.4	12.6
	女	24.7	0.3	12.3	27.5	20.6	14.6
年龄	4～14 岁	36.8	0.1	12.7	11.2	22.0	17.2
	15～24 岁	23.0	0.4	14.5	14.8	26.1	21.2
	25～34 岁	26.0	0.2	16.0	19.5	20.6	17.7
	35～44 岁	30.5	0.3	11.5	23.8	17.2	16.7
	45～54 岁	32.3	0.4	12.1	21.3	20.5	13.4
	55～64 岁	29.2	0.3	10.5	30.8	19.9	9.3
	65 岁及以上	28.9	0.3	8.3	41.2	12.7	8.6
教育程度	未受过正规教育	49.0	0.1	9.1	19.3	14.3	8.2
	小学	28.6	0.3	9.5	32.8	15.6	13.2
	初中	28.1	0.4	11.7	24.8	20.5	14.5
	高中	27.6	0.4	14.1	20.4	22.5	15.0
	大学及以上	34.8	0.2	13.5	21.7	18.4	11.4
职业类别	干部/管理人员	44.0	0.8	8.8	18.4	21.9	6.1
	个体/私营企业人员	27.5	0.4	10.6	28.2	21.0	12.3
	初级公务员/雇员	30.4	0.3	12.7	21.6	18.5	16.5
	工人	31.6	0.5	14.4	23.7	17.0	12.8
	学生	23.0	0.2	14.5	10.4	30.5	21.4
	无业	30.8	0.2	9.5	32.7	16.6	10.2
	其他	19.3	0.9	15.7	21.5	26.1	16.5
个人月收入	0～600 元	25.7	0.2	14.5	20.5	23.4	15.7
	601～1200 元	25.1	0.3	8.0	38.8	15.2	12.6
	1201～1700 元	25.9	0.3	14.3	26.4	19.0	14.1
	1701～2600 元	26.8	0.4	10.8	31.6	18.5	11.9
	2601～3500 元	33.2	0.2	11.5	21.9	19.2	14.0
	3501～5000 元	33.7	0.4	10.7	27.0	15.4	12.8
	5001 元及以上	39.1	0.4	10.1	17.1	19.3	14.0

表 3.50.3　2015 年宁波市场各类频道在不同时段的市场占有率(%)

时间段	中央台频道	中国教育台频道	浙江省级频道	宁波市级频道	其他省级卫视频道	其他频道
02:00~03:00	34.4	0.3	10.1	14.8	17.7	22.7
03:00~04:00	34.4	0.3	10.2	16.2	16.4	22.5
04:00~05:00	36.5	0.4	9.0	15.6	18.8	19.7
05:00~06:00	37.8	0.5	8.8	11.9	24.0	17.0
06:00~07:00	46.2	0.3	6.4	7.8	26.5	12.8
07:00~08:00	50.2	0.5	9.6	5.3	21.1	13.3
08:00~09:00	39.8	0.7	9.6	12.7	22.4	14.8
09:00~10:00	38.0	0.8	12.4	11.1	22.5	15.2
10:00~11:00	37.6	0.6	11.4	12.0	24.2	14.2
11:00~12:00	40.7	0.3	10.1	9.6	26.1	13.2
12:00~13:00	36.6	0.3	10.3	9.9	29.3	13.6
13:00~14:00	35.2	0.4	8.8	7.3	31.2	17.1
14:00~15:00	33.6	0.5	8.6	9.7	30.8	16.8
15:00~16:00	34.8	0.4	8.8	9.7	30.3	16.0
16:00~17:00	35.8	0.4	10.3	9.8	29.7	14.0
17:00~18:00	33.2	0.2	8.0	26.1	20.6	11.9
18:00~19:00	29.1	0.2	12.5	39.3	7.5	11.4
19:00~20:00	22.4	0.3	17.2	41.8	8.5	9.8
20:00~21:00	22.9	0.4	13.4	35.9	16.1	11.3
21:00~22:00	25.0	0.2	10.8	35.1	16.3	12.6
22:00~23:00	25.4	0.2	12.3	24.3	21.1	16.7
23:00~24:00	28.6	0.2	9.2	18.5	23.8	19.7
24:00~25:00	32.8	0.2	10.6	15.5	21.2	19.7
25:00~26:00	33.7	0.2	13.4	13.2	18.1	21.4

表 3.50.4　2015 年宁波市场收视份额排名前十位的频道

名次	频道名称	收视份额(%)
1	宁波电视台三套(都市文体频道)	7.8
2	宁波电视台二套(经济生活频道)	7.2
3	宁波电视台四套(影视剧频道)	4.4
3	浙江卫视	4.4
5	宁波电视台一套(新闻综合频道)	4.1
6	中央电视台新闻频道	3.7
7	湖南卫视	3.3
8	中央台六套	3.2
9	中央台五套	3.0
10	中央台八套	2.8

表 3.50.5 2015 年宁波市场各主要频道的观众构成(%)

目标观众		所有频道	宁波电视台三套(都市文体频道)	宁波电视台二套(经济生活频道)	宁波电视台四套(影视剧频道)	浙江卫视	宁波电视台一套(新闻综合频道)
4 岁及以上所有人		100.0	100.0	100.0	100.0	100.0	100.0
性别	男	51.7	46.7	39.7	54.6	41.3	54.5
	女	48.3	53.3	60.3	45.4	58.7	45.5
年龄	4~14 岁	4.9	1.0	2.2	1.0	10.8	1.0
	15~24 岁	5.7	2.9	2.9	2.9	11.0	3.9
	25~34 岁	10.2	8.5	9.9	3.1	20.7	4.8
	35~44 岁	19.5	19.0	18.8	16.9	18.2	14.0
	45~54 岁	23.9	19.5	18.9	16.5	21.0	25.6
	55~64 岁	20.9	24.4	25.7	24.1	11.1	25.6
	65 岁及以上	14.9	24.7	21.6	35.5	7.2	25.1
教育程度	未受过正规教育	2.7	2.0	2.0	0.6	3.9	1.1
	小学	27.8	37.0	34.2	38.4	18.3	34.5
	初中	37.9	34.4	35.7	38.2	33.2	38.2
	高中	15.2	11.3	10.8	13.9	21.2	14.3
	大学及以上	16.4	15.3	17.3	8.9	23.4	11.9
职业类别	干部/管理人员	1.9	1.6	2.0	0.6	2.1	0.5
	个体/私营企业人员	11.3	14.4	13.1	9.2	7.1	8.9
	初级公务员/雇员	35.2	29.7	33.5	22.2	40.4	30.9
	工人	9.1	9.2	6.3	10.3	12.9	6.6
	学生	4.9	1.7	1.5	1.7	12.7	2.4
	无业	34.3	41.4	41.8	53.2	22.0	45.0
	其他	3.3	2.0	1.8	2.8	2.8	5.7
个人月收入	0~600 元	15.4	9.6	10.7	10.5	23.0	13.3
	601~1200 元	6.2	10.3	6.6	13.9	3.7	12.1
	1201~1700 元	10.6	9.2	9.3	16.0	9.6	10.8
	1701~2600 元	25.0	34.5	36.3	26.6	20.3	23.5
	2601~3500 元	20.6	17.3	19.2	11.2	24.3	20.9
	3501~5000 元	11.6	12.6	12.2	12.8	10.7	12.6
	5001 元及以上	10.6	6.5	5.7	9.0	8.4	6.8

表 3.50.6 2013~2015 年宁波市场各类节目的播出份额(%)和收视份额(%)

节目类别	2013 年		2014 年		2015 年	
	播出份额	收视份额	播出份额	收视份额	播出份额	收视份额
财经	1.9	0.8	1.7	0.8	1.8	1.0
电视剧	22.1	30.8	20.7	31.3	20.4	29.1
电影	4.3	4.1	4.1	4.2	3.9	5.1
法制	0.7	0.4	0.9	0.4	0.8	0.4
教学	0.3	0.0	0.2	0.0	0.2	0.0
青少	6.8	3.6	7.1	4.2	6.7	2.9
生活服务	10.0	7.2	11.0	7.8	10.4	7.1
体育	1.8	2.4	2.7	3.1	2.8	2.7
外语	0.0	0.0	0.0	0.0	0.0	0.0
戏剧	0.7	0.3	0.7	0.3	0.8	0.2
新闻/时事	15.2	13.0	15.1	13.1	15.3	14.1
音乐	2.3	0.6	2.4	0.6	2.4	0.7
专题	10.8	10.5	11.9	9.1	13.0	10.6
综艺	8.7	13.6	8.7	12.6	8.8	13.3
其他	14.4	12.7	12.8	12.5	12.7	12.8

表 3.50.7　2015 年宁波市场所有节目收视率排名前三十位

名次	节目名称	节目类型	播出频道	平均收视率(%)	平均占有率(%)
1	中国好声音 4(8 月 21 日)	综艺	浙江卫视	9.1	35.9
2	奔跑吧兄弟(4 月 17 日 ~7 月 3 日)	综艺	浙江卫视	5.7	24.2
3	2015 中央电视台春节联欢晚会	综艺	中央台三套	5.6	17.8
4	药行街	电视剧	宁波电视台三套(都市文体频道)	5.3	20.6
5	2015 中央电视台元宵晚会	综艺	中央台三套	5.0	17.7
6	爱情真善美	电视剧	宁波电视台二套(经济生活频道)	5.0	16.9
7	讲大道(18:45)	专题	宁波电视台三套(都市文体频道)	4.9	21.0
8	一个鬼子都不留之二上海滩生死较量	电视剧	宁波电视台三套(都市文体频道)	4.8	17.2
9	爱情睡醒了	电视剧	宁波电视台二套(经济生活频道)	4.7	16.2
10	奔跑吧兄弟(10 月 30 日 ~12 月 25 日)	综艺	浙江卫视	4.6	23.0
11	奔跑吧兄弟(1 月 2 日 ~1 月 16 日)	综艺	浙江卫视	4.6	19.0
12	直击灿鸿(7 月 11 日)	新闻/时事	宁波电视台三套(都市文体频道)	4.5	14.9
13	刺蝶	电视剧	宁波电视台二套(经济生活频道)	4.2	18.0
14	碧血书香梦	电视剧	宁波电视台三套(都市文体频道)	4.2	14.0
15	夏家三千金	电视剧	宁波电视台二套(经济生活频道)	4.1	16.8
16	来发讲啥西(20:30)	新闻/时事	宁波电视台二套(经济生活频道)	4.1	14.0
17	我是赵传奇	电视剧	宁波电视台三套(都市文体频道)	4.0	14.4
18	活法	电视剧	宁波电视台二套(经济生活频道)	3.8	15.5
19	杀尽豺狼	电视剧	宁波电视台三套(都市文体频道)	3.8	12.9
20	天然舞台	综艺	宁波电视台二套(经济生活频道)	3.8	12.5
21	伪装者	电视剧	宁波电视台一套(新闻综合频道)	3.7	13.8
22	地道战	电视剧	宁波电视台三套(都市文体频道)	3.6	13.0
23	野鸭子二	电视剧	宁波电视台三套(都市文体频道)	3.6	12.4

续表

名次	节目名称	节目类型	播出频道	平均收视率（%）	平均占有率（%）
24	蝴蝶劫	电视剧	宁波电视台三套（都市文体频道）	3.6	11.9
25	爱情心心相印	电视剧	宁波电视台二套（经济生活频道）	3.5	14.7
26	给幸福下订单	电视剧	宁波电视台二套（经济生活频道）	3.5	13.9
27	开火	电视剧	宁波电视台一套（新闻综合频道）	3.5	13.1
28	2015 年世界田径锦标赛男子 4×100 米接力决赛	体育	中央台五套	3.5	12.6
29	爸爸是条龙	电视剧	宁波电视台二套（经济生活频道）	3.4	14.6
30	刀光枪影	电视剧	宁波电视台一套（新闻综合频道）	3.4	13.6

表 3.50.8　2015 年宁波市场电视剧收视率排名前十位

名次	节目名称	播出频道	平均收视率（%）	平均占有率（%）
1	药行街	宁波电视台三套（都市文体频道）	5.3	20.6
2	爱情真善美	宁波电视台二套（经济生活频道）	5.0	16.9
3	一个鬼子都不留之二上海滩生死较量	宁波电视台三套（都市文体频道）	4.8	17.2
4	爱情睡醒了	宁波电视台二套（经济生活频道）	4.7	16.2
5	刺蝶	宁波电视台二套（经济生活频道）	4.2	18.0
6	碧血书香梦	宁波电视台三套（都市文体频道）	4.2	14.0
7	夏家三千金	宁波电视台二套（经济生活频道）	4.1	16.8
8	我是赵传奇	宁波电视台三套（都市文体频道）	4.0	14.4
9	活法	宁波电视台二套（经济生活频道）	3.8	15.5
10	杀尽豺狼	宁波电视台三套（都市文体频道）	3.8	12.9

表 3.50.9　2015 年宁波市场新闻节目收视率排名前十位

名次	节目名称	播出频道	平均收视率（%）	平均占有率（%）
1	直击灿鸿（7 月 11 日）	宁波电视台三套（都市文体频道）	4.5	14.9
2	来发讲啥西（20:30）	宁波电视台二套（经济生活频道）	4.1	14.0
3	特别直播丽水山体滑坡救援	浙江卫视	2.2	8.5
4	看看看（18:15）	宁波电视台一套（新闻综合频道）	1.7	9.7
5	来发讲啥西（17:25）	宁波电视台二套（经济生活频道）	1.6	12.1
6	特别报道苏迪罗来袭	浙江卫视	1.6	9.8
7	浙江新闻联播（7 月 11 日）	浙江电视台民生休闲频道	1.5	4.3
8	东方之星客船翻沉整体扶正全力搜救	中央电视台新闻频道	1.4	16.5
9	胜利日 70 年纪念中国人民抗日战争暨世界反法西斯战争胜利	中央电视台新闻频道	1.3	11.6
10	转播中央台新闻联播	宁波电视台一套（新闻综合频道）	1.3	5.7

表 3.50.10　2015 年宁波市场专题节目收视率排名前十位

名次	节目名称	播出频道	平均收视率（%）	平均占有率（%）
1	讲大道（18:45）	宁波电视台三套（都市文体频道）	4.9	21.0
2	科普闯关（18:45）	宁波电视台三套（都市文体频道）	2.7	12.5
3	非常杂志	宁波电视台三套（都市文体频道）	2.3	13.4
4	农家	宁波电视台三套（都市文体频道）	2.1	11.3
5	田野（21:10）	宁波电视台二套（经济生活频道）	1.8	6.6
6	江南话语	宁波电视台三套（都市文体频道）	1.6	9.3
7	讲大道（21:45）	宁波电视台三套（都市文体频道）	1.4	8.9
8	感动中国 2014 年度人物颁奖盛典	中央电视台综合频道	1.3	4.5
9	科普闯关（22:00）	宁波电视台三套（都市文体频道）	1.2	6.5
10	爱心宁波尚德甬城宁波培育和践行社会主义核心价值观电视专题活动	宁波电视台二套（经济生活频道）	1.2	6.1

表 3.50.11　2015 年宁波市场综艺节目收视率排名前十位

名次	节目名称	播出频道	平均收视率（%）	平均占有率（%）
1	中国好声音 4（8 月 21 日）	浙江卫视	9.1	35.9
2	奔跑吧兄弟（4 月 17 日 ~7 月 3 日）	浙江卫视	5.7	24.2
3	2015 中央电视台春节联欢晚会	中央台三套	5.6	17.8
4	2015 中央电视台元宵晚会	中央台三套	5.0	17.7
5	奔跑吧兄弟（10 月 30 日 ~12 月 25 日）	浙江卫视	4.6	23.0
6	奔跑吧兄弟（1 月 2 日 ~1 月 16 日）	浙江卫视	4.6	19.0
7	天然舞台	宁波电视台二套（经济生活频道）	3.8	12.5
8	元宵喜乐会	湖南卫视	3.1	12.2
9	我是歌手（1 月 2 日）	湖南卫视	2.9	22.0
10	宁波老话	宁波电视台三套（都市文体频道）	2.8	13.6

表 3.50.12 2015 年宁波市场体育节目收视率排名前十位

名次	节目名称	播出频道	平均收视率(%)	平均占有率(%)
1	2015 年世界田径锦标赛男子4×100 米接力决赛	中央台五套	3.5	12.6
2	现场直播:2015 年亚洲男篮锦标赛决赛(中国队 VS 菲律宾队)	中央台五套	3.2	13.3
3	直播周末:2015 年国际泳联世锦赛男子400 米混合泳决赛	中央台五套	2.9	26.8
4	直播周末:2014/2015 赛季中国男子篮球职业联赛总决赛第三场(北京首钢 VS 辽宁药都本溪)	中央台五套	2.8	8.4
5	现场直播 2015 年亚洲男篮锦标赛颁奖仪式	中央台五套	2.6	19.3
6	直播周末:2015 年澳大利亚亚洲杯小组赛B 组(中国队 VS 朝鲜队)	中央台五套	2.2	10.3
7	超级足球之夜:国际足联 2018 年俄罗斯世界杯亚洲区预选赛 C 组小组赛(中国香港队 VS 中国队)	中央台五套	1.9	6.5
8	2015 年世乒赛女单决赛	中央台五套	1.9	5.6
9	现场直播:2015 年亚洲足联冠军联赛1/8 决赛次回合(中国广州恒大 VS 韩国城南)	中央台五套	1.8	7.3
10	现场直播:2015 年国际泳联世界锦标赛跳水男子 3 米板半决赛	中央台五套	1.8	6.0

五十一、青岛收视数据

表 3.51.1　2011～2015 年青岛市场各类频道的市场占有率(%)

频道类别	年份				
	2011 年	2012 年	2013 年	2014 年	2015 年
中央台频道	32.0	31.3	32.6	33.8	31.3
中国教育台频道	0.3	0.2	0.2	0.2	0.1
山东省级频道	17.9	20.1	17.0	19.9	21.5
青岛市级频道	22.4	20.4	22.7	21.6	20.2
其他省级卫视频道	21.9	22.7	23.2	20.4	20.7
其他频道	5.5	5.3	4.3	4.1	6.2

表 3.51.2　2015 年青岛市场各类频道在不同目标观众中的市场占有率(%)

目标观众		中央台频道	中国教育台频道	山东省级频道	青岛市级频道	其他省级卫视频道	其他频道
4 岁及以上所有人		31.3	0.1	21.5	20.2	20.7	6.2
性别	男	33.8	0.1	20.8	20.2	19.1	6.1
	女	28.8	0.1	22.1	20.2	22.3	6.5
年龄	4～14 岁	26.4	0.1	13.9	15.6	35.8	8.4
	15～24 岁	24.2	0.1	19.6	20.6	27.7	7.9
	25～34 岁	29.1	0.1	16.7	19.3	27.0	7.9
	35～44 岁	34.8	0.1	16.1	16.9	24.1	8.0
	45～54 岁	31.3	0.1	21.1	22.8	18.7	6.0
	55～64 岁	33.0	0.1	26.6	18.2	16.0	6.1
	65 岁及以上	32.9	0.1	26.3	23.3	14.1	3.3
教育程度	未受过正规教育	26.4	0.1	22.6	20.9	23.7	6.3
	小学	28.5	0.1	29.5	17.8	18.4	5.8
	初中	29.4	0.1	24.4	21.9	18.6	5.5
	高中	32.6	0.1	17.9	20.2	22.9	6.3
	大学及以上	36.6	0.1	14.6	18.3	22.2	8.3
职业类别	干部/管理人员	32.4	0.2	14.7	20.9	23.5	8.4
	个体/私营企业人员	29.2	0.1	24.4	19.5	20.9	5.9
	初级公务员/雇员	32.4	0.1	17.2	20.9	21.4	8.0
	工人	32.4	0.2	20.9	19.7	20.4	6.4
	学生	24.2	0.1	14.8	15.6	37.4	8.0
	无业	32.4	0.1	24.6	21.0	17.1	4.8
	其他	27.7	0.2	25.8	18.0	19.3	9.0
个人月收入	0～600 元	25.3	0.1	23.5	17.6	26.9	6.6
	601～1200 元	26.0	0.1	29.0	16.1	21.9	7.0
	1201～1700 元	31.9	0.1	27.6	18.2	17.5	4.8
	1701～2600 元	29.7	0.1	22.8	24.6	18.2	4.7
	2601～3500 元	32.2	0.1	17.9	23.3	19.7	6.8
	3501～5000 元	40.1	0.1	16.0	16.2	19.1	8.6
	5001 元及以上	40.2	0.2	17.8	14.9	19.6	7.3

表 3.51.3 2015 年青岛市场各类频道在不同时段的市场占有率(%)

时间段	中央台频道	中国教育台频道	山东省级频道	青岛市级频道	其他省级卫视频道	其他频道
02:00~03:00	20.5	0.2	21.1	9.3	31.0	18.1
03:00~04:00	19.5	0.2	24.3	7.7	30.2	18.3
04:00~05:00	27.4	0.1	25.0	5.9	27.9	13.7
05:00~06:00	48.3	0.2	19.3	7.4	18.5	6.3
06:00~07:00	56.8	0.0	11.6	11.8	15.6	4.2
07:00~08:00	55.6	0.1	9.5	15.9	13.5	5.4
08:00~09:00	46.1	0.2	18.3	9.4	19.4	6.7
09:00~10:00	40.6	0.2	20.0	7.2	24.6	7.4
10:00~11:00	39.7	0.1	15.8	8.4	28.4	7.5
11:00~12:00	44.1	0.1	16.5	7.3	25.4	6.7
12:00~13:00	45.0	0.1	18.6	6.7	23.3	6.4
13:00~14:00	38.8	0.2	20.1	5.8	28.2	6.9
14:00~15:00	33.6	0.2	19.5	7.3	32.3	7.2
15:00~16:00	33.5	0.2	16.4	10.5	32.1	7.4
16:00~17:00	31.9	0.2	14.9	16.0	30.0	7.0
17:00~18:00	28.7	0.1	18.3	25.5	21.7	5.8
18:00~19:00	31.2	0.1	21.1	33.8	8.4	5.4
19:00~20:00	30.5	0.1	25.4	29.9	9.0	5.1
20:00~21:00	20.5	0.2	29.2	27.9	16.9	5.4
21:00~22:00	22.7	0.1	28.1	23.5	19.8	5.8
22:00~23:00	24.4	0.1	19.7	20.6	28.5	6.8
23:00~24:00	25.2	0.1	14.1	21.5	31.2	7.9
24:00~25:00	27.4	0.0	14.3	20.1	28.7	9.5
25:00~26:00	25.3	0.1	16.5	15.3	30.1	12.7

表 3.51.4 2015 年青岛市场收视份额排名前十位的频道

名次	频道名称	收视份额(%)
1	山东卫视	8.2
2	山东电视齐鲁频道	5.5
2	青岛电视台新闻综合频道	5.5
4	山东电视综艺频道	4.9
4	中央电视台综合频道	4.9
6	青岛电视台生活服务频道	4.5
7	中央台三套	4.0
8	中央台四套	3.8
9	中央台六套	3.6
10	湖南卫视	3.4

表 3.51.5　2015 年青岛市场各主要频道的观众构成(%)

目标观众		所有频道	主要频道				
			山东卫视	山东电视齐鲁频道	青岛电视台新闻综合频道	山东电视综艺频道	中央电视台综合频道
4 岁及以上所有人		100.0	100.0	100.0	100.0	100.0	100.0
性别	男	49.7	48.6	47.0	49.2	48.7	50.2
	女	50.3	51.4	53.0	50.8	51.3	49.8
年龄	4~14 岁	6.0	3.4	3.5	3.5	3.0	5.5
	15~24 岁	8.4	8.0	9.1	6.2	6.1	4.5
	25~34 岁	11.4	7.1	8.5	8.5	10.5	8.9
	35~44 岁	13.9	9.4	11.2	8.7	8.9	11.2
	45~54 岁	20.9	17.9	24.8	19.2	21.2	17.6
	55~64 岁	19.5	22.6	20.9	19.1	31.8	27.4
	65 岁及以上	19.9	31.6	22.0	34.8	18.4	24.8
教育程度	未受过正规教育	5.2	4.9	3.8	3.4	6.9	4.8
	小学	13.9	21.5	18.7	14.9	18.3	16.0
	初中	34.5	40.6	36.5	37.9	43.9	36.8
	高中	29.7	23.3	27.3	30.3	22.5	29.5
	大学及以上	16.7	9.6	13.8	13.5	8.4	12.9
职业类别	干部/管理人员	2.8	1.7	2.9	3.5	0.4	2.0
	个体/私营企业人员	12.7	9.6	14.5	7.4	23.2	9.5
	初级公务员/雇员	22.9	16.0	23.6	19.2	14.6	18.2
	工人	11.8	9.9	10.9	8.9	13.8	10.3
	学生	7.4	4.9	5.1	4.9	4.8	5.1
	无业	40.0	54.8	38.8	54.1	41.8	51.9
	其他	2.5	3.2	4.2	1.9	1.5	2.9
个人月收入	0~600 元	22.1	31.6	18.0	16.9	20.0	18.0
	601~1200 元	4.5	4.5	9.0	2.9	7.0	2.9
	1201~1700 元	8.0	9.3	6.8	6.2	14.9	8.4
	1701~2600 元	28.1	27.9	28.0	40.8	35.4	34.4
	2601~3500 元	16.9	10.9	20.5	19.4	11.7	16.4
	3501~5000 元	13.6	8.9	13.0	9.0	7.5	13.6
	5001 元及以上	6.8	6.9	4.7	4.9	3.4	6.3

表 3.51.6　2013~2015 青岛市场各类节目的播出份额(%)和收视份额(%)

节目类别	2013 年		2014 年		2015 年	
	播出份额	收视份额	播出份额	收视份额	播出份额	收视份额
财经	1.7	0.7	1.6	0.3	1.7	0.4
电视剧	27.1	30.2	19.9	27.6	20.0	27.4
电影	4.1	3.5	3.4	3.3	3.2	3.3
法制	1.1	2.0	1.1	1.1	0.9	1.0
教学	0.4	0.2	0.2	0.0	0.2	0.0
青少	5.5	4.7	7.4	4.7	7.1	4.3
生活服务	10.0	7.5	11.6	9.2	10.8	9.5
体育	2.3	2.4	3.1	2.2	3.0	2.2
外语	0.0	0.0	0.0	0.0	0.0	0.0
戏剧	0.6	0.4	0.7	0.4	0.7	0.2
新闻/时事	10.6	15.9	14.7	16.9	14.7	15.9
音乐	2.2	1.0	2.3	0.8	2.3	0.7
专题	9.0	6.1	12.3	6.1	13.2	5.9
综艺	8.0	14.2	9.5	16.1	10.1	17.5
其他	17.3	11.2	12.1	11.3	12.1	11.7

表 3.51.7　2015 年青岛市场所有节目收视率排名前三十位

名次	节目名称	节目类型	播出频道	平均收视率（%）	平均占有率（%）
1	2015 年世界田径锦标赛女子4×400 米接力决赛	体育	中央台五套	8.3	20.5
2	妈妈向前冲	电视剧	山东卫视	7.5	21.3
3	奔跑吧兄弟（4 月 17 日～7 月 3 日）	综艺	浙江卫视	7.2	23.2
4	2015 中央电视台元宵晚会	综艺	中央电视台综合频道	7.0	15.2
5	2015 中央电视台春节联欢晚会	综艺	中央电视台综合频道	6.7	13.1
6	中国好声音 4(7 月 24 日）	综艺	浙江卫视	6.5	19.1
7	俺娘田小草	电视剧	山东卫视	6.5	16.3
8	大舜	电视剧	山东卫视	6.2	15.5
9	老农民	电视剧	山东卫视	6.1	15.8
10	我是先生	综艺	山东卫视	6.0	17.6
11	喜到福到好运到 2015 春晚倒计时	综艺	中央台三套	6.0	16.9
12	地雷战	电视剧	山东卫视	6.0	15.7
13	铁核桃	电视剧	青岛电视台影视频道	5.9	14.6
14	红高粱	电视剧	山东卫视	5.8	14.7
15	继父回家	电视剧	山东卫视	5.7	13.1
16	大刀记	电视剧	山东卫视	5.4	13.1
17	有先生更精彩	综艺	山东卫视	5.1	21.3
18	你是我的姐妹	电视剧	山东卫视	5.1	15.3
19	背着奶奶进城	电视剧	山东卫视	5.0	13.2
20	超级足球之夜:2015 年亚洲足联冠军联赛决赛第二回合（中国广州恒大 VS 阿联酋阿赫利）	体育	中央台五套	5.0	12.7
21	绝地刀锋	电视剧	山东卫视	5.0	12.5
22	现场直播:2015 年亚洲男篮锦标赛决赛（中国队 VS 菲律宾队）	体育	中央台五套	4.9	14.0
23	2015 年中央电视台中秋晚会	综艺	中央台四套	4.9	12.3
24	寒冬	电视剧	山东卫视	4.9	12.2
25	渔岛怒潮	电视剧	山东卫视	4.7	13.2
26	殊死 7 日	电视剧	青岛电视台影视频道	4.7	11.6
27	智取威虎山	电影	中央台六套	4.6	19.0
28	逝者安息长江客轮翻沉事件特别节目	新闻/时事	山东卫视	4.6	12.4
29	光影	电视剧	青岛电视台影视频道	4.6	12.2
30	春晚总动员	综艺	山东电视综艺频道	4.6	10.6

表 3.51.8　2015 年青岛市场电视剧收视率排名前十位

名次	节目名称	播出频道	平均收视率（%）	平均占有率（%）
1	妈妈向前冲	山东卫视	7.5	21.3
2	俺娘田小草	山东卫视	6.5	16.3
3	大舜	山东卫视	6.2	15.5
4	老农民	山东卫视	6.1	15.8
5	地雷战	山东卫视	6.0	15.7
6	铁核桃	青岛电视台影视频道	5.9	14.6
7	红高粱	山东卫视	5.8	14.7
8	继父回家	山东卫视	5.7	13.1
9	大刀记	山东卫视	5.4	13.1
10	你是我的姐妹	山东卫视	5.1	15.3

表 3.51.9　2015 年青岛市场新闻节目收视率排名前十位

名次	节目名称	播出频道	平均收视率（%）	平均占有率（%）
1	逝者安息长江客轮翻沉事件特别节目	山东卫视	4.6	12.4
2	今日～今日 60 分	青岛电视台新闻综合频道	3.5	12.4
3	调查	山东卫视	2.9	8.5
4	长江客轮翻沉事件特别节目	山东卫视	2.9	8.0
5	2015 一年又一年	中央电视台综合频道	2.8	8.6
6	转播中央台新闻联播	青岛电视台新闻综合频道	2.8	8.2
7	生活在线	青岛电视台生活服务频道	2.8	7.7
8	习近平在亚非领导人会议上致辞	中央电视台综合频道	2.1	5.8
9	今日	青岛电视台新闻综合频道	1.9	10.2
10	青岛新闻	青岛电视台新闻综合频道	1.9	4.9

表 3.51.10　2015 年青岛市场专题节目收视率排名前十位

名次	节目名称	播出频道	平均收视率（%）	平均占有率（%）
1	315 消费在阳光下	中央电视台综合频道	3.7	12.6
2	东方主战场	山东卫视	3.4	9.1
3	2015 青岛市 315 国际消费者权益日携手共治畅享消费	青岛电视台生活服务频道	3.0	7.2
4	岛城先锋	青岛电视台新闻综合频道	2.6	7.7
5	中国谜语大会(3 月 4 日)	中央电视台综合频道	2.3	5.8
6	等着我	中央电视台综合频道	2.2	8.1
7	留住青春的脚步文化养老在山东	山东卫视	1.9	5.7
8	厚德齐鲁仁爱力量 2014 年度齐鲁公益盛典	山东电视齐鲁频道	1.9	4.5
9	传家宝	中央电视台综合频道	1.8	7.0
10	把革命老区发展时刻放在心上	中央电视台综合频道	1.7	4.2

表 3.51.11　2015 年青岛市场综艺节目收视率排名前十位

名次	节目名称	播出频道	平均收视率（%）	平均占有率（%）
1	奔跑吧兄弟(4 月 17 日 ~7 月 3 日)	浙江卫视	7.2	23.2
2	2015 中央电视台元宵晚会	中央电视台综合频道	7.0	15.2
3	2015 中央电视台春节联欢晚会	中央电视台综合频道	6.7	13.1
4	中国好声音 4(7 月 24 日)	浙江卫视	6.5	19.1
5	我是先生	山东卫视	6.0	17.6
6	喜到福到好运到 2015 春晚倒计时	中央台三套	6.0	16.9
7	有先生更精彩	山东卫视	5.1	21.3
8	2015 年中央电视台中秋晚会	中央台四套	4.9	12.3
9	春晚总动员	山东电视综艺频道	4.6	10.6
10	最炫国剧风	山东卫视	4.5	11.9

表 3.51.12　2015 年青岛市场体育节目收视率排名前十位

名次	节目名称	播出频道	平均收视率（%）	平均占有率（%）
1	2015 年世界田径锦标赛女子4×400 米接力决赛	中央台五套	8.3	20.5
2	超级足球之夜:2015 年亚洲足联冠军联赛决赛第二回合（中国广州恒大 VS 阿联酋阿赫利）	中央台五套	5.0	12.7
3	现场直播:2015 年亚洲男篮锦标赛决赛（中国队 VS 菲律宾队）	中央台五套	4.9	14.0
4	直播周末:2015 年女排世界杯（日本队 VS 中国队）	中央台五套	4.4	11.9
5	2015 年澳大利亚亚洲杯决赛（韩国队 VS 澳大利亚队）	中央台五套	4.1	11.9
6	2015 年世界乒乓球锦标赛男单决赛	中央台五套	4.1	11.0
7	现场直播:2018 年俄罗斯世界杯暨 2019 年亚洲杯联合预选赛第二轮（中国 VS 中国香港）	中央台五套	3.3	8.1
8	2015 年国际足联俱乐部世界杯半决赛（西班牙巴塞罗那 VS 中国广州恒大）	中央台五套	3.0	7.6
9	直播周末 精英赛场:2015 年国际泳联世锦赛女子 50 米蛙泳半决赛	中央台五套	2.8	14.2
10	黄金赛场:2015 年东亚杯男子足球赛（中国队 VS 朝鲜队）	中央台五套	2.6	7.8

五十二、沈阳收视数据

表 3.52.1 2011~2015 年沈阳市场各类频道的市场占有率(%)

频道类别	年份				
	2011 年	2012 年	2013 年	2014 年	2015 年
中央台频道	26.5	30.0	32.6	30.2	30.0
中国教育台频道	0.6	0.6	0.5	0.3	0.3
辽宁省级频道	26.1	28.3	25.2	25.6	23.8
沈阳市级频道	15.5	5.6	4.7	4.5	5.5
其他省级卫视频道	26.8	31.7	32.6	34.4	34.1
其他频道	4.5	3.8	4.4	5.0	6.3

表 3.52.2 2015 年沈阳市场各类频道在不同目标观众中的市场占有率(%)

目标观众		中央台频道	中国教育台频道	辽宁省级频道	沈阳市级频道	其他省级卫视频道	其他频道
4 岁及以上所有人		30.0	0.2	23.8	5.5	34.1	6.3
性别	男	32.2	0.2	22.9	5.5	32.4	6.8
	女	27.8	0.3	24.7	5.4	35.8	6.0
年龄	4~14 岁	30.2	0.2	16.2	2.9	44.9	5.6
	15~24 岁	23.5	0.1	18.4	3.6	46.1	8.3
	25~34 岁	27.0	0.3	19.9	3.2	43.2	6.4
	35~44 岁	27.4	0.1	20.0	3.8	41.9	6.8
	45~54 岁	27.8	0.2	24.6	4.7	36.3	6.4
	55~64 岁	33.7	0.2	27.2	7.1	25.3	6.5
	65 岁及以上	35.1	0.4	27.6	8.6	22.7	5.6
教育程度	未受过正规教育	41.4	0.2	18.0	5.6	30.0	4.8
	小学	29.8	0.4	28.8	5.3	29.0	6.7
	初中	29.7	0.2	25.5	5.5	32.5	6.6
	高中	28.4	0.3	21.1	6.2	36.8	7.2
	大学及以上	31.7	0.2	20.9	4.4	38.3	4.5
职业类别	干部/管理人员	31.9	0.1	21.1	8.3	32.5	6.1
	个体/私营企业人员	27.4	0.5	19.7	6.4	38.4	7.6
	初级公务员/雇员	30.5	0.1	18.9	4.6	39.2	6.7
	工人	28.6	0.1	24.3	3.3	37.4	6.3
	学生	25.4	0.2	17.3	2.9	47.7	6.5
	无业	32.5	0.3	25.8	7.3	28.7	5.4
	其他	24.4	0.2	32.0	2.2	29.5	11.7
个人月收入	0~600 元	26.5	0.2	21.4	4.1	41.6	6.2
	601~1200 元	29.3	0.1	31.9	3.3	30.0	5.4
	1201~1700 元	29.7	0.5	26.8	6.4	30.4	6.2
	1701~2600 元	30.1	0.3	23.9	6.5	32.8	6.4
	2601~3500 元	33.9	0.1	22.0	6.1	32.4	5.5
	3501~5000 元	31.7	0.1	21.6	4.6	34.3	7.7
	5001 元及以上	31.2	0.2	14.7	3.2	40.6	10.1

表 3.52.3　2015 年沈阳市场各类频道不同时段的市场占有率(%)

时间段	中央台频道	中国教育台频道	辽宁省级频道	沈阳市级频道	其他省级卫视频道	其他频道
02:00~03:00	35.8	0.5	14.2	5.0	34.9	9.6
03:00~04:00	35.7	0.5	14.0	7.5	32.2	10.1
04:00~05:00	41.8	0.4	12.1	8.2	27.2	10.3
05:00~06:00	32.0	0.4	27.2	6.9	25.8	7.7
06:00~07:00	28.5	0.2	30.2	23.1	13.1	4.9
07:00~08:00	28.0	0.1	32.0	23.6	11.1	5.2
08:00~09:00	34.3	0.2	22.9	12.4	23.7	6.5
09:00~10:00	33.3	0.5	18.3	5.0	34.6	8.3
10:00~11:00	32.7	0.4	13.8	4.0	40.9	8.2
11:00~12:00	35.0	0.2	14.4	2.6	40.2	7.6
12:00~13:00	33.4	0.2	17.3	7.5	35.3	6.3
13:00~14:00	36.8	0.5	8.0	3.5	43.5	7.7
14:00~15:00	34.2	0.5	11.1	1.6	44.7	7.9
15:00~16:00	34.7	0.4	10.5	1.4	45.7	7.3
16:00~17:00	31.1	0.4	17.3	1.6	43.6	6.0
17:00~18:00	24.4	0.1	38.1	5.0	26.9	5.5
18:00~19:00	27.5	0.1	50.2	5.6	10.2	6.4
19:00~20:00	28.9	0.2	39.3	3.9	22.1	5.6
20:00~21:00	27.4	0.3	22.9	3.1	41.4	4.9
21:00~22:00	29.2	0.2	19.5	5.3	40.4	5.4
22:00~23:00	26.4	0.3	13.4	6.8	46.6	6.5
23:00~24:00	28.8	0.3	12.8	3.1	48.1	6.9
24:00~25:00	33.7	0.2	12.3	2.3	43.0	8.5
25:00~26:00	35.2	0.3	12.5	3.8	38.2	10.0

表 3.52.4　2015 年沈阳市场收视份额排名前十位的频道

名次	频道名称	收视份额(%)
1	辽宁广播电视台都市频道	8.3
2	沈阳电视台一套(新闻频道)	5.5
3	辽宁广播电视台经济频道	5.3
4	中央台三套	4.2
5	中央台六套	3.8
6	辽宁卫视	3.6
7	中央电视台新闻频道	3.5
7	浙江卫视	3.5
9	中央电视台综合频道	3.4
10	中央台八套	3.2

表 3.52.5　2015 年沈阳市场各主要频道的观众构成(%)

目标观众		所有频道	主要频道				
			辽宁广播电视台都市频道	沈阳电视台一套(新闻频道)	辽宁广播电视台经济频道	中央台三套	中央台六套
4 岁及以上所有人		100.0	100.0	100.0	100.0	100.0	100.0
性别	男	49.9	47.1	50.3	45.2	49.5	54.6
	女	50.1	52.9	49.7	54.8	50.5	45.4
年龄	4~14 岁	4.3	3.2	2.3	2.4	3.0	5.2
	15~24 岁	6.0	3.8	3.9	5.2	3.6	7.6
	25~34 岁	11.3	10.7	6.6	9.3	8.3	13.1
	35~44 岁	13.4	11.1	9.4	11.2	8.4	21.6
	45~54 岁	26.6	29.3	22.9	27.2	25.6	24.0
	55~64 岁	20.9	22.1	27.3	26.7	29.5	19.5
	65 岁及以上	17.6	19.8	27.6	18.0	21.6	9.0
教育程度	未受过正规教育	2.1	1.0	2.2	1.3	1.3	2.3
	小学	12.1	16.0	11.7	11.5	10.7	10.2
	初中	43.7	46.3	44.1	47.9	53.3	42.2
	高中	24.7	20.8	28.0	22.2	19.4	25.4
	大学及以上	17.4	15.9	14.0	17.0	15.3	19.8
职业类别	干部/管理人员	2.0	2.7	3.2	0.8	1.6	3.9
	个体/私营企业人员	8.6	6.7	10.1	5.7	7.5	8.4
	初级公务员/雇员	12.1	9.7	10.1	11.4	8.8	18.6
	工人	22.1	24.0	13.4	21.6	22.1	26.5
	学生	6.6	4.8	3.6	4.5	4.3	7.3
	无业	42.5	45.5	57.2	47.3	50.5	31.6
	其他	6.1	6.6	2.4	8.7	5.2	3.7
个人月收入	0~600 元	17.9	14.8	13.3	17.3	12.1	20.7
	601~1200 元	8.5	9.9	5.0	11.2	10.2	4.5
	1201~1700 元	15.2	17.9	17.9	15.7	15.0	13.4
	1701~2600 元	32.9	34.0	39.5	31.7	36.1	33.5
	2601~3500 元	13.9	13.9	15.4	13.7	15.4	16.7
	3501~5000 元	8.2	8.2	6.9	7.1	9.0	7.6
	5001 元及以上	3.3	1.3	2.0	3.2	2.1	3.6

表 3.52.6　2013~2015 年沈阳市场各类节目的播出份额(%)和收视份额(%)

节目类别	2013 年		2014 年		2015 年	
	播出份额	收视份额	播出份额	收视份额	播出份额	收视份额
财经	2.0	0.6	1.7	0.5	1.5	0.8
电视剧	21.3	28.4	20.3	29.8	24.6	28.3
电影	4.6	3.4	4.3	3.6	4.0	4.2
法制	1.1	0.8	1.2	0.6	1.0	0.7
教学	0.2	0.0	0.2	0.0	0.2	0.1
青少	6.5	3.5	7.0	2.8	5.9	2.4
生活服务	10.2	12.7	11.2	12.0	12.8	11.0
体育	2.8	3.4	3.6	3.5	3.3	3.8
外语	0.0	0.0	0.0	0.0	0.0	0.0
戏剧	0.8	0.2	0.7	0.2	0.7	0.2
新闻/时事	14.6	14.4	14.6	15.4	10.1	15.6
音乐	2.4	0.6	2.4	0.7	2.5	0.8
专题	11.1	6.2	11.7	5.0	12.6	6.2
综艺	8.7	14.2	8.8	14.4	7.4	14.9
其他	13.6	11.5	12.1	11.4	13.4	11.0

表 3.52.7　2015 年沈阳市场所有节目收视率排名前三十位

名次	节目名称	节目类别	播出频道	平均收视率（%）	平均占有率（%）
1	2015 辽宁卫视春节联欢晚会	综艺	辽宁卫视	16.7	41.2
2	中国好声音 4 总决赛	综艺	浙江卫视	11.1	30.2
3	2015 中央电视台元宵晚会	综艺	中央台三套	10.8	23.0
4	直播周末:2014/2015 赛季中国男子篮球职业联赛总决赛第六场（辽宁药都本溪 VS 北京首钢）	体育	中央台五套	10.4	20.6
5	2015 年世界田径锦标赛女子 4×400 米接力决赛	体育	中央台五套	8.4	20.1
6	民和年丰又一年 2015 百姓春晚倒计时	综艺	辽宁广播电视台都市频道	7.2	25.0
7	芈月传	电视剧	上海东方卫视	7.0	15.9
8	新北方	新闻/时事	辽宁广播电视台都市频道	6.8	22.6
9	超级足球之夜:2018 年世界杯亚洲区预选赛（马尔代夫队 VS 中国队）	体育	中央台五套	6.7	17.7
10	超级足球之夜:2015 年亚洲足联冠军联赛决赛第二回合（中国广州恒大 VS 阿联酋阿赫利）	体育	中央台五套	6.7	15.5
11	现场直播:2015 年亚洲男篮锦标赛决赛（中国 VS 菲律宾）	体育	中央台五套	6.6	16.5
12	2015 中央电视台春节联欢晚会	综艺	辽宁卫视	6.5	13.7
13	超级足球之夜 亚冠联赛颁奖仪式	体育	中央台五套	6.4	19.2
14	奔跑吧兄弟（10 月 30 日 ~12 月 25 日）	综艺	浙江卫视	6.0	18.5
15	奔跑吧兄弟（4 月 17 日 ~7 月 3 日）	综艺	浙江卫视	6.0	18.4
16	笑傲江湖第 2 季巅峰时刻	综艺	上海东方卫视	5.5	21.9
17	奔跑吧兄弟（1 月 2 日 ~1 月 16 日）	综艺	浙江卫视	5.2	13.6
18	微纪实系列片我是党员	专题	辽宁广播电视台都市频道	5.1	15.2
19	奔跑吧 2016 跨年演唱会	音乐	浙江卫视	5.0	12.7
20	2015 年澳大利亚亚洲杯决赛（韩国队 VS 澳大利亚队）	体育	中央台五套	5.0	12.6
21	直播周末:2015 年东亚杯男子足球赛（中国队 VS 日本队）	体育	中央台五套	4.9	12.0
22	2015 年中央电视台中秋晚会	综艺	中央台四套	4.7	11.0
23	武媚娘传奇	电视剧	浙江卫视	4.7	10.1
24	我的二哥二嫂	电视剧	辽宁卫视	4.6	10.6

续表

名次	节目名称	节目类别	播出频道	平均收视率(%)	平均占有率(%)
25	2015年国际足联俱乐部世界杯半决赛(西班牙巴塞罗那VS中国广州恒大)	体育	中央台五套	4.5	11.7
26	花火花红	电视剧	辽宁卫视	4.5	9.7
27	转播中央台新闻联播	新闻/时事	辽宁广播电视台都市频道	4.4	11.5
28	胜利与和平——纪念抗日战争暨世界反法西斯战争胜利70周年文艺晚会	综艺	中央电视台新闻频道	4.2	10.4
29	家有一老	电视剧	辽宁卫视	4.1	8.9
30	喜到福到好运到2015春晚倒计时	综艺	中央台三套	3.8	11.4

表3.52.8　2015年沈阳市场电视剧收视率排名前十位

名次	节目名称	播出频道	平均收视率(%)	平均占有率(%)
1	芈月传	上海东方卫视	7.0	15.9
2	武媚娘传奇	浙江卫视	4.7	10.1
3	我的二哥二嫂	辽宁卫视	4.6	10.6
4	花火花红	辽宁卫视	4.5	9.7
5	家有一老	辽宁卫视	4.1	8.9
6	王大花的革命生涯	中央电视台综合频道	3.4	8.4
7	锋刃	中央电视台综合频道	3.4	7.3
8	当人心遇上仁心	辽宁卫视	3.3	7.0
9	孤雁	辽宁广播电视台经济频道	3.2	8.4
10	左手劈刀	辽宁广播电视台经济频道	3.2	8.1

表3.52.9　2015年沈阳市场新闻节目收视率排名前十位

名次	节目名称	播出频道	平均收视率(%)	平均占有率(%)
1	新北方	辽宁广播电视台都市频道	6.8	22.6
2	转播中央台新闻联播	辽宁广播电视台都市频道	4.4	11.5
3	新闻正前方	辽宁广播电视台都市频道	3.1	16.0
4	谁是2015耐寒之王冰冻活人大挑战	辽宁广播电视台都市频道	2.9	10.0
5	2015一年又一年	东南卫视	2.4	5.6
6	沈视晚报	沈阳电视台一套(新闻频道)	2.3	6.5
7	今日关注	中央台四套	2.0	5.6
8	转播中央台新闻联播	沈阳电视台一套(新闻频道)	1.7	5.2
9	为了不能忘却的纪念	中央电视台新闻频道	1.7	6.2
10	胜利与和平——纪念抗日战争暨世界反法西斯战争胜利70周年特别报道	中央台四套	1.7	4.5

表 3.52.10 2015 年沈阳市场专题节目收视率排名前十位

名次	节目名称	播出频道	平均收视率（%）	平均占有率（%）
1	微纪实系列片我是党员	辽宁广播电视台都市频道	5.1	15.2
2	315 消费在阳光下	中央电视台综合频道	2.5	6.5
3	感动中国 2014 年度人物颁奖盛典	中央电视台综合频道	1.9	4.1
4	艺术人生温暖 2014	中央台三套	1.7	5.0
5	金星时间	上海东方卫视	1.6	5.0
6	沈马传奇	辽宁广播电视台体育频道	1.6	4.3
7	沸点民生	吉林卫视	1.5	3.6
7	这一天九月十八日 1931	沈阳电视台一套(新闻频道)	1.5	3.6
9	东方主战场	江苏卫视	1.4	3.7
10	中国谜语大会(3 月 4 日)	中央电视台综合频道	1.4	3.4

表 3.52.11 2015 年沈阳市场综艺节目收视率排名前十位

名次	节目名称	播出频道	平均收视率（%）	平均占有率（%）
1	2015 辽宁卫视春节联欢晚会	辽宁卫视	16.7	41.2
2	中国好声音 4 总决赛	浙江卫视	11.1	30.2
3	2015 中央电视台元宵晚会	中央台三套	10.8	23.0
4	民和年丰又一年 2015 百姓春晚倒计时	辽宁广播电视台都市频道	7.2	25.0
5	2015 中央电视台春节联欢晚会	辽宁卫视	6.5	13.7
6	奔跑吧兄弟 (10 月 30 日 ~12 月 25 日)	浙江卫视	6.0	18.5
7	奔跑吧兄弟(4 月 17 日 ~7 月 3 日)	浙江卫视	6.0	18.4
8	笑傲江湖第 2 季巅峰时刻	上海东方卫视	5.5	21.9
9	奔跑吧兄弟(1 月 2 日 ~1 月 16 日)	浙江卫视	5.2	13.6
10	2015 年中央电视台中秋晚会	中央台四套	4.7	11.0

表 3.52.12 2015 年沈阳市场体育节目收视率排名前十位

名次	节目名称	播出频道	平均收视率（%）	平均占有率（%）
1	直播周末:2014/2015 赛季中国男子篮球职业联赛总决赛第六场 (辽宁药都本溪 VS 北京首钢)	中央台五套	10.4	20.6
2	2015 年世界田径锦标赛女子4×400 米接力决赛	中央台五套	8.4	20.1
3	超级足球之夜:2018 年世界杯亚洲区预选赛(马尔代夫队 VS 中国队)	中央台五套	6.7	17.7
4	超级足球之夜:2015 年亚洲足联冠军联赛决赛第二回合 (中国广州恒大 VS 阿联酋阿赫利)	中央台五套	6.7	15.5

续表

名次	节目名称	播出频道	平均收视率(%)	平均占有率(%)
5	现场直播:2015 年亚洲男篮锦标赛决赛(中国 VS 菲律宾)	中央台五套	6.6	16.5
6	超级足球之夜 亚冠联赛颁奖仪式	中央台五套	6.4	19.2
7	2015 年澳大利亚亚洲杯决赛(韩国队 VS 澳大利亚队)	中央台五套	5.0	12.6
8	直播周末:2015 年东亚杯男子足球赛(中国队 VS 日本队)	中央台五套	4.9	12.0
9	2015 年国际足联俱乐部世界杯半决赛(西班牙巴塞罗那 VS 中国广州恒大)	中央台五套	4.5	11.7
10	2015 年国际泳联世锦赛女子4×200 米自由泳接力决赛	中央台五套	3.1	7.9

五十三、深圳收视数据

表 3.53.1　2011～2015 年深圳市场各类频道的市场占有率(%)

频道类别	年份				
	2011 年	2012 年	2013 年	2014 年	2015 年
中央台频道	19.6	20.2	21.1	22.3	21.6
中国教育台频道	0.1	0.2	0.1	0.1	0.1
广东省级频道	9.1	9.0	8.8	7.4	8.0
深圳市级频道	35.1	35.2	33.9	35.1	34.8
境外频道	8.9	8.7	6.5	6.4	5.4
其他省级卫视频道	18.5	17.7	20.1	19.8	20.8
其他频道	8.7	9.0	9.5	8.9	9.3

表 3.53.2　2015 年深圳市场各类频道在各目标观众中的市场占有率(%)

目标观众		中央台频道	中国教育台频道	广东省级频道	深圳市级频道	境外频道	其他省级卫视频道	其他频道
4 岁及以上所有人		21.6	0.1	8.0	34.8	5.4	20.8	9.3
性别	男	23.8	0.1	7.8	34.3	5.5	19.3	9.2
	女	19.3	0.1	8.2	35.3	5.4	22.3	9.4
年龄	4～14 岁	20.6	0.1	15.5	26.7	2.7	22.8	11.6
	15～24 岁	14.7	0.1	6.8	36.2	7.1	27.6	7.5
	25～34 岁	20.7	0.1	7.3	32.8	4.7	23.4	11.0
	35～44 岁	22.9	0.1	7.4	35.1	5.0	19.0	10.5
	45～54 岁	22.2	0.1	7.0	40.3	6.6	17.2	6.6
	55～64 岁	23.4	0.1	9.8	35.1	6.8	16.2	8.6
	65 岁及以上	35.2	0.1	8.2	33.0	6.1	13.3	4.1
教育程度	未受过正规教育	25.1	0.1	14.0	33.7	3.4	15.0	8.7
	小学	20.6	0.1	13.0	32.8	3.1	21.0	9.4
	初中	19.2	0.1	9.6	36.7	6.0	19.2	9.2
	高中	22.3	0.1	6.9	35.3	5.9	19.8	9.7
	大学及以上	23.1	0.1	5.0	33.3	5.5	23.9	9.1
职业类别	干部/管理人员	23.9	0.1	5.4	32.6	5.3	23.4	9.3
	个体/私营企业人员	21.7	0.1	6.2	34.0	4.9	19.0	14.1
	初级公务员/雇员	20.9	0.1	7.1	36.7	6.4	21.6	7.2
	工人	20.7	0.1	8.5	38.1	3.8	20.0	8.8
	学生	16.7	0.1	11.1	27.6	3.6	28.8	12.1
	无业	23.8	0.1	9.8	34.6	6.5	17.7	7.5
	其他	*	*	*	*	*	*	*
个人月收入	0～600 元	20.7	0.1	10.9	31.1	4.5	22.9	9.8
	601～1200 元	25.4	0.1	6.4	32.5	10.9	10.6	14.1
	1201～1700 元	19.0	0.0	10.1	37.0	9.4	16.3	8.2
	1701～2600 元	18.7	0.1	8.0	36.2	8.4	19.4	9.2
	2601～3500 元	20.0	0.1	8.6	37.8	4.5	19.2	9.8
	3501～5000 元	23.1	0.1	8.0	35.5	5.1	19.5	8.7
	5001 元及以上	23.7	0.1	4.9	35.2	4.9	22.3	8.9

注：* 表示由于样本量太小，无法进行统计推断。

表 3.53.3　2015 年深圳市场各类频道在不同时段的市场占有率(%)

时间段	中央台频道	中国教育台频道	广东省级频道	深圳市级频道	境外频道	其他省级卫视频道	其他频道
02:00~03:00	26.0	0.7	7.3	20.1	5.8	20.7	19.4
03:00~04:00	26.2	0.3	7.9	19.3	5.9	18.1	22.3
04:00~05:00	29.5	0.1	11.4	15.1	6.2	15.8	21.9
05:00~06:00	28.1	0.1	11.8	17.0	7.9	15.0	20.1
06:00~07:00	27.9	0.1	9.7	27.0	11.1	10.8	13.4
07:00~08:00	30.4	0.0	12.7	30.3	9.6	7.6	9.4
08:00~09:00	29.4	0.1	12.5	27.9	7.6	13.6	8.9
09:00~10:00	30.0	0.1	12.2	23.3	4.2	19.2	11.0
10:00~11:00	30.5	0.2	11.5	19.5	4.3	22.6	11.4
11:00~12:00	33.1	0.2	11.0	15.8	7.1	22.2	10.6
12:00~13:00	27.5	0.2	8.8	29.6	7.9	18.4	7.6
13:00~14:00	31.1	0.2	10.0	22.7	5.5	21.3	9.2
14:00~15:00	30.3	0.3	9.6	18.1	4.2	25.2	12.3
15:00~16:00	30.4	0.2	7.8	16.8	4.2	27.3	13.3
16:00~17:00	28.6	0.1	9.2	18.8	3.7	27.1	12.5
17:00~18:00	24.6	0.0	8.0	33.1	5.4	19.0	9.9
18:00~19:00	20.3	0.0	6.7	52.7	7.5	5.9	6.9
19:00~20:00	20.3	0.1	7.1	49.7	4.5	11.5	6.8
20:00~21:00	18.0	0.1	6.6	39.2	6.0	23.3	6.8
21:00~22:00	16.5	0.1	6.0	37.6	7.9	25.0	6.9
22:00~23:00	14.2	0.1	4.1	41.9	8.3	23.9	7.5
23:00~24:00	16.2	0.0	5.1	42.8	5.4	21.7	8.8
24:00~25:00	25.8	0.1	6.2	28.3	7.1	19.9	12.6
25:00~26:00	29.2	0.4	8.1	19.9	7.6	19.2	15.6

表 3.53.4　2015 年深圳市场收视份额排名前十位的频道

名次	频道名称	收视份额(%)
1	深圳电视台一套(都市频道)	11.6
2	深圳电视台二套(电视剧频道)	6.1
3	湖南卫视	5.3
4	深圳卫视(新闻综合频道)	4.9
4	深圳电视台七套(公共频道)	4.9
6	中央电视台综合频道	4.3
7	浙江卫视	2.9
8	广东广播电视台珠江频道	2.4
9	深圳电视台六套(少儿频道)	2.3
10	广东广播电视台嘉佳卡通频道	2.1

表 3.53.5　2015 年深圳市场各主要频道的观众构成(%)

目标观众		所有频道	主要频道				
			深圳电视台一套(都市频道)	深圳电视台二套(电视剧频道)	湖南卫视	深圳卫视(新闻综合频道)	深圳电视台七套(公共频道)
4 岁及以上所有人		100.0	100.0	100.0	100.0	100.0	100.0
性别	男	50.9	46.7	56.7	39.9	50.8	51.6
	女	49.1	53.3	43.3	60.1	49.2	48.4
年龄	4~14 岁	6.8	3.3	4.2	11.7	4.3	5.0
	15~24 岁	9.3	7.8	8.4	14.6	14.3	14.2
	25~34 岁	35.2	37.4	28.9	44.4	30.9	27.2
	35~44 岁	17.2	19.0	16.4	16.2	16.6	18.2
	45~54 岁	20.5	21.8	32.0	9.3	23.1	24.5
	55~64 岁	7.1	8.0	6.5	2.9	5.8	6.9
	65 岁及以上	3.9	2.7	3.6	0.9	5.0	4.0
教育程度	未受过正规教育	2.8	2.2	1.6	1.2	3.6	1.4
	小学	11.4	9.2	15.6	14.1	7.5	13.0
	初中	26.4	24.6	35.3	20.7	28.9	33.0
	高中	32.2	35.3	28.9	30.7	31.3	34.2
	大学及以上	27.2	28.7	18.6	33.3	28.7	18.4
职业类别	干部/管理人员	8.7	7.9	8.8	14.9	9.5	6.4
	个体/私营企业人员	17.0	18.5	19.2	11.2	14.1	16.8
	初级公务员/雇员	27.2	33.7	17.8	24.6	31.8	26.2
	工人	15.3	13.2	30.5	14.0	14.2	18.4
	学生	8.6	5.3	5.2	19.4	8.2	8.3
	无业	23.2	21.4	18.5	15.9	22.2	23.9
	其他	*	*	*	*	*	*
个人月收入	0~600 元	23.7	19.0	18.9	32.8	21.5	20.1
	601~1200 元	1.7	1.3	1.4	0.7	1.6	3.1
	1201~1700 元	1.9	1.7	1.3	0.9	3.1	3.0
	1701~2600 元	13.1	10.9	13.8	9.0	13.1	20.9
	2601~3500 元	14.7	14.5	21.9	13.7	14.3	17.5
	3501~5000 元	19.8	22.8	18.9	17.3	23.1	17.7
	5001 元及以上	25.1	29.8	23.8	25.6	23.3	17.7

注“*”表示样本量太少,无法进行统计推断。

表 3.53.6　2013~2015 年深圳市场各类节目的播出份额(%)和收视份额(%)

节目类别	2013 年		2014 年		2015 年	
	播出份额	收视份额	播出份额	收视份额	播出份额	收视份额
财经	1.9	1.2	1.8	1.1	1.8	1.2
电视剧	22.2	32.6	21.6	32.8	21.4	31.7
电影	4.1	3.2	3.7	3.0	3.4	2.4
法制	0.8	0.4	0.9	0.4	1.5	0.9
教学	0.3	0.1	0.3	0.1	0.2	0.1
青少	6.5	5.7	7.0	5.4	6.5	5.1
生活服务	9.1	6.6	9.9	7.2	9.9	7.1
体育	3.3	2.4	3.7	3.5	3.5	3.5
外语	0.2	0.0	0.2	0.0	0.2	0.0
戏剧	0.6	0.1	0.6	0.2	0.7	0.1
新闻/时事	15.1	16.9	15.0	16.8	15.1	17.1
音乐	2.1	0.8	2.1	0.9	2.1	1.0
专题	10.4	6.1	10.8	5.6	12.0	6.0
综艺	8.4	10.4	8.6	10.2	8.5	11.1
其他	15.0	13.5	13.8	12.8	13.2	12.7

表 3.53.7　2015 年深圳市场所有节目收视率排名前三十位

名次	节目名称	类型	频道	平均收视率(%)	平均占有率(%)
1	2015 中央电视台春节联欢晚会	综艺	中央电视台综合频道	8.7	30.7
2	中国好声音 4 总决赛	综艺	浙江卫视	6.0	22.1
3	新闻联播	新闻/时事	深圳电视台一套(都市频道)	5.6	20.2
4	第 1 现场	新闻/时事	深圳电视台一套(都市频道)	4.9	25.5
5	我是歌手歌王之战	综艺	湖南卫视	4.7	19.3
6	坐 88 路车回家(24～41 集)	电视剧	深圳电视台一套(都市频道)	4.5	16.7
7	超级足球之夜 亚冠联赛颁奖仪式	体育	中央台五套	4.4	15.7
8	背着奶奶进城	电视剧	深圳电视台一套(都市频道)	4.3	16.8
9	妈妈向前冲	电视剧	深圳电视台一套(都市频道)	4.2	16.2
10	幸福有约	电视剧	深圳电视台一套(都市频道)	4.1	16.0
11	命中注定爱上你	电视剧	深圳电视台一套(都市频道)	4.1	15.4
12	风云天地	电视剧	深圳电视台一套(都市频道)	4.0	16.1
13	超级足球之夜:2015 年亚洲足联冠军联赛决赛第二回合(中国广州恒大 VS 阿联酋阿赫利)	体育	中央台五套	4.0	13.5
14	你是我的姐妹	电视剧	深圳电视台一套(都市频道)	3.9	15.6
15	极速前进(8 月 7 日)	综艺	深圳卫视(新闻综合频道)	3.7	13.6
16	紧急救援深圳恒泰裕工业园山体滑坡灾害抢险特别报道	新闻/时事	深圳卫视(新闻综合频道)	3.7	13.2
17	胜利与和平——纪念抗日战争暨世界反法西斯战争胜利 70 周年文艺晚会	综艺	中央电视台综合频道	3.7	11.8
18	情满雪阳花	电视剧	深圳电视台一套(都市频道)	3.6	14.5
19	欲望的代价	电视剧	深圳电视台一套(都市频道)	3.6	14.0
19	快乐中国 20152016 跨年演唱会	音乐	湖南卫视	3.6	14.0
21	幸福归来	电视剧	深圳卫视(新闻综合频道)	3.6	13.9
22	第二次人生	电视剧	深圳电视台一套(都市频道)	3.6	13.5
23	滑坡灾害救援处置进行时特别报道	新闻/时事	深圳电视台一套(都市频道)	3.6	12.9
24	奔跑吧兄弟(4 月 17 日～7 月 3 日)	综艺	浙江卫视	3.5	13.6
25	元宵喜乐会	综艺	湖南卫视	3.5	11.7
26	武媚娘传奇(18～96 集)	电视剧	湖南卫视	3.4	12.9
27	2015 中央电视台元宵晚会	综艺	中央电视台综合频道	3.3	10.5
28	我叫刘传说	电视剧	深圳电视台二套(电视剧频道)	3.2	14.1
29	幸福爱人	电视剧	深圳电视台一套(都市频道)	3.2	13.2
30	爱向前冲	电视剧	深圳电视台一套(都市频道)	3.2	12.8

表 3.53.8　2015 年深圳市场电视剧收视率排名前十位

名次	节目名称	播出频道	平均收视率（%）	平均占有率（%）
1	坐 88 路车回家(24～41 集)	深圳电视台一套(都市频道)	4.5	16.7
2	背着奶奶进城	深圳电视台一套(都市频道)	4.3	16.8
3	妈妈向前冲	深圳电视台一套(都市频道)	4.2	16.2
4	幸福有约	深圳电视台一套(都市频道)	4.1	16.0
5	命中注定爱上你	深圳电视台一套(都市频道)	4.1	15.4
6	风云天地	深圳电视台一套(都市频道)	4.0	16.1
7	你是我的姐妹	深圳电视台一套(都市频道)	3.9	15.6
8	情满雪阳花	深圳电视台一套(都市频道)	3.6	14.5
9	欲望的代价	深圳电视台一套(都市频道)	3.6	14.0
10	幸福归来	深圳卫视(新闻综合频道)	3.6	13.9

表 3.53.9　2015 年深圳市场新闻节目收视率排名前十位

名次	节目名称	播出频道	平均收视率（%）	平均占有率（%）
1	新闻联播(9 月 3 日)	深圳电视台一套(都市频道)	5.6	20.2
2	第 1 现场	深圳电视台一套(都市频道)	4.9	25.5
3	紧急救援深圳恒泰裕工业园山体滑坡灾害抢险特别报道	深圳卫视(新闻综合频道)	3.7	13.2
4	滑坡灾害救援处置进行时特别报道	深圳电视台一套(都市频道)	3.6	12.9
5	滑坡事故救援处置进行时特别报道	深圳卫视(新闻综合频道)	3.2	10.8
6	紧急救援深圳市光明新区滑坡灾害特别报道	深圳卫视(新闻综合频道)	2.5	11.5
7	18 点新闻	深圳电视台七套(公共频道)	1.9	14.1
8	1 时间	深圳电视台一套(都市频道)	1.6	13.3
9	李克强总理会见中外记者并回答提问	中央电视台综合频道	1.6	5.7
10	新闻广场	深圳电视台七套(公共频道)	1.5	7.1

表 3.53.10　2015 年深圳市场专题节目收视率排名前十位

名次	节目名称	播出频道	平均收视率（%）	平均占有率（%）
1	东方主战场	深圳卫视(新闻综合频道)	3.0	12.1
2	315 消费在阳光下	中央电视台综合频道	2.7	10.4
3	鞠说好看	深圳电视台一套(都市频道)	2.0	11.0
4	一年级大学季	湖南卫视	1.8	8.1
5	赤子功勋华侨抗战纪实	深圳卫视(新闻综合频道)	1.5	6.5
6	我们的歌手我的纪录片	湖南卫视	1.4	10.9
7	第十四届汉语桥世界大学生中文比赛(8 月 27 日)	湖南卫视	1.2	5.7
8	军情直播间	深圳卫视(新闻综合频道)	1.1	4.8
9	好记者讲好故事价值观的故事 2015 年中国记者节特别节目	中央电视台综合频道	1.1	4.7
10	噗通噗通的良心	湖南卫视	1.1	4.4

表 3.53.11　2015 年深圳市场综艺节目收视率排名前十位

名次	节目名称	播出频道	平均收视率(%)	平均占有率(%)
1	2015 中央电视台春节联欢晚会	中央电视台综合频道	8.7	30.7
2	中国好声音 4 总决赛	浙江卫视	6.0	22.1
3	我是歌手歌王之战	湖南卫视	4.7	19.3
4	极速前进(8 月 7 日)	深圳卫视(新闻综合频道)	3.7	13.6
5	胜利与和平纪念抗日战争暨世界反法西斯战争胜利 70 周年文艺晚会	中央电视台综合频道	3.7	11.8
6	奔跑吧兄弟(4 月 17 日 ~7 月 3 日)	浙江卫视	3.5	13.6
7	元宵喜乐会	湖南卫视	3.5	11.7
8	2015 中央电视台元宵晚会	中央电视台综合频道	3.3	10.5
9	董超陪您看春晚	深圳电视台一套(都市频道)	3.1	11.1
10	偶像来了	湖南卫视	2.9	13.5

表 3.53.12　2015 年深圳市场体育节目收视率排名前十位

名次	节目名称	播出频道	平均收视率(%)	平均占有率(%)
1	超级足球之夜 亚冠联赛颁奖仪式	中央台五套	4.4	15.7
2	超级足球之夜:2015 年亚洲足联冠军联赛决赛第二回合(中国广州恒大 VS 阿联酋阿赫利)	中央台五套	4.0	13.5
3	现场直播:2015 年亚洲男篮锦标赛决赛(中国队 VS 菲律宾队)	中央台五套	2.6	9.4
4	直播周末:2015 年东亚杯男子足球赛(中国队 VS 日本队)	中央台五套	2.5	9.4
5	现场直播:2018 年俄罗斯世界杯暨 2019 年亚洲杯联合预选赛第二轮(中国 VS 中国香港)	中央台五套	2.5	7.9
6	直播周末:2015 年澳大利亚亚洲杯小组赛 B 组(中国队 VS 朝鲜队)	中央台五套	2.2	11.3
7	2015 年世界田径锦标赛男子4 ×400 米接力决赛	中央台五套	2.2	7.1
8	黄金赛场:2014/2015 赛季 CBA 联赛总决赛第五场(北京首钢 VS 辽宁药都本溪)	中央台五套	2.1	8.1
9	超级足球之夜:2015 年中超联赛第 25 轮(上海上港 VS 广州恒大淘宝)	中央台五套	1.8	6.4
10	英超第 13 轮前瞻	中央台五套	1.6	6.3

五十四、石家庄收视数据

表 3.54.1 2011~2015 年石家庄市场各类频道的市场占有率(%)

频道类别	年份				
	2011 年	2012 年	2013 年	2014 年	2015 年
中央台频道	34.6	35.3	36.6	35.9	35.6
中国教育台频道	0.2	0.7	0.1	0.1	0.1
河北省级频道	17.6	19.5	20.1	27.9	22.5
石家庄市级频道	12.5	10.1	10.1	8.8	9.4
其他省级卫视频道	29.1	28.8	28.1	22.5	27.3
其他频道	6.0	5.6	5.1	4.8	5.1

表 3.54.2 2015 年石家庄市场各类频道在不同目标观众中的市场占有率(%)

目标观众		中央台频道	中国教育台频道	河北省级频道	石家庄市级频道	其他省级卫视频道	其他频道
4 岁及以上所有人		35.6	0.1	22.5	9.4	27.3	5.1
性别	男	37.5	0.1	23.4	9.6	23.8	5.6
	女	33.9	0.1	21.7	9.3	30.5	4.5
年龄	4~14 岁	28.8	0.0	17.6	6.0	42.5	5.1
	15~24 岁	26.6	0.1	22.7	8.2	36.1	6.3
	25~34 岁	29.6	0.0	21.3	9.7	34.6	4.8
	35~44 岁	33.5	0.1	22.3	10.8	26.6	6.7
	45~54 岁	32.3	0.1	25.6	9.7	27.8	4.5
	55~64 岁	34.4	0.0	25.3	11.7	23.3	5.3
	65 岁及以上	50.7	0.0	20.0	8.3	16.7	4.3
教育程度	未受过正规教育	31.4	0.0	16.1	5.7	43.4	3.4
	小学	37.4	0.0	22.1	9.1	26.3	5.1
	初中	35.0	0.1	25.2	9.5	24.7	5.5
	高中	35.2	0.1	23.1	9.0	27.4	5.2
	大学及以上	37.2	0.0	19.0	10.7	28.4	4.7
职业类别	干部/管理人员	38.5	0.0	16.5	9.7	29.5	5.8
	个体/私营企业人员	26.7	0.1	28.6	8.7	30.4	5.5
	初级公务员/雇员	32.3	0.0	22.5	10.4	29.5	5.3
	工人	31.1	0.1	26.3	10.9	26.7	4.9
	学生	31.0	0.1	21.0	7.4	33.5	7.0
	无业	43.1	0.0	20.0	9.3	23.1	4.5
	其他	32.4	0.1	18.1	13.7	31.5	4.2
个人月收入	0~600 元	32.7	0.1	20.3	8.3	32.7	5.9
	601~1200 元	28.4	0.0	25.0	9.7	31.8	5.1
	1201~1700 元	37.5	0.0	26.0	9.4	21.5	5.6
	1701~2600 元	38.0	0.1	22.4	10.5	24.9	4.1
	2601~3500 元	38.3	0.0	23.0	9.3	24.1	5.3
	3501~5000 元	38.9	0.0	20.7	9.1	26.4	4.9
	5001 元及以上	35.4	0.0	15.5	8.1	34.1	6.9

表 3.54.3　2015 年石家庄市场各类频道在不同时段的市场占有率(%)

时间段	中央台频道	中国教育台频道	河北省级频道	石家庄市级频道	其他省级卫视频道	其他频道
02:00~03:00	21.0	0.0	25.5	8.6	34.7	10.2
03:00~04:00	21.7	0.0	27.9	7.4	34.4	8.6
04:00~05:00	33.9	0.0	25.3	6.4	27.9	6.5
05:00~06:00	36.6	0.1	25.7	5.0	25.3	7.3
06:00~07:00	41.5	0.1	18.4	3.0	30.1	6.9
07:00~08:00	55.4	0.0	16.8	2.7	18.8	6.3
08:00~09:00	54.8	0.1	13.1	3.9	22.0	6.1
09:00~10:00	42.4	0.1	15.2	6.5	30.6	5.2
10:00~11:00	37.9	0.1	16.5	4.8	35.3	5.4
11:00~12:00	40.3	0.0	19.9	5.0	29.9	4.9
12:00~13:00	31.3	0.0	36.7	9.9	18.8	3.3
13:00~14:00	38.8	0.0	17.4	7.1	28.9	7.8
14:00~15:00	35.8	0.0	13.8	4.1	40.0	6.3
15:00~16:00	35.4	0.1	15.8	3.1	39.3	6.3
16:00~17:00	38.0	0.1	15.8	3.2	37.3	5.6
17:00~18:00	39.8	0.0	18.7	7.4	29.4	4.7
18:00~19:00	41.8	0.0	27.7	14.0	12.2	4.3
19:00~20:00	39.5	0.1	23.7	16.7	16.1	3.9
20:00~21:00	31.2	0.1	23.0	12.3	28.7	4.7
21:00~22:00	31.6	0.1	23.2	11.8	28.3	5.0
22:00~23:00	24.7	0.0	25.0	7.2	37.5	5.6
23:00~24:00	26.2	0.0	23.7	4.0	39.7	6.4
24:00~25:00	28.5	0.0	27.1	5.0	31.7	7.7
25:00~26:00	23.2	0.0	28.6	6.9	31.1	10.2

表 3.54.4　2015 年石家庄市场收视份额排名前十位的频道

名次	频道名称	收视份额(%)
1	中央电视台综合频道	7.1
2	河北电视台二套(经济生活频道)	6.4
3	河北电视台农民频道(七套)	6.1
4	石家庄电视台新闻综合频道(一套)	4.5
5	中央台四套	4.2
6	中央台三套	3.7
6	中央电视台新闻频道	3.7
8	河北卫视	3.3
9	湖南卫视	3.1
10	浙江卫视	2.8

表 3.54.5　2015 年石家庄市场各主要频道的观众构成(%)

目标观众		所有频道	主要频道				
			中央电视台综合频道	河北电视台二套(经济生活频道)	河北电视台农民频道(七套)	石家庄电视台新闻综合频道(一套)	中央台四套
4 岁及以上所有人		100.0	100.0	100.0	100.0	100.0	100.0
性别	男	48.1	46.9	49.1	47.9	49.5	54.5
	女	51.9	53.1	50.9	52.1	50.5	45.5
年龄	4~14 岁	6.4	6.0	5.2	4.9	5.8	2.3
	15~24 岁	10.0	7.1	11.3	7.7	7.3	4.6
	25~34 岁	13.3	10.7	14.7	12.4	12.8	4.3
	35~44 岁	14.0	14.8	15.3	11.8	16.8	9.3
	45~54 岁	20.4	14.8	25.3	22.3	18.5	15.1
	55~64 岁	14.2	13.3	13.4	19.0	17.9	14.5
	65 岁及以上	21.7	33.3	14.8	21.9	20.9	49.9
教育程度	未受过正规教育	3.4	2.6	2.8	3.3	2.5	1.2
	小学	8.6	10.9	6.1	11.4	10.8	8.2
	初中	29.5	25.8	30.4	28.1	28.0	32.0
	高中	35.8	33.2	38.6	43.8	33.0	30.4
	大学及以上	22.7	27.5	22.1	13.3	25.7	28.2
职业类别	干部/管理人员	3.2	4.7	1.8	1.9	1.8	2.2
	个体/私营企业人员	17.8	10.9	25.1	23.2	14.8	9.9
	初级公务员/雇员	21.7	18.9	26.5	17.1	22.7	12.4
	工人	7.7	6.0	7.2	9.7	9.7	5.3
	学生	9.0	8.9	8.8	6.1	7.6	4.8
	无业	39.8	50.1	30.5	40.9	42.4	64.4
	其他	0.9	0.6	0.1	1.2	1.0	1.0
个人月收入	0~600 元	21.3	22.0	17.4	20.5	20.0	12.7
	601~1200 元	11.8	10.1	14.4	12.5	13.9	8.1
	1201~1700 元	13.1	15.4	13.2	16.0	14.3	14.3
	1701~2600 元	29.8	29.3	28.4	28.9	34.5	37.8
	2601~3500 元	13.8	13.7	17.5	12.7	9.6	14.6
	3501~5000 元	7.2	7.4	7.4	8.5	6.1	10.9
	5001 元及以上	2.7	2.1	1.6	0.9	1.6	1.7

表 3.54.6　2013~2015 年石家庄市场各类节目的播出份额(%)和收视份额(%)

节目类别	2013 年		2014 年		2015 年	
	播出份额	收视份额	播出份额	收视份额	播出份额	收视份额
财经	1.6	1.0	1.5	0.8	1.5	0.8
电视剧	29.5	30.9	28.0	31.1	27.3	30.2
电影	5.4	4.6	3.9	4.6	4.2	3.9
法制	1.4	3.2	1.5	2.5	1.4	2.5
教学	0.4	0.2	0.3	0.1	0.2	0.1
青少	5.5	3.9	6.7	4.1	6.0	4.2
生活服务	9.0	7.4	14.1	8.1	11.0	7.6
体育	2.1	2.4	3.4	2.9	3.0	2.7
外语	0.0	0.0	0.0	0.0	0.0	0.0
戏剧	0.6	0.5	0.5	0.4	0.7	0.5
新闻/时事	10.1	14.7	9.7	13.7	10.4	13.9
音乐	2.4	0.4	1.4	0.4	2.6	0.5
专题	8.5	7.8	11.6	8.8	12.9	9.0
综艺	7.4	12.5	7.1	12.4	7.7	14.0
其他	16.2	10.5	10.3	10.1	11.1	10.1

表 3.54.7　2015 年石家庄市场所有节目收视率排名前三十位

名次	节目名称	节目类型	播出频道	平均收视率(%)	平均占有率(%)
1	2015 一年又一年	新闻/时事	中央电视台综合频道	12.7	33.6
2	2015 中央电视台春节联欢晚会	综艺	中央电视台综合频道	12.1	24.6
3	2015 中央电视台元宵晚会	综艺	中央台三套	11.2	26.3
4	315 消费在阳光下	专题	中央电视台综合频道	6.6	22.6
5	星光大道(2 月 19 日)	综艺	中央电视台综合频道	6.4	18.1
6	奔跑吧兄弟(10 月 30 日~12 月 25 日)	综艺	浙江卫视	5.8	21.3
7	奔跑吧兄弟(4 月 17 日~7 月 3 日)	综艺	浙江卫视	5.8	21.2
8	开学第一课	青少	中央电视台综合频道	5.8	16.4
9	中国好声音 4(8 月 21 日)	综艺	浙江卫视	5.7	19.5
10	奔跑吧兄弟(1 月 2 日~16 日)	综艺	浙江卫视	5.1	16.9
11	好大一个家	电视剧	中央电视台综合频道	5.1	15.3
12	2015 年世界田径锦标赛男子跳高决赛	体育	中央台五套	5.1	14.4
13	芈月传	电视剧	北京卫视	5.0	13.8
14	出彩中国人(4 月 26 日)	综艺	中央电视台综合频道	4.9	14.0
15	等着我	专题	中央电视台综合频道	4.7	14.8
16	梦想星搭档(2 月 16 日)	综艺	中央电视台综合频道	4.7	11.6
17	胜利与和平纪念抗日战争暨世界反法西斯战争胜利 70 周年文艺晚会	综艺	河北电视台二套(经济生活频道)	4.6	12.5
18	感动中国 2014 年度人物颁奖盛典	专题	中央电视台综合频道	4.3	11.7
19	2015 年中央电视台中秋晚会	综艺	中央台四套	4.3	11.4
20	现场直播:2015 年亚洲男篮锦标赛决赛(中国队 VS 菲律宾队)	体育	中央台五套	4.2	14.5
21	李克强总理会见中外记者并回答提问	新闻/时事	中央电视台综合频道	4.2	11.7
22	2015 年世乒赛女单决赛	体育	中央台五套	4.1	12.8
23	非常帮助	专题	河北电视台农民频道(七套)	4.0	23.3
24	野山鹰	电视剧	河北电视台二套(经济生活频道)	4.0	12.7
25	直播周末:2015 年中超联赛第 16 轮(石家庄永昌 VS 广州恒大淘宝)	体育	中央台五套	4.0	11.9
26	锋刃	电视剧	中央电视台综合频道	4.0	11.6
27	大院暖男	电视剧	石家庄电视台新闻综合频道(一套)	4.0	11.1
28	把革命老区发展时刻放在心上	专题	中央电视台综合频道	4.0	10.5
29	王大花的革命生涯	电视剧	中央电视台综合频道	3.9	12.0
30	中国谜语大会(3 月 3 日)	专题	中央电视台综合频道	3.9	10.7

表 3.54.8　2015 年石家庄市场电视剧收视率排名前十位

名次	节目名称	播出频道	平均收视率（%）	平均占有率（%）
1	好大一个家	中央电视台综合频道	5.1	15.3
2	芈月传	北京卫视	5.0	13.8
3	野山鹰	河北电视台二套（经济生活频道）	4.0	12.7
4	锋刃	中央电视台综合频道	4.0	11.6
5	大院暖男	石家庄电视台新闻综合频道（一套）	4.0	11.1
6	王大花的革命生涯	中央电视台综合频道	3.9	12.0
7	于无声处	中央电视台综合频道	3.8	12.0
8	孤雁	河北电视台二套（经济生活频道）	3.6	11.2
9	飞虎队	河北电视台二套（经济生活频道）	3.6	11.1
10	婆媳的战国时代	石家庄电视台新闻综合频道（一套）	3.5	9.3

表 3.54.9　2015 年石家庄市场新闻节目收视率排名前十位

名次	节目名称	播出频道	平均收视率（%）	平均占有率（%）
1	2015 一年又一年	中央电视台综合频道	12.7	33.6
2	李克强总理会见中外记者并回答提问	中央电视台综合频道	4.2	11.7
3	今日资讯	河北电视台二套（经济生活频道）	3.2	13.7
4	新闻联播	中央电视台综合频道	2.8	9.8
5	焦点访谈	中央电视台综合频道	2.7	8.2
6	习近平在亚非领导人会议上致辞	中央电视台综合频道	2.6	9.2
7	民生关注	石家庄电视台新闻综合频道（一套）	2.3	10.1
8	郡县治天下安——习近平总书记与中央党校县委书记研修班学员座谈侧记	中央电视台综合频道	2.2	6.1
9	今日关注	中央台四套	2.0	6.7
10	天天说交通	石家庄电视台都市频道（四套）	1.9	5.9

表 3.54.10　2015 年石家庄市场专题节目收视率排名前十位

名次	节目名称	播出频道	平均收视率（%）	平均占有率（%）
1	315 消费在阳光下	中央电视台综合频道	6.6	22.6
2	等着我	中央电视台综合频道	4.7	14.8
3	感动中国 2014 年度人物颁奖盛典	中央电视台综合频道	4.3	11.7
4	非常帮助	河北电视台农民频道（七套）	4.0	23.3
5	把革命老区发展时刻放在心上	中央电视台综合频道	4.0	10.5
6	中国谜语大会（3 月 3 日）	中央电视台综合频道	3.9	10.7
7	2015 寻找最美教师	中央电视台综合频道	2.9	8.6
8	东方主战场	中央电视台综合频道	2.7	8.0
9	寻找最美医生大型公益活动颁奖典礼	中央电视台综合频道	2.6	7.5
10	2014 中国好书	中央电视台综合频道	2.5	8.1

表 3.54.11 2015 年石家庄市场综艺节目收视率排名前十位

名次	节目名称	播出频道	平均收视率(%)	平均占有率(%)
1	2015 中央电视台春节联欢晚会	中央电视台综合频道	12.1	24.6
2	2015 中央电视台元宵晚会	中央台三套	11.2	26.3
3	星光大道(2 月 19 日)	中央电视台综合频道	6.4	18.1
4	奔跑吧兄弟(10 月 30 日 ~12 月 25 日)	浙江卫视	5.8	21.3
5	奔跑吧兄弟(4 月 17 日 ~7 月 3 日)	浙江卫视	5.8	21.2
6	中国好声音 4(8 月 21 日)	浙江卫视	5.7	19.5
7	奔跑吧兄弟(1 月 2 日 ~16 日)	浙江卫视	5.1	16.9
8	出彩中国人(4 月 26 日)	中央电视台综合频道	4.9	14.0
9	梦想星搭档(2 月 16 日)	中央电视台综合频道	4.7	11.6
10	胜利与和平——纪念抗日战争暨世界反法西斯战争胜利 70 周年文艺晚会	河北电视台二套(经济生活频道)	4.6	12.5

表 3.54.12 2015 年石家庄市场体育节目收视率排名前十位

名次	节目名称	播出频道	平均收视率(%)	平均占有率(%)
1	2015 年世界田径锦标赛男子跳高决赛	中央台五套	5.1	14.4
2	现场直播:2015 年亚洲男篮锦标赛决赛(中国队 VS 菲律宾队)	中央台五套	4.2	14.5
3	2015 年世乒赛女单决赛	中央台五套	4.1	12.8
4	直播周末:2015 年中超联赛第 16 轮(石家庄永昌 VS 广州恒大淘宝)	中央台五套	4.0	11.9
5	直播周末:2015 年女排世界杯(日本队 VS 中国队)	中央台五套	3.4	11.8
6	2015 年澳大利亚亚洲杯 1/4 决赛(中国队 VS 澳大利亚队)	中央台五套	3.2	10.5
7	现场直播:2018 年俄罗斯世界杯暨 2019 年亚洲杯联合预选赛第二轮(中国 VS 中国香港)	中央台五套	2.8	7.8
8	世界田径锦标赛男子跳高颁奖仪式	中央台五套	2.5	7.1
9	黄金赛场:2014/2015 赛季中国男子篮球职业联赛半决赛(北京首钢 VS 广东东莞银行)	中央台五套	2.0	5.6
10	直播周末:2015 年东亚杯男子足球赛(中国队 VS 日本队)	中央台五套	1.9	5.6

五十五、太原收视数据

表 3.55.1 2011～2015 年太原市场各类频道的市场占有率(%)

频道类别	年份				
	2011 年	2012 年	2013 年	2014 年	2015 年
中央台频道	32.7	33.8	34.0	33.9	33.5
中国教育台频道	0.8	0.8	0.7	0.6	0.3
山西省级频道	19.4	16.6	18.1	19.0	21.9
太原市级频道	14.2	11.3	7.8	6.2	6.2
其他省级卫视频道	29.5	34.3	34.5	34.2	32.5
其他频道	3.4	3.2	4.9	6.1	5.6

表 3.55.2 2015 年太原市场各类频道在不同目标观众中的市场占有率(%)

目标观众		中央台频道	中国教育台频道	山西省级频道	太原市级频道	其他省级卫星频道	其他频道
4 岁及以上所有人		33.5	0.3	21.9	6.2	32.5	5.6
性别	男	35.8	0.3	21.6	6.2	30.6	5.5
	女	31.2	0.4	22.1	6.3	34.4	5.6
年龄	4～14 岁	26.7	0.2	24.0	3.8	40.6	4.7
	15～24 岁	27.6	0.3	19.8	5.2	40.6	6.5
	25～34 岁	27.8	0.2	22.7	4.7	38.9	5.7
	35～44 岁	35.2	0.4	20.6	5.7	31.6	6.5
	45～54 岁	32.3	0.6	22.6	7.2	29.5	7.8
	55～64 岁	30.1	0.2	25.8	6.9	32.4	4.6
	65 岁及以上	48.1	0.3	18.1	8.2	21.1	4.2
教育程度	未受过正规教育	27.9	0.4	28.8	4.5	32.8	5.6
	小学	30.7	0.3	22.8	5.2	35.9	5.1
	初中	33.1	0.3	22.0	6.0	32.1	6.5
	高中	33.1	0.3	21.1	6.6	32.8	6.1
	大学及以上	36.4	0.3	20.5	6.8	30.7	5.3
职业类别	干部/管理人员	34.4	0.1	29.7	10.2	23.2	2.4
	个体/私营经企业人员	29.2	0.5	25.9	5.3	31.2	7.9
	初级公务员/雇员	35.1	0.2	19.2	6.0	33.6	5.9
	工人	28.5	0.4	23.9	5.3	36.7	5.2
	学生	28.7	0.3	16.8	4.8	43.2	6.2
	无业	36.3	0.3	21.5	7.1	29.7	5.1
	其他	28.3	0.6	26.3	2.3	31.6	10.9
个人月收入	0～600 元	29.0	0.3	22.9	4.9	36.7	6.2
	601～1200 元	30.8	0.8	24.1	6.2	29.8	8.3
	1201～1700 元	32.5	0.5	24.4	6.7	27.4	8.5
	1701～2600 元	37.1	0.4	20.0	6.4	32.0	4.1
	2601～3500 元	38.1	0.2	20.0	6.6	29.9	5.2
	3501～5000 元	31.2	0.1	22.2	7.8	32.6	6.1
	5001 元及以上	26.4	0.2	23.9	10.3	34.7	4.5

表 3.55.3　2015 年太原市场各类频道在不同时段的市场占有率(%)

时间段	中央台频道	中国教育台频道	山西省级频道	太原市级频道	其他省级卫视频道	其他频道
02:00～03:00	25.7	0.9	19.1	5.5	30.1	18.7
03:00～04:00	20.5	1.2	20.8	5.6	28.6	23.3
04:00～05:00	20.7	1.6	22.0	5.6	27.1	23.0
05:00～06:00	30.5	1.4	19.6	6.2	22.9	19.4
06:00～07:00	51.3	0.6	9.8	3.1	25.7	9.5
07:00～08:00	55.4	0.3	11.2	4.5	22.1	6.5
08:00～09:00	49.1	0.6	11.5	3.9	27.7	7.2
09:00～10:00	38.3	0.7	16.6	3.4	33.6	7.4
10:00～11:00	35.8	0.4	13.8	3.8	39.3	6.9
11:00～12:00	39.8	0.2	16.2	3.1	34.9	5.8
12:00～13:00	41.4	0.3	20.3	2.3	31.1	4.6
13:00～14:00	31.3	0.3	29.4	2.5	30.8	5.7
14:00～15:00	30.0	0.4	21.4	3.2	36.7	8.3
15:00～16:00	32.5	0.4	14.0	3.1	41.1	8.9
16:00～17:00	31.6	0.4	14.3	3.3	42.1	8.3
17:00～18:00	35.7	0.3	14.4	4.6	37.2	7.8
18:00～19:00	39.5	0.2	26.3	11.6	15.9	6.5
19:00～20:00	38.1	0.3	25.5	12.0	19.4	4.7
20:00～21:00	28.8	0.4	24.8	9.1	32.9	4.0
21:00～22:00	29.8	0.3	23.9	7.2	34.4	4.4
22:00～23:00	25.4	0.3	23.2	5.4	41.0	4.7
23:00～24:00	28.1	0.3	22.4	3.3	40.6	5.3
24:00～25:00	30.2	0.3	19.9	3.8	36.5	9.3
25:00～26:00	27.9	0.5	21.3	5.2	31.2	13.9

表 3.55.4　2015 年太原市场收视份额排名前十位的频道

名次	频道名称	收视份额(%)
1	山西广播电视台科教频道	6.5
2	中央电视台综合频道	5.9
3	湖南卫视	4.4
4	中央台四套	4.0
5	山西黄河电视台	3.7
6	中央电视台新闻频道	3.6
7	山西广播电视台影视频道	3.5
8	中央台三套	3.4
9	中央台六套	3.3
9	山西卫视	3.3

表 3.55.5　2015 年太原市场各主要频道的观众构成(%)

目标观众		所有频道	主要频道				
			山西广播电视台科教频道	中央电视台综合频道	湖南卫视	中央台四套	山西黄河电视台
4 岁及以上所有人		100.0	100.0	100.0	100.0	100.0	100.0
性别	男	48.6	45.5	50.3	39.6	56.2	46.3
	女	51.4	54.5	49.7	60.4	43.8	53.7
年龄	4~14 岁	6.9	4.1	4.0	9.0	1.8	4.4
	15~24 岁	11.4	10.5	7.8	21.8	7.0	10.8
	25~34 岁	15.4	13.4	12.8	19.0	6.5	13.4
	35~44 岁	16.7	14.4	17.7	18.8	10.1	16.0
	45~54 岁	19.1	21.9	19.9	17.3	14.5	23.9
	55~64 岁	14.5	20.8	13.1	8.0	16.0	19.6
	65 岁及以上	16.0	14.9	24.7	6.1	44.1	11.9
教育程度	未受过正规教育	4.7	3.1	3.1	2.5	2.0	4.1
	小学	10.9	11.4	9.6	10.7	7.3	14.0
	初中	32.8	38.0	26.2	34.0	40.8	37.6
	高中	28.0	26.4	29.1	34.3	25.7	29.3
	大学及以上	23.6	21.1	32.0	18.5	24.2	15.0
职业类别	干部/管理人员	2.0	2.1	1.7	1.3	1.4	1.3
	个体/私营企业人员	17.9	14.6	14.5	18.1	10.8	24.0
	初级公务员/雇员	20.1	19.7	23.2	22.9	16.4	19.6
	工人	8.2	10.7	8.3	10.6	3.8	9.1
	学生	9.0	7.0	7.1	20.9	3.5	5.5
	无业	41.7	45.1	44.9	25.0	63.7	38.0
	其他	1.1	0.8	0.3	1.2	0.4	2.5
个人月收入	0~600 元	28.7	27.9	21.3	38.9	17.5	31.8
	601~1200 元	5.2	3.4	5.6	5.2	4.3	7.3
	1201~1700 元	12.4	19.9	12.3	7.8	12.1	11.5
	1701~2600 元	26.8	25.5	34.0	21.3	37.0	26.2
	2601~3500 元	17.8	15.7	20.7	14.4	21.2	16.4
	3501~5000 元	6.9	5.6	4.7	8.2	6.5	4.3
	5001 元及以上	2.2	2.0	1.4	4.2	1.4	2.5

表 3.55.6　2013~2015 年太原市场各类节目的播出份额(%)和收视份额(%)

节目类型	2013 年		2014 年		2015 年	
	播出份额	收视份额	播出份额	收视份额	播出份额	收视份额
财经	1.8	0.9	1.6	0.7	1.6	1.0
电视剧	22.1	27.1	21.2	29.7	20.8	28.5
电影	4.2	3.5	3.8	3.8	3.7	3.8
法制	1.3	3.3	1.4	3.1	1.6	3.0
教学	0.2	0.0	0.3	0.1	0.5	0.1
青少	6.8	5.7	7.2	5.2	6.8	5.1
生活服务	9.6	8.9	10.5	9.2	10.6	9.2
体育	1.9	2.3	2.8	2.4	2.8	2.2
外语	0.0	0.0	0.0	0.0	0.0	0.0
戏剧	0.7	0.2	0.7	0.2	0.8	0.3
新闻/时事	15.1	14.7	13.9	13.8	14.0	13.6
音乐	2.4	0.6	2.5	0.5	2.4	0.6
专题	10.4	6.4	11.7	5.9	13.1	6.4
综艺	9.3	15.1	9.6	13.8	9.0	14.1
其他	14.2	11.3	12.8	11.6	12.3	12.2

表 3.55.7　2015 年太原市场所有节目收视率排名前三十位

名次	节目名称	节目类型	播出频道	平均收视率(%)	平均占有率(%)
1	2015 中央电视台春节联欢晚会	综艺	中央电视台综合频道	13.1	24.1
2	中国好声音 4 总决赛(10 月 7 日)	综艺	浙江卫视	9.7	26.5
3	2015 中央电视台元宵晚会	综艺	中央电视台综合频道	9.1	19.0
4	星光大道(2 月 19 日)	综艺	中央电视台综合频道	7.8	16.7
5	奔跑吧兄弟(10 月 30 日 ~12 月 25 日)	综艺	浙江卫视	7.7	23.3
6	2015 年世界田径锦标赛女子 4×400 米接力决赛	体育	中央台五套	7.3	18.1
7	315 消费在阳光下	专题	中央电视台综合频道	7.0	19.3
8	元宵喜乐会	综艺	湖南卫视	6.7	15.3
9	我是歌手(2 月 27 日)	综艺	湖南卫视	6.3	21.4
10	快乐中国 20152016 跨年演唱会	音乐	湖南卫视	5.4	13.4
11	武媚娘传奇(18 ~96 集)	电视剧	湖南卫视	5.4	12.9
12	2015 春节联欢晚会	综艺	湖南卫视	5.0	12.9
13	好大一个家	电视剧	中央电视台综合频道	4.6	10.8
14	锋刃(9 ~42 集)	电视剧	中央电视台综合频道	4.6	10.6
15	现场直播:2015 年亚洲男篮锦标赛决赛(中国队 VS 菲律宾队)	体育	中央台五套	4.5	12.8
16	2015 年中央电视台中秋晚会	综艺	中央台四套	4.5	10.6
17	中秋之夜(9 月 27 日)	综艺	湖南卫视	4.5	10.4
18	中国 2015 ~2016 民歌夜	综艺	山西卫视	4.5	9.6
19	直播周末:2015 年澳大利亚亚洲杯小组赛 B 组(中国队 VS 朝鲜队)	体育	中央台五套	4.4	19.4
20	天气预报	生活服务	中央电视台综合频道	4.3	13.9
21	芈月传(1 ~64 集)	电视剧	上海东方卫视	4.3	10.8
22	2015 一年又一年	新闻/时事	中央电视台综合频道	4.2	17.3
23	王大花的革命生涯	电视剧	中央电视台综合频道	4.2	11.1
24	启航 2016 讲中国故事迎世界新年中央电视台跨年直播	综艺	中央台三套	4.1	9.8
25	感动中国 2014 年度人物颁奖盛典	专题	中央电视台综合频道	4.1	9.1
26	现场直播 2015 年亚洲男篮锦标赛颁奖仪式	体育	中央台五套	4.0	16.1
27	梦想星搭档公益盛典	综艺	中央电视台综合频道	3.9	9.4
28	真声音	综艺	浙江卫视	3.8	18.3
29	中国迷语大会(3 月 3 日)	专题	中央电视台综合频道	3.8	8.4
30	笑傲江湖第 2 季巅峰时刻(12 月 27 日)	综艺	上海东方卫视	3.6	23.1

表 3.55.8 2015 年太原市场电视剧收视率排名前十位

名次	节目名称	播出频道	平均收视率（%）	平均占有率（%）
1	武媚娘传奇(18～96 集)	湖南卫视	5.4	12.9
2	好大一个家	中央电视台综合频道	4.6	10.8
3	锋刃(9～42 集)	中央电视台综合频道	4.6	10.6
4	芈月传(1～64 集)	上海东方卫视	4.3	10.8
5	王大花的革命生涯	中央电视台综合频道	4.2	11.1
6	花千骨	湖南卫视	3.3	15.0
7	于无声处	中央电视台综合频道	3.0	8.2
8	怒放	中央电视台综合频道	2.8	8.3
9	铁核桃	山西广播电视台影视频道	2.8	7.8
10	枪王之王	山西广播电视台影视频道	2.7	7.6

表 3.55.9 2015 年太原市场新闻节目收视率排名前十位

名次	节目名称	播出频道	平均收视率（%）	平均占有率（%）
1	2015 一年又一年	中央电视台综合频道	4.2	17.3
2	李克强总理会见中外记者并回答提问	中央电视台综合频道	3.3	8.1
3	新闻联播	中央电视台综合频道	2.5	9.5
4	习近平在亚非领导人会议上致辞	中央电视台新闻频道	2.4	8.5
5	都市 110	山西广播电视台科教频道	2.3	9.3
6	焦点访谈	中央电视台综合频道	1.9	5.7
7	郡县治天下安——习近平总书记与中央党校县委书记研修班学员座谈侧记	中央电视台新闻频道	1.9	4.7
8	今日关注	中央台四套	1.8	5.1
9	黄河 1890	山西黄河电视台	1.7	4.9
10	中国新闻	中央台四套	1.6	4.2

表 3.55.10 2015 年太原市场专题节目收视率排名前十位

名次	节目名称	播出频道	平均收视率（%）	平均占有率（%）
1	315 消费在阳光下	中央电视台综合频道	7.0	19.3
2	感动中国 2014 年度人物颁奖盛典	中央电视台综合频道	4.1	9.1
3	中国谜语大会(3 月 3 日)	中央电视台综合频道	3.8	8.4
4	胡耀邦	中央电视台综合频道	3.1	7.5
5	把革命老区发展时刻放在心上	中央电视台综合频道	2.9	7.3
6	中国汉字听写大会 2015(10 月 2 日)	中央电视台综合频道	2.4	6.5
7	宪法的精神法治的力量 CCTV2015 年度法治人物颁奖礼	中央电视台综合频道	2.4	5.6
8	说出你的爱	山西广播电视台科教频道	2.1	6.4
9	2015 寻找最美教师	中央电视台综合频道	2.1	5.7
10	2014 中国好书	中央电视台综合频道	2.1	5.3

表 3.55.11　2015 年太原市场综艺节目收视率排名前十位

名次	节目名称	播出频道	平均收视率（%）	平均占有率（%）
1	2015 中央电视台春节联欢晚会	中央电视台综合频道	13.1	24.1
2	中国好声音 4 总决赛(10 月 7 日)	浙江卫视	9.7	26.5
3	2015 中央电视台元宵晚会	中央电视台综合频道	9.1	19.0
4	星光大道(2 月 19 日)	中央电视台综合频道	7.8	16.7
5	奔跑吧兄弟（10 月 30 日～12 月 25 日）	浙江卫视	7.7	23.3
6	元宵喜乐会	湖南卫视	6.7	15.3
7	我是歌手(2 月 27 日)	湖南卫视	6.3	21.4
8	2015 春节联欢晚会	湖南卫视	5.0	12.9
9	2015 年中央电视台中秋晚会	中央台四套	4.5	10.6
10	中秋之夜(9 月 27 日)	湖南卫视	4.5	10.4

表 3.55.12　2015 年太原市场体育节目收视率排名前十位

名次	节目名称	播出频道	平均收视率（%）	平均占有率（%）
1	2015 年世界田径锦标赛女子4×400 米接力决赛	中央台五套	7.3	18.1
2	现场直播:2015 年亚洲男篮锦标赛决赛（中国队 VS 菲律宾队）	中央台五套	4.5	12.8
3	直播周末:2015 年澳大利亚亚洲杯小组赛 B 组（中国队 VS 朝鲜队）	中央台五套	4.4	19.4
4	现场直播 2015 年亚洲男篮锦标赛颁奖仪式	中央台五套	4.0	16.1
5	2015 年世界乒乓球锦标赛混双决赛（5 月 1 日）	中央台五套	3.2	8.1
6	超级足球之夜:2015 年亚洲足联冠军联赛决赛第二回合（中国广州恒大 VS 阿联酋阿赫利）	中央台五套	3.0	7.4
7	篮球风云季:2014/2015 赛季中国男子篮球职业联赛季后赛第一轮（山西汾酒集团 VS 青岛双星）	山西广播电视台公共频道	2.6	5.9
8	直播周末:2015 年 IBF 次最轻量级拳王争霸赛	中央台五套	2.5	8.4
9	黄金赛场:2014/2015 赛季 CBA 联赛总决赛第四场（北京首钢 VS 辽宁药都本溪）	中央台五套	2.4	6.4
10	现场直播:2015 年世界女排大奖赛中国香港站（中国队 VS 日本队）	中央台五套	2.2	5.5

五十六、乌鲁木齐收视数据

表 3.56.1 2011～2015 年乌鲁木齐市场各类频道的市场占有率(%)

频道类别	年份				
	2011 年	2012 年	2013 年	2014 年	2015 年
中央台频道	44.2	37.4	38.0	38.7	37.6
中国教育台频道	0.4	0.5	0.4	0.3	0.1
新疆自治区级频道	10.7	11.6	10.8	10.8	11.7
乌鲁木齐市级频道	5.0	5.3	5.2	4.6	5.3
其他省级卫视频道	33.2	32.3	31.7	31.1	28.5
其他频道	6.5	12.9	13.9	14.5	16.8

表 3.56.2 2014 年乌鲁木齐市场各类频道在不同目标观众中的市场占有率(%)

目标观众		中央台频道	中国教育台频道	新疆自治区级频道	乌鲁木齐市级频道	其他省级卫视频道	其他频道
4 岁及以上所有人		37.6	0.1	11.7	5.3	28.5	16.8
性别	男	39.9	0.1	11.1	5.3	27.0	16.6
	女	35.2	0.1	12.3	5.4	30.1	16.8
年龄	4～14 岁	22.3	0.1	15.2	4.9	36.6	20.9
	15～24 岁	24.5	0.1	13.6	7.1	33.2	21.5
	25～34 岁	31.2	0.2	11.2	5.1	30.6	21.8
	35～44 岁	34.3	0.2	11.0	5.5	30.5	18.6
	45～54 岁	39.0	0.2	13.1	6.3	25.1	16.4
	55～64 岁	50.5	0.1	8.4	5.2	23.9	12.0
	65 岁及以上	52.2	0.1	10.8	2.8	26.9	7.2
教育程度	未受过正规教育	25.6	0.1	16.0	4.6	35.7	18.1
	小学	31.4	0.1	19.0	5.6	26.2	17.7
	初中	39.9	0.1	13.9	6.3	24.3	15.4
	高中	39.6	0.2	8.1	5.4	30.8	15.9
	大学及以上	38.8	0.1	8.8	4.3	29.8	18.1
职业类别	干部/管理人员	38.1	0.2	12.9	6.4	28.7	13.7
	个体/私营企业人员	34.2	0.1	10.6	5.3	28.9	20.9
	初级公务员/雇员	39.4	0.2	8.0	5.4	29.7	17.4
	工人	40.6	0.2	12.0	5.3	25.2	16.8
	学生	26.7	0.1	12.1	5.4	36.6	19.1
	无业	40.2	0.1	13.7	5.2	26.5	14.2
	其他	*	*	*	*	*	100.0
个人月收入	0～600 元	26.1	0.1	17.5	6.4	30.4	19.6
	601～1200 元	41.3	0.2	16.2	4.7	21.9	15.6
	1201～1700 元	43.6	0.2	9.2	6.3	26.5	14.3
	1701～2600 元	46.8	0.2	8.5	5.1	27.4	12.1
	2601～3500 元	39.6	0.2	11.8	5.2	28.4	14.9
	3501 元～5000 元	36.7	0.2	8.1	4.1	32.4	18.5
	5001 元及以上	43.3	0.1	5.4	4.6	23.0	23.5

* 表示样本量不足,无法进行统计推断

表 3.56.3　2015 年乌鲁木齐市场各类频道在不同时段的市场占有率(%)

时间段	中央台频道	中国教育台频道	新疆自治区级频道	乌鲁木齐市级频道	其他省级卫视频道	其他频道
02:00~03:00	27.9	0.2	11.7	2.7	30.3	27.2
03:00~04:00	28.1	0.1	7.9	1.4	29.3	33.3
04:00~05:00	30.6	0.1	4.9	1.4	26.6	36.4
05:00~06:00	30.7	0.1	3.6	1.1	26.7	37.7
06:00~07:00	49.0	0.1	3.2	1.2	18.3	28.2
07:00~08:00	67.1	0.1	2.3	0.6	14.9	15.0
08:00~09:00	62.9	0.1	6.7	1.6	18.7	10.1
09:00~10:00	49.0	0.1	9.3	4.7	26.8	10.1
10:00~11:00	40.9	0.1	12.7	7.2	27.2	11.9
11:00~12:00	39.0	0.1	13.4	6.1	27.4	14.0
12:00~13:00	39.2	0.1	14.7	4.5	25.7	15.8
13:00~14:00	37.9	0.1	11.2	3.7	28.5	18.7
14:00~15:00	35.6	0.1	10.2	2.5	32.1	19.4
15:00~16:00	33.9	0.1	11.8	3.3	30.7	20.2
16:00~17:00	33.0	0.2	11.4	4.0	30.8	20.6
17:00~18:00	37.3	0.2	11.1	3.1	28.7	19.7
18:00~19:00	52.6	0.1	9.4	2.2	18.2	17.5
19:00~20:00	55.1	0.2	9.4	3.2	20.3	11.8
20:00~21:00	39.3	0.3	10.6	5.8	30.7	13.3
21:00~22:00	37.0	0.1	11.8	7.0	28.8	15.3
22:00~23:00	29.6	0.1	12.3	9.1	31.9	17.1
23:00~24:00	29.3	0.1	13.4	6.0	33.4	17.8
24:00~25:00	30.0	0.1	15.8	6.5	28.5	19.1
25:00~26:00	28.1	0.2	12.6	5.8	29.1	24.1

表 3.56.4　2015 年乌鲁木齐市场收视份额排名前十位的频道

名次	频道名称	收视份额(%)
1	中央电视台综合频道	5.8
2	中央电视台新闻频道	5.2
3	中央台八套	4.1
4	中央台六套	4.0
5	湖南卫视	3.9
6	浙江卫视	2.7
6	中央台三套	2.7
8	中央台四套	2.5
9	新疆电视台九套(维语经济生活频道)	2.2
9	中央台五套	2.2

表 3.56.5 2015 年乌鲁木齐市场各主要频道的观众构成(%)

目标观众		所有频道	主要频道				
			中央电视台综合频道	中央电视台新闻频道	中央台八套	中央台六套	湖南卫视
4 岁及以上所有人		100.0	100.0	100.0	100.0	100.0	100.0
性别	男	51.8	51.8	55.7	49.3	57.2	34.6
	女	48.2	48.2	44.3	50.7	42.8	65.4
年龄	4~14 岁	9.0	4.7	3.3	4.0	6.8	8.3
	15~24 岁	6.5	4.0	4.7	4.4	6.4	22.4
	25~34 岁	16.9	10.5	12.6	9.3	20.3	20.6
	35~44 岁	21.1	13.6	11.6	11.4	22.1	16.1
	45~54 岁	19.6	23.7	27.6	21.7	23.9	18.3
	55~64 岁	15.2	24.6	24.6	28.1	13.4	5.1
	65 岁及以上	11.7	19.0	15.6	21.2	7.0	9.2
教育程度	未受过正规教育	5.5	3.6	2.1	6.5	3.3	7.0
	小学	14.3	11.8	10.2	13.2	9.7	10.1
	初中	26.3	25.2	31.2	31.2	24.6	14.9
	高中	30.5	34.2	29.0	29.7	34.7	34.6
	大学及以上	23.4	25.2	27.5	19.5	27.7	33.5
职业类别	干部/管理人员	4.8	3.1	3.9	5.1	6.4	3.3
	个体/私营企业人员	17.1	12.5	14.2	12.2	15.7	18.0
	初级公务员/雇员	18.2	16.6	21.7	15.6	23.8	19.2
	工人	12.0	14.2	12.8	12.4	16.2	9.3
	学生	10.1	5.7	5.9	4.7	10.0	19.9
	无业	36.8	47.4	41.4	49.8	27.4	30.0
	其他	*	*	*	*	*	*
个人月收入	0~600 元	25.1	17.1	14.4	16.3	21.6	36.0
	601~1200 元	6.4	6.0	3.6	5.6	3.0	2.0
	1201~1700 元	9.3	8.7	13.0	8.6	7.2	5.0
	1701~2600 元	20.5	22.3	24.4	31.6	17.8	14.8
	2601~3500 元	19.7	25.5	23.1	23.2	21.5	14.4
	3501 元~5000 元	11.7	15.0	12.7	11.3	17.2	22.4
	5001 元及以上	7.3	5.3	8.7	3.3	11.5	4.9

* 表示目标样本量不足,无法进行统计推断。

表 3.56.6 2013~2015 年乌鲁木齐市场各类节目的播出份额(%)和收视份额(%)

节目类别	2013 年		2014 年		2015 年	
	播出份额	收视份额	播出份额	收视份额	播出份额	收视份额
财经	1.6	1.1	1.4	0.9	1.4	1.2
电视剧	26.7	27.8	23.4	27.0	23.3	27.8
电影	6.1	7.6	5.4	7.8	5.6	8.3
法制	1.0	1.8	1.0	1.8	1.0	1.5
教学	0.4	0.2	0.2	0.2	0.2	0.1
青少	5.3	6.8	6.0	7.5	5.7	6.3
生活服务	9.3	5.6	13.2	6.1	10.7	5.7
体育	2.9	3.1	3.8	4.3	3.4	3.4
外语	0.0	0.0	0.0	0.0	0.0	0.0
戏剧	0.6	0.3	0.5	0.2	0.6	0.3
新闻/时事	10.0	14.5	9.5	13.7	9.9	12.4
音乐	2.4	1.0	2.4	1.1	2.5	1.2
专题	8.6	8.1	11.0	8.5	12.5	8.7
综艺	6.7	12.0	6.5	11.3	7.1	13.2
其他	18.4	10.1	15.6	9.7	16.0	9.9

表 3.56.7 2015 年乌鲁木齐市场所有节目收视率排名前三十位

名次	节目名称	类别	播出频道	平均收视率(%)	平均占有率(%)
1	2015 中央电视台春节联欢晚会	综艺	中央电视台综合频道	7.5	18.5
2	奔跑吧兄弟(1 月 2 日 ~1 月 16 日)	综艺	浙江卫视	7.2	18.4
3	奔跑吧兄弟(4 月 17 日 ~7 月 3 日)	综艺	浙江卫视	6.1	21.4
4	2015 中央电视台元宵晚会	综艺	中央电视台综合频道	6.1	18.9
5	奔跑吧兄弟(4 月 17 日 ~7 月 3 日)	综艺	浙江卫视	5.0	13.7
6	中国好声音 4 总决赛	综艺	浙江卫视	4.8	14.5
7	丝绸之路传奇	电视剧	中央电视台综合频道	4.2	13.4
8	中秋之夜	综艺	湖南卫视	4.2	12.6
9	现场直播:2015/2016 赛季 CBA 常规赛第十三轮(新疆天山农商银行 VS 北京首钢)	体育	中央台五套	4.1	13.1
10	315 消费在阳光下	专题	中央电视台综合频道	4.1	11.2
11	我是歌手歌王之战	综艺	湖南卫视	4.0	14.1
12	现场直播:2015 年亚洲男篮锦标赛决赛(中国队 VS 菲律宾队)	体育	中央台五套	3.9	12.0
13	武媚娘传奇	电视剧	湖南卫视	3.8	11.1
14	我是歌手 2015 巅峰会	综艺	湖南卫视	3.6	11.3
15	新闻联播	新闻/时事	中央电视台新闻频道	3.5	19.7
15	好大一个家	电视剧	中央电视台综合频道	3.5	10.0
16	为了一句话	电视剧	中央台八套	3.5	10.0
18	青岛往事	电视剧	中央台八套	3.4	10.5
19	实况录像 精英赛场:2015 年第 46 届世界体操锦标赛女子自由体操决赛	体育	中央台五套	3.3	11.0
20	决杀	电视剧	中央台八套	3.3	9.8
21	探索	专题	新疆电视台二套(维语新闻综合频道)	3.2	17.1
22	王大花的革命生涯	电视剧	中央电视台综合频道	3.1	11.6
23	真声音	综艺	浙江卫视	3.1	10.3
24	花千骨	电视剧	湖南卫视	3.0	10.9
25	别让我看见	电视剧	中央电视台综合频道	3.0	9.9
26	2015 年中央电视台中秋晚会	综艺	中央电视台综合频道	3.0	9.3
27	抗战胜利 70 周年纪念大会	新闻/时事	中央电视台综合频道	2.9	13.8
28	于无声处	电视剧	中央电视台综合频道	2.9	13.0
29	黄河在咆哮	电视剧	中央电视台综合频道	2.9	11.0
30	最后一战	电视剧	中央台八套	2.9	9.8

表 3.56.8　2015 年乌鲁木齐市场电视剧收视率排名前十位

名次	节目名称	频道	平均收视率（%）	平均占有率（%）
1	丝绸之路传奇	中央电视台综合频道	4.2	13.4
2	武媚娘传奇	湖南卫视	3.8	11.1
3	好大一个家	中央电视台综合频道	3.5	10.5
4	为了一句话	中央台八套	3.5	10.0
4	青岛往事	中央台八套	3.4	10.5
6	决杀	中央台八套	3.3	9.8
7	王大花的革命生涯	中央电视台综合频道	3.1	11.6
8	花千骨	湖南卫视	3.0	10.9
9	别让我看见	中央电视台综合频道	3.0	9.9
10	于无声处	中央电视台综合频道	2.9	13.0

表 3.56.9　2015 年乌鲁木齐市场新闻节目收视率排名前十位

名次	节目名称	频道	平均收视率（%）	平均占有率（%）
1	新闻联播	中央电视台新闻频道	3.5	19.7
2	抗战胜利 70 周年纪念大会	中央电视台综合频道	2.9	13.8
3	胜利日 70 年纪念中国人民抗日战争暨世界反法西斯战争胜利	中央台三套	2.8	8.7
4	李克强总理会见中外记者并回答提问	中央电视台新闻频道	2.5	9.1
5	2015 一年又一年	中央电视台综合频道	1.9	9.2
6	郡县治天下安——习近平总书记与中央党校县委书记研修班学员座谈侧记	中央电视台综合频道	1.9	7.9
7	为了不能忘却的纪念	中央电视台新闻频道	1.7	6.0
8	习近平在亚非领导人会议上致辞	中央电视台新闻频道	1.6	7.6
9	记者探访偷渡泰国被遣返人员	新疆电视台九套（维语经济生活频道）	1.6	7.3
10	焦点访谈	中央电视台新闻频道	1.6	7.2

表 3.56.10　2015 年乌鲁木齐市场专题节目收视率排名前十位

名次	节目名称	频道	平均收视率（%）	平均占有率（%）
1	315 消费在阳光下	中央电视台综合频道	4.1	11.2
2	探索	新疆电视台二套（维语新闻综合频道）	3.2	17.1
3	中国谜语大会（3 月 4 日）	中央电视台综合频道	2.9	9.5
4	把革命老区发展时刻放在心上	中央电视台新闻频道	2.4	9.2
5	2015 寻找最美教师	中央电视台综合频道	2.1	8.4
6	东方主战场	中央电视台综合频道	2.0	8.4
7	等着我	中央电视台综合频道	2.0	7.3
8	圆梦中国德耀中华第五届全国道德模范授奖仪式	中央电视台综合频道	1.9	6.0
9	一年级大学季	湖南卫视	1.9	5.9
10	感动中国 2014 年度人物颁奖盛典	中央电视台综合频道	1.9	5.8

表 3.56.11　2015 年乌鲁木齐市场综艺节目收视率排名前十位

名次	节目名称	频道	平均收视率（%）	平均占有率（%）
1	2015 中央电视台春节联欢晚会	中央电视台综合频道	7.5	18.5
2	奔跑吧兄弟(1 月 2 日 ~1 月 16 日)	浙江卫视	7.2	18.4
3	奔跑吧兄弟(4 月 17 日 ~7 月 3 日)	浙江卫视	6.1	21.4
4	2015 中央电视台元宵晚会	中央电视台综合频道	6.1	18.9
5	奔跑吧兄弟(4 月 17 日 ~7 月 3 日)	浙江卫视	5.0	13.7
6	中国好声音 4 总决赛	浙江卫视	4.8	14.5
7	中秋之夜	湖南卫视	4.2	12.6
8	我是歌手歌王之战	湖南卫视	4.0	14.1
9	我是歌手 2015 巅峰会	湖南卫视	3.6	11.3
10	真声音	浙江卫视	3.1	10.3

表 3.56.12　2015 年乌鲁木齐市场体育节目收视率排名前十位

名次	节目名称	播出频道	平均收视率（%）	平均占有率（%）
1	现场直播:2015/2016 赛季 CBA 常规赛第十三轮（新疆天山农商银行 VS 北京首钢）	中央台五套	4.1	13.1
2	现场直播:2015 年亚洲男篮锦标赛决赛(中国队 VS 菲律宾队)	中央台五套	3.9	12.0
3	实况录像 精英赛场:2015 年第 46 届世界体操锦标赛女子自由体操决赛	中央台五套	3.3	11.0
4	黄金赛场:2014/2015 赛季 CBA 联赛总决赛第四场（北京首钢 VS 辽宁药都本溪）	中央台五套	2.8	9.6
5	现场直播:2015 年 NBA 中国赛上海站（快船 VS 黄蜂）	中央台五套	2.3	7.6
6	2015 年世界田径锦标赛男子4×100 米接力决赛	中央台五套	2.3	7.3
7	直播周末:2015 年 CBA 全明星赛三分球大赛决赛	中央台五套	2.3	6.3
8	直播周末:2015 年 IBF 次最轻量级拳王争霸赛	中央台五套	2.2	6.6
9	实况录像:2015 年国际拳联职业联赛	中央台五套	2.1	5.8
10	直播周末:2015/2016 赛季中国女子篮球联赛第 9 轮(北京队 VS 新疆队)	中央台五套	2.0	8.0

五十七、武汉收视数据

表 3.57.1　2011～2015 年武汉市场各类频道的市场占有率(%)

频道类别	年份				
	2011 年	2012 年	2013 年	2014 年	2015 年
中央台频道	23.8	24.8	22.9	23.5	21.3
中国教育台频道	0.2	0.2	0.1	0.1	0.0
湖北省级频道	25.4	25.7	28.8	25.2	24.6
武汉市级频道	17.9	15.4	14.6	15.7	17.1
其他省级卫视频道	23.4	25.0	25.7	29.2	31.5
其他频道	9.3	8.9	8.0	6.3	5.5

表 3.57.2　2015 年武汉市场各类频道在不同目标观众中的市场占有率(%)

目标观众		中央台频道	中国教育台频道	湖北省级频道	武汉市级频道	其他省级卫视频道	其他频道
4 岁及以上所有人		21.3	0.0	24.6	17.1	31.5	5.5
性别	男	23.9	0.0	23.9	16.8	29.9	5.5
	女	18.8	0.0	25.2	17.4	33.0	5.5
年龄	4～14 岁	15.6	0.0	13.0	21.2	44.5	5.7
	15～24 岁	14.2	0.0	17.5	21.9	41.3	5.2
	25～34 岁	18.8	0.0	19.5	19.2	35.4	7.1
	35～44 岁	20.2	0.0	23.6	17.8	31.3	7.1
	45～54 岁	21.9	0.0	25.8	17.1	29.9	5.3
	55～64 岁	25.9	0.0	29.7	15.4	23.5	5.4
	65 岁及以上	24.8	0.0	32.0	11.7	29.0	2.4
教育程度	未受过正规教育	21.3	0.0	19.1	22.9	33.2	3.5
	小学	18.4	0.0	25.7	19.6	30.3	5.9
	初中	22.5	0.0	27.8	14.9	29.5	5.3
	高中	21.4	0.0	23.7	16.6	32.3	6.0
	大学及以上	20.9	0.0	22.6	18.7	32.7	5.1
职业类别	干部/管理人员	27.6	0.0	16.4	22.3	25.0	8.7
	个体/私营企业人员	22.0	0.0	24.5	16.4	31.1	6.1
	初级公务员/雇员	19.4	0.0	20.2	18.6	35.4	6.3
	工人	19.3	0.0	21.9	20.4	32.3	6.1
	学生	16.5	0.0	14.1	19.8	43.6	6.0
	无业	22.3	0.0	28.6	15.2	29.7	4.2
	其他	26.4	0.1	30.9	12.1	23.4	7.2
个人月收入	0～600 元	19.1	0.0	21.3	18.2	36.5	4.9
	601～1200 元	20.7	0.0	33.2	15.8	24.6	5.7
	1201～1700 元	19.3	0.0	27.0	16.5	30.8	6.4
	1701～2600 元	19.9	0.0	26.5	18.3	29.4	5.8
	2601～3500 元	24.2	0.0	22.6	14.8	34.0	4.3
	3501～5000 元	26.8	0.0	20.6	15.4	31.0	6.2
	5001 元及以上	28.0	0.0	21.5	18.8	25.0	6.6

表 3.57.3　2015 年武汉市场各类频道在不同时段的市场占有率(%)

时间段	中央台频道	中国教育台频道	湖北省级频道	武汉市级频道	其他省级卫视频道	其他频道
02:00~03:00	31.2	0.1	21.9	6.7	25.4	14.7
03:00~04:00	31.2	0.1	25.3	5.9	23.6	13.9
04:00~05:00	30.9	0.2	27.2	4.7	24.5	12.5
05:00~06:00	31.6	0.1	24.8	5.2	26.8	11.5
06:00~07:00	40.7	0.0	23.7	4.5	24.3	6.8
07:00~08:00	44.0	0.0	18.6	11.3	21.3	4.8
08:00~09:00	34.8	0.0	17.6	13.3	28.8	5.5
09:00~10:00	29.2	0.0	19.4	12.1	33.9	5.4
10:00~11:00	29.4	0.0	20.9	9.0	35.2	5.5
11:00~12:00	30.7	0.0	28.5	6.4	29.2	5.2
12:00~13:00	30.5	0.0	35.0	4.1	25.6	4.8
13:00~14:00	32.2	0.1	25.2	4.2	32.4	5.9
14:00~15:00	28.5	0.1	24.6	4.4	35.9	6.5
15:00~16:00	26.8	0.1	23.5	5.0	38.0	6.6
16:00~17:00	26.0	0.0	23.7	5.9	38.1	6.3
17:00~18:00	19.8	0.0	37.5	13.6	24.3	4.8
18:00~19:00	13.9	0.0	39.6	32.2	10.1	4.2
19:00~20:00	18.1	0.0	27.4	25.0	25.4	4.1
20:00~21:00	15.5	0.0	18.2	17.9	44.1	4.3
21:00~22:00	17.1	0.0	18.7	21.5	37.6	5.1
22:00~23:00	14.0	0.0	22.1	24.1	33.8	6.0
23:00~24:00	22.0	0.1	17.0	19.3	33.8	7.8
24:00~25:00	28.2	0.0	17.4	10.7	32.2	11.5
25:00~26:00	30.0	0.0	19.3	8.9	26.9	14.9

表 3.57.4　2015 年武汉市场收视份额排名前十位的频道

名次	频道名称	收视份额(%)
1	湖北经视	8.1
2	湖北卫视	6.0
3	武汉广播电视台电视剧频道	4.8
4	湖北综合	3.5
5	中央电视台综合频道	3.3
6	湖北影视	3.1
6	中央台三套	3.1
8	武汉广播电视台新闻综合频道	2.9
8	湖南卫视	2.9
10	浙江卫视	2.8

表 3.57.5　2015 年武汉市场各主要频道的观众构成(%)

目标观众		所有频道	主要频道				
			湖北经视	湖北卫视	武汉广播电视台电视剧频道	湖北综合	中央电视台综合频道
4 岁及以上所有人		100.0	100.0	100.0	100.0	100.0	100.0
性别	男	48.2	43.1	48.6	45.1	45.4	47.3
	女	51.8	56.9	51.4	54.9	54.6	52.7
年龄	4~14 岁	5.0	3.2	3.0	6.1	1.4	3.9
	15~24 岁	8.6	5.8	9.7	7.8	4.9	3.9
	25~34 岁	17.7	10.5	19.6	15.1	12.5	16.7
	35~44 岁	14.2	13.0	14.1	18.4	13.4	10.7
	45~54 岁	22.7	22.0	20.0	25.6	25.1	16.7
	55~64 岁	18.1	24.3	17.6	17.5	23.0	25.2
	65 岁及以上	13.7	21.2	16.0	9.5	19.6	22.8
教育程度	未受过正规教育	3.2	3.7	2.2	4.3	1.5	4.6
	小学	9.8	9.6	8.7	12.6	8.0	8.2
	初中	26.6	31.3	20.7	26.6	29.8	25.5
	高中	36.5	38.1	35.3	34.1	36.5	36.0
	大学及以上	23.9	17.3	33.1	22.3	24.2	25.7
职业类别	干部/管理人员	2.7	2.0	2.6	2.2	1.3	3.4
	个体/私营企业人员	7.1	7.5	7.5	7.1	3.4	8.1
	初级公务员/雇员	13.4	8.1	15.0	13.5	15.8	13.8
	工人	22.1	17.9	21.8	27.1	20.0	13.3
	学生	6.8	4.1	4.9	7.8	3.1	4.5
	无业	40.8	52.3	44.0	36.0	49.1	49.1
	其他	7.2	8.2	4.3	6.4	7.2	7.8
个人月收入	0~600 元	23.6	19.6	21.0	25.4	16.0	19.4
	601~1200 元	7.4	11.6	7.5	9.0	9.1	6.1
	1201~1700 元	10.8	13.6	10.0	10.6	13.5	11.1
	1701~2600 元	31.2	36.0	31.7	30.4	34.8	25.9
	2601~3500 元	13.9	10.4	15.3	13.1	16.7	18.1
	3501~5000 元	9.5	6.0	10.5	8.4	6.7	14.1
	5001 元及以上	3.6	2.8	4.1	3.1	3.2	5.3

表 3.57.6　2013~2015 年武汉市场各类节目的播出份额(%)和收视份额(%)

节目类别	2013 年		2014 年		2015 年	
	播出份额	收视份额	播出份额	收视份额	播出份额	收视份额
财经	1.5	0.9	1.4	0.8	1.4	0.8
电视剧	28.7	33.2	26.4	32.9	25.0	31.5
电影	4.5	3.6	2.9	4.0	3.7	3.3
法制	1.0	0.8	1.2	0.8	1.1	1.0
教学	0.4	0.1	0.3	0.1	0.2	0.1
青少	5.2	3.2	6.4	3.5	5.8	3.1
生活服务	10.1	8.4	16.2	9.2	12.7	9.6
体育	2.1	2.2	3.2	2.8	2.8	2.1
外语	0.0	0.0	0.0	0.0	0.0	0.0
戏剧	0.6	0.1	0.5	0.2	0.6	0.2
新闻/时事	10.1	14.3	9.8	13.4	10.5	13.1
音乐	2.2	0.8	1.3	0.7	2.4	1.0
专题	9.0	6.6	11.6	6.1	12.9	7.0
综艺	7.4	13.1	7.6	13.2	8.0	14.2
其他	17.2	12.7	11.2	12.3	12.9	13.0

表 3.56.7　2015 年武汉市场所有节目收视率排名前三十位

名次	节目名称	节目类别	播出频道	平均收视率(%)	平均占有率(%)
1	2015 中央电视台春节联欢晚会	综艺	中央台三套	8.2	18.5
2	中国好声音 4(8 月 28 日)	综艺	浙江卫视	6.6	14.7
3	经视直播	新闻/时事	湖北经视	6.2	20.1
4	如果爱	综艺	湖北卫视	5.8	15.1
5	我为喜剧狂	综艺	湖北卫视	5.6	15.0
6	2015 中央电视台元宵晚会	综艺	中央台三套	5.5	11.9
7	2015 一年又一年	新闻/时事	中央电视台综合频道	4.9	12.3
8	桃花朵朵开	生活服务	湖北经视	4.8	11.0
9	好日子新风尚 2015 全国社区网络春晚	综艺	湖北卫视	4.7	15.5
10	调解面对面	专题	湖北卫视	4.7	14.6
11	奔跑吧兄弟(4 月 17 日 ~7 月 3 日)	综艺	浙江卫视	4.6	11.1
12	婆媳的战国时代	电视剧	湖北卫视	4.5	10.1
13	奔跑吧 2016 跨年演唱会	音乐	浙江卫视	4.4	10.8
14	纲到你身边	专题	湖北卫视	4.3	13.2
15	今天不烦恼	综艺	湖北卫视	4.3	11.8
16	幸福聚荔 20152016 跨年演唱会	音乐	江苏卫视	4.2	11.6
17	谁是我家人	综艺	湖北卫视	4.2	11.4
18	荆楚楷模致敬礼	综艺	湖北卫视	4.0	14.6
19	女神新装	综艺	上海东方卫视	4.0	10.0
20	经视团购会	生活服务	湖北经视	4.0	9.8
21	经视欢乐送	综艺	湖北经视	3.9	19.9
22	嫂子嫂子	电视剧	武汉广播电视台电视剧频道	3.9	9.7
23	非正式会谈 2	综艺	湖北卫视	3.9	9.5
24	非正式会谈	综艺	湖北卫视	3.9	9.2
25	我是歌手(1 月 30 日)	综艺	湖南卫视	3.8	13.7
26	奔跑吧兄弟(10 月 30 日 ~12 月 25 日)	综艺	浙江卫视	3.8	9.7
27	锵锵男人帮	综艺	湖北经视	3.8	8.9
28	我的全家福把爱围成家	综艺	湖北经视	3.8	8.2
29	一路心喜	综艺	湖北卫视	3.7	13.2
30	我爱我的祖国	综艺	湖北卫视	3.7	9.8

表 3.57.8 2015 年武汉市场电视剧收视率排名前十位

名次	节目名称	播出频道	平均收视率（%）	平均占有率（%）
1	婆媳的战国时代	湖北卫视	4.5	10.1
2	嫂子嫂子	武汉广播电视台电视剧频道	3.9	9.7
3	爱你一生	湖北卫视	3.7	8.5
4	殊死 7 日	武汉广播电视台电视剧频道	3.6	8.9
5	傻儿传奇	湖北卫视	3.6	8.5
6	孤雁	湖北卫视	3.6	8.1
7	身边的幸福	湖北卫视	3.6	8.0
8	红高粱	湖北卫视	3.5	8.2
9	血色青春	武汉广播电视台电视剧频道	3.4	8.8
10	影子战士	武汉广播电视台电视剧频道	3.4	8.2

表 3.57.9 2015 年武汉市场新闻节目收视率排名前十位

名次	节目名称	播出频道	平均收视率（%）	平均占有率（%）
1	经视直播	湖北经视	6.2	20.1
2	2015 一年又一年	中央电视台综合频道	4.9	12.3
3	第 1 直播室	武汉广播电视台新闻综合频道	3.0	10.6
4	哼天	湖北经视	2.9	21.4
5	关注东船游轮翻沉事件	湖北卫视	2.7	7.2
6	新闻 360	湖北综合	2.3	7.9
7	转播中央台新闻联播	武汉广播电视台新闻综合频道	2.1	5.8
8	新闻联播	中央电视台新闻频道	1.6	4.5
9	关注东方之星号客轮翻沉事件	湖北卫视	1.5	5.1
10	李克强总理会见中外记者并回答提问	中央电视台综合频道	1.4	3.2

表 3.57.10 2015 年武汉市场专题节目收视率排名前十位

名次	节目名称	播出频道	平均收视率（%）	平均占有率（%）
1	调解面对面	湖北卫视	4.7	14.6
2	纲到你身边	湖北卫视	4.3	13.2
3	践行三严三实推进城市治理 2015 十个突出问题承诺整改电视问政	武汉广播电视台新闻综合频道	3.2	7.0
4	母亲节特别节目江城女人花无指妈妈爱满江城爱心传递活动	武汉广播电视台经济频道	2.9	7.9
5	315 我们在行动	湖北经视	2.7	6.7
6	你就是奇迹	湖北卫视	2.6	6.9
7	宝贝来了	湖北经视	2.4	6.3
8	江城尖板眼	武汉广播电视台经济频道	2.1	5.8
9	315 消费在阳光下	中央电视台综合频道	2.1	5.3
10	等着我	中央电视台综合频道	2.1	4.5

表 3.57.11　2015 年武汉市场综艺节目收视率排名前十位

名次	节目名称	播出频道	平均收视率(%)	平均占有率(%)
1	2015 中央电视台春节联欢晚会	中央台三套	8.2	18.5
2	中国好声音 4(8 月 28 日)	浙江卫视	6.6	14.7
3	如果爱	湖北卫视	5.8	15.1
4	我为喜剧狂	湖北卫视	5.6	15.0
5	2015 中央电视台元宵晚会	中央台三套	5.5	11.9
6	好日子新风尚 2015 全国社区网络春晚	湖北卫视	4.7	15.5
7	奔跑吧兄弟(4 月 17 日 ~7 月 3 日)	浙江卫视	4.6	11.1
8	今天不烦恼	湖北卫视	4.3	11.8
9	谁是我家人	湖北卫视	4.2	11.4
10	荆楚楷模致敬礼	湖北卫视	4.0	14.6

表 3.57.12　2015 年武汉市场体育节目收视率排名前十位

名次	节目名称	播出频道	平均收视率(%)	平均占有率(%)
1	现场直播:2018 年俄罗斯世界杯暨 2019 年亚洲杯联合预选赛第二轮(中国 VS 中国香港)	中央台五套	3.7	8.6
2	现场直播:2015 年亚洲男篮锦标赛决赛(中国队 VS 菲律宾队)	中央台五套	3.5	8.3
3	2015 年世界田径锦标赛男子跳高决赛	中央台五套	3.5	7.3
4	直播周末:2015 年澳大利亚亚洲杯小组赛 B 组(中国队 VS 朝鲜队)	中央台五套	3.4	14.0
5	超级足球之夜:2015 年亚洲足联冠军联赛决赛第二回合(中国广州恒大 VS 阿联酋阿赫利)	中央台五套	3.4	7.5
6	直播周末:2015 年女排世界杯(日本队 VS 中国队)	中央台五套	3.0	8.0
7	2015 年国际足联俱乐部世界杯半决赛(西班牙巴塞罗那 VS 中国广州恒大)	中央台五套	2.6	6.6
8	直播周末:2015 年东亚杯男子足球赛(中国队 VS 韩国队)	中央台五套	2.6	6.2
9	超级足球之夜:2015 年中国足球超级联赛第十四轮(山东鲁能泰山 VS 广州恒大淘宝)	中央台五套	2.1	4.7
10	2015 年国际泳联世锦赛男子 100 米自由泳决赛	中央台五套	2.0	8.8

五十八、西安收视数据

表 3.58.1 2011～2015 年西安市场各类频道的市场占有率(%)

频道类别	年份				
	2011 年	2012 年	2013 年	2014 年	2015 年
中央台频道	32.2	37.7	39.8	37.6	35.9
中国教育台频道	0.4	0.4	0.4	0.3	0.2
陕西省级频道	21.6	18.6	18.1	17.7	17.6
西安市级频道	8.5	6.6	4.7	3.4	2.5
其他省级卫视频道	30.6	31.6	29.0	28.3	26.6
其他频道	6.8	5.1	8.0	12.7	17.2

表 3.58.2 2015 年西安市场各类频道在各目标观众中的市场占有率(%)

目标观众		中央台频道	中国教育台频道	陕西省级频道	西安市级频道	其他省级卫视频道	其他频道
4 岁及以上所有人		35.9	0.2	17.6	2.5	26.6	17.2
性别	男	37.8	0.2	17.9	2.7	24.2	17.2
	女	34.0	0.2	17.4	2.4	28.9	17.1
年龄	4～14 岁	32.2	0.1	11.4	1.7	36.2	18.4
	15～24 岁	33.7	0.3	16.2	2.3	32.6	14.9
	25～34 岁	29.3	0.2	15.4	2.1	27.1	25.9
	35～44 岁	29.5	0.3	19.8	2.5	27.6	20.3
	45～54 岁	33.9	0.2	17.7	2.5	27.4	18.3
	55～64 岁	42.5	0.2	18.8	2.3	26.6	9.6
	65 岁及以上	43.9	0.2	19.2	3.7	18.0	15.0
教育程度	未受过正规教育	33.1	0.1	12.5	1.0	34.9	18.4
	小学	35.3	0.2	17.8	3.0	28.6	15.1
	初中	36.3	0.2	19.5	3.1	25.0	15.9
	高中	36.0	0.2	18.3	2.2	26.6	16.7
	大学及以上	35.6	0.3	15.0	2.4	26.9	19.8
职业类别	干部/管理人员	36.7	0.2	13.2	2.4	25.9	21.6
	个体/私营企业人员	30.7	0.2	21.7	2.8	24.5	20.1
	初级公务员/雇员	35.0	0.2	17.2	2.1	27.6	17.9
	工人	32.3	0.3	19.5	2.7	27.4	17.8
	学生	32.1	0.2	11.9	2.3	37.8	15.7
	无业	39.0	0.2	17.8	2.7	24.6	15.7
	其他	22.0	0.0	19.7	4.5	34.7	19.1
个人月收入	0～600 元	29.6	0.2	16.4	2.1	31.5	20.2
	601～1200 元	29.7	0.3	27.0	4.1	23.6	15.3
	1201～1700 元	40.5	0.2	16.8	2.2	28.9	11.4
	1701～2600 元	39.5	0.2	18.0	2.8	24.0	15.5
	2601～3500 元	36.5	0.2	18.0	2.5	24.3	18.5
	3501～5000 元	33.8	0.2	16.5	2.0	24.2	23.3
	5001 元及以上	32.6	0.4	15.7	2.4	32.9	16.0

表 3.58.3　2015 年西安市场各类频道在各时段的市场占有率(%)

时间段	中央台频道	中国教育台频道	陕西省级频道	西安市级频道	其他省级卫视频道	其他频道
02:00~03:00	24.5	0.5	5.3	1.0	38.8	29.9
03:00~04:00	20.7	0.1	2.9	0.3	45.7	30.3
04:00~05:00	22.6	0.1	2.7	0.2	46.2	28.2
05:00~06:00	29.1	0.4	2.9	0.2	40.6	26.8
06:00~07:00	37.7	0.1	11.5	0.3	26.7	23.7
07:00~08:00	45.8	0.1	17.6	2.6	16.4	17.5
08:00~09:00	42.9	0.2	15.0	2.5	22.7	16.7
09:00~10:00	39.9	0.3	13.2	2.8	25.5	18.3
10:00~11:00	37.2	0.3	12.1	2.6	29.4	18.4
11:00~12:00	39.5	0.1	13.7	1.9	27.8	17.0
12:00~13:00	41.7	0.1	15.2	1.4	24.7	16.9
13:00~14:00	39.6	0.2	11.9	1.8	26.9	19.6
14:00~15:00	36.4	0.3	8.3	2.1	31.9	21.0
15:00~16:00	35.6	0.3	8.6	2.3	32.5	20.7
16:00~17:00	35.7	0.3	8.6	2.4	32.6	20.4
17:00~18:00	38.6	0.1	9.6	2.9	29.3	19.5
18:00~19:00	43.1	0.2	23.7	4.2	11.6	17.2
19:00~20:00	43.2	0.3	21.5	3.8	18.2	13.0
20:00~21:00	32.9	0.4	18.9	2.7	32.2	12.9
21:00~22:00	30.9	0.2	25.6	2.0	27.2	14.1
22:00~23:00	25.7	0.2	26.3	1.9	28.8	17.1
23:00~24:00	29.6	0.2	16.4	2.6	30.8	20.4
24:00~25:00	31.7	0.1	16.9	3.0	23.8	24.5
25:00~26:00	29.8	0.3	11.6	2.4	27.1	28.8

表 3.58.4　2015 年西安市场收视份额排名前十位的频道

名次	频道名称	收视份额(%)
1	陕西广播电视台都市青春频道(二套)	8.8
2	中央电视台综合频道	6.2
3	中央电视台新闻频道	4.3
4	中央台八套	4.1
5	湖南卫视	3.8
6	中央台四套	3.2
7	中央台三套	2.6
7	中央台六套	2.6
9	江苏卫视	2.5
10	中央台五套	2.3

表 3.58.5　2015 年西安市场各主要频道的观众构成(%)

目标观众		所有频道	陕西广播电视台都市青春频道(二套)	中央电视台综合频道	中央电视台新闻频道	中央台八套	湖南卫视
4 岁及以上所有人		100.0	100.0	100.0	100.0	100.0	100.0
性别	男	48.6	49.2	51.2	54.3	46.4	38.8
	女	51.4	50.8	48.8	45.7	53.6	61.2
年龄	4~14 岁	5.7	4.1	5.1	2.4	4.4	9.6
	15~24 岁	6.4	4.9	5.7	7.8	4.8	13.0
	25~34 岁	15.5	12.9	9.2	12.3	9.4	25.1
	35~44 岁	13.2	15.6	10.8	11.8	7.8	16.9
	45~54 岁	22.7	24.1	19.7	21.9	23.9	16.3
	55~64 岁	20.4	24.5	24.4	21.4	29.8	13.0
	65 岁及以上	16.1	13.9	25.1	22.4	19.9	6.1
教育程度	未受过正规教育	2.4	2.5	2.1	0.6	1.4	1.0
	小学	6.7	5.0	6.5	5.2	8.5	9.4
	初中	27.4	30.9	25.6	26.8	36.6	27.0
	高中	38.0	41.3	42.3	40.0	34.2	29.1
	大学及以上	25.5	20.3	23.5	27.4	19.3	33.5
职业类别	干部/管理人员	4.2	3.0	4.8	3.3	3.4	2.1
	个体/私营企业人员	9.0	11.8	6.3	8.3	6.6	6.2
	初级公务员/雇员	22.3	22.2	20.0	25.5	18.9	30.8
	工人	12.3	13.3	10.5	11.1	9.3	11.7
	学生	6.6	3.2	6.1	5.6	5.0	17.4
	无业	45.1	46.1	51.9	45.7	56.5	31.5
	其他	0.5	0.4	0.4	0.5	0.3	0.3
个人月收入	0~600 元	19.5	18.0	15.8	13.7	15.1	33.5
	601~1200 元	4.1	7.4	2.9	2.9	3.3	2.4
	1201~1700 元	11.9	10.6	13.6	13.5	15.3	10.9
	1701~2600 元	31.8	31.6	38.1	36.3	38.0	23.6
	2601~3500 元	17.9	19.2	16.7	19.7	14.4	14.5
	3501~5000 元	9.9	9.4	9.5	8.7	9.1	5.4
	5001 元及以上	4.9	3.8	3.4	5.2	4.8	9.7

表 3.58.6　2013~2015 年西安市场各类节目的播出份额(%)和收视份额(%)

节目类别	2013 年		2014 年		2015 年	
	播出份额	收视份额	播出份额	收视份额	播出份额	收视份额
财经	1.9	1.0	1.7	0.9	1.6	0.4
电视剧	21.1	28.2	20.6	30.1	20.4	33.8
电影	5.5	5.5	5.2	4.9	5.2	2.5
法制	0.9	0.9	0.9	0.9	0.9	1.2
教学	0.3	0.1	0.3	0.1	0.3	0.1
青少	6.1	3.6	6.6	3.4	6.4	5.5
生活服务	10.4	9.7	11.0	10.3	9.7	8.4
体育	2.0	2.2	3.0	2.6	3.2	0.9
外语	0.0	0.0	0.0	0.0	0.0	0.0
戏剧	1.3	1.3	1.2	1.3	1.3	1.5
新闻/时事	14.5	15.7	14.1	14.8	14.7	14.4
音乐	2.3	0.7	2.3	0.6	2.4	0.7
专题	10.1	6.3	11.5	6.3	12.6	5.1
综艺	8.6	12.8	8.5	12.2	8.6	10.1
其他	15.0	12.0	13.1	11.6	12.7	15.4

表 3.58.7　2015 年西安市场所有节目收视率排名前三十位

名次	节目名称	节目类别	播出频道	平均收视率(%)	平均占有率(%)
1	2015 中央电视台春节联欢晚会	综艺	中央电视台综合频道	11.9	24.2
2	2015 中央电视台元宵晚会	综艺	中央电视台综合频道	7.5	17.4
3	坐 88 路车回家	电视剧	陕西广播电视台都市青春频道(二套)	5.3	16.0
4	我的二哥二嫂	电视剧	陕西广播电视台都市青春频道(二套)	5.3	15.1
5	超级足球之夜:国际足联2018 年俄罗斯世界杯亚洲区预选赛 C 组小组赛(中国香港队 VS 中国队)	体育	中央台五套	5.2	15.2
6	天气预报	生活服务	中央电视台新闻频道	5.0	18.4
7	中国好声音(10 月 7 日)	综艺	浙江卫视	4.9	16.9
8	超级足球之夜:2015 年亚洲足联冠军联赛决赛第二回合(中国广州恒大 VS 阿联酋阿赫利)	体育	中央台五套	4.6	13.8
9	都市快报	新闻/时事	陕西广播电视台都市青春频道(二套)	4.4	15.7
10	传奇丈夫	电视剧	陕西广播电视台都市青春频道(二套)	4.3	14.1
11	2015 年世界田径锦标赛男子 100 米决赛	体育	中央台五套	4.3	13.3
12	奔跑吧兄弟(10 月 30 日 ~12 月 25 日)	综艺	浙江卫视	4.2	15.7
13	超级足球之夜 亚冠联赛颁奖仪式	体育	中央台五套	4.2	15.4
14	现场直播:2015 年亚洲男篮锦标赛决赛(中国队 VS 菲律宾队)	体育	中央台五套	4.2	13.2
15	往事	电视剧	陕西广播电视台都市青春频道(二套)	4.1	13.5
16	爱你一生	电视剧	陕西广播电视台都市青春频道(二套)	3.9	14.4
16	女汉子	电视剧	陕西广播电视台都市青春频道(二套)	3.9	14.4
18	王大花的革命生涯	电视剧	中央电视台综合频道	3.9	13.1
19	搭错车 (1 ~40 集)	电视剧	陕西广播电视台都市青春频道(二套)	3.9	11.4
20	中国谜语大会(3 月 4 日)	专题	中央电视台综合频道	3.9	10.3
21	二婶	电视剧	陕西广播电视台都市青春频道(二套)	3.8	14.0
22	燃烧	电视剧	陕西广播电视台都市青春频道(二套)	3.7	13.0

续表

名次	节目名称	节目类别	播出频道	平均收视率（%）	平均占有率（%）
23	老农民	电视剧	北京卫视	3.7	10.7
24	芈月传	电视剧	北京卫视	3.7	10.6
25	元宵喜乐会	综艺	湖南卫视	3.7	9.2
26	2015 年中央电视台中秋晚会	综艺	中央电视台综合频道	3.6	11.2
27	芈月传	电视剧	上海东方卫视	3.5	10.2
28	致命计划	电视剧	陕西广播电视台都市青春频道（二套）	3.4	12.7
29	开火	电视剧	陕西广播电视台都市青春频道（二套）	3.4	10.4
30	平凡的世界	电视剧	北京卫视	3.4	10.0

表 3.58.8　2015 年西安市场电视剧收视率排名前十位

名次	节目名称	播出频道	平均收视率（%）	平均占有率（%）
1	坐 88 路车回家	陕西广播电视台都市青春频道（二套）	5.3	16.0
2	我的二哥二嫂	陕西广播电视台都市青春频道（二套）	5.3	15.1
3	传奇丈夫	陕西广播电视台都市青春频道（二套）	4.3	14.1
4	往事	陕西广播电视台都市青春频道（二套）	4.1	13.5
5	爱你一生	陕西广播电视台都市青春频道（二套）	3.9	14.4
5	女汉子	陕西广播电视台都市青春频道（二套）	3.9	14.4
7	王大花的革命生涯	中央电视台综合频道	3.9	13.1
8	搭错车（1～40 集）	陕西广播电视台都市青春频道（二套）	3.9	11.4
9	二婶	陕西广播电视台都市青春频道（二套）	3.8	14.0
10	燃烧	陕西广播电视台都市青春频道（二套）	3.7	13.0

表 3.58.9　2015 年西安市场新闻节目收视率排名前十位

名次	节目名称	播出频道	平均收视率（%）	平均占有率（%）
1	都市快报	陕西广播电视台都市青春频道（二套）	4.4	15.7
2	都市热线	陕西广播电视台都市青春频道（二套）	3.0	14.3
3	2015 一年又一年	中央电视台综合频道	2.7	9.2
4	新闻联播	中央电视台综合频道	2.4	9.7
5	天天网事	陕西广播电视台都市青春频道（二套）	2.3	11.3
6	习近平在亚非领导人会议上致辞	中央电视台新闻频道	2.1	8.5
7	胜利日 70 年纪念中国人民抗日战争暨世界反法西斯战争胜利	中央电视台综合频道	1.8	8.6
8	焦点访谈	中央电视台综合频道	1.8	6.5
9	李克强总理会见中外记者并回答提问	中央电视台新闻频道	1.7	5.4
10	东方之星客船翻沉整体扶正全力搜救	中央电视台新闻频道	1.5	14.4

表 3.58.10　2015 年西安市场专题节目收视率排名前十位

名次	节目名称	播出频道	平均收视率(%)	平均占有率(%)
1	中国谜语大会(3 月 4 日)	中央电视台综合频道	3.9	10.3
2	把革命老区发展时刻放在心上	中央电视台综合频道	3.3	10.5
3	感动中国 2014 年度人物颁奖盛典	中央电视台综合频道	3.0	8.3
4	315 消费在阳光下	中央电视台综合频道	2.9	9.5
5	东方主战场	中央电视台综合频道	2.2	7.9
6	圆梦中国德耀中华第五届全国道德模范授奖仪式	中央电视台综合频道	2.2	7.2
7	中国汉字听写大会 2015(10 月 2 日)	中央电视台综合频道	2.1	6.8
8	2015 寻找最美教师	中央电视台综合频道	2.1	6.3
9	宪法的精神法治的力量 CCTV2015 年度法治人物颁奖礼	中央电视台综合频道	2.0	5.7
10	一年级大学季	湖南卫视	1.9	9.5

表 3.58.11　2015 年西安市场综艺节目收视率排名前十位

名次	节目名称	播出频道	平均收视率(%)	平均占有率(%)
1	2015 中央电视台春节联欢晚会	中央电视台综合频道	11.9	24.2
2	2015 中央电视台元宵晚会	中央电视台综合频道	7.5	17.4
3	中国好声音(10 月 7 日)	浙江卫视	4.9	16.9
4	奔跑吧兄弟 (10 月 30 日 ~12 月 25 日)	浙江卫视	4.6	16.2
5	元宵喜乐会	湖南卫视	3.7	9.2
6	2015 年中央电视台中秋晚会	中央电视台综合频道	3.6	11.2
7	胜利与和平纪念抗日战争暨世界反法西斯战争胜利 70 周年文艺晚会	中央电视台综合频道	3.2	8.8
8	中央军委慰问驻京部队老干部迎新春文艺演出	中央电视台综合频道	2.9	8.9
9	我是歌手(1 月 16 日))	中央电视台综合频道	2.6	16.1
10	2015 陕西 315 晚会	陕西广播电视台都市青春频道(二套)	2.5	12.6

表 3.58.12 2015 年西安市场体育节目收视率排名前十位

名次	节目名称	播出频道	平均收视率（%）	平均占有率（%）
1	超级足球之夜:国际足联 2018 年俄罗斯世界杯亚洲区预选赛 C 组小组赛（中国香港队 VS 中国队）	中央台五套	5.2	15.2
2	超级足球之夜:2015 年亚洲足联冠军联赛决赛第二回合（中国广州恒大 VS 阿联酋阿赫利）	中央台五套	4.6	13.8
3	2015 年世界田径锦标赛男子 100 米决赛	中央台五套	4.3	13.3
4	超级足球之夜 亚冠联赛颁奖仪式	中央台五套	4.2	15.4
5	现场直播:2015 年亚洲男篮锦标赛决赛（中国队 VS 菲律宾队）	中央台五套	4.2	13.2
6	直播周末:2015 年东亚杯男子足球赛（中国队 VS 韩国队）	中央台五套	2.5	8.1
7	2015 年世乒赛女单决赛	中央台五套	2.3	9.1
8	直播周末:2015 年 IBF 次最轻量级拳王争霸赛	中央台五套	2.3	9.0
9	超级足球之夜:2015 年中超联赛第 25 轮（上海上港 VS 广州恒大淘宝）	中央台五套	2.1	7.4
10	实况录像:2015/2016 赛季短道速滑世界杯上海站女子 1500 米 A 组决赛	中央台五套	1.9	12.0

五十九、西宁收视数据

表 3.59.1　2011~2015 年西宁市场各类频道的市场占有率(%)

频道类别	年份				
	2011 年	2012 年	2013 年	2014 年	2015 年
中央台频道	47.4	47.2	50.9	48.9	47.7
中国教育台频道	0.4	0.3	0.3	0.2	0.1
青海省级频道	6.6	6.8	5.9	6.0	10.8
西宁市级频道	3.0	2.4	2.1	2.5	1.7
其他省级卫视频道	36.8	37.2	35.8	37.8	34.5
其他频道	5.8	6.1	4.9	4.6	5.2

表 3.59.2　2015 年西宁市场各类频道在不同目标观众中的市场占有率(%)

目标观众		中央台频道	中国教育台频道	青海省级频道	西宁市级频道	其他省级卫视频道	其他频道
4 岁及以上所有人		47.7	0.1	10.8	1.7	34.5	5.2
性别	男	50.3	0.1	10.9	1.5	31.9	5.4
	女	45.3	0.1	10.8	1.9	37.0	4.9
年龄	4~14 岁	37.2	0.1	8.0	0.9	48.6	5.3
	15~24 岁	45.5	0.1	7.3	1.1	41.9	4.2
	25~34 岁	48.1	0.1	7.4	1.4	38.0	5.0
	35~44 岁	48.3	0.1	6.9	1.3	36.5	6.9
	45~54 岁	48.0	0.1	11.3	1.6	33.5	5.4
	55~64 岁	44.9	0.1	17.1	2.5	29.6	5.8
	65 岁及以上	55.6	0.1	15.1	2.6	23.8	2.8
教育程度	未受过正规教育	40.5	0.1	13.9	2.1	38.7	4.7
	小学	48.3	0.1	12.5	1.7	33.5	3.9
	初中	48.1	0.1	12.1	2.0	33.0	4.7
	高中	46.7	0.1	9.5	1.4	36.5	5.8
	大学及以上	53.3	0.1	7.3	1.5	31.6	6.2
职业类别	干部/管理人员	55.4	0.1	6.4	1.1	30.9	6.1
	个体/私营企业人员	48.3	0.1	10.0	1.1	35.0	5.5
	初级公务员/雇员	46.8	0.1	9.4	1.7	35.1	6.8
	工人	45.9	0.1	8.6	1.6	38.1	5.6
	学生	45.3	0.1	7.3	0.9	41.5	5.0
	无业	48.7	0.1	13.4	2.2	31.3	4.3
	其他	*	*	*	*	*	*
个人月收入	0~600 元	43.1	0.1	9.1	1.3	41.2	5.3
	601~1200 元	44.4	0.1	16.4	2.5	32.6	4.1
	1201~1700 元	44.6	0.1	10.0	1.5	39.0	4.8
	1701~2600 元	49.5	0.1	13.2	2.2	30.5	4.5
	2601~3500 元	50.8	0.1	9.4	1.7	32.9	5.1
	3501~5000 元	51.1	0.1	10.2	1.8	30.5	6.3
	5001 元及以上	56.2	0.0	7.2	0.9	28.3	7.3

* 表示样本量不足,无法进行统计推断

表 3.59.3　2015 年西宁市场各类频道在不同时段的市场占有率(%)

时间段	中央台频道	中国教育台频道	青海省级频道	西宁市级频道	其他省级卫视频道	其他频道
02:00~03:00	39.7	0.2	2.4	0.1	45.4	12.2
03:00~04:00	37.6	0.1	2.1	0.0	47.8	12.5
04:00~05:00	38.5	0.1	1.1	0.0	47.8	12.6
05:00~06:00	44.7	0.1	1.0	0.0	44.6	9.5
06:00~07:00	61.0	0.2	0.4	0.1	32.8	5.6
07:00~08:00	65.2	0.0	1.4	0.3	29.0	4.1
08:00~09:00	55.6	0.1	3.9	1.0	34.8	4.6
09:00~10:00	48.6	0.1	5.2	0.7	39.9	5.5
10:00~11:00	47.8	0.1	4.8	0.7	42.4	4.2
11:00~12:00	50.4	0.1	5.0	0.9	39.4	4.2
12:00~13:00	53.8	0.1	4.7	0.5	36.6	4.4
13:00~14:00	47.7	0.1	3.1	1.4	42.3	5.6
14:00~15:00	41.1	0.1	4.2	1.2	46.9	6.6
15:00~16:00	39.3	0.1	5.1	0.8	47.8	6.9
16:00~17:00	41.3	0.1	5.7	0.5	45.5	6.8
17:00~18:00	48.3	0.1	6.1	5.3	34.0	6.3
18:00~19:00	49.9	0.1	23.5	6.6	15.2	4.9
19:00~20:00	58.1	0.1	16.1	1.6	20.5	3.7
20:00~21:00	46.3	0.1	12.1	0.6	36.7	4.1
21:00~22:00	46.9	0.1	12.9	1.0	34.5	4.6
22:00~23:00	40.7	0.1	15.6	1.8	36.3	5.6
23:00~24:00	41.2	0.1	9.4	1.8	41.1	6.5
24:00~25:00	47.6	0.1	4.1	1.5	37.6	9.2
25:00~26:00	45.5	0.2	3.7	0.9	38.8	10.8

表 3.59.4　2015 年西宁市场收视份额排名前十位的频道

名次	频道名称	收视份额(%)
1	中央台六套	7.8
2	中央台八套	6.9
3	中央电视台综合频道	6.7
4	青海都市频道	5.5
5	中央电视台新闻频道	4.7
6	湖南卫视	4.2
7	山东卫视	3.6
7	中央台三套	3.6
9	湖南电视台金鹰卡通频道	3.2
10	浙江卫视	3.0

表 3.59.5　2015 年西宁市场各主要频道的观众构成(%)

目标观众		所有频道	主要频道				
			中央台六套	中央台八套	中央电视台综合频道	青海都市频道	中央电视台新闻频道
4 岁及以上所有人		100.0	100.0	100.0	100.0	100.0	100.0
性别	男	48.9	57.1	45.7	47.5	51.5	54.1
	女	51.1	42.9	54.3	52.5	48.5	45.9
年龄	4~14 岁	8.7	7.2	4.8	5.4	5.7	4.4
	15~24 岁	10.2	10.8	8.5	11.5	6.1	6.1
	25~34 岁	10.4	14.1	9.1	10.4	7.3	10.1
	35~44 岁	19.3	33.6	18.0	14.9	11.1	13.0
	45~54 岁	20.3	18.3	19.0	20.4	20.0	18.9
	55~64 岁	14.4	8.3	17.2	14.3	23.2	15.9
	65 岁及以上	16.7	7.6	23.5	23.2	26.6	31.6
教育程度	未受过正规教育	9.9	5.2	12.3	5.4	14.7	12.9
	小学	14.6	13.5	22.5	14.9	18.5	8.9
	初中	29.4	34.5	26.7	28.6	29.3	29.4
	高中	31.5	30.0	26.8	33.4	27.3	34.6
	大学及以上	14.6	16.9	11.6	17.6	10.3	14.2
职业类别	干部/管理人员	1.3	1.4	1.3	1.4	0.8	1.6
	个体/私营企业人员	17.7	26.3	21.2	14.2	17.4	9.5
	初级公务员/雇员	12.4	13.1	10.0	11.5	11.3	12.9
	工人	15.6	21.4	11.2	11.8	10.7	14.0
	学生	10.2	12.6	9.6	10.8	5.9	5.1
	无业	42.4	24.8	46.4	50.1	53.7	55.2
	其他	*	*	*	*	*	*
个人月收入	0~600 元	25.2	25.2	20.2	24.6	20.8	14.0
	601~1200 元	7.4	5.0	9.2	5.4	13.0	11.7
	1201~1700 元	10.6	8.5	11.4	11.4	6.4	6.4
	1701~2600 元	24.2	21.2	26.3	26.3	30.7	28.4
	2601~3500 元	16.4	19.3	16.6	16.6	12.1	18.1
	3501~5000 元	12.3	16.0	12.6	11.1	13.8	17.3
	5001 元及以上	4.0	4.9	3.7	4.6	3.3	4.1

* 表示样本量不足,无法进行统计推断。

表 3.59.6　2013~2015 年西宁市场各类节目的播出份额(%)和收视份额(%)

节目类别	2013 年		2014 年		2015 年	
	播出份额	收视份额	播出份额	收视份额	播出份额	收视份额
财经	1.8	0.9	1.8	0.6	1.8	0.7
电视剧	28.2	31.6	20.1	30.8	20.2	32.3
电影	4.5	6.2	3.9	6.9	3.7	7.5
法制	1.2	2.5	1.1	1.7	1.0	1.4
教学	0.4	0.1	0.3	0.0	0.2	0.0
青少	5.8	5.9	7.2	4.6	6.7	4.7
生活服务	8.4	5.6	9.7	6.6	9.5	6.8
体育	2.2	2.4	2.9	2.6	3.0	3.1
外语	0.0	0.0	0.0	0.0	0.0	0.0
戏剧	0.7	0.4	0.8	0.3	0.8	0.3
新闻/时事	10.7	14.2	15.2	15.1	15.2	12.7
音乐	2.6	0.9	2.7	0.7	2.7	1.2
专题	8.8	7.3	12.4	7.2	13.5	6.8
综艺	7.0	11.0	9.0	11.9	9.0	12.2
其他	17.7	10.9	13.0	10.9	12.5	10.4

表 3.59.7　2015 年西宁市场所有节目收视率排名前三十位

名次	节目名称	节目类别	播出频道	平均收视率（%）	平均占有率（%）
1	2015 中央电视台春节联欢晚会	综艺	中央电视台综合频道	12.2	25.3
2	智取威虎山	电影	中央台六套	9.2	35.4
3	星光大道(1 月 24 日)	综艺	中央电视台综合频道	7.8	18.3
4	奔跑吧兄弟（4 月 17 日 ~7 月 3 日）	综艺	浙江卫视	7.3	21.7
5	中国好声音 4(9 月 25 日)	综艺	浙江卫视	7.3	20.5
6	X 战警背水一战(2 月 28 日)	电影	中央台六套	6.9	32.3
7	2015 中央电视台元宵晚会	综艺	中央电视台综合频道	6.9	18.3
8	好大一个家	电视剧	中央电视台综合频道	6.9	16.3
9	锋刃	电视剧	中央电视台综合频道	6.7	15.9
10	X 战警	电影	中央台六套	6.4	30.6
11	金刚狼	电影	中央台六套	6.1	22.9
12	喜到福到好运到 2015 春晚倒计时	综艺	中央台三套	6.1	17.7
13	别让我看见	电视剧	中央电视台综合频道	6.1	16.3
14	315 消费在阳光下	专题	中央电视台综合频道	5.9	18.3
15	棋王和他的儿子	电影	中央台六套	5.9	14.3
16	喋血特工战	电视剧	青海都市频道	5.7	19.2
17	王大花的革命生涯	电视剧	中央电视台综合频道	5.7	16.0
18	鄂尔多斯风暴	电视剧	中央台八套	5.6	17.1
19	黄飞鸿英雄有梦	电影	中央台六套	5.6	15.8
20	硬汉奶爸	电影	中央台六套	5.6	13.7
21	功夫之王	电影	中央台六套	5.4	17.7
22	胜利与和平——纪念抗日战争暨世界反法西斯战争胜利 70 周年文艺晚会	综艺	中央电视台新闻频道	5.4	15.4
23	欢乐的节日 2015 年六一晚会	青少	中央电视台综合频道	5.4	14.4
24	二十四道拐	电视剧	中央台八套	5.3	16.6
25	2015 年世界田径锦标赛男子 4×100 米接力决赛	体育	中央台五套	5.3	13.4
26	生化危机五惩罚	电影	中央台六套	5.1	21.6
27	于无声处	电视剧	中央电视台综合频道	5.1	14.6
28	X 战警二	电影	中央台六套	5.0	22.1
29	生死特工战	电视剧	青海都市频道	5.0	18.5
30	感动中国 2014 年度人物颁奖盛典	专题	中央电视台综合频道	5.0	11.9

表 3.59.8　2015 年西宁市场电视剧收视率排名前十位

名次	节目名称	播出频道	平均收视率（%）	平均占有率（%）
1	好大一个家	中央电视台综合频道	6.9	16.3
2	锋刃	中央电视台综合频道	6.7	15.9
3	别让我看见	中央电视台综合频道	6.1	16.3
4	喋血特工战	青海都市频道	5.7	19.2
5	王大花的革命生涯	中央电视台综合频道	5.7	16.0
6	鄂尔多斯风暴	中央台八套	5.6	17.1
7	二十四道拐	中央台八套	5.3	16.6
8	于无声处	中央电视台综合频道	5.1	14.6
9	生死特工战	青海都市频道	5.0	18.5
10	武媚娘传奇	湖南卫视	4.9	11.8

表 3.59.9　2015 年西宁市场新闻节目收视率排名前十位

名次	节目名称	播出频道	平均收视率（%）	平均占有率（%）
1	2015 一年又一年	中央电视台综合频道	4.2	13.2
2	郡县治天下安——习近平总书记与中央党校县委书记研修班学员座谈侧记	中央电视台综合频道	4.1	9.4
3	长江客轮翻沉事件特别节目	山东卫视	3.9	11.1
4	百姓 1 时间	青海电视台经济生活频道	3.1	12.8
5	习近平在亚非领导人会议上致辞	中央电视台综合频道	3.0	10.3
6	转播中央台新闻联播	青海电视台经济生活频道	3.0	9.8
7	焦点访谈	中央电视台综合频道	2.7	8.1
8	李克强总理会见中外记者并回答提问	中央电视台综合频道	2.7	7.3
9	抗战胜利 70 周年纪念大会	中央台二套	2.3	7.3
10	走向胜利——纪念中国人民抗日战争暨世界反法西斯战争胜利 70 周年	中央电视台新闻频道	1.8	7.1

表 3.59.10　2015 年西宁市场专题节目收视率排名前十位

名次	节目名称	播出频道	平均收视率（%）	平均占有率（%）
1	315 消费在阳光下	中央电视台综合频道	5.9	18.3
2	感动中国 2014 年度人物颁奖盛典	中央电视台综合频道	5.0	11.9
3	2015 寻找最美教师	中央电视台综合频道	3.5	8.9
4	圆梦中国德耀中华第五届全国道德模范授奖仪式	中央电视台综合频道	3.2	7.4
5	2014 中国好书	中央电视台综合频道	3.0	8.5
6	中国谜语大会（3 月 4 日）	中央电视台综合频道	2.8	7.3
7	彩色镜头下的二战	中央台九套纪录频道	2.7	12.0
8	中国梦劳动礼赞时代楷模特别节目	中央电视台综合频道	2.6	7.5
9	寻找最美医生大型公益活动颁奖典礼	中央电视台综合频道	2.6	6.8
10	把革命老区发展时刻放在心上	中央电视台综合频道	2.5	6.4

表 3.59.11 2015 年西宁市场综艺节目收视率排名前十位

名次	节目名称	播出频道	平均收视率（%）	平均占有率（%）
1	2015 中央电视台春节联欢晚会	中央电视台综合频道	12.2	25.3
2	星光大道(1 月 24 日)	中央电视台综合频道	7.8	18.3
3	奔跑吧兄弟(4 月 17 日 ~7 月 3 日)	浙江卫视	7.3	21.7
4	中国好声音 4(9 月 25 日)	浙江卫视	7.3	20.5
5	2015 中央电视台元宵晚会	中央电视台综合频道	6.9	18.3
6	喜到福到好运到 2015 春晚倒计时	中央台三套	6.1	17.7
7	胜利与和平——纪念抗日战争暨世界反法西斯战争胜利 70 周年文艺晚会	中央电视台新闻频道	5.4	15.4
8	雪域新歌——中央电视台心连心艺术团赴西藏慰问演出	中央电视台综合频道	4.9	12.8
9	中央军委慰问驻京部队老干部迎新春文艺演出	中央电视台综合频道	4.8	10.7
10	出彩中国人	中央电视台综合频道	3.9	12.6

表 3.59.12 2015 年西宁市场体育节目收视率排名前十位

名次	节目名称	播出频道	平均收视率（%）	平均占有率（%）
1	2015 年世界田径锦标赛男子4×100 米接力决赛	中央台五套	5.3	13.4
2	现场直播:2015 年亚洲男篮锦标赛决赛（中国队 VS 菲律宾队）	中央台五套	4.1	12.3
3	直播周末:2014/2015 赛季中国男子篮球职业联赛总决赛第六场（辽宁药都本溪 VS 北京首钢）	中央台五套	4.1	10.8
4	2015 年澳大利亚亚洲杯 1/4 决赛（中国队 VS 澳大利亚队）	中央台五套	3.6	10.0
5	直播周末:2015 年亚洲女排锦标赛第二阶段小组赛(中国 VS 越南)	中央台五套	3.4	9.7
6	直播周末 2015 年女排世界杯颁奖仪式	中央台五套	3.1	7.9
7	直播周末:2015 年 IBF 次最轻量级拳王争霸赛	中央台五套	2.9	10.2
8	超级足球之夜:国际足联 2018 年俄罗斯世界杯亚洲区预选赛 C 组小组赛（中国香港队 VS 中国队）	中央台五套	2.9	8.4
9	直播周末 精英赛场:2015 年国际泳联世锦赛女子 200 米仰泳决赛	中央台五套	2.6	10.9
10	直播周末:2015 年 CBA 全明星赛扣篮大赛决赛	中央台五套	2.6	6.2

六十、厦门收视数据

表 3.60.1　2011～2015 年厦门市场各类频道的市场占有率(%)

频道类别	年份				
	2011 年	2012 年	2013 年	2014 年	2015 年
中央台频道	34.2	37.0	39.6	41.8	37.4
中国教育台频道	0.8	0.5	0.5	0.3	0.1
福建省级频道	6.9	5.8	4.6	4.3	4.3
厦门市级频道	27.1	22.6	17.0	22.0	26.8
其他省级卫视频道	27.6	29.0	30.7	25.0	23.6
其他频道	3.3	5.1	7.6	6.6	7.8

表 3.60.2　2015 年厦门市场各类频道在不同目标观众中的市场占有率(%)

目标观众		中央台频道	中国教育台频道	福建省级频道	厦门市级频道	其他省级卫视频道	其他频道
4 岁及以上所有人		37.4	0.1	4.3	26.8	23.6	7.8
性别	男	41.1	0.1	4.4	25.6	21.2	7.6
	女	33.5	0.1	4.3	28.2	26.4	7.5
年龄	4～14 岁	35.7	0.1	2.9	14.8	34.7	11.8
	15～24 岁	28.6	0.1	5.1	24.3	33.3	8.6
	25～34 岁	37.7	0.1	3.7	27.3	23.8	7.4
	35～44 岁	35.5	0.1	5.3	26.1	23.4	9.6
	45～54 岁	38.5	0.0	5.2	28.1	20.6	7.6
	55～64 岁	42.9	0.1	3.1	29.1	19.6	5.2
	65 岁及以上	36.5	0.1	4.9	32.9	19.5	6.1
教育程度	未受过正规教育	40.7	0.1	3.4	30.7	19.0	6.1
	小学	37.9	0.0	4.3	29.3	21.1	7.4
	初中	33.5	0.1	4.7	26.2	30.1	5.4
	高中	37.4	0.1	4.7	25.5	23.4	8.9
	大学及以上	40.7	0.1	3.7	21.5	22.9	11.1
职业类别	干部/管理人员	46.4	0.0	4.0	17.6	19.7	12.3
	个体/私营经企业人员	37.0	0.1	4.8	27.6	23.8	6.7
	初级公务员/雇员	37.9	0.1	3.4	26.8	23.4	8.4
	工人	34.9	0.1	5.5	27.3	22.0	10.2
	学生	26.9	0.1	4.1	15.4	38.4	15.1
	无业	39.9	0.1	3.8	26.9	23.3	6.0
	其他	37.9	0.1	5.4	35.1	18.9	2.6
个人月收入	0～600 元	35.0	0.1	4.0	23.0	28.1	9.8
	601～1200 元	39.2	0.0	2.5	32.9	18.0	7.4
	1201～1700 元	34.7	0.0	4.3	33.1	23.7	4.2
	1701～2600 元	38.8	0.1	4.6	29.1	21.1	6.3
	2601～3500 元	38.8	0.1	4.5	29.9	21.5	5.2
	3501～5000 元	37.6	0.2	4.9	22.3	25.0	10.0
	5001 元及以上	39.9	0.1	4.5	26.9	20.9	7.7

表 3.60.3 2015 年厦门市场各类频道在不同时段的市场占有率(%)

时间段	中央台频道	中国教育台频道	福建省级频道	厦门市级频道	其他省级卫视频道	其他频道
02:00~03:00	32.7	0.1	4.4	1.8	35.5	25.5
03:00~04:00	37.8	0.0	4.2	1.1	40.0	16.9
04:00~05:00	39.9	0.2	4.2	1.2	39.7	14.8
05:00~06:00	53.3	0.1	6.2	3.3	26.9	10.2
06:00~07:00	66.0	0.0	2.6	9.4	17.4	4.6
07:00~08:00	45.5	0.0	2.7	35.0	12.5	4.3
08:00~09:00	52.9	0.1	3.7	16.3	20.3	6.7
09:00~10:00	47.3	0.1	3.7	12.9	26.7	9.3
10:00~11:00	44.1	0.1	3.6	11.8	29.5	10.9
11:00~12:00	46.5	0.1	4.3	12.8	27.0	9.3
12:00~13:00	35.1	0.0	3.5	30.5	23.3	7.6
13:00~14:00	41.7	0.1	5.4	12.7	29.3	10.8
14:00~15:00	37.5	0.1	3.4	13.6	33.4	12.0
15:00~16:00	37.9	0.1	4.3	11.8	33.8	12.1
16:00~17:00	39.1	0.1	4.4	11.5	33.6	11.3
17:00~18:00	45.1	0.1	4.5	16.2	25.0	9.1
18:00~19:00	42.2	0.0	8.2	31.6	10.8	7.2
19:00~20:00	37.3	0.1	6.2	36.3	13.8	6.3
20:00~21:00	29.5	0.1	3.5	38.9	22.6	5.4
21:00~22:00	31.5	0.1	3.0	38.3	21.8	5.3
22:00~23:00	31.7	0.1	3.5	28.8	30.2	5.7
23:00~24:00	32.0	0.1	2.7	23.2	34.9	7.1
24:00~25:00	33.8	0.0	3.7	16.7	31.2	14.6
25:00~26:00	32.5	0.1	4.4	7.8	27.0	28.2

表 3.60.4 2015 年厦门市场收视份额排名前十位的频道

名次	频道名称	收视份额(%)
1	厦门电视台综合频道	7.6
2	厦门电视台影视频道	7.1
3	中央台六套	6.0
4	厦门电视台生活频道	5.3
5	中央电视台综合频道	4.8
6	中央电视台少儿频道	4.1
7	中央台四套	3.6
8	厦门卫视	3.5
9	厦门电视台海峡频道	3.4
9	中央台八套	3.4

表 3.60.5　2015 年厦门市场各主要频道的观众构成(%)

目标观众		所有频道	主要频道				
			厦门电视台综合频道	厦门电视台影视频道	中央台六套	厦门电视台生活频道	中央电视台综合频道
4 岁及以上所有人		100.0	100.0	100.0	100.0	100.0	100.0
性别	男性	52.3	51.3	49.8	62.9	47.6	50.8
	女性	47.7	48.7	50.2	37.1	52.4	49.2
年龄	4~14 岁	6.9	3.6	3.3	3.7	4.4	11.1
	15~24 岁	10.4	7.2	10.2	6.9	12.6	3.2
	25~34 岁	18.5	21.8	15.4	20.1	21.4	25.8
	35~44 岁	13.6	10.0	15.1	16.9	12.7	9.0
	45~54 岁	24.5	22.2	30.9	30.8	25.3	19.8
	55~64 岁	20.3	27.9	17.3	18.2	16.8	25.3
	65 岁及以上	5.8	7.3	7.8	3.4	6.8	5.8
教育程度	未受正规教育	9.5	8.5	13.0	13.7	13.4	13.4
	小学	32.6	34.2	37.3	33.2	31.1	25.7
	初中	21.8	20.1	20.6	17.2	26.6	17.4
	高中	22.8	24.9	19.3	23.0	18.9	25.0
	大学及以上	13.3	12.3	9.8	12.9	10.0	18.5
职业类别	干部/管理人员	2.5	1.2	1.2	3.2	1.9	3.2
	个体/私营企业人员	13.3	11.6	13.6	10.7	12.7	9.4
	初级公务员/雇员	15.0	17.9	13.4	17.2	15.6	17.0
	工人	17.7	15.5	20.1	20.1	19.0	12.1
	学生	6.7	2.9	3.6	5.4	4.6	4.1
	无业	35.5	39.9	32.0	29.7	33.5	46.0
	其他	9.3	11.0	16.1	13.7	12.7	8.2
个人月收入	0~600 元	26.2	22.1	21.3	22.3	22.7	25.8
	601~1200 元	6.3	8.3	8.6	4.4	7.1	5.8
	1201~1700 元	6.3	6.6	8.6	4.3	8.7	7.7
	1701~2600 元	17.1	16.7	21.8	19.8	18.4	17.5
	2601~3500 元	15.5	17.8	18.0	19.2	15.3	14.9
	3501~5000 元	15.3	10.9	13.4	13.7	14.1	13.6
	5001 元及以上	13.3	17.6	8.3	16.3	13.7	14.7

表 3.60.6　2013~2015 年厦门市场各类节目的播出份额(%)和收视份额(%)

节目类别	2013		2014		2015	
	播出份额	收视份额	播出份额	收视份额	播出份额	收视份额
财经	2.1	1.0	1.9	0.9	1.8	1.3
电视剧	21.7	33.0	20.5	33.6	20.1	33.4
电影	4.3	5.2	4.0	5.5	4.0	7.2
法制	0.9	0.7	0.9	0.7	0.8	0.5
教学	0.2	0.0	0.2	0.0	0.3	0.0
青少	6.7	6.5	6.9	7.6	6.4	6.6
生活服务	10.2	6.0	11.4	6.3	9.9	5.7
体育	2.1	3.0	3.1	2.9	3.3	2.7
外语	0.0	0.0	0.0	0.0	0.0	0.0
戏剧	0.7	0.9	0.7	0.9	0.8	1.7
新闻/时事	15.0	13.7	14.7	13.9	15.1	13.6
音乐	2.3	1.2	2.3	1.0	2.3	1.2
专题	10.8	6.6	11.7	5.5	13.2	6.2
综艺	8.3	10.5	8.4	9.7	8.6	9.3
其他	14.7	11.7	13.3	11.5	13.4	10.6

表 3.60.7 2015 年厦门市场所有节目收视率排名前三十位

名次	节目名称	节目类型	播出频道	平均收视率(%)	平均占有率(%)
1	2015 中央电视台春节联欢晚会	综艺	中央电视台综合频道	7.7	18.9
2	战地姐妹	电视剧	厦门电视台综合频道	6.9	31.0
3	生死连	电视剧	厦门电视台综合频道	6.9	28.0
4	2015 年世界田径锦标赛男子十项全能 400 米	体育	中央台五套	6.2	21.8
5	孤雁	电视剧	厦门电视台综合频道	5.7	22.2
6	孤岛反击战	电视剧	厦门电视台综合频道	5.1	23.9
7	游击英雄	电视剧	厦门电视台综合频道	5.1	20.9
8	现场直播:2015 年亚洲男篮锦标赛决赛(中国队 VS 菲律宾队)	体育	中央台五套	5.1	20.7
9	绝境反击	电视剧	厦门电视台综合频道	4.7	19.2
10	追捕渣滓洞刽子手	电视剧	厦门电视台综合频道	4.7	18.6
11	布衣天子	电视剧	厦门电视台生活频道	4.5	22.1
12	军火大追踪	电视剧	厦门电视台综合频道	4.4	18.4
13	生死密码	电视剧	厦门电视台综合频道	4.2	18.8
14	孤胆英雄	电视剧	厦门电视台综合频道	4.2	18.3
15	铁将军阿贵	电视剧	厦门电视台生活频道	4.1	19.3
16	贤妻良母	电视剧	厦门电视台影视频道	4.1	17.7
17	钟馗娘子(10 月 11 日)	电影	中央台六套	3.9	29.3
18	风狼突击队	电视剧	厦门电视台影视频道	3.9	26.2
19	双生花	电视剧	厦门电视台生活频道	3.9	18.6
20	情缘情仇	电视剧	厦门电视台影视频道	3.8	16.4
21	杀寇决	电视剧	厦门电视台综合频道	3.8	15.7
22	特区新闻广场	新闻/时事	厦门电视台海峡频道	3.7	15.3
23	2015 中央电视台元宵晚会	综艺	中央台三套	3.7	14.2
23	功夫之王(10 月 13 日)	电影	中央台六套	3.7	14.2
25	东京攻略(4 月 3 日)	电影	厦门电视台生活频道	3.6	21.0
26	双生花	电视剧	厦门电视台综合频道	3.6	14.3
27	中国刑警 803	电视剧	厦门电视台综合频道	3.6	14.1
28	直播周末:2015 年世界羽毛球锦标赛女双决赛	体育	中央台五套	3.5	19.3
29	抗击(8 月 28 日)	电影	中央台六套	3.5	15.6
30	直播周末:2015 年中国足球协会超级联赛第 5 轮(上海上港 VS 北京国安)	体育	中央台五套	3.4	24.8

表 3.60.8　2015 年厦门市场电视剧收视率排名前十位

名次	节目名称	播出频道	平均收视率(%)	平均占有率(%)
1	战地姐妹	厦门电视台综合频道	6.9	31.0
2	生死连	厦门电视台综合频道	6.9	28.0
3	孤雁	厦门电视台综合频道	5.7	22.2
4	孤岛反击战	厦门电视台综合频道	5.1	23.9
5	游击英雄	厦门电视台综合频道	5.1	20.9
6	绝境反击	厦门电视台综合频道	4.7	19.2
7	追捕渣滓洞刽子手	厦门电视台综合频道	4.7	18.6
8	布衣天子	厦门电视台生活频道	4.5	22.1
9	军火大追踪	厦门电视台综合频道	4.4	18.4
10	生死密码	厦门电视台综合频道	4.2	18.8

表 3.60.9　2015 年厦门市场新闻节目收视率排名前十位

名次	节目名称	播出频道	平均收视率(%)	平均占有率(%)
1	特区新闻广场	厦门电视台海峡频道	3.7	15.3
2	直击苏迪罗防抗台风特别报道	厦门电视台海峡频道	2.9	11.7
3	厦视直播室	厦门电视台海峡频道	2.4	10.0
4	厦门市人大常委会行政审批制度改革专题询问	厦门电视台综合频道	2.0	15.5
5	转播中央台新闻联播(9 月 3 日)	厦门电视台生活频道	2.0	8.0
6	厦视直播室	厦门电视台综合频道	1.7	10.9
7	厦视新闻	厦门电视台综合频道	1.7	9.8
8	转播中央台新闻联播	厦门电视台综合频道	1.6	7.6
9	习近平在亚非领导人会议上致辞	中央电视台综合频道	1.6	6.6
10	胜利日 70 年纪念中国人民抗日战争暨世界反法西斯战争胜利	中央台三套	1.4	8.3

表 3.60.10　2015 年厦门市场专题节目收视率排名前十位

名次	节目名称	播出频道	平均收视率(%)	平均占有率(%)
1	科学大爆炸要你好看	厦门电视台综合频道	1.8	8.3
2	把革命老区发展时刻放在心上	中央电视台综合频道	1.7	8.1
3	失落峡谷的黑猩猩	中央台九套纪录频道	1.7	6.6
4	美丽的轨迹美丽厦门共同缔造纪实	厦门电视台综合频道	1.7	6.4
5	鳄鱼争霸战	中央台九套纪录频道	1.5	9.9
6	315 消费在阳光下	中央电视台综合频道	1.5	6.2
7	人与自然	中央台七套	1.3	14.7
8	揭秘鸟类大脑	中央台九套纪录频道	1.3	9.3
9	联合国	中央电视台综合频道	1.3	4.8
10	美丽的轨迹美丽厦门共同缔造纪实	厦门电视台海峡频道	1.2	3.4

表 3.60.11 2015 年厦门市场综艺节目收视率排名前十位

名次	节目名称	播出频道	平均收视率(%)	平均占有率(%)
1	2015 中央电视台春节联欢晚会	中央电视台综合频道	7.7	18.9
2	2015 中央电视台元宵晚会	中央台三套	3.7	14.2
3	中国好声音 4(10 月 7 日)	浙江卫视	3.4	16.8
4	奔跑吧兄弟(4 月 17 日~7 月 3 日)	浙江卫视	3.2	15.4
5	爸爸去哪儿第三季	湖南卫视	2.6	16.6
6	我是歌手(1 月 16 日)	湖南卫视	2.6	16.1
7	胜利与和平纪念抗日战争暨世界反法西斯战争胜利 70 周年文艺晚会	厦门电视台综合频道	2.4	8.6
8	喜到福到好运到 2015 春晚倒计时	中央台三套	2.3	9.1
9	星光大道(10 月 31 日)	中央台综合频道	2.2	8.6
10	两岸共庆焰火传情 2015 年海峡春节焰火晚会	厦门电视台生活频道	2.1	8.4

表 3.60.12 2015 年厦门市场体育节目收视率排名前十位

名次	节目名称	播出频道	平均收视率(%)	平均占有率(%)
1	2015 年世界田径锦标赛男子十项全能 400 米	中央台五套	6.2	21.8
2	现场直播:2015 年亚洲男篮锦标赛决赛(中国队 VS 菲律宾队)	中央台五套	5.1	20.7
3	直播周末:2015 年世界羽毛球锦标赛女双决赛	中央台五套	3.5	19.3
4	直播周末:2015 年中国足球协会超级联赛第 5 轮(上海上港 VS 北京国安)	中央台五套	3.4	24.8
5	超级足球之夜:2015 年亚洲足联冠军联赛决赛第二回合(中国广州恒大 VS 阿联酋阿赫利)	中央台五套	3.4	13.8
6	直播周末:2014/2015 赛季中国男子篮球职业联赛总决赛第六场(辽宁药都本溪 VS 北京首钢)	中央台五套	3.4	12.4
7	2015 年世乒赛女单决赛	中央台五套	3.3	12.2
8	现场直播:2018 年俄罗斯世界杯暨 2019 年亚洲杯联合预选赛第二轮(中国 VS 中国香港)	中央台五套	3.1	11.4
9	直播周末:2015 年亚洲 23 岁以下足球锦标赛小组赛(新加坡队 VS 中国队)	中央台五套	2.8	19.4
10	实况录像:2015 年瑞士女排精英赛小组赛(中国队 VS 荷兰队)	中央台五套	2.8	15.1

六十一、银川收视数据

表 3.61.1　2011~2015 年银川市场各类频道的市场占有率(%)

频道类别	年份				
	2011 年	2012 年	2013 年	2014 年	2015 年
中央台频道	51.4	53.1	52.9	46.0	44.3
中国教育台频道	1.0	0.9	0.6	0.2	0.1
宁夏自治区级频道	6.5	4.5	4.2	6.1	7.2
银川市级频道	3.0	4.8	4.4	5.1	6.6
其他省级卫视频道	35.0	33.8	34.6	34.2	32.2
其他频道	3.1	2.8	3.4	8.4	9.6

表 3.61.2　2015 年银川市场各类频道在不同目标观众中的市场占有率(%)

目标观众		中央台频道	中国教育台频道	宁夏回族自治区级频道	银川市级频道	其他省级卫视频道	其他频道
4 岁及以上所有人		44.3	0.1	7.2	6.6	32.2	9.6
性别	男	46.9	0.0	7.2	6.8	29.1	10.0
	女	41.6	0.1	7.2	6.5	35.3	9.3
年龄	4~14 岁	35.0	0.1	5.0	2.9	48.5	8.5
	15~24 岁	38.0	0.0	5.9	3.9	39.6	12.5
	25~34 岁	37.1	0.1	5.7	4.4	38.6	14.1
	35~44 岁	43.0	0.1	7.9	4.9	33.2	10.9
	45~54 岁	47.0	0.1	7.2	8.6	28.6	8.5
	55~64 岁	49.3	0.1	10.4	11.4	22.3	6.6
	65 岁及以上	56.0	0.0	7.4	8.6	21.3	6.8
教育程度	未受过正规教育	43.9	0.0	10.1	5.8	34.2	6.0
	小学	42.4	0.1	7.9	6.6	36.9	6.2
	初中	44.8	0.1	7.5	6.9	31.9	8.8
	高中	44.4	0.0	6.5	7.4	30.0	11.6
	大学及以上	44.9	0.1	6.1	5.4	31.4	12.1
职业类别	干部/管理人员	33.0	0.0	9.8	8.6	36.3	12.2
	个体/私营企业人员	43.4	0.0	6.5	4.7	34.8	10.5
	初级公务员/雇员	42.6	0.1	6.9	5.8	31.9	12.7
	工人	43.8	0.1	7.3	6.1	32.6	10.1
	学生	35.9	0.1	5.6	3.3	45.2	10.1
	无业	49.6	0.0	8.2	9.3	25.4	7.4
	其他	*	*	*	*	*	*
个人月收入	0~600 元	39.4	0.1	7.7	5.5	39.1	8.3
	601~1200 元	42.8	0.0	10.2	7.5	29.0	10.4
	1201~1700 元	49.7	0.1	6.3	7.2	24.6	12.2
	1701~2600 元	46.4	0.1	6.9	6.7	30.2	9.7
	2601~3500 元	45.0	0.1	7.5	8.5	28.8	10.1
	3501 元~5000 元	47.5	0.1	5.8	4.9	30.8	11.0
	5001 元及以上	44.8	0.0	6.5	10.7	28.3	9.6

注:* 表示样本量不足,无法进行统计推断

表 3.61.3 2015 年银川市场各类频道在不同时段的市场占有率(%)

时间段	中央台频道	中国教育台频道	宁夏回族自治区级频道	银川市级频道	其他省级卫视频道	其他频道
02:00~03:00	23.3	0.1	13.6	1.1	33.3	28.6
03:00~04:00	21.0	0.0	12.2	0.0	33.6	33.2
04:00~05:00	25.8	0.0	8.8	0.0	35.9	29.5
05:00~06:00	47.2	0.0	4.1	0.0	34.5	14.2
06:00~07:00	60.9	0.0	4.5	0.1	28.8	5.7
07:00~08:00	60.3	0.0	6.4	6.8	21.1	5.5
08:00~09:00	54.0	0.3	6.2	6.6	26.2	6.8
09:00~10:00	46.9	0.2	6.2	4.1	33.3	9.4
10:00~11:00	44.4	0.1	5.6	3.0	36.3	10.5
11:00~12:00	49.5	0.0	5.1	3.1	32.3	9.9
12:00~13:00	56.0	0.0	3.9	4.1	28.3	7.7
13:00~14:00	46.6	0.0	4.3	1.9	36.6	10.6
14:00~15:00	37.6	0.1	5.1	2.9	42.2	12.1
15:00~16:00	36.8	0.1	6.5	3.2	41.1	12.3
16:00~17:00	38.8	0.1	6.5	2.5	40.5	11.5
17:00~18:00	45.6	0.0	7.6	3.6	33.7	9.5
18:00~19:00	53.5	0.0	11.3	12.3	14.7	8.3
19:00~20:00	57.4	0.1	7.8	7.0	19.6	8.1
20:00~21:00	40.8	0.1	6.7	7.4	37.4	7.7
21:00~22:00	41.7	0.1	5.8	8.9	34.9	8.5
22:00~23:00	32.7	0.0	8.9	11.9	35.6	11.0
23:00~24:00	28.1	0.0	12.4	8.0	37.8	13.8
24:00~25:00	28.2	0.0	14.3	8.3	31.5	17.6
25:00~26:00	24.8	0.0	17.0	5.9	29.7	22.6

表 3.61.4 2015 年银川市场收视份额排名前十位的频道

名次	频道名称	收视份额(%)
1	中央电视台综合频道	8.5
2	湖南卫视	6.5
3	中央台六套	5.5
4	中央台八套	5.0
5	中央电视台新闻频道	4.1
6	湖南电视台金鹰卡通频道	4.0
7	浙江卫视	3.5
8	中央台三套	3.4
9	中央台四套	3.1
10	中央电视台少儿频道	3.0

表 3.61.5　2015 年银川市场各主要频道的观众构成(%)

目标观众		所有频道	主要频道				
			中央电视台综合频道	湖南卫视	中央台六套	中央台八套	中央电视台新闻频道
4 岁及以上所有人		100.0	100.0	100.0	100.0	100.0	100.0
性别	男	51.0	51.8	41.2	56.2	47.5	61.1
	女	49.0	48.2	58.8	43.8	52.5	38.9
年龄组	4~14 岁	10.1	6.6	19.7	8.4	4.4	3.0
	15~24 岁	11.0	9.3	18.0	13.9	7.2	7.0
	25~34 岁	14.6	10.8	20.1	17.9	12.0	7.7
	35~44 岁	17.7	14.6	20.1	25.1	14.5	11.5
	45~54 岁	18.3	19.6	13.1	17.8	19.4	23.2
	55~64 岁	13.4	15.2	4.3	6.3	18.6	24.1
	65 岁及以上	15.0	23.9	4.7	10.8	23.8	23.4
教育程度	未受过正规教育	5.1	4.8	3.9	2.9	9.3	3.7
	小学	14.8	15.5	22.3	13.0	8.3	16.7
	初中	33.8	34.7	28.4	34.1	29.6	32.4
	高中	26.5	26.3	26.5	27.8	29.6	23.1
	大学及以上	19.8	18.6	19.0	22.2	23.1	24.1
职业类别	干部/管理人员	1.2	0.4	1.6	1.7	0.9	0.4
	个体/私营企业人员	12.3	12.5	10.1	13.8	11.5	10.2
	初级公务员/雇员	18.0	15.0	20.3	22.4	16.4	15.8
	工人	18.3	18.4	18.8	22.4	17.2	15.8
	学生	14.7	11.0	29.4	15.0	8.6	6.8
	无业	35.4	42.6	19.4	24.3	45.0	51.0
	其他	*	*	*	*	*	*
个人月收入	0~600 元	30.0	28.7	45.4	29.0	21.4	16.9
	601~1200 元	3.3	2.6	2.8	1.4	4.1	5.8
	1201~1700 元	7.5	9.5	5.7	8.6	8.1	6.8
	1701~2600 元	30.5	32.5	21.0	28.4	30.1	37.5
	2601~3500 元	14.7	13.0	10.2	17.0	18.6	14.2
	3501 元~5000 元	10.2	11.2	9.5	10.7	9.4	15.2
	5001 元及以上	3.8	2.6	5.3	5.0	8.3	3.6

注:* 表示样本量不足,无法进行统计推断

表 3.61.6　2013~2015 年银川市场各类节目的播出份额(%)和收视份额(%)

节目类别	2013 年		2014 年		2015 年	
	播出份额	收视份额	播出份额	收视份额	播出份额	收视份额
财经	2.1	0.5	1.8	0.6	1.8	0.9
电视剧	21.6	29.6	20.8	31.2	20.9	31.1
电影	4.4	3.7	5.0	9.0	4.9	9.1
法制	0.9	1.1	1.4	1.8	1.1	1.7
教学	0.3	0.0	0.3	0.0	0.3	0.1
青少	6.7	4.7	7.3	5.4	6.8	5.2
生活服务	8.7	8.0	9.2	6.2	8.8	6.1
体育	2.0	1.6	2.8	2.1	2.9	2.4
外语	0.0	0.0	0.0	0.0	0.0	0.0
戏剧	0.8	0.3	0.7	0.2	0.8	0.2
新闻/时事	15.3	15.3	14.6	12.6	14.9	12.2
音乐	2.6	0.4	2.5	0.7	2.5	1.0
专题	11.2	5.8	12.1	6.9	13.0	6.6
综艺	9.0	12.3	8.6	12.8	8.6	13.3
其他	14.6	16.6	13.0	10.3	12.6	10.1

表 3.61.7 2015 年银川市场所有节目收视率排名前三十位

名次	节目名称	节目类型	播出频道	平均收视率（%）	平均占有率（%）
1	2015 中央电视台春节联欢晚会	综艺	中央电视台综合频道	14.3	34.4
2	星光大道(2 月 19 日)	综艺	中央电视台综合频道	8.1	21.5
3	我是歌手歌王之战(3 月 27 日)	综艺	湖南卫视	7.1	22.8
4	武媚娘传奇	电视剧	湖南卫视	6.6	18.3
5	2015 中央电视台元宵晚会	综艺	中央电视台综合频道	6.5	17.0
6	锋刃	电视剧	中央电视台综合频道	6.3	17.5
7	奔跑吧兄弟（10 月 30 日 ~12 月 25 日）	综艺	浙江卫视	6.1	19.5
8	王大花的革命生涯	电视剧	中央电视台综合频道	6.1	18.3
9	芈月传	电视剧	上海东方卫视	6.0	16.2
10	一个人的武林(2 月 27 日)	电影	中央台六套	6.0	15.4
11	好大一个家	电视剧	中央电视台综合频道	5.9	16.1
12	空巢姥爷	电视剧	中央电视台综合频道	5.7	18.3
13	于无声处	电视剧	中央电视台综合频道	5.5	17.0
14	伪装者	电视剧	湖南卫视	5.3	16.7
15	天气预报	生活服务	中央电视台综合频道	5.2	18.2
16	生化危机五惩罚(2 月 17 日)	电影	中央台六套	5.1	18.6
17	怒放	电视剧	中央电视台综合频道	4.9	17.7
18	地道战	电影	中央台六套	4.8	13.4
19	X 战警二	电影	中央台六套	4.7	20.9
20	315 消费在阳光下	专题	中央电视台综合频道	4.7	15.9
21	别让我看见	电视剧	中央电视台综合频道	4.6	13.7
22	李克强总理会见中外记者并回答提问	新闻/时事	中央电视台综合频道	4.5	13.2
23	神犬小七	电视剧	湖南卫视	4.4	13.6
24	元宵喜乐会	综艺	湖南卫视	4.4	12.1
25	智取威虎山(9 月 5 日)	电影	中央台六套	4.3	13.9
26	花千骨	电视剧	湖南卫视	4.2	21.1
27	快乐中国 20152016 跨年演唱会	音乐	湖南卫视	4.2	16.7
28	盲探(6 月 27 日)	电影	中央台六套	4.2	12.3
29	疯狂的赛车	电影	中央台六套	4.0	11.6
30	天将雄师(10 月 28 日)	电影	中央台六套	3.9	12.7

表 3.61.8　2015 年银川市场电视剧收视率排名前十位

名次	节目名称	播出频道	平均收视率(%)	平均占有率(%)
1	武媚娘传奇	湖南卫视	6.6	18.3
2	锋刃	中央电视台综合频道	6.3	17.5
3	王大花的革命生涯	中央电视台综合频道	6.1	18.3
4	芈月传	上海东方卫视	6.0	16.2
5	好大一个家	中央电视台综合频道	5.9	16.1
6	空巢姥爷	中央电视台综合频道	5.7	18.3
7	于无声处	中央电视台综合频道	5.5	17.0
8	伪装者	湖南卫视	5.3	16.7
9	怒放	中央电视台综合频道	4.9	17.7
10	别让我看见	中央电视台综合频道	4.6	13.7

表 3.61.9　2015 年银川市场新闻节目收视率排名前十位

名次	节目名称	播出频道	平均收视率(%)	平均占有率(%)
1	李克强总理会见中外记者并回答提问	中央电视台综合频道	4.5	13.2
2	新闻联播	中央电视台综合频道	3.4	13.1
3	郡县治天下安——习近平总书记与中央党校县委书记研修班学员座谈侧记	中央电视台综合频道	3.4	9.2
4	习近平在亚非领导人会议上致辞	中央电视台综合频道	3.2	12.5
5	2015 一年又一年	中央电视台综合频道	2.6	10.3
6	焦点访谈	中央电视台综合频道	2.4	8.0
7	新闻话题	银川电视台公共频道	1.9	5.4
8	直播银川	银川电视台公共频道	1.8	8.9
9	两会特别节目	宁夏电视台公共频道	1.7	4.9
10	为了不能忘却的纪念	中央电视台新闻频道	1.6	5.5

表 3.61.10　2015 年银川市场专题节目收视率排名前十位

名次	节目名称	播出频道	平均收视率(%)	平均占有率(%)
1	315 消费在阳光下	中央电视台综合频道	4.7	15.9
2	感动中国 2014 年度人物颁奖盛典	中央电视台综合频道	3.5	9.0
3	中国谜语大会(3 月 3 日)	中央电视台综合频道	2.8	7.9
4	把革命老区发展时刻放在心上	中央电视台新闻频道	2.5	7.7
5	全面实现小康一个民族都不能少	中央电视台综合频道	2.3	6.4
6	一年级大学季	湖南卫视	2.2	11.2
7	中国谜语大会	中央电视台综合频道	2.1	6.1
8	好记者讲好故事价值观的故事 2015 年中国记者节特别节目	中央电视台综合频道	2.1	5.5
9	东方主战场	中央电视台综合频道	2.0	6.0
10	寻宝	中央电视台综合频道	1.8	9.1

表 3.61.11　2015 年银川市场综艺节目收视率排名前十位

名次	节目名称	播出频道	平均收视率（%）	平均占有率（%）
1	2015 中央电视台春节联欢晚会	中央电视台综合频道	14.3	34.4
2	星光大道(2 月 19 日)	中央电视台综合频道	8.1	21.5
3	我是歌手歌王之战(3 月 27 日)	湖南卫视	7.1	22.8
4	2015 中央电视台元宵晚会	中央电视台综合频道	6.5	17.0
5	奔跑吧兄弟（10 月 30 日 ~12 月 25 日）	浙江卫视	6.1	19.5
6	元宵喜乐会	湖南卫视	4.4	12.1
7	胜利与和平纪念抗日战争暨世界反法西斯战争胜利 70 周年文艺晚会	中央电视台新闻频道	3.8	9.9
8	2015 年中央电视台中秋晚会	中央电视台综合频道	3.7	10.3
8	中秋之夜	湖南卫视	3.7	10.3
10	今日看芈月	上海东方卫视	3.3	8.7

表 3.61.12　2015 年银川市场体育节目收视率排名前十位

名次	节目名称	播出频道	平均收视率（%）	平均占有率（%）
1	现场直播:2015 年亚洲男篮锦标赛决赛(中国队 VS 菲律宾队)	中央台五套	3.3	10.5
2	2015 年世界田径锦标赛女子标枪决赛	中央台五套	3.0	10.8
3	超级足球之夜:2015 年亚洲足联冠军联赛半决赛首回合	中央台五套	2.8	7.0
4	现场直播:2015 年国际足球友谊赛（广州恒大淘宝 VS 拜仁慕尼黑）	中央台五套	2.2	7.3
5	2015 年世乒赛女单决赛	中央台五套	2.1	6.7
6	直播周末:2015 年女排世界杯（日本队 VS 中国队）	中央台五套	2.0	9.0
7	2015 年国际足联俱乐部世界杯半决赛（西班牙巴塞罗那 VS 中国广州恒大）	中央台五套	2.0	6.9
8	超级足球之夜:国际足联 2018 年俄罗斯世界杯亚洲区预选赛 C 组小组赛（中国香港队 VS 中国队）	中央台五套	2.0	5.8
9	直播周末:2015 年 IBF 次最轻量级拳王争霸赛	中央台五套	1.9	7.6
10	黄金赛场:2014/2015 赛季 CBA 联赛总决赛第五场（北京首钢 VS 辽宁药都本溪）	中央台五套	1.9	5.2

六十二、郑州收视数据

表 3.62.1　2011～2015 年郑州市场各类频道的市场占有率(%)

频道类别	年份				
	2011 年	2012 年	2013 年	2014 年	2015 年
中央台频道	24.7	26.6	27.8	30.8	26.1
中国教育台频道	0.0	0.0	0.1	0.3	0.3
河南省级频道	31.9	28.3	24.8	20.7	25.1
郑州市级频道	9.7	8.1	7.7	7.2	8.3
其他省级卫视频道	32.3	35.9	35.7	34.2	32.5
其他频道	1.4	1.1	3.9	6.8	7.7

表 3.62.2　2015 年郑州市场各类频道在各目标观众中的市场占有率(%)

目标观众		中央台频道	中国教育台频道	河南省级频道	郑州市级频道	其他省级卫视频道	其他频道
4 岁及以上所有人		26.1	0.3	25.1	8.3	32.5	7.7
性别	男	28.4	0.3	25.2	8.4	29.9	7.8
	女	24.0	0.3	24.9	8.2	34.9	7.7
年龄	4～14 岁	21.4	0.3	17.3	5.0	49.3	6.7
	15～24 岁	19.3	0.6	22.2	8.3	43.3	6.3
	25～34 岁	21.3	0.1	22.6	6.6	41.3	8.1
	35～44 岁	25.7	0.3	27.7	6.5	31.6	8.2
	45～54 岁	27.1	0.3	31.3	9.8	23.5	8.0
	55～64 岁	29.0	0.2	25.1	10.6	26.2	8.9
	65 岁及以上	37.7	0.2	23.0	10.0	21.8	7.3
教育程度	未受过正规教育	24.7	0.3	24.1	9.4	33.9	7.6
	小学	21.4	0.3	27.0	7.0	38.0	6.3
	初中	24.0	0.3	28.8	7.7	32.5	6.7
	高中	27.7	0.2	24.0	11.2	29.0	7.9
	大学及以上	29.5	0.2	21.0	5.4	34.0	9.9
职业类别	干部/管理人员	27.8	0.2	23.3	5.1	34.7	8.9
	个体/私营企业人员	26.4	0.4	29.0	7.5	29.6	7.1
	初级公务员/雇员	27.4	0.2	24.7	6.8	32.8	8.1
	工人	22.4	0.2	29.1	8.3	33.3	6.7
	学生	20.3	0.6	18.7	5.3	48.5	6.6
	无业	29.1	0.2	23.4	10.1	28.4	8.8
	其他	16.8	0.2	35.2	6.8	36.4	4.6
个人月收入	0～600 元	23.2	0.3	22.8	8.0	38.6	7.1
	601～1200 元	22.0	0.5	30.2	9.0	27.8	10.5
	1201～1700 元	21.8	0.2	32.2	7.8	29.8	8.2
	1701～2600 元	27.0	0.2	27.4	9.3	28.2	7.9
	2601～3500 元	30.0	0.2	23.2	8.5	30.4	7.7
	3501～5000 元	32.9	0.2	22.8	5.8	30.7	7.6
	5001 元及以上	28.2	0.3	20.5	6.4	34.0	10.6

表 3.62.3 2015 年郑州市场各类频道在各时段的市场占有率(%)

时间段	中央台频道	中国教育台频道	河南省级频道	郑州市级频道	其他省级卫视频道	其他频道
02:00~03:00	15.6	0.7	20.9	14.6	27.4	20.8
03:00~04:00	13.0	0.6	24.5	14.7	26.3	20.9
04:00~05:00	13.6	0.8	25.7	11.9	28.2	19.8
05:00~06:00	27.0	0.7	25.7	5.3	25.4	15.9
06:00~07:00	48.9	0.3	16.8	5.1	17.0	11.9
07:00~08:00	47.8	0.3	18.3	7.0	18.0	8.6
08:00~09:00	39.4	0.4	17.2	9.1	26.5	7.4
09:00~10:00	34.4	0.5	13.2	9.2	33.8	8.9
10:00~11:00	32.0	0.3	12.2	6.8	39.5	9.2
11:00~12:00	35.1	0.2	14.2	4.3	37.7	8.5
12:00~13:00	36.2	0.2	20.0	4.6	32.3	6.7
13:00~14:00	30.3	0.3	20.8	7.0	32.6	9.0
14:00~15:00	26.2	0.3	15.3	6.7	40.1	11.4
15:00~16:00	26.5	0.3	12.0	6.4	44.4	10.4
16:00~17:00	25.5	0.2	16.1	5.5	42.4	10.3
17:00~18:00	29.0	0.2	19.8	7.6	34.7	8.7
18:00~19:00	28.5	0.1	33.7	15.6	15.2	6.9
19:00~20:00	26.5	0.2	36.2	9.7	21.7	5.7
20:00~21:00	19.7	0.3	29.9	7.6	36.4	6.1
21:00~22:00	21.4	0.2	28.0	8.6	35.5	6.3
22:00~23:00	18.4	0.4	30.0	8.4	35.7	7.1
23:00~24:00	19.3	0.3	29.0	6.3	36.6	8.5
24:00~25:00	23.6	0.2	21.8	13.7	27.8	12.9
25:00~26:00	18.9	0.3	21.4	17.2	25.3	16.9

表 3.62.4 2015 年郑州市场收视份额排名前十位的频道

名次	频道名称	收视份额(%)
1	河南电视台都市频道(二套)	5.7
2	中央电视台综合频道	5.3
3	河南电视台卫星频道(一套)	4.3
4	湖南卫视	4.2
5	河南电视台公共频道(八套)	3.6
5	河南电视台电视剧频道(五套)	3.6
7	郑州一套	3.5
8	浙江卫视	3.1
9	中央台六套	2.6
9	河南电视台法治频道(四套)	2.6

表 3.62.5　2015 年郑州市场各主要频道的观众构成(%)

目标观众		所有频道	主要频道				
			河南电视台都市频道(二套)	中央电视台综合频道	河南电视台卫星频道(一套)	湖南卫视	河南电视台公共频道(八套)
4 岁及以上所有人		100.0	100.0	100.0	100.0	100.0	100.0
性别	男	47.7	48.8	48.8	49.0	34.6	38.6
	女	52.3	51.2	51.2	51.0	65.4	61.4
年龄	4~14 岁	9.4	8.2	7.2	7.1	18.4	4.8
	15~24 岁	8.4	9.3	5.3	6.7	19.4	5.8
	25~34 岁	20.1	21.8	13.6	12.0	28.8	17.8
	35~44 岁	14.0	13.0	12.2	14.9	13.8	16.9
	45~54 岁	22.0	27.7	25.8	30.0	10.4	27.4
	55~64 岁	13.7	10.6	16.1	10.5	6.9	16.6
	65 岁及以上	12.4	9.4	19.8	18.8	2.3	10.7
教育程度	未受过正规教育	4.6	4.0	5.0	4.4	2.4	4.9
	小学	12.1	12.1	9.5	15.8	20.4	12.7
	初中	29.7	30.4	23.8	35.0	28.1	39.8
	高中	31.0	29.9	33.5	27.1	17.7	27.7
	大学及以上	22.6	23.6	28.2	17.7	31.4	14.9
职业类别	干部/管理人员	3.4	3.5	4.0	2.5	4.2	3.1
	个体/私营企业人员	9.4	12.4	7.4	13.7	10.3	7.9
	初级公务员/雇员	17.8	18.5	19.0	16.8	18.4	15.2
	工人	18.1	19.8	13.6	21.8	20.4	20.6
	学生	9.2	8.2	5.4	7.5	23.4	4.8
	无业	39.2	35.3	49.7	35.0	21.5	45.1
	其他	2.9	2.3	0.9	2.7	1.8	3.3
个人月收入	0~600 元	32.5	31.3	27.7	29.1	40.3	33.7
	601~1200 元	4.4	5.1	6.0	6.9	3.8	5.1
	1201~1700 元	8.3	10.1	8.7	9.6	5.0	12.1
	1701~2600 元	27.2	28.2	27.6	29.7	22.7	27.8
	2601~3500 元	15.6	13.6	16.6	13.6	17.2	13.5
	3501~5000 元	8.1	7.1	10.0	8.3	8.1	5.3
	5001 元及以上	3.9	4.6	3.4	2.8	2.9	2.5

表 3.62.6　2013~2015 年郑州市场各类节目的播出份额(%)和收视份额(%)

节目类别	2013 年		2014 年		2015 年	
	播出份额	收视份额	播出份额	收视份额	播出份额	收视份额
财经	1.9	0.7	1.6	0.6	1.4	0.8
电视剧	20.9	31.7	21.0	34.4	25.3	33.4
电影	5.3	4.4	4.4	4.1	4.1	4.8
法制	1.3	2.0	1.2	1.3	1.1	1.6
教学	0.2	0.1	0.2	0.0	0.2	0.1
青少	5.8	5.0	6.4	4.7	5.5	4.6
生活服务	10.3	8.2	10.8	8.1	10.8	7.4
体育	2.0	1.7	2.8	1.9	2.8	1.8
外语	0.0	0.0	0.0	0.0	0.0	0.0
戏剧	0.8	0.6	0.7	0.6	0.8	0.7
新闻/时事	14.6	13.2	14.2	12.3	10.1	11.5
音乐	2.3	0.4	2.3	0.6	2.4	0.7
专题	10.5	6.9	11.9	6.5	13.0	8.5
综艺	9.6	12.3	9.5	12.0	7.6	12.2
其他	14.5	12.8	13.0	12.9	14.9	11.9

表 3.62.7 2015 年郑州市场所有节目收视率排名前三十位

名次	节目名称	节目类别	播出频道	平均收视率（%）	平均占有率（%）
1	2015 中央电视台春节联欢晚会	综艺	中央电视台综合频道	6.5	17.4
2	奔跑吧兄弟（04 月 17 日 ~7 月 3 日）	综艺	浙江卫视	5.8	20.7
3	2015 中央电视台元宵晚会	综艺	中央电视台综合频道	5.6	16.2
4	武媚娘传奇	电视剧	河南电视台卫星频道（一套）	5.4	17.4
5	315 消费在阳光下	专题	中央电视台综合频道	4.2	14.5
6	中国好声音 4 总决赛	综艺	浙江卫视	4.0	12.7
7	老农民	电视剧	河南电视台卫星频道（一套）	3.8	11.2
8	2015 一年又一年	新闻/时事	东南卫视	3.7	11.0
9	梨园春	戏剧	河南电视台卫星频道（一套）	3.6	11.3
10	拥抱星星的月亮	电视剧	深圳卫视（新闻综合频道）	3.5	11.4
11	咱们穿越吧	综艺	四川卫视	3.5	10.9
12	芈月传	电视剧	上海东方卫视	3.5	10.0
13	嘿真不是闹着玩的	电视剧	河南电视台卫星频道（一套）	3.4	10.1
14	都市报道扩大版	新闻/时事	河南电视台都市频道（二套）	3.3	15.5
15	铁血神兵	电视剧	河南电视台电视剧频道（五套）	3.3	10.1
16	大刀记	电视剧	河南电视台卫星频道（一套）	3.3	9.8
17	我的二哥二嫂	电视剧	河南电视台都市频道	3.2	10.3
18	中国谜语大会（3 月 4 日）	专题	中央电视台综合频道	3.2	10.1
19	天气预报	生活服务	中央电视台综合频道	3.1	11.1
20	俺妹	电视剧	河南电视台都市频道（二套）	3.1	10.4
21	第 33 届中国洛阳牡丹文化节开幕式	综艺	河南电视台卫星频道（一套）	3.1	9.4
22	士兵突击之勇者奇兵	综艺	云南广播电视台卫视频道（一套）	3.0	9.9
23	没完没了	电影	河南电视台卫星频道（一套）	3.0	9.0
24	左手劈刀	电视剧	云南广播电视台卫视频道（一套）	3.0	8.3
25	2015 年世界田径锦标赛男子4×400 米接力决赛	体育	中央台五套	3.0	7.6
26	转播中央台新闻联播	新闻/时事	河南电视台都市频道（二套）	2.9	11.1
27	俺爸	电视剧	河南电视台都市频道（二套）	2.9	9.7
28	挑战者联盟	综艺	浙江卫视	2.9	8.5
29	带妈妈回家	电视剧	河南电视台都市频道（二套）	2.8	9.7
30	背着奶奶进城	电视剧	河南电视台都市频道（二套）	2.8	8.9

表 3.62.8　2015 年郑州市场电视剧收视率排名前十位

名次	节目名称	播出频道	平均收视率(%)	平均占有率(%)
1	武媚娘传奇	河南电视台卫星频道(一套)	5.4	17.4
2	老农民	河南电视台卫星频道(一套)	3.8	11.2
3	拥抱星星的月亮	深圳卫视(新闻综合频道)	3.5	11.4
4	芈月传	上海东方卫视	3.5	10.0
5	嘿真不是闹着玩的	河南电视台卫星频道(一套)	3.4	10.1
6	铁血神兵	河南电视台电视剧频道(五套)	3.3	10.1
7	大刀记	河南电视台卫星频道(一套)	3.3	9.8
8	我的二哥二嫂	河南电视台都市频道(二套)	3.2	10.3
9	俺妹	河南电视台都市频道(二套)	3.1	10.4
10	左手劈刀	云南广播电视台卫视频道(一套)	3.0	8.3

表 3.62.9　2015 年郑州市场新闻节目收视率排名前十位

名次	节目名称	播出频道	平均收视率(%)	平均占有率(%)
1	2015 一年又一年	东南卫视	3.7	11.0
2	都市报道扩大版	河南电视台都市频道(二套)	3.3	15.5
3	转播中央台新闻联播	河南电视台都市频道(二套)	2.9	11.1
4	都市报道	河南电视台都市频道(二套)	2.5	8.4
5	紧急救援深圳市光明新区滑坡灾害特别报道	深圳卫视(新闻综合频道)	1.9	5.5
6	郑州大民生	郑州一套	1.5	9.1
7	李克强总理会见中外记者并回答提问	中央电视台综合频道	1.5	5.0
8	第五届全国道德模范候选人事迹展播	河南电视台卫星频道(一套)	1.4	4.7
9	大参考	河南电视台民生频道(三套)	1.4	4.6
10	习近平在亚非领导人会议上致辞	中央电视台综合频道	1.3	5.2

表 3.62.10　2015 年郑州市场专题节目收视率排名前十位

名次	节目名称	播出频道	平均收视率(%)	平均占有率(%)
1	315 消费在阳光下	中央电视台综合频道	4.2	14.5
2	中国谜语大会(3 月 4 日)	中央电视台综合频道	3.2	10.1
3	感动中国 2014 年度人物颁奖盛典	中央电视台综合频道	2.5	7.1
4	无字碑武则天和她的时代	河南电视台卫星频道(一套)	2.0	7.0
5	全面实现小康一个民族都不能少	中央电视台综合频道	2.0	6.5
6	起飞中原郑州航空港经济综合实验区两周年特别节目	河南电视台卫星频道(一套)	1.8	5.0
7	纪录中国	河南电视台第 9 频道	1.7	5.7
8	穿越经典	河南电视台第 9 频道	1.7	5.6
9	东方主战场	河南电视台卫星频道(一套)	1.5	5.0
10	记录战争	河南电视台第 9 频道	1.4	4.8

表 3.62.11　2015 年郑州市场综艺节目收视率排名前十位

名次	节目名称	播出频道	平均收视率（%）	平均占有率（%）
1	2015 中央电视台春节联欢晚会	中央电视台综合频道	6.5	17.4
2	奔跑吧兄弟(4 月 17 日 ~7 月 3 日)	浙江卫视	5.8	20.7
3	2015 中央电视台元宵晚会	中央电视台综合频道	5.6	16.2
4	中国好声音 4 总决赛	浙江卫视	4.0	12.7
5	咱们穿越吧	四川卫视	3.5	10.9
6	第 33 届中国洛阳牡丹文化节开幕式	河南电视台卫星频道(一套)	3.1	9.4
7	士兵突击之勇者奇兵	云南广播电视台卫视频道(一套)	3.0	9.9
8	挑战者联盟	浙江卫视	2.9	8.5
9	跑男来了	浙江卫视	2.7	19.1
10	元宵喜乐会	湖南卫视	2.7	8.5

表 3.62.12　2015 年郑州市场体育节目收视率排名前十位

名次	节目名称	播出频道	平均收视率（%）	平均占有率（%）
1	2015 年世界田径锦标赛男子4×400 米接力决赛	中央台五套	3.0	7.6
2	现场直播:2015 年亚洲男篮锦标赛决赛(中国队 VS 菲律宾队)	中央台五套	2.8	8.4
3	2015 年国际足联俱乐部世界杯半决赛(西班牙巴塞罗那 VS 中国广州恒大)	中央台五套	2.6	8.8
4	超级足球之夜:2015 年亚洲足联冠军联赛决赛第二回合(中国广州恒大 VS 阿联酋阿赫利)	中央台五套	2.5	7.2
5	超级足球之夜:国际足联 2018 年俄罗斯世界杯亚洲区预选赛 C 组小组赛(中国香港队 VS 中国队)	中央台五套	2.1	6.0
6	武林风	河南电视台卫星频道(一套)	2.0	7.5
7	超级足球之夜 亚冠联赛颁奖仪式	中央台五套	1.8	6.7
8	直播周末:2015 年亚洲女篮锦标赛决赛(日本队 VS 中国队)	中央台五套	1.7	5.3
9	黄金赛场:2015 年中国足球协会超级联赛第 10 轮(广州恒大淘宝 VS 上海上港)	中央台五套	1.6	5.8
10	直播周末:2015 年 IBF 次最轻量级拳王争霸赛	中央台五套	1.5	7.3

六十三、其他城市收视概览

表 3.63.1　2015 年安庆市场(安徽省)收视份额排名前十位的频道

名次	频道名称	收视份额(%)
1	安徽卫视	12.7
2	安徽影视	8.9
3	湖南卫视	7.9
4	中央电视台综合频道	6.8
5	安庆广播电视台新闻综合频道	6.5
6	中央电视台新闻频道	4.7
7	中央台六套	4.4
8	中央台八套	3.5
9	中央台三套	2.9
10	安徽经视	2.7

表 3.63.2　2015 年鞍山市场(辽宁省)收视份额排名前十位的频道

名次	频道名称	收视份额(%)
1	辽宁广播电视台都市频道	11.9
2	中央电视台综合频道	11.8
3	辽宁卫视	8.7
4	中央电视台新闻频道	5.0
5	中央台三套	3.7
5	湖南卫视	3.7
7	中央台四套	3.3
7	中央台八套	3.3
9	浙江卫视	3.2
9	辽宁广播电视台经济频道	3.2

表 3.63.3　2015 年蚌埠市场(安徽省)收视份额排名前十位的频道

名次	频道名称	收视份额(%)
1	中央电视台综合频道	18.9
2	湖南卫视	7.8
3	安徽卫视	5.7
4	安徽经视	5.4
5	中央台四套	5.0
6	中央台八套	4.2
7	蚌埠电视台新闻综合频道	3.8
8	安徽公共	3.6
8	中央台三套	3.6
10	中央电视台少儿频道	3.4

表 3.63.4 2015 年包头市场(内蒙古自治区)收视份额排名前十位的频道

名次	频道名称	收视份额(%)
1	中央电视台综合频道	19.3
2	中央台三套	6.4
3	中央台八套	5.6
3	湖南卫视	5.6
5	中央台六套	3.4
6	中央台四套	3.2
7	中央电视台新闻频道	3.0
8	山东卫视	2.9
8	安徽卫视	2.9
10	中央台十二套	2.8

表 3.63.5 2015 年宝鸡市场(陕西省)收视份额排名前十位的频道

名次	频道名称	收视份额(%)
1	中央电视台综合频道	17.6
2	湖南卫视	8.1
3	陕西广播电视台都市青春频道(二套)	6.1
4	中央台八套	5.9
5	陕西广播电视台新闻资讯频道(一套)	4.3
6	中央电视台新闻频道	3.9
7	陕西广播电视台公共频道(五套)	3.4
8	中央台四套	2.6
8	中央台三套	2.6
8	中央电视台少儿频道	2.6

表 3.63.6 2015 年北海市场(广西壮族自治区)收视份额排名前十位的频道

名次	频道名称	收视份额(%)
1	湖南卫视	10.5
2	广西电视台综艺频道	9.7
3	中央电视台综合频道	9.5
4	中央电视台少儿频道	4.3
5	中央电视台新闻频道	4.0
6	广西电视台新闻频道	3.6
7	广西电视台都市频道	3.4
8	中央台四套	3.2
9	广西电视台卫星频道	3.0
10	中央台三套	2.7

表 3.63.7　2015 年常德市场(湖南省)收视份额排名前十位的频道

名次	频道名称	收视份额(%)
1	湖南电视台经济频道	16.6
2	湖南电视台电视剧频道	8.9
3	湖南电视台都市频道	6.7
4	湖南卫视	6.4
5	湖南电视台金鹰卡通频道	5.6
6	中央电视台综合频道	4.7
6	湖南电视台娱乐频道	4.7
8	湖南电视台潇湘电影频道	4.5
9	中央台三套	3.4
10	中央电视台少儿频道	3.1

表 3.63.8　2015 年常熟市场(江苏省)收视份额排名前十位的频道

名次	频道名称	收视份额(%)
1	湖南卫视	5.8
2	中央台六套	5.1
3	苏州电视台新闻综合频道(一套)	4.6
4	常熟电视台新闻综合频道	4.4
5	中央电视台少儿频道	3.7
5	中央电视台新闻频道	3.7
7	中央台四套	3.5
8	中央电视台综合频道	3.3
9	中央台八套	3.2
10	中央台三套	3.1

表 3.63.9　2015 年常州市场(江苏省)收视份额排名前十位的频道

名次	频道名称	收视份额(%)
1	常州电视台一套(新闻综合频道)	7.5
2	常州电视台二套(都市频道)	6.6
3	中央电视台新闻频道	5.2
4	中央台三套	4.9
5	湖南卫视	4.5
6	常州电视台三套(生活频道)	4.4
7	江苏卫视	4.0
7	中央台八套	4.0
7	中央台六套	4.0
10	江苏电视台城市频道	3.8

表 3.63.10 2015 年潮州市场(广东省)收视份额排名前十位的频道

名次	频道名称	收视份额(%)
1	潮州电视台二套(公共频道)	13.0
2	潮州电视台一套(新闻综合频道)	11.5
3	湖南卫视	9.6
4	广东广播电视台经济科教频道	5.4
5	翡翠台(中文)(潮州有线网转播)	3.9
6	广东广播电视台嘉佳卡通频道	3.6
6	中央电视台综合频道	3.6
8	中央台三套	3.1
9	浙江卫视	2.5
9	中央台四套	2.5

表 3.63.11 2015 年滁州市场(安徽省)收视份额排名前十位的频道

名次	频道名称	收视份额(%)
1	安徽卫视	14.2
2	中央电视台综合频道	12.5
3	湖南卫视	5.1
4	安徽影视	4.8
4	安徽经视	4.8
6	安徽公共	4.1
7	中央台四套	3.6
8	安徽综艺	3.4
9	中央电视台新闻频道	3.0
10	中央台三套	2.9

表 3.63.12 2015 年达州市场(四川省)收视份额排名前十位的频道

名次	频道名称	收视份额(%)
1	达州新闻综合频道	12.5
2	中央电视台综合频道	12.2
3	湖南卫视	8.1
4	四川电视台影视文艺频道(五套)	6.1
5	中央台六套	5.3
6	四川卫视	5.1
7	中央台八套	3.7
8	中央台三套	3.6
9	中央电视台少儿频道	2.5
10	中央台十二套	2.2

表 3.63.13　2015 年大理市场(云南省)收视份额排名前十位的频道

名次	频道名称	收视份额(%)
1	湖南卫视	16.6
2	中央台八套	9.0
3	云南广播电视台都市频道(二套)	7.8
4	中央电视台综合频道	5.5
5	中央台六套	4.4
6	安徽卫视	4.0
7	云南广播电视台卫视频道(一套)	3.8
8	中央台十二套	2.9
8	山东卫视	2.9
10	中央台三套	2.7

表 3.63.14　2015 年大同市场(山西省)收视份额排名前十位的频道

名次	频道名称	收视份额(%)
1	中央电视台综合频道	18.0
2	湖南卫视	8.8
3	中央台三套	4.2
4	中央台八套	4.1
5	山东卫视	3.8
5	北京卫视	3.8
7	安徽卫视	3.7
8	山西卫视	3.6
9	浙江卫视	3.2
10	中央台六套	3.1

表 3.63.15　2015 年丹东市场(辽宁省)收视份额排名前十位的频道

名次	频道名称	收视份额(%)
1	中央电视台综合频道	14.4
2	辽宁广播电视台都市频道	12.6
3	辽宁卫视	8.6
4	湖南卫视	4.7
5	中央电视台新闻频道	4.6
6	中央台三套	3.7
7	中央台四套	3.6
7	中央台八套	3.6
9	中央台五套	2.8
10	辽宁广播电视台影视剧频道	2.6

表 3.63.16 2015 年德阳市场(四川省)收视份额排名前十位的频道

名次	频道名称	收视份额(%)
1	湖南卫视	10.6
2	中央电视台综合频道	8.6
3	四川卫视	5.6
4	四川电视台影视文艺频道(五套)	5.4
5	四川经视频道	5.3
6	中央电视台新闻频道	3.6
7	中央台三套	3.0
8	中央台六套	2.8
9	浙江卫视	2.7
9	中央台八套	2.7

表 3.63.17 2015 年德州市场(山东省)收视份额排名前十位的频道

名次	频道名称	收视份额(%)
1	山东卫视	13.7
2	山东电视综艺频道	8.7
3	山东电视齐鲁频道	5.9
4	中央台六套	4.9
5	中央电视台综合频道	4.3
6	湖南卫视	4.2
7	中央台八套	3.7
8	中央台三套	3.4
9	浙江卫视	3.0
9	中央台四套	3.0

表 3.63.18 2015 年东莞市场(广东省)收视份额排名前十位的频道

名次	频道名称	收视份额(%)
1	东莞电视台公共频道	9.0
2	中央电视台综合频道	6.1
2	广东广播电视台珠江频道	6.1
4	广东广播电视台影视频道	5.7
5	广东广播电视台公共频道	5.6
6	翡翠台(中文)(东莞有线网转播)	4.8
7	广东广播电视台珠江电影频道	3.5
7	广东广播电视台经济科教频道	3.5
9	湖南电视台金鹰卡通频道	3.2
9	湖南卫视	3.2

表 3.63.19　2015 年佛山市场(广东省)收视份额排名前十位的频道

名次	频道名称	收视份额(%)
1	广东广播电视台珠江频道	12.7
2	翡翠台(中文)(佛山有线台转播)	9.5
3	佛山电视公共频道	8.8
4	广东广播电视台公共频道	5.3
5	广东广播电视台影视频道	4.8
6	广东广播电视台南方卫视	4.2
7	湖南卫视	4.1
8	广东广播电视台体育频道	3.1
9	广东广播电视台珠江电影频道	3.0
10	佛山电视影视频道	2.7

表 3.63.20　2015 年抚顺市场(辽宁省)收视份额排名前十位的频道

名次	频道名称	收视份额(%)
1	辽宁广播电视台都市频道	12.2
2	辽宁卫视	9.0
3	中央台四套	4.3
4	中央台六套	4.2
5	中央台三套	4.0
6	中央电视台新闻频道	3.4
7	中央电视台综合频道	3.0
8	中央台五套	2.8
9	中央台八套	2.5
10	湖南卫视	2.3

表 3.63.21　2015 年赣州市场(江西省)收视份额排名前十位的频道

名次	频道名称	收视份额(%)
1	江西电视台都市频道(二套)	7.9
2	湖南卫视	6.0
3	中央电视台综合频道	5.7
4	中央电视台新闻频道	4.9
4	中央台四套	4.9
6	中央台三套	4.6
7	湖南电视台金鹰卡通频道	4.2
8	中央台六套	3.7
9	江西卫视	3.6
9	江西电视台影视频道(四套)	3.6

表 3.63.22 2015 年广元市场(四川省)收视份额排名前十位的频道

名次	频道名称	收视份额(%)
1	四川电视台影视文艺频道(五套)	12.6
2	中央台八套	5.6
3	湖南卫视	5.1
4	中央台六套	4.7
4	中央电视台综合频道	4.7
6	四川经视频道	3.6
7	中央台三套	3.4
8	四川卫视	3.0
9	峨眉电影频道	2.8
10	中央电视台新闻频道	2.7

表 3.63.23 2015 年桂林市场(广西壮族自治区)收视份额排名前十位的频道

名次	频道名称	收视份额(%)
1	中央电视台综合频道	16.8
2	广西电视台综艺频道	10.2
3	湖南卫视	6.0
4	中央电视台少儿频道	5.6
5	桂林电视台公共频道	3.9
6	广西电视台都市频道	3.8
7	中央电视台新闻频道	2.9
8	中央台四套	2.8
9	广西电视台卫星频道	2.3
9	上海东方卫视	2.3

表 3.63.24 2015 年邯郸市场(河北省)收视份额排名前十位的频道

名次	频道名称	收视份额(%)
1	中央电视台综合频道	21.6
2	河北电视台二套(经济生活频道)	5.6
2	湖南卫视	5.6
4	河北卫视	4.4
5	中央台八套	4.2
6	河北电视台农民频道(七套)	3.8
7	北京卫视	3.7
8	中央台三套	3.1
9	中央台六套	3.0
10	中央电视台新闻频道	2.7

表 3.63.25　2015 年河源市场(广东省)收视份额排名前十位的频道

名次	频道名称	收视份额(%)
1	广东广播电视台珠江频道	11.7
2	湖南卫视	10.7
3	广东广播电视台经济科教频道	8.8
4	中央电视台综合频道	8.7
5	中央电视台少儿频道	5.3
6	广东卫视	5.2
7	广东广播电视台南方卫视	4.0
8	广东广播电视台嘉佳卡通频道	3.2
9	广东广播电视台公共频道	3.1
10	中央台四套	3.0

表 3.63.26　2015 年衡阳市场(湖南省)收视份额排名前十位的频道

名次	频道名称	收视份额(%)
1	湖南卫视	11.6
2	湖南电视台经济频道	11.4
3	湖南电视台都市频道	8.0
4	湖南电视台电视剧频道	6.3
5	湖南电视台金鹰卡通频道	5.2
6	湖南电视台潇湘电影频道	4.2
7	中央电视台新闻频道	3.8
8	中央电视台少儿频道	3.5
9	中央电视台综合频道	3.4
10	中央台三套	3.0

表 3.63.27　2015 年湖州市场(浙江省)收视份额排名前十位的频道

名次	频道名称	收视份额(%)
1	浙江卫视	5.5
2	中央台六套	4.6
3	湖南卫视	4.5
4	湖州电视台文化娱乐频道	4.4
5	浙江电视台教育科技频道	4.0
6	湖州电视台新闻综合频道	3.7
6	浙江电视台经济生活频道	3.7
8	中央台八套	3.4
9	中央台四套	3.2
10	湖南电视台金鹰卡通频道	3.0

表 3.63.28　2015 年淮安市场（江苏省）收视份额排名前十位的频道

名次	频道名称	收视份额（%）
1	中央电视台综合频道	9.4
1	江苏电视台城市频道	9.4
3	湖南卫视	8.2
4	江苏卫视	7.5
5	淮安电视台新闻综合频道	4.7
6	中央台六套	3.9
7	中央台八套	3.7
8	中央台四套	3.5
9	中央电视台少儿频道	3.3
10	浙江卫视	3.1

表 3.63.29　2015 年惠州市场（广东省）收视份额排名前十位的频道

名次	频道名称	收视份额（%）
1	广东广播电视台经济科教频道	8.0
2	湖南卫视	5.9
3	广东广播电视台珠江频道	5.7
4	广东广播电视台公共频道	4.6
5	中央电视台综合频道	4.2
6	湖南电视台金鹰卡通频道	4.0
7	广东广播电视台嘉佳卡通频道	3.4
8	浙江卫视	2.9
9	中央电视台少儿频道	2.7
9	广东广播电视台少儿频道	2.7

表 3.63.30　2015 年吉林市市场（吉林省）收视份额排名前十位的频道

名次	频道名称	收视份额（%）
1	中央电视台综合频道	10.9
2	吉林电视台生活频道（三套）	7.2
3	吉林电视台乡村频道（五套）	6.6
4	吉林电视台都市频道（二套）	4.8
5	湖南卫视	4.7
6	中央电视台新闻频道	3.6
7	中央电视台少儿频道	3.4
8	吉林电视台影视频道（四套）	3.3
9	中央台三套	3.2
10	中央台八套	3.0

表 3.63.31　2015 年济宁市场(山东省)收视份额排名前十位的频道

名次	频道名称	收视份额(%)
1	山东卫视	12.9
2	山东电视综艺频道	6.5
3	中央电视台综合频道	6.3
4	山东电视齐鲁频道	5.3
5	济宁电视台影视频道	4.3
6	中央台六套	3.4
7	湖南卫视	3.2
8	湖南电视台金鹰卡通频道	3.1
8	中央台三套	3.1
10	中央台八套	2.9

表 3.63.32　2015 年嘉兴市场(浙江省)收视份额排名前十位的频道

名次	频道名称	收视份额(%)
1	嘉兴电视台新闻综合频道	13.7
2	嘉兴电视台文化影视频道	7.9
3	浙江卫视	5.5
4	嘉兴电视台公共频道	5.3
5	中央台六套	5.2
6	湖南卫视	4.7
7	中央电视台综合频道	4.5
8	浙江电视台民生休闲频道	4.0
9	中央电视台新闻频道	3.9
10	中央台三套	3.3

表 3.63.33　2015 年江门市场(广东省)收视份额排名前十位的频道

名次	频道名称	收视份额(%)
1	广东广播电视台珠江频道	12.4
2	翡翠台(中文)(江门有线网转播)	8.1
3	江门电视公共频道	5.7
3	广东广播电视台公共频道	5.7
5	湖南卫视	5.1
6	广东广播电视台影视频道	4.0
7	广东广播电视台经济科教频道	3.6
8	广东广播电视台少儿频道	3.2
9	中央电视台综合频道	3.1
10	中央台六套	2.9

表 3.63.34　2015 年金华市场(浙江省)收视份额排名前十位的频道

名次	频道名称	收视份额(%)
1	金华电视台教育科技频道	10.1
2	金华电视台公共频道(经济生活)	9.7
3	中央电视台综合频道	7.2
4	浙江卫视	6.8
5	金华电视台新闻综合频道	6.2
6	湖南卫视	5.8
7	中央台八套	4.2
8	中央台六套	3.4
8	中央台三套	3.4
10	中央电视台新闻频道	2.9

表 3.63.35　2015 年锦州市场(辽宁省)收视份额排名前十位的频道

名次	频道名称	收视份额(%)
1	辽宁广播电视台都市频道	9.8
2	中央台三套	6.0
2	辽宁卫视	6.0
4	中央电视台综合频道	4.7
5	中央台六套	4.2
6	中央台八套	3.9
7	中央电视台少儿频道	3.7
8	湖南卫视	3.5
9	浙江卫视	3.2
10	中央台四套	3.0

表 3.63.36　2015 年荆门市场(湖北省)收视份额排名前十位的频道

名次	频道名称	收视份额(%)
1	中央电视台综合频道	7.3
2	中央台三套	5.7
2	湖南卫视	5.7
4	湖北影视	5.5
5	中央台六套	5.2
6	湖北综合	4.9
7	中央电视台新闻频道	4.4
8	湖北经视	3.8
9	湖北卫视	3.5
10	中央台八套	3.2

表 3.63.37 2015 年荆州市场(湖北省)收视份额排名前十位的频道

名次	频道名称	收视份额(%)
1	荆州电视台新闻频道	7.7
2	荆州电视台公共频道	6.4
3	湖北垄上	5.6
4	中央台三套	5.0
5	中央电视台综合频道	4.6
6	中央台六套	4.5
7	湖南卫视	4.4
8	中央电视台新闻频道	3.7
9	中央台八套	3.2
10	荆州电视台社区频道	3.1

表 3.63.38 2015 年九江市场(江西省)收视份额排名前十位的频道

名次	频道名称	收视份额(%)
1	江西电视台都市频道(二套)	12.7
2	中央电视台综合频道	12.0
3	湖南卫视	8.0
4	江西卫视	4.2
5	中央台三套	4.0
6	中央台四套	3.8
7	中央台八套	3.7
8	中央电视台新闻频道	3.2
8	湖南电视台金鹰卡通频道	3.2
10	中央电视台少儿频道	3.0

表 3.63.39 2015 年揭阳市场(广东省)收视份额排名前十位的频道

名次	频道名称	收视份额(%)
1	湖南卫视	11.3
2	揭阳电视台公共频道	5.9
3	广东广播电视台经济科教频道	5.1
4	揭阳电视台新闻综合频道	4.1
5	中央台三套	3.9
6	潮州电视台一套(新闻综合频道)	3.6
7	中央台四套	3.2
8	中央电视台综合频道	2.5
8	翡翠台(中文)(揭阳有线网转播)	2.5
8	广东广播电视台少儿频道	2.5

表 3.63.40 2015 年拉萨市场(西藏自治区)收视份额排名前十位的频道

名次	频道名称	收视份额(%)
1	湖南卫视	6.8
2	中央电视台综合频道	3.6
3	中央台六套	3.1
4	中央电视台少儿频道	2.3
5	中央电视台新闻频道	1.6
6	安徽卫视	1.5
7	西藏二套(汉语卫视)	1.4
8	中央台五套	1.3
8	中国教育台一套	1.3
10	四川卫视	1.1

表 3.63.41 2015 年乐山市场(四川省)收视份额排名前十位的频道

名次	频道名称	收视份额(%)
1	湖南卫视	8.3
2	中央电视台综合频道	8.2
3	乐山新闻综合频道	6.1
4	四川卫视	5.6
5	四川电视台影视文艺频道(五套)	4.4
6	中央台八套	3.8
7	乐山公共.新农村频道	3.7
8	中央电视台新闻频道	3.5
9	中央台十二套	3.2
10	中央电视台少儿频道	3.0

表 3.63.42 2015 年丽水市场(浙江省)收视份额排名前十位的频道

名次	频道名称	收视份额(%)
1	浙江卫视	9.4
2	湖南卫视	8.4
3	丽水文化休闲频道	7.6
4	中央电视台综合频道	5.7
5	丽水电视台新闻综合频道(一套)	5.0
6	中央电视台新闻频道	4.9
7	中央台四套	4.5
8	浙江电视台民生休闲频道	4.4
9	浙江电视台教育科技频道	3.5
10	中央台六套	3.3

表 3.63.43　2015 年连云港市场(江苏省)收视份额排名前十位的频道

名次	频道名称	收视份额(%)
1	中央电视台综合频道	9.3
2	连云港电视台新闻综合频道	7.3
3	中央台三套	7.2
4	江苏电视台城市频道	5.9
5	中央台六套	5.6
6	中央台八套	5.4
7	江苏卫视	4.1
8	中央台四套	3.9
9	连云港电视台城市公共频道	3.6
10	湖南卫视	3.4

表 3.63.44　2015 年柳州市场(广西壮族自治区)收视份额排名前十位的频道

名次	频道名称	收视份额(%)
1	广西电视台综艺频道	7.3
2	中央电视台新闻频道	5.8
3	中央电视台综合频道	5.4
4	湖南卫视	4.9
5	中央台四套	4.7
6	柳州电视台科教频道(二套)	3.9
7	中央台三套	3.7
8	柳州电视台公共频道(三套)	3.2
8	广西电视台科教频道	3.2
8	中央台八套	3.2

表 3.63.45　2015 年泸州市场(四川省)收视份额排名前十位的频道

名次	频道名称	收视份额(%)
1	中央电视台综合频道	11.5
2	四川电视台影视文艺频道(五套)	10.6
3	湖南卫视	9.2
4	四川卫视	7.2
5	中央电视台少儿频道	4.1
6	中央台十二套	3.7
7	中央电视台新闻频道	3.2
8	中央台六套	3.0
9	中央台八套	2.7
10	四川经视频道	2.6

表 3.63.46　2015 年洛阳市场(河南省)收视份额排名前十位的频道

名次	频道名称	收视份额(%)
1	中央电视台综合频道	23.7
2	河南电视台都市频道(二套)	5.0
3	湖南卫视	4.4
4	中央台八套	4.2
5	浙江卫视	3.9
6	中央台六套	3.8
7	河南电视台卫星频道(一套)	3.7
8	中央台四套	3.4
9	上海东方卫视	2.9
10	中央电视台少儿频道	2.7

表 3.63.47　2015 年眉山市场(四川省)收视份额排名前十位的频道

名次	频道名称	收视份额(%)
1	四川卫视	9.4
2	中央电视台综合频道	8.3
3	湖南卫视	6.6
4	四川电视台公共频道	5.5
5	中央电视台新闻频道	4.8
6	四川电视台影视文艺频道(五套)	4.3
7	四川电视台新闻资讯频道	3.8
8	中央台十二套	3.7
8	中央台八套	3.7
10	江苏卫视	3.0

表 3.63.48　2015 年梅州市场(广东省)收视份额排名前十位的频道

名次	频道名称	收视份额(%)
1	梅州电视台时政综合频道	8.6
2	广东广播电视台经济科教频道	7.0
3	中央台三套	5.5
4	梅州电视台客家公共频道	5.4
5	中央台六套	4.2
6	湖南卫视	4.1
7	中央台五套	3.8
8	广东广播电视台嘉佳卡通频道	3.4
9	中央电视台少儿频道	3.2
10	中央台四套	3.1

表 3.63.49　2015 年绵阳市场(四川省)收视份额排名前十位的频道

名次	频道名称	收视份额(%)
1	中央电视台综合频道	16.2
2	湖南卫视	7.1
3	四川电视台影视文艺频道(五套)	6.1
4	中央台三套	5.1
5	中央台八套	4.6
6	中央台六套	4.1
7	四川卫视	4.0
8	四川电视台公共频道	3.8
9	中央电视台少儿频道	3.7
10	四川经视频道	2.7

表 3.63.50　2015 年牡丹江市场(黑龙江省)收视份额排名前十位的频道

名次	频道名称	收视份额(%)
1	中央电视台综合频道	9.5
2	黑龙江电视台影视频道	8.4
3	黑龙江电视台都市频道	8.3
4	中央台三套	5.0
4	黑龙江卫视	5.0
6	中央台八套	4.3
7	湖南卫视	4.1
8	黑龙江电视台文艺频道	3.3
9	中央电视台新闻频道	3.2
10	黑龙江电视台新闻频道	2.9

表 3.63.51　2015 年南充市场(四川省)收视份额排名前十位的频道

名次	频道名称	收视份额(%)
1	四川电视台影视文艺频道(五套)	12.3
2	湖南卫视	11.3
3	中央电视台综合频道	10.8
4	中央台八套	5.2
5	四川电视台新闻资讯频道	4.3
6	中央电视台新闻频道	3.9
7	四川卫视	3.7
8	中央台六套	3.3
9	中央台三套	2.8
10	四川经视频道	2.6

表 3.63.52　2015 年南通市场(江苏省)收视份额排名前十位的频道

名次	频道名称	收视份额(%)
1	南通电视台新闻综合频道	11.1
2	中央台三套	5.6
3	中央台八套	5.4
4	南通电视台社教频道	5.1
5	中央台四套	4.9
6	中央台六套	4.8
7	中央电视台综合频道	3.3
8	湖南卫视	3.2
9	中央电视台新闻频道	3.1
10	中央电视台少儿频道	2.8

表 3.63.53　2015 年南阳市场(河南省)收视份额排名前十位的频道

名次	频道名称	收视份额(%)
1	中央电视台综合频道	17.5
2	河南电视台电视剧频道(五套)	8.2
3	湖南卫视	7.1
4	中央电视台少儿频道	5.2
5	河南电视台都市频道(二套)	5.0
6	河南电视台公共频道(八套)	3.3
7	中央电视台新闻频道	3.1
8	安徽卫视	2.7
9	中央台四套	2.6
9	中央台十二套	2.6

表 3.63.54　2015 年平顶山市场(河南省)收视份额排名前十位的频道

名次	频道名称	收视份额(%)
1	中央电视台综合频道	18.0
2	湖南卫视	7.3
3	中央电视台少儿频道	5.8
4	河南电视台卫星频道(一套)	5.4
5	中央台六套	4.6
6	浙江卫视	3.6
7	中央电视台新闻频道	3.4
8	中央台八套	3.2
9	河南电视台公共频道(八套)	2.9
10	中央台三套	2.8

表 3.63.55　2015 年秦皇岛市场(河北省)收视份额排名前十位的频道

名次	频道名称	收视份额(%)
1	中央电视台综合频道	10.9
2	中央台八套	4.9
3	河北电视台农民频道(七套)	4.8
4	中央电视台新闻频道	4.7
5	中央台三套	4.6
6	河北电视台二套(经济生活频道)	4.5
7	湖南卫视	4.2
8	中央台四套	4.0
9	安徽卫视	3.2
10	江苏卫视	2.9

表 3.63.56 2015 年清远市场(广东省)收视份额排名前十位的频道

名次	频道名称	收视份额(%)
1	广东广播电视台珠江频道	45.5
2	广东广播电视台公共频道	5.9
2	广东广播电视台影视频道	5.9
4	湖南卫视	5.2
5	广东广播电视台南方卫视	2.8
5	广东广播电视台珠江电影频道	2.8
7	广东广播电视台经济科教频道	2.7
8	翡翠台(中文)(清远有线网转播)	2.6
9	广东广播电视台综艺频道	2.3
10	广东广播电视台体育频道	1.8

表 3.63.57　2015 年衢州市场(浙江省)收视份额排名前十位的频道

名次	频道名称	收视份额(%)
1	衢州电视公共频道	7.5
2	衢州电视经济信息频道	7.1
3	衢州电视新闻综合频道	6.1
4	湖南卫视	5.9
5	中央电视台综合频道	5.7
6	浙江卫视	5.0
7	浙江电视台民生休闲频道	4.4
8	中央台四套	4.3
9	中央台八套	3.7
9	中央台六套	3.7

表 3.63.58　2015 年泉州(新)市场(福建省)收视份额排名前十位的频道

名次	频道名称	收视份额(%)
1	泉州电视台闽南语频道	12.7
2	泉州电视台新闻综合频道	10.8
3	中央电视台综合频道	9.9
4	湖南卫视	7.6
5	泉州电视台影视剧频道	5.3
6	中央台六套	4.3
7	中央电视台新闻频道	3.4
8	泉州电视台都市生活频道	2.7
9	浙江卫视	2.6
10	中央台八套	2.4

表 3.63.59　2015 年三亚市场(海南省)收视份额排名前十位的频道

名次	频道名称	收视份额(%)
1	海南广播电视总台综合频道	11.5
2	湖南卫视	7.2
3	中央电视台综合频道	6.7
4	中央台八套	5.0
4	中央台六套	5.0
6	中央台三套	3.2
7	三亚广播电视台新闻综合频道	3.1
8	浙江卫视	2.9
9	海南广播电视总台影视综艺频道	2.6
9	海南广播电视总台公共频道	2.6

表 3.63.60　2015 年汕头市场(广东省)收视份额排名前十位的频道

名次	频道名称	收视份额(%)
1	湖南卫视	12.1
2	汕头电视台 -2(生活经济频道)	10.6
3	汕头电视台 -1(新闻综合频道)	4.9
4	浙江卫视	3.5
5	广东广播电视台嘉佳卡通频道	3.2
6	湖南电视台金鹰卡通频道	3.0
7	中央电视台新闻频道	2.7
8	中央电视台音乐频道	2.5
8	广东广播电视台少儿频道	2.5
10	中央电视台综合频道	2.4

表 3.63.61　2015 年汕尾市场(广东省)收视份额排名前十位的频道

名次	频道名称	收视份额(%)
1	湖南卫视	19.0
2	广东广播电视台影视频道	7.1
3	广东广播电视台经济科教频道	4.8
4	广东广播电视台珠江频道	3.5
4	广东广播电视台嘉佳卡通频道	3.5
6	翡翠台(中文)(汕尾有线网转播)	3.4
7	广东广播电视台综艺频道	3.0
8	浙江卫视	2.7
9	中央电视台少儿频道	2.5
9	汕尾电视台综合频道	2.5

表 3.63.62　2015 年上海浦东市场(上海市)收视份额排名前十位的频道

名次	频道名称	收视份额(%)
1	上海电视台新闻综合频道	22.4
2	上海电视台娱乐频道	11.6
3	上海东方卫视	9.3
4	上海东方电影频道	6.6
5	上海电视台电视剧频道	6.5
6	上海电视台星尚频道	3.8
7	中央台四套	3.1
7	湖南卫视	3.1
9	中央电视台综合频道	2.8
10	中央电视台新闻频道	2.5

表 3.63.63　2015 年韶关市场(广东省)收视份额排名前十位的频道

名次	频道名称	收视份额(%)
1	广东广播电视台经济科教频道	7.6
2	广东广播电视台珠江频道	6.0
3	中央台六套	4.9
4	湖南卫视	4.7
5	广东广播电视台影视频道	3.7
6	韶关电视台经济生活频道	3.3
7	韶关电视台新闻综合频道	2.9
7	中央台八套	2.9
9	中央电视台综合频道	2.5
9	中央台五套	2.5

表 3.63.64　2015 年绍兴市场(浙江省)收视份额排名前十位的频道

名次	频道名称	收视份额(%)
1	绍兴电视台公共频道(二套)	19.0
2	中央电视台综合频道	9.2
3	绍兴电视台新闻综合频道(一套)	7.9
4	浙江卫视	7.6
5	湖南卫视	7.3
6	绍兴电视台文化影视频道(三套)	5.0
7	浙江电视台民生休闲频道	2.9
7	中央台六套	2.9
9	中央台三套	2.8
9	中央电视台新闻频道	2.8

表 3.63.65　2015 年苏州市场(江苏省)收视份额排名前十位的频道

名次	频道名称	收视份额(%)
1	苏州电视台新闻综合频道(一套)	14.7
2	苏州电视台社会经济频道(二套)	10.7
3	苏州电视台生活资讯频道(五套)	4.5
4	江苏卫视	4.4
5	中央电视台综合频道	4.2
6	中央电视台少儿频道	3.7
7	苏州电视台文化生活频道(三套)	3.6
8	中央台六套	3.3
9	湖南卫视	3.2
10	苏州电视台电影娱乐信息频道(四套)	3.1

表 3.63.66　2015 年遂宁市场(四川省)收视份额排名前十位的频道

名次	频道名称	收视份额(%)
1	中央电视台综合频道	12.1
2	湖南卫视	10.1
3	四川卫视	8.2
4	四川电视台影视文艺频道(五套)	6.9
5	安徽卫视	4.4
6	四川经视频道	4.0
7	四川电视台公共频道	3.7
8	中央电视台少儿频道	3.5
9	中央台六套	2.8
10	中央台八套	2.4

表 3.63.67　2015 年台州市场(浙江省)收视份额排名前十位的频道

名次	频道名称	收视份额(%)
1	台州电视台影视文化频道(二套)	11.3
2	台州电视台公共频道(三套)	9.0
3	浙江卫视	8.7
4	湖南卫视	7.0
5	中央电视台综合频道	6.3
6	台州电视台新闻综合频道(一套)	5.6
7	中央台八套	4.1
8	中央电视台新闻频道	3.4
9	浙江电视台教育科技频道	2.9
10	中央台四套	2.8

表 3.63.68　2015 年泰安市场(山东省)收视份额排名前十位的频道

名次	频道名称	收视份额(%)
1	中央电视台综合频道	19.6
2	山东电视齐鲁频道	18.7
3	山东卫视	12.8
4	湖南卫视	3.7
5	山东电视综艺频道	3.5
6	山东电视生活频道	2.4
7	中央电视台新闻频道	2.3
8	中央台四套	2.1
9	浙江卫视	2.0
9	北京卫视	2.0

表 3.63.69　2015 年泰州市场(江苏省)收视份额排名前十位的频道

名次	频道名称	收视份额(%)
1	泰州电视台新闻综合频道	13.2
2	泰州电视台经济生活频道	8.7
3	中央电视台综合频道	7.3
4	湖南卫视	6.1
5	中央台六套	5.1
6	中央台三套	5.0
7	江苏卫视	4.8
7	中央台八套	4.8
9	中央电视台新闻频道	4.6
10	中央台四套	2.6

表 3.63.70　2015 年唐山市场(河北省)收视份额排名前十位的频道

名次	频道名称	收视份额(%)
1	中央电视台综合频道	5.6
2	中央电视台新闻频道	5.4
3	湖南卫视	4.6
4	中央台三套	3.8
5	河北卫视	3.6
6	浙江卫视	3.4
7	河北电视台二套(经济生活频道)	3.3
8	河北电视台农民频道(七套)	3.1
9	中央台八套	3.0
9	中央台四套	3.0

表 3.63.71　2015 年铜陵市场(安徽省)收视份额排名前十位的频道

名次	频道名称	收视份额(%)
1	安徽卫视	16.7
2	中央电视台综合频道	12.7
3	湖南卫视	8.4
4	中央台八套	4.4
5	中央电视台少儿频道	4.3
6	中央台五套	4.2
7	中央电视台新闻频道	3.9
8	安徽公共	3.5
8	安徽影视	3.5
10	中央台六套	3.0

表 3.63.72　2015 年威海市场(山东省)收视份额排名前十位的频道

名次	频道名称	收视份额(%)
1	山东卫视	12.9
2	山东电视综艺频道	8.6
2	中央电视台综合频道	8.6
4	山东电视齐鲁频道	6.7
5	中央台八套	5.1
6	湖南卫视	4.7
7	中央电视台新闻频道	4.1
8	中央台六套	3.8
9	中央台四套	3.6
10	中央台三套	3.4

表 3.63.73　2015 年潍坊市场(山东省)收视份额排名前十位的频道

名次	频道名称	收视份额(%)
1	山东电视综艺频道	12.3
2	山东卫视	7.4
3	山东电视齐鲁频道	4.9
4	中央电视台综合频道	4.5
5	潍坊电视台一套	4.3
5	中央台六套	4.3
7	中央电视台新闻频道	3.8
7	湖南卫视	3.8
9	中央台三套	3.6
10	湖南电视台金鹰卡通频道	3.1

表 3.63.74　2015 年温州市场(浙江省)收视份额排名前十位的频道

名次	频道名称	收视份额(%)
1	温州市广播电视总台新闻综合频道	9.5
2	温州市广播电视总台经济科教频道	7.5
3	湖南卫视	5.2
4	浙江卫视	5.1
4	温州市广播电视总台公共民生频道	5.1
6	中央台六套	4.4
7	湖南电视台金鹰卡通频道	3.4
8	温州市广播电视总台都市生活频道	3.1
9	中央电视台新闻频道	2.9
9	中央台四套	2.9

表 3.63.75　2015 年无锡市场(江苏省)收视份额排名前十位的频道

名次	频道名称	收视份额(%)
1	无锡广播电视台都市资讯频道	13.8
2	无锡广播电视台新闻综合频道	6.9
3	中央台三套	4.6
4	无锡广播电视台影视频道	4.4
5	中央台四套	4.0
6	中央台六套	3.9
7	江苏卫视	3.6
7	湖南卫视	3.6
9	中央台八套	3.2
10	中央电视台新闻频道	3.0

表 3.63.76 2015 年芜湖市场(安徽省)收视份额排名前十位的频道

名次	频道名称	收视份额(%)
1	安徽卫视	11.6
2	中央电视台综合频道	8.8
3	湖南卫视	5.5
4	芜湖电视台生活频道	5.4
5	中央台八套	4.9
6	中央电视台新闻频道	4.7
7	中央电视台少儿频道	3.7
8	安徽公共	3.2
9	中央台六套	3.0
10	中央台三套	2.8

表 3.63.77 2015 年襄阳市场(湖北省)收视份额排名前十位的频道

名次	频道名称	收视份额(%)
1	襄阳广播电视台新闻综合频道	13.7
2	中央电视台综合频道	12.6
3	湖南卫视	6.7
4	中央台八套	4.6
5	中央台六套	3.7
6	襄阳广播电视台生活频道	3.4
7	中央电视台少儿频道	3.0
8	中央台三套	2.8
9	湖北影视	2.6
10	湖北经视	2.4

表 3.63.78 2015 年徐州市场(江苏省)收视份额排名前十位的频道

名次	频道名称	收视份额(%)
1	徐州电视台新闻综合频道	7.6
2	徐州电视台经济生活频道	7.4
3	中央电视台综合频道	6.6
4	中央台六套	4.8
5	中央台三套	4.0
5	中央电视台少儿频道	4.0
7	中央台八套	3.6
8	湖南卫视	3.4
9	浙江卫视	3.1
10	优漫卡通卫视	3.0

表 3.63.79　2015 年烟台市场(山东省)收视份额排名前十位的频道

名次	频道名称	收视份额(%)
1	山东卫视	9.3
2	山东电视综艺频道	7.4
3	中央电视台综合频道	7.3
4	中央台八套	5.0
5	中央台六套	4.1
6	湖南卫视	4.0
7	中央电视台新闻频道	3.5
8	中央台三套	3.2
8	山东电视齐鲁频道	3.2
10	中央台四套	2.9

表 3.63.80　2015 年盐城市场(江苏省)收视份额排名前十位的频道

名次	频道名称	收视份额(%)
1	盐城电视台一套	12.2
2	盐城电视台二套	8.4
3	江苏电视台综艺频道	7.7
4	中央电视台综合频道	5.9
5	江苏卫视	4.5
6	湖南卫视	3.9
7	中央台三套	3.7
8	中央台八套	3.2
9	江苏电视台影视频道	3.1
10	中央台六套	3.0

表 3.63.81　2015 年扬州市场(江苏省)收视份额排名前十位的频道

名次	频道名称	收视份额(%)
1	扬州电视台二套	18.5
2	扬州电视台一套	9.5
3	扬州电视台三套	5.7
4	中央台六套	4.4
5	湖南卫视	3.7
5	中央电视台综合频道	3.7
7	中央台三套	3.4
8	中央台八套	3.1
9	中央台四套	2.9
10	中央电视台少儿频道	2.8

表 3.63.82 2015 年阳江市场(广东省)收视份额排名前十位的频道

名次	频道名称	收视份额(%)
1	广东广播电视台珠江频道	30.3
2	中央电视台综合频道	5.4
3	湖南卫视	5.0
4	广东广播电视台南方卫视	4.2
5	阳江综合频道	3.9
6	广东广播电视台影视频道	3.8
6	阳江公共频道	3.8
8	中央电视台少儿频道	3.5
9	广东广播电视台经济科教频道	2.7
10	广东广播电视台公共频道	2.5

表 3.63.83 2015 年宜宾市场(四川省)收视份额排名前十位的频道

名次	频道名称	收视份额(%)
1	四川电视台影视文艺频道(五套)	12.2
2	湖南卫视	9.3
3	中央电视台综合频道	6.7
4	四川卫视	4.8
5	四川经视频道	4.5
6	宜宾电视台二套(公共频道)	3.5
7	四川电视台公共频道	3.2
8	中央台八套	3.1
9	中央电视台少儿频道	2.9
10	四川电视台新闻资讯频道	2.8

表 3.63.84 2015 年宜昌市场(湖北省)收视份额排名前十位的频道

名次	频道名称	收视份额(%)
1	湖南卫视	6.4
2	中央电视台综合频道	5.7
3	中央电视台新闻频道	5.2
4	宜昌三峡综合频道	5.0
5	中央台四套	4.8
6	中央台六套	4.5
7	湖北经视	4.2
8	湖北影视	3.8
9	中央台八套	3.3
10	中央台三套	3.0

表 3.63.85　2015 年宜春市场(江西省)收视份额排名前十位的频道

名次	频道名称	收视份额(%)
1	湖南卫视	13.4
2	江西电视台都市频道(二套)	11.5
3	中央电视台综合频道	8.6
4	中央电视台少儿频道	4.9
5	江西卫视	4.7
6	中央台六套	4.5
7	湖南电视台金鹰卡通频道	3.7
8	安徽卫视	3.6
9	江西电视台影视频道(四套)	2.7
10	浙江卫视	2.6

表 3.63.86　2015 年营口市场(辽宁省)收视份额排名前十位的频道

名次	频道名称	收视份额(%)
1	辽宁广播电视台都市频道	13.4
2	辽宁卫视	8.7
3	湖南卫视	6.6
4	中央电视台综合频道	6.0
5	中央台三套	5.6
6	中央电视台少儿频道	5.1
7	中央电视台新闻频道	4.4
8	辽宁广播电视台影视剧频道	4.2
9	浙江卫视	3.2
10	中央台六套	3.0

表 3.63.87　2015 年永济市场(山西省)收视份额排名前十位的频道

名次	频道名称	收视份额(%)
1	中央电视台综合频道	15.1
2	山东卫视	8.3
3	湖南卫视	7.2
4	中央台十二套	5.8
5	中央电视台少儿频道	4.4
6	山西卫视	4.2
7	中央台八套	3.6
8	中央电视台新闻频道	2.7
9	安徽卫视	2.5
10	贵州卫视	2.2

表 3.63.88　2015 年玉林市场（广西壮族自治区）收视份额排名前十位的频道

名次	频道名称	收视份额(%)
1	广西电视台综艺频道	18.9
2	湖南卫视	12.4
3	中央电视台少儿频道	7.8
4	中央电视台综合频道	7.1
5	广西电视台卫星频道	5.5
6	中央电视台新闻频道	2.9
7	中央台七套	2.6
8	安徽卫视	2.3
8	中央台四套	2.3
10	中央台五套	1.9

表 3.63.89　2015 年岳阳市场（湖南省）收视份额排名前十位的频道

名次	频道名称	收视份额(%)
1	湖南卫视	13.8
2	中央电视台综合频道	12.6
3	湖南电视台电视剧频道	8.3
4	湖南电视台经济频道	8.1
5	湖南电视台都市频道	6.4
6	湖南电视台金鹰卡通频道	3.6
7	中央电视台少儿频道	3.3
8	中央电视台新闻频道	3.0
9	北京卫视	2.7
10	湖南电视台潇湘电影频道	2.4

表 3.63.90　2015 年湛江市场（广东省）收视份额排名前十位的频道

名次	频道名称	收视份额(%)
1	广东广播电视台珠江频道	11.2
2	湖南卫视	7.5
3	广东广播电视台影视频道	6.3
4	广东广播电视台南方卫视	4.0
4	广东广播电视台经济科教频道	4.0
6	中央电视台综合频道	3.6
7	浙江卫视	3.2
8	广东广播电视台珠江电影频道	3.0
9	广东广播电视台公共频道	2.6
9	中央台六套	2.6

表 3.63.91　2015 年漳州市场(福建省)收视份额排名前十位的频道

名次	频道名称	收视份额(%)
1	中央电视台综合频道	15.5
2	湖南卫视	10.3
3	漳州电视台新闻综合频道(一套)	5.9
4	中央台八套	5.4
5	中央电视台少儿频道	4.4
6	中央台六套	3.9
7	湖南电视台金鹰卡通频道	3.7
8	中央电视台新闻频道	3.4
9	中央台三套	2.8
10	江苏卫视	2.5

表 3.63.92　2015 年肇庆市场(广东省)收视份额排名前十位的频道

名次	频道名称	收视份额(%)
1	广东广播电视台珠江频道	18.5
2	广东广播电视台影视频道	10.2
3	广东广播电视台公共频道	6.2
4	广东广播电视台南方卫视	5.9
5	翡翠台(中文)(肇庆有线网转播)	4.2
6	湖南卫视	4.1
7	广东广播电视台少儿频道	3.5
8	广东广播电视台嘉佳卡通频道	3.0
9	广东广播电视台珠江电影频道	2.8
10	广东广播电视台综艺频道	2.0

表 3.63.93　2015 年镇江市场(江苏省)收视份额排名前十位的频道

名次	频道名称	收视份额(%)
1	镇江文广民生频道	12.7
2	江苏卫视	6.9
3	镇江文广新闻频道	6.2
4	江苏电视台综艺频道	5.7
5	江苏电视台城市频道	5.3
6	中央台四套	5.2
7	中央电视台综合频道	3.4
8	中央电视台新闻频道	3.3
9	湖南卫视	3.2
10	中央台六套	3.1

表 3.63.94　2015 年中山市场（广东省）收视份额排名前十位的频道

名次	频道名称	收视份额(%)
1	广东广播电视台影视频道	6.8
2	广东广播电视台珠江频道	6.3
3	中山广播电视台公共频道	6.2
4	翡翠台(中文)(中山有线网转播)	5.0
5	广东广播电视台体育频道	3.7
6	广东广播电视台南方卫视	3.6
6	广东广播电视台经济科教频道	3.6
8	中央台六套	3.2
8	湖南卫视	3.2
10	广东广播电视台公共频道	3.1

表 3.63.95　2015 年舟山市场（浙江省）收视份额排名前十位的频道

名次	频道名称	收视份额(%)
1	浙江电视台教育科技频道	8.7
2	舟山电视台新闻综合频道	7.4
3	浙江卫视	6.3
4	中央台八套	5.9
5	湖南卫视	5.7
6	中央台六套	4.1
7	中央电视台综合频道	3.4
8	浙江电视台经济生活频道	3.0
8	上海电视台娱乐频道	3.0
10	中央台五套	2.8

表 3.63.96　2015 年珠海市场（广东省）收视份额排名前十位的频道

名次	频道名称	收视份额(%)
1	湖南卫视	6.5
2	珠海电视台一套(新闻综合频道)	5.3
3	翡翠台(中文)(珠海有线台转播)	5.0
4	广东广播电视台公共频道	4.5
5	中央电视台综合频道	4.1
5	广东广播电视台珠江频道	4.1
7	珠海电视台二套(都市生活频道)	3.5
8	凤凰卫视中文台	3.3
9	广东广播电视台南方卫视	2.8
10	中央电视台新闻频道	2.7

表 3.63.97　2015 年株洲市场(湖南省)收视份额排名前十位的频道

名次	频道名称	收视份额(%)
1	湖南卫视	12.9
2	湖南电视台都市频道	12.1
3	湖南电视台电视剧频道	10.7
4	湖南电视台经济频道	10.4
5	中央电视台综合频道	4.2
6	湖南电视台潇湘电影频道	3.7
7	湖南电视台金鹰卡通频道	3.6
8	湖南电视台娱乐频道	3.1
9	中央电视台新闻频道	3.0
10	中央台四套	2.9

表 3.63.98　2015 年淄博市场(山东省)收视份额排名前十位的频道

名次	频道名称	收视份额(%)
1	中央电视台综合频道	17.6
2	山东卫视	12.4
3	山东电视综艺频道	7.1
4	湖南卫视	4.2
5	山东电视齐鲁频道	3.3
6	淄博电视台新闻综合频道	3.2
7	淄博电视台科教频道	3.1
8	中央台三套	3.0
9	淄博电视台公共频道	2.6
10	中央台六套	2.5

表 3.63.99　2015 年遵义市场(贵州省)收视份额排名前十位的频道

名次	频道名称	收视份额(%)
1	湖南卫视	12.2
2	中央电视台综合频道	8.1
3	中央台八套	5.1
4	中央电视台少儿频道	4.3
5	贵州广播电视台公共频道	4.0
6	遵义－1	3.9
7	中央台六套	3.8
8	贵州卫视	3.7
9	浙江卫视	3.2
10	中央电视台新闻频道	3.1

第四部分

Part Four

附　录　Appendix

实训

附 录

CSM 各收视调查网概况

表 4.1 2015 年全国收视调查网样本规模及推及人口

	固定样组规模(户)	推及户数(千户)	推及人口(千人)
全国	8125	434405	1282757
城域	4200	164529	485839
乡域	3925	269876	796918

表 4.2 2015 年全国收视调查网家庭规模结构(%)

	1 人户	2 人户	3 人户	4 人及以上户
全国	7.5	34.8	28.0	29.8
城域	8.1	39.0	30.5	22.4
乡域	7.0	31.9	26.2	34.9

表 4.3 2015 年全国收视调查网家庭收入结构(%)

	0～900 元	901～2000 元	2001～2900 元	2901～3800 元	3801～5000 元	5001～7000 元	7001 元及以上
全国	7.1	12.3	13.0	12.7	14.4	17.6	22.9
城域	3.1	6.3	9.4	11.0	14.7	21.3	34.2
乡域	9.9	16.5	15.5	13.8	14.1	15.1	15.1

表 4.4 2015 年全国收视调查网家庭购买决策者年龄结构(%)

	15～29 岁	30～49 岁	50 岁及以上
全国	10.6	47.8	41.6
城域	11.7	46.9	41.4
乡域	9.8	48.5	41.7

表 4.5 2015 年全国收视调查网性别与年龄结构(%)

	性别		年龄						
	男性	女性	4～14 岁	15～24 岁	25～34 岁	35～44 岁	45～54 岁	55～64 岁	65 岁及以上
全国	51.0	49.0	12.7	17.6	15.5	19.1	14.6	11.1	9.4
城域	51.1	48.9	10.0	19.0	17.4	19.5	14.7	10.5	8.8
乡域	50.9	49.1	14.3	16.8	14.2	18.8	14.5	11.5	9.8

表 4.6　2015 年各省级收视调查网样本规模及推及人口

省份	固定样组规模(户)	推及户数(千户)	推及人口(千人)
安徽省	600	19376	55519
福建省	800	12149	35422
甘肃省	600	7308	24469
广东省	1000	33599	100656
广西壮族自治区	600	14048	44281
贵州省	600	10516	31893
海南省	450	2551	8377
河北省	800	21706	69121
黑龙江省	600	13406	36969
河南省	600	26900	87964
湖北省	800	17991	54603
湖南省	800	19771	62916
内蒙古自治区	600	8803	23845
江苏省	800	26537	75360
江西省	800	12236	42170
吉林省	600	9049	25835
辽宁省	800	15195	41422
宁夏回族自治区	600	2055	6184
陕西省	600	11498	35659
山东省	800	32038	91481
山西省	600	11108	34500
四川省	800	27181	76937
新疆维吾尔自治区	600	7366	21506
云南省	600	13095	44038
浙江省	800	20354	51624

表 4.7　2015 年各省级收视调查网家庭规模结构(%)

省份	1 人户	2 人户	3 人户	4 人及以上户
安徽省	7.8	37.5	27.8	26.9
福建省	9.2	33.6	26.6	30.6
甘肃省	5.8	27.9	25.7	40.6
广东省	8.5	38.5	20.7	32.3
广西壮族自治区	8.8	28.1	26.2	36.9
贵州省	7.2	32.9	27.0	32.9
海南省	5.2	31.4	20.8	42.6
河北省	3.2	31.5	27.0	38.3
黑龙江省	5.3	40.7	31.7	22.3
河南省	5.2	29.5	26.7	38.6
湖北省	8.3	31.7	30.3	29.7
湖南省	9.7	26.4	28.7	35.2
内蒙古自治区	4.8	39.2	36.0	20.0
江苏省	8.7	36.6	28.4	26.3
江西省	5.5	25.7	24.6	44.2

续表

省份	1 人户	2 人户	3 人户	4 人及以上户
吉林省	4.7	38.1	31.8	25.4
辽宁省	8.5	36.7	34.2	20.6
宁夏回族自治区	5.5	32.8	29.8	31.9
陕西省	5.8	32.9	27.9	33.4
山东省	5.0	37.6	33.3	24.1
山西省	5.1	30.2	27.7	37.0
四川省	10.2	36.2	26.1	27.5
新疆维吾尔自治区	10.0	31.1	26.0	32.9
云南省	6.4	23.8	26.2	43.6
浙江省	10.5	44.5	26.9	18.1

表 4.8 2015 年各省级收视调查网家庭收入结构(%)

省份	0 ~ 900 元	901 ~ 2000 元	2001 ~ 2900 元	2901 ~ 3800 元	3801 ~ 5000 元	5001 ~ 7000 元	7001 元及以上
安徽省	6.1	15.1	16.8	14.4	15.5	18.2	13.9
福建省	6.2	8.2	8.2	10.2	10.7	18.7	37.8
甘肃省	14.0	20.5	15.2	12.6	15.1	11.9	10.7
广东省	2.2	8.4	10.2	13.2	16.2	20.3	29.5
广西壮族自治区	8.5	26.0	20.3	14.5	12.3	9.5	8.9
贵州省	11.3	32.3	16.4	13.3	7.3	9.7	9.7
海南省	4.0	15.8	17.1	18.7	14.0	13.5	16.9
河北省	6.3	11.8	12.3	16.9	18.5	20.2	14.0
黑龙江省	3.1	10.8	17.9	18.9	19.4	15.1	14.8
河南省	7.4	9.1	13.3	14.9	15.6	21.0	18.7
湖北省	9.5	12.4	12.6	14.3	13.3	17.4	20.5
湖南省	6.8	18.6	17.3	13.1	13.5	13.9	16.8
内蒙古自治区	5.8	14.1	19.0	13.7	15.3	17.2	14.9
江苏省	6.2	7.5	7.0	7.2	13.7	18.1	40.3
江西省	1.0	8.0	12.6	13.2	21.5	20.7	23.0
吉林省	3.0	12.9	18.1	13.2	18.2	20.8	13.8
辽宁省	3.7	12.5	16.5	12.7	19.5	18.3	16.8
宁夏回族自治区	3.0	7.7	11.9	16.9	18.5	23.7	18.3
陕西省	7.9	11.3	14.2	12.6	18.3	17.3	18.4
山东省	9.8	11.0	12.7	15.3	15.3	21.4	14.5
山西省	6.0	10.4	11.5	14.1	16.3	21.0	20.7
四川省	15.0	18.2	15.8	13.5	12.9	12.8	11.8
新疆维吾尔自治区	2.7	11.6	19.0	17.5	11.9	18.7	18.6
云南省	9.9	17.8	18.8	13.3	15.9	12.1	12.2
浙江省	3.0	6.9	6.6	7.7	11.1	18.3	46.4

表 4.9　2015 年各省级收视调查网家庭购买决策者年龄结构(%)

省份	15～29 岁	30～49 岁	50 岁及以上
安徽省	9.3	49.7	41.0
福建省	8.8	47.9	43.3
甘肃省	9.8	54.7	35.5
广东省	10.6	49.1	40.3
广西壮族自治区	7.6	46.2	46.2
贵州省	13.9	47.9	38.2
海南省	8.8	50.9	40.3
河北省	11.9	51.3	36.8
黑龙江省	11.1	52.6	36.3
河南省	9.8	49.3	40.9
湖北省	10.4	43.9	45.7
湖南省	12.9	46.1	41.0
内蒙古自治区	9.9	56.5	33.6
江苏省	7.9	44.4	47.7
江西省	9.1	49.6	41.3
吉林省	7.1	49.6	43.3
辽宁省	9.6	41.8	48.6
宁夏回族自治区	12.5	57.5	30.0
陕西省	10.2	45.4	44.4
山东省	9.9	50.1	40.0
山西省	10.7	51.7	37.6
四川省	8.0	46.4	45.6
新疆维吾尔自治区	14.3	53.6	32.1
云南省	16.8	53.6	29.6
浙江省	10.6	45.6	43.8

表 4.10　2015 年各省级收视调查网性别与年龄结构(%)

省份	性别		年龄						
	男性	女性	4～14 岁	15～24 岁	25～34 岁	35～44 岁	45～54 岁	55～64 岁	65 岁及以上
安徽省	50.4	49.6	13.4	16.8	13.1	20.4	13.6	11.8	10.9
福建省	51.2	48.8	11.4	18.7	17.9	20.0	14.2	9.4	8.4
甘肃省	51.1	48.9	14.4	19.3	13.3	20.6	13.6	10.1	8.7
广东省	51.9	48.1	13.3	21.8	19.4	18.7	12.0	7.6	7.2
广西壮族自治区	51.8	48.2	16.7	16.7	16.5	17.4	13.1	9.7	9.9
贵州省	51.2	48.8	21.2	15.6	13.4	18.7	11.9	10.2	9.0
海南省	52.8	47.2	15.1	19.4	17.5	17.6	13.6	8.2	8.6
河北省	50.4	49.6	12.3	18.5	15.8	16.9	15.5	12.2	8.8
黑龙江省	50.6	49.4	9.4	15.0	15.7	21.2	18.0	12.1	8.6
河南省	50.1	49.9	16.1	19.1	13.7	17.9	13.3	11.1	8.8

续表

省份	性别		年龄						
	男性	女性	4～14岁	15～24岁	25～34岁	35～44岁	45～54岁	55～64岁	65岁及以上
湖北省	51.2	48.8	10.2	18.7	14.4	19.1	16.1	11.9	9.6
湖南省	51.1	48.9	13.3	16.4	14.6	19.3	14.4	11.7	10.3
内蒙古自治区	51.9	48.1	10.8	15.7	16.9	21.1	17.1	10.5	7.9
江苏省	50.0	50.0	9.5	17.3	14.6	19.1	15.3	12.7	11.5
江西省	51.3	48.7	16.9	17.7	15.7	18.8	13.2	9.6	8.1
吉林省	50.5	49.5	9.2	15.1	15.3	20.6	18.0	12.9	8.9
辽宁省	50.5	49.5	8.9	14.0	14.7	18.2	19.4	13.9	10.9
宁夏回族自治区	50.9	49.1	17.1	18.4	17.3	19.6	12.4	8.4	6.8
陕西省	51.6	48.4	11.2	20.3	14.8	18.6	15.3	10.8	9.0
山东省	50.1	49.9	11.6	16.1	14.4	19.1	15.8	12.5	10.5
山西省	51.2	48.8	13.4	19.3	15.1	18.8	15.2	10.2	8.0
四川省	50.7	49.3	13.4	16.0	12.0	20.6	13.2	13.2	11.6
新疆维吾尔自治区	51.7	48.3	15.6	18.9	17.5	21.2	12.5	7.5	6.8
云南省	51.7	48.3	16.5	17.9	17.3	19.1	12.7	8.7	7.8
浙江省	51.3	48.7	9.7	16.1	16.8	20.1	16.0	11.4	9.9

表4.11　2015年各城市收视调查网样本规模及推及人口

城市	固定样组规模(户)	推及户数(千户)	推及人口(千人)
安庆	100	281	728
鞍山	100	469	1212
宝鸡	100	298	810
包头	100	683	1730
北海	100	100	323
北京	500	5636	13448
蚌埠	100	311	812
长春	300	1125	3082
常德	100	472	1410
长沙	300	1286	3478
常熟	100	508	1467
常州	200	1222	3245
潮州	100	235	719
成都	400	2880	7435
重庆	500	6673	17176
滁州	100	110	291
大理	100	199	631
大连	300	1620	3984

续表

城市	固定样组规模(户)	推及户数(千户)	推及人口(千人)
丹东	100	249	651
大同	100	433	1175
达州	100	165	461
德阳	100	267	689
德州	100	227	649
东莞	200	2952	7190
佛山	200	1489	4029
抚顺	100	549	1372
福州	300	997	2737
赣州	100	192	605
广元	100	186	513
广州	400	4359	10992
桂林	100	310	837
贵阳	200	1060	2947
海口	200	543	1659
邯郸	100	434	1339
杭州	400	2426	6108
哈尔滨	300	1756	4612
合肥	300	1220	3263
衡阳	100	378	1092
河源	100	128	453
呼和浩特	300	753	1924
淮安	100	198	617
惠州	100	789	2235
湖州	100	251	739
江门	100	317	938
嘉兴	100	228	595
吉林	100	683	1854
济南	300	1492	4140
荆门	100	218	603
荆州	100	403	1122
金华	100	315	728
锦州	100	389	1010
济宁	100	401	1173
九江	100	230	681
昆明	300	1341	3162
兰州	200	915	2436
乐山	100	234	650
拉萨	100	113	273

续表

城市	固定样组规模(户)	推及户数(千户)	推及人口(千人)
连云港	100	349	1044
丽水	100	174	424
龙岩	100	226	611
柳州	100	491	1413
洛阳	100	460	1299
泸州	100	458	1307
眉山	100	284	797
绵阳	100	348	847
牡丹江	100	347	925
南昌	300	1052	3314
南充	100	241	669
梅州	100	295	908
南京	400	2877	7775
南宁	200	950	2556
南阳	100	507	1633
宁波	200	877	2071
南通	100	416	1099
平顶山	100	328	988
青岛	300	1772	4537
清远	100	247	789
秦皇岛	100	375	992
泉州	200	326	847
衢州	100	175	447
三亚	100	193	686
上海	500	6802	16707
汕头	100	1232	5151
汕尾	100	116	481
韶关	100	341	958
绍兴	100	328	851
沈阳	300	2152	5469
深圳	500	4544	9845
石家庄	300	942	2701
遂宁	100	221	635
苏州	300	1422	3919
泰安	100	264	733
太原	300	1189	3180
泰州	100	291	848
台州	100	681	1807
唐山	100	595	1646

续表

城市	固定样组规模(户)	推及户数(千户)	推及人口(千人)
天津	500	4671	12479
铜陵	100	176	450
乌鲁木齐	300	1390	3283
潍坊	100	674	1936
威海	100	330	840
温州	200	510	1218
武汉	400	3451	9525
芜湖	100	620	1562
无锡	200	1290	3458
西安	300	1690	4346
襄阳	100	380	1072
厦门	200	1502	3594
西宁	200	436	1173
盐城	100	524	1515
阳江	100	210	667
扬州	200	442	1343
宜宾	100	277	781
徐州	100	589	1663
宜昌	100	313	840
宜春	100	279	968
营口	100	333	862
烟台	200	621	1581
永济	100	123	426
岳阳	100	403	1167
玉林	100	256	935
银川	200	501	1303
漳州	100	186	516
湛江	100	481	1567
肇庆	100	215	630
郑州	300	1576	4184
镇江	100	319	879
中山	100	262	713
舟山	100	355	829
珠海	100	346	871
株洲	100	360	989
淄博	100	1132	3024
遵义	100	384	1041

表 4.12　2015 年各城市收视调查网家庭规模结构(%)

城市	1 人户	2 人户	3 人户	4 人及以上户
安庆	8.8	40.3	33.1	17.8
鞍山	8.8	38.4	38.7	14.1
宝鸡	5.0	42.1	34.3	18.6
包头	5.9	42.2	41.6	10.3
北海	7.4	25.1	32.2	35.3
北京	12.0	45.8	29.8	12.4
蚌埠	3.6	44.5	32.5	19.4
长春	5.0	37.3	38.4	19.3
常德	6.1	35.0	28.9	30.0
长沙	6.8	36.6	36.4	20.2
常熟	8.4	38.0	23.3	30.3
常州	6.9	41.2	30.4	21.5
潮州	3.3	32.4	27.0	37.3
成都	11.9	37.8	31.3	19.0
重庆	10.0	42.0	26.9	21.1
滁州	8.1	39.9	32.8	19.2
大理	5.9	27.6	27.8	38.7
大连	8.7	44.0	35.9	11.4
丹东	8.3	40.3	35.8	15.6
大同	3.7	34.7	45.8	15.8
达州	9.7	33.9	32.1	24.3
德阳	10.2	40.7	32.2	16.9
德州	5.4	34.1	37.4	23.1
东莞	13.5	53.5	15.6	17.4
佛山	7.4	43.4	22.8	26.4
抚顺	9.1	42.6	36.2	12.1
福州	10.8	33.0	33.3	22.9
赣州	7.5	26.5	30.3	35.7
广元	9.1	35.0	34.7	21.2
广州	13.4	42.3	24.9	19.4
桂林	8.4	35.7	35.1	20.8
贵阳	7.8	36.6	31.2	24.4
海口	6.3	32.7	27.6	33.4
邯郸	3.7	30.4	36.8	29.1
杭州	8.1	46.8	25.8	19.3
哈尔滨	7.2	39.9	35.8	17.1
合肥	10.9	35.6	36.4	17.1
衡阳	7.1	32.7	32.8	27.4
河源	5.3	24.4	21.9	48.4
呼和浩特	6.8	38.8	41.8	12.6
淮安	4.1	30.3	33.4	32.2
惠州	12.7	36.6	20.9	29.8
湖州	6.7	34.6	30.3	28.4
江门	6.5	31.0	32.6	29.9

续表

城市	1人户	2人户	3人户	4人及以上户
嘉兴	9.0	41.1	30.1	19.8
吉林	6.7	38.5	35.6	19.2
济南	7.6	34.7	37.0	20.7
荆门	7.5	37.8	33.8	20.9
荆州	8.7	36.4	33.4	21.5
金华	7.7	51.0	28.5	12.8
锦州	7.8	40.7	36.6	14.9
济宁	4.9	32.8	37.1	25.2
九江	5.8	31.7	36.9	25.6
昆明	14.9	43.1	27.2	14.8
兰州	8.9	37.1	35.6	18.4
乐山	6.3	37.5	31.9	24.3
拉萨	9.1	51.8	21.8	17.3
连云港	5.1	32.3	34.2	28.4
丽水	12.2	47.1	26.1	14.6
龙岩	9.1	40.1	29.9	20.9
柳州	7.0	33.4	36.1	23.5
洛阳	4.5	34.9	38.7	21.9
泸州	8.6	36.5	25.0	29.9
眉山	8.0	34.7	33.0	24.3
绵阳	7.0	49.2	29.4	14.4
牡丹江	5.7	41.4	35.2	17.7
南昌	5.8	29.3	31.6	33.3
南充	13.5	34.2	27.3	25.0
梅州	5.5	33.5	22.8	38.2
南京	7.8	37.7	35.5	19.0
南宁	9.2	36.6	32.9	21.3
南阳	5.5	27.6	28.6	38.3
宁波	9.1	47.8	32.3	10.8
南通	6.4	41.0	33.6	19.0
平顶山	4.7	29.3	37.1	28.9
青岛	9.1	39.5	35.7	15.7
清远	6.1	30.9	24.8	38.2
秦皇岛	5.0	41.1	39.0	14.9
泉州	8.2	42.5	27.2	22.1
衢州	9.2	41.3	32.4	17.1
三亚	3.3	27.6	23.2	45.9
上海	10.5	44.9	31.5	13.1
汕头	3.5	19.8	18.3	58.4
汕尾	4.3	17.8	16.8	61.1
韶关	7.6	36.8	29.5	26.1
绍兴	5.8	42.7	32.7	18.8
沈阳	8.7	41.4	34.5	15.4
深圳	13.1	48.7	21.9	16.3

续表

城市	1 人户	2 人户	3 人户	4 人及以上户
石家庄	5.2	32.9	38.7	23.2
遂宁	8.7	35.4	28.0	27.9
苏州	11.1	37.2	29.5	22.2
泰安	3.1	38.3	39.0	19.6
太原	5.3	39.3	36.4	19.0
泰州	7.3	34.7	29.8	28.2
台州	7.4	42.7	26.8	23.1
唐山	5.6	36.3	38.3	19.8
天津	6.4	38.7	38.0	16.9
铜陵	5.8	43.4	34.9	15.9
乌鲁木齐	12.1	43.7	29.1	15.1
潍坊	3.9	36.7	35.8	23.6
威海	5.2	42.8	41.4	10.6
温州	8.5	50.9	25.8	14.8
武汉	9.0	35.9	34.9	20.2
芜湖	5.8	44.7	32.7	16.8
无锡	6.9	40.8	31.3	21.0
西安	8.6	43.5	29.6	18.3
襄阳	6.9	38.4	31.6	23.1
厦门	11.0	46.3	26.5	16.2
西宁	8.3	39.9	31.3	20.5
盐城	7.5	33.9	32.5	26.1
阳江	8.5	27.4	24.3	39.8
扬州	4.5	31.2	33.1	31.2
宜宾	7.3	35.9	29.8	27.0
徐州	6.8	35.0	35.1	23.1
宜昌	8.8	36.9	35.0	19.3
宜春	5.4	22.6	25.6	46.4
营口	7.5	41.2	35.5	15.8
烟台	6.1	42.6	39.7	11.6
永济	2.6	28.0	28.2	41.2
岳阳	7.4	35.3	32.6	24.7
玉林	5.9	20.1	23.5	50.5
银川	7.7	40.4	35.6	16.3
漳州	5.9	36.4	33.8	23.9
湛江	6.0	30.5	25.0	38.5
肇庆	6.8	35.1	31.6	26.5
郑州	10.7	37.1	30.5	21.7
镇江	5.3	36.6	38.1	20.0
中山	11.4	42.4	17.8	28.4
舟山	15.7	43.7	29.2	11.4
珠海	10.0	45.0	25.3	19.7
株洲	5.7	36.9	37.6	19.8
淄博	5.4	40.7	36.6	17.3
遵义	7.4	39.8	28.4	24.4

表 4.13　2015 年各城市收视调查网家庭收入结构(%)

城市	0~1200元	1201~2300元	2301~3500元	3501~4400元	4401~5600元	5601~8000元	8001~10000元	10001元及以上
安庆	5.1	9.9	13.2	11.1	21.1	24.8	14.8	
鞍山	0.6	10.4	15.1	19.1	19.2	20.8	14.8	
宝鸡	4.2	8.3	18.3	16.4	20.6	23.4	8.8	
包头	1.8	6.3	13.1	12.4	25.2	23.1	18.1	
北海	3.7	11.2	13.2	19.1	14.9	19.3	18.6	
北京	0.8	0.3	5.1	3.6	9.0	23.6	16.6	41.0
蚌埠	0.8	7.2	12.1	18.6	24.4	25.1	11.8	
长春	1.9	5.5	7.1	8.4	17.6	30.0	14.4	15.1
常德	9.0	14.9	16.6	10.1	16.5	18.3	14.6	
长沙	3.2	6.6	7.6	10.2	12.4	24.5	14.3	21.2
常熟	2.2	4.6	5.5	5.0	13.9	21.3	17.2	30.3
常州	2.1	5.1	7.4	6.2	15.4	26.0	16.6	21.2
潮州	7.4	8.0	12.8	12.3	17.6	22.2	19.7	
成都	2.9	5.6	13.5	10.9	16.9	22.6	11.4	16.2
重庆	14.5	22.3	16.3	11.2	12.8	11.6	11.3	
滁州	4.7	9.2	16.3	16.6	17.1	21.3	14.8	
大理	3.1	9.4	14.6	13.9	15.2	19.9	8.2	15.7
大连	2.4	4.3	10.2	10.7	17.6	29.0	13.6	12.2
丹东	1.0	7.9	12.1	22.6	22.4	25.1	8.9	
大同	3.1	9.9	16.1	15.5	20.7	21.7	13.0	
达州	12.3	12.5	16.3	8.5	19.9	17.2	13.3	
德阳	8.5	14.5	21.3	13.2	16.4	16.0	10.1	
德州	0.9	6.8	10.8	12.9	25.8	27.0	15.8	
东莞	3.6	9.5	12.0	14.9	16.2	22.9	10.3	10.6
佛山	1.0	3.7	7.0	9.8	15.2	23.3	14.2	25.8
抚顺	3.9	13.7	16.2	22.9	19.0	17.7	6.6	
福州	0.8	3.4	5.2	6.2	12.2	27.8	18.7	25.7
赣州	2.6	6.0	13.7	11.3	20.1	23.1	9.9	13.3
广元	3.9	13.2	16.5	15.0	18.8	18.3	14.3	
广州	1.6	6.8	13.5	10.7	14.4	22.0	14.4	16.6
桂林	1.4	9.7	15.4	19.6	15.8	23.0	15.1	
贵阳	2.4	4.5	13.3	10.2	24.9	25.9	18.8	
海口	2.5	6.7	12.8	10.6	14.3	21.5	13.2	18.4
邯郸	3.6	9.8	14.4	17.7	18.0	21.2	15.3	
杭州	0.6	2.4	5.5	3.1	8.4	17.2	16.8	46.0
哈尔滨	0.8	6.5	10.5	13.6	23.0	25.2	9.6	10.8
合肥	2.6	7.0	9.7	14.6	17.9	26.9	10.0	11.3
衡阳	4.0	11.5	18.5	11.8	14.4	21.7	18.1	
河源	3.3	5.8	12.7	13.4	25.1	20.0	19.7	
呼和浩特	2.8	5.2	11.1	11.8	19.9	26.7	13.0	9.5
淮安	3.8	5.9	11.9	15.0	15.8	22.6	12.7	12.3
惠州	3.6	6.5	9.4	8.6	12.6	20.8	10.5	28.0
湖州	0.9	4.5	8.1	7.8	12.1	20.5	18.0	28.1
江门	5.9	6.6	8.7	12.1	18.8	23.9	9.9	14.1
嘉兴	1.5	4.5	7.4	6.7	19.1	24.9	15.7	20.2

续表

城市	0～1200元	1201～2300元	2301～3500元	3501～4400元	4401～5600元	5601～8000元	8001～10000元	10001元及以上
吉林	8.8	18.0	17.2	14.5	17.1	14.9	9.5	
济南	4.6	6.4	13.2	10.3	16.8	23.7	11.8	13.2
荆门	4.8	10.8	14.3	10.3	14.8	18.3	13.8	12.9
荆州	3.3	13.6	15.5	12.5	14.8	24.8	15.5	
金华	6.7	4.3	11.8	7.2	16.1	23.8	13.3	16.8
锦州	3.4	9.7	13.7	21.6	22.2	20.1	9.3	
济宁	9.3	11.7	15.8	14.8	17.5	17.0	13.9	
九江	2.3	8.1	13.6	14.4	21.2	21.3	19.1	
昆明	0.7	7.5	14.5	10.9	17.4	22.9	13.9	12.2
兰州	2.5	8.4	12.2	12.0	17.2	21.5	13.9	12.3
乐山	2.4	6.1	16.4	11.6	19.7	20.4	9.2	14.2
拉萨	19.5	23.8	20.6	12.1	9.3	6.8	7.9	
连云港	5.7	7.4	13.0	15.1	14.9	24.1	19.8	
丽水	11.5	12.5	14.7	9.0	13.6	13.8	10.5	14.4
龙岩	10.0	11.0	14.6	14.7	14.0	16.0	19.7	
柳州	3.5	13.8	14.4	25.1	15.2	18.8	9.2	
洛阳	0.7	1.2	9.8	12.6	26.8	25.8	14.3	8.8
泸州	36.8	17.3	14.8	11.1	8.6	6.3	5.1	
眉山	10.1	14.5	19.4	12.7	17.8	17.5	8.0	
绵阳	0.7	6.5	17.5	14.9	20.7	19.1	9.6	11.0
牡丹江	0.6	6.0	19.5	22.9	19.8	24.4	6.8	
南昌	2.2	6.4	8.5	12.4	19.9	26.5	13.7	10.4
南充	26.6	14.6	14.8	10.2	11.5	13.2	9.1	
梅州	6.8	10.3	20.6	13.1	15.3	19.4	14.5	
南京	4.5	4.7	7.7	10.5	14.3	18.8	13.4	26.1
南宁	7.3	13.2	14.4	11.8	14.5	17.2	9.4	12.2
南阳	5.1	13.7	17.5	14.9	17.9	17.7	13.2	
宁波	1.4	4.1	8.1	8.5	9.3	25.0	15.0	28.6
南通	1.0	2.8	8.1	7.0	14.5	27.7	17.4	21.5
平顶山	5.3	13.6	18.8	17.3	20.0	17.7	7.3	
青岛	6.8	7.7	9.2	8.8	15.5	24.8	14.1	13.1
清远	4.5	6.7	11.9	12.0	16.6	26.4	11.8	10.1
秦皇岛	4.7	9.7	12.9	16.1	13.1	26.8	16.7	
泉州	2.9	1.5	4.1	4.3	9.3	32.0	20.6	25.3
衢州	5.9	6.3	9.7	8.9	15.8	25.4	12.3	15.7
三亚	8.3	16.0	22.9	13.7	10.5	13.8	14.8	
上海	0.2	0.6	5.4	3.8	8.5	20.6	14.2	46.7
汕头	4.9	6.9	12.6	15.7	15.4	19.4	10.0	15.1
汕尾	4.4	8.8	17.2	16.5	19.2	15.3	18.6	
韶关	10.9	16.2	14.7	15.8	13.3	15.3	13.8	
绍兴	0.9	2.3	7.9	6.2	11.2	25.7	17.3	28.5
沈阳	1.8	9.3	12.0	16.6	19.8	23.3	17.2	
深圳	0.2	0.8	3.2	3.1	6.6	17.7	13.8	54.6
石家庄	0.7	5.8	9.4	16.1	16.2	28.4	11.0	12.4
遂宁	8.6	13.7	15.4	11.4	19.9	15.2	15.8	

续表

城市	0~1200元	1201~2300元	2301~3500元	3501~4400元	4401~5600元	5601~8000元	8001~10000元	10001元及以上
苏州	0.5	3.7	5.6	4.6	10.6	25.8	17.7	31.5
泰安	4.5	8.4	15.5	15.1	22.8	16.5	17.2	
太原	2.1	6.1	8.9	11.2	20.9	28.4	13.2	9.2
泰州	9.6	7.3	15.2	12.2	15.2	21.4	19.1	
台州	5.6	7.9	9.0	9.3	15.2	22.9	12.7	17.4
唐山	1.7	9.3	11.7	14.2	18.7	25.0	19.4	
天津	2.9	8.4	9.3	13.1	15.7	23.9	12.4	14.3
铜陵	2.9	10.9	17.0	18.9	24.3	19.1	6.9	
乌鲁木齐	2.6	6.8	10.8	12.4	16.6	25.2	10.8	14.8
潍坊	5.6	6.5	14.2	14.6	18.9	25.5	14.7	
威海	10.9	9.3	12.6	10.1	15.8	23.5	17.8	
温州	0.6	2.6	5.6	3.2	6.3	15.2	15.1	51.4
武汉	5.3	5.8	10.7	8.3	16.4	21.5	13.8	18.2
芜湖	7.2	6.4	11.3	16.4	15.9	21.4	11.6	9.8
无锡	1.5	4.8	6.3	7.4	13.9	24.4	18.5	23.2
西安	1.2	3.6	11.1	14.4	24.2	26.8	18.7	
襄阳	3.7	9.6	9.4	16.0	19.2	24.0	18.1	
厦门	0.4	2.8	6.7	6.1	11.8	18.6	15.3	38.3
西宁	2.5	5.4	10.6	12.5	18.6	26.0	11.2	13.2
盐城	1.4	3.0	3.3	4.4	11.7	20.7	18.4	37.1
阳江	4.6	10.8	9.3	14.7	18.5	21.1	7.4	13.6
扬州	3.8	3.4	8.0	6.9	13.2	24.6	17.2	22.9
宜宾	10.5	15.3	16.1	13.6	18.1	16.7	9.7	
徐州	1.4	3.8	10.0	10.7	19.2	21.8	14.4	18.7
宜昌	4.2	5.3	11.9	11.8	18.1	24.3	12.0	12.4
宜春	4.8	8.2	20.2	14.5	20.5	14.6	17.2	
营口	10.9	14.6	18.2	19.0	14.2	13.3	9.8	
烟台	4.1	7.5	11.4	9.7	17.1	24.9	14.2	11.1
永济	3.8	5.3	12.9	13.7	18.3	25.1	12.4	8.5
岳阳	8.4	13.4	17.1	12.7	16.0	13.1	19.3	
玉林	15.1	23.8	23.5	10.3	13.2	8.1	6.0	
银川	1.6	3.8	11.8	9.0	17.5	33.4	11.4	11.5
漳州	3.1	7.8	11.4	7.3	20.4	23.7	12.2	14.1
湛江	8.7	8.9	16.4	10.4	15.0	15.7	8.9	16.0
肇庆	3.2	10.7	16.4	15.2	16.9	19.0	18.6	
郑州	2.2	4.9	7.8	11.3	17.1	23.3	12.7	20.7
镇江	0.5	5.3	6.4	10.3	14.8	30.7	14.6	17.4
中山	0.4	4.9	11.0	12.7	14.0	22.4	11.0	23.6
舟山	5.4	5.2	12.4	9.6	15.4	24.4	13.2	14.4
珠海	1.6	2.6	12.4	8.1	15.3	20.6	13.8	25.6
株洲	2.5	7.3	12.7	10.1	17.9	23.9	12.3	13.3
淄博	9.5	8.8	17.9	13.5	18.9	18.2	13.2	
遵义	6.5	10.7	15.3	12.3	22.0	16.8	16.4	

表 4.14 2015 年各城市收视调查网家庭购买决策者年龄结构(%)

城市	15~29 岁	30~49 岁	50 岁及以上
安庆	5.2	50.5	44.3
鞍山	7.8	38.1	54.1
宝鸡	6.3	46.2	47.5
包头	8.7	49.5	41.8
北海	11.0	50.5	38.5
北京	16.5	39.4	44.1
蚌埠	6.5	43.3	50.2
长春	10.6	44.5	44.9
常德	5.2	52.5	42.3
长沙	15.9	49.8	34.3
常熟	7.1	39.9	53.0
常州	8.1	46.9	45.0
潮州	5.1	47.1	47.8
成都	16.9	45.3	37.8
重庆	7.4	46.7	45.9
滁州	9.6	51.5	38.9
大理	11.9	55.0	33.1
大连	12.2	43.5	44.3
丹东	5.7	37.6	56.7
大同	8.9	54.6	36.5
达州	8.6	50.5	40.9
德阳	8.4	47.7	43.9
德州	16.6	51.2	32.2
东莞	18.9	58.1	23.0
佛山	12.2	57.2	30.6
抚顺	5.5	33.7	60.8
福州	7.8	41.4	50.8
赣州	9.5	51.0	39.5
广元	9.3	52.6	38.1
广州	16.1	47.4	36.5
桂林	10.0	48.2	41.8
贵阳	9.5	47.8	42.7
海口	10.0	54.7	35.3
邯郸	6.5	47.0	46.5
杭州	10.2	41.0	48.8
哈尔滨	8.7	45.2	46.1
合肥	18.9	46.1	35.0
衡阳	7.4	47.9	44.7
河源	8.0	46.9	45.1
呼和浩特	9.6	53.7	36.7
淮安	9.3	51.7	39.0

续表

城市	15~29岁	30~49岁	50岁及以上
惠州	20.7	55.6	23.7
湖州	8.0	43.3	48.7
江门	8.7	45.7	45.6
嘉兴	6.4	43.0	50.6
吉林	7.6	40.8	51.6
济南	11.3	48.5	40.2
荆门	8.9	56.6	34.5
荆州	7.6	47.9	44.5
金华	6.7	49.2	44.1
锦州	5.6	44.5	49.9
济宁	12.8	46.7	40.5
九江	7.5	54.1	38.4
昆明	19.3	41.5	39.2
兰州	10.2	45.0	44.8
乐山	11.8	48.7	39.5
拉萨	11.5	50.4	38.1
连云港	12.1	51.0	36.9
丽水	9.7	47.0	43.3
龙岩	11.0	52.9	36.1
柳州	9.2	48.3	42.5
洛阳	8.0	46.6	45.4
泸州	7.4	43.6	49.0
眉山	10.9	50.5	38.6
绵阳	7.5	51.1	41.4
牡丹江	7.7	42.8	49.5
南昌	9.1	47.1	43.8
南充	8.3	40.9	50.8
梅州	4.1	45.8	50.1
南京	8.6	47.4	44.0
南宁	12.3	47.9	39.8
南阳	10.6	47.1	42.3
宁波	12.7	43.9	43.4
南通	7.7	44.3	48.0
平顶山	8.8	55.3	35.9
青岛	9.7	43.0	47.3
清远	11.1	54.0	34.9
秦皇岛	8.3	44.7	47.0
泉州	15.6	56.4	28.0
衢州	5.0	47.0	48.0
三亚	15.7	54.3	30.0
上海	14.5	35.4	50.1

续表

城市	15～29岁	30～49岁	50岁及以上
汕头	11.0	54.7	34.3
汕尾	7.2	53.8	39.0
韶关	6.3	47.6	46.1
绍兴	3.5	38.3	58.2
沈阳	11.8	37.1	51.1
深圳	29.4	56.0	14.6
石家庄	9.0	49.8	41.2
遂宁	10.7	43.1	46.2
苏州	21.2	42.1	36.7
泰安	8.0	50.8	41.2
太原	7.8	47.9	44.3
泰州	3.6	42.2	54.2
台州	7.2	51.0	41.8
唐山	6.0	43.2	50.8
天津	10.8	41.1	48.1
铜陵	4.8	42.5	52.7
乌鲁木齐	16.9	43.2	39.9
潍坊	11.2	51.9	36.9
威海	6.9	51.2	41.9
温州	10.5	47.3	42.2
武汉	7.5	42.6	49.9
芜湖	8.6	46.7	44.7
无锡	6.5	45.5	48.0
西安	13.5	43.6	42.9
襄阳	9.7	51.5	38.8
厦门	15.2	51.9	32.9
西宁	13.4	50.2	36.4
盐城	6.1	49.3	44.6
阳江	8.6	47.9	43.5
扬州	6.4	49.4	44.2
宜宾	8.6	48.7	42.7
徐州	11.5	49.5	39.0
宜昌	7.9	45.8	46.3
宜春	4.6	51.8	43.6
营口	8.5	46.2	45.3
烟台	10.5	47.7	41.8
永济	4.5	55.5	40.0
岳阳	8.9	58.5	32.6
玉林	13.7	50.1	36.2
银川	14.3	50.8	34.9
漳州	5.6	46.1	48.3

续表

城市	15~29岁	30~49岁	50岁及以上
湛江	10.2	50.2	39.6
肇庆	10.9	51.3	37.8
郑州	15.8	47.4	36.8
镇江	4.7	44.0	51.3
中山	14.5	55.0	30.5
舟山	5.4	44.4	50.2
珠海	13.1	56.7	30.2
株洲	12.1	49.8	38.1
淄博	6.2	47.0	46.8
遵义	12.5	49.5	38.0

表4.15　2015年各城市收视调查网性别与年龄结构(%)

城市	性别		年龄						
	男性	女性	4~14岁	15~24岁	25~34岁	35~44岁	45~54岁	55~64岁	65岁及以上
安庆	49.5	50.5	10.8	16.1	12.6	22.4	15.6	11.9	10.6
鞍山	49.9	50.1	6.1	11.8	13.7	17.4	23.7	13.9	13.4
宝鸡	51.0	49.0	10.6	16.3	15.8	19.8	16.6	11.6	9.3
包头	51.5	48.5	9.8	16.1	16.3	21.6	17.0	9.6	9.6
北海	50.4	49.6	11.4	16.7	18.1	20.2	15.8	9.7	8.1
北京	51.2	48.8	5.6	19.0	21.8	17.5	15.9	10.4	9.8
蚌埠	50.3	49.7	10.0	17.9	14.5	19.6	15.9	11.4	10.7
长春	49.9	50.1	7.6	18.3	17.2	18.4	17.0	12.1	9.4
常德	49.7	50.3	8.7	16.8	12.1	22.1	16.4	12.9	11.0
长沙	50.1	49.9	8.6	21.9	17.6	19.0	14.3	10.3	8.3
常熟	50.1	49.9	7.2	18.4	16.5	19.4	14.9	12.4	11.2
常州	51.5	48.5	8.5	17.8	17.8	20.9	14.4	11.5	9.1
潮州	49.1	50.9	10.8	20.5	15.2	18.1	15.4	11.5	8.5
成都	50.4	49.6	7.9	18.4	17.8	22.3	13.4	10.8	9.4
重庆	50.6	49.4	10.6	16.4	11.8	21.2	14.4	13.8	11.8
滁州	49.8	50.2	10.5	17.6	14.8	22.6	14.6	10.8	9.1
大理	49.8	50.2	12.9	18.3	16.3	20.0	13.7	9.9	8.9
大连	50.0	50.0	6.9	18.0	18.0	17.5	16.8	12.3	10.5
丹东	49.8	50.2	6.8	13.0	13.4	18.0	21.1	14.9	12.8
大同	50.8	49.2	11.5	14.5	15.7	21.0	18.3	10.2	8.8
达州	49.4	50.6	12.8	17.1	12.4	23.5	13.8	11.8	8.6
德阳	50.8	49.2	9.1	15.0	13.6	22.7	15.4	13.4	10.8
德州	51.1	48.9	12.0	17.5	18.0	20.1	14.2	10.6	7.6
东莞	53.8	46.2	6.3	28.4	28.7	21.9	8.4	3.6	2.7
佛山	53.9	46.1	9.0	21.1	23.0	22.7	11.7	7.0	5.5
抚顺	50.0	50.0	6.3	12.1	13.3	17.6	23.6	14.2	12.9

续表

城市	性别		年龄						
	男性	女性	4～14岁	15～24岁	25～34岁	35～44岁	45～54岁	55～64岁	65岁及以上
福州	50.4	49.6	9.2	18.9	20.2	18.9	14.3	10.1	8.4
赣州	50.6	49.4	11.9	22.1	15.4	18.2	13.7	10.5	8.2
广元	50.8	49.2	11.4	17.4	13.1	25.2	13.9	10.5	8.5
广州	52.2	47.8	8.0	22.7	22.3	19.6	12.7	7.8	6.9
桂林	50.0	50.0	9.7	17.1	19.3	19.5	15.0	11.1	8.3
贵阳	51.2	48.8	12.1	19.5	16.3	20.9	13.6	9.0	8.6
海口	51.4	48.6	12.5	21.7	18.1	19.3	12.8	7.8	7.8
邯郸	50.9	49.1	10.4	17.1	15.0	19.2	17.1	11.9	9.3
杭州	51.4	48.6	7.8	20.0	19.8	18.7	15.1	10.0	8.6
哈尔滨	50.6	49.4	6.7	17.4	16.6	18.8	18.5	12.1	9.9
合肥	52.4	47.6	9.3	22.9	19.4	19.7	12.4	8.9	7.4
衡阳	50.6	49.4	10.6	21.0	14.3	18.6	15.7	11.4	8.4
河源	50.9	49.1	13.8	20.8	21.1	20.4	11.5	6.1	6.3
呼和浩特	50.6	49.4	10.4	20.6	18.4	19.5	14.9	9.0	7.2
淮安	51.1	48.9	10.2	24.0	15.2	19.3	14.3	9.1	7.9
惠州	52.7	47.3	11.7	25.0	21.7	20.9	10.6	5.2	4.9
湖州	50.3	49.7	8.0	19.7	16.3	18.7	15.7	11.5	10.1
江门	51.5	48.5	11.0	19.5	19.7	21.2	12.9	8.8	6.9
嘉兴	50.5	49.5	8.2	19.1	15.1	18.5	16.5	11.9	10.7
吉林	50.2	49.8	7.3	15.1	14.4	19.0	19.8	13.7	10.7
济南	50.4	49.6	9.2	19.9	17.7	17.3	15.8	11.0	9.1
荆门	51.0	49.0	9.4	17.2	15.8	22.0	16.6	11.2	7.8
荆州	50.8	49.2	8.1	18.8	14.3	20.0	17.2	12.6	9.0
金华	51.7	48.3	10.2	17.0	18.0	19.9	15.3	10.8	8.8
锦州	48.7	51.3	7.9	14.5	15.7	17.0	19.5	13.8	11.6
济宁	50.4	49.6	11.8	16.7	17.8	18.6	15.4	10.7	9.0
九江	50.6	49.4	11.3	21.6	14.7	19.4	14.2	10.2	8.6
昆明	51.4	48.6	9.0	19.9	20.1	20.1	13.0	9.5	8.4
兰州	51.5	48.5	9.6	20.1	15.6	19.9	15.6	9.7	9.5
乐山	48.9	51.1	8.1	18.5	13.1	21.6	14.4	12.8	11.5
拉萨	51.7	48.3	8.5	21.7	22.2	25.2	13.3	5.5	3.6
连云港	51.9	48.1	10.8	19.6	16.4	19.0	15.2	10.8	8.2
丽水	51.5	48.5	10.9	16.9	16.9	20.0	15.6	10.4	9.3
龙岩	53.1	46.9	10.0	15.8	18.7	23.8	15.0	8.8	7.9
柳州	51.3	48.7	11.3	14.7	18.8	20.5	15.5	10.4	8.8
洛阳	50.3	49.7	10.8	14.8	15.8	20.6	16.3	10.9	10.8
泸州	49.6	50.4	13.4	14.3	11.1	21.1	14.4	14.3	11.4
眉山	49.5	50.5	8.9	15.0	12.0	23.6	14.4	13.8	12.3
绵阳	50.8	49.2	9.0	20.9	15.5	22.8	13.2	10.2	8.4

续表

城市	性别		年龄						
	男性	女性	4~14岁	15~24岁	25~34岁	35~44岁	45~54岁	55~64岁	65岁及以上
牡丹江	49.4	50.6	7.7	14.9	14.7	19.3	19.5	13.1	10.8
南昌	52.3	47.7	12.6	25.8	15.3	16.8	12.8	9.0	7.7
南充	49.0	51.0	10.9	19.7	13.3	19.7	13.4	12.6	10.4
梅州	49.6	50.4	11.8	17.3	13.6	18.1	16.5	11.2	11.5
南京	51.4	48.6	7.0	20.6	18.0	18.1	15.2	11.4	9.7
南宁	51.7	48.3	10.6	20.5	20.9	18.9	13.1	8.6	7.4
南阳	50.3	49.7	15.0	16.9	15.8	18.4	13.9	11.1	8.9
宁波	51.1	48.9	8.1	17.4	20.0	20.3	15.3	10.8	8.1
南通	50.2	49.8	7.5	20.0	16.9	19.3	14.5	11.3	10.5
平顶山	51.0	49.0	11.7	18.6	15.5	22.7	14.2	9.4	7.9
青岛	50.0	50.0	8.8	18.7	17.3	17.7	15.9	11.5	10.1
清远	52.0	48.0	11.9	20.3	17.9	20.1	13.0	8.7	8.1
秦皇岛	49.9	50.1	8.4	21.2	16.5	17.7	15.6	11.7	8.9
泉州	51.8	48.2	8.7	24.1	22.6	20.4	12.1	6.8	5.3
衢州	50.7	49.3	11.6	12.4	15.2	21.1	16.9	12.2	10.6
三亚	52.5	47.5	13.1	25.3	20.9	18.7	11.1	5.9	5.0
上海	51.1	48.9	5.7	15.6	20.9	16.2	16.8	13.7	11.1
汕头	50.1	49.9	18.6	22.4	15.2	15.7	12.5	8.5	7.1
汕尾	51.2	48.8	15.9	23.6	16.8	17.4	12.1	7.8	6.4
韶关	51.5	48.5	11.9	16.9	15.6	20.3	15.4	10.1	9.8
绍兴	49.3	50.7	9.8	18.9	15.4	19.8	15.8	11.5	8.8
沈阳	50.1	49.9	6.4	13.6	17.1	16.8	20.4	14.0	11.7
深圳	53.9	46.1	7.1	25.2	31.8	21.8	8.7	3.4	2.0
石家庄	49.0	51.0	9.2	22.5	18.1	17.3	14.4	9.8	8.7
遂宁	49.9	50.1	11.5	18.3	13.8	20.4	13.7	12.4	9.9
苏州	50.7	49.3	6.6	24.4	21.0	17.4	12.5	9.9	8.2
泰安	50.1	49.9	11.4	18.4	16.5	19.5	14.7	10.9	8.6
太原	50.7	49.3	9.3	23.7	16.2	17.6	15.8	8.8	8.6
泰州	49.7	50.3	8.9	15.7	14.3	19.8	15.2	13.5	12.6
台州	51.6	48.4	10.8	15.3	17.7	22.1	14.8	10.0	9.3
唐山	50.5	49.5	8.4	15.4	16.8	16.2	18.4	14.9	9.9
天津	53.8	46.2	6.4	19.8	19.4	16.7	16.9	11.9	8.9
铜陵	51.3	48.7	10.4	13.9	14.1	23.3	16.8	11.1	10.4
乌鲁木齐	51.6	48.4	10.3	18.1	17.6	24.5	13.9	7.2	8.4
潍坊	50.9	49.1	11.1	16.9	15.8	18.9	15.7	11.9	9.7
威海	50.5	49.5	8.9	21.2	17.7	19.6	14.6	9.9	8.1
温州	52.4	47.6	7.7	20.6	23.4	20.8	13.3	7.9	6.3
武汉	51.2	48.8	7.3	23.5	16.1	16.9	16.1	11.4	8.7
芜湖	52.3	47.7	7.4	21.8	15.0	18.9	15.8	11.0	10.1

续表

城市	性别		年龄						
	男性	女性	4～14岁	15～24岁	25～34岁	35～44岁	45～54岁	55～64岁	65岁及以上
无锡	52.0	48.0	7.4	18.6	18.4	20.3	14.4	11.7	9.2
西安	51.4	48.6	8.2	22.3	18.8	17.9	14.7	9.1	9.0
襄阳	49.7	50.3	10.4	17.8	16.6	20.0	15.5	11.6	8.1
厦门	51.7	48.3	9.1	24.7	24.6	19.8	10.7	6.3	4.8
西宁	51.2	48.8	11.1	17.0	15.9	22.7	15.4	8.6	9.3
盐城	50.1	49.9	10.0	16.0	14.1	20.5	15.8	12.6	11.0
阳江	51.3	48.7	12.2	19.2	16.5	19.4	13.8	9.1	9.8
扬州	50.5	49.5	8.3	18.1	14.6	19.1	15.6	13.3	11.0
宜宾	50.2	49.8	12.4	16.3	13.0	22.1	14.1	12.3	9.8
徐州	50.6	49.4	9.5	18.5	15.9	18.2	15.8	11.6	10.5
宜昌	50.9	49.1	8.7	16.2	16.5	20.0	15.5	13.3	9.8
宜春	50.9	49.1	17.1	17.2	15.6	18.4	13.5	9.7	8.5
营口	50.8	49.2	8.2	14.7	16.6	19.3	18.5	12.4	10.3
烟台	50.1	49.9	7.8	22.2	17.3	17.9	15.4	10.7	8.7
永济	50.7	49.3	12.1	19.9	14.6	18.5	15.8	10.3	8.8
岳阳	51.0	49.0	11.5	17.4	14.9	23.2	14.7	10.2	8.1
玉林	52.2	47.8	14.8	19.8	18.9	17.3	11.7	9.3	8.2
银川	50.8	49.2	11.7	20.1	18.9	21.0	13.2	8.2	6.9
漳州	49.9	50.1	10.8	20.1	17.7	19.2	14.7	9.2	8.3
湛江	51.4	48.6	14.5	23.1	15.8	16.2	13.3	8.4	8.7
肇庆	50.6	49.4	11.1	21.3	15.6	20.7	13.6	9.2	8.5
郑州	51.4	48.6	10.5	24.3	19.9	18.9	12.0	7.6	6.8
镇江	52.5	47.5	7.6	17.4	15.1	20.5	16.8	12.6	10.0
中山	53.1	46.9	9.2	23.4	24.2	21.6	10.6	6.2	4.8
舟山	52.2	47.8	7.8	13.3	15.9	21.4	19.0	12.3	10.3
珠海	51.5	48.5	10.8	21.6	21.3	23.4	12.1	6.1	4.7
株洲	51.3	48.7	9.2	17.9	15.6	22.2	15.4	10.6	9.1
淄博	50.1	49.9	10.8	15.0	14.5	19.7	17.3	12.4	10.3
遵义	50.5	49.5	14.8	16.8	15.8	22.4	12.9	9.4	7.9

图书在版编目（CIP）数据

中国电视收视年鉴.2016／徐立军主编．—北京：中国传媒大学出版社，2016.6

ISBN 978－7－5657－1708－6

Ⅰ.①中… Ⅱ.①徐… Ⅲ.①电视工作－抽样调查－中国－2016－年鉴 Ⅳ.①G229.2－54

中国版本图书馆CIP数据核字（2016）第102992号

中国电视收视年鉴2016
Zhongguo Dianshi Shoushi Nianjian

主　　编 徐立军
策　　划 欣　雯
责任编辑 李　明　蒋　倩　李水仙
责任印制 阳金洲
封面制作 大鹏设计
出 版 人 王巧林

出版发行 中国传媒大学出版社
地　　址 北京市朝阳区定福庄东街1号　邮编100024
电话：86－10－65450532　65450528　传真：65779405
网　　址 http://www.cucp.com.cn
经　　销 全国新华书店

印　　刷 北京艺堂印刷有限公司
开　　本 787mm×1092mm　1/16
印　　张 47
版　　次 2016年7月第1版　2016年7月第1次印刷

书　　号 ISBN 978－7－5657－1708－6/G·1708　**定　价** 168.00元